Georg Feuerstein

Vorwort von Ken Wilber

Die Yoga Tradition

Geschichte, Literatur, Philosophie & Praxis

yogaVerlag

Die Originalausgabe erschien 1998 unter dem Titel
„The Yoga Tradition"
im Verlag Hohm Press, Prescott/Arizona
(2. Auflage: 2001).

3. Auflage 2010
ISBN 978-3-935001-6-9

Herausgeber: *Uwe Haardt, Matthias Beck*
Redaktion: *Nina Haisken, Alexandra Selg*
Übersetzung: *Peter Padam*
Korrektorat: *Eva Wagner*
Registererstellung: *Eva Wagner*
Gesamtgestaltung: *Alexander Konrad*
Satz: *Alexander Konrad*
Druck und Bindung: *Kösel GmbH & Co. KG*

Erschienen: 2008

Inhalt

von Sri SatGuru Subramuniyaswami

Jagadacharya von Nandinatha Sampradayas Kailasa Parampara Guru Mahasannidhanam

Das Buch *Die Yoga-Tradition* stellt Yoga, anders als viele Bücher zu diesem Thema, in gereifter Form dar, ohne in Exklusivität zu verfallen, und bewahrt dabei eine tief hinduistische Perspektive. Es beschreibt sowohl das Ziel des Pfads wie auch den Pfad selbst. Während viele Menschen im Yoga ein weitläufiges Allerlei von Techniken sehen, die ausgeübt und vervollkommnet werden müssen, um ein erhabenes spirituelles Leistungsergebnis zu erreichen, erfasst Dr. Feuerstein intuitiv die Offenbarung der indischen rishis – dass Yoga nicht etwas ist, das wir tun, sondern etwas, zu dem wir werden und was wir dann sind. Yoga ohne das alles-begreifende Bewusstsein des Yogi ist wie die Sonne ohne Hitze und Licht. Da die Thematik im vorliegenden Buch entsprechend der Überlieferung dargestellt wird – eingedenk dessen, dass die Überlieferung das bewahrte Beste der Vergangenheit sei –, können wir durchaus versichern, dass die darin enthaltene Orientierung für unsere Vorfahren, und gleichfalls für zahllose, vor Tausenden von Jahren lebende Generationen überaus nützlich gewesen ist.

Wir schätzen uns glücklich, Georg Feuerstein gegenüber Segenswünsche aus dieser wie auch aus inneren Welten für ein langes Leben auszudrücken und ihm zu wünschen, dass er die vier purushârthas, die „menschlichen Ziele" dharma, Reichtum, Vergnügen und Befreiung, als Erfüllung seiner persönlichen Suche finden und sich ihrer erfreuen mag.

Autor von Das Spektrum des Bewusstseins, Das Atman-Projekt, Halbzeit der Evolution, Mut und Gnade, Eine kurze Geschichte des Kosmos

Es ist mir eine große Freude, ja Ehre, dieses Vorwort zu schreiben. Ich bin ein Fan von Georg Feuerstein, seit ich seinen Klassiker *The Essence of Yoga* gelesen habe. Seine darauffolgenden Arbeiten verstärkten nur meinen Glauben, dass wir in Georg Feuerstein einen Gelehrten wie auch einen Praktiker von großem Format haben, eine überaus wichtige Stimme, die über die philosophia perennis Wertvolles aussagt und mit größter Autorität über den Yoga der heutigen Zeit spricht.

Im Osten wie auch im Westen finden sich zwei recht unterschiedliche Arten des Umgangs mit Spiritualität – die Vorgehensweise des Gelehrten und die des Praktikers. Der Gelehrte tendiert zur Abstraktion und studiert die Weltreligionen, wie man Zecken, Gestein oder Fossilien studieren könnte; für seinen Intellekt bilden sie lediglich ein anderes Sachgebiet. Die Idee, eine spirituelle oder meditative Disziplin auch auszuüben, leuchtet dem Gelehrten normalerweise nicht ein. Ja, es wird sogar eingewendet, dass die praktische Anwendung der erörterten Theorie mit der eigenen „Objektivität" in Widerstreit käme, denn man wäre dann ein Glaubender und daher nicht objektiv.

Andererseits tendieren Praktiker dazu – auch wenn sie in einer aktuellen Disziplin bewundernswert engagiert sein mögen –, über die verschiedenen Facetten der Tradition, die hinter dieser Disziplin steht, sehr uninformiert zu bleiben. Sie mögen hinsichtlich der kulturellen Fallgruben ihres speziellen Pfads oder hinsichtlich seines tatsächlichen geschichtlichen Ursprungs unwissend sein; oder sie wissen nichts darüber, ob und bis zu welchem Maß ihr Pfad auf wesentlicher Wahrheit basiert oder einfach nur auf kulturellem, unwesentlichem Beiwerk.

Man findet in der Tat selten einen Gelehrten, der auch Praktizierender ist. Doch wenn es ums Schreiben eines Buches über Yoga geht, dann ist diese Kombination unerlässlich. Eine Abhandlung über Yoga kann weder allein dem Gelehrten noch allein dem Praktiker anvertraut werden. Es gibt da eine immense Menge an Informationen, die bewältigt werden muss, um über Yoga schreiben zu können; darum wird der Gelehrte benötigt. Andererseits entsteht der Yoga selbst im Feuer einer unmittelbaren Erfahrung. Er muss herausgefordert, gelebt und praktiziert werden. Er muss vom Kopf kommen, aber gleichermaßen vom Herzen. Und genau diese seltene Kombination wird von Georg Feuerstein in die vorliegende besondere Thematik eingebracht.

Die Quintessenz des Yoga ist sehr einfach und lässt sich mit den Worten zusammenjochen oder verbinden umschreiben. Wenn Jesus sagte: „Mein Joch ist leicht", dann meinte er damit: „Mein Yoga ist leicht." Ob im Osten oder im Westen – Yoga ist die Technik, die individuelle Seele mit dem absoluten Geist zu verbinden, zu vereinen. Er ist ein Mittel zur Befreiung. Und deshalb ist er feurig, heiß, intensiv, ekstatisch. Er wird einen weit über sich selbst hinausbringen; ja, manche sagen, er wird einen zur Unendlichkeit bringen.

Wählen Sie Ihre Lehrer deshalb sorgfältig aus. Das Buch, das Sie jetzt in Händen halten, stellt ohne Zweifel die schönste Gesamtübersicht über Yoga dar, die zur Zeit verfügbar ist; es ist ein Buch, das den Rang eines „Klassikers" haben wird. Und zwar aus dem einfachen Grund, weil es sowohl vom Kopf wie vom Herzen kommt, weil es sowohl wissenschaftlich einwandfrei ist wie auch aus dedizierter Praxis kommt. In diesem Sinn zeichnet sich das Buch – im Vergleich mit den Schriften von, sagen wir, Mircea Eliade oder Joseph Campbell – auch durch eine größere Wahrnehmung und Genauigkeit aus.

Treten Sie nun ein in die Realität des Yoga, der, wie es heißt, vom Leid zur Befreiung, vom existentiellen Schmerz zur Ekstase, von der Zeit zur Ewigkeit, vom Tod zur Unsterblichkeit führt. Und seien Sie versichert, dass Sie auf dieser außergewöhnlichen Reise in guten Händen sind.

Meine erste Begegnung mit Indiens spirituellem Erbe fand an meinem 14. Geburtstag statt, als ich eine deutsche Ausgabe von Paul Bruntons *A Search in Secret India* geschenkt bekam. Seit jenem Tag sehe ich Brunton – oder „PB“, wie seine Schüler ihn zu nennen pflegten – als einen der herausragendsten westlichen Mystiker dieses Jahrhunderts an. Er zählt sicherlich zu den Pionieren des ost-westlichen Dialogs, und seine Schriften waren sehr einflussreich. Brunton, der 1971 starb, kann noch immer diejenigen, die dem speziellen Pfad auf „des Messers Schneide“ folgen, viel lehren. Zusätzlich zu seinen bekannten Büchern stellen die sechzehn posthum veröffentlichten Bände seiner *Notebooks* eine wahre Schatztruhe für spirituelle Sucher dar.

Ramana Maharshi

Ich erinnere mich noch lebhaft an meine erwachende Sehnsucht, als ich über Bruntons bemerkenswerte Begegnung mit Sri Ramana Maharshi las, jenem großen Weisen von Tiruvannamalai in Südindien, dessen spontane und mühelose Erleuchtung im Alter von sechzehn Jahren für mich zum gewissermaßen archetypischen Ideal wurde. Ich träumte davon, die Schule zu verlassen, die ich als äußerst langweilig empfand, um den Fußstapfen dieses großen Heiligen und Selbst-Realisierten zu folgen. Meine besorgten und wohlmeinenden Eltern hatten aber eine andere Vorstellung hinsichtlich meiner Entwicklung.

So ergab es sich erst 1965, mit 18, dass ich mit dem Geist Indiens konkreter zusammentraf – in Gestalt eines Hindu-Swami, der wegen seiner erstaunlichen Demonstrationen seiner körperlichen Fähigkeiten in Europa Schlagzeilen machte. Er war imstande, das Gewicht einer Dampfwalze auf seinem Brustkorb zu ertragen, einen beladenen Güterwagen mit seinem langen Haar zu ziehen und willentlich seinen Herzschlag anzuhalten. Während mich diese spektakulären Fähigkeiten natürlich beeindruckten, faszinierten sie mich doch weit weniger als das Geheimnis dahinter. Ich ahnte, dass der Geist bzw. das Bewusstsein den Schlüssel nicht nur zu solch staunenswerten Fähigkeiten, sondern auch zu andauerndem Glück besaß. Und dieses Glück war noch weit wichtiger.

Ich fühlte mich zu diesem modernen Wundertäter mit seinem eindrucksvollen Körperbau und seiner starken Ausstrahlung merkwürdig hingezogen. Ich fand eine Möglichkeit, mit ihm in Verbindung zu treten, und wurde am Ende sein Schüler. In dem Jahr, das ich mit ihm in seiner Klause im Schwarzwald (Deutschland) verbrachte, lernte ich eine Menge über Hatha-Yoga, aber noch mehr über die Notwendigkeit der Selbstdisziplin und Beharrlichkeit. Mitten im Winter veranlasste mein Lehrer, dass ich in einen sparsam möblierten Raum zog, der ohne Teppich und Tapeten, dafür mit einem zerbrochenen Fenster versehen war, das ich nicht reparieren durfte. Frühmorgens musste ich das Eis im Brunnen aufbrechen und mich im Freien waschen. Ich lernte schnell, dass ich, um warm und fit zu bleiben, dauernd tätig sein und viel atmen musste. All das war ziemlich aufregend. Erheiternd.

Schrittweise lernte ich über die Lehrer-Schüler-Beziehung, die auf Vertrauen, Liebe und der beständigen Bereitschaft beruhte, geprüft zu werden und über die eingebildeten Begrenzungen hinauszuwachsen. Ich zog aus dieser wunderbaren, sich aus den Umständen ergebenden Gelegenheit zur Überschreitung meiner Ich-Grenzen großen Nutzen. Doch natürlich lernte ich auch die Schattenseiten kennen. Ich entdeckte, dass mein Lehrer nicht nur ein vollendeter Hatha-Yoga-Meister war, sondern sein Charisma und seine paranormalen Kräfte auch dazu benutzte, andere zu manipulieren. Solange die Erleuchtung nicht erlangt ist, wird das Ich nicht transzendiert, und es bleibt ständig die Gefahr bestehen, dass die eigenen yogischen Fähigkeiten eher für egoistische Zwecke als zur spirituellen Förderung anderer eingesetzt werden.

Da ich nun versuchte, mich aus dieser engen Beziehung zu lösen, lernte ich eine weitere wertvolle Lektion: Psychische Kräfte stellen eine Realität dar, mit der man rechnen muss, und einige Lehrer setzen sie ein, um ihre Schüler festzuhalten. Obgleich ich die äußere Verbindung zu meinem Lehrer durchtrennt hatte, fuhr er fort, mein Leben mit psychischen Methoden zu beeinflussen, was sich als äußerst störend erwies.

Glücklicherweise erlebte ich nie die furchtbaren Qualen einer vollständig erweckten, aber fehlgeleiteten Lebenskraft (kundalinî), wie sie von Pandit Gopi Krishna beschrieben wurden. (Er war es, der das Wort kundalinî zum gängigen Begriff unter westlichen spirituellen Suchern werden ließ.) Trotzdem erfuhr ich einige der äußerst irritierenden Nebenwirkungen einer unsachgemäß beeinflussten kundalinî, speziell körperliche Dissoziierungszustände, am eigenen Leib. Es bedurfte vieler Jahre und der wohltuenden Hilfe einer anderen spirituellen Persönlichkeit, ehe die Verbindung endgültig durchbrochen wurde und ich mit meinem Leben zu Rande kam. Obwohl diese Erfahrung insgesamt lohnend war, ließ sie mich enttäuscht zurück, und für eine Reihe von Jahren hielt ich mich von allen östlichen Lehrern fern.

In der Zwischenzeit hatte ich begonnen, mich für das Studium des Sanskrit und der großen religiösen und philosophischen Texte der Hindus im Original zu interessieren. Ich kanalisierte meinen frustrierten spirituellen Impuls in eine berufliche Laufbahn als Indologe. Ich betrachtete meine Studien und schriftlichen Arbeiten als eine Form von ich-transzendierendem Karma-Yoga, und im Alltag versuchte ich dazu dem Ideal des „Zeugen", das im Jnâna-Yoga eine zentrale Stellung einnimmt, zu folgen.

Zeitweise probierte ich diese oder jene Yogatechnik und Meditationspraxis aus und unterrichtete sogar für ein paar Jahre an Abenden und Wochenenden Hatha-Yoga. Doch bis 1980 unternahm ich keinen entschiedeneren spirituellen Schritt. Eine Serie von Lebenskrisen brachte den spirituellen Impuls dann wieder an die Oberfläche, und meine Aufmerksamkeit konzentrierte sich ernstlicher auf die große Frage „Wer bin ich?" Ich begann, mich nach einem kompetenten Lehrer und einer unterstützenden Umgebung umzusehen.

Seit 1966 erfreute ich mich der spirituellen Freundschaft von Irina Tweedie, einer Sufi-Meisterin in England, deren unschätzbar wertvolles Tagebuch *Daughter of Fire* 1986 veröffentlicht wurde. Während meiner spirituellen Krise vertiefte ich diese Beziehung, und sie half mir sehr in jener Phase der Neuorientierung. Dank ihrer Hilfe erlebte ich meine ersten spirituellen Durchbrüche. Auch bereitete sie mich – ohne dass ich das damals wusste – für ein viel größeres spirituelles Abenteuer vor.

1982 hatte ich meine erste Begegnung mit dem in Amerika geborenen Adi Da (ursprünglich Franklin Jones), dessen frühe Schriften, besonders *The Knee of Listening*, mich sowohl intellektuell stimulierten wie auch emotional tief berührten. Zu der Zeit, mit fünfzehn Jahren des Lernens hinter mir, war es wohl noch schwerer, meiner Intuition zu folgen und mich dem spirituellen Prozess unter der Führung eines Lehrers anzuvertrauen. Dazu kam verschlimmernd, dass Adi Da in keines der Stereotypen passte, die ich mittlerweile mit spirituellen Lehrern assoziierte. Er war kein sanfter, gesitteter Weiser, sondern, wie er selbst sagte, ein „wilder Charakter" und ein „Feuer".

Doch trotz meiner zahlreichen Ressentiments gegen diesen mehr als lodernd-lebendigen Lehrer wusste ich doch, dass ich mich seiner Führung bedienen sollte. Ich schreckte davor zurück und sah gleichzeitig gespannt der Aussicht entgegen, die künstlichen Grenzen meiner Persönlichkeit durch einen Adepten, der für seine kompromisslose Vorgehensweise bekannt war, genauestens testen und provozieren zu lassen. Wie sich dann herausstellte, war diese meine Schülerzeit eine große Herausforderung, aber auch enorm gewinnbringend, da ich mit Aspekten meiner selbst konfrontiert wurde, die ich zuvor ignorieren konnte.

1986, als ich spürte, dass ich jede von diesem Lehrer erlernbare Lektion gelernt hatte und dass es Zeit zum Weitergehen war, ging meine Schülerschaft zu Ende. Ich vermochte nicht länger den inneren Konflikt zu beschwichtigen, der mich wegen der kontroversen Lehrmethode meines Lehrers quälte, und ich wollte auch nicht das Wertvolle verlieren, das ich in den vorangegangenen Jahren der Schülerschaft gewonnen hatte. In meinem Buch *Heilige Narren*, erst 1990 veröffentlicht, analysierte ich die Lehrmethode der „Verrückten Weisheit", wie sie von Adi Da und mehreren anderen zeitgenössischen Adepten praktiziert wird, recht ausführlich. Doch trotz meiner ernsten Einwände gegen die „Verrückte-Weisheits"-Methode und meiner intellektuellen und moralischen Differenzen mit Adi Da bleibe ich ihm dafür dankbar, dass er mir die Gelegenheit gab, mein Selbstverständnis zu vertiefen.

1993 nahm mein spirituelles Leben eine neue Wendung. Vielleicht erscheint es seltsam, dass ich, nach so vielen Jahren der Beschäftigung mit hinduistischem Yoga, nun in der buddhistischen sâdhanâ aufging. Doch sobald wir dies unter einem größeren spirituellen Blickwinkel sehen und erkennen, dass wir das Ergebnis all unserer vergangenen Wünsche und Bestrebungen, nicht nur jener des gegenwärtigen Lebens sind, dann löst sich die scheinbare Seltsamkeit wie Dunst auf. Außerdem haben Hinduismus und Buddhismus viele Konzepte und Praktiken gemeinsam, was es im Fall einiger mittelalterlicher siddhas sogar schwer macht, zu bestimmen, ob sie nun Hindus oder Buddhisten waren. Unabhängig davon gilt – wie es der Heilige des 19. Jahrhunderts, Sri Ramakrishna, so überzeugend demonstrierte – dies: Wenn wir irgendeinem der großen spirituellen Pfade bis zum Ende folgen, treffen wir auf dieselben spirituellen Wahrheiten und finden, schlussendlich, die wahre Realität selbst.

Vor langer Zeit hatte ich akzeptiert, dass das spirituelle Leben eine nie endende Entdeckungsreise ist, die sich bis zu unserem letzten Atemzug und darüber hinaus fortsetzt. Und es ist schön zu wissen, dass dabei dem entschlossenen Aspiranten immer Hilfe zukommt, bevor er den nächsten Schritt tut. In meinem Leben habe ich solche Hilfe in überreichlichem Maß erhalten, wiewohl öfters in ganz unerwarteter Form.

Ich fand es nötig, dieses Buch mit einer kurzen autobiographischen Notiz zu beginnen, da auch die „objektivste" Abhandlung mit persönlichen Aspekten und Eigentümlichkeiten durchwebt ist: So nähere ich mich der Geschichte, Philosophie und Psychologie des Yoga nicht als Altertumsforscher, sondern als jemand, der dem spirituellen Geist Indiens, wie er sich im Lauf mehrerer Jahrtausende entwickelte, die höchste Wertschätzung entgegenbringt. Ich habe an meiner eigenen Person und bei anderen, die spirituell befähigter sind als ich, einige seiner Wirkungen erleben können.

Ganz offenkundig sympathisiere ich mit den spirituellen Traditionen Indiens, die in authentischer Weise die Bemühungen demonstrieren, das Ich zu überschreiten. Meine praktische Erfahrung damit ermutigt mich zur Annahme, dass ihre fundamentalen Einsichten echt und ernsthafter Erwägung würdig sind. Ich behaupte, dass jeder, der irgendeine dieser Einsichten oder Ziele in Abrede stellen will, dies mehr aufgrund eigener Erfahrung und eigenen Experimentierens tun sollte als aufgrund abstrakter Theorie. Um es simpel auszudrücken: Eine Person, die den Zustand der Ekstase (samâdhi) selbst erfahren hat, kann den Wert und die Wünschbarkeit dieses Zustands wohl schlecht bezweifeln. Die Erfahrung der seligen Leichtigkeit des nicht-dualen Bewusstseinszustands, in dem alle scharfen Unterschiede zwischen Wesen und Dingen „vom Licht überleuchtet sind" (um eine schöne Formulierung von Adi Da zu verwenden), verändert unvermeidlich unsere Sicht auf das gesamte spirituelle Unterfangen und die heiligen Traditionen der Welt, ganz zu schweigen von unserer Sicht auf alle anderen Wesen und Dinge.

Allerdings glaube ich mittlerweile, dass diese höheren Bewusstseinszustände – wenngleich außergewöhnliche Leistungen – im Grunde nicht bedeutungsvoller sind als unsere alltägliche Wahrnehmung. Jede Erfahrung ist nützlich, solange sie unser spirituelles Erwachen begünstigt, doch nur Erleuchtung – die nicht bloß einen vorübergehenden Geisteszustand signalisiert – ist einzigartig, weil durch sie die Realität selbst offenbart wird. Wie wir die Perspektive, die wir in ungewöhnlichen Zuständen gewonnen haben, in unserer täglichen Beziehung zum Mitmenschen und zum Leben generell nutzen, das zählt für uns, bevor die Erleuchtung eintritt.

Der Angelpunkt des spirituellen Lebens ist die Ich-Transzendierung – als konstante Orientierung. So wie ich das verstehe, erschöpft sich die Transzendierung des kleinen Selbst nicht im Streben nach veränderten Bewusstseinszuständen. Sie schließt auch die ständige Bereitschaft ein, transformiert und von der größeren Realität – deren Existenz uns unter meditativen und ekstatischen Bedingungen enthüllt wird – „überformt" zu werden, wie es der christliche Mystiker Meister Eckhart ausdrückte.

Dieser vorliegende Band ist das Destillat von fast drei Jahrzehnten wissenschaftlicher und praktischer Beschäftigung mit der Tradition des Yoga. Er entstand aus meinem früheren, lange nicht mehr im Druck vorliegenden *Textbook of Yoga*, 1975 bei Rider & Co., London, erschienen. Obwohl das *Text-Buch* gut aufgenommen wurde, war ich wegen seiner zahlreichen Mängel, die ich vielleicht klarer erkannte als die meisten Leser, ziemlich bedrückt. Seither wartete ich auf eine Gelegenheit, den Text zu überarbeiten und zu ergänzen. Ich schrieb deshalb, als sich die Gelegenheit bot, ein völlig neues und inhaltlich umfangreicheres Buch, das 1989 unter dem Titel *Yoga: The Technology of Ecstasy* erschien.

Der jetzige Band ist eine gründlich überarbeitete und noch umfangreichere Ausgabe jenes Buches. Die vorgenommenen Änderungen im Text sind so gravierend, dass ein neuer Titel gerechtfertigt schien. Abgesehen von der Revision des bestehenden Textes habe ich die Seitenzahl mehr als verdoppelt, vor allem durch die Aufnahme meiner Übertragungen wichtiger Sanskrittexte über Yoga, einschließlich vollständiger Übersetzungen des Yoga-Sûtra von Patanjali, des Shiva-Sûtra von Vasugupta, des Bhakti-Sûtra von Nârada, der Amrita-Nâda-Bindu-Upanishad, der Amrita-Bindu-Upanishad, der Advaya-Târaka-Upanishad, der Kshurikâ-Upanishad, des Dakshinamûrti-Stotra, des Mâhayâna-Vimshaka von Nâgârjuna, des Prajnâ-Pâramitâ-Hridaya-Sûtra und der bis dahin nicht übersetzten Goraksha-Paddhati. Aufgenommen wurden auch mehrere Übertragungen von Abschnitten anderer bedeutender Yoga-Texte, einschließlich Haribhadra Sûris Yoga-Drishti-Samuccaya, von Christopher Chapple kompetent übersetzt. Außerdem fügte ich einen neuen Abschnitt über die Adepten von Maharashtra und ein neues Kapitel über Yoga im Sikhismus hinzu.

Der Zweck des vorliegenden Buches ist es, dem Laien eine systematische und umfassende Einführung in das reich facettierte Phänomen der indischen Spiritualität, speziell in ihrer hinduistischen Variation, zu bieten und gleichzeitig in großen Umrissen zusammenzufassen, was die Forschung über die Entwicklung des Yoga bisher herausgefunden hat. Diese Kombination wird den Leser in die Lage versetzen, nicht nur die bewunderungswürdige Komplexität von Yoga, sondern auch dessen verwickelte Beziehungen zu anderen Aspekten der vielschichtigen indischen Kultur zu begreifen und zu würdigen. Unvermeidlicherweise musste ich dabei mit einigen Ideen und Vorstellungen umgehen, die denjenigen fremd erscheinen werden, die kein Hintergrundwissen in Philosophie, vor allem in östlicher Philosophie, haben. Doch versuchte ich, diese Ideen so abgestuft wie möglich einzuführen, ohne dabei irgend etwas zu verwässern.

Mit den ersten Kapiteln möchte ich einen Überblick bieten; die Kapitel danach folgen in der Regel einer groben chronologischen Anordnung. So beginne ich mit einer Besprechung der yogischen Elemente in der frühen indischen Zivilisation, wie wir sie aufgrund der archäologischen Ausgrabungen, z.B. in den Städten Harappa und Mohenjo-Daro, und auch durch ein sorgfältiges Studium des archaischen Rig-Veda kennen. Dem folgt eine Behandlung des Yoga in den frühen Upanishaden (ein besonderes Genre der esoterischen Hindu-Literatur), der epischen Literatur (einschließlich der Bhagavad-Gîtâ), der späteren Upanishaden, des Yoga-Sûtra und seiner Kommentare, und dann der verschiedenartigen Formen des Yoga in der nachklassischen Periode. Der historische Überblick endet mit Tantra und Hatha-Yoga. Ich enthielt mich einer Besprechung moderner Ausdrucksformen des Yoga, da eine solche den Rahmen des vorliegenden Bands gesprengt hätte.

Zur Erleichterung für den Laien erkläre ich im Anhang die Schlüsselbegriffe und lege eine Zeittafel vor, die mit der frühesten bekannten menschlichen Präsenz auf dem indischen Subkontinent 250.000 v. Chr. beginnt und mit der indischen Unabhängigkeit 1947 endet.

> **„Man sagt, Yoga sei die Vereinigung des Dualitäten-Gewirrs."**
> YOGA-BÎJA (84)
>
> **„Yoga ist die Vereinung der individuellen Seele mit dem transzendentalen Selbst."**
> YOGA YÂJNAVALKYA (1.44)

Im ganzen Werk liegt die Betonung auf umfassender Darstellung und auf Verständlichkeit. Zwar versuchte ich mein Bestes, jeden Aspekt des Yoga entsprechend seiner Bedeutung im generellen Kontext fair darzustellen, doch konnte ich angesichts des vorgegebenen Umfangs und Zwecks dieses Buches viele Punkte nur bis zu einer gewissen Tiefe erörtern. Meine weiteren Veröffentlichungen und die Arbeiten anderer Gelehrter können beim Ausfüllen einiger auftretender Lücken hilfreich sein. Ich möchte allerdings betonen, dass unser Wissen über die Yoga-Tradition in manchen

Fällen unvollständig, ja mitleidserregend dürftig ist. Das trifft speziell auf den Tantra-Yoga zu, der eine kunstvolle esoterische Technik und Symbolik entwickelte, die dem Nicht-Initiierten kaum verständlich sind. Leser, die dieser besonderen Tradition folgen wollen, mögen mein Buch *Tantra: The Path of Ecstasy* studieren; es bietet eine Einführung in die Hindu-Tantrik.

Obwohl dieser vorliegende Band vor allem die interessierten Laien zur Zielgruppe hat, glaube ich, dass er als Orientierungshilfe auch Spezialisten auf den Gebieten der Religions- und Geistesgeschichte, der Theologie, des Studiums des Bewusstseins und der Transpersonalen Psychologie dienen kann.

Ich hoffe, dieses Buch wird sich für Yogalehrer als nützlich erweisen; es möge als verlässliches Kompendium für Yogalehrer-Ausbildungsprogramme überall auf der Welt dienen. Um den Band noch zugänglicher zu machen, plane ich – in Zusammenarbeit mit mehreren Lehrern, die einwilligten, bei der Verbesserung seines didaktischen Werts zu helfen – einen parallelen Studienführer zu verfassen. (Nachtrag: Der Studienführer liegt jetzt als 800-Stunden-Fernkurs vor.)

Es stellte eine Herausforderung wie auch eine lohnende Erfahrung dar, *Die Yoga-Tradition* zu schreiben, weil ich Material aufnehmen konnte, das in mir seit vielen Jahren herangereift war; auch weil ich unter dem Zwang stand, meine Gedanken so verständlich wie möglich zu formulieren, was ja stets auch dem Verfasser selbst zugute kommt. Meine Leser werden entscheiden, inwieweit es mir gelang, der Herausforderung der Materialverarbeitung wie auch der klaren Darlegung gerecht zu werden. Ich hoffe, sie werden dieses Buch mit der gleichen Freude lesen, mit der ich es geschrieben habe.

„Namas te“
Georg Feuerstein
Traditional Yoga Studies, Kanada
www.traditionalyogastudies.com

Anmerkung:

Die Sanskrittexte spiegeln die Voreingenommenheit gegenüber den Geschlechtern in der traditionellen vedischen und hinduistischen Gesellschaft wider. Zugunsten der Texttreue habe ich deren Bevorzugung von maskulinen Pronomen in allen Übersetzungen beibehalten. In meinen eigenen Ausführungen hingegen suchte ich modernen Vorstellungen soweit wie möglich Rechnung zu tragen, indem ich die 3. Person Plural („sie“, „ihnen“) oder [häufig] das maskuline und das feminine Pronomen verwendete. Eine Ausnahme dazu – zugunsten der Einfachheit – bildet mein Gebrauch des Begriffes yogin, der sprachlich nur einen männlichen Praktikanten meint, jedoch vom Leser in den meisten Zusammenhängen so aufgefasst werden sollte, als schlösse er auch die weibliche Praktikerin (yoginî) mit ein.

Zahlreiche Einzelpersonen – Freunde, Kollegen und Lehrer – haben zur Entstehung dieses Bandes beigetragen. Ich bin ihnen allen zu Dank verpflichtet.

Die Person, die mich in den frühen Phasen meiner schriftstellerischen Laufbahn am meisten ermutigte, vielleicht ohne es zu wissen, ist Dr. Daniel Brostoff, ein ehemaliger Chefherausgeber bei Rider & Co., London. Er nahm sich meiner ersten vier Bücher an, als ich noch mit der englischen Sprache und den Publizierungsusancen rang. Leider verlor ich die Verbindung zu ihm. Wo Du auch sein magst, Daniel, ich stecke tief in Deiner Schuld.

Bei meinen eigenen Forschungen habe ich besonders aus den wissenschaftlichen Arbeiten von J. W. Hauer und Mircea Eliade – zwei Größen der Yoga-Forschung, die leider nicht mehr unter uns sind – Nutzen ziehen können. Die umfassende Gelehrsamkeit des verstorbenen Dr. Ram Shankar Bhattacharya aus Varanasi, Indien, inspirierte mich gleichfalls. Mehr als irgendeiner der mir bekannten Forscher sah er die Notwendigkeit, dass Gelehrte, die sich mit Yoga-Forschung befassten, durch eine yogische Praxis auch eigene Erfahrungen machen müssten. Sein stets prompter und wohlinformierter Rat ist für mich unschätzbar gewesen.

Eine weitere Person, deren intellektuelle Arbeiten mich in den vergangenen zwei Jahrzehnten inspirierten, ist meine Freundin Jeanine Miller. In ihrem eigenen Bereich vedischer Studien suchte und sucht sie ebenfalls Wissenschaftlichkeit mit spiritueller Sensibilität zu verbinden. Ich bezog mich bei meiner Behandlung des Yoga in alt-vedischen Epochen auf ihre Pionierarbeiten. In diesem Zusammenhang möchte ich auch die vielfältige Unterstützung und die erhellende Forschung meiner Freunde David Frawley und Subhash Kak dankbar erwähnen; beide trugen viel dazu bei, unser Bild vom alten Indien zu berichtigen. Ich hatte das Vergnügen, zusammen mit ihnen das Buch *In Search of the Cradle of Civilization* zu verfassen. Die erste Ausgabe der *Yoga-Tradition* verdankt Dan Joys Enthusiasmus und guter Redaktion sehr viel. Zu eben der Zeit erhielt ich auch wertvolle praktische Hilfe von meinen Freunden Claudia Bourbeau und Stacey Lynn. Ich bedanke mich bei Ty Koontz für den professionellen Index.

Viele Illustrationen im gegenwärtigen Band wurden von James Rhea fachmännisch ausgeführt; als Reaktion auf meine früheren Schriften offerierte er seine künstlerischen Fertigkeiten unentgeltlich. Ich bin ihm sowohl für viele schöne Zeichnungen als auch für seine moralische Unterstützung sehr dankbar.

Ich danke auch James Rhea und Margo Gal für mehrere feinsinnige Darstellungen von Hindu-Gottheiten; sie erhöhen gewiss den Wert dieses Bandes.

Ich fühle mich auch [dem inzwischen verstorbenen] SatGuru Sivaya Subramuniyaswami verpflichtet für seinen Segen und seine freundlichen Worte. Sie bedeuten mir viel, da sie von einem westlichen Menschen kommen, der die Hindu-Tradition gedanklich und praktisch vollständig assimilierte und nun als leuchtendes Beispiel nicht nur für westliche Ausübende des Hinduismus, sondern auch für Inder dient.

Ein herzlicher Dank geht an Ken Wilber für sein ergänzendes Vorwort. Meine Dankbarkeit gilt gleichfalls seinen zahlreichen fruchtbaren Arbeiten, die mein eigenes Denken über die Jahre sehr angeregt haben. Seine große Gabe der Synthese inspirierte und ermutigte mich oft.

Anmerkung zur Transkription und Aussprache der Sanskrit-Begriffe

Zur Erleichterung für den interessierten Laien verwendete ich im ganzen Buch eine vereinfachte Transkription der Sanskrit-Ausdrücke, und jeder Begriff wird beim ersten Mal erklärt. Der Fachmann wird die technischen Begriffe leicht erkennen und kann die korrekten diakritischen Zeichen selbst ergänzen. Ferner habe ich die meisten Titel der angeführten Sanskrittexte übersetzt. Diejenigen, die unübersetzt blieben, trotzten entweder einer Übertragung oder haben Bedeutungen, die sich aus dem Zusammenhang von selbst ergeben.

Hinsichtlich der zusammengesetzten Sanskritworte und der damit ligierten Sanskritbuchstaben wich ich zugunsten bequemerer Lesart von der generellen Praxis ab und trennte alle einzelnen Worte durch einen Bindestrich. Anstatt also zu schreiben Yoga-tattvopanishad oder Yogacûdâmanyupanishad, entschied ich mich, die lesbarere Transkription Yoga-Tattva-Upanishad bzw. Yoga-Cûdâmani-Upanishad zu verwenden. Im letzteren Namen wird der Begriff mani („Juwel") in seiner grammatikalischen Stammform angeführt, nicht in seiner modifizierten Form many, wie sie nötig wäre, wenn dem Sanskritbuchstaben „i" ein Vokal folgt. Im Fall von eigentlichen Namen, wie Vâcaspati Mishra, Vijnâna Bhikshu oder Abhinava Gupta, entschied ich mich zugunsten der Lesbarkeit wieder für die Aufteilung der zusammengesetzten Worte in zwei Teile.

In übersetzten Textpassagen sind runde Klammern bei gleichwertigen Sanskritworten und eckige Klammern bei erläuternden Worten oder Sätzen gesetzt, die sich nicht im Sanskrit-Original finden. Zum Beispiel: „Nun [beginnt] die Darlegung (anushâsana) des Yoga" (atha yoga-anushâsanam -Yoga-Sûtra 1.1). Hier findet sich das Wort „beginnt" nicht im Sanskrittext, ist aber sicher impliziert. Der Begriff anushâsana ist das gleichwertige Sanskritwort für „Darlegung", daher wurde es in runde Klammern gesetzt, nicht in eckige. Streng genommen findet sich der Artikel „die", der dem Wort „Darlegung" vorangeht, auch nicht im Sanskrittext, doch ist er, verglichen mit „beginnt" kaum interpretierend und steht daher nicht in eckigen Klammern.

Anmerkung zur Transkription und Aussprache der Sanskrit-Begriffe

Transliteration (wie sie in den meisten wissenschaftlichen Arbeiten in diesem Themenbereich verwendet wird)	**Vereinfachte Transkription** (im vorliegenden Buch)
I) Vokale	
a, ā, i, ī, u, ū, ṛ, ṝ, ḷ,	a, â, i, î, u, û, ri, li
e, ai, o, au	e, ai, o, au
II) Konsonanten	
Guttural-Laute: k, kh, g, gh, ṅ	k, kh, g, gh, n
Palatal-Laute: c, ch, j, jh, ñ	c, ch, j, jh, n,
Zerebral-Laute: ṭ, ṭh, ḍ, ḍh, ṇ	t, th, d, dh, n
Dental-Laute: t, th, d, dh, n	t, th, d, dh, n
Labial-Laute: p, ph, b, bh, m	p, ph, b, bh, m
Halbvokale: y, r, l, v	y, r, l, v
Aspirata: ś, s, s, h	s, sh, sh, h
Visarga: ḥ	h
Anusvara: ṃ	m

AUSSPRACHE

Alle Vokale werden offen ausgesprochen; die Vokale ā, ī, ū und das seltene ṝ (in diesem Buch nicht verwendet), ebenso wie die Doppellaute e, ai, o und au sind lang; das nicht sehr häufige ṛ, wie in ṛgveda, wird ähnlich wie in „Cricket" ausgesprochen, aber in vereinfachter Transkription tritt es als ri auf und kann so gelesen werden (daher die Schreibweise Rig-Veda). Alle aspirierten Konsonanten, wie kh, gh, ch, jh usw. werden mit deutlichem Hauchlaut ausgesprochen; hatha in hatha-yoga hört sich also wie hat-ha an, nicht wie das „th" in Thalmaier; n klingt wie das ng in I Ging, und ñ, z. B. im Namen Patañjali, klingt wie das n in „Panne"; die Palatale c und j klingen wie c im italienischen „ciao" und j wie im englischen „joy". Deshalb wird cakra wie „tschakra" ausgesprochen, nicht wie „Schakra"; viele Westler sprechen es fehlerhafterweise so aus. Zerebrallaute werden mit zurückgerollter und gegen die Gaumendecke gepresster Zunge artikuliert; s klingt wie s in „Safran"; ṣ wie sch in „Schengen", und ś liegt lautlich etwa dazwischen; v klingt wie das v in „Vasall". Das anusvâra (m), z. B. in den mantrischen Keimsilben oṃ und huṃ, ist ein nasalierter Laut, ähnlich dem n im französischen „bon". Das visarga (ḥ) ist ein hartes h, gefolgt von einem kurzen Nachhall des davorstehenden Vokals, z. B. yogaḥ (in diesem Buch als yogah transkribiert), ausgesprochen als yogaḥ^{a}, und bhaktiḥ, ausgesprochen als bhaktih^{i}.

Das Drängen zur Transzendenz

„Unter Tausenden strebt kaum einer nach Vollendung."
BHAGAVAD-GÎTÂ 7.3

I. ÜBER DIE ICH-PERSÖNLICHKEIT HINAUS

Der Wunsch, die menschliche Bedingung zu transzendieren, über das gewöhnliche Bewusstsein und die normale Persönlichkeit hinauszugehen, ist ein tiefverwurzelter Drang, so alt wie die sich selbst wahrnehmende Menschheit. Wir können ihn am Werke sehen in den magisch erfüllten Höhlenmalereien Südeuropas und, noch früher, in den Begräbnisritualen der Steinzeit im Mittleren Osten. In beiden Fällen kommt das Bedürfnis zum Ausdruck, sich mit einer größeren Wirklichkeit zu verbinden. Wir begegnen diesem Bedürfnis auch in den animistischen Glaubensvorstellungen und Riten des archaischen Schamanismus, und wir sehen seinen blühenden Ausdruck in den religiösen Traditionen der neolithischen Ära – in der Indus-Sarasvatî-Zivilisation, in Sumer, Ägypten und China.

Doch nirgendwo auf der Erde fand der Drang zur Transzendierung beständigeren und kreativeren Ausdruck als auf dem indischen Subkontinent. Die Zivilisation Indiens brachte eine geradezu überwältigende Vielfalt spiritueller Glaubensrichtungen, Praktiken und methodischer Vorgehensweisen hervor. Sie alle zielen auf eine Wirklichkeitsdimension ab, die das individuelle Menschenleben und den geordneten Kosmos menschlicher Wahrnehmung und Vorstellung weit übertrifft. Diese Dimension ist mit unterschiedlichen Begriffen, wie Gott, höchstes Sein, Absolutes, (transzendentes) Selbst, Geist, Nicht-Bedingtes und Ewiges, bezeichnet worden.

Viele Denker, Mystiker und Weise – nicht nur in Indien, sondern auf der ganzen Welt – hinterließen uns eine große Menge sinnbildlicher Vorstellungen oder abstrakter Erklärungen hinsichtlich der höchsten Realität und deren Beziehung zum manifestierten Universum. Jedoch stimmen alle darin überein, dass Gott oder das Selbst sowohl Sprache wie Verstand überschreiten. Mit wenigen Ausnahmen postulieren sie einstimmig drei Attribute des Höchsten:

1. Es ist Eines – d.h. ein ungeteiltes, in sich vollständiges Ganzes, außerhalb dessen nichts anderes existiert.
2. Es besitzt einen höheren Grad der Wirklichkeit als die Welt der Vielheit, wie sie durch unsere Sinne widergespiegelt wird.
3. Es ist unser höchstes Gut (nihshreyasa; lateinisch: summum bonum), d.h. der wünschenswerteste aller möglichen Werte.

Außerdem behaupten viele Mystiker, dass die höchste Realität unendlich beseligend ist. Diese Seligkeit stellt nicht bloß die Abwesenheit von Schmerz oder Ungemach dar, sie ist auch kein lediglich neurologisch induzierter Zustand. Sie findet sich jenseits von Schmerz und Lust, welche in der Tat Zustände des Nervensystems sind. Hand in Hand geht das mit dem einmütigen Beharren der Mystiker darauf, dass die lebendige Verwirklichung des transzendentalen Einsseins nicht eine Erfahrung ist, wie sie normalerweise verstanden wird. Jene Adepten sind schlicht diese transzendente Realität. Aus dem Grund ziehe ich es im Zusammenhang mit den höchsten Vollendungen auf dem spirituellen Pfad vor, von „Gott- oder Selbst-Realisierung" zu sprechen, um dies von „mystischer Erfahrung" abzusetzen. Andere verwendete Begriffe sind „Erleuchtung" und „Befreiung".

Indiens Spiritualität, die insgesamt mit dem Begriff „Yoga" umschrieben wird, stellt sich zweifellos als die wandlungsfähigste der Welt dar. Tatsächlich fällt es schwer, sich irgendein metaphysisches Problem samt dessen Lösung vorzustellen, das von den Weisen und Gelehrten des alten oder mittelalterlichen Indiens nicht bereits durchdacht worden ist. Die „heiligen Techniker" Indiens haben das gesamte Spektrum psychospiritueller Möglichkeiten – vom paranormalen Zustand über das geeinte Bewusstsein der temporären Gottesrealisierung bis zur permanenten Erleuchtung (als sahaja-samâdhi oder „spontane Ekstase" bezeichnet) – behandelt.

Die Methoden und die Lebensstile, die von philosophischen und spirituellen Genies in Indien über eine Zeitspanne von mindestens fünf Jahrtausenden entwickelt wurden, haben alle den gleichen Zweck: uns dabei zu helfen, die Gewohnheitsmuster des normalen Bewusstseins zu durchbrechen und unsere Identität (oder wenigstens Vereinigung) mit der ewigen Wirklichkeit zu erfahren. Indiens große Traditionen des psychospirituellen Wachstums verstehen sich als Pfade zur Befreiung. Sie alle streben dem Ziel zu, uns von der normalen Konditionierung und damit vom Leid zu befreien; denn das Leid entsteht als Ergebnis unserer unbewussten Konditionierung. Mit anderen Worten: Es sind Wege zur Gottes-Verwirklichung, zur Selbst-Realisierung, zu einem über die Maßen seligen Zustand.

Gott ist hier nicht ausschließlich der Schöpfergott, als der Er im orthodoxen Judentum, Islam und Christentum auftritt. Vielmehr ist Er die transzendente Totalität des Seins, die in der nicht-dualistischen Schule des Hinduismus brahman oder „Absolutes" genannt wird. Dieses Absolute wird als die eigentliche Wesensnatur, als das transzendentale Selbst der menschlichen Persönlichkeit gesehen. Daher erkennen wir, sobald die unbewusste Konditionierung – aufgrund derer wir uns als unabhängige, isolierte Ich-Einheiten erleben – aufgehoben wird, dass wir alle im Kern unseres Wesens jenes gleiche Eine sind. Und jene singuläre Realität wird als die höchste Bestimmung der menschlichen Evolution gesehen. Wie es der moderne Yogin-Philosoph Sri Aurobindo ausdrückte:

> Wir sprechen von der Evolution des Lebens in der Materie und der Evolution des Geistes in der Materie, doch Evolution ist ein Wort, das lediglich das Phänomen konstatiert, ohne es zu erklären. Denn es gibt offensichtlich keinen Grund dafür, weshalb sich Leben aus materiellen Elementen oder Geist aus Lebensformen entwickeln sollte. Es sei denn, wir akzeptieren die vedantische[1]

[1]Das Adjektiv „vedantisch" ist abgeleitet vom Sanskrit-Nomen vedânta, das „Ende der Veden" bedeutet und einen Komplex spiritueller, mit den Upanishaden verbundener Lehren bezeichnet, die den abschließenden Teil der vedischen Offenbarung bilden. Dem Vedânta zufolge existiert nur die Eine Wirklichkeit, die allen begrenzten Wesen und Dingen als Substrat zugrundeliegt, wiewohl die einzelnen Schulen manchmal unterschiedliche Antworten auf die Frage geben, in welcher Beziehung denn das Viele zum Einen steht.

> Lösung, die besagt, dass sich Leben bereits in der Materie und Geist im Leben birgt, da Materie essenziell eine Form verhüllten Lebens ist und Leben essenziell eine Form verhüllten Bewusstseins. Und dann scheint es ganz naheliegend, einen weiteren Schritt zu tun und die Möglichkeit einzuräumen, dass das normale menschliche Bewusstsein selbst nur eine Form und eine Verhüllung höherer, jenseits des Verstandes liegender Zustandsformen sein mag. In diesem Fall stellt sich der unbezähmbare Drang des Menschen hin zu Gott, Licht, Seligkeit, Freiheit und Unsterblichkeit – am rechten Ort in der Kette – einfach als der gebieterische Impuls dar, mittels dessen die Natur sich über den Verstand hinauszuentwickeln sucht; und erscheint so natürlich, wahr und richtig, wie der drängende Impuls zum Leben, den sie in gewisse Formen der Materie, oder der Impuls zum Verstand, den sie in gewisse Formen des Lebens eingepflanzt hat …
> Der Mensch selbst mag sehr wohl ein denkendes und lebendiges Laboratorium sein, in dem und mit dessen bewusster Kooperation sie den Übermenschen, den Gott herausarbeiten will. Oder sollten wir nicht vielmehr sagen: Gott selbst manifestieren will? [2]

Die Vorstellung, dass der Impuls zur Transzendenz eine primäre und allgegenwärtige Macht in unserem Leben darstellt (auch wenn sie meist verborgen ist), wurde von einer Reihe herausragender transpersonaler Psychologen geäußert, besonders von Ken Wilber. Er betitelt diese Macht als „Atman-Projekt“:

> Entwicklung ist Evolution; Evolution ist Transzendenz; … und das schließliche Ziel von Transzendenz ist Atman oder das höchste Bewusstsein der Einheit in Gott allein. Alle Antriebe leiten sich aus diesem einem Antrieb ab, alle Bedürfnisse aus diesem einen Bedürfnis, jeder Drang aus diesem einen Drang. Und die gesamte Bewegung bezeichnen wir als Atman-Projekt, als den Drang Gottes zu Gott, Buddhas zu Buddha, Brahmans zu Brahman, doch anfänglich durch die Vermittlung der menschlichen Psyche ausgeführt – mit Resultaten, die von der Ekstase bis zur Katastrophe reichen. [3]

Der Antrieb zur Transzendenz wohnt so dem menschlichen Leben inne. Er drückt sich nicht nur in der religiös-spirituellen Suche der Menschheit, sondern auch in den Bestrebungen der Wissenschaft, Technik, Philosophie, Theologie und Kunst aus. Dies mag nicht immer ersichtlich sein, besonders in jenen Bereichen nicht, wo man, wie in der zeitgenössischen Wissenschaft, größtes Gewicht darauf legt, jede Nähe zum metaphysischen Denken zu vermeiden und stattdessen dem Doppelidol Skeptizismus und Objektivität

[2] *Sri Aurobindo, The Life Divine (Pondicherry, India: Sri Aurobindo Ashram, 1977), Bd. 1, pp. 3–4.*

[3] *K. Wilber, The Atman Project: A Transpersonal View of Human Development (Wheaton, Illinois, USA: Theosophical Publishing House, 1980), p. IX.*

zu huldigen. Nichtsdestoweniger nimmt die Wissenschaft, wie aufmerksame Wissenschaftskritiker herausstreichen, in ihrer passionierten Suche nach Wissen und Sinngebung de facto jenen obersten Platz in Beschlag, der einst der Religion und der Theologie zugeordnet war.

Heute allerdings werden die metaphysischen Wurzeln der Wissenschaft sichtbar, vor allem in der Quantenphysik, die die materialistische Ideologie – das Glaubensbekenntnis vieler, wenn nicht der allermeisten Wissenschaftler während der letzten zweihundert Jahre – sehr relativiert. Ja, Avantgarde-Physiker wie David Bohm und Fred Alan Wolf formulierten umfassende quantenphysische Interpretationen der Realität, die sich in vielerlei Hinsicht mit den traditionellen östlichen Vorstellungen von der Struktur der Welt decken: Das Universum ist ein einziges und letztlich nicht darzustellendes Energie-Meer („Quanten-Schaum"), in dem unterschiedliche Formen – Dinge – auftauchen und verschwinden, womöglich bis in alle Ewigkeit. Gary Zukav schreibt:

> Quantenmechanik z.B. zeigt uns, dass wir vom Rest der Welt nicht so getrennt sind, wie wir es einmal dachten. Teilchenphysik zeigt uns, dass der „Rest der Welt" nicht müßig „da draußen" sitzt, sondern ein funkelndes Reich voll beständiger Schöpfung, Verwandlung und Vernichtung ist. Die Vorstellungen der neuen Physik, wofern ganz begriffen, können außerordentliche Erfahrungen produzieren. Das Studium der Relativitätstheorie kann z.B. zur sehr bemerkenswerten Erfahrung führen, dass Raum und Zeit nur mentale Konstruktionen sind![4]

An den Arbeiten solch kreativer Wissenschaftler wie den oben erwähnten wird klar, dass die Wissenschaften, wie alle anderen menschlichen Bemühungen auch, in sich den Impuls zur Transzendenz tragen. Mit Recht nannte John Lilly die Wissenschaften eine „Simulation Gottes".[5] Was Lilly mit diesem Ausdruck meint, ist dies: Wir Menschen versuchen, uns selbst und die uns scheinbar umgebende Welt zu beschreiben und zu verstehen. Indem wir dies versuchen, schaffen wir Wirklichkeitsmodelle und Programme, mit deren Hilfe wir in unseren derart konzipierten, simulierten Welten manövrieren können. Während der ganzen Zeit aber werden wir dorthin gestoßen – oder gezogen –, wo wir über unsere Modelle und Programmierungen, über unseren Verstand hinausgehen müssen.

Sobald wir Wissenschaft und Technik als Ausdrucksformen desselben Impulses zur Transzendenz betrachten, der Indiens Weise dazu motivierte, den inneren Kosmos des Bewusstseins zu erforschen, können wir viele Dinge in einer radikal veränderten Perspektive wahrnehmen. Wir müssen dazu nicht notwendigerweise Wissenschaft und Technik als „Pervertierungen" des spirituellen Drangs sehen – eher als seine „unbewussten Ausdrucksformen". Dabei wird kein moralisches Urteil stillschweigend impliziert;

[4] *G. Zukav, The Dancing Wu Li Masters: An Overview of the New Physics (New York: Morrow Quill Paperbacks, 1979), pp. 42–43.*

[5] *J. Lilly, Simulations of God: The Science of Belief (New York: Simon and Schuster, 1975), p. 144.*

wir können einfach darangehen, eine umfassendere und selbstkritischere Wahrnehmung in das wissenschaftliche und technische Unternehmen einzuführen. Somit bestünde dann die Hoffnung, das, was zur obsessiven Fluchtreaktion der linken Gehirnhälfte geworden ist, in eine authentische und legitime Vorgehensweise im Dienst des ganzen Menschen und der ganzen Menschheit zu verwandeln.

In Rabindranath Tagores erfrischend-vergnüglichem Werk *Gitanjali* findet sich eine Zeile, die unsere moderne, dilemmabehaftete Haltung treffend ausdrückt: „Freiheit ist alles, was ich will. Doch schäm ich mich, auf sie zu hoffen."[6] Wir fühlen uns geniert und deplatziert, weil wir empfinden, dass die Suche nach seelisch-geistiger Freiheit – oder Ekstase – einer längst vergangenen Zeit, einer verlorengegangenen Weltanschauung angehört. Aber das ist nur die halbe Wahrheit. Wohl sind gewisse Konzepte und Methoden zur Erlangung spiritueller Freiheit ersichtlich antiquiert, doch sind Freiheit und ihr Erreichen heute ebenso wichtig und relevant wie zu allen Zeiten davor. Der Wunsch nach Freiheit ist ein Drang und ein Anliegen jenseits aller Zeitbedingung. Wir wollen Freiheit oder dauerndes Glück, doch nur selten erkennen wir diesen tief sitzenden Wunsch an. Er bleibt als unbewusstes Programm bestehen und motiviert uns so bei all unseren Unternehmungen – von wissenschaftlichen und technischen Erfindungen bis zu künstlerischer Kreativität, von religiöser Inbrunst bis hin zu Sport, Sexualität, gesellschaftlichem Treiben und, ach, auch zu Drogen- und Alkoholsucht. Wir streben nach Erfüllung, nach Ganzheit und Glück, wenn wir all diesen Dingen nachgehen. Natürlich stellen wir dann fest, dass jedes so gewonnene Glück, jede derart gewonnene Freiheit frustrierend oberflächlich bleibt, und wir nehmen das als Aufforderung, unsere rituelle Suche nach Selbsterfüllung in Form gesteigerter Stimulationssuche fortzusetzen.

Heute aber können wir aus der neuen Weltsicht, die sich u.a. in der Quantenphysik und der Transpersonalen Psychologie ausdrückt, großen Mut schöpfen und jenen unbewusst drängenden Impuls kühn auf die Ebene eines bewussten Bedürfnisses heben. Und wenn wir dies tun, wird die außergewöhnliche Weisheit der Befreiungslehren Indiens und des Fernen Ostens für uns einen neuen Sinn annehmen, und die gegenwärtige Begegnung zwischen Ost und West vermag sich selbst zu erfüllen.

II. TECHNIK IM OSTEN UND IM WESTEN

Die Technik hat das menschliche Leben und das Antlitz unseres Heimatplaneten mehr als jede andere kulturelle Kraft verändert, doch ihre Gaben an die Menschheit haben sich nicht immer als wohltuend erwiesen. Seit den 1970er Jahren ist die allgemeine Einstellung zur Technik, und damit indirekt zur Wissenschaft, zunehmend ambivalent geworden. In den Worten von Colin Norman, einem Herausgeber des *Science Magazins*, ist die

[6] *R. Tagore, Gitanjali (New York: Macmillan, 1971), p. 44.*

Technik „der Gott, der hinkt“.[7] Es ist ein Gott, der durch Vernunft gedeiht, dabei aber an einem Mangel an Weisheit leidet. Die Konsequenzen einer Technik, bei deren Gebrauch es an ausgewogenem Urteil fehlt, müssen nicht einzeln angeführt werden – sie sind überall in der Ökologie unseres Planeten sichtbar. Eine andere Einstellung herrscht in der sozusagen „alternativen“ Technologie Indiens vor, deren Hauptgegenstände vor allem die Weisheit und das persönliche Wachstum sind. Sie entwickelte sich über die Jahrtausende auf dem reichen Humus hart errungener innerer Erfahrungen, seelisch-geistiger Reifung und ungewöhnlicher Bewusstseinszustände sowie unter dem besonderen Licht der Selbst-Realisierung. Die Entdeckungen und vollendeten Leistungen der spirituellen Genies Indiens erscheinen zumindest ebenso bemerkenswert wie Elektromotoren, Computer, Raumflüge, Organtransplantationen oder Genomanalysen. Ihre praktischen Lehren können in der Tat als eine Art von Technologie bezeichnet werden, deren Ziel es ist, Kontrolle über das innere Universum, über die Umwelt des Bewusstseins zu erlangen.

[7] *Siehe C. Norman, The God That Limps: Science and Technology in the Eighties (New York: W. W. Norton, 1981).*

Psychospirituelle Technik ist Wissen und Weisheit – beide in ihrer Anwendung darum bestrebt, die geistig-seelische Reifung des Einzelnen zu fördern und damit dem größeren Evolutionsplan der Menschheit zu dienen. Sie vermeidet die Gefahr einer sich verselbstständigenden Eigendynamik (in der sich die materialistische Technik befindet), da sie sich zentral um das Notwendige kümmert, nicht nur um das, was möglich und machbar ist. So zeichnet sich diese Technik als ethisch aus; sie sieht das menschliche Individuum als multidimensionales und vor allem als sich selbst transzendierendes Wesen.

Es ist per Definition eine Technik oder Technologie, die um die menschliche Ganzheit kreist. Letztlich erscheint die psychospirituelle Technik auch nicht als anthropozentrisch, sondern als theozentrisch, da ihr schlussendlicher

Zwei Arten von „Technologie“ und ihre Implikationen

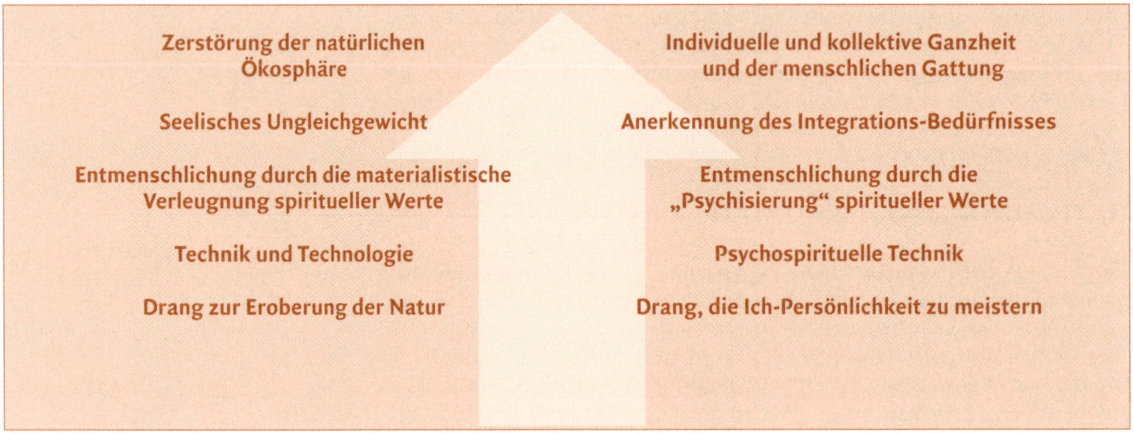
Zerstörung der natürlichen Ökosphäre
Individuelle und kollektive Ganzheit und der menschlichen Gattung
Seelisches Ungleichgewicht
Anerkennung des Integrations-Bedürfnisses
Entmenschlichung durch die materialistische Verleugnung spiritueller Werte
Entmenschlichung durch die „Psychisierung“ spiritueller Werte
Technik und Technologie
Psychospirituelle Technik
Drang zur Eroberung der Natur
Drang, die Ich-Persönlichkeit zu meistern

Bezugspunkt die Realität ist. Wenn die Technologie, in den Worten des Physikers Freeman J. Dyson, ein „Geschenk Gottes"[8] ist, dann ist die Psycho-Technologie ein Weg zu Gott. Erstere kann uns, falls richtig angewandt, von wirtschaftlichem Mangel und sozialer Not befreien. Letztere kann, falls weise angewandt, von der psychischen Tendenz befreien, als ich-verkapselte Wesen im Widerstreit mit sich selbst und der Welt zu leben.

Psychospirituelle Technologie geht in mancherlei Hinsicht auch über angewandtes Wissen und angewandte Weisheit hinaus. Sie operiert dann als Instrument, und ihr Einsatz eröffnet neue Perspektiven des Selbst-Verständnisses, einschließlich der höheren Dimensionen der Welt, die die Reiche des inneren Raumes bilden.

Die indischen Befreiungslehren – die großen Yogas des Hinduismus, Buddhismus, Jainismus und Sikhismus – offerieren der zeitgenössischen Menschheit zweifellos unschätzbare Ressourcen. Wir haben die Oberfläche des Gebotenen kaum angekratzt. Doch wird auch klar, dass, um einen Ausgang aus dem Tunnel der materialistischen Verwissenschaftlichung zu finden, wir mehr als Wissen, Informationen, Statistiken, mathematische Formeln, soziopolitische Programme oder technische Lösungen benötigen. Wir benötigen Weisheit. Und welchen besseren Weg gibt es, unsere Herzen zu verjüngen und die Ganzheit unseres Wesens wiederherzustellen, als jenen, der zur Weisheit des Ostens führt, speziell zu den großen, klaren Einsichten und Realisierungen der indischen Seher, Weisen, Mystiker und heiligen Vaganten.

III. WIRKLICHKEIT UND WIRKLICHKEITSMODELLE

Wir sollten unbedingt im Auge behalten, dass Indiens spirituelle Technologie ebenfalls nur auf Modellen der Realität basiert. Die höchste Realisierung, als Erleuchtung oder Gott-Realisierung verstanden, ist letztlich unaussprechlich, weil sie über das Denken und die Sprache weit hinausgeht. In dem Moment, da der gott- oder selbstrealisierte Adept den Mund öffnet, um über die Natur jener Realisierung zu sprechen, muss er/sie deshalb zu Metaphern, Bildern und Modellen Zuflucht nehmen; und Modelle sind nur begrenzt geeignet, die nicht aufteilbare, non-dualistische Kondition jener Realisierung zu vermitteln.

In mancher Hinsicht allerdings geben die von den Bewusstseins-Disziplinen des Ostens verwendeten Modelle die Wirklichkeit viel getreuer wieder. Der Grund dafür ist, dass die yogischen Modelle mit einer weiten und tiefen Sensitivität gestaltet wurden. Die Yogis setzen Erkenntnismittel ein, deren Existenz von westlichen Wissenschaftlern kaum anerkannt wird, wie z.B. Clairvoyance oder höhere Zustände der Identifizierung mit den kontemplativ betrachteten Objekten, samâdhi genannt. Mit anderen Worten, Yoga operiert mit einer verfeinerteren Erkenntnistheorie (Epistemologie)

[8] *F. J. Dyson, Infinite in All Directions (New York: Harper & Row, 1988), p. 270*

und Existenztheorie (Ontologie), nimmt dabei existentielle Dimensionsebenen wahr, von denen die meisten Wissenschaftler nicht einmal vermuten, dass sie vorhanden sein könnten. Gleichzeitig aber sind diese überlieferten spirituellen Modelle nicht so rigoros formuliert wie ihre westlichen Gegenstücke. Sie stellen sich eher als intuitiv, weisend und ermahnend denn als analytisch deskriptiv dar. Tatsächlich hat jede der beiden Methoden ihr jeweils klar umschriebenes Anwendungs- und Nützlichkeitsfeld, und beide können voneinander lernen.

Das Paradigma, das die westliche Wissenschaft noch immer regiert, ist der Newtonsche materialistische Dualismus; er postuliert, dass reale Subjekte (Beobachter) einer Unzahl realer, äußerer Objekte gegenüberstehen. Erst kürzlich wurde diese Anschauung durch die Quantenphysik – die davon ausgeht, dass es keine vom Beobachtenden ganz getrennte Realität gibt – in Frage gestellt. Indiens psychospirituelle Technik untersteht ebenso einem Paradigma, das als Vertikalismus bezeichnet werden kann: Man denkt, der Mensch könne die Wirklichkeit wahrnehmen, wenn er die Aufmerksamkeit nach innen wendet und das derart zentrierte Bewusstsein manipuliert, um zu immer höheren Erfahrungsebenen zu gelangen, bis schließlich die ganze Hierarchie von Erfahrungen transzendiert ist. So heißt das typische Motto des indischen Yoga: „Hinein, hinauf und hinaus!"

Das vertikale Modell der Spiritualität beruht auf einer archaisch-mythischen Vorstellungswelt, die die wahre Realität als Gegenpol zur bedingten Existenz imaginiert – der Himmel ist oben, die Erde unten. Wie der zeitgenössische Adept Adi Da ausführte, repräsentiert dieses Modell konzepthaft das menschliche Nervensystem. Er drückt es sehr treffend so aus:

> Der Schlüssel zur mystischen Sprache und zur religiösen Metapher ist nicht die Theologie oder Kosmologie, sondern die Anatomie. Die ganze religiöse und kosmologische Sprache der Mystik ist metaphorisch. Die Metaphern symbolisieren die anatomischen Charakteristika der höheren Funktionsstrukturen des Menschen.
>
> Diejenigen, die tief in die mystische Erfahrungsdimension eintreten, entdecken bald, dass die kosmische Gestaltung, die sie während ihres innerlichen Aufstiegs zu Gott zu finden erwarteten, tatsächlich nur die Gestaltung ihrer eigenen anatomischen und psychophysischen Strukturen ist. Ja, eben dies ist das Geheimnis, das den Initiierten mystischer Schulen offenbart wurde.[9]

In jüngerer Zeit erforschte Joe Nigro Sansonese (in seinem wichtigen, aber nicht genügend bekannten Werk *The Body of Myth*) die somatischen Ursprünge des Mythos. Er definierte Mythen zutreffend als „kulturell befrachtete Beschreibungen von samâdhi".[10] Wie er erklärte, nimmt jede

[9] *Bubba Free John (Adi Da), The Enlightenment of the Whole Body (Middletown, California: Dawn Horse Press, 1978), p. 377.*

[10] *J. N. Sansonese, The Body of Myth: Mythology, Shamanic Trance, and the Sacred Geography of the Body (Rochester, Vermont, USA: Inner Traditions, 1994), p. 39.*

Meditation den yogin oder die yoginî tief in den Körper hinein und bringt ihn/sie in Kontakt mit diesem oder jenem Organ. Diese innere somatische Reise schlägt sich dann äußerlich in mythischen Verbalisierungen nieder. In Sansoneses Ausführungen steckt viel Wahres, doch nicht die ganze Wahrheit. Einige Bewusstseinszustände gehen über die Eigenwahrnehmung und über den Körper gänzlich hinaus, und gerade diese Zustände sucht der Yoga-Adept zu kultivieren. Erleuchtung oder Befreiung ist per se ein definitiv körpertranszendierender Zustand. Dabei wird das gesamte Universum zum „Leib" des befreiten Wesens.

Die ernstlichste Beschränkung des Vertikal-Paradigmas besteht darin, dass es das spirituelle Leben als fortschreitende innere Reise von Unerleuchtetheit zu Erleuchtetheit interpretiert. Solche Interpretation fördert die falsche Vorstellung, die wirkliche Realität sei im Inneren, entfernt von der Welt zu finden; Weltentsagung bedeute konsequenterweise, sich aus der Welt zurückzuziehen.

Es spricht sehr für Indiens Meister, dass dieses Konzept nicht unbestritten blieb. Im Tantra z.B., der sowohl im Hinduismus als auch im Buddhismus wurzelt, erhebt sich ein anderes Verständnis von Spiritualität. Wie im Kapitel 17 ausführlicher behandelt wird, basiert Tantra auf der radikalen Annahme, dass die Realität, wenn sie überall existiert, auch tatsächlich überall und nicht nur innerhalb der menschlichen Seele sein muss. Die große Maxime des Tantra drückt also aus: nirvâna = samsâra; die transzendente Realität und die bedingte Welt sind essenziell miteinander verbunden. Anders ausgedrückt: Transzendierende Ekstase und sinnliches Vergnügen sind letztlich nicht unvereinbar. Im erleuchteten Zustand offenbart sich die Sinnenlust selbst als Ekstase. Im unerleuchteten Zustand ist das sinnliche Vergnügen einfach nur ein Ersatz für die Ekstase, die aber nichtsdestoweniger ihr stiller Nährgrund bleibt. Diese Betrachtungsweise hat zu einer Philosophie der Integration von spirituellen Belangen und materieller Existenz geführt, eine Philosophie, die heutzutage von spezieller Bedeutung ist.

IV. YOGA UND DER MODERNE WESTEN

In unserem Ringen um Selbst-Verständnis und seelisch-spirituelles Wachstum können wir nur gewinnen, wenn wir uns mit Indiens spiritueller Erbschaft ohne konservative Blickverengungen befassen. Natürlich müssen wir uns nicht zu irgendeinem Pfad bekehren oder yogische Ideen und Praktiken unbefragt akzeptieren. C.G. Jungs Warnung, dass wir nicht versuchen sollten, östliche Lehren in den Westen zu verpflanzen, klingt in gewisser Weise richtig – bloße Imitation bewirkt zweifellos mehr Schaden als Nutzen.[11] Wenn wir Vorstellungen und Lebensstile adoptieren, ohne sie auch emotional und intellektuell zu verinnerlichen, laufen wir Gefahr, ein unechtes, nicht authentisches Leben zu leben. Mit anderen Worten: Unsere gespielten

[11] *Siehe C. G. Jung, Psychology and the East (Princeton, Staat New York: Princeton University Press, 1978).*

Rollen übernehmen dann unsere Person. Allerdings war Jung hinsichtlich der menschlichen Fähigkeit, die Spreu vom Weizen zu trennen, oder hinsichtlich der Fähigkeit, auch aus negativen Erfahrungen zu lernen und daraus Impulse zum Ganzwerden zu gewinnen, überaus pessimistisch.

Zudem erscheint sein Beharren auf der radikalen Unterschiedlichkeit zwischen der psychischen Konstitution des östlichen und des westlichen Menschen schlichtweg als falsch. Zwar gibt es psychologische Unterschiede zwischen den östlichen und westlichen Zweigen der menschlichen Familie – Unterschiede, die erfahrenen Reisenden und Geschäftsleuten, die die kulturelle Schranke zwischen „Ost" und „West", „Nord" und „Süd" passieren, zur Genüge bekannt sind. Und zugegebenermaßen sind diese Verschiedenheiten noch beachtlicher, wenn wir die alte östliche Psyche mit der modernen westlichen vergleichen; jedoch sind sie nicht radikal oder unüberbrückbar.

In diesem Zusammenhang sollten wir uns daran erinnern, dass die Menschheit (ausgenommen vielleicht einige isolierte Stammesgesellschaften) seit dem, wie es der deutsche Philosoph und Psychiater Karl Jaspers nannte, „axialen Zeitalter", jener großen Transformationsperiode um die Mitte des ersten Jahrtausends v. Chr., die gleiche Bewusstseinsstruktur teilt. Während des axialen Zeitalters schritt die antike Welt über die für frühere Perioden charakteristische, mythisch-poetische Denkform hinaus. Neuland erobernde Geister wie Sokrates, Gautama Buddha, Mahâvîra, Lao Tse und Konfuzius demonstrierten einen neuen Erkenntnisstil und eine klare Bevorzugung des Denkens in rationalen Kategorien anstelle überwiegend mythologischer Metaphern. [12] Daher können wir mit den alten Lehren des Yoga mitgehen, auch wenn sie das Produkt eines Persönlichkeitstyps und einer Kultur sind, die beide noch nicht unter der exzessiven Betonung des Denkens der linken Gehirnhälfte bzw. unter abstrakter Intellektualisierung litten, wie es für unsere eigene Epoche so kennzeichnend ist.

Der Dialog zwischen Ost und West erscheint als eines der bedeutendsten Ereignisse unseres Jahrhunderts. Wenn der Westen, wie es Jung zuversichtlich forderte, in den kommenden Jahrhunderten seinen eigenen Yoga erschaffen soll, dann wird das nicht auf den Fundamenten des Christentums alleine sein – was Jung anvisierte –, sondern eher auf den neuen globalen Grundlagen, die als Resultat jenes Dialogs zwischen den beiden Hälften der planetarischen Menschheit gelegt wurden. In jedem Fall aber sollte verstanden werden, dass dieser Dialog notwendigerweise eine persönliche Angelegenheit ist und sich auf der individuellen Bühne des Herzens und des Verstands abspielt. Das heißt, wir – Sie und ich – müssen den Dialog beginnen und pflegen. Dies stellt eine enorme Herausforderung und Verpflichtung dar, jedoch auch eine unvergleichliche Gelegenheit, am „Atman-Projekt", das uns zu unserem eigenen Erwachen in der größeren Wirklichkeit treibt, mitzuwirken.

[12] *Wir können den Unterschied im Stil zwischen, sagen wir, Buddhas Predigten oder Patanjalis Yoga-Sûtra einerseits und den Hymnen des Rig-Veda andererseits klar erkennen. Ich erläuterte das näher in Wholeness or Transcendence? Ancient Lessons for the Emerging Global Civilization (Burdett, New York: Larson Publications, 1992). Zur Diskussion des Gebserschen Modells siehe mein Buch Structures of Consciousness: The Genius of Jean Gebser – An Introduction and Critique (Lower Lake, California: Integral Publishing, 1987).*

Die Grundlagen

„Der Wahrheit Gesicht ist mit einer gold'nen Scheibe bedeckt.
Entferne sie, o Pûshan, so dass ich,
der ich mich an das [göttliche] Gesetz halte,
die Wahrheit erschauen kann."

– Îsha-Upanishad (15)

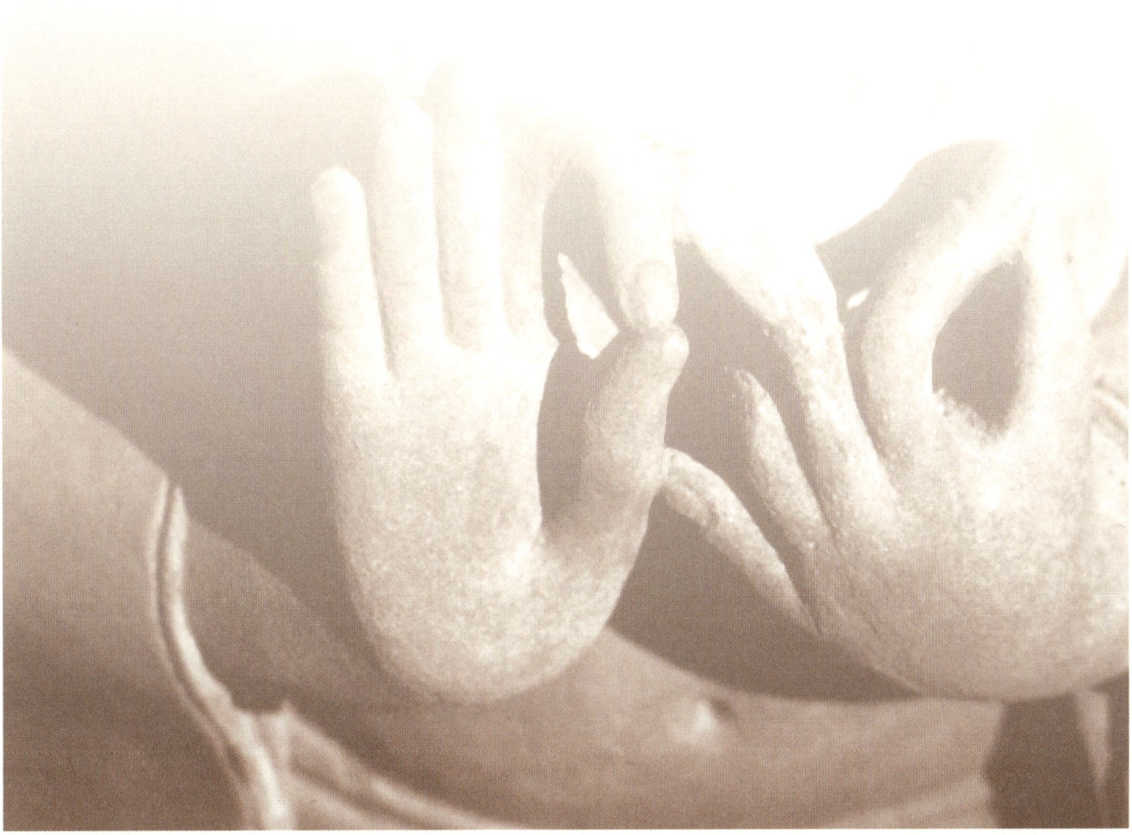

KAPITEL 1

Grundbausteine

„Yoga ist Gesammeltheit (samâdhâna)."
YOGA-SÛTRA-BHÂSHYA-VIVARANA (1.1)

I. DIE ESSENZ DES YOGA

Das Phänomen Yoga ist überwältigend vielfacettiert und lässt sich nur unter größten Schwierigkeiten definieren, da es zu jeder vorstellbaren Regel und Struktur, zu jedem Prinzip Ausnahmen gibt. Alle Zweige und Schulen des Yoga haben jedoch eines gemeinsam: Sie befassen sich mit einem Seins- oder Bewusstseinszustand, der jenseits des Normalzustands existiert. Ein altes Yoga-Werk, *Vyâsas Yoga-Bhâshya* (1.1), drückt solch wesensmäßige Orientierung durch die Gleichung „Yoga = Ekstase" aus.

In diesem Sanskrittext ist das für „Ekstase" benutzte Wort samâdhi. Vyâsas Definition löste bei seinen Kommentatoren und modernen Gelehrten endlose Interpretationsprobleme aus: Wie kann samâdhi stabile Qualität des Bewusstseins (citta) sein – etwas, worauf er beharrte –, wenn das Bewusstsein doch, wie man sagt, ständigen Veränderungen unterliegt? Wir können dieses spezielle Konzept nur verstehen, wenn wir es mit der Idee verbinden, dass das transzendentale Selbst, der purusha, sich immer im unveränderlichen Zustand der Ekstase befindet, unabhängig von den wechselnden Stimmungen und Eigenschaften des menschlichen Geistes.[1] Wie dem auch sei – Vyâsas Verwendung des Begriffs samâdhi in diesem Zusammenhang lässt Anklänge an den ekstatischen Zustand klar erkennen, und eben der ist das Kennzeichen des yogischen Pfads.

योगः समाधिः ॥

yogah samâdhih

Der Begriff samâdhi ist im Yoga von entscheidender Bedeutung, und wir werden in diesem Band immer wieder darauf stoßen. Deshalb erscheint es angebracht, ihn von Anfang an genauer zu erklären. Sanskrit, die Sprache, in der die meisten Yoga-Schriften verfasst wurden, eignet sich besonders gut für philosophische und psychologische Erörterungen. Es erlaubt den präzisen Ausdruck von gedanklichen Nuancen, die in neueren westlichen Sprachen häufig mehrere Begriffe benötigen. Das Wort samâdhi z.B. setzt sich aus den Präfixen sam (ähnlich dem lateinischen syn) und â zusammen, gefolgt von der Wortwurzel dhâ (setzen, legen, stellen), in ihrer abgewandelten Form dhi. Die wörtliche Bedeutung des Begriffs ist daher „zusammenstellen, -setzen, -bringen".

Es ist das bewusste Subjekt, das mit seinen mental vorgestellten Objekten zusammengebracht oder vereint wird. Samâdhi meint sowohl die Technik der Vereinung des Bewusstseins wie auch den daraus resultierenden Zustand der ekstatischen Vereinung mit dem Objekt der Kontemplation. Christliche Mystiker sprechen hier von der „mystischen Union", der unio mystica. Wie der bekannte Religionshistoriker Mircea Eliade feststellte, ist samâdhi eigentlich mehr mit „Enstase" als mit „ Ekstase" gleichzusetzen.[2] Das aus dem Griechischen abgeleitete Wort „Ekstase" bedeutet, außerhalb (ex) des gewöhnlichen Selbst zu stehen (stasis), während samâdhi auf das Stehen (stasis) im (en) Selbst, im transzendental-essentiellen Wesen der

[1] *Zur Erwägung dieser komplexen Frage siehe Usharbudh Arya, Yoga-Sûtras of Patanjali, with the Exposition of Vyâsa: A Translation and Commentary, Bd. 1: Samâdhi-pâda (Honesdale, Pennsylvania, USA: Himalayan International Institute, 1986), pp. 76 ff.*

[2] *Siehe M. Eliade, Yoga: Immortality and Freedom (Princeton, Staat New York: Princeton University Press, 1973), p. 77.*

Persönlichkeit verweist. Doch sind beide Interpretationen korrekt, da wir im und als Selbst (âtman oder purusha) nur verweilen können, wenn wir das „Ego-Selbst" (ahamkâra) transzendieren. Yoga stellt sich also als Technik der Ekstase bzw. der Ich-Transzendierung dar. Wie die ekstatische Kondition interpretiert wird und welche Mittel zu ihrer Verwirklichung eingesetzt werden, dies beides unterscheidet sich, wie wir sehen werden, von Schule zu Schule.

Der Sanskritbegriff yoga wird meist als „Vereinung" des individuellen Selbst (jîva-âtman) mit dem höchsten Selbst (parama-âtman) gedeutet.[3] Solch treffende Definition findet sich durchgängig im Vedânta, dem dominierenden Zweig der Hindu-Philosophie, der auch die Mehrheit der Yoga-Schulrichtungen beeinflusste. Der eigentliche Vedânta entstand auf der Grundlage der alten esoterischen Schriften, die als Upanishaden bekannt sind. Diese lehrten – als die ersten Schriften methodisch – das „innere Ritual" der Meditation über das einzig-einheitliche Fundament allen Seins und der Verschmelzung damit.[4] Doch klingt auch schon in den archaischen Hymnen der Veden die non-dualistische Metaphysik an (s. Diagramm in Kapitel 3 mit der Auflistung des heiligen Schrifttums des Hinduismus).

Dem Vedânta zufolge ist das individuelle Selbst seiner transzendentalen Basis – dem höchsten Selbst (parama-âtman) bzw. dem Absoluten (brahman) – entfremdet. Es gibt von Schule zu Schule unterschiedliche Auffassungen hinsichtlich dieser Entfremdung. Die einen sehen das begrenzte Selbst, zusammen mit dem phänomenalen Universum, als bloße Illusion, als Projektion, die die wahre Realität überblendet. Andere betrachten das „Ego-Selbst" als real existierend, dabei aber unter der „Krankheit" (duhkha) der Entfremdung (von der höchsten Wirklichkeit) leidend. Wegen dieser unterschiedlichen Auffassungen vom wahren existenziellen Status des individuellen Selbst kam es auch zu einer Vielzahl von Interpretationen hinsichtlich der Art und Weise, wie sich das einzelne Selbst mit der transzendenten Wirklichkeit wiedervereinen kann. Einige Denkschulen streiten die Möglichkeit einer solchen Wiedervereinung sogar ab, da der Mensch doch vom Urgrund nie getrennt sei. Die Entdeckung eben dieser Wahrheit sei nicht mehr als ein Wiedererinnern des ewigen Geburtsrechts des Menschen – als ewig glückseliges, transzendentales Selbst zu existieren.

Zwar tritt das Konzept einer Vereinung in der Vedânta-Tradition durchaus überzeugend auf, doch ist es nicht für alle Schulen des Yoga repräsentativ. Es hat Gültigkeit in den früheren, vorklassischen Schulen des Yoga und auch in den späteren, nachklassischen, die einer Spielart vedantischer, non-dualistischer Philosophie anhängen. Doch passt die Metapher der Vereinung überhaupt nicht zum System des klassischen Yoga, wie es im 2. Jahrhundert n. Chr. Patanjali formulierte. In Patanjalis Yoga-Sûtra, dem grundlegenden Werk des klassischen Yoga, wird eine Union mit der transzendenten Realität als höchstes Ziel der yogischen Bemühung nicht erwähnt. Unter den Vorzeichen von Patanjalis dualistischer Philosophie, die das transzendentale

[3] Die Wörter jîva-âtman und parama-âtman werden jîvâtman und paramâtman geschrieben.

[4] Zur Besprechung der Upanishaden s. Kapitel 5 und 15.

Selbst von der Natur (prakriti) und ihren Hervorbringungen strikt trennt, ergäbe das auch gar keinen Sinn.

Einer von Patanjalis Aphorismen (2.44) verweist lediglich auf eine „Kontaktaufnahme" (samprayoga) zur persönlich „erwählten Gottheit" (ishta-devatâ), die sich aus der intensiven Selbsterforschung ergeben mag. Diese erwählte Gottheit ist nicht das Absolute selbst, sondern eine besondere Gottheit des Hindu-Pantheons, wie Shiva, Vishnu, Krishna oder die weiblichen Gottheiten Durgâ und Kâlî.[5] Der weibliche oder männliche Yogi kann, mit anderen Worten, eine Vision seines erwählten Repräsentanten der transzendenten Realität erlangen, so wie ein frommer Christ eine visionäre Begegnung mit seinem/r bevorzugten Heiligen erleben mag. Nichts anderes besagt jener Aphorismus.

Patanjali definiert Yoga (Yoga-Sûtra 1.2) schlicht als „Eingrenzung der wirbelnden Bewusstseinswellen" (citta-vritti-nirodha). Das will sagen: Yoga ist die Konzentration der Aufmerksamkeit auf das jeweils kontemplierte Objekt unter Ausschluss aller anderen Objekte. Am Ende muss die Aufmerksamkeit auf das transzendentale Selbst fokussiert werden und mit diesem verschmelzen. Dies bedeutet nicht nur, die Gedanken an ihrem Entstehen zu hindern, sondern noch mehr, die Körper-Geist-Seele-Einheit insgesamt auf einen Punkt auszurichten, womit dann das ganze Wesen zur Ruhe kommt. Wie aus einem Studium des Yoga-Sûtra hervorgeht, gehören die Begriffe citta und vritti zu Patanjalis technischem Vokabular und haben daher recht präzise Konnotationen. Wir lernen zum Beispiel, dass der Prozess der Beschränkung weit tiefer reicht als nur bis zum diskursiven Verstand, denn schlussendlich muss die gesamte bedingte Persönlichkeit im Zustand des Gleichgewichts und der Transparenz verbleiben. Wir können die Schwierigkeit dieses Unterfangens gut einschätzen, wenn wir einmal versuchen, das Förderband unserer Gedanken auch nur für dreißig Sekunden anzuhalten.

Patanjali konstatiert, dass das transzendentale Zeugen-Bewusstsein aufleuchtet, sobald der seelisch-mentale Anhaltevorgang vollendet ist. Dieses Zeugen-Bewusstsein – der „Seher" (drashtri) – gilt als die reine Wahrnehmung (cit), die permanent jenseits der Sinne und des Verstands existiert und ununterbrochen jeden Bewusstseinsinhalt verzeichnet. Alle Schulrichtungen im Hinduismus sehen die höchste Realität nicht als einen Seinszustand von steinartiger Unbeweglichkeit, sondern als Qualität des Überbewusstseins.

Und dies wird nicht nur spekulativ affirmiert; es gründet auf der lebendigen Erfahrung von Tausenden von Yoga-Adepten. Deren große Entdeckung wird durch das Zeugnis von Mystikern in anderen Teilen der Welt untermauert. Die unveränderliche Essenz – der Allgeist – ist Sein-Bewusstsein. Alles andere gilt, Patanjalis Philosophie zufolge, als fühllose Materie und gehört zum Reich der Natur, dem Gegenpol des Zeugen-Bewusstseins.

[5]Detaillierter historischer Überblick über den Hindu-Pantheon bei S. Bhattacharji, The Indian Theogony: A Comparative Study of Indian Mythology from the Vedas to the Puranas (Cambridge, England: Cambridge University Press, 1970). Siehe auch A. Danielou, Hindu Polytheism (New York: Pantheon Books, 1964) und J. Johnson, God and Gods in Hinduism (New Delhi: Arnold-Heinemann, 1972).

Der klassische Yoga vertritt einen strikten Dualismus zwischen dem Allgeist (purusha) und der Materie (prakriti); das erinnert an die Gnostik, jene esoterische Bewegung, die mit dem Christentum rivalisierte und im Mittelmeerraum etwa um dieselbe Zeit erblühte, da Patanjali seine Aphorismen verfasste. Aufgrund dieses kompromisslosen Dualismus konnte König Bhoja (11. Jh. n. Chr.) in seinem Kommentar zum Yoga-Sûtra erklären, yoga meine eigentlich viyoga, d.h. „Trennung". Die primäre Technik des klassischen Yoga, argumentierte König Bhoja, sei die „Unterscheidung" (viveka) des Yogi zwischen dem transzendentalen Selbst und dem „Nicht-Selbst" (anâtman); Letzteres repräsentiere die gesamte psychophysische Person und gehöre zum Reich der Materie.

Nachdem der Yogi den tiefen Unterschied zwischen Allgeist und Verstand samt Gemüt vollständig begriffen hat, sucht er sich Schritt für Schritt von dem zurückzuziehen, was er als seine nicht-essenziellen Natur erkannt hat, also von seinem gesamten Körper-Verstand-System. Solch allmähliche Herauslösung aus der phänomenalen Realität ist abgeschlossen, wenn der Yogi seine wahre Identität, d.h. das transzendentale Zeugen-Bewusstsein wiederfindet.

Interessanterweise folgten sogar die non-dualistischen Schulen des Yoga und des Vedânta dieser Prozedur, die von ihnen als „Annullierung" (apavâda) bezeichnet wird. Es ist die Methode des neti-neti („nicht dies, nicht das"), erfunden von den Weisen, deren innovative Lehren in den alten Upanishaden niedergelegt sind. Diese Methode besteht in einem fortschreitendem Zurückziehen der Aufmerksamkeit aus den verschiedenen Bereichen der psychophysischen Existenz und führt dadurch zum allmählichen Abbau der falschen Identifizierung mit dem „speziell-eigenen" Körper-Verstandes-Ich. Die Vorgehensweise wird treffend illustriert im Nirvâna-Shatka, einem Shankara zugeschriebenen Lehrgedicht (Shankara lebte etwa im 8. Jh. n. Chr. und wird weithin als die größte Autorität des non-dualistischen Vedânta betrachtet):

> Om. Ich bin nicht Vernunft, Intuition (buddhi), Ichheit (ahamkâra) oder Gedächtnis. Ich bin auch nicht Hören, Schmecken, Riechen oder Sehen; auch nicht Äther oder Erde, Feuer oder Luft. Ich bin Shiva, in Form von Bewusstsein und Seligkeit. Ich bin Shiva. (Vers 1)

Der Vers beschreibt die *via negativa* der Hindu-Spiritualität. Doch diese liefert zur gleichen Zeit ein gutes Beispiel für die alternative, häufig komplementäre Methode, wie sie von den Autoritäten des Vedânta auch empfohlen wird: Anstatt sich zu „verstümmeln", geht der yogin oder die yoginî von der grundsätzlichen Identität mit dem transzendentalen Sein-Bewusstsein aus. So affirmiert er/sie: „Ich bin das Absolute" (aham brahma asmi, geschrieben aham brahmâsmi) oder, wie in der obig zitierten

Passage: „Ich bin Shiva" (shivo'ham, von shivah'aham). Shiva ist hier nicht eine persönliche Gottheit, sondern das Absolute selbst. Diese affirmative Vorgehensweise wird in der Tejo-Bindu-Upanishad (3.1–43) gepriesen – Gott Shiva selbst unterrichtet darin den Weisen Kumâra ausführlich über die höchste spirituelle Verwirklichung.

Hier ein Auszug aus Shivas ekstatischem Bekenntnis mit Lehrfunktion:

> Ich bin das höchste Absolute. Ich bin höchste Seligkeit. Ich bin von der Form des einzigen Wissens. Ich bin einzig und transzendent. (3.1) Ich bin von der Form der einzigartigen Ruhe. Ich bestehe aus einzigartiger Wahrnehmung (cit). Ich bin von der Form der einzigen Ewigkeit. Ich dauere für immer. (3.2)
> Ich bin von der Form des einzigartigen Wesens (sattva). Ich gab das Ich auf, und so bin Ich. Ich bin vom Wesen desjenen, das leer von allem ist. Ich bestehe aus dem Raum des Wahrnehmens. (3.3)
> Ich bin von der Form des einzigartigen „Vierten" (turya).[6] Ich bin das einzigartige [Wirkliche], das das Vierte transzendiert. Für immer bin ich von der Form des Bewusstseins (caitanya). (3.4)

Wir können annehmen, dass Shankara den obigen Nirvâna-Shakta im ekstatischen oder erleuchteten Zustand niederschrieb. Doch befand er sich nicht im, wie es nivellierend genannt wird, „veränderten" Bewusstseinszustand und verfasste auch nicht bloß eine glaubensstarke Deklaration. Er war auch nicht trunken von eigenschaftsloser Ekstase jenseits aller Konzepte (nirvikalpa-samâdhi), denn unter solcher Bedingung sind Körperwahrnehmung und daher Sprache nicht möglich. Eher sprach er als jene singuläre Einheit „Sein-Bewusstsein" an und für sich. Seine Erleuchtung erscheint nicht als momenthafter Blitz, sondern als permanente und stabile Realisierung. Er sprach als erleuchteter, das kleine Selbst transzendiert habender, befreiter Adept der höchsten Ordnung.

Befreiung (mukti, moksha) ist die andauernde ekstatische Freude des transzendentalen Selbst. Sie ist sowohl der Grund für die Existenz jedes authentischen Yoga wie auch das Ziel. Die yogische Technik erfüllt sich selbst in ihrer eigenen Überschreitung. Denn die Seelenbefreiung ist nicht eine Technik – sie ist eine Art und Weise, in der Welt zu leben, ohne von ihr zu sein. Nachdem sie zur obersten Sprosse auf der Leiter des Yoga geklettert sind, stoßen vollendete yogins die Leiter weg und überlassen sich dem unendlichen Spiel der Wirklichkeit.

[6] Das „Vierte" (turya, turîya oder caturtha) ist die transzendente Realität jenseits der drei Modalitäten des Bewusstseins, nämlich des Wach-, des Traum- und des Schlafzustands.

नामरूप ॥

nâma rûpa

II. WAS VERBIRGT SICH HINTER EINEM NAMEN? DER BEGRIFF YOGA

Unsere Welt, so beteuern die Weisen des alten Indien, ist nur ein wundervoll verzauberndes Collagebild aus „Name“ (nâma) und „Form“ (rûpa). Mit diesem Gleichnis nahmen sie tatsächlich unsere zeitgenössische Philosophie vorweg. Die Realität stellt sich als Kontinuum dar, das wir in eine Vielzahl gesonderter Phänomene aufteilen, und zwar mittels der Sprache. Unser Benennen der Dinge erschafft diese gewissermaßen. Unsere Wörter konvertieren oder verdinglichen die Realität. Meist erweist sich das als sinnvoll, da wir uns ja in einem recht komplexen Universum zurechtfinden wollen. Doch gerät es zur extremen Behinderung, wenn unsere Wörter Barrieren errichten, die das Verstehen blockieren und die Liebe verkümmern lassen. Nichtsdestoweniger können sie nützlich sein, solange wir uns daran erinnern, dass Worte nicht identisch sind mit der Wirklichkeit, die sie bezeichnen sollen.

Daher scheint es angebracht, diesen Abschnitt mit der Frage nach dem Bedeutungsumfang des Wortes yoga zu beginnen. Rein technisch gesehen bezieht sich yoga auf den enormen Korpus von spirituellen Werten, Haltungen, Vorschriften und Methoden, der im Lauf von mindestens fünf Jahrtausenden in Indien entwickelt wurde und als die eigentliche Grundlage der alten indischen Zivilisation betrachtet werden kann. Yoga ist, so gesehen, der Gattungsname für die verschiedenen indischen Wege der ekstatischen Ich-Transzendierung, d.h. der methodischen Umwandlung des Bewusstseins bis hin zu dem Punkt, an dem die Befreiung vom Zauberbann des Ichs erlangt wird. Yoga bezeichnet also die psychospirituelle Technologie, die für die große Zivilisation Indiens spezifisch ist.

Im grenzüberschreitenden Sinn wurde das Wort yoga auch auf jene Traditionen angewendet, die direkt oder indirekt von indischen Ausgangsquellen beeinflusst wurden, wie etwa der tibetische (= Vajrayâna-Buddhismus), japanische (= Zen) und chinesische Yoga (= Ch'an). Es ist jedoch irreführend, wenn man von jüdischem, christlichem oder ägyptischem Yoga spricht, es sei denn, der Begriff yoga soll ganz klar die Worte „Mystik“ oder „Spiritualität“ ersetzen. Sowohl jüdische wie christliche Mystik entstanden weitgehend unabhängig vom indischen spirituellen Abenteuer, und erst in diesem Jahrhundert sind Versuche unternommen worden, yogische Vorstellungen und Praktiken im Rahmen der jüdisch-christlichen Tradition einzusetzen.[7] Auch wenn es reizvolle Parallelen zwischen der vedischen Spiritualität und den ägyptischen religiösen Glaubensvorstellungen, Praktiken und Symbolen gibt, so trägt die Spiritualität Ägyptens doch den einzigartigen Stempel des Geistes des Nil-Volkes.

Im engeren Sinn genommen steht der Begriff yoga für das System des klassischen Yoga, das durch Patanjali in der frühen nachchristlichen Ära niedergelegt wurde und das zu den sechs großen Traditionen oder

[7] *Laut einiger Forscher erhielt Jesus seine Meisterausbildung u.a. in Kaschmir, aber das mag reine Mutmaßung sein. Aufgrund schriftlicher und archäologischer Belege behaupten andere, dass er nach der Kreuzigung, die er überlebte, nach Kaschmir ging. Siehe dazu z.B. A. Faber-Kaiser, Jesus Died in Kashmir (London: Gorden & Cremonesi, 1977) und H. Kesten, Jesus lebte in Indien (München: Droemersche Verlagsanstalt, 1983).*

„Theorien“ (darshana) des Hinduismus gezählt wird. Die anderen fünf orthodoxen Traditionen heißen Nyâya, Vaisheshika, Sâmkhya, Mîmâmsâ und Vedânta. Das Verhältnis der Yoga-Tradition zu diesen Systemen wird im Kapitel 3 behandelt.

Es sollte auch angemerkt werden, dass das Wort yoga in den Sanskrittexten gelegentlich dazu verwendet wird, das eigentliche Ziel des Yoga anzugeben. So bezieht sich das Wort in der Maitrâyanîya-Upanishad (6.28), einer vorchristlichen Schrift, auf die Verwirklichung des transzendentalen Selbst. In der Tattva-Vaishâradî (3.9) und in der Amrita-Nâda-Bindu-Upanishad (23) wird das Wort benutzt, um den temporären Ekstasezustand (samâdhi) zu bezeichnen. Selten, an einigen Stellen, wie im Mahâbhârata (12.293.30), tritt das Wort auf, um auf einen Anhänger der Yoga-Tradition zu verweisen. Ebenso kann es sich, genauso wie das etymologisch verwandte yauga, auf einen Anhänger der Nyâya- und der Vaisheshika-Tradition beziehen.

Der Begriff yoga wird in der Sanskrit-Literatur häufig verwendet. Er tritt verschiedentlich bereits im alten Rig-Veda auf, der dem gläubigen Hindu soviel bedeutet wie das Alte Testament dem Christen. Der Rig-Veda ist eine Sammlung archaischer Hymnen, von denen einige wahrscheinlich zwischen dem 4. und dem 3. Jahrtausend v. Chr. verfasst wurden. Das Wort yoga leitet sich etymologisch von der Wortwurzel yuj ab, was „zusammenbinden“ oder „zusammenjochen“ heißt und zahlreiche Nebenbedeutungen hat, wie „Vereinigung“, „Sternkonjunktion“, „Grammatikregel“, „Bemühung“, „Beschäftigung“, „Mannschaft“, „Ausstattung“, „Mittel“, „Trick“, „Zauber“, „Zusammengesetztes“, „Summe“ usw. Sprachgeschichtlich ist sie dem englischen yoke, dem französischen joug, dem deutschen Joch, dem griechischen zugos, dem lateinischen iugum, dem russischen igo, dem spanischen yugo und dem schwedischen ok verwandt.

Wie zuvor erwähnt, offeriert Vyâsa im Yoga-Bhâshya (1.1), dem ältesten existierenden Kommentar zum Yoga-Sûtra, die Gleichung „Yoga = Ekstase“. Damit gibt er präzise an, welche Art von „Zusammenjochung“ gemeint ist, nämlich das Gefügigmachen der Aufmerksamkeit oder des Bewusstseins bis zu dem Punkt, da sie/es den ekstatischen Zustand (samâdhi) erreicht, kraft dessen die Mechanik des Verstands zumindest zeitweise transzendiert wird.

Im 9. Jh. n. Chr. schrieb Vâcaspati Mishra einen gelehrten Nebenkommentar zu Patanjalis Aphorismen mit dem Titel Tattva-Vaishâradî. Vâcaspati Mishra merkt darin zu Beginn an, dass der Begriff yoga von der Wortwurzel yuja (im Sinn von „Konzentration“) und nicht von yuji (im Sinn von „Konjunktion“) abgeleitet werden sollte. Vielleicht fühlte er sich zu diesem Kommentar berufen, da, wie wir sahen, die non-dualistische Tradition des Vedânta den Begriff yoga häufig als Vereinigung (samyoga) des individuellen Selbst mit dem transzendenten Selbst definiert. Das ist, wie gesagt, eine Definition, die sich nicht direkt auf den klassischen Yoga anwenden lässt,

योगिन् । योगी । योगिनी ॥

yogin, yogî, yoginî

der sich dualistisch gibt und de facto zwischen dem transzendenten Selbst und der vielgestaltigen Natur unterscheidet.

Im Mahâbhârata (14.43.24) wird „Aktivität" (pravritti) als wichtiges Kennzeichen des Yoga angeführt. Dies erinnert an die Definition in der Bhagavad-Gîtâ (2.50), dem hinduistischen Äquivalent zum Neuen Testament, die besagt: „Yoga ist Geschicklichkeit beim Handeln" (yogah karmasu kaushalam), und bedeutet, dass yogins und yoginîs die anfallende Arbeit ausführen und ihre Verpflichtungen erfüllen, ohne nach Belohnung zu trachten. Im 2. Kapitel wird die derartige Einstellung näher erläutert. Die Bhagavad-Gîtâ (2.48) definiert yoga auch als „Gleichmut" (samatva). Das Sanskritwort samatva bedeutet wörtlich „Gleichheit" und hat etliche Beiklänge, wie u.a. „Balanciertheit" und „Harmonie". Im Grunde geht es um die Haltung der leidenschaftslosen Betrachtung des Lebens und des Unberührtseins von seinem Auf und Ab.

Solchermaßen erscheint yoga als ein Wort, das sich auf eine Vielzahl von Dingen anwenden lässt, und beim Studium von Yoga-Texten ist es günstig, an seine Flexibilität zu denken.

III. GRADE DER SELBST-TRANSZENDIERUNG - DER PRAKTIKER (YOGIN ODER YOGINÎ)

Das Wort yogin (Nominativ: yogî) leitet sich von derselben Wortwurzel ab wie yoga, nämlich von yuj, und bezeichnet einen Ausübenden des Yoga, der Anfänger, Fortgeschrittener oder gar vollständig gott- bzw. selbstrealisierter Adept sein mag.

Eine weibliche Praktikantin wird yoginî genannt. Dieses Wort wird auch auf den weiblichen Partner bei sexuellen Ritualen gewisser tantrischer Schulen angewendet, wie im Kapitel 17 näher ausgeführt. Der Begriff yoginî kann sich gleichfalls auf eine der speziell mit dem Tantra assoziierten 64 weiblichen Gottheiten beziehen, die als Manifestationen der universellen schöpferischen Energie (shakti) angesehen werden. Dieser Kult der 64 yoginîs reicht bis zum 6. oder 7. Jahrhundert n. Chr. zurück.[8]

Der Begriff yogin wird im Allgemeinen auf alle spirituellen Praktiker lose angewendet, aber manchmal wird unterschieden etwa zwischen dem yogin und dem samnyâsin („Entsagender", „Renunziant") oder zwischen dem yogin (als Ausübender einer speziellen Disziplin) und dem jnânin („Gnostiker", „Wissender"), der erkennen lässt, dass er keinerlei Ideologie oder Methode folgt, sondern auf dem Boden des spontanen spirituellen Verstehens, der Intuition, lebt.

So finden wir z.B. in der Mândûkya-Kârikâ (3.39), einem autoritativen Werk über den Advaita-Vedânta, den folgenden Vers:

[8]Der Begriff yoginî bezieht sich auch auf ein Mitglied einer Gruppe weiblicher Gottheiten, die als Manifestation der universellen schöpferischen Energie (shakti) betrachtet werden; sie spielen in einigen Tantra-Schulen eine wichtige Rolle. Siehe H. C. Das, Tantricism: A Study of the Yoginî Cult (New Delhi: Sterling Publishers, 1981).

> Der nicht-greifbare Yoga (asparsha-yoga) [des Non-Dualismus] ist von allen yogins schwer zu verwirklichen. Die yogins haben Angst davor und sehen also Angst in [dem, was tatsächlich die Essenz ist] der Angstlosigkeit.

Hier unterscheidet der Verfasser Gaudapâda, Lehrer von Shankaras Lehrer, zwischen yogins und denjenigen, die die ungreifbare nicht-duale Wirklichkeit realisiert haben, also den jnânins. Die Abstufung drückt vielleicht seine Bevorzugung aus, denn es gibt auch unter den Anhängern des Yoga verwirklichte Meister. Aber was ist schließlich ein Name? Gaudapâda wollte schlicht die Überlegenheit der von Ego und Furcht freien jnânins über jene, die gespannt-drangvoll nach Gottrealisierung streben, ohne zu verstehen, dass ihre Art der Suche der eigentliche Stolperstein ist, klar begründen. Denn solange es ein Ziel gibt, gibt es den Strebenden, der es zu erreichen sucht – und also eine im Zustand der Unerleuchtetheit gefangene Ich-Person.

Der spirituelle Reifeprozess des yogin läuft, so wird gedacht, in einer Serie klar abgegrenzter Phasen oder Stufen (bhûmi) ab. Im dritten Kapitel des Jîvan-Mukti-Viveka („Unterscheidung der lebendigen Befreiung") spricht der mittelalterliche Gelehrte und Praktiker Vidyâranya von zwei Klassen von yogins: jenen, die das Ich-Selbst transzendieren, und jenen, die dies noch nicht vollbringen. Das ist eine einfache und effektive Klassifizierung.

Der berühmte Vedânta-Philosoph Vijnâna Bhikshu aus dem 16. Jahrhundert stuft in seinem *Yoga-Sâra-Samgraha* („Abriss der Essenz des Yoga") zwischen folgenden Graden ab:

1. ârurukshu – jemand, der den Wunsch nach einem spirituellen Leben verspürt;
2. yunjana – jemand, der Spiritualität tatsächlich praktiziert;
3. yoga-ârûdha – jemand, der im Yoga fortgeschritten ist; er wird auch als yukta („Angejochter") oder als sthita-prajnâ („einer von beständiger Weisheit") bezeichnet.

Die Bhagavad-Gîtâ, zweifellos das populärste Werk über Yoga, charakterisiert den Aspiranten (ârurukshu und yunjana) und den geübten Adepten (yoga-ârûdha) mit diesen Worten:

> Für den Weisen, der im Yoga aufsteigen will, wird die Tat als Mittel empfohlen. Für jenen, der im Yoga aufgestiegen ist, soll die heitere Gelassenheit (shama) das Mittel sein. (6.3)

> Wenn er nicht haftet an Sinnesobjekten oder Handlungen und allen Wünschen entsagt hat, wird er „einer, der im Yoga aufgestiegen ist" genannt. (6.4)

> Wenn er den Verstand beherrscht und allein im Selbst (âtman) verankert und ohne Wünsche ist, dann wird er ein „Angejochter" (yukta) genannt. (6.18)

Den vollendeten yogin mit „beständiger Weisheit" – sthita-prajnâ – beschreibt die Bhagavad-Gîtâ (2.56) wie folgt:

> Er, dessen Geist von Sorge unberührt, der im Vergnügen vom Wunsche frei, der ohne Verhaftung, Furcht und Ärger ist – er wird ein Weiser von „beständiger Einsicht" (sthita-dhî) genannt.

In der Literatur der großen spirituellen Bewegung des mittelalterlichen Indiens, die als Tantra oder Tantrik bekannt ist, findet sich die Differenzierung zwischen dem noch „verwirklichenden Aspiranten" (sâdhaka) und dem „Vollkommenen" (siddha) – oder Meister –, der Freiheit und Vollendung (siddhi), das heißt den Gipfelpunkt des Pfads zur Verwirklichung (sâdhana) bereits erreicht hat. Andere Klassifizierungen werden in den verschiedenen Purânas (populäre, quasi-religiöse enzyklopädische Schriften), Âgamas und Samhitâs (beides sind nicht-orthodoxe Werke enzyklopädischen Umfangs) wie auch in den Schriften des Hatha-Yoga (des „gewaltausübenden" Yoga der körperlichen Disziplin) verwendet. Außerdem zeigen die großen religiösen Traditionen des Buddhismus und Jainismus, die beide den Yoga inkorporierten und zu seiner Entwicklung beitrugen, gleichfalls eigene Bewertungsstufen hinsichtlich spiritueller Leistung und Meisterschaft.

Eine interessante, vierfache Aufteilung findet sich im Yoga-Bhâshya (3.51) des legendären Autors Vyâsa:

1. prathama-kalpika – der Anfänger auf der ersten Stufe;
2. mâdhu-bhûmika – „er, der auf der erfreulichen (wörtl. ‚Honig-') Stufe ist";
3. prajnâ-jyotis – „er, der das Licht (jyotis) der Weisheit erlangt hat";
4. atikrânta-bhâvanîya – „er, der im Begriff ist, [die bedingte Existenz] zu transzendieren".

Vyâsa (Yoga-Bhâshya 3.51) nimmt diese vier Grade des spirituellen Fortschreitens näher in Augenschein:

> Der Erste ist der Übende (abhyâsin), für den das Licht gerade aufdämmert. Der Zweite besitzt „wahrheitstragende" transzendentale Weisheit. Der Dritte ist jener, der die Elemente und die Sinnesorgane unterworfen und Mittel entwickelt hat, alles Gewesene, das noch kultiviert werden muss, zu sichern …

> Der Vierte hingegen, der über das zu Kultivierende hinausschritt, hat zum einzigen Ziel seines Geistes die Auflösung (pratisarga) [in der uranfänglichen Matrix der Natur – wonach das Selbst in ursprünglicher Reinheit erstrahlt].

Die letzte Phase der Transzendierung führt unmittelbar zur Realisierung des erhabensten Ziels des klassischen Yoga – zu kaivalya („All-ein-sein"), im Sinn der Verwirklichung des transzendenten Selbst (purusha), der ewigen Essenz des menschlichen Wesens, jenseits der ständigen Veränderungen unterworfenen Dimensionen des Kosmos. Kaivalya ist die höchste Stufe spiritueller Vollendung und das angestrebte Lebensziel eines yogin, der dem von Patanjali gelehrten Weg folgt.

In seinem Yoga-Bhâshya (1.21) erklärt Vyâsa, dass es neun Klassen von yogins gibt, die die Intensität (samvega) ihrer Suche – sie mag mittelmäßig, durchschnittlich oder extrem stark sein – angeben. Vâcaspati Mishra legt dar, wie der Grad der Intensität von früher erworbenen, unterbewussten Eindrücken (vâsanâ) wie auch von unsichtbaren karmischen Einflüssen (adrishta = „ungesehen") abhängt. Mit anderen Worten: Es hängt nicht allein von unserer bewussten Entscheidung ab, inwieweit wir uns der Yoga-Praxis verpflichtet fühlen. Die Stärke, mit der Gott bzw. das transzendente Selbst uns anzieht, wird nicht von unserem Willen gesteuert, sondern ist von unserer karmischen Vergangenheit mitbedingt: Die Handlungen und Absichten in vergangenen Leben prägen unsere zukünftige Persönlichkeitskondition, z.B. die genetische Disposition, die sozialen Umstände und in gewissem Grade die psychosoziale Persönlichkeit. Dies erklärt, weshalb manchmal unsere besten Absichten zuschanden gehen, speziell zu Beginn unserer Praxis, und lässt einleuchten, dass wir mit unserer Disziplinierung sehr beharrlich weitermachen müssen.

Häufig tritt yoga-vid als Synonym für yogin auf; es bedeutet „Kenner des Yoga" und wird besonders in der Hatha-Yoga-Literatur vielfach benutzt. Der fortgeschrittene Praktikant wird manchmal als yukta, als „Angejochter" bezeichnet, während der Novize gelegentlich yoga-yuj, „mit Yoga verbunden", genannt wird. Der vollendete yogin erhält oft die schmückenden Beiwörter „König des Yoga" (yoga-râj) oder „Herr der yogins" (yoga-indra; yogendra geschrieben).

Der Begriff „Yogist" [speziell im Englischen] ist moderner Prägung und soll einen westlichen Enthusiasten bezeichnen, der hauptsächlich an den physischen Aspekten des Yoga, besonders an den Hatha-Yoga-Stellungen (âsana), und weniger an Yoga als einer spirituellen Disziplin der Selbst-Realisierung interessiert ist.

IV. DAS LICHT AUF DEM WEG – DER LEHRER

Wie Mircea Eliade in seiner bekannten Studie über Yoga hervorhob, ist das, „was Yoga charakterisiert, nicht nur sein praktischer Aspekt, sondern auch seine initiatische Struktur".[9] Yoga setzt, genauso wie alle anderen Formen praktizierter Esoterik, die anleitende Führung durch einen Eingeweihten voraus, einen Meister, der eigene, direkte Erfahrung mit den Phänomenen und Realisationsstufen des yogischen Pfads besitzt. Im Idealfall sollte er oder sie den letzten spirituellen Gipfelpunkt aller yogischen Bemühung erreicht haben – die Erleuchtung (bodha, bodhi) bzw. die Befreiung (moksha). Daher ist authentischer Yoga, ganz im Gegensatz zum „Pop-Yoga", für den sich viele Westler engagieren, nie ein Do-it-yourself-Unternehmen. „Man lernt Yoga nicht aus eigener Kraft", konstatierte Eliade.[10] Vielmehr erfordert Yoga, wie jedes andere traditionelle indische System auch, eine wirkliche Schulungsperiode, in deren Verlauf ein Meister sein (oder ihr) geheimes Wissen an den geeigneten Schüler oder Anhänger weitergibt. Und dies erschöpft sich nicht in der Art von Wissen, wie es in Worten ausgedrückt oder in Büchern gedruckt werden kann.

Viel von dem, was der Lehrer (Guru) dem Schüler vermittelt, fällt in den Bereich der spirituellen Übertragung (sancâra). Solche Übertragung, bei der der Guru den Schüler kraft einer „Energie-" oder „Bewusstseins-Übertragung" im wahrsten Wortsinn ermächtigt (dem „Heiligen Geist" bei der christlichen Taufe entsprechend), erscheint als der eigentliche Schwerpunkt des initiatischen Prozesses des Yoga. Durch die Übertragung wird der Praktizierende in seinem/ihrem Ringen um die transzendentale Verwirklichung speziell gesegnet, und der damit initiierte yogin erlebt so die notwendige Konversion oder „Umwendung" (parâvritti), die den spirituellen Entwicklungsprozess drastisch entscheidet: Er/sie beginnt, das Reale, das Selbst jenseits des Ich zu finden – jene Dimension, die stärker anzieht, als es die zahllosen Arten weltlicher Erfahrung tun. Der Grund für diese Anziehung ist eine stille, intuitive Schau vom Selbst, die im Lauf der Praxis weiter wächst.

Die initiatische Natur des Yoga drückt sich in einer Vielfalt von symbolischen Metaphern aus, und die stärkste ist wohl das Geburtsgleichnis. Im Atharva-Veda („Atharvans Wissen"), einem der vier vedischen Samhitâs, finden wir diesen Vers:

> Weil der Lehrer den Schüler in sich trägt – fast so, wie die Mutter den Embryo in sich trägt –, ereignet sich die Einweihung. Und nach drei Tagen der [Einweihungs-]Zeremonie wird der Jünger geboren. (11.5.3)

Ein ähnliches archaisches Geburtsgleichnis tritt uns mehr als vier Jahrtausende später im buddhistischen Hevajra-Tantra (2.4.61–62) entgegen:

[9] *M. Eliade, a. a. O., p. 5.*

[10] *Ebd., p. 5.*

Ein Guru mit einer Gruppe von Schülern

> Die Schule wird der Körper, das Kloster wird der Mutterleib genannt. Durch Freisein von Verhaftung ist man im Mutterleib. Das gelbe Mönchsgewand ist die Membrane [um den Embryo]. Und der Lehrer ist die Mutter. Die Begrüßung ist die Kopf-nach-unten-Lage (mas-taka-anjali). Die Schülerschaft ist die weltliche Erfahrung. Und die Rezitation von Mantren ist das „Ich"[-Konzept].

Durch die Gnade des Lehrers (prasâda oder kripâ) wird der geeignete Schüler in die große „Alternative" des weltlichen Daseins eingeweiht – in die Realität des Allgeists, in Sein-Bewusstsein-Seligkeit. Deshalb soll der Lehrer ein gänzlich verwirklichter Meister, ein siddha sein. Nur dann kann der Praktikant einer vollständigen Überquerung des „Ozeans phänomenaler Existenz" (samsâra-sâgara) mit Gewissheit entgegensehen. Denn, wie das Shiva-Purâna (7.2.15.38) feststellt, die „Befreiung", die der Lehrer dem Schüler schenkt, wird nur nominell sein, wenn er oder sie lediglich dem Namen nach Lehrer ist.

Das initiatische Lehrer-Schüler-System geht bis auf die frühe vedische Periode (4500–2500 v. Chr.) zurück. Zu dieser Zeit verbrachte ein Junge seine Kindheit und Jugend im Heim eines Lehrers der heiligen Schriften, des Vermächtnisses der tiefsten Weisheit und des feinsten Wissens dieses Zeitalters. Das Studium der Veden galt als heilige Pflicht aller „zweimalgeborenen" (dvija) Mitglieder der Gesellschaft, d.h. des brâhmana- oder Priesterstands, des kshatriya- oder Kriegerstands und des vaishya- oder Kaufmanns- und Bauernstands. Der shûdra- oder Sklavenstand war von dieser altehrwürdigen Tradition ausgeschlossen, obgleich gelegentlich für ungewöhnliche Individuen Ausnahmen gemacht wurden. Die vedischen Überlieferungen wurden dem Schüler mündlich weitergegeben und mussten sorgfältig auswendig gelernt werden. Der Lehrer hatte die Verpflichtung, den Schüler in seinen Studien und seinem Verständnis der Veden anzuleiten und nach seinem Wohlergehen zu sehen.

Als Gegengabe für diese Führung und väterliche Überwachung wurde vom Schüler erwartet, dass er den Guru ehrte und ihm gehorchte, als wäre es sein eigener Vater, und dass er beträchtliche Energien in fleißiges Studium (svâdhyâya) und den Dienst im Lehrer-Haushalt investierte.

In der Shiva-Samhitâ (3.13), einem späten mittelalterlichen Hatha-Yoga-Text, wird dieses Ideal wie folgt ausgedrückt:

> Ohne Zweifel ist der Guru der Vater, die Mutter und Gott. Darum sollten alle dem Guru in Tat, Wort und Gedanken dienen.

Die Beziehung zwischen Lehrer und Schüler war größtenteils strikt formalisiert. Der Schüler folgte dem täglichen Ritual des Bettelns um „Almosen" (bhikshâ)[11] und offerierte dem Guru zeremoniell das Brennholz für das

[11] *Daher das Wort bhikshu für „Mönch".*

Yâjnavalkya

heilige Feuer. Er blieb gewöhnlich bis zum Abschluss seiner Unterrichtung bei seinem Lehrer. Solche, die – gleich vielen westlichen Anfängern – von Lehrer zu Lehrer wanderten, wurden abwertend „Krähen an heiligen Orten" (tîrtha-kâka)[12] genannt.

Abgesehen vom eigentlichen Studium der heiligen Überlieferung war es die oberste Verpflichtung des Schülers, ein keusches Leben (brahmacarya) zu führen – daher die generelle Bezeichnung eines Schülers oder Studenten als brahmacârin. Der Begriff bedeutet buchstäblich „einer, dessen Betragen brahmisch ist", also einer, der sich in Übereinstimmung mit den für einen Priester (brahma = brâhmana) niedergelegten Regeln beträgt bzw. dessen Verhalten die asexuelle Qualität des Absoluten (brahman) imitiert. Keuschheit wurde als Voraussetzung für ein moralisches Leben und für die Kultivierung der Lebenskraft (prâna), damit für die Verstärkung von Konzentration, Gedächtnis und Gesundheit angesehen. Die institutionalisierte Beziehung zwischen Lehrer und Schüler hieß Guru-kula, der „Haushalt des Lehrers". Ihre Natur wird in der alten Taittirîya-Upanishad (3.1.1), einer der frühesten Schriften dieser Gattung, folgendermaßen charakterisiert:

> Der Lehrer ist der erste Buchstabe [des Alphabets]. Der Schüler ist der letzte Buchstabe. Wissen ist der Treffpunkt. Unterrichtung ist das Verbindungsglied.

Glücklich war der Schüler, der einen Lehrer fand, der nicht nur über die Schriften gut Bescheid wusste, sondern gleichfalls deren esoterische Essenz realisiert hatte. Die Gleichung „Guru = Autorität in den heiligen Schriften" rührt von einem solchem Idealfall her. Sowohl heiliges Schrifttum wie auch Lehrer wurden mit der Zeit so betrachtet, als besäßen sie offenbarende und befreiende Macht. Traditionellerweise wird also der Guru als Verkörperung jener lebendigen Wahrheit, die sich in den geheiligten Texten kundtut, angesehen. Dieses klassische vedische Guru-kula-System galt fortan als respektiertes Erziehungsmodell in Indien.

Die Upanishaden, die esoterischen Werke über non-dualistischen Vedânta, enthalten einige Beispiele tiefergehender Lehrer-Schüler-Beziehungen, in denen vor allem nach adelnder Weisheit und Gottesverwirklichung, weniger nach intellektuellem Wissen gestrebt wird. Der erleuchtete Meister, der die schriftliche Offenbarung verwirklicht hat, ist ganz besonders geeignet, andere für die gleiche Verwirklichung vorzubereiten. Eine der bewegendsten Beziehungen war jene zwischen dem großen Weisen Yâjnavalkya (ca. 1500 v. Chr.) und seiner Gattin Maitreyî. An seine Lehren erinnert die Brihad-Âranyaka-Upanishad (z.B. 2.4.1 ff., 4.5.1. ff.). Er war mit zwei Frauen verheiratet; während Kâtyâyanî „nur weibliches Wissen besaß" (4.5.1), dürstete Maitreyî nach spirituellem Wissen und wollte den Pfad zur Unsterblichkeit kennenlernen. Ehe Yâjnavalkya der Welt entsagte, unter-

[12] *Siehe z.B. das Mahâ-Bhâshya des Grammatikers Patanjali, worin er Pâninis Sûtra 2.1.41 kommentiert.*

richtete er Maitreyî gewissenhaft in den Geheimnissen des upanishadischen Yoga. Er sprach zu ihr:

> Wahrlich, nicht zum Wohl des Gatten wird der Gatte in Ehren gehalten, sondern zum Wohl des Selbst (âtman) wird er in Ehren gehalten. Wahrlich, nicht zum Wohl der Gattin wird die Gattin in Ehren gehalten, sondern zum Wohl des Selbst wird sie in Ehren gehalten. Wahrlich, nicht um der Söhne willen sind uns die Söhne teuer, sondern um des Selbstes willen sind sie uns teuer. Wahrlich, nicht um des Reichtums willen ist Reichtum uns lieb, doch um des Selbstes willen ist er uns lieb ... Wahrlich, o Maitreyî, es ist das Selbst, das da gesehen, gehört, erwogen und bedacht werden soll. Denn wahrlich, indem das Selbst gesehen, gehört, erwogen und gewusst wird, wird alles gewusst. (2.4.5)

Yâjnavalkya unterrichtete Maitreyî sehr ausführlich, und sie gestand schließlich, wie bestürzt sie von seiner Rede war. Worauf der Weise erwiderte:

> Gewiss sage ich nichts Bestürzendes, sondern nur, was zum Wissen gereicht. (2.4.13)

> Die Shiva-Samhitâ (3.11) stellt viel später fest:
> [Nur] das Wissen, das durch des Lehrers Mund übermittelt wird, ist schöpferisch; anderenfalls ist's fruchtlos, schwächlich und verursacht Betrübnis.

Der Hinduismus unterscheidet zwischen verschiedenen Typen von Lehrern, die idealerweise dem brâhmanen-Stand angehören: Dem Guru („der Gewichtige"), dem âcârya (der „Lehrer", der das Ritual der Investitur oder upanâyana mit der heiligen, von allen „Zweimal-Geborenen" getragenen Brahmanenschnur durchführt und dem Schüler auch die angemessenen Betragens- und Verhaltensregeln oder âcâra vermittelt); dann dem upâdhyâya (der „Privatlehrer", der einen Teil des Wissens gegen Bezahlung lehrt); dem adhvanka (der „Mentor"; von adhvan abgeleitet, was „Straße" oder „Reise" bedeutet); weiter dem prâdhyâpaka (eine „ältere Lehrkraft", die unter Umständen andere Lehrer instruiert) und dem prâcârya („älterer Präzeptor); schließlich dem râja-Guru („der königliche Lehrer") und dem loka-Guru („Weltlehrer"). All diese Personen verkörpern eine jeweils spezielle Lehrerrolle und besitzen dementsprechenden spirituellen Status. Es gibt sogar einen Gattungsbegriff für die diversen Arten von Lehrern, nämlich pravaktri oder „Kommunikator".

Der gottrealisierte Lehrer garantiert „göttliches Wissen" (divya-jnâna), wie es die Yoga-Shikhâ-Upanishad (5.53) darlegt. Das ist Wissen, das aus der Erleuchtetheit entspringt und zur Erleuchtung führt. Die Advaya-Târaka-

Upanishad (16) gibt eine esoterische Erklärung für das Wort Guru und leitet es von den Silben gu (bezeichnet „Dunkelheit") und ru (bezeichnet „Vertreiber") ab. Demnach ist der Guru ein Wesen, das die Verdunkelung des Schülers auflöst.

Den gottrealisierten Meistern unter den Lehrern wird in der Hindu-Gesellschaft auch heutzutage ein besonderer Platz eingeräumt, da sie allein in der Lage sind, den spirituellen Sucher in das höchste „Wissen vom Absoluten" (brahma-vidyâ) einzuweihen. Sie allein gelten als sad-Gurus, als „Lehrer des Wirklichen" oder „wahre Lehrer". Hier gibt das Sanskritwort sat (aus lautlichen Gründen zu sad verändert) sowohl die Bedeutung „wirklich" wie auch „wahr" an. Diese Lehrer werden als machtvolle Gnaden-Vermittler verehrt. Wie die Shiva-Samhitâ (3.14) feststellt: „Durch die Gnade des Lehrers erlangt man alles Gute für sich." Und die Hatha-Yoga-Pradîpikâ (4.9) betont, dass es ohne das Mitgefühl (karunâ) eines wahren Lehrers schwer ist, den Zustand transzendentaler Spontaneität (sahaja) zu erreichen.

Wegen seiner/ihrer spirituellen Verwirklichung wird der Guru als Verkörperung (vigraha) des Göttlichen selbst angesehen. „Allein im Guru ist Gott Hari [=Vishnu] inkarniert", verkündet die Brahma-Vîdyâ-Upanishad (31). Der Lehrer ist nicht eine spezifische Gottheit, sondern das allumfassende Göttliche, hier Hari genannt. Die „Vergöttlichung" des gottrealisierten Meisters darf nicht missverstanden werden: Er oder sie repräsentiert Gott nicht in irgendeinem exklusiven Sinn; vielmehr ist er/sie genauso essenziell wie die transzendente Realität. Das will sagen: Ein solcher Meister/eine solche Meisterin hat die gewöhnliche irrige Identifizierung mit dem subjektiven Körper und Verstand aufgehoben und existiert nun als die pure transzendente Identität aller Wesen und Dinge. Im wahrlich erleuchteten Wesen findet sich keine Spur von Ichheit; das Ich wurde vom Selbst ersetzt. Zwar funktionieren Persönlichkeit und Körper samt Verstand für die ihnen zugemessene Zeit weiter, doch ist das erleuchtete Wesen nicht an deren automatischen Prozessen beteiligt. Im Gegensatz dazu glaubt das unerleuchtete Individuum, ein besonderes „Wesen", ein individualisiertes Bewusstsein zu sein, das irgendwie in einem angestammten Körper wohnt und mit einer spezifischen Persönlichkeitsstruktur verbunden ist, ja womöglich davon motiviert wird. Diese fatale Illusion wird im Augenblick der Erleuchtung gnädig zertrümmert.

Im Kula-Arnava-Tantra wendet sich Gott Shiva an seine göttliche Gemahlin Devî und sagt über verwirklichte Meister – den Gegensatz zu gewöhnlichen Lehrern hervorhebend – Folgendes:

> Viele Gurus gibt es, so viele, wie es Lichter in all den Häusern gibt, doch schwer ist der Guru zu finden, o Devî, der alles beleuchtet wie die Sonne. (13.104)

गुरु । आचार्य । उपाध्याय ॥

guru, âcârya, upâdhyâya

> Viele Gurus gibt es, die in den Veden [im geoffenbarten heiligen Wissen] und den Shâstras [Texten] versiert sind, doch schwer ist der Guru zu finden, o Devî, der zur höchsten Wahrheit gelangte. (13.105)
>
> Viele Gurus gibt es auf Erden, die etwas anderes als das Selbst geben, aber in allen Welten, o Devî, ist der Guru schwer zu finden, der das Selbst enthüllt. (13.108)
>
> Gurus, die den Schüler seines Reichtums berauben, gibt es viele, doch selten ist der Guru, der dem Schüler die Betrübnis nimmt. (13.108)
>
> Er ist der [wahre] Guru, dessen bloße Gegenwart bereits die höchste Seligkeit (ânanda) verbreitet. Der Kluge sollte so einen zum Guru wählen und keinen anderen. (13.110)

Im gleichen Kapitel spricht das Kula-Arnava-Tantra (13.126 f.) auch über sechs Typen von Gurus, die nach ihrer Funktion angeführt werden:

1. preraka – der „Antreiber", der im zukünftigen Schüler Interesse anregt, was zu seiner/ihrer Initiation führen soll (in der Brahma-Vidyâ-Upanishad 51 auch coda-ka genannt);
2. sûcaka – der „Hinweisende", der die Form der spirituellen Disziplin (sâdhana), für die sich der Eingeweihte eignet, angibt;
3. vâcaka – der „Erklärende", der den spirituellen Prozess und seinen Gegenstand erläutert;
4. darshaka – der „Enthüllende", der die Details des Prozesses aufzeigt;
5. shikshaka – der „Lehrer", der in der eigentlichen spirituellen Disziplin instruiert;
6. bodhaka – der „Erleuchter", der, wie es der Text ausdrückt, „im Schüler das Licht des verstandesmäßigen und spirituellen Wissens entzündet".

Es gibt noch weitere Arten von Guru-Funktionen; in seiner Übersetzung des Kula-Arnava-Tantra erwähnt der Yoga-Gelehrte M. P. Pandit nicht weniger als zwölf.[13] Aber immer ist es der gottverwirklichte Meister, der vor allen anderen in den Yoga-Texten gepriesen wird.

[13] *Siehe M. P. Pandit, The Kulârnava Tantra (Madras: Ganesh, 1965), pp. 98–99. Die zwölf Lehrertypen sind: 1) dhâtu-vâdi-Guru, der den Schüler die Elemente der Praxis lehrt; 2) candana-Guru, der das göttliche Bewusstsein so natürlich von sich gibt wie der Sandelbaum (candana) den Sandelholzduft; 3) vicâra-Guru, der auf des Schülers Intelligenz und Verständnis (vicâra) einwirkt; 4) anugraha-Guru, der durch schiere Gnade (anugraha) fördernd und erhebend wirkt; 5) sparsha-Guru, dessen bloße Berührung so erhebend und befreiend wirkt wie die Berührung mit dem Stein des Philosophen (sparshamani); 6) kacchapa-Guru, der den Schüler erhebt, indem er nur an ihn denkt, so wie die Schildkröte (kacchapa) nur kraft ihrer Gedanken den Nachwuchs hegt; 7) candra-Guru, der das Wohlergehen des Schülers fördert wie der Mond (candra) mit seinen sanften Strahlen; 8) darpana-Guru, der dem Schüler wie ein Spiegel (darpana) das wahre Selbst widerspiegelt; 9) châyâ-nidhi-Guru, dessen bloßer Schatten (châyâ) den Schüler segnet und erhebt, so wie der Schatten des châyânidhi-Vogels, auf einen Menschen fallend, ihm die Königswürde schenken soll; 10) nâda-nidhi-Guru, der den Schüler so verwandelt, wie der magische nâdanidhi-Stein gewöhnliches Metall durch Klang (nâda) zu Gold verwandelt; 11) kraunca-pakshi-Guru, dessen bloße Erinnerung an den Schüler diesen befreit, ähnlich wie der kraunca-Vogel sich um seinen Nachwuchs aus der Distanz kümmert; 12) sûrya-kânta-Guru, dessen bloßer Blick befreit, ähnlich den Strahlen der Sonne (sûrya), die Material, unter einem Kristall gesammelt, verbrennen.*

Dakshinamûrti

V. ICH-TRANSZENDIERENDES LERNEN - DER SCHÜLER

Wenn sich eine Person – in der Regel eine männliche – dazu entschlossen hatte, ein spirituelles Leben aufzunehmen, ging sie traditionellerweise „mit Brennmaterial in Händen" zu einem Yoga-Meister und hoffte, von ihm akzeptiert zu werden. Die dem auserkorenen Lehrer zeremoniell offerierten Holzstücke galten als äußeres Symbol der inneren Bereitschaft, sich dem Guru zu unterwerfen und sich vom Feuer spiritueller Praxis verzehren zu lassen. Yoga und der spirituelle Prozess generell wurde immer mit einem intensiv purgierenden Feuerbrand verglichen, der die Ich-Persönlichkeit gänzlich verzehrt, bis schließlich allein die transzendentale Selbst-Identität verbleibt. Darum würden sich nur Dummköpfe bei einem Meister unvorbereitet vorstellen und dann gewiss abgewiesen werden, nicht ohne unter Umständen eine nützliche Lektion über Ich-Transzendierung, Liebe, Gehorsam, Nicht-Verhaftung und Demut zu erhalten.

QUELLENLEKTÜRE 1

DAKSHINAMÛRTI-STOTRA

Das Dakshinamûrti-Stotra („Hymne an Dakshinamûrti") stammt wahrscheinlich von Shankara, dem großen Interpreten des Advaita-Vedânta. Die Hymne, die die hingebungsvolle Seite dieses intellektuellen Riesen widerspiegelt, ist an Dakshinamûrti in Gestalt von Shankaras Lehrer gerichtet. Dakshinamûrti („südwärts blickend") ist ein anderer Name für Gott Shiva, und der Beiname wird traditionell in Legendenform erklärt: Shiva saß immer mit Blick nach Süden, wenn er die Meister der alten Zeit belehrte (diese blickten also nach Norden). Wie die Kunsthistorikerin Stella Kramrisch berichtet, steht in südindischen Vishnu- und Shiva-Tempeln das Bildnis von Dakshinamûrti in der Regel in einer Nische der südwärts liegenden Wand des Haupttheiligtums.[14] Bemerkenswerterweise hat das Wort dakshina die zweifache Bedeutung von „Süden" und „Geschenk". So spielt der Name ebenfalls auf Dakshinamûrtis Geschenk von esoterischem Wissen, von höchster Erkenntnis an. Die poetische Hymne illustriert das traditionelle indische Ideal, im gottverwirklichten Meister das Göttliche selbst zu erkennen und zu verehren.

Ihm, der das Weltall – aufgrund von Illusion (mâyâ) erscheint's, als wär' es außen – in sich selbst enthalten sieht gleich wie in einem Traum, und der das eig'ne unwandelbare Selbst im Augenblick des Erwachens als Zeuge sieht – Ihm, dem gesegneten Dakshinamûrti, in Gestalt [meines] gesegneten Lehrers, sei dieser Preisgesang [gewidmet]. (1)

Ihm, der gleich einem großen yogin oder Zauberer kraft Seines eig'nen Willens dies Weltenall heraufbeschwört, das [in Wirklichkeit] formlos ist wie eines Samens Keim, doch dann durch Illusion gestaltet, durch Differenz von Zeit und Raum weithin gebreitet wird – Ihm, dem gesegneten Dakshinamûrti, in Gestalt [meines] gesegneten Lehrers, sei dieser Preisgesang [gewidmet]. (2)

Ihm, dessen Manifestation – der Wirklichkeit (sat) Wesen eignet ihr – dem Verstand als Objekt der Nicht-Wirklichkeit (asat) erscheint; Ihm, der unmittelbar jene erleuchtet, die ihre Zuflucht nahmen bei den vedischen Maximen, wie „Du bist Das" (tat tvam asi), durch deren direkte Wahrnehmung die Wiederkehr ins Meer der [bedingten] Existenz endet – Ihm, dem gesegneten Dakshinamûrti, in Gestalt [meines] gesegneten Lehrers, sei dieser Preisgesang [gewidmet]. (3)

Präsentierte sich ein Aspirant einem Yoga-Meister, so wurde er von ihm sorgfältig auf Anzeichen emotionaler und spiritueller Reife geprüft. Das esoterische Erbe darf nicht an unqualifizierte Individuen weitergereicht werden; es würde ihnen dann nur schaden, oder sie könnte es zum Schaden anderer missbrauchen. Spirituelle Schülerjahre sind immer voller Herausforderungen und, letztlich eine Angelegenheit von Leben und Tod. Wie wir im Mahâbhârata (12.300.50) lesen können:

> Dieser große Pfad der weisen Priester ist mühselig. Niemand kann ihn leicht beschreiten, oh Stier von Bharata! Auf ihm gleicht alles einem schrecklichen Dschungel voll großer Schlangen und Fallgruben, voller Dornen, ohne Wasser und ganz und gar unzugänglich.

Was beim spirituellen Prozess auf dem Spiel steht, ist die konditionierte Ich-Persönlichkeit selbst – die wild ums Überleben kämpft, die jedoch übergeben werden muss, damit das transzendentale Selbst aufleuchten kann.

[14] *Siehe S. Kramrisch, The Presence of Siva (Princeton, Staat New York: Princeton University Press, 1981), p. 57.*

[15] *Der Begriff pûmams, wörtlich „männlich", bezieht sich hier auf das transzendente Selbst, als „Kosmischer Mensch" begriffen.*

[16] *Das Wort purusha oder „männlich" wird hier im selben transzendentalen Sinn wie pûmams in der Eingangsstrophe verwendet.*

QUELLENLEKTÜRE 1

Ihn, dessen Weisheit [vermittelt] durch die Augen und die and'ren Sinnespforten nach außen vibriert gleich dem hellen Licht einer großen Öllampe im Bauche eines ird'nen Gefäßes mit vielen Öffnungen und dessen Strahlen dies ganze Weltall erleuchtet – Ihn kenne ich. Ihm, dem gesegneten Dakshinamûrti, in Gestalt [meines] gesegneten Lehrers, sei dieser Preisgesang [gewidmet]. (4)

Ihm, der zerstört die große Täuschung (vyâmoha) – inszeniert durch mâyâs Macht für jene, die sich als Körper und als Lebenskraft (prâna), als Sinne, als zappelnder Verstand oder als das Leere sehen, oder die im Irrtum flugs sich selbst als Frau, [als Mann], als Kind, als blind, als dumm bezeichnen – Ihm, dem gesegneten Dakshinamûrti, in Gestalt [meines] gesegneten Lehrers, sei dieser Preisgesang [gewidmet]. (5)

Dem Kosmischen Mann (pumâms)[15], der nach Rückzug seiner Sinne – wie Sonnen- oder Mondfinsternis erscheint's – in Tiefschlaf [tritt] und so zu reinem Sein dann wird, doch aufgrund der Illusionen Decke nach dem Erwachen sich [nur] an einen Schlaf erinnert; Ihm, dem gesegneten Dakshinamûrti, in Gestalt [meines] gesegneten Lehrers, sei dieser Preisgesang [gewidmet]. (6)

Ihm, der mit segnender Fingerhaltung (mudrâ) Seinen Verehrern offenbart Sein eig'nes Selbst, das innerlich sich kundtut als das – vergangene und gegenwärt'ge – Ich in allen Zustandsformen [des Bewusstseins], wie Kindheit oder Wachsein; Ihm, dem gesegneten Dakshinamûrti, in Gestalt [meines] gesegneten Lehrers, sei dieser Preisgesang [gewidmet]. (7)

Dem Kosmischen Menschen (purusha)[16], der, von Illusion umhergewirbelt, im Traum, im Wach[zustand] das Weltall unterschieden sieht durch die Beziehungen zwischen Besitzer und Besitz, Lehrer und Schüler, Vater und Sohn usw.; Ihm, dem gesegneten Dakshinamûrti, in Gestalt [meines] gesegneten Lehrers, sei dieser Preisgesang [gewidmet]. (8)

Ihm, dessen achtfält'ge Form – Erde, Wasser, Feuer, Luft, Äther, Sonne, Mond und Mensch – sich [als Universum] aus beweglich, unbeweglich [Dingen] manifestiert, außer welchem höchsten Herrn nichts existiert für jene, die es [tief]

[17] Geschrieben sarvâtmatva.

[18] Shankara bestätigt hier die allgemeine indische Vorstellung, dass die Gott-Verwirklichung nicht nur transzendentale Selbstständigkeit oder „Souveränität" (îshvaratva) schenkt, sondern auch die „Herrschaft" (aishvarya) über das Universum. Das heißt, indem der erleuchtete Meister über das Universum hinaustritt, wird er zu seinem Herrscher. Dies zeigt sich in den acht mahâ-siddhis des Tantrismus.

[19] Das Wort daksha soll den Namen Dakshina-mûrti erklären, obgleich dieser besser von dakshina, d.h. „rechtsseitig", „recht" und „südlich", abgeleitet werden sollte.

[20] Das pranava ist der gesummte oder nasalierte Ton om, das höchste vedische Mantra.

[21] Bewusstsein ist allgegenwärtig; deshalb kann es streng genommen nicht übertragen werden. Das Gewahrsein seiner Allgegenwärtigkeit kann aber durch die mitfühlende Intervention eines Guru oder des Guru aller Gurus, nämlich Dakshinamûrtis, intensiviert werden.

Spirituelles Leben verlangt eine Wiedergeburt, die sich ebenso dramatisch darstellt wie die Verwandlung der Raupe in den Schmetterling. Diese Verwandlung ereignet sich nicht ohne große innere Opfer, und nicht alle Aspiranten sind fähig, den Prozess zu vollenden. Manche gehen unterwegs verloren – geistig gestört oder tödlich erkrankt.

Da der spirituelle Pfad wie auf einer Rasierklinge verläuft, wird ein verantwortungsvoller Lehrer keine unvorbereiteten Personen als Schüler akzeptieren. Er wird eher konventionelle Eignungsmaßstäbe (adhikâra) und solche des gesunden Menschenverstands anlegen. Trotzdem mag er/sie gelegentlich einen schlecht vorbereiteten Schüler aufnehmen, falls bei diesem ein gewisses spirituelles Potenzial vorliegt. Ein solcher Schüler sollte allerdings nicht erwarten, außer exoterischer Belehrung noch mehr zu erhalten, solange er sich nicht mit hingebungsvollem Dienen und Studium von persönlichen Schwächen befreit hat.

Bezeichnenderweise heißt der Schüler oder Student im Hindi cela, was auch „Diener" bedeutet. Das Sanskrit-Äquivalent ist shishya, das von der Wurzel shâs stammt, was „unterrichten", aber auch „züchtigen" heißt.

Quellenlektüre 1

bedenken; Ihm, dem gesegneten Dakshinamûrti, in Gestalt [meines] gesegneten Lehrers, sei dieser Preisgesang [gewidmet]. (9)

Weil die „All-Selbstheit" (sarva-âtmatva)[17] in dieser Hymne offenbart ward, wird man kraft ihrer Anhörung und Rezitation die „souveräne Macht" (îshvaratva), verbunden mit der All-Selbstheit großen Pracht, wie auch die achtfache Gestalt ungeschmälerter „Herrschaft" (aishvarya), [in Form der großen magischen Kräfte] verwirklichen.[18] (10)

Ich beug' mich tief vor Gott Dakshinamûrti, dem Herrn, dem Lehrer der drei Welten, der so geschickt (daksha)[19] auflöst der Geburt, des Todes Leid und, unterm Feigenbaume sitzend, eine ganze Schar von Weisen behend das hohe Wissen lehrt. (11)

O Wunder! Die Schüler unterm Feigenbaum sind alt. Jung ist der Lehrer. Und des Lehrers Schweigen ist der Unterricht, der die Zweifel seiner Schüler ganz beseitigt. (12)

Om. Verehrung sei dem [verborgenen] Sinn des pranava.[20] Verehrung sei Dakshinamûrti, dem Ruhevollen, Unbefleckten – der reinen Weisheit einzigen Verkörperung. (13)

Verehrung sei Dakshinamûrti, dem Schatzhaus allen Lernens, dem Lehrer aller Welten und dem Arzt für alle, die vom [bedingten] Dasein siech und trübe werden. (14)

Ich verehr' den jugendlich' Dakshinamûrti, den hohen Meister aller Lehrer, der durch schweigend Unterrichtung des Absoluten Wahrheit übermittelt, umgeben von der Schar bejahrter Seher, die sich [der Verwirklichung] des Absoluten ganz verschrieben haben. Die Haltung Seiner Hand verspricht des Bewusstseins Gabe.[21] Er zeigt die Form der Seligkeit, erfreuet sich am Selbst und ist von froher Rede. (15)

शिष्य ॥

shishya

Die gleiche Wortwurzel findet sich in shâsa („Befehl"), shâsaka („Instruierender"), shâsana („unterrichten" oder „züchtigen"), shâstra („Vorschrift" oder „Textbuch"), shâstrin („Gelehrter"), shishtatâ („das Lernen") und shishyatâ („Schülerjahre"). Die zweifache Bedeutung von „Unterrichtung" und „Züchtigung" verdient kommentiert zu werden. Die moderne Erziehung betont eher Belohnung als Bestrafung, wenn es um die Lernmotivierung geht; das führt, wie sich erwiesen hat, zu ganz eigenen Problemen. Kinder erwarten heute, belohnt zu werden, und kennen wenig Respekt vor Autorität. Früher waren Erzieher hingegen nicht davor gefeit, auf strengen Tadel und, falls nötig, auf körperliche Züchtigung zurückzugreifen, um das Betragen eines Schülers zu korrigieren. Autoritäre Erziehung birgt natürlich immer die Gefahr eines Missbrauchs, doch nicht-autoritäre, demokratisierte Erziehung bietet sich gleichfalls zum Missbrauch an – seitens der Schüler oder Studenten. Zwar lässt sich ein auf Bestrafung beruhendes Erziehungssystem schwerlich mit der durch Yoga geförderten gewaltlosen Ethik vereinbaren; doch haben Autorität und Respekt vor einer Autorität gewiss ihren Platz im Unterrichten.

Die Shiva-Samhitâ (5.17 ff.) unterscheidet vier Arten von Aspiranten und ordnet sie entsprechend der Stärke ihrer Hingabe ein.

Der schwache (mridu) Praktikant wird als nicht begeisterungsfähig, dumm, unstet, furchtsam, kränklich, abhängig, roh, von schlechten Manieren und als energielos charakterisiert. Ein solcher Übender taugt nur für Mantra-Yoga, bei dem eine Folge heiliger Silben, vom Lehrer gegeben und energetisiert, meditativ wiederholt werden.

Der mittelmäßige (madhya) Praktikant, dazu fähig, Laya-Yoga – das völlige Aufgehen in Meditation und subtiler Energiearbeit – auszuüben, ist mit ausgewogener Vernunft und Geduld versehen, nährt den Wunsch nach Tugendhaftigkeit, führt freundliche Rede und zeigt die Neigung, bei allen Unternehmungen den mittleren Pfad zu wählen.

Vom ungewöhnlichen (adhimâtra) Übenden, der sich als geeignet für die Hatha-Yoga-Praxis erweist, wird erwartet, dass er die folgenden Qualitäten zeigt: sicheres Verständnis, die Fähigkeit zu meditativer Versenkung (laya), Eigenständigkeit, einen offenen Geist, Tapferkeit, Stärke, Treue, den Willen, die Lotus-Füße des Lehrers zu ehren (sowohl im wörtlichen als auch im übertragenen Sinne), und Freude an der Yoga-Praxis.

Dem außergewöhnlichen (adhimâtratama) Aspiranten, der alle Yogaformen praktizieren mag, ordnet die Shiva-Samhitâ nicht weniger als einunddreißig Attribute zu: große Energie, Enthusiasmus, persönlicher Charme, Heldenmut, Kenntnis der Schriften, die Neigung zum Praktizieren, Freisein von Täuschung, Ordentlichkeit, Jugendblüte, maßvolle Essgewohnheiten, Beherrschung der Sinne; dann Furchtlosigkeit, Reinheit, Geschicklichkeit, liberale Sinnesart und die Fähigkeit, allen Menschen Zuflucht zu bieten; weiterhin große Kompetenz, Stabilität, tiefe Nachdenklichkeit, die Bereitschaft, alles [vom Lehrer] Gewünschte zu tun, Geduld, gute Manieren,

Ashvaghosha

Befolgung des moralischen Gesetzes (dharma) und die Fähigkeit, über das Ringen bei der Yoga-Ausübung nichts verlauten zu lassen; dazu freundliche Rede, Glaube an die Schriften, der Wille, Gott und den Guru [als Verkörperung des Göttlichen] zu verehren, Kenntnis der Gelübde, die zu seinem/ihrem jeweiligen Praxisstand gehören, und schließlich die Ausübung aller Formen von Yoga.

Nachdem eine Person von einem Lehrer akzeptiert worden ist, kann sie damit rechnen, wieder und wieder getestet zu werden. Für solche Tests gibt es auch überlieferte Vorschriften, obwohl ein Lehrer, der fortgeschritten oder gar ein selbstrealisierter Meister ist, kaum Richtlinien benötigen wird, um des Schülers Ernsthaftigkeit hinsichtlich des spirituellen Lebens zu prüfen. Nun wird der Schüler wahrscheinlich mit dem oder nah beim Lehrer zu leben beginnen, ihm dienen und ihm zur Hand gehen. Ein solcher Schüler wird antevâsin genannt, d.h. „einer, der nahe wohnt". In Gesellschaft eines gottrealisierten Meisters ist der Aspirant ständig in Kontakt mit dessen spiritualisierter Körper-Verstandes-Einheit, und durch diese „Ansteckung" wird er/sie sukzessiv physisch und psychisch verwandelt. Das mag als eine Art ständiger Resonanzübertragung betrachtet werden: Die höhere und schnellere Schwingung des Guru beschleunigt die Schwingung des Schülers.

Damit dieser spontane Prozess auch wirklich stattfindet, muss der Schüler mit dem Guru bewusst kooperieren – das wird möglich, wenn der Lehrer im Brennpunkt aller Aufmerksamkeit steht. Dies ist das besondere Prinzip von sat-sanga. Das Wort bedeutet eigentlich „Zusammensein mit dem Wahren" oder „Beziehung zum Wirklich-Realen". Im Guru-yoga wird sat-sanga als das Mittel zur Befreiung geschätzt. Da man seit alters den Guru als wesentlich für die Yoga-Praxis erachtete, bildet sat-sanga das Herzstück aller Yoga-Schulrichtungen. Es wäre jedoch nicht korrekt zu behaupten, jeder Yoga sei Guru-yoga; denn nicht jede Schule stellt die exklusive Konzentration auf den Lehrer ins Zentrum ihrer Praxis. Gleichwohl fordern alle einen angemessenen Respekt vor dem Lehrer.

In der Praxis nun muss sich der Anwärter von der Stufe des Schülers weiterbewegen zu jener des studierenden Jüngers, und, in Schulen mit Guru-yoga als Norm, weiter zu der des „ergebenen Devotee" (bhakta). Auf dem unteren Schülerniveau versteht der Anwärter seinen Lehrer nur oberflächlich und hat eine dementsprechende Beziehung zu ihm. Die Rede des Lehrers inspiriert ihn zwar, doch hat er noch nicht ernsthaft das spirituelle Leben aufgenommen, und er ist, was den Eintritt in den yogischen Prozess anbelangt, schwankend; das weltliche Leben zieht ihn noch sehr an. Der studierende Jünger hingegen ist für die spezifische innerliche Beziehung zum Guru feinfühliger und erkennt, dass diese ständige seelische und geistige Verbindung zum Lehrer geehrt und gepflegt werden muss. Der ergebene Devotee schließlich erfährt den Guru eher als spirituelle Wirklichkeit denn als menschliche Person und neigt naturgemäß zur hingebungsvollen

Einstellung, was einen machtvollen Energiekreis zwischen dem Guru und ihm herstellt. Und eben dies gilt als die Essenz des Guru-Yoga. Es erübrigt sich zu sagen, dass nicht alle Schulen, die Ergebung gegenüber dem Lehrer fordern, den reifen Schüler als bhakta klassifizieren.

Das Eintreten in eine bewusste Beziehung zum Wirklich-Realen in Gestalt des Lehrers bedeutet mehr, als dem Guru im konventionellen Sinn Aufmerksamkeit zu schenken. Die Schriften legen Gewicht auf die Hingabe zum und die Liebe für den lehrenden Meister. So wird in der Mandala-Brâhmana-Upanishad (1.1.4), vielleicht im 14. Jh. n. Chr. verfasst, Guru-bhakti oder „Ergebung zum Lehrer" als einer der Bestandteile des neunteiligen moralischen Kodex (niyama) für yogins angeführt. Und die etwa gleich alte Yoga-Shikhâ-Upanishad (5.53) deklariert:

> Es gibt in den drei Welten niemand Größeren als den Guru. Er ist's, der „göttliches Wissen" (divya-jnâna) weitergibt, und er soll [deshalb] mit höchster Ergebung verehrt werden.

Ähnlich betrachtet die Tejo-Bindu-Upanishad (6.109) die Hingabe zum Lehrer als unverzichtbar für den ernsthaften Aspiranten. Und der Brahma-Vidyâ-Upanishad (30) zufolge soll diese Hingabe immer demonstriert werden, da der Lehrer nichts anderes ist als das Göttliche selbst. Die Gleichsetzung von Guru-Verehrung und der Verehrung des Göttlichen wird im Shiva-Purâna (1.18.95) wie auch in zahllosen anderen Sanskrittexten betont – zu viele, als dass sie hier aufgelistet werden könnten.

Es gibt allerdings zumindest zwei Schriften, die sich dem Thema der Hingabe an den spirituellen Meister ausschließlich widmen. Die erste stammt aus der Tradition des Hinduismus. Es ist die Guru-Gitâ, in Indien als selbstständiges Werk weit verbreitet, doch zum Schlussteil des riesigen Skanda-Purâna gehörend.[22] Sie besteht aus 352 Versen in Form eines Dialogs zwischen Gott Shiva und seiner göttlichen Gemahlin Umâ (oder Pârvatî) mit didaktischem Charakter. Die zweite Schrift ist ein beliebter buddhistischer Text – Ashvaghoshas Guru-Panca-Shikhâ, die nur in einer tibetischen Übersetzung vorliegt.[23] Ashvaghosha (etwa 80 n. Chr.) war ein gefeierter Dichter und großer Lehrer des Mahâyâna-Buddhismus, der durch seine künstlerische biographische Darstellung von Buddhas Leben unter dem Titel *Buddha-Carita* („Buddhas Verhalten/Buddhas Wandel") und eine philosophische Abhandlung mit dem Titel *Shraddhâ-Utpâda-Shâstra* („Schrift über die Erweckung des Glaubens") – deren Sanskrit-Original verlorengegangen zu sein scheint, die aber nach wie vor in Chinesisch studiert wird – zu Ruhm gelangte.[24]

Während der antevâsin-Phase entdeckt der/die Devotee (bhakta) die Kraft der gegenseitigen Liebe zwischen ihm/ihr und dem lehrenden Meister, was ein tiefes Vertrauen zum Guru, zum spirituellen Prozess selbst stiftet. Der Dienst (sevâ, sevanâ) des Jüngers verlangt ihm – entsprechend seiner

[22] *Zur engl. Übersetzung siehe Swami Narayananda, The Guru Gita (Bombay: India Book House, 1976). Guru-Gîtâs sind gleichfalls den tantrischen Texten Rudra-Yâmala und Brahma-Yâmala zugeordnet.*

[23] *Zur engl. Übersetzung siehe N. Dhargyey u.a., Fifty Verses of Guru-Devotion by Asvagosha (Dharamsala, India: Library of Tibetan Works and Archives, revidierte Ausgabe, 1976).*

[24] *Zur engl. Übersetzung des Shraddhâ-Utpâda-Shâstra (geschrieben Shraddhotpâdashâstra) siehe D. T. Suzuki, Asvagosha's Awakening of Faith in the Mahayana (Chicago: University of Chicago Press, 1900).*

zunehmenden Fähigkeit, Verantwortung zu übernehmen – immer mehr ab. Dem Kulu-Arnava-Tantra (12.64) zufolge ist solcher Dienst – der Text verwendet eigentlich das Wort shûshrushâ, d.h. „Gehorsam" – vierfach: Dienst durch des Körper-Selbst (âtman), durch materielle Mittel (artha), durch Respekt (mana) und durch eine gute Einstellung (sad-bhâva). Es wird klargestellt, dass der Dienst mehr zum Nutzen des Devotee als des Lehrers ist.

In der Zwischenzeit beobachtet der Guru ständig den Fortschritt des Schülers und wartet auf den rechten Augenblick, da die Einweihung (dîkshâ) stattfinden kann. Sobald der Schüler bereit ist, wird ihm der Guru die Geheimnisse der esoterischen Erbschaft nach und nach mitteilen. Nur ein voll qualifizierter Jünger, adhikârin genannt, eignet sich für die formelle spirituelle Einweihung. Und nur ein voll erleuchteter Meister ist in der Lage, die Einweihung derart mit Kraft aufzuladen, dass das Leben des Jüngers fortan wie von Zauberhänden gelenkt wird – der Erfüllung des „Atman-Projekts", der Selbst-, der Gott-Realisierung entgegen.

दीक्षा । अभिशेक ॥

dîkshâ, abhisheka

VI. GEBURT EINER NEUEN IDENTITÄT – DIE INITIATION

Wie das Kula-Arnava-Tantra (10.1) erklärt, ist Erleuchtung oder Befreiung ohne Einweihung (dîkshâ, abhisheka) nicht möglich; und ohne qualifizierten Lehrer kann es keine wirkliche Einweihung geben.

In der Anthropologie bezeichnet der Begriff „Initiation" den Eintritt einer Person in einen neuen gesellschaftlichen Rang oder Status; gewöhnlich ist es die Einführung in eine privilegierte Gruppe, wie etwa die Erwachsenen-Gesellschaft oder eine geheime Bruderschaft. Häufig zeichnet sich die Initiation durch besondere Riten und Zeremonien aus, die dem Initiationsanwärter Prüfungen und Mutproben auferlegen – von gänzlicher Isolierung und marginaler Verstümmelung bis hin zur Einhaltung spezieller Gelübde. Oft wird der Initiationsprozess als symbolischer Tod des Initianden mit darauffolgender Wiedergeburt zelebriert. Nun können zwar diese formalen Aspekte der Stammesinitiation mit yogischer Einweihung assoziiert werden, doch reicht der wesentliche Aspekt von dîkshâ etwas tiefer.

Mehr als die Aufnahme in einen neuen gesellschaftlichen Rang, ist die yogische dîkshâ primär eine Form der spirituellen Übertragung, bei der die körperlichen, geistigen und spirituellen Konditionen des Aspiranten kraft eines spirituellen „Energie- oder Bewusstseinstransfers" durch den Meister verändert werden. Dîkshâ bedeutet zuallererst „Heiligung". Das erhellt sich aus dem Synonym abhisheka, was „Bespritzung" heißt und sich auf die zeremonielle Handlung der Bespritzung des Gläubigen mit geweihtem Wasser, etwa wie bei der Taufe, bezieht. Durch die Initiation, die formlos oder in einem rituellen Rahmen geschehen kann, wird der spirituelle Prozess im Praktikanten entweder in die Wege geleitet oder intensiviert. Immer handelt es sich um eine unmittelbare Kraftaufladung, bei der der Lehrer eine Veränderung des Bewusstseins, eine Umkehr oder metanoía im Schüler bewirkt. Es ist dies ein Moment des Übertritts aus der gewöhnlichen Weltlichkeit in ein heiliges Leben, der den Seinszustand des frisch Initiierten verändert. Von nun an erhält das spirituelle Ringen des Schülers eine neue Tiefe. Eine buddhistisch-tantrische Schrift, Kriyâ-Samgraha-Panjikâ („Genaue Zusammenfassung des Tuns"), zitiert den folgenden Aphorismus:

> Der yogin, der „Yogischaft" (yogitva) erstrebt, ohne vorher eingeweiht zu sein, ist [wie eine Person, die] die Fäuste gegen den Himmel schlägt und das Wasser einer Einbildung trinkt. [25]

Die Einweihung schafft eine besondere spirituelle Verbindung zwischen dem Guru und dem Jünger, mit singulärer Verantwortung für den Lehrer und voller Herausforderung für den Aspiranten. Durch die Initiation wird Letzterer ein integrierter Bestandteil der „Linie des Lehrers" (paramparâ), die als Kette der Ermächtigung zu verstehen ist – sie geht über die Welt von Zeit und Raum hinaus, da sie sich nach dem Tod des Lehrers wie auch des Schülers fortsetzt. Der Schüler muss sich die Zulassung zu dieser Linie durch seine volle Hingabe zum spirituellen Pfad, d.h. durch eine Form der Ich-Abgabe verdienen. Klar ausgedrückt wurde das vom bekannten tibetischen Lehrer Chögyam Trungpa:

> Ohne abhisheka werden unsere Versuche, spirituell zu werden, lediglich in einem großen spirituellen Sammelsurium, aber nicht in wirklicher Ich-Abgabe enden. Wir haben dann diverse Verhaltensmuster, diverse Arten der Rede, der Kleidung, der Gedanken, ganz verschiedene Arten des Handelns gesammelt. Und das alles ist nur eine Sammlung von Mustern, die wir uns selbst aufzuerlegen suchen. Abhisheka, wahre Einweihung, geschieht durch Ich-Abgabe. Wir öffnen uns für die Situation, wie sie ist, und dann treten wir in wirkliche Kommunikation mit dem Lehrer. In jedem Fall ist der Guru bereits mit uns und im Zustand der Offenheit präsent; und wenn wir uns öffnen, gewillt sind, unsere gesammelten Vorstellungen aufzugeben, dann geschieht Initiation.[26]

Die emotionale Verwundbarkeit, die Offenheit des Schülers bildet also die Grundlage für spirituelle Transmissionen. Er oder sie muss zum leeren Gefäß werden, in das das Geschenk der Übertragung durch den Lehrer fließt. Aus Sicht der tibetischen Tradition kann es ungeeignete Gefäße geben – verschmutzte (voll emotionaler und geistiger Verwirrung), umgestülpte (nicht zugänglich für Unterrichtung) oder rinnende Gefäße

[25] *Kriyâ-Samgraha-Panjikâ, Manuskript, p. 5.*

[26] *Chögyam Trungpa, Cutting Through Spiritual Materialism (Boulder, Colorado, USA: Shambhala, 1973), p. 58.*

(unfähig, die übermittelte Weisheit zu behalten). Dem Lehrer wird auferlegt, die kostbare Lehre (dharma) nicht an einen Schüler zu vergeuden, der ein ungeeignetes Gefäß ist.

Was wird nun während der Initiation vom Lehrer auf den Schüler übertragen? Der tantrische Begriff shakti-pâda, der wörtlich „Herabkunft der Kraft" bedeutet, impliziert das eigentliche zentrale Geschehen während der Initiation. Shakti-pâda steht für das Geschehnis, steht für die Erfahrung eines Herabströmens von machtvoller Energie in den Körper; das Herabströmen beginnt gewöhnlich am Scheitel oder im Oberkörper und setzt sich fort bis zur Schamgegend (wo ein wichtiges psychospirituelles Zentrum, das mûlâ-dhâra-cakra, liegt), manchmal bis hinab in die Beine.

Aufgrund ihres erleuchteten Zustandes, zumindest ihrer fortgeschrittenen spirituellen Verwirklichung, sind die lehrenden Meister zum Ort konzentrierter psychospiritueller Energie geworden. Während der gewöhnliche Körper-Verstand ein Niedrig-Energie-System darstellt, gleicht der Körper-Verstand des Meisters einem machtvollen Radio-Sendemast. Das ist nicht eine bloße Metapher, vielmehr eine Erfahrungstatsache, die in vielen esoterischen Traditionen anerkannt wird. Sogar im Werk Platons findet sich darüber eine bemerkenswerte Passage mit einem Gespräch zwischen Sokrates und seinem Schüler Aristeides. Dieser gesteht Sokrates ein, dass sich sein philosophisches Verständnis vergrößert, wann immer er mit ihm beisammen ist, und dass sich das besonders stark auswirkt, wenn er nah beim großen Philosophen sitzt und ihn berührt.

In Aristeides' Fall war es intellektuelle Einsicht, die durch die Nähe zum großen Weisheitsliebenden, dem heiligmäßigen Sokrates, vertieft wurde. Im Fall des Yoga-Initiationsanwärters ereignet sich eine andere Übertragung. Der Initiand wird in die geheime Dimension der Existenz eingeführt: Er oder sie entdeckt, dass das materiell erscheinende Universum, einschließlich des eigenen Körpers, ein weites Meer psychospiritueller Energie ist. Anders gesagt: Der Initiand beginnt die unmittelbare Aktualität hinter den mathematischen Modellen der modernen Quantenphysik zu verstehen und zu erfahren. Sowohl der Körper und die Verstandesdimension des Initianden wie auch das ganze Weltall erweisen sich als nicht definierbare Licht- und Energiemuster, die mit Über-Bewusstsein erfüllt sind. Dem Kula-Arnava-Tantra (14.39) zufolge gibt es sieben Arten der Einweihung:

1. Kriyâ-dîkshâ – Initiation durch ein Ritual, das in acht verschiedenen Arten auftritt, je nach verwendeten zeremoniellen Versatzstücken, wie Feuerschale oder Wassergefäß usw.
2. Varna-dîkshâ – Initiation mittels des Alphabets, das drei Versionen hat, je nachdem ob 42, 50 oder 62 Buchstaben verwendet werden. Der Lehrer visualisiert die Sanskrit-Buchstaben im Körper des Aspiranten und löst sie dann allmählich wieder auf, so lange, bis der Schüler den Zustand der ekstatischen Vereinung mit dem

Göttlichen errreicht hat. Diese Visualisierung sollte nicht mit gewöhnlichen Vorstellungsbildern verwechselt werden; sie ist ein machtvolles Instrument, das auf der Energieebene tatsächlich Objekte erschafft, die mit yogischer Wahrnehmung durchaus erkennbar sind.

3. Kalâ-dîkshâ – Initiation mittels der kalâ, einer feinstofflichen Energie-Emanation, die der Lehrer wiederum durch Visualisierung in das Körper-Verstand-System des Aspiranten projiziert. Diese Energieform trägt, ihrem Auftauchen in verschiedenen Körperregionen entsprechend, unterschiedliche Namen. So heißt sie von den Fußsohlen bis zu den Knien nivritti („Beendigung", „Aufhören"), von den Knien bis zum Nabel pratishthâ („Fundament"), vom Nabel bis zum Nacken vidyâ („Wissen"), vom Nacken bis zur Stirn shânti („Friede") und von der Stirn bis zum Scheitel shânti-atîta („Frieden überschreitend", shântyatîta geschrieben).[27] Danach visualisiert der Lehrer die gemeinsame Auflösung von Energie-Emanation und Bewusstsein des Schülers, bis schließlich des Schülers Verstand den Nullpunkt der manifesten Welt selbst erreicht, worauf er dann hinüber in den transzendenten Zustand schnellt.
4. Sparsha-dîkshâ – Initiation durch Berührung (sparsha), also physischen Kontakt zwischen Lehrer und Schüler.
5. Vag-dîkshâ – Initiation kraft mantrischer Ausrufung (vâc); sie geschieht, wenn der Lehrer, mit fest im Göttlichen verankerter Aufmerksamkeit, ein Mantra oder einen Vers aus den heiligen Schriften ausruft.
6. Drig-dîkshâ – Initiation durch den Blick (drik); der Lehrer blickt dabei tief in das Wesen des Schülers.
7. Mânasa-dîkshâ – Initiation durch bloße Gedanken; das meint die Energie- und Bewusstseinsprojektion durch Telepathie.

Es gibt noch weitere Klassifizierungen, aber sie sind sich alle sehr ähnlich.[28] Gemeinsam ist ihnen, dass sie einen transformativen Gnadenakt der göttlichen Macht (shakti) a priori unterstellen. Ob der Initiationsanwärter die höchste Wirklichkeit sofort oder nur allmählich realisiert, hängt von seiner/ihrer Vorbereitung und Fähigkeit ab.

Erfährt der Schüler allein durch Blick, Ausrufung oder Berührung des Gurus die Seligkeit der ultimativen Realität in einem Augenblick, so wird das auch als shâmbhavî-dîkshâ bezeichnet.[29] Dieses Wort bedeutet „Shambhu zugehörig"; Shambhu („Er, der Wohlwollende") ist eine Form von Shiva, dem höchsten Wesen, als das Er in vielen Schulen des Tantra gesehen wird. Die Einweihung durch Berührung wird verglichen mit der langsamen Aufzucht eines noch nicht flüggen Vogeljungen durch den elterlichen Vogel, der ihn unter seinen Flügeln wärmt und schützt. Die Einweihung durch

[27]Am Schädeldach ist der Ort des „tausendblättrigen Lotos" (sahasra-dala-padma), der Sitz von Shiva/Shakti.

[28]Die kaschmirischen Shaiva-Schulen unterscheiden zwischen den folgenden Initiationsarten:
1) anupâya-dîkshâ oder Initiation ohne äußere Mittel (möglich bei hochentwickelten Praktikern, die einfach durch die Nähe zu einem erleuchteten Meister selbstständig zur Erleuchtung gelangen), die mit vedhamayî-dîkshâ identisch zu sein scheint; 2) shâmbhavî-dîkshâ, die bereits beschrieben wurde; 3) shakti-dîkshâ oder Initiation durch die angeborene Energie; diese scheint mit der etwas früher erwähnten shâkteyî-dîkshâ übereinzustimmen; 4) ânavî-dîkshâ oder „ato-mare" Initiation; sie bezieht sich auf das individuelle Selbst, das im kaschmirischen Shaivismus anu genannt wird; diese Initiationsart umfasst verschiedene Rituale und die bewusste Erziehung durch Yoga.

[29]Siehe z.B. das Kula-Arnava-Tantra 14.56. Alle wahrlich großen Meister sind in der Lage, den Seligkeitsaspekt der transzendenten Realität zu schenken, wiewohl es von der spirituellen Vorarbeit des Schülers abhängt, ob sein Bewusstsein durch ihre Gabe augenblicklich verwandelt wird.

Blick ähnelt der Fürsorge eines Fisches, der seine Nachkommenschaft mit wachsamen Augen behütet. Die Einweihung durch den bloßen Gedanken gleicht der Fürsorge, wie sie von der Schildkröte an den Tag gelegt wird, die nur an ihre Jungen denkt – ein Gleichnis, das dem Yoga-Praktiker mehr bedeutet als dem Biologen.

Die augenblickliche shâmbhavî-Initiation wird generell unterschieden von shâktikâ-dîkshâ einerseits und ânavî-dîkshâ andererseits. Beim ersteren Typ aktiviert der Lehrer mit esoterischen Mitteln die dem Schüler innewohnende Fähigkeit (shakti) zur Gottrealisierung, so dass er nach einiger Zeit spontane Erleuchtung erlangt. Der zweite Typ aber involviert spirituelle Unterweisung, einschließlich der Übermittlung eines Mantras, eines heiligen Wortes oder Satzes, vom Schüler anweisungsgemäß rezitiert. Auf diese Weise bilden sowohl shâmbhavî-dîkshâ als auch shâktikâ-dîkshâ Initiationen, die spontan zu Verwirklichungen führen; aber die eine ist augenblicklich, die andere, wegen der allmählichen Auswirkung der erweckten shakti, zeitverzögert. Nur ânavî-dîkshâ erfordert vom Schüler eine längere Periode der intensiven Praxis. Zwar wird ihm vom Lehrer Kraft gegeben, doch muss er oder sie selber mit den psychospirituellen Energien, die durch den esoterischen Prozess der Einweihung mobilisiert wurden, zusammenarbeiten. Das Wort ânavî bedeutet „zu anu gehörig"; und mit anu („Atom") bezeichnen manche Tantra-Schulen die individuelle Psyche.

Über die zeremoniellen Aspekte von dîkshâ finden sich noch mehr eindrückliche Aussagen im Mahânirvâna-Tantra (Kap. 10), einer relativ jungen Schrift, die von Ausübenden des Tantra-Yoga überaus geschätzt wird.[30]

Ob nun die Einweihung kraft yogischer Mittel oder allein aufgrund der Gegenwart eines erleuchteten Meisters geschieht – immer vergrößert sie die eingeborene Intuition des Schülers und ruft damit eine Bewusstseins-Krise hervor: Wegen seiner verstärkten Sensibilität für den transzendentalen Zustand erkennt der Initiierte immer deutlicher die Mechanismen, die ihn fortwährend im unerleuchteten Zustand festhalten. Er erfährt das grundsätzliche Dilemma und Leid des normalen Daseins. Er oder sie sieht, dass alles, was er/sie tut, denkt und fühlt, vom Prinzip der ich-haften Abgetrenntheit regiert und kontrolliert wird.

Unter dem Einfluss der spontanen Kraftübertragung durch den gottrealisierten Meister durchläuft der Praktikant also eine spirituelle Krise nach der anderen und erwacht mehr und mehr zur Erkenntnis dieser sublimen Wahrheit: dass er/sie frei, erleuchtet und glückselig im Jetzt ist. Und bei vertiefter Erkenntnis entdeckt der Schüler, dass die ichhaften Antriebe, Motivationen oder Obsessionen zunehmend überholt erscheinen. Auf diese Art schiebt die Gnade (prasâda) des Guru den Initianden Schritt um Schritt in eine radikal andere Verfassung – die Verfassung der Erleuchtung.[31] Allein aus diesem Grund wird der Einweihung oder dîkshâ in den esoterischen Schulen Indiens solch wesentliche Bedeutung gegeben.

[30] *Die Entstehungsperiode des Mahânirvâna-Tantra ist noch umstritten. Einige Experten verlegen sie ins 12. Jahrhundert, andere sehen in ihm eine jüngere Hervorbringung während der britischen Raj-Herrschaft.*

[31] *Die detaillierteste Erklärung der spontanen spirituellen Transmission durch einen erleuchteten Meister kann man in den Texten des zeitgenössischen Lehrers Adi Da finden, insbesonders in The Method of the Siddhas (Clearlake, California: Dawn Horse Press, 1978).*

> Wahrlich, dîkshâ befreit [den Aspiranten] vom Sklavendasein allerorten, das [die Erfahrung des] höchsten Wohnsitzes verhindert, und führt [ihn] empor zu Shivas Reich.[32]

VII. VERRÜCKTE WEISHEIT UND VERRÜCKTE MEISTER

Es gibt in Tibet eine Überlieferung unter dem Namen „verrückte Weisheit" (yeshe cholwa). Das Phänomen allerdings, dem diese Bezeichnung gilt, findet sich in allen großen Weltreligionen, obgleich es von deren jeweiligen Orthodoxien oder den weltlichen Gesellschaftssystemen selten als ein gültiger Ausdruck spirituellen Lebens anerkannt wird. Die „verrückte Weisheit" ist eine singuläre Lehrmethode, die scheinbar areligiöse oder unspirituelle Mittel einsetzt, um die konventionelle Ich-Persönlichkeit aus ihrem seelisch-geistlichen Schlummer zu erwecken.

Die unkonventionellen, von auf derart riskante Weise lehrenden Meistern benutzten Mittel nehmen sich in den Augen des Normalmenschen, der selten über die Erscheinungen hinausblickt, aberwitzig oder verrückt aus. Verrückte-Weisheits-Methoden sind dazu angelegt, zu schockieren, doch ist ihr Endzweck immer wohltuend: Sie spiegeln dem gewöhnlichen Sterblichen (samsârin) die „Verrücktheit" seiner weltlichen Existenz wider, die aus der Sicht der erleuchteten Wahrnehmung in einer abgrundtiefen Illusion gründet. Illusionär nämlich ist die eingefleischte Annahme, dass das Individuum eine von der Haut des menschlichen Körpers umgrenzte Ich-Identität bildet – anstatt der all-durchdringenden Selbst-Identität, d.h. der âtman- oder Buddha-Natur. Die verrückte Weisheit setzt die tiefen Einblicke in das spirituelle Leben ganz folgerichtig um in die Praxis, und sie steht im Zentrum der Beziehung zwischen Meister und Schüler – einer Beziehung, deren ausdrückliche Funktion es ja ist, die Ich-Illusion des Schülers zu untergraben.

Botschaft und Vorgehensweise der verrückten Weisheit beleidigen verständlicherweise sowohl das weltliche wie auch das konventionelle kirchliche Establishment. Daher sind „verrückte" Meister allgemein unterdrückt worden. Dies war jedoch nicht der Fall im früheren Tibet und in Indien, wo der „heilige Narr" oder „göttliche Verrückte" als legitime Figur im Umfeld spiritueller Bestrebungen und Realisierungen anerkannt wurde. So ist der „heilige Verrückte" (Tibetisch: lama nyönpa) in der Geschichte Tibets durchwegs sehr verehrt worden. Dasselbe trifft auf den indischen avadhûta zu, der, wie der Begriff nahelegt, in seinem ekstatischen Rausch alle Hemmungen und konventionellen Regeln „abwarf".

Das christliche Äquivalent des heiligen Verrückten Tibets und des indischen avadhûta ist der „Narr um Christi willen". Doch hat die große konservative Sektion im Klerus wie in der Laienschaft die unorthodoxe

[32] *Das ist Vers 69 (oder 68 in manchen Ausgaben) in Umâpatis Shata-Ratna-Samgraha („Kompendium der einhundert Juwelen"). Der nächste Vers erläutert das Wort dîkshâ, das sowohl „Vernichtung" (kshapana) wie „geben" (dâna) ausdrückt. Vernichtet wird der Zustand der „Animalität/Kreatürlichkeit" (pashutva) oder spiritueller Blindheit; gegeben wird – durch Gnade – der höchste Zustand der „Angefülltheit mit Shiva" (shivatva).*

Figur des „Narren" (Griechisch: salos) bereits vor langer Zeit in die Vergessenheit getrieben. Der moderne Christ weiß kaum je etwas über so bemerkenswerte „heilige Idioten" wie die Heiligen Simeon, Isaac Zatvornik und Basilius oder über die Heilige Isadora – die Letztgenannte eines der wenigen weiblichen Beispiele. Es war der Apostel Paulus, der die Bezeichnung „Narr um Christi willen", im 1. Brief an die Korinther 4:10, zuerst verwendete. Er sprach von Gottes Weisheit, die der Welt wie Narrheit erscheint, und von der Klugheit der Welt, die auf Stolz gründet. Als Markus der Verrückte, ein Wüstenmönch des 6. Jh. n. Chr., zur Stadt kam, um für seine Sünden Buße zu tun, betrachteten ihn die Stadtleute als geistesgestört. Doch Abba Daniel von Skete erkannte sofort seine große Heiligkeit und schrie der Menge zu, sie seien alle Dummköpfe, weil sie nicht sähen, dass Markus der einzig vernünftige Mann der ganzen Stadt war.

Der Heilige Simeon, ein anderer Narr in Christo aus dem 6. Jahrhundert, war geschickt darin, geistige Verwirrung zu simulieren. Einmal fand er auf einem Haufen Dung einen toten Hund. Er band seine Hüftkordel um ein Hundebein und zog den Kadaver hinter sich her durch die Stadt. Die Leute gerieten in Empörung und konnten nicht verstehen, dass die Last des verrückten Mönchs ihre eigene übermäßige Last, die sie mit sich herumschleppten, symbolisierte – das Ego samt üblichem Verstand, dem es an Liebe und Weisheit mangelt. Gleich am nächsten Tag trat der Heilige Simeon in die örtliche Kirche und bewarf die versammelten Gläubigen, gerade als die Sonntagsmesse begann, mit Nüssen. An seinem Lebensende gestand der Heilige seinem vertrautesten Freund, dass sein exzentrisches Betragen nur der Ausdruck seiner äußersten Gleichgültigkeit (Griechisch: apatheia; Sanskrit: vairâgya) gegenüber den Dingen der Welt gewesen war. Er bezweckte damit ausschließlich, die allgemeine Scheinheiligkeit und Selbstüberhebung anzuprangern.

Der verrückte Heilige, der in seiner Gottberauschtheit furchtlos über die Sitten seiner Zeit hinwegschreitet, trat auch im Islam unter den Sufi-Meistern und im Judentum unter den chassidischen Mystikern auf. Diese heiligen Narren bewegen sich in einem weiten Spektrum spiritueller Qualitäten, vom religiösen Exzentriker bis zum erleuchteten Meister reichend. Der ihnen allen gemeinsame Aspekt ist, dass sie mit ihrem ganzen Lebensstil oder zumindest mit ihrem gelegentlich ausgefallenen Betragen die Normen und Konventionen der Gesellschaft auf den Kopf stellen.

Die reinste und klarste Darstellung der verrückten Weisheit findet sich in der tibetischen lama-nyönpa- und der indischen avadhûta-Tradition. Die Tibeter unterscheiden zwischen verschiedenen Arten der Geistesverwirrung, einschließlich der, wie man es nennen könnte, „religiösen Neurose" (Tibetisch: chö-nyön) mit soziopathischen und paranoiden Symptomen. Sie werden sorgfältig von der heiligen Verrücktheit unterschieden. Einige Charakteristika der heiligen Verrücktheit sind den Symptomen weltlicher und religiöser Geistesgestörtheit nicht unähnlich. Doch erscheint die Erstere ganz klar umrissen: Das exzentrische Betragen des verrückten Adepten ist nicht Ausdruck einer etwa psychopathologischen Persönlichkeit, sondern seiner/ihrer spirituellen Kompetenz und seines/ihres tiefen Wunsches, die Mitmenschen zu erleuchten.

Aus der Sicht des Mahâyâna-Buddhismus stellt sich „verrückte Weisheit“ als die öffentlich vorgelebte Verwirklichung der Wahrheit dar, dass beides – phänomenale Welt (samsâra) und transzendente Wirklichkeit (nirvâna) – zusammen essenziell sind. In der Sicht des unerleuchteten Verstandes, der nicht anders kann, als mit scharfen Trennungen zwischen Subjekt und Objekt zu operieren, erscheint die vollkommene Erleuchtung dagegen wie ein paradoxer Zustand. Der erleuchtete Meister existiert als das höchste raum- und zeitlose Sein-Bewusstsein, scheint dabei aber in einem persönlichen Körper samt Verstand in der Raum-Zeit-Dimension zu leben. In den non-dualistischen Kategorien des Advaita-Vedânta erfüllt und bestätigt die Erleuchtung diese zwei Axiome: dass das innerste Selbst (adhyâtman) mit dem transzendentalen Selbst (parama-âtman), und dass der höchste Grund (brahman) mit dem Kosmos auf all seinen Manifestationsebenen, einschließlich der des Selbst, identisch ist.

Swami Akkulkot

So lebt der erleuchtete Meister jenes totale Dasein, das in der engen Betrachtung der begrenzten Persönlichkeit als veritables Chaos erscheint. Alle erleuchteten Meister, die ein intensives, spontanes (sahaja) Leben führen, machen solche „unvermittelten Erfahrungen“; doch gibt es diejenigen, deren äußere Erscheinung und Verhaltensweisen noch direkter ihren göttlichen „Irrsinn“ widerspiegeln. Dies sind die verrückten Meister, die sich nicht um normales Betragen scheren und die, um der Unterrichtung anderer willen, konventionelle Erwartungsmuster, Normen und Verpflichtungen missachten.

Sie nehmen sich die Freiheit, das übliche Verhalten zu verpönen, subversiv zu sein, die weltliche und religiöse Ordnung zu kritisieren und zu verspotten, sich bizarr zu kleiden oder gar nackt umherzulaufen, die Nettigkeiten gesellschaftlicher Umgangsformen zu ignorieren, die engen Belange der Gelehrten und Scholastiker zu verlachen, zu fluchen, eine obszöne Sprache zu verwenden, zu singen und zu tanzen, Stimulanzien, Rauschmittel (wie Alkohol) und Sexualität zu genießen. Sie verkörpern das esoterische Prinzip des Tantra, demzufolge Befreiung (mukti) mit Genuss (bhukti) wesensmäßig Hand in Hand geht, die wahre Wirklichkeit alle Kategorien von Transzendenz und Immanenz überschreitet und das Spirituelle essenziell nicht separiert ist von der Welt.

Mit ihrem wilden, exzentrischen Gehabe fordern die verrückten Meister ständig die von den unerleuchteten Individuen unterstellten Grenzen und Regeln heraus und konfrontieren so mit der nackten Wahrheit der Existenz: Das Leben ist verrückt und – bis auf die unentrinnbare Tatsache, dass wir für lediglich kurze Zeit ins Chaos der Manifestation geworfen sind – unvorhersagbar. Mit ihrer Gegenwart erinnern sie ständig daran, dass unsere gesamte menschliche Zivilisation ein Versuch ist, die Unvermeidlichkeit des Todes zu leugnen – Tod, der selbst die nobelsten Bemühungen, eine symbolische Ordnung aus der unendlichen Plastizität des Lebens zu erschaffen, sinnlos erscheinen lässt.

Anders als die konventionelle Weisheit, die eine höhere Ordnung oder Harmonie hervorbringen soll, hat die verrückte Weisheit die primäre Funktion, den Modelle produzierenden Enthusiasmus der Menschheit samt ihrem Drang, Ordnung, Struktur und Sinn zu schaffen, zu stören. Verrückte Weisheit gleicht erleuchteter Bilderstürmerei: Was sie zerschmettert, sind das egozentrische Universum und sein Schöpfer; ist der subjektive Glaube, ein abgetrenntes Wesen zu sein – ist, aus letzter Sicht, das Ich. Darum stellt, wie ich im Buch *Heilige Narren* detaillierter ausführte, die verrückte Weisheit eine spirituelle Schock-Therapie dar.[33]

Die „Natürlichkeit" des verrückten Meisters muss sorgfältig unterschieden werden von der bloßen Impulsivität des Kindes oder des emotional labilen Erwachsenen, ebenso von der Art der erlernten Spontaneität, wie sie in etlichen humanistischen Therapien verfolgt wird. Erleuchtete Spontaneität (sahaja) beinhaltet mehr als nur eine vertiefte Achtsamkeit oder verbesserte Integrierung des Körperverstands als Teil einer umfassenden Seelenhygiene. Die verwirklichten Meister sind nicht gerade besonders erfolgreiche Egos. Ihre Spontaneität ist absolut rein und deckt sich mit dem Weltprozess selbst. Sie handeln aus dem Ganzen heraus – als das Ganze.

Der bekannteste verrückte Adept der tibetischen Tradition ist zweifellos Tibets Volksheld Milarepa (geschrieben Milaraspa, 1040–1123 n. Chr.), der außergewöhnliche yogin und Dichter. Seine harten Lehrjahre bei Marpa, „dem Übersetzer", demonstrieren beispielhaft die ich-zermahlenden Qualen jeder wirklichen spirituellen Schülerschaft. Wer wäre nicht berührt von Milarepas Lebensbeschreibung, die uns miterleben lässt, wie er denselben Turm wieder und wieder erbaut, wie er gegen Schmerz, Erschöpfung, Ärger über die Vergeblichkeit von allem, gegen Zweifel an seinem Guru und spirituelle Verzweiflung ankämpft? Als er seinen Lehrer traf, war er bereits ein geübter Zauberer und Wundertäter, und durch Marpas geschickte Führung und seine Gnade wurde Milarepa zum großen Meister.

Nur in ein weißes Baumwollgewand gekleidet, durchwanderte er das Grenzland zwischen Tibet und Nepal und lehrte durch seine didaktischen Gedichte und Lieder. Gelegentlich fand man Milarepa nackt, und in einem seiner Lieder drückt er aus, keine Scham zu kennen, da seine Genitalien doch natürlich genug seien. Seine verrückt-weise Einstellung zeigt sich an dem überlieferten Sachverhalt, dass er, obwohl das Leben eines wandernden Renunziaten führend, mehrere seiner weiblichen Anhänger in esoterische Sexualität einweihte. Für den gewöhnlichen Verstand haben Sex und Spiritualität nichts miteinander gemein. Tantra, wie wir im Kapitel 17 sehen werden, widerspricht dieser populären Annahme.

[33] *Siehe G. Feuerstein, Holy Madness: The Shock Tactics and Radical Teachings of Crazy-Wise Adepts, Holy Fools, and Rascal Gurus (New York: Paragon House, 1991).*

Der „verrückte" Meister Drukpa Kunley

Marpa (1012–1097 n. Chr.), Begründer der Kagyupa-Sekte des Vajrayâna-Buddhismus, war selbst ein Meister der verrückten Weisheit. Von großzügigem und humorvollem Charakter, legte er doch oft ein scheinbar ärgerliches Gebaren gegenüber Milarepa an den Tag, um damit für seinen geliebten Devotee jene spirituelle Krise zu provozieren, die alleine zu Milarepas letzter Befreiung führen konnte. Zusätzlich zu seiner ersten Ehefrau verband er sich auch mit acht tantrischen Gespielinnen.

Der bizarrste und empörendste verrückte Meister Tibets war ohne Zweifel Drukpa Kunley (1455–1570 n. Chr.), der, wie viele andere heilige Narren, als regulärer Mönch begann, nach der Erleuchtung jedoch ein Leben als Bettelmönch führte. Seine tibetische Lebensbeschreibung, mit reichlich symbolischem und legendärem Material versehen, behauptet, dass er nicht weniger denn 5000 Frauen in die sexuellen Geheimnisse des Tantra einführte. Sein Biograph portraitiert ihn als Liebhaber von chang, dem tibetischen Reisbier, und als vollendeten Erzähler, der seine mönchischen Zeitgenossen und die Gesellschaft generell so furchtlos wie humorvoll kritisierte.

Die Verrückte-Weisheits-Tradition Indiens dreht sich weitgehend um die Figur des avadhûta. Das Sanskritwort bedeutet wörtlich „abwerfen" und bezieht sich auf jemanden, der alle Sorgen und Interessen, wie sie den gewöhnlich Sterblichen belasten, abgestreift hat. Der avadhûta ist ein Extremtyp eines Renunziaten (samnyâsin), ein „höchster Schwan" (parama-hamsa), der sich, wie der Titel anzeigt, frei und leicht von Ort zu Ort bewegt wie ein schöner Schwan (hamsa), von nichts anderem als von Gott abhängig. Die Kategorie avadhûta kam in Umlauf in jener Ära (n. Chr.), die den Aufstieg des Tantra in Form etwa des Sahajayâna-Buddhismus, der hinduistischen Kaula- und Nâtha-Anhänger oder des darauffolgenden Hatha-Yoga sah.

Wie das Mahanirvâna-Tantra (8.11) konstatiert, gilt der „verrückte" Lebensstil des avadhûta im kali-yuga – dem jetzigen „dunklen Zeitalter" – ebenso viel wie der Lebensstil des samnyâsin im vorangegangenen Zeitalter (in dem die moralische Ordnung noch relativ stark war). Im kali-yuga sind, wegen der allgemeinen Unsensibilität für die heilige Dimension, drastischere Mittel nötig, um die Menschen zu wecken. Die Schocktherapie der verrückten Weisheit ist deshalb dem stillen Beispiel des Asketen oder samnyâsin, der der Welt entsagte, vorzuziehen.

Das Mahanirvâna-Tantra assoziiert den avadhûta ganz ersichtlich mit Shaivismus, jener religiös-spirituellen Tradition, deren Zentrum Gott Shiva ist. Diese Schrift (14.140 ff.) zählt vier Klassen von avadhûtas auf. Der shaiva-avadhûta hat eine volle tantrische Einweihung erhalten, während der brahma-avadhûta das Brahma-Mantra „OM, das Eine Sein-Bewusstsein, das Absolute" (Om sac-cid-ekam brahma) verwendet. Beide Hauptklassen werden unterteilt in jene, die noch unvollkommen sind – „die Wanderer" (parivraj)–, und jene, die Vollendung erlangten – die „höchsten Schwäne".

Eine der frühesten Hatha-Yoga-Schriften, die Siddha-Siddhânta-Paddhati, enthält viele Verse mit Beschreibungen des avadhûta. Ein Vers insbesondere (6.20) weist auf seine chamäleonartige Fähigkeit hin, in jede Rolle und jedweden Charakter zu schlüpfen. So verhält er sich zeitweise wie ein profaner Weltbewohner oder wie ein König, und zeitweise wie ein Asket oder nackter Renunziant. Die Anrede avadhûta wurde im Lauf der Zeit, mehr als jede andere, assoziiert mit den offenkundig verrückten Verhaltensweisen einiger parama-hamsas, die die Umkehrung aller gesellschaftlichen Normen quasi dramatisieren – ein für ihren spontanen Lebensstil charakteristisches Verhalten. In der Avadhûta-Gîtâ, einem mittelalterlichen, den verrückten Adepten besingenden Werk, wird der avadhûta als spiritueller Held vorgestellt, der jenseits ist von Gut und Böse, von Lob und Tadel, ja, jenseits aller Kategorien, die der Verstand konstruieren kann. Ein Vers (7.9) drückt seinen transzendentalen Status so aus:

> Als erleuchteter Yogi, für den es weder „Vereinung" (yoga) noch „Trennung" (viyoga) gibt, und als „Genießender" (bhogin), für den es weder Genuss noch Nicht-Genuss gibt – derart wandert er mußevoll umher und ist von der spontanen Freude des eigenen Verstehens erfüllt.

Die gleiche Schrift erklärt (8.6-9) die Bezeichnung avadhûta wie folgt:

> Der Buchstabe a bedeutet, dass [der avadhûta] ewiglich in „Glückseligkeit" (ânanda) weilt, befreit von den Fesseln der Hoffnung und rein am Beginn, in der Mitte und am Ende.
>
> Die Silbe va bedeutet, dass er [immer] im Jetzt weilt und dass seine Rede bekömmlich ist – er, der alle Wünsche [vâsanâ] überwand.
>
> Die Silbe dhû bezeichnet ihn, dessen Glieder von Staub grau sind, der von der Ausübung der Konzentration wie der Meditation befreit, dessen Geist rein und der von Krankheit unbelastet ist.
>
> Die Silbe ta zeigt an, dass er frei von spiritueller Dunkelheit (tamas) und dem Ich-Sinn (ahamkâra), leer von Gedanken und Zielsetzung und mit seinem Denken beständig auf die wahre Wirklichkeit (tattva) ausgerichtet ist.[34]

Der ganze Text, der vielleicht ins 15. oder 16. Jahrhundert n. Chr. gehört, zeichnet sich durch eine hohe nondualistische Sicht aus. Er ähnelt der Ashtâvakra-Gîtâ („Asthâvakras Gesang"), die bezeichnenderweise auch als Avadhûta-Anubhûti („Realisierung des verrückten Meisters") figuriert

[34] Der Begriff tattva bedeutet wörtlich „So-heit" oder „Das-heit" und kann für „Realität" oder „Prinzip" stehen, im jetzigen Fall für die höchste Wirklichkeit.

und ins späte 15. Jh. n. Chr. verlegt wird.[35] Beide Schriften sind ekstatische Ergüsse, die die höchste Form nondualistischer Verwirklichung preisen.

Die Avadhûta-Gîtâ wird Dattâtreya zugeschrieben, einem halb legendären spirituellen Meister, der den Status einer Gottheit erhielt.[36] Die Geschichte des Weisen Dattâtreya wird im Mârkandeya-Purâna (Kapitel 16), in einem Abschnitt erzählt, der wahrscheinlich ins 4. Jahrhundert n. Chr. gehört. Und wir hören von der wunderbaren Geburt eines der großen indischen Meister der verrückten Weisheit.

Dieser Erzählung zufolge führte ein gewisser Brahmane namens Kaushika ein liederliches Leben und verlor sowohl Hab und Gut wie auch seine Gesundheit wegen seiner Vernarrtheit in eine Prostituierte. Seine Ehegemahlin Shândilî war ihm jedoch äußerst treu. In einer Nacht trug sie ihren kranken Ehemann sogar zum Haus der Prostituierten. Auf dem Weg dahin – ihr Mann saß auf ihren Schultern – trat Shândilî versehentlich auf den Weisen Mândavya, der halbtot auf der Straße lag. Mândavya, wegen seiner machtvollen Verfluchungen überall gefürchtet, verfluchte das Paar prompt dazu, bei Sonnenaufgang zu sterben. Die reine, fromme

[35] *Für eine engl. Übersetzung der Ashtâvakra-Gîtâ siehe Swami Nityaswarupananda, Asthavakra Samhita (Mayavati, India: Advaita Ashrama, 1953). Für eine kritische Ausgabe dieses Werkes siehe R. Hauschild, Die Astâvakra-Gîtâ (Berlin: Akademie-Verlag, 1967). Zur engl. Übersetzung der Avadhûta-Gîtâ siehe Swami Ashokananda (Mylapore, India: Sri Ramakrishna Math).*

[36] *Siehe H. S. Joshi, Origin and Development of Datt-âtreya Worship in India (Baroda, India: Maharaja Sayajirao University of Baroda, 1965).*

[37] *Der Sanskrittext verwendet den poetischen Ausdruck „Wogen, Wellen" (taranga) für „unzählige".*

QUELLENLEKTÜRE 2

SIDDHA-SIDDHÂNTA-PADDHATI (AUSWAHL)

Siddha-Siddhânta-Paddhati („Lehrpfade der Meister"), eine Schrift, die man als eine der ältesten der Nâtha-Richtung betrachtet, ist eine Komposition mit sechs Kapiteln. Das Schlusskapitel definiert und lobpreist den avadhûta; er wird dabei von den spirituellen Typen, wie sie in anderen, vom Nâtha-Orden verschiedenen Traditionen auftreten, unterschieden. Von besonderem Interesse sind die ersten einundzwanzig, hier übersetzten Verse. Wie die meisten Hatha-Yoga-Schriften ist auch dieser Text absichtlich in fehlerhaftem Sanskrit geschrieben, was es zeitweise schwer macht, der präzisen Bedeutung eines Verses sicher zu sein. Die folgenden Verse sind dem sechsten Kapitel entnommen.

Nun wird eine Beschreibung des avadhûta-yogin gegeben. Sag mir, wer ist dieser sogenannte avadhûta-yogin? Avadhûta ist jener, der alle Modifikationen (vikâra) der Natur abwirft. Yogin ist jener, für den die „Vereinung" (yoga) alleine gilt. Dhûta ist [abgeleitet von] dhû [im Sinn von „schütteln"], wie im Erzittern, d.h. es bedeutet „zittern". Das Erzittern oder Schütteln [geschieht, wenn] sich der Verstand mit den Sinnesobjekten befasst, wie etwa mit Körpern oder körperlichen [Zuständen]. Nachdem der Verstand dies begriffen und – ganz absorbiert in der Glorie seines eigenen „Reichs" (dhâman] – sich von [diesen Sinnesobjekten] zurückgezogen hat, wird er leer von Erscheinungen und befreit von unterschiedlichen „Wohnstätten" (nidhâna) [d.h. den sinnlichen Objekten], die alle einen Beginn, eine Mitte und ein Ende haben. (1)

Der Laut ya ist die Keimsilbe (bîja) des Wind[-Elements]; der Laut ra ist die Keimsilbe des Feuer[-Elements]. Nicht geschieden von beiden ist der Klang om, der als die Gestalt des Bewusstseins gepriesen wird. (2)

So wird er klar benannt: Er, der kahl und bar von allem ist, da er die unzähligen[37] Bande des Leids (klesha) abschnitt; er, der frei von allen Bedingungen und Zuständen ist – er wird als ein avadhûta bezeichnet. (3)

Der yogin, der, noch im Körper wohnend, von der strahlenden Erinnerung an das eingeborene [Wirkliche] geschmückt ist und für den sich [die Schlangen-Kraft, die kundalinî-shakti] erhoben hat vom

Frau betete mit aller Kraft zur Sonne, dass sie überhaupt nicht aufginge, so dass ihr Mann am Leben bliebe. Das Gebet aus reinem Herzen wurde erhört. Nun gerieten all die Götter in Aufruhr, und sie versicherten sich der Hilfe von Anushuyâ, der Gemahlin des Weisen Atri, die Shândilî davon überzeugen sollte, dass die Weltordnung wiederhergestellt werden müsse. Anushuyâ, selbst ein Musterbeispiel weiblicher Tugend, konnte Shândilî überreden, unter der Bedingung, dass Kaushikas Leben bei Sonnenaufgang verschont bliebe.

In Würdigung ihres rechtzeitigen Eintretens gewährten die Götter Anushuyâ einen Wunsch. Sie bat um die Seelenbefreiung ihres Ehemannes und ihrer selbst, dazu um die Inkarnation der drei Hauptgottheiten – Brahma, Vishnu und Shiva – in Gestalt eigener Söhne. Nach gewisser Zeit, während sich Anushuyâ zu ihrem Gemahl beugte, brach ein Licht aus den Augen des Weisen Atri hervor und legte den Samen für die drei göttlichen Söhne Soma, Durvâsa und Datta – den teilweisen Inkarnationen von Brahma, Shiva und Vishnu – in seine Frau.

„Lager" [d.h. dem mûlâdhâra-cakra an der Wirbelsäulenbasis] – der wird ein avadhûta genannt. (4)

[Jener yogin, der] fest im Mittelpunkt der Welt steht ohne jegliches „Zittern" [d.h. frei von allen Bindungen an die Objekte der Sinne], der Freisein von Trauer zu seinem Lendentuch, zu seiner Essensschale (kharpara) hat – er wird ein avadhûta genannt. (5)

[Jener yogin], durch den die Lehre (siddhânta) so bewahrt wird, wie der Zusammenklang der Laute sham, Freude [bezeichnend], und kham, das höchste Absolute [symbolisierend], im Worte shamkha [„Muschelhorn"] – er wird ein avadhûta genannt. (6)

Wessen Grenze [nichts anderes als] das höchste Bewusstsein ist, wer das [höchste] Objekt als seine Sandalen und das große Gelübde als sein Antilopenfell [auf dem er sitzt] kennt – er wird ein avadhûta genannt. (7)

Wer die ständige Nichtbeteiligung zum Gürtel und die Quintessenz selbst (sva-svarûpa) zum Mattenplatz hat, [wer] an den sechs Modifikationen[38] [der Natur] nicht beteiligt ist – er wird ein avadhûta genannt. (8)

Wer wahrlich des Bewusstseins Licht und die höchste Seligkeit als seine Ohrringe trägt und die Rezitation (japa) mit der Gebetskette (mala) nicht mehr praktiziert – er wird ein avadhûta genannt. (9)

Wer Beständigkeit zum Wanderstock, den höchsten Raum (para-âkâsha)[39] zu seiner Assistenz und die innere Macht (nija-shakti) zur yogischen Leibesstütze (yoga-patta)[40] hat – er wird als avadhûta bezeichnet. (10)

Wer selbst die Differenz wie die Identität [von Welt und Göttlichem] ist, wem das Entzücken an den sechs Essenzen (rasa)[41] als Himmelsgabe gilt und wessen Untreue darin besteht, erfüllt von Dem [höchsten Wirklichen] zu sein – er wird ein avadhûta genannt. (11)

Wer mit seinem inneren Wesen ins Undenkbare, ins entlegene Reich ganz innen reist, wer diese Sphäre gar als Unterwäsche trägt – er wird ein avadhûta genannt. (12)

[38] Die sechs „Modifikationen" (vikâra) der Natur (prakriti) könnten die sechs Körper (pinda) sein, wie im Eröffnungskapitel des Textes angeführt. Die sechs Körper sind „transzendentaler" (para), „anfangsloser" (anâdi), „ursprünglicher" (âdi), der „mit großer Gestalt" (mahâ-sâkâra), der „naturhafte" (prâkriti) und der „mutterleibsbedingte" (garbha) Körper. Letzterer ist der physische Leib, die davor aufgezählten sind feinstofflicher, energetischer und kausaler Art.

[39] Geschrieben parâkâsha.

[40] Die „yogische Leibesstütze" (yoga-patta) ist das Knieband – ein Stoffband, das um Gesäß und Knie gebunden wird, um die Anspannung der Körperhaltung während der Meditation zu mindern. Ein yoga-patta wird auch im Agni-Purâna (90.10) als eines der Hilfsmittel des neu initiierten Praktikers und außerdem des im Wald lebenden Asketen (vâna-prastha) (204.11) erwähnt. Der Brihad-Yogi-Yâjnavalkya-Samhitâ (7.39) zufolge kann der yogin während seiner rituellen Waschung ein yoga-patta über seiner Bekleidung tragen. Der yoga-patta ist zu unterscheiden vom in Vâcaspati Mishras Tattva-Vaishâradî (2.46) erwähnten yoga-pattaka, einer Armstütze, die ebenfalls bei der Meditation verwendet wird, um Rückenverspannungen zu vermeiden. Eine symbolische Interpretation des Begriffes yoga-patta finden wir in der Nirvâna-Upanishad (25), wo er mit der „Schau des Absoluten" (brahma-âloka) verglichen wird. Im Shiva-Purâna (6.18.11ff.) scheint sich der Begriff wiederum auf ein komplexes Ritual zu beziehen, das zur Entwicklungsstufe eines großen Lehrers führen und Befreiung schenken soll.

[41] Es bleibt unklar, was die sechs Essenzen (rasa) sind.

Andere Purânas (populäre Enzyklopädien) enthalten unterschiedliche Erzählungen über Dattâtreya, doch alle erwähnen die Person Atris – daher der Name Dattâtreya, „Datta, Sohn von Atri". Einige Vorkommnisse in Dattâtreyas Leben illustrieren die Tatsache, dass er eine recht unkonventionelle Persönlichkeit war. So wird z.B. berichtet, wie er in einem See untertauchte, aus dem er erst nach vielen Jahren, in Gesellschaft eines Mädchens, wieder auftauchte. Seine Schüler, die über die vollendete Nicht-Verhaftung Dattâtreyas Bescheid wussten, dachten sich nichts dabei. Um ihren Glauben an ihn auf die Probe zu stellen, begann er gemeinsam mit der Maid Wein zu trinken, aber seine Jünger ließen sich auch davon nicht beirren.

Dann sagen wiederum diverse Purânas, einschließlich des Mârkandeya-Purâna (Kapitel 30–40), dass Dattâtreya den achtteiligen, asketischen Lebensstil unterstützenden Yoga (astha-anga-yoga) des Patanjali lehrte. Derart wird Dattâtreya sowohl mit asketischen Motiven wie auch mit Situationen, in denen Sexualität und Alkohol (die zwei Hauptingredienzen des tantrischen Rituals) eine Rolle spielen, in Zusammenhang gebracht.[42]

[42] Merkwürdigerweise hat das 8. Kapitel der Avadhûta-Gîtâ einen ersichtlich frauenfeindlichen Ton (und könnte eine spätere Hinzufügung sein).

[43] Der Begriff vajrî ist die weibliche Form von vajra und meint hier vermutlich die „gewöhnliche Natur", das heißt, den nicht erleuchteten Körper-Verstand-Gemütskomplex. Eine andere mögliche Erklärung wäre, dass er sich auf die verhüllende Macht der kundalinî-shakti bezieht. Indem er die shakti erweckt und zur Vereinung mit der shiva-Dimension der Existenz führt, wandelt der yogin die potenziell verderbliche shakti zum eigenen Vorteil um. Anstatt ihn ans unerleuchtete menschliche Dasein zu ketten, wird diese große Energie, am psychoenergetischen Basiszentrum ruhend, zum Mittel seiner Befreiung.

Quellenlektüre 2

Wer den eigenen unsterblichen Körper dem Ewigen, Unendlichen einverleiben [will]; wer alleine diesen [Trank der Unsterblichkeit] trinkt – er heißt ein avadhûta. (13)

Wer die vajrî[43] verschlingt – mit Begierden sind sie prall und ganz besudelt, und stark sind sie wie Donnerkeile (vajra) der Unwissenheit (avidyâ) –, er wird ein avadhûta genannt. (14)

Wer sich immer ganz umwendet, direkt ins Zentrum seiner selbst, und wer die Welt voll Gleichmut (samatva) betrachtet – er heißt ein avadhûta. (15)

Wer sich selbst versteht und allein in seinem Selbste weilt; wer in Anstrengungslosigkeit (anutthâna) ganz verankert ist – er wird ein avadhûta genannt. (16)

Wem [die Kunst der] höchsten ruhevollen Rast vertraut und wem die Grundlage der Anstrengungslosigkeit (anutthâ) zu eigen ist; wer das Prinzip kennt, das aus Bewusstsein und Zufriedenheit (dhriti) besteht – er wird als avadhûta bezeichnet. (17)

Wer das manifeste (vyakta) und das nicht-manifeste (avyakta) [Reich des Daseins] verzehrt und die ganze Manifestation (vyakta) [der Natur] verschlingt, während er in seinem inneren Wesen [fest begründet] ist [und] die innere Wahrheit [besitzt] – er heißt ein avadhûta. (18)

Wer fest im eignen Leuchten gründet, wem [jener] Glanz von der Art des [absoluten] Strahlens (avabhâsa) eignet; wer sich mit Spiel (lîlâ) in dieser Welt vergnügt – er wird ein avadhûta genannt. (19)

Wer manchmal ein Genießender und manchmal ein Entsagender, manchmal ein Nackter oder wie ein Dämon, manchmal ein König und manchmal ein gesitteter [Mensch] ist – er wird ein avadhûta genannt. (20)

Wer vom Wesen des Innersten [Selbst] ist, wenn er so verschiedene Rollen (samketa) öffentlich spielt; wer ganz zum Wirklichen dringt in seiner tiefen Betrachtung aller Lehransichten – der wird ein avadhûta-yogin genannt. Er ist ein wahrer Lehrer (sad-Guru). Denn in seiner tief-wesentlichen Schau aller Ansichten erschafft er eine [große] Synthese (samanvaya) – er ist ein avadhûta-yogin. (21)

Dattâtreya ist der Archetyp eines „verrückten" Adepten. Nicht klar erscheint, wie aus einem quasi-tantrischen Meister eine vollgültige Gottheit wurde. Nichtsdestoweniger sind beide, der Weise und der Gott, mit Avadhûtaschaft innig verbunden. Und auch wenn die Mythologie den Weisen Dattâtreya als eine Vishnu-Inkarnation darstellt, so ist sein Name doch ebenso eng mit der Sphäre Shivas, des Herrn der yogins und der Asketen, assoziiert. Es hat den Anschein, dass dieser große spirituelle Held der Vaishnava- wie auch der Shaiva-Tradition als Symbol eines Gott-Verwirklichers gedient hat, dessen existentieller Zustand alle Glaubensformen und Sitten transzendiert.

Daher überrascht es nicht, wenn Dattâtreya darüber hinaus die Autorenschaft der Jîvan-Mukti-Gîtâ („Gesang der Befreiung im Leben") zugesprochen wird, einer kurzen Hymne von 23 Versen, die den jîvan-mukta, den bereits im verkörperten Dasein befreiten Meister, besingt. Genauso wird ihm die Schrift Tripura-Rahasya („Tripuras geheime Lehren") zugeschrieben. In Anbetracht des Nachdrucks, den diese Schrift auf die den Verstand überschreitende, erleuchtete Spontaneität (sahaja) legt, scheint diese Zuordnung sehr angebracht.

In unterschiedlichen Ausmaßen tritt die verrückte Weisheit in den meisten Schulrichtungen des Yoga auf, da doch die vorgegebene Aufgabe des Guru eben darin besteht, die Illusion des Schülers, eine Insel für sich selbst zu sein, zu untergraben. Die meisten Lehrer werden – besonders dann, wenn sie voll erleuchtet sind – zu unkonventionellem Verhalten greifen, um des Schülers Schutzpanzer zu durchdringen. Wenige Lehrer neigen allerdings dazu, auf so extrem verrückt-weise Art zu instruieren, wie es etwa Marpa und Drukpa Kunley taten. Heutzutage halten die Individuen sorgfältiger definierte Ego-Grenzen aufrecht als in der Vergangenheit; Verrückte-Weisheits-Methoden werden also vom Schüler in der Regel als Störung seiner/ihrer persönlichen Integrität erlebt. Daher sind nur wenige Lehrer gewillt, einen Verrückte-Weisheits-Stil der Belehrung zu demonstrieren. Außerdem erhebt sich die relevante Frage, ob diese alte Form der Belehrung heute noch nützlich und moralisch vertretbar ist.[44]

Dieser kurze Einblick in die Dimension der verrückten Weisheit der hinduistischen und buddhistischen Spiritualität soll das 1. Kapitel abrunden, das die dem spirituellen Yoga-Prozess implizierten Grundkategorien erklärt. Das nächste Kapitel stellt die hauptsächlichen Methoden oder Schulrichtungen innerhalb der yogischen Tradition dar.

[44] Siehe G. Feuerstein, Holy Madness, und auch „The Shadow of the Enlightened Guru", in R. Walsh und F. Vaughan, Hrsg., Paths Beyond Ego: The Transperonal Vision (New York: J. P. Tarcher/ Perigee, 1993), pp. 147–48.

KAPITEL 2

Das Rad des Yoga

„Im Yoga ... mögen viele den einen Pfad nehmen, um darauf zur Selbst-Verwirklichung zu gelangen, während andere einen anderen Pfad nehmen; aber ich behaupte, dass es zwischen den unterschiedlichen Yoga-Praktiken absolut keinen Unterschied gibt."

B. K. S. IYENGAR, THE TREE OF YOGA, P. 15

I. ÜBERBLICK

In seiner ältesten uns bekannten Form scheint Yoga die Praxis disziplinierter Innenschau oder meditativer Konzentration, verbunden mit Opferritualen, gewesen zu sein. In solcher Gestalt finden wir Yoga in den vier Vedas, den frühesten und hochgeschätzten heiligen Schriften des Hinduismus. Diese vier Sammlungen von Hymnen sollen, wie man annimmt, das offenbarte oder „übermenschliche" (atimânusha) Wissen der archaischen, Sanskrit sprechenden Zivilisation Indiens – als vedische oder, seit jüngerer Zeit, als Indus-Sarasvatî-Zivilisation bezeichnet – enthalten haben. Die Rituale der vedischen Priester mussten mit akkurater Genauigkeit ausgeführt werden und erforderten äußerste Konzentration seitens des Opfernden; daher hatten sich die Kustoden des heiligen Erbes einem rigorosen geistigen Training zu unterziehen. Dieses bildet eine der Hauptwurzeln des späteren Yoga, der zweitausend oder mehr Jahre danach zur Bewusstseins-Technik der Upanishaden führte, jene esoterischen Lehren von Menschen, die die Meditation zur vorrangigen Methode der Erleuchtungserlangung erhoben.

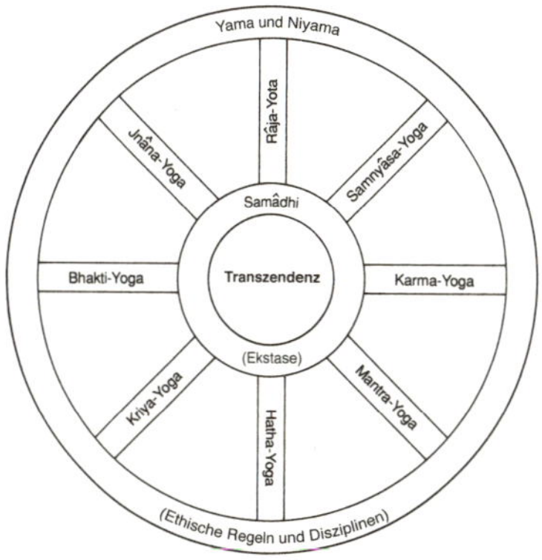

Das Rad des Yoga – unterschiedliche Annäherungen zur Erleuchtung

Aus diesem upanishadischen Yoga entwickelte sich im Lauf vieler Jahrhunderte ein immenser Korpus von Praktiken, zusammen mit mehr oder weniger kunstvollen Erklärungen; beide bezwecken, die menschliche Kondition zu transzendieren. Das Yoga-Erbe wurde vom Lehrer an den Schüler mündlich weitergegeben. Der Sanskritbegriff für diese Übertragung geheimen Wissens ist paramparâ, was wörtlich „eins nach dem anderen" oder „Nachfolge" heißt. Mit der Zeit wurde viel hinzugefügt und weggelassen oder verändert. Bald waren zahlreiche Schulrichtungen entstanden, die spezielle Traditionen vertraten, innerhalb derer neuerliche Aufspaltungen und Reformen stattfanden.

So stellt sich also Yoga in keinster Weise als homogene Ganzheit dar. Betrachtungsweisen und Praktiken variieren von Schule zu Schule, von Lehrer zu Lehrer, und können manchmal gar nicht miteinander versöhnt werden. Wenn wir darum von Yoga sprechen, sprechen wir über eine Vielzahl yogischer Pfade und Orientierungen, mit kontrastierenden theoretischen Bezugsrahmen und gelegentlich sogar gänzlich unterschiedlichen Zielsetzungen, die aber allesamt Mittel zur Seelenbefreiung sind. Das Ideal des Râja-Yoga z.B. ist, dass der Mensch seine wahre Identität als transzendentes Selbst (purusha), das auf immer abseits von den Zyklen der Natur steht, zurückgewinnt. Das proklamierte Ideal des Hatha-Yoga hingegen besteht darin, einen unsterblichen Körper, der die vollständige Beherrschung der Natur ermöglicht, für sich selbst heranzubilden. Um ein weiteres Beispiel zu geben: Manche Schulen fördern die Kultivierung paranormaler Kräfte (siddhi), andere wiederum betrachten diese als Hindernisse auf dem Weg und ermahnen die Aspiranten, sie generell zu ignorieren.

Trotz der reichen Vielgestaltigkeit der Yoga-Tradition stimmen alle Vorgehensweisen in diesem Punkt überein: Die Ich-Transzendierung, das Überschreiten der gewöhnlichen Person mit ihren vorhersagbaren Gewohnheitsmustern, gilt als notwendige Vorbedingung. Yoga ist in der Tat die Technik der ekstatischen Transzendierung. Die Unterschiedlichkeiten innerhalb des Yoga beziehen sich mehr auf die Art und Weise, wie diese Transzendierung erreicht und wie sie begrifflich und konzepthaft dargestellt wird.

Geschichtlich betrachtet, figuriert das klassische System von Patanjali als die bedeutendste aller Yoga-Schulrichtungen; es wird auch als die „Schau des Yoga" (yoga-darshana) bezeichnet. Dieses System, das im Lauf der Zeit mit Râja-Yoga gleichgesetzt wurde, gilt als das formale Resümee langer Zeitphasen yogischer Experimente und yogischer Kultur. Neben dieser philosophischen Schule gibt es zahlreiche nicht-systematische Yoga-Richtungen, die häufig mit volkstümlichen Glaubensvorstellungen und Praktiken verwoben sind. Auch im Bereich der Jaina- und der buddhistischen Lehre finden sich Yoga-Spielarten; sie werden in den Kapiteln 6 und 7 besprochen.

In der Sphäre des Hinduismus ragen sechs Hauptformen von Yoga hervor, nämlich Râja-Yoga, Hatha-Yoga, Jnâna-Yoga, Bhakti-Yoga, Karma-Yoga und Mantra-Yoga. Diesen sollten noch Laya-Yoga und Kundalinî-Yoga hinzugefügt werden; beide sind zwar eng mit Hatha-Yoga verbunden, werden aber oft als selbstständige Methoden erwähnt und auch in die Gattung Tantra-Yoga eingereiht.

Die Yoga-Tradition hört nicht auf, sich zu wandeln und weiterzuwachsen, und passt sich immer wieder den neuen gesellschaftlich-kulturellen Bedingungen an. Ein schönes Beispiel dafür ist Sri Aurobindos Integraler Yoga, eine singuläre moderne Methode, die auf dem traditionellen Yoga fußt, jedoch über ihn hinausweist, da sie eine Synthese der menschlichen Evolution postuliert.

Darüber hinaus finden wir in der Sanskritliteratur zahllose Wort-Zusammensetzungen, die auf -yoga enden. Meistens bezeichnen diese Worte keine eigenständigen Yoga-Schulrichtungen, sondern der Begriff yoga beinhaltet dort mehr die allgemeinere Bedeutung von „Praxis" oder „disziplinierter Anwendung". So meint z.B. der zusammengesetzte Begriff buddhi-yoga die „Praxis des unterscheidenden Wissens", und samnyâsa-yoga bezeichnet die „Praxis der Entsagung". Weitere Beispiele wären dhyâna-yoga („Praxis der Meditation"), samâdhi-yoga („Praxis der Ekstase") und guru-yoga („Praxis, die auf den spirituellen Lehrer zentriert ist"). Andere Wortverbindungen geben Spezifischeres an, wie etwa nâda-yoga („Yoga des inneren Klangs"), kriyâ-yoga („Yoga der rituellen Handlung") oder der vedantische asparsha-yoga („Unfassbarer Yoga"), usf.. Der zuletzt erwähnte, in der Mândûkya-Kârikâ gelehrte Yoga heißt so, weil bei ihm über das unfassbar Absolute als allgegenwärtigem Grund aller Existenz kontempliert wird.

Wenn wir Yoga mit einem vielspeichigen Rad vergleichen, dann stellen die Speichen die diversen Schulrichtungen des Yoga dar, das Radrund symbolisiert die moralischen Erfordernisse, die allen Yoga-Typen zu eigen sind, während die Radnabe für die besondere ekstatische Erfahrung steht, in der der Yoga-Ausübende sowohl das eigene begrenzte Bewusstsein wie die manifestierte Existenz des Kosmos selbst transzendiert. Alle authentischen Yogaformen gleichen Pfaden, die zu einem einzigen Zentrum streben – der transzendentalen Wirklichkeit; von verschiedenen Schulen mag dies Zentrum unterschiedlich definiert werden.

Es gibt auch yogins, die die Verwirklichung niedrigerer, unterhalb der höchsten Transzendenz liegender Bewusstseinszustände anstreben, oder die eher nach paranormalen Kräften als nach Erleuchtung trachten. Sie betreiben und lehren quasi Magie und sind nicht, in unserem Sinne, psychospirituell orientiert. Es herrscht eine stark magische Komponente in der uralten Tradition des Asketentums (tapas) und auch im Tantra; beide werden später besprochen. Doch wurde generell der Yogi immer auch als „Magus" gesehen, der spezielle Fähigkeiten besitzt, insbesondere die Macht des Segnens und Verfluchens. Moderne Schüler neigen zwar dazu, die magische Dimension des Yoga abzustreiten, aber sie ist dennoch ein integraler Bestandteil yogischer Erfahrung. Warum sonst würde Patanjali den paranormalen Kräften (siddhi) ein komplettes Kapitel in seinem Yoga-Sûtra widmen? Trotzdem bleibt es wichtig, dass wir den Unterschied zwischen magischen Zielsetzungen und dem großen Werk der spirituellen Transformation sensibel wahrnehmen: Letztere geht über paranormale Erfahrungen und Fähigkeiten, ebenso über bloß mystische Bewusstseinszustände hinaus. Das Ziel echter und glaubwürdiger Spiritualität ist die – in der Ich-Transzendierung gründende – Realisierung Gottes als das Selbst.

II. RÂJA-YOGA – DER GLÄNZENDE YOGA DER SPIRITUELLEN KÖNIGE

Die Bezeichnung râja-yoga („königlicher Yoga") wurde vergleichsweise spät geprägt und kam seit dem 16. Jahrhundert n. Chr. in Mode. Sie bezieht sich speziell auf das Yoga-System Patanjalis, das im 2. Jahrhundert n. Chr. entstand, und wird gewöhnlich benutzt, um Patanjalis achtteiligen Pfad der meditativen Einkehr von Hatha-Yoga zu unterscheiden. Der jüngeren Yoga-Râja-Upanishad (1–2)[1] zufolge gibt es vier Arten von Yoga, nämlich Mantra-Yoga, Laya-Yoga, Hatha-Yoga und Râja-Yoga. Alle vier, so heißt es, inkorporieren die wohlbekannten Praxisaspekte der Körperstellung, der Atembeherrschung (hier prâna-samrodha genannt), der Meditation und des samâdhi.

[1] Die Yoga-Râja-Upanishad (geschrieben Yogarâjopanishad) ist ein Werk von nur 21 Strophen und beschreibt vor allem die neun psychoenergetischen Zentren (cakra) des Körpers.

राजयोग ॥
râja-yoga

Hinter der Bezeichnung râja-yoga steht die Meinung, dass dieser Yogatyp dem Hatha-Yoga überlegen ist. Letzterer eignet sich, so wurde befunden, für diejenigen, die sich nicht der heiligen Feuerprobe von Meditation und Entsagung exklusiv zu unterwerfen vermögen. Mit anderen Worten, Râja-Yoga versteht sich als Yoga für die wahren Helden des Geistestrainings. Gleichwohl darf hier angemerkt werden, dass eine solche Bewertung nicht unbedingt den Tatsachen entspricht. Denn Hatha-Yoga hat gleichfalls seine intensiven meditativen Übungen und kann genauso wie Râja-Yoga zur Feuerprobe werden. Leider missachten manchmal indische und westliche Hatha-Yoga-Prakikanten die spirituelle Zielsetzung, ja selbst die ethische Basis dieser Methode, und tendieren dazu, Hatha-Yoga als eine Art Schönheits- oder Fitness-Gymnastik auszuüben.

Andere Erklärungen des Begriffs râja-yoga sind durchaus möglich. Er könnte mit der Tatsache in Verbindung gebracht werden, dass Patanjalis Yoga von Königen ausgeübt wurde, insbesondere von König Bhoja aus dem 10. Jahrhundert, der auch einen bekannten Kommentar zum Yoga-Sûtra schrieb. Sollten wir zu einer esoterischeren Erklärung überwechseln, so könnten wir im Wort râja einen verborgenen Hinweis auf das transzendentale Selbst vermuten, auf den höchsten Herrscher und König des Körper-Verstand-Systems. Eine gewisse Berechtigung hat eine solche Interpolation, da dieses Selbst seit alters als „leuchtend", „strahlend" (râjate) beschrieben wird – mit einem Eigenschaftswort also, das von derselben Wortwurzel wie râja stammt. Oder, wiederum anders betrachtet: Der Begriff râja könnte sich auf „Gott, den Herrn" (îshvara) beziehen, laut Patanjali ein besonderes Selbst in der Menge unzähliger transzendenter Selbstheiten.

Schließlich offeriert die Yoga-Shikhâ-Upanishad (1.136–138), vielleicht im 14. oder 15. Jh. n. Chr. verfasst, eine ganz und gar esoterische, tantrische Interpretation:

> In der Mitte des Perineums (yoni), dem besonderen Ort, weilt wohlverborgen rajas, das Prinzip der Göttin, den [roten] japâ- und bandhukâ [-Blumen] gleichend. Râja-Yoga wird so genannt wegen der Vereinigung (yoga) von rajas und Samen (retas). Nachdem er die [verschiedenen paranormalen Kräfte], wie die Fähigkeit, sich zu verkleinern, durch Râja-Yoga erlangte, wird er [der yogin] strahlend (râjate).

Das rote, im obigen Zitat angesprochene rajas-Prinzip wird manchmal mit Menstruationsblut, manchmal mit weiblicher Hormonabsonderung und ein andermal mit der weiblichen Eizelle gleichgesetzt. Letztere Auslegung erscheint symbolisch am sinnvollsten, da die Verbindung von Samen und Eizelle zu einem neuen Sein führt – in diesem Fall, metaphorisch gesprochen, zum Zustand der Erleuchtung. Doch spielt die hormonelle Sekretion in diesem Yoga auch eine Rolle, genauso wie im Taoismus. Metaphysisch gesprochen, sind rajas und retas das weibliche und das männliche Energieprinzip. Die vollkommene Harmonisierung (samarasa) beider Prinzipien soll zum Sprung in die eigenschaftslose Ekstase führen – eine esoterische Erklärung allerdings, die mehr zum tantrischen Symbolismus als zu Patanjalis philosophischer Schule gehört.

Râja-Yoga oder klassischer Yoga wird im Kapitel 9 und 10 ausführlich behandelt. Seit seiner Entstehung in den ersten Jahrhunderten der neueren Zeit (einige Gelehrte nehmen jedoch an, dass Patanjali in vorchristlicher Zeit lebte) war Râja-Yoga eine der einflussreichsten Schulrichtungen innerhalb der Yoga-Tradition. Er ist sozusagen die Hauptstraße der Meditation und Kontemplation. Wie Swami Vivekananda enthusiastisch deklarierte, „ist Râja-Yoga die Wissenschaft der Religion, die logische Basis von Verehrung, Gebeten, Formen, Zeremonien und Wundern".[2] Er fügte hinzu, das Ziel des Râja-Yoga sei es, zu lehren, „wie der Verstand zu konzentrieren, wie die innersten Winkel unseres Verstands zu entdecken, wie deren Inhalte dann zu verallgemeinern und eigene Schlussfolgerungen daraus zu ziehen sind".[3] Letztlich strebt diese meditative Selbsterforschung danach, die transzendente Wirklichkeit jenseits von Gedanke und Vorstellung, von Verehrung und Gebet, von Ritual und Magie zu entdecken.

III. HATHA-YOGA – BILDUNG EINES DIAMANTENEN KÖRPERS

हठयोग ॥

hatha-yoga

Der „gewaltsame Yoga" oder Hatha-Yoga entwickelte sich im Mittelalter. Sein grundlegendes Thema ist dasselbe wie bei jeder anderen authentischen Yogaform: das ichhafte (oder, um einen Begriff zu prägen, egotropische) Bewusstsein zu transzendieren und das Selbst, die göttliche Realität zu verwirklichen. Jedoch konzentriert sich die psychospirituelle Technik des Hatha-Yoga speziell darauf, das Potenzial des Körpers zu entwickeln, so dass dieser der überwältigenden Macht der transzendentalen Realisierung widerstehen kann. Wir neigen dazu, ekstatische Zustände, wie etwa samâdhi, als rein geistige Geschehnisse zu betrachten, was sie aber nicht sind. Mystische Bewusstseinszustände können das Nervensystem und den restlichen Körper extrem beanspruchen. Schließlich ereignet sich die Erfahrung der ekstatischen Vereinung ja unter der Bedingung der Verkörperung. Der hatha-yogin bemüht sich deshalb darum, seinen Körper zu stählen – ihn gut „zu backen", wie die Schriften es formulieren.

Vor allem ist die Erleuchtung selbst ein Ereignis, das den ganzen Körper mit einbezieht. Nirgends wurde das klarer ausgedrückt als in den Schriften des zeitgenössischen spirituellen Lehrers Adi Da, der schreibt:

> Die Erleuchtung des Menschen ist die Erleuchtung des gesamten Körper-Verstandes-Systems. Es ist eine buchstäbliche, ja körperliche

[2] *Swami Vivekananda, Raja-Yoga or Conquering the Internal Nature (Calcutta: Advaita Ashrama, Neuaufl. 1962), p.66.*

[3] *Ebd., p. 11.*

> Erleuchtung, d.h. die Versetzung des gesamten Körper-Verstandes-Systems des Einzelnen in absolute Strahlung, Intensität, Liebe oder Licht. All dies geht jedem sicht- oder unsichtbaren Licht samt dessen Geschwindigkeit und allen Gestaltungen oder Wesen, die im existierenden subtilen oder groben Licht vibrieren, voran und übertrifft es.[4]

T. S. Krishnamacharya (1888–1998), der größte Vertreter des Hatha-Yoga in moderner Zeit

So sind also die Hatha-Yoga-Disziplinen dazu angelegt, die Manifestation der höchsten Realität innerhalb des Körper-Verstandes-Systems zu fördern. Insofern drückt Hatha-Yoga das Ideal des Tantra aus – in der Welt zu leben aus der Fülle der Selbst-Verwirklichung, anstatt sich aus dem Leben zurückzuziehen, um dadurch Erleuchtung zu erlangen. Wie in der Einleitung dargelegt, gehört Hatha-Yoga zur integralistischen Seite.

Der Hatha-Yoga-Ausübende will sich einen „göttlichen Körper" (divya-sharîra), einen „diamantenen Körper" (vajra-deha) heranbilden, der ihm oder ihr im Reich der manifesten Welt Unsterblichkeit garantieren soll. Er oder sie ist nicht daran interessiert, die Erleuchtung durch eine langdauernde Vernachlässigung des physischen Körpers zu erreichen. Er/sie will alles: die Selbst-Realisierung und einen verwandelten Körper, um mit diesem die erschaffene Welt in ihren unterschiedlichen Dimensionen genießen zu können. Wer würde mit solchem Wunsche nicht sympathisieren? Doch haben, wie man sich vorstellen kann, die Ausübenden des Hatha-Yoga manchmal ihre hochfliegenden Aspirationen geopfert und sich mit weniger hohen, unter Umständen magischen, ihrer Ich-Persönlichkeit dienenden Zielsetzungen begnügt. Magie ist, wie die materialistische Technik auch, eine Art und Weise, die Naturkräfte zu manipulieren; in der Spiritualität hingegen dreht sich alles um die Transzendierung der manipulierbaren Ich-Person.

Narzissmus oder körperbetonte Egozentrik ist bei hatha-yogins eine ebenso große Gefahr wie bei Bodybuildern. In allen spirituellen Traditionen gilt ein starker Wille als Voraussetzung, doch kann dieser nie die klare Unterscheidung und Entsagung, speziell die Lossagung von der Willkür des egoistischen Willens ersetzen. Aber hatha-yogins, wie auch andere Yoga-Praktizierende, enden nun manchmal mit aufgeblasenen Egos anstatt mit transzendierten. Das brachte manche Gelehrte dazu, Hatha-Yoga als eine dekadente Lehre zu bewerten. So urteilte z.B. der deutsche Indologe J. W. Hauer harsch:

> Ein typisches Produkt des Niedergangs des indischen Geistes, das, trotz aller gegenteiligen Versicherungen, weit entfernt ist vom rückhaltlos ehrlichen Streben nach voller Klärung, nach Seelen-Befreiung, nach Erfahrung der höchsten Wirklichkeit … Hatha-Yoga besitzt eine starke Beimengung grober Anzüglichkeit und ist mit Magie und Sexualität eng verknüpft.[5]

[4] *Bubba Free John (Adi Da), The Enlightenment of the Whole Body (Middletown, California: Dawn Horse Press, 1978), p. 500.*

[5] *J. W. Hauer, Der Yoga (Stuttgart: Kohlhammer Verlag, 1958), S. 271.*

Solch verdammendes Urteil trifft sicherlich auf die Vulgär-Versionen des in Indien praktizierten Hatha-Yoga zu, aber hinsichtlich der authentischen Lehren und Lehrer dieser Überlieferung ist es nicht aufrechtzuerhalten.

Echter Hatha-Yoga besteht immer darauf, als seelisch-geistige Technik im Dienst der transzendentalen Realisierung verstanden zu werden. Dies wird in der Hatha-Yoga-Pradîpikâ (4.102), dem populärsten Handbuch dieser Schulrichtung, wie folgt ausgedrückt:

> Alle Mittel des Hatha[-Yoga] dienen zur [Erlangung der] Vervollkommnung im Râja-Yoga. Eine Person, die im Râja-Yoga wurzelt, besiegt den Tod.

Der Vers legt nahe, Hatha-Yoga und Râja-Yoga als einander ergänzend zu sehen, und außerdem, dass der Wunsch nach Überwindung des Todes allein in der Selbst-Realisierung zu erfüllen sei. Denn nur das transzendente Selbst ist todlos und unsterblich. Selbst ein besonders herangebildeter „göttlicher" Körper, aus feiner Materie oder Energie hergestellt, muss früher oder später zerfallen, da alle naturgeschaffenen Objekte dem Gesetz der Veränderung oder auch der Entropie unterworfen sind.

Hatha-Yoga erinnert an die vielen körperorientierten Therapien, die in den letzten Jahren im Westen auftraten. Diese vermittelten uns eine neue Wertschätzung für aktuell erlebte Energie-Dimensionen des körperlichen Daseins. Doch müssen die großen jahrhundertealten Entdeckungen der Yogis, die der esoterisch-subtilen menschlichen Anatomie galten, noch erst recht gewürdigt werden. Das gilt insbesondere für das kaum verstandene Phänomen der Schlangenkraft (kundalinî-shakti), der psychospirituellen Kraft, die im unerleuchteten Körper-Verstand-System schläft. Gerade diese Kraft steht – wie im Kapitel 17 über Tantra-Yoga ausgeführt – für den Hatha-Yoga-Praktiker im Mittelpunkt der inneren Arbeit und bestimmt seine Wahrnehmungen von und seine Einsichten in Daseinsdimensionen, für die die moderne Wissenschaft erst jüngst Interesse zu zeigen begann. Die Philosophie und die Praxis des Hatha-Yoga-Pfades werden im Kapitel 18 detailliert behandelt.

IV. JNÂNA-YOGA – MIT DEM AUGE DER WEISHEIT SEHEN

ज्ञानयोग

jnâna-yoga

Das Wort jnâna übersetzt sich als „Wissen", „Einblick" oder „Weisheit" und hat in spirituellem Kontext den spezifischen Sinn von – wie es die alten Griechen nannten – gnosis, einer besonderen Art befreienden Wissens oder befreiender Intuition. Tatsächlich sind die Begriffe jnâna und gnosis über die indo-europäische Wortwurzel gno („wissen") sprachgeschichtlich verwandt. Jnâna-Yoga lässt sich de facto mit dem spirituellen Weg des

Vedânta, dem hinduistischen System des Nondualismus, gleichsetzen. Er führt durch die Anwendung gnostischen Verstehens oder, um präziser zu sein, durch die weise Unterscheidung zwischen Realem und Nicht-Realem (bzw. Illusorischem) zur Erfahrung des höheren Selbst.

Der Begriff jnâna-yoga wird zum ersten Mal in der Bhagavad-Gîtâ (3.3) erwähnt; Krishna erklärt darin:

> In alter Zeit verkündete Ich eine zweifache Art, in dieser Welt zu leben, o Argloser [Prinz Arjuna] – Jnâna-Yoga für die sâmkhyas und Karma-Yoga für die yogins.

Karma-Yoga bedeutet, wie wir in Kürze sehen werden, zu handeln mit einem Ich, das sein Ich-Wollen übergab; dieser Yoga soll hier für die yogins sein. Die sâmkhyas sind die Anhänger der einstmals einflussreichen Sâmkhya-Tradition, jenes kontemplativen Wegs der Differenzierung zwischen den Hervorbringungen der Natur und dem transzendentalenen Selbst, der so lange beschritten wird, bis sich das Selbst (purusha) im Augenblick der Befreiung offenbart. Die Sâmkhya-Tradition war immer sehr eng mit dem Yoga verbunden; sie wird im Kapitel 3, im Abschnitt „Yoga und Hindu-Philosophie" diskutiert.

Vyâsa, der mutmaßliche Verfasser der Bhagavad-Gîtâ, suchte die Kluft zwischen den beiden zu überbrücken, indem er Gott Krishna die Ansicht, Yoga und Sâmkhya seien ganz unterschiedliche Methoden, zurückweisen ließ:

> „Sâmkhya und Yoga sind voneinander verschieden", sagen die simplen Gemüter, nicht die Gelehrten. Führt man das eine [oder das andere] richtig aus, so erhält man die Früchte von beidem. (5.4)

> Jener von den sâmkhyas erreichte Zustand wird auch von den yogins erreicht. Wer Sâmkhya und Yoga als eines sieht, der sieht tatsächlich. (5.5)

Aus dem vorliegenden Kontext wird klar, dass Arjunas göttlicher Lehrer Jnâna-Yoga mit Buddhi-Yoga gleichsetzt. In meiner Wiedergabe der Bhagavad-Gîtâ übersetzte ich das Wort buddhi als „Weisheitsfähigkeit"; es bezeichnet die erleuchtete Vernunft. Buddhi-Yoga meint eine methodische Vorgehensweise, die unterscheidende Weisheit oder höheres intuitives Wissen in allen Situationen und Gegebenheiten des Lebens anwendet, um zur Realisierung des Selbst zu gelangen. Daher geht dieser Yoga Hand in Hand mit Karma-Yoga. In den Worten von Krishna:

बुद्धियोग ॥

buddhi-yoga

> Indem du in Gedanken jede Handlung Mir überreichst und nur Mich zum Ziele hast, indem du Buddhi-Yoga übst, bist du beständig so auf Mich fixiert (mac-citta).[6] (18.57)

> Derart auf Mich fixiert, wirst du durch Meine Gnade all' Hindernisse überwinden. Doch wenn aus Selbstsucht (ahamkâra) du nicht hören willst, so wirst du sterben! (18.58)

Die hier ausgedrückte „Mich-Fixierung" meint natürlich die Ausrichtung der Aufmerksamkeit auf das Göttliche.

Anders als beim Râja-Yoga, der unter den Vorzeichen einer dualistischen (dvaita) Philosophie operiert und zwischen den vielen transzendentalen Selbst-Einheiten und der Natur unterscheidet, ist die Metaphysik des Jnâna-Yoga strikt nondualistisch (advaita). Deshalb repäsentiert er, wie schon erwähnt, die vedântische Methode par excellence. Er ist der in den Upanishaden gelehrte Weg und wird auch als „Weg des Wissens" (jnâna-mârga) bezeichnet. Nach Ansicht eines Gelehrten ist Jnâna-Yoga

> grundsätzlich verschieden von allen anderen Formen und ragt wirklich einzigartig in der Weltgeschichte auf. Er ist nicht die Verehrung Gottes als ein vom Selbst geschiedenes Objekt, und er ist keine Disziplin, die zum Erwerb von etwas anderem als dem eigenen Selbst führt. Er kann als âtma-upâsana (die Verehrung Gottes in Form des eigenen Selbst) beschrieben werden.[7]

Der Praktizierende von Jnâna-Yoga – er heißt jnânin – sieht die Willenskraft (icchâ) und die inspirierte Vernunft (buddhi) als die beiden leitenden Prinzipien, durch die Erleuchtung erlangt werden kann. Mit den Worten der alttestamentarischen Sprüche (4:7) formuliert: „Weisheit ist das Fundament". Das biblische Buch fährt fort:

> Lobpreise sie [die Herrin ‚Weisheit'], und sie wird dich preisen; sie wird dich ehren, wenn du sie umarmst. (4:8)

> Sie wird dein Haupt mit einer schönen Blumengirlande bedecken; sie wird dir eine Ruhmeskrone reichen. (4:9)

> Halt beharrlich an der Unterweisung fest, lass nicht davon ab. Behüte sie, denn dein Leben ist sie. (4:13)

In der Weisheitstradition des Nahen Ostens, zu der die Sprüche gehören, befähigt die Weisheit den Menschen, zwischen richtig und falsch oder schlecht zu unterscheiden und so dem Pfad der Gerechtigkeit zufolgen. Das hebräische hokma („Weisheit"), dem griechischen sophia entsprechend,

[6] *Die Wortwendung mac-citta oder „auf Mich fixiert" ist zusammengesetzt aus mat („mich") und citta („Verstandessinn, Bewusstsein"). Aus Gründen des Wohlklangs ändert sich mat zu mac.*

[7] *N. K. Brahma, Philosophy of Hindu Sâdhanâ (London: Kegan Paul, Trench, Trübner, 1932), p. 137.*

bezieht sich auf die Aufrechterhaltung von Ordnung, Gleichgewicht und Harmonie. Das Gleiche gilt für jnâna, den dharma – eines der wichtigsten Konzepte im Hinduismus – aufrechterhaltend. Laut Bhagavad-Gîtâ (4.7) inkarniert Gott Krishna immer wieder von Neuem, um den dharma in der Welt wiederherzustellen, wenn die kosmische Ordnung durch Hochmut und Ignoranz der Menschen bedroht ist.

Das Tripura-Rahasya (19.16 ff.), ein spätes, aber bedeutsames Shâkta-Werk über Jnâna-Yoga, unterscheidet zwischen drei Typen von Jnâna-Yoga-Aspiranten, je nach vorherrschender psychischer Disposition (vâsanâ): Der erste Typ leidet unter dem Fehler des Stolzes, der einem rechten Verständnis der nondualistischen Lehre im Weg steht. Der zweite leidet unter „Handlungsdrang" (karma); gemeint ist die Illusion, ein tätiges Subjekt, ein handlungsausführendes Ich zu sein – ein Irrtum, der Gleichmut und Klarheit, also die Basis wahrer Weisheit untergräbt. Der dritte und verbreiteste Typus leidet unter dem „Moloch" der Wünsche, d.h. unter Antrieben, die dem Drang nach Befreiung zuwiderlaufen. Personen dieses Typs verlieren sich z.B. in Machthunger, Ruhmesbegehren oder in Ideen der sexuellen Besitzergreifung.

Der stolze Typ unter den Jnâna-Yoga-Praktizierenden kann seinen/ihren Fehler überwinden, indem er/sie Vertrauen in den Lehrer und die Lehre entwickelt. Jener Typ, der sich als Handelnder erachtet, bedarf einfach der Gnade. Die dritte, impulsive Art muss etliche konzertierte Anstrengungen unternehmen und durch Studium, Verehrung und häufiges Aufsuchen der erleuchteten Gegenwart von Weisen Leidenschaftslosigkeit und Unterscheidungsvermögen kultivieren. Die meisten Ausübenden von Jnâna-Yoga fallen in die dritte Gruppe – sie sehen sich mit Wünschen und Antrieben konfrontiert, die sich dem Streben nach Befreiung entgegenstemmen. Sie ringen um die klare Unterscheidung zwischen Wirklichem und Unwirklichem und um die Verankerung des Ersteren in allem, was sie tun, sagen und denken.

Das Tripura-Rahasya (19.35) stellt weiter fest, dass der eine wesentliche Erfolgsfaktor im tatsächlich existierenden Drang nach Befreiung liegt. Philosophische Studien für sich allein seien mit der „Einkleidung einer Leiche" vergleichbar. Nur kraft des Wunsches nach emanzipierender Befreiung werden sie zu etwas Lebendigem, und dieser Wunsch muss tief verspürt werden, nicht bloß in gelegentlicher Faszination oder in Hirngespinsten von Großartigkeit bestehen. Vor allem muss sich der Drang zur Selbst-Realisierung – um Früchte zu tragen – in beständiger, täglicher Praxis kundtun.

Je nach Anstrengung und Persönlichkeit des Praktizierenden kann sich Jnâna-Yoga in verschiedenen Menschen unterschiedlich darstellen; gleichwohl bedeutet dies, wie der unbekannte Verfasser des Tripura-Rahasya (19.71) umgehend hervorhebt, nicht, dass die Weisheit selbst vielgestaltig sei.

Vielmehr lässt jnâna in sich keine Unterscheidungen zu; und jnâna ist von der transzendentalen Realität nicht verschieden.

Der wundervolle Sanskrittext spricht als nächstes von jenen jnânins, die Befreiung erlangen, noch während sie im Körper weilen. Diese großen Wesen, jîvan-mukta („lebendig befreit") genannt, zeigen sich von allen Zuständen und Wünschen, die in ihrer bedingten Person auftreten mögen, äußerst unbeeindruckt. Eine zweite Kategorie umfasst jene fortgeschrittenen Jnâna-Yoga-Praktiker, die sich so ausschließlich der heiligen Arbeit der Ich-Transzendierung hingeben, dass sie in ihrer einpunktigen Konzentration verstandeslos erscheinen. Dies sind die illustren Weisen. Ihre „Verstandeslosigkeit" (amanaskatâ) drückt sich in einer kindlichen Qualität aus, die ihre äußerste Einfachkeit widerspiegelt. Sie tragen keine Sorgen, keine Lasten und kein Interesse an Wissenserwerb oder Zurschaustellung von Klugheit. Der Verstand ist ihnen nur insoweit nützlich, als er ihnen erlaubt, mit den praktischen Erfordernissen des Lebens umzugehen. Stück um Stück wird er von einer unverfälschten Spontaneität in allen Situationen ersetzt, ohne dass sich der gehirngebundene Verstand einmischt.

Der Pfad des Jnâna-Yoga – auch als „gerader, aber steiler Pfad" tituliert[8] – wird von Sadânanda in seinem aus dem 15. Jahrhundert stammenden Text Vedânta-Sâra (15 ff.) elegant und prägnant beschrieben. Er zählt vier prinzipielle Disziplinen (sâdhana) zur Erlangung der Seelenbefreiung auf:

1. Unterscheidung (viveka) zwischen Beständigem und Vorübergehendem; das heißt, man übt sich konstant darin, die Welt als das zu sehen, was sie ist – ein begrenztes und veränderliches Reich, das, selbst wenn es sich als äußerst vergnüglich erweisen sollte, nie mit der transzendentalen Seligkeit verwechselt werden darf;
2. Entsagung (virâga) des Genusses an den Früchten (phala) eigener Handlungen – dies ist auch das Ideal des Karma-Yoga, der von den Aspiranten verlangt, die angemessenen Handlungen auszuführen, ohne Lohn dafür zu erwarten;
3. Die „sechs Vervollkommnungen" (shat-sampatti), die unten aufgelistet sind;
4. Das Streben nach Befreiung (mumukshutva); das heißt, die Pflege des spirituellen Impulses. Im Mahâyâna-Buddhismus wird der Wunsch nach Befreiung zum Wohl aller Lebewesen entfacht; er stellt sich als „Erleuchtungs-Bewusstsein" (bodhi-citta) dar.

Die sechs Vervollkommnungen sind:

1. Ruhe (shama) oder die Kunst, auch im Angesicht der Gefahr ruhig und gelassen zu bleiben;
2. Sinnesbeherrschung (dama) oder die Beschränkung der Sinne, die gewohnheitsmäßig nach Anregung dürsten;

[8] *Swami Satprakashananda, Methods of Knowledge (London: Allen & Unwin, 1965), p. 204.*

3. „Beendigung“ (uparati) oder Handlungs-Abstinenz, sofern die Handlung weder der Erhaltung des Körpers noch dem Streben nach Erleuchtung dient;
4. Fähigkeit des Ertragens (titikshâ); speziell verstanden als die stoische Fähigkeit, von dem Spiel der Gegensätze der Natur unberührt zu bleiben – von Hitze und Kälte, Lust und Schmerz, Lob und Verurteilung;
5. Geistige Gesammeltheit (samâdhâna) oder Konzentration; die Disziplin der einpunktigen Fokussiertheit unter allen Umständen, insbesondere während der Perioden formaler Ausbildung;
6. Glaube (shraddhâ); ein tief inspiriertes, inneres Akzeptieren der heiligen, transzendenten Realität. Dieser Glaube, so grundlegend für alle Formen der Spiritualität, darf nicht mit mutmaßender Meinung, die nur auf der Verstandesebene operiert, verwechselt werden.

Quellenlektüre 3

Amrita-Bindu-Upanishad

Der Überlieferung zufolge rangiert die Amrita-Bindu-Upanishad (geschrieben Amritabindûpanishad) als zwanzigste in der klassischen Liste der 108 Upanishaden. Der Titel besagt „Geheime Lehre vom Saatkorn der Unsterblichkeit“. Das Wort bindu (wörtlich „Punkt“, „Tupfen“), hier mit „Saatkorn“ übersetzt, trägt alle möglichen Bedeutungen. Im aktuellen Kontext steht es vermutlich für den Verstand (manas) selbst, den Ursprung bzw. das Saatkorn der Befreiung oder der Knechtschaft. In dieser Bedeutung findet es sich auch in der Yoga-Kundalî-Upanishad (3.5). Die zugrunde liegende Idee wird sehr gut in der dem großen Vedânta-Lehrer Shankara zugerechneten Schrift Viveka-Cûdâmani („Kleinod der Unterscheidung“) wie folgt formuliert:

Der Verstand erschafft beständig alle Dinge, die man selbst als grob oder ganz fein erfährt, [einschließlich] der Unterschiede des Körpers, des Besitzstands, der Lebensposition, der Kaste, wie auch die [verschiedenen] Eigenschaften, Handlungen, Gründe und Früchte [aus den Handlungen]. (177)

Der Verstand täuscht das ungebundene [reine] Gewahrsein [d.h. das Selbst] und bindet es mittels der Seile des Körpers, der Organe, des Atems, und bewirkt dadurch, dass es im Reich der selbst auferlegten Erfahrung der Früchte [seiner Handlungen] unaufhörlich umherwandert, [wähnend, es wäre] ein „Ich, mit meinen“ [Erfahrungen]. (178)

Daher sagen die Kundigen, die die Wahrheit sehen, der Verstand sei Unwissenheit, durch welche allein die Welt bewegt wird gleich vom Wind bewegten Wolkenbänken. (180)

[Deshalb] soll der nach Befreiung Strebende eifrig die Reinigung des Verstandes betreiben. Sobald er gereinigt ist, liegt die Befreiung wie eine Frucht in seiner Hand. (181)

Die Position der Amrita-Bindu-Upanishad ist sehr ähnlich. Auch sie spricht vom Verstand als der Ursache von Knechtschaft oder spiritueller Befreiung. Der unklare Verstand ist immerzu ruhelos, aufgeregt, unzufrieden, der Täuschung unterworfen, und verdunkelt so des Menschen wahre Wesensidentität – das transzendentale Selbst. Durch fleißige innere Arbeit, besonders durch Meditation,

In manchen Werken wird ein dreifacher disziplinärer Weg erörtert. Ein gutes Beispiel dafür ist Shankaras brillanter Kommentar zum Brahma-Sûtra (1.1.4). Gemeinsam mit den Upanishaden und der Bhagavad-Gîtâ wird das Brahma-Sûtra als philosophisches Hauptwerk der Vedânta-Tradition gewertet. Diese dreifache Disziplin zeigt nun folgende Methoden: Anhören (shravana) bzw. Empfangen der heiligen Lehren, Erwägung ihres Inhalts (manana) und Kontemplation (nididhyâsana) der Wahrheit, die identisch ist mit dem Selbst (âtman).[9]

Jnâna-Yoga meint also die disziplinierte Ausbildung des Auges der Weisheit (jnâna-cakshus); allein mit diesem Auge können wir den Weg „vom Unwirklichen zum Wirklichen" finden, wie es ein altes Sanskritgebet ausdrückt.[10]

[9]Im Vedânta-Siddhânta-Darshana (190–192), einem späten mittelalterlichen Werk, werden sieben Stufen (bhûmi) der Weisheit erwähnt:

Die großen Seher sprachen von sieben Weisheitsstufen. Darunter wird die erste Stufe als guter Wille (shubha-icchâ), die zweite als Reflektion (vicâranâ), die dritte als Feinheit des Verstands (tanu-mânasâ), die vierte als Lichtheit (sattva-âpatti), die fünfte als Nicht-anhaften (asamsakti), die sechste als das Verschwinden aller Objekte (padârtha-abhâvanî) [im ekstatischen Zustand] und die siebte als Eingehen in das Vierte [d.h. die höchste Wirklichkeit jenseits von Wachen, Träumen und Schlafen] bezeichnet.

Auf diese Stufen werden wir erneut bei der Besprechung des Yoga-Vâsishtha, das hauptsächlich den Jnâna-Yoga behandelt, stoßen.

[10]Der komplette Text dieses Gebets, zu finden u.a. in der Brihad-Âranyaka-Upanishad (1.3.28), lautet: Asato mâ sad gamaya, tamaso mâ jyotir gamaya, mrityor mâ amritam gamaya, „Vom Unwirklichen [Nichtseienden] führ mich zum Wirklichen [Seienden]; von Dunkelheit führ mich zum Licht; vom Tod führ mich zur Unsterblichkeit." Die Wendung mâ amritam wird mâmritam geschrieben.

lässt sich der Verstand von diesen Verunreinigungen säubern. Wenn der Strebende schließlich, um es mit Lord Byrons Worten zu sagen, „einen Menschenverstand, im Frieden mit allem da unten" erlangt, dann wirkt sein Bewusstsein wie ein rein polierter Spiegel, der den prächtigen Glanz des Selbst samt seiner reinen Wahrnehmung reflektiert. Der vollkommen kontrollierte Verstand ist, wie es heißt, „nichtexistent", ist „zerstört", hat er doch seine typische Verfahrensweise, Unwirklich-Illusionäres (mâyâ) zu erschaffen, verloren. Doch erscheint die erleuchtete Person nicht als ‚verstandeslos', will sagen, als unbewusst oder unachtsam. Im Gegenteil: Ihr Verstand wird vom hellen Überbewusstsein des transzendenten Selbst ‚überschattet'.

Von zweierlei Art ist der Verstand: rein und unrein. Der unreine [Verstand wird getrieben von] Begierde und Wollen; der reine [Verstand] ist bar aller Wünsche. (1)

Der Verstand allein ist die Ursache von Knechtschaft und Befreiung (moksha) beim Menschen. Ist er gebunden an Objekte, [so führt's] zu Knechtschaft; ist er befreit von den Objekten, so [führt's] gewiss zur Befreiung (mukti). (2)

Der Sucher der Befreiung soll den Verstand beständig aller Objekte entleeren, da doch die Befreiung des Verstands, leer von allen Gegenständen, das Wünschenswerte ist. (3)

Wenn der Verstand, vom Kontakt mit Objekten ganz befreit und im Herzen eingegrenzt, das Nicht-Sein (abhâva) erreicht, dann ist dies sein höchster Zustand. (4)

[Der Verstand] soll so lang geprüft und kontrolliert werden, bis er der Vernichtung anheimfällt im Herzen. Dies ist das höhere Wissen (jnâna), dies ist Meditation (dhyâna). Der Rest ist diffuse Spekulation. (5)

[Das Absolute] ist weder denkbar noch undenkbar; zwar ist es nicht denkbar, und [doch] ist es denkbar. Frei von einseitig-parteiischen Standpunkten, so erreicht man das Absolute (brahman). (6)

Man soll den Yoga mit dem Klang (svara) verbinden; das Höchste soll man als das Klanglose (asvara) erkennen. Vermöge der Wahrnehmung des Klanglosen [kann es]

भक्तियोग ॥

bhakti-yoga

V. BHAKTI-YOGA – DIE ICH-TRANSZENDIERENDE MACHT DER LIEBE

Râja-Yoga und Jnâna-Yoga nähern sich der Vergegenwärtigung des höheren Selbst hauptsächlich über die Transzendierung und Transformation des Verstandes an, während Hatha-Yoga dieses Ziel über die Umwandlung des Körpers anstrebt. Im Bhakti-Yoga wiederum wird die emotionale Kraft des menschlichen Wesens gereinigt und zum Göttlichen hingelenkt. Im Verlaufe ihrer ekstatischen Ich-Transzendierung neigen die bhakti-yogins oder bhaktas („Devotees") dazu, offener ihre Gefühle zu zeigen als der typische râja-yogin oder jnânin. So schämen sie sich auch nicht, Tränen der Sehnsucht nach dem Göttlichen zu vergießen. Sie begreifen die transzendente Wirklichkeit gewöhnlich als ein höchstes persönliches Wesen und weniger als ein unpersönliches Absolutes. Viele Ausübende auf diesem Pfad ziehen es sogar vor, das Göttliche als ein göttlich Anderes zu betrachten. Sie sprechen von Kommunion und teilweiser Verschmelzung

kein Nicht-Sein (abhâva) geben. Das Sein ist das Wünschenswerte. (7)

Dies wahrlich ist das ungeteilte Absolute, form- und makellos. Zu wissen, „ich bin das Absolute", lässt das Absolute sicherlich errreichen. (8)

Formlos ist's und unbegrenzt, leer von aller Ursache und allem Vorgegebenen, unermesslich ist's und ohne Beginn. Der Weise, der dies weiß, er ist befreit. (9)

Weder gibt's die Auflösung noch die Entstehung, weder den Gebundenen noch den Realisierenden (sâdhaka), weder den Sucher der Befreiung noch den Befreiten. Dies ist die höchste Wahrheit. (10)

Das Selbst, es bleibt als Einz'ges, im Wachen, Träumen, Schlafen. Für ihn, der jenseits der drei Zustände [des Wachens, Träumens und Schlafens] gelangt, für ihn gibt es nicht die wiederholte Geburt. (11)

Das elementare Selbst (bhûta-âtman)[11], das in jedem Wesen wohnt, ist allein Eines. [Es wird], wie die Widerspiegelung des Mondes im Wasser, als eines und vieles gesehen. (12)

Genauso wie der Raum (âkâsha), der im Topfe ist, [nicht verschoben wird,] wenn man den Topf bewegt, wie der Raum ganz unverändert bleibt, wenn man den Topf zerstört – genauso verhält sich's mit der Seele (jîva), die dem Raume gleicht. (13)

Und wie der Topf hat [das geword'ne Ich] verschiedenfält'ge Formen und zerbricht von Mal zu Mal. Bei seinem Zerbrechen kennt man es nicht, und doch kennt man's ewiglich [als das Selbst]. (14)

Er, der umhüllt von all der Wörter Illusion, der von Dunkelheit [erblindet] ist, er geht nicht zum Quell der Fülle (pushkara).[12] [Doch] wenn die Dunkelheit vertrieben, erschaut er wahrlich nur das Eine (ekatva). (15)

Der unvergängliche (akshara) Klang [die heilige Silbe om] ist das höchste Absolute. Wenn er verklingt, so [bleibt] das Unvergängliche [an sich]. Ersehnt der Wissende den Frieden des Selbst, so soll er dies Unvergängliche (akshara) tief kontemplieren. (16)

mit Gott, kaum aber von vollständiger Identifizierung mit Ihm, wie dies beim Jnâna-Yoga der Fall ist.

Diese dualistische Einstellung wird in einem der hingebungsvollen Lieder Tukârâmas innig ausgedrückt:

> Kann's Wasser sich selbst trinken?
> Kann ein Baum die eig'nen Früchte schmecken?
> Gottes Verehrer muss von Gott verschieden bleiben.
> Nur dann erfährt er Gottes freudig' Liebe.
> Doch sollt' er sagen, Gott und er wär'n eins,
> im Nu verschwänden jene Freude, jene Liebe.

Tukârâma, der Heilige aus dem 17. Jahrhundert, über den mehr im Kapitel 12 gesagt wird, war einer der großen Vertreter von bhakti-mârga, des „Pfades der Liebe und der Hingabe".

Generell wird der Begriff bhakti, von der Wortwurzel bhaj („daran teilnehmen") stammend, mit „Hingabe" oder „Liebe" übersetzt. Bhakti-

QUELLENLEKTÜRE 3

Die zwei [Formen des] zu wissenden Wissens (vidyâ) betreffen das Klang-Absolute (shabda-brahman) und das, was jenseits dessen ruht. Wer das Klang-Absolute kennt, erreicht das höchste Absolute. (17)

Der Weise, der, nach Studium der heiligen Bücher, mit Weisheit (jnâna) und Wissen (vijnâna) jenes [Absolute] erstrebt, soll alle Bücher entfernen, so wie die Spreu [entfernt wird], wenn man's Korn erhalten will. (18)

Die Milch von verschiedenfarbigen Kühen ist von einer einz'gen Farbe nur – derart betrachtet er das inspirierte Wissen als die Milch und die [mannigfalt'gen] Zeichen und Symbole (lingin) als die Kühe. (19)

Wissen (vijnâna) wohnt verborgen in jedem Wesen, so wie die Butter in der Milch. Mittels des Verstands als Butterquirl sollte [jedes] Menschenwesen [dieses Wissen] beständig im Verstande rühren. (20)

Indem man das Auge der Weisheit (jnâna-netra) benutzt, soll man das höchste wie das Feuer [durch Reibung aus dem Holz] gewinnen und dazu sich immer erinnern: „Ich bin das ungeteilte, bewegungslose, ruhevolle Absolute." (21)

Jener, der, obgleich den Wesen innewohnend, die Wohnstatt ist von allen Wesen und allen [Wesen] Gunst erweist – jener Vâsudeva[13], Der bin Ich. (22)

[11] *Geschrieben bhûtâtman.*

[12] *Der Begriff pushkara tritt bereits in den ältesten Upanishaden auf und wird allgemein als Name der blauen Lotosblume betrachtet. In der Maitrâyanîya-Upanishad (6.2) steht diese Lotosblume für den Lotos des Herzens. Im gegenwärtigen Text symbolisiert sie das Absolute. Das Wort leitet sich von den Wortwurzeln push = „gedeihen, blühen" und kri = „machen" ab.*

[13] *Vâsudeva kann entweder „Er, der die Vasus als Götter hat" oder „Hellstrahlender Gott" bedeuten und ist ein Beiname von Krishna oder Nârâyana.*

Yoga gilt also als Yoga der liebenden Selbsthingabe und der Teilnahme an der Liebe der göttlichen Person. Dies ist der Weg des Herzens. Shândilya, Verfasser des Bhakti-Sûtra (1.2), charakterisiert bhakti als „höchste Gott-Verhaftetheit". Es ist dies die einzige Art von Verhaftung, die nicht die egoistische Persönlichkeit und deren Geschick stärkt. Eine solche Beziehung vereint zwei Elemente in sich: Man schenkt jemandem oder etwas Beachtung, und man investiert dabei starke Emotionen. Wenn wir unsere tief verbundene Ergebenheit für Personen bekunden, so meinen wir, dass wir ihre Gesellschaft genießen, ja sogar beim Denken an sie Freude empfinden, so dass, wenn wir uns ihrer Abwesenheit oder ihres Verlustes erinnern, uns Traurigkeit befällt. Der Verlust von geliebten Menschen, Tieren und selbst unbelebten Dingen scheint unser eigenes Wesen zu schmälern.

Es ist gerade diese emotional angereicherte Liebesbindung (âsakti), die die bhakti-yogins in ihrem Streben nach Kommunion und Vereinigung mit dem Göttlichen bewusst einsetzen. Manchmal, wenn wir uns dem Nährgrund unserer Existenz entfremdet fühlen, empfinden wir uns in unserem Wesen herabgesetzt – ähnlich wie beim Verlust von etwas Geliebtem. Die Meister des Bhakti-Yoga würden in der Tat sagen, dass die in der Welt vorherrschende Verwirrung und das grassierende Unglücksgefühl durch unsere Entfremdung vom Göttlichen verursacht werden. Der Heilige Augustinus erkannte dies zweifellos intuitiv, als er ausrief: „... ruhelos ist unser Herz, bis wir ruhen in Dir."[14]

Im Bhakti-Yoga ist der Ausübende immer ein ergebener Devotee (bhakta), ein Liebhaber, und das Göttliche ist das Geliebte. Es gibt verschiedene Grade der Hingabe, und das Bhâgavata-Purâna, im 9. Jh. n. Chr. verfasst, beschreibt deren neun. Sie werden von Jîva Gosvâmin – dem großen Lehrer des Gaudîya-Vaishnavismus im 16. Jahrhundert – in seinem Shat-Sandarbha („Sechs Darlegungen") folgendermaßen formuliert[15]:

1. Anhören (shravana) der Namen der Göttlichen Person. Jeder der mehreren hundert Namen betont eine spezielle Eigenschaft Gottes, und ihre Anhörung stimmt den empfänglichen Zuhörer hingebungsvoll.
2. Singen (kîrtana) von preisenden Liedern zu Ehren Gottes. Solche Lieder folgen, von Musikinstrumenten begleitet, gewöhnlich einer einfachen Melodie. Wiederum gilt das Singen als eine Form hingebungsvoller Rückerinnerung an das Göttliche und kann zu ekstatischen Gipfelerlebnissen führen.
3. Erinnerung (smarana) an Gott; das liebend-meditative Erinnern an die Eigenschaften des Göttlichen Wesens, häufig in seiner menschlichen Inkarnation – z.B. als schöner Kuhhirte Krishna.
4. „Dienst zu Füßen" (pâda-sevana) von Gott als Teil der zeremoniellen Verehrung. Traditionellerweise werden die Füße als Ort magischer und spiritueller Kraft (shakti) wie auch der Gnade betrachtet. Im

[14] *Selbstbekenntnisse I.1*

[15] *Siehe Jîva Gosvâmin, Shat-Sandarbha, Sanskrit-Ausgabe (S. 541).*

Fall des eigenen lebenden Lehrers wird die Übergabe des Ich oft durch die Herabbeugung zu den Füßen des Guru demonstriert. In unserem Zusammenhang aber versteht sich der Dienst zu Gottes Füßen sinnbildlich – als die innere Umarmung des Göttlichen bei allen Handlungen und Tätigkeiten.

5. Ritual (arcanâ); die Ausführung der vorgeschriebenen religiösen Riten, insbesondere jener der täglichen Verehrung am Hausaltar, auf dem das Bildnis der erwählten Gottheit (ishta-devatâ) steht
6. Niederwerfung (vandana) vor dem Bildnis des Göttlichen
7. „Sklavische Ergebung" (dâsya)[16] zu Gott, die sich in tiefer Sehnsucht des Devotee ausdrückt, die Gesellschaft Gottes zu teilen
8. Das Gefühl der Freundschaft (sâkhya) für das Göttliche; eine innigere, mystischere Art der Beziehung zu Gott
9. „Die Offerierung des Selbst" (âtma-nivedana) oder die ekstatische Ich-Transzendierung, durch die der Verehrer in den unsterblichen Leib der Göttlichen Person eingeht

Diese neun Stufen finden sich auch in Rûpa Gosvâmins Bhakti-Rasa-Amrita-Sindhu („Ozean der unsterblichen Essenz der Hingabe")[17] hell und klar dargestellt. Hier bilden sie Teil eines beständigen Aufsteigens zu immer glühenderer Hingabe; der Aufstieg endet in der Vereinung mit dem Göttlichen. Unterstützend wirkt dabei eine gläubige Einstellung (shraddhâ), was ja für alle traditionellen Yogaformen gilt. In Vyâsas Yoga-Bhâshya (1.20) heißt es, der Glaube sei wie eine gute, behütende Mutter. Wie oben angemerkt, unterscheidet sich solcher Glaube von bloßem mutmaßenden Fürwahrhalten.

Während das Fürwahrhalten den Charakter einer Meinung hat, gehört das tiefe Vertrauen in die spirituelle Realität (wie auch in den yogischen Pfad, der zu ihr führt) zum Glauben. Bereits der uralte Rig-Veda legt die Betonung auf den Glauben:

> Mit Glauben wird das [Opfer-]Feuer entzündet. Mit Glauben wird die Opfergabe offeriert. Mit Rede rühme ich [die Göttin] ‚Glaube' [die thront] auf Bhagas Haupt. (10.151.1)
>
> Wir rufen den Glauben herab – zur Morgendämmerung, zum Mittag, zum Sonnenuntergang rufen wir ihn herab. O Glaube, o mach uns gläubig! (10.151.5)

Bemerkenswerterweise erkennt das Bhâgavata-Purâna (7.1.30) die befreiende Macht auch anderer Gefühle als jenem der Liebe – etwa Furcht, sexuelle Wünsche und gar Hass – an, solange sie das Göttliche zum Gegenstand haben. Das Geheimnis dahinter ist einfach genug: Um Gott zu fürchten

[16] *Das Wort dâsya kommt von dâsa und bedeutet sowohl „Diener" wie auch „Sklave".*

[17] *Geschrieben Bhaktirasâmritasindhu. Zur engl. Übersetzung siehe Swami B. H. Bon Maharaj, Bhakti-Rasâmrta-Sindhuh, Bd. 1 (Vrindaban, India: Institute of Oriental Studies, 1965).*

(wie es Kamsa tat), um Hass für das Göttliche zu empfinden (wie Shishupâla), um sich dem Herrn voll brennend erotischer Liebe zu nähern (wie die Kuhhüterinnen von Vrindavâna zum Gott-Menschen Krishna), – muss eine Person die ganze Aufmerksamkeit auf das Göttliche richten. Solch ausschließliche Konzentration schafft eine Brücke, über die die ewig vorhandene Gnade ins Leben der Person treten und es verwandeln kann – bei genügend starker Emotion sogar bis zum Grad der Erleuchtung. So ist also die Natur der Emotion weniger wichtig als ihr Gegenstand. Das Vishnu-Purâna erzählt die Geschichte des Königs Shi-shupâla, der das Göttliche in Gestalt Vishnus derart intensiv hasste, dass er dauernd an Gott dachte und im Verlauf des Hasses Erleuchtung erlangte. Diese ungewollte spirituelle Praxis trägt den Namen dvesha-yoga, was „Yoga des Hasses" bedeutet.

Auf dem Pfad des Bhakti-Yoga empfindet der Aspirant eine wachsende Leidenschaft (rati) für Gott, was ihm/ihr hilft, Barriere um Barriere zwischen seiner/ihrer Person und der Göttlichen Person niederzureißen. Die stärker werdende Liebe findet ihren Höhepunkt in der Vision eines Universums, das von Gott durchdrungen, durchsättigt und erhalten wird. Eine solche Vision überwältigte und erschreckte auch Prinz Arjuna, wie im berühmten elften Kapitel der Bhagavad-Gîtâ geschildert. Arjuna erblickte die göttliche Glorienpracht Krishnas und rief aus:

Râma mit Bogen, Sîtâ und Lakshmana, Hanumat und Nîlan, einem der Affenhäuptlinge

> O Gott, in Deinem Körper erschau ich die Gottheiten und all die verschiedenen Arten von Wesen, erschaue Gott Brahma auf dem Lotos-Thron, und all die weisen Seher und göttlichen Schlangen! (11.15)
> Überall erschau ich Dich in unendlicher Gestalt, mit vielen Armen, Bäuchen, Mündern, Augen. Nicht Ende kann ich sehen, nicht Mitte, nicht Anfang in Dir, o Allseiender Herr, o Allseiende Form! (11.16)
> Ich sehe Dich mit Stirnschmuck, Streitkolben und Diskus – eine Masse von strahlendem Licht, ringsherum flammend um Dich. Schwer bist Du anzuschaun, denn unermesslich und gleißendes Strahlen aus sonnigem Feuer bist Du. (11.17)
> Erblicken die Welten solch große Form von Dir, mit ihren vielen Mündern, Augen, Armen, Schenkeln, Füßen, Bäuchen und solch riesigen Zähnen, o Starkarmiger [Krishna], so schaudert es sie, gleich wie es mich schaudert. (11.23)
> Mit flammenden Zungen und Mündern leckst Du die Welten auf und verschlingst sie allesamt. Das ganze Universum füllst Du mit Deinem Glanz, und schreckeinflößend strahlst und gleißest Du aus Dir, o Vishnu. (11.30)
> Sag mir, wer Du, von solcher grauenvollen Form, denn bist! Dir sei alle Ehrerweisung! O höchster Gott, hab gnadenvolles Mitleid! Ich will Dich lieber wieder sehen [wie Du warst] zuerst

> [in Deiner menschlichen Gestalt], denn nicht erfass' ich Deine Schöpferkraft (pravritti). (11.31)

Der letzte Augenblick, in dem der Jünger mit dem Göttlichen verschmilzt, wird in der Bhagavad-Gîtâ als Moment der höchsten Liebeserfüllung (para-bhakti) beschrieben. Ehe dieses Ereignis eintritt, drängt die Hingabe danach, Gott als dem Anderen gegenüberzutreten – im Lied, in ritueller Handlung oder in der Meditation. Nach diesem Ereignis jedoch sind Göttliches und Jünger in Liebe untrennbar vereint, obgleich die meisten Bhakti-Yoga-Schulen betonen, dass solch mystische Verschmelzung nicht totale Identität mit Gott bedeutet. Das Göttliche wird als unendlich größer und umfassender erfahren als der Devotee, welcher eher einer bewusstseinsbegabten Zelle innerhalb des unermesslichen Körpers Gottes gleicht.

Der Weise Nârada unterscheidet in seinem Bhakti-Sûtra zwischen einem Primär- und einem Sekundärtyp der Hingabe. Letzterer ist gefärbt von Nützlichkeitserwägungen und persönlichen Hintergedanken, etwa vom Wunsch, durch Gottes Umarmung beschützt oder von Ihm in weltlichen Angelegenheiten unterstützt zu werden. Das mag sich unterschiedlich ausdrücken. Je nach Vorherrschen einer der drei Qualitäten (guna) der Natur kann die Liebe des Devotee sich mehr oder weniger egozentrisch, mehr oder weniger aktiv darstellen.[18] Im Gegensatz dazu besteht die primäre Devotion aus völliger Ich-Übergabe an Gott, aus reiner Hingabe, frei von selbstsüchtigen Motiven. Wie Nârada es in dem Bhakti-Sûtra (5) beschreibt, sieht der wahre bhakta „nichts anderes als Liebe, hört nur von Liebe, spricht nur von Liebe und denkt allein nur an Liebe." Der große Gelehrte Surendranath Dasgupta charakterisiert diesen Typ des fortgeschrittenen spirituellen Aspiranten wie folgt:

> Eine solche Person ist Gott derart verhaftet, dass für sie nichts sonst existiert, um das sie sich sorgt; ohne jede Bemühung ihrerseits verlieren andere Bindungen und Neigungen die Macht über sie. So groß ist ihre Leidenschaft für Gott, dass durch sie alle irdischen Leidenschaften verzehrt werden …
>
> Der mit solcher Passion erfüllte bhakta erfährt sie nicht bloß als unterschwellige Freude, die die Tiefe und Privatheit seines Herzens befeuchtet, sondern als reißendes Wasser, das über die Herzenswinkeln hinausströmt in all seine Sinne. Mit all seinen Sinnen erfährt er die Freude, als sei sie ein sinnliches Vergnügen, mit dem Herzen und der Seele erlebt er sie wie eine spirituelle Berauschung. So ein Mensch ist außer sich vor Liebe zu Gott. Er singt, lacht, tanzt und weint. Nicht länger ist er eine Person dieser Welt.[19]

[18] Einer allen Yoga-Schulen eigenen, kosmologischen Theorie zufolge ist die Natur ein riesiges Netzwerk, gewoben aus drei fundamentalen Kräften oder Qualitätssträngen, die sattva, rajas und tamas genannt werden. Diese repräsentieren jeweils die Prinzipien der Helligkeit und Klarheit, der Dynamik und Erregtheit, sowie der Trägheit und Dunkelheit. Ihre Interaktionen bewirken die unendliche Formenvielfalt des bekannten Universums wie auch die unterschiedlichen Veranlagungen der Menschen. Selbst unsere Einstellung zum Göttlichen wird durch die Dominanz des einen oder anderen der drei gunas bestimmt.

[19] Siehe S. Dasgupta, Hindu Mysticism (Chicago: Open Court Publishing, 1927), p. 126.

Oft wird Bhakti-Yoga als Exempel einer typisch dualistischen Lehre angeführt, doch trifft der dualistische Ansatz nicht bei allen Schulen dieses Yoga-Zweiges zu. Auch wenn am Beginn des Pfades alle bhaktas sich dem Göttlichen nähern, als sei es eine andere, separate Person, so gilt doch in etlichen Schulen als letztes Ziel, so vollständig mit dem Göttlichen zu verschmelzen, dass das eigene Wesen total vergessen wird: Gott wird als die einzig existierende Wirklichkeit erlebt – eine Realisierung, die die Illusion einer Ich-Persönlichkeit annulliert und damit die Vorstellung, eine abgetrennte Entität beziehungsweise ein bhakta zu sein, transzendiert.

Geschichte des Bhakti-Ideals

Die hingebungsvolle Annäherung zu Gott hat in Indien eine faszinierende Geschichte, die wir nur unvollständig kennen. Lediglich ein paar Hymnen in den Veden lassen auf eine leidenschaftlich emotionale Beziehung zur invozierten Gottheit schließen. Die Bildwelt der vedischen Invokationen ist so erhaben wie zurückhaltend; es fehlt ihr das hingebungsvolle Pathos, das die mittelalterliche Bhakti-Literatur charakterisiert. Und doch mangelt es den vedischen Hymnen durchaus nicht an Devotionalität.

So preist die Eröffnungshymne des Rig-Veda den Gott Agni, von dem es heißt, er sei „würdig des Lobpreises durch vergangene und gegenwärtige rishis" (1.2), und der angefleht wird, sich leicht zugänglich zu zeigen, „wie es ein Vater für seinen Sohn ist" (1.9). Die Hymne 8.14.10 besingt den gepriesenen Indra, der dahinrollt „wie erquickende Wogen". In der Hymne 1.171.1 wendet sich der Weise Agastya an Indra und die Maruts: „Zu Euch komm ich mit dieser Ehrerweisung, und mit einer Hymne erbitte ich der Mächt'gen Huld." Die vedischen Verse sind voll mythologischer Anspielungen, poetischer Sinnbilder und Bittgesuche wie auch Forderungen. Und vor allem anderen beteten die Seher und Weisen um Unsterblichkeit (amrita) in Gesellschaft der Gottheiten.

Wir sollten uns daran erinnern, dass das Wort ric – aus Gründen des Wohlklangs wird es im zusammengesetzten Namen Rig-Veda zu rig verändert – „Lobpreis" bedeutet. Dies allein schon gibt die grundsätzlich hingebungsvolle Haltung der alten vedischen rishis und Priester wider. Die vedischen Hymnen sind Anrufungen diverser höherer Mächte und verehrungsvoll feierliche Preisgesänge; in ihnen entdecken wir die geschichtlich frühesten Wurzeln des Bhakti-Yoga.

Jene vedische devotionale Praxis fand jedoch im Kontext einer komplex ausgebildeten Religion des Opfers statt, die mit der Zeit sogar noch kunstvoll-ausgeklügelter und anspruchsvoller wurde. Zur Zeit der Brâhmanas – Texte mit Erklärungen der vedischen Rituale und mythologische Verweise – scheint der pedantische Opfer-Ritualismus das devotionale Element erstickt zu haben. Die richtige Durchführung der verschiedenen

Rituale und die Beschwichtigung der Götter oder deren Gunstgewinnung vermittels des Opferrituals waren wichtiger geworden als die persönliche Hingabe an das Göttliche. Vielleicht brachten die endlosen Anforderungen der Riten viele Priester dazu, mehr von Pflichtgefühl als von einem vor spiritueller Sehnsucht oder Dankbarkeit übervollen Herzen motiviert zu sein.

Es überrascht deshalb nicht, wenn die monotheistische Pâncarâtra-Tradition bereits früh eine wachsende Anzahl von Menschen anzog; diese fanden den vedischen Götter-Pantheon wenig überzeugend oder das unpersönlich Absolute (brahman) der orthodoxen Theologen zu abstrakt, oder die Opferrituale der Brahmanen ließen sie unbefriedigt. Die Pâncarâtra-Tradition erfüllte die Bedürfnisse derjenigen, die sich nach Herzensnähe zum Göttlichen sehnten, und ihre Verehrung kreiste um Gott Vasudeva-Nârâyana-Vishnu. Schon das Shata-Patha-Brâhmana (13.6.1) erwähnt ein Pâncarâtra-Opfer in Verbindung mit Gott Nârâyana, und das Mahâbhârata (12.335) spricht vom Weisen Nara als einem Nârâyana-Jünger, der viele andere im System des Pâncarâtra wohlbewanderte Weise bewirtet.[20] Demzufolge muss diese Tradition lang vor der Zeit Buddhas entstanden sein, und sie blühte an den Randsäumen der alten indischen Gesellschaft. Obgleich sie von der vedischen Priesterschaft sicherlich nicht gern gesehen wurde, hinterließ sie in der orthodoxen Gemeinschaft ihre Spuren.

Größtenteils wegen des Erfolgs dieser religiös-spirituellen Bewegung – in der enormen Popularität der Bhagavad-Gîtâ und des Bhâgavata-Purâna kulminierend – wurde der Hinduismus zu dem, was er heute ist: eine religiöse Kultur mit unzähligen Tempeln, heiliger Bilderwelt und hingebungsvoller Verehrung. Die Pâncarâtra-Tradition, die manchmal als Bhâgavatismus beschrieben wird, spielte auch in der nachvedischen Entwicklung des Yoga eine größere Rolle. Sie führte das Konzept und die Praxis von bhakti in die allzu oft verstandesbetonte, trockene Methode der Selbst-Realisierung ein.

Zwar war der Bhakti-Pfad ursprünglich mit der Verehrung von Gott Vishnu stärkstens assoziiert, doch findet sich das Wort bhakti in seinem technischen Sinn auch in einer frühen, Gott Shiva gewidmeten Schrift. Dies ist die Shvetâ-Shvatara-Upanishad (6.23), ein kraftvoll-monotheistisches Werk, das gewöhnlich dem 3. oder 4. Jahrhundert v. Chr. zugeordnet wird, wahrscheinlich aber zur vorbuddhistischen Ära gehört. Der Text führt die duale Vorstellung der Liebe zu Gott und der Liebe zum Guru ein; Letzterer soll genauso geliebt werden wie das Göttliche, da er (oder sie) dieses verkörpert.

Um die historische Entwicklung des Bhakti-Pfads richtig beurteilen zu können, müssen wir uns vor Augen halten, dass sich die monotheistischen Lehren weitestgehend, wiewohl nicht ausschließlich, innerhalb zweier religiöser Kreise entwickelten, nämlich im Vaishnavismus (größtenteils von der Pâncarâtra-Tradition getragen) und im Shaivismus. Die Vaishnavas huldigen

[20] Die Frühgeschichte der Pâncarâtra-Tradition liegt im Dunklen. Sogar die Bedeutung ihres Namens („Fünf Nächte") ist unklar. Siehe S. Dasgupta, A History of Indian Philosophy, Bd. 3 (Delhi: Motilal Banarsidass, 1975), pp. 12–62.

Gott Vishnu – oft in seiner Krishna-Verkörperung – als der Göttlichen Person, und die Shaivas widmen ihr Leben Gott Shiva. Sowohl Vishnu wie Shiva werden im Rig-Veda erwähnt, und wir können annehmen, dass beide seit jener frühen Epoche ihre Anhänger hatten. Als voll entfaltete religiöse Bewegungen treten Vaishnavismus und Shaivismus allerdings erst während der zweiten Hälfte des 1. Jahrtausends v. Chr. auf. Frühe Shaivismus-Sekten waren die Pâshupatas, die Kâpâlikas und die Kâlâmukhas; sie werden im Kapitel 11 behandelt.

Ein dritter bedeutender Strang religiöser Entwicklung, der gleichfalls seine Ursprünge im Rig-Veda hat, ist der sogenannte Shaktismus. Dieser besteht in der Verehrung des Göttlichen in seinem weiblichen bzw. energetischen Aspekt als Shakti, und bhakti spielt darin eine wichtige Rolle, gleich ob Mahâdevi, Kâlî, Durgâ, Pârvatî, Annapûrnâ, Cândî, Satî oder eine andere weibliche Gottheit verehrt wird. In den frühen Jahrhunderten der christlichen Ära verschmilzt der Shaktismus mehr und mehr mit dem Tantra, ohne dabei jedoch seine eigene Identität gänzlich zu verlieren.

Die Bhagavad-Gîtâ, eine Vaishnava-Schrift, die möglicherweise im 6. Jahrhundert v. Chr. entstand, verwendet den Begriff bhakti häufig. Er steht für die rechte Beziehung zwischen spirituellem Sucher und dem Göttlichen (in der Form Krishnas). Bedeutsamerweise bezieht sich in diesem Werk das Wort bhakti nicht nur auf den Pfad der Hingabe, sondern auch auf das Ziel der Befreiung. Bhakti ist für Krishna Anfang und Ende des spirituellen Lebens. Der Vaishnavismus wurde in den ersten Jahrhunderten n. Chr. zunehmend populär und zog in Nord- wie in Südindien große Gefolgschaften an.

In mittelalterlicher Zeit schuf die Shaiva-Gemeinschaft ein Gegenstück zur immer volkstümlicher werdenden Bhagavad-Gîtâ, nämlich die Îshvara-Gîtâ, die dem zweiten Teil des Kûrma-Purâna (Kapitel 11) eingebettet ist. Diese poetische Komposition – sie wird etwas später datiert als das Bhâgavata-Purâna (ca. 900 n. Chr.) – gehört zu einer Periode, in der der sich der Bhakti-Pfad zu einer den gesamten indischen Subkontinent überziehenden kulturellen Bewegung auswuchs. Etwas Vergleichbares ereignete sich im mittelalterlichen Europa, im 13. und 14. Jahrhundert, als Tausende von christlichen Frauen die Macht des Herzens durch die Jesus-Mystik entdeckten.

Das Bhakti-Ideal wurde besonders enthusiastisch in Südindien aufgenommen; hier hat sich der Pfad der Hingabe sowohl bei den Shaiva- wie auch bei den Vaishnava-Gemeinschaften entwickelt. Abertausende von Tamil- und Sanskritwerken, die die Tugend der Hingabe in ihren unterschiedlichen Formen preisen, wurden in dem Jahrtausend zwischen 200 v. Chr. und 800 n. Chr. geschaffen.

Unter den Shiva-Anhängern von Tamil Nadu (Südindien) – sie verfassten das theologische System des Shaiva-Siddhânta – spielte bhakti bereits in den vorchristlichen Jahrhunderten eine wichtige Rolle. So werden in der wunderbaren Schrift Tiru-Mantiram („Heilige Worte") von Tirumûlar (oft in die Zeit zwischen ca. 200 v. Chr. und 100 n. Chr. eingeordnet, wahrscheinlich aber um 700 n. Chr. lebend) die Tamil-Worte patti und anpu explizit aufgeführt; beides sind Synonyme des Sanskritworts bhakti. Tirumûlars Komposition bildet das zehnte Buch des Tiru-Murai, eines Gesamtwerks, das als das tamilische Shaiva-Gegenstück zu den Veden Nordindiens bezeichnet wird. Es wurde ziemlich spät, im 11. Jh. n. Chr., von Nambiyândâr Nambi zusammengetragen. (Auch die Vaishnavas des Südens erheben Anspruch auf ihren eigenen „Veda" in Form des Tiru-Vâymoli, das später vorgestellt wird.) Das Tiru-Murukâr-Ruppatai von Nakkîrar, eine dichterische Komposition im elften Buch des Tiru-Murai, spricht über die Suche des bhakta nach Befreiung zu Füßen des Gottes Murukan bzw. Muruga.

Innerhalb der südindischen Vaishnava-Minderheit wurden das Bhakti-Ideal und die Verehrung von Gott Vishnu besonders gefördert durch die Âlvârs, zwölf heilige Jünger (einschließlich einer Frau). Sie sangen ihre Lobpreisungen wohl im 7. oder 8. Jahrhundert dieser jetzigen Ära, obwohl sie die alte Überlieferung bis in die Epoche 4203–2706 v. Chr. zurückversetzt. Die nördlichen Zweige des Vaishnavismus und Shaivismus gestalteten die bhakti-Annäherung auf ihre eigene Art ähnlich volkstümlich.

Den Âlvârs folgten die sogenannten Âcâryas („Lehrerpersönlichkeiten"), die die monotheistische Vaishnava-Theologie zu systematisieren suchten. Unter ihnen ragt Râmânuja (1017–1137 n. Chr.), ein südindischer Brahmane, hervor. Er war der Hauptvertreter des Vishishta-Advaita oder „Qualifizierten Nondualismus". Sein Beitrag zum Hinduismus kommt dem Shankaras gleich, denn er formte die Idee eines überpersönlichen göttlichen Wesens so aus, dass sie mit der Lehre des vedantischen Nondualismus logisch vereinbar wurde. Dazu integrierte er erfolgreich die nördlichen und südlichen Vaishnava-Traditionen, stärkte damit die religiöse Vishnu-Verehrung und legte die Grundlage für den mittelalterlichen bhakti-mârga, den „Weg der Hingabe".

Râmânuja formulierte einen vom System Patanjalis radikal verschiedenen Yoga, denn in ihm liegt das Schwergewicht auf bhakti anstatt auf Meditation. Râmânuja galt die Hingabe nicht nur als Mittel zur Befreiung, sondern als Ziel aller spirituellen Bemühung. Seiner Schulrichtung zufolge endet die spirituelle Praxis nie.

Die Geschichte der bhakti-Methode ist überaus komplex, und moderne Forschung hat hier nur an der Oberfläche gerührt. Speziell die Traditionen Südindiens sind dabei arg vernachlässigt worden. Was sich aber klar und eindeutig herausschält: Indien hat nicht nur seinen eigenen Anteil an weltverleugnenden Mystikern hervorgebracht, sondern kann sich auch stolz seiner – über viele Generationen hinweg auftretenden – Tausenden von liebesberauschten Gottsuchern und Gottverwirklichern rühmen.

Die Lehrer dieser Bewegung preisen bhakti als den leichtesten Weg zur Seelen-Befreiung: Liebevolle Hingabe zu Gott erbringt bereitwillig Früchte, falls sie ständig, unentwegt und zweckfrei offeriert wird. Die gopîs oder

Kuhhüterinnen in den Krishna-Legenden drücken diese Haltung perfekt aus. In ihrem brennenden Verlangen nach dem Gott-Menschen Krishna ignorierten sie alles andere – Ehemänner, Kinder, Familie, Freunde und tägliche Pflichten. Sie waren schlicht vor Liebe berauscht, und diese Liebe zog sie ganz nah zur göttlichen Wesensessenz des schönen jungen Krishna, dem wahrhaftig verkörperten Gott.

Wir werden in Kapitel 11 und 12 nochmals auf die Shaiva- und Vaishnava-Gemeinschaften sowie deren devotionale Praktiken zu sprechen kommen.

कर्मयोग ॥

karma-yoga

VI. KARMA-YOGA – FREIHEIT IM HANDELN

Zu existieren bedeutet zu agieren. Selbst ein unbelebter Gegenstand, wie etwa ein Fels, zeigt Bewegung. Und die Bausteine der Materie, die atomaren und subatomaren Partikel, sind tatsächlich gar keine Bausteine, sondern unglaublich komplexe Energiemuster in konstanter Bewegung. So erscheint

[21] *Der Begriff nirodha ist aus Patanjalis Yoga-Sûtra (1.2) entliehen und erhält hier eine neue Bedeutung.*

QUELLENLEKTÜRE 4

BHAKTI-SÛTRA VON NÂRADA

Das Bhakti-Sûtra des Weisen Nârada ist eines der zwei Sutren, die den Bhakti-Pfad erläutern. Dieses populäre Werk wurde wahrscheinlich um etwa 1000 n. Chr. verfasst und datiert somit etwas später als das Bhakti-Sûtra von Shândilya, das technischer und abstruser ist. Nâradas Text besteht aus vierundachtzig, in fünf Kapitel aufgegliederten Aphorismen (sûtra). Anders als die Bhagavad-Gîtâ versucht er nicht, die unterschiedlichen Vorgehensweisen – Hingabe, Aktion und Wissen – in ein Ganzes zu integrieren. Stattdessen stellt er bhakti, die liebende Hingabe, über alle anderen Wege.

BUCH I

Nun wollen wir also die göttliche Liebe (bhakti) erläutern. (1)

In diesem [Buch der Aphorismen] wird solche [Liebe verstanden als] die Essenz der höchsten Liebe (para-prema) für Gott. (2)

Und [ihr eignet] das Wesen der Unsterblichkeit. (3)

Hat der Mensch sie erlangt, so wird er vollkommen, wird unsterblich, wird zufrieden. (4)

Hat er sie erlangt, so wünscht er nichts, bekümmert ihn nichts, hasst er nichts, freut er sich über nichts, und nicht bemüht er sich um des eig'nen Vorteils willen. (5)

Erlebt er sie, so wird er berauscht, wird [vor Ekstase] unbeweglich, gerät außer sich vor Entzückung angesichts der Seligkeit des Höheren Selbst. (6)

Das hat nichts von der Art der Lust an sich, ist es doch reine entsagungsvolle Beschränkung (nirodha).[21] (7)

Und diese Beschränkung besteht darin, [alle] weltlichen und religiösen Tätigkeiten [dem Göttlichen] zu übergeben. (8)

Solche [Übergabe] zeichnet sich durch „Nicht-Anderssein" und Gleichgültigkeit aus bezüglich allem, was dieser [Liebe] zuwiderläuft. (9)

das Weltall als riesiges Schwingungsfeld. Die Welt ist ein Prozess, um es mit den Worten des Philosophen Alfred North Whitehead auszudrücken. In eben dieser Einsicht – sie mag vielleicht schon zum Gemeinplatz geworden sein – gründet Karma-Yoga.

Das Wort karma (oder karman), von der Wurzel kri („machen", „tun") abgeleitet, hat viele Bedeutungen, z. B. „Handlung", „Arbeit", „Produkt", „Wirkung" usw. Karma-Yoga ist also buchstäblich der Yoga des Handelns. Doch steht hier der Begriff karma für eine besondere Art des Handelns. Er bezieht sich speziell auf die innere Einstellung gegenüber dem Tätigsein, welche ihrerseits bereits eine Form der Handlung ist. Worin diese Einstellung besteht, wird in der Bhagavad-Gîtâ ausgedrückt. Sie ist der früheste Text, der Karma-Yoga direkt lehrt:

> Nicht durch Enthaltung vom Handeln erlangt der Mensch Freiheit vom Handeln; nicht durch bloße Entsagung erlangt er Vollkommenheit. (3.4)

„Nicht-Anderssein" (ananyatâ) bedeutet, jede andere Zuflucht zu ignorieren. (10)

Gleichgültigkeit (udâsînatâ) gegenüber weltlichen und religiösen [Dingen, die] jener [Liebe] feindlich entgegenstehen, führt zur Ausführung von Handlungen, die jene [Liebe] fördern. (11)

Die Lehren der Schriften sind sorgsam zu beachten, [selbst] nachdem die spirituelle Überzeugung fest eingepflanzt ist. (12)

Denn sonst besteht immer das Risiko des Fallens [aus der Gnade]. (13)

Es können auch gesellschaftliche Sitten befolgt werden, doch nur, wie etwa die Tätigkeit der Nahrungsaufnahme, insoweit sie zur Aufrechterhaltung der körperlichen Gesundheit nötig sind, ehe der Leib in natürlicher Weise vergeht. (14)

Die Charaktermerkmale jener [Liebe] werden wegen unterschiedlicher Standpunkte unterschiedlich beschrieben. (15)

Pârâsharya (wahrscheinlich Vyâsa, Sohn von Parâshara; s. auch „Buch V, 83". Anm. d. Übs.) behauptet, dass [sich bhakti] in hingebungsvollen Verehrungsakten u. Ä. [ausdrückt]. (16)

Garga meint, dass sie in Hingabe an heilige Geschichten (kathâ) u. Ä. [besteht]. (17)

Shândilya denkt, [dass bhakti] hinsichtlich der Freude am höheren Selbst ohne Vorurteile [ist]. (18)

Nârada, im Unterschied zu anderen, sagt [dass es zum Wesen von bhakti gehört], jede Handlung Ihm zu weihen und äußerst erregt zu werden, wenn man Seiner vergisst. (19)

Mehrere Beispiele gibt es dafür [für solch vollkommene Ausdrücke von bhakti]. (20)

Wie z.B. [die Liebe] der Kuhhüterinnen (gopîs) von Vraja. (21)

Auch ist hier die Anschuldigung [dass die gopîs] Gottes Glorie und Größe vergaßen [und den Gottmenschen Krishna nur aus den üblichen Gründen liebten] unrecht. (22)

Hätte ihnen dies Wissen [von Gottes Glorie] gefehlt,

Denn nicht für einen Augenblick kann irgend jemand existieren, ohne zu handeln. Jeder ist den der Natur inhärenten Impulsqualitäten (guna) gänzlich ausgesetzt und muss darum handeln. (3.5)

Er, der seine Handlungsorgane zwar beherrscht, doch über Sinnesgegenständen weiter brütet, er wird ein Heuchler genannt, der Selbsttäuschung verfallen. (3.6)

Doch er, o Arjuna, der die Sinne mit dem Verstand beherrscht und ohne Anhaftung die Handlungsorgane im Karma-Yoga einsetzt, er ist überlegen. (3.7)

Verrichte dein dir zugemessenes Werk, denn Handeln ist dem Nichthandeln überlegen; selbst die Lebensprozesse (yâtrâ) des Körpers fänden nicht statt ohne Aktivität. (3.8)

[wären sie] wie Ehebrecherinnen [gewesen]. (23)

Bei solch [ehebrecherischer Leidenschaft] besteht das Glück der einen gewiss nicht im Glück des anderen. (24)

Buch II

Diese [höchste Liebe] ist sogar dem Ritual (karma), dem Wissen (jnâna) und [konventionellen Arten des] Yoga überlegen. (25)

Denn [dieser Liebe] eignet die Essenz der Früchte [all dieser erwähnten Methoden]. (26)

Und außerdem [ist diese Liebe jedem anderen Pfad überlegen] aufgrund Gottes Missfallen am Eigendünkel und Seinem Gefallen an der demutsvollen Hilflosigkeit (dainya) [des Devotee]. (27)

Einigen zufolge ist allein Wissen das Mittel, sie [die höchste Liebe] zu erlangen. (28)

Anderen erscheinen die verschiedenen [Mittel] als voneinander abhängig. (29)

Brahmakumâra [d.h. Nârada] behauptet, [dass die Liebe] wesensmäßig ihre eigene Frucht [ist]. (30)

[Denn] so zeigt es das Beispiel des Königs, des heimischen Hauses und des Mahls.[22] (31)

Nicht durch das [Wissen über seine wahre Herkunft] erhält der König seine Zufriedenheit, auch nicht durch die Stillung seines Hungers. (32)

Deshalb sollen die Sucher der Befreiung nach dieser [Liebe] alleine trachten. (33)

Buch III

Die Lehrer preisen die [folgenden] Mittel zu ihr [d.h. zu ihrer spirituellen Realisierung]. (34)

Allerdings wird jener [Zustand der höchsten Liebe] erst durch die Zurückweisung weltlicher Objekte und durch die Aufgabe jedes Anhaftens möglich. (35)

[Die Liebe wird erfahren] durch beständige Hingabe. (36)

[22] Dies bezieht sich auf die volkstümlichen Erzählungen vom Findlingskind, das als lang vermisster Sohn eines Königs wiedererkannt wird, vom Umherwandernden, der nach Hause zurückkehrt, und vom hungrigen Mann, der sein Mahl verzehrt, was ihm aber keine neue Befriedigung spendet, sondern nur seinen leiblichen Hunger stillt.

> Diese Welt steht unter striktem Handlungszwang, es sei denn, die Handlungen werden als heiliges Opfer gesehen. Darum, o Sohn von Kuntî, verrichte dein Werk als Opfer und sei ohne jedwede Anhaftung. (3.9)
>
> Deshalb tue immer die Arbeit, die es zu tun gilt (kârya), und ohne an ihr zu haften. Denn zum Höchsten gelangt der Mensch, der ohne Anhaftung handelt. (3.19)

Dann deutet Krishna, der diese Lehre seinem Schüler Arjuna gibt, auf sich selber, dem archetypischen Vorbild der tätigen Person:

> Für Mich, o Sohn von Pritha, gibt's nichts zu tun in den drei Welten, nichts gibt's zu gewinnen, was nicht bereits gewonnen ward – und doch bin Ich mit Tun befasst. (3.22)

QUELLENLEKTÜRE 4

[Liebe wird weiterhin erfahren] durch das Singen und Hören von Gottes glorreichen Eigenschaften, sogar während der Ausführung gewöhnlicher Tätigkeiten. (37)

[Die Liebe wird empfangen] hauptsächlich durch die Gnade einer großen Seele oder durch einen kleinen Funken von Gottes Gnade. (38)

Aber es erweist sich als schwierig, die Gesellschaft eines großen Menschen zu erhalten, die [d.h. dessen Segen] doch subtil, unbegreiflich und unfehlbar ist. (39)

Nichtsdestoweniger wird sie [die höchste Liebe] allein mittels jener Gnade [von Gott oder von göttlichen Menschen] erfahren. (40)

[Dies ist so,] weil es für Gott und Seine Ihm ergebenen Wesen keine Unterschiede gibt. (41)

Eben jener [Liebe] nur gilt es zu folgen. Das, was sie ermöglicht, ist auszuüben. (42)

Schlechte Gesellschaft muss unter allen Umständen gemieden werden. (43)

[Schlechte Gesellschaft muss gemieden werden], weil sie Begehren, Ärger, Täuschung, Erinnerungs- und Weisheitsverlust verursacht. (44)

Auch wenn diese [nur] als Wellengekräusel beginnen, werden sie, aufgrund des Haftens an solcher Gesellschaft (sanga), [am Ende] zum großen Meer. (45)

Wer überquert, wer überquert wahrlich [das Meer der] Illusion (mâyâ)? Er, der vom Haften an die sinnliche Welt lässt; er, der viele Male in die große spirituelle Erfahrung [ekstatischer Liebe] eintaucht und ihr dient, frei von Besitzsinn ... (46)

... er, der heilig-einsame Plätze aufsucht; er, der die Verknechtung durch die Welt samt ihrer Wurzeln herausreißt – er wird frei von den drei Modalitäten [der Natur] und frei von [allen Gedanken an] Gewinn oder Besitzbewahrung ... (47)

... er, der von den Früchten der Handlungen lässt, ja sich von allem selbstsüchtigen Handeln lossagt und damit jenseits der Gegensatzpaare (nirdvandva) gelangt ... (48)

Denn würd' Ich nicht für immer unermüdlich tun und handeln,
o Sohn von Pritha, so folgten überall die Menschen Meiner „Spur"
[d.h. „Meinem Beispiel"]. (3.23)

Würd' Ich nicht mehr handeln, vergehen würden diese Welten,
und des Chaos Schöpfer wäre Ich und zerstörte die Geschöpfe.
(3.24)

So wie die wenig Klugen ihrem Tun verhaftet handeln,
o Bharatas Sohn, so soll'n die Weisen handeln, ohne dran zu haften,
und das Wohl der Welt nur wünschen. (3.25)

Durch die Eigenschaften der Natur (guna)
werden Werke aller Arten ausgeführt.
[Doch er,] dessen Selbst getäuscht vom Ego (ahamkâra) ist,
er denkt: „Ich bin der Handelnde." (3.27)

... er, der auch den in den Veden niedergeschriebenen Pflichten entsagt, er, den ununterbrochenes Sehnen [nach Gott] erfüllt ... (49)

– er überquert's, wahrlich, er überquert's; er rettet [und zieht gar] die Welt hinüber. (50)

Buch IV

Das Wesen der Liebe lässt sich nicht beschreiben. (51)

Genausowenig wie die beseligende Geschmackserfahrung eines stummen [Menschen]. (52)

[Diese Liebe] offenbart sich jederzeit in einem geeigneten Empfänger. (53)

[Liebe] ist leer, ohne die Qualitäten [der Natur] und ohne selbstsüchtigen Wunsch; sie nimmt in jedem Augenblick zu, ist ungebrochen, äußerst subtil und vom Wesen der [transzendentalen] Erfahrung (anubhava). (54)

Wenn man dies [diese Liebe] erfährt, sieht man nur dies, hört man nur dies, spricht nur über dies, denkt nur über dies. (55)

Sekundäre [Liebe] ist dreifältig, entsprechend den unterschiedlichen guna-Eigenschaften [der Natur] oder entsprechend den verschiedenen Gemütszuständen, wie Kummer usw. (56)

Die jeweils vorangehende [Qualität der Natur: sattva, rajas, tamas] ist für das Gute förderlicher als die darauffolgende [Qualität].[23] (57)

Im [Vergleich mit der sekundären] Liebe kann die andere [d.h. die höchste, primäre Liebe] leichter realisiert werden. (58)

[Die höchste Liebe ist leichter realisierbar,] weil sie unabhängig von anderen Beweisen und aus sich selbst heraus existiert. (59)

[Auch deshalb,] weil ihr das Wesen des Friedens und das Wesen der höchsten Seligkeit (parama-ânanda) eignet. (60)

Tritt irdisches Elend, irdischer Mangel ein, so braucht man sich nicht zu ängstigen und zu sorgen, denn eigenes Ich, weltliche und

[23] *Anders gesagt: sattva ist qualitativ besser als rajas, und rajas ist besser als tamas.*

Doch, o Starkarmiger, wer die wahre Einsicht hat und
die Beziehung zwischen Eigenschaften (guna) und Taten (karma)
versteht, der ist nicht verhaftet, denn er weiß,
dass Eigenschaft einwirkt auf Eigenschaft. (3.28)
Indem er immer jede [zugemessene] Handlung ausführt
und in Mir allein die Zuflucht sucht,
erreicht durch Meine Gnade er
den ewig unveränderlichen Zustand. (18.36)
Gedanklich alles Tun Mir übergebend,
Mich zum höchsten Ziele habend,
in [weiser Einsicht kraft] Buddhi-Yoga weilend,
so sei dein Sinn beständig auf Mich allein fixiert. (18.57)

Krishna, der göttliche Herr in menschlicher Form, spricht hier aus, dass jede Aktivität spontan entsteht – als Teil des Programms der Natur (prakriti). Die Vorstellung, „ich tue dies oder das“, ist eine Täuschung, eine fatale Annahme, die wir gewohnheitsmäßig allem, was sich ereignet, überstülpen.

[24] *Wenn Nârada hier das Verhalten von Frauen als schlechtes Beispiel für den Devotee diskreditiert, so folgt er dem traditionellen Klischee der Hindus hinsichtlich des weiblichen Geschlechts. Heute würde er mit seiner Verurteilung unmoralischen und unwürdigen Betragens vermutlich umsichtiger verfahren.*

Quellenlektüre 4

religiöse Angelegenheiten hat man [Gott] übergeben. (61)

Um [diese höchste Liebe] zu erlangen oder nachdem man sie erlangt hat, soll man die Tätigkeit in der Gesellschaft nicht aufgeben, sondern soll den Früchten [der Tätigkeiten] entsagen und die hilfreichen Mittel und Wege [zur Entsagung] beständig kultivieren. (62)

Nicht soll man auf Geschichten über's Betragen von Frauen, reichen Leuten und Gottlosen hören.[24] (63)

Eigendünkel, Heuchelei und ähnliche Laster müssen gemieden werden. (64)

Wer alle Tätigkeit Ihm widmet, der weiht Begehren, Ärger, Selbstgefälligkeit usf. alleine Ihm und verwendet [alles in der Ausübung der Liebe] zu Ihm. (65)

Liebe – jene Liebe, die der eines hingebungsvollen Dieners oder Eheweibes gleicht und die die drei Formen [des Reagierens, wie in den vorangegangenen Aphorismen erwähnt] transzendiert – solche Liebe soll allein gelebt, solche Liebe soll allein gepflegt werden. (66)

Buch V

Die radikalen, die intensiven Jünger (ekântin) kommen zuallererst. (67)

Wie sie mit erstickter Stimme und mit Tränen der ekstatischen Entzückung untereinander sprechen – sie reinigen ihre Familien und das Erdenrund. (68)

Heilige Orte (tîrtha) machen sie heilig, Handlungen machen sie recht, den Schriften geben sie ihre wahre Bedeutung. (69)

Denn sie sind von Ihm erfüllt. (70)

Die Vorfahren sind voll Freude, die Götter tanzen, und diese Erde erhält einen Erretter [in einem wahren Jünger]. (71)

Sie machen keine Unterschiede hinsichtlich Geburt, Wissen, Schönheit, Familie, Reichtum, Beruf usf. (72)

Weil sie Ihm angehören. (73)

Dispute verdienen es nicht, geführt zu werden. (74)

Denn es gibt Raum für verschiedene Ansichten, und überdies

Nicht einmal unsere Gedanken werden wirklich durch uns hervorgebracht. Gedanken, gleich wie alle anderen Prozesse der Natur, entstehen einfach. Wir beschließen, auf einem Computer zu schreiben, Klavier zu spielen, Fahrrad zu fahren oder mit einem Freund zu sprechen, doch sind diese Tätigkeiten – Krishna (und den spirituellen Autoritäten des Hinduismus generell) zufolge – keine Wirkungen der Ich-Persönlichkeit, in Beziehung zu der sie zu geschehen scheinen. Ja, der Ich-Sinn selbst entsteht durch eine spontane Aktivität der Natur – doch sieht er sich alleine als Handlungsausführender und nimmt an, er sei es, der die Konsequenzen erleide.

Das Thema von Karma-Yoga ist quasi „Handlung – Freiheit". Der dabei relevante Sanskritbegriff lautet naishkarmya, wörtlich „Nichthandeln". Aber diese wortwörtliche Bedeutung ist irreführend, denn nicht die Untätigkeit ist hier gemeint. Eher entspricht naishkarmya-karman dem taoistischen Begriff wu-wei, also dem „Nichthandeln im Handeln". Das heißt, im Karma-Yoga geht es um die Freiheit im Handeln bzw. um die Transzendierung der ichhaften Motivation. Wird die Illusion, das Ich sei das handelnde Subjekt, überwunden, so wird erkannt, dass die Handlungen spontan geschehen.

QUELLENLEKTÜRE 4

ist [Gott] von meta-logischer Natur (aniyatatva). (75)

Die Schriften über die Liebe sollen kontempliert, Handlungen, die sie erwecken, sollen ausgeführt werden. (76)

Wenn man – nachdem Lust und Pein, Wunsch und Gewinn usw. aufgegeben worden ward – die Zeit ermisst: Nicht einmal ein halber Augenblick sollte nutzlos dann verschwendet werden. (77)

Tugenden wie Gewaltlosigkeit [als innere wie äußere Haltung], Wahrhaftigkeit, Reinheit, weites Mitgefühl, Glaube (âstikya) u. Ä. sollen gestärkt werden. (78)

Alleine Gott soll vom sorgenfreien [Jünger] immer und überall aus ganzem Herzen verehrt werden. (79)

Er, so verehrt und gepriesen, offenbart sich rasch dem Jünger und lässt ihn erfahren [Seine wahre Natur]. (80)

Nur die Liebe zur ewig absoluten Wahrheit ist die größte; diese Liebe ist in der Tat übergroß. (81)

[Liebe], wiewohl nur eine, hat elf Formen: a) das liebende Haften (âsakti) an der Glorifizierung Seiner [Gottes] Eigenschaften; b) das liebende Haften an Seiner Schönheit; c) die liebevolle Haftung an Seiner Verehrung; d) das liebevolle Haften an der Erinnerung [Seiner Namen]; e) die Liebe zum Dienst; f) die Liebe zu Ihm als einem Freund; g) die Liebe zu Ihm als einem Kind; h) Liebe, wie die einer liebenden Ehefrau für ihren Gatten; i) die Liebe der Ich-Übergabe; j) die Liebe des völligen Aufgehens [in Seiner höchsten Natur]; k) die schmerzvolle Liebe, [die entsteht aus] der Getrenntheit von Ihm. (82)

All dies erklären die großen Lehrer von bhakti einstimmig und ohne Furcht vor dem Geschwätz der Leute – Kumâra, Vyâsa, Shuka, Shândilya, Garga, Vishnu, Kaundinya, Shesha, Uddhava, Aruni, Bali, Hanumat, Vibhîshana u.a. (83)

Wer dieser frohen Botschaft von Nârada vertraut und an sie glaubt, der wird von Gottes Liebe ganz erfüllt und erreicht das Höchstgeliebte. (84)

Ohne die Einmischung des Ichs ereignet sich ihre Spontaneität wie ein glattes Fließen. Daher zeichnet erleuchtete Wesen eine Ökonomie und Eleganz der Bewegung aus, die unerleuchteten Menschen im allgemeinen fehlt. Hinter dem Handeln des erleuchteten Wesens steht kein Urheber; bzw. wir könnten sagen, die Natur selbst ist die Urheberin.

Da Leben als Aktivität definiert wird, muss auch jedes scheinbare Nichthandeln als eine Form des Handelns verstanden werden. Das Prinzip von Karma-Yoga gilt universell. Das heißt, auch die Renunzianten der samnyâsa-Tradition, die sich weltlicher Aktivität formal enthalten, sind nach wie vor ans Handeln gekettet und werden durch ihre Handlungen gebunden, falls sie ihren Rückzug aus der Welt nicht im Geist des Karma-Yoga vornehmen.

Durch Karma-Yoga verwandelt sich jede Handlung in ein Opfer, egal ob man das Leben eines Haushälters oder eines Renunzianten führt. Was letztlich geopfert wird, ist das kleine Selbst bzw. das Ego. Solange das Ich (ahamkâra) glaubt, es sei selbst der Urheber der Handlungen oder Nichthandlungen, solange besitzen die Handlungen oder Nichthandlungen bindende Gewalt. Sie bestärken das Ich und verhindern die Erleuchtung. Ichhaftes Handeln oder Nichthandeln – beides erzeugt Karma.

Das Wort karma ist Bestandteil mehrerer europäischer Sprachen geworden. Webster's Lexikon erklärt es als „die durch die Handlungen einer Person geschaffene Kraft, die dem Hinduismus und Buddhismus zufolge die Seelenwanderung unabsehbar verlängert und in ihrer ethischen Konsequenz das Schicksal der Person in deren nächster Existenz bestimmt". Diese Definition ist im Wesentlichen richtig. Karma bedeutet nicht nur Handlung, sondern auch deren vorerst unsichtbare Konsequenz, die das Schicksal eines Menschen fürderhin formt.

Dem liegt die Vorstellung zugrunde, dass wir sind, was wir sind, aufgrund dessen, was wir tun oder, besser, wie wir es tun. In unseren Handlungen drücken wir aus, wer oder was wir sind (oder zu sein glauben). Mit anderen Worten, wir bringen unser inneres Wesen nach außen, sodass unsere Handlungen uns widerspiegeln. Aber es sind nicht nur Widerspiegelungen. Denn zwischen unseren Handlungen und unserem Wesen geschieht ein unmittelbares „Feedback", eine verstärkende Rückkoppelung. Jede Handlung wirkt auf unser Wesen ein und trägt zur gesamten Struktur der Persönlichkeit bei, die wir vorzugsweise sind.

Um es schlicht zu sagen: Wenn jemand dazu neigt, ein freundlicher und gutartiger Mensch zu sein, dann tendieren seine oder ihre Handlungen automatisch dazu, aus Sicht der Menschen freundlich und gutartig zu sein, was wiederum seine/ihre angeborene Freundlichkeit und Gutartigkeit verstärkt. Wenn andererseits jemand zu Gemeinheit und Destruktivität neigt, so werden seine oder ihre Handlungen wahrscheinlich von einer Art sein, die als gemein und destruktiv beurteilt wird; und diese Handlungen verstärken ihrerseits die Gemeinheit und Destruktivität der betreffenden Person.

Handlungen und Nichthandlungen ziehen – beabsichtigt oder unbeabsichtigt – ihre unmittelbaren, sichtbaren Folgen nach sich. Genauso wichtig aber sind die unsichtbaren Effekte auf unser Wesen, worüber wir im Westen allerdings meist nichts wissen. Wir mögen unsere monatliche Spende an unsere bevorzugte Wohltätigkeitseinrichtung senden und damit verschiedene Vorteile – etwa eine Steuerabschreibung – als sichtbare Resultate unseres Handelns erzielen, aber wir setzen gleichfalls unsichtbare Kräfte in Gang, die unser Wesen und dadurch unser zukünftiges Schicksal formen und transformieren: Wir ernten, was wir säen. Dass Indiens religiöser Genius dies sehr klar verstanden hat, wird in der Karma-Lehre offenkundig.

Die Verbindung zwischen der Handlung und ihrem Feedback-Effekt wird als eiserne Gesetzmäßigkeit, als das Gesetz der moralischen Verursachung definiert. Es scheint, als sei das karmische Gesetz der einzig beständige Faktor in unserer Welt des permanenten Wandels, der sogenannten samsâra-Welt. Dieses Gesetz herrscht auf allen Ebenen des Alls, und nur die transzendente Realität ist von ihm nicht betroffen.

Diese Lehre steht eng verflochten mit einem anderen, von Hindu-, Buddhisten- und Jaina-Schulen gleichermaßen geteilten Glauben. Er besagt, dass das menschliche Wesen aus einer vieldimensionalen Struktur besteht und in einem dynamischen Prozess vibriert, die beide mit dem Tod des Körpers nicht abrupt enden. Unterschiedliche Traditionen offerierten verschiedene Erklärungen für diese nachtodliche Existenz, und die Bandbreite der Interpretationen reicht von naiv bis zu recht kunstvoll. Manchen zufolge kleidet sich das fortlebende Bewusstsein in einen nichtmateriellen Körper und wartet auf seine neuerliche physische Inkarnation auf der materiellen Ebene oder in einem supraphysischen Körper auf einer der supra-materiellen (oder „feinstofflichen") Ebenen. Anderen zufolge überlebt das Ich-Bewusstsein den Tod des Körpers nicht, d. h. aus dieser Sicht gibt es streng genommen keine beständige „seelenwandernde" Entität, sondern lediglich eine Kontinuität verschiedener „karmischer" Kräfte.

Alle Schulen stimmen darin überein, dass Mechanik und Zusammensetzung des Schicksals auf der physischen wie auf jeder anderen Existenzebene von der Qualität des Handelns oder, genauer, von der Intention der betreffenden Person bestimmt werden. Karma-Yoga gilt als die Kunst und Wissenschaft der „karmisch" achtsamen, der verantwortungsvollen Handlung und Absicht. Sein unmittelbarer Zweck ist es, die Anhäufung ungünstiger karmischer Effekte ab sofort zu vermeiden und die negativen Auswirkungen des bereits gegebenen Karma umzukehren.

Karma-Yoga impliziert eine komplette Umkehrung der menschlichen Natur, denn er fordert die Ausführung jeder Handlung aufgrund einer inneren, sich von unseren alltäglichen Stimmungen radikal unterscheidenden Einstellung. Es wird nicht nur verlangt, dass wir die angemessene (kârya) Handlung verantwortungsvoll durchführen, sondern auch, dass wir unser Tun und dessen Früchte (phala) der göttlichen Person offerieren. Solches

Anbieten (arpana) zieht jedoch notwendigerweise die Offerierung des Selbst, also die Übergabe des Ich, nach sich. Daher bedeutet Karma-Yoga erheblich mehr als reine Pflichterfüllung. Er geht über die konventionelle Moral hinaus und gründet in einer tief spirituellen Einstellung. Die „leichte" Disziplin des Karma-Yoga entpuppt sich bei bewusster Anwendung als glühend-feurige Praxis der Ich-Transzendierung.

„Mahatma" Gandhi, karma-yogin mit Leib und Seele

Eine im Geist der Ich-Übergabe durchgeführte Handlung erzielt unsichtbare wohltuende Wirkungen. Es verbessert die Qualität unseres Wesens und lässt uns zur Quelle der spirituellen Ermutigung für andere werden. Krishna spricht in der Bhagavad-Gîtâ über den karma-yogin, der zum Wohl der Welt tätig ist. Der von ihm benutzte Sanskritausdruck lokasamgraha bedeutet wörtlich „Welt-Zusammensein" oder „die Menschen zusammenbringen". Und das meint dies: Unsere eigene, persönliche Ganzheit – in Ich-Übergabe begründet – verwandelt aktiv unser soziales Umfeld und trägt zu dessen Ganzheit bei. Allerdings ist dies nicht das letzte Ziel des karma-yogin, sondern lediglich ein Nebeneffekt seiner Praxis des Nichthandelns im Handeln.

Mahatma Gandhi repräsentiert Indiens großartigstes Beispiel eines karma-yogin in Aktion. Er arbeitete unermüdlich an sich selbst und für das Wohlergehen der indischen Nation. Im Streben nach dem hohen Ideal des Karma-Yoga musste er sein Leben hingeben. Er tat dies ohne Groll und mit dem Namen Gottes – „Ram" – auf den Lippen. Darauf vertrauend, dass keine seiner spirituellen Bemühungen je vergeblich sind – was Gott Krishna in der von ihm täglich gelesenen Bhagavad-Gîtâ tatsächlich feierlich verspricht –, umarmte er sein Schicksal. Gandhi glaubte an die Unvermeidbarkeit von Karma, aber auch an die Freiheit des menschlichen Willens.

Es ist hier anzumerken, dass das Gesetz des Karma keineswegs eine Art Fatalismus stillschweigend ermutigt, wiewohl einige Menschen und Denkschulen diesen Standpunkt vertreten haben. Ganz im Gegenteil ruft es dazu auf, die Verantwortung für das eigene Schicksal zu übernehmen. Dieser Aufruf tönt durch alle psycho-spirituellen Traditionen Indiens, die – als Befreiungslehren – auf der Willensfreiheit beharren: Der Mensch hat die Freiheit, entweder zur transzendenten Wirklichkeit oder in das bedingte, versklavte Dasein unter der Herrschaft des Karma zu schreiten.

Unsere Fähigkeit, jedwede karmische Notwendigkeit innerhalb des eigenen Bewusstseins zu transzendieren, bildet den eigentlichen Dreh- und Angelpunkt des Karma-Yoga. Nach wie vor haben wir karmische Folgen zu ertragen (wie etwa Krankheit, unglückliche Ereignisse und natürlich Tod), aber diese müssen nicht unser Dasein determinieren – in unserer Wesensessenz sind wir frei, und der yogin, der das Selbst verwirklicht hat, ist sich dieser Wahrheit vollauf bewusst. Die Tat kann die Qualität unseres Seins und unseres Geschicks verbessern – eine Maxime, die auch hinter der konventionellen Religiosität steht: Der Mensch verrichtet gute Taten, weil er von den schrecklichen Schlägen eines bösen Karma verschont werden, stattdessen nach Ablegen des physischen Leibs in eines der freudevollen himmlischen Reiche eingehen will.

Doch trachtet Karma-Yoga sehr nach Überschreitung aller möglichen Schicksale auf den vielen bedingten Bereichsebenen des Alls. Der karmayogin strebt nach dem Unbedingten – jenseits von Gut und Böse, von Lust und Schmerz, jenseits von karmischer Notwendigkeit und physischer Verkörperung. Denn ist das Selbst verwirklicht, existiert nur Seligkeit, und in einem solchen ständig währenden Zustand kann ihn das „Räderwerk" der Natur innerlich nicht berühren. Ein im Selbst verwirklichter yogin mag noch alle möglichen Gebrechen erleiden – Sri Ramana Maharshi, einer der größten Weisen des modernen Indien, starb an Krebs –, doch weiß er sich unendlich hoch über dem Geschiebe der Gegensatzpaare des bedingten Daseins, wie sie sich aus den Qualitäten der Natur ergeben. Der erleuchtete Meister ist die ewige Essenz hinter allen möglichen Modalitäten – gleich, ob wünschenswert oder nicht –, die sich auf den physischen Leib oder die mit ihm verbundene Persönlichkeit auswirken. Darin besteht sein Triumph über den Körper, den Verstand und alle anderen begrenzten Aspekte der menschlichen Natur.

Geschichtlich betrachtet, kann Karma-Yoga als die Reaktion der konservativen Kräfte des alten Indien auf die wachsende Tendenz der Gesellschaft zur Weltentsagung interpretiert werden. Spirituell gesehen aber ist er viel mehr als ein Kompromiss zwischen konventionellem Leben (religiös oder weltlich) und dem Leben eines Asketen im Wald oder eines umherwandernden sâdhu. Er ist eine integrale Lehre, die sowohl Weltlichkeit wie auch Nicht-Weltlichkeit transzendiert. Aus eben diesem Grund stellt die Bhagavad-Gîtâ mit ihrem integrierten Karma-, Bhakti- und Jnâna-Yoga eine echte Neuerung dar.[25] Ihre Lehren haben einen dauernden Einfluss auf zahlreiche andere Hindu-Traditionen ausgeübt. Im Kapitel 8 gehen wir auf diese wunderbare Schrift detaillierter ein.

Ein weiteres im aktuellen Zusammenhang erwähnenswertes Werk ist das Yoga-Vâsishtha, gut tausend Jahre nach dem Gespräch zwischen Krishna und Arjuna verfasst. Obwohl diese Schrift zwar sympathisiert mit einer Form des Nicht-Dualismus, der die Welt als prinzipiell illusorisch abwertet, favorisiert sie doch insgesamt eine Sichtweise, die die weltliche Existenz positiv voraussetzt. Der yogin wird also ermutigt, an den Aktivitäten von Familie und Gesellschaft teilzunehmen. Weisheit (jnâna) und Tat (karma) werden mit den zwei Flügeln des Vogels verglichen; zum Fliegen braucht dieser beide. Die Selbst-Emanzipation wird, der Schrift zufolge, kraft der harmonischen Entwicklung beider „Flügel" erlangt. Mehr darüber wird im 14. Kapitel gesagt.

Eine ähnliche Lehre kann man in der Tri-Shikhi-Brâhmana-Upanishad, einem späten mittelalterlichen Werk, entdecken:

[25] *Über die innovativen Lehren der Bhagavad-Gîtâ siehe G. Feuerstein, Wholeness or Transcendence? Ancient Lessons for the Emerging Global Civilization (Burdett, New York: Larson Publications, 1992), pp. 210–230.*

> Yoga wird als zweifältig eingestuft: als Jnâna-Yoga und als Karma-Yoga. Nun denn, o ihr Besten der Brahmanen, hört über den Yoga des Tuns (kriyâ-yoga). Die Bindung des nicht zerstreuten Bewusstseins (citta) an ein Objekt, o Beste unter den Zweimal-Geborenen [d.h. Brahmanen], gilt als die Vereinung (samyoga). Sie wird auf zwei Arten erreicht: Die beständige Bindung des Verstands (manas) an die vorgeschriebene Handlung – da doch Handlungen ausgeführt werden müssen – wird Karma-Yoga genannt. Die beständige Bindung des Bewusstseins an das höchste Objekt [d.h. das Selbst] nennen wir Jnâna-Yoga; dieser schenkt alles Günstige und führt zu allen Vervollkommnungen. Er, dessen Verstand immer gleichmütig bleibt, auch wenn er dem hier dargelegten zweifältigen Yoga folgt, erreicht jenes höchste Gut, das dem Wesen nach die Befreiung ist. (2.23–28)

Karma-Yoga ist die fundamentalste aller yogischen Methoden. Sein großes Ideal des Nichthandelns im Handeln (naishkarmya-karma) besitzt auch für alle anderen spirituellen Disziplinen Gültigkeit und erscheint heute ebenso relevant wie vor mehr als zweitausend Jahren, als Indiens Weise es formulierten.

VII. MANTRA-YOGA – KLANG ALS VEHIKEL DES TRANSZENDENTEN

Klang ist eine Form der Schwingung, und derart war er den yogins des alten wie des mittelalterlichen Indien bekannt. Der vorherrschenden wissenschaftlichen Theorie vom heiligen Ton zufolge – sie heißt Mantra-vidyâ oder Mantra-shâstra – befindet sich das Universum in einem Zustand der Schwingung (spanda oder spandana). Die Entdeckung, dass der Klang, insbesondere der repetierte Klang, das Bewusstsein beeinflusst, wurde bereits vor langer Zeit, vielleicht schon in der Steinzeit, gemacht. Wir dürfen sicherlich annehmen, dass Formen des einfachen Sprechgesangs und des Trommelns, möglicherweise mit Tierknochen als Trommelstöcken, bei paläolithischen Riten praktiziert wurden. Es überrascht darum nicht, wenn zur Blütezeit der vedischen Zivilisation Klangmuster (sowohl in Form ritueller Sprache und Inkantation wie auch als Musik) zum kunstreichen Mittel des religiösen Ausdrucks und der spirituellen Transformation geworden waren.

Die Hymnen der Veden werden traditionellerweise als Mantras bezeichnet. Für das Wort mantra gibt es kein deutsches Äquivalent. Es leitet sich von der Wurzel man ab („denken" oder „sich konzentriert befassen"), die auch in den Begriffen manman („konzentriert nachdenken"), manas („Verstand"), manîsha („Verstehen"), manu („der Weise" oder „der Mensch"), mana („Eifer"), manyu („Stimmung" oder „Gemüt"), mantu („Herrscher") und manus („menschliches Wesen") vorliegt. Das Suffix tra in Mantra verweist zwar auf die instrumentalisierte Form. Doch einer esoterischen Deutung folgend, steht es für das Wort trâna, was „errettend" heißt. Daher gilt ein Mantra als etwas, das den Verstand vor sich selbst rettet oder das, vermöge der mantrisch induzierten Verstandeskonzentration, zur Errettung führt.

Das Mantra ist heilige Äußerung, numinoser, mit psychospiritueller Macht aufgeladener Klang. Ein Mantra ist ein Klang, der dem Verstand Kraft einflößt – oder dem durch den Verstand Macht übertragen wird. Es ist ein Vehikel zur meditativen Transformation des menschlichen Körper-Verstand-Systems und soll magische Potenz besitzen. Ernest Wood (alias Swami Sattwikagraganya), ein früher westlicher Yoga-Kommentator, schrieb:

> Man kann sagen, dass es in allen materiellen Formen – in jenen, die die Ohren, wie auch in jenen, die die Augen ansprechen – die Präsenz und die Macht des Göttlichen gibt. Jedes Ding beeinflusst uns gemäß seiner jeweiligen Form. Betritt man z.B. einen großen Raum, der hauptsächlich mit Formen aus geraden Linien ausgestattet ist, so wird man bemerken, dass er das Verstandeswesen anregt. Doch tritt man in einen von kurvigen und floralen Formen dominierten Raum, wird man eine Anregung des Gefühlswesen bemerken. Falls wir aufgrund irgendeiner dieser Formen einen kleinen Anblick des Göttlichen erhaschen, nennen wir das Schönheit. Schönheit ist die uns unmittelbar berührende göttliche Macht in materiellen Dingen … Demnach sind Mantren zu repetierende Klangformen, dazu gedacht, den Menschen mit dem Göttlichen zu verbinden, indem sie ihn in seinen emotionalen und geistigen Bestrebungen bestärken. Jede gute Dichtung hat etwas Mantrisches an sich, weil sie mehr als die normale Bedeutung der Worte übermittelt. Alle Schönheit berührt uns mantrisch, doch geht die Macht ihrer Berührung häufig verloren, weil gleichzeitig meist verwirrende Vielfalt und rasche Szenenwechsel auftreten. [26]

In seinem Tantra-Âloka (7.3–5) erläutert der Meister und Gelehrte Abhinava Gupta (10. Jh.) die Funktion des Mantra mit Hilfe eines Vergleichs: Ein einzelnes Wasserrad, das sich unter dem Druck des strömenden Flusses dauernd dreht, kann eine Reihe von mechanischen, mit ihm verbundenen Apparaturen in Bewegung halten. Ähnlich kann ein einziges, ständig wiederholtes Mantra die mit ihm assoziierten Gottheiten (devatâ) aktivieren; diese wirken dann, ohne weitere Anstrengung seitens des Aspiranten, wie positive Kräfte bei seiner Bewusstseins-Transformation.

Das scheint bereits in vedischen Zeiten ganz verstanden worden zu sein. Die von begnadeten Sehern „visualisierten" Sanskrit-Hymnen der Veden wurden in fünfzehn verschiedenen Versmaßen verfasst; sie erforderten aku-

[26] *E. Wood, Raja Yoga: The Occult Training of the Hindus (Sydney, Australia: Theosophical Publishing House, o. Jahr. ang.), pp. 10–11.*

मन्त्रयोग । मन्त्रविद्या । मन्त्रशास्त्र ॥

mantra-yoga, mantra-vidyâ, mantra shâstra

rateste Rezitation bei rituellen Anlässen und sorgfältig reguliertes Atmen, um die nötige Präzision zu gewährleisten. Hier können wir also tatsächlich die Ansatzpunkte zur späteren yogischen Technik der Atemkontrolle (prânâyâma) und des Mantra-Yoga vorfinden. Eine der vier vedischen Hymnen-Sammlungen, der Sâma-Veda, enthält enthält viele lobpreisende Mantren, die während der großen Opferrituale von ausgewählten Priestern gesungen wurden. Sie werden auch noch heutzutage angestimmt und klingen etwa wie mittelalterliche psalmodierende Sprechgesänge.

Es ist bekannt, dass lang andauerndes und konzentriertes Psalmodieren zu veränderten Bewusstseinszuständen führt. Halten wir uns vor Augen, dass dieser Effekt noch verstärkt wurde durch die Einnahme des „berauschenden" Soma-Saftes – wie es bei den damaligen Ritualen oft der Fall war –, so mag uns einleuchten, weshalb die vedischen Seher aus reicher Erfahrung von veränderten Bewusstseinszuständen sprachen. Allerdings ist nicht bekannt, aus welcher Pflanze der Soma-Saft gewonnen wurde. Einige Autoritäten meinen, es sei das Gewächs *Asclepias acida* gewesen, andere wiederum identifizieren es mit dem Fliegenpilz;[27] aber die letztere Annahme scheint nicht aus den vedischen Beschreibungen der Pflanze und der Pressmethode abgeleitet zu sein. Dass der Soma-Trank bewusstseinsverändernd wirkte, erhellt aus den Hymnen selbst; doch war nicht der gepresste und während des Rituals ausgegebene Pflanzensaft, sondern der himmlische Nektar der Unsterblichkeit das „wahre" Soma. Dieses verborgene Soma, so erklärt der Rig-Veda (10.85.3), „wird von niemandem geschmeckt". Durch „geübtes visionäres Denken" soll solch höheres Soma hervorgebracht werden können. Der konkrete Soma-Saft wirkt sozusagen nur als Auslöser zur Erschauung des göttlichen Soma.

Die bemerkenswerteste Überlegung bezüglich des Klangs findet sich in der Rig-Veda-Hymne 1.164: sie spricht von Vâc (lateinisch vox, „Stimme, Rede"), einer weiblichen Gottheit, als der „Mutter" der Veden. Diese hat vier „Füße" (pâda) oder Aspekte, von denen sich drei jenseits der Wahrnehmung der Sterblichen befinden und lediglich einer bekannt ist, nämlich der, der zur menschlichen Rede gehört. Allein die Seher (rishi) wissen, wie Vâc in ihrem geheimen Reich aufgespürt werden kann. Eine zweite Hymne (10.71.4) drückt Bedauern über jene aus, die sehen und hören, ohne Vâc zu sehen und zu hören.

In anderen Hymnen wird Vâc auf die heiligen Kühe (vâcas) bezogen – sie haben „glücksbringende Stimmen". Einige Experten meinen, dass das Muhen der Kühe mit der heiligen Silbe om, dem Urklang des Alls, assoziiert wurde. Eine derartige Verbindung mag durchaus bestanden haben; doch die Annahme, der Klang einer Tierstimme, wie sehr die vedischen Menschen dieses Tier auch geschätzt haben mögen, habe irgendwie die metaphysischen Spekulationen über die heilige Silbe hervorgerufen, scheint weit hergeholt. Jedenfalls aber erkennen wir in jenen Hymnen deutlich die Grundlagen des späteren Mantra-Yoga.

[27] Zu einer faszinierenden Spekulation über die in vedischen Ritualen benutzte Soma-Pflanze siehe R. Gordon Wasson, Soma: Divine Mushroom of Immortality (New York: Harcourt, Brace and World, 1968). Wassons Identifizierung der Soma-Pflanze (die in den Veden als Kriechpflanze dargestellt wird) als Fliegenpilz ist allerdings nicht sehr überzeugend.

Der allerwichtigste Ton in vedischen Ritual-Inkantationen war om, und bis auf den heutigen Tag ist es das allgemein anerkannte und verehrte Phonem im Hinduismus. Es tritt selbst im tantrischen Buddhismus auf (z.B. in der mantrischen tibetischen Formel om mani padme hûm, „Om, Juwel im Lotus, hûm"). Die Klangsilbe om – sie birgt „eine komplette Philosophie, die auch in vielen Bänden nicht hinreichend dargelegt werden könnte"[28] – soll der Pulsschlag des Universums sein oder ihn ausdrücken. Aufgrund ihrer Meditationspraxis und weniger durch intellektuelles Denken kamen die Seher und Weisen der vedischen Zeiten zur Vorstellung eines universellen, ewig durchs All tönenden Klangs, der aus ihrer Sicht der wahre Ursprungsquell der Schöpfung sei. Sie hörten diesen Klang in den Augenblicken ihrer tiefsten Meditation, dann, wenn sie alle äußeren Töne und Geräusche erfolgreich ausgesperrt hatten.

Agehananda Bharati, ein westlicher Swami und Professor der Anthropologie, konstatierte, ein Mantra sei nur ein Mantra, wenn es von einem Lehrer an einen Schüler während eines initiatorischen Rituals übermittelt werde.[29] Deshalb ist die heilige Silbe om für den Nicht-Eingeweihten kein Mantra. Allein durch die Einweihung erhält es seine mantrische Macht. Die Mantra-Yoga-Samhitâ (1.5), möglicherweise ein Werk aus dem 18. Jh. n. Chr., bestätigt dies mit der Feststellung:

> Initiation (dîkshâ) ist die Wurzel jeder Rezitation (japa);[30] Initiation ist gleichfalls die Wurzel des Asketentums; die Initiation durch einen wahren Lehrer lässt alles erreichen.

Mantren, die entweder aus einem einzigen Klang oder einer ganzen Klangkette bestehen, können für ganz unterschiedliche Zwecke eingesetzt werden. Ursprünglich wurden Mantren zweifellos dazu benutzt, unerwünschte Mächte oder Geschehnisse abzuwehren und solche anzuziehen, die wünschenswert erschienen, und darin besteht nach wie vor ihre Hauptanwendung. Anders ausgedrückt: Mantren werden als magische Werkzeuge benutzt. Doch werden sie überdies auch im spirituellen Kontext als Mittel der Kraftverstärkung eingesetzt, wobei sie das Streben des Aspiranten nach Identifizierung mit der transzendenten Wirklichkeit unterstützen. So gesehen erscheint ein vedântisches Mantra wie aham-brahma-asmi,[31] „ich bin das Absolute", als machtvolle Affirmation unserer inneren Wesensidentität mit dem Selbst (âtman), das auch der Nährboden der objektiven Welt ist.

Die Anfänge des Mantra-Yoga liegen, wie wir bereits sahen, weit zurück im vedischen Zeitalter. Doch ist der eigentliche Mantra-Yoga ein Produkt derselben philosophischen und kulturellen Kräfte, die auch Tantra im mittelalterlichen Indien hervorbrachten. Ja, mehr noch – Mantra-Yoga figuriert als ein Hauptaspekt der tantrischen Methode und wird in zahlreichen, diesem spirituellen Erbe zugehörigen Schriften behandelt. Deshalb wird seine metaphysisch-esoterische Grundlage im Kapitel 17 erörtert.

[28] *J. Woodroffe, The Garland of Letters: Studies in the Mantra-Shastra (Madras, India: Ganesh, 6. Aufl., 1974), p. 228.*

[29] *Siehe A. Bharati, The Tantric Tradition (London: Rider, 1965), p. 106.*

[30] *Die Sanskrit-Ausgabe von Ramkumar Rai liest fälschlicherweise jaya für japa. Siehe S. Rai, Hrsg. u. Übs., Mantra-Yoga-Samhitâ (Varanasi, India: Chaukhambha Orientalia, 1982).*

[31] *Geschrieben aham brahmâsmi.*

Es gibt auch eine Anzahl von Werken, die Mantra-Yoga eingehend besprechen; der enzyklopädische Mantra-Mahodadhi („Ozean der Mantren"), von Mahîdhara im späten 19. Jh. verfasst, hebt sich darunter hervor. Dieser Text ist mit einem Eigenkommentar, Naukâ („Boot") betitelt, abgerundet. Andere populäre Werke aus jüngerer Zeit sind Mantra-Mahârnava („Großer Ozean der Mantren"), Mantra-Mukta-Avalî („Selbstständiger Traktat über Mantren"), Mantra-Kaumudî („Mondlicht auf Mantren"), Tattva-Ânanda-Taranginî („Fluss der Seligkeit der Realität") des Adepten Pûrnânanda aus dem 16. Jh. und die Mantra-Yoga-Samhitâ („Kompendium des Mantra-Yoga"), die im 17. oder 18. Jh. geschrieben wurde. Dem sind noch mehrere Wörterbücher hinzuzufügen, die sich bemühen, die esoterische Bedeutung der Mantren zu erklären – ein recht zweifelhaftes Unternehmen, was aus der Tatsache erhellt, dass diese Nachschlagewerke einander häufig widersprechen. Von all diesen Texten stehen nur der Mantra-Mahodadhi und die Mantra-Yoga-Samhitâ auf Englisch zur Verfügung.

Dem zuletzt erwähnten Werk zufolge hat Mantra-Yoga sechzehn Glieder:

1. Hingabe (bhakti), die dreifach ist: a) vorgeschriebene Hingabe (vaidhi-bhakti); b) Hingabe mit Anhaftung (râga-âtmika-bhakti) – d. h. von persönlichen Motiven gefärbt; c) höchste Hingabe (para-bhakti), die zu größter Seligkeit führt;
2. Reinigung (shuddhi), die sich auf die vier Bereiche Körper, er stand, Richtung und Örtlichkeit bezieht. Diese Praktik umfasst also a) die Reinigung des Körpers, b) die Reinigung des Verstands (durch Glaube, Studium und Pflege verschiedener Tugenden), c) die rechte Blickrichtung während der Rezitation und d) die Benutzung einer für die Exerzitien besonders geweihten Örtlichkeit;
3. Haltung (âsana), die den Körper während meditativer Rezitationen stabilisieren soll; sie meint zwei Hauptformen, nämlich svastika-âsana und die Lotus-Stellung (padma-âsana)[32], beide im Kapitel 18 dargestellt;
4. „Fünfgliedriger Dienst" (panca-anga-sevana) – das tägliche Ritual der Lesung der Bhagavad-Gîtâ („Gesang Gottes") und des Sahasra-Nâma („Tausend Namen"), Inkantation von Versen des Lobpreises (stava), des Schutzes (kavaca) und der Herz-Öffnung (hridaya). Diese fünf werden als die „Glieder" des Göttlichen gesehen; ihre Ausführung soll ein machtvolles Mittel dazu sein, die Aufmerksamkeit und Energie andauernd auf das Göttliche gerichtet zu halten und dadurch von diesem assimiliert zu werden;
5. Verhalten (âcâra), das von dreierlei Art ist: göttlich (divya), d. h. jenseits sowohl von weltlicher Tätigkeit wie auch von Renunziation; „linksseitig" (vâma), das weltliche Tätigkeit mit einschließt, und „rechtsseitig" (dakshina), das Weltentsagung umfasst;

[32] *Svastika-âsana und padma-âsana werden svastikâsana und padmâsana geschrieben.*

6. Konzentration (dhâranâ), die sich äußeren oder inneren Objekten zuwenden kann;
7. „Dienst für den göttlichen Platz" (divya-desha-sevana), bestehend aus sechzehn Anwendungsformen, die einen vorgegebenen Platz in einen geweihten verwandeln;
8. „Atem-Ritual" (prâna-kriyâ), das mit vielfältigen Übungen einhergeht, wie etwa die verschiedenen Arten der Verlegung (nyâsa) der Lebenskraft in unterschiedliche Körperteile;
9. Geste oder „Siegel" (mudrâ), mit zahlreichen Formen. Diese Handhaltungen werden ausgeführt, um den Verstand zu konzentrieren. Sie werden detaillierter im 17. Kapitel beschrieben.
10. „Zufriedenstellung" (tarpana), die regelmäßige Darbietung von Trankopfern – Wasser – an die Götter; sie werden damit erfreut und zeigen sich dem yogin gunstvoll;
11. Invokation (havana) oder Anrufung der Gottheit mit Hilfe von Mantren;
12. Gaben-Darbringung (bali); der Gottheit werden Geschenke in Form von Früchten usw. dargebracht. Das Geschenk seiner selbst wird als die größte Gabe erachtet;
13. Opfer (yâga),[33] das äußerlich oder innerlich sein kann. Das innere Opfer wird als das höchste gepriesen;
14. Rezitation (japa), die drei Formen hat: geistig-mental (mânasa), stimmlos (upâmshu) und mit Stimme (vâcika);
15. Meditation (dhyâna); sie ist wegen der großen Zahl möglicher Meditationsobjekte vielfältig;
16. Ekstase (samâdhi), auch als „Großer Zustand" (mahâ-bhâva) charakterisiert, bei dem sich der Verstand im Göttlichen oder in der erwählten Gottheit (die das absolute Wesen verkörpert) auflöst;

Wie aus der Skizze des sechzehnfältigen Pfades des Mantra-Yoga ersichtlich, hat diese Schulrichtung eine betont ritualistische Orientierung, was die generelle Einseitigkeit von Tantra recht gut widerspiegelt. Heute, da Mantren in großem Umfang verkauft und veröffentlicht werden, sollten wir uns vielleicht daran erinnern, dass sie einem geheiligten Kontext entstammen. Wohl wurde von alters her Mantra-Yoga als die leichteste aller Methoden der Selbst-Realisierung vorgestellt – was könnte noch leichter sein, als ein Mantra zu rezitieren? –, doch wird rasch offenkundig, dass dieser Yoga letztlich die gleichen Anforderungen stellt wie jeder andere. Die geistlose Wiederholung von Mantren, vor allem seitens des Nicht-Eingeweihten, kann kaum zur Erleuchtung oder Seligkeit leiten. Denn wir stehen vor diesem Paradoxon: Um den höchsten Zustand der „Sein-Bewusstsein-Seligkeit" verwirklichen zu können, müssen wir absolut aufmerksam sein, damit es uns gelingt, das „Spiel" der Aufmerksamkeit zu transzendieren.

[33] *Yâga ist ein Synonym für yajna.*

Mantra-Yoga erfordert von uns also dieselbe Ich-Aufopferung wie alle anderen Yogaformen auch.

VIII. LAYA-YOGA – AUFLÖSUNG DES UNIVERSUMS

लययोग ॥

laya-yoga

Laya-Yoga hat die meditative „Absorbierung" oder „Auflösung" (laya) zum Gegenstand. Das Wort laya leitet sich von der Wurzel lî ab, was „aufgelöst werden" oder „verschwinden" heißt, aber auch „festhaften" und „kleben bleiben". Diese zweifache Konnotation der Wortwurzel lî ist in laya noch erhalten. Die laya-yogins suchen sich meditativ aufzulösen, indem sie einzig und allein am transzendentalen Selbst haften. Sie bemühen sich, jenseits aller Erinnerungsspuren und Sinneserfahrungen zu gelangen, indem sie den Mikrokosmos – das Mental – in die transzendental übergeordnete Dimension von Sein-Bewusstsein-Seligkeit auflösen. Ihr Ziel ist also, die eigene Innenwelt kraft intensiver Kontemplation Schritt um Schritt abzubauen, bis schließlich nur die eine transzendentale Wirklichkeit, das Selbst, verbleibt.

Der spirituelle Prozess wurde lange als allmählich resorbierende Rücknahme „späterer" Entwicklungen der psychokosmologischen Evolution zurück in „frühere" verstanden – d. h. als Einfaltung des Vielen in das Eine vermittels fortschreitender Vereinfachung der Psyche und des Verstands. Die Katha-Upanishad (1.3.13) z. B. spricht über das Kontrollieren der „Rede" im Verstand (manas); des Verstands in der Wissens-Identität (jnâna-âtman); der Wissens-Identität (will sagen: des aus Sinneserfahrung abgeleiteten Wissens) im „Großen" (mahân); und des Großen (will sagen: des höheren Verstands oder buddhi) im höchsten Selbst. Ähnlich postuliert die Prashna-Upanishad (4.8), dass die verschiedenen Prinzipien des Daseins und des menschlichen Wesens – wie die materiellen und die feinstofflichen Bestandteile, die Sinne, der Verstand, das Ich-Gefühl, das Gewahrsein (citta) und die Lebenskraft – dem höchsten Selbst innewohnen und derart erfahren werden müssten.

Laya-Yoga stellt sich demnach als Frontalangriff auf die Illusion der Individualität dar. Wie Shyam Sundar Goswami, der das maßgeblichste Buch zu diesem Thema geschrieben hat, erklärt:

> Laya-Yoga ist jene Yogaform, bei der yogische Vereinung, d. h. samâdhi, durch laya erreicht wird. Laya ist tiefe Konzentration, die zur schrittweisen Absorption der kosmischen Prinzipien in die spirituelle Dimension von Höchster-Macht-und-Höchstem-Bewusstsein führt. Es ist der in tiefer Konzentration stattfindende Prozess der Absorption der kosmischen Prinzipien, der das Bewusstsein von allem befreit, was nicht spirituell ist, und in dem die göttliche, leuchtende, zusammengerollte Kraft erschaut wird, die als kundalinî bezeichnet wird. [34]

[34] *S. S. Goswami, Layayoga (London: Routledge & Kegan Paul, 1980), p. 68. Im Zitat vereinfachte ich die Transliteration der sanskritischen Begriffe.*

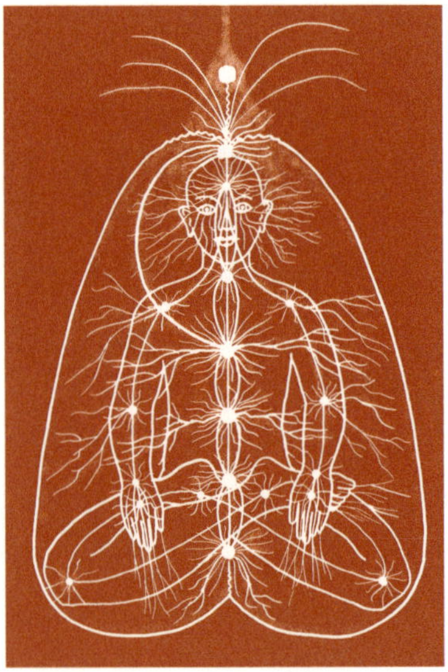

Die leuchtenden Kraftströmungen des subtilen Körpers

Die spirituelle Arbeit des laya-yogin scheint bereits in mittelalterlichen Zeiten missverstanden worden zu sein, wie der folgende epigrammatische Vierzeiler der Hatha-Yoga-Pradîpikâ (4.34), eines der Standard-Handbücher über Hatha-Yoga, verdeutlicht :

> „Absorption, Absorption", rufen sie –
> doch welcher Art soll diese sein?
> Absorption ist das Nicht-Erinnern von Erinnerungsobjekten,
> resultierend aus dem Nicht-Wiederauftreten vormals erhaltener Eindrücke (vâsanâ).

Das „Nichterinnern von Erinnerungsobjekten" ist nun nicht ein temporärer Gedächtnisverlust, sondern der Zustand der objektlosen, konzeptüberschreitenden Ekstase, des nirvikalpa-samâdhi, wie es im Vedânta bezeichnet wird. Ein solcher Zustand entspricht etwa dem asamprajnâta-samâdhi des klassischen Yoga. In Yoga-Kreisen wird die Erinnerung als Netzwerk unterschwelliger Eindrücke (vâsanâ) betrachtet. Diese Eindrücke lassen sich mit dem Duft einer Blume vergleichen, den man noch in der Nase trägt, nachdem man an ihr gerochen hat, obschon Impressionen natürlich weniger wohltuend wirken, da sie uns in der Welt der Veränderung gefangen halten. Weil es überaus dynamische, konstante Gedankentätigkeit hervorrufende Kräfte sind, bezeichnet man sie auch als „Antriebskräfte" (samskâra). Im höchsten Ekstasezustand sind diese unterschwelligen Kräfte neutralisiert, wodurch der Verstand für seine eigene Auflösung (d.h. Transzendierung) im Erleuchtungszustand präpariert wird.

Den laya-yogins geht es um die Transzendierung der karmischen Muster in Verstand und Gemüt – bis zu jenem Punkt, da sich ihre innere Welt gänzlich auflöst. In solchem Bemühen wenden sie viele Praktiken und Konzepte des Tantra-Yoga an – die ebenso im Hatha-Yoga auftreten –, vor allem das Konzept des feinstofflich-subtilen Körpers (sûkshma-sharîra) mit seinen psychoenergetischen Zentren (cakra) und Energiekanälen (nâdî).

In dem Konzept spielt kundalinî-shakti, die „Schlangenkraft", die universelle Lebenskraft auf der Ebene des menschlichen Körpers repräsentierend, eine zentrale Rolle. Allerdings sieht auch der hatha-yogin die Heraufführung und Manipulation dieser enormen Energie als sein hauptsächliches Ziel. Und so kann Laya-Yoga in der Tat als höhere, meditative Stufe des Hatha-Yoga gesehen werden.

Während die erwachte kundalinî-Kraft vom psychoenergetischen Zentrum an der Wirbelsäulen-Wurzel zum Scheitel des Kopfes hochsteigt, absorbiert sie einen Teil der Lebensenergie der Gliedmaßen und des Rumpfes. Esoterisch wird das als die Resorption der fünf grobstofflichen Elemente (bhûta) durch ihre feinstofflichen Äquivalente erklärt. Die Körpertemperatur sinkt in den betroffenen Körperteilen beträchtlich, während sich der Scheitel subjektiv anfühlt, als würde er brennen, und objektiv sehr warm wird. Die physiologischen Prozesse, die all dies hervorrufen, versteht man noch nicht. Doch erfahren die yogins selber eine fortschreitende Auflösung ihres gewöhnlichen Seinszustandes, bis sie eintauchen in die immer präsente Selbst-Identität (âtman), in der es keine körperlichen oder geistigen Grenzen gibt. Auch hört zum Höhepunkt der Innenwelt-Auflösung die Atmung auf oder wird auf ein kaum mehr spürbares Maß reduziert. Man bezeichnet dies als „absolute [Atem-]Zurückhaltung" (kevala-kumbhaka).

Der Vorgang der Absorption findet sich zwar in allen Formen meditativen Yogas, der ja auf einem progressiven Rückzug aus der äußeren Welt und auf der wachsenden Vereinigung der Innenwelt basiert. Doch legt Laya-Yoga speziellen Nachdruck auf den psychoenergetischen Aspekt des Absorptionsprozesses. Nach Lektüre der Kapitel 17 und 18 mag die Bedeutung davon klarer werden.

Bildhafte Darstellung der Schlangenkraft

IX. Integraler Yoga – eine moderne Synthese

Alle bis jetzt vorgestellten Yoga-Schulen wurden von dem alten, vormodernen Indien hervorgebracht. Mit Sri Aurobindos Integralem Yoga treten wir in die moderne Ära ein. Sein Yoga ist ein lebendiges Beispiel dafür, daß sich die Yoga-Tradition – immer schon höchst anpassungsfähig gewesen – beständig weiterentwickelt, weil sie auf die gewandelten kulturellen Bedingungen reagiert. Der Integrale Yoga stellt das einzigartige und beeindruckende Unternehmen einer Neuformulierung des Yoga für unsere modernen Bedürfnisse und Fähigkeiten dar.

Sri Aurobindo beabsichtigte sowohl die Kontinuität der Yoga-Tradition zu bewahren wie auch den Yoga an die Gegebenheiten der verwestlichten Welt unserer Zeit anzupassen. Dabei ging er nicht nur auf Grundlage seiner europäischen Schul- und Universitätsbildung, sondern auch aufgrund seines expansiven persönlichen Experimentierens und seiner Erfahrung mit der spirituellen Dimension zu Werk. Er vereinte in sich die seltenen Qualitäten eines originalen, für sich selbst stehenden Philosophen mit denen eines Mystikers und Weisen.

Aurobindo sah in allen vergangenen Yogaformen den Versuch, die Verstrickung des gewöhnlichen Menschen in die äußere Welt zu transzendieren – mit Hilfe von Weltentsagung, Askese, Meditation, Atemkontrolle und einem ganzen Spektrum weiterer yogischer Mittel. Wie in der Einleitung bereits erklärt, neigen viele traditionelle Yoga-Schulen zur „vertikalistischen" Vorgehensweise: Sie sehen sich als Pfade zur transzendenten Realität, zur spirituellen Dimension, zum Selbst oder zu Gott; und all dies wird gewissermaßen als ‚von der materiellen Welt getrennt' begriffen. Die vertikalistischen Yogas trachten allesamt danach, über die konventionelle Welt hinauszugelangen – durch Hinaufführung des Gewahrseins.

In seinem großartigen Werk *The Life Divine* („Das Göttliche Leben", Hinder und Adelmann) spricht Aurobindo auch über die früheren Yogas, welche von „der Verweigerung des Asketen" gekennzeichnet waren:[35] Die Asketen werteten die materielle Welt ab, weil sie die supramaterielle Dimension der Existenz und speziell das lichtvolle Reich des Geistigen, des Spirituellen als überwältigend erfuhren. Diese negative Einstellung gegenüber der Welt findet sich, tief eingebettet in die vedântische Lehre des Illusionismus, als mâyâ-vâda beschrieben.

Der Begriff mâyâ bezieht sich auf die Unwirklichkeit des manifestierten Universums – ein Konzept, das in der Regel so verstanden wurde, als sei der Kosmos an und für sich illusorisch. Dieses metaphysische Axiom wurde generell mit der Vorstellung verknüpft, das (weltliche) Dasein sei voller Leid, Schmerz, Jammer und Sorge und darum äußerst wertlos. Konsequenterweise empfahlen die vertikalistischen Philosophen und Weisen verschiedene Pfade, die die eine oder andere Form einer äußeren Entsagung beinhalteten.

पूर्णयोग ॥

pûrna-yoga

Im Unterschied dazu hat der Integrale Yoga – auf Sanskrit pûrna-yoga – zum ausdrücklichen Ziel, das „göttliche Bewusstsein" in den menschlichen Körper und Verstand und in das gewöhnliche Leben herabzubringen. Er sucht das traditionelle Paradigma zu überwinden, das den Geist wider die Materie setzt – ein Ideenmuster, das Aurobindo zufolge etwa vor 2500 Jahren mit dem Buddhismus aufkam. Aurobindo erkennt zwar die periodischen Bemühungen der indischen Philosophen und Weisen an, dieses weit ausstrahlende Paradigma zu neutralisieren; doch, wie er anmerkt, „haben alle im Schatten der Großen Verweigerung gelebt, und am Ende wartete das Asketengewand auf sie alle."[36] Um Aurobindos tief einsichtsvolle und beredte Bemerkungen ausführlicher zu zitieren, hier ein Ausschnitt:

> Die allgemeine Vorstellung vom Dasein war durchwoben von der buddhistischen Theorie der karmischen Ankettung und der daraus folgenden Antinomie von Versklavung und Befreiung – Versklavung aufgrund des Geborenwerdens, Befreiung aufgrund der Beendigung des Geborenwerdens. Darum vereinten sich alle Stimmen zu einem großen Konsens: dass nicht in dieser Welt der Dualität unser Himmelreich liegen kann, sondern dass es jenseits davon läge – sei es in den Freuden des ewigen Vrindavan oder in der hohen Seligkeit von Brahmaloka, sei es jenseits aller Manifestationen in einem unaussprechlichen Nirvana oder dort, wo sich alle eigene Erfahrung in der gesichtslosen Einheit einer undefinierbaren Existenz verliert. Und über viele Jahrhunderte hin legte ein Heer leuchtender Zeitzeugen, Heiliger und Lehrer – ein Heer von Namen, die dem indischen Gedächtnis heilig sind und die die indische Vorstellung beherrschen – immerzu das gleiche Zeugnis ab, sprach passioniert immerzu dieselbe erhaben weltferne Mahnung aus: Entsagung ist der einzige Pfad

[35] *Sri Aurobindo, The Life Divine, Bd. 1 (Pondicherry, India: Sri Aurobindo Ashram, Neuaufl. 1977), p. 23.*

[36] *Ebd., p. 23.*

> des Wissens; die Annahme des körperlichen Lebens ist der Akt der Unwissenden; die Beendigung des Geborenwerdens ist der rechte Gebrauch der menschlichen Geburt, ist der Ruf des Geistes, ist der Rückzug aus der Materie.[37]

Aurobindo leugnete den Wert der Askese gewiss nicht, doch suchte er ihr den angemessenen Platz im Kontext einer integralen Spiritualität zuzuordnen. Er führt an, wie ernst die alten Denker und Weisen Indiens einerseits das vedântische Axiom von nur einer existierenden Wirklichkeit nahmen, wie sie aber andererseits dem damit verbundenen Axiom „All dies ist Brahman" nicht entsprechend gerecht wurden. Mit anderen Worten: sie ignorierten im Allgemeinen die Gegenwart des Einen Göttlichen in der Welt und als die Welt, in der wir leben.

Aurobindos Kritik an der traditionellen Hindu-Metaphysik und der Yoga-Systeme ist im Wesentlichen richtig, wiewohl er es vorzog, jenen vereinzelten Versuch zu ignorieren, der in Form von Sahajayâna („Fahrzeug der Spontaneität") eine integralere Weltanschauung und Ethik ersichtlich anstrebte. Man kann geradezu sagen, das Ideal von sahaja („Spontaneität") stelle den Versuch dar, die Grenzen des überlieferten Vertikalismus zu überwinden. Es trifft jedoch zu, dass selbst einige Sahajayâna-Schulen ein stark asketisches Element in sich tragen. Und dass sie eine in der Evolution begründete Ethik der positiven Weltorientierung unterstützen, wie das beim Integralen Yoga der Fall ist – das kann tatsächlich nicht behauptet werden.

Aurobindos „Supramentaler Yoga" kreist um die Transformation des irdischen Lebens. Er wollte das Paradies auf Erden sehen – ein gründlich verwandeltes Dasein auf der Welt. In seinen eigenen Worten:

> Der grundlegende Unterschied liegt in der Lehre, dass es eine dynamisch-göttliche Wahrheit gibt und dass diese in die vorgegebene Welt des Nichtwissens hinabsteigen, ein neues Wahrheits-Bewusstsein erschaffen und das Leben vergöttlichen kann. Die alten Yogas gehen vom Verstand geradewegs zum absoluten Göttlichen und betrachten jedes dynamische Dasein als Nichtwissen, als Illusion oder Lila [Spiel von mâyâ]. Wenn man in die unbewegt-unwandelbare Göttliche Wahrheit eintritt, sagen sie, lässt man die kosmische Existenz hinter sich … Mein Ziel ist es, das Göttliche zu verwirklichen, es in der Welt zu manifestieren und zu diesem Zweck eine noch unmanifestierte Macht – wie den Supermind – herabzubringen.[38]

Was ist der Supermind? Aurobindo definiert ihn als das Wahrheits-Bewusstsein (rita-cit in Sanskrit) hinter dem gewöhnlichen Verstand. Es ist „das wirklich schöpferisch vermittelnde Medium der universellen Existenz".[39]

[37] *Ebd., p. 23. Praktiziert wurde die „vertikalistische Methode" bereits vor dem Auftreten des Buddhismus. Dieser wird oft fälschlich bezichtigt, eine lebensverneinende Doktrin ins spirituelle Erbe Indiens eingeführt zu haben. Buddhismus wie Hinduismus zeigen aber beide sowohl vertikale als auch horizontale und integrale Strömungen.*

[38] *[Manibhai, Hrsg.,] A Practical Guide to Integral Yoga: Extracts Compiled from the Writings of Sri Aurobindo and The Mother (Pondicherry, India: Sri Aurobindo Ashram, Neuaufl. 1976), p. 31.*

[39] *Sri Aurobindo, The Life Divine, Bd. 1, p. 174.*

Sri Aurobindo in jungen Jahren

Es ist der dynamische Energiefluss zwischen der ewigen Dimension von Sein-Bewusstsein-Seligkeit und den bedingten Dimensionen des Kosmos. Der Supermind agiert als Schöpfer der Welt, denn ihm wohnt das absolute Prinzip „Wille-Wissen" inne, das sich selbst in den Strukturen der fein- wie der grobstofflichen (oder sinnlich erfahrbaren, manifesten) Existenz ausfaltet und organisiert.

Aurobindo zufolge ist es der Supermind, der die Evolution vorantreibt – diese wird als ständiges Vorwärtsschreiten zu immer höheren Bewusstseinsformen verstanden. Dementsprechend ist der Supermind auch für das evolutionsbedingte Auftreten des menschlichen Verstandeshirns verantwortlich. Der Verstand besitzt nun wohl die angeborene Tendenz, über sich selbst hinauszugehen und das größere Ganze zu erfassen. Doch ist ihm beschieden, in diesem Unternehmen zu versagen, wie Philosophie- und Wissenschaftsgeschichte eindringlich belegen. Das Beste, was der menschliche Verstand erreichen kann, ist die Erkenntnis seiner inhärenten Begrenzungen und die Öffnung zur höheren Wirklichkeitsdimension des Supermind. Dieser Akt des Sich-Öffnens wird aber immer als Tod der verstandesgebundenen Ich-Person erlebt – eine erschreckende Erfahrung für den spirituell unreifen Menschen. Aurobindo beschreibt, wie er die verstandeszertrümmernde Herabkunft des Supermind erfuhr:

> … das erste radikale Resultat meines eigenen Yoga war, dass ich Nirvana erreichte. Es warf mich plötzlich in einen Zustand oberhalb und bar aller Gedanken, unberührt von jedweder mentaler oder vitaler Aktivität. Es gab kein Ich, keine reale Welt. Nur wenn man durch die unbewegten Sinne sah, bemerkte etwas bzw. erhob sich für etwas – inmitten seiner eigenen schieren Stille – eine Welt aus leeren Formen, aus materialisierten Schatten ohne wahre Substanz. Es gab nicht Einen oder gar viele, nur und ausschließlich DAS – gesichtslos, beziehungslos, unvermischt, unbeschreibbar, undenkbar, absolut, doch höchst wirklich und einzig real. … Ich lebte Tag und Nacht in diesem Nirvana, ehe es andere Dinge überhaupt in sich einließ oder sich zu verändern begann. Dabei blieb die Erfahrungsessenz erhalten, auch die ständige und sich wiederholende Erinnerung daran, bis sie sich am Ende in einem größeren, von oben kommenden Über-Bewusstsein auflöste. Doch zwischenzeitlich reihte sich Realisierung an Realisierung, verschmelzend mit jener ursprünglichen Erfahrung. Auf einer frühen Stufe machte die Anschauung einer illusorischen Welt Raum für eine andere Schau, in der die Illusion nur als kleines Oberflächenphänomen figuriert, hinter dem sich jedoch eine weite Göttliche Wirklichkeit und über der sich wiederum eine höchste Göttliche Realität erhebt – mit einer innigen Göttlichen Realität

im Herzen jedes Dings, das doch anfangs nur als Gestaltung oder Schatten einer Filmleinwand erschienen war. [40]

Aurobindo betrachtete den durch den Supermind [das Supramental] transformierten Menschen als Gipfelpunkt der Evolution. Die Natur, eine Form des Göttlichen, ringt darum, das eigentliche spirituelle Wesen hervorzubringen, das den „vitalen" und „mentalen" Menschen übertrifft. Dieser yogische Evolutionismus wird in Indien nicht recht verstanden, und Aurobindos Werk ist auch unter westlichen spirituellen Suchenden nicht so weit verbreitet, wie es dies verdient. Doch wirkt der Integrale Yoga wie eine lebendige spirituelle Kraft, die – in den Worten des Philosophen Haridas Chaudhuri – „fortfährt, den spirituellen Mutterboden der Welt zu befruchten". [41]

Praktisch gesehen dreht sich im Integralen Yoga alles um die gleichzeitig geschehenden Akte der persönlichen Aspiration „von unten" und der göttlichen Gnade „von oben". Das Wesentliche der Aspiration jedoch ist die Ich-Ergebung; und sie muss vollständig sein, damit die Gnade ihr transformierendes Werk verrichten kann. Aurobindo kontrastierte solche Synchronizität mit den mühevollen Eigenanstrengungen des asketischen Pfades (tapasya).

Der Integrale Yoga hat keine vorgegebenen Techniken, da die ins Innen zielende Transformation durch die göttliche Kraft selbst bewirkt wird. Es sind keine obligatorischen Rituale, Mantra-Rezitationen, Stellungen oder Atemübungen auszuführen. Der Aspirant, männlich oder weiblich, muss sich lediglich für die höhere Kraft öffnen – Aurobindo identifizierte sie mit der ‚Mutter'. Diese Selbst-Öffnung und Herbeirufung der Gegenwart der ‚Mutter' wird als Form der Meditation oder des Gebets verstanden. Aurobindo empfahl den Suchenden, ihre Aufmerksamkeit auf das Herz zu richten; von alters her wird in diesem der Zugang zum Göttlichen gesehen. Der Glaube, die innere Gewissheit, wird als Schlüssel zum spirituellen Wachstum gesehen. Andere wichtige Aspekte des Integralen Yoga sind Keuschheit (brahmacarya), Wahrhaftigkeit (satya) und tief verwurzelte Friedferigkeit (prashânti).

Die ‚Mutter' war für Aurobindo kein abstraktes Prinzip und keine außerweltliche Gottheit, sondern die Kraft der Gnade, verkörpert in seiner lebenslangen Partnerin. Er verstand sich selber als Bewusstsein und sie als göttliche Energie oder Shakti, die sich in physischer Form manifestierte.

Sri Aurobindo (1872–1950)

[40] *Sri Aurobindo, Sri Aurobindo on Himself and on The Mother (Pondicherry, India: Sri Aurobindo Ashram, 1953), pp. 154–155.*

[41] *H. Chaudhuri, „The Integral Philosophy of Sri Aurobindo", in H. Chaudhuri und F. Spiegelberg, Hrsg., The Integral Philosophy of Sri Aurobindo: A Commemorative Symposium (London: Allen & Unwin, 1960), p. 17.*

KAPITEL 3

Yoga und andere Hindu-Traditionen

„Yoga ist eher Spiritualität denn Religion. Als Spiritualität hat er das gesamte Spektrum der religiösen und spirituellen Entwicklung Indiens beeinflusst."

THOMAS BERRY, RELIGIONS OF INDIA, P. 75

I. DIE KULTURGESCHICHTE INDIENS AUS DER VOGELPERSPEKTIVE

Der indische Subkontinent ist Heim für Tausende von lokalen Kulten, die als „animistisch" und „polytheistisch" bezeichnet werden, und steht dem Reichtum an schamanistischen Kulturen auf dem afrikanischen Kontinent in nichts nach. Doch hat Indien auch vier große spirituelle Traditionen hervorgebracht, die zu den Weltreligionen zählen – Hinduismus, Buddhismus, Jainismus und Sikhismus. Darum bleibt Indiens Beitrag zur Spiritualität der Welt unübertroffen. Mehr als jedes andere Volk demonstrierten die Inder eine unglaubliche Vielseitigkeit in spirituellen Angelegenheiten, die viele andere Nationen inspirierte und in neuester Zeit zu einer mehr als überfälligen Bereicherung unserer spirituell siechen westlichen Zivilisation führte.

Jahrhundertelang ist die vorherrschende Tradition des indischen Subkontinents der Hinduismus gewesen, der heute etwa 860 Millionen Anhänger weltweit zählt. In Indien mit einer Bevölkerung von derzeit über einer Milliarde gibt es über 830 Millionen Hindus. Die zweitgrößte religiöse Gruppe wird von den Muslims mit etwa 140 Millionen gestellt, gefolgt von rund 25 Millionen Christen und 20 Millionen Sikhs. Die Buddhisten bilden in Indien nur eine kleine Minderheit, sind aber auf Sri Lanka (Ceylon), in Tibet und Südost-Asien stark vertreten.

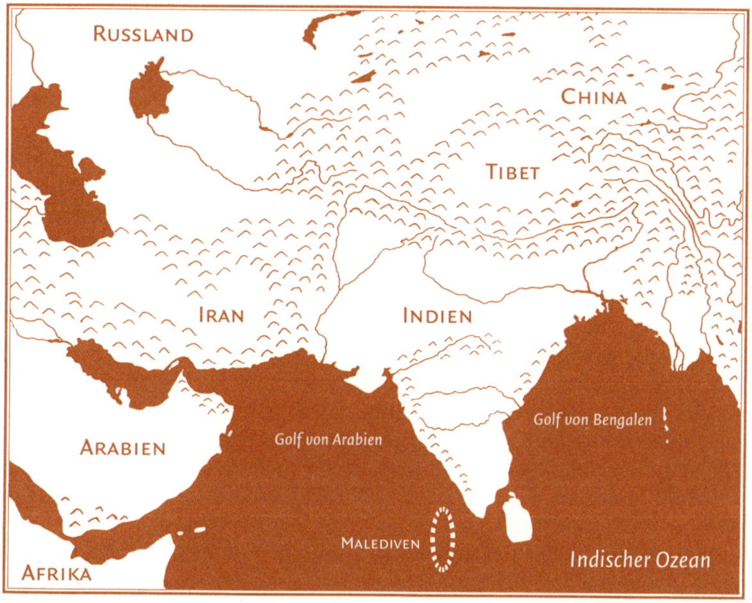

Karte von Indien und umgebenden Ländern

Der Begriff „Hinduismus" ist zweideutig. Manchmal wird er mit Bezug auf die gesamte Kultur aller Bewohner der Halbinsel verwendet, abgesehen von jenen, die solch klar definierten Religionen wie Buddhismus und Christentum angehören. Spezifischer verwendet, meint der Begriff jedoch die zahlreichen Traditionen, die historisch und ideengeschichtlich mit der alten vedischen Kultur von sechstausend oder mehr Jahren verbunden sind und zu Beginn des ersten Jahrtausends n. Chr. ihre charakteristische Form angenommen haben. Im vorliegenden Buch wird der Begriff „Hinduismus" in seinem weiteren Sinn verstanden.

Hinduismus ist mehr als eine Religion. Gleich den anderen Weltreligionen stellt er eine komplette Kultur dar, mit ihrem ganz eigenen Lebensstil, der durch eine einzigartige Gesellschaftsordnung geprägt wird – dem Kasten-System. Für Tausende von Jahren hat sich die Hindu-Gesellschaft in vier Stände (varna) aufgeteilt, die fälschlicherweise oft als Kasten gesehen werden: in Priester- oder brâhmana-Stand; Krieger- oder kshatriya-Stand; „gemeines Volk" bzw. vaishya-Stand (aus Bauern, Kaufleuten, Händlern und Handwerkern bestehend) und in die Klasse der niedrigstehenden Abhängigen oder shûdras. Diese Aufteilung soll, wie erklärt wird, in der göttlichen Ordnung selbst ihre Urspungsvorlage haben. So wird in der „Hymne des Menschen" (purusha-sûkta) des Rig-Veda (10.90.12) über das uranfängliche Wesen, den Ur-Adam, erzählt, wie es die vier Stände hervorbrachte:

> Der Brahmane ist Sein Mund; der Krieger wurde aus Seinen Armen geformt; die Händler sind Seine Schenkel, und aus Seinen Füßen entstand der Diener.

Die Mitglieder des vierten, dienenden Stands wurden vom Erlernen des überlieferten heiligen Wissens systematisch ausgeschlossen, und man betrachtete sie schlussendlich als außerhalb der Kasten stehend. Die Füße versinnbildlichen „Schmutz", und die Zuordnung der shûdras zu den Füßen des Kosmischen Menschen verdeutlicht ihren niedrigen sozialen Rang. Nun sind die Füße integraler Bestandteil eines voll funktionierenden Menschen, und darum ist der Stand der niedrigen Bediensteten für das Wohlergehen der Gesellschaft gleichermaßen wichtig. Doch erscheinen aus vedischer Sicht die shûdras als karmisch prädestiniert zur niedrigen Handarbeit, nicht aber zu intellektuellen, leitenden oder schöpferischen Tätigkeiten, da ihrem Bewusstsein eine dunklere Färbung (varna) zu eigen ist. Irrigerweise unterstellte man häufig, der Begriff varna („Farbe") bezöge sich auf die Hautfarbe, und die vier Stände wären durch ethnische Barrieren voneinander getrennt. Doch gehören alle vier Stände zum sozialen Gewebe der vedischen Arier, die – geht man vom Rig-Veda aus – der Färbung der Seele mehr Beachtung schenkten als rassischen Merkmalen.

Nur die Mitglieder der drei ersten Stände wurden als „zweimal Geborene" (dvija) erachtet, d.h. „wiedergeboren" kraft der rechten Initiation in die vedische Überlieferung. Traditionellerweise fand diese für Jungen und Mädchen des brâhmana-, kshatriya- und vaishya-Standes im Alter von acht, elf und zwölf Jahren statt. Dabei durchliefen sie das „Investitur"-Ritual (upanayana) und erhielten die heilige Schnur (yajno-pavîta)[1], die ständig getragen wird; sie läuft von der linken Schulter diagonal über die Brust.

Erlaubtes Heiraten zwischen Angehörigen verschiedener Stände führte zur Entstehung sozialer Unterabteilungen, die – nun korrekt – als Kasten (jâti) bezeichnet werden. Diese wiederum brachten eine wachsende Zahl von Unterkasten hervor. Die komplexe gesellschaftliche Hierarchie wird von kunstreichen Konventionen regiert, welche das Verhalten und die Tätigkeiten zwischen Mitgliedern unterschiedlicher Kasten sorgfältig regeln. Unvermeidlicherweise ließ eine derartige soziale Schichtung Randgruppen entstehen, die als Kastenlose oder „Unberührbare" betrachtet wurden.

Der Wert dieses riesigen sozialen Gebäudes ist von Visionären und Reformern des Öfteren in Frage gestellt worden. Gautama Buddha war einer der Ersten unter denjenigen, die es insgesamt verwarfen. Trotzdem bestand es über die Jahrhunderte hin fort und übt weiterhin einen machtvollen Einfluss auf alle Wertmaßstäbe des Subkontinents aus. Soziale Neuerer, die das Kastensystem generell verwarfen, mussten auch die vedische Offenbarung, die es sanktionierte, verwerfen. Für den frommen Hindu ist das Kastensystem mit seinen sozialen Ungleichheiten genauso selbstverständlich, wie es für uns die Demokratie ist. So wie wir demokratische Prinzipien mit dem Wert des Individuums rechtfertigen, wird das Kastensystem durch die Tatsache des karmischen Gesetzes gerechtfertigt: Jede Person hat ihre Position im jetzigen Leben aufgrund früherer Willens- und Handlungsakte inne. Brahmanen sind Brahmanen wegen ihrer tugendhaften und spirituellen Bestrebungen in vorangegangenen Lebenszeiten. Kastenlose sind Kastenlose, weil es ihnen in ihren Vorleben vielleicht an höherem Streben mangelte oder weil sie ernsthafte Missetaten begingen.

Das Kastensystem mag unsere heutigen westlichen Empfindungen beleidigen, doch vor nicht allzu langer Zeit hatten unsere Vorfahren Ansichten und Wertmaßstäbe, die denen der traditionsgebundenen Hindus durchaus ähnelten. Erst mit dem Aufkommen eines betonten Individualismus während der Renaissance begann die alte soziale Ordnung mit ihrem ausgesprochen hierarchischen Charakter in Frage gestellt, herausgefordert und schließlich abgeschafft zu werden. Natürlich sind auch unsere modernen, sogenannten egalitären Gesellschaftsordnungen nicht frei von sozialer Schichtung – mit einer sehr reichen Elite ganz oben und einer großen Zahl unterprivilegierter Menschen ganz unten.

Die Rigidität des Kastensystems wurde durch eine starke Neigung zur ideologischen Flexibilität ausbalanciert. So hat der Hinduismus eine erstaunliche Fähigkeit zur Assimilierung selbst der extremsten Gegensätze demonstriert. Wir finden z. B. die radikal monistische Schule Shankaras an einem Ende des Spektrums, am anderen die strikt dualistische Schule des

[1]Das Wort yajnopavita setzt sich zusammen aus yajna („Opfer" und „opferartig") und upavita („Faden"). Die heilige Schnur besteht aus drei Strängen mit je neun Fäden. Als Material werden jeweils Baumwolle, Hanf und Wolle für brahmins, kshatriyas und vaishyas verwendet.

klassischen Sâmkhya, die trotz ihres Atheismus immer noch zu den sechs großen philosophischen Systemen (darshana) gerechnet wird. Ein anderes Beispiel für die Assimilierung weit auseinanderliegender philosophischer Positionen ist der „kühle" kontemplative Weg des nondualistischen Jnâna-Yoga der Upanishaden einerseits und die glühende Emotionalität einiger Schulen des monotheistischen Bhakti-Yoga andererseits. Der seit dem Mittelalter vorgezeichnete Pfad der liebevollen Hingabe (bhakti-mârga) besitzt stark synkretistischen Charakter und hat, unter anderem, auch Elemente des islamischen Sufismus inkorporiert. Typisch für diesen alles einschließenden Geist des Hinduismus steht die Allah-Upanishad, ein spätes Werk, das unter muslimischem Einfluss verfasst wurde.

Die schwammgleiche Absorptionskraft des Hinduismus ist derart stark, dass selbst eine wohldefinierte religiöse Überlieferung wie das Christentum in ihren Bann geriet und – im 16. und 17. Jahrhundert – von jesuitischen Missionaren vor der völligen Hinduisierung gerettet werden musste. Manchmal wird die hinduistische Tendenz zur Inklusivität als eine Art universaler Toleranz missinterpretiert – sie liegt nicht vor. Die ganze Geschichte Indiens weist zahlreiche Vorfälle von Intoleranz zwischen den diversen Schulen und Fraktionen des Hinduismus auf, und man könnte die nie endende Spannung zwischen den Vaishnavas und den Shaivas als ein Beispiel unter vielen anführen.

Der Hinduismus kann am besten verstanden werden als komplexer soziokultureller Prozess, der sich zwischen Kontinuität und Diskontinuität, zwischen dem beharrlichen Fortbestand alter und der Assimilierung neuer kultureller und religiöser Ausdrucksformen dynamisch entfaltete. So kann man also einerseits konstatieren, dass der Hinduismus mit der vedischen Zivilisation (womöglich schon im 5. Jahrtausend v. Chr.) begann. Unter einem anderen Gesichtswinkel betrachtet, gibt es reale und entscheidende Differenzen zwischen der heiligen vedischen Kultur und dem Hinduismus, wie wir ihn heute kennen. Insgesamt jedoch ist seine Kontinuität erstaunlich; sie erscheint bedeutsamer als die lange Reihe von Veränderungen im Lauf seiner Geschichte.

Bis in jüngere Zeit neigten die meisten westlichen und indischen Gelehrten dazu, das Element der Diskontinuität in Indiens kultureller Entwicklung zu betonen. Insbesondere sahen sie ein Aufeinanderprallen der Industal-Zivilisation mit der vedischen „Arier-Kultur", die ihrer Ansicht nach außerhalb Indiens entstanden war. Aber die lang gehegte Theorie einer „arischen Invasion" wird heute sehr in Frage gestellt. Eine wachsende Zahl von Gelehrten, sowohl in Indien wie auch im Westen, betrachtet das derartige historische Modell als wissenschaftlichen Mythos, der in Ermangelung ausreichender Beweise konstruiert wurde und unser Verständnis von der alten indischen Geschichte wie Kultur verzerrte. Diese bedeutsame Meinungsänderung der Gelehrten findet sich in dem Buch: *In Search of the Cradle of Civilization*[2] dokumentiert.

[2]Siehe G. Feuerstein, S. Kak und D. Frawley, In Search of the Cradle of Civilization: New Light on Ancient India (Wheaton, Illinois, USA: Quest Books, 1996).

Alle Belege deuten darauf hin, daß die Sanskrit sprechenden Arier, die die Veden verfassten, nicht primitive Nomaden waren, die von außerhalb Indiens kamen und der ansässigen Bevölkerung Tod und Zerstörung brachten. Vielmehr – dafür sprechen die bisherigen archäologischen Funde und textkritischen Analysen – müssen sie echte Inder gewesen sein. Darüber hinaus gibt es gute Gründe zur Annahme, daß die vedische Zivilisation, wie sie sich im Rig-Veda und den anderen drei vedischen Samhitâs widerspiegelt, weitgehend oder gar völlig mit der sogenannten Indus-Zivilisation identisch war. Kapitel 4 wird darüber mehr ausführen.

Archäologische Ausgrabungsstätten der Indus-Sarasvatî-Zivilisation

Im Lichte dieses neuen Verständnisses lässt sich die geschichtliche Entwicklung des hinduistischen Indien passend in neun Perioden – neun unterschiedliche Kulturstile ausdrückend – einteilen. Die nachfolgende Zeittafel ist sehr vorläufigen Charakters, und die Periodisierung bis zu gewissem Grad willkürlich, da Geschichte weitgehend kontinuierlich verläuft. Zugegebenermaßen spekulativ ist die Datierung der ersten vier historischen Perioden, doch lässt sich das auch über die Standard-Chronologien in Geschichtsbüchern der Oberstufe sagen. Ganz eindeutig müssen die Veden einer Ära zugeordnet werden, die weit vor der bisher angenommenen Zeit von 1900 v. Chr. liegt (was später näher erläutert wird). Wie viel früher, ist noch nicht mit hinreichender Sicherheit bekannt, obgleich astronomische Verweise in den Veden, zusammen mit den dynastischen Stammbäumen (in den Purânas) und den Auflistungen der Weisen in den Brâhmanas und Upanishads, eine Datierung rechtfertigen, die mindestens zweitausend Jahre oder mehr vor 1200 v. Chr. liegt; letztere Zahl gilt als das allgemein akzeptierte, gleichwohl völlig falsche Entstehungsdatum des Rig-Veda. So wie die Veden einer früheren Periode zugeordnet werden müssen, muss aus ähnlichen Gründen die Abfassung der ursprünglichen Brâhmanas in die Zeit vor 1900 v. Chr. verschoben werden. Dasselbe gilt für die Upanishaden – allgemein wird angenommen, sie seien kurz vor der Zeit Buddhas geschaffen worden –, die mit Blick auf das Gesagte viel früher datiert werden sollten.

1. Vor-Vedische Periode (6500–4500 v. Chr.)

Archäologische Ausgrabungen im östlichen Baluchistan (Pakistan) brachten kürzlich eine Stadt von der Größe Stanfords in Kalifornien ans Licht; sie ist auf die Mitte des 7. Jahrtausends v. Chr. datiert worden. Diese frühe neolithische Stadt, von Archäologen Mehrgarh genannt, gilt in vielerlei Hinsicht als ein Vorbote der späteren urbanen Zivilisation längs der beiden großen Flüsse des nordwestlichen Indien – des Indus und der einst östlich von ihm fließenden, jetzt vertrockneten Sarasvatî.

Mehrgarhs Einwohnerzahl wird auf 20.000 geschätzt, was für jene Zeit groß war. Abgesehen davon, dass sie als Markt-Umschlagsplatz für importierte und exportierte Güter gedieh, scheint die Stadt auch ein Zentrum handwerklich-künstlerischer Tätigkeit und Innovation gewesen zu sein. Die fleißigen Menschen von Mehrgarh bauten bereits im 5. Jahrtausend v. Chr. Baumwolle an und stellten – im 4. Jahrtausend – Töpferwaren von guter Qualität in großen Mengen her. Terrakotta-Figuren, aus der Zeit um 2600 v. Chr. stammend, bezeugen eine wundervolle stilistische Kontinuität, von der Kunst der Indus-Sarasvatî-Zivilisation bis zum späteren Hinduismus reichend.

2. Vedische Periode (4500–2500 v. Chr.)

Diese Periode wird durch die Erschaffung und die kulturell prägende Bedeutung der in den zahlreichen Hymnen der vier Veden repräsentierten Weisheitstradition charakterisiert. Gewisse astronomische Hinweise im Rig-Veda legen nahe, dass der größte Teil der Hymnen im 4. Jahrtausend, einige aber möglicherweise schon im 5. Jahrtausend v. Chr. verfasst worden waren. Das Ende der vedischen Periode wird durch eine schwere Naturkatastrophe festgelegt: das endgültige Vertrocknen des mächtigen Sarasvatî-Flusses, anscheinend als Resultat erdtektonischer und klimatischer Veränderungen über einen Zeitraum von mehreren Jahrhunderten. Etwa um 3100 v. Chr. änderte der Yamunâ-Fluss offenbar seinen Lauf und ergoss seine Gewässer nicht mehr in die Sarasvatî, sondern wurde zum Nebenfluss des Ganges. Ungefähr um 2300 v. Chr. begann auch der Sutlej, größter Nebenfluss der Sarasvatî, in den Ganges zu fließen. Bis 1900 v. Chr. war die Sarasvatî, einst der größte Strom des nördlichen Indien, vertrocknet. Und bald wurden die zahllosen Ansiedlungen entlang ihres Laufs aufgegeben, um schließlich vom Sand der riesigen Thar-Wüste überdeckt zu werden.

Angesichts des Alters der vedischen Hymnen sowie des Sachverhalts, dass die Sanskrit sprechenden Arier, wie oben erwähnt, keine ausländischen Invasoren waren, können wir nur zu einer Schlussfolgerung kommen: Das vedische Volk lebte in Indien zur gleichen Zeit, da die sogenannte Indus-Zivilisation herrschte. Mehr noch – die archäologischen Funde aus dieser Zivilisation widersprechen in keiner Weise der kulturellen Welt, die sich in den vedischen Hymnen widerspiegelt. Daher müssen wir weiter folgern, dass die Bürger von Harappa und Mohenjo-Daro – wie auch von Hunderten anderer Ortschaften entlang der Flüsse Indus und Sarasvatî – und die vedischen Arier ein und dasselbe Volk waren.

Die vedische Mathematik beeinflusste die Rechenkunst Babylons, wie nachgewiesen wurde. Das bedeutet, dass der Hauptkern der Shulba-Sûtras, vedische mathematische Theorie enthaltend, etwa um 1800 v. Chr. existiert haben muss. Da die Sûtras generell nach den Brâhmanas datiert werden, kann man die Entstehungszeit der Veden ins 3. Jahrtausend v. Chr. zurückverschieben, um so diesen Entwicklungen genügend Zeit einzuräumen. Einigen Gelehrten zufolge wird das Ende des vedischen Zeitalters (einschließlich der Brahmanas und der Upanishads) vom berühmten, im

[3] *Siehe N. S. Rajaram und D. Frawley, Vedic Aryans and the Origins of Civilization: A Literary and Scientific Perspective (New Delhi: Voice of India, 1995).*

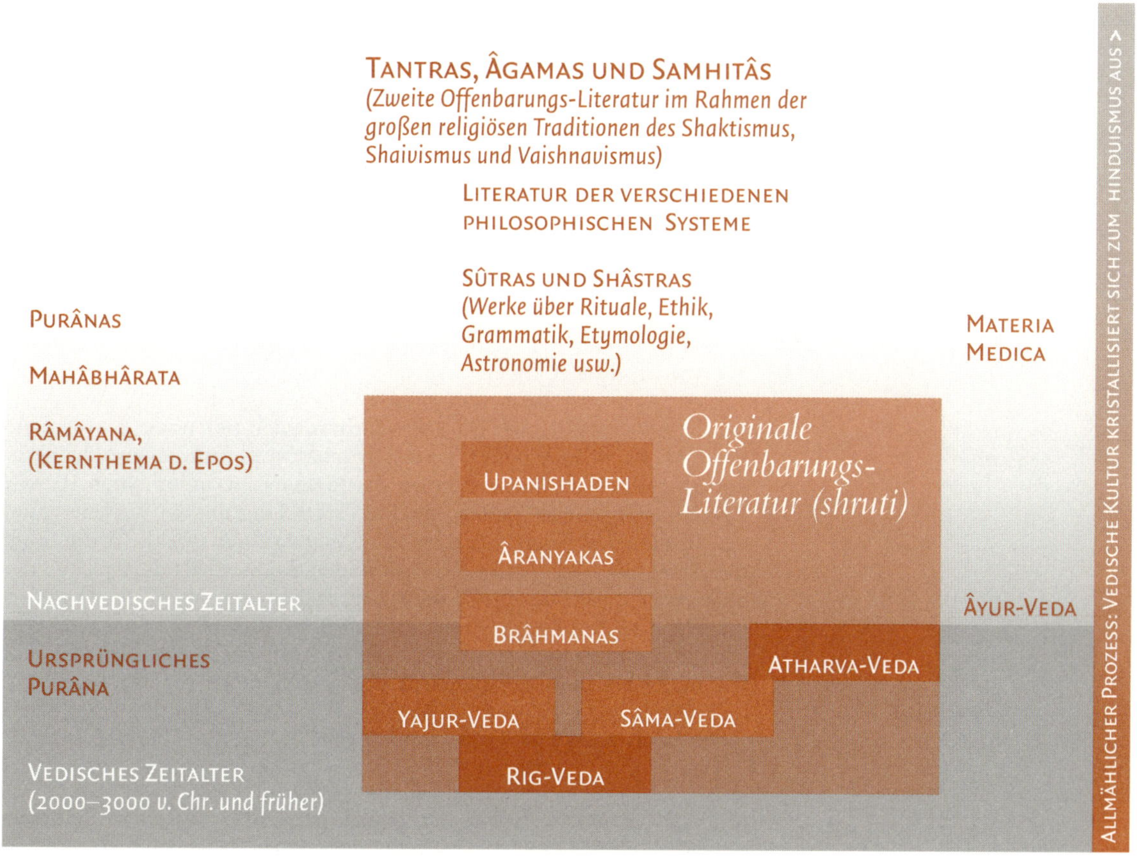

Mahâbhârata beschriebenen Krieg markiert; er wird üblicherweise auf 3102 v. Chr. datiert.[3] Das stimmt zeitlich überein mit dem Beginn des kali-yuga, des dunklen Zeitalters, über das in den späteren Purânas, Tantras und anderen Schriften gesprochen wird. Wahrscheinlich aber ist das zu früh datiert, und eine Datierung von ca. 1500 v. Chr. sowohl für den Krieg wie für den Abschluss der Niederschrift der vier vedischen Hymnen-Sammlungen erscheint angemessener.

3. Die brahmanische Periode (2500–1500 v. Chr.)

Mit der Auflösung der Ansiedlungen längs der Sarasvatî und des Indus rückte das Zentrum der vedischen Zivilisation weiter nach Osten, zu den fruchtbaren Ufersäumen des Ganges (Gangâ) und seiner Nebenflüsse. Es überrascht nicht, wenn es wegen der veränderten Umgebung in den neuen Ansiedlungsgebieten zu Veränderungen im Gesellschaftssystem kam, das nun zunehmend komplex wurde. Während dieser Periode entwickelte sich die Klasse der Priester zu einer hochspezialisierten beruflichen Elite, die bald die vedische Kultur und Religion dominierte. Die theologisch-mythologischen Spekulationen und rituellen Voreingenommenheiten der Priesterschaft schlagen sich nieder in der Brâhmana-Literatur, nach der diese Periode in der Regel auch benannt wird. Die letzten Jahrhunderte jener Ära sahen die Entstehung der Âranyakas (rituelle Texte für die Asketen in den Wäldern) und der ausgedehnten Sûtra-Literatur, die von Gesetzesfragen und ethischen Problemen, auch von den Künsten handelte.

4. Nachvedische/Upanishadische Periode (1500–1000 v. Chr.)

Mit dem Auftauchen der frühesten Upanishaden treten wir in eine neue Periode, die ihren eigenen metaphysischen und kulturellen Charakter besitzt. Die Upanishaden führten das Ideal des verinnerlichten Rituals, des „inneren Opfers" (antar-yajna) in Verbindung mit der Weltentsagung ein. In diesen heiligen Schriften anonymer Autoren, die die dritte Stufe der vedischen Offenbarung (shruti) bilden, können wir die Anfänge der eigentlichen psychospirituellen Technik Indiens erkennen. Jedoch stellen die Upanishaden nicht, wie manchmal behauptet wird, einen radikalen Abschied vom vedischen Gedankengut dar, sondern sie erläutern vielmehr, was in den Veden bereits angedeutet oder rudimentär angelegt ist.

5. Vorklassische oder epische Periode (1000–100 v. Chr.)

Während der fünften Phase der hier präsentierten chronologischen Anordnung befand sich Indiens metaphysisches und ethisches Denken in beträchtlicher Gärung. Es hatte einen solchen Grad differenzierter Komplexheit erreicht, dass es zu einer fruchtbaren Auseinandersetzung mit den verschiedenen religiös-philosophischen Schulrichtungen führte. Gleichzeitig können wir eine gesunde Tendenz zur Integrierung der vielen psychospirituellen Pfade erkennen, besonders der beiden großen zur Weltentsagung (samnyâsa) einerseits und zur Akzeptanz der sozialen Verpflichtungen (dharma) andererseits. Es ist dies die Epoche der vorklassischen Entwicklungen von Yoga und Sâmkhya. Am besten kommt deren synkretistisch integrierender Geist in den Lehren des Mahâbhârata-Epos, worin auch das früheste komplette Werk über Yoga, die Bhagavad-Gîtâ, eingebettet ist, zum Ausdruck. Während dieser Periode wurde das voluminöse Mahâbhârata in der Gestalt, wie wir sie kennen, zwar geschaffen, doch stammt der dramatische Kern des Epos – der große Krieg zwischen den Pândavas und Kauravas – aus einer viel früheren Epoche.

Das Râmâyana-Epos wurde nach dem Mahâbhârata geschaffen, aber sein historisches Kernthema gehört einer Zeit an, die fast dreißig Generationen vor jener des Mahâbhârata liegt.

Die vorklassische Periode sieht auch die Geburt von Jainismus und Buddhismus.

6. Klassische Periode (100 v. Chr.–500 n. Chr.)

Während dieser Periode rangen die sechs klassischen Schulen der Hindu-Philosophie noch heftiger um die intellektuelle Vorherrschaft. Zur Periodenmitte wurden das Yoga-Sûtra von Patanjali und das Brahma-Sûtra von Bâdarâyana verfasst, und ihr Ende wurde durch die Sâmkhya-Kârikâ von Îshvara Krishna markiert. Es ist das auch die Zeit, in der sich der Mahâyâna-Buddhismus auskristallisierte, was zu einem sehr lebendigen Dialog zwischen Buddhisten und Hindus führte. Das Ende der klassischen Periode fällt mit dem Verfall der Gupta-Dynastie zusammen; ihr letzter großer Herrscher, Skandagupta, starb etwa um 455 n. Chr. Unter den Gupta-Königen, deren Herrschaft 320 n. Chr. begann, blühten die Künste und Wissenschaften über die Maßen. Obwohl die Könige gläubige Anhänger der Vaishnava-Religion waren, tolerierten sie andere Glaubensrichtungen; speziell der Buddhismus konnte so gedeihen und seinen Abdruck in der indischen Kultur hinterlassen. Der chinesische Pilger und Reisende Fa-hien war von diesem Land und seinen Bewohnern sehr beeindruckt. Er schreibt über wohlhabende Städte und zahllose gemeinnützige Einrichtungen wie auch über Rasthäuser für die Reisenden an den Überlandstraßen.

7. Tantrische/Puranische Periode (500–1300 n. Chr.)

Um die Mitte des 1. Jahrtausends n. Chr. oder etwas früher sehen wir den Beginn der großen kulturellen Umwälzung durch das Tantra. Diese Tradition, deren ungewöhnliche Psycho-Technik im Kapitel 17 besprochen wird, ist das beeindruckende Resultat jahrhundertelanger Bemühungen um eine große philosophische und spirituelle Synthese der vielen unterschiedlichen, zur damaligen Zeit praktizierten Methoden. Insbesondere kann gesagt werden, dass Tantra die höchsten metaphysischen Ideen und Ideale in die volkstümlichen (ländlichen) Glaubensvorstellungen und Praktiken integrierte. Tantra verstand sich selber sozusagen als das Evangelium des dunklen Zeitalters (kali-yuga). Um die Wende des 1. Jahrtausends n. Chr. hatten tantrische Lehren den gesamten indischen Subkontinent überflutet und das spirituelle Leben von Hindus, Buddhisten und Jainas gleichermaßen beeinflusst und verwandelt.

Auf der einen Seite setzte Tantra einfach den jahrtausendealten Prozess der Amalgamierung und Synthese fort; auf der anderen jedoch brachte er wirkliche Neuerungen. Obgleich er zum philosophischen Repertoire Indiens wenig beitrug, war er auf der Ebene der spirituellen Praxis von größter Bedeutung. Er förderte einen Lebensstil, der sich von dem innerhalb der Gemeinschaften des Hinduismus, Buddhismus und Jainismus bisher als legitim betrachteten erheblich unterschied. Vor allem verlieh Tantra dem weiblichen psychokosmischen Prinzip (als shakti bezeichnet), das lange nur in lokalen Kulten der Göttin-Verehrung Anerkennung fand, eine philosophische Respektabilität.

Diese Epoche kann auch als Puranische Zeit bezeichnet werden, da in ihr die großen enzyklopädischen Sammelwerke, die Purânas, auf der Grundlage viel älterer puranischer Überlieferungen (bis zur vedischen Zeit zurückreichend) geschaffen wurden. Im Wesentlichen sind die Purânas heilige Geschichten, um die ein Netz philosophischer, mythologischer und ritualistischer Kenntnisse gewoben ist. Viele dieser Werke lassen tantrische Einflüsse erkennen, und viele enthalten wertvolle Informationen über Yoga.

8. Die Periode der Sekten (1300–1700 n. Chr.)

Die tantrische Wiederentdeckung des weiblichen Prinzips im Rahmen von Philosophie und yogischer Praxis bereitete die Bühne vor für die nächste Phase in Indiens Kulturgeschichte: die bhakti-Bewegung. Diese Bewegung der religiösen Hingabe stellt den Höhepunkt der monotheistischen Strebungen der großen Sekten dar, besonders der Vaishnavas und der Shaivas – daher auch die obige chronologische Überschrift. Indem sie die emotionale Dimension in den psychospirituellen Prozess hereinnahm, vollendete die devotionale Bewegung oder bhakti-mârga die panindische Synthese, die während des vorklassischen/epischen Zeitalters eingeleitet worden war.

9. Moderne Zeit (1700 bis heute)

Dem durch die synkretistische bhakti-Bewegung angeregten Fermentierungsprozess folgte im ersten Viertel des 18. Jahrhunderts der Zusammenbruch des Mogulreichs; die daraufhin verstärkte politische Präsenz speziell Englands in Indien kulminierte 1880 in der Krönung Königin Victorias zur Kaiserin von Indien. Die Königin war von der Hindu-Spiritualität fasziniert und hieß Besuche von Yogis und anderen spirituellen Persönlichkeiten willkommen. Seit Gründung der Ostindischen Gesellschaft in London im Jahr 1600 und der Holländischen Ostindischen Gesellschaft zwei Jahre danach hatte es einen ständig wachsenden Einfluss des westlich-säkularen Imperialismus auf die überaus alten Traditionen Indiens gegeben. Durch die Einführung eines westlich ausgerichteten Bildungssystems (mit vornehmlich wissenschaftlich-materialistischer Orientierung) und mehrerer neuer Technologien hat dies zur fortschreitenden Unterhöhlung des einheimischen indischen Wertesystems geführt. Dazu fällt die folgende Bemerkung Carl Gustav Jungs ein:

> Die europäische Invasion des Ostens war ein Akt der Gewalt in großem Maßstab, und dies erlegt uns die Pflicht auf – noblesse oblige –, den Geist des Ostens zu verstehen. Das mag dringlicher sein, als wir es gegenwärtig wahrhaben.[4]

Jedoch hat Indiens schöpferischer Genius diese Entwicklungen nicht passiv erduldet. Es kam zu einer vielversprechenden spirituellen Renaissance, die, nebst anderem, zum ersten Mal in der Geschichte einen missionarischen Impetus unter Hindus hervorbrachte: Seit dem Auftritt der imposanten Persönlichkeit Swami Vivekanandas beim Parlament der Religionen, 1893 in Chicago, hat es einen beständigen Fluss hinduistischer Weisheit, insbesondere Yoga und Vedânta, nach Amerika und Europa gegeben. Wie Jung mit charakteristischer Hellsicht feststellte:

> Uns ist noch nie der Gedanke gekommen, dass der Orient, während wir ihn äußerlich überwältigen, uns innerlich vielleicht stark ergreift. [5]

Es könnte noch Etliches über die moderne Wiederbelebung der hinduistischen Traditionen und deren Einwirkung auf den Westen gesagt werden, doch gingen solche Ausführungen über das gegenwärtige Konzept des vorliegenden Buches hinaus.

Der obige Versuch einer zeitlichen Einordnung will nur eine Annäherung sein, und die Datierungen sind flexibel. Indiens Chronologien erweisen sich als notorisch hypothetisch, zumindest bis hinein ins 19. Jahrhundert. Die hinduistischen Geschichtsschreiber waren selten damit befasst, aktuelle Daten zu verzeichnen, sondern neigten dazu, historische Fakten mit Mythologie, Symbolismus und Ideologie freizügig zu vermengen. Westliche Gelehrte ließen sich darum öfters über die „Zeitlosigkeit" von Hindu-Bewusstsein und Kultur aus. Allerdings kreierte diese Bewertung auch einen beträchtlichen blinden Fleck, der ein ernsthaftes Studium der chronologischen Informationen, die tatsächlich in den Hindu-Schriften, vor allen in den Purânas, enthalten sind, verhinderte. [6]

Zusätzlich zur Unterteilung in religiös-spirituelle Überlieferungsstränge und in chronologische Perioden kann auch zwischen den fundamentalen Ausrichtungen auf Askese (tapas), Weltentsagung (samnyâsa) oder Mystik (yoga – im weitesten Sinne des Begriffs) zweckvoll unterschieden werden. Denn diese drei grundsätzlich divergenten Methoden finden sich je und je bei allen religiösen und philosophischen Schulen Indiens. Die Unterschiede wie auch Ähnlichkeiten zwischen ihnen werden in den nachfolgenden Abschnitten geklärt.

[4] *C. G. Jung, Psychology and the East (Princeton, Staat New York: Princeton University Press, 1978), p. 57. Erstveröff. 1938.*

[5] *C. G. Jung, Modern Man in Search of a Soul (New York: Harvest Books, 1933), pp. 215–216.*

[6] *Eine Ausnahme ist die Arbeit von F. E. Pargiter, Ancient Indian Historical Tradition (Delhi: Motilal Banarsidass, Neuaufl. 1972). Erstaufl. 1922.*

तपस् ॥

tapas

II. DAS GLÜHEN DER PSYCHISCHEN MACHT - YOGA UND ASKESE

Lange bevor das Wort yoga die übliche Bedeutung von „Spiritualität" oder „spirituelle Disziplin" annahm, hatten die indischen Weisen ein großes System von Kenntnissen und Techniken entwickelt, die alle auf die Transformation und Transzendierung des gewöhnlichen Bewusstseins abzielten. Dieser Korpus von Ideen und Praktiken bildete die Matrix, aus der das komplexe historische Phänomen erwuchs, das später als Yoga bezeichnet wurde. In gewisser Hinsicht kann man Yoga als verinnerlichte Askese betrachten. Wo die früheren Asketen bewegungslos und still unter der brennenden Sonne standen – oft viele Jahre lang –, um die Gunst einer Gottheit zu gewinnen, geschieht die Arbeit eines yogin oder einer yoginî nun hauptsächlich im Laboratorium seines oder ihres Bewusstseins.

Ein typisches Beispiel für einen Asketen stellt der königliche Weise Bhagîratha dar, dessen außergewöhnliche Taten im Mahâbhârata geschildert werden. In alten Zeiten, während einer sehr langen Dürreperiode, erlegte er sich auf, tausend Jahre lang auf einem Fuß zu stehen und, für weitere tausend Jahre, beide Arme hochzuhalten. Auf diese Weise zwang er die Götter, seine Forderung zu erfüllen – dass der himmlische Ganges seine Wasser sendete und die ausgedörrte Erde labte. Die Fluten des Himmelsflusses ergossen sich so machtvoll, dass Gott Shiva sie bremsen musste, indem er sie zuerst auf sein Haupt stürzen ließ. Das Wasser strömte durch sein wirres Haar und bildete dann das Flussbett des Ganges im nördlichen Indien.

Zeitgenössischer Hindu-Asket

Das früheste Wort für yogaähnliche Bemühungen ist tapas. Der alte Sanskrit-Ausdruck bedeutet wörtlich „Hitze" und leitet sich ab von der Wortwurzel tap, was „brennen" oder „glühen" heißt. Er tritt des Öfteren im Rig-Veda auf, wo er die Eigenschaft und die Aktivität des Sonnenrunds (bzw. seiner ihm zugeordneten Gottheit Sûrya) oder des Opferfeuers (bzw. der ihm entsprechenden Gottheit Agni) beschreibt. In diesem Zusammenhang wird häufig der Schmerz und die Qual, verursacht durch die glühende Hitze, impliziert. Darin können wir also die Entstehungswurzel des späteren sinnbildlichen Gebrauchs von tapas als psychischer Hitze in Form von Ärger und Aggression, aber auch von brennendem Eifer oder schmerzhaften Selbsttorturen erkennen.

So wurde das Wort tapas dann auf den religiösen oder spirituellen Kampf angewendet, der sich aus der freiwilligen Selbstdiszplinierung vermittels selbst auferlegter Bußübungen ergibt. Darum wird der Begriff oft mit „Askese" oder „Buße" übersetzt. Die älteren Hymnen des Rig-Veda benutzen das Wort noch in seinen naturalistischen bzw. psychologischen Bedeutungen. Aber das zehnte Buch, von dem man annimmt, dass es zur Schlussphase der vedischen Periode gehört, enthält bereits viele Verweise auf seine spirituelle Konnotation.

In einer der erlesensten Hymnen des Rig-Veda (10.129) – einer frühen philosophischen Behandlung des Schöpfungsthemas – wird ausgeführt, wie die Welten kraft exzessiver Selbsterhitzung (tapas) des uranfänglichen Wesens erschaffen wurden.[7] Diese Selbstbemühung und Selbstaufopferung des unfassbaren, vor Zeit und Raum existierenden Uranfangswesens gilt als das große archetypische Vorbild jeder spirituellen Praxis. Die vedischen Seher und Weisen waren sich dessen bewusst, was aus besagter „Hymne über die Schöpfung" und vielen anderen Lobpreisungen erhellt.

Der Rig-Veda dokumentiert also das Auftreten von tapas als eines religiösen Mittels zur Schaffung innerer Hitze oder jener kreativen Spannung, die zu ekstatischen Zuständen, zu Visionen von Gottheiten, vielleicht sogar zur Transzendierung des objektabhängigen Bewusstseins selbst führt. Das vedische Opferritual (yajna) erforderte ungeheure Konzentration, da sein Erfolg von korrekter Aussprache wie Intonation der Gebete und von genauester Ausführung der Zeremonie abhing. Man kann leicht erkennen, warum das vedische Ritual nicht nur eine ganze Opfer-Mystik hervorbrachte, sondern auch asketische Praktiken, die den Opfernden für das bevorstehende Ritual präparieren sollten. Ein alter, aus der epischen Periode stammender Text über mantrische Magie, der Rig-Vidhâna (1.8) von Shaunaka, legt allen zweimal Geborenen nahe, tapas und das Studium der Veden konzentriert auszuführen sowie alle Wesen mitleidsvoll zu behandeln.[8]

Hindu- und Jaina-Asketen

Doch ist in der vedischen Periode der typische Asket (tapasvin) nicht der verantwortungsvolle Familienvorstand und Opfernde, auch nicht der große Seher (rishi), sondern der ekstatische muni. Der muni gehört quasi zur vedischen Gegenkultur, zusammengesetzt aus Einzelnen und Gruppen, die ihren heiligmäßigen Bestrebungen am Rand der vedischen Gesellschaft folgten. Der muni ist öfters als der Prototyp des späteren yogin betrachtet worden. In seiner ekstatischen Selbstvergessenheit gleicht er einem Verrückten. Viele Elemente seines Lebensstils nehmen das unkonventionelle Betragen des späteren avadhûta vorweg, wie er in der Avadhûta-Gîtâ und anderen mittelalterlichen Sanskritwerken dargestellt wird.

Tapas setzte sich neben dem Yoga als selbstständige Tradition fort. Diese parallelle Entwicklung wird z.B. im Mahâbhârata ersichtlich. Das Epos erzählt zahlreiche Geschichten über solch bekannte tapasvins wie Vyâsa, Vishvâmitra, Vasishtha, Cyavana, Bharadvâja, Bhrigu und Uttanka. In vielen Teilen des Werkes erhält die tapas-Tradition sogar den Vorrang vor Yoga, was auch als ein Anzeichen des frühen Entstehungsalters dieser Textpassagen gesehen werden kann.

Tapas wird im Allgemeinen unter Einhaltung des Keuschheitsgebots (brahmacarya) und durch die Unterwerfung der Sinne (indriya-jaya) ausgeführt. Die Zurückweisung der natürlichen Bedürfnise soll, wie man annimmt, physische und psychische Ausstrahlung (tejas), Leuchtkraft (jyotis), große Stärke (bala) und Vitalität (vîrya) erzeugen. Ein anderer, seit vedischen Zeiten mit Askese eng verbundener Begriff ist ojas (offensichtlich mit dem

[7] *Zur Übersetzung der Hymne 10.129 siehe Kapitel 4.*

[8] *M. S. Bhat, Vedic Tantrism: A Study of the Rgvidhâna of Saunaka with Text and Translation (Delhi: Motilal Banarsidass, 1987), verlegt das Rig-Vidhâna in das 5. Jh. v. Chr., was zu spät sein mag. Shaunaka lebte im vedischen Zeitalter, und falls wir nicht davon ausgehen, dass dieser Text eine spätere Werkinterpretation darstellt, müssen wir ihn, als Urtext, bis zu jener frühen Periode zurückverfolgen. Zweifellos enthält die jetzige Version des Rig-Vidhâna Begriffe und Vorstellungen, die nicht zur vedischen Periode gehören, doch kann sich bezüglich mantrischer Magie durchaus ein alter Kern darin verbergen, der aus jener früheren Periode stammt.*

lateinischen augustus, „majestätisch", verwandt). Er soll eine spezielle Art von Energie bezeichnen, die das gesamte Körper-Verstandes-System auflädt. Ojas wird vor allem bei langer sexueller Enthaltsamkeit als Resultat eines Sublimierungsprozesses generiert. Diese Energie soll so machtvoll sein, dass der Asket damit sein eigenes wie auch das Schicksal anderer Menschen beeinflussen und ändern kann. Dem alten Atharva-Veda (11.5–19) zufolge erwarben sich selbst die Gottheiten ihre Unsterblichkeit durch sexuelle Enthaltsamkeit und Bußübungen.

Tapas ist in der Regel mit der Erlangung psychischer Kräfte (siddhi) assoziiert, und des Öfteren kamen Asketen, wenn sie diese außergewöhnlichen Fähigkeiten missbrauchten, zu Schaden. Sowohl in der vedischen wie auch in der epischen Zeit entfaltete sich die tapas-Tradition vor dem Hintergrund einer magischen Weltsicht, derzufolge der Kosmos mit personalisierten psychischen Mächten erfüllt ist. Deshalb werden die tapasvins oder tâpasas oft geschildert, als bekämpften sie böse Geister oder als erhöben sie sich gegen Gottheiten, um von ihnen einen besonderen Wunsch erfüllt zu bekommen. Meist geht der Asket dann als Sieger hervor, und nur Stolz oder sexuelle Ausschweifung können seine formidable Macht mindern. Bis zum heutigen Tag sehen die indischen Dorfbewohner tapasvins als Zauberer, die zu jeder sensationellen Tat fähig sind – vom Gedankenlesen über die Zukunftsvoraussage bis zum Anhalten des Sonnenlaufs.

Yoga spiritualisierte die Grundtendenz der früheren tapas-Tradition, da er primär die Ich-Transzendierung, nicht den Erwerb magischer Kräfte, betonte. Gleichzeitig übernahmen die yogins viele der Techniken und Praktiken der älteren tapas-Tradition und passten sie ihren Bedürfnissen an. Die sexuelle Abstinenz blieb in ihrer Praxis zentral, wie der achtgliedrige Pfad der Yoga-Sûtra deutlich macht. Patanjali bemerkt in diesem Werk (2.38), dass der Yogi, der in keuscher Enthaltsamkeit lebt, vitale Kraft (vîrya) gewinnt. Er erwähnt auch (2.32) tapas als eine der fünf Auferlegungen oder Zügelungen (niyama) und erklärt (2.43), wie Körper und Sinne durch Askese perfektioniert werden. Tapas wird hier ersichtlich in den Rang einer vorbereitenden Praxis verwiesen. Von wirklichem Belang für den Yoga sind die Meditation und ihre intensivierte Form – die ekstatische Transzendierung (samâdhi).

Die tapas-Tradition blühte jahrhundertelang neben den vielen Yoga-Schulrichtungen, und das ist bis heute so. Die ungewöhnliche Geschichte eines modernen tapasvin und Heiligen, der anerkanntermaßen bereits 185 Jahre lebt, wird in der Heiligenbiographie Maharaj[9] erzählt. Der Held der Erzählung, unter dem Namen Tapasviji Maharaj bekannt, wurde um etwa 1820 in eine prinzliche Familie geboren und ließ im Alter von über 55, nur mit einem Lendentuch bekleidet, alles hinter sich. Während seiner Lebenszeit wurde er weithin als machtvoller Asket und Wundertäter berühmt. Er führte außergewöhnliche Akte der Ausdauer durch und überwand sowohl Schmerz wie Langeweile. Drei Jahre lang stand er auf

[9]*Siehe T. S. Anantha Murthy, Maharaj: A Biography of Shriman Tapasviji Maharaj, a Mahatma Who Lived for 185 Years (San Rafael, California: Dawn Horse Press, 1972). Vorwort, betitelt „Penance and Enlightenment" [„Buße und Erleuchtung"], von Georg Feuerstein.*

संन्यास ॥

samnyâsa

einem Bein, hielt gleichzeitig einen Arm ständig hochgestreckt; für weitere vierundzwanzig Jahre legte er sich niemals hin, wanderte aber jeden Tag viele Meilen. In den 1960er Jahren erregte dieser Heiliger in den USA wegen seiner extremen Langlebigkeit große Aufmerksamkeit; er behauptete, sie sei das Resultat von kâya-kalpa, einer in der ayurvedischen Medizin bekannten Verjüngungs-Therapie, der er sich zu drei verschiedenen Anlässen unterzogen hatte. Der Erfolg dieser Behandlung hängt weitgehend von der psychischen Disposition des Einzelnen ab, der in der Lage sein muss, lange Perioden nahezu totaler Isolation durchzuhalten. Nur ein geübter Meditand von der Statur eines Tapasviji Maharaj konnte sich einer derartig harten Prüfung der Selbstverleugnungsstärke unterziehen. Offensichtlich kann die westliche Medizin von den tapasvins des alten und des modernen Indien noch viel lernen.

III. SUCHE NIRGENDS VERGNÜGEN – YOGA UND DER PFAD DER ENTSAGUNG

Wie wir sahen, stellt tapas einen eher magisch-schamanistischen Typus der Spiritualität dar. Anders als Yoga, dem es vor allem um die Erlangung eines kontemplativen Zustandes und den Vollzug der Ich-Transzendierung geht, konzentriert sich die tapas-Technik auf den Erwerb innerer Stärke, visionärer Erfahrungen und magischer Kräfte. Die Ausbildung der Willenskraft spielt dabei eine entscheidende Rolle. Im Unterschied dazu zeigt Yoga eine feinere Ausrichtung auf psychospirituelles Wachstum. Zum Beispiel sieht er die Notwendigkeit, den Willen – als Qualität der ichhaften Persönlichkeit – zu transzendieren.

Allerdings haben viele Facetten von tapas Eingang in die yogische Tradition gefunden, und das volkstümliche Image eines yogins oder einer yoginî ist in der Tat das eines Thaumaturgen oder wunderwirkenden Asketen. Aber geistig steht Yoga doch näher zu einer anderen Tradition – der der Weltentsagung (samnyâsa); diese trat als erstrebenswertes Ideal zuerst in der nachvedischen Periode auf. Plötzlich, wie es schien, verließ eine wachsende Zahl von Haushältern die Dörfer und Städte, um den Rest ihrer Lebenszeit in der Wildnis zu verbringen, häufig allein, aber gelegentlich auch zusammen mit der Ehefrau.

Diese Renunzianten, die samnyâsa auf sich nehmen, heißen samnyâsins. Das Wort samnyâsa setzt sich zusammen aus den Präfixen sam (das, ähnlich wie das griechische syn- oder das lateinische com-, „Vereinung“ angibt) und ni („darnieder“), dazu aus dem Verbstamm as („wegwerfen“, „abwerfen“). Es drückt also das „Niederwerfen“ oder „Ablegen“ aller weltlichen Dinge und Bindungen aus.

Obwohl man die Weltentsagung als Lebensstil definieren mag, kann sie nicht so betrieben werden, wie man Bußübungen und Meditation betreiben würde. Sie ist vor allem eine grundsätzliche Lebenseinstellung.

Darum lässt sich sagen, daß die renunziatorische Tradition gegen jede Technik und Methode opponiert: Sie trachtet danach, alles hinter sich zu lassen, einschließlich aller Methoden der spirituellen Suche, zumindest bei rigoroser Weltentsagung. Der deutsche Indologe Joachim Friedrich Sprockhoff beschrieb Weltentsagung ganz richtig als „ein Phänomen am Rand des Lebens“[10] und verglich sie mit anderen Grenzerfahrungen, wie tödliche Krankheit oder hohes Alter.

Das Renunziantentum erscheint als Reaktion auf die Wahrnehmung, dass die menschliche, ja die kosmische Existenz generell entweder moralisch minderwertig oder insgesamt illusorisch ist. In beiden Fällen sucht der Entsagende nach Verwirklichung eines höheren Seinszustandes, welcher der Realität selbst gleichkommt. Je nachdem, ob die Welt als illusorisch oder bloß als moralisch wertlos (aber immer noch im Göttlichen verwurzelt) gesehen wird, kann sich Weltabkehr auf wenigstens zwei prinzipiell unterschiedliche Arten ausdrücken: als buchstäbliche oder als symbolische Renunziation. Die erste Art versteht Weltentsagung rein und simpel als das Aufgeben des gewöhnlichen Lebens – der Entsagende lässt Ehefrau, Kinder, Besitz, Arbeit, gesellschaftlichen Status, weltliche Ambitionen und jede Sorge um die Zukunft hinter sich. Die zweite Art sieht die Entsagung sinnbildlich, und primär als inneren Akt – als freiwilliges Loslassen aller Bindungen und, schlussendlich, als Loslassen des Ego selbst.

Beide Haltungen haben in der langen Geschichte indischer Spiritualität ihre Fürsprecher gehabt. In der Bhagavad-Gîtâ (3.3 ff.) finden wir die früheste Schilderung eines Versuchs, diese zwei Wege zu vereinbaren. So belehrte der Gottmensch Krishna den Prinzen Arjuna, wie zwischen bloßer Weltabkehr und der inneren Entsagung zu unterscheiden sei, und er favorisierte deutlich das letztere. Krishna erklärte Arjuna, dem der Unterschied zwischen der entsagenden Enthaltung von allen Handlungen und der Entsagung im Handeln gar nicht klar war, dass er in alter Zeit beide Wege gelehrt hatte. Der eine sei der samnyâsa-Weg, den Krishna mit dem Yoga des Weisheit (jnâna-yoga) gleichsetzte; der andere der Yoga des Handelns (karma-yoga). Beide Wege führen zum höchsten Ziel, doch erachtete er den Yoga des Handelns als preiswürdiger. Er sagte:

> Er, der nichts hasst und nichts wünscht,
> soll für immer ein Entsagender heißen. (5.3a)
>
> Doch Entsagung, o Starkarmiger [Arjuna],
> ist ohne Yoga schwer zu erlangen.
> Der Weise (muni), mit Yoga vereint,
> strebt zum Absoluten ohne Zögern. (5.6)
>
> Im Yoga fest, das Selbst geläutert, unterworfen,
> die Sinne ganz besiegt –

[10] *J. F. Sprockhoff, Samnyâsa: Quellenstudien zur Askese im Hinduismus. Bd. 1: Untersuchungen über die Samnyâsa-Upanisads (Wiesbaden: Kommissionsverlag Franz Steiner, 1976), p. 2.*

ihn, dessen Selbst zum Selbst von allen Wesen ward,
kann, auch wenn er tätig ist und handelt,
nichts besudeln. (5.7)

„Ich tue gar nichts" – so denkt er, der,
mit der Wahrheit verbunden, die höhere Wirklichkeit kennt,
[auch wenn er] sieht, hört, berührt, riecht, isst,
schreitet, schläft, atmet, spricht,
ausscheidet, ergreift, die Augen öffnet und schließt;
denn er weiß, dass nur die Sinne
befasst sind mit den Sinnesgegenständen. (5.8–9)

Wer tätig ist und [alle] Taten Gott übergibt,
jede Verhaftung (sanga) daran ganz fahren lässt,
bleibt von Sünde (pâpa) unberührt,
so wie die Lotosblüte unbenetzt vom Wasser bleibt. (5.10)

Verständlicherweise wurde die rein sinnbildliche Interpretation der Entsagung seitens der orthodoxen Hindu-Autoritäten gefördert, waren sie doch angesichts der um sich greifenden Weltresignations-Stimmung sehr besorgt. Wenn nur die ältere Generation ein Einsiedlerdasein in Wäldern oder Höhlen attraktiv gefunden hätte, so würde das priesterliche Establishment wenig Anlass dazu gehabt haben. Doch sprach das Ideal der Weltabkehr auch die mittelalte Bevölkerung, ja sogar junge Männer (und manchmal Frauen) an. Deren Entsagung vom weltlichen Leben resultierte in verlassenen Familien und Feldern, auch Königreichen, so heißt es. Die soziokulturellen Gründe eines derartigen Trends werden nur mangelhaft verstanden; einige Fachleute haben dem heißen, trockenen Klima vieler Gegenden des Subkontinents die Schuld gegeben, aber das ist wohl zu vereinfacht interpretiert.

In psychologischen und historischen Kategorien gesehen, spiegelt das Ideal des buchstäblichen Hintersichlassens die von mir andernorts beschriebene „mythische" (vertikalistische) Variante des Yoga wider.[11] Im Gegensatz dazu zeigt das (lebenspositive) samnyâsa-Ideal eine integriertere Einstellung. Der mythische Yoga gründet in einem radikalen und abrupten Bruch mit der konventionellen Welt: Entweder enthält man sich aller weltlichen Aktivitäten wie Gedanken und widmet sein Leben nur der Betrachtung der überweltlichen Realität – oder man geht im gewöhnlichen Leben auf und erntet die zweifelhaften Belohnungen der erdgebundenen Existenz. Für den Praktizierenden des mythischen Yoga gibt es keinen Zustand dazwischen. Er oder sie muss wählen – zwischen dem transzendenten Selbst oder dem bedingten Ich, zwischen Gott oder der Welt, zwischen dauerndem Glück oder täglicher Sorge. Die damit kontrastierende Idee, nämlich dass der begrenzt-bedingte Kosmos eine Manifestation Gottes und deshalb nicht nur voll Leid und Sorge sei, sondern auch ein Reich der Freude, gehört zur

[11] *Siehe G. Feuerstein, Wholeness or Transcendence? Ancient Lessons for the Emerging Global Civilization (Burdett, Staat New York: Larson Publications, 1992).*

integraleren Weltanschauung von Tantra und Sahajayâna, und insbesondere zu Sri Aurobindos Integralem Yoga.

In der Maitrâyanîya-Upanishad (1.2 ff.) – einem Werk in der Tradition des mythischen Yoga, den Jahrhunderten knapp vor Beginn der christlichen Zeitrechnung zugerechnet – wird König Brihadratha portraitiert als jemand, der unter schwerem Daseinsüberdruss leidet. Er gab einem Lebensgefühl Ausdruck, das zu jener Zeit Tausende von anderen Asketen überwältigt haben muss:

> Mit diesem übelriechenden, wesenlosen Körper, dieser Verbindung aus Knochen, Haut, Muskeln, Mark, Fleisch, Samen, Blut, Schleim, Tränen, wässriger Absonderung, Darmausscheidung, Urin, Blähung, Galle und Lungenauswurf – welchen Sinn sollte die Befriedigung von Wünschen denn mit ihm haben? Mit diesem Leib, der gepeinigt wird von Lust, Ärger, Gier, Täuschung, Furcht, Abhängigkeit, Eifersucht, Trennung vom Geliebten, Vereinung mit dem Geliebten, Hunger, Durst, Altersschwäche, Tod, Krankheit, Kummer usw. usf. – welchen Sinn sollte die Befriedigung von Wünschen da denn haben?
>
> Wir sehen, dass all dies sterblich ist, wie die Schnaken, die Moskitos und dergleichen, wie die Gräser und die Bäume, die da wachsen und verfaulen. Und in der Tat, was ist mit jenen: den großen Menschen, den mächtigen Kriegern, manche unter ihnen Herrscher über Reiche, wie Sudyumna, Bhuridyumna, … und Könige, wie Marutta, Bharata und andere? Vor den Augen ihrer Sippschaft ließen sie all ihren Reichtum fahren und gingen aus dieser in die nächste Welt!

Zweifellos bedrohte der radikale Verzicht auf das gewöhnliche Dasein zeitweise das soziale Gewebe und die etablierte Ordnung. Konsequenterweise entmutigten die Hindu-Gesetzgeber den aus ihrer Sicht verfrühten Weltverzicht und propagierten das alternative gesellschaftliche Ideal der Lebensabschnitte (âshrama) mit Ausbildungsphase (brahmacarya), Haushälterphase (gârhastya), Phase des Wohnens im Wald (vâna-prasthya) und schließlich totaler Renunziation. In diesem neu gegliederten Rahmen war die Weltentsagung völlig sanktioniert, aber erst nachdem der Einzelne seine/ihre Pflichten als Haushälter (grihasta, von griha „Haus“ und sthâ „wohnen“) erfüllt hatte.

Zwei Stufen des Weltverzichts werden hier also unterschieden. Die erste, als vâna-prasthya („Wohnen im Wald“) bezeichnete Stufe ist die des Einsiedlers, der in der Zurückgezogenheit des Waldes täglich besondere Opferrituale praktiziert. Die zweite, als samnyâsa bezeichnete Stufe bedeutet, auch das sesshafte Dasein des Waldeinsiedlers mitsamt den Opferritualen hinter sich zu lassen und ein ständiges Wanderleben zu führen. Diese beiden Lebensstile nahmen die moderne Einrichtung der Alterspensionierung oder Verrentung quasi vorweg. Die orthodoxe Hindu-Gesellschaft allerdings garantierte – indem sie den Lebensabend des einzelnen zu einer geheiligten Chance werden ließ – den alten Menschen, zumindest theoretisch, die Würde, die ihnen in unserer westlichen Gesellschaft nicht angedeiht.

Die Tradition der Weltentsagung hat sich als Charakteristikum der indischen Spiritualität genauso hartnäckig erhalten wie die der Askese. Häufig überlappten sich die beiden. Auch wenn sich der Begriff samnyâsa zum ersten Mal in der Munduka-Upanishad (3.2.6) erwähnt findet, die man gewöhnlich dem dritten oder zweiten Jahrhundert v. Chr., ja vielleicht noch einer früheren Zeit zurechnet, sind Idee und Ideal viel älter. So spricht die Brihad-Âranyaka-Upanishad (4.4.22), als ältestes Werk des upanishadischen Genre erachtet, über den pravrâjin – die Person, die „fortgewandert ist" (pra + vraj, „wandern"), die also Heim, Haus und Hof verlassen hat, um ausschließlich nach der Selbst-Verwirklichung zu trachten. In einer denkwürdigen Textpassage unterrichtet Yâjnavalkya, der große alte Mann voll upanishadischer Weisheit, einen Schüler wie folgt:

> **„Fasten ist besser, als nur abends zu essen. Nicht gefordertes Essen ist besser als Fasten. Erbetteltes Essen ist besser als nicht gefordertes Essen. Darum soll [der Renunziant] von erbettelter Nahrung leben."**
>
> Brihat-Samnyâsa-Upanishad 265

> Jenes, was sich jenseits von Hunger und Durst, Sorge und Enttäuschung, Alter und Tod findet [ist die transzendentale Realität]: Die Brahmanen, die Jenes als das eigentliche Selbst erkennen, überwinden den Wunsch nach Söhnen, nach Reichtum, nach den Welten, und sie führen das Leben von Wandermönchen. Der Wunsch nach Söhnen ist der Wunsch nach Reichtum, und der Wunsch nach Reichtum ist der Wunsch nach allem Weltlichen; darum sind diese beiden bloße Wünsche. Lass einen Brahmanen deshalb verzweifeln am Gelehrtsein und am Wunsch, [unschuldig] wie ein Kind zu leben. Wenn er sowohl am Gelehrtsein wie am Kindlichsein verzweifelt, so wird er darob ein Weiser (muni). Wenn er sowohl am Weisesein (mauna)[12] wie am Nicht-Weisesein (amauna) verzweifelt, so wird er darob ein [wahrer] Brahmane. (3.5.1.)

[12] *Mauna bedeutet auch „Stille".*

So charakterisierte Yâjnavalkya den entsagenden Weltverzicht als die Transzendierung jeglichen Haftens an alle denkbaren Wünsche, einschließlich des Wunsches nach Entsagung selbst. Bemerkenswerterweise drückt er an anderer Stelle in derselben Schrift (3.8.10) seine Zweifel über die Nützlichkeit von Askese (tapas) aus. Ihm zufolge ist auch ein Jahrtausend voller Bußübungen nutzlos, falls nicht zuerst das Absolute intuitiv erfahren wurde. Sein Kommentar macht das ewige Paradox des spirituellen Pfads deutlich: Wir suchen nach dem, was wir, gewissermaßen, bereits gefunden haben. Anders gesagt: Um das Selbst – unsere innerste Wirklichkeit – wahrzunehmen, müssen wir einfach ganz still sein und uns erinnern.

Auch wenn die orthodoxe Hindu-Gesellschaft für diejenigen, die einen unwiderstehlichen Drang zum „Aussteigen“ verspürten, Freiräume vorsah, wurde die Weltentsagung allenfalls gestattet und nie aktiv ermutigt. In einigen Bereichen wurde sie als un-dharmisch, als gegen das Gesetz verstoßend, bewertet. Im Mahâbhârata (12.10.17 ff.) z. B. gibt es die Geschichte von Yudhishthira, der angesichts der Brutalität des großen Bharata-Kriegs resignierte und sich dazu gedrängt fühlte, das Leben eines Wald-Eremiten aufzunehmen. Sein Lehrer Bhîshma erinnerte ihn daran, so wie Krishna es gegenüber Arjuna tat, dass Weltverzicht für einen Krieger unangemessen sei. Bhîsma hielt auch nicht mit seiner sarkastischen (zweifellos zum Teil realistischen) Meinung zurück, daß nur die vom Pech Verfolgten eine solche Lebensweise annähmen.

Dass nicht alle Renunzianten von derselben Art waren, erhellt mühelos aus der Lektüre verschiedener Sanskrittexte, die von der Weltentsagung handeln, besonders den sogenannten Samnyâsa-Upanishads. Die Jâbala-Upanishad, die etwa 300 v. Chr. entstand und damit eines der ältesten Werke dieser Gattung ist, unterscheidet zwischen Renunzianten, die das heilige Opferfeuer weiter unterhalten, und jenen, die das nicht tun – d.h. zwischen solchen, die in ihren letzten Lebensjahren weiterhin den vedischen Opferritualen obliegen, und jenen Gottsuchern, die einfach alles hinter sich lassen. Diese Upanishad preist den parama-hamsa („großen Schwan“), der, von Problemen unberührt, durchs Leben gleitet, als den ersten aller Weltverzichtenden. Etwa sechshundert Jahre danach liefert das Vaikhânasa-Smârta-Sûtra (Kapitel 8) ein detaillierteres Bild. Es erwähnt vier Typen von Waldeinsiedlern und vier Typen von wandernden Renunzianten. Die im Wald wohnenden Asketen können verheiratet sein; die umherziehenden Renunzianten hingegen müssen allein leben und nichts anderes als die Selbst-Verwirklichung suchen.

Eine nahezu identische Aufzählung findet sich in der Âshrama-Upanishad (ca. 300 n. Chr.). Die Schrift führt vier Typen von Walderemiten auf:

1. Vaikhânasas – sie führen das traditionelle Feuerritual (agni-hotra) aus und ernähren sich von wild wachsendem Korn und Gemüse aus ihrer Waldumgebung. Die Bezeichnung vaikhânasa leitet sich

vom Präfix vi („ent-") und dem Wort khâna („Nahrung") ab. Sie deutet auf die von diesen Weltverzichtenden angenommene Ernährungsweise hin.

2. Audumbaras – sie leben von wilden Körnern und Früchten, insbesonders Feigen (udumbara).
3. Vâlakhilyas – sie werden so genannt, weil sie ihr Haar (vâla) in einem zusammengerollten Knoten (khilya) tragen. Ihre Diät ist genauso mager wie die der anderen Renunzianten, doch gehen sie nur während acht Monaten des Jahres auf Nahrungssuche und fasten prinzipiell während der restlichen vier Monate. Diese asketische Praktik wird catur-mâsya („die vier Monate") genannt.
4. Phenapas – die Benennung bedeutet wörtlich „Schaum-Trinker". Vielleicht rührt diese seltsame Titulierung von ihrer Gewohnheit, den Morgentau von Blättern zu lecken. Ihre Nahrung besteht aus dem baren Minimum, hauptsächlich aus gewissen Früchten. Im Gegensatz zu den anderen Einsiedlern haben die Phenapas keine feste Bleibe.

Die umherwandernden Renunzianten (parivrajaka) werden in die folgenden Kategorien eingeordnet:

1. Kuticakas: Der Name bezieht sich auf ihre Sitte, das Haupthaar in Form eines Schopfes zu tragen, hat aber auch andere Konnotationen. So kann das Wort kuti sowohl „Haus", „Heim" wie auch „Geschlechtsverkehr" bedeuten, während der Wortstamm caka „zittern" bedeutet. Der kuticaka ist also einer, der erzittert, wenn er über das Haushälterdasein nachdenkt, speziell über die damit assoziierten sexuellen Verlockungen. Das heißt, er praktiziert Enthaltsamkeit. Er zieht von Ort zu Ort, mit Lendentuch bekleidet, in Händen den Renunzianten-Stab und ein Wassergefäß. Mit Hilfe von heiligen Silben oder Versen (mantra) übt er dabei Meditation.
2. Bahûdakas: Ihr Lebensstil ist so simpel wie der der Kuticakas. Sie ernähren sich von acht Bissen pro Tag, die sie von verschiedenen Stellen „wie eine Biene" sammeln. Die Bezeichnung bedeutet wörtlich „überreichlich Wasser" (bahu „viel", udaka „Wasser") und verweist darauf, dass es Renunzianten dieses Typs im allgemeinen zu heiligen Plätzen an Flüssen zieht.
3. Hamsas: Diese umherwandernden Asketen werden so genannt, weil sie wie „Schwäne" leben. (Um genau zu sein, das Wort hamsa bezieht sich auf das Männchen der indischen Gattung der Wildgänse.) Sie betteln nicht einmal um Speise, sondern leben von den Erzeugnissen der Kühe, Urin und Dung eingeschlossen.

4. Paramahamsas: Die Lebensweise dieser „höchsten Schwäne" ist noch spartanischer. Sie beschmieren ihren ganzen Körper mit Asche – als Zeichen gänzlicher Abkehr vom normalen Dasein. Diverse Texte schreiben verschiedene rituelle Normen für sie vor, wie die Bekleidung nur mit einem Lendentuch oder das Tragen eines Bambusstabs. Aber das Wesentliche bei den paramahamsas ist, dass sie als völlig selbstrealisierte Wesen betrachtet werden. Wie in einigen Texten geschildert, etwa in dem Vaikhânasa-Smârta-Sûtra, wandern die paramahamsas nackt umher und suchen häufig Gräberstätten auf. Solch seltame Sitten nimmt bereits das spätere „linke" Ritual des Tantra, das im 17. Kapitel vorgestellt wird, vorweg.

Die Nârada-Parivrâjaka-Upanishad (ca. 1200 n. Chr.) fügt der obigen Einteilung zwei weitere Typen hinzu – die turîyâtitas und die avadhûtas. Beide sind Meister, die das Selbst realisierten. Die ersteren, deren Name „die das Vierte transzendieren" bedeutet, leben von der wenigen Speise, die direkt in ihren Mund geführt wird – eine „Kuh-Gesicht" (go-mukha) genannte Praxis. Die letzteren hängen gleichfalls von anderer Menschen Mildtätigkeit ab. Der offensichtlichste Unterschied zwischen den beiden besteht darin, dass die avadhûtas nackt umherziehen und damit ihr ekstatisches Vergessen aller Verschiedenheiten demonstrieren: Es gibt nur Eine Wirklichkeit, und die ist geschlechtslos. Alles andere ist, wie die Bezeichnung avadhûta impliziert, „abgelegt" worden.

Wie wir also sehen, deckt der Begriff „Renunziation" (oder „Weltentsagung", „Weltverzicht", „Weltabkehr") ein breites Spektrum möglicher Lebensstile ab – vom Familienvorstand, der eine innere oder symbolische Weltentsagung praktiziert, über den Waldeinsiedler, der weiterhin gewisse rituelle Verpflichtungen erfüllt, bis zum nackt Umherziehenden, dessen Lebensweise als eine Art heiliger Anarchie beschrieben werden kann. Einige dieser Renunzianten übten die eine oder andere Form von Yoga aus, während andere nur über das Mysterium des Selbst kontemplierten, ohne jegliche Hilfsmittel. All diese unterschiedlichen Typen trugen über die Jahrtausende zum reichen Gewebe der indischen Spiritualität bei.

IV. YOGA UND HINDU-PHILOSOPHIE

Im Hinduismus wird der Unterschied zwischen Philosophie und Religion nicht so klar umrissen wie in unserer zeitgenössischen westlichen Kultur. Sanskrit, die heilige Sprache des Hinduismus, besitzt weder für den Begriff „Philosophie"noch für den Begriff „Religion" direkt gleichwertige Bezeichnungen. Das dem Begriff „Philosophie" am nächsten kommende Synonym ist ânvîkshikî-vidyâ („Wissenschaft der Prüfung"). Der verwandte

सनातनधर्म ॥
sanâtana-dharma

Begriff tarka-shâstra („Disziplin des Denkens") wird im Allgemeinen nur auf die Nyâya-Schule des Denkens, die Logik und Dialektik behandelt, angewendet. Heutzutage benutzen indische Gelehrte den Begriff tattva-vidyâ-shâstra („Disziplin der Realitätserkenntnis"), um das auszudrücken, was wir mit „Philosophischer Untersuchung" meinen.

Das Konzept der „Religion" ist im Sanskritbegriff dharma enthalten; Letzterer bedeutet „Gesetz" oder „Norm", mit zahlreichen Unterbedeutungen. Die Hindu-Religion wird sanâtana-dharma („Ewiges Gesetz") genannt, was dem westlichen Begriff der philosophia perennis, der „ewigen Philosophie", der „ewigen Weisheit" entspricht.

Für den Hindu ist Philosophie nicht eine Angelegenheit rein abstrakten Wissens: *metaphysica* impliziert für ihn moralisches Verhalten und Handeln. Mit anderen Worten: Was auch immer die theoretischen Schlussfolgerungen hinsichtlich der Realität sein mögen, sie müssen im täglichen Leben angewendet werden. So wird Philosophie immer als eine Lebensweise gesehen, nie als bloß folgenlose Übung in rationalem Denken. Dazu hat Hindu-Philosophie (und indische Philosophie insgesamt) einen spirituellen Antrieb. Mit Ausnahme der materialistischen Schule, als Lokâyata oder Cârvâka bekannt, erkennen alle philosophischen Richtungen das Vorhandensein einer transzendenten Wirklichkeit an und stimmen darin überein, dass das spirituelle Wohlergehen des Menschen von der Art abhängt, wie er oder sie sich auf diese Wirklichkeit bezieht. Die hinduistische Philosophie steht deshalb dem Geist der alten griechischen *philosophía* („Liebe zur Weisheit") näher als der heutigen akademischen Disziplin der Analyse philosophischer Konzepte, die zwar unter dem Namen Philosophie figuriert, aber mit lebensvertiefender Weisheit nicht speziell befasst ist.

Die hinduistische Philosophie umfasst die gleichen Bereiche rationaler Untersuchung, die auch die Philosophen des Westens seit Sokrates, Plato und Aristoteles beschäftigten – also Ontologie (Lehre von den Kategorien der Existenz), Epistemologie (Theorie der Erkenntnisprozesse, aufgrund derer wir dann wissen, was es „in Wirklichkeit" gibt), Logik (die die Regeln rationalen Denkens definiert), Ethik (die die philosophische Grundlage des Handelns kritisch untersucht) und Ästhetik (Normen und Verständnis der Schönheit). Doch befasst sich – darin der z.B. christlichen Philosophie ähnlich – die Hindu-Philosophie sehr mit der höchsten spirituellen Bestimmung des menschlichen Wesens. Daher definiert sie sich selber häufig als âtma-vidyâ („Wissenschaft vom Selbst") oder âdhyâtmika-vidyâ („Spirituelle Wissenschaft").

Die frühesten philosophischen Spekulationen oder Intuitionen des Hinduismus finden sich im alten Rig-Veda, obgleich ausgereifte und selbstkritische Systeme anscheinend erst nach dem Auftreten des Buddhismus im 6. Jahrhundert v. Chr. entstanden. Traditionellerweise unterscheidet man zwischen sechs Systemen, summarisch als „Gesichtspunkte" oder „Schauungen" bezeichnet (darshana, von der Wortwurzel drish =

„sehen“). Diese Bezeichnung weist auf zwei signifikante Qualitäten der hinduistischen Philosophie hin: Jedes System ist nicht nur das Ergebnis von rationalem Denken, sondern auch von visionär-intuitiven Prozessen. Und jedes System repräsentiert eine spezielle Perspektive, aus der dieselbe Wahrheit betrachtet wird – was eine Haltung der Toleranz (zumindest theoretisch, wenn nicht praktisch) vermuten lässt. Eben diese identische Wahrheit wurde als die höchste, transzendente Realität mündlich (und während einer speziellen Initiation) unter den Bezeichnungen Gott (îsh, îsha, îshvara – alle drei bedeuten „Herrscher“) oder Selbst (âtman, purusha) oder Absolutes (brahman) weitergegeben.

Tradition spielt in der Hindu-Philosophie die Schlüsselrolle, und Tradition meint die vedische schriftliche Offenbarung (shruti), insbesondere den Rig-Veda. Um ihre jeweiligen Schulrichtungen innerhalb der orthodoxen Gemeinschaft etablieren zu können, mussten sich die Hindu-Philosophen vor dem alten vedischen Erbe beugen oder ihm wenigstens Lippendienst erweisen. Die sechs Hauptschulen, die von der Hindu-Orthodoxie anerkannt werden, da sie gültige Gesichtspunkte innerhalb des Kontexts vedischer Offenbarung vertreten, sind die folgenden:

Pûrva-Mîmâmsâ (eine Philosophie des Opfer-Ritualismus), Uttara-Mîmâmsâ oder Vedânta (die nondualistische bzw. monistische Metaphysik, die besonders in den Upanishaden vertreten wird), Sâmkhya (das hauptsächlich die Kategorien der Existenz, die tattvas, beitrug), Yoga (hier insbesondere auf die philosophische Schule von Patanjali, dem Verfasser der Yoga-Sûtra, bezogen), Vaisheshika (der ähnlich wie die Sâmkhya-Schule versucht, die existentiellen Kategorien zu begreifen, wiewohl aus unterschiedlichem Blickwinkel) und Nyâya (vorrangig eine Theorie der Logik und der Beweisführung. Ich möchte jede Schule kurz beschreiben und ihre Beziehung zur Yoga-Tradition erhellen.

Pûrva-Mîmâmsâ

Die Schule „Pûrva-Mîmâmsâ“ („Frühere Untersuchung“) trägt diese Bezeichnung, da sie die „früheren“ zwei Teile der vedischen Offenbarung interpretiert: die alten vedischen Hymnodien selbst, sowie die Brâhmana-Texte, die deren Opferrituale erklären und weiterentwickeln. Sie steht also im Kontrast zu „Uttara-Mîmâmsâ“ („Spätere Untersuchung“), vertreten durch die nondualistischen Lehren der Upanishaden. Die Pûrva-Mîmâmsâ-Schule erhielt ihre klar umrissene Form durch das Mîmâmsâ-Sûtra von Jaimini (ca. 200–300 v. Chr.). Sie beschreibt die Kunst und Wissenschaft moralischen Handelns entsprechend der vedischen Ritualistik, kreist dabei primär um das Konzept von dharma oder Tugend, da es doch das religiös-spirituelle Geschick des einzelnen bestimmt. Die Definition und Erklärung der Anwendung des dharma in der Welt wird aber den

Dharma-Shâstras, den autoritativen Werken über die Ethik, überlassen. Es gab übrigens mehrere bekannte Jaiminis, und der Autor des Sûtra muss von jenem Weisen, der zur Zeit des Bhârata-Krieges ein Schüler Vyâsas war, klar unterschieden werden.

Die Mîmâmsâ-Denker oder mîmâmsâkas betrachten die ethische Handlung als eine unsichtbare, außergewöhnliche Macht, die die Erscheinung der Welt bestimmt: Das menschliche Wesen ist von Natur aus innerlich aktiv, und Handlungen entscheiden über die Qualität seines Daseins, sowohl in der gegenwärtigen Verkörperung wie auch in zukünftigen Inkarnationen. Gute Handlungen (Handlungen gemäß dem vedischen Moralkodex, der, wie geglaubt wird, die universelle Ordnung an sich widerspiegelt) bringen positive Lebensumstände, schlechte Handlungen (die also dem vedischen Moralkodex widersprechen) bringen negative Lebensumstände hervor.

Da das Individuum freien Willen hat, kann es positive Resultate akkumulieren, ja auch schon bestehende Negativresultate mittels guter Taten annullieren. Der freie Wille ist garantiert, da das essenzielle Selbst des Menschen transzendentale und ewige Qualität besitzt. Im Unterschied zum Vedânta postuliert die Mîmâmsâ-Schule viele solcher essenziellen „Selbste" (âtman). Sie werden als innerlich unbewusst eingestuft; erst in Verbindung mit einem Körper-Verstand-System gelangen sie zu Bewusstsein. Bewusstsein ist deshalb für die Mîmâmsâ-Denker immer Ich-Bewusstsein (aham-dhî). Es gibt über diesen vielen ewigen und allgegenwärtigen Selbsten keinen Gott. (Allerdings begannen einige Vertreter dieser Schule – ab dem 15. Jahrhundert – an einen Schöpfergott zu glauben.)

Da das Selbst, wie man meinte, weder Bewusstsein noch Seligkeit besitzt, fanden die früheren mîmâmsâkas das seitens anderer Schulen verfolgte Ideal der Selbst-Befreiung wenig wünschenswert. Diese Meinung wurde später vom Philosophen Kumârila Bhatta, 8. Jh., und seinem Schüler Prabhâkara zurückgewiesen. Sie beide lehrten, dass die Enthaltung von verbotenen und von bloß möglichen Handlungen einerseits, die pflichtgetreue Ausführung von vorgeschriebenen Handlungen andererseits automatisch zur Loslösung des Selbst vom Körper-Verstand-Komplex, d.h. zur Befreiung führt. Sie betrachteten das Selbst als Bewusstsein, waren jedoch wenig erfolgreich darin, die metaphysischen Implikationen ihres Standpunktes komplett darzustellen.

Die Praxis yogischer Techniken hat keinen Platz in der Mîmâmsâ-Schule, die dem Ideal der Pflicht um der Pflicht willen huldigt. Sarvepalli Radhakrishnan, früherer indischer Präsident und großer Gelehrter, bemerkte einmal über diese Denkschule, dass „sie als philosophische Weltanschauung überwältigend unvollständig ist ... Wenig gibt es in einer solchen Religion, das das Herz berühren und zum Glühen bringen könnte."[13] Trotzdem war die Pûrva-Mîmâmsâ eine der seitens der Yoga-Tradition vorgefundenen kulturellen Kräfte und muss darum hier aufgeführt werden.

[13] *S. Radhakrishnan, Indian Philosophy (New York: Macmillan; London: Allen & Unwin, 1951), Bd. 2, p. 429.*

Nach westlichem Standard würde dieses Gedankensystem kaum philosophisch genannt werden, obwohl Pûrva-Mîmâmsâ dazu beitrug, Logik und Dialektik zu entwickeln. Abgesehen von Jaimini, Kumârila und Prabhâkara ragt in dieser Schule mit ihrer recht umfangreichen Literatur Mandana Mishra (9. Jh. n. Chr.) als Denker hervor; dieser trat später zu Shankaras Schule des Advaita-Vedânta über und nahm den Namen Sureshvara an.

Die Geschichte der spannungsvollen Aufeinandertreffens von Shankara und Mandana Mishra wird im Shankara-Dig-Vijaya, einer mythologischen Biographie Shankaras aus dem 14. Jahrhundert, erzählt. Der Legende zufolge besuchte der junge Shankara, der das Leben eines Renunzianten führte, Mandana Mishras stattliches Haus, gerade als der große Gelehrte eine seiner Zeremonien beginnen wollte. Er war verärgert über Shankara, da dieser weder den traditionellen Haarknoten noch die heilige Brahmanenschnur über der Brust trug. Nach eine Salve beleidigender Kommentare, die Shankara gelassen und heiter aufnahm, forderte Mandana Mishra, voll Stolz über seine Gelehrsamkeit, den jungen Besucher zu einer Debatte heraus. Sie einigten sich darauf – wie es in jenen Tagen Sitte war –, dass der Verlierer in der Debatte die Lebensweise des Gewinners annehmen solle.

Der Kampf des Wissens und der Geistesschärfe währte mehrere Tage und zog große Scharen von Gelehrten an. Mandana Mishras Ehefrau, Ubhayâ Bhâratî (die niemand anderer war als Sarasvatî, die Göttin des Lernens und Wissens, in Verkleidung), wurde zur Schiedsrichterin ernannt. Schließlich, nach geraumer Zeit, verkündete sie die Niederlage ihres Gatten, wendete aber prompt ein, Shankara habe nur halb gesiegt; sollte sein Sieg komplett sein, müsste er auch sie besiegen. Und schlau forderte sie den jugendlichen Renunzianten zu einer Diskussion über Sexualität heraus.

Ohne die Fassung zu verlieren, erbat Shankara eine Vertagung, damit er sich mit diesem Wissensgebiet vertraut machen könne. Es ergab sich, dass der Regent eines benachbarten Königreichs gerade gestorben war, und Shankara, ohne Zeit zu vergeuden, nutzte seine yogischen Fähigkeiten, um in den Leichnam einzutreten und ihn zu beleben. Unter den frohen Ausrufungen der Verwandten und Minister des Königs kehrte er in den Palast zurück. Ganz im Geist des Tantra und für einige Zeit genoss und erkundete Shankara die Freuden der sexuellen Liebe in Gesellschaft der Frauen und Geliebten des verstorbenen Königs. Wie die Legende berichtet, ging er in diesem neuen Leben so auf, dass sich seine Jünger in den Palast stehlen und ihn an sein vormaliges Renunzianten-Leben erinnern mussten.

An sein wahres Wesen erinnert, ließ Shankara den Körper des Königs entschlossen fallen und nahm wieder die Debatte mit Mandana Mishras Gattin auf. Natürlich gewann er. Mandana Mishra erklärte sich selbst als Schüler Shankaras, woraufhin Ubhayâ Bhâratî ihre wahre Identität enthüllte. Shankaras Sieg wird allgemein als Sieg seiner überlegenen monistischen Metaphysik über die weniger durchdachte Philosophie von Pûrva-Mîmâmsâ gesehen. Dem mag so sein; primär aber erscheint es als Triumph einer erfahrenen yogischen Praxis über den Intellektualismus.

Uttara-Mîmâmsâ

Die vielverzweigte Schule „Uttara-Mîmâmsâ" („spätere Untersuchung"), auch als Vedânta („das Ende der Veden") bekannt, trägt diesen Namen, weil sie aus der Betrachtung der zwei „späteren" Teile der vedischen Offenbarung – den Âranyakas (von Waldeinsiedlern verfasste Abhandlungen) und den Upanishads (esoterisch-gnostische Schriften von Weisen) – hervorging. Sowohl die Âranyakas als auch die Upanishads stellen eine neue, metaphorische Interpretation des alten vedischen Erbes dar: Sie predigen die Verinnerlichung der archaischen Rituale in Form von Meditation. Besonders die upanishadischen Lehren trugen zur Entstehung der gesamten mit der Vedânta-Tradition assoziierten Bewusstseinstechnik bei.

Die Literatur der Uttara-Mîmâmsâ-Schule bzw. des Vedânta umfasst die Upanishaden (von denen es über zweihundert Texte gibt), die Bhagavad-Gîtâ (der der geheiligte Rang einer Upanishad verliehen wurde und die etwa zwischen 500–600 v. Chr. eingeordnet werden kann) und das Vedânta- oder Brahma-Sûtra von Bâdarâyana (ca. 200 n.Chr.), das die sich öfters widersprechenden Lehren der Upanishaden und der Bhagavad-Gîtâ systematisiert.

Der Vedânta stellt sich als Metaphysik par excellence dar. Seine diversen Untergruppierungen lehren allesamt die eine oder andere Form von Nondualismus, der die Realität als ein einziges und homogenes Ganzes sieht. Die grundlegende Idee des vedântischen Monismus wird in den folgenden Versen aus der Naishkarmya-Siddhi („Vollkommenheit der Handlungstranszendierung"), verfasst von Sureshvara (dem vormaligen Mandana Mishra), artikuliert:

Das Nichterkennen des einen einzigen Selbst [in allen Dingen] ist [spirituelle] Unwissenheit (avidyâ). Der Hauptpfeiler [dieser Unwissenheit] ist die Erfahrung eines eigenen Selbst. Sie sät den Entstehungskeim zur Welt der Veränderungen. Die Eliminierung dieser [spirituellen Unwissenheit] bedeutet die Befreiung (mukti) des Selbst. (1.7)

> Das Feuer richtigen Wissens (jnâna), aus den glänzenden Worten der Veden entstehend, verbrennt die Illusion eines [unabhängig vorhandenen] Selbst. Das Handeln bewirkt dies nicht [die Beseitigung der Unwissenheit], da es sich doch [mit Unwissenheit] vereinbaren lässt. (1.80)

> Da das Handeln aus der Unwissenheit entsteht, beseitigt es die Täuschung nicht. Rechtes Wissen [allein kann Unwissenheit

> beseitigen], denn es ist ihr Gegenteil, so wie die Sonne [das Gegenteil von] Dunkelheit ist. (1.35)
>
> Hält man einen Baumstumpf für einen Dieb, so erschreckt man und läuft weg. Ähnlich projiziert der Irregeführte das Ich auf die buddhi [d.h. den höheren Verstand] und die anderen [Aspekte der menschlichen Person] und handelt dann [aufgrund solch falscher Sicht]. (1.60)

Der Advaita-Vedânta stellte den früheren vedischen Ritualismus auf den Kopf: Er ist ein Evangelium der Gnosis – nicht intellektuell, nicht Faktenwissen, sondern die befreiende Intuition der transzendenten Wirklichkeit offerierend.

Die beiden größten Vertreter des Vedânta waren Shankara (vielleicht 788–820 n. Chr.)[14] und Râmânuja (1017–1127 n. Chr.). Der Erstere erbaute aus den upanishadischen Lehren ein konsequentes philosophisches System; ihm ist das Überleben des Hinduismus und die Auslagerung des Buddhismus aus Indien weitgehend zu verdanken. Und Râmânuja rettete die Advaita-Vedânta-Tradition, als sie davon bedroht war, sich in trockener Scholastik zu verlieren. Er begriff das Göttliche vor allem als eine alle Qualitäten hervorbringende, weniger als eine alle Qualitäten transzendierende Dimension. Damit ermutigte er den im Volk lebendigen Drang nach hingebungsvollerem Ausdruck im Rahmen der hinduistischen Spiritualität. Sowohl Shankara als auch Râmânuja wie auch viele andere Vedânta-Lehrer hatten starke Verbindungen zur Yoga-Tradition. Dies wird im 12. Kapitel näher dargelegt.

SÂMKHYA

Die Tradition des Sâmkhya („Aufzählung"), aus vielen verschiedenen Schulrichtungen zusammengesetzt, befasst sich hauptsächlich mit der Aufzählung und Beschreibung der Hauptkategorien der Existenz. In der westlichen Philosophie würde man das „Ontologie" oder die „Wissenschaft vom Sein" nennen. In ihren metaphysischen Vorstellungen stehen sich Sâmkhya und Yoga sehr nahe, bildeten ursprünglich sogar eine gemeinsame vorklassische Tradition. Doch während die Anhänger des Sâmkhya Unterscheidung (viveka) und Weltverzicht als Hauptwege zur Erlösung benutzen, schreiten die yogins vorwärts, indem sie Meditation und Weltentsagung kombinieren. Sâmkhya wird oft als theoretischer Aspekt der Yogapraxis charakterisiert, aber das trifft nicht zu. Beide Traditionen haben ihre eigenen, klar umrissenen Theorien und praktischen Methoden. Wegen seines Nachdrucks auf differenzierendes Wissen, nicht auf Meditation, tendierte Sâmkhya später

[14] Einige Gelehrte ordnen Shankara der Zeit um ca. 650 n. Chr. zu, was möglicherweise richtig ist.

zu Intellektualismus. Yoga hingegen war immer der Gefahr ausgesetzt, in bloße magische Techniken abzugleiten.

Neben dem Vedânta ist die Sâmkhya-Philosophie das einflussreichste Gedankensystem innerhalb der Hindu-Gemeinschaft gewesen, und Shankara betrachtete sie als seinen Hauptgegner. Sâmkhya soll vom Weisen Kapila, dem man die Abfassung des Sâmkhya-Sûtra zuspricht, begründet worden sein. (Zwar hat ein Lehrer gleichen Namens wahrscheinlich in der vedischen Periode gelebt, doch wurde das Sâmkhya-Sûtra laut einiger Gelehrter wohl erst im 14. oder 15. Jahrhundert n. Chr. geschrieben.)

Im Rahmen der sechs darshanas ist das angeführte Sâmkhya identisch mit der Schule Îshvara Krishnas (ca. 350 n. Chr.), Autor der Sâmkhya-Kârikâ. Im krassen Unterschied zum Vedânta und den früheren, im Mahâbharâta-Epos erwähnten Sâmkhya-Schulen lehrte Îshvara Krishna, dass die Realität nicht als Einheit, sondern als Vielheit auftritt. Auf der einen Seite finden sich die zahllosen veränderlichen und unbewussten Gestaltungen der Natur (prakriti), auf der anderen unzählige transzendentale Selbst-Einheiten bzw. Selbste (purushas), die, aus reinem Bewusstsein bestehend, allgegenwärtig und ewig sind. Bei näherer Betrachtung erweist sich diese Pluralität als unlogisch. Wenn alle zahllosen Selbste ewig und omnipräsent wären, müssten sie sich auch unendliche Male gegenseitig überlappen und durchdringen, so dass sie darum als identisch gälten. Dieses logische Problem ist von verschiedenen Philosophen immer wieder aufgegriffen worden, und während dabei Shankaras Nondualismus intellektuell die eleganteste Lösung anbietet, befriedigt Râmânujas qualifizierter Nondualismus vielleicht am meisten sowohl Vernunft wie auch Intuition.

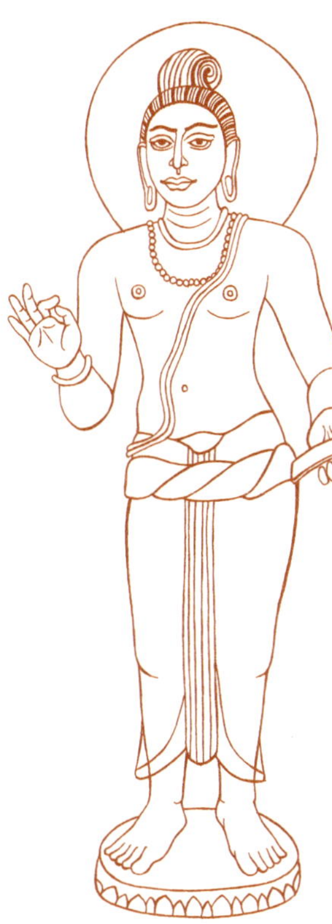

Kapila, Begründer der Sâmkhya-Tradition

Îshvara Krishna lehrte weiterhin, dass die Natur (prakriti) eine riesige zusammengesetzte, vieldimensionale Struktur ist, erschaffen durch das Zusammenspiel dreier primärer dynamischer Kräfte (gunas). Der Begriff guna bedeutet „Strähne", zeigt aber eine weite Bandbreite an Konnotationen. Im Zusammenhang mit Yoga und der Sâmkhya-Metaphysik bezeichnet das Wort die letzten, nicht mehr reduzierbaren „Realqualitäten" des Universums. Man könnte die drei gunas mit den Energiequanten der modernen Physik vergleichen. Sie werden sattva, rajas und tamas genannt und liegen allen materiellen wie auch allen psychisch-mentalen Phänomenen zugrunde. Die Sâmkhya-Kârikâ beschreibt ihre jeweiligen Attribute wie folgt:

> Die drei guna-Typen zeigen die Natur der Freude, der Freudlosigkeit und der Niedergeschlagenheit und haben [jeweils] den Zweck, zu erleuchten, zu aktivieren und zu beschränken. Sie überwältigen einander, sind voneinander abhängig, sind produktiv und kooperativ in ihrem Wirken. (12)

Sattva wird als heiter und erhellend, rajas als stimulierend und beweglich, tamas als unbeweglich und verbergend erachtet. Die

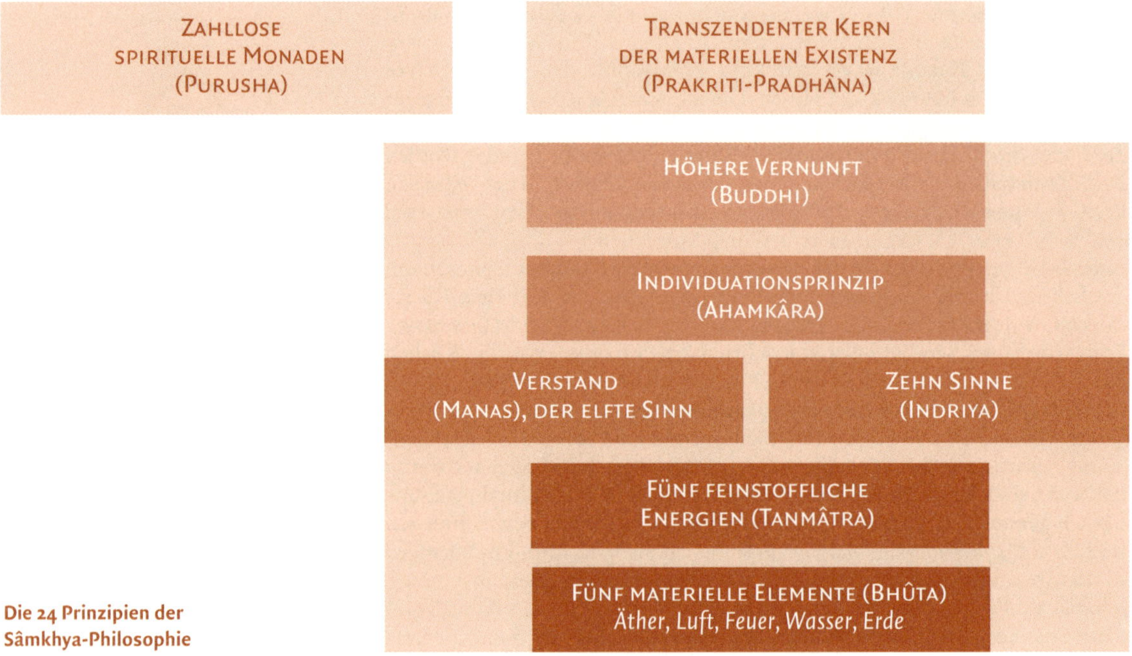

Die 24 Prinzipien der Sâmkhya-Philosophie

> Aktivität [der gunas] ist so zweckgerichtet wie die einer Lampe [die auch aus mehreren verschiedenen Teilen besteht, die zusammen das eine Phänomen Licht produzieren]. (13)

Die gunas sind die Natur, so wie die Atome Energie-Materie sind. Sie bewirken gemeinsam die unendliche Vielfalt der Naturgestaltungen auf allen Daseinsebenen, außer auf jener der transzendentalen Selbste – Letzteren ist ein gestalt- und qualitätsloses Bewusstsein zu eigen. Der deutsche Indologe Max Müller bemerkte über die gunas Folgendes:

> Wir können sie am besten mit der allgemeinen Idee von den zwei entgegengesetzten Qualitäten und der Qualität dazwischen oder als Hegels „These, Antithese und Synthese" erklären, wobei sich diese drei in der Natur als Licht, Dunkelheit und Nebel, im Moralischen als Gutes, Böses und Neutrales manifestieren – unter zahlreichen Abwandlungen und Anwendungsformen.[15]

Der Sâmkhya-Kârikâ zufolge befinden sich die gunas in der transzendenten Dimension der Natur, als prakriti-pradhâna („Fundament der Natur") bezeichnet, im Gleichgewichtszustand. Das Erste, was in der Evolution der

[15] *F. Müller, The Six Systems of Indian Philosophy (New York: Longmans, Green and Co., 1916), p. 263.*

transzendentalen Urmatrix zur Multiplizität raumzeitlicher Gestaltungen als Produkt oder Hervorgebrachtes auftritt, ist mahat, wörtlich „das Große", also das große Prinzip. Es erscheint als Leuchten und als Intelligenz und wird darum auch buddhi („Intuition" oder „Erkennen") genannt, was für die höhere Weisheit oder Vernunft steht. In Wirklichkeit jedoch ist mahat an sich ganz unbewusst (wie alle Aspekte der Natur) und repräsentiert lediglich eine besonders verfeinerte Form von Materie/Energie. Sein Intelligenz-„Licht" bezieht es vom transzendentalen Bewusstsein des Selbst.

Aus mahat oder buddhi entspringt ahamkâra („Ich-Macher"), das Prinzip der Individuation, das zur Unterscheidung zwischen Subjekt und Objekt drängt. Diese Existenzkategorie wiederum bewirkt das Auftreten des empirischen Verstandes (manas), der fünf kognitiven Sinne (Sehen, Riechen, Schmecken, Tasten und Hören) und der fünf Antriebe (Sprech-, Greif-, Bewegungs-, Ausscheidungs- und Reproduktionstrieb). Das ahamkâra-Prinzip lässt dazu die fünf feinstofflichen Qualitäten (tanmâtra), die den sinnlichen Fähigkeiten zugrunde liegen, entstehen. Diese bringen ihrerseits die fünf großen materiellen Elemente (bhûta), also Erde, Wasser, Feuer, Luft und Äther, hervor.

Das klassische Sâmkhya sieht demnach insgesamt 24 Kategorien der materiellen Existenz. Jenseits der guna-Triade und ihrer Hervorbringungen finden sich die unzähligen transzendenten Selbst-Monaden, unberührt von den Diversifikationen der Natur.

Der ganze Evolutionsprozess wird ausgelöst durch die Nähe der vielen transzendenten Selbste (purusha) zur transzendentalen Matrix der Natur. Und dieser evolutive Prozess dient der Befreiung jener Selbste, die sich, geheimnisvoller- oder irrigerweise, mit einem besonderen Körper-Verstand-System identifizieren, anstatt mit dem ihnen eingeborenen Reinen Bewusstsein.

Die psychokosmologische Evolutionstheorie der Sâmkhya-Tradition ist nicht so sehr dazu gedacht, die Welt zu erklären, als vielmehr, sie zu transzendieren. Sie bietet denjenigen, die nach Selbst-Realisierung streben und im Lauf ihrer Meditationspraxis auf unterschiedliche Ebenen oder Existenzkategorien stoßen, ein praktisches Bezugssystem.

Yoga

Im Rahmen der sechs Schulrichtungen der Hindu-Philosophie bezeichnet „Yoga" speziell die Schule von Patanjali, dem Autor des Yoga-Sûtra. Diese Schule, häufig als „Klassischer Yoga" tituliert, wird als verwandt mit der Sâmkhya-Schule von Îshvara Krishna gesehen. Beide gründen in dualistischen Philosophien und lehren die radikale Getrenntheit der transzendentalen Selbste von der Natur, dazu den ewig unveränderten Charakter der

Ersteren und den für immer wandelbaren Charakter der Natur, die somit kein beständiges Glück schenken kann. Weitere Einzelheiten erübrigen sich an dieser Stelle, da Patanjalis Schule im 3. Teil des Buches ausführlich vorgestellt wird.

Vaisheshika

Die Schule „Vaisheshika" (System der „Differenzierung") befasst sich mit den Unterschieden (vishesha) und Abstufungen zwischen den Dingen. Sie lehrt, dass die Befreiung durch gründliches Verstehen der sechs primären Kategorien des Daseins erlangt wird:

1. Substanz (dravya), die neunfach ist: Erde, Wasser, Feuer, Luft, Äther, Zeit, Raum, Verstand (manas) und Selbst (âtman);
2. Qualität (guna generell), von der es 23 Typen gibt, z. B. Farbe, Sinneswahrnehmung, Größe usw.;
3. Handlung (karma);
4. das Allgemein-Universelle (sâmânya oder jâti);
5. das Spezielle (vishesha);
6. Inhärenz (samâvaya), die die notwendige logische Beziehung zwischen dem Ganzen und den Teilen, zwischen Substanz und ihren Qualitäten usw. angibt.

Die Vaisheshika-Schule wurde von Kanâda, dem Autor des Vaisheshika-Sûtra, begründet; er lebte vielleicht um 500 oder 600 v. Chr. Der Name Kanâda scheint ein Spitzname zu sein – er bedeutet wörtlich „Teilchen-Esser". Vermutlich bezieht er sich auf den Typus der von ihm dargelegten Philosophie, obgleich einige Sanskrit-Autoritäten behaupten, der Name verewige die Tatsache, dass dieser mächtige Asket sich nur von kleinen Mengen (kana) von Körnern ernährte. Möglicherweise sind beide Interpretationen richtig.

Die Ursprünge von Kanâdas Denkschule verlieren sich im Dunkel. Einige Gelehrte betrachten sie als Ableger der älteren Mîmâmsâ-Schule, andere sehen in ihr eine Entwicklung der materialistischen Doktrin, und wieder andere behaupten, sie sei ursprünglich aus einer schismatischen Abzweigung des Jainismus entstanden. Sowohl in ihrer generellen Orientierung als auch in ihrer Metaphysik steht die Vaisheshika-Schule dem Nyâya-System nahe und wird zusammen mit diesem üblicherweise auch eingeordnet. Beide Schulen kommen dem, was wir im Westen unter Philosophie verstehen, am nächsten. Sie lieferten einen dauernden Beitrag zum indischen Denken, doch behielt keine der beiden eine herausragende Stellung. Die Vaisheshika-Schule existiert de facto nicht mehr, und die Nyâya-Schule hat nur ein paar Vertreter, hauptsächlich in Bengalen.

Nyâya

Die Denkschule des Nyâya („Regel") wurde von Akshapâda Gautama (ca. 500 v. Chr.) begründet. Er lebte in einer Zeit großer Kontroversen zwischen dem vedischen Ritualismus und den heterodoxen Glaubensrichtungen Buddhismus und Jainismus – einer Ära, in der kritisches Denken und Debattieren, wie in Griechenland, einen einmaligen Höhepunkt erreichte. Er unternahm einen der frühesten Versuche, gültige Regeln für die Logik und die Kunst der Rhetorik zu formulieren.

Akshapâda ist ein Spitzname, der vielleicht auf die Gewohnheit Gautamas hinweist, auf seine Füße zu blicken (mag sein, während er in tiefen Gedanken sinnierte, oder um den Boden während des Schreitens zu reinigen). Ihm wird die Abfassung des Nyâya-Sûtra zugeschrieben, zu dem viele Kommentare verfasst worden sind. Der älteste existierende wurde von Vâtsyâyana Pakshilasvâmin (ca. 400 n. Chr.) geschrieben, zu einer Zeit, als in Indien der Buddhismus noch stark wirkte. Ein anderer wertvoller Kommentar mit dem Titel Nyâya-Vârttika stammt von Bharadvâja oder Uddyotkara; ihn begleitet ein schöner Nebenkommentar von Vâcaspati Mishra, der auch über Yoga schrieb. Nyâya hatte etwa um 1200 n. Chr. seine Blütezeit, in der dann die sogenannte Nava-Nyâya („Neue Nyâya") begann.

Akshapâda Gautamas Ausgangspunkt war dies: Man müsse zuerst bestimmen, was rechtes Wissen darstelle, wenn man richtig leben und sinnvollen Zielen folgen wolle. Der indischen Neigung zu Klassifizierungen getreu arbeitete er sechzehn Kategorien aus, die für jeden, der die Wahrheit wissen wollte, wichtig wären. Die Kategorien reichen von den Mitteln zur Erlangung gültigen Wissens (pramâna) über die Natur des Zweifels bis zum Unterschied zwischen Debatte und bloßem Gezänke. An dieser Stelle sollen die Kategorien jedoch nicht näher untersucht werden. Uns interessiert vor allem die Metaphysik der Nyâya-Schule.

Den Nyâya-Vertretern folgend gibt es zahlreiche transzendentale Subjekte oder Selbste (âtman). Jedes unbegrenzt-unendliche Selbst steht als eigentlicher Verursacher hinter dem menschlichen Verstand, und jedes Selbst genießt die Früchte seiner Handlungen in der begrenzten Welt oder leidet unter ihnen. Gott wird – wie im klassischen Yoga – als besonderer âtman gesehen, und er allein ist bewusst. Obwohl die menschlichen Selbste, ähnlich wie in der Mîmâmsâ-Schule, insgesamt als unbewusst betrachtet werden, sahen die Nyâya-Philosophen das nobelste Ziel des Lebens im Streben nach Befreiung (apavarga). Natürlich versäumten es ihre Gegner nicht, die Unerwünschtheit einer Befreiung, die lediglich zu steinern-fühllosem Dasein führt, hervorzuheben. Wie wenig die Nyâya-Anhänger von ihrer eigenen Philosophie überzeugt waren, erhellt aus der Tatsache, dass sie in den religiösen Lehren des Shaivismus spirituelle Zuflucht suchten.

Es gibt mehrere Berührungspunkte zwischen Nyâya und Yoga. Im Nyâya-Sûtra (4. Kapitel) wird Yoga als der Zustand bezeichnet, in dem der

Verstand exklusiv mit dem Selbst verbunden ist, was in geistigem Gleichgewicht und Schmerzunempfindlichkeit resultiert. Bei seiner Erörterung der unterschiedlichen Wahrnehmungsarten erklärte Vâtsyâyana Pakshilasvâmin, dass yogins in der Lage sind, weit entfernte, ja selbst zukünftige Geschehnisse wahrzunehmen – eine Fähigkeit, die mittels regelmäßiger meditativer Konzentration kultiviert werden kann. Die Seelenbefreiung wird apavarga genannt, und dieser Begriff findet sich auch in dem Yoga-Sûtra (2.18), das seinen Bedeutungsinhalt mit der weltlichen Erfahrung (bhoga) kontrastiert.

Als weitere merkwürdige Parallele zwischen Nyâya und klassischem Yoga erscheint, dass beide der Lehre von sphota anhaften. Der Terminus meint die ewige Beziehung zwischen Wort und Wortklang. Zum Beispiel können weder die Buchstaben y, o, g, a noch das ganze Wort yoga das Verständnis erklären, die wir von der „Yoga" genannten Sache haben. Außerhalb und oberhalb der Buchstaben und Laute existiert ein ewiges Konzept, existiert das Wesen des Phänomens. Wenn wir eine Folge von Lauten hören, „bricht" diese ewige Essenz „hervor" (sphuta) und offenbart sich spontan in unserem Verstand, führt so zum Verstehen der bezeichneten Sache.

Ein letzter Berührungspunkt besteht darin, dass ein Anhänger von Nyâya auch yauga genannt wird, d.h. „einer, der mit Yoga zu tun hat". Allerdings ist nicht klar, welche Konsequenzen sich aus diesem Beinamen ergeben.

Die Unterteilung der Hindu-Philosophie in sechs gedankliche Schulen mag etwas künstlich erscheinen. Es gibt noch etliche andere Schulen – besonders solche, die mit gewissen Sektenbewegungen assoziiert waren –, die zur einen oder anderen Zeit eine wichtige Rolle in der Entwicklung des indischen Denkens spielten. Wir werden in späteren Kapiteln einigen von ihnen begegnen. Was aber im Auge behalten werden sollte, ist, dass Yoga die meisten dieser Denkrichtungen und Traditionen beeinflusst hat, wiewohl mehr in Form eines lockeren Zusammenhangs von Ideen, Glaubensvorstellungen und Praktiken denn in Gestalt des philosophischen Systems (darshana) von Patanjali.

Caraka

V. YOGA, ÂYUR-VEDA UND SIDDHA-MEDIZIN

Âyur-Veda („Wissenschaft vom Leben") – im Englischen und Deutschen gewöhnlich als ein Wort, Âyurveda, geschrieben – ist die Bezeichnung des original indischen Systems der Heilkunde. Im Wesentlichen naturheilkundliche Medizin, betont Âyur-Veda zwar die Prävention, setzt aber nichtsdestoweniger auch zahlreiche kurative Arzneien und Therapien ein. Diese Heilkunde wird in Indien neben der modernen Medizin ausgeübt und denjenigen als Lebensweise empfohlen, die sich guter Gesundheit und Langlebigkeit erfreuen wollen. Obgleich Âyur-Veda nicht als eine philosophische Tradition betrachtet werden kann, wurzelt er in der Hindu-

Philosophie. Traditionellerweise wird Âyur-Veda als ergänzendes Wissen dem alten Atharva-Veda beigeordnet. In dieser heiligen Schrift finden wir die frühesten Aufzeichnungen über Anatomie und kurative wie präventive Medizin. Wegen seiner kulturellen Bedeutung ist Âyur-Veda manchmal als fünfter Zweig, als „fünfte Sammlung" des vedischen Erbes betrachtet worden.

Man nimmt an, dass der âyurvedische Wissenskodex ursprünglich 100.000 Vierzeiler beinhaltete, gesammelt in einem Buch von über tausend Kapiteln. Auch wenn die Heilkunde in der frühen vedischen Ära zweifellos ausgeübt wurde, blieb ein Werk solchen Umfangs nicht bis in unsere Zeit erhalten. Die frühesten erhaltenen medizinischen Werke von enzyklopädischer Breite sind die Sushruta-Samhitâ und die Caraka-Samhitâ. Die ältesten Fragmente des Ersteren reichen bis in vorbuddhistische Zeiten zurück; in seiner gegenwärtigen Form wurde das Werk aber erst in den ersten Jahrhunderten der neueren Zeitrechnung zusammengestellt. Sushruta wird im Mahâbhârata-Epos (1.4.53) als Enkel von König Gâdhi und als Sohn des Weisen Vishvâmitra beschrieben, was ihn in der revidierten, diesem Buch zugrundegelegten Chronologie etwa 62 Generationen vor dem Bharata-Krieg, d.h. ungefähr um 3000 v. Chr., einordnen würde. Der Name Sushruta bedeutet wörtlich „wohlverstanden" und lässt vermuten, dass der Namensträger eine besondere Fähigkeit besaß, das vermittelte Wissen aufzunehmen und zu verstehen. Inwieweit die jetzt existente Sushruta-Samhitâ den ursprünglichen medizinischen Wissensstand widerspiegelt, ist nicht geklärt. Jedoch wissen wir aus Hymnen des Rig-Veda und des Atharva-Veda, dass es in der vedischen Zeitperiode geschickte Ärzte gab.

Die Caraka-Samhitâ, die ebenfalls öfters umgeschrieben wurde, erhielt ihre gegenwärtige Form um etwa 800 n. Chr. Aber ihr anerkannter Verfasser Caraka lebte wahrscheinlich viele Jahrhunderte früher, da er der Leibarzt von König Kanishka (78–120 n. Chr.) gewesen sein soll. Carakas Name weist wohl auf die Gewohnheit der damaligen Ärzte hin – vielleicht nicht unbedingt die des berühmten Caraka selbst –, von Ort zu Ort zu reisen (cara), um ihre ärztlichen Dienste anzubieten.

Ähnlich wie der klassische Yoga, der aus acht „Gliedern" besteht, unterteilt sich das âyurvedische Medizinsystem der Sushruta-Samhitâ (1.1.5–9) zufolge in acht Zweige: (1) Chirurgie; (2) Behandlung von Nacken- und Kopfkrankheiten; von (3) Krankheiten des Oberkörpers, der Arme und Beine; von (4) Kinderkrankheiten; (5) Therapien zur Neutralisierung schädlicher okkulter Einflüsse; (6) Toxikologie; (7) Therapien zur körperlichen Verjüngung, als rasâyana bezeichnet, und (8) zur sexuellen Revitalisierung (vâjikarana).

Die formale Ähnlichkeit zwischen Âyur-Veda und Patanjalis achtgliedrigem Yoga, die von einigen traditionalistischen Hindu-Autoritäten hervorgehoben wird, erscheint rein zufällig. Trotzdem haben Âyur-Veda und Yoga eine Reihe von wichtigen Konzepten wie Techniken gemeinsam.

Das drückt sich entschiedenermaßen darin aus, dass sich die Autoren und Herausgeber der oben erwähnten medizinischen Werke der Philosophie der Yoga-Sâmkhya-Tradition bedienten. So scheint die Sushruta-Samhitâ an einem Punkt ihrer Entstehungsgeschichte unter den Vorzeichen von Îshvara Krishnas dualistischem Denksystem, dargestellt in seiner Sâmkhya-Kârikâ, überarbeitet worden zu sein. Die Caraka-Samhitâ andererseits zeigt Anklänge an die Metaphysik des Sâmkhya-Yoga aus epischer Zeit. An dieser Stelle sollte erwähnt werden, dass einige der früheren Sanskrit-Kommentatoren glaubten, der gleiche Patanjali, der das Yoga-Sûtra verfasste, habe dazu auch eine berühmte Abhandlung über Grammatik und eine über Medizin geschrieben.

Sowohl Âyur-Veda als auch Yoga heben die Wechselbeziehung zwischen Körper und Verstand hervor. Körperliche Erkrankungen können den Verstand und das Gemüt nachteilig beeinflussen, und geistig-psychisches Ungleichgewicht kann zu Krankheiten aller Art führen. Der âyurvedische Begriff eines gesunden Lebens besagt, dass es glücklich (sukha) und auch moralisch gut (hita) sein müsse. Ein glückliches Leben zeigt sich als körperlich wie geistig robust und kraftvoll, außerdem als moralisch, ja gar als weise. Die innige Beziehung zwischen ethischem Verhalten und glücklichem Befinden wird in der Yoga-Literatur ebenfalls betont.

Die Fachleute von Âyur-Veda empfehlen, ruhige Ausgeglichenheit, Selbsterkenntnis und Umsicht zu kultivieren. Heute würden wir vielleicht sagen, die Hindu-Ärzte hatten etwas in ihre medizinische Theorie und Praxis aufgenommen, das von Abraham Maslow in jüngerer Zeit „Selbst-Aktualisierung" genannt wurde.[16] Bereitwillig können wir anerkennen, dass ein so geführtes Leben eine gute Grundlage für das Streben nach dem spirituellen Ziel des Selbst-Gewahrwerdens (âtma-jnâna) darstellt.

In seinem Buch *Ayurveda and the Mind* geht David Frawley so weit, zu sagen:

> Yoga ist der spirituelle Aspekt von Ayurveda. Ayurveda ist der therapeutische Zweig von Yoga.[17]

Ein starkes Verbindungsglied zwischen Âyur-Veda und Yoga bildet die Theorie der verschiedenen Lebensströme (vâyu) im Körper, die zur Zeit des Atharva-Veda aufkam. Die âyurvedischen Fachleute führen im Allgemeinen dreizehn Strömungskanäle (nâdî) an, in denen die unterschiedlichen Arten der Vitalenergie (prâna) fließen sollen, während die Schriften des Hatha-Yoga gewöhnlich vierzehn solcher Hauptkanäle erwähnen. Häufig wird zwischen diesen Kanälen und größeren Verbindungsadern (dhamanî), die Flüssigkeiten wie Blut usw. befördern, unterschieden. Das âyurvedische Modell eines solchen Netzwerkes von Kanälen unterscheidet sich stark vom tantrischen Modell, das spezieller für den subtilen Körper gilt.

[16] *Selbst-Aktualisierung meint Verwirklichung unseres Potenzials von ich-transzendierender Liebe, von Mitleid, Integrität, Kreativität und Ganzheit. Siehe A. Maslow, The Farther Reaches of Human Nature (Harmondsworth, England: Penguin Books, 1971).*

[17] *D. Frawley, Ayurveda and the Mind (Twin Lakes, Wisconsin, USA: Lotus Press, 1996), p. 5.*

Hatha-Yoga erkennt, wie wichtig der jahreszeitlich richtige Beginn von Atemkontroll-Übungen ist. Die medizinische Basis dafür wird vom Âyur-Veda geliefert; ihm zufolge sind die körperlichen Säfte (dosha) jahreszeitlich bedingten Veränderungen unterworfen. Etliche spirituelle Yoga-Texte beziehen sich gleichfalls auf das Konzept der doshas, wie z. B. die Yoga-Bhâshya aus dem 5. Jh., die Krankheit als „Ungleichgewicht der Bestandteile oder der Aktivität der Sekrete (vasa)" definiert. Vâcaspati Mishra erklärt in seiner aus dem 9. Jh. datierenden Bearbeitung dieses Textes, dass die konstituierenden Bestandteile Luft (vata), Galle (pitta) und Schleim (kapha) in anderen Worten die doshas sind. Das ist rein medizinischer Jargon.

Aus der Sicht des Hatha-Yoga, der auf das angemessene körperliche Funktionieren Wert legt und sich häufig auf die doshas bezieht, stellt sich Gesundheit als die richtige Balance zwischen den körperlich konstituierenden Elementen dar.[18] Diese finden sich zwar im gesamten Körper, aber an unterschiedlichen Stellen konzentriert. So herrscht vâta in Nervensystem, Herz, Dickdarm, Lunge, Blase und Becken vor; pitta dominiert in Leber, Milz, Dünndarm, endokrinen Drüsen, Blut und Schweißabsonderung; kapha in Gelenken, Mund, Kopf und Nacken, in Magen, Lymphe und Fettgewebe. Vata neigt zur Ansammlung unterhalb des Nabels, kapha konzentriert sich meist oberhalb des Zwerchfells und pitta zwischen Zwerchfells und Nabel.

Zusätzlich zu den drei doshas geht Âyur-Veda von sieben Arten der Gewebe (dhâtu) und von drei unreinen Substanzen (mala) aus. Die dhâtus umfassen Blutplasma (rasa), Blut (rakta), Fleisch (mâmsa), Fett (meda), Knochen (asthi), Knochenmark (majjan) und Samen (shukra). Die malas oder Ausscheidungsstoffe sind Exkremente (purîsha), Urin (mûtra) und Schweiß (sveda). All diese körperlichen Komponenten werden gelegentlich ebenfalls in der Yoga-Literatur erwähnt.

Das gilt auch für die verwundbaren, sensitiven Körperzonen (marman), die bereits im Rig-Veda (6.75.18) angesprochen werden. Dem Âyur-Veda folgend gibt es 107 marmans – vitale Verbindungen zwischen Fleisch und Muskeln, Knochen, Gelenken und Sehnen sowie Blutgefäßen. Ein harter Schlag gegen einige dieser marmans kann zum Tod führen, ein Sachverhalt, der auch im Geheimwissen der chinesischen und japanischen Kampfkünste eine Rolle spielt. Die südindische Praxis der Kampfkunst, kalarippayattu (in der Tamil-Sprache), geht von 160 bis 220 solcher sensitiven Körperpunkte aus. Ihr System sieht den Körper aus drei Schichten zusammengesetzt, nämlich aus dem leicht beweglichen Körper (einschließlich Gewebe und Ausscheidungsstoffen), dem festen Körper aus Muskeln, Knochen und den marmans und dem feinstofflichen Körper, der aus den nadis und den Sammelpunkten der Lebensenergie besteht. Die Verletzung eines marman unterbricht den Fluss der Lebensenergie und verursacht damit ernste körperliche Probleme, die tödlich enden können. Manchmal kann ein sofortiges kräftiges Klatschen auf die verletzte Zone den Fluss der Lebens-

[18] Einige zeitgenössische ayurvedische Experten wenden gegen die Übersetzung der drei humoralen Flüssigkeiten als „Gase", „Galle" und „Schleim" ein, dass diese Begriffe irreführen, da vâta, pitta und kapha sich auf das gesamte Funktionssystem des psychosomatischen Komplexes beziehen. So ist vâta für alle sensorischen und motorischen, pitta für alle biochemischen und kapha für alle skelettalen und stoffwechselhaften Prozesse zuständig. Es ist offensichtlich, dass die drei doshas mit den drei gunas – sattva, rajas und tamas – zusammenhängen.

energie wiederherstellen und so das Schlimmste verhindern. Die marmans hängen vom prâna-Fluss ab: Ohne prâna gibt es keine marmans. Der Fluss der Lebenskraft durch diese sensitiven Punkte wird vom Mond kontrolliert. Ähnliche Aussagen finden wir in der alten Sexologie der Hindus, die die Stimulierung gewisser sensitiver Bereiche des weiblichen Körpers nur zu bestimmten Mondtagen empfiehlt.[19]

Einige Yogaschriften – z.B. die Shândilya-Upanishad (1.8.1 f.) – sprechen von 18 marmans, und der yogin soll, wie es die Kshurikâ-Upanishad ausdrückt, mittels der „scharfen Schneide des Verstands" durch diese vitalen Punkte schneiden. Das heißt mit anderen Worten, dass hier die marmans offensichtlich als Blockaden des Lebensenergie-Flusses gesehen werden; sie sind durch Konzentration und Atemkontrolle zu entfernen.

Ein wichtiges, von Âyur-Veda wie auch vom Yoga geteiltes Konzept ist ojas – jene Vitalitätsenergie, die bereits im Atharva-Veda (2.17.1) erwähnt wird. Beide Systeme suchen ojas (die „niedrigere" Art) durch verschiedene Mittel zu vermehren. Yoga empfiehlt meist die sexuelle Enthaltsamkeit zwecks Intensivierung der Vitalenergie. Ojas nimmt mit dem Altern ab und wird auch durch Hunger, Mangelernährung, Überarbeitung, Ärger und Sorgen, also durch all die körperlich-geistigen Umstände, die die Lust am Leben mindern, reduziert. Bei positiven Bedingungen wird ojas und damit gute Gesundheit erzeugt. Falls ojas für längere Perioden beeinträchtigt ist, kommt es zu degenerativen Krankheiten und vorzeitigem Altern.

Ojas verteilt sich im ganzen Körper, wird aber speziell im Herzen gespeichert, dem (physischen) Ankerplatz des Bewusstseins. Cakrapâni führt in seinem Kommentar zur Caraka-Samhitâ aus, dass sich eine Handvoll an „niederem ojas" im Körper, jedoch nur acht Tropfen des „höheren ojas" im Herzen finden. Die geringfügigste Verschwendung dieser wertvollen Vitalenergie verursacht den Tod, wie er sagt, denn die Energie kann nicht regeneriert werden.

Zudem haben Hatha-Yoga und Âyur-Veda gewisse Reinigungstechniken gemeinsam, besonders die Praxis des selbst herbeigeführten Erbrechens (vamana) und der physischen Purifikation (dhauti). Unter anderem wirken die Reinigungen heilsam auf den körperlichen Stoffwechsel. Der Âyur-Veda kennt außerdem dreizehn Formen innerer Hitze (agni), unter denen die Verdauungshitze (jâthara-agni) von Fachleuten des Hatha-Yoga öfters erwähnt wird.

Körperliches Wohlbefinden (ârogya) ist gewiss eine der Vorbedingungen und auch einer der unmittelbaren Zwecke des Hatha-Yoga. Selbst Patanjali beschreibt in seinem Yoga-Sûtra (3.46) die „diamantharte Robustheit" des Körpers als einen der Aspekte körperlicher Vollkommenheit (kâya-sampad). In einem anderen Aphorismus (2.43) sagt er über die Vervollkommnung von Körper und Sinnen, dass sie aus der Reduzierung von Unreinheiten mittels der Askese resultiere. Außerdem stellt er fest (2.38), dass Vitalität (vîrya) durch sexuelle Abstinenz gewonnen wird. Im Aphorismus 1.30

[19] Siehe R. E. Svoboda, Ayurveda: Life, Health and Longevity (New York: Arkana, 1992), p. 66.

सत्त्व । रजस् । तमस् ॥

sattva, rajas, tamas

wiederum führt Patanjali Krankheit (vyâdhi) als eine der Ablenkungen (vikshepa) des Geistes an, die ein Fortschreiten im Yoga verhindere.

Die Schrift Shiva-Svarodaya, ein mehrere hundert Jahre altes yogisches Werk, empfiehlt die Atemkontrolle als das geeignetste Mittel, um Wohlbefinden zu gewinnen und es aufrechtzuerhalten, um okkultes Wissen und okkulte Fähigkeiten sowie selbst Weisheit und Seelenbefreiung zu erlangen. Ein Vers (314) sagt über die svarodaya-Technik – von svara („Klang [des Atems]") und udaya („aufsteigend") –, es sei eine von den siddha-yogins gepflegte Wissenschaft.

Im Yogatext Sat-Karma-Samgraha („Kompendium der richtigen Handlungsakte") beschreibt Cidghanânanda, ein Schüler von Gaganânanda aus der Nâtha-Sekte, eine ganze Reihe von Reinigungstechniken. Diese sollen alle Arten von Erkrankungen, wie sie aus schierem Pech entstehen oder aus Unachtsamkeit bezüglich der vorgeschriebenen Ernährungs- und sonstiger Regeln – etwa jene des richtigen Ortes und der richtigen Zeit – entweder abwehren oder heilen. Cidghanânanda rät dem yogin, zuerst Yoga-Stellungen (âsana) und okkulte Meditation anzuwenden, um sich selbst zu heilen. Falls dies nicht hilft, solle er mit den im Text dargelegten Techniken fortfahren.

Die Verbindung zwischen Yoga und Âyur-Veda wird im Âyur-Veda-Sûtra, einem Werk aus dem 16. Jh. von Yogânanda Nâtha, eindeutig bestätigt. Darin macht der Verfasser speziell Gebrauch von Patanjalis Yoga-Sûtra und forscht nach der gesundheitlichen Effizienz von Ernährungsweisen und vom Fasten. Die Nahrung wird hinsichtlich des je und je in ihr enthaltenen guna-Anteils untersucht. Die gunas – sattva, rajas und tamas – sind auch Bestandteil der medizinischen Theorie des Âyur-Veda. Ein Ungleichgewicht der für den Körper wesentlichen humoralen Flüssigkeiten deutet auf ein Ungleichgewicht der gunas hin, und umgekehrt. In gewisser Weise entsteht die ganze begrenzte Existenz aus einem Ungleichgewicht der gunas; nur auf der Transzendental-Ebene der Natur (prakriti-pradhâna) befinden diese sich in vollkommener Balance. Manchmal werden die drei Humoral-Säfte (doshas) als somatische Defekte und die drei gunas als geistig-psychische Schwachpunkte gesehen. Die beiden korrespondieren einander wie folgt: Luft – sattva; Galle – rajas; Schleim – tamas.

Eine der âyurvedischen Therapien, die mit dem Hatha-Yoga-Ideal eines langlebigen, wenn nicht gar unsterblichen Körpers innig verbunden ist, heißt kâya-kalpa – ein rigoroses Verjüngungsritual mit langwährender Isolation in Dunkelheit, drastischen Ernährungseinschränkungen und geheimen Arzneien. Der zeitgenössische Heilige Tapasviji Maharaj hat sich, wie berichtet wird, dieser Behandlung mehrmals unterzogen, und er tauchte jedes Mal rundherum verjüngt aus seiner einsamen Isolation in einer dunklen Hütte auf.

Die enge Verbindung zwischen Âyur-Veda, Yoga und Alchemie (rasâyana, von rasa = „Essenz" oder „Quecksilber" und ayana = „Kurs") wird in der mittelalterlichen Siddha-Tradition Nordindiens besonders deutlich. Die Anhänger dieser besonderen Tradition suchten durch eine hochentwickelte psychophysiologische Technik, kâya-sâdhana oder „Körper-Zucht" genannt, nach körperlicher Unsterblichkeit. Daraus erwuchsen die verschiedenen Schulen des Hatha-Yoga, der somit geradezu auch als präventiv-medizinischer Zweig der hinduistischen Heilkunde betrachtet werden kann. Interessanterweise trägt ein Buch über Medizin – von einem gewissen Vrinda – den Titel *Siddha-Yoga*. Eine weitere medizinische Abhandlung, Nâgârjuna zugeschrieben, hat den Titel *Yoga-Shataka* („Jahrhundert [von Versen] über Yoga").

Südindien brachte ein zweites unabhängiges Medizinsystem hervor, ein Pendant zum Âyur-Veda und mit der Siddha-Tradition von Tamil Nadu nebst angrenzenden Regionen verbunden. Noch mehr als Âyur-Veda zeigt es eine starke Nähe zur Alchemie und setzt eine große Zahl von Arzneien ein, die aus Vegetabilien und Chemikalien gewonnen werden. Seine drei diagnostischen und therapeutischen Hauptmittel sind Astrologie, Mantren und Drogen, in tamilischer Sprache mani, mantiram und maruntu. Es wendet dazu auch âsanas und Atemkontrolle an.

Dieses rivalisierende, noch kaum erforschte Medizinsystem wurde vom legendären Weisen Akattiyar (in Sanskrit: Agastya) begründet, dem man über 200 Werke zuschreibt. Er ist der erste von 18 siddhas bzw. vollendeten Meistern, die im Süden des indischen Subkontinents verehrt werden. Es gab tatsächlich einen alten Seher namens Agastya, der mehrere Hymnen des Rig-Veda schuf, und darin blieb sogar eine Unterhaltung zwischen ihm und seiner Gattin Lopâmudrâ erhalten (1.179). Die archaische Erinnerung stellt ihn als kleinwüchsig dar, und die Ikonographie portraitiert ihn als Zwerg. Agastyas Name wird seit alters mit Südindien assoziiert, wo er so hoch geachtet wird wie Matsyendra Nâtha im Norden.

Teraiyar, traditionellerweise als einer von Agastyas Schülern betrachtet, aber wahrscheinlich sehr viel später, im 15. Jh. n. Chr. lebend, war ein Adept und berühmter Heiler. Von seinen vielen Schriften stehen nur noch zwei komplett zu Verfügung: *Cikamanivenpa* und *Natikkottu* (über Puls-Diagnose). Ein Fragment der *Noyanukaviti* (über Hygiene) hat auch überlebt. In diesem letzteren finden sich folgende Verse:

> Wir werden nur zweimal täglich essen, nicht dreimal;
> wir werden nur nachts schlafen, nicht am Tag;
> wir werden nur einmal im Monat Geschlechtsverkehr haben;
> wir werden Wasser nur zu den Mahlzeiten trinken, auch wenn es uns sonst dürstet;
> wir werden keiner Pflanze Knollenwurzel essen, außer die von karanai;
> wir werden keine unreifen Früchte essen, außer der zarten Pisang-Banane;

wir werden nach einem schönen Mahl immer kurz spazieren gehen.
Was hat der Tod dann mit uns im Sinn?
Einmal in sechs Monaten nehmen wir ein Brechmittel;
einmal in vier Monaten nehmen wir ein Abführmittel;
einmal in anderthalb Monaten nehmen wir einen Naseneinlauf[20] vor;
zweimal in zwei Wochen lassen wir uns den Kopf rasieren;
einmal alle vier Tage salben wir uns ein und baden;
jeden dritten Tag malen wir die Augen mit Khol an;
nie werden wir Düfte oder Blumen in der Nacht riechen.
Was hat der Tod dann mit uns im Sinn?[21]

Aus den obigen Zeilen wird ersichtlich, dass es den siddhas von Südindien, genauso wie ihren äquivalenten Partnern im Norden, sehr um Langlebigkeit ging; sie erstrebten sogar die Unsterblichkeit in einem verwandelten Körper. Die Kapitel 17 und 18 werden ihre Lehren näher darstellen.

VI. YOGA UND HINDUISTISCHE RELIGION

Agni

Yoga ist nicht Religion im üblichen Sinn, sondern eher Spiritualität, Esoterik oder Mystik. Doch wenn wir Hinduismus und Buddhismus, Jainismus oder Sikhismus betrachten, so erscheint Yoga in aller Regel mit den Kosmologien wie mit den religiösen Glaubensvorstellungen und Praktiken dieser deutlich zu unterscheidenden Traditionen innig verknüpft. Das hat sich für viele westliche Yoga-Ausübende, die weder über diese Überlieferungen Bescheid wissen noch unbedingt auf gutem Fuß mit ihrem eigenen religiösen Erbe stehen – ob Christentum oder Judentum –, als rechter Stolperstein erwiesen. Insbesondere erschrecken sie über die zahllosen Gottheiten des hinduistischen, buddhistischen und jainistischen Pantheons und fragen sich, wie diese sich zusammenreimen mit tatsächlicher Yogapraxis und mit der Lehre des monistischen Nondualismus (advaita), die doch die meisten Yogaformen auszeichnet. Jene Schüler mit monotheistischer Einstellung mögen sich gar darüber Sorgen machen, ob sie nicht gerade jener Vielgötterei verfallen, die in der jüdisch-christlichen Überlieferung als Sünde gilt. Da nun der Schwerpunkt dieses Buches auf dem hinduistischen Yoga liegt, möchte ich die hauptsächlichen Götter und Göttinnen des Hinduismus, die hier und da in der Sanskrit- und der jeweiligen Mundart-Literatur auftauchen, vorstellen. Die Jainas behielten im Großen und Ganzen dieselben Gottheiten bei, und viele Hindu-Gottheiten bilden auch einen Teil des weiten buddhistischen Pantheons.

Die verschiedenen Gottheiten werden als Manifestationen oder Personifizierungen der höchsten Wirklichkeit angerufen und verehrt:

[20] *Ein Pflanzensud, der durch die Nase eingesogen wird.*

[21] *K. V. Zvelebil, The Poets of the Powers: Magic, Freedom, and Renewal (Lower Lake, California: Integral Publishing, 1993), p. 123.*

Shiva-linga

In den Augen der Verehrenden sind sie jeweils die höchste Gottheit. So betrachten Shiva-Verehrer Gott Shiva als transzendent, formlos und eigenschaftslos (nirguna), verleihen aber diesem gesichtslosen Wesen zum Zweck der Verehrung gewisse anthropomorphe Eigenschaften oder Charakterzüge – wie Güte, Schönheit, Macht und Gnade. Im Vergleich zu Shiva werden alle anderen Gottheiten als hohe Wesen gesehen, die verschiedene himmlische Regionen (loka) bewohnen. In christlicher Terminologie ausgedrückt, wären sie Erzengel oder Engel. Anders ist die Situation für Vishnu-Gläubige. Für sie ist Vishnu der oberste Gott, während alle anderen Götter, einschließlich Shiva, bloß devas sind, „Leuchtende", die einen mit den engelhaften Wesen der jüdisch-christlichen und der islamischen Tradition vergleichbaren Status besitzen.

Schon früh wurden die Götter in dreierlei Hinsicht interpretiert, nämlich bezüglich ihrer materiellen (âdhibhautika), ihrer psychologischen (adhyâtmika) und ihrer spirituellen (âdhidaivika) Bedeutung. Der vedische Gott Agni repräsentiert z.B. das konkrete Opferfeuer, das innere Feuer des Opfernden (also die Schlangenkraft oder kundalinî-shakti) und das göttliche Feuer bzw. das transzendente Licht. Wann immer wir eine Gottheit beurteilen, müssen wir diese drei Aspekte im Auge behalten. Doch die meisten Gelehrten richteten ihre Aufmerksamkeit bislang nur auf den ersten Aspekt, was sie die vedische Spiritualität als bloß „naturalistisch" betrachten (und manchmal abtun) ließ. Bei genauerem Studium dagegen stellen wir fest, dass die vedischen Seher und Weisen tief symbolisch waren und überaus geschickt im Gebrauch metaphorischer Sprache. Tatsächlich also ist unser eigenes Verständnis inadäquat und nicht ihre symbolische Übermittlung.

Seit den vedischen Zeiten sprachen Indiens „Theologen" von 33 Gottheiten, obgleich in den alten Schriften de facto viel mehr erwähnt werden. Die folgende kurze Besprechung konzentriert sich nur auf einige wenige Gottheiten, die speziell mit Yoga in Verbindung stehen.

Beginnen wir mit Shiva („der Gütige"), der bereits im Rig-Veda (1.114; 2.33) angeführt wird: Er steht im Brennpunkt des Shaivismus, d.h. des Gottesdienstes und der Theologie der Shaiva-Tradition. Er ist der Gott der Yogis par excellence und wird häufig als yogin mit langem, verfilztem Haar, mit aschebedecktem Körper und einer Kette aus Schädeln dargestellt – all dies Merkmale seiner extremen Entsagung. Auf seinem Haupt ragt die zunehmende Mondsichel, mystische Vision und mystisches Wissen repräsentierend. Seine drei Augen symbolisieren Sonne, Mond und Feuer; sie enthüllen ihm alles aus der Vergangenheit, Gegenwart und Zukunft. Das zentrale oder „dritte" Auge auf der Stirn ist mit dem kosmischen Feuer verbunden, und ein einziger Blick aus ihm kann das ganze Weltall verbrennen. Die um seinen Nacken gewundene Schlange symbolisiert die geheimnisvolle spirituelle kundalinî-Energie.

Shiva

Der Ganges-Fluss, der aus Shivas Scheitel herabstürzt, stellt sinnbildlich die andauernde Reinigung dar, die dem Geschenk spiritueller Befreiung an seine Verehrer vorausgehen muss. Das Tigerfell, auf dem er sitzt, symbolisiert Macht (shakti), und seine vier Arme künden von seiner vollkommenen Herrschaft über die vier Himmelsrichtungen. Sein Dreizack versinnbildlicht die drei Primärqualitäten (guna) der Natur – tamas, rajas und sattva. Das gewöhnlich mit ihm gemeinsam dargestellte Tier ist der Stier Nandi („Erfreulicher"), Symbol der Sexualkraft, die Shiva vollkommen meisterte. Der in Bildnissen Shivas manchmal gezeigte Löwe symbolisiert den Hunger nach Nahrung, den er ebenfalls besiegte.

Vishnu als Nara-Simha

Von Anfang an wurde Shiva eng mit Rudra („Heuler") assoziiert, einer Gottheit, die speziell mit dem Luft-Element und seinen verschiedenen Formen (wie Wind, Sturm, Donner und Blitz, aber auch Lebensenergie und Atem usw.) verbunden ist. Rudra wird ebenfalls als Heiler gesehen, und dieselbe Fähigkeit findet sich andeutungsweise in Shivas Namen indiziert. Im späteren Hinduismus wurde Shiva zum zerstörerischen Aspekt innerhalb der bekannten Trinität (tri-mûrti) Shiva, Vishnu (Prinzip der Erhaltung und Bewahrung) und Brahma (Prinzip der Erschaffung). Als solcher wird er oft Hara („Wegräumender") genannt. Eine typische Darstellung portraitiert ihn zusammen mit seiner Gemahlin Pârvatî („die auf dem Berg Wohnende") auf dem Kailâsa-Berg. In zahlreichen Tantras figuriert er als der erste Lehrer esoterischen Wissens. Die Shaivas rufen ihn, sich auf die höchste Wirklichkeit beziehend, als Maheshvara (mahâ = groß, îshvara = Herr, Gott) an. Als einer, der Freude oder gelassene Heiterkeit schenkt, wird er Shankara, und als die Wohnstätte der Freude wird er Shambhu genannt. Weitere Beinamen sind Pashupati („Herr der Tiere"), Îshana („Herrscher") und nicht zuletzt Mahâdeva („Großer Gott").

Ein anderes mit Shiva verbundenes typisches Symbol voll zahlreicher Assoziationen ist der linga. Dieses Wort wird oft mit „Phallus" übersetzt, doch bedeutet es wörtlich „Zeichen" und steht für das Prinzip der Kreativität an sich. Der linga (manchmal als „Lingam" widergegeben) symbolisiert die schöpferische Essenz der kosmischen Natur (prakriti) in ihrer ungeteilten und kausalen Qualität. Sein Gegenpol ist das weibliche Prinzip der yoni („Mutterleib", „Quelle"). Zusammen erschaffen diese beiden Prinzipien das Gewebe aus Raum und Zeit. Einige Shaivas – insbesondere die Lingâyatas – tragen den shiva-linga als Amulett, und im Tantra erinnern steinerne oder metallene, in yoni-Schalen gesetzte lingas die Praktizierenden an die bipolare Natur der manifestierten Existenz: Die Welt ist ein Spiel von Shiva und Pârvatî (Shakti), von Bewusstsein und Energie.

Vishnu („Durchdringender", „Erfüllender") ist das Verehrungsobjekt der Vaishnavas. Die Wurzeln des Vaishnavismus reichen bis in vedische Zeiten zurück – Vishnu wird bereits im Rig-Veda (z.B. 1.23; 154; 8.12; 29) erwähnt. Seine wichtigsten Beinamen sind Hari („Wegräumender"), Nârâyana („Sitz der Menschen") und Vâsudeva („Gott von [allen] Dingen"). Die Mythologie stellt Vishnu als Wesen dar, das zwischen den aufeinanderfolgenden Weltschöpfungen handlungslos auf der kosmischen Schlange

Vishnu als Matsya

Shesha (oder Ananta) ruht und im unendlichen Meer des unmanifestierten Daseins dahintreibt.

Wie Shiva wird Vishnu oft mit vier Armen abgebildet; sie versinnbildlichen seine Allgegenwart und Allmacht. Seine Insignien sind Muschelhorn (Symbol der Schöpfung), Diskus (Symbol des universalen Geistes), Lotus (das Weltall repräsentierend), Pfeil und Bogen (den Ich-Sinn und die fünf Sinne symbolisierend), die Streitkeule (die für die Lebenskraft steht), die goldene Haarlocke auf seiner linken Brust (Symbol des Innersten der Natur), der Streitwagen (repräsentiert den Verstandessinn als Prinzip des Handelns) und seine schwarze oder dunkelblaue Farbe (auf die unendliche Ausdehnung des Äthers/Raums, des ersten der Fünf Elemente, verweisend).

Vishnu, so wird geglaubt, inkarnierte mehrmals, um die moralische Ordnung (dharma) auf Erden wiederherzustellen. Seine zehn Inkarnationen (avatâra, „Herabstieg") sind:

1. Matsya („Fisch") inkarnierte, um speziell Manu Satyavrata, den Stammvater der menschlichen Rasse, während der Sintflut zu Beginn unseres gegenwärtigen Weltzeitalters zu retten.
2. Kûrma („Schildkröte") nahm aus der Unbegrenztheit Vishnus heraus Gestalt an, um etliche während der Sintflut verlorengegangene Schätze – vor allem das Lebenselixier – wiederzubeschaffen. Sowohl Götter (deva oder sura) als auch Gegengötter (asura) arbeiteten gemeinsam daran, den Weltenozean zu verquirlen, wobei sie die Weltenschlange (Ananta) als Seil und den Weltenberg Mandara als Quirlstab benutzten. Kûrma diente als Auflagepunkt des Quirlstabs. Durch das Quirlen wurden alle verlorenen Kostbarkeiten zurückgewonnen und so die universale Ordnung und Balance wiederhergestellt.
3. Varâha („Eber") verkörperte sich mit dem Auftrag, den Dämon Hiranyâksha („Goldäugiger"), der die gesamte Erde überflutet hatte, zu vernichten.
4. Nara-Simha („Mensch-Löwe") manifestierte sich, um den bösen Herrscher Hiranyakashipu („Goldenes Gewand") zu zerstören; er hatte erfolglos versucht, seinen Sohn Prahlâda – einen großen Anhänger Vishnus – zu töten. Aufgrund eines Versprechens von Gott Brahma konnte Hiranyakapishu weder bei Tag noch bei Nacht, weder von einer Gottheit noch von einem Menschen noch von einem Tier und weder innerhalb noch außerhalb der Mauern seines Palastes getötet werden. Darum erschien Nara-Simha im Dämmerungszwielicht als Löwe-Mensch inmitten einer Säule, riss mit seinen Tatzen den Körper des Königs auf und tötete ihn.
5. Vamâna („Zwerg") inkarnierte zu dem besonderen Zweck, den Dämon Bali, der die Götter abgesetzt und die Herrschaft über das Universum gewonnen hatte, zu vernichten. Er verlangte von

ihm so viel Terrain, wie er mit drei Schritten beschreiten konnte. Amüsiert sagte ihm der Dämonenherrscher die Erfüllung seiner Forderung zu. Vamâna tat zwei Schritte, die die gesamte Schöpfung umfassten, stellte beim dritten Schritt den Fuß auf Balis Haupt und stieß ihn in die höllischen Reiche hinab. Da es Bali nicht gänzlich an Tugenden mangelte, versprach ihm Vamâna die Herrschaft über die Unterwelt. Bereits im Rig-Veda (z.B. 1.23.17–18, 20) werden diese drei Schritte Vishnus erwähnt.

6. Parashu-Râma („Râma mit der Axt“) war eine streitbare Inkarnation. Er brachte dem Stand der Krieger einundzwanzigmal vernichtende Niederlagen bei, was auf einen großen Kampf zwischen Kshatriyas und Brahmanen in frühen vedischen Zeiten schließen lässt.
7. Râma („der Dunkelfarbige“ oder „der Erfreuliche“), auch Râmacandra genannt, war ein weiser und gerechter Herrscher von Ayodhyâ und ein jüngerer Zeitgenosse von Parashu-Râma. Seine Lebensgeschichte wird im Râmâyana-Epos erzählt. Seine Gattin war Sîtâ („Furche“), die häufig mit der Göttin Lakshmî („Gutes Zeichen“) gleichgesetzt wird; sie verkörpert das Prinzip der ehelichen Treue, Liebe und Ergebung. Sîtâ wurde vom Dämonenkönig Râvana entführt; dessen Königreich lag in Sri Lanka, früher Ceylon. Der affenköpfige Halbgott Hanumat, der loyal ergebenen Dienst versinnbildlicht, rettete sie.
8. Krishna („der Anziehende“) war jener Gottmensch, dessen Lehren sich in der Bhagavad-Gîtâ und in mehreren anderen Kapiteln des Mahâbhârata finden. Mit Krishnas Tod begann das kali-yuga, das immer noch herrscht und das viele Tausende von Jahren dauern soll.
9. Buddha („der Erwachte“) inkarnierte, um Übeltäter und Dämonen irrezuführen. Einige Fachleute stellen infrage, ob hier Gautama, der Buddha, gemeint ist; doch kann es kaum Zweifel daran geben, dass die Brahmanen, die die Lehre der zehn Inkarnationen schufen, eben ihn meinten.
10. Kalki („der Gemeine“) ist der noch bevorstehende avatâra. In einigen Purânas wird er als jemand dargestellt, der auf einem weißen Pferd einherreitet, mit blitzendem Schwert in der Hand. Seine Aufgabe wird die Beendigung der gegenwärtigen Weltära (yuga) und die Einleitung des darauf folgenden Goldenen Zeitalters, des Zeitalters der Wahrheit (satya-yuga) sein.

Râma

In der Hindu-Trinität erscheint Gott Brahma am abstraktesten; verständlicherweise hat er die Fantasie der Brahmanen nicht angeregt. Für sie ist er einfach der Schöpfer der Welt, der sorgfältig von brahman, der undifferenzierten transzendenten Wirklichkeit, unterschieden wird. Wir finden

Ganesha

Kâlî

in diesem Zusammenhang aber auch eine Ausnahme: Jene, die nicht den großen religiösen Gruppen, wie Shaivismus oder Vaishnavismus, angehören, werden oft Smârtas oder Anhänger der Smirtis (Nichtoffenbarungs-Literatur) genannt. Und die Tradition der Smârtas hat Brahma gewissermaßen als bevorzugte Gottheit adoptiert, wiewohl ohne sektiererische Untertöne. Die Smârtas betrachten Brahma, den Schöpfer, als die subtilste Manifestation im Universum, die nichtsdestoweniger dem Tod unterliegt. Nur das absolute brahman ist unsterblich.

Eng verbunden mit Gott Shiva ist Ganesha („Herr der Heerscharen"), der elefantenköpfige Gott, der viele weitere Beinamen trägt, einschließlich Ganapati (hat dieselbe Bedeutung) und Vinâyaka („Führer").[22] 1995 machte Ganesha in der *New York Times* und anderen bekannten Zeitungen der Welt Schlagzeilen mit dem sogenannten „Milch-Mirakel" (kshîra-camatkâra). Am 21. September dieses Jahres träumte ein ansonsten normaler Hindu in Neu-Delhi, dass es Ganesha nach Milch gelüste. Nach dem Aufstehen ging er direkt zum nächsten Tempel und bot mit der Erlaubnis des Priesters Ganeshas Statue einen Löffel Milch an. Zu seinem und des Priesters Erstaunen verschwand die Milch. Binnen kurzem verbreitete sich die Nachricht im ganzen Land, und viele Millionen frommer Hindus strömten zu den Tempeln. Offenbar sahen zahllose andere Menschen – einschließlich irritierter Skeptiker – das Wunder an vielen heiligen Orten, auch an weniger heiligen Orten (wie Ganesha-Figuren auf Armaturenablagen in Autos) sich wiederholen. Nach vierundzwanzig Stunden endete das Mirakel so plötzlich, wie es begonnen hatte.

Was auch immer wir von diesem Vorkommnis halten mögen, es gibt uns zumindest Gelegenheit, über die Symbolik des Milchopfers nachzudenken. In den alten vedischen Zeiten wurde Milch oft in den legendären Soma-Trank gemischt, ehe dieser dem heiligen Feuer zur Erquickung der Götter gespendet oder vom Opferpriester zwecks Erleichterung der Kommunion mit den Gottheiten getrunken wurde. In nachfolgenden Perioden verstand und praktizierte man das soma-Opferritual nur sinnbildlich, und soma wurde zum Nektar der Unsterblichkeit, der durch intensive Konzentration im menschlichen Körper selbst erzeugt werden kann. Milch trägt als Produkt der heiligen Kuh eine Fülle von Symbolismen. Ganesha ist speziell verbunden mit dem Prinzip der Lebenskraft (prâna) wie auch der Schlangenkraft (kundalinî), die, nach ihrem Aufstieg zum psychospirituellen Zentrum am Scheitel des Kopfes, den Körper des yogin mit der ambrosischen Flüssigkeit durchtränken lässt.

Aus der großen Menge weiblicher Gottheiten müssen wir Durgâ („Sie, die schwer zu durchqueren ist") gesondert herausnehmen; sie repräsentiert die kosmische Energie der Zerstörung, symbolisiert insbesondere die Transzendierung des Ego (ahamkâra), das sich dem spirituellen Wachstum und der höchsten Befreiung entgegenstemmt. Nur für diejenigen, die dem

[22] Zwei ausgezeichnete Bücher zu Ganesha sind John A. Grimes, Ganapati: Song of the Self (Albany, Staat New York: State University of New York Press, 1995), und SatGuru Sivaya Subramuniyaswami, Loving Ganesa: Hinduism's Endearing Elephant-Faced God (Kapaa, Hawaii: Himalayan Academy, 1996).

Pfad der Ich-Transzendierung folgen, ist sie nährend behütende Mutter; alle anderen erfahren ihre zornige Qualität.

Kâlî („die Dunkle"), eine Personifizierung von Durgâs göttlichem Zorn, steht in einer Gruppe von zehn Hauptgöttinnen, die die „Großen Weisheiten" (mahâ-vidyâ) genannt werden. Die anderen neun heißen Târâ, Tripurâ-Sundarî, Bhuvaneshvarî, Chinnamastâ, Bhairavî, Dhûmâvatî, Bagalâmukhî, Mâtangî und Kamalâ. Unter ihnen besitzt Chinnamastâ („Sie, deren Haupt abgetrennt ist") eine spezielle Bedeutung für den Yoga. Diese wilde Göttin wird typischerweise nackt dargestellt, mit einer Schädelkette um den Nackenstumpf, aus dem zwei Blutfontänen schießen. Sie hält ihr Haupt in der linken Hand. Verschiedenerlei Mythen suchen ihre ungewöhnliche Befindlichkeit zu erklären, aber sie stimmen alle darin überein, dass die Göttin ihren Kopf abtrennte, um ihre zwei Bediensteten namens Dâkinî und Varninî bzw. Jayâ und Vijayâ zu füttern. Yogisch interpretiert, steht dieses Uropfer der göttlichen Mutter für die Hingabe des links- und rechtsseitigen Kraftstroms – idâ und pingalâ – zugunsten des freien Flusses der psychospirituellen Kraft im zentralen Energiekanal (sushumnâ-nâdî). Der Kopf, der Verstand, muss abgetrennt, d.h. transzendiert werden, damit sich die Erleuchtung ereignen kann. Diese yogische Symbolik bietet sich an aufgrund des Beinamens der Göttin – Sushumnâsvara-Bhâsinî, „Sie, die im Klang des Mittelkanals erstrahlt".

Tripurâ

Der wohltätige Aspekt des Höchsten in seiner weiblichen Form tritt uns in der Göttin Lakshmî entgegen, deren Name sich von lakshman („Zeichen") ableitet und „Gutes Zeichen" oder „Glück" bedeutet. Die südindische Gottheit Lalitâ Tripurâ-Sundarî („Liebliche Schönheit der dreifachen Stadt") drückt denselben Aspekt aus. Sie wird als gütig (saumya) und schön (saundarya), kaum als erschreckend (ugra) oder grauenerregend (ghora) dargestellt. Da aber Lakshmî und Lalitâ die höchste Wirklichkeit repräsentieren, ist ihnen notwendigerweise auch der destruktive Aspekt zu eigen. In unserer begrenzten menschlichen Sicht erscheint das Göttliche weder rein positiv noch ausschließlich negativ, sondern jenseits solcher Kategorien. Das wichtigste hinduistische Werk, das das Göttliche in seinem weiblichen Aspekt preist, ist die umfangreiche Devî-Bhâgavata, ein Shâkta-Gegenstück zum Bhâgavata-Purâna der Vaishnava-Tradition, das wohl zwischen dem siebten und dem zwölften Jahrhundert entstanden sein muss.[23] Darin wird die große Göttin als ewige Uressenz des Universums vorgestellt.

[23] *Das Devî-Bhâgavata wurde höchstwahrscheinlich ein oder zwei Jahrhunderte nach dem Bhâgavata-Purâna verfasst, das zum 10. Jh. n. Chr. gehört. Ein früherer Text der Devî-Verehrung ist das Devî-Mahâtmya, im Devî-Bhâgavata komplett zitiert; er wird vorläufig ins 6. Jh. n. Chr. datiert.*

Vorklassischer Yoga

„Yoga ist überall gegenwärtig – in der mündlichen Überlieferung Indiens genauso wie in der Sanskrit-Literatur und jener der einheimischen Landessprachen … Dies trifft in einem solchen Maße zu, dass Yoga regelrecht zu einem Charaktermerkmal indischer Spiritualität geworden ist."

MIRCEA ELIADE, YOGA: IMMORTALITY AND FREEDOM, P. 101

KAPITEL 4

Yoga im Altertum

„Diesen unwandelbaren Yoga verkündete ich Vivasvat. Vivasvat gab ihn weiter an Manu. Manu teilte ihn Ikshvâku mit. Derart von einem zum anderen weitergegeben, erlernten ihn die königlichen Seher.“
BHAGAVAD-GÎTÂ (4.1–2)

I. GESCHICHTE ZUM ZWECK DES SELBSTVERSTÄNDNISSES

Der Yoga ist des Öfteren als lebendes Fossil bezeichnet worden. Er gehört zu den frühesten Hervorbringungen der alten indischen Kultur. Dank der Bemühungen von Hindu-Swamis ist er in unserer Zeit in eine neue Phase der Blüte eingetreten, sowohl in Indien als auch in anderen Teilen der Welt. Millionen von Menschen im Westen praktizieren aktiv irgendeine Form von Yoga, obwohl sie dabei nicht immer ein klares Verständnis seiner traditionellen Ziele und Zwecke haben. Das liegt zu einem großen Teil daran, dass sie im Allgemeinen nicht über die reich strukturierte Geschichte des Yoga informiert sind. Deshalb widmet sich der zweite Teil dieses Buches der Darstellung der wesentlichen Entwicklungen innerhalb der langen und komplexen Evolution des Yoga.

Die Geschichte liefert uns einen lebendigen Bezugsrahmen zum Verständnis der Welt, insbesonders der menschlichen Kultur. Ja, mehr noch: Geschichte erzählt uns über uns selbst, denn unsere Glaubensvorstellungen und Einstellungen sind weitgehend von der Kultur, der wir angehören, geformt. Wir sind die, die wir sind, nicht nur aufgrund unserer persönlichen Geschichte, sondern auch aufgrund der kollektiven Geschichte der menschlichen Zivilisation. Wie es der deutsche Philosoph und Psychiater Karl Jaspers formulierte:

> Keine Realität ist für unsere Selbstwahrnehmung wesentlicher als die Geschichte. Sie zeigt uns den breitesten Horizont der Menschheit, bringt uns das Traditionsfundament, auf dem unser Leben errichtet ist, nahe, zeigt uns Maßstäbe, mit welchen wir das Gegenwärtige messen können, befreit uns von unbewusster Bindung an unsere eigene Zeit, lehrt uns, den Menschen in seinen höchsten Möglichkeiten und seinen unsterblichen Schöpfungen zu sehen … Wir können ein besseres Verständnis unserer gegenwärtigen Erfahrung erhalten, wenn wir sie im Spiegel der Geschichte sehen.[1]

Schwer fällt es, sich vorzustellen, dass wir ohne ein angemessenes Verständnis der geschichtlichen Entfaltung des Yoga zu einer echten Wertschätzung seiner spirituellen Schätze gelangen oder ihn sinnvoll und mit größter Effizienz ausüben könnten. Ein Studium der Geschichte des Yoga gibt uns ein umfassenderes Bild, als es der Großteil der populären Literatur zu diesem Thema liefert.

Es ist mehr als eine akademische Übung, über die historische Entwicklung des Yoga zu lernen: Tatsächlich hilft es uns bei der Selbsterkenntnis und daher bei unseren Bemühungen, uns aus den Grenzen der Ich-Persönlichkeit zu lösen. Die folgenden Kapitel werden einiges aufzeigen vom

[1] *K. Jaspers, Way to Wisdom: An Introduction to Philosophy (New Haven, Connecticut/London: Yale University Press, 1954), p. 96.*

Glanz der Yoga-Tradition, einer Tradition, die einen immensen Reichtum an Einsichten in die *conditio humana* erschuf. Natürlich ist es unmöglich, selbst auf einigen hundert Seiten alles wiederzugeben, was Gelehrte ans Licht beförderten. Tatsächlich hat es bisher niemand unternommen, alle verfügbaren Einzelheiten zu integrieren, was ja die Beherrschung mehrerer Sprachen (insbesonders Sanskrit und Tamil) und ein regelrecht enzyklopädisches Wissen erfordern würde. Deshalb will ich in diesem Buch auf ein bescheideneres Ziel zusteuern, nämlich ein vorläufiges Rahmenwerk für unser Verständnis des Yoga zu erstellen.

Im vorigen Kapitel haben wir gesehen, wie die Geschichte des Hinduismus zweckdienlich in neun Perioden unterteilt werden kann; sie erstrecken sich vom vorvedischen Zeitalter bis zur Moderne – eine Zeitspanne von mehr als 8000 Jahren. Beim Lesen der nachfolgenden Kapitel wird es hilfreich sein, dieses Schema im Gedächtnis zu behalten. Da yogische Vorstellungen und Praktiken nicht nur im Hinduismus, sondern auch zum Beispiel im Buddhismus und Jainismus auftreten, wäre es wohl möglich, ganz unterschiedliche Geschichtsdarstellungen zu liefern. Doch würde dies, angesichts der herausragenden Stellung des Hinduismus in der Entstehungsgeschichte der indischen Zivilisation, nur zu unnötigen Komplikationen führen. Im Folgenden wird daher die Entwicklung des Yoga unter dem Blickwinkel des Hinduismus präsentiert, wiewohl kurze Kapitel über Buddhismus und Jainismus eingeschlossen sind. Diese beiden Traditionen werden entsprechend ihres zeitlichen Auftretens behandelt: Der Jainismus erscheint nach den frühesten Upanishaden, und ihm folgt der Buddhismus.

Ehe ich mit einem panoramaartigen Überblick der Geschichte des Yoga beginne, möchte ich kurz eine sehr brauchbare Evolutionstheorie vorstellen: Jean Gebsers Modell der Bewusstseinsstrukturen.

Geschichte und Bewusstsein

In ihrer voll entfalteten Form gehört die psychospirituelle Technik des Yoga zum, wie es Karl Jaspers nannte, „axialen Zeitalter", jener entscheidenden Periode um die Mitte des ersten Jahrtausends v. Chr. – die Zeit von Lao Tse und Konfuzius in China, von Mahâvîra und Gautama Buddha in Indien, von Pythagoras, Sokrates, Plato und Aristoteles in Griechenland.[2] Diese Genies, samt einer ganzen Schar anderer Wegbereiter in jener Zeit, führten ein neues Paradigma ein und prägten einen neuartigen Denkstil.

Der Schweizer Kulturphilosoph Jean Gebser hat auf glänzende Art formuliert, was diese Neuorientierung innerhalb der gesamten Geschichte der menschlichen Zivilisation bedeutet.[3] Ihm zufolge bewegte sich die Menschheit durch vier Bewusstseinsstrukturen oder kognitive Stile, die er so charakterisierte:

[2] *Siehe K. Jaspers, Vom Ursprung und Ziel der Geschichte (Frankfurt a. M.: Fischer Verlag, 1955).*

[3] *Siehe J. Gebser, The Ever-Present Origin (Athens, Ohio, USA: Ohio University Press, 1986).*

Jean Gebser

1. Archaisches Bewusstsein: Dies ist der einfachste und zum frühesten Zeitpunkt festzustellende kognitive Stil, mit dem geringsten Grad an Selbstwahrnehmung und noch fast gänzlich instinktiv ausgerichtet. Geschichtlich gesehen, versetzt er uns zurück in die Zeit des *Australopithecus* und des *Homo habilis*. Heute manifestiert sich ein solches Bewusstsein zum Beispiel im Drang nach Ich-Transzendierung, und es wird auch in einigen Typen ekstatischer Erfahrung (samâdhi) aktiviert, ja selbst in gewissen durch Drogen induzierten veränderten Bewusstseinszuständen, in denen die Schranke zwischen Subjekt und Objekt zeitweise aufgehoben ist.
2. Magisches Bewusstsein: Aus dem archaischen Bewusstsein hervortretend, erscheint das magische Bewusstsein noch vor-ichbezogen und mit diffusem Gewahrsein. Es operiert aufgrund des Identitätsprinzips, wie es sich im analogen Denken ausdrückt, d.h. auf der archetypischen („Bauch"-)Ebene, wo scheinbar getrennte Phänomene innerhalb eines Ganzen zusammen und miteinander vereint gesehen werden. Dieser Bewusstseinstyp mag den *Homo erectus* vor über eineinhalb Millionen Jahren charakterisiert haben. Er wirkt in uns noch immer nach, wenn wir z.B. gebannt und verzaubert oder in tiefer Sympathie mit jemandem oder etwas verbunden sind. Und er stellt sich negativ dar in etlichen Situationen, in denen wir uns z.B. blindlings verlieben oder unter dem hypnotisierenden Einfluss einer Menschenmenge unser klares Urteil (und manchmal unsere Menschlichkeit) verlieren. Das magische Bewusstsein zeigt sich auch stark in den Yogaformen, die eine extreme innere Konzentration verlangen und daher zum Verlust der Körperwahrnehmung führen. Natürlich bildet es dazu die kognitive Basis bei allen Arten sympathetischer Magie – ein wesentliches Element einiger yogischer Pfade, vor allem jener tantrischen Schulen, die großen Wert auf die Entfaltung paranormaler Kräfte oder siddhis legen.
3. Mythisches Bewusstsein: Diesem ist ein deutlicheres Maß an Selbstwahrnehmung zu eigen, etwa der Wahrnehmung eines Kindes entsprechend, wiewohl nicht identisch damit. Das Denken operiert mehr aufgrund des Polaritätsprinzips als aufgrund magischer Identität oder mentaler Dualität. Es entfaltet sich eher durch Symbole denn durch Berechnung, durch Mythen eher denn durch Hypothesen und durch Gefühl oder Intuition eher denn durch Abstraktion. Die Neanderthaler und die Cro-Magnon-Menschen mögen größtenteils das mythische Bewusstsein verkörpert haben. So wie die anderen Bewusstseinsstrukturen wirkt es bis zum heutigen Tage fort; es war bei der Schaffung der immensen Vielfalt von heiligen Traditionen, einschließlich Yoga, ausschlag-

gebend. Wir selber aktivieren das mythische Bewusstsein, wenn wir die Augen schließen und uns in die Bilderwelt der Vorstellung versenken, oder wenn wir unseren tief empfundenen Gefühlen und Gedanken poetischen Ausdruck verleihen. Die mythische Komponente tritt in den meisten traditionellen Vorgehensweisen des Yoga nachdrücklich auf, und man kann sie unter dem Etikett „Mythischer Yoga" sinnvoll zusammenfassen, in Absetzung zu einer integralen Orientierung, wie z.B. Sri Aurobindos Integraler Yoga. Der Mythische Yoga folgt dem vertikalistischen Motto „hinein, hinauf und hinaus". Ich habe dies alles in *Wholeness or Transcendence?*[4] ausführlicher besprochen.

4. Mentales Bewusstsein: Dieser Erkenntnisstil wird vom denkenden, rationalen Verstand angewendet und operiert auf Grundlage des Dualitätsprinzips („entweder/oder"). Das Selbstbewusstsein ist hier geschärft, und die Welt wird erfahren als aufgespalten zwischen Subjekt und Objekt. Seit der europäischen Renaissance hat dieser kognitive Stil unser Leben dominiert, wobei er sich tatsächlich als zerstörerische Kraft erwies. Heutzutage ist das mentale – inhärent eigentlich ausgewogene – Bewusstsein degeneriert zum, wie es Gebser nennt, rationalen Modus.

Das mentale Bewusstsein in seiner vollendeten Form war bereits am Wirken, als Patanjali das Yoga-Sûtra oder Vyâsa einen Kommentar dazu verfasste. Keineswegs schließt also Yoga diesen speziellen Erkenntnisstil aus; doch fordern alle traditionellen Yoga-Schulen die Transzendierung des Verstandes, sowohl in seiner niederen Form als manas wie auch in seiner höheren Form als buddhi. Die Wahrheit liegt immer – so sah man es – jenseits des Verstands und der Sinne. Im von mir so benannten „Mythischen Yoga" wird der Verstand häufig als Erzfeind des spirituellen Prozesses dargestellt. In integraleren Yogaformen allerdings findet sich solch limitierende Vorstellung nicht: Intellektuelle Arbeit ist nicht notwendigerweise schädlich für spirituelles Wachstum, auch wenn, um das Selbst zu realisieren, die Mechanik des Verstandes in der Tat transzendiert und aus ihrer ichbezogenen Verankerung gelöst werden muss.

In seiner großartigen Arbeit *Ursprung und Gegenwart* und in mehreren seiner anderen Bücher führt Gebser aus, dass wir heute Zeuge der Entwicklung einer fünften Bewusstseinsstruktur sind, die er „integrales Bewusstsein" nannte. Hier ist nicht der Ort, eine detaillierte Beschreibung dieses aufkommenden Modus des menschlichen Verstandes zu liefern. Ich möchte lediglich erwähnen, dass, aus Gebsers Sicht, dieses neue Bewusstsein ein Antidot gegen die Einseitigkeit der übertriebenen rationalen Haltung mit ihrer Herabwürdigung des ursprünglichen mentalen Bewusstseins darstellt. Das rationale Bewusstsein ist, in Gebsers Auffassung des Begriffes, exzessiv ichbezogen und im Hader mit der spirituellen Realität.

[4]Siehe G. Feuerstein, Wholeness or Transcendence? Ancient Lessons for the Emerging Global Civilization (Burdett, Staat New York: Larson Publications, 1992).

Das integrale Bewusstsein hingegen ist essenziell ich-transzendierend und offen für den, wie es Gebser nennt, „Ursprung", d.h. für den Grund des Seins. Es zeigen sich hier offenkundige Parallelen zu Sri Aurobindos Philosophie, und Gebser gab zu, dass er im spirituellen Gravitationsfeld dieses großen Weisen stand.

Die individuell und kollektiv vor uns liegende Aufgabe besteht darin, diesem sich entwickelnden integralen Bewusstsein behilflich zu sein, in uns selbst und in unserer menschlichen Zivilisation insgesamt Wurzeln zu schlagen. Nur dann können wir hoffen, das Gleichgewicht zwischen den verschiedenen Bewusstseinsstrukturen wiederherzustellen und jeder einzelnen zu erlauben, sich entsprechend des ihr innewohnenden Wertes auszudrücken. Es ist meine Überzeugung, dass die Yoga-Tradition – wie auch andere spirituelle Überlieferungen – viele Elemente enthalten, die uns bei sensibler Anwendung in der zeitgenössischen Situation sehr helfen können, der aktuellen Herausforderung einer Integration kreativ zu begegnen.

II. VOM SCHAMANENTUM ZUM YOGA

Helden der Kultur, wie Gautama der Buddha oder die upanishadischen Weisen, standen an der Schwelle der mentalen Bewusstseinsstruktur, die sie einzuleiten halfen. Darum ist die psychospirituelle Technik des Yoga das Produkt der frühen mentalen Struktur des Bewusstseins. Davor finden wir den Proto-Yoga der Veden, eingebettet in eine stark symbolische Begriffswelt. Und noch früher treffen wir auf die Ekstase-Technik des Schamanismus, der bis zur Steinzeit zurückgeht. Zwar hat man den Schamanismus auf ca. 25.000 Jahre v. Chr. datiert, doch ist er wahrscheinlich viel älter. Wie wir in anderen Zusammenhängen gesehen haben, impliziert die Abwesenheit von Artefakten ja nicht notwendigerweise die Abwesenheit des mit ihnen typischerweise assoziierten Glaubenssystems.

Schamanismus ist die heilige Kunst der Bewusstseinsveränderung mit dem Zweck, in nicht gewöhnliche Realitätsbezirke einzutreten, die als von Geistwesen bevölkert erfahren werden. Das Wort shaman ist sibirischen (tungusischen) Ursprungs und bezeichnet einen erfahrenen Reisenden in diesen geistigen Reichen. Meist durch Lauschen auf den monotonen Klang einer Trommel, eines Rhythmusstabs oder anderer Schlaginstrumente, oder durch die Einnahme psychotroper Substanzen (wie etwa des Fliegenpilzes) bewerkstelligen die Schamanen eine radikale Veränderung ihres Wahrnehmungsfelds. Und sie tun das, um mit der Geisterwelt kommunizieren zu können. Der Zweck ist also nicht die Befriedigung ihrer eitlen Neugier, sondern sie erhoffen sich, in den Besitz von Macht und Information zu gelangen, die für das psychische und körperliche Wohlergehen ihrer Gemeinschaft von grundlegender Bedeutung sind.

Wenn wir einigen Autoritäten auf diesem Gebiet, insbesonders Mircea Eliade, folgen, so ist das Schamanentum sibirischen Ursprungs. Doch betrachten andere es als eine weltumspannende Überlieferung, die in diversen Kulturen jeweils unabhängig voneinander entstand. Ich persönlich sympathisiere mehr mit der ersteren Ansicht, die den Schamanismus mit dem kulturellen Hintergrund Sibiriens und Zentralasiens assoziiert. Ähnlich dazu stellt sich Yoga als wesentlich indisches Phänomen dar, und die spirituellen Traditionen anderer Kulturen sollten mit ihren eigenen Namen klar davon unterschieden werden. So sollten wir streng genommen also nicht von afrikanischem Schamanentum sprechen, es sei denn, es ließe sich demonstrieren, dass es vom sibirischen Schamanentum abstammt – was auf die schamanistische Überlieferung der Eskimos und der Hopi-Indianer tatsächlich zutrifft. Ebenso sollten wir nicht von christlichem Yoga sprechen, es sei denn, er zeigt wirklich eine Mischung von Christentum und Hinduismus. Begriffe wie „Zauberei", „Hexenkunst" oder „Magie" können hingegen in anderen Zusammenhängen als sibirische oder sibirisch abgeleitete Spiritualität angewendet, und Begriffe wie „Mystizismus" oder „spirituelle Esoterik" können auch im Kontext von yoga-ähnlichen, aber von den in Indien vorzufindenden zu unterscheidenden Traditionen benutzt werden.

Einige Gelehrte haben behauptet, Yoga sei direkt aus dem Schamanentum entstanden, aber es fällt schwer, das zu belegen. Wohl enthält Yoga schamanistische Elemente, doch absorbierte er gleichfalls viele andere Lehren. Michael Harner zufolge ereignete sich der Übergang vom Schamanentum zum Yoga um die Zeit der frühen Stadtstaaten im Osten, als die Schamanen von den Repräsentanten der offiziellen Religion unterdrückt wurden.[5] Um ihrer Entdeckung zu entgehen, mussten sie mit dem lauten Trommeln aufhören und stattdessen stille Methoden der Bewusstseinsveränderung erarbeiten. Daraus entwickelte sich, in Harners Rekonstruktion der alten Geschichte, die Yoga-Tradition.

Wiewohl Harners Hypothese verlockend erscheint, ist das Verebben der schamanistischen Überlieferung vermutlich doch mehr mit dem Sachverhalt verbunden, dass der Aufstieg der Stadtstaaten gleichzeitig mit dem Zusammenbruch der Stammesgemeinschaften, denen die Schamanen dienten, stattfand. Dieser Zusammenbruch lässt sich am besten als Bewusstseinsveränderung hin zu einer individualisierteren Selbstwahrnehmung, in Verbindung mit der neu entstehenden mentalen Bewusstseinsstruktur, verstehen.[6]

Der Schamane ist ein privilegierter heiliger Experte in praktischer Magie, der im Auftrag seiner (seltener ihrer) Gemeinschaft wirkt. Dieser Aspekt trifft ebenso auf den Brahmanen zu, der seine Opferriten und andere Rituale zum Wohl anderer Seelen durchführt – sei es für die Geister der Vorfahren oder für seine eigene lebende Familie oder für die Gemeinschaft insgesamt. Der yogin dagegen ist ein heiliger Experte, der hauptsächlich und zuvorderst seine eigene Erlösung zu suchen scheint. In der Regel bemüht er sich nicht, irgendeinen direkten gesellschaftlichen Beitrag zu

[5] *Siehe M. Harner, The Way of the Shaman (New York: Harper & Row, 1980 J. Halifax, Shamanic Voices: A Survey of Visionary Narratives (New York: Dutton, 1979).*

[6] *Der historisch-psychologische Entwicklungsprozess von mythischer zu mentaler Bewusstseinsstruktur ist erläutert in G. Feuerstein, Structures of Consciousness (Lower Lake, California: Integral Publishing, 1987).*

leisten. Wenn ihn irgend etwas in diesem Zusammenhang charakterisiert, so dies: Er ist aus dem gesellschaftlichen „Spiel" ausgestiegen. Doch haben die yogins Indiens andererseits durch ihr exemplarisches Verhalten und ihre wohltuende Aura indirekt nicht nur für ihre eigene Gesellschaft, sondern für die menschliche Zivilisation insgesamt Bedeutsames beigetragen.[7] Selbst im Karma-Yoga wird das Ideal des wohltätigen Nutzeffekts für die Welt (loka-samgraha), wie weiter oben erwähnt, letztlich im Interesse des eigenen spirituellen Wachstums des yogin anvisiert. Nur das bodhisattva-Ideal des Mahâyâna-Buddhismus impliziert unmittelbar die Absicht, das kollektive menschliche Schicksal zu verbessern. Aber, anders als der Schamane, kümmert sich der bodhisattva primär um das spirituelle, weniger um das physische, emotionale und materielle Wohlergehen der Leute. Auch jene Ausübenden des bodhisattva-Pfades, die heilend tätig sind, verstehen ihre Mission als spirituellen Dienst für andere: Indem sie den Menschen helfen, ihre körperliche Gesundheit und ihr emotionales Gleichgewicht wiederzuerlangen, hoffen diese Heiler, damit auch die rechten Voraussetzungen für eine spirituelle Praxis in ihnen zu schaffen.

Während die Hypothese, die Yoga vom (offiziell unterdrückten) Schamanismus ableitet, problematisch erscheint, haben doch zahlreiche Aspekte und Motive des Schamanismus eindeutig im Yoga überlebt. Eliade, der in der Erforschung sowohl des Schamanismus wie auch des Yoga als Pionier voranging, charakterisiert die schamanistische Überlieferung folgendermaßen:

> Zu den Elementen, die den Schamanismus konstituieren und ihm spezifisch zu eigen sind, müssen wir hauptsächlich diese zählen: (1) eine Initiation, die symbolische Zerstückelung, symbolischen Tod und symbolisches Wiederauferstehen des Kandidaten umfasst und, unter anderem, seinen Hinabstieg in die Hölle und seinen Aufstieg zum Himmel impliziert; (2) die Fähigkeit des Schamanen, während der Ekstase Reisen durchzuführen – in seiner Rolle als Heiler und Seelenführer (er geht auf die Suche nach der Seele des Erkrankten, welche von Dämonen gestohlen worden war, fängt sie ein und gibt sie dem Körper wieder zurück; er geleitet die Seele des verstorbenen Menschen zur Hölle, usw.); (3) die „Beherrschung des Feuers" (der Schamane berührt rot glühendes Eisen, schreitet über brennende Kohle usw., ohne verletzt zu werden; (4) die Fähigkeit des Schamanen, Tiergestalten anzunehmen (er fliegt wie die Vögel usw.) und sich unsichtbar zu machen.[8]

Yoga ist, wie wir im 1. Kapitel gesehen haben, eine initiatorische Tradition. Sein gesamter Verlauf wird von der Idee der fortschreitenden Transzendierung („Zerstückelung") der Ich-Persönlichkeit regiert. Später werden wir auf die Kshurikâ-Upanishad („Geheime Lehre des Dolches") treffen, ein

[7] Selbst das buddhistische Ideal des bodhisattva („Erleuchtungs-Wesen"), der gelobt, alle fühlendbewussten Lebewesen zu erlösen, ist streng genommen kein soziales Ideal. Der bodhisattva ist kein Sozialhelfer, sondern ein spiritueller Aspirant oder ein Adept, dessen einziger Zweck das spirituelle Wohlergehen anderer ist.

[8] M. Eliade, Yoga: Immortality and Freedom (Princeton, Staat New York: Princeton University Press, 1973), p. 320. Siehe auch sein Buch Shamanism: Archaic Techniques of Ecstasy (Princeton University Press, 1972).

Werk, das den yogischen Prozess als schrittweisen Abbau des gewöhnlichen Bewusstseins erklärt. Das entspricht der mit dem schamanischen Seiltrick einhergehenden Zerstückelung – ein Trick, der meist als eine Form von Massenhypnose bezeichnet wird: Der Schamane, mit einem scharfen Messer im Mund, klettert das senkrecht aufragende Seil in hitziger Verfolgung eines kleinen Jungen hinauf, bis beide aus dem Blickfeld entschwinden. Nach einer Weile fallen die abgetrennten Gliedmaßen des Jungen von hoch oben herab. Das Drama endet mit der durch den Schamanen bewirkten Wiederauferstehung des Jungen. Filmkameras werden nur den Schamanen filmen können, der ganz allein und vielleicht mit einem wissendem Lächeln auf dem Boden sitzt.

Die ekstatische Introversion und der mystische Aufstieg des Yogis entsprechen dem ekstatischen Flug des Schamanen, und die Lehrfunktion des Yogis entspricht der Rolle des Schamanen als Seelenführer. Außerdem werden viele der schamanistischen Fähigkeiten auch im Yoga – dann als siddhis („Vervollkommnungen") bezeichnet – anerkannt, einschließlich der Fähigkeit, sich unsichtbar zu machen, eine Kunstfertigkeit, die auch den Schamanen nachgesagt wird. Schließlich gibt es für des Schamanen Beherrschung des Feuers – ein äußerliches Kunststück – die Parallele in der yogischen Meisterschaft über das „innere Feuer", speziell über die psychophysiologische Hitze, die während der Erweckung der Lebenskraft im Kundalinî-Yoga erzeugt wird. Dies ist die Grundlage der tibetischen tumo-Praxis, bei der Praktikanten viele Stunden lang nackt im Schnee der Himalaya-Riesen sitzen.

Eine der bekanntesten Techniken des Yoga – mit überkreuzten Beinen in einer der zahlreichen Yogastellungen (âsana) zu sitzen – hat ihren schamanistischen Vorläufer. In ihrem Buch *Where the Spirits Ride the Wind* analysierte die amerikanische Anthropologin Felicitas Goodman eine Reihe von schamanistischen Körperstellungen, die sie dazu einsetzte, ekstatische Zustände oder außerkörperliche Erfahrungen hervorzurufen.[9] Offensichtlich übt jede Stellung eine je eigene Wirkung auf das Bewusstsein aus, und sie und ihre Studenten sind in der Lage, durch Verwendung spezieller schamanistischer Stellungen in verschiedene Bewusstseinszustände einzutreten.

> **„Während ihrer Reise sind Schamanen gewöhnlich erregt, tanzen vielleicht oder sind höchst agitiert ... Im yogischen samâdhi kann die Ruhe so tief werden, dass viele mentale Prozesse zeitweise aufhören."**
> ROGER WALSH, THE SPIRIT OF SHAMANISM, S. 229

Das vorangegangene Kapitel besprach die Tradition des Asketentums (tapas), des Vorläufers von Yoga, mit ihren vielen auffallenden Parallelen

[9] *Siehe F. Goodman, Where the Spirit Ride the Wind (Bloomington, Indiana, USA: Indiana University Press, 1990); siehe auch B. Gore, Ecstatic Body Postures: An Alternate Reality Book (Santa Fe, New Mexico: Bear & Co., 1995).*

zum Schamanismus: Schamanen demonstrieren ihre Meisterschaft über das Feuer, wenn sie glühende Kohle anfassen, und tapasvins wiederum sind Meister im Prozess der „Selbst-Erhitzung", worin sie sich bis zu dem Punkt bringen, da Schweiß aus allen Poren bricht. Eine uralte asketische Übung („Fünf Feuer" oder panca-agni genannt, geschrieben pancâgni) besteht darin, von vier lodernden Feuern umgeben, mitten im Sommer unter brennender Sonne zu sitzen. In jüngsten Jahren praktizierte u.a. Swami Satyananda Saraswati von der Bihar School of Yoga diese alte Technik über eine längere Zeitspanne. Ob nun durch längere Atemretention oder durch die Verwandlung der Sexualkraft in Vitalenergie (ojas) – die Yogis suchen sich den natürlichen Tendenzen des Körper-Geist-Systems zu verweigern und schaffen damit einen inneren Druck, der sich in physiologische Hitze umwandelt. Sie empfinden das so, als würden sie verbrennen. Am Höhepunkt dieser Erfahrung ereignet sich dann ein radikaler Durchbruch, und ihr ganzes Wesen wird erleuchtet. Sie entdecken, dass sie dieses Licht sind, das keine ersichtliche Quelle hat, sondern die Quelle von allem ist.

Der Zustand der Erleuchtung bedeutet für den Yogi dasselbe wie die magische Reise in andere Reiche für den Schamanen. Beide Erfahrungen stellen ein radikales Verlassen von normaler Wirklichkeit und Bewusstseinsbefindlichkeit dar. Beide üben eine tief transformierende Wirkung aus. Doch nur der Yogi, der nach innen reist, entdeckt die letztliche Vergeblichkeit allen Reisens, denn er erkennt, dass er sich nie außerhalb jener Realität bewegt, die gerade das Ziel seiner spirituellen Odyssee ist.

Das Milieu des Schamanen sind die feinstofflichen Daseinsbereiche, die er zu beherrschen sucht. „Das charakteristische Kennzeichen der schamanistischen Ekstase", schreibt der amerikanische Psychiater Roger Walsh, „ist die Erfahrung des ‚Seelenflugs', des ‚Umherreisens', der ‚außerkörperlichen Erfahrung'. Das heißt, in ihrem ekstatischen Zustand erfahren die Schamanen sich selbst oder ihre Seele oder ihren Geist als durch den Raum fliegend und entweder zu anderen Welten oder zu entfernten Bezirken dieser Welt reisend."[10] Die Schamanen-Reisen dienen dem Zweck, Wissen oder Macht zu erlangen, oder um Veränderungen auf der stofflichen Ebene durch Änderung der Bedingungen auf den feinstofflichen Ebenen zu bewirken.

Des Yogis höchste Aufgabe hingegen besteht darin, über die subtilen, vom Schamanen erkundeten Existenzebenen hinauszugehen und das transzendentale Sein, das jenseits aller Dimensionen und Qualitäten steht und das, wie der Yogi weiß, seine eigene innerste Identität darstellt, zu verwirklichen. Während der Schamane also als Heiler oder Wunderwirkender erscheint, ist der Yogi primär ein Transzendierender. Allerdings wird er bei seinem Aufstieg zur transzendenten Realität wohl eine Menge an Wissen über die subtilen Bereiche (sûkshma-loka) sammeln. Das erklärt, weshalb viele Yogis außergewöhnliche Fähigkeiten aufweisen und von

[10] *R. Walsh, The Spirit of Shamanism (Los Angeles: J.P. Tarcher, 1990), p. 10.*

lndern als Wundertäter und Magier betrachtet werden. Unter yogischen Gesichtspunkten jedoch sind die paranormalen Fähigkeiten vieler Meister im Vergleich mit der erreichbaren höchsten Selbst-Verwirklichung oder Erleuchtung gänzlich irrelevant.

III. YOGA UND DIE RÄTSELHAFTE INDUS-SARASVATÎ-ZIVILISATION

DIE VEDISCHEN ARIER: EINE GRUNDLEGEND NEUE SICHT

Yoga, wie wir ihn heute kennen, ist das Produkt mehrerer Jahrtausende. Die frühesten Anfänge verlieren sich im Dunkel der alten Vorgeschichte Indiens. Ganz richtig nennt die Bhagavad-Gîtâ (4.3) – in ihrer wesentlichen, gegenwärtigen Form vielleicht zwischen 500–600 v. Chr. verfasst – den Yoga „uralt" (purâtana).[11] Westliche Gelehrte unterschätzten im Allgemeinen das hohe Alter des Yoga, und bis vor kurzem war es genereller Brauch, ihn inhaltsmäßig mit den esoterischen Aspekten der Upanishaden zu verbinden, die ihrerseits ins 6. oder 7. Jh. v. Chr. verlegt wurden – jedoch viel älter sind.

Jüngste Studien haben klar die Präsenz des Yoga als lockere Struktur von Ideen und Praktiken (die wir zweckdienlich als „Proto-Yoga" bezeichnen können) zur Zeit des Rig-Veda aufgezeigt. Noch signifikanter erscheint, dass die Entstehungszeit des vedischen Kanons selbst mittlerweile erheblich zurückdatiert wird. Die Hauptmasse des Rig-Veda, der wichtigsten der vier vedischen Hymnen-Sammlungen, wurde lange vor 1900 v. Chr. verfasst. Ich werde über die Bedeutung dieser Datierung in Kürze sprechen.

Mehrere Generationen westlicher Gelehrter waren auf die Theorie der sogenannten arischen Invasion eingeschworen, die nunmehr aufgrund der neuen Belege widerlegt werden muss. Dem überholten Vorstellungsmodell zufolge drangen die Sanskrit sprechenden vedischen Stämme zwischen 1500 und 1200 v. Chr. nach Indien ein und brachten der ansässigen (vermutlich dravidischen) Bevölkerung Zerstörung und Tod. Diese Hypothese, insbesondere vom einflussreichen Indologen Max Müller unterstützt, erwarb sich rasch den Rang eines populären Dogmas, das sich, selbst angesichts einer Fülle von Gegenbeweisen, als äußerst hartnäckig erwies.

Die arische Invasionstheorie wurde zum ersten Mal herausgefordert, als 1921 Archäologen die alten Städte Harappa und Mohenjo-Daro an den Ufern des Indus im heutigen Pakistan entdeckten. Doch anstatt ihre Annahmen über den Ursprung der vedischen Arier zu hinterfragen, veränderten die meisten Forscher einfach das Datum der unterstellten Invasion um mehrere Jahrhunderte, um so den archäologischen Berechnungen gerecht zu werden. Unter dem Einfluss des Invasions-Modells überinterpretierten sie

[11] Siehe z.B. T. McEvilley, "An Archaeology of Yoga", Research, Bd. 1 (Frühj. 1981), pp. 44–77, zur Übersicht über die yogischen Elemente in der sogenannten Indus-Zivilisation. McEvilley projiziert noch die überholte Zweiteilung in erobernde Arier und ansässige dravidische Kulturen.

gewisse archäologische Funde, vor allem die in einigen Grabungsschichten von Mohenjo-Daro auffindbaren Spuren von Gewalt. In der Zwischenzeit ließen zwar die meisten Archäologen von dieser speziellen Deutung ab, doch verlassen sich noch viele Indologen weiterhin auf die überholten Interpretationen.

Der Grund dafür ist, dass eine alternative Erklärung – die durch die Fakten selbst stark nahegelegt wird – eine totale Revision unseres Verständnisses der frühen indischen Zivilisation erfordert: Das heißt, die Invasion Indiens durch die vedischen Arier hat nie stattgefunden! Vielmehr waren die Arier bereits seit langem in Indien ansässig. Die überwältigende Beweislast, die dem Konzept der arischen Invasion widerspricht, wurde im Buch *In Search of the Cradle of Civilisation*[12] vorgetragen, das ich zusammen mit Subhash Kak und David Frawley verfasst habe. Darum wird es nicht nötig sein, alle Fakten nochmals durchzusprechen; ein breiter Überblick sollte genügen.

Die vedischen Arier gehörten zur indo-europäischen Sprachfamilie, deren zahlreiche Mitglieder zweifelsohne auch viele ethnische Charakterzüge gemeinsam hatten. Diese vedischen Arier sind verwandt mit den Kelten, Persern, Goten und mehreren anderen sprachlich-kulturellen Gruppen, die heute nicht mehr existieren. Sie sind dazu entfernte Verwandte von denjenigen unter uns mit den Muttersprachen Englisch, Französisch, Deutsch, Spanisch, Russisch und einer Menge anderen aus Eurasien entsprungenen Sprachen.

Die indo-europäisch Sprechenden sollen, so wird angenommen, Abkömmlinge der Proto-Indo-Europäer sein, die nunmehr ins 7. Jahrtausend v. Chr. zurückverlegt werden. Die Gelehrten können sich über ihr Heimatland nicht einigen, doch wird es im Allgemeinen irgendwo in Zentralasien oder Eurasien vermutet. Wenn wir den Ausführungen eines einflussreichen Linguisten, Colin Renfrew, folgen, so waren die Proto-Indo-Europäer ursprünglich in Anatolien (heute Türkei) beheimatet und breiteten sich von dort nach Norden, Westen und Osten aus.[13] Jedenfalls wird es heute als wahrscheinlich erachtet, dass die proto-indo-europäischen Gemeinschaften um 4500 v. Chr. oder noch eher in Eurasien ihren festen Sitz hatten. Danach bildeten sich die verschiedenen Dialekte zu eigenen Sprachen aus, einschließlich des vedischen Sanskrit. Renfew und anderen zufolge wurden in ganz Europa um etwa 3000 v. Chr. indo-europäische Sprachen samt ihrer diversen Dialekte gesprochen, und es gab weiterhin eine starke indo-europäische Präsenz in Anatolien, wie das Hethitische Reich von 2200 v. Chr. eindeutig belegt. Im Licht dieser und anderer Beweise können wir ohne Zögern die Vorstellung, die vedischen Arier seien erst 1500 v. Chr. nach Indien gekommen, über Bord werfen. Sie können sich dort leicht mehrere Jahrtausende früher angesiedelt und aus einem existierenden und auf dem Subkontinent lebenden Zweig der proto-indo-europäischen Gemeinschaften entwickelt haben. Ebendies legen die archäologischen Funde wie auch die impliziten Belege des Rig-Veda nahe.

[12] *Siehe G. Feuerstein, S. Kak und D. Frawley, In Search of the Cradle of Civilization: New Light on Ancient India (Wheaton, Illinois, USA: Quest Books, 1995).*

[13] *Siehe C. Renfrew, Archaeology & Languages: The Puzzle of Indo-European Origins (Cambridge: Cambridge University Press, 1987).*

Karte des vedischen Indiens

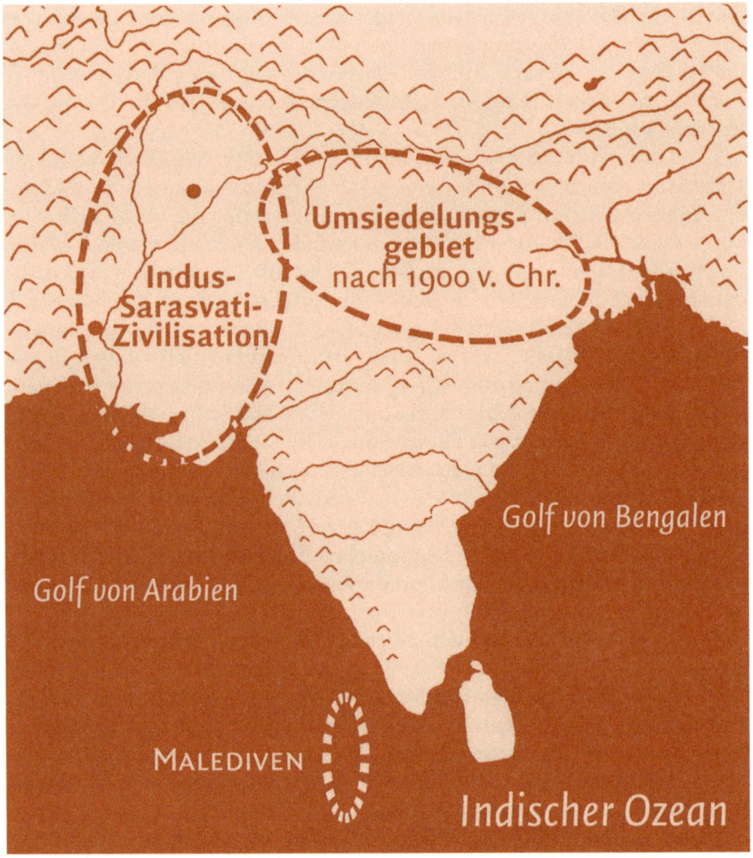

Sehr bedeutsam erscheint in diesem Zusammenhang, dass der meistbesungene Strom des Rig-Veda – die Sarasvatî, die, wie Satellitenaufnahmen zeigten, östlich vom Indus floss – etwa um 1900 v. Chr. verschwand. Das katastrophale Austrocknen dieses riesigen Stroms, vielleicht durch einen größeren tektonischen Umbruch, gefolgt von klimatischen und ökologischen Veränderungen, verursacht, zog sich über viele Jahrhunderte hin. Es führte zur Aufgabe der zahlreichen Städte und Dörfer und der Verlegung des Herzens der vedischen Zivilisation an den Ganges. Schlussfolgernd gesagt: Der Rig-Veda muss vor dem Verschwinden der Sarasvatî verfasst worden sein. In der Tat verweisen astronomische Angaben in dieser archaischen Hymnensammlung auf das dritte, vierte, ja auf das fünfte Jahrtausend v. Chr.; sie wurden jedoch typischerweise ignoriert oder als spätere Einschübe abgetan. Nun sind aber astronomische Rückberechnungen bekanntermaßen schwierig, und es besteht kein Anlass, die Verweise auf Sonnwenden im Rig-Veda und anderen frühen Schriften als nachträgliche Interpolationen zu diskreditieren, vor allem angesichts der Tatsache, dass nahezu alle Experten das hohe Maß an Orginaltreue bewundern, mit der die vedischen Hymnen über die Jahrtausende weitergegeben wurden.

Man hatte auch etwas anderes entdeckt: nämlich dass die Mathematik Babylons (ca. 1700 v. Chr.) von Indiens mathematischem Genius stark beeinflusst worden war. Zu dieser Schlussfolgerung kam A. Seidenberg, ein Historiker der Mathematik, der sich Indien nicht übermäßig verpflichtet fühlte.[14] Die indische Mathematik scheint aus der brahmanischen Ritualkultur und speziell bei der Konstruktion komplexer Altäre mit ihrer symbolischen Korrespondenz zur Struktur des Makrokosmos entstanden zu sein. Mathematische Ideen tauchten zum ersten Mal in den Brâhmanas auf und wurden später in den Shulba-Sûtras[15] formuliert und kodifiziert. Die ersten Brâhmanas können nicht viel später als auf 2000 v. Chr. datiert werden. Einige Forscher verlegen sie auf 3000 v. Chr. und die Veden auf 4000–5000 v. Chr. bzw. noch früher. Im vorliegenden Band entschied ich mich bezüglich der frühesten Brâhmanas vorläufig für eine Entstehungszeit um 2500 v. Chr.

All diese Sachverhalte werfen erneut die entscheidende Frage auf nach der Beziehung zwischen den sanskritsprachigen Ariern und der von etwa 2800 bis 1900 v. Chr. blühenden sogenannten Indus-Zivilisation. Dabei sollte auch erwähnt werden, dass die zeitliche Einordnung von 2800 v. Chr. rein vorläufig ist, da die frühesten archäologischen Schichten von Mohenjo-Daro wegen permanenter Überflutungen noch gar nicht ausgegraben worden sind. Die Fundamente dieser Stadt, die unter acht Meter Schlamm liegen, könnten um viele Jahrhunderte älter sein. Desgleichen sind die über zweitausend anderen Ansiedlungsstätten entlang des Indus und der Sarasvatî noch nicht ausgegraben worden. Es ist möglich, dass einige dieser Ortschaften, von denen die meisten am Ufer der früheren Sarasvatî (weniger am Indus) liegen, sogar noch älter sind. Die Stadt Mehrgarh im äußersten Nordwesten Indiens wurde auf 6500 v. Chr. datiert und stellt damit die womöglich früheste Phase einer erstaunlichen Kontinuität kulturellen Ausdrucks dar.

Immer mehr Forscher neigen dazu, diese große Zivilisation als Schöpfung der vedischen Arier selbst zu betrachten. Tatsächlich findet sich in den Veden nichts, das einer solchen Identifizierung widerspräche. Jene Textpassagen, die frühere Generationen von Gelehrten immer als Beweis für die gewalttätige Invasion Indiens nahmen, können problemloser und sinnvoller in anderer Form gedeutet werden. Die in einigen Hymnen des Rig-Veda erwähnten Schlachten sind entweder mythologisch oder, falls geschichtlich, deutliche Erinnerungen an arische Stammeskonflikte, nicht aber an die unterstellte Unterwerfung der einheimischen Bevölkerung durch vedische Arier in der Rolle ausländischer Aggressoren.

[14] Siehe A. Seidenberg, "The Origins of Mathematics", Archive for History of Exact Sciences, Bd. 18 (1978), pp. 301–342.

[15] Die Shulba-Sûtras sind Teil der vedischen Kalpa-Sûtra-Literatur und behandeln den Bau von Opferaltären.

Siegel der Indus-Sarasvatî-Zivilisation

Des Öfteren haben Gelehrte die bemerkenswerte Kontinuität in Symbolik und kulturellen Motiven zwischen der Indus-Sarasvatî-Zivilisation und dem späteren Hinduismus festgestellt. Wenn wir die vedischen Arier mit dem Volk identifizieren, das die Städte und Dörfer der Indus- und Sarasvatî-Ebenen bewohnte, wird solche Kontinuität völlig verständlich. Sowie das Vorurteil des arischen Invasions-Konzepts ausgeräumt ist, vermögen wir leicht wahrzunehmen, dass die vedische schriftlich-mündliche Überlieferung mit den archäologischen Befunden übereinstimmt. Nicht länger müssen wir uns abquälen mit dem seltsamen Rätsel von großen Städten ohne Literatur und von einem großen literarischen Erbe ohne jedwede physische Grundlage. Diese neuen Funde revolutionieren auch unser Verständnis der Geschichte des Yoga.

Die meisten zeitgenössischen Forscher stimmen darin überein, dass in den Indus-Sarasvatî-Städten Spuren eines frühen Yoga vorliegen. In der Vergangenheit wurde das immer als Bestätigung des nicht-vedischen Ursprungs der Yoga-Tradition genommen; doch gelangte man nur deshalb zu dieser Annahme, weil man die Spiritualität der vedischen Arier komplett missverstand. Wir finden in den Veden ebensoviele proto-yogische Begriffe wie bei den aus Indus-Sarasvatî-Grabungsstätten stammenden Artefakten. Die Eigenart dieses Proto-Yoga werden wir später besprechen.

Die archäologischen Funde und die literarischen Belege der Veden, insbesonders des Rig-Veda, ergänzen sich, soweit wir das feststellen können, vollständig. Beide zusammen liefern uns einen tiefen Einblick in die offensichtlich älteste fortdauernde Zivilisation der Erde – beginnend mit der frühen neolithischen Kultur, wie sie sich in der Stadt Mehrgarh im 7. Jahrtausend v. Chr. darstellt, bis hin zum Hinduismus heutiger Zeit.

Doch ist die vedische Indus-Sarasvatî-Zivilisation nicht nur die älteste der Erde, sondern sie war auch die räumlich größte Zivilisation des frühen Altertums – größer als Sumer, Assyrien und Ägypten zusammengenommen. Mit anderen Worten: Vom jetzigen Wissensstand ausgehend (und die Archäologie hat bisher sozusagen nur an der Oberfläche gescharrt) lässt sich feststellen, dass diese enorme Zivilisation bis zum Ende des 3. Jahrtausends schätzungsweise ein Gebiet von ungefähr 770.000 Quadratkilometern bedeckte – ein Gebiet, das größer ist als Deutschland, Österreich und Italien zusammen.

Die Pracht der Indus-Ortschaften

Die Ruinen von Mohenjo-Daro

Man stieß auf die riesige Indus-Sarasvatî-Zivilisation (wie die Indus-Zivilisation eigentlich genannt werden sollte) in den frühen 1920er Jahren, gerade als sich die gelehrte Welt im trostreichen Glauben, mit der Entdeckung des Hethiterreiches die letzte der großen Zivilisationen der Alten Welt gefunden zu haben, zur Ruhe ließ. Die Indus-Sarasvatî-Zivilisation übertraf die kühnsten Vorstellungen moderner Gelehrter.

Bisher sind nur 60 von mehr als 2500 bekannten Plätzen ausgegraben worden. Die größten Orte sind Mohenjo-Daro, Harappa, Ganweriwala, Rakhigarhi, Kalibangan, Dholavira und die Hafenstadt Lothal (auf der Kathiawar-Halbinsel in der Nähe der heutigen Stadt Ahmadabad im Staat Gujarat gelegen). Die erstaunlichsten Städte sind Mohenjo-Daro im Süden und Harappa, 560 km nördlich davon. Der Indus diente ihnen als Hauptader der Kommunikation. Mohenjo-Daro, die größere dieser beiden im Indus-Tal ausgegrabenen Städte, nahm eine Fläche von etwa 2,6 km^2 ein, groß genug, um wenigstens 35.000 Menschen zu beherbergen. Beide Städte zeigen eine exakte Planung und ein hohes Maß an Standardisierung, was auf eine durchdachte gesellschaftspolitische Organisation schließen lässt.

Die Grabungen brachten eine kunstvolle Kanalisation zu Tage, komplett versehen mit Abfallsperren, was für vorrömische Zeiten einzigartig ist. Dazu auch eine große Menge von Baderäumen, die an die rituellen Waschungen, für den modernen Hinduismus so bezeichnend, denken lassen. Die meist fensterlosen Gebäude, einschließlich dreistöckiger Häuser, waren aus gebrannten Ziegeln erbaut, einem der besten damals bekannten Baumaterialien. In beiden Städten bildete eine riesige, 200 mal 400 Meter messende Zitadelle, auf einem künstlichen Erdhügel errichtet, den Stadtkern. In Mohenjo-Daro umschließt diese ein großes Badebecken (70 auf 24 m), eine Versammlungshalle, dazu eine geräumige Struktur, die vermutlich eine Priesterschule war, und einen großen Getreidespeicher (die Getreidebevorratung galt als Aufgabe der Regierung). Der Grundriss der Stadt und die standardisierten Ziegelgrößen sind Indizien für eine zentrale Ordnungsmacht, von zweifelsohne priesterlicher Natur.

Obgleich bis jetzt keine Tempelanlage endgültig identifiziert wurde, müssen wir annehmen, dass die Religion eine sehr bedeutende Rolle im Leben dieses frühen Volkes spielte – vor allem aufgrund ausgegrabener Artefakte, darunter die zahlreichen Speckstein-Siegel mit ihren charakteristischen Motiven, die eine bemerkenswerte Ähnlichkeit mit den religiösen Motiven des späteren Hinduismus erkennen lassen und überdies mit der frühen vedischen Symbolik übereinstimmen. Abgesehen davon erwähnen die Veden keine Tempel, praktizierten die vedischen Menschen doch ihren Glauben zu Hause und versammelten sich öffentlich nur bei größeren offiziellen, ihren jeweiligen Stamm oder Clan betreffenden Anlässen.

Indus-Sarasvatî-Glyphen

Die Zurückhaltung von Archäologen, gewisse Plätze als rituell oder sakral verwendet zu sehen, ist anbetrachts der zentralen Rolle der Religion in anderen vergleichbaren Kulturen jener Periode schwer zu verstehen. Bemerkenswerterweise haben jüngste Ausgrabungen bei Lothal und Kalibangan Feueraltäre ans Licht befördert, deren bauliche Gliederung sich prinzipiell mit jenen Angaben deckt, die wir über vedische Feueraltäre haben – das ist ein nicht zu unterschätzender Fund.

Es überrascht nicht, wenn die sieben großen Ströme, die die Indus-Sarasvatî-Zivilisation bewässerten, nicht nur zum Schiffsbau und Binnenhandel anregten, sondern gleichfalls zum maritimen Handel mit Reichen des Mittleren Ostens wie Sumer, und wahrscheinlich auch mit entfernteren Ländern. Wie zu erwarten, spiegelt sich die aktive Seefahrt durchaus wider im Rig-Veda – der so oft als Hervorbringung ungebildeter Halbnomaden missdeutet wurde, die als Viehzüchter ihr Leben verbrachten und sich durch periodische Überfälle auf die wohlhabenden Städte des Indus gelegentlich bereicherten.

Die zwei großstädtischen Räume von Mohenjo-Daro und Harappa, die übrigens gleiche Raumplanung aufweisen, blühten etwa 800 Jahre lang, und während dieser Zeitspanne kam es zu erstaunlich wenigen Änderungen in Technik, Schrift oder künstlerischen Designs. Diese Eigenart veranlasste den britischen Archäologen Stuart Piggott zu der Bemerkung:

> Bei der Harappa-Zivilisation begegnet man einer furchtbaren Effizienz, die an das Schlechteste im Römischen Reich denken lässt; doch geht mit diesem kunstvoll ausgeklügeltem System eine Isolation und Stagnation einher, für die sich kaum eine Parallele in irgendeiner bekannten Zivilisation der Alten Welt findet.[16]

Nun muss aber Kontinuität nicht notwendigerweise ein Zeichen von Stagnation sein. Sie kann auch das Gegenteil davon bedeuten – ein Zeichen von Stärke. Vielleicht war das Indus-Sarasvatî-Volk in einer derart tiefen Spiritualität verankert, dass keine größeren Änderungen nötig schienen, um Lebenssinn und Lebensbeistand an die aufeinanderfolgenden Generationen zu vermitteln. Eine solche spirituelle Tradition liegt tatsächlich vor im Rig-Veda, dem literarischen Gegenstück zu den Artefakten, die in den Indus-Sarasvatî-Ortschaften gefunden wurden. Sowie wir die von Archäologen ausgegrabenen Kunstgegenstände im Licht der Veden interpretieren, können wir den Sinn dieser materiellen wie auch jener literarischen Belege besser verstehen.

Von besonderem Interesse erscheinen die zahllosen Speckstein-Siegel – sie wurden von Kaufleuten benutzt – mit ihren Darstellungen von Tieren, Pflanzen und mythologischen, an den späteren Hinduismus erinnernden Figuren. Eine Reihe der über zweitausend aufgefundenen Gefäße aus gebranntem Ton zeigt „gehörnte" Gottheiten, die in der Art der späteren

[16] *S. Piggott, Prehistoric India (Harmondsworth, England: Penguin Books, 1950), p. 138. Siehe auch B. Allchin und R. Allchin, The Birth of Indian Civilization: India and Pakistan Before 500 B.C. (Harmondsworth, England: Penguin Books, 1968); J. Marshall, Mohenjo Daro and the Indus Civilization (London: Arthur Probsthain, 1931), 3 Bde.; und R. E. Mortimer Wheeler, Civilizations of the Indus Valley and Beyond (London: Thames & Hudson, 1966).*

Das sogenannte Pashupati-Siegel

yogins sitzen. Speziell ein Siegel, das sogenannte Pashupati-Siegel, erregte die Aufmerksamkeit und Vorstellungskraft von Archäologen und Historikern. Es porträtiert eine auf einem niedrigen Sitz thronende Gottheit, umgeben von vier Tieren: Elefant, Tiger, Rhinozeros und Büffel. Unter dem Sitz steht ein Paar antilopenähnlicher Tiere. Dieses Bildnis hat man häufig mit Gott Shiva gleichgesetzt, dem Ur-Yogi und Herrn (pati) der Tiere (pashu). Während einige der gebotenen Deutungen einer näheren Nachprüfung nicht standhalten, kann nur wenig Zweifel daran herrschen, dass die Gestalt (ob männlich oder weiblich) ein heiliges Wesen darstellt, in einer ritualisierten Pose, die zwar noch nicht schlüssig identifiziert wurde, jedoch dem bhadra- oder goraksha-âsana ähnlich sieht.[17]

Es gibt auch eine Anzahl nachhaltiger Beweise für die Existenz eines damaligen Kults der Göttin. Ein Siegel zeigt ein weibliches Wesen, aus dessen Unterleib eine Pflanze wächst, was Fruchtbarkeitsglauben und -riten nahelegt, wie man dies in einer frühen Agrargesellschaft erwarten würde. Damit gehen Objekte einher, die an das männlich-zeugende (linga) und das weiblich-zeugende Symbol (yoni) des späteren Tantra gemahnen. Siegel mit Abbildungen des Feigenbaums, der in Indien bis auf den heutigen Tag in Ehren gehalten wird, und von Bäumen mit einer menschenähnlichen Gestalt im Geäst erlauben es uns ohne weiteres, Verbindungen zu den Hymnen der Veden zu ziehen. Am bedeutsamsten aber erscheint uns, dass dies alles bis in kleine Details der religiösen Vorstellungswelt des heutigen ländlichen Indien entspricht.

Specksteinbildnis eines Hauptpriesters oder Edelmanns

IV. OPFER UND MEDITATION: DER RITUELLE YOGA DES RIG-VEDA

So interessant die aufgefundenen Kunstgegenstände der Indus-Sarasvatî-Zivilisation auch sein mögen, sie alleine reichen nicht hin, das Vorhandensein irgendeiner Form von Yoga in dieser frühen Epoche schlüssig zu beweisen. Das Bild verändert sich jedoch beträchtlich, wenn wir die Artefakte im Zusammenhang mit den Angaben deuten, die in den rig-vedischen Lobpreisungen und Weiheliedern enthalten sind. Was uns dann entgegentritt, ist eine höchst ritualistische Kultur, die viele proto-yogische Vorstellungen und Praktiken aufweist.

Der bekannte indische Gelehrte Surendranath Dasgupta charakterisierte die vedische Religion zu Recht als „Opfer-Mystik“[18], steht doch das Opfer (yajna) im Zentrum des religiösen Glaubens und der religiösen Praxis der Indus-Sarasvatî-Zivilisation. Zwei Arten von Opferriten sind dabei zu unterscheiden: griha oder häusliche Opfer und shrauta oder öffentliche Opfer. Erstere waren private Zeremonien in einem einzelnen Haushalt, mit nur einem Feuer. Letztere erforderten zahlreiche Priester, drei Feuer und viele stille Teilnehmer. Sie erstreckten sich über mehrere Tage, manchmal über

[17] *Die Worte bhadra-âsana und goraksha-âsana werden bhadra-âsana und gorakshâsana geschrieben.*

[18] *Siehe S. N. Dasgupta, Hindu Mysticism (Chicago, Illinois, USA: Open Court Publishing, 1927).*

Osten

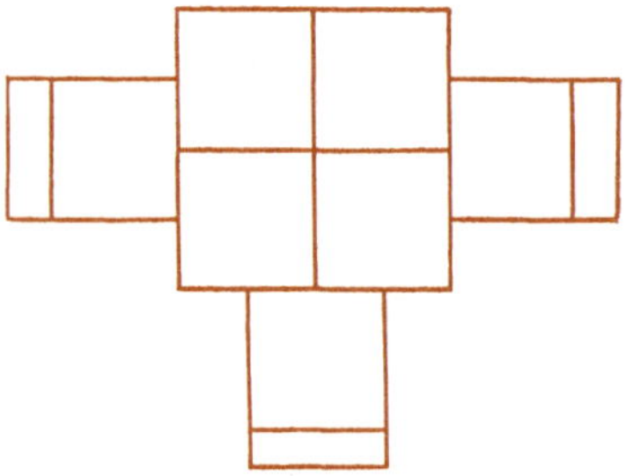

Vedischer Feueraltar in Form eines Vogels

Wochen und Monate. Zu bestimmten Anlässen pflegte das ganze Dorf oder der Stamm zusammenzukommen und an solchen großen Opferritualen teilzunehmen, etwa an den agni-shtomas (Feueropfer) oder ashva-medhas (Pferdeopfer); die Letzteren wurden selten ausgeführt, und zwar, um die Fortsetzung der Herrschaft eines großen Königs oder das materielle Wohlergehen des Stammes bzw. des Landes zu gewährleisten.

Jeder „zweimal-geborene" (dvija) Haushalt – eine Familie des Brahmanen-, Krieger- oder Bauern- und Kaufmannsstands – war verpflichtet, jeden Tag bei Sonnenauf- und Sonnenuntergang das Feueropfer (homa) auszuführen. Dieses relativ simple Opferritual wurde von Ehemann und Ehefrau gemeinsam zelebriert, und die unmittelbaren Familienangehörigen samt eventuell im Haus untergebrachter Schüler wohnten ihm bei. Die Opfergabe war meist gewässerte Milch, die ins Feuer gegossen wurde. Rezitationen begleiteten die Zeremonie.

Der eigentliche Zweck der diversen Opfer bestand immer darin, die universelle Ordnung (rita) im Körper des opfernden Priesters, des Spenders des Rituals und der Anwesenden wiederherzustellen. Daneben stand die Absicht, die Gunst einer speziellen Gottheit zu gewinnen. Die Gottheiten waren zumeist männlich, wie Indra, Agni, Soma, Rudra und Savitri; aber ein paar vedische Hymnen wendeten sich an Göttinnen, vor allem an Vâc (Sprache, Rede), Ushâ oder Ushas (Göttinnen der Morgendämmerung), Sarasvatî (der Fluss dieses Namens wie auch sein kosmisches Gegenstück) und Prithivî (Erde, Gaia).

Wie zuvor angemerkt, scheinen die vedischen Menschen keine Tempel gehabt zu haben, und sie hielten die öffentlichen Opfer im Freien ab. Ihre Religiosität trug den Stempel kräftiger Unmittelbarkeit und Vitalität, und in ihren Gebeten baten sie um ein langes, glückliches und wohlhabendes Leben im Einklang mit der kosmischen Ordnung. Wie jedoch aus den vedischen Hymnen ersichtlich wird, gab es auch Menschen, die zur Mystik neigten und nach Kommunion mit ihrer favorisierten Gottheit strebten oder gar nach Verschmelzung mit dem höchsten namenlosen Sein (sat), das wegen seiner Nichtbegrenzung durch Form und Gestalt auch als Nicht-Sein (asat) beschrieben wird, darin also dem später auftretenden Begriff des Leeren (shûnya) entsprach.

Die spirituellen Heroen des vedischen Volkes waren nicht die Priester, wiewohl in hoher Achtung stehend, sondern die Weisen, die Seher (rishi), die die Wahrheit „erschauten", die mit dem inneren Auge die verborgene Realität hinter der obskuren Leinwand aller manifesten Existenz wahrnahmen. Wohl gehörten viele von ihnen zur Priesterklasse, doch waren einige auch Mitglieder der drei anderen sozialen Klassen. Die Weisheit also dieser Erleuchteten ergoss sich in rhythmische Dichtung und überaus symbolische Sprache: in die erstaunlichen Hymnen der Veden. Diese Seher, die manchmal Poeten (kavi) genannt wurden, enthüllten dem gewöhnlichen, unerleuchteten Menschen die leuchtende Wirklichkeit jenseits aller spirituellen Dunkelheit. Sie zeigten auch den Pfad zu jenem ewigen Sein, das einzig (eka) und ungeboren (aja) ist, doch viele Namen erhält. Die vedischen Seher errangen sich ihre heiligen Visionen durch harte innere Arbeit – durch strenge Exerzitien und den intensiven Drang nach geistiger, seelischer Erleuchtung. Sie sahen sich als „Kinder des Lichts" (Rig-Veda 9.38.5), und ihr ganzes Sinnen und Trachten war allein darauf gerichtet, das „himmlische Licht", das letztendliche, höchste Licht-Wesen zu erreichen (Rig-Veda 10.36.3).

Diejenigen, die frei von Sünde und Schuld waren, konnten einem glücklichen Dasein im Jenseits entgegenblicken. Sünder aber, so glaubte man, wurden in den dunklen Abgrund der Hölle geschleudert, obschon die rig-vedischen Gesänge auf solch unseliges Geschick nicht übermäßiges Gewicht legten. Wie die englische Forscherin Jeanine Miller ausführte, zogen die vedischen Seher eine optimistische Sichtweise vor. Sie merkte auch an:

> Zwei Gedankenrichtungen sind feststellbar: Der Wunsch nach Leben auf Erden bei gleichzeitiger Vermeidung des Todes – auch wenn körperliches Leben und Unsterblichkeit im Allgemeinen nicht als gleichwertig gesehen werden. Die Suche nach dem Letzteren war schlussendlich das Streben jedes Sterblichen. In der Zwischenzeit gab sich der gewöhnliche Mensch zufrieden mit einem erfüllten Leben von hundert Jahren der Vitalität – ein Gnadengeschenk, um dessen Gewährung viele Gebete flehten. So kann man die generelle Einstellung charakterisieren als „einen Schritt nach dem anderen" – zuerst Genießen des irdischen Lebens, dann die himmlische Belohnung.[19]

Die 1028 Hymnen des Rig-Veda mit ihren 10.600 Versen enthalten zahllose Passagen, die für das Studium des vedischen Proto-Yoga besonders relevant sind.[20] Vor allem die folgenden Hymnen verdienen es, von Yogaforschern beachtet zu werden:

> **1.164:** (=Atharva-Veda 9.9–10): Diese Hymne, aus 52 Versen bestehend, ist eine Kollektion tiefer mystischer Rätsel. Der sechste Vers z.B. fragt nach der Natur des Einen, das ungeboren und doch die Ursache des sichtbaren Universums ist. Die Verse 20–22 sprechen über die beiden Vögel, die auf demselben Baum sitzen. Der eine, so wird erklärt, isst von seinen Früchten; der andere sieht bloß zu. Der Baum kann als Symbol der Welt verstanden werden. Das unerleuchtete Wesen, getrieben von ichhaften Begierden, verschlingt die Früchte des Baums. Das erleuchtete Wesen oder der Weise aber enthält sich dessen und sieht nur leidenschaftslos zu.

[19] *J. Miller, The Vedas: Harmony, Meditation and Fulfilment (London: Rider, 1974), p. 132.*

[20] *Weitere Hinweise in T. G. Mainkar, Mysticism in the Rgveda (Bombay: Popular Book Depot, 1961).*

Der Baum könnte auch als Symbol für den Baum des Wissens gesehen werden, von dessen Früchten der Weise, aber nicht der Uneingeweihte isst. Eine strengere vedântische Interpretation wäre: Der zusehende Vogel ist das unbeteiligte Selbst jenseits des Naturreichs; der andere Vogel ist der verkörperte, in die begrenztbedingte Existenz verstrickte Mensch. Im Vers 46 finden wir die verwunderliche und häufig zitierte Äußerung, dass das namenlose Eine Sein von den Weisen unterschiedlich benannt wird.

Der Verfasser oder „Seher" dieser besonderen rig-vedischen Hymne trägt den Namen Dîrghatamas („Lange Dunkelheit"). Zweifellos war er einer der tiefsten Denker oder Visionäre jener frühen Periode. Der indische Gelehrte Vasudeva S. Agrawala kommentierte in seiner detaillierten Studie über dieses sogenannte asya-vâmîya-sûkta:

> Dîrghatamas repräsentiert den Typ der Männer der Philosophie und Wissenschaft, die ihren Blick auf die sichtbare Welt richten. Ihre Sicht konzentriert sich dabei auf die unsichtbare Quelle, auf die Erste Ursache, die seit altersher ein Mysterium war und auch heute eines ist. Dîrghatamas steht unter ihnen allen auf einem Gipfel und fragt: „Wo ist der Lehrer, der die Lösung weiß? Wo ist der Schüler, der zum Lehrer zwecks Offenbarung kommt?" … Er nimmt flink einige Dinge aus dem Universum und deutet auf die vielen Symbole, die über sein Geheimnis erzählen. Der Seher scheint die zuversichtliche Sicht zu nähren, die eingekerkerte göttliche Glorie, obgleich an sich wahrlich ein Mysterium, sei doch in jeder manifestierten Form gegenwärtig und dem Verstehen zugänglich.[21]

3.31: Diese Anrufung des Gottes Indra – sie wird weiter unten vorgestellt – zeigt viele Schlüsselelemente der vedischen Metaphysik.

3.38: Der Hymnus, weiter unten wiedergegeben, gibt uns einen Einblick in die sakrale Aufgabe, visionär inspirierte Lobpreis zu komponieren – ein wesentlicher Bestandteil des vedischen Yoga der rishis.

3.57: Diese Hymne, siehe unten, lobpreist die „Einzige Kuh", die den Göttern wie den Menschen reichlich spirituelle Nahrung liefert.

4.58: Die Hymne offenbart die esoterische Symbolik der beim Feueropfer verwendeten geklärten Butter (ghrita). Die geklärte

[21] *V. S. Agrawala, The Thousand-Syllabled Speech. Bd. 1: Vision in Long Darkness (Varanasi, India: Vedaranyaka Ashram, 1963).*

Butter fließt, wie gesagt wird (Vers 5), aus dem Ozean des Herzens. Ihr geheimer Name wird als „Zunge der Götter" oder als „Nabel der Unsterblichkeit" angegeben. Soma wird (Vers 2) ein „vierhörniger Büffel" genannt, mit drei Füßen, zwei Köpfen und sieben Armen. „Die ganze Welt", erklärt Vers 11, „ruht in deiner Pracht (dhâman) inmitten des Ozeans, inmitten des Herzens – in deiner Lebenszeit."

Die vedische Göttin Sarasvatî

5.81: Diese Hymne stellt den Sonnen-Yoga vor; er steht im Zentrum der Spiritualität der vedischen Zivilisation.

6.1: Vedische Spiritualität ist nicht vorstellbar ohne die Gottheit Agni, das sublime Wesen hinter dem Opferfeuer, das die Opfergaben zu den göttlichen Bezirken trägt. Diese Hymne bringt etwas vom tiefen Symbolismus rund um Agni und das Feuerritual zum Ausdruck.

6.9: Dies ist eine wundervolle Invokation des Gottes Agni in Gestalt Vaishvânaras, worin er als das „unsterbliche Licht unter Sterblichen" bezeichnet wird, „geschwinder als der Verstand" und „im Herzen wohnend".

8.48: Gewidmet Soma, dem Gott des Nektars der Unsterblichkeit, gibt diese Lobpreisung viele Einblicke in die vedische Spiritualität. Eine Übersetzung findet sich in der nachfolgenden Quellenlektüre.

10.61: Die relativ lange Hymne mit 27 Versen enthält eine Fülle von Symbolismen hinsichtlich des Mysteriums der Sonne. Sie wurde von Nâbhânedishtha komponiert, dessen Name „Er, der dem Nabel am nächsten ist" bedeutet, wobei der Nabel als esoterische Bezeichnung der Sonne gilt, wie aus Vers 18 klar wird. Laut einer in dem Aitareya-Brâhmana (5.14) erzählten Legende verhalfen diese Hymne wie auch die Hymne 10.62 (gleichfalls von Nâbhânedishtha verfasst) den Angirasas dazu, in den Himmel zu gelangen. Im Vers 19 beteuert der große Seher seine Identität mit der Sonne und ruft ekstatisch aus: „Ich bin all Dies – der Zweimal-Geborene, der Erstgeborene der [kosmischen] Ordnung."

10.72: Dies ist eine weitere kosmogonische Hymne, die um das Rätsel des Ursprungs des Weltalls kreist. Im dritten und vierten Vers taucht der Begriff uttânapâd auf, „jemand, dessen Füße nach oben weisen"; das ist ein Beiname der Göttin Aditi („Grenzenlose"), aus der die Welt geboren wurde. Der merkwürdige Ausdruck lässt an die uttâna-carana-Stellung denken, erwähnt in Yâjnavalkyas Smriti (3.198), einem Text über Ethik und Rechtswissenschaft, der allgemein den frühen Jahrhunderten n. Chr. zugerechnet wird, doch zweifellos sehr viel älteres Material mit einschließt. Die besagte Stellung wird durch Anheben der Beine, wie im Schulterstand, ausgeführt.

10.90: Unter den verschiedenen kosmogonischen Hymnen, die für ein Studium des archaischen Yoga von Bedeutung sind, insofern sie nicht nur die Entstehung des Kosmos, sondern auch die der menschlichen Seele beschreiben, sticht das purusha-sûkta, die „Hymne des Menschen", besonders hervor. Im ersten Vers wird besungen, wie der uranfängliche Adam (purusha) die gesamte Schöpfung bedeckte und sich zehn Maßeinheiten darüber hinaus erstreckte. Damit ist gemeint, dass der Schöpfer seine Schöpfung transzendiert und dass die geschaffene Welt aus der transzendenten Realität zwar hervorgeht, sie aber nicht definiert. Eine ausgearbeitetere Version dieser Hymne ist im Atharva-Veda (15.6) zu finden.

10.121: Der Seher und Verfasser dieser Hymne erschaut ein Weltall, das aus dem „Goldenen Saatkeim" (hiranya-garbha) entsteht. Das große einzige Wesen, dessen „Schatten die Unsterblichkeit ist", wird gesehen als Herrscher des Weltalls, der sowohl Himmel wie Erde fest verankerte. Neun der zehn Verse dieser Lobpreisung enden im Refrain: „Welchen Gott sollen wir verehren mit unseren Opfergaben?"

10.129: Als nâsadîya-sûkta bzw. „Hymne der Schöpfung" betitelt, kündigt dieser Lobpreis bereits die späteren philosophisch-metaphysischen Spekulationen der so eng mit Yoga verknüpften Sâmkhya-Schule an. Die Übersetzung folgt weiter unten.

10.136: Als keshî-sûkta oder „Hymne des Langhaarigen" bekannt und gleichfalls nachfolgend wiedergegeben. Der keshin ist ein besonderer Typ des vedischen Asketen, den einige Gelehrte als einen Vorläufer des yogin ansehen. Den späteren Sanskrit-Kommentatoren zufolge wurde jeder Vers dieser Hymne von einem anderen Weisen verfasst: Jûti, Vâtajûti, Viprajûti, Vrishânaka, Karikrata, Etasha und Rishyashringa.

10.177: Diese kurze Hymne, unten angeführt, vermittelt uns einen wertvollen kleinen Einblick in die spirituelle Praxis der visionär-ekstatischen Intuition (manishâ) in vedischer Zeit.

Während wir die rätselhafte Dichtung der rishis besser zu verstehen beginnen, lernen wir auch die Komplexheit ihrer spirituellen Kultur mehr zu schätzen. Die kleine Auswahl rig-vedischer Hymnen in der Quellenlektüre 5 liefert lediglich ein skizzenhaft reduziertes Bild der vedischen Spiritualität und ihres Proto-Yoga. Weitergehende Informationen können in einigen der Werke Sri Aurobindos und, aus neuerer Zeit, in den Büchern David Frawleys gefunden werden.[22]

Jeanine Miller untersuchte den Rig-Veda unter dem Gesichtspunkt der spirituellen Praxis, und sie kam zu dem Schluss, dass die Disziplin der Meditation (dhyâna) – Angelpunkt des Yoga – in rig-vedische Zeiten zurückreicht. Sie konstatiert:

> Die vedischen Barden waren Seher, die den Veda sahen, und die besangen, was sie erschauten. Bei ihnen sind Schau und Klang, Seherschaft und Besingen innig verbunden, und diese Verbindung der beiden Sinnesfunktionen bildet die Grundlage des vedischen Gebets.[23]

Das vedische Sanskrit besitzt zwei Worte für die Gebetsmeditation: brahman und dhî. Das erste leitet sich von der Wortwurzel brih ab und bedeutet „wachsen" oder „sich ausdehnen"; das Letztere steht für intensives Denken, inspirierte Reflexion oder Vision während der Meditation. Miller beschreibt die brahmische Meditation wie folgt:

> Dies ist die Essenz des vedischen brahman, der vedischen Magie: eine Invokation und eine Evokation, eine aktive Teilnahme – kraft geistiger Energie und tiefer spiritueller Einsicht – am göttlichen Prozess und weniger ein bloß passives Empfangen äußerer Einflüsse; eine bewusste, differenzierte, tiefgehende Seelensondierung und die angemessene Formulierung des Vorgangs samt Ergebnissen; die Worte selbst, in die das – nun geistig empfangene – Gebet gelegt wird, tragen lediglich die Form, in die Inspiration-Vision-Aktion gekleidet sind.[24]

Miller zufolge zeigt die meditative Praxis vedischer Zeit drei deutliche, aber sich überlappende Aspekte, die sie „mantrische Meditation", „visuelle Meditation" und „Absorption in Geist und Herz" nennt. Mit mantrischer Meditation meint sie Absorbierung durch das Mittel des Klangs oder einer geheiligten Sequenz von Lauten (mantra). Die visuelle Meditation findet ihren Ausdruck im Konzept von dhî (das spätere dhyâna), wobei eine spezielle Gottheit visualisiert wird. Die Absorption in Geist und Herz schließlich ist die höchste meditative Ebene, auf der der Seher aufgrund eines „Saat-Gedankens", wie Miller es nennt, die großen psychischen und kosmischen Mysterien erkundet – was zur Komposition der so bemerkens-

[22] *Siehe insbesonders Sri Aurobindo, On the Veda (Pondicherry, India: Sri Aurobindo Ashram, 1956) und D. Frawley, Hymns from the Golden Age: Selected Hymns from the Rig Veda with Yogic Interpretation (Delhi: Motilal Banarsidass, 1986).*

[23] *J. Miller, a. a. O., p. 45.*

[24] *Ebd., p. 49.*

werten kosmogonischen Hymnen, wie etwa der „Hymne der Schöpfung" (Rig-Veda 10.129), geführt hat.

Meditation, falls erfolgreich, führt zur Erleuchtung, zur Entdeckung des „angstlosen Lichts" (Rig-Veda 6.47.8). So wird vom Weisen Atri in einer rig-vedischen Hymne (5.40.6) gesagt, er habe „die von Dunkelheit verborgene Sonne gefunden", nämlich während der vierten Phase des Gebets, die mit dem Ekstasezustand (samâdhi) gleichgesetzt werden kann. Miller sieht darin den „Höhepunkt der vedischen Wahrheitssuche".[25] Sie räumt ein, dass der Rig-Veda selbst die volle Bedeutung dieses vierten Zustands unklar lässt, und bringt ihn deshalb mit einem späteren Schlüsselprinzip des Vedânta – besonders klar präsentiert in der Mândûkya-Upanishad, die das Absolute als das Vierte (turîya) beschreibt – in Verbindung.

Millers genaue und sensible Studien haben bislang kaum vermutete Tiefen der spirituellen Praxis bei vedischen Siedlern enthüllt; dazu eine überwältigend reichhaltige Welt von Symbolen und Ideen, hervorgebracht von einem Volk, das die introvertierte Schau und Kontemplation ebenso liebte wie die weltlichen Freuden. Das jüngste Werk von David Frawley ergänzt in gewisser Weise das von Miller und ist gleichermaßen hilfreich, um die profunde spirituelle Dimension der Veden auszuloten.[26]

Die Hymnen sind Ausdruck der tiefen Spiritualität der vedischen Arier. Eine Hymne zu verfassen hieß, sie in einem kontemplativen Zustand zu erschauen. Der Erschauende wurde wegen seiner heiligen Visionen als rishi, als Seher tituliert. Indem er die vorgeschriebenen Opferrituale ausführte, „entsandte" der „geistig Angeschirrte" (mano-yuja) seine Vision (dhî) zum Göttlichen. Frawley sagt über die vedischen Seher, dass sie „die Wahrheitsliebe, die freie, offene Kreativität und eine großen Lebens- und Wahrnehmungsintensität verkörperten".[27]

Er fährt begeistert fort:

> In ihrer Gestalt glichen sie großen Bergen, in ihren Bewegungen großen Strömen. Ihre Macht der Wahrnehmung erstreckte sich auf alle Reiche der kosmischen Existenz. Ihre schöpferische Kraft manifestierte sich in vielen Welten. Und doch waren sie so demütig und dienstbar wie Kühe, so unparteiisch wohltätig wie die Sonne … Sie waren unsere spirituellen Vorväter, die Erbauer der Zivilisation; und solange die Zivilisation ihre zentralen, inneren, spirituellen Werte aufrechterhielt, solange herrschte wahre Harmonie auf Erden.[28]

„Ehrfurchtsgebietend sind die rishis – Gehorsam sei ihnen! Welche Vision erfüllt sie, welche Wahrheit enthält ihr Geist!"
ATHARVA-VEDA 2.35.4

[25] *Ebd., p. 97.*

[26] *Siehe z.B. D. Frawley, Gods, Sages and Kings: Vedic Secrets of Ancient Civilization (Salt Lake City, Utah: Passage Press, 1991), pp. 203 ff.*

[27] *D. Frawley, Hymns from the Golden Age, p. 10.*

[28] *Ebd., p. 10.*

Der Proto-Yoga der rishis zeigt viele der für den späteren Yoga charakteristischen Elemente: Konzentration, Achtsamkeit, Kasteiung, Atemregulierung bei der Rezitation der heiligen Hymnen während der Rituale, das peinlichst genaue Rezitieren (den späteren Mantra-Yoga vorankündigend), hingebungsvolle Anrufung (die dann im mittelalterlichen Bhakti-Yoga zur vollen Blüte kommt), visionäre Erfahrung, die Vorstellung der Selbstaufopferung (der Aufgabe des Ich), das Zusammentreffen mit einer Wirklichkeit, die größer ist als die Ich-Persönlichkeit, und die kontinuierliche Bereicherung des normalen Lebens aufgrund dieses Zusammentreffens (den späteren Sahaja-Yoga ankündend).

Weil die Veden von Sehern mit außergewöhnlichen spirituellen Befähigungen geschaffen wurden, stellen sie mehr dar als nur Dichtung und mehr als nur Fundgruben für Historiker. Es sind heilige Äußerungen, Zeugnisse des spirituellen Potenzials der menschlichen Gattung, und deshalb sind sie entsprechend zu lesen. Miller, Frawley und auch Sri Aurobindo, der größte Seher-Poet des modernen Indien, vertraten konsequent eine spirituelle Interpretation der vedischen Hymnen. Aurobindo schrieb:

> Der Veda besitzt den hohen spirituellen Gehalt der Upanishaden, aber es fehlt ihm ihre Ausdrucksvielfalt; er zeigt inspiriertes Wissen, ist jedoch unzureichend mit intellektuellen und philosophischen Begriffen ausgestattet. Wir hören die Sprache von Dichtern und Erleuchteten, für die jede Erfahrung real, lebendig, sensitiv erlebbar, gar konkret ist, und noch nicht jene von Denkern und Systematisierenden, denen die Realitäten des Geistes und der Seele zu Abstraktionen geworden sind ... Hier haben wir die alte psychologische Wissenschaft und die Kunst des spirituellen Lebens, deren philosophisches Resultat die Upanishaden bilden.[29]

Aurobindo ging in der symbolischen Interpretation der Veden so weit wie nur möglich, und jede unvoreingenommene Lektüre dieser Texte wird ihn bestätigen. Er beharrte darauf, dass der handfest irdische Tonfall vieler vedischer Hymnen, die von Gottheiten langes Leben, Gesundheit und Reichtum verlangen, nicht bloß materielle Forderungen ausdrückt. Eher sollen wir ihn metaphorisch verstehen. Aurobindos Art der vedischen Interpretation erscheint weit sinnvoller als die wörtliche Übersetzung, wie sie von vielen Gelehrten, die in den Veden kaum mehr als primitive Dichtungen sehen, bevorzugt wird. Trotzdem können wir durchaus die spirituelle Weisheit, den hohen Idealismus und die weithin metaphysische Einstellung der vedischen Seher wertschätzen, ohne deshalb zu verleugnen, dass sie auch um irdische Dinge beteten. Nicht unbedingt alles in den Veden wurde kodiert niedergeschrieben, wiewohl das bei einem großen Teil zuzutreffen scheint. Was dies anlangt, so hat Subhash Kak gezeigt, dass die Hymnen des Rig-Veda entsprechend eines astronomischen Kodes angeordnet sind,

[29] *Sri Aurobindo, On the Veda, p. 384.*

was die eminente Bedeutung der Astronomie im rituellen Leben der vedischen Arier demonstriert.[30] Dieser Kode leitete auch die Konstruktion der fünfschichtigen Feueraltäre. So vermögen wir also einzuschätzen, wie sehr die vedische Weltanschauung ein folgerichtiges, zusammenhängendes Ganzes war, das in mikro-makrokosmischen Korrespondenz-Beziehungen gründete.

Von Sehern und Ekstatikern

Die frühen Brahmanen – darin den heutigen Mitgliedern dieses Standes gleich – repräsentierten die konservative Seite der vedischen Religion. Im Kontrast dazu verkörperten die rishis jene schöpferische Energie, die dem vedischen Ritus beständig den Lebensatem ihrer konkreten Gottesschauungen und ihrer Realisierung des höchsten Seins einflößte. Später, mit schwindendem Einfluss der visionären Kultur der rishis – die ihre Visionen immer in Streitgesprächen mit anderen examiniert hatten – verknöcherte der brahmanische Ritualismus rasch unter der schweren Hand priesterlichen Konservativismus.[31] Opfer wurden nun wichtiger als Visionen und höhere spirituelle Realisierungen. Man verlor die Bedeutung der vedischen Hymnen aus dem Blick, so weit gar, dass Kautsa, ein Ritualist aus alter Zeit, erklären konnte: „Mantren sind sinnlos." Mit Mantren meinte er die heiligen Hymnen, die seiner Meinung nach viele sinnlose Äußerungen enthielten. Mit dieser Haltung nahm er den Standpunkt nicht weniger moderner Gelehrter vorweg, die außerstande sind, die spirituelle Bedeutung hinter den Wörterbuchdefinitionen der vedischen Sanskritworte zu sehen.

Sei es, wie es sei – wie aus den Upanishaden ersichtlich wird, brach sich hie und da mystische Esoterik weiterhin einen Weg heraus aus der Herde der priesterlichen Orthodoxie. Selbst zur Zeit der rishis gab es solche, die, wie die munis, ihre spirituelle Suche am Rand der Gesellschaft betrieben. Die munis waren Ekstatiker, die dem schamanischen Erbe immer nahestanden. In der unten übersetzten „Hymne des Langhaarigen" (Rig-Veda 10.136) heißt es vom muni, er fliege mit dem Wind und helfe seinen Mitmenschen; beides zusammen ist ein typisch schamanisches Motiv. Zur Zeit der Upanishaden wurde die Weisheitstradition, mit ihrer Betonung ekstatischer Ich-Transzendierung und Selbst-Realisierung, häufig durch nicht-brahmanische Mitglieder der Kriegerkaste, durch Herrscher wie Ajâtashatru, Uddâlaka und dessen Sohn Shvetaketu, weitergegeben. Auch sollten wir nicht vergessen, dass die Bhagavad-Gîtâ, die sich in ihrer Einführung eine esoterische Lehre (upanishad) nennt, durch Gott Krishna an Prinz Arjuna, Sohn von König Pându, übermittelt wurde. Natürlich gab es zur Morgendämmerung der upanishadischen Epoche auch große Brahmanen – allen voran den großen Weisen Yâjnavalkya, der ebenfalls die Geheimnisse des inneren Opfers lehrte.

[30] Siehe S. Kak, The Astronomical Code of the Rigveda (New Delhi: Aditya Prakashan, 1994).

[31] Man muss sich vor Augen halten, dass sich auch Nichtbrahmanen, wie die kshatriyas Manu und Purûravas Aila, und vaishyas, wie Bhalandana, Vatsa und Sankîla, unter den rishis befanden.

V. TRANSZENDIERENDE ZAUBERSPRÜCHE: DER MAGISCHE YOGA DES ATHARVA-VEDA

Der Atharva-Veda enthält heiliges Wissen (veda), zusammengestellt durch den Magus und Feuer-Priester Atharvan, der möglicherweise aus der – heutigen – Bihar-Region stammte. Als komplette Sammlung ist der Atharva-Veda mindestens mehrere Jahrhunderte jünger als der Rig-Veda, doch sind viele Teile davon wahrscheinlich ebenso alt wie die ältesten rig-vedischen Hymnen. Auch wenn man gewiss häufig vom Atharva-Veda Gebrauch machte, wurde er doch lange Zeit nicht als Bestandteil des heiligen vedischen Kanons anerkannt, und selbst nach seiner Inkorporierung wurde ihm seitens der orthodoxen Priesterschaft nie derselbe Rang zugemessen, den Rig-Veda, Yayur-Veda und Sâma-Veda besitzen.

Der Atharva-Veda besteht aus rund sechstausend Versen und tausend Prosazeilen, meist mit magischen Zaubersprüchen, die entweder Frieden, Gesundheit, Liebe und materielles wie spirituelles Wohlergehen stiften oder einem Widersacher Verderben bringen sollen. Hier folgen drei Auszüge, die den magischen Aspekt dieser Hymne erkennen lassen:

> Wie die Windenpflanze den Baum völlig umarmt, so mögest du mich umarmen. Mögest du mich lieben. Mögest du dich nicht zurückziehen von mir.
>
> Wie der Adler beim Fliegen seine Schwingen zur Erde schlägt, so schlage ich dein Denken nieder. Mögest du dich nicht zurückziehen von mir.
>
> Wie die Sonne im [Raum zwischen] Himmel und Erde geschwinde reist, so bewege ich mich um dein Denken und Sinnen. Mögest du mich lieben. Mögest du dich nicht zurückziehen von mir. (6.8.1–3)
>
> Da ich den Streitwagen [meines Geistes] anspannte, ward der tausendäugige Fluch entsandt, der nach meinem Verdammer sucht wie ein Wolf nach der Bleibe des Schafhirten.
>
> O Fluch, meide uns wie das Feuer den Teich [meidet]. Fahr nieder auf uns'ren Verdammer dort wie der Blitz vom Himmel auf den Baum [niederfährt].
>
> Wer immer uns fluche in Stille und wer immer uns fluche in Worten, ihn, den Verdorrten, werf ich dem Tod zu wie den Knochen dem Hund. (6.37.1–3)

Indra

Nacht für Nacht, o Agni, bringen wir Dir dar [uns're Opfergaben], unvermengt wie Futter dem wartenden Pferd. Lass uns, Deinen Nachbarn, kein Leid widerfahren, [sondern] lass uns des Reichtums und der Nahrung Fülle genießen.

Abend für Abend ist Agni unsres Heimes Herr. Morgen für Morgen ist Er der Spender guter Absichten. Mögest Du Spender jedwedes Guten uns sein. Mögen wir uns schmücken, indem wir Dich entzünden.

Morgen für Morgen ist Agni unsres Heimes Herr. Abend für Abend ist Er der Spender guter Absichten. Mögest Du Spender jedwedes Guten uns sein. Mögen wir gedeihen für hundert Winter, indem wir Dich entzünden.

QUELLENLEKTÜRE 5

RIG-VEDA (AUSWAHL)

Die Sprache des Rig-Veda ist mantrisch, poetisch, häufig allegorisch und esoterisch. Solange dies nicht berücksichtigt wird, können wir die Botschaft der vedischen Hymnen gewiss nicht begreifen. Die folgenden Wiedergaben von gerade einer Handvoll der 1028 Hymnen des Rig-Veda gehen von der Einsicht aus, dass die Seher-Barden nicht bloß „Primitive" waren, sondern Meister der Wortkunst und dazu außerordentlich geübt in der Kunst ekstatischer Ich-Transzendierung vermittels Ritual, Gebet und Klang. Die nachstehenden Passagen aus dem ältesten Teil des vedischen Gesamtkorpus sind deshalb ausgewählt worden, weil sie für eine Erörterung des vedischen Proto-Yoga besonders relevant erscheinen. Sie vermitteln uns eine erste Vorstellung hinsichtlich der vedischen Annäherung an das Heilige. Sie zeigen auch, dass die rishis eine erhabene spirituelle Metaphysik entwickelt hatten, die die Lehren der Upanishaden, der Bhagavad-Gîtâ und anderer für den Vedânta und vedântischen Yoga grundlegenden Schriften antizipiert. Die vedischen Hymnen sind durchtränkt von Symbolik und Mythologie, die beide als Transportmittel der tieferen spirituellen Wahrheit in der Ausdrucksweise der rishis dienten, auch wenn wir nicht genug über die vedische Weltsicht wissen, um den dichten Symbolismus und die metaphorische Sprache der Hymnen gänzlich entwirren zu können. Selbst mit dem heute verfügbaren Instrumentarium akademischer Sinndeutungen muss der moderne Veda-Studierende sich letztlich auf seine persönliche Intuition verlassen, so er oder sie die Hymnen zu verstehen sucht.

3.31
Gott Indra, der im Zentrum vedischer Spiritualität steht, wird im Rig-Veda häufig angerufen. Gewöhnlich interpretiert als eine Gewitter-Gottheit, ist Indra doch ein wahrhaft proteischer Gott, assoziiert mit einer ganzen Reihe von Phänomenen – von Donner, Blitz und Regen bis zu Himmel, Feuer, Sonne und auch zum Jahr. In dieser Hymne wird Indra als der göttliche Mittelsmann dargestellt, der Vritra, den Dämon der Dunkelheit, erschlägt und die eingesperrten Kühe befreit. Den vedischen Menschen sagte das Wort go, abgesehen von „Kuh", etliche Dinge, nämlich u.a. „lebenspendendes Wasser", „Lichtstrahlen" und „heilige Rede". Die jetzige Hymne kann auf vielerlei Art gelesen werden, und die sich jeweils ergebenden Bedeutungen

Möge es mir nie an Nahrung mangeln. Dem Speise verzehrenden Herrn der Nahrung – Agni [der Rudra ist] sei alle Ehre. (19.55.1–5)

Die erste der obigen Hymnen ist ein Liebeszauber, die zweite ein Bannspruch gegen Verfluchungen, und die dritte ein an Agni gerichtetes, beschwörendes Flehen um Wohlergehen. Diese Gebete und Zaubersprüche geben uns einen kleinen Eindruck von den Sorgen und Belangen, die im „vierten" Veda zum Ausdruck kommen.

Unter den zahlreichen mystischen Passagen des Atharva-Veda – von denen sich die meisten einem gänzlichen Verständnis entziehen – scheint die nachfolgende Hymnenauswahl eine Spielart esoterischen Wissens zu beinhalten, das womöglich mit dem Proto-Yoga und der verwandten Tradition des Proto-Sâmkhya in Verbindung steht.

mögen dem rishi, der sie verfasste, allesamt vor dem inneren Auge gestanden haben. Offensichtlich wird in ihr mit Absicht zwischen dem Erleben der Morgendämmerung und der Erfahrung der spirituellen Illuminierung anspielungsreich changiert. Beide Geschehnisse werden durch das dem Gott Indra, dem Zerstörer der Dunkelheit, dedizierte Opferritual gefördert bzw. davon begleitet. Wiederum zeigt sich hier ein indirekter Verweis auf den Sonnen-Yoga, die yogische Einstimmung in das strahlende, große, himmlische Wesen, das die Alten Sûrya nannten. Sri Aurobindo verstand Indra als Symbol des gereinigten und daher kraftvoll gewordenen menschlichen Geistes, der uns aus dem Gefängnis (der Unwissenheit) erlösen und mit dem beseligenden göttlichen Licht einhüllen kann. Sind wir derart von Ich-Beschränkungen befreit, so können wir große spirituelle Eingebungen erfahren, die sich in inspirierter Sprache ausdrücken.

Der himmlische Überbringer [d.h. Gott Agni, der die Opfergaben zu den göttlichen Bezirken bringt], im Gesetz weise und erfahren, kam und sprach fromm zur Tochter seiner Tochter, als er sie zügelte. Als der Vater in seine Tochter [d.h. in die beim Opfern benutzte Schöpfkelle] einzugießen suchte, stimmte sein Herz eifrig bei. (1)

Der leibliche Sohn überließ die Erbschaft [d.h. die im Opferritual verwendete Butter] nicht der Schwester; er machte ihren Leib [d.h. die Schöpfrundung der Opferkelle] zum Schatzhaus des Gewinners. Wenn die Mütter [d.h. die zwei Kienstäbe zum Entzünden des Feuers] den Überbringer [Agni, Feuer] gebären, so ist einer der zwei, die gute Taten vollbringen, der Täter [d.h. der Priester], und der andere [d.h. der Opfernde] erhält den Gewinn. (2)

Mit zitternder Zunge ward Agni geboren, zu ehren die Söhne [d.h. die Priester der Angiras/Agni-Familie] des rosigfarb'nen Einen [d.h. des Himmels zur Morgendämmerung]. Groß war das Ungeborene, groß war seine Geburt und, kraft der Opfer, groß das Wachstum des Herrn [Indra] der hellfarb'nen Rösser. (3)

Die Eroberer umzingelten den Herausforderer; großes Licht brachten sie aus der Dunkelheit hervor. Die Göttinnen der Morgenröte erkannten ihn und kamen,

2.1: Diese Hymne spricht vom Seher Vena, von dem man sagt, er habe gesehen, was das höchste Geheimnis sei – „wo alles zu einer Form wird".

4.1: Eine andere rätselhafte Hymne, die von Venas mystischer Verwirklichung erzählt. Vena soll den Gebärleib (yoni) von Existenz und Nicht-Existenz gefunden haben.

5.1: Diese Hymne ist absichtlich unklar und wahrscheinlich in vielen Teilen grammatikalisch inkorrekt. Jedoch muss, wie sich aus den komplizierten Gedankenkonzepten folgern lässt, dem Verfasser eine tief mystische Tradition offenbar bewusst gewesen sein.

7.5: Dieses sûkta belehrt über das innere Opfer, das zum Hauptthema der frühen Upanishaden wurde. Es beginnt mit der Zeile: „Vermittels des Opfers opferten die Götter dem Opfer." Das heißt, die Gottheiten selber führten Opfer durch, und diese

ihn zu treffen; Indra wurde der
allein'ge Herr der Kühe. (4)

Die Weisen [d.h. die priesterlichen
Weisen] brachen einen Pfad
für jene, die im Höhlendunkel
waren; die sieben weisen Priester
trieben ihn voran, mit drängenden
Gedanken. Sie fanden alle Pfade
des richtigen Wegs; und der
Wissende trat hinein [in die Höhle]
und bückte sich ganz tief. (5)

Wenn Saramâ [Indras Pferdestute]
die Bresche in dem Berge findet,
wird sie ihr frühres großes Finden
eines Pfads vollständ'ger werden
lassen. Die Schnellfüßige leitete
die Anführerin der todlosen Silben
[d.h. die Kühe] hinaus; den Pfad
kennend, war sie die erste, die
dem Schrei entgegenging. (6)

Der Inspirierteste [Indra?] kam,
betrug sich wie ein Freund. Der
Berg, er ließ die Früchte [die Kühe]
seiner Flanken reifen für den, der
große Taten übte. Der junge Held
erwies Großzügigkeit und war
damit erfolgreich bei der Jugend;
drauf ward [der Weise] Angiras
der Lobpreisungen Barde. (7)

Das Bild dieses und jenes
Geschöpfes, alle, die geboren
sind, die kennt er. Ganz vorne
stand er und tötete Shushna [den
Dämon der Dürre]. Er kannte des
Himmels Pfad, sehnte sich nach
Kühen und schritt uns singend
voran. Der Freund befreite seine
Freunde aus Ehrlosigkeit. (8)

Das Herz voll Sehnsucht nach
Kühen, setzten sie sich nieder, und
mit ihren Lobpreisungen ebneten
sie den Weg zur Unsterblichkeit.
Dies ist genau ihr Sitz, jetzt noch
immer oft benutzt, und dies
ist der rechte Weg, auf dem sie
Lebenszeit gewinnen wollten. (9)

Sie blickten um sich und fanden
Freude an ihrem Besitz, da sie die
Milch aus dem alten Samen molken.
Ihr Ruf erhitzte die zwei Welten. Sie
ordneten die Nachkommenschaft
zu Gruppen und verteilten die
Kühe unter die Menschen. (10)

Mit Gesängen entließ gar Indra
selbst, des Vritras Vernichter,
die rosigen Kühe zusammen
mit dem Nachwuchs und den
Opfergaben. Sich weit streckend,
so wurde die süße honiggleiche
Milch, die sie für ihn behalten
hatte, aus ihr gemolken. (11)

hatten keinen anderen Zweck, als das Geben von sich selbst zu demonstrieren. Das *sacrificium* wird als der die Götter regierende Herr beschrieben – der das Opfer auf die Menschenwesen ausdehnte oder es sie lehrte.

8.9: Diese kosmogonische, Virâj preisende Hymne zeigt eine Reihe von esoterischen Rätseln. Virâj ist das feminine (in anderen Hymnen auch maskuline) schöpferische Prinzip, das, wie der anonyme Autor erklärt, manche sehen können und andere nicht. „Selbst ohne Atem, wandelt Sie im Atem der Atmenden."

8.10: Das Thema dieser Hymne ist wiederum Virâj, die ins Opferfeuer des Haushaltsvorstands hinabsteigt und durch es emporsteigt. Der Haushälter, der dies Geheimnis kennt, ist „haus-opfernd" (griha-medhin).

Quellenlektüre 5

Sie bereiteten einen Sitz für ihn wie für einen Vater, denn seine großen Taten kündeten von hohem, glänzendem Rang. Ihre Eltern [d.h. Himmel und Erde] stützten sie mit einer Säule auseinander. Sie hoben ihn, den Wilden, hoch hinauf und setzten sich. (12)

Als Dhishanâ [das Himmelsrund?] beschloss, zu zerschmettern denjenen, der groß geworden an einem einzigen Tag und die beiden Sphären der Welt durchdrungen hatte, da strömten Indra alle unbezwinglich' Mächte zu, ihm, der alle Makellosigkeit, allen Lobpreis in sich vereint. (13)

Ich ersehne deine große Freundschaft, sehne mich nach deinem mächt'gen Arm. Viele Gaben kommen Vritras Vernichter zu und hoher Lobpreis. In die Freundlichkeit des Herrn begeben wir uns. Großmüt'ger Indra, sei uns Hirte und wohlgesonnen. (14)

Ein großes Land gewann er und viel Reichtum sich, und sandte dann die Beute seinen Freunden. Geschmückt mit seinen Mannen, ließ Indra Sonne, Morgenrot und Sonnenlauf und Feuer dann entstehen. (15)

In ein einz'ges Bett hat dieser Freund des Hauses gar die weit verteilten Wasser, vielfarbig funkelnd, eingebracht und sie, die honigschönen, geklärt mit den besondr'en Filtern. Sie rauschen dahin, bei Tag und bei Nacht, und drängen nach vorn. (16)

Die zwei dunklen Schatzesträger [d.h. Tag und Nacht], die uns're Opfergaben wohl verdienen, folgen Sûrya [d.h. die Sonne, die hohe Gottheit des Lichts und der Kraft] mit seiner Erlaubnis, da Deine allgeliebt' und ungestümen Freunde Deine große Pracht umarmen und an sich ziehen. (17)

Vritras Vernichter, sei uns der Herr der lieblichen Gaben, der Stier, der Leben spendet unsr'en Lobesliedern während einer ganzen Lebensspanne. Komm, o komm zu uns mit hold-freundlicher Gunst, komm schnell zu großer Hilfe uns, Du Großer Einer! (18)

So wie Angiras, so huld'ge ich und beuge mich vor ihm, und mach ein Lied, vor langer, langer Zeit entstanden, ganz neu für

9.1: Eine Weltentstehungs-Hymne, die über das Mysterium der „Honigpeitsche" (madhu-kashâ) spricht. Diese geheimnisvolle Substanz soll den Elementen entstammen, die die Götter produziert hatten und über die die Weisen meditieren. Soweit wir das den schwierigen Textpassagen entnehmen können, korrespondiert die honigbestrichene Peitsche der späteren, in Tantra und Hatha-Yoga zu findenden Idee des inneren Nektars der Unsterblichkeit, der aus einer geheimen Stelle nahe der Gaumendecke tropft. Die vedischen Seher trachteten danach, den Honig zu gewinnen, die transzendentale Glorie innerhalb des eigenen begrenzten Körpers und Geistes zu erfahren. Auf die Honig-Lehre (madhu-vidyâ) stoßen wir in der alten Brihad-Âranyaka-Upanishad (2.5.14), wo diese Zeilen stehen:

Das Selbst (âtman) ist allen Dingen Honig, und alle Dinge sind Honig für dies Selbst. Jener leuchtend unsterbliche Mensch, der in diesem Selbst ist, und – mit Bezug auf einen selbst – jener

ihn, den Alten. Lass der zahllos
gottlos Lügen uns erwehren
und gewinnen uns die Sonne, o
großmüt'ger Indra, Du. (19)

Die Nebelschleier, [von Vritra] ausgebreitet, sind transparent geworden – führ Du uns sicher durch. Du, Lenker unsrer Wagen, musst uns vor Unglück schützen. Bald, Indra, bald lass Kühe uns gewinnen. (20)

Der Erleger Vritras, Herr der Kühe, hat Kühe uns gezeigt. Er ging unter die Dunklen [d.h. die dunklen Mächte] in Seinen rosigen Formen, enthüllte liebliche Gaben in angemess'ner Art und öffnete so all Seine Pforten. (21)

Für den Sieg in dieser [psycho-kosmischen] Schlacht, in der Höchstes zu erringen ist, woll'n wir rufen zum großherz'gen Indra, so mannhaft, so kraftvoll, der uns doch hört und hilft im Kampf, die Feinde [d.h. die bösen Mächte] für uns tötet und reiche Güter [d.h. spirituelle Schätze] uns gewinnen lässt. (22)

3.38

Einem gut angeschirrten Rosse gleich eil ich dahin, da ich den höheren Gedanken (manishâ) bilde. Ich überlege, was das Liebste ist, das wertvollst Edelste,[32] und sehne mich, die göttlich inspirierten (sumedha) Seher und Poeten (kavi) [in den himmlischen Reichen] zu erschauen. (1)

Und frage nach der glorreichen Gattung der Seher-Poeten, [die] mit festem Sinn und rechter Tat erschaffen haben uns'ren Himmel. O mögen diese Lobpreisungen, anschwellend und schnell wie der Geist, Euch richtig erreichen. (2)

Sie wussten, was hier [in dieser Welt] verborgen liegt, und haben beide Welten [d.h. Himmel und Erde] zu [ihrem] Herrschaftsgebiet erkoren – maßen sie aus und begrenzten, verbanden sie weithin und riesig, fixierten das Zwischenreich zur Stütze (dhur) von ihnen. (3)

Alle schmückten Ihn [d.h. Gott Indra], da Er [in seinem himmlischen Gefährt] herabkam. In Pracht ist Er gekleidet und bewegt sich, leuchtend aus dem Selbst. Groß ist der Name dieses Asuras {im Rig-Veda bedeutet asura „Gott", nicht „Dämon", wie in späteren Texten}, des Spenders (vrisha) [unermesslichen Segens]. Als Vielgestalt'ger wohnt Er unter den Unsterblichen. (4)

[32] Die Bedeutung des Wortes mamrishat ist nicht klar. Es wurde hier als das „wertvollst Edelste" übersetzt. Die Sanskrit-Kommentatoren glauben, es beziehe sich auf Gott Indra.

[33] Der Sanskrittext ist hier sehr obskur, was sich in der Übertragung widerspiegelt.

leuchtend unsterbliche Mensch, der als das Selbst existiert: Er ist eben dieses Selbst, dieses Unsterbliche, dies Absolute, dies Alles.

10.7: Eine mystische Hymne, die eine Reihe beharrlicher Fragen stellt hinsichtlich des esoterischen Konzepts des „Weltenpfeilers" (skambha), der die ganze Schöpfung aufrechterhält: In welchem Teil von Ihm wohnt denn die Buße (tapas)? Wo wohnt in Ihm die [kosmische] Ordnung? Wo die Gelübde? Wo Glaube? In welchem Seiner Teile hält sich die Wahrheit auf? Wie weit hat das Göttliche die eig'ne Schöpfung durchdrungen? Wie viel vom Göttlichen trat ins Vergang'ne ein? Wie viel denn in die Zukunft?

Dem Vers 17 zufolge wird das Göttliche bzw. die Weltensäule von jenen erkannt, die die transzendentale Realität (brahman) im eigenen Herzen erkennen. Vers 23 führt aus, dass 33 Gottheiten den geheimen Schatz des Göttlichen beschützen. „Nur die brahman-Wissenden", erklärt Vers 27, „kennen diese 33 Gott-

Quellenlektüre 5

Der uranfänglich Alte, der Spender [allen Segens], brachte [die Wasser] hervor – ihr Trank ist voller Heilungskraft. O ihr Enkel im Himmel, kraft eurer Vision (dhî) habt ihr die Herrschaft über die glänzenden Opfer erlangt. (5)

O Herrscher, kommt herbei und strömt in die drei glanzvollen Opfer ein. Ich sah im Geist, wie die gandharvas mit [im Wind] wehenden Haaren sind zum Ritus gegangen. (6)

Für den Spender [zahllosen Segens] melken sie die köstliche [Milch] der Kuh mit [vielen] Namen. Und da sie verschied'ne Arten von Kräften (âsurya) besitzen, versehen die Erbauer (mâyin) Ihn mit einer Form (rûpa).[33] (7)

Niemand trennt den goldnen Glanz, den meinen, von Savitris Glanz, in dem er sich geborgen hält. Durch preisend-bejahende Kraft erschafft Er die all-durchdringenden Welten [Himmel und Erde], gleich einer Mutter, die liebend den Nachwuchs behütet. (8)

Unter den Alten stärkt ihr beide [d.h. die Maruts] die Macht, die uns umgibt als göttliches Wohlgefühl. All die Erbauer sehen klar die vielen Seiner Taten – von Ihm, der stille steht und mit geschützter Zunge. (9)

Für den Sieg in dieser [psycho-kosmischen] Schlacht, in der Höchstes zu erringen ist, woll'n wir rufen zum großherz'gen Indra, so mannhaft, so kraftvoll, der uns doch hört und hilft im Kampf, die Feinde [d.h. die bösen Mächte] für uns tötet und reiche Güter [d.h. spirituelle Schätze] uns gewinnen lässt. (10)

3.57
Diese Hymne spricht über die Entdeckung der rishis von der Einen „Kuh", des Kosmisch-Femininen, das alle Macht und Energie besitzt, ähnlich der Shakti des späteren Hinduismus. Wie eine Mutter liefert diese große Kraft des Universums dem spirituellen Pilger Nahrung und Unterhalt. Sie nährt selbst die Götter, die Söhne der Unsterblichkeit, zu deren Aufenthaltsort die rishis streben. Agni, auch der Gott des Opferfeuers, transportiert den spirituellen Kraftimpuls des Seher-Barden empor und bewerkstelligt damit die ersehnte himmlische Vision oder Kommunion.

heiten". Das klingt wie reiner Vedânta. Das Göttliche im Zentrum der Welt ist durch Kasteiungen (tapas) erreichbar, stellt Vers 38 fest. Vers 40 sagt uns, dass im Seher, der diesen spirituellen Zenit erreicht, alles Licht sich verbreitet. Im Vers 15 werden die nâdîs (die Strömungen oder „Flüsse" der Lebenskraft) erwähnt, was zeigt, wie alt das Verständnis für den subtilen, den energetischen Körper schon ist.

10.8: Eine Hymne, die zeigt, wie der Autor den Ursprung des Kosmos okkult versteht und sein Staunen angesichts der Komplexheit der Schöpfung ausdrückt. Eine Wiedergabe findet sich in der Quellenlektüre 6.

11.4: Dieses sûkta besingt die Lebensenergie (prâna) und drückt aus, sie bekleide den Menschen, wie ein Vater seinen geliebten Sohn bekleidet (Vers 11).

Mit fein scheidend' Intuition (manishâ) hab ich die Kuh (dhenu) entdeckt, die ohne Hüter und alleine grast; sie spendet reichlich Milch zur Labung in einem Augenblick, drum wird sie auch von Indra und von Agni hochgepriesen. (1)

Indra und Pûshan, kraftvoll und zupackend, haben nun wirklich die Immerspendende [Kuh] des Himmels freudig gemolken. Und wenn alle Götter sich an ihr erlabten, so mag ich auch dort Gnade (sumnam) finden. (2)

Die Schwestern [Morgen- und Abenddämmerung?], die Kraft (shakti) des samengebenden Stieres (vrisha) begehrend, gehen verehrend [zu ihm] und erkennen den Samen (garbha). Die Kühe kommen begierig zum Sohn [Soma?], der vielerlei Gestalten (vapûmshi) zeigt. (3)

Ich rühme und preise Himmel wie Erde, so vollkommen erbaut, da ich die Steine während des Opfers [vermittels der] Intuition (manishâ) vorbereite. Die Flammen, die Deinen, sichtbar nun und verehrbar, sie heben sich empor, voll reicher Segensgaben für die Menschen. (4)

O Agni, es heißt, die breite Weite [d.h. die Erde] sei Deine honigsüße, unübertrefflich weise Zunge unter Göttern. Durch Sie lass all die Verehrungswürd'gen hier sich niederlassen und den Honigmet genießen. (5)

Gott Agni, der Du die Geburten [alle] kennst, gewähr' Sie uns, die für Dich mäandernd-unerschöpflich wie ein Fluss vom Berge strömt – [Sie, die] Wissen (pramati), Weisheit (samati) allen Menschen ist. (6)

5.81
Die Sonne (Surya-Savitri), als sichtbare Manifestation des transzendenten Lichts, figuriert im vedischen Proto-Yoga als zentrales Bild. Die vorliegende Hymne zeigt einige der Elemente des solaren Yoga der rishis. Spirituelle Verwirklichung bedeutet ja buchstäblich Erleuchtung – die Erleuchtung der inneren bewussten Welt durch das transzendente Licht der höchsten Seins-Dimension.

Erleuchtete Menschen (vipra) verbanden ihre Vernunft und höh're Schau (dhî) mit dem Großen Erleuchteten [d.h. Savitri]. Er allein, der alle Dinge, alle Regeln

11.5: Darin wird über den vedischen Novizen (brahmacârin) gesprochen; die Symbolik seiner Einweihung und seiner darauffolgenden spirituellen Praxis wird kurz erörtert.

15.1–18: Das ist der berühmte Vrâtya-Khânda („Buch der Vrâtyas"); er wird im nächsten Abschnitt behandelt.

VI. DIE GEHEIMNISVOLLEN VRÂTYA-BRUDERSCHAFTEN

Das alte Indien hält viele Rätsel für den modernen Historiker bereit. Die spirituelle Bruderschaft der Vrâtyas ist eines der größten unter ihnen. Die Ausführungen in der indischen Literatur über sie sind verwirrend und oft widersprüchlich. Die intellektuelle Hinterlassenschaft der Vrâtyas scheint durch die nachvedische Orthodoxie unterdrückt und in unbekanntem Ausmaß verzerrt worden zu sein. Kein Wunder also, wenn die meisten

Quellenlektüre 5

[des Opfers] kennt, ordnet auch
die priesterlich Funktionen.
Große Größe eignet wahrlich
Ihm, dem göttlichen Savitri. (1)

Der Seher (kavi) befreit alle Formen
und erschafft Gutes für die zwei-
und vierbeinigen [Geschöpfe].
Der höchst anbetungswürd'ge
Savitri erleuchtet den Himmel
und regiert weithin voll heller
Lebenskraft (ojas), nachdem die
Morgendämmerung vorüberzog. (2)

Im Gefolge Seines Marsches kommen nun die and'ren Götter, [um
zu erlangen] Herrschermacht mit
Seiner Kraft (ojas). Er hat die Reiche
der Erde mit Seiner Größe ermessen
– der leuchtend göttliche Savitri. (3)

Du, o Savitri, durchschreitest die
drei leuchtenden Sphären, und die
Strahlen der Sonne (Sûrya) sind
Dir innig verbunden; Du umfassest
die Nacht auf beiden Seiten, und
kraft Deiner [rechten, gütigen] Art
und Taten (dharma) bist Du auch
Mitra [Freund der Menschen]. (4)

Du allein regierst machtvoll die
Schöpfung (prasava), und wegen
Deines Schreitens, o Gott, bist
Du auch Pûshan. Über die ganze
Welt leuchtest und herrschest
(rajasi) Du. [Der Weise] Shyâvâshva
hat Dir, o Savitri, gehuldigt. (5)

8.48
Die vedische Opferritualistik ist undenkbar ohne den geheimnisvollen Soma-Trank, der in der folgenden Hymne besungen wird. Der gepresste und gefilterte Saft, mit Milch und Wasser vermischt, ist bei besonderen öffentlichen (shrauta) Opferzeremonien die wichtigste Opfergabe. Der ambrosische Trunk wird hier als König Soma angerufen, als Wächter des Körpers, der seinen Verehrern Unsterblichkeit inmitten der Götter verspricht. Er wird auch „Tropfen" (indu) genannt, was an den „Saat-Punkt" (bindu) des später kommenden Tantra-Yoga denken lässt.

Den köstlichen Trank des
Lebens hab ich genossen; gute
Gedanken und freudige Weite
er bringt; die Götter all und die
sterblichen Menschen lechzen
nach ihm und nennen ihn süß. (1)

Und fließt Du hinein, so wirst
Du grenzenlos weit (aditi) und
lenkst ab den Zorn der Götter. O
heil'ger Tropfen Du, gesättigt
mit Indras Freundschaft, Du

[34]Die Textmaterialien zu den Vrâtyas bestehen aus in archaischem Sanskrit geschriebenen Fragmenten und aus verstreuten Hinweisen in den Arbeiten alter Verfasser, die ein besonderes Interesse daran hatten, diese Bruderschaften zu kritisieren. Kein Wunder, dass die meisten Gelehrten vor der Analyse solcher Texte zurückscheuten. Die einzige wirklich umfassende Studie stammt vom deutschen Yoga-Forscher Jakob Wilhelm Hauer. Siehe J. W. Hauer, Der Vrâtya, Bd. 1: Die Vrâtyas als nichtbrahmanische Kultgenossenschaften arischer Herkunft (Stuttgart: Kohlhammer Verlag, 1927). Der angekündigte 2. Band wurde nie veröffentlicht. Zum neueren Forschungsstand siehe Jan Heesterman, „Vrâtya and Sacrifice", Indo-Iranian Journal, Bd. 6 (1962), pp. 3–37, und David Gordon White, Myths of the Dog-Man (Chicago und London: University of Chicago Press, 1991). Letzterer geht der faszinierenden Beziehung zwischen Vrâtyas und Hunden nach: „Symbolisch gesehen, ist der Hund der kreatürliche Angelpunkt im menschlichen Universum, auf der Schwelle zwischen Wildheit und Domestizierung und zwischen den Werten dieser beiden Idealpole der Erfahrung lauernd. Viel vom Menschen ist in seinen Hunden, viel vom Hund in uns, und auch vom Wolf, sowohl im Hund wie auch in uns. Und schließlich gibt es auch etwas vom Hund-Menschen in Gott" (White, p. 15). Die Vrâtyas, die häufig in den Wäldern lebten, waren Teil der vedischen Gegenkultur und Figuren der gesellschaftlichen Randzonen.

Gelehrten davor zurückscheuten, dieses problematische Phänomen direkt anzusprechen. Die einzige wirklich umfassende Studie stammt vom deutschen Yogaforscher Jakob Wilhelm Hauer (1927). Für die gegenwärtige Untersuchung liegt die Bedeutung der Vrâtyas darin, dass sie mit der frühen Entwicklung des Yoga verbunden, ja in der Tat für die Weitergabe yoga-ähnlichen Wissens ausschlaggebend waren.

Der alleinige überaus wichtige Text, der vermutlich weitgehend authentisches Vrâtya-Weistheit enthält, ist der Vrâtya-Khânda (Buch 15) des Atharva-Veda. Leider sind die meisten seiner Hymnen kaum verständlich. Trotzdem zeigen sie eine Reihe nachprüfbarer Punkte, die insgesamt ein zumindest grobes Bild dieser Leute entstehen lassen. Die Vrâtyas waren eine der vielen Gemeinschaften, die nicht zum orthodoxen Kern der vedischen Gesellschaft gehörten, sondern ihren eigenen Sitten- und Wertekodex hatten.[34] Sie zogen im Land umher, meist im Nordosten Indiens und meist in – durch ein Gelübde (vrata) zusammengehaltenen – Gruppen (vrâta). Einige wanderten offenbar allein und wurden eka-vrâtyas genannt; eka bedeutet „einzeln", „allein", „einzelgängerisch".

bringe [uns] reiche Güter wie ein gehorsamer Läufer [d.h. Pferd], der reiche Bürde trägt. (2)

Den Soma haben wir getrunken, sind todlos nun geworden. Ins Licht sind wir gegangen, die Götter haben wir gefunden. Was kann nun Feindschaft, was ein Sterblicher uns tun, o Unsterblicher? (3)

Da wir Dich getrunken haben, o Tropfen Du, befriede unser Herz. O weit gerühmtes Soma, sei freundlich wie ein Vater zu dem Sohn, und taktvoll wie ein Freund zu seinem Freunde. Preis und Ehr' sei Dir, o Soma – verläng're unser Leben, auf dass wir lange leben. (4)

Hab' diese wunderbaren [soma-Tropfen] nun getrunken, die mich weit und weiter machen. [Doch] fühlen sich meine Glieder angebunden wie die Ochsen, die an den Karr'n geschirrt. O, lass sie mir bewahren meine Füße vor dem Stolpern, und mögen sie der Lahmheit nach des Tropfens [Tranke] sich erwehren. (5)

Entflamme mich wie Feuer, durch Reibung recht entzündet. Mach weitsehend uns, und reich und besser. Berauscht von Dir, o Soma, seh ich meinen Reichtum. Komm, o komm, und lasse uns gedeihen! (6)

Von machtvollem Geist beflügelt – so lass uns Dich genießen, wie Reichtum, vom Vater [geerbt]. O König Soma, verläng're unsere Lebensspanne, so wie die Sonne Frühlingstage länger macht. (7)

König Soma, sei gnädig mit uns, auf dass es uns wohlergehe. Wisse doch, dass wir Deinen Gesetzen ergeben sind (vratya). Leidenschaft und Begeisterung sind entfacht, o Tropfen Du. Lief're nicht der Laune uns des Feindes aus. (8)

Denn Du, o Soma, bist der Wächter uns'res Leibs. Du behütest die Menschen und hast Quartier genommen in jedes Leibes Glied. Wenn Deine Gesetze wir brechen, sei gnädig mit uns wie ein Freund, der uns bessert. (9)

Ganz nah lass mich sein beim mitfühlend' Freund, damit, wenn ich [den Tropfen] getrunken, kein Leid Er mir tut. O Herr der braunleuchtenden Rösser, weil der Soma in uns allen wirkt, sprech

In den Augen ihrer rechtgläubigen Anverwandten, die die vedische Opferreligion stützten, waren die Vrâtyas verachtenswerte Outcasts, die zufällig

> **„Er stand aufrecht für ein Jahr. Die Götter sprachen zu ihm: „Vrâtya, warum stehst du da?" Er sagte: „Man soll mir etwas zum Sitzen bringen." Sie brachten diesem Vrâtya einen Sitz. Frühjahr und Sommer waren zwei Beine des Sitzes, Herbst und Regenzeit waren [die anderen] zwei."**
> Atharva-Veda 15.3. 1–4

die gleiche Sprache sprachen – geeignet als Objekte für die Menschenopfer (purusha-medha), die in der frühen vedischen Periode wohl tatsächlich durchgeführt wurden. Dies ist die vorherrschende Einstellung in der frühen Sûtra-Literatur, z.B. in den Grihya-Sûtras und auch in den Dharma-Sûtras von Âpastamba, Bhaudhâyana und Yâjnavalkya. Nichtdestoweniger müssen

Quellenlektüre 5

ich bei Indra vor, auf dass Er
unsr'e Leben länger macht. (10)

Schwäche und Krankheit, der
Dunkelheit Mächte – erschreckt
sind sie alle geflohen. Empor
ist der Soma gestiegen in uns
und trug uns dorthin, wo unsre
Lebensspannen länger werden. (11)

Der Tropfen, den wir tranken, hat
unser Herz betreten: Unsterblich
ist Er in uns Sterblichen. Ihr
Ahnen alle, lasst uns dienen
diesem Soma mit den Opfergaben
und uns weilen unter Seiner
Freundschaft, Seiner Gunst. (12)

Mit den Ahnen hast Du Dich
geeint, o Soma, hast durch Himmel,
hast über Erde Dich erstreckt. O
Tropfen Du, o lass mit einer Gabe
dienen uns. O lass uns Herren
über reiche Güter werden. (13)

Beschützend Götter ihr, zu unsr'en
Gunsten sprecht! Lasst Schlaf,
verletzend Rede nicht Besitz von
uns ergreifen. Lasst uns, die wir
dem Soma immer lieb und teuer,
sprechen beim öffentlich' Opfer
als Männer der Macht. (14)

O Soma, gib uns Kraft des
Lebens ringsum. Du, der Du den
Himmel gefunden, der Du die
Menschen behütest – tritt in uns
ein. O Tropfen Du, o ruf' Deine
Helfer herbei, beschütz uns von
vorn und von hinten. (15)

10.129

Die „Hymne der Schöpfung" wird häufig als eine der wenigen wirklich philosophischen Hymnen des Rig-Veda gepriesen, doch steht sie, auch wenn sie die Frage nach der Weltentstehung besonders beharrlich und nachdrücklich stellt, nicht allein. Vielmehr können wir, sowie wir uns des Vorurteils, die vedischen Hymnen repräsentierten nichts anderes als „archaisch-primitive Dichtung", entledigen, im gesamten vedischen Korpus eine tief philosophische Haltung entdecken. Dabei müssen wir aber der vedischen Philosophie zugutehalten, dass sie reich facettiert und mit der vedischen Spiritualität innig verwoben ist. Selbst die jetzige Hymne muss unter diesen Vorzeichen gelesen werden: Sie stellt nicht nur beharrliche Fragen nach dem Ursprung des äußeren Universums, sondern auch über unsere innere Welt. Vedische Weltentstehungstheorie ist Psycho-

die Vrâtyas zahlreich und einflussreich gewesen sein, denn die orthodoxe Priesterschaft, die brâhmanas (Brahmanen) also, führten spezielle Riten ein, mit deren Hilfe ein Vrâtya geläutert und wieder in die normale vedische Gesellschaft aufgenommen werden konnte. Nach solcher „Bekehrung" scheinen die meisten sesshaft geworden zu sein und ein Gewerbe ergriffen zu haben.

Die Vrâtyas hielten sich besonders häufig im Lande Mâgadha (dem heutigen Bihar) im nordwestlichen Indien auf – dem Land der beiden großen Häresien des Buddhismus und Jainismus, später auch des Tantra. Sie scheinen auch eine lebendige Beziehung zur kshatriya-(Krieger-)Kaste, die eine wesentliche Rolle bei der Ausbildung des frühen upanishadischen Gedankengutes spielte, gehabt zu haben. So kam es, dass – einer Hymne des Atharva-Veda (15.8) zufolge – der (vergöttlichte) einsam-solitäre Vrâtya zum Stammvater der râjanya-(Herrscher-, Krieger-)Elite wurde. Tatsächlich waren Könige, wie Ajâtashatru oder der legendär reiche Janaka, unter den ersten, die die so stark mit dem Vedânta der Upanishaden assoziierte

Kosmogonie – ein Wesenszug, der erhalten blieb in den späteren philosophischen Traditionen von Yoga, Sâmkhya und Vedânta, die allesamt (jeweils auf ihre eigene Weise) einen transzendenten Urgrund postulieren, dem sowohl die endlose Vielzahl objektiver Realitäten wie auch die zahllosen Ausformungen des Bewusstseins, die sie wahrnehmen, entstammen.

Kein Sein noch Nicht-Sein gab es da. Nicht gab's das helle Reich, noch gab's den Raum jenseits davon. Was umschloss dann alles – wo – und unter wessen Schutz? Welch' Wasser gab es dann – tief und unermesslich? (1)

Tod, Unsterblichkeit – sie existierten nicht. Tag und Nacht – sie waren eins und ohne Unterschied. Jen's Eine atmet', ohne zu atmen, ganz aus sich alleine. Außer Jenem gab es nichts. (2)

Am Anfang war das Dunkle, verhüllt von Dunkelheit. All dies, es war unendlich Wasser, ohn' Unterschied. Das Eine, bedeckt von Leere, taucht' daraus hervor kraft Seiner tapas-Macht. (3)

Dann, zu Beginn, entstand der Wunsch – des Geistes erster Same – in jenem Einen. Rishis erforschten mit Weisheit ihr Herz und fanden im Nicht-Sein die Bande des Daseins. (4)

Der Strahl [ihrer Schau] warf über alles das Licht [über Sein und Nicht-Sein]. Vielleicht gab es ein Unten; vielleicht gab es ein Oben. Gab's doch die Samenkeime, gespendet irgendwo; gab's doch die Mächte, Kräfte – gab's doch Mühe unten, Selbst-Schenkung oben. (5)

Wer weiß die Wahrheit? Wer will denn hier verkünden, von wo und wann Geburt des Menschen, der ganzen Schöpfung stammt? Die Götter erschienen später, mit der Schöpfung dieser [Welt]. Wer dann weiß, woraus sie sich erhob? (6)

Wie entstand sie denn, die Schöpfung – schuf sie sich selbst, schuf sie sich nicht? ER, der aus höchstem Ätherraum d'rauf blickt, ER weiß es sicher. Doch vielleicht weiß ER es nicht. (7)

10.136
Die „Hymne des Langhaarigen" (keshî-sûkta) gibt uns eine Vorstellung vom schamanischen Ekstatiker

Lehre des Nondualismus förderten. Und die Vermutung, dass sie vielfach von den Vrâtyas direkt inspiriert waren, scheint nicht zu weit hergeholt. Bemerkenswert ist der Fall des mächtigen Königs Prithu, der, laut dem Jaiminîya-Upanishad-Brâhmana, vom Seher Vena über die heilige Silbe om unterrichtet wurde: Vena wird auch der „göttliche Vrâtya" genannt.

Offenbar reisten die Vrâtyas in Gruppen von dreiunddreißig, und jede Gruppe hatte ihren eigenen Anführer. Die Mitglieder wurden nach dem Senioritätsprinzip unterschieden. Manche hatten, wie es heißt, „den Penis zur Ruhe gebracht" – d.h. sie hatten den Geschlechtstrieb überwunden. Der alte Sanskritausdruck für diese Leistung ist shamanîya medhra, der an den yogischen Prozess von ûrdhva-retas erinnert, d.h. an die Hinaufleitung des Samens bei Meistern in sexueller Enthaltsamkeit. Interessanterweise wird der Ausdruck ûrdhva-retas auch in Verbindung mit Gott Rudra verwendet; die Vrâtyas verehrten ihn zusammen mit Vâyu, dem Gott des Windes und des ekstatischen Höhenflugs.

Quellenlektüre 5

in vedischer Zeit. Man glaubte, der keshin mit – wie der Name indiziert – langem Haar frohlocke ekstatisch in seiner Schau von und seiner Teilnahme an Wahrheiten, die dem gewöhnlich Sterblichen verborgen bleiben. Er ist mitleidsvoll und verstandeslos gottberauscht, „gottgetrieben" (devaishita, deveshita geschrieben).

Das Wort keshin wird auch für die Sonne verwendet, deren langes „Haar" aus den leuchtenden, durch den Raum zur Erde reichenden Strahlen besteht. Der langhaarige Weise ähnelt der Sonne in seiner Natur; vielleicht auch blendete seine strahlende Aura jene, die sensitiv genug waren, sie zu sehen. Es gibt in dieser Hymne mehrere dunkel-unklare Sätze und Feststellungen. Bei ihrer Deutung folgte ich weitgehend Jeanine Miller, obgleich ich in ein paar Fällen meine eigene, abweichende, Sicht und Intuition ausdrücke. Der „lohfarbene Schmutz", in den sich der keshin kleidet, könnte sich auf die hinduistische Praxis beziehen, etliche Körperbereiche mit Sandelholzpaste zu bestreichen, besonders die Stirn; die Praxis wird nicht nur als symbolisch oder rituell bewertet.

Der Begriff „windgegürtet" ist allgemein als „nackt" interpretiert worden. Doch könnte er auch etwas viel Weitergehendes bildhaft meinen. Wie aus anderen Versen dieser Hymne hervorgeht, ist der keshin eng mit Vâyu, dem Gott des Windes bzw. der Lebenskraft, verbunden. Wenn wir also die Hymne unter yogischem Blickwinkel lesen, könnten wir diesem Ausdruck leicht die Bedeutung entnehmen, dass der keshin sich mit dem Atem „gürtete", d.h. dass er Atemkontrolle übte. Das würde den Ausruf in der 1. Person Plural, „auf die Winde sind wir gestiegen", erklären. Und dann erhalten wir diesen Sinn: Durch Atemregulierung vermag der keshin in einen anderen Bewusstseinszustand (wie auch in eine dementsprechende Realität) einzutreten.

Es bleibt unklar, was mit „unbiegbar" oder „krumm" (kunamnamâ) im Schlussvers – der einzigen Stelle, an der dieses Wort erscheint – gemeint ist. Miller spekuliert, es könnte der „grobstoffliche Aspekt" des menschlichen Körper-Geist-Systems sein, also das körperliche Vehikel, das sich der seelisch-spirituellen Transformation widersetzt. Von Gott

Die Vrâtyas trugen ein simples Tuch mit roten oder schwarzen Rändern um die Hüfte gebunden und eine rote, turbanähnliche Kopfbedeckung. Einfache silberne Schmuckstücke hingen am Hals oder auf der Brust, an den Füßen hatten sie Sandalen oder Schlapfen, und sie trugen eine Peitsche und einen kleinen Bogen mit sich, aber keine Pfeile. Dies und andere Indizien deuten darauf hin, dass die Vrâtyas zu kleinen Bruderschaften organisiert waren, vielleicht quasi-militärischen Ursprungs. Sie reisten auf primitiven Karren, von Pferd oder Maultier gezogen; während ihrer religiösen Zeremonien dienten die Karren auch als Opferaltäre. Jede Gruppe war begleitet von einem professionellen Barden, als mâgadha oder sûta bezeichnet, und einer Frau, pumshcalî („Mann-Bewegende") genannt. Anlässlich der großen Sommer-Sonnwendfeier vollzogen der Barde und die heilige Prostituierte den Sexualritus, das sogenannte mahâ-vrata („großes Gelübde"), das auch Beschimpfungen und obszöne Wortwechsel mit einschloss. Zweifellos inszenierten Barde und heilige Prostituierte das schöpferische Spiel zwischen Gott und Göttin. In Vorwegnahme der bipolaren Metaphysik des späteren Tantra stellten die Vrâtyas Gott Rudra („Heuler" oder „Brüller")

[35] *Der Name Vakreshvarî leitet sich ab von vakra („gekrümmt") und von îshvarî, der femininen Form von îshvara („Herr[-Gott]").*

Vâyu, dem Herrn der Lebenskraft (prâna), wird gesagt, er habe das „Schlecht-Gebogene" (kunamnamâ) für den keshin „gewirbelt" und „gehämmert". Vielleicht können wir dem gar einen sehr frühen Hinweis auf die schlafend-latente psycho-spirituelle Energie im menschlichen Körper, später als kundalinî-shakti bezeichnet, entnehmen.

Wir sollten uns hier erinnern, dass gut 3000 Jahre danach in einigen tantrischen Schulrichtungen die Göttin Kubjikâ verehrt wurde. Sie residiert, wie vorgestellt wird, zusammen mit ihrem göttlichen Gemahl Shiva auf dem Gipfel des heiligen Berges Kailâsa-Berg im Himalaya. Der tantrischen Überlieferung zufolge steht Kubjikâ in engster Verbindung mit der kundalinî – sie soll ihr Körper sein. Die Silbe ku im Namen Kubjikâ repräsentiert in dieser Tradition das Element Erde, immer schon assoziiert mit dem psychoenergetischen Zentrum an der Wirbelsäulenbasis, dem mûlâdhâra-cakra. Dort ruht auch die zusammengerollte „Schlangen-Energie" oder kundalinî-shakti.

Das Sanskritwort kubjâ heißt wörtlich „der/die/das Krumme". Das scheint auch die andere Bedeutung des vedischen Begriffs kunamnamâ zu sein. Die Göttin Kubjikâ, gleichfalls bekannt unter dem Namen Vakreshvarî („Krumme Prinzessin"), wird manchmal als alte Frau abgebildet, abgesehen von ihren beiden Formen als Mädchen und als junge Frau.[35] Sollten wir hier also einer esoterischen Überlieferung von den verborgenen, im menschlichen Körper zusammengerollten Energien gegenüberstehen, die bis in vedische Zeiten zurückreicht?

Der Langhaarige [erträgt] Feuer;
der Langhaarige [erträgt] Gift;
der Langhaarige erträgt Himmel-und-Erde (rodasî) [sowohl physisch wie psychisch]; der Langhaarige blickt ausschließlich zum Himmel (svar); der Langhaarige ist wohl jenes [transzendente] Licht. (1)

Die windgegürtet' Weisen (muni)
kleiden sich in lohfarb'nen
Schmutz (mala). Entlang des
Windes Bahnen gleiten sie, wenn
die Götter [sie] durchdringen. (2)

Kraft uns'res Schweigens (mauna)
frohlockend, haben wir die Winde
bestiegen. Seht, ihr Sterblichen,
[nur] uns're Körper. (3)

Durch die Mittel-Region (antariksha) fliegt der Weise und
erleuchtet jede ihrer Formen;
wegen seiner Gutheit wird er als
Freund aller Götter erachtet. (4)

in Begleitung einer trommelnden weiblichen Gottheit dar, die an die hinduistische Göttin Kâlî erinnert.

Dazu wurde in diesem bemerkenswerten Fruchtbarkeits- (und landwirtschaftlichen) Ritual eine Schaukel als Symbol eines „zum Himmel strebenden Schiffes" verwendet. Der Gruppenanführer schaukelte darauf unter vielen Gebetsinkantationen; diese kreisten auch um die drei Arten der Lebenskraft (prâna, apâna und vyâna), die, wie man annahm, den Körper energetisierten. Die Vrâtyas waren Experten in Magie, und einiges aus ihrem magischen Vermächtnis überdauerte in den Hymnen des Atharva-Veda. In Anbetracht der unorthodoxen Glaubensvorstellungen und Praktiken der Vrâtyas setzten die vedischen Priester alles daran, deren geistiges und rituelles Erbe soweit wie möglich zu verschleiern oder ganz auszulöschen, und es erscheint fast wie ein Wunder, dass der Vrâtya-Khânda überhaupt überlebt hat.[36]

Unter yogischen Gesichtspunkten betrachtet, erscheinen die prânâyâma-Praxis und ähnliche von den Vrâtyas offenbar betriebene Exerzitien als der interessanteste Aspekt des Vrâtya-Erbes. Denn gerade in solchen Praktiken

Quellenlektüre 5

Des Windes Ross, des Vâyus Freund,
dies ist der gottberauschte Weise,
er lebt in beiden Meeren, dem
ob'ren wie auch dem unt'ren. (5)

Auf den Wegen der apsarases
[weibliche Geistwesen], der gandharvas [männliche Geistwesen]
und der wilden Tiere wandert der
Langhaarige, die [verborgensten]
Gedanken kennend und sanfter
Freund und überaus erheiternd. (6)

Für ihn hat Vâyu das schlecht
Gebog'ne (kunamnamâ) gewirbelt und gehämmert, als
der Langhaar'ge mit Rudra aus
dem Giftbecher trank. (7)

10.177

Mit dem Herzen (hrid), mit dem
Geist (manas) seh'n die Weisen
den Geflügelten (patanga), dem
Asuras Zauber (mâyâ) eignet. Die
Dichter-Seher (kavi) erkennen [Ihn]
im Ozean. Die Weisen ersehnen
den Abdruck [Seiner] Strahlen. (1)

In seinem Herzen trägt der
Geflügelte das Wort (vâc), das
der gandharva im Mutterleib
sprach. Die Dichter-Seher beschützen diese donnernd (svarya)
blitzende Intuition (manishâ)
am Wohnsitz (pada) der [kosmischen] Ordnung (rita). (2)

Ich sah Ihn, den Beschützer, der
unermüdlich näherkommt und
sich zurück wieder zieht auf den
Pfaden. Versehen mit zusammen-
und auseinanderstrebenden
[Kräften], führt Er aus die Umdrehungen in den Welten.[37] (3)

[36] Die Verbindung der Vrâtyas mit dem Sâma-Veda wurde von J. W. Hauer nachgewiesen, und offenbar rezitierten sie auch die epischen Sagen, den „Fünften Veda", von dem einiges in die Purâna-Literatur eingeflossen ist.

[37] Dieser letzte Vers findet sich auch im Rig-Veda 1.164.31. Die eigentliche Bedeutung der Wörter sadhricih und vishucih bleibt unklar; sie wurden hier jeweils als „zusammen- und auseinanderstrebende [Kräfte]" übersetzt. Aus Erdsicht gesehen strahlt die Sonne in eine Richtung, nämlich „hinab"; objektiv aber breiten sich die Strahlen auch aus und erleuchten den gesamten Raum. Auf spiritueller Ebene wirkt ein ähnliches Prinzip: die Intuition erstrahlt blitzhaft und fokussiert im Verstand; sie erleuchtet, d.h. beeinflusst aber auch den ganzen Körper-Verstand-Gemütskomplex.

können wir eine der Ursprungswurzeln des später auftretenden Yoga und Tantra erkennen. So erwähnt der Atharva-Veda (15.15.2) die Kenntnis der Vrâtyas von sieben prânas, sieben apânas und sieben vyânas. Dies sind die verschiedenen Funktionen der im Körper zirkulierenden Lebensenergien, und sie stehen mit dem ein- wie ausgeatmeten und angehaltenen Atem in Verbindung. Die drei Gruppen von je sieben korrespondieren mit einer Anzahl verschiedener Dinge, wie im Folgenden dargestellt:

Die sieben prânas sind (1) agni oder Feuer, (2) âditya oder Sonne, (3) candramâ oder Mond, (4) pavamâna oder Wind, (5) âp oder „die Wasser", (6) pashava oder Rinder und (7) prajâ oder Kreaturen. Die sieben apânas sind (1) paurnamâsi oder Vollmond, (2) ashtakâ oder Tag des Viertelmonds, (3) amâvâsyâ oder Neumond-Tag, (4) shraddhâ oder Glaube, (5) dîkshâ oder Weihung, (6) yajna oder Opfer und (7) dakshinâ oder Opfergabe. Die sieben vyânas sind (1) bhûmi oder Erde, (2) antariksha oder „Mittelregion", (3) dyau oder Himmel, (4) nakshatra oder Gestirnskonstellationen, (5) ritu oder die Jahreszeiten, (6) ârtava bzw. „das zu den Jahreszeiten Gehörende" und (7) samvatsara oder das Jahr.

QUELLENLEKTÜRE 6

ATHARVA-VEDA (AUSWAHL)

Vom spirituellen Standpunkt betrachtet, erscheint die folgende Hymne (10.8) als eine der bedeutsamsten des Atharva-Veda und dazu eng verbunden mit Hymne 10.7, die die geheime Kunde von der Weltensäule (skambha) ausspricht. In ihrem tiefen, uns kaum verständlichen Symbolismus erinnert die jetzige Hymne an Dîrghatamas' Rätsel im Rig-Veda (1.164).

Ehrerbietung sei dem ersten brahman, dem allein die Himmel zugehören und das über Vergangenheit, Zukunft und jedwedes [Ding] regiert. (1)

Durch die Weltensäule aufgerichtet, stehen Himmel und Erde getrennt gestützt. Dies ganze [Universum], was immer darin atmet oder sich verschließt (nimesha), ist verkörpert (âtmanvat) in der Säule. (2)

Drei [Arten] Geschöpfe strebten hinaus [in den transmigratorischen Kreislauf], während andere ganz in die Sonne (arka) eingingen.[38] Der Eine Große bleibt und misst den Himmel aus. Der and're Gold'ne [d.h. die Sonne] betrat die goldenen [Regionen].[39] (3)

Zwölf Radkränze, ein Rad (cakra), drei Radnaben – wer hat das verstanden? Dreihundertsechzig Speichen und [ebenso viele] Stifte, gut befestigt. (4)

Erwäge das gut, o Savitri: sechs Zwillinge [und] und ein Wesen, einzeln geboren. Jene wünschen Beziehung zu diesem, das einzeln geboren.[40] (5)

[38] Vielleicht sind mit den drei Arten von Geschöpfen solche gemeint, bei denen jeweils tamas, rajas oder sattva dominiert.

[39] Das Wort harita wird oft als „gelb" oder auch „grün" übersetzt. Hier wurde es mit „golden" wiedergegeben.

[40] Die sechs Zwillinge sind die zwölf Monate, in Paaren kommend und 360 Tage zählend. Das „einzeln Geborene" ist der eingeschaltete „Monat" mit den restlichen Tagen des solaren Jahrs.

Solche magisch-psychokosmischen Korrespondenzbeziehungen sind für die archaische Mentalität, wie sie in den Veden erhalten ist, charakteristisch.[41] Der nachfolgende Auszug aus dem Atharva-Veda (15.1) zeigt ein anderes Beispiel dieser Art analogen Denkens:

> [Einst] gab es einen umherziehenden Vrâtya. Er stöberte Prajâpati [den Herrn der Kreaturen] auf. (1)
>
> Er, Prajâpati, erblickte Gold in sich Selbst. Er brachte es hervor. (2)
>
> Es [das Gold] wurde der Eine; der wurde der Stirnzeichen-Träger (lalâma); der wurde der Große (mahat); der wurde der Älteste (jyeshtha); der wurde das brahman; das wurde die erschaffende Macht (tapas); die wurde zur Wahrheit (satya); derart brachte Er [sich Selbst] hervor. (3)

QUELLENLEKTÜRE 6

Es ist manifest und wohnt doch im Verborgenen (guhâ). Sein Name ist „Alter", ist „Großer Ort".
In Diesem ist das ganze [All] befestigt. Was da atmet und sich bewegt, ist [in Diesem] verankert. (6)

Das eine Rad dreht sich mit einem einzigen Radkranz, mit eintausend Unsterblichen (akshara)[42], dreht sich vorn [d.h. im Osten] hinauf und hinten [d.h. im Westen] hinab. Mit einer Hälfte hat's die ganze Welt hervorgebracht, doch was ward aus seiner [and'ren] Hälfte? (7)

Ein Gefährt mit fünf [Pferden] befördert das Erst[-Geborene][43], und angeschirrte Zusatzpferde traben [gleichfalls] mit. Was nicht durchquert wurde, bleibt unsichtbar; doch nicht, was durchquert wurde. Was über [dem Horizont] sich zeigt, ist näher; was darunter [unter dem Horizont] bleibt, ist entfernter. (8)

Die Öffnung des Gefäßes ist seitwärts und die Unterseite oben. In ihm wohnt die allgestaltig leuchtende Glorie. Dort sitzen die sieben rishis [44], die Beschützer des Einen Großen, beisammen. (9)

Ich frage dich, was ist mit der Lobpreisung (ric), die vorn und hinten, ringsum und überall angejocht (yujyate) und durch den das Opfer (yajna) gen Osten sich erstreckt?[45] (10)

Was da rühret, flieget, stille steht, atmet oder nicht, [die Augen] schließt, doch existiert – das erhält die Erde und ist, in jedweder Gestalt, nur ein Einziges. (11)

[41] *Zur Besprechung der magischen Lehren des Atharva-Veda siehe M. Sutley, Ancient Indian Magic and Folklore: An Introduction (Boulder, Colorado, USA: Great Eastern Book Co., 1980).*

[42] *Akshara bedeutet wörtlich „unbewegt" oder „unvergänglich" und kann sich auf eine Silbe (wie das einsilbige Mantra om, das die höchste Wirklichkeit symbolisiert) oder auf das Göttliche selbst beziehen. Hier bezieht sich das Wort entweder auf die Sonnenstrahlen oder auf die Sterne.*

[43] *Das Wort agra oder „Erst[-Geborener]" steht hier für die Sonne, die sichtbare Form des unsichtbaren höchsten Lichts.*

[44] *Die sieben Seher (sapta-rishi, geschrieben saptarshi) sind wahrscheinlich Vishvâmitra, Jamadagni, Bharadvâja, Gotama, Atri, Vasishtha und Kashyapa. Als Gruppe werden sie zum ersten Mal in den zum Ende der vedischen Ära gehörenden Shrauta-Sûtras erwähnt. In der späteren Sanskritliteratur symbolisieren sie die kognitiven Fähigkeiten, nämlich die fünf Sinne, den Verstand (manas) und die höhere Vernunft oder Weisheitskraft (buddhi). Die Seitwärtsöffnung des Gefäßes meint sowohl die erfahrene Welt, durch den Horizont in eine obere und untere Hälfte unterteilt, als auch das menschliche Haupt.*

[45] *Durch ihre die Opferrituale begleitenden Lobpreisungen (ric) suchten die vedischen Seher mit den Göttern und dem Göttlichen in Kontakt zu treten; aber nur jene, die den Verstandessinn zu fokussieren („anzujochen") wussten, hatten damit Erfolg.*

[46] *Der Begriff ketu heißt an erster Stelle „Licht“. Das kann sich auf einen Meteor oder Kometen, aber auch allgemein auf einen offenkundigen Sachverhalt beziehen. Um die beiden Bedeutungen zu kombinieren, gab ich das Wort als „helle Kunde“ wieder.*

[47] *Der Wasserträger – die Sanskritwendung heißt bharantam udakam – ist die Sonne, die das Wasser der Meere trinkt, um es wieder in Form befruchtenden Regens zu spenden.*

[48] *Die Sonne mit dem geistigen Sinn zu kennen, bedeutet, ihr inneres Geheimnis zu kennen: sie dient als Eingangsportal zum unsterblichen Licht.*

[49] *Im Sanskrittext steht madhye, was „in der Mitte“ (von madhya) bedeutet und hier weder gegenwärtigen Moment noch frühere Zeit, sondern den Zeitpunkt irgendwann dazwischen meint.*

[50] *Der Ausdruck „dreifältiger Schwan“ (trivritam hamsam) ist unklar. Er könnte sich auf die drei Erscheinungsarten des Lichts – Sonne, Feuer und Blitz – beziehen.*

[51] *Svar kann auch den „Himmel“ bezeichnen.*

[52] *Das könnte damit erklärt werden, dass die vedischen Seher die Welt symbolisch als Ziege (ajâ) darstellten, die sich paart mit dem Göttlichen in seiner reinen Natur, symbolisiert als Ziegenbock (aja). Aus ihrer Vereinigung entstehen alle Dinge.*

Er wuchs; Er wurde der Große (mahân); Er wurde der Große Gott (mahâ-deva). (4)

Er umfasste der Götter Oberherrschaft; Er wurde [ihr] Herrscher. (5)

Er wurde der Eine Vrâtya; Er nahm einen Bogen – es war Indras Bogen. (6)

Die Bogenrundung war innen blau, außen rot. (7)

Mit der blauen [Bogenseite] umzirkelt Er feindliche Sippen; mit der roten [Seite] durchlöchert er den verhassten [Feind]. So sagen es die Lehrer von brahman. (8)

Es scheint unmöglich, aus dieser Hymne wirklich Vernünftiges zu entnehmen. Ihr Verfasser bewegte sich in einem anderen Realitätsrahmen – in einer

Das, was endlos ist, erstreckt sich in jede Richtung – so kommen Endlos und Ende schließlich zusammen. Doch der Wächter [die Sonne] des Himmelsfirmaments (nâka), der Vergangenheit und Zukunft kennt, hält sie weiter getrennt. (12)

Prajâpati [der Herr der Geschöpfe] rührt sich im [kosmischen] Mutterleib (garbha). Unsichtbar, wird Er vielgestaltig geboren. Mit einer Hälfte bringt Er's ganze All hervor; doch Seine and're Hälfte – gibt's davon helle Kunde? [46] (13)

Jenen Wasserträger, der das Wasser im Krug aufwärts trägt[47], den sehen alle mit den Augen, aber nicht alle verstehen Ihn mit dem geist'gen Sinn.[48] (14)

Der Große Geist (yaksha) im Zentrum des Weltenalls weilt weit entfernt in heiler Ganzheit, und weit entfernt verschwindet Er durch Mangel – Ihm bringen die Regenten [der Welt] ihre Opfergaben dar. (15)

Woraus die Sonne aufsteigt und wohin sie sich senkt, das deucht mir wahrlich als das Allererste (jyeshtha). Nichts übertreffet Dies! (16)

Die jetzt, zuvor[49], in alter Zeit wissend allerorts vom Veda sprechen, sie sprechen nur von Âditya [der Sonne], dem zweiten Agni, dem dreifält'gen Schwan (hamsa).[50] (17)

Für tausend [Welten-]Tage die Schwingen ausgebreitet, so fliegt der goldene Schwan übers Himmelszelt. Er birgt die Götter alle in der Brust, bewegt sich umher und überwacht dabei die Welten. (18)

Der, in dem das höchste Allererste ruht – Er leuchtet oben durch die Wahrheit, blickt herab durch das Gebet (brahman) und atmet kreuzweis' [in Form des Winds] durch die Lebenskraft (prâna). (19)

Wer die Reibestöcke, durch die das [kostbar] Ding (vasu) [d.h. das Feuer] entzündet wird, wirklich und tatsächlich kennt, er mag dann vom Allerallerersten wissen und sollte den großen brâhmana [hier ist nicht der Brahmane, sondern die große göttliche Weisheit gemeint] kennen. (20)

Fußlos ward Er geboren am Anfang. Am Anfang bracht' Er den Himmel (svar)[51] hervor. Als Er vierfüßig [52]

mythisch-poetischen Dimension, nicht in einer linear-rationalen. Er fand Freude in mystischen Gleichungen und Analogien, und offenbar waren ihm esoterische Bedeutungen bewusst, die wir nur vage erahnen können.

Zusammenfassend lässt sich sagen: Die Vrâtyas waren herausragende Vertreter der Gegenkultur in vedischen und nachvedischen Zeiten. Ein Teil ihres spirituellen Erbes wurde vom Atharva-Veda assimiliert – vielleicht gerade deshalb, weil diese Hymnensammlung von Anfang an eine Randstellung innerhalb der vedischen Offenbarungsliteratur eingenommen hat. Doch gerade in ihr finden wir zahlreiche prägende Ideen und Praktiken, die viel später den Tantra entstehen ließen; Ideen und Praktiken, die dann jahrhundertelang weitergereicht wurden von Menschen, die am Rande oder gar außerhalb des orthodoxen, von Brahmanen getragenen Hinduismus lebten. In mancherlei Hinsicht können die Vrâtyas als Vorläufer solcher marginaler, aber signifikanter Gruppierungen wie den Pâshupatas gesehen werden, die in der Epischen Periode erstmals auftraten. Ja, es scheint durchaus möglich, dass die Weiterentwicklung des Proto-Yoga in der frühen nachvedischen Ära hauptsächlich den Vrâtyas zu verdanken ist.

Quellenlektüre 6

wurde und zu essen vermochte, nahm Er alle Nahrung zu sich.[53] (21)

Er, der den ewigen höchsten Gott (deva) verehrt, soll zu essen in der Lage sein und viele [Arten von] Nahrung zu sich nehmen. (22)

Man nennt Ihn ewig; in der Tat, selbst jetzt mag Er erneuern sich, wie Tag und Nacht jeweils aus ihren gegenseit'gen Formen sich erneuern. (23)

Einhundert, eintausend, Myriaden, einhundert Millionen, unzählige [Zahlen] Seiner Selbste wohnen in Ihm. Sie zehren von Ihm[54], indes Er nur zusieht. Drum strahlt dieser Gott solcherart. (24)

Feiner als ein Haar[55], ja unsichtbar ist Er, der Eine. Drum ist die Gottheit (devatâ), die mehr [als dieses All] umfasst, so teuer mir. (25)

Diese schöne alterslose [Gottheit] weilt im Hause [d.h. im Körper] eines Sterblichen. Er, für den [diese Gottheit] gemacht ward, liegt [still]; er, der [die Gottheit] gemacht hat, ward alt.[56] (26)

Du bist ein Weib. Du bist ein Mann. Du bist ein Knabe oder Mädchen. Alt bist du und humpelst dann am Stock. Bist du geboren, blickst überall du hin.[57] (27)

Bist ihrer aller Vater und auch ihr Sohn. Bist Gebieter (jyeshtha) ihnen und ihnen unterlegen. Der Eine Gott, der deinen Geist betrat, wird Erstgebor'ner – und ist [doch] mittendrin im Mutterleib [des Alls]. (28)

Aus dem Ganzen (pûrna) lässt Er's Ganze entstehen. Das Ganze ergießt sich als Ganzes. O mögen wir nun auch erkennen Jenes, aus dem es entsteht. (29)

Sie, die Ewige, ward aus Ewigkeit geboren. Sie, die alt Uralte, umfasste alles. Die große Göttin (devî), zur Morgendämmerung erstrahlend,[58] blickt auf alles und jedes in einem Augenblick. (30)

Die Gottheit namens Avi[59], Sie verbleibt, umschlungen von der [kosmisch'] Ordnung (rita). Und diese gold'nen[60] Bäume hier, sie wurden golden wegen Ihrer Form. (31)

Ihr nahe, kann man nicht lassen von Ihr [von dieser Gottheit]; [obgleich] nahe, kann man [Sie] nicht [leicht] sehen.[61] Erkenne die

[53] Die Wörter bhogya („essbar", „fähig zum Essen") und bhojana („Essen") können auch jeweils mit „fähig zum Vergnügen" und „Vergnügen" übersetzt werden.

[54] Das Wort ghnanti bedeutet wörtlich „niedermetzeln, erschlagen", ist hier aber als „(ver)zehren" wiedergegeben.

[55] Das Wort bâla meint „Kind" und ist von manchen so übersetzt worden. Doch kann es sich auch um eine alternative Schreibung von vâla („Haar") handeln, was im aktuellen Kontext mehr Sinn ergibt.

[56] Die Aussage dieses Verses ist verschleiert.

[57] Die Strophe findet sich wörtlich auch in der Shvetâ-Shvatara-Upanishad (4.3), die viele Ideen aus dieser vedischen Hymne entnahm.

[58] Im Sanskrit-Original steht der Genitiv Plural ushasah, also „der Morgendämmerungen".

[59] Der Name Avi stammt von der Wortwurzel av = „begünstigen"; der Begriff avi bedeutet jedoch „Schaf".

[60] Einige Übersetzer verwenden „grün"; siehe aber Anmerkung 37.

[61] Die in der ersten Strophenhälfte benutzten Verbformen machen es unmöglich, das gemeinte Subjekt zu bestimmen. Die jetzige Übersetzung versteht die Wendung na jâhati („verlässt nicht") als „man kann nicht lassen von" und na pashyati („sieht nicht") als „man kann nicht sehen".

QUELLENLEKTÜRE 6

Weisheit (kâvya) von Gott. Er starb niemals, noch wird Er alt. (32)

Die Worte, auferlegt von jenem [Gott], dem nichts and'res vorausgeht, sprechen [die Wahrheit], wie sie ist.[62] Wo auch immer sie sie sprechen, verkünden sie den großen brâhmana (33)

Jen's, worin die Götter und die Menschen festgehalten wie Speichen in der Nabe; Jen's, worin [die Welt?] durch [göttlich] Zaubermacht (mâyâ) gebettet – Jen's erfrage ich von dir, du Blume der Gewässer.[63] (34)

Sie, die Winde wehen lassen und fünf Richtungen des Himmels gemeinsam unterwerfen: die Götter, die sich den [Opfer-] Gaben überlegen dünkten, die Lenker der Gewässer – wer waren sie? (35)

Einer weilt in dieser Erde. Ein and'rer wurd' zur mittleren Region (antariksha) ringsum. Der ausschüttend Spender unter ihnen, er gab den Himmel (diva). And're beschützen alle Gegenden und Reiche. (36)

Wer es vermag, den weit erstreckten Webefaden (sûtra) zu erkennen, der die Geschöpfe all verwebt; wer es vermag, des Fadens Faden zu erkennen – der mag die große göttlich Weisheit (brâhmana) auch erkennen. (37)

Ich kenn' den weit gestreckten Faden, worin diese Geschöpfe eingewoben sind, und kenne auch den Faden jenes Fadens, das große göttlich' Wissen (brâhmana). (38)

Als Agni brennend über Himmel und Erde schritt und alles verzehrte, als die Frauen [d.h. die Flammen] des einz'len [Gatten, d.h. des Feuers] höher standen als [alles], wo war dann Mâtarîshvan?[64] (39)

Mâtarîshvan war in die [kosmischen] Wasser eingegangen, [während] die Götter sich in den Meeren befanden. Wahrlich groß war des Himmels Vermesser [vimâna]. Der Läuternde [pavamâna] ging in die Goldenen ein.[65] (40)

Höher noch womöglich als gâyatrî, ging Er in die Unsterblichkeit (amrita) ein. Die so gut die heil'gen Gesänge (sâma) singen – wo haben sie das Nicht-Geborene (aja) geseh'n?[66] (41)

Gott Savitri behütet und versammelt [alle] Dinge (vasu) und [besitzt], so sagen wir, der Wahrheit (satya) Eigenschaft. Als Indra steht Er [felsern] im Kampf um reiche [spirituelle] Güter. (42)

Im Lotus der neun Tore [d.h. der Körper mit seinen neun Öffnungen], mit drei Strähnen (guna) [Haut, Nägel und Haare?] bedeckt – welcher verkörperte (âtmanvat) Geist (yaksha) in ihm auch da wohne: wahrlich, ihn kennen die Wissenden von brahman. (43)

Wunschlos, weise, todlos ist's, im Selbst nur ruhend (svayambhu) und ruhend erfüllt von Wesensessenz (rasa), darum ohne jedweden Mangel – kennst du dieses weise, alterslose, jugendliche Selbst (âtman), so fürchtest du nimmer den Tod.[67] (44)

[62] *Das Kompositum yathâyatham, hier übertragen als „wie sie ist", scheint eine Vorform von yathâbhûtam zu sein. Die Worte des Göttlichen sind heilig und wahr, ebenso die Worte jener, die das Göttliche kennen. Diese Vorstellung liegt der gesamten vedischen Offenbarung zugrunde.*

[63] *Ein weiterer schwieriger Vers. Die „Blume der Gewässer" (apâm pushpam) scheint sich auf das verborgene schöpferische Prinzip oder Wesen der Existenz zu beziehen. Hier hat der Begriff mâyâ noch nicht die spätere Bedeutung von „Illusion", wie in Shankaras Vedânta, sondern meint die magisch-schöpferische Macht.*

[64] *Mâtarîshvan ist Indiens Prometheus. Sein Name bedeutet wörtlich „Er, der in der Mutter [d.h. in der Natur] liegt" und verweist auf die subjektiv erfahrene Tatsache, dass die Sonne aus dem Ozean emporsteigt, ähnlich wie das Feuer, das im Holz verborgen ist, bis es, durch Reibung entzündet, sich erhebt. In der nachvedischen Periode tritt Mâtarîshvan als anderer Name für den Gott des Windes auf, und das scheint auch bereits in der vedischen Ära der Fall gewesen zu sein. In esoterische Begriffe übertragen ist er der Atem, der auf Körper und Verstand einwirkt, um das innere Licht entstehen zu lassen.*

[65] *Der „Läuternde" ist vermutlich der Wind, der in die goldenen Flammen einging und sie zum alles verzehrenden Brand entfachte.*

[66] *Das Wort aja („ungeboren") kann auch „Ziege" bedeuten. Ein Übersetzer charakterisierte diesen Vers als „äußerst dunkel", aber das ist nicht wirklich der Fall. Mittels der vedischen Rezitationen und Inkantierungen können die Betenden zum himmlischen Reich, dem Wohnort der Gottheiten gelangen. Doch jenseits des himmlischen Reiches liegt die höchste Wirklichkeit, hier als „nicht-geboren" charakterisiert.*

[67] *Etliche Experten behaupten, dies sei die früheste Erwähnung des âtman in Form des höchsten spirituellen Prinzips.*

KAPITEL 5

Die geflüsterte Weisheit der frühen Upanishaden

„Wahrlich, dies ganze [Weltall] ist das Absolute (brahman). Still verehre Es [in der Meditation], denn du stammst aus Ihm."

CHÂNDOGYA-UPANISHAD (3.14.1)

I. ÜBERBLICK

Einige Historiker betrachten die Periode zwischen dem Niedergang der Indus-Städte (etwa 1500 v. Chr.) und der Zeit Buddhas – das ist ein ganzes Jahrtausend später – als das „dunkle Zeitalter" von Indien. Aber diese Bezeichnung scheint hier ebensowenig angebracht wie für das europäische Mittelalter, denn jene Tage waren keineswegs dekadent oder finster. Vielmehr war es eine Zeit großer kultureller Wagnisse und Abenteuer, in deren Verlauf sich die vedische Zivilisation – nach Jahrhunderten von Erschwernissen und Lebenshärten aufgrund der erzwungenen totalen Umsiedlung aus dem vertrockneten Sarasvatî-Tal zu den fruchtbaren Ganges-Ebenen – erheblich umstrukturierte.

Der Hauptteil der vedischen Hymnen war wahrscheinlich zur Zeit des Königs Bharata, nach dem Indien benannt ist, fertiggestellt. Er lebte während des tretâ-yuga, etwa fünfzig Generationen vor den fünf Pândava-Prinzen, die in dem großen, im Mahâbhârata dokumentierten Krieg um ihr väterliches Erbe kämpften. Dieser Krieg fand möglicherweise um ca. 1500 v. Chr. statt. Es war dies auch die Ära Vyâsas, von dem die Überlieferung sagt, er habe nicht nur das Mahâbhârata und die Purânas, sondern gleichfalls die vier vedischen Hymnensammlungen „geordnet".

Zu der Zeit war offenbar viel vom inneren Wissen der vedischen Samhitâs verlorengegangen; auch waren die sie begleitenden Rituale verändert worden. Es folgte eine Periode der schöpferischen Interpretation und Neuinterpretation des vedischen Erbes, die in der Abfassung der Brâhmanas, Âranyakas, Upanishads – sie alle werden als integrale Teile der heiligen Offenbarung gesehen – und in der Kreation der umfangreichen Kalpa-Sûtra-Literatur, zu der die verschiedenen Shrauta-, Grihya-, Dharma- und Shulba-Sûtras gehören, kulminierte. Der Abschluss dieser post-vedischen Phase fiel zeitlich mit dem endgültigen Austrocknen des Sarasvatî-Flusses zwischen 2100 und 1900 v. Chr. und der Verlagerung des Zentrums der vedischen Zivilisation von Sarasvatî und Indus zum Ganges mit seinen vielen Nebenflüssen ungefähr zusammen.

Im vorigen Kapitel haben wir gesehen, dass es sowohl im Opferritus der vedischen Priesterschaft als auch in der religiösen Sphäre der nichtbrahmanischen Zirkel am Rand der vedischen Gesellschaft, insbesonders bei den geheimnisvollen Vrâtya-Bruderschaften, proto-yogische Ideen und Praktiken gab. Während sich der Ritualismus der orthodoxen Priesterschaft einerseits immer komplexer und exklusiver gestaltete, sehnte sich andererseits das Laienvolk nach einer eigenen inneren Beziehung zum Sakralen. In wachsender Zahl wendeten sich die Menschen solchen Lehrern zu, die eine emotional und spirituell befriedigendere Annäherung zum Göttlichen versprachen. Zwar konsultierten die Leute weiterhin die Brahmanen, wenn es um die wichtigen Opferzeremonien rund um Geburt, Heirat und Tod ging, doch öffneten sie auch ihren Sinn für religiöse Kulte, in denen das

Göttliche eher persönlich denn unpersönlich verehrt wurde, und für esoterische Schulen – wie die der Upanishaden –, die eine mystische Union mit dem Göttlichen in Aussicht stellten. Die nachvedische Yoga-Tradition scheint größtenteils in diesen Rand-, ja „Häretiker"-Gruppen ihre Gestalt angenommen zu haben.

DIE BRÂHMANAS

Die Brâhmanas (ca. 2500–1500 v. Chr.) sind Prosatexte, die die vedischen Opferrituale und die sie begleitende Mythologie darlegen und systematisieren – also durchaus orthodox ausgerichtete Werke der priesterlichen Elite. Von den zahlreichen Brâhmanas, die einst existierten, überlebten nur wenige. Das Aitareya- und das Kaushîtaki- (oder Shânkhâyana-)Brâhmana sind dem Rig-Veda beigeordnet, das Panca-Vimsha- (oder Tândya-Mahâ-), Shadvimsha-, Chândogya- und das Jaiminîya- (oder Talavakâra-) Brâhmana dem Sâma-Veda, das Kâthaka-, Taittirîya- und Shata-Patha-Brâhmana dem Yayur-Veda, und das Go-Patha-Brâhmana ist mit dem Atharva-Veda verbunden. Im Umfeld des „Weißen" (Shukla) Yayur-Veda bilden diese erklärenden Texte unabhängige Schriften, während sie im Fall des „Schwarzen" (Krishna) Yayur-Veda mit der Hymnensammlung direkt verwoben sind. Das älteste Brâhmana scheint das Aitareya-Brâhmana zu sein; es besteht aus vierzig Kapiteln und wird traditionell Mahidâsa Aitareya zugerechnet. Es handelt hauptsächlich vom soma-Opfer, daneben vom Feuer-Opfer (agnihotra) und der königlichen Weihung (râja-sûya). In mancherlei Hinsicht erscheint das voluminöse Shata-Patha als das faszinierendste Brâhmana; es hat einhundert Kapitel und existiert in zwei Ausgaben – in einer der Kânvas und in einer der Mâdhyandinas.

In der letzteren Version dieses relativ späten exegetischen Werkes (ca. 1500 v. Chr.) treten die Weisen Yâjnavalkya (Abschnitte 1–5) und Shândilya (Abschnitte 6–14) als die herausragenden Lehrer auf. Shândilya wird besonders mit dem agni-rahasya („Feuer-Mysterium"), ausführlich im Abschnitt 10 besprochen, assoziiert. Das Mysterium kreist um die Konstruktion der rituellen Feuergrube und ihrer psychokosmischen Bedeutung. Shândilya legt großes Gewicht auf die magische Korrelation zwischen Prajâpati (dem Schöpfer), Gott Agni, der Sonne, der Feuergrube und dem Jahr.

Die Feuerstätte besteht aus sechs Lagen Ziegelsteinen und sechs Schichten Mörtel, die zusammen die zwölf Monate symbolisieren. Die erste Ziegelsteinlage entspricht der Einatmung (prâna), die zweite der Ausatmung (apâna), die dritte dem angehaltenen Atem (vyâna), die vierte dem aufwärts fließenden Atem (udâna), die fünfte dem Mittel-Atem (samâna) und die sechste schließlich der Rede (vâc). Im Moment, da das Feuer entzündet wird und die goldenen Flammen himmelwärts schießen (den Himmel symbolisierend), erwirbt sich der Opfernde durch den mystischen

Identifizierungsprozess einen „goldenen" Körper: Er wird zum Goldenen Schöpfer (hiran-maya-prajâpati).

Die 101 Ziegelsteine, aus denen die Stufen der Feuerstätte gebaut sind, symbolisieren die 101 Elemente oder Aspekte der Sonne. Da die rituelle Feuerstätte nicht nur den kosmischen Körper, sondern auch jenen des Opfernden symbolisch darstellt, können wir nach einer körperlichen Entsprechung zu dieser Zahl suchen. Tatsächlich liefert die Brihad-Âranyaka-Upanishad eine Antwort: Sie spricht von 101 Kanälen (nâdî) im menschlichen Körper, von denen nur einer zur Unsterblichkeit führt. Dieser spezielle Kanal ist eben jener zentrale Nervengang (die sogenannte sush-umnâ-nâdî), durch den die – wie es später im Tantra ausgedrückt wird – kundalinî-shakti vom untersten psychoenergetischen Zentrum an der Wirbelsäulenbasis zum obersten Zentrum am Scheitel des Kopfes fließt. Bemerkenswerterweise erwähnt das Shata-Patha-Brâhmana (10.2.4.4) in diesem Zusammenhang auch „sieben himmlische Reiche", die eine regelrechte Analogie zu den sieben Energiezentren (cakras) einiger Tantra- und Hatha-Yoga-Schulen bilden.

Das Shata-Patha-Brâhmana überbrückt gewissermaßen die Kluft zwischen der strikt ritualistischen Weltsicht der Brâhmanas und dem symbolischen, verinnerlichten Ritualismus der Upanishaden. Sie enthält Spekulationen zum Weltgrund, zur Lebensenergie (prâna) und zur Wiedergeburt – allesamt verwoben mit der weitflächigen Tapisserie der vedischen Opfer-Mystik. Obwohl Yoga in den Brâhmana-Texten nicht direkt angesprochen wird, können wir in ihrem Ritualismus doch eine der zur späteren Yoga-Tradition beitragenden Quellen erkennen. So enthüllt z.B. das Shata-Patha-Brâhmana (9.4.4.1 ff.) Einzelheiten des mystischen Prozesses beim agni-yojana oder bei der „Anjochung des Feuer[-altars]". Dabei „kontrolliert" der Opfernde die mit der rituellen Feuerstätte liierten Kräfte, d.h. er benutzt sie diszipliniert, setzt dabei Atemkontrolle und große Konzentration ein. Das Bestreben des Opfernden ist ja, gemeinsam mit den hochschießenden Flammen und Rauchschwaden himmelwärts zu gelangen. Wenn er den soma in die Flammen gießt, „salbt" er das Feuer; wenn er den soma-Trank zu sich nimmt, weiht er gleichzeitig sich selbst und wird dadurch unsterblich. Dies alles sind definitiv Charakteristika einer proto-yogischen Technik.

Die vedische rituelle Feuerstätte symbolisiert den Makrokosmos

Ähnlich treten in der Besprechung des prâna-agni-hotra-Rituals (prânâgni-hotra geschrieben), des „Feueropfers der Atmungen" – bei dem den verschiedenen Atemarten Nahrung offeriert wird – Gedankengänge auf, die den Boden für die yogische Theorie und Praxis der Atembeherrschung (prânâyâma) vorbereiten. Das prâna-agni-hotra gilt als symbolischer Ersatz für das populärste aller vedischen Rituale – das Feuerritual (agni-hotra). Beim prâna-agni-hotra[1] nimmt die Lebensenergie sozusagen den Platz des rituellen Feuers ein, und sie wird mit dem transzendenten Selbst, mit âtman gleichgesetzt. Man kann hier zwar noch nicht von einem ausgereiften

[1] Geschrieben prânâgnihotra. Die Ansicht vieler Gelehrter, dieses Opferritual sei hauptsächlich von Renunzianten durchgeführt worden, wird von den vorliegenden Indizien nicht gestützt, wie der holländische Indologe H. W. Bodewitz in seinem Buch Jaiminîya Brâhmana I, 1–65: Translation and Commentary, With a Study of Agnihotra and Prânâgnihotra (Leiden, Holland: E. J. Brill, 1973) verdeutlicht hat.

geistigen Opfer sprechen, wie es etwa Yoga-Meditation oder lebenslanges Zölibat sind, denn das prâna-agni-hotra wurde körperlich ausgeführt. Nichtsdestoweniger erscheint dieses wichtige Ritual als entscheidender Meilenstein auf dem Weg zur – wie es Religionshistoriker nannten – Verinnerlichung des Opfers: der Transformierung äußerer Riten zu inneren, geistigen Exerzitien.

Die Âranyakas

Die Âranyakas oder „Wald-Lehren", ihrerseits von sehr ähnlicher Natur wie die Brâhmanas, waren als Ritualtexte für die orthodoxen Brahmanen gedacht, die sich in die Einsamkeit des Waldes (aranya) zurückgezogen hatten, um dort ein Leben der stillen Betrachtung, gerahmt von mystischen Ritualen, zu führen. Diese Waldbewohner – vâna-prasthas, wie sie später genannt wurden – taten den ersten Schritt eines zunehmend stärker werdenden Trends im alten Indien hin zur Weltentsagung (samnyâsa). Die meisten der Âranyakas gingen verloren, aber die folgenden sind noch erhalten: das Aitareya- und das Kaushîtaki-Âranyaka (zum Rig-Veda gehörig), das Taittirîya-Âranyaka (zum Schwarzen Yayur-Veda gehörend) und das Brihad-Âranyaka (mit dem Weißen Yayur-Veda verknüpft). Es existieren keine Âranyakas mehr für den Sâma- und den Atharva-Veda. Diese „Waldtexte", die man für zu sublim und zu heilig hielt, als dass sie in den Dörfern oder Städten hätten propagiert werden können, päparierten den Boden für die noch esoterischeren Lehren der Upanishaden wie auch für die danach entstehende Yoga-Tradition in ihrer asketischen Form.

Morgenröte der upanishadischen Periode

Die Kernthemen der ältesten Upanishaden – Brihad-Âranyaka-, Chândogya-, Kaushîtaki-, Aitareya- und Kena-Upanishad – scheinen über 3000 Jahre zurückzureichen.[2] Die upanishadischen Weisen leiteten etwas ein, was eine ideologische Revolution werden sollte. Sie verinnerlichten das vedische Ritual in Form intensiver Betrachtungen oder Meditationen. Das illustriert am besten die nachfolgende Passage aus der Kaushîtaki-Brâhmana-Upanishad (2.5):

> Als Nächstes nun [die Praxis der] Selbstbeherrschung, wie sie Prâtardana beschreibt, oder das innere Feueropfer, wie es genannt wird. Wahrlich, solang ein Mensch (purusha) spricht, vermag er nicht zu atmen, denn er opfert dann den Atem der Rede. Wahrlich, solang ein Mensch atmet, vermag er nicht zu sprechen, denn er opfert dann die Rede dem Atem. Dies sind die zwei nie

[2] *Zur umfassendsten deutschen Übertragung der Upanishaden siehe P. Deussen, Sechzig Upanischaden des Veda, deren Erstausgabe 1897 bei F.A. Brockhaus erschien (neu aufgelegt im Marixverlag 2006 unter dem Titel „Upanishaden. Die Geheimlehre des Veda", herausgegeben von Peter Michel). Siehe auch S. Radhakrishnan, The Principal Upanishads (London: George Allen & Unwin/New York: Humanities Press, 1953); Radhakrishnans Werk zeigt zusätzlich den Sanskrittext von dreizehn Upanishaden. Es war zwar üblich, die ältesten Upanishaden in die Zeit zwischen etwa 700–600 v. Chr. zu platzieren, aber das ist im Licht der jüngsten chronologischen Annahmen irreführend, zwingen uns diese Annahmen doch, die frühesten Brâhmanas ein ganzes Stück vor 1500 v. Chr. zu datieren. Da die ältesten Upanishaden in Stil und Inhalt eigentlich wie bruchlose Fortsetzungen der Brâhmanas erscheinen, sollten wir keinen zu großen Zeitabstand zwischen den beiden literarischen Gattungen unterstellen. Überdies figurieren einige der in den Brâhmanas erwähnten Lehrer auch in den Upanishaden. So zählt die Brihad-Âranyaka-Upanishad (z.B. 6.5.1 ff.) 52 Lehrer namentlich auf, den berühmten Weisen Yâjnavalkya eingeschlossen. Weil dieser in enger Verbindung mit den Lehren des Shata-Patha-Brâhmana stand, das provisorisch um ca. 1500 v. Chr. eingeordnet werden kann, ist uns somit eine hilfreiche chronologische Markierung zur Hand gegeben: Yâjnavalkya lebte 38 Generationen vor Pautimâshya, dem letzten im Brihad-Text angeführten Lehrer. Das ergibt ungefähr 760 Jahre. Daher kann man die letzte Übermittlung der Brihad-Âranyaka-Upanishad um etwa 700 v. Chr. einordnen, obgleich ihr Kerninhalt bis vor den Bhârata-Krieg zurückreicht. Mit anderen Worten: die Lehren dieser Upanishade gehören zur Zeit zwischen 1500 und 700 v. Chr. Das Alter der anderen frühen Upanishaden kann sich davon nicht erheblich unterscheiden.*

> endenden, unsterblichen Opfergaben. Beim Schlafen und beim Wachen opfert er sie beständig. Was es auch an anderen Opfern geben mag, sie sind begrenzt, denn sie bestehen aus [rituellen] Handlungen. Da sie dies verstanden, führten die Vorfahren kein Feueropfer [konkret] aus.

Die letzte Zeile legt nahe, dass bereits die Vorgänger des Autors dieser Textpassage, d.h. die Weisen, die die Brâhmanas verfassten – ja, wahrscheinlich noch früher die Seher, denen die vedischen Samhitâs zugeschrieben werden, – das symbolische Feueropfer praktizierten. Doch gewann mit den Upanishaden das symbolische Opfer überragende Bedeutung. Fortan konnte das Göttliche rein geistig oder im Herzen verehrt werden, ohne äußere Paraphernalien.

उपनिषद् ॥

upanishad

Wer waren diese innovativen Weisen? Sie bildeten eine vielfältige Gruppe: Einige waren prominente Brahmanen, wie der berühmte Yâjnavalkya, der den Adel unterrichtete; andere waren weniger bekannte Brahmanen, die zurückgezogen im Wald lebten; wieder andere waren mächtige Könige, wie Janaka und Ajâtashatru (Herrscher von Kâshî, dem heutigen Benares bzw. Varanasi). Was sie aber gemeinsam hatten, war eine starke Neigung zur esoterischen Weisheit, zur gnosis, wie es im klassischen Griechenland genannt wurde – zum Wissen jenseits und vor jeder Erfahrung, das sie über das weltliche Leben, ja über den vedischen Ritualismus samt seiner versprochenen Himmel zur Realisierung der nicht-bedingten Wirklichkeit emporheben konnte. Diese Wirklichkeit nannten sie vorzugsweise brahman, das Absolute. Das Wort leitet sich etymologisch von brih mit der Bedeutung von „wachsen" ab und bezeichnet die unermessliche Weite des höchsten Seins.

Vor allem wandten sich die upanishadischen Weisen ausnahmslos der meditativen Praxis oder der inneren Verehrung (upâsana) zu; das waren die Hauptmittel zur Erlangung transzendenten Wissens. Im Gegensatz dazu blieb die von orthodoxen Brahmanen praktizierte Meditation weiterhin eng verknüpft mit Opferritualen, die, wie wir gesehen haben, in der alten vedischen Religion den höchsten Rang einnahmen. Selbst die im Wald wohnenden Asketen fuhren mit dem Opferkult des Hauptteils der vedischen Gesellschaft fort; sie zogen sich lediglich aus dem Getriebe des normalen Lebens zurück.

Die Vorstellung, dass hinter der Wirklichkeit mit ihren unzähligen Gestaltungen – hinter unserem Universum, das sich permanent verändert – ein ewig unverändertes Sein oder Wesen wohnt, hatte man schon in rig-vedischer Zeit. Das Neue aber war nun, dass dieses grandiose Konzept die Tradition der Opferriten transzendierte. Verständlicherweise gingen die upanishadischen Weisen sehr behutsam und vorsichtig daran, diese Einsicht weiterzugeben – in einem esoterischen Rahmen, der eine regelrechte Initiation erforderte. Das geht schon aus dem Wort upanishad selbst hervor: es bedeutet, „sich nahe [zu seinem Lehrer] niederzusetzen" (upa „nahe", ni „nieder", shad „sitzen"). Die upanishadischen Lehren fungierten nicht als allgemein verfügbares Wissen, und von denjenigen, die sie zu hören wünschten, wurde erwartet, dass sie mit angemessener Ehrerbietung und Bescheidenheit an die Weisen herantraten. Falls sie nicht gut vorbereitet waren, mussten sie sich einer jahrelangen Schülerdisziplin unterwerfen, ehe ihnen irgend etwas an verborgenen Lehren offenbart wurde. Die esoterischen Weisheiten der Upanishaden wurde mehr flüsternd übermittelt als laut proklamiert. Heute sind diese mehr als kostbaren Lehren in Taschenbuchformat erhältlich, und wir neigen dazu, die Upanishaden als unterhaltende, allenfalls als inspiriert-inspirierende Literatur zu genießen; selten aber nähern wir uns diesen alten Lehren mit jener Ehrerbietung und jener Integrität, die ihnen einstmals zuteil wurden.

„Dieses unermessliche, konstante [Selbst] muss als singulär gesehen werden. Das Selbst ist makellos, ungeboren, groß, beständig, jenseits von Raum [und Zeit]."
BRIHAD-ÂRANYAKA-UPANISHAD 4.4.20

Die upanishadischen Lehren kreisen um vier miteinander verbundene, konzeptuelle Eckpunkte: Erstens ist die höchste Wirklichkeit des Universums gänzlich identisch mit unserer innersten Natur, d.h. brahman = âtman (das Selbst). Zweitens befreit nur die Realisierung von brahman/âtman vom existenziellen Leid und von der Notwendigkeit, geboren zu werden, zu leben und zu sterben. Drittens bestimmen die eigenen Gedanken und Handlungen das persönliche Schicksal – das ist das Gesetz des Karma. Man wird zu dem, womit man sich identifiziert. Viertens wird man – solange man die letzte Befreiung und damit den formlosen, unendlichen brahman/âtman-Zustand nicht erreicht hat – zwangsläufig wiedergeboren: in göttliche, menschliche oder niedrigere (dämonische) Bereiche, je nach persönlichem Karma.

Etliche Gelehrte behaupten, dass sowohl die Wiederverkörperungslehre (punar-janman, wörtlich „Wiedergeburt") wie auch die ihr beigeordnete Doktrin moralischer Verursachung (karma) in frühen vedischen Zeiten unbekannt und von den Draviden übernommen worden waren. Einige andere Forscher meinen wiederum, die upanishadischen Weisen hätten den durch das eherne karmische Gesetz regierten Kreislauf von wiederholten Geburten und Toden selbst entdeckt und nicht von vermutlich ansässigen Stämmen entliehen. Doch ignoriert sowohl die eine wie die andere Sicht schlicht die in den Veden enthaltene Evidenz – bereits rig-vedische rishis glaubten an Karma und Reinkarnation.

Wie dem nun auch sei – beide esoterischen Lehren werden zu herausragenden Merkmalen von Hinduismus, Buddhismus, Jainismus und Sikhismus werden. Natürlich kultiviert jede dieser Traditionen ihre eigene Interpretation davon, wie die Wiederverkörperung vonstatten geht, und wie der unablässig sich selbst perpetuierende Karma-Mechanismus durch spirituelle Exerzitien „überlistet" werden kann. Schon früh wurde die Herauslösung aus dem Zyklus dauernd wiederholter Geburten zum Leitmotiv der indischen Spiritualität, und wir werden deshalb in den nachfolgenden Kapiteln immer wieder auf diese Vorstellung stoßen.

Wohl wird in den Veden die Lehre vom transzendent-transzendentalen Selbst nirgends klar ausgedrückt, doch findet sie sich in zahlreichen mystischen Textpassagen impliziert. Und in den Brâhmanas und Âranyakas treffen wir – inmitten diverser theologischer Spekulationen über den Ritus und seine kosmologischen Entsprechungen – auf die ersten verstreuten Hinweise auf das allgegenwärtige Selbst. Aber erst in den Upanishaden wird die kostbare Lehre klar formuliert.

Was ist das Selbst? Der Weise Yâjnavalkya beschreibt es in der Brihad-Âranyaka-Upanishad (3.4.1) folgendermaßen:

> Er, der bei deinem Einatmen (prâna) atmet, der ist dein Selbst (âtman) – Er ist in allem. Er, der bei deinem Ausatmen (apâna) atmet, der ist dein Selbst – Er ist in allem. Er, der bei deinem vermischten Atmen (vyâna) atmet, der ist dein Selbst – Er ist in allem. Er, der bei deinem hochstrebendem Atmen (udâna) atmet, der ist dein Selbst – Er ist in allem. Er ist dein Selbst – in allem existierend.

Befragt, wie denn dieses Selbst zu begreifen sei, fährt Yâjnayalkya fort:

> Du kannst denjenigen, der da sieht, nicht sehen. Du kannst denjenigen, der da hört, nicht hören. Du kannst denjenigen, der da denkt, nicht denken. Du kannst denjenigen, der da versteht, nicht verstehen. Er ist dein Selbst – Er ist in allem. Alles, was nicht Er ist – es ist bedeutungslos. (3.4.2)

Der Textausschnitt lässt die Quintessenz der upanishadischen Geheimlehren, vom Selbst-realisierten*) Lehrer an den Schüler mündlich weitergegeben, deutlich werden: der transzendente Wesensgrund des Alls ist identisch mit dem spirituellen Wesenskern des Menschen. Diese höchste Wirklichkeit – ihrerseits reines, formloses Bewusstsein – kann nicht adäquat beschrieben oder definiert werden. Sie muss schlicht realisiert werden. Bei der Realisierung offenbart sich das Selbst als unendlich und ewig, als äußerst real und frei, gleichzeitig als glückselig (ânanda) jenseits aller Attribute.

Wie aber kann das Selbst*) realisiert werden? Die upanishadischen Weisen betonten die Notwendigkeit der Weltentsagung und der intensiven Kontemplation. Sie wiesen die Vorstellung, Handlungen (karman) könnten zur letzten Befreiung führen, zurück, und beharrten darauf, dass nur Weisheit (jnâna) die Macht habe, uns aus den existenziellen Fesseln zu befreien, besäße doch nur sie das gleiche Wesen wie das transzendente Selbst. Aber überraschenderweise enthalten die frühesten Upanishaden selten praktische Instruktionen zur Kunst der meditativen Innenschau. Offenbar war das eine Angelegenheit, die zwischen Lehrer und Schüler persönlich besprochen wurde. Wir wissen jedoch, dass der spirituelle Pfad extensiver Dienst für den Lehrer und andauernde Unterscheidung zwischen Wirklichem und Unwirklichem bedeutete – all dies genährt vom brennenden Wunsch nach Selbst-Realisierung und dem Willen, das Ich zu transzendieren.

Trotz ihrer radikalen Orientierung werden die Upanishaden als Fortsetzung der vedischen Offenbarung betrachtet. Ihre Lehren schließen ja tatsächlich die vedische Tradition ab und sind deshalb als Vedânta bekannt. Der Begriff vedânta heißt wörtlich „Ende der Veden". Alle nachfolgenden Lehren, wie z.B. die in der Sûtra-Literatur enthaltenen, werden nicht mehr als shruti oder „Offenbarung", sondern als smriti oder „Überlieferung" eingeordnet.

AUSMASS DER UPANISHADISCHEN LITERATUR

Es existieren über 200 Upanishaden, und die meisten davon sind ins Englische übersetzt worden. Die ersten Werke wurden, wie erwähnt, vor nahezu vier Jahrtausenden verfasst, während die jüngsten Texte dieses Genre aus der Gegenwart stammen. Hindu-Traditionalisten, die einer in der mindestens 700 Jahre alten Muktikâ-Upanishad aufgeführten Liste folgen, erkennen im Allgemeinen 108 Upanishaden an.

Die ältesten Haupt-Upanishaden können grob chronologisch so angeordnet werden: Die erste Gruppe umfasst die Brihad-Âranyaka-, Chândogya-, Taittirîya-, Kaushîtaki-, Aitareya-, Kena- (oder Talavakâra-) und die Mahâ-Nârâyana-Upanishad. Die zweite schließt die Katha-, Shvetâ-Shvatara-, Îsha-, Mundaka-, Prashna-, Maitrâyanîya- und die Mândûkya-Upanishad ein.

Die verbleibenden Upanishaden werden generell in die folgenden fünf Gruppen eingeteilt:

1. Sâmânya-Vedânta-Upanishads, die den Vedânta allgemein erläutern;
2. Samnyâsa-Upanishads, die sich mit dem Ideal der Entsagung befassen;

**) Im Englischen kann durch die Großschreibung des Anfangsbuchstabens („Self") zumindest andeutungsweise das höhere, wahre Selbst vom persönlichen, ichhaften Selbst unterschieden werden. Das betrifft auch den Begriff „Self-realization", der ja etwas anderes meint als die „persönliche Selbstverwirklichung". Im Deutschen muss die Differenz zwischen der wahren Dimension des Selbst (âtman) und der bedingten „Realität" des Ich bzw. des persönlichen Selbst oft mit anderen Mitteln ausgedrückt werden. Anm. d. Übs.*

3. Shâkta-Upanishads; sie drücken die esoterischen, mit shakti, dem weiblichen Aspekt des Göttlichen, verbundenen Lehren aus;
4. Sekten-Upanishaden; sie erläutern die Lehren, die mit speziellen Kulten verknüpft und solchen Gottheiten wie Skanda (Kriegsgott), Ganesha (der elefantenköpfige Gott, der insbesonders invoziert wird, um materielle oder spirituelle Hindernisse aus dem Weg zu räumen), Sûrya (Sonnengott) oder gar Allah (der muslimische Schöpfergott) usw. gewidmet sind;
5. Yoga-Upanishads, die verschiedene Aspekte des Yoga, speziell des Hatha-Yoga, erforschen. Die letzte Gruppe umfasst die Brahma-Vîdyâ-, Amrita-Nâda-Bindu-, Amrita-Bindu-, Nâda-Bindu-, Dhyâna-Bindu-, Tejo-Bindu, Advaya-Târaka-, Mandala-Brâhmana-, Hamsa-, Mahâ-Vâkya-, Pâshupata-Brahma, Kshurikâ-, Tri-Shikhi-Brâhmana-, Darshana-, Yoga-Kundalî-, Shândilya- und die Varâha-Upanishad. Diese Werke, die alle wahrscheinlich in die Zeit nach Christus gehören, werden im Kapitel 15 besprochen.

Der baumähnliche Charakter des feinstofflichen Körpers mit seinen zahllos verästelten Energiekanälen

Wir sollten uns daran erinnern, dass all diese Texte – die Vedas, Brâhmanas, Âranyakas und Upanishads wie auch die Sûtras – ursprünglich gar nicht niedergeschrieben, sondern auswendig gelernt und mündlich von Lehrer zu Schüler weitergegeben wurden. Der vedische Gesamtkorpus ist, wie man ihn etikettierte, mnemonische, „gedächtnishafte" Literatur. Bis auf den heutigen Tag gibt es Brahmanen, die aus dem Gedächtnis eine oder mehrere vedische Samhitâs oder das komplette Mahâbhârata und Râmâyana, jedes mit Zehntausenden von Versen, rezitieren können.

Obgleich solch enormes Auswendiglernen für sich allein nicht als yogische Leistung bewertet wurde, verhalf es doch jungen Studenten zu einer ungewöhnlich hohen Konzentrationsfähigkeit, die sich in ihrer späteren spirituellen Arbeit als nützlich erwies. Und da sie die vedischen Texte memorisierten, waren sie dauernd der höchsten Weisheit ausgesetzt, was sie für den spirituellen Pfad in natürlicher Weise präparierte. Für uns, die wir heute tief in einer einseitig materialistischen Kultur stecken, ist es manchmal schwierig, eine spirituelle Perspektive zu finden und beizubehalten. Glücklicherweise sind die inspirierten Schöpfungen von alten und modernen Hindu-Heiligen, yogins und Weisen für uns in Buchform frei verfügbar. Wir müssen nicht Heim und Arbeit im Stich lassen, um zu Füßen der großen Meister sitzen und aus ihrer Vision des Potenzials und des Schicksals der menschlichen Gattung Nutzen ziehen zu können. Die moderne Technik bringt ihre zeitlose Weisheit und Ermutigung direkt an unsere Haustür. Einige unter uns empfinden dies jedoch nur als Vorbereitung für eine leibhaftige Begegnung mit einem lebenden Yoga-Meister, der verborgene Pforten in unserem Geist zu öffnen vermag, so dass wir das yogische Vermächtnis unmittelbarer und tiefer erfahren.

II. DIE BRIHAD-ÂRANYAKA-UPANISHAD

Die älteste unter den frühesten upanishadischen Texten ist die Brihad-Âranyaka-(„Großer Wald") Upanishad, in der der meditative Pfad noch eng mit Konzepten des Opferrituals verbunden ist. Der Text beginnt mit einer Reihe von Instruktionen zum Pferde-Opfer (ashva-medha), das als kosmologisches Geschehen gedeutet wird. Es war dies eine große Zeremonie, zu Ehren eines erfolgreich-siegreichen Königs abgehalten, um die Fortsetzung seiner guten Herrschaft zu gewährleisten. So veranstaltete z.B. im 4. Jahrhundert n. Chr. König Samudragupta, nach seiner Eroberung von dreizehn Königreichen in Südindien, diese verschwenderische Zeremonie. Zu diesem Anlass ließ er Goldmünzen prägen, die auf der einen Seite das Opferpferd, auf der anderen seine Lieblingsfrau darstellten. Die stolze Inschrift auf der Gedenkmünze besagt: „Nach der Eroberung der Erde wird der große König der Könige mit der Macht eines unbesiegbaren Helden den Himmel erobern." Das, soweit bekannt, letzte Pferde-Opfer fand im 18. Jahrhundert in Jaipur, Rajasthan, statt.

Im Verlauf des Opferrituals mimt die Ehefrau des Hauptopfernden einen Geschlechtsakt mit dem toten Pferd, ehe es zerlegt und gekocht wird. Die Parallelle zur sexuellen Symbolik des Tantra ist offensichtlich: So wie der tantrische Adept während des Geschlechtsverkehrs, verliert auch das Pferd während dieses symbolischen Rituals nicht seinen Samen, doch nimmt die „kopulierende" Frau die vitale Energie des Pferdes auf. Im späteren Hindu-Tantra wird der yogische Gott Shiva häufig als Leichnam dargestellt, auf dem Shakti, seine Frau, in der Pose sexueller Vereinung sitzt.

Bereits früh sah man im Pferd die Analogie zur Sonne und, nach weiterer symbolischer Ausdeutung, die zum strahlenden transzendenten Selbst. Das Selbst ist die letztliche Quelle allen Lebens, wird aber wegen seiner transzendentalen Natur angemessener als passiv (wie ein Leichnam); denn aktiv verstanden. Es ist die Energie, die shakti des Selbst – in Form der die menschliche Persönlichkeit und ihr Bewusstsein belebenden Lebenskraft –, die den Zugang zum Selbst herstellt. In der Brihad-Âranyaka-Upanishad wird auf diese symbolischen Assoziationen vage hingewiesen.

So finden wir Spekulationen über den Ursprung der Welt, geboren aus dem einen Sein, das sich selbst in zwei aufspaltete – männlich und weiblich – und damit den Kosmos erschuf. Mit dieser kosmologischen Vorstellung geht eine fundamental ethische Überzeugung einher, welche die später kommende Technik der Seelenbefreiung charakterisiert: Weil es essenziell nur das Eine gibt, ist das Haften an den vielen Objekten der Welt eine abscheuliche Sünde. Das Eine wird als das wahre Ziel der Menschheit postuliert. Yâjnavalkya, der herausragendsten Figur der frühen upanishadischen Periode, werden diese Verse zugeschrieben:

Wie ein Baum, ein Herr des Wald's,
so, wahrlich, ist der Mensch (purusha):
seine Haare sind die Blätter,
seine Haut die äuß're Borke.

Wirklich, Blut tropft aus seiner Haut,
wie Harz tropft aus den Rinden.
Drum, wenn die Haut verletzt,
tritt Blut hervor
wie's Harz aus dem verletzten Baum.

Sein Fleisch ist gleich der inn'ren Rindenschicht,
die Sehnen gleich der zähen Schicht darunter.
Da darunter sind die Knochen, die dem Holze gleichen.
Das Knochenmark ist wie des Baumes Kern.

Wenn nun ein Baum, nachdem gefällt,
aus seiner Wurzel neu wächst in einen and'ren,
aus welcher Wurzel wachset dann der Sterbliche,
wenn er vom Tod dahingestreckt?

Sag nicht, „vom Samen",
denn der wird nur im Lebenden hervorgebracht.
Tatsächlich wächst der Baum aus Samen;
nach seinem Tod sprießt er erneut.

Doch wenn der Baum samt all seiner Wurzeln
vernichtet, sprießt er nicht erneut hervor.
Aus welcher Wurzel wachset dann der Sterbliche,
wenn er vom Tod dahingestreckt?

Er wird einfach geboren [und stirbt dann,
kann man sagen.] Doch nein [sag ich]!
Er wird erneut geboren. Woraus geboren?
Aus dem bewussten, glücksel'gen brahman,
seiner Zuflucht, die er kennt, in der er weilt. (3.9.28.1–7)

Diese wunderbare Passage der Brihad-Âranyaka-Upanishad drückt das höhere Wissen des Mystikers und yogins aus, der über den einen unteilbaren Grund des Seins weiß und der, wie der Seher Yâjnavalkya, voller Gewissheit erklärt: Aham brahma asmi (geschrieben aham brahmâsmi), „ich bin das Absolute".

Der letzte Vers enthält den Schlüssel zum ganzen Gleichnis: Der menschliche „Baum" wird kraft seines Karma immer wieder geboren, wie aus anderen Textstellen deutlich wird. Und das ständig sich wiederholende Drama aus Geburt, Leben und Tod erscheint dem yogin mit seinem entwickelten Seelenbewusstsein ausschließlich als Leid (duhkha). In einem anderen Abschnitt desselben Textes wird diese schier endlose Wiederholung auf das Kraftvollste geschildert:

> So wie die Raupe sich zusammenzieht, nachdem sie's Ende eines Blatts erreicht' und bevor sie weiterkriecht [zum nächsten Blatt], genauso zieht sich dieses Selbst, nachdem's den Körper abgelegt und Nichtwissen vertrieben hat, zusammen, ehe es sich wieder [einem neuen Körper] nähert. (4.4.3)

अहं ब्रह्मास्मि ॥

aham brahma asmi

Dieser Kreislauf (samsâra) ist offensichtlich trostlos; daher lehrten die upanishadischen Weisen die esoterischen Methoden, mittels derer die Welt der sich wiederholenden Veränderungen transzendiert werden kann. An anderem Ort in der gleichen Schrift verkündet Yâjnavalkya:

> Ich habe ihn gefunden und betreten, den alten, engen Pfad, der sich weit erstreckt: Auf ihm geh'n die weisen Wissenden des Absoluten hinauf zur überirdisch' Welt und werden dann befreit. (4.4.8)

> Er, der's Selbst gefunden und erwacht im Selbst, das dies bedrohte, widersetzliche Gebild' [aus Körper und Verstand] betreten – Er ist der Schöpfer dieser Welt, denn alles hat geschaffen Er. Wahrlich – Er ist die Welt. (4.4.13)

> Wenn unvermittelt man erkennt dies helle (deva) Selbst, den Herrscher des Geword'nen und dessen, was da wird, dann schreckt man nicht mehr [vor Ihm] zurück. (4.4.18)

> Die des Lebens Lebenskraft (prâna) erkennen, das Aug' des Augs, das Ohr des Ohrs, des Verstandes Verstand – sie haben jen's alte uranfänglich Absolute in der Tat erkannt. (4.4.18)

> Durch den Geist allein wird Es gesehen. In Ihm gibt's nichts an Unterschieden. Wer Unterschied'nes darin sieht, der erntet Tod nach Tod nach Tod. (4.4.19)

> Als Eins, als unermesslich, ewig soll's gesehen werden. Das Selbst ist makel- und geburtslos, groß und immerwährend, und jenseits des [feinen Elementes] Äthers (âkâsha). (4.4.20)

Die – mit Unsterblichkeit gleichgesetzte – Seelenbefreiung folgt der Wahrnehmung und Realisierung des Selbst in seiner unwandelbaren Lauterkeit.

Eine solche Realisierung geht mit der Transzendierung des menschlichen Funktionssystems aus Körper und Verstand und damit der bedingten Existenz einher. Ja, mehr noch: Die Selbst-Realisierung ist das verborgene Programm des Kosmos – ist, was der transpersonale Psychologe Ken Wilber das „Atman-Projekt" nannte. Wieder illustriert Yâjnavalkya diesen Punkt mit einem kraftvollen Vergleich:

> Wie das Meer der einzige Endpunkt allen Wassers ist, die Haut der einzige Endpunkt jeder Berührung, die Nasenöffnung der einzige Endpunkt aller Gerüche, die Zunge der einzige Endpunkt jedes Geschmacks, das Auge der einzige Endpunkt aller Formen, das Ohr der einzige Endpunkt aller Geräusche; wie der Geist der einzige Ort allen Wollens (samkalpa), das Herz der einzige Ort allen Wissens, die Hände der einzige Ort jeder Handhabung, die Genitalien der einzige Ort jedes Vergnügens (ânanda), die Füße der einzige Ausgangspunkt jeder Bewegung sind, die Sprache der einzige Ausgangspunkt aller Veden ist – genauso ist dieses [Selbst].
>
> So wie ein Klumpen Salz, ins Wasser geworfen, sich im Wasser auflöst, und niemand kann ihn wahrnehmen, weil das Wasser überall salzig schmeckt – genauso, mein Lieber, ist dieses große, endlose, transzendente Selbst nur eine [in allem und jedem aufgelöste] Masse von Bewusstsein (vijnâna-ghâna). (2.4.11–12)

Weil das Selbst bzw. das Absolute alles ist, was da ist, kann es kein Gegenstand des Wissens sein. Daher sagt Yâjnavalkya, dass alle Beschreibungen davon letztlich nur Worte sind, und antwortet auf jede positive Definition des Selbst mit dem Ausruf „nicht dies, nicht das" (neti-neti). Dieser berühmte Schritt der Negation ist für die vedântische Spiritualität grundlegend: Die yogins der vedântischen Tradition müssen sich ständig daran erinnern, dass alle Zustände und Ausdrucksformen ihres Körper-Geist-Systems, nur für sich genommen, etwas anderes als die transzendente Wirklichkeit darstellen. Das Selbst ist nicht etwas, das innerhalb der begrenzten Welt nicht festgemacht werden könnte. Diese stetig wachsame Unterscheidung heißt viveka, was wörtlich „aussondern" heißt.

Durch das konstante Anwenden dieser Unterscheidung entwickeln yogins ein feines Gespür sowohl für die äußeren Aspekte ihrer menschlichen Natur wie auch für den ewigen Ursachengrund, der jede einzelne ihrer Erfahrungen begründet. Demzufolge erwacht in ihnen der Wille zur Aufgabe von allem, was aus ihrer Sicht zur veränderlichen Welt gehört. Unterscheidung und Weltentsagung führen schließlich zur Entdeckung des universalen Selbst, des âtman jenseits aller Konzepte und bildlicher Vorstellungen, jenseits allen Wandels.

III. DIE CHÂNDOGYA-UPANISHAD

Eine andere archaische Upanishad ist die Châdogya, deren Name sich ableitet von den Worten chandas oder „Hymne“ (wörtlich „Vergnügen“) und ga oder „gehend“, was sich beides auf jene Brahmanen bezieht, die die Hymnen des Sâma-Veda während des Opferrituals in vedischer Zeit sangen. Die Chândogya-Upanishad beinhaltet also die esoterischen Lehren der chândogas, der vedischen Hymnen-Sänger.

Es überrascht deshalb nicht, wenn diese Schrift mit tief-mystischen Gedanken über die heilige Silbe om beginnt, dem am meisten intonierten, numinosen Klang und Mantra des Hinduismus. In seinem Kommentar zu dieser Upanishad erklärt Shankara, die große Autorität des vedântischen Nondualismus, dass diese Silbe der passendste Name für das Göttliche bzw. für die transzendente Realität sei.

Die Silbe om hat eine lange Geschichte, die bis in vedische Zeit zurückreicht. Om wurde zu Beginn und Ende ritueller Inkantationen und Verkündigungen angestimmt, genauso wie das christliche Amen. Wie alle anderen Worte in den Veden wird om als göttliche Offenbarung verehrt. Yogis späterer Zeiten haben beschrieben, wie sie in Zuständen tiefer Meditation den Klang om durch den ganzen Kosmos vibrieren hörten. Darin können wir eine Parallelle zur pythagoreischen und neuplatonischen Vorstellung der Sphärenmusik sehen, jener kosmischen Harmonik, die durch die Bewegung der Gestirne hervorgerufen wird.

Im dritten Kapitel der Chândogya-Upanishad findet sich das heilige gâyatrî-mantra (bis auf den heutigen Tag wird es von jedem frommen Hindu im Morgenritual rezitiert). Das alte, aus dem Rig-Veda (3.62.10) stammende Mantra lautet: Om tat savitur varenyam bhargo devasya dhîmahi dhiyo yo nah pracodayât. – „Om. Lasst uns meditieren über den himmlischen Glanz Gott Savitris, auf dass Er unsere Schau inspiriere.“ Savitri („Anregender“) personifiziert den Beschleunigungs-Aspekt des vedischen Sonnengottes Sûrya, der seinerseits die höchste luminose Realität und das Prinzip spiritueller Erleuchtung repräsentiert.

Dieses Kapitel enthält auch einen Abschnitt (3.17) über Krishna, den „Sohn von Devakî“, von einigen Gelehrten als der Krishna des Mahâbhârata-Epos identifiziert. In Anbetracht der neuen Datierung der Upanishaden erscheint eine solche Gleichsetzung recht plausibel. Bemerkenswerterweise stellt ein anderer Textteil (3.17.6) Ghora, „Sohn des Angiras“ (nach dem der Atharva-Veda auch Angirasa-Samhitâ genannt wurde), als Krishnas Lehrer vor. Es wird darin auch gesagt, dass man zur Todesstunde drei spezielle Mantren des Yajur-Veda wiederholen soll: „Du bist das Nicht-Zerfallende! Du bist das Unveränderliche! Du bist die Essenz des Lebens selbst!“ Dies zeigt eine erstaunliche Ähnlichkeit zu Krishnas Worten in der Bhagavad-Gîtâ (8.5–6), denenzufolge der letzte Gedanke eines Menschen um das

Göttliche, nicht um irgendwelche weltlichen Belange kreisen soll, da man zu dem wird, woran man denkt.

Im dritten Kapitel lernen wir auch von Ghora, dass man sich Kasteiung (tapas), Wohltätigkeit (dâna), Redlichkeit (ârjava), Gewaltlosigkeit (ahimsâ) und Wahrhaftigkeit (satya) als Opfergaben vorstellen muss, dem amtierenden Priester offeriert. Anders gesagt: Die im Leben praktizierte ethische Haltung ist das beste Entgelt für die Führung, die man von seinem Lehrer erhalten hat. Dieser Gedanke verknüpft sich mit einem anderen, im Textteil 3.15.1 ausgedrückten: dass ein Mensch, solange er Spiritualität praktiziert, ein Opfer ist – das heißt, in heutigen Begriffen formuliert, ein Ich-Transzendierender.

Die von Ghora angesprochenen ethischen Haltungen können als Elemente des frühen upanishadischen Yoga verstanden werden, und tatsächlich tauchen einige von ihnen in den späteren Yoga-Upanishads als reguläre Aspekte spiritueller Praxis auf. Der Weise Ghora bildet eine direkte Brücke zwischen Krishna und der Tradition des Atharva-Veda, was zusätzliche Bestätigung darin findet, dass Krishna in der Bhagavad-Gîtâ (10.25) ausruft: „. . . unter den großen Rishis bin Ich Bhrigu." Der Feuer-Priester Bhrigu, Stammvater der Bhârgava-Linie, war einer der herausragenden Leuchten der Atharva-Tradition.

In einem anderen Kapitel der Chândogya-Upanishad findet sich die interessante „Honig-Lehre" (madhu-vidyâ):

> Wahrlich, jenseits der Sonne ist der Götter Honig. Der Himmel ist sein Balken. Die Mittelregion ist die Honigwabe. Die Partikel des Lichts sind der Bienenschwarm. (3.1.1)

Diese eigenartige esoterische, psychokosmologische Lehre, auf die bereits Rig- und Atharva-Veda anspielen, vergleicht die Welt mit einem Bienenstock. Der Ausdruck „der Götter Honig" macht deutlich, dass der Text metaphorisch zu verstehen ist. Überdies wird in einer anderen Passage (3.5.1), die über die emporstrebenden Strahlen spricht, das Absolute (brahman) beschrieben als Blume, von der man Honig sammelt und die vor Nektar trieft. Wie wir an anderer Stelle (3.6.3) lesen: „Wer diesen Nektar (amrita) derart kennt . . ., der wird zufrieden."

Der Honig (madhu) steht somit für den Nektar der Unsterblichkeit, von dem der Tantra-Yoga meint, er werde im Körper selbst abgesondert. Die Chândogya-Upanishad spricht kryptisch von fünf Sorten des Nektars, welche verschiedene Ebenen spiritueller Verwirklichung bedeuten könnten. Auch im späteren Tantra werden fünf Nektarsorten erwähnt – wahrscheinlich keine zufällige Übereinstimmung. Endlich verkündet diese Upanishad (3.11.1), dass der brahman-Wissende „weder kommt noch vergeht, sondern im Zentrum allein verbleibt."

तत् सवितुर् वरेण्यं
भर्गो देवस्य धीमहि
धियो यो नः प्रचोदयात् ॥

gâyatrî-mantra

Dasselbe Kapitel (3.13) enthält Ausführungen über die diversen Formen der Lebenskraft (prâna) – „göttliche Öffnungen" (deva-sushi) des Herzens, „brahmische Menschen" und „Türhüter der himmlischen Welt" genannt. Sie bilden die Zugänge zum Absoluten, das im Herzen jedes Wesens ruht. Dieses Vorstellungsbild setzt Gedankengänge fort, wie sie bereits in den Veden auftreten, und lässt vermuten, dass sich die Kenntnis der yogischen Atemkontrolle (prânâyâma) inzwischen weiterentwickelt hat.

IV. DIE TAITTIRÎYA-UPANISHAD

Die dritte unter den ältesten Upanishaden, die Taittirîya, steht in der Tradition des Yajur-Veda, der vedischen Hymnensammlung mit den Opferformeln. Die esoterischen Lehren dieser Upanishad gehen auf den Lehrer Tittiri, Begründer der Taittirîya-Schule, zurück, dessen Name „Rebhuhn" bedeutet. Der Inhalt des Textes ist dem der Chândogya-Upanishad ähnlich. Er hebt die mystischen Bedeutungen der vedischen Lob- und Weihelieder und der Opferriten hervor. Von seinen drei Kapiteln sind nur das zweite und dritte von besonderem Interesse für den Studierenden der Yoga-Geschichte.

Die vielleicht faszinierendste Lehre der Taittirîya-Upanishad – empfangen und weitergegeben durch Bhrigu – besagt, dass man alles als Nahrung (anna) ansehen soll. Hier tritt uns eine frühe ökologische Vorstellung über die symbiotische Verbundenheit aller Dinge und Wesen, über die „Kette des Lebens" entgegen, die den zeitgenössischen Öko-Yoga antizipiert.[3] In den Worten der Upanishad:

> Aus Nahrung, wahrlich, entstehen die Geschöpfe, von welcher Art sie auch auf Erden sind. Und überdies und wirklich leben sie durch Nahrung und gehen in sie ein am Ende. (2.21)

Dies weitet den vorhin erwähnten Gedanken, die menschliche Existenz sei ein *sacrificium* gegenüber allen Formen des Lebens, sehr aus. Dem Gedanken haftet nichts Schreckliches an, denn letztlich wird das Leben an sich als etwas empfunden, das beseligt. Und das erscheint als eine bedeutsame Entdeckung: dass das Absolute nicht ein trockenes, wüstenartiges Milieu ist, sondern Seligkeit, jenseits von Bewusstein und Beschreibung. Die Taittirîya-Upanishad spricht von Abstufungen der Seligkeit, die von schlichter Freude und Vergnügtheit aufgrund eines gedeihlichen Lebens zu den Freuden auf höheren Daseinsebenen (etwa in den Reichen der Götter und Ahnen) bis hinauf zur unermesslichen Glückseligkeit im Absoluten reichen – eine Vorstellung, der später im Tantra weiter nachgegangen wird.

> Wer solches weiß, wenn er aus dieser Welt geht, der schreitet zum Selbst, das aus Nahrung besteht, der schreitet zum Selbst, das aus

[3] *Zum Öko-Yoga siehe Henryk Skolimowski, Dancing Shiva in the Ecological Age (New Delhi: Clarion Books, 1991) und The Participatory Mind: A New Theory of Knowledge and of the Universe (London: Arkana/Penguin Books, 1994), sowie G. Feuerstein, "Yoga and Ecology", Quarterly Journal of the Indian Academy of Yoga, Bd. 3, Nr. 4 (1983), pp. 161–172.*

> Lebenskraft besteht, der schreitet zum Selbst, das aus Verstand besteht, der schreitet zum Bewusstsein, das aus sich selbst besteht, der schreitet zur Seligkeit, die aus sich selbst besteht.
>
> Darauf folgt dieser Vers:
>
> Wer solches weiß, wovor die Worte, der Verstand zurückweichen, ohne dabei die Seligkeit des Absoluten zu erreichen, der fürchtet gar nichts mehr. (2.8–9)

Die beiden Textpassagen deuten bereits die im späteren Vedânta formulierte, sehr relevante Lehre von den fünf Hüllen (panca-kosha) an:

1. der anna-maya-kosha oder die aus Nahrung hergestellte Hülle, d.h. der aus materiellen Elementen zusammengesetzte, physische Körper;
2. der prâna-maya-kosha oder die aus Lebenskraft bestehende Hülle – der „ätherische Körper" der westlichen okkulten Literatur;
3. der mano-maya-kosha oder die aus dem Verstandessinn zusammengesetzte Hülle: die Alten betrachteten den Verstand (manas) als einen Umschlag, der den physischen und den ätherischen Körper umhüllte;
4. der vijnâna-maya-kosha oder die Vernunfthülle: der Verstand koordiniert einfach die Sinneseindrücke, doch das Verstehen (vijnâna) ist eine höhere kognitive Funktion;
5. Der ânanda-maya-kosha oder die Seligkeitshülle – jene Dimension der menschlichen Existenz, durch die wir am Absoluten teilhaben. Im späteren Vedânta jedoch glaubt man, dass das Absolute jenseits aller fünf Hüllen sei.

Erreicht der Weise den Gipfel des spirituellen Lebens, dann realisiert er seine wesensmäßige Einheit mit dem beseligenden transzendenten Sein. In seiner Ekstase ruft er triumphierend aus:

> O wundervoll! O wundervoll! O wundervoll!
> Ich bin Nahrung! Ich bin Nahrung! Ich bin Nahrung!
> Ich bin der Nahrungsverzehrende! Ich bin der Nahrungsverzehrende!
> Ich bin der Nahrungsverzehrende!
> Ich bin der Verseschmied (shloka = Vers)![4]
> Ich bin der Verseschmied! Ich bin der Verseschmied!
> Ich bin der Erstgeborene der kosmischen Ordnung (rita),
> kam noch vor den Göttern, und [weile] inmitten der Unsterblichkeit!

[4]*Die Wendung shloka-krit („shloka-Macher") ist zweideutig. Shloka kann sich auf eine Strophe, auf Klang oder auf Ruhm beziehen. Es leitet sich von der Wortwurzel shru („hören") ab. Ich übersetzte hier mit „Verse". Der Gedanke ist wohl, dass der Weise im Zustand der ekstatischen Identifizierung mit dem transzendenten Selbst eben dieses Selbst, also das höchste Sein, als die Quelle seines poetischen Überströmens erkennt.*

> Er, der Mich [als Nahrung] gibt, hat Mich tatsächlich bewahrt!
> Ich, der Ich Nahrung bin, verzehre den Esser der Nahrung!
> Ich habe die ganze Welt überwältigt!
> [Mein] Leuchten gleicht der Sonne (3.10.6–7)

Die Taittirîya-Upanishad hat uns viele archaische Lehren bewahrt, die zum kulturellen Hintergrund jener Meister gehörten, die die frühe yogische Technik ausarbeiteten. In dieser Schrift (2.4.1) stoßen wir auch erstmals und unzweideutig auf den Begriff yoga im technischen Sinne – er bezeichnet die Kontrolle der ruhelosen Sinne durch den weisen Menschen. Es werden aber noch mehrere Jahrhunderte vergehen, ehe die Yoga-Tradition sich voll entfaltet und ihren Platz neben den anderen Pfaden zur großen Befreiung im Hinduismus einnimmt.

V. ANDERE ALTE UPANISHADEN

DIE AITAREYA-UPANISHAD

Unter den drei verbleibenden Upanishaden der frühen Periode interessiert uns die relativ kurze Aitareya wegen ihres archaisch-kosmogonischen Inhalts. Die Schrift, nach einem alten Lehrer benannt, beginnt mit einem Mythos, der sich auch zu Beginn der Brihad-Âranyaka-Upanishad findet: „Am Anfang" – d.h. vor Entstehung von Raum und Zeit – beschloss das Eine Selbst (âtman), aus sich heraus das Universum zu erschaffen. Zuerst erschuf Es die materiellen Elemente; dann erschuf Es verschiedene Funktionen (genannt devas, „Göttlichkeiten") wie Hören und Sehen, die sich mit der menschlichen Gestalt verbanden. Als nächstes erschuf Es Nahrung für alle Kreaturen.

Im letzten Akt der Welterschaffung trat das Selbst in den menschlichen Körper ein – durch die Scheitelkrone (sîman), auch als „Spalte" (vidriti) und als „Ort der Erfreuung" (nandana) bezeichnet. Dies ist der Ort des sahasrâra-cakra, exakt beschrieben in der tantrischen Literatur. Späteren Lehren zufolge muss der yogin zum Zeitpunkt des Todes durch dieselbe Öffnung an der Scheitel-Fontanelle bewusst aus dem Körper austreten. Es ist durchaus möglich, dass eine derartige Praxis bereits lange vor Abfassung der Bhagavad-Gîtâ, in der darauf verwiesen wird (8.10), existierte.

DIE KAUSHÎTAKI-UPANISHAD

Diese Schrift, benannt nach der alten Brahmanen-Familie Kaushîtaki, in der sie weitergegeben wurde, enthält eine wertvolle, detaillierte Darlegung der Wiedergeburtslehre, auch eine Beschreibung des Pfads zur „Welt des

Absoluten" oder brahma-loka.[5] Sie beinhaltet außerdem eine lange Ausführung über die – mit dem Absoluten identifizierte – Lebenskraft. Eine Textstelle lautet wie folgt:

> Leben ist prâna, prâna ist Leben. Solange prâna im Körper verbleibt, solange gibt es Leben. Durch prâna erlangt man selbst in dieser Welt Unsterblichkeit. (3.2)

Im nachfolgenden Abschnitt (3.3) wird prâna dann mit Bewusstsein (prajnâ) gleichgesetzt. Durch das Medium des Bewusstseins kann der Mensch wahre Entschlusskraft (satya-samkalpa) und sein ganzer Körper den Wunsch erwerben, die begrenzte Welt zu überschreiten und damit Unsterblichkeit zu gewinnen. Durch die Beherrschung der bewussten Lebenskraft also gewinnt der Weise den universalen, todlosen, beseligenden prâna.

Im vierten Kapitel der Kaushîtaki treffen wir auf den weitgereisten Weisen Gârgya Bâlâki, der selbstbewusst und stolz den berühmten König Ajâtashatru in die Geheimnisse der Veden einführt. Gârgya Bâlâkis Weisheit stellt Ajâtashatru jedoch nicht zufrieden, und so weiht er den Wandermönch prompt in das Mysterium des universalen prâna oder Lebens ein, das Bewusstsein ist und nur von jenen erkannt wird, die reinen Geistes sind. Das Selbst, so erklärt der König, trat in den Körper durch den Kopf, ging bis zu den Zehen hinab und wohnt nun darin „wie eine Rasierklinge, die in ihrem Behältnis geborgen liegt". Dies ist einer von mehreren Fällen, in denen ein Mitglied der Kriegerkaste einen Brahmanen belehrte.

Die Kena-Upanishad

Eine weitere alte Upanishad ist die Talavakâra- oder Kena-Upanishad, die ihren Namen vom eröffnenden Wort kena („durch wen?") erhielt. Sie beginnt mit der Frage, wer denn Verstand, Sprache, Sicht usf. in uns gelegt habe, fragt also nach der Ursache unseres nach außen gerichteten Bewusstseins. Um diese Frage beantworten zu können, muss man, wie die Upanishad beharrlich erklärt, das aller Erfahrung zugrunde liegende, vereinende Substrat – das transzendente Selbst (âtman) – erkennen. Was unsere nach außen gerichtete Wahrnehmung verursacht, erweist sich als dieselbe Wirklichkeit, die auch die Gegenstände unserer Wahrnehmung verursacht. Das transzendente Subjekt ist die Matrix sowohl des bedingten Bewusstseins als auch der gegenständlichen Welt.

[5] Andernorts kann brahma-loka auch für das „Reich von Brahma", des Schöpfers, stehen.

Vishnu als Nârâyana

Die Mahâ-Nârâyana-Upanishad

Obgleich diese Upanishad, dem Göttlichen in Gestalt von Nârâyana (d.h. Vishnu) gewidmet, oft als ein später, bewusst archaisierender Text abgestempelt wurde, erscheint dieses gelehrte Urteil als übertrieben streng. Wie andere Teile des heiligen Kanons enthält auch diese Upanishad spätere Hinzufügungen oder Interpolationen, etwa die Verse, die Pashupati, Umâ, Lakshmî, Nara-Simha, die Varâha- („Eber"-) Inkarnation von Krishna, Sadâ-Shiva, Vedânta oder shiva-linga erwähnen. Doch falls wir keine besseren Gegenargumente finden, müssen wir sie zu den früheren Werken dieser Gattung rechnen, etwa in der Mitte zwischen den alten Upanishaden in Prosa und den späteren Texten in rhythmischem Metrum liegend.

Die Mahâ-Nârâyana-Upanishad – sie gehört zum Krishna-Yajur-Veda – ist etwas wie ein Kompendium über vedische Mythologie und Opferriten. Der deutsche Indologe Jakob Wilhelm Hauer meinte, der Text bestehe aus einem älteren und einem jüngeren Teil, wobei der ältere archaisches Material zu Rudra-Shiva und Nârâyana enthalte.[6] Es scheint, dass diese älteren Lehren mit der Zeit in eine orthodoxere brahmanische Tradition – mit ihrer Orientierung hin zu Brahma und zum Ideal der Weltentsagung (nyâsa = samnyâsa) als dem erhabensten Weg zur Verwirklichung des Absoluten (s. 79.13) – inkorporiert wurden. Daher treffen wir in dieser Schrift auf drei Traditionen: Rudra-Shaivismus, Nârâyana-Vaishnavismus und Brahmanentum. Seltsamerweise reklamiert der Titel des Textes, trotz überwiegender Beschäftigung mit Rudra-Shiva, das Primat der Vaishnava-Überlieferung.

Übrigens hat der Text mehrere Verse mit der Shvetâ-Shvatara-Upanishad gemeinsam, welche sich gleichfalls aus der altvedischen Rudra-Shiva-Tradition nährt, einem der Entwicklungsstränge des Proto-Yoga. In der Mahâ-Nârâyana-Upanishad (24.1) finden wir die folgende Anrufung des Gottes Rudra:

> Wahrlich, alles ist Rudra. Preis und Ehre sei Rudra! Wahrlich, Rudra ist das höchste Wesen (purusha), ist die Herrlichkeit (mahas) der Existenz. Preis und Ehre! Preis und Ehre! Das physische Universum und was immer erschaffen wurde oder je erschaffen werden wird – all dies ist wahrlich Rudra. Lob und Preis und Ehre gebühret diesem Rudra!

VI. Die frühen Yoga-Upanishaden

Die Katha-Upanishad

Die Katha- oder Kathaka-Upanishad, benannt nach einer alten, mit dem Schwarzen Yajur-Veda verbundenen vedischen Schule, wird weithin als

[6] *Siehe J. W. Hauer, Der Yoga: Ein indischer Weg zum Selbst (Stuttgart: Kohlhammer Verlag, 1958), p. 144.*

अध्यात्मयोग ॥

adhyâtma-yoga

die älteste, explizit von Yoga handelnde Upanishad betrachtet. Sie wird im Allgemeinen dem 4. oder 5. Jahrhundert v. Chr. zugeordnet, was im Licht unserer revidierten chronologischen Einteilung als zu spät erscheint. In diesem Werk gibt es nichts, was überzeugend nahelegte, es gehöre zur nach-buddhistischen Periode. Es könnte genauso gut um 1000 v. Chr. verfasst worden sein.

Der Text entwickelt seine neuartigen yogischen Lehren im Rahmen einer alten Legende: Ein armer Brahmane offerierte einmal ein paar alte abgemagerte Kühe als Opfergabe für die Priester. Sein Sohn Naciketas sorgte sich um das Weiterleben des Vaters nach dessen Tod und bot sich selber als angemessenere Gabe an. Das erboste den Vater; er schickte ihn zu Yama, dem Herrscher der nachtodlichen Welt. Aber Yama war gerade abwesend, und Naciketas musste drei ganze Tage ohne Nahrung warten, bevor der mächtige Gott zu seinem Wohnsitz zurückkehrte. Beeindruckt von der Geduld des Knaben, gewährte Yama ihm drei Wünsche.

Als Erstes erbat sich der fix denkende Junge, lebend zu seinem Vater zurückkehren zu dürfen. Als Zweites wünschte er das Geheimnis des Opferfeuers, das zum Himmel leitet, zu erfahren. Als Drittes beharrte er darauf, das Geheimnis des Lebens nach dem Tod zu erfahren. Yama suchte dem Jungen den dritten Wunsch auszureden und bot ihm alles Mögliche an Ersatz – Söhne und Enkel, langes Leben, große Rinderherden. Da er damit keinen Erfolg bei Naciketas hatte, ging er daran, ihn in den Pfad zur Befreiung einzuführen. Auf einer Ebene ist die Geschichte dazu gedacht, die todverachtende Entschlossenheit, die spirituelle Aspiranten in ihre Disziplin einbringen müssen, zu illustrieren. Auf einer anderen Ebene schildert sie den initiatischen Prozess, der abgesondertes Alleinsein, Fasten und die Konfrontation mit dem Tod fordert.

Die in der Katha-Upanishad dargelegte Lehre heißt adhyâtma-yoga[7], „Yoga des tiefen Selbst". Sie zielt auf das höchste Wesen, das verborgen in der „Höhle" des menschlichen Herzens weilt:

> Der Weise (dhîra) lässt ab von Freude und Sorge und nimmt mittels des Yoga des tiefen Selbst (adhyâtman) den Gott (deva) wahr, der schwer zu erschauen und verborgen im Inneren ist, der in der Höhle [des Herzens] weilt und im Tiefen, im Uranfänglichen (purâna) wohnt. (1.2.12)
> Dieses Selbst (âtman) kann nicht durch Studium, nicht durch Denken, nicht durch ausgiebiges Lernen erreicht werden. Es wird von derjenigen Person erreicht, die Es erwählt. Das Selbst offenbart dann Seine je eigene Form. (1.2.23)

Hier wird demnach ausgedrückt, dass das Selbst nicht ein Objekt ist wie andere Objekte, die wir erfahren oder analysieren können, sondern das transzendente und jeder Erfahrung vorausgehende Subjekt von allem.

[7] *Der Begriff adhyâtman bedeutet „bezogen auf das Selbst", hier übersetzt als das „tiefe Selbst", da das transzendente Selbst gemeint ist.*

Darum gibt es nichts, was man tun könnte, um das Selbst zu erreichen. Im Gegenteil – die Selbst-Realisierung hängt von der Gnade ab. Wie die Katha-Upanishad es formuliert, wird das Selbst „von derjenigen Person erreicht, die Es erwählt". Aus dem Zusammenhang wird jedoch klar, dass es wohl etwas gibt, das der spirituelle Anwärter tun kann: Er oder sie kann, ja muss sich der nötigen Vorbereitung auf das Eintreten der Gnade unterziehen.

Im dritten Kapitel dieses Textes beschreibt der anonyme Verfasser das an der Spitze einer Hierarchie von Daseinsebenen befindliche Selbst in folgendem Gleichnis:

> Wisse, das Selbst ist der Wagenbesitzer, der Körper der Wagen. Wisse auch, die Weisheitskraft (buddhi) ist der Wagenlenker, der Verstand (manas) hingegen bildet die Zügel.
>
> Die Sinne nennt man die Pferde, und die Sinnesobjekte deren Auslauf und Weide. Die weisen Menschen nennen dies [individuelle Selbst] das Genießende (bhoktri), wenn Es mit Körper, Sinnesorganen und Verstand verbunden ist.
>
> Bei wem der Verstand dauernd unbenutzt ist wegen mangelndem Verstehens, dessen Sinne sind ungebärdig wie die ungehorsamen Pferde eines Wagenlenkers.
>
> Aber bei dem [Verstehenden], dessen Verstand immer angeschirrt ist, sind die Sinne kontrollierbar wie die gehorsamen Pferde eines Wagenlenkers.
>
> Und er, dem es an Verstehen fehlt und an Verstand mangelt (amanaska) und der d'rum immer unrein ist – er erreicht nie jenes [höchste] Ziel, sondern bewegt sich weiter im irdischen Kreislauf [von wiederholten Geburten und Toden].
>
> Er aber, der unterscheidend versteht und immer klaren Verstandes ist, er erreicht jenes Ziel, wo er nicht wiedergeboren wird.
>
> Der Mensch also, der unterscheidendes Verstehen zum Wagenlenker und des Verstandes Zügel in seiner kontrollierenden Hand hat – er erreicht das Ende des Wegs: den höchsten Wohnsitz Vishnus. (1.3.3–9)

Die Katha-Upanishad versteht die spirituelle Praxis als eine fortschreitende Involution bzw. als ein Wiederaufspüren – in umgekehrter Reihenfolge – der Entwicklungsstufen der Welt. Der Text unterscheidet sieben Stufen oder Ebenen, aus denen die Kette des Seins besteht:

1. die Sinne (indriya);
2. die Sinnesobjekte (vishaya);
3. der Verstand (manas);
4. die Vernunft oder Weisheitskraft (buddhi);
5. das „große Selbst" (mahâ-âtman, geschrieben mahâtman) oder das „Große" (mahat) – eine Art kollektiver Entität, die sich aus den individualisierten Selbst-Einheiten zusammensetzt;
6. das Unmanifestierte (avyakta), der transzendentale Grund der Natur (prakriti);
7. das Selbst (purusha), die wahre Identität des Menschen.

Nur das Selbst ist ewig und jenseits der Entwicklungsdynamiken der Natur mit ihren manifesten wie noch nicht manifesten Modifikationen. Solche ontologischen Schemata, solche Modelle der verschiedenen Seinsebenen sind charakteristisch für die klassische Sâmkhya-Schule von Îshvara Krishna und auch für die früheren Sâmkhya-Yoga-Schulen. Sie waren nie als bloße philosophische Spekulationen gedacht, sondern dienten als Landkarten für den yogischen Prozess der Involution (siehe S. 366), für das Aufsteigen des Bewusstseins zu immer höheren Ebenen des Seins, das beim überall präsenten Wesen – dem Selbst – endet.

Der purusha ist das Ziel der psychospirituellen Arbeit des yogin. Aber diese heilige Arbeit, diese ich-verwandelnde Alchemie beginnt sehr bescheiden mit dem Beherrschen der nach außen strebenden Tendenz des Verstands. Das geht klar hervor aus der Definition von Yoga im zweiten, offensichtlich eine selbstständige Einheit darstellenden Kapitel des Textes:

> Dies betrachten sie als Yoga: die ständige Beherrschung (dhâranâ) der Sinne. Dann wird man aufmerksam (apramatta); denn Yoga kann erworben wie auch verloren werden. (2.3.11)

Mit anderen Worten: Yoga meint den Zustand innerer Stabilität und inneren Gleichgewichts, der von der Konstanz der Aufmerksamkeit abhängt. Ist der Verstand stabilisiert, kann man beginnen, die Wunder der inneren Welt, den weiten Horizont des Bewusstseins zu entdecken. Doch letztlich führt, wie wir sahen, auch eine solche Erforschung des inneren Raums nicht zur Befreiung. Sie gilt nur als Vorbedingung für den Eintritt der Gnade – bei dem das Licht des transzendenten Selbst hineinleuchtet in die beschränkte Körper-Verstandes-Einheit.

Die Lehren der Katha-Upanishad bilden einen bedeutenden Durchbruch in der Yoga-Tradition. Wir finden darin einige der fundamentalen Ideen, die jeder Yoga-Praxis zugrunde liegen, in poetischer Form ausgedrückt. Besser als jeder andere Text markiert dieses Werk den Übergang zwischen der nachvedischen Esoterik der frühesten Upanishaden und dem vorklassischen Yoga des epischen Zeitalters. Mit diesem Werk wurde Yoga zu einer Tradition von deutlich eigener Prägung.

DIE SHVETÂ-SHVATARA-UPANISHAD

Die metrisch-rhythmische Shvetâ-Shvatara-Upanishad, als eine der schöneren Schöpfungen ihrer Art gepriesen, wird generell im 4. oder 3. Jahrhundert v. Chr. angesiedelt, was wieder einmal zu spät erscheint. In Stil und Inhalt ist sie der Bhagavad-Gîtâ ähnlich, die zur Periode Buddhas gehört. Vermutlich erhielt sie ihren Namen von dem Weisen, der sie verfasste. Die Wortzusammensetzung shvetâshvatara besteht aus den Elementen shveta („weiß"), ashva („Pferd") und dem Komparativ tara und bedeutet wörtlich „weißeres Pferd". Folgen wir Shankara, der im frühen 9. (oder 8.) Jh. n. Chr. einen gelehrten Kommentar zu diesem Werk schrieb, so ist das nicht der Name, sondern der Titel eines Weisen. Er führte aus, dass ashva auch eine esoterische Bedeutung habe und sich damit, unter Eingeweihten, auf die Sinne beziehe. Darum werde der Titel shveta-ashva-tara jemandem gegeben, dessen Sinne gänzlich geläutert und unter Kontrolle sind.

Normalerweise hängen wir von den Launen unserer Sinne ab. Wir stellen das rasch fest, sobald wir zu meditieren lernen. Am Anfang stört uns jedes Geräusch und jede Bewegung in der Konzentration, und beinahe gegen unseren Willen folgen wir jeder Sinnesempfindung, die in unsere Wahrnehmung tritt. Nur sehr allmählich lernen wir, die Meldungen unserer Sinne zu ignorieren. Danach müssen wir uns mit dem überaktiven, ständig irgendwelche Gedanken produzierenden Verstand abquälen. Die Schulrichtungen des vorklassischen Yoga und des Sâmkhya sehen den Verstand (manas) als ein sechstes sensorisches Organ (indriya). Tatsächlich ist er die Relais-Station, in der der Input der fünf Sinnesorgane gesammelt und daraufhin an die Vernunft, buddhi genannt, zur endgültigen Verarbeitung weitergeleitet wird.

Der anonyme Autor der Shvetâ-Shvatara-Upanishad muss ein Meister der Sinnesbeherrschung und der Meditation gewesen sein. In seinem von reicher yogischer Erfahrung geprägten Werk legt er einen Yoga dar, der die Merkmale der panentheistischen Lehren des epischen Zeitalters trägt. Der aus dem Griechischen hergeleitete Begriff „Panentheismus" benennt jene Metaphysik, die postuliert, das Gesamte (pan) der Natur entstehe im (en) Göttlichen (theos). Im Unterschied dazu bezeichnet der bekanntere Begriff „Pantheismus" die metaphysische Position, die Natur mit Gott einfach gleichsetzt. Diese Gleichsetzung wird vom weisen Verfasser der Shvetâ-Shvatara-Upanishad implizit zurückgewiesen: Er preist jenen Gott (îsha, îshvara), der in Ewigkeit über seiner eigenen Schöpfung thront.

> Nach meditativem Yoga (dhyâna) nahmen sie die Selbst-Macht (âtma-shakti) Gottes (deva) wahr – verborgen war sie durch Seine eig'nen Eigenschaften. Er ist der Eine, der über alle Ursachen, mit Zeit und [individuellem] Selbst (âtman) verbunden, regiert. (1.3)

> Gott (îsha) erhält dies Weltall, zusammengesetzt aus Vergänglichem und Unvergänglichem, aus Manifestem und Nicht-Manifestem. Das [individuelle] Selbst, [das] nicht Gott [ist], wird gebunden durch [die falsche Vorstellung], der Genießende zu sein. Aber wenn es Gott erkennt, wird es von allen Fesseln befreit. (1.8)
>
> Das Fundament (pradhâna) [d.h. die Natur] ist vergänglich. Hara [Gott Shiva] ist unsterblich und unvergänglich. Der eine Gott regiert über das Vergängliche [Natur] und die [individuellen] Selbste. Durch die Meditation über Ihn, durch die Vereinigung mit dem Wirklichen (tattva) und durch das Wirklich-Werden endet schließlich all das Zauberspiel (mâyâ). (1.10)
>
> Durch Gotteswissen fallen alle Fesseln. Durch's Verblassen aller Leiden (klesha) [d.h. aller spirituellen Unwissenheit und ihrer Resultate] fallen Geburt und Tod hinweg. Durch die Meditation über Ihn, nach der Ablösung vom Leib, eröffnet sich ein dritter [Zustand] – die universelle Herrschaft. [Und so wird der yogin] zum einsamen (kevala) [Selbst], dessen Wünsche gestillt sind. (1.11)

Die Shvetâ-Shvatara-Upanishad empfiehlt das Meditieren unter Rezitation der heiligen Silbe om, pranava genannt. Der meditative Prozess wird als eine Art von Quirl-Vorgang beschrieben, bei dem sich das innere Feuer entzündet und die glänzende Pracht des Selbst offenbar wird. Die mitgegebenen Instruktionen zeugen vom Wissen über die Atembeherrschung (prânâyâma). Auf elementarerer Ebene wird über die richtige Meditationshaltung beraten, die aufrecht und gerade sein soll, zweifellos deshalb, damit die Körperenergien frei zirkulieren können. Nachdem die Vitalkräfte (prâna) im Körper zur Ruhe gekommen sind, soll ein bewusstes Atmen zur geistigen Konzentration hinleiten. Die Schrift denkt sogar an die richtige Umgebung und empfiehlt ruhige Höhlen und andere reine Örtlichkeiten zur Ausübung der Yoga-Praxis.

Wenn der Verstand still ist, können alle möglichen inneren Visionen aufziehen, die keinesfalls mit Gottrealisierung verwechselt werden dürfen. Zu den ersten Anzeichen einer erfolgreichen Yoga-Praxis zählen, wie dargelegt wird, Leichtigkeit, Gesundheit, Beständigkeit, Reinheit der Haut, angenehme Stimme, angenehmer Körpergeruch und seltene Ausscheidungen. Dies lässt auf die Transmutation des Körpers zu einem „aus dem Feuer des Yoga entstandenen Leib" (yoga-agni-mayam sharîram) schließen, wie der Text (2.12) es auch genau fordert. Als oberstes Ziel dieses Yoga wird nicht irgendeine mystische Vision erstrebt, sondern die Realisierung des transzendenten, aus allen Fesseln befreienden Selbst. Solche Realisierung ist nicht ein bloß visionärer Zustand. Sie ist nicht einmal eine Erfahrung, denn Erfahrung setzt ein erfahrendes Subjekt und ein erfahrenes Objekt voraus. Erleuchtung oder Befreiung stellt sich vielmehr als jener Seinszustand dar, in dem die Kluft zwischen Subjekt (Verstand) und Objekt (Materie) nicht mehr existiert. Es ist der unsterbliche Zustand. Die Shvetâ-Shvatara-Upanishad gibt dieses Bekenntnis ihres Verfassers wieder:

> Ich kenne Ihn, das große Selbst (purusha) – Er strahlt wie die Sonne jenseits der Dunkelheit. Erkennst du Ihn allein und nimmst Ihn wahr, gelangst du über den Tod hinaus. Keinen and'ren Weg gibt's, jenseits zu gelangen [jenseits des Zyklus wiederholter Geburten und Tode]. (3.8)

Das große Wesen, das der weise Autor preist, ist Shiva. Wie wir auch in der Bhagavad-Gîtâ sehen (in der Vishnu als Gott von allem verehrt wird), ist der yogin kein trockener Asket, sondern ein hingebungsvoller Anhänger (bhakta), und der Prozess spiritueller Reifung, der zur endgültigen Befreiung drängt, ist kein automatisches Geschehen, sondern ein von der göttlichen Gnade (prasâda) abhängendes Mysterium. Vielleicht war die Shvetâ-Shvatara-Upanishad für die frühen Shiva-Verehrer das, was die Bhagavad-Gîtâ für Vishnu-Anhänger war und ist – eine heilige Schrift der Gottesverehrung, die sowohl die Herzen erbaut wie auch in der Kunst der spirituellen Praxis unterrichtet.

Die alten upanishadischen Weisen standen mit ihren mystischen Intuitionen nicht alleine. Die Epoche, in der sie lebten, war eine Zeit großer kultureller Gärung, und der Krieger-Stand spielte bei der Verbreitung der Weisheit darin eine wichtige Rolle. Die upanishadischen Weisen gaben lediglich einem weitverbreiteten Impuls zu metaphysischem Denken und mystischer Erfahrung innerhalb der nachvedischen Gesellschaft Ausdruck. Neben ihnen traten viele nichtvedische Denker und Visionäre auf, die sich von der vedischen Leitkultur entschiedener als die upanishadischen Seher abgewendet hatten oder nie Teil von ihr waren. Zu diesen „Radikalen" gehören Vardhamâna Mahâvîra und Gautama, der Buddha. Ihre „häretischen" Lehren werden in den nächsten zwei Kapiteln behandelt.

KAPITEL 6

Jaina-Yoga: Die Lehren der siegreichen Furtenbauer

„Versteht der Mönch, dass er allein ist, ... dann sollte er auch verstehen, dass das Selbst ebenso alleine ist.“

ÂCÂRA-ANGA-SÛTRA[1] 1.8.6.1

I. HISTORISCHER ÜBERBLICK

Die vorherigen Kapitel skizzierten die allmähliche Evolution der hinduistischen Spiritualität von der Zeit der Veden bis zum Auftauchen der esoterischen Lehren der ersten Upanishaden. In diesem jetzigen Kapitel unterbrechen wir unsere Betrachtung der frühen yogischen, psychologischen Technik innerhalb der Hindu-Gemeinschaft. Wir werden uns nun eine konkurrierende Lehre vor Augen führen – die große spirituell-religiöse Überlieferung des Jainismus.

Anders als der Buddhismus wird der Jainismus von den Hindus im Allgemeinen als Nebenspross des Hinduismus, ja gar als eine seiner Sekten, kaum aber als eine unabhängige und rivalisierende Lehre gesehen. Zwar gibt es zwischen den beiden Traditionen zahlreiche Parallelen, aber die Tatsache, dass die Jainas eine separate – friedliche – Minorität von etwa drei Millionen Mitgliedern bilden, ist doch bedeutsam. Natürlich gab es in der Geschichte der Beziehung zwischen Jainas und Hindus auch dunkle Momente, nämlich wenn die Letzteren darin versagten, jene Toleranz zu praktizieren, für die sie bekannt sind.

Neben Hinduismus und Buddhismus stellt der Jainismus eine der drei großen sozio-religiösen Bewegungen dar, die der spirituelle Genius Indiens hervorbrachte. Wenn wir Hinduismus mit atemberaubender nondualistischer Metaphysik und Buddhismus mit exakt analytischer Annäherung an die spirituelle Realität gedanklich assoziieren, dann stellen wir fest, dass der Jainismus in der rigorosen Beobachtung moralischer Vorschriften, insbesondere jener der Gewaltlosigkeit (ahimsâ), beide übertrifft. Und es war eben dieses hohe Ideal, gemeinsam mit der sehr ausführlichen Lehre über die verursachende Kraft (karma) menschlichen Verhaltens, das einen dauernden Einfluss auf die Yoga-Tradition ausübte.

Der Jainismus hat einen archaischen Typ der Spiritualität konserviert – in Verbindung mit Kasteiungen und Bußübungen (tapas), mit Weltentsagung und strikten ethischen Regeln für Mönche wie für Laien. Die alten Jaina-Lehrer, den upanishadischen Weisen darin ähnlich, wussten um den Wert des verinnerlichten Rituals. Im Uttara-Adhyâyana-Sûtra (12.44) erklärt Harikesha, dass sein Opferfeuer aus seiner Kasteiung und seine Opferkelle aus seiner geistigen und körperlichen Bemühung bestehen. Die Jaina-Lehrer der nachchristlichen Zeit übernahmen viele Vorstellungen und Praktiken des Hindu-Yoga, speziell die von Patanjali im 2. Jh. n. Chr. formulierten.

VARDHAMÂNA MAHÂVÎRA

Der Jainismus wurde begründet von Vardhamâna Mahâvîra, einem älterem Zeitgenossen von Gautama, dem Buddha. Er lebte im 6. Jh. v. Chr., als Xenophanes, Parmenides und Zeno in Griechenland lehrten. Vardhamâna

[1] *Âcârângasûtra geschrieben, abgeleitet von âcâra („Betragen“), anga („Glied“ oder „Bestandteil“) und sûtra („Aphorismus“).*

ignorierte keineswegs die Existenz früherer Lehrer und das, was er ihnen verdankte. Diese Lehrer wurden als tîrthankaras („Furtenbauer") und jinas („Sieger" oder „Eroberer") bezeichnet, da sie das Ich überwunden hatten. Tatsächlich wird Vardhamâna als der vierundzwanzigste (und letzte) Furtenbauer verehrt; der legendäre Rishabha gilt als der erste.

Der Jaina-Überlieferung zufolge lebte Rishabha 8,4 Millionen Jahre lang; die Zahl 84 symbolisiert dabei Vollendung. Es ist gut möglich, dass Rishabha eine historische Persönlichkeit war, die sich eines langen Lebens erfreute, obgleich, abgesehen von den späteren Legenden, nichts über sie bekannt ist. Es gibt wohl im Rig-Veda und im Taittirîya-Âranyaka mehrere Hinweise auf einen Seher namens Rishabha, Sohn von Virâj; aber es fehlt der schlüssige Beweis der Identität dieses Sehers mit dem gleichnamigen Jaina-Lehrer. Bemerkenswert ist jedoch, dass Rishabha in der Jaina-Literatur auch Keshin, also „Langhaariger" genannt wird. Möglicherweise schlägt das eine Verbindung zu dem frühen nicht-brahmanischen Kreis der Vrâtya-Bruderschaften. Interessieren wird auch, dass die im mittelalterlichen Bhâgavata-Purâna enthaltenen Geschichten über den Hindu-Weisen Rishabha mit jenen der Jaina-Literatur übereinstimmen und dass die Autoren dieses Purâna zwar Rishabha respektierten, für seine Anhänger aber nur wenig gute Worte fanden.[2]

Ein weiterer legendärer Furtenbauer, der zweiundzwanzigste in Folge, ist Arishtanemi oder Neminâtha, den die Jaina-Tradition zum Zeitgenossen Krishnas, des Schülers von Ghora Angirasa (wie in der Chândogya-Upanishad erwähnt), macht. Während diese Verbindung ganz und gar erfunden sein mag, legt sie doch nahe, die frühesten Anfänge des Jainismus außerhalb des orthodoxen vedischen Ritualglaubens zu suchen, nämlich in der Kultur der Asketen, shramanas genannt.

Leben und Werk des dreiundzwanzigsten Furtenbauers, Pârshva, wird von den sehr mythologischen Darstellungen der überlieferten Literatur ähnlich verdunkelt. Es ist wahrscheinlich, dass er, so wie Vardhamâna Mahâvîra, aus einer wohlhabenden Familie der Kriegerkaste und womöglich aus Kâshî (Benares/Varanasi) stammte. Sicher jedoch übte seine Lehre in der Region von Bihar und darüberhinaus großen Einfluss aus. Einer der bekanntesten Schüler Pârshvas war ein gewisser Keshin, der den König von Seyaviya bekehrte.

Mahâvîra („Großer Held") wuchs unter dem Einfluss von Pârshvas Tradition auf, kannte aber nicht den Stifter in Person, da dieser offensichtlich im 7. Jahrhundert v. Chr., also früher, lebte. Mahâvîra reformierte die Tradition von Pârshva und gab dem Jainismus seine klar ausgeprägte Form. Er soll in Kundagrama nahe Vaishâlî (dem heutigen Besarh), nördlich von Patna, als Mitglied des Naya-(Jnâtâ)-Klans aus dem Stamm der Licchavis geboren worden sein. Einigen überlieferten Angaben zufolge wurde Vardhamâna in jungem Alter verheiratet. Die meisten glaubwürdigen Quellen stimmen darin überein, dass er sein weltliches Leben im Alter von dreißig hinter

[2]Anmerkenswert erscheint hier, dass ein Rishabha im Vrâtya-Buch des Atharva-Veda (Buch 15) erwähnt wird. Die Verweise des Rig-Veda auf Rishabha finden sich in VI.16.47, VI.28.8, X.91.14 und X.166.1.

sich ließ, um sich rigorosen Kasteiungen zu unterziehen; diese beinhalteten auch wasserloses Fasten, das noch heute in der Jaina-Gemeinschaft praktiziert wird.

Zwölf Jahre nachdem er seine spirituelle Reise begann, erlangte er Erleuchtung. Sofort begann er die Wahrheit, die er für sich gefunden hatte, zu predigen. Er war eine charismatische Persönlichkeit, deren ruhige Losgelöstheit und völlige Hingabe an ein Leben der Ich-Transzendierung viele Menschen inspirierte und ehrfürchtig werden ließ. Wenn seinem Leben und seiner Lehre – beide beispielhaft – sowohl während seiner Lebenszeit als auch danach die große Breitenwirkung versagt blieb, dann deshalb, weil der Jainismus einen so hohen Grad an Entsagungsvermögen und Selbstbeherrschung fordert, dass er für die Masse unattraktiv ist. Vardhamâna Mahâvîra starb 527 v. Chr. im Alter von zweiundsiebzig Jahren und hinterließ eine kleine Gemeinschaft von Mönchen, Nonnen und Laien mit etwa 14.000 Mitgliedern. Heute umfasst die relativ winzige Jaina-Gemeinde ca. 2500 Mönche und 5000 Nonnen, neben der Laienschaft.

Vardhamâna Mahâvîra und Rishabha

Anders als Pârshva wird Mahâvîra als jemand beschrieben, der nackt einherschritt und so sein kompromissloses Asketentum sichtbar machte. Wir begegneten dieser Sitte bereits bei den langhaarigen Asketen vedischer Zeit, die, wie es der Rig-Veda (10.136) ausdrückt, „luftbekleidet“ waren. Doch wurde die Nacktheit jetzt tatsächlich zu einem der Gründe für die Spaltung der Jaina-Gemeinde in zwei Sekten, die etwa um 300 v. Chr. stattfand. Während die Digambaras („Raumbekleideten“) ihre gänzliche Weltaufgabe bis zum heutigen Tag damit demonstrieren, dass sie nackt umhergehen, haben sich die Shvetâmbaras („Weißbekleideten“) für eine symbolischere Form der Entsagung entschieden. Das Vorhandensein bzw. Nichtvorhandensein von Bekleidung ist für sie kein Kriterium eines spirituell Siegreichen. Doch auch die Digambaras erlauben ihren Nonnen nicht, nackt zu gehen. Sie streiten sogar der Frau die Fähigkeit ab, Befreiung zu erlangen, ohne zuerst in einem männlichen Körper wiedergeboren worden zu sein. Im Gegensatz dazu verehren die Shvetâmbaras eine Frau mit dem Namen Malli als Furtenbauerin; sie war die neunzehnte in der Abfolge. Es gibt eine frühe Skulptur einer nackten Asketin, die man allgemein für Malli hält.

Als Alexander der Große 327–326 v. Chr. nach Nordindien einmarschierte, berichteten seine Chronisten über Gymnosophisten oder Philosophen, die nackt umherzogen. Etwa 1300 Jahre danach untersagten die muslimischen Herrscher diese Sitte, zumindest für längere Zeit. Heute kann man nackte, aschebeschmierte Asketen immer noch in Indien sehen. Aber der Jainismus sollte nicht wegen solch seltsamer Gepflogenheit beachtet werden. Der dauernde Beitrag dieser Minderheiten-Religion besteht vielmehr in einer sehr detaillierten Analyse des wahrhaft moralischen Lebens.

II. DIE HEILIGE LITERATUR DES JAINISMUS

Die Geschichte und die Literatur des Jainismus sind sehr unzureichend erforscht worden, und bis in jüngste Zeit vernachlässigte die westliche Indologie seltsamerweise den Jainismus, erachtete ihn als relativ unerheblich. Zum Glück ändert sich nun diese Einstellung, da mehr und mehr Informationen über den Jainismus zur Verfügung stehen.[3]

Ein Teil der Schwierigkeiten hat darin bestanden, dass die Authentizität des Jaina-Kanons von Gruppierungen innerhalb der Jaina-Gemeinschaft selbst angezweifelt wird. So wurde auf dem Konzil von Pataliputra (heute Patna) um 300 v. Chr. der Versuch unternommen, den Inhalt der vierzehn Pûrvas („Frühere [Lehren]") festzulegen; sie waren bis dahin nur mündlich weitergegeben worden. Schon zu jener Zeit akzeptierte eine Fraktion der Gemeinschaft das Resultat der redaktionellen Bearbeitung nicht. Als dann der Kanon de facto niedergeschrieben wurde, vermutlich im 5. Jh. n. Chr., galt ein Großteil der ursprünglichen Lehren von Vardhamâna und seinen Vorgängern als unwiderruflich verloren. Die Digambaras leugnen sogar das Überleben irgendeines der frühen kanonischen Werke.

Folgen wir den Shvetâmbaras, so besteht der Jaina-Kanon aus insgesamt 45 Werken. Da diese umfangreiche Literatur nicht so ohne weiteres zugänglich ist, scheint es hier angebracht, wenigstens ein Informations-Skelett zu liefern:

1 – 12. die zwölf Angas („Glieder"), verfasst in archaischem Prakrit-Dialekt, der einst in Maghada vom gewöhnlichen Volk gesprochen wurde. Sie werden weiter unten gesondert aufgeführt;

13–24. die zwölf Upângas („zweiten Glieder", von upa und anga), die von kosmologischen, kosmographischen, astronomischen Themen und Legenden über Heilige handeln. Erwähnenswert unter diesen Schriften ist das Râja-Prashnîya-Sûtra, das den Dialog zwischen dem Weisen Keshin und dem Herrscher von Seyavîya namens Prasenajit (Prakrit: Paesi) festhält; Keshin sucht darin zu beweisen, dass der Geist vom physischen Körper unabhängig ist;

25–28. die vier Mûla-Sûtras („grundlegende Sûtras") – elementare Fibeln für Asketen;

29–38. die zehn Prakîrnas („vermischte [Schriften]"), die Belehrungen über eine Reihe von Themen, wie Gebet, bewusstes Sterben, Astrologie und Medizin, beinhalten;

39–45. die sieben Cheda-Sûtras („schneidende Sûtras"), die von monastischen Regeln handeln.

Diesen Schriften müssen das Nandi-Sûtra („wohlgesonnene Sûtra"), das von Textinterpretation handelt, und das Anuyoga-Dvâra-Sûtra („Tür-der-

[3] Allerdings erhält der Jainismus noch nicht die ihm angemessene Beachtung durch die Gelehrten, und auch den westlichen Anhängern dieser alten religiös-spirituellen Überlieferung mangelt es adäquaten Ressourcen zum Studium der originalen Schriften. Siehe jedoch die hervorragende Einführung von P. Dundas, The Jains (London/New York: Routledge, 1992); dazu die Arbeiten von A. K. Chatterjee, A Comprehensive History of Jainism, Bd. 1 (Calcutta: University of Calcutta, 1978), Bd. 2 (1984); E. Fischer und J. Jain, Jaina Iconography (Leiden, Holland: E. J. Brill, 1978), 2 Bde.; und R. Williams, Jaina Yoga: A Survey of the Medieval Shravakacaras (London: Oxford University Press, 1963).

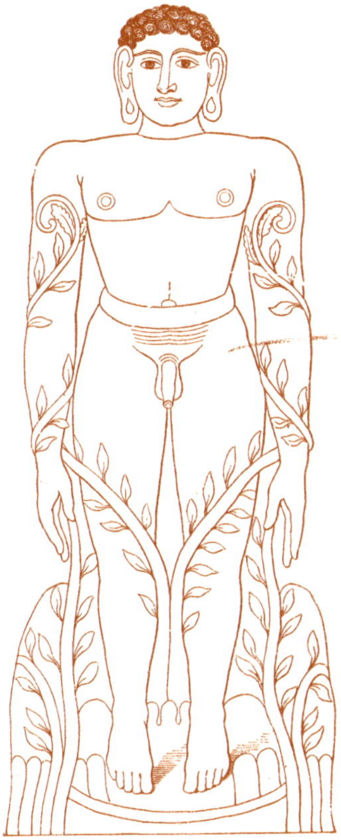

Gomateshvara nach einer monumentalen Steinskulptur

Anfrage-Sûtra"), das sich mit der Natur des Wissens befasst, hinzugefügt werden. Sie liefern einen scholastischen Rahmen für den Kanon.

Die zwölf Angas, mit ihren Sanskrit-Titeln aufgelistet, sind:

1. Âcâra (Prakrit: Âyâr, „Betragen"); es enthält wichtige Regeln für Jaina-Mönche und -Nonnen, dazu eine heilige Erzählung von Mahâvîras Leben als Wandermönch;
2. Sûtra-Krita (Prakrit: Sûya-Gad, „aphoristische Komposition"),das die grundsätzlichen jainistischen Lehren im Hinblick auf das mönchische Leben und den Kampf gegen nicht-jainistische Doktrinen angibt;
3. Sthâna (Prakrit:Thân, „Behältnis"), das eine detaillierte Aufzählung der Hauptprinzipien des Jainismus enthält;
4. Samvâya („Kombination"); setzt die Ausführungen des Sthâna-Anga fort;
5. Bhagavatî-Vyâkhyâ-Prajnapti, (Prakrit: Bhagavaî-Viyâha-Pannatti, „Ausführung der Erklärungen"); gibt durch aufgezeichnete Gespräche ein lebendiges Bild von Mahâvîras Leben und seiner Zeitumstände; dieses umfangreiche Werk enthält auch Informationen über Gosala, einen Asketen, der sechs Jahre lang mit Mahâvîra lebte, und der als Haupt der Ajîvika-Schule offenbar eine große Gefolgschaft angezogen hat; die Schrift ist für die Shvetâmbara-Sekte von spezieller Bedeutung;
6. Jnâtri-Dharma-Kathâ (Prakrit: Nâyâ-Dhamma-Kahâo, „Erzählungen vom Wissen und vom moralischen Verhalten"), legendäre Berichte enthaltend, die Jaina-Lehren illustrieren;
7. Upâsaka-Dashâ (Prakrit: Uvâsaga-Dasâo, „zehn [Kapitel] über Laienanhänger"); enthält Legenden über heilige Männer und Frauen aus der Laienschaft;
8. Antakrid-Dashâ (Prakrit: Amta-Gada-Dasâo, „zehn [Kapitel]über die Schluss-Macher"); besteht aus Legenden über zehn Asketen, die Erleuchtung gewannen und den Geburtenkreislauf beendeten;
9. Anuttara-Upapâtika-Dashâ (Prakrit: Anuttarovavâiya-Dasâo, „zehn [Kapitel] über die Höchstgestiegenen"), mit Legenden von Heiligen, die zu den höchsten himmlischen Welten aufstiegen;
10. Prashna-Vyâkarana (Prakrit: Panhâ-Vâgaranâim, „Fragen und Erklärungen"), umfasst Besprechungen von Geboten und Vorschriften des jainistischen Moralkodex;
11. Vipâka-Shruta (Prakrit: Vivâga-Suyamz, „Offenbarung über das Reifen"), mit Legenden, die die karmischen Folgen guter und böser Taten schildern;
12. Drishti-Vâda (Prakrit: Ditthi-Vâya, „Belehrung über Ansichten"), ein Echo der vierzehn verlorengegangenen Pûrvas.

Die einzelnen Werke des Jaina-Kanons werden häufig als Âgamas bezeichnet. Manchmal geht man von 84 kanonischen Schriften aus und erwähnt auch 36 Nigamas – Werke, die den Upanishaden ähneln.

All diesen Schriften, die den vedischen Offenbarungen (shruti) korrespondieren, folgte eine weitläufige und reichhaltige exegetische Literatur, die zehn originale Abhandlungen – in Prakrit Nijjutis, in Sanskrit Niryuktis betitelt – einschließt. Diesen sind eigene große Kommentare (Prakrit: bhâsa, Sanskrit: bhâshya), Erläuterungen (Prakrit: chunni, Sanskrit: cûrnî) und Wörterverzeichnisse (Prakrit/Sanskrit: rîkâ) beigeordnet. Dazu umfasst die heilige Literatur der Jainas Purânas (sakrosankte Enzyklopädien) und Câritras (Biographien von Heiligen) sowie eine Menge anderer belehrender Werke.

Auch gibt es zahlreiche nicht-kanonische Werke wie das Tarangâvatî, eine Prakrit-Dichtung, verfasst von Pâdalipta Sûri, der König Murunda von Pataliputra von einer unheilbaren Krankheit geheilt haben soll. Ein älteres, vielleicht bis 100 n. Chr. zurückreichendes, Werk ist Vimalas Pauma-Carîya, die Jaina-Version des Râmâyana der Hindus. Zur gleichen Zeit lebte Umâsvâti, der größte Philosoph des Jainismus und Verfasser des berühmten Tattva-Artha-(Adhigama-)Sûtra.[4] Sein Einfluss innerhalb des Jainismus ist mit dem Einfluss Shankaras innerhalb des Hinduismus zu vergleichen.

Zeitlich nach Umâsvâti kommt der Digambara-Gelehrte Kunda Kunda, dessen populärstes Werk der Samaya-Sâra ist. Er lebte wahrscheinlich im 4. Jahrhundert n. Chr. Im 8. Jahrhundert treffen wir auf Haribhadra Sûri – Philosoph, Logiker und Künstler in einer Person –, dem nachgesagt wird, er habe nicht weniger als 1440 Werke geschrieben. Sie schließen mehrere Texte über Yoga ein, unter denen der Yoga-Bindu und der Yoga-Drishti-Samuccaya herausragen. (Von Letzterem wird ein Auszug in der Quellenlektüre 7 angeführt.) Mehrere Jahrhunderte später lebte Hemacandra, Autor des Yoga-Shâstra, das auch als Adhyâtma-Upanishad bekannt ist. Außerdem haben die Jainas zahlreiche Werke über Logik verfasst – ein Terrain, auf dem sie wichtige Beiträge zur indischen Philosophie lieferten.

Der Kanon der Digambaras wurde in den frühen nachchristlichen Jahrhunderten geschaffen. Obwohl die Digambaras den Shvetâmbara-Kanon zurückwiesen, zitierten sie nichtsdestoweniger aus ihm. Ihr eigener Kanon besteht aus zwei Teilen, dem Karma-Prâbhrita und dem Kashâya-Prâbhrita. Ersterer wird auch Shat-Khanda-Âgama[5] oder „Schrift in sechs Teilen" genannt. Dazu gehört ein umfangreicher Kommentar von Vîrasena mit dem Titel Dharvalâ oder „Die Leuchtende", 816 n. Chr. abgeschlossen. Das Kashâya-Prâbhrita zählt lediglich 233 Strophen, von Gunadhara verfasst; ein ausführlicher Kommentar von Vîrasena und seinem Schüler Jinasena geht damit einher.

Die Digambaras haben auch einen Sekundär-Kanon geschrieben, der im 6. oder 7. Jahrhundert n. Chr entstand. Er teilt sich in vier Abschnitte auf, die von den Digambaras als ihre „vier Veden" bezeichnet werden:

[4] *Geschrieben Tattvârthâdhigamasûtra oder Tattvârthasûtra.*

[5] *Geschrieben Shatkhandâgama.*

Geschichte, Beschreibung der Eigenschaften des Universums, Philosophie und Ethik. Ein bekanntes nicht-kanonisches Werk der Digambaras ist die Svâmi-Kârttikeya-Anupreksha, die von den zwölf für Mönche wie auch Laien empfohlenen Meditationen (anupreksha) handelt. Diese Schrift gehört ins 10. Jahrhundert n. Chr.

Das beachtenswerteste Merkmal der Jaina-Welt ist vielleicht dies: Abgesehen von der Auftrennung in zwei Sekten, blieben die Differenzen zwischen konkurrierenden Schulen minimal. Im Gegensatz zum Buddhismus konnte der Jainismus seine wesentlichen Lehren über gut zwei Jahrtausende bewahren, und nie gab es ein „Jaina-Mahâyâna", „Vajrayâna" oder „Kâlacakrayâna". Der Jainismus demonstriert also jene Kontinuität, die die Historiker zwischen der alten Indus-Sarasvatî-Zivilisation und der modernen Hindu-Kultur feststellten, aufs äußerste.

Wie bereits das schiere Ausmaß der Jaina-Literatur ersichtlich macht, blühte der Jainismus über viele Jahrhunderte, auch wenn sein recht stark betontes Asketentum einen ähnlichen Erfolg verhinderte, wie ihn Buddhas Lehren hatten. Im 13. Jahrhundert töteten die Muslime dann Tausende von Jaina-Mönchen und -Nonnen, zerstörten ihre Tempel und Bibliotheken und beschnitten so die Lebendigkeit der Jaina-Kultur über längere Zeit drastisch. Heute erscheint der Jainismus in Indien zwar als Religion einer Minorität, aber als eine, die keineswegs stagniert, wie die Anuvrata-Bewegung, 1949 in Rajasthan durch Acarya Tulasi initiiert, dokumentiert. Der Name der Bewegung, „Kleines Gelübde", soll verdeutlichen, dass selbst die kleineren Gelübde der Jainas große Veränderungen bewirken können. Die Geschichte des Jainismus lehrt uns also weiterhin die wichtige Lektion über die Wirksamkeit von Gelübden in einem Leben, das sich mehr auf spirituelle denn auf materielle Werte bezieht. Und das ist eine Kunst, die in unserer westlichen Gesellschaft nahezu in Vergessenheit geraten ist.

III. DER PFAD DER LÄUTERUNG

Die Macht des Karma und seine Aufhebung durch moralisches Verhalten und Meditation

Ebenso wie buddhistische und hinduistische Spiritualität ist auch die Jaina-Spiritualität essenziell ein Weg zur Emanzipierung, ein Weg zum, wie es heißt, „absoluten Wissen" (kevala-jnâna). Dieser höchste Zustand zeichnet sich durch die Freiheit vom Einfluss des Gesetzes moralischer Verursachung aus, also durch die Freiheit von Karma. Die Karma-Lehre spielt im Jainismus dieselbe grundlegende Rolle wie im Hinduismus und Buddhismus. Doch bearbeiteten die jainistischen Scholastiker diese Doktrin viel ausführlicher. Die leitende Idee des Karma-Konzepts ist, dass das Gesetz von Ursache und Wirkung auch im psychologischen wie moralischen Bereich gilt und dementsprechend die Handlungen, ja die Willensstrebungen einer Person deren Schicksal sowohl im gegenwärtigen als auch in zukünftigen Leben bestimmt.

Wir sehen hier eine Parallele zum modernen Existentialismus, der feststellt, dass wir aufgrund unserer vergangenen Entscheidungen das sind, was wir sind, frei wählen können, was wir werden wollen, und darum gerade in unseren Handlungen am ehesten wir selbst sind. Ein anderer Berührungspunkt zwischen Existenzphilosophie und Karma-Doktrin liegt darin, dass beide die menschliche Kondition als eine der Furcht (oder des Zitterns) verstehen. Doch während die indischen spirituellen Traditionen lehren, dass diese Existenzbedingung gänzlich transzendiert werden kann – im Moment der Erleuchtung oder Befreiung –, ist der westliche Existentialismus, trotz seiner zahlreichen metaphysischen Formulierungen, selten so optimistisch. So räumt nicht einmal der deutsche Philosoph und Psychiater Karl Jaspers, der zu den metaphysisch orientierten Existentialisten gezählt werden muss, die Möglichkeit einer radikalen Transzendierung ein. Für ihn ist das Höchsterreichbare, das wir erhoffen können, die Begründung einer „Kommunikation zwischen Persönlichkeit und Persönlichkeit", so dass „unsere Beziehung zur Transzendenz in unserer Begegnung mit dem persönlichen Gott zur empfundenen Gegenwart wird."[6] Aus indischer Warte betrachtet, geschieht diese Begegnung immer noch in der bedingten Dimension des Daseins, und das heißt, ihr fehlt die Qualität der Befreiung oder Erleuchtung; aber erst in einem solchem Seinszustand werden die menschliche Persönlichkeit wie auch die personale Gottheit radikal transzendiert.

Das wahre Wesen des Menschen ist das Selbst (âtman). Die Jainas verwenden die Begriffe âtman und jîva austauschbar; doch bezieht sich der erste auf seine transzendentale Natur und der zweite auf das Selbst, das kraft seiner eigenen, Karma hervorrufenden Handlungen gefangen gehalten wird.

Im Jainismus ist die Klassifizierung in acht Typen von Karma gängig (Jaina-Scholastiker allerdings differenzieren zwischen bis zu 148 verschiedenen Formen karmischer Tätigkeit):

1. Karma, das Weisheit verbirgt;
2. Karma, das die rechte Einsicht verbirgt und damit das Akzeptieren des moralischen Verhaltenskodex der Jainas verhindert;
3. Karma, das zur Erfahrung von Vergnügen und Schmerz führt;
4. Karma, das gänzliche Täuschung und Verblendung verursacht;
5. Karma, das die Lebenslänge bestimmt;
6. Karma, das den speziellen sozialen Status bestimmt;
7. Karma, das die Geburt in einer speziellen Familie determiniert;
8. generell hinderliches Karma.

Hinsichtlich seiner Auswirkung in der Zeit wird Karma in drei Arten aufgeteilt:

[6] *K. Jaspers, Eine Einführung in die Philosophie, München: Piper Verlag 1971.*

1. satta-karma, das in vergangenen Leben akkumuliert wurde; sein Hindu-Äquivalent ist sancita-karma;
2. bandha-karma, das in der gegenwärtigen Existenz geschaffen wird, aber sich erst später auswirkt;
3. udaya-karma, das jetzt wirksam ist; es entspricht der hinduistischen Vorstellung von prârabdha-karma.

Darüber hinaus wird Karma in zwei grundsätzliche Kategorien unterteilt: in nikacita (das, was erfahren werden muss) und in shithila (was vermieden werden kann, wenn man Yoga praktiziert). Ohne die letztere „Option" würde das Leben ausschließlich vorherbestimmten Bahnen folgen. Aber der Jainismus lehnt Fatalismus ab, was zu einem der Hauptstreitpunkte zwischen Mahâvîra und dem Ajîvika-Philosophen Makkhali Gosala wurde. Gosala behauptete, der Mensch stehe unter der totalen Kontrolle des Schicksals (niyati), das er als unpersönliches kosmisches Prinzip sah. Mahâvîra dagegen lehrte, dass es einen freien Willen und die Möglichkeit gebe, das eigene karmische Geschick zu verändern, ja selbst zu transzendieren. Während der gesamten Daseinsspanne eines lebenden Wesens (jîva) wird Karma erschaffen und erfahren.

Die Jainas begreifen Karma als eine Art von Substanz, die erzeugt, aufbewahrt und vernichtet werden kann. Sie sehen den Kreislauf von Karma-Produktion und Karma-Erfahrung verursacht durch ein Einströmen (âsrava) von Karma; dieses Hereinströmen muss unterbrochen werden. Denn solange es währt, ist das Wesen an die leblose Materie (ajîva-pudgala) gekettet und kreist fortwährend im Rad wiederholter Geburten und Tode. Das jîva-Konzept umfasst alle belebten Seinsformen, einschließlich der materiellen Elemente wie Wasser und Feuer. In dieser Hinsicht differiert die jainistische Auffassung vom vedântischen Begriff des jîva, der nur auf das selbstbewusste Wesen angewendet wird.

Wie die Vertreter des Sâmkhya glauben die Jainas an eine Vielheit von höchsten oder geistigen Wesenheiten, den âtmans. Sie bestehen, ähnlich den purushas oder Selbst-Monaden der Sâmkhya-Lehre, aus unbegrenztem, reinem Bewusstsein. Doch sie wähnen und glauben, auf eine bestimmte Gestalt oder einen bestimmten Körper beschränkt zu sein.

Diese imaginierte Selbstbeschränkung – von den Meistern als eine Form der Bewusstseinskontraktion bewertet – resultiert aus dem karmischen „Sog".

„Die Weisen erklären, dass aufgrund des Nichtvorhandenseins reinen Bewusstseins das übersinnliche höchste Absolute unbegreifbar bleibt, selbst bei hundert Erklärungen aus den Schriften."
Jnâna-Sâra 203

Nur durch die Reduzierung karmischer Einflüsse, letztendlich durch die vollständige Auslöschung des Karma, kann das Bewusstsein des jîva geläutert und in grenzenloses transzendentales Bewusstsein verwandelt werden. Wie Hemacandra (1089–1172 n. Chr.) in seinem berühmten Yoga-Shâstra (4.112a) deklariert:

> Die Befreiung [ergibt sich aus] der Abnahme des Karma, und diese wird durch Selbst-Absorption (âtma-dhyâna) erreicht.

Als Karma-Aufnahmegefäß agiert der instrumentale Körper oder karmana-sharîra, der innerste der fünf Körper des menschlichen Wesens. Die anderen vier sind:

1. der physische menschliche Körper (audarika-sharîra);
2. der Transformationskörper (vaikriya-sharîra), das natürliche Vehikel der höheren Wesen (z.B. Gottheiten), das seitens des Asketen „erworben" werden kann, woraufhin er seine Größe willentlich zu verändern vermag; vielleicht finden die fantastischen Größen-Dimensionen, mit denen die Gestalten der frühen Lehrer des Jainismus dargestellt werden, darin ihre Erklärung, dass sie eben Ausdruck ihrer Transformationskörper sind;
3. der Vermittlungskörper (âhâraka-sharîra), der für gewisse Zeit erschaffen, vom physischen Leib gelöst und überall hinprojiziert werden kann;
4. der feurige Körper (taijasa-sharîra), der unzerstörbar ist, den Tod überlebt, und ohne dessen Energie die niedrigeren drei Körper nicht agieren könnten; Asketen benutzen manchmal diesen Körper, um Objekte zu verbrennen.

Die Jaina-Lehre über die fünf graduell subtiler werdenden Körper findet ihr korrespondierendes Pendant in der Lehre der (im vorhergehenden Kapitel angeführten) Taittirîya-Upanishad. Der Jainismus hat jedoch seine eigenen klar umrissenen Ideen über die feinstoffliche Physiologie entwickelt.

Einer Einteilung im Jaina-Kanon zufolge gibt es zwei Typen von belebten Wesen: diejenen, die in der Welt der Abhängigkeit und des Leids gefangen sind, samsârins genannt; und jene, die dem samsâra, dem Rad des immerwährenden Werdens, entkamen; die Letzteren heißen siddhas oder „Vollendete". Sie leben nicht an einem fixen räumlichen Ort, und sie erfahren die unbeschreibbare Seligkeit unendlichen Bewusstseins. Eines ihrer 108 Wesensmerkmale ist, dass sie willentlich jede Gestalt annehmen können und somit Meister des Alls sind.

Die sieben Kategorien der Existenz

Die jîvas oder begrenzten Einzelnen gehören zur ersten der sieben grundsätzlichen, im Jainismus bekannten Kategorien. Die zweite Kategorie umfasst die unbelebten Objekte (ajîva), d.h. die gestaltlosen Dimensionen von Bewegung, Raum und Zeit wie auch die unzählig variierten Formen, die die wahrnehmbare Materie (pudgala) konstituieren. Dem Jainismus zufolge – er schließt die Existenz eines höchsten Schöpfergottes aus – wird die ganze Schöpfung durch die Wechselbeziehung zwischen Belebtem und Unbelebtem aufrechterhalten.

Die dritte Kategorie wird, wie bereits erwähnt, âsrava (Einströmen) genannt und meint die andauernde Aufnahme von Karma, das das transzendentale Bewusstsein derart verunreinigt, dass es sich selbst als umgrenzt und verkettet, ja als identisch mit dem physischen Körper wähnt. Ein Wesen zieht vermöge seiner geistigen und physischen Handlungen Karma an. Dieser karmische Einstrom wird im Jainismus auch yoga genannt, was hier die „Vereinung" aus transzendentem Selbst und physischer Realität, d.h. die Kontraktion des Selbst in ein begrenztes Materiegemisch, bezeichnet.

Die vierte Kategorie heißt Knechtschaft (bandha), deren Ursachen falsche Anschauungen, Anhaftung, Vernachlässigung, Leidenschaft (kashâya) und die Verbindung (yoga) mit dem limitierten Körper-Verstand-System sind. Darauf folgt die fünfte Kategorie der „Abwehr" (samvara), die die sukzessive Verhinderung der Karma-Erzeugung mittels rechten moralischen Verhaltens definiert. Als zentrale Tugend des Jaina-Moralkodex figuriert die Gewaltlosigkeit (ahimsâ), das Verbot der Tötung lebender Wesen unter allen Umständen, gleich ob für Ernährungs- oder Opferzwecke, und selbst die bloße Absicht, ein anderes Wesen zu verletzen, einschließend. Ursprünglich erhielt der Jainismus Zulauf vor allem aus dem Adels- und Krieger-Stand (kshatriya). Die strikten Regeln der Gewaltlosigkeit nötigten diese Anhänger zur Aufnahme kaufmännischer Berufe. Die Ethik bildet das Fundament des Jaina-Yoga, und sie postuliert, dass keine wie auch immer geartete Kasteiung oder meditative Praxis zur Befreiung führt, wenn nicht gleichzeitig der Moralkodex sorgfältig eingehalten wird.

Die sechste Kategorie heißt „Erschöpfung" (nirjara) und meint damit die vollständige Löschung von Karma in jenen höchsten Ekstasezuständen (samâdhi), wie sie durch extreme Bußausübung hervorgebracht werden können. Solche Buße, speziell die rigorose Praxis der Gewaltlosigkeit, hält nicht nur den Einstrom von Karma an, sondern kehrt alle karmischen Effekte um. Daraus ergibt sich dann, als siebte Kategorie, der transzendentale Zustand der Seelenbefreiung (moksha) und des absoluten Wissens. Im alten Âcâra-Anga-Sûtra (330–332) beschreibt Mahâvîra diesen Zustand völliger Freiheit:

> Alle Laute weichen, wo Vernunft nicht Raum hat, und der Verstand dringt dort nicht ein. Der Befreite ist nicht groß oder klein, nicht rund oder dreieckig; er ist weder schwarz noch weiß; er ist körperlos, ohne Kontakt [mit Materie] ... nicht weiblich, männlich oder Neutrum. Obwohl er wahrnimmt und weiß, gibt es keinen [passenden] Vergleich [der sein Wahrnehmen und Wissen veranschaulichen könnte]. Sein Wesen ist gestaltlos. Es gibt keine Bedingung im Unbedingten.

Die transzendent-transzendentale Realität – oder das Selbst – wird auch der Herr (prabhu) genannt. In seinem Werk Âtma-Anushâsana (266) erklärt Gunabhadra, Lehrer aus dem 9. Jahrhundert:

> Der Herr ist ungeboren, unzerstörbar, formlos, glücklich – ein weise Handelnder und Genießender, [der die Form des] Körpers nur annimmt. Er ist frei von Makel und verbleibt, nach Seiner Auffahrt, bewegungslos.

In Kunda Kundas Niyama-Sâra (43–46), im 6. Jh. n. Chr. verfasst, finden wir die folgenden wiederholungsreich-deskriptiven Verse:

> Das Selbst (âtman) ist von Bestrafung frei, ohne Gegensätze, ohne Ich-Sinn (nirmama), unparteiisch, ohne [objektive]Unterstützung, frei von Anhaftung, frei von Mängeln, frei von Täuschung und ohne Furcht.
>
> Das Selbst ist frei von Kontraktion (nirgrantha), frei von Anhaftung, ohne Makel, frei von allen Mängeln, ohne Wunsch, frei von Ärger, frei von Stolz und Sinnesgier.
>
> Farbe, Geschmack, Geruch, Berührung, männlich, weiblich; männliche [oder weibliche] Neigungen usw., die [verschiedenen Arten der gesellschaftlichen] Positionen und die [verschiedenen Arten von] Körper – all dies existiert im [transzendenten] Individuum (jîva) nicht.
>
> Wisse, dass der jîva geschmacklos, formlos, geruchlos, unmanifestiert [aber] bewusst, eigenschaftslos, tonlos, nicht identifizierbar durch [irgendwelche äußeren] Anzeichen und ohne bestimmbare Örtlichkeit ist.

Kunda Kunda vergleicht dann die wahre Natur des normalen individuellen Selbst mit den befreiten Wesen (siddha-âtman), die weder Geburt noch Wachstum noch Tod kennen. Nur aufgrund empirischer (vyavahâra) Sicht kann gesagt werden, die individuellen jîvas besäßen solche Merkmale wie Form und Begrenzung; aus reiner (shuddha) Sicht jedoch gesehen, ist ihnen dieselbe Makellosigkeit zu eigen wie den Befreiten.

Die jainistische Stufenleiter zur Befreiung

Im Zentrum des Jainismus liegt ein sorgsam angelegter Pfad, der den Gläubigen aus der Umklammerung durch bedingtes Dasein und Leiden zu absoluter Freiheit, zu unvergleichlicher Freude und Kraft führt. Obgleich zugunsten eines reich entfalteten spirituellen Lebens empfohlen wird, alles hinter sich zu lassen und sich ganz dem Leben der Renunziation und Buße zu weihen, halten es die Jaina-Autoritäten im Prinzip doch für möglich, dass auch ein Haushälter zur Seelenbefreiung gelangen kann.

Einem weithin akzeptierten Modell folgend, umfasst die Jaina-Stufenleiter zur Befreiung vierzehn Stufen, als die Ebenen der Tugend (guna-shtâna) bezeichnet. Auf diesen Stufen verläuft die Reifung einer Person – vom normalen weltlichen Leben bis hin zur geistigen Befreiung. Gewöhnlich beginnt alles mit dem Modus der Unerleuchtetheit, will sagen, alles ist machtvoll überschattet von einer irrigen Sicht (mithyâ-drishti), von der falschen Vorstellung, man sei identisch mit dem begrenzten Körper-Verstand-System. Allmählich kommt ein „Geschmack" für die rechte Sicht (samyag-drishti) auf. Nun beginnt der Strebende langsam zu verstehen, dass er/sie über die hautumspannte Attrappe des Körpers weit hinausreicht. Das Verständnis wächst mit der Praxis, und bei Einhaltung einer ständigen Disziplin wird der Aspirant Schritt für Schritt hin zur Befreiung geschoben. Die vierzehn Stufen (sthâna) werden wie folgt charakterisiert:

1. Falsche Anschauung (mithyâ-drishti): Auf dieser Stufe ist der Mensch noch gänzlich unerleuchtet und steht darum uneingeschränkt unter dem Zepter der karmischen Mächte.
2. Der Geschmack für die rechte Sicht (sâsvâdana-samyag-drishti) entwickelt sich: Es tritt ein schwaches Verstehen von Wahr und Falsch auf, doch kommt es zu längeren Rückfällen ins Unwissen.
3. Richtige und falsche Sicht (samyag-mithyâ-drishti): Der Mensch schwankt zwischen Wahrheit und Zweifel hin und her. Diese Stufe heißt auch „gemischt" (mishra).
4. Mangel an Selbstbeherrschung, aber richtige Anschauung (avirata-samyag-drishti): Auf dieser Ebene wird zwar die rechte Einsicht nicht mehr unterdrückt, aber die Beherrschung der Gefühle bleibt noch ungewiss. Hier kann das eigentliche spirituelle Leben beginnen, sofern sich die Selbstbeherrschung (virati)verbessert.
5. Bedingte Selbstbeherrschung und rechte Anschauung (desha-virata-samyag-drishti): Die Wichtigkeit eines moralischen Verhaltens

wird erkannt, und der Wunsch entsteht, der Welt zu entsagen, um Asket zu werden. Damit endet eigentlich die Haushälter-Rolle; man muss nun entscheiden, ob man die Weltentsagung zeitlich verschieben oder in einem asketischen Leben zu höheren Stufen aufsteigen will.

6. Beherrschung von Unachtsamkeit (pramatta-samyatâ): Der Asket hat die vier Laster Ärger, Stolz, Selbsttäuschung und Gier nahezu vollständig bezwungen, und er oder sie vermag die Neigung des Verstands, aus bloßer Unachtsamkeit (pramâda) in unbewusste Verhaltensmuster abzugleiten, unter Kontrolle zu halten.
7. Beherrschte Aufmerksamkeit (apramatta-samyatâ): Durch Sinnes- und Verstandesläuterung wird der Schlaf überwunden; der Asket erwirbt die Fähigkeit zur intensiven Konzentration und meditativen Absorption.
8. Der grobe Kampf mit dem Stillstand (nivritti-bâdara-sâmparâyâ): Diese Ebene wird auch apûrva-karana-sâmparâyâ genannt – wegen einer besonderen Meditationspraxis, durch die der Asket eine bis dahin unbekannte Freude erfährt. Dazu gewinnt er noch größere Macht über sich selbst.
9. Der grobe Kampf mit Nicht-Stillstand (anivritti-bâdara-sâmparâyâ): Auf dieser Stufe werden die sexuellen wie die emotionalen Impulse gänzlich beherrscht.
10. Der subtile Kampf (sûkshma-sâmparâyâ): Nun ist selbst die kleinste Spur weltlichen Interesses ausgelöscht.
11. Die Befriedung der Täuschung (upashânta-mohâ): Die irrige Vorstellung, ein separates körperliches Wesen zu sein, ist völlig befriedet und macht der herabströmenden Intuition des kosmischen Bewusstseins Raum.
12. Das Verschwinden der Täuschung (kshîna-mohâ): Hier ist alle ichbezogene Täuschung verbrannt, und der Asket, von keinem Karma mehr belastet, erlangt vollständiges Wissen um die göttlichen Geheimnisse.
13. Aktive Transzendierung (sayoga-kevalî): Das ist die Stufe der inneren Isoliertheit gegenüber der scheinbaren Vielheit und Pluralität in der Welt. Sollte der allwissende Asket in diesem Zustand beschließen, sein neu gefundenes Wissen zu lehren, so wird er zum tîrthankara, d.h. zu einem, der Furten baut. Der ekstatische Zustand dauert mindestens ein muhûrta (48 Minuten) und höchstens etwas weniger als ein pûrva-koti (7056 x 10^{27} Minuten) Der Asket, der erfolgreich durch das Stadium der Isoliertheit ging, wird als Transzendierender (kevalin), Sieger (jîna) oder Höchstwürdiger (arhat) verehrt.
14. Inaktive Transzendierung (ayoga-kevalî): In dieser Phase des Meditationsprozesses – sie dauert nicht länger als ein muhûrta – ist

auch der letzte Rest von Karma gelöscht, und der Asket tritt als vollständig befreites Wesen hervor. Diese Seinsbedingung wird von einem jina oder arhat kurz vor dem Tod des physischen Körpers erreicht. Sie entspricht dem dharma-megha-samâdhi des klassischen Yoga. Jenseits der vierzehn Ebenen der Tugend herrscht die Freiheit, das luminose Sein des von körperlichen Existenzbedingungen und Karma freien Vollendeten (siddha).

> **„Die Yoga-Lehrer haben gesagt, es sei Unwissenheit, das Ewige und Reine, das Selbst im Begrenzten, Unreinen und Nicht-Selbst zu sehen; und es sei Weisheit, die Wirklichkeit zu erkennen."**
> JNÂNA-SÂRA 105

Es sei hinzugefügt, dass die Stufen acht, neun und zehn von besonderer Bedeutung sind, da auf ihnen der spirituelle Aspirant Kontrolle über die groben und subtilen Leidenschaften gewinnt. Um den Zustand der Erleuchtung zu erreichen, muss der Strebende drei große innere Prozesse durchlaufen. Der erste, als yathâ-pravritti-karana bezeichnet, reduziert die Dauer und Intensität des Karma. Durch den zweiten, apûrva-karana genannten Prozess wird der „Knoten" (granthi) am Herzzentrum aufgelöst, und der Aspirant erhält die Kraft, zu höheren Meditationsebenen weiterzuschreiten; das geschieht auf der achten Stufe im obigen Schema. Schließlich wird im dritten Prozess – aktiviert auf der zehnten Stufe und als anivritti-karana bekannt – das karmische Material, das das Selbst umhüllt und belastet, in drei Teile aufgeteilt: in unrein, rein und gemischt. Je nachdem, welches karmische Paket aufgeschnürt wird, will die Person entweder zu einer weltlichen Situation und Einstellung zurückkehren oder sich zu höheren Stufen meditativer Praxis weiterentwickeln.

Die wichtigen Hilfsmittel zur Steuerung des Fortschritts über die Stufen und durch die Phasen spiritueller Entwicklung sind die überaus komplexen ethischen Regeln der kanonischen Literatur des Jainismus. Wie die folgende Liste von Tugenden belegt, herrschen zwischen jainistischer, buddhistischer und hinduistischer Ethik große Ähnlichkeiten. In Umâsvâtis berühmtem Tattva-Artha-Sûtra (9.7), geschrieben im 5. Jh. n. Chr., finden wir diese Eigenschaften eines Asketen – allesamt Formen von ahimsâ – aufgeführt: geduldiges Ertragen (kshamâ), Demut (mârdava), Aufrichtigkeit (ârjava), Reinheit (shauca), Wahrhaftigkeit (satya), Selbstdisziplin (samyama), einfachste Lebensweise (tapas), Entsagung (tyâga), Armut (akincanya, wörtlich „nichts habend"), Keuschheit (brahmacarya). Für den Laiengläubigen sind solche Regeln bindend: Almosengeben (dâna), tugendhaftes Betragen (shîla), einfache Lebensweise (tapas) und eine spirituelle Einstellung (bhâva). Andere

Schriften enthalten etwas verschiedene, oft noch detailliertere Vorschriften für Asketen und Laienschaft.

JAINA-YOGA

In seinen höheren Aspekten ähnelt der Jaina-Yoga seinem Hindu-Äquivalent, und tatsächlich machten spätere Jaina-Autoren wie Haribhadra Sûri (ca. 750 n. Chr.)[7] Gebrauch von einigen der Kodifizierungen Patanjalis. In seinem Yoga-Bindu preist Haribhadra den Yoga folgendermaßen:

> Yoga ist der beste wunscherfüllende Baum (kalpa-taru). Yoga ist das überragendste wunschgewährende Juwel (cintâ-mani). Yoga ist wahrlich die verkörperte Vollkommenheit (siddhi). (37)
>
> So sei gesagt, dass er [wie] das Feuer ist, [das verzehrt die karmische] Saat der Inkarnation, genauso wie extrem hohes Alter den Alterungsprozess, endgültige Kräfteaufzehrung das Leiden oder Tod den Tod selbst endet. (38)
>
> Die großen Seelen (mahâ-âtman)[8], im Yoga vollendet, erklären, dass schon das Hören der zwei Silben [der Wortes yoga], wenn es den Regeln entspricht, ausreiche, die Sünden zu sühnen. (40)
>
> So wie unreines Gold durch Feuer zweifelslos gereinigt wird, ebenso wird der von [spiritueller] Unwissenheit verschmutzte Verstand durchs Feuer des Yoga [gereinigt]. (41)
>
> Derart ist Yoga in der Tat das Fundament, auf dem die wahre Wirklichkeit (tattva) realisiert wird; auf keinem anderen kann dies gewisser sein. Es gibt nichts Vergleichbares [mit Yoga]. (64)
>
> Darum soll der denkende Mensch immer große Eigenanstrengungen unternehmen, wenn er die Wirklichkeit selbst erkennen will. Von keinem Nutzen sind dabei theoretisierende Bücher. (65)

Haribhadra unterscheidet zwischen dem eigentlichen Yoga und dem, wie er es nennt, vorbereitenden Dienst (pûrva-sevâ). Dieser sieht folgendermaßen aus:

1. Verehrung (pûjana) des Lehrers, der Gottheiten und anderer Personen mit Autorität, wie die Eltern oder die Älteren generell. Gegenüber den Gottheiten ist die rituelle Verehrung mit Blumen

[7] Dieser Haribhadra ist zu unterscheiden vom Polyhistor Haribhadra Virahânkha des 5. oder 6. Jh., dem die Abfassung von über 1000 Texten zugesprochen wird.

[8] Geschrieben mahâtman.

und anderen Gaben angezeigt. Gegenüber den Älteren wird Verehrung durch respektvolles Verbeugen und Gehorsam erwiesen.

2. Rechtes Verhalten (sad-âcâra) bedeutet Mildtätigkeit (dâna), Konformität mit den Sitten und Gebräuchen der Gesellschaft, Enthaltung von Kritik an anderen, dankbare und fröhliche Einstellung auch unter widrigen Umständen, Demut, achtsame Rede, Integrität, Einhaltung der Gelübde, Überwindung von Lethargie, Vermeidung tadelnswerten Verhaltens auch im Angesicht des Todes.
3. Askese und Buße (tapas) beseitigen, so wird gedacht, die Sünden und sollen bis zu den Grenzen der Fähigkeiten ausgeübt werden. Hauptsächlich sind damit verschiedene Formen des Fastens gemeint, auch längeres, monatelanges Fasten zusammen mit Mantren-Rezitation.
4. Nicht-Ablehnung der Befreiung (mukti-advesha, geschrieben muktyadvesha), im hinduistischen Vedânta als Wunsch nach Befreiung bezeichnet: Eine solche Einstellung ist für einen Erfolg im spirituellen Leben wesentlich. Der Wunsch, die Ich-Beschränkungen zu transzendieren, muss alle anderen Wünsche und Impulse übertreffen. Haribhadra hebt hervor, dass gewöhnliche Menschen unter dem Bann des Luststrebens stehen und das Ideal der Seelenbefreiung wenig attraktiv finden, da es nicht die normale Lusterfüllung verspricht. Sie fühlen sich sogar von der Aussicht auf eine Seligkeit, die die Sonne ihres Ego total verfinstern würde, bedroht. Deshalb ist es überaus entscheidend, das rechte Verstehen zu entwickeln.

Ein tîrthankara

Diese vorbereitende Praxis mag von einem – wie es die Jaina-Tradition benennt – apunar-bandhaka, also einer Person, die nach zahllosen Leben des irdischen Spieles müde ist und nach der letzten Verkörperung trachtet, aufgegriffen werden. In den Augen Haribhadras aber erscheint die echte Yoga-Ausübung nur für ein spirituell gereifteres Individuum möglich. Er spricht vom samyag-drishti, vom Menschen, der die richtige Vision, das richtige Verständnis besitzt, und vom câritrin, der fest auf dem spirituellen Pfad wandelt.

Der apunar-bandhaka befindet sich auf der ersten der vierzehn oben beschriebenen Ebenen der Tugend, auf der die Illusion eines Ichs vorherrscht. Der samyag-drishti, den Haribhadra mit dem buddhistischen bodhisattva vergleicht, hat die vierte Ebene erreicht; auf ihr überwiegt zwar grundsätzliche spirituelle Einsicht, aber die Disziplin wirft immer noch Probleme auf. Der câritrin steht auf der fünften Ebene und wird vom Wunsch gelenkt, der Welt zu entsagen und ein asketisches Leben aufzunehmen.

Haribhadra führt fünf Grade des echten Yoga auf, denen nur der câritrin gerecht zu werden vermag:

1. Adhyâtman oder adhyâtma-yoga: das heißt die beständige Erinnerung oder Reflexion der eigenen Wesensnatur.
2. Bhâvanâ oder Kontemplation: das ist die tägliche konzentrierte Beobachtung der Wesensnatur (adhyâtman) selbst; diese Betrachtung vermehrt die Qualität und die Zeit des Verbleibens in spirituell positiven mentalen Zuständen.
3. Dhyâna, also Meditation, heißt die Fixierung des Verstandes auf positive Objekte, begleitet von subtiler Freude. Diese Meditation führt zu geistiger Stabilität, auch zur Fähigkeit, andere geistig zu beeinflussen.
4. Samatâ oder „Gleichheit" ist die innere Einstellung der Gleichgültigkeit gegenüber Dingen, die einem gewöhnlich als anziehend oder abstoßend erscheinen. Die Kultivierung dieser Einstellung bedeutet auch, sich des Gebrauchs psychischer Kräfte (riddhi oder siddhi) zu enthalten; sie dezimiert insgesamt die feinen karmischen Kräfte, die an die irdische Existenz ketten.
5. Vritti-samkshaya oder die Nullifizierung aller Bewusstseinsbewegungen, d.h. die gänzliche Transzendierung karmisch verursachter psychomentaler Zustände. Das führt zur Befreiung (moksha), die „unbeschränkt ist und der Ort ewiger Seligkeit" (Yoga-Bindu 367).

Schwerpunkt einer fortgeschrittenen Yoga-Ausübung ist die meditative Absorption, die jeder Jaina wenigstens einmal täglich für ein muhûrta (48 Minuten) am Morgen ausführen soll. Der Asket muss dieser Praxis natürlich den Großteil seiner Zeit widmen. Laien aber können durchaus zusätzliche Gelübde ablegen, die sie zu, sagen wir, dreimaliger Meditation täglich für längere Zeitspannen verpflichten.

Es finden sich keine strikten Regeln dazu, wie die Meditation ausgeübt werden soll, doch gibt es die Wahl unter verschiedenerlei Techniken, von denen einige stark an tantrische Übungen erinnern. In Umâsvâtis Tattva-Artha-Sûtra (9.27–46) wird Meditation wie folgt erklärt:

> Meditation (dhyâna) ist die Zügelung (nirodha) des einpunktig fokussierten Verstandes (cintâ) in [dem Fall einer Person, die] höchste Beständigkeit [besitzt] ...
>
> ... bis zu einem muhûrta [48 Minuten lang].
>
> [Meditation kann von viererlei Art sein:] unangenehm (ârta), wild (raudra), voll Tugend (dharma) oder rein (shukla). [Nur] die beiden letzten [Arten] führen zur Befreiung.

Die unangenehme [Meditation geschieht,] wenn [der Ausübende] nach dem Erleben einer unangenehmen Erfahrung [amano-jnâna] in der Erinnerung [dieser Erfahrung] verweilt, um sich von ihr

und [unangenehmen] Empfindungen,
dem Gegenteil angenehmer Erfahrungen,

und von der verbindenden Klammer (nidâna) [dem Wunsch, eine bestimmte Absicht in einem zukünftigen Leben auszuführen] zu lösen.

Diese [unerfreuliche Meditation findet statt] im Fall von Undiszipliniertheit, teilweiser Diszipliniertheit und mangelhafter Beherrschung.

Die wilde [Meditation] im Fall eines undisziplinierten oder teilweise disziplinierten [Menschen] kreist um Schadenzufügung, Lügen, Stehlen oder Besitzerhaltung.

Die tugendvolle [Meditation] im Fall des in Achtsamkeit geübten [Asketen] zielt darauf ab, sich der offenbarten Vorschrift (âjnâ) zu versichern [d.h. der heiligen Überlieferung], die Schmälerung (apâya) [des Selbst durch Karma], die Reifung (vipâka) [des Karma] und den Aufbau (samsthâna) [des Universums] zu kontemplieren.

[Diese Meditation findet statt] auch im Fall derjenigen, deren Leidenschaften entweder befriedet oder verschwunden sind.
[Bei jenen, deren Leidenschaften (kashâya) insgesamt verschwanden, ereignen sich] auch die [ersten] zwei reinen [Meditationen].

Die letzteren [zwei reinen Meditationen finden statt] im Fall des Transzendierenden (kevalin).

[Die vier Formen oder Stufen der reinen Meditation sind:]

Die Betrachtung (vitarka) der Getrenntheit und Vereinzelung, die Absorption (pratipatti) in subtiler Aktivität und das Beenden beruhigter Aktivität.

Diese [vierfältige reine Meditation geschieht bei denjenigen, die jeweils erleben] die dreifache, die einzelne oder die [reine] körperliche Handlung (yoga) [wie auch bei jenen, die ganz] untätig sind.

> Die zweite [dieser mit vitarka oder Betrachtung verbundenen Formen] ist jenseits von Reflexion (avicâra).
>
> Betrachtung ist [Wissen vom] Offenbarten (shruta).
>
> Reflexion (vicâra) ist das Kreisen [des Verstands] um Bedeutung (artha), Symbol (vyanjana) und Aktivität (yoga).

Wie alle anderen Sûtra-Texte ist auch dieses Werk ohne seine Kommentare kaum verständlich. Insbesondere Aphorismus 9.42 bleibt obskur. Es scheint, als bestünde der dritte Grad der reinen Meditation (shukla-dhyâna) nur aus körperlicher Aktivität. Es gibt auf dieser Stufe keine Betrachtung (vitarka) oder Reflexion (vicâra). Auf der vierten und letzten Stufe dann wird die bereits beruhigte körperliche Aktivität extrem transzendiert. Der erste Grad reiner Meditation fällt in die achte bis elfte Phase des vierzehnfachen Pfades, der zweite in die zwölfte Phase, der dritte in die dreizehnte, und

Quellenlektüre 7

Yoga-Drishti-Samuccaya (Auswahl)

[Ins Englische übertragen von Christopher Key Chapple]

Haribhadra Sûris Yoga-Drishti-Samuccaya („Kompendium der Ansichten über Yoga") mit 228 Versen ist eine sehr nützliche Einleitung zum unter jainistischen Gesichtspunkten betrachteten Yoga-Pfad.

Im sehnenden Streben nach Yoga und nachdem ich mich tief verbeugt habe vor dem höchsten Jina, dem Starken, [dem Lehrer] des für yogins erreichbaren Yoga, will ich nun in diesem Werk über die Stufungen im Yoga-System sprechen. (1)

Hier will ich auch den wesentlichen Antrieb im Yoga, wie Wunscheskraft usw., erwägen, zum Nutzen der yogins und aus Liebe zum Yoga. (2)

Für jenen, der den Zweck der Schriften kennt und ihn erfüllen will, doch wenig sorgfältig und in dharma-yoga unzureichend ist, gibt es den sogenannten icchâ-yoga. (3)

Shâstra-yoga sagt man, wenn aufgrund intellektueller und sprachlicher Stärke die Macht – nicht geschmälert von Achtlosigkeit oder Glaubensschwäche – sich erhebt. (4)

Eine ausgezeichnete Basis ist es also, sich die heiligen Schriften immer vor Augen zu halten. Aber der unter allen [Formen] höchste Yoga heißt wegen seiner Machtesfülle sâmarthya, „kraftvolle Ausübung". (5)

Tatsächlich gibt es verschiedene Gründe für das Erreichen der sogenannten Vollendungsstufen; nicht immer gelangen yogins allein wegen der Wahrheiten in den Schriften zu ihnen. (6)

Es gibt zwei Arten dieser [Yoga-Praxis]: die Entsagung von dharmas [d.h. Objekten] und die Entsagung vom Yoga. [Entsagung von] dharmas bedeutet die völlige Auflösung des Wunsches nach Tätigkeit, und [Entsagung vom] Yoga bedeutet [die Aufgabe vom] Karma des Körpers usf. (9)

Hat man sich am wahren Glauben ausgerichtet, so wird man als Mensch mit „erleuchteter Schau" geachtet, der gegen die unwahre [weltliche] Existenz (asat-pravritti) antritt und stufenweise wahres

der vierte fällt mit der vierzehnten Phase zusammen und wird vom großen Geschehen der Befreiung gekrönt.

Das Schema von vier Arten oder Graden der Meditation ist interessant, und die Phraseologie erinnert stark an Patanjalis Yoga-Sûtra. Doch formuliert Umâsvâti, der Autor des Jaina-Werkes, seine ganz eigenen Deutungen solcher Yoga-Schlüsselbegriffe wie vitarka und vicâra. Eine ähnliche Situation finden wir im Buddhismus, der auch seine originären Interpretationen liefert, wiewohl sie den Formulierungen Patanjalis zeitlich vorausgehen.

Die meditative Absorption kann im Sitzen oder im Stehen ausgeübt werden. Die Jaina-Texte erwähnen solche Stellungen wie „Bettgestell" (paryanka) und „halbes Bettgestell" (ardha-paryanka), zurückgelehnte Stellungen also, dazu die Donnerkeil-Stellung (vajra-âsana, geschrieben vajrâsana), die Lotos-Haltung (kamala-âsana, geschrieben kamalâsana) und den Schneidersitz oder die „leichte Stellung" (sukha-âsana, geschrieben sukhâsana), die an passender Örtlichkeit ausgeübt werden sollten. Allerdings wird gelegentlich empfohlen, einen eher unbequemen denn bequemen Platz zu wählen, was an die tantrische Sitte erinnert, auf der Verbrennungsstätte

Dasein (sat-pravritti) hervorbringt. (17)

Der rechte Verstand zollt den Jinas Verehrung; geläutert wirft er sich nieder usf. Dies ist der edelste Same des Yoga. (23)

Andauernde Hingabe hat dem zu folgen, zusammen mit der Verringerung mentaler Aktivität. Es ist unrecht, nach den Früchten solchen Handelns zu trachten. Derart [ohne diese Absicht] wird man in der Tat mit reiner Lauterkeit beschenkt. (25)

Diese [Hingabe] soll sich insbesondere auf die Lehrer und ähnliche Personen richten; in solchen yogins breitet sich eine Form der Reinheit aus. Geschäftliches soll gemäß den Regeln durchgeführt werden, so dass man ein besonders reines Gewissen hat. (26)

Von Natur aus ist die menschliche Wesensverfassung leicht erregbar und wird durch das Aufnehmen [karmischer] Substanz (dravya) weiter in dem Zustand gehalten. Kraft eigenen Wollens und durch Bücher usw. soll man sich auf das schließliche Ende [d.h. Befreiung] vorbereiten. (27)

Ist der entwürdigte Staat zerstört, so erhebt sich ein neugeborener Held. Der Verstand wird rückgängig gemacht, und nichts von Bedeutung gibt es dann noch zu tun. (30)

Verkündet ist, dass bei der letzten Geburt eines Menschen die Flecken in seiner Seele gelöscht werden (31), was zu unendlichem Mitgefühl für die Notleidenden, zu Gleichgültigkeit gegenüber Veränderungen und zu Eignung zum Dienst an allen Orten und ohne Unterschied führt. (32)

Yoga, Tat und ihre Früchte sollen die drei Glaubwürdigkeiten (avancaka-traya) sein. Von den höchsten Heiligen abhängig zu sein, das gleicht dem Flug eines auf ein Objekt gezielten Pfeiles. (34)

Dieser Lobpreis – wie auch weitere mehr – der Wahrheit ist die Ursache zu entschlossener Übung, und sie ist die höchste der Ursachen. Und so kann denn die Unreinheit im eigenen Wesen geringer werden. (35)

zwischen verfallenden Leichen zu meditieren – als eindrückliche Mahnung an die vorübergehende Natur des menschlichen Lebens.

Einige Schriften, wie das Yoga-Shâstra von Hemacandra, führen andere Stellungen (âsana) an, die mit denen des Hindu-Yoga identisch sind, z.B. die Helden-Stellung (vîra-âsana, geschrieben vîrâsana), die gunstvolle Stellung (bhadra-âsana, geschrieben bhadrâsana) und die Stab-Stellung (danda-âsana, geschrieben dandâsana). Hemacandra weist auch auf ein gewisses utkatika-âsana (utkatikâsana geschrieben) und ein godohika-âsana (godohikâsana geschrieben) hin und streicht heraus, dass keine fixen Regeln hinsichtlich der Wahl der einen oder der anderen Positur existieren. Der technische Gattungsbegriff für die Meditationshaltung ist kâya-utsarga (geschrieben kâyotsarga, „Abwerfen des Körpers"), was manchmal auch als eine gesonderte spezielle Stellung betrachtet wird. Diese Bezeichnung legt nahe, dass der Zweck yogischer âsanas nicht so sehr der Kultivierung als vielmehr der Transzendierung des Körpers diene. In seinem Niyama-Sâra (121) gibt Kunda Kunda solcher Yoga-Ausübung eine psychologische Bedeutung:

So wie ein keimender Same in Salzwasser abstirbt und in frischem Wasser gedeiht, genauso ist es bei einem Menschen, der auf die Wahrheit hört. (61)

Durch Erfüllung der religiösen Pflichten erhalten die Menschen rundherum Wohlergehen. Jener, der in seiner Hingabe zum Guru nie wankt, bringt beiden Welten Gutes. (63)

Durch die Kraft der Hingabe an den Guru empfängt man die Vision der tîrthankaras. Vermittels der einzelnen Formen der Meditation usw. hält man am nirvâna [als Ziel] fest. (64)

Die Kennzeichen echten [spirituellen] Bemühens (sad-anushthâna) sind: Freude während der Anstrengung, Nichtvorhandensein von Hindernissen, Geübtheit in den Schriften, Wunsch nach Wissen und Verehrung der Wissenden. (123)

Die höchste Wahrheit (tattva) jenseits der Welt des Wandels (samsâra) heißt nirvâna. Der aus Disziplin gewonnenen Weisheit eignet singuläre Wahrheit, obgleich sie auf vielerlei Art aufgenommen wird. (129)

Diese höchste Wahrheit hat keine widersprüchlichen Merkmale, ist von Störung und Krankheit, auch von Tätigkeit frei. Durch sie wird man von Geburt, Tod usw. befreit. (131)

Selbst die geringste Schädigung anderer muss mit größter Sorgfalt vermieden werden. Darüber hinaus soll man danach trachten, jederzeit hilfreich zu sein. (150)

Mit verringerten Fehlern, allwissend, begabt mit den Früchten all dessen, was erreicht werden kann, nur zum Wohle anderer handelnd – so ein Mensch erreicht das Ziel des Yoga. (185)

So erreicht dann der Gesegnete rasch das höchste nirvâna, kam er doch von der Trennung (ayoga), die der beste der Yogas ist, und hat er doch die Leideskette weltlicher Existenz zerbrechen können. (186)

Ein Mensch, befreit von Schmerzen, lebt immer noch in der Welt, genauso auch der [befreite Mensch]. Es ist nicht so, als sei er nicht existent oder als sei er nicht

> Er, der [die Vorstellung von] Stabilität hinsichtlicher anderer Stoffe, wie z.B. des Körpers, abweist und über das Selbst formlos (nirvikalpa) mediert, entwickelt das Abwerfen des Körpers (tanu).

Hemacandra empfiehlt Atemkontrolle (prânâyâma) als Hilfe zur Meditation und folgt damit weitgehend der Richtung von Patanjalis Yoga-Sûtra. Doch nimmt zumindest eine Jaina-Autorität bezüglich Yoga, nämlich Shubhacandra, in seinem Jnâna-Arnava einen anderen Standpunkt ein.[9] Er konstatiert, dass Atemregulierung zwar hilfreich bei der Kontrolle körperlicher Aktivität, aber störend für die Konzentration ist und dazu tendiert, unangenehme (ârta) Meditationserfahrungen zu stiften. Stattdessen rät er dem Praktikanten, nach superlativer Konzentration (parama-samâdhi), wie er es nennt, zu trachten. Diese Sichtweise wird von Kunda Kunda in seinem Niyama-Sâra (124) unterstrichen:

> Welchen Zweck hat es für einen Entsagenden (shramana), im Wald zu wohnen, den Körper zu kasteien, verschiedene Fastenformen

Quellenlektüre 7

befreit oder als sei er von Schmerzen nicht betroffen gewesen. (187)

Das Dasein selbst ist der große Schmerz, bestehend aus Geburt, Tod und Krankheit. Es bringt verschiedene Formen der Täuschung hervor und verursacht die Gefühle übermäßiger Wunschbegierde usf. (188)

Dies ist der hauptsächliche [Schmerz] der Seele: die anfangslose Verursachung zu vielen variierten Karmas zu gebären. Alle Lebewesen tragen ein Verständnis dieser Erfahrung in sich. (189)

Wenn man davon befreit ist, erreicht man den hohen Zustand der Seelenbefreiung: Nach Beendigung des Irrtums von Geburt, Tod usw. gelangt man auf die Stufe der Irrtumslosigkeit. (190)

[9] *Geschrieben Jnânârnava.*

> zu beobachten, zu studieren und dem Schweigen (mauna) zu obliegen, wenn ihm die innere Sammlung (samatâ) fehlt?

Im gleichen Text finden wir diesen Vers:

> Wünschst du Unabhängigkeit (avashyaka), so fixiere deine beständigen Gedanken auf die wahre Natur des Selbst. Derart wird die Eigenschaft des Gleichmuts (sâmâyika) voll entwickelt. (147)

Man kann bei einigen der im Jainismus empfohlenen Praktiken, wie etwa Fasten bis zum Tod, eine Radikalität feststellen, die nicht im Einklang zu stehen scheint mit dem ethischen Kode der Nicht-Schädigung – was Kritik von vielen Seiten geweckt hat. Diese Exzesse resultieren aus der jainistischen Grundeinstellung zur physischen Existenz, die als Quell von Leid und schmerzvoller Begrenzung erfahren wird. Der menschliche Körper und der Verstand müssen andauernd kasteit werden – durch Fasten und andere Formen der Buße –, bis die Seele, bis der spirituelle Geist von allen körperlichen Fesseln befreit ist. So verkörpert der Jainismus exemplarisch den Geist der Kasteiung (tapas), über den im Kapitel 3 eingehender gesprochen wurde.

Trotz berechtigter Kritik kann der Jainismus auf eine lange Reihe edler Lehrer und kühner Aspiranten zurückblicken, die den erhabenen Wert der yogischen Kunst, heilige Gelübde abzulegen und einzuhalten, demonstrierten. Sowohl ihre spirituelle Entschlossenheit wie auch ihre Sanftheit sind inspirierend besonders für moderne Sucher, die nicht immer einschätzen können, wie sehr das spirituelle Leben eine transformierende Prüfung darstellt, die vom Strebenden alles fordert.

Kapitel 7

Yoga im Buddhismus

„Freudvoll ist die Erscheinung der Buddhas. Freudvoll ist die Unterrichtung in der wahren Lehre (dharma). Freudvoll ist die Versammlung des Sangha. Freudvoll ist die schlichte Einfachheit derer, die sich versammelt haben."

Dhamma-Pada (14.16)

I. Geburt und Entfaltung des Buddhismus

Gautama der Buddha

Mit dem Begriff „Buddhismus" wird die komplexe kulturelle Tradition bezeichnet, die sich aus der ursprünglichen Lehre von Gautama (Gotama) dem Buddha entwickelte, der wahrscheinlich 563 v. Chr. geboren wurde und im Alter von achtzig Jahren starb. Das 6. Jahrhundert war eine Zeit kräftiger kultureller Gärung und religiöser Aktivität; besonders trifft dies zu auf das mächtige Königreich von Mâgadha im südlichen Bihar, der Heimat des frühen Buddhismus. Mâgadhas herrschende Klasse und die Bevölkerung insgesamt standen offensichtlich nicht auf gutem Fuß mit der orthodoxen nachvedischen Priesterschaft. Wie der englische Historiker Vincent A. Smith es recht drastisch formulierte:

> Zu jener Zeit zeigte die durch die Brahmanen gestützte Religion, dargestellt in den Brâhmanas genannten Abhandlungen, einen mechanischen, leblosen Charakter, überdeckt von schwerfälligem Zeremoniell. Die Formalitäten der ermüdenden Rituale vergällten viele, indes die Grausamkeit der zahlreichen blutigen Opferriten andere abstieß. Die Menschen ersehnten einen irgendwie besseren Pfad zum Ziel der allseits gewünschten Erlösung.[1]

Gautama der Buddha

Einige dieser Andersdenkenden fanden Zuflucht im Jainismus, andere in den Lehren von Gautama dem Buddha. Über Gautamas Leben wissen wir nur wenig mehr als über das von Mahâvîra, dem Begründer des Jainismus. Doch des Buddhas charismatische und mitfühlende Persönlichkeit spricht in seinen Predigten, aufgezeichnet in den Pali-Texten, über die Jahrtausende hinweg zu uns. Buddha predigte im Mâgadhi-Dialekt. Pali ist wie Sanskrit eine heilige Sprache und wurde von den Herausgebern von Buddhas Reden und anderen frühen Lehrwerken erstmalig eingesetzt. Wie Christmas Humphreys, ein bekannter englischer Buddhist und Propagandist des Buddhismus, es ausdrückte:

> Sein Mitgefühl war absolut ... Seine Würde war unerschütterlich, sein Humor immerwährend. Er war so unendlich geduldig wie einer, der über die Illusion der Zeit weiß.[2]

Wie Mahâvîra war auch Siddhârtha[3] Gautama adeliger Abstammung, geboren in den Shakya-Klan von Koshala, ein Land an der Südgrenze von Nepal. Nach seiner Erleuchtung wurde er als der „Weise der Shakyas", als Shakyamuni also, bekannt. Gautama wuchs in den relativ luxuriösen und gesicherten Verhältnissen der herrschenden Klasse jener Periode auf. Als

[1] *V. A. Smith, The Oxford History of India (London: Oxford University Press, 1970), p. 76.*

[2] *C. Humphreys, Buddhism (Harmondsworth, England: Penguin Books, Neudr. 1985), p. 27.*

[3] *Der Ehrentitel siddhârtha setzt sich zusammen aus siddha („vollendet") und artha („Zweck, Ziel"), bezeichnet also eine Person, die ihr Ziel erreicht hat. Im Westen wurde der Name durch Hermann Hesses Roman Siddhartha (1951) berühmt.*

er seines bequemen Daseins müde war, entsagte er, im Alter von 29 Jahren, der Welt und begab sich auf die Suche nach Weisheit.

Seine Suche brachte ihn zu zwei bemerkenswerten Lehrern, die im Pali-Kanon namentlich erwähnt werden – Ârâda Kâlâpa (Pali: Âlâro Kâlâmo) aus Mâgadha, der dreihundert Schüler hatte, und Rudraka Râmaputra (Pali: Uddako Râmaputto) aus der Stadt Vaishâlî mit siebenhundert Schülern. Der Erstere lehrte anscheinend eine Form des upanishadischen Yoga, kulminierend in der Erfahrung der „Sphäre der Nicht-Dinglichkeit" (âkimcanya-âyatana). Offenbar hatte Gautama keine Schwierigkeiten, diesen Erfahrungszustand zu erreichen; darum bot ihm Ârâda Kâlâpa großzügig an sich, die Leitung seines Ordens von Asketen gemeinsam zu teilen. Gautama empfand, er habe die höchste Verwirklichung noch nicht erreicht, und lehnte das Angebot ab.

Stattdessen wurde er Schüler von Rudraka Râmaputra, dessen Lehre weitergehende spirituelle Entfaltung versprach. Wieder erlangte er mit Leichtigkeit jenen Zustand, von dem dieser Weise erklärte, er sei die höchste Verwirklichung – die Erfahrung der „Sphäre von Weder-Bewusstsein-noch-Unbewusstsein" (naiva-samjnâ-asamjnâ-âyatana), die der vedântischen formlosen Ekstase (nirvikalpa-samâdhi) entsprechen mag. Gautama glaubte nicht, dass dieser hohe Zustand bereits die wahre Erleuchtung darstelle. Rudraka Râmaputra bot ihm gleichfalls die gemeinsame Leitung seiner Gemeinde an, aber der zukünftige Buddha lehnte wieder ab und machte sich nach Urubilvâ (Pali: Uruvelâ) am Fluss Nairanjanâ auf.

Dort beschloss er, in der paryanka-(Couch-)Stellung sitzend, die tiefste Meditation zu praktizieren: sechs Jahre lang rang er die sinnlichen Leidenschaften mit unstillbarem Geist nieder, was ihn selbst in den kalten Winternächten perspirieren ließ. Er fastete beinahe bis zum Tod, um diese machtvolle Meditation zu fördern. Aber nach sechs langen Jahren exzessivster Selbsttortur musste sich Gautama eingestehen, dass diese Art der Kasteiung, die seine Gliedmaßen wie „Teile einer verwelkten Kriechpflanze" aussehen ließ, nicht der Weg zur Befreiung sei. Er fühlte, es müsse einen Mittelweg zwischen kompromissloser Ichverleugnung des Asketen und genusssüchtigem Leben der weltlichen Person geben, und nahm wieder seine Gewohnheit auf, mit der Bettelschale um Essen zu bitten; bald gewann sein Körper Gewicht und Stärke zurück. Dem mythischen Bericht im schönen Lalita-Vistara, einer beliebten Mahâyâna-Schrift, zufolge begann sein Leib, sowie er Nahrung aufnahm, in den Farben des Regenbogens zu leuchten und die 32 Merkmale (lakshana) eines Buddhas zu zeigen.[4] Gautama war sich jetzt seines endgültigen Erfolges sicher; in Erinnerung an eine spontan ekstatische Erfahrung als Junge überließ er sich von nun an einem unwillkürlichen meditativen Prozess.

In einer einzigen Nacht ununterbrochener Meditation kam Gautama zum ersehnten Resultat – er wurde zum Erwachten (buddha). Die Überlieferung sagt, dass er an einem Vollmondtag im Mai, unter einem

[4] *Zu den 32 Merkmalen eines Buddha siehe A. Getty, The Gods of Northern Buddhism: Their History and Iconography (New York: Dover Publications, 1988), p. 190.*

Feigenbaum – bekannt als bodhi oder „Erleuchtungs"-Baum –, nahe der Stadt Uruvelâ (Bodhgayâ) in Mâgadha (Bihar) die Erleuchtung erlangte. Die Theravâda-Schule auf Sri Lanka errechnete den Vollmondtag vom Mai 1956 als den 2500. Jahrestag von Buddhas Erleuchtung.

Sieben Tage lang saß Gautama der Buddha unter dem Feigenbaum und benutzte seinen überragenden Intellekt, jetzt von allen ichsüchtigen Wünschen und irrigen Vorstellungen geläutert, um die zwischen spiritueller Unwissenheit und Knechtschaft existierende Zwangsläufigkeit, und daraufhin den Pfad zur Befreiung, ganz zu verstehen. Dieses Verständnis wurde zum Fundament seiner späteren Lehre. Nach weiteren sieben Tagen der stillen Betrachtung und Gewissenskonflikte beschloss der Buddha, die neu erworbene Weisheit nicht für sich zu behalten, sondern sie anderen mitzuteilen, um „die Trommel des Unsterblichen in der Finsternis der Welt zu schlagen". Seine beiden früheren Lehrer waren leider kürzlich verstorben, und so konnte er seine große Entdeckung nicht mit ihnen teilen. Doch machte er sich sofort auf die Suche nach den fünf Asketen, die – für lange Zeit seine Reisebegleiter – ihn verlassen hatten, als er seine strenge Askese zugunsten einer individuell gestalteten Meditationspraxis aufgab. Er richtete seine erste Predigt an sie im Hirschpark von Sarnâth, nahe dem heutigen Benares – ein Ereignis, das als das „Drehen des Rads der Lehre" (dharma-cakra-pravartana) beschrieben wird. Er beschrieb seine Methode als „Mittleren Weg" (madhya-mârga), der zwischen den Extremen von Sinnlichkeit und Askese, zwischen Weltbejahung und Weltverleugnung lag. Er verkündete dazu die ‚Vier edlen Wahrheiten' – bestehend in der Allgegenwart des Leids, dem Wunsch als Ursache des Leids, der Beseitigung dieser Ursache und dem edlen achtteiligen Pfad (ârya-ashta-anga-mârga, geschrieben âryâshtângamârga).

Mit seiner Lehrtätigkeit fand Buddha einen so raschen und großen Zuspruch, dass manche Leute glaubten, er benutze Zauberei. Bald war er in der Lage, mit Hilfe der großzügigen Spenden des Hofstaates von König Bimbisâra in Râjagriha (heute Rajgir) und der reichen Klasse der Kaufleute (sie hießen eine tolerante Religion, die die durch die brahmanische Priesterschaft fixierten Kastenschranken ablehnte, willkommen) Klöster zu gründen. Fünfundvierzig Jahre lang zog Buddha in ganz Nordindien umher und gab die Lehre einschränkungslos jedem, der kam, um zuzuhören, weiter. Auf einer seiner vielen Wanderungen erlag er schließlich einer Ruhr. Seine letzten Worte, im Pali Mahâ-Parinibbâna-Sutta (Sanskrit: Mahâ-Parinirvâna-Sûtra) aufgezeichnet, waren:

> Hört, o Mönche, ich ermahne euch mit diesen Worten: Zusammengesetzte Dinge sind unbeständig. Bemüht euch mit Fleiß! (61)

Gautama unter dem Feigenbaum

Die Verbreitung von Buddhas Lehre

Nach des Buddhas Tod bei Kushinâgara (Pali: Kusinârâ) im heutigen Nepal gediehen die monastischen Orden wie auch die buddhistischen Laiengemeinden weiterhin. Die Ordensgemeinschaften umfassten auch Nonnen, obgleich es den Anschein hat, dass der Buddha etwas zögerte, Frauen zu ordinieren. Im 3. Jahrhundert v. Chr., unter der Regierung des berühmten Kaisers Ashoka aus der Maurya-Dynastie, verwandelte sich der Buddhismus aus einer lokalen Sekte in eine Staatsreligion.

Die früheste Aufzeichnung von Buddhas Lehre finden wir im Pali-Kanon, zusammengestellt und herausgegeben von drei aufeinanderfolgenden Konzilien der buddhistischen Orden. Das erste Konzil, historisch kaum festzumachen, wurde unmittelbar nach dem Tod des Begründers in Râjagriha, das zweite etwa hundert Jahre später in Vaishâlî, und das dritte und wichtigste unter Ashokas Schirmherrschaft erneut in Râjagriha einberufen. Kurz danach spaltete sich der Buddhismus in die zwei bekannten Traditionsstränge des Hînayâna („Kleines Fahrzeug") und Mahâyâna („Großes Fahrzeug") auf, und beide beanspruchten, die wahre ursprüngliche Bedeutung von Buddhas Lehre zu vertreten. Erstere Tradition bezog sich ausschließlich auf die in heiligem Pali verfassten Texte, letztere gründete sich primär auf die in heiligem Sanskrit geschriebenen Schriften. Die Unterschiede zwischen diesen beiden „Fahrzeugen" (yâna) vergrößerten sich, als beide Schulen sich zu deutlich voneinander abgegrenzten Überlieferungen entwickelten.

Die Hînayâna-Tradition – heute in Gestalt der Theravâda-Schule auf Sri Lanka weiterlebend – konzentrierte sich nur auf das Individuum: Zuoberst stand das Ziel der völligen Auslöschung (nirvâna) der Wünsche. Im Gegensatz dazu gelangten die diversen Mahâyana-Schulen zur Ansicht, dass eine solche Vorgehensweise relativ fruchtlos und selbstsüchtig sei, und versuchten sie durch eine ganzheitlichere Perspektive zu ersetzen. Das führte dazu, dass emotionale und soziale Aspekte des menschlichen Lebens, auch die buddhistische Zielsetzung selbst, neu bewertet wurden. Dementsprechend betrachtete man nirvâna nicht länger als ein Reich „dort oben", sondern als ständig präsentes, aller phänomenalen Existenz zugrunde liegendes Substrat: die berühmte Mahâyâna-Formel lautet nirvâna = samsâra, d.h. die unveränderliche, transzendente Realität ist identisch mit der Welt der Veränderungen, und umgekehrt. Das bedeutet: die Sphäre der veränderlichen Formen ist letztlich leer (shûnya), und nirvâna muss nicht jenseits von samsâra gesucht werden. Dieses grundlegend neue Axiom wurde erstmals in den Prajnâ-Pâramitâ-Sûtras um etwa 200 v. Chr. erörtert und von den Vijnânavâda- sowie den Yogâcâra-Schulen im 4. Jahrhundert n. Chr. philosophisch gefestigt (Die beiden Schulen werden weiter unten behandelt.) Das bekannteste Prajnâ-Pâramitâ-Sûtra ist das Hridaya-Sûtra („Herz-Sûtra"), das in der Quellenlektüre 8 wiedergegeben wird. Es betont die zentrale Mahâyâna-Doktrin der Leere.

Im 5. Jahrhundert n. Chr. erlitt der Buddhismus durch den Einfall der Hunnen einen dramatischen Rückschlag, bei dem vieles von seinem alten Erbe zerstört wurde. Nach einer kurzen Erholungsperiode unter dem letzten einheimischen indischen Herrscher Harsha im 7. Jahrhundert setzte allmählicher Verfall ein. Zur Zeit der muslimischen Machtübernahme in den nordindischen Königreichen hatte der Buddhismus seine Kraft in Indien weitgehend verloren, teilweise auch wegen der überwältigenden missionarischen Leistung des Vedânta-Lehrers Shankara, dessen nondualistische Philosophie große Ähnlichkeit mit dem Mahâyâna-Buddhismus zeigt.

Jedoch erging es dem Buddhismus im Ausland besser – auf Sri Lanka (Ceylon), in Indonesien, China und Japan. Bereits zur Zeit Ashokas hatten sich buddhistische Mönche im Fernen Osten niedergelassen, und im 1. Jahrhundert n. Chr. kam der Buddhismus nach China, wo ihm eine glorreiche Zukunft bevorstand. Von dort wurde, um 550 n. Chr., die Fackel buddhistischer Weisheit nach Japan getragen. Zweihundert Jahre danach eroberte der Buddhismus Tibet, wenig später Afghanistan.

Zur Zeit von Ashoka und Alexander dem Großen hörte man in Europa erstmals über den Buddhismus. Mit zunehmendem Handel zwischen Indien und dem Mittelmeerraum gewannen dann Buddhismus und auch Hinduismus unter den europäischen Intellektuellen größeren Einfluss. Einige Historiker meinten, dass z.B. Basilides von Alexandrien der buddhistischen Lehre viel verdanke. Der Einfluss des Buddhismus auf das Christentum wird vielleicht am besten mit der Legende über Barlaam und Josaphat illustriert, die durch den Heiligen Johannes von Damaskus (8. Jh.) überliefert wurde. Die Legende ist indischen Ursprungs und erreichte die Kirchenväter über den Umweg von Übersetzungen in Pahlevi, Griechisch und Latein. Der Barlaam der Erzählung ist niemand anderer als Buddha, und Josaphat stammt vom Sanskritwort bodhisattva (von den Arabern zu bodasaph und dann von den Griechen zu ioasaph verzerrt). Im Jahr 1585 wurde Barlaam heiliggesprochen, was den Buddha zu einem christlichen Heiligen macht.

Westliches Interesse am Buddhismus erwachte erneut im 18. Jahrhundert, als die Indologie zur Universitätsdisziplin arrivierte. Und im September 1893, ein paar Tage nach der Abschlusszeremonie des Parlaments der Religionen in Chicago, wurde die erste westliche Person in den buddhistischen Orden Amerikas aufgenommen. Heute gibt es schätzungsweise 500.000 Buddhisten in den USA.

II. DIE GROSSE LEHRE DES KLEINEN FAHRZEUGS – HÎNAYÂNA-BUDDHISMUS

DIE LITERATUR DES HÎNAYÂNA-BUDDHISMUS

Aus der Sicht des Historikers erscheint es nicht mehr möglich, die ursprüngliche Lehre des Buddha mit absoluter Gewissheit festzumachen. Doch die lange mnemotechnische Tradition Indiens liefert ein überzeugendes Argument für die Annahme, dass vieles von dem, was – zuerst mündlich, dann schriftlich – als Buddhas Pali-Predigten (sutta) weitergereicht wurde, tatsächlich die Worte jenes außergewöhnlichen Lehrers enthält. Der Pali-Kanon, in dem der Hînayâna-Zweig des Buddhismus wurzelt, ist als Tipitika (Sanskrit: Tripitika, „Drei Körbe") bekannt.

Der erste Korb, Vinaya-Pitaka genannt, enthält die Regeln monastischer Disziplin (vinaya), die Upali, der älteste Schüler Buddhas, bei der ersten Ratsversammlung der Sangha nach dem parinirvâna („höchste Befreiung") des Meisters aus dem Gedächtnis zitierte.

Die ältesten Lehrabschnitte sind im Sutta-Pitaka, dem zweiten Korb des Pali-Kanons, enthalten, und Ânanda, der mit überragendem Gedächtnis gesegnete Vetter und persönliche Assistent Buddhas, rezitierte sie in voller Länge. Der Korb enthält die redigierten Predigten oder suttas (Sanskrit: sûtra) des Buddha, die in den folgenden fünf Sammlungen zusammengefasst sind: der Dîgha-Nikâya (mit 34 langen Predigten), der Majjhima-Nikâya (mit 152 mittellangen Predigten), der Samyutta-Nikâya (mit 56 thematisch geordneten Predigten), der Anguttara-Nikâya (mit 2308 Predigten, nach der Anzahl angesprochener Themen zusammengestellt) und der Khuddaka-Nikâya (15 kurze Texte enthaltend, einschließlich des berühmten Dhamma-Pada, des Udâna und des Sutta-Nipâta).

Der dritte Korb mit der Bezeichnung Abhidhamma-Pitaka enthält sieben scholastische Bücher, die alle zur vorchristlichen Ära gehören. Deren ursprüngliche Version wurde von Kassapa (Kashyapa), dem Vorsitzenden des ersten Konzils in Râjagriha, vorgetragen. Der Pali-Begriff abhidhamma (Sanskrit: abhidharma) besagt „auf die Lehre bezogen" und wird gewöhnlich in der Bedeutung von „höheren Lehren" verstanden. Er umschreibt die philosophische Behandlung von Buddhas dhamma. Das Wort dhamma (Sanskrit: dharma) heißt soviel wie „Lehre, die das wahre Gesetz oder die Ordnung des Universums widerspiegelt" – dhamma steht sowohl für die Lehre als auch für die unveränderliche Realität und das ihr inhärente Gesetz. Dazu kann das Wort im Buddhismus auch ein objektives „Ding" bzw. ein „Reales" bezeichnen. In seinem herausragenden Werk *A Survey of Buddhism* [etwa: „Buddhismus – ein Überblick"] merkt der englische buddhistische Mönch Bhikshu Sangharakshita sachdienlich an:

> Dharma (Pali: dhamma) ist das Schlüsselwort des Buddhismus. So häufig taucht es in den Texten auf, und so zahlreich sind die prinzipiellen Vorstellungskonzepte, die sich mit seinen verschiedenen Bedeutungsnuancen verbinden, dass die Behauptung, das Verständnis dieses proteischen Wortes komme dem Verständnis des Buddhismus gleich, wohl kaum übertrieben erscheint.[5]

Zusätzlich zu den kanonischen Schriften in Pali gibt es noch viele außerkanonische Texte, die von der Hînayâna-Gemeinde anerkannt und benutzt werden. Darunter finden sich das Paritta (eine Sammlung von 28 Texten, für magische Zwecke verwendet), der wohlbekannte Milinda-Panha (ein Dialog zwischen dem Buddhisten Nâgasena und dem baktrischen König Milinda oder Menander, der im 2. Jh. v. Chr. lebte), das populäre Lehrhandbuch Visuddhi-Magga von Buddhaghosa und zahlreiche Kommentare samt Nebenkommentaren.

Die Vier Edlen Wahrheiten

Die nachfolgende Besprechung des Hînayâna-Buddhismus legt hauptsächlich das Sutta-Pitaka zugrunde, weniger das Abhidhamma-Pitaka, da es aus Sicht einiger Schulen nicht die authentischen Lehren Buddhas wiedergibt. Bei den Ausführungen werden die technischen Begriffe in Pali angegeben, gefolgt von ihren Sanskrit-Äquivalenten in Klammern.

Die Lehre Buddhas – im Allgemeinen dhamma (dharma) genannt – geht von der Beobachtung der Leiderfülltheit (duhkha) des Lebens aus. Das stellt die erste der vier edlen Wahrheiten dar. Die dahinterstehende Idee, von Buddhisten, Hindus und Jainas gleichermaßen geteilt, besagt: Da alles in der Welt unbeständig ist und kein dauerndes Glück schenkt, erscheint das Leben letztlich von Sorge und Schmerz durchwoben. Darum ringen und wetteifern wir mit anderen, ja mit uns selbst, und suchen ständig nach mehr Glück, Bequemlichkeit, Erfüllung oder Sicherheit, nur um dann, auch bei Erfolgen, weiterhin unzufrieden zu bleiben.

Analysieren wir den Sachverhalt genauer, so erkennen wir, dass die Spannung, die in all unseren Bemühungen ums Überleben als „individuelle", d.h. separate Person herrscht, jenes existenzielle Leid erzeugt. Doch diese „Individualität" ist nur eine sorgfältig gepflegte Illusion, eine psychologische und gesellschaftliche Konvention. In Wirklichkeit, so sagt der Buddha, existiert kein inneres Selbst. Die Lehre vom „Nicht-Selbst" oder anattâ (anâtman) liegt all seinen Ausführungen und Predigten zugrunde. Sehr wahrscheinlich betonte Buddha so nachdrücklich die nichtessenzielle Natur der menschlichen Persönlichkeit wie des Daseins, um den von den upanishadischen Lehren geweckten Idealismus philosophisch auszugewichten. Da die upanishadischen Weisen immer darauf beharrten, dass die höchste Wirklichkeit

[5] *Bhikshu Sangharakshita, A Survey of Buddhism (Boulder, Colorado, USA: Shambala; London: Windhorse, 1980), p. 83.*

identisch sei mit dem innersten Kern des menschlichen Wesens, also dem Selbst, dem âtman, – ermutigten sie indirekt die irrige Vorstellung, es gäbe, schlussendlich, eine unsterbliche persönliche Wesensessenz. Der Buddha verwarf alle Mutmaßungen bezüglich eines unveränderlich-permanenten Wesens des Selbst als eitel und hielt es genauso mit allen weiteren metaphysischen Spekulationen. Trotzdem – wie aus anderen seiner durch Jünger festgehaltenen Äußerungen klar wird – bediente er sich gelegentlich einer Sprache, die an die Upanishaden gemahnt. In dieser Hinsicht nimmt es der Mahâyâna-Buddhismus sehr viel leichter als der Buddha selbst.

Auf jeden Fall aber zeigt des Buddhas pragmatische Vorgehensweise exemplarisch, was in der Tradition yogischen Experimentierens das Beste ist. Und in eben diesem Geist muss die erste Wahrheit über das Leiden, müssen auch die anderen drei Wahrheiten gesehen werden; sie müssen tief empfunden, nicht bloß abstrakt reflektiert werden, so dass sie sich im Leben eines Menschen tatsächlich verwurzeln können.

Die zweite edle Wahrheit: die Begierde, der Durst oder tanhâ (trishnâ) nach Leben – Nietzsches „Willen zum Leben" korrespondierend – ist die Ursache des universellen Leidens.[6] Selbst die Zellen sind genetisch darauf programmiert, das biologische Gemenge, das wir „unseren" Körper und Verstand nennen, zu perpetuieren: Wir wollen als Individuen lebendig sein, aber gerade unsere Individualität ist der Faktor, der unser Dasein verkompliziert, da wir uns von allem anderen abtrennen – und dann nach Wegen suchen, jene aus dieser Abtrennung entstehenden Gefühle der Isoliertheit und Angst zu mildern oder zu überwinden. Doch wir gehen das Problem vom falschen Ende her an. Wir zupfen und flicken nur an unseren Erfahrungen herum, anstatt unserem Verständnis zu erlauben, zur Ursache des separierten Zustandes wie auch zur Wurzel des ihn begleitenden Überlebensdrangs zu gehen. Die Begierde besteht, weil wir nichts über unsere wahre Natur wissen; deshalb sehen die Mahâyâna-Lehrer eher im Nichtwissen als in Wunsch und Begierde die Ursache des existenziellen Leidens.

Die dritte Wahrheit besagt, dass wir durch die radikale Eliminierung der in uns wirkenden Begierde alle Leiderfahrung beseitigen und zum eigentlich Realen und Wahren gelangen können. Es genügt nicht, Lebenswunsch und -durst zu modifizieren oder zu reduzieren, da auch ein veränderter oder verkleinerter Wunsch immer noch machtvoll bindet. Die Wünsche müssen vollständig ausgelöscht werden, wenn wir inneren Frieden und innere Freiheit finden wollen.

Die vierte Wahrheit erklärt, dass das Mittel zur Beseitigung unseres Verlangens im – von Buddha verkündeten – edlen achtfachen Pfad liegt. Der Pfad führt zur allmählichen „Desillusionierung" hinsichtlich unserer ichhaften Persönlichkeit, d.h. zum schrittweisen Abbau unserer Vorstellung von uns selbst und der Welt, der solange währt, bis die Wahrheit aufleuchtet. Haben wir dann das nirvâna erreicht, so ist auch alles Leid transzendiert, denn die illusorische Entität, die das Leiden verursachte, wurde gänzlich

[6] Im Mahâyâna-Buddhismus wird eigentlich eher das ursprüngliche Nichtwissen (avidyâ), weniger die Begierde als existentielle Leidensursache gesehen. Doch arbeiten beide seelischen Kräfte zusammen und erschaffen die Erfahrung von duhkha (Leid).

annulliert, die Macht des Wünschens neutralisiert. Mit anderen Worten: Das erleuchtete Wesen ist nicht länger eine individualisierte Person, auch wenn die Persönlichkeit weiterhin ihren typischen, wiewohl geläuterten, Charakter behält.

Eng verbunden mit der Lehre vom universellen Leid stehen die Lehre der moralischen Verursachung bzw. des kamma (karma) und der beigeordnete Aspekt der Wiedergeburt. Beides steht in der buddhistischen Metaphysik und Ethik an zentraler Stelle, obwohl man sagen kann, dass die ursprünglichen Lehren Buddhas nichtsdestoweniger gültig bleiben (sie lehnen kamma und Wiedergeburt ja ab). Der Buddhismus unterscheidet zwei Hauptarten von kamma, nämlich günstiges und ungünstiges. Die Wechselbeziehung zwischen diesen beiden Arten und deren Gesamteffekt auf das Individuum halten das Rad der Existenz in unaufhörlicher Drehung. Wie im Jainismus gibt es keinen Gott, der in die eherne Gesetzmäßigkeit von Geburt und Tod eingreifen könnte oder vor dem sich die Menschen am Ende verantworten müssten. Vielmehr entscheidet allein die emotionale und mentale Aktivität jedes Einzelnen, ob nun in Handlungen übersetzt oder nicht, über seine/ihre Zukunft – kraft des moralischen Gesetzes von Ursache und Wirkung, das dem Universum innewohnt.

Die Lehre der abhängigen Hervorbringung

Die Idee der moralischen Ursache und Wirkung wird bildhaft dargestellt im Symbol des Lebensrades oder bhava-cakka (bhava-cakra), das die folgenden zwölf voneinander abhängigen Glieder zeigt:

1. Unwissenheit oder avijjâ (avidyâ) – führt zu
2. Handlungsabsichten oder sankhâra (samskâra) – die hervorbringen
3. Bewusstsein oder vinnâna (vijnâna) – aus dem hervorgehen
4. Name und Form oder nâma-rûpa – daraus entspringt
5. die sechsfache Basis bzw. sal-âyatana (shad-âyatana), d.h. die objektive Welt – die ihrerseits stiftet den
6. Sinneseindruck bzw. phassa (sparsha) – dieser führt zur
7. Sinneswahrnehmung oder vedanâ – die leitet weiter zur
8. Begierde oder tanhâ (trishnâ) – diese bewirkt
9. Ergreifen bzw. upâdana – was weiterführt zur werdenden
10. Einstellung oder bhava – aus der sich ergibt
11. Geburt oder jâti, danach
12. Alter und Tod bzw. jarâ-marana.

Dieses alte buddhistische Schema trägt den Namen paticca-samuppâda (pratîtya-samutpâda) oder „abhängige Hervorbringung"; es schlüsselt die

Beziehung zwischen den einzelnen Elementen des Ursache-Wirkungs-Zusammenhangs auf und wirft damit Licht auf die automatische Abfolge von Geburten und Toden. Hier müssen wir jedoch im Auge behalten, dass der ganze automatische Prozess stattfindet – so wird zumindest gedacht –, ohne dass ihn eine ewige Entität oder Seele erfährt. Wie bereits angemerkt, existiert laut Buddha kein bleibendes Selbst, das wiederholte Geburten erleiden könnte. Hans-Wolfgang Schumann formulierte es so:

> Da es kein unsterbliches Selbst gibt, das durch die verschiedenen Leben so wie ein Seidenfaden durch aneinandergereihte Perlen läuft, kann es nicht dieselbe Person sein, die die Früchte aus karmischen Samen vergangener Leben im gegenwärtigen Leben erntet. Andererseits ist die wiedergeborene Person nicht völlig anders, denn jede Daseinsform wird verursacht von und erwächst aus ihrem vorhergehenden Dasein, so wie eine Flamme, die von einer anderen entzündet wird. Die Wahrheit liegt zwischen Identität und Isoliertheit – nämlich in bedingter Abhängigkeit.[7]

Dies wird verständlicher, wenn man sich daran erinnert, dass das kontinuierliche Wesen, das man normalerweise für seines bzw. für das anderer Menschen hält, aus buddhistischer Sicht nur ein mentales Konstrukt, eine instabile Konfiguration aus fünf klar unterschiedenen und kurzlebigen Faktoren oder Gruppierungen (khandha, skandha) ist:

1. Körper (rûpa)
2. Sinnesempfindung (vedanâ)
3. Wahrnehmung (sannâ, samjnâ)
4. Verstandestätigkeit (sankhâra, samskâra)
5. Bewusstsein (vinnâna, vijnâna)

Die Faktoren 2–5 werden auch zusammengefasst unter dem Begriff „Name" (nâma), dem Gegenpol zur menschlichen „Form" (rûpa) bzw. zum Körper. Name wie Form müssen transzendiert werden – eine Lehre, die schon in den frühesten Upanishaden auftritt.

Der Buddha verneinte die Existenz einer transmigrierenden Seele, und das hat viele Schüler des Buddhismus annehmen lassen, dass er eine transzendente Realität insgesamt abstritt. Aber das ist nicht der Fall. Zahlreiche Passagen im Pali-Kanon beschreiben den letzten, höchsten Zustand von nirvâna in positiven Begriffen – als „geschützten Bereich", als „Zuflucht" und „Sicherheit". Allerdings ist bezeichnend, dass die höchste Wirklichkeit und damit auch das erleuchtete Wesen in negativen Begriffen geschildert wird. Mit den Worten Buddhas, im Sutta-Nipâta niedergeschrieben:

[7] *H.-W. Schumann, Buddhism: An Outline of Its Teachings and Schools. Übers. von G. Feuerstein (London: Rider, 1973), p. 65.*

> Wie eine Flamme, vom Wind ausgeblasen, in die Ruhe eingeht und nicht mehr wahrgenommen wird, ebenso geht der Weise (muni), befreit von Name (nâma) [d.h. Verstand] und Körper (kâya), in die Ruhe ein und wird nicht mehr wahrgenommen. (1074)
>
> Und:
>
> Es gibt keinen Maßstab für den, der in die Ruhe einging, und er besitzt nichts, das benannt werden könnte. Wenn man von allem abgelassen hat, hat man alle Wege der Sprache gleichfalls verlassen. (1076)

So mündet also die rationale Lehre Buddhas in der unbeschreibbaren Sphäre des nirvâna. Konzepte und Begriffe können spirituellen Suchern nur solange dienen, bis sie entdecken, was für sie selber REAL ist. Natürlich kann die Sprache auch zum Hindernis werden, da sie uns dazu verführt, Vorstellungskonzepte zu verdinglichen und Worte so zu behandeln, als wären sie objektive Gegenstände. Nach dem Eintritt der Erleuchtung verliert jedoch die Sprache ihre Faszination und wird nicht mehr mit der Wirklichkeit verwechselt.

III. DER YOGA-PFAD DES HÎNAYÂNA-BUDDHISMUS

Die obige Darstellung der theoretischen Grundlagen des Buddhismus mag den Eindruck erweckt haben, die Lehre Buddhas sei eher schematisch und philosophisch als praktisch. Doch nichts läge der Wahrheit ferner. Der Buddha war ein dedizierter yogin mit Passion und einer einzigartigen Begabung zur meditativen Versenkung; seine Lehre bezweckte vor allem, einen konkreten Weg heraus aus dem Dickicht spiritueller Unwissenheit und, daher, leidvollen Daseins zu weisen.

Wie Patanjalis Yoga umfasst der Yoga des Buddha acht Teile oder „Glieder" (anga). Darum wird er als der „Edle achtgliedrige Pfad" bezeichnet. Buddha nannte ihn auch den „über-weltlichen Pfad" (loka-uttara-magga)[8], da er für diejenigen gedacht war, die sich ernsthaft der ich-transzendierenden Praxis verschrieben haben – also für Mönche und Nonnen. Buddha war überzeugt, dass eine Person innerhalb von sieben Tagen des „Auf-dem-Wege-Seins", d.h. nach Aufnahme eines wandermönchischen Lebens, Erleuchtung erlangen könne.

Nachfolgend die acht Glieder des Pfads; sie sollten nicht als Stufen oder Sprossen einer Leiter verstanden werden:

[8] *Geschrieben lokottaramagga; in Sanskrit lokottaramârga.*

Das Rad des Werdens

1. samma-ditthi (samyag-drishti[9]) oder „rechte Schau" – die Wahrnehmung der vorübergehenden Natur des bedingten Daseins und die Einsicht, dass es in Wirklichkeit kein Selbst gibt;
2. samma-sankappa (samyag-samkalpa) oder „rechter Entschluss" – der dreifache Entschluss, allem Äußerlichen zu entsagen, mildherzig zu sein und kein Wesen zu verletzen;
3. samma-vâcâ (samyag-vâcâ) oder „rechte Rede" – die Enthaltung von müßiger und falscher Rede;
4. samma-kammantâ (samyag-karmantâ) oder „rechtes Betragen" – im wesentlichen die Enthaltung von Töten, Stehlen und unrechtem sexuellen Verkehr;
5. samma-âjîva (samyag-âjîva) oder „rechte Lebensführung" – die Enthaltung von Betrug, Wucherpraxis, Verrat und dubiosen Zukunftsvorhersagen zum Zweck des Lebensunterhalts;
6. samma-vayama (samyag-vyayama) oder „rechte Bemühung" – die Verhinderung unguter Verstandesaktivität in der Zukunft, die Überwindung unguter Gefühle und Gedanken in der Gegenwart, die Kultivierung zukünftiger gesunder Geisteszustände und die Beibehaltung jetziger gesunder emotionaler und mentaler Aktivität;
7. samma-sati (samyak-smriti) oder „rechte Achtsamkeit" – die Schärfung der Wahrnehmung hinsichtlich psychosomatischer Vorgänge, z. B. mittels der beliebten Theravâda-(Hînayâna-) Technik satipatthâna, die aus der aufmerksamen Beobachtung von gewöhnlich unbewussten Aktivitäten wie Atmung oder Körperbewegung besteht;
8. samma-samâdhi (samyak-samâdhi) oder „rechte Konzentration" – die Ausübung besonderer Techniken zur Verinnerlichung und Transzendierung des Bewusstseins.

Die ersten beiden Teile des edlen achtfachen Pfads handeln vom Verstehen (pannâ, prajnâ), die nächsten drei vom Betragen (sila, shîla) und die letzten drei von der Konzentration (samâdhi). Die ersten fünf können auch als ‚sozialethische Regeln' zusammengefasst werden, während die letzten drei Teile des Pfads spezifisch yogischer Art sind. Bemühung und Achtsamkeit können und sollen generell und ganztägig geübt werden, aber Konzentration (samâdhi) bildet eine Disziplin für sich, die ungestörter Ruhe bedarf.

Samâdhi – im buddhistischen Sinn intensiver geistiger Sammlung – umfasst, von Sinnesrückzug bis zu Ekstase, die meditativen Phasen, die in Pali jhâna, in Sanskrit dhyâna heißen. Es gibt acht solcher jhânas:

1. jhâna, begleitet von hin- und herwebenden Gedanken und dem Gefühl entzückter Freude (pîti-sukha, prîti-sukha);

[9] *Das Sanskritwort samyak („richtig", „perfekt") wird vor weichem Konsonanten oder Vokal zu samyag.*

2. jhâna, nicht begleitet von diskursivem Denken, aber noch getränkt vom Freudegefühl;
3. jhâna, in dem die etwas erregte Freude [s. oben] der ruhevollen Achtsamkeit und der gelassenen, subtilen Freude Raum macht;
4. jhâna, in dem jede Art von Gefühlsregung endet und nur noch äußerste Achtsamkeit verbleibt;
5. die mystische Realisierung der „Sphäre der Raum-Unendlichkeit" (âkâsa-ananca-âyatana, âkâsha-ananta-âyatana[10]);
6. die mystische Realisierung der „Sphäre der Bewusstseins-Unendlichkeit" (vinnâ-ananca-âyatana, vijnâna-ananta-âyatana[11]);
7. die mystische Realisierung der „Sphäre der Nicht-Dinglichkeit" (âkincanna-âyatana, âkim-canya-âyatana[12]);
8. die mystische Realisierung der „Sphäre von Weder-Erkenntnis noch-Nichterkenntnis"(neva-sannâ-na-asannâ-âyatana,naiva-samjnâ-asamjnâ-âyatana[13]).

Die ersten vier Phasen werden rûpa-jhânas oder Meditationen mit „Form" (rûpa) bzw. kognitivem Inhalt genannt; die letzten vier heißen arûpa-jhânas, also „formlose Meditationen". Jenseits dieser acht Stufen liegt dem Text Udâna zufolge das nibbâna (nirvâna) selbst:

> ... ein Bereich, wo weder Erde noch Wasser, weder Feuer noch Luft, weder Äther noch Bewusstsein ... weder diese Welt noch irgendeine andere Welt, weder Sonne noch Mond existieren. (80)

Die yogische Natur von Buddhas Pfad erhellt auch daraus, dass âsanas (Körperstellungen) und prânâyâma (Kontrolle des Atems und der Lebenskraft) eingesetzt werden. Der technische Pali-Begriff für Lebenskraft (prâna) ist kâya-sankhâra, wörtlich: „körperlicher Bestandteil". Im Gegensatz zu den hinduistischen Yoga-Schulen empfiehlt der Hînayâna-Buddhismus nicht das Anhalten der Lebenskraft durch absichtliche Atemrückhaltung, denn diese könnte dem physischem Körper Gewalt antun. Anstattdessen wird dem Praktikanten geraten, der Atembewegung aufmerksam zu folgen, also die besondere Technik der Achtsamkeit (sati, smriti) anzuwenden. Diese in Pali als sati-patthâna bezeichnete Technik wird im modernen Theravâda, der ältesten überlebenden Schule der Hînâyâna-Tradition, weithin praktiziert.

Die zumeist eingenommene Meditationsstellung ist der pallanka-(paryanka-)Sitz, den zahllose Bildnisse sitzender Buddhas zeigen. Die Schriften legen Nachdruck auf die aufrechte Körperhaltung (uju-kâya), gewiss deshalb, weil sich dabei Atmung wie Konzentration beträchtlich verbessern.

Der yogin, der durch große Konzentration auf der höchsten jhâna-Stufe alle täuschenden Phänomene durchschaut hat, betritt das nibbâna.

[10] *In Sanskrit âkâshânantâyatana geschrieben.*

[11] *In Sanskrit vijnânânantâyatana geschrieben.*

[12] *In Sanskrit âkimcanya-âyatana geschrieben.*

[13] *In Sanskrit naiva-samjnâ-asamjnâ-âyatana geschrieben.*

Da Buddha die Idee eines im Fluss der phänomenalen Existenz fortbestehenden Wesens ablehnte, ist er des Nihilismus bezichtigt worden, doch verteidigte er sich bei mehreren Anlässen gegen diesen Vorwurf. Hat ein Mensch die Befreiung und Erleuchtung erlangt, so ist es nicht länger möglich, irgend etwas Sinnvolles über sein Wesen auszusagen – etwa, dass er existiere oder dass er nicht existiere. Freiheit ist ein Paradox und ein Mysterium. Sie muss entdeckt, nicht besprochen werden.

Das hielt jedoch Buddhas Anhänger nicht davon ab, sie zu besprechen. Über die Jahrhunderte haben buddhistische Mönche und Nonnen wie auch gebildete Laienanhänger Buddhas Erbe interpretiert und wieder interpretiert, um es für ihre jeweilige Zeit zugänglich zu machen. Nicht nur brachte die buddhistische Gemeinschaft ganze Scharen von Gelehrten, sondern auch viele große Yogis und erleuchtete Adepten hervor, die die spirituellen Grundlagen des Buddhismus periodisch regenerierten. Eine solche verjüngende Vitalisierung von Buddhas dharma hatte oft weit über den Bereich des Buddhismus ausstrahlende Wirkungen. Auf diese Weise beeinflussten die buddhistischen Lehren zahlreiche Schulrichtungen des Hinduismus, inklusive der Yoga-Tradition.

Wenn der Buddha einigen Adepten, die eine frühe Form des Yoga lehrten, viel verdanken mag, so schuldete Patanjali (der dem Yoga seine klassische philosophische Gestalt gab) seinerseits dem Mahâyâna-Buddhismus intellektuell viel. Das lange geschichtliche Wechselspiel zwischen Buddhismus und Hinduismus erreichte seinen Höhepunkt in der überwältigenden kulturellen Bewegung des Tantrismus, die Mitte des 1. Jahrtausends n. Chr. anhob. Sie ließ Schulrichtungen entstehen, die nicht ohne weiteres als buddhistisch oder hinduistisch zu definieren sind, wie am Beispiel des Siddha-Kultes, in Kapitel 17 näher beschrieben, offensichtlich wird. All diese Schulen haben aber etwas gemeinsam: das leidenschaftliche Streben nach Verwirklichung des Wesens und das passionierte yogische Experimentieren mit dem latenten Potential von Körper und Verstand.

Prajnâ-Pâramitâ

IV. WEISHEIT UND MITGEFÜHL – DER HOHE IDEALISMUS DES MAHÂYÂNA-BUDDHISMUS

DIE LITERATUR DES MAHÂYÂNA-BUDDHISMUS

Nach seiner Erleuchtung beschloss der Buddha voll Mitgefühl, die Seligkeit des nirvâna nicht voll auszukosten – und somit Körper und Verstand abzulegen –, sondern anderen Menschen den Pfad zur Erleuchtung zu weisen. Buddhas Entscheidung, Weisheit (prajnâ) mit Mitgefühl (karunâ) zu vereinen, diente vielen seiner Anhänger in den nachfolgenden Jahrhunderten als Vorbild. Der Mahâyâna-Buddhismus enstand als Reaktion auf das Bedürfnis vieler

Buddhisten, den weiblichen Aspekt des spirituellen Weges, wie er sich in der Tugend des Mitgefühls ausdrückte, zu kultivieren. Manchmal hat man ihn deshalb als Produkt von Laienanhängern tituliert, aber dieses Etikett ist irreführend. Genauso wie Hînayâna wurde das Mahâyâna geformt von gelehrten Mönchen, die die Lehren Buddhas in einer für ihre Zeitgenossen verständlichen Art zu artikulieren suchten.

Die Mahâyâna-Lehren sind in den Sûtras enthalten, zwischen dem 1. Jahrhundert vor und dem 6. Jahrhundert nach Chr. in Sanskrit verfasst. Anders als die aphoristischen Sûtras des Hinduismus bestehen die Mahâyâna-Sûtras aus erzählenden Schriften. Sie geben, so wird geglaubt, die Aussprüche Buddhas authentisch wieder und entsprechen damit den früheren Suttas des Pali-Kanons.

Unter den wichtigeren Schriften dieses Genres ragen die Prajnâ-Pâramitâ-Sûtras hervor, deren frühestes das Ashtâ-Sâhasrikâ-Sûtra („Die Achttausend") ist, verfasst in der vorchristlichen Periode, wiewohl die populärsten zweifellos das Hridaya-(„Herz") und das Vajra-Chedikâ-(„Diamantschneider") Sûtra sind. Das längste Werk dieser Gattung ist das Shata-Sâhasrikâ-Sûtra mit, wie der Name angibt, 100.000 Versen. Erwähnt werden muss auch der Abhisamaya-Alamkâra, eine dem aufgestiegenen, transzendenten bodhisattva Maitreya zugeschriebene Schrift. Lex Hixon, ein amerikanischer Schriftsteller und spiritueller Lehrer, meinte über die Ashta-Sâhasrikâ, dass ihre „Lehren so frisch wie taubedeckte Blumen sind – selbst heute noch, nach rund 2000 Jahren".[14] Hixon kommentiert auch die anderen Prajnâ-Pâramitâ-Werke sehr luzid.

Weitere bekannte und beliebte Sûtras aus den ersten Jahrhunderten vor unserer Zeitrechnung sind Sad-Dharma-Pundarîka („Lotosblüte der wahren Lehre") und Lankâ-Avatâra, gewöhnlich Lankâvatâra geschrieben („Herabgestiegener von Lankâ"). Der kanadische Gelehrte Edward Conze schätzt, dass bisher lediglich zwei Prozent der Mahâyâna-Sûtras „verständlich übersetzt" worden sind.[15]

Daneben existieren zahllose Sekundärwerke, über die Jahrhunderte von Denkern und Dichtern der diversen Mahâyâna-Schulen in verschiedenen Sprachen, vor allem Sanskrit, Tibetisch und Chinesisch, verfasst.

Tibetisches Om-Symbol

Die Doktrin der Leere

Im Mittelpunkt des Mahâyâna-Denkens steht die Erkenntnis, dass das nirvâna nicht nur außerhalb des phänomenalen Universums lokalisiert, sondern sowohl transzendent als auch immanent ist. Dem Anhänger des Mahâyâna erscheint das Leiden (duhkha) nicht, wie jenem des Hînayâna, als etwas, das nur durch einen Ausstieg aus der Welt vermieden werden, sondern als eine Illusion, die man vermöge rechter Einsicht berichtigen kann und deretwegen man nicht der Welt entfliehen muss. Somit ersetzt

[14] *L. Hixon, Mother of the Buddhas: Meditation on the Prajnaparamita Sutra (Wheaton, Illinois, USA: Quest Books, 1993), p. 6.*

[15] *E. Conze, Buddhist Thought in India (London: Allen & Unwin, 1962), p. 200.*

Mahâyâna die pessimistisch-realistische Philosophie der Hînayâna-Tradition durch ein partout nondualistisches Realitätskonzept, wie wir es auch in den hinduistischen Upanishaden vorfinden: es existiert nur Eines, das als vieles erscheint! Wie der Autor des Vajra-Chedikâ-Sûtra, eines alten Mahâyâna-Textes, erklärt:

> [Wie] einen Stern, einen Sichtfehler, eine brennende Lampe, eine Illusion, einen Tautropfen, eine Blase, einen Traum, einen flammenden Blitz oder eine Wolke – geradeso betrachte man die zusammengesetzten [Phänomene]. (32)

Die Phänomene sind leer (shûnya), weil essenzlos. Es existiert nur universelle Leere (shûnyatâ), die selber leer ist. Der buddhistische Begriff der Leere ist nicht leicht zu verstehen und wird deshalb allzuoft als ‚orientalisches Mythologisieren' abgetan, wobei er tatsächlich eine überaus hochentwickelte metaphysische Idee ausdrückt, die von Erleuchteten spirituell erfahren wurde. Dass diese zentrale Idee des Mahâyâna auch östlichen Menschen einige

[16] *E. Conze, Thirty Years of Buddhist Studies: Selected Essays (Oxford: Bruno Cassirer, 1967), p. 148.*

QUELLENLEKTÜRE 8

PRAJNÂ-PÂRAMITÂ-HRIDAYA-SÛTRA

Die frühesten Mahâyâna-Sûtras wurden zwischen 100 v. Chr. und 100 n. Chr. in Südindien anonym verfasst, wiewohl sie laut Überlieferung von Buddha selbst stammen sollen. Die wichtigste Schrift dieser frühen Periode ist das Ashtâ-Sâhasrikâ-Prajnâ-Pâramitâ-Sûtra („Sûtra der Weisheitsvollendung in 8000 [Zeilen]"). Es folgten darauf immer längere Versionen, die dann wieder gestrafft wurden. Die populärste dieser kondensierten Sanskrit-Versionen ist das Prajnâ-Pâramitâ-Hridaya-Sûtra oder kurz „Herz-Sûtra", das vermutlich circa 300 n. Chr. verfasst wurde. Edward Conze, der mehrere Prajnâ-Pâramitâ-Schriften übersetzte, sagte über das Herz-Sûtra, „von ihm allein könne man sagen, es drücke tatsächlich das Herzstück der Lehre aus", womit er die Doktrin der Leere meinte.[16]

Dieses kurze Sûtra liegt in zwei Ausgaben vor; die eine zählt nur 15 Zeilen, die andere 25 (nachfolgend übersetzt). Die kürzere Version scheint die frühere zu sein, wie durch die chinesische Übersetzung von Kumârajîva (ca. 400 n. Chr.) belegt wird, während die längere von Dharmacandra 741 n. Chr. ins Chinesische übertragen wurde. Die Lehren des Herz-Sûtra werden durch den transzendenten bodhisattva Avalokiteshvara (Tibetisch: Chenrezig) übermittelt. Die Doktrin der Leere steht in enger Verbindung mit dem bodhisattva-Ideal: Auch wenn alle Dinge und Wesen ohne essenzielle Substanz sind, hat der bodhisattva nichtsdestoweniger sein Dasein der Befreiung dieser Phantom-Wesen gewidmet, was paradox erscheint. Er (oder sie) kann es nicht ertragen, das Leid der Menschen mitanzusehen, und sucht sie zur befreienden Weisheit zu führen, so dass sie ebenfalls die eigentliche Realität jenseits aller Erscheinungen erfahren können. Wenn auch das Leiden, wie jede andere begrenzte Erfahrung, essenziell leer ist, glauben doch die Erleidenden fest an ihren Schmerz, weil Unwissenheit ihren Verstand umwölkt. Beim Eintritt der Erleuchtung wird alles Leid transzendiert, d.h. getäuschter Verstand und getäuschtes Gemüt werden mitsamt allem Erscheinenden transzendiert. Der bodhisattva strebt nach Erleuchtung, um den anderen Wesen zum höchsten Ziel verhelfen zu können.

Om. Preis sei der heiligen und edlen Vollendung der Weisheit!

So habe ich es gehört:

Einmal weilte der Herr bei Râjagriha auf dem Aasgeier-Berg,

Schwierigkeiten bereitete, wird deutlich in der Geschichte Bandhudattas, des einstmaligen kaschmirischen Erziehers des berühmten Mahâyâna-Lehrers Kumârajîva. Nach Annahme des Mahâyâna-Glaubens suchte Kumârajîva seine neu gewonnene Einsicht in die leere Natur der Dinge natürlich mit seinem früheren Lehrer zu teilen. Aber Bandhudatta wollte davon nichts hören. Er hielt die Doktrin der Leere für rein leeres Geschwätz. Um seinen Standpunkt zu erhärten, erzählte er die folgende Geschichte:

‚Ein Verrückter beauftragte einmal einen Weber, den denkbar feinsten Stoff zu weben. Der Weber versuchte sein Allermöglichstes, doch der Verrückte verwarf zweimal das Erzeugnis als zu grob. Als der Verrückte zum drittenmal wiederkam, deutete der Weber in die Luft und sagte, er habe jetzt einen Stoff gewebt, der unsichtbar, weil derart fein sei. Der Verrückte war enzückt, bezahlte den Weber und ergriff flugs das unsichtbare Tuch, um es dem König zu präsentieren.'

Kumârajîva zeigte sich von der abweisenden Haltung seines Lehrers ungerührt und konnte diesen schließlich erfolgreich bekehren. Leere ist nicht das Nichts, sondern Nicht-Dinglichkeit. Wenn wir die Erscheinungs-

zusammen mit einer großen Schar von Mönchen und einer großen Schar von bodhisattvas.

Und der Herr sprach über den „Tiefer Glanz" genannten Prozess des dharma, wonach Er in Meditation fiel.

Zu der Zeit befasste sich auch der Edle Avalokiteshvara, das große bodhisattva-Wesen, mit der tiefen Weisheitsvollendung und reflektierte solcherart:

„Die fünf Aggregate [Form, Sinneseindrücke, Wahrnehmungen, Impulse, Bewusstsein] sind von Natur aus leer", so dachte er.

Worauf der bejahrte Shâriputra, durch des Buddhas Einfluss ermutigt, zum Edlen Avalokiteshvara, dem großen bodhisattva-Wesen, sprach:

„Wie soll man den Sohn aus guter Familie oder die Tochter aus guter Familie, die tiefe Weisheitsvollendung üben wollen, belehren?"

Derart angesprochen, gab der Edle Avalokiteshvara, das große bodhisattva-Wesen, dem bejahrten Shâriputra dies zur Antwort:

„O Shâriputra, ein Sohn aus guter Familie oder eine Tochter aus guter Familie, die tiefe Weisheitsvollendung üben wollen, sollen also reflektieren: ‚Der Edle Avalokiteshvara, der bodhisattva, übte die tiefe Weisheitsvollendung aus und sah, dass die fünf Aggregate von Natur aus leer sind.'

„Hienieden, o Shâriputra, ist Form Leere, und Leere ist Form. Leere ist nicht verschieden von Form, und Form ist nicht verschieden von Leere. Was Form ist, das ist Leere, und was Leere ist, das ist Form. Genauso verhält es sich mit Sinneseindrücken, Wahrnehmungen, Impulsen und Bewusstsein."

„Hier, o Shâriputra, sind alle Dinge von Leere charakterisiert und weder hervorgebracht noch beendet, weder beschmutzt noch rein, weder mangelhaft noch vollendet."

„Darum, o Shâliputra, gibt es in der Leere keine Form, keinen Sinneseindruck, keine Wahrnehmung; es gibt nicht Auge, Ohr, Nase, Zunge, Körper oder Verstand; es gibt nichts Sichtbares, Hörbares, Riechbares, Schmeckbares, Tastbares oder

welt genauer analysieren, enthüllen sich die einzelnen Phänomene als illusorisch, weil unsubstanziell. Doch auch dieser illusorische Charakter ist illusorisch, denn Phänomene bilden, rein praktisch gesehen, die Substanz unserer Erfahrungen. In Wirklichkeit sind sowohl nirvâna wie samsâra Konstruktionen des unerleuchteten Verstandes, und der yogin muss über sie hinausgehen.

Das Bodhisattva-Ideal

Während sich die Hînayâna-Tradition nahezu ausschließlich um die Erlösung des Einzelnen kümmerte, lehnten die Anhänger der Mahâyâna-Schule diese Orientierung ab; sie suchten dem Weg zur Befreiung soziale Werte beizugeben – das bodhisattva-Ideal. Der spirituelle Held der Hînayâna-Tradition war, und ist nach wie vor, der arhat, der „Würdige", der Erleuchtung gewann. Die buddhistischen Texte geben der Bezeichnung arhat eine esoterische Deutung und leiten sie von ari („Feind") und der Wurzel han („töten") ab,

[17] *Der Begriff tathâgata bedeutet wörtlich „derart" oder „so gegangen" und bezieht sich auf ein voll erwachtes Wesen, einen buddha, der „So-heit" (tathâtâ) verwirklichte.*

Denkbares; es gibt kein Element des Auges usf., bis hin zum Element des Verstandesbewusstseins; es gibt kein Nichtwissen und keine Abwesenheit von Nichtwissen usf., bis hin zu keinem Alter und keinem Tod oder zur Abwesenheit von keinem Alter und keinem Tod; es gibt nicht Leiden, Leidensursprung oder den Pfad; kein Wissen, kein Erreichen und kein Nichterreichen gibt es."

„Darum, o Shâriputra, ist der bodhisattva frei vom Streben, verlässt sich nur auf die Weisheitsvollendung und lebt ohne Verstandesschleier. Frei von Verstandesschleiern ging er über alle falschen Vorstellungen hinaus und weilt auf dem Gipfel von nirvâna."

„Indem sie sich auf die Weisheitsvollendung verlassen, erwachen alle Buddhas, die in den drei Zeitläufen erscheinen, zu unübertroffener vollständiger Erleuchtung."

„Deshalb sollte man die Vollendung der Weisheit kennen, das große Mantra, das Mantra großen Wissens, das unübertroffene Mantra, das Mantra, dem nichts gleicht, das alles Leid aufhebt und das die Wahrheit ist, da ohne Irrtum."

„Das Mantra der Weisheitsvollendung wird so gesprochen: TADYATHÂ OM GATE GATE PARAGATE PARASAMGATE BODHI SVÂHÂ."

„Derart, o Shâriputra, sollte ein bodhisattva in der Praxis der tiefen Weisheitsvollendung unterrichtet werden."

Daraufhin kam der Herr aus seiner Meditation hervor und sagte voll Wertschätzung zum Edlen Avalokiteshvara, dem großen bodhisattva-Wesen:

„Wohl gesprochen, wohl gesprochen, o Sohn aus Guter Familie! Genau so, o Sohn aus Guter Familie, genau so sollte die tiefe Weisheitsvollendung geübt werden. Wie du es erklärtest, so wird es von allen würdigen tathâgatas ganz gebilligt." [17]

So sprach der Herr. Der verzückte bejahrte Shâriputra und der Edle Avalokiteshvara, das große bodhisattva-Wesen; die Mönche und die anderen bodhisattvas, jene großen Wesen; das Weltall mit seinen Göttern, Menschen, Dämonen, Adler-Geistern und himmlischen

was besagen will, der arhat habe den Feind in Gestalt der Leidenschaften getötet oder zum Schweigen gebracht.

Man kann das bodhisattva-Ideal als Ausweitung des früheren arhat-Ideals sehen, denn in ihrem Bemühen, die spirituelle Verdunkelung in anderen Menschen aufzulösen, haben sich auch die bodhisattvas der Transzendierung des eigenen Ichs verschrieben. Sie sind die Wesen (sattva), die sich der Erleuchtung (bodhi) zum Wohle anderer weihen. Es ist falsch, anzunehmen – wie es einige westliche Autoren taten –, dass die bodhisattvas ihre eigene Erleuchtung verschieben, um stattdessen anderen Wesen zu helfen. Vielmehr unternehmen sie die denkbar größten Anstrengungen, Erleuchtung zu erlangen, damit sie anderen in deren eigenem Ringen um Erleuchtung besser beistehen können. Bereits vor ihrer Erleuchtung sind die bodhisattvas vom Mitgefühl für alle lebenden Wesen getrieben – einem Mitgefühl, das sich nach Eintritt der Erleuchtung unendlich verstärkt. Allerdings verschieben die bodhisattvas ihre vollständige Befreiung (parinirvâna), denn diese höbe sie aus dem Reich der bedingten Existenz, in dem die Wesen leiden, heraus. In der Schrift Bodhi-Caryâ-Avâtara[18]

Quellenlektüre 8

Geistern – alle waren durch die Rede des Herrn froh gestimmt.

Und so endet das edle Prajnâ-Pâramitâ-Hridaya-Sûtra:

तद्यथा ॐ गते गते परगते परसंगते बोधि स्वाहा ॥

Tadyathâ om gate gate paragate parasamgate bodhi svâhâ

[18] *Allgemein Bodhicaryâvâtara geschrieben. Siehe auch M. L. Matics, Entering the Path of Enlightenment: The Bodhicaryâvâtara of the Buddhist Poet Sântideva (London: Allen & Unwin, 1971), pp. 153–155.*

Shântideva (aus einem Holzblock)

von Shântideva (frühes 8. Jh. n. Chr.) wird die mitleidsvolle Haltung des bodhisattva folgendermaßen beschrieben:

> Ich bin Medizin für die Kranken. Möge ich ihr Arzt und ihr Pfleger sein, bis ihre Krankheit vergeht. (3.7)
>
> Da ich mich dem Glück aller verkörperten Wesen weihte, so mögen sie mich schlagen! Mögen sie mich schmähen! Mögen sie mich ständig mit Schmutz überhäufen! (3.12)
>
> Mögen sie mit meinem Leib ihr Spiel treiben und lachen und mich umherstoßen! Da ich ihnen meinen Leib gegeben hab', weshalb sollte mich's bekümmern? (3.13)
>
> Mögen jene, die mich verraten, verletzen und verspotten, so wie die and'ren an der Erleuchtung teilhaben! (3.16)
>
> Mög' ich Beschützer sein für jene ohne Schutz, und Führer für die Reisenden, und Boot und Brücke wie Passage jenen, die sich nach ferner Küste sehnen. (3.17)
>
> Möge ich ein Licht sein allen verkörperten Wesen, die ein Licht benötigen. Mög' ich ein Bett sein jenen, die ein Bett benötigen. Mög' ich jenen Diener sein, die einen Diener benötigen. (3.18)
>
> Mög' ich allen verkörperten Wesen wunscherfüllend' Edelstein sein, wundervolle Urne, Zauberwissenschaft, wundertätiges Allheilmittel, wunscherfüllender Baum und jene Kuh, die alle Fülle spendet. (3.19)

Es gibt zehn Stufen (bhûmi), die bodhisattvas erklimmen müssen, und die als Grade der Vollendung (pâramitâ) verstanden werden. Sie können die bodhisattva-Laufbahn erst beginnen, nachdem das „auf die Erleuchtung orientierte Bewusstsein" (bodhi-citta) in ihnen erwachte. Dieses bodhi-citta, häufig irreführend als „Gedanke der Erleuchtung" übersetzt, meint das Bestreben, alle Wesen zur Erleuchtung zu führen, beschreibt den Willen, alles zu transzendieren – in der Tat ein seltenes Geschehen. Der Dichter, Philosoph und Adept Shântideva, Autor des Shikshâ-Samuccaya („Kompendium der Disziplin") und Bodhi-Caryâ-Avâtara („Eingehen in die Verfassung der Erleuchtung"), vergleicht den Erwerb von bodhi-citta mit dem Auffinden eines Juwels im Dunghaufen durch einen Blinden. Und Shântideva wundert sich über die Tatsache, dass bodhi-citta in ihm entstand. Im folgenden die zehn Stufen des bodhisattva-Pfades:

1. Die freudige (pramuditâ) Stufe: Nach Ablegung des bodhisattva-Gelübdes, das besagt, die eigene Befreiung aufzuschieben, um sich ganz der Erlösung anderer Wesen zu widmen, bringen die bodhisattvas die Tugend der „offenen Hand" (dâna), d.h. der großzügigen Selbsthingabe für andere schrittweise zur Vollendung (pâramitâ).
2. Die unbefleckte (vimalâ) Stufe: Sie kultivieren die Tugend der Selbstdisziplin (shîla).
3. Die strahlende (prabhâkari) Stufe: Nachdem sie zur Einsicht in die vorübergehende Natur des bedingten Daseins kamen, entwickeln sie die hohe Tugend der Geduld (kshânti).
4. Die lichtfunkelnde (arcishmatî) Stufe: Sie trainieren die Willenskraft (vîrya).
5. Die Stufe des Sehr-schwer-zu-Erringenden (su-durjayâ): Sie vervollkommnen ihre meditative Versenkung (dhyâna).
6. Die Stufe, die „gegenwärtig" (abhimukhi) ist: Sie erlangen höchste Befreiung, was ihnen die Identität von phänomenaler Existenz und nirvâna nach dem Tod enthüllt. Wegen ihres Gelübdes sind sie jedoch daran gehindert, in diese Dimension einzugehen, und so treten sie ins „nicht-statische" (apratishtha) nirvâna und wirken weiterhin zum Wohl aller Wesen.
7. Die weitreichende (dûrangamâ) Stufe: Sie werden zu aufgestiegenen bodhisattvas, frei vom menschlichen Körper, aber fähig, jede Form willentlich anzunehmen. Sie erreichen jetzt Vollendung in weiser Voraussicht und Geschicklichkeit (upâya).
8. Die unerschütterliche (acalâ) Stufe: Sie erlangen die Macht, gutes Karma auf andere Wesen zu übertragen, um deren karmische Bürde zu erleichtern und deren spitituelles Wachstum zu beschleunigen.
9. Die Stufe des Guten-Gedankens (sadhumatî): Sie verstärken ihre Bemühung, Menschen zum Stand großer aufgestiegener bodhisattvas zu bringen.

   Die Stufe der Wolke-des-Dharma: Sie sind nun im allumfassenden Wissen (jnâna) völlig gefestigt, und ihre „So-heit" (tathâtâ) strahlt durchs ganze Universum wie eine Regenwolke, die Wasser auf die Erde ergießt. Die Wortwendung dharma-megha oder „Wolke des dharma" findet sich auch in Patanjalis klassischem Yoga, und einige Interpreten geben ihr hier eine ähnliche Bedeutung.

Aus hinduistischer Perspektive gesehen, bildet der Mahâyâna-Pfad eine Synthese zwischen Jnâna-Yoga und Karma-Yoga, also die schrittweise Entfaltung einer sich vertiefenden, transzendierenden Erkenntnis (prajnâ) und deren praktische Anwendung in Form großherziger Tätigkeit zum höchsten Guten aller Wesen; das höchste Gute ist die Erleuchtung.

Nagarjuna

Die Lehre von den drei Körpern des Buddha

Der Mahâyanâ-Buddhismus entstand lange nach dem Tod des historischen Buddha. Den Mahâyanâ-Anhängern galt der menschliche Buddha als eine temporäre Projektion des Absoluten. Der wahre Buddha ist die transzendente Wirklichkeit jenseits von Zeit und Raum. Dieses wichtige Vorstellungskonzept wird in der Mahâyanâ-Doktrin vom „dreifachen Körper" (tri-kâya) des Buddha prägnant ausgedrückt. Die drei Körper sind:

1. der „Körper des Gesetzes" (dharma-kâya) – die absolute, transzendente Dimension des Daseins;
2. der „Körper des frohen Genießens" (sambhoga-kâya) – die seelische oder innere Dimension, aus zahllosen „transzendenten" Buddhas bestehend;
3. der „Körper der Schöpfung" (nirmâna-kâya) – bezieht sich auf die konkreten Körper aller Buddhas in menschlicher Gestalt, von denen es viele gegeben hat.

Somit ist der Buddha nur in seiner transzendenten Wesensessenz einzigartig. Auf der physischen und psychischen (oder feinstofflichen) Ebene existieren viele Buddhas. Der nächste Buddha, der in die physische Dimension herabsteigen soll, ist Maitreya („Der Freundliche"); dieser residiert gegenwärtig als transzendenter bodhisattva im Tushita-Himmel. Er und die anderen himmlischen bodhisattvas, wie z. B. Avalokiteshvara, gehören zum sambhogakâya des Buddha. Auf der höchsten, zehnten Stufe der bodhisattva-Laufbahn gilt der bodhisattva spirituell als derart hochentwickelt, dass einige Texte ihn buddha nennen.

Diese großen Wesen (mahâ-sattva), gleich ob buddhas oder bodhisattvas genannt, werden von den Mahâyâna-Anhängern als Gnadenvermittler angerufen. Anders als das Hînayâna verstehen also die Mahâyâna-Schulen prinzipiell den spirituellen Prozess als Kombination von eigener Bemühung und von gnadenvoller Intervention seitens der Buddhas und himmlischen bodhisattvas. Daher gibt es im Mahâyâna Raum sowohl für die Disziplin der Meditation wie auch für die Anbetung und Verehrung, was dem Bhakti-Yoga des Hinduismus sehr ähnelt. Es ist dies ein typisches Merkmal des Mahâyâna, das oft zum Vorwurf des Eklektizismus führte – doch erscheint sein Eklektizismus eher als Stärke denn als Schwäche.

Die Mâdhyamika-Schule

Die philosophischen Lehren des Mahâyâna, wie sie sich darstellen in der Prajnâ-Pâramitâ-Literatur, wurden durch die Denker der Shûnyavâda- oder Mâdhyamika-Schule, vor allem durch Nâgârjuna (2. Jh. n. Chr.) und seinen

Hauptschüler Âryadeva gefestigt. Als Nâgârjunas Hauptwerk gilt die Mâdhyamika-Kârikâ, das sehr einflussreich war und zu zahlreichen Kommentaren Anlass gab. Sein bleibender Beitrag zur buddhistischen Metaphysik bildete seine Dialektik, mittels derer er demonstrieren wollte, die höchste Realität könne weder in positiven noch in negativen Begriffen zufriedenstellend beschrieben werden. Dieser große buddhistische Denker und Adept sah das essenzielle Wesen (svabhâvatâ) als das, was unerschaffen, ungeboren und darum ewig ist. Im Gegensatz dazu fehlt der Welt dieses essenzielle Wesen, und sie wird daher als leer erachtet. Die transzendentale Leere jedoch heißt so, weil sie leer von allen begrenzenden Bedingungen ist.

Nâgârjuna tat für die indische Philosophie, was Kant für die westliche Philosophie getan hat. Beiden gelang es, das philosophische Denken mit streng logischen Mitteln drastisch zu klären. Doch anders als Kant wird Nâgârjuna nicht nur als überragender Philosoph (und als „Vater des Mahâyâna") beschrieben, sondern auch als vollendeter Meister (siddha), als Alchemist und Wundertäter, um den sich unzählige Legenden spinnen.[19]

Die Vijnânavâda- und Yogâcâra-Schulen

Eine weitere entscheidende Entwicklung des Buddhismus fand im 4. Jahrhundert n. Chr. statt: es etablierten sich die Vijnânavâda- und Yogâcâra-Schulen der beiden Brüder Vasubandhu und Asanga, die die ewige Komplementarität von Theorie und Praxis in der spirituellen Tradition Indiens gewissermaßen verkörperten. Die beiden, so wird gesagt, setzten das „Rad der Lehre" zum drittenmal in Bewegung. Asanga soll die Lehren des sogenannten Yogâcâra („Ausführung von Yoga") unmittelbar vom zukünftigen Buddha Maitreya empfangen haben.

Einer bekannten Geschichte zufolge hat Asanga über viele Jahre große Anstrengungen unternommen, um eine Vision des himmlischen bodhisattva Maitreya zu erhalten, doch vergeblich. Verzweifelt fragte er sich, ob er mit seiner besonderen Meditation je Erfolg haben würde. Eines Tages bemühte sich dieser mitleidsvolle Meister um einen verletzten Hund am Wegrand und vergaß darüber seine spirituelle Verzweiflung. Plötzlich offenbarte sich Maitreya selbst in Gestalt dieses Hundes und geleitete Asanga direkt zum Tushita-Himmel, wo er ihn in fünf große Texte einführte, darunter speziell der Abhisamaya-Alamkâra und der Mahâyâna-Sûtra-Alamkâra. Viele Gelehrte belächeln diese Legende und meinen, der Autor der Texte sei ein menschlicher Lehrer aus Fleisch und Blut namens Maitreyanâtha gewesen.

Sei es, wie es sei – Asanga setzte alles daran, die Yoga-Ausübung inmitten einer höchst spekulativen Gedankenwelt, wie sie zu jener Zeit in buddhistischen Kreisen herrschte, zu konsolidieren. Die Yogâcâra-Schule sah die objektive Welt als „bloße Gedankensache" (citta-mâtra), ein Standpunkt,

[19] Einige Fachleute meinen, es habe zwei Nâgârjunas gegeben: der eine sei der Philosoph und Adept (ca. 150 n. Chr.), der andere der Alchemist und Adept (vielleicht etwa 700 n. Chr.) gewesen. Die Tibeter glauben allerdings, dass der Philosoph-Adept der Mâdhyamaka-Schule gleichfalls in Alchemie bewandert war und seine Lebensspanne unbegrenzt verlängern konnte. Tatsache ist, dass es in der nachchristlichen Ära ein ganze Anzahl von spirituellen Autoritäten mit diesem Namen gegeben hat; siehe dazu D. G. White, The Alchemical Body: Siddha Traditions in Medieval India (Chicago/London: The University of Chicago Press, 1996), pp. 66–77, wo wir eine Zusammenfassung der akademischen Debatte über diesen Punkt und seine eigene Hypothese dreier Nâgârjunas finden: des Philosophen/Adepten, des Alchemisten/Adepten, Schüler des berühmten siddha Saraha (frühes 7. Jh. n. Chr.), und des Arztes/Adepten, der das Yoga-Shataka (9. Jh. n. Chr.) verfasste.

der auch vom Lankâ-Avatâra-Sûtra geteilt wird. Und das heißt, dass unsere ganze Erfahrung einfach nur DIES darstellt: Erfahrung, Erkenntnisblitze von Bewusstsein ohne objektive Substanz. Andererseits ist dies vorüberziehende Bewusstsein in Wahrheit das immerwährende, transzendente Bewusstsein. Offenbar erwuchsen solche Überlegungen aus Asangas intensiver Meditationspraxis, die ihm die Unechtheit der Erscheinungswelt enthüllte und ihn zu einem philosophisch reinen Idealismus führte. Laut Überlieferung soll er auch die tantrische Methode in den Buddhismus eingeführt haben.

Vasubandhu, Asangas jüngerer Bruder, kümmerte sich nun darum, die neuen metaphysischen Ideen auf solide theoretische Fundamente zu stellen. Er verfasste den berühmten Abhidharma-Kosha und einen Eigenkommentar (bhâshya) dazu. Seine Vijnânavâda-Schule ist die populärste aller Mahâyâna-Schulen. Ihm galt – genauso wie auch den vedântischen Philosophen – die höchste Wirklichkeit als reines, undefinierbares, universelles Bewusstsein (vijnâna). Ja, er sprach von dieser Wirklichkeit als dem Großen Selbst (mahâ-âtman, geschrieben mahâtman). Niedriger als dies höchste Bewusstsein steht das sogenannte „Vorratsspeicher-Bewusstsein“ (âlaya-vijnâna), das Reservoir

[20] *Geschrieben paramârtha.*

[21] *Die sechs gatis oder Geburtsformen sind: Gottheiten, Gegen-Gottheiten (asura), Menschen, Tiere, Geister (preta) und Höllenbewohner.*

[22] *Wir treffen hier auf ein schönes sanskritisches Wortspiel: Das erweckte Wesen ist von den Fesseln (bandhana) der Vorstellung befreit, bleibt aber ein Freund (bandhava) der Welt.*

[23] *Geschrieben bhûtârtha.*

QUELLENLEKTÜRE 9

MAHÂYÂNA-VIMSHAKA
VON NÂGÂRJUNA

Dieses kurze, aber wichtige Werk der Mahâyâna-Philosophie wurde nur in tibetischen und chinesischen Versionen überliefert, aber vom indischen Gelehrten Vidhusekhara Bhattacharya in Sanskrit rekonstruiert. Die jetzige Wiedergabe basiert auf seiner Rekonstruktion.

Im sehnenden Streben nach Yoga Ehrerbietung sei dem weisen, leidenschaftslosen Buddha, dessen Macht unbegreiflich ist, und der aus Sympathie (dayâ) [für alle Wesen] das lehrte, was mit Worten nicht ausgedrückt werden kann. (1)

Aus transzendentaler Sicht (paramaartha[20]) gibt es kein verursachtes Entstehen (utpâda) und, in Wahrheit, kein Aufhören (nirodha). Der Buddha gleicht dem Raum (âkâsha), und daher haben auch [alle] Wesen ein und denselben Charakter. (2)

Es gibt keine Schöpfung (jâti), diesseits oder jenseits. Ein zusammengesetztes Ding (samskrita) entsteht [einfach] aus der [existierenden] Bedingung (pratyaya) und ist aufgrund seiner Natur leer – das ist der Wissensbereich des allwissenden [Buddha]. (3)

Alle Zustände (bhâva) werden aufgrund ihrer Natur für Widerspiegelungen (pratibimba) gehalten: von Natur aus rein und ruhevoll, nicht-dual, gleichartig und in So-heit (tathâtâ) bestehend. (4)

Tatsächlich begreifen die Menschen gewöhnlich das essenzielle Wesen (âtman) als Nichtessenzielles, und ähnlich [falsch stellen sie sich] Freude und Leid, Gleichmut, Leidenschaft (klesha) und Befreiung [vor]. (5)

Die sechs [Arten von] Geburten in der Welt (samsâra)[21], höchste Freude im Himmel und großes Leid in der Hölle gehören [gleichfalls] nicht zum Reich der Realität (tattva). (6)

Ähnlich [falsch sind die Vorstellungen, dass] aus schlechten [Taten] endloses Leiden, Alter, Krankheit und Tod [entstehen], aber mit guten Taten gewiss ein günstiges (shubha) [Schicksal gewonnen werden kann]. (7)

So wie ein Maler vor dem Bild eines Dämons, das er selbst malte, erschrickt, genauso [martert]

aller unbewussten Auslösefaktoren (samskâra), aufgrund derer das normale Bewusstsein jedes Individuums auf seiner imaginären Isolation beharrt. Auch die recht abstrakten Formulierungen Vasubandhus wollen mehr die ich-transzendierende Praxis ermutigen, kaum das bloße Philosophieren über Bewusstsein oder spirituellen Weg.

Gaudapâda, der Lehrer von Shankaras Lehrer, hatte tief aus dem Weisheitsquell der Mâdhyamika- und Vijnânavâda-Sektionen des Buddhismus getrunken, und er wie auch Shankara beziehen sich in ihren Schriften häufig, wenn auch kritisch, auf sie. Die Ähnlichkeiten zwischen Mahâyâna-Buddhismus und Advaita-Vedânta sind oft hervorgehoben worden. Es war teilweise dem scholastischen Genius Shankaras zu verdanken, dass Advaita-Vedânta und nicht Mahâyâna-Buddhismus auf indischem Boden obsiegte.

Asanga (aus einem Holzblock)

den Unwissenden (abudha) die Furcht in der Welt. (8)

Wie mancher Tölpel ganz allein über einen Sumpf ging und darin [hilflos] verschlungen wurde, so sind die Menschen, gefangen im Sumpf ihrer Vorstellungen (kalpanâ), unfähig, sich am eigenen Schopf herauszuziehen. (9)

Leid wird empfunden, weil Dasein (bhâva) in ein nicht existentes Dasein (abhâva) projiziert wird. [Die Menschen] werden durch's Gift der Vorstellung, [dass es] sowohl ein Objekt wie auch ein Wissen darüber [gebe], schwer belastet. (10)

Sieht man diese hilflosen [Wesen], so entfalte man sich, überwältigt von Mitleid, im Zustand der Erleuchtung (bodhi-caryâ) zum Wohl aller [Wesen]. (11)

Nachdem man sich dadurch Verdienste (sambhâra) erworben und unübertreffliche Erleuchtung (bodhi) erlangt hat, so werde man ein Buddha, befreit von den Banden der Vorstellung, [aber weiterhin] ein Freund der Welt.[22] (12)

Wer aufgrund [der Einsicht in die] abhängige Verursachung (pratîtya-samutpâda) das Real-Vorhandene (bhûta-artha)[23] versteht, der weiß, dass die Welt leer ist, ohne Beginn, ohne Mitte, ohne Ende. (13)

Wenn man erkennt, dass Welt (samsâra) und Auslöschung (nirvâna) in Wirklichkeit nicht existieren, [gewahrt man] die unbefleckte, unveränderliche, ehedem ruhevolle (âdishânta), leuchtende [Realität]. (14)

Die im Traum gesehenen Dinge werden von der wachen [Person] nicht mehr gesehen. [Ähnlich] wird die Welt von dem nicht wahrgenommen, der aus der Dunkelheit der [spirituellen] Täuschung erwachte. (15)

Der Urheber (jâtimat) lässt sich selber nicht entstehen. Die Weltgebundenen (loka) stellen sich Entstehung vor. Weder das Vorstellen noch die vorgestellten [Wesen] sind [der Wahrheit] zuträglich. (16)

Alles hier ist bloßes Meinen (cittamâtra) und existiert wie eine Halluzination (mâyâ). Darum [scheint's, als wären] gute oder schlechte Taten [der Grund] für gute oder schlechte Wiedergeburten. (17)

Die ganze dingliche Welt (dharma) läßt sich beschränken, wenn man

Vasubandhu
(aus einem Holzblock)

DAS MANTRAYÂNA

Ab etwa dem 3. Jahrhundert n.Chr. wurde der Verwendung von mantras in der buddhistischen Tradition verstärkte Beachtung geschenkt. Die Beobachtung, dass der Klang die Psyche verwandeln kann, findet sich bereits in den Veden ausgedrückt. Jahrtausendelang haben die Brahmanen solche heiligen Silben wie om oder Gebete wie das mehrzeilige gâyatrî-mantra dazu benutzt, um die höheren Mächte anzurufen und um Gemüt und Verstand zu fokussieren. Ähnlich wurden im Buddhismus mantrische Formeln zum Schutz gegen das Böse – in Pali parittas genannt – seit der Zeit des Buddha gelegentlich angewendet. Die Mahâsânghika-Schule, die möglicherweise eine Mittlerrolle zwischen Hînayâna- und Mahâyâna-Tradition spielte, hatte eine spezielle Sammlung von mantras unter dem Titel Dhârani-Pitaka zusammengestellt. In den frühen Jahrhunderten n. Chr. nun begannen einige buddhistische Lehrer, mantras als hauptsächliches Mittel zur Disziplinierung und Transzendierung des Verstandes zu benutzen.

QUELLENLEKTÜRE 9

das kreisende Verstandesrad beschränkt. Daher sind [alle] Dinge ohne Wesenssein (anâtman) und somit rein. (18)

Weil er annimmt, das Ewige, Seiende (âtman) und Selige fände sich in Dingen (bhâva), die nicht substanziell (nihsvabhâva) sind, entsteht das weite Meer des Daseins für ihn, den von Dunkelheit der Anhaftung und Täuschung Umhüllten. (19)

Wer vermag es, das ferne Ufer des mächtigen Meeres der Welt – so voll ist's von Wassern der Vorstellung – ohne Hilfe des Großen Fahrzeugs (Mahâyâna) zu erreichen? (20)

Dies wurde später als Mantrayâna-Tradition bezeichnet; sie entspricht weitgehend dem Mantra-Yoga der Hindus.

Ein gutes Beispiel buddhistischer Mantra-Praxis ist das sehr bekannte mantra aus der Prajnâ-Pâramitâ-Literatur: Gate gate para-gate para-samgate bodhi svâhâ, „Fortgegangen, fortgegangen, hinübergegangen, ganz hinübergegangen, Erleuchtung, svâhâ". Im Eka-Akshari-Sûtra[24] („Ein-Buchstabe-Sûtra") wiederum wird der Buchstabe a als der heilige Klang vorgestellt, der die gesamte Prajnâ-Pâramitâ enthält.

ॐ । हूँ । फट् ॥

om, hum, phat

Einige buddhistische Texte unterscheiden zwischen mantras und dhâranîs, wobei sie letztere als „jene, durch die etwas unterstützt wird" (dhâryate anayâ iti) definieren; das „etwas" ist der meditierende Geist. Dhâranîs bilden eine spezielle Gattung der Mantren: Es sind gekürzte Versionen jener Sätze aus den Schriften, die essenzielle Ideen formulieren. Einem typischen dhâranî begegnen wir im allbekannten tibetischen Mantra Om mani padme hûm, „Om, Juwel im Lotos – hûm". Der verstorbene Anagarika Govinda, ein Vajrayâna-Initiierter deutscher Abstammung, hat dieses Mantra sehr detailliert analysiert.[25] Die buddhistischen Schriften sprechen auch von kavacas – ebenfalls Reihen heiliger Laute, aber speziell zum eigenen Schutz verwendet. Das Wort bedeutet tatsächlich „Rüstung".

Tibetisches „om mani padme hûm"-mantra

Der Hang zur Abkürzung seitens der Erzeuger von Mantren erreichte seinen Höhepunkt in den bîja-mantras – einzelnen Lautsilben wie z. B. om, hum oder phat, die als „Saatkeime" einer sehr komplexen Realität, samt der ihr verbundenen geistigen Erfahrung gesehen werden: Sie stehen jeweils für ein ganzes Universum an Vorstellungen. So repräsentiert z. B. om den „lautlosen" Klang der absoluten Realität und ist im menschlichen Körper am heiligen Ort zwischen den Augenbrauen (im „Dritten Auge") engrammiert. An diesem Punkt vereinigen sich linker und rechter Lebensstrom, und beide fließen dann geeint hinauf zum großen „Tor" der Befreiung am Scheitel des Kopfes (s. Kapitel 17).

Die Mantrayâna-Tradition wird als ein Zweig oder eine Phase des tantrischen Buddhismus gesehen, neben Vajrayâna, Kâlacakrayâna und Sahajayâna. Man wendet zwar die Bezeichnung Mantrayâna häufig auch auf die buddhistische Tantrik ganz allgemein an; doch streng genommen bildet das Mantrayâna die einleitende Phase des buddhistischen Tantrismus, der in der Vajrayâna-Tradition dann voll zur Blüte kommt. Letztere wird weiter unten, in Abschnitt V, separat besprochen.

Das Sahajayâna

Das Sahajayâna, das im 8. Jahrhundert entstand, wird am besten als Reaktion auf die und als Kritik an den emsigen esoterischen und magischen Aktivitäten des etablierten Tantrismus verstanden. Es war das buddhistische Pendant zum hinduistischen Sahajîyâ und besaß keine eigenen tantrischen

[24] *Geschrieben Ekâksharisûtra.*

[25] *Siehe A. Govinda, Grundlagen tibetischer Mystik, Kitesh Verlag, München 1975*

Saraha (aus einem Holzblock)

Schriften, die seine ausdrückliche Spontaneität geradezu verletzt hätten. Aber seine Lehrer hinterließen denkwürdige Lieder und Verse, dohâs oder caryâs genannt, die mündlich weitergegeben wurden und in vielen Teilen Indiens bis zum 12. Jahrhundert populär waren.

Die Bewegung des Sahayâna und Sahajîyâ tangierte Buddhismus, Hinduismus und Jainismus gleichermaßen, und dohâs wurden in den diesen Traditionen eigenen Sprachen und Dialekten komponiert. Nur wenige dieser Lieder überlebten; sie wurden von dem geschätzten indischen Gelehrten Prabodh Chandra Bagchi[26] gesammelt und veröffentlicht.

Die Meister des Sahayâna lehrten, dass die essenzielle Wirklichkeit nicht über den Weg unnatürlicher Beschränkungen der menschlichen Natur entdeckt werden kann. Stattdessen sollten wir dem folgen, was das Natürlichste in uns ist, d.h. unserem persönlichen Imperativ. Selbstverständlich predigten sie nicht, dass wir uns schlicht den Leidenschaften und Instinkten überlassen sollten. Vielmehr demonstrierten sie mit ihrer natürlich-spontanen Dynamik die Art und Weise, wie man in der inneren Wahrheit – der seligen Freiheit – leben könne. Vielleicht vermittelt Joseph Campbells Formulierung, „Folge deiner eigenen Seligkeit!", ein klein wenig von ihren Lehren.

Die bekanntesten buddhistischen dohâs stammen von Saraha bzw. Sarahapâda, einem Meister des 8. Jahrhunderts. Seine Partnerin (dâkinî)[27] war die Tochter eines Schmieds, der Pfeilspitzen herstellte; daher wird er gewöhnlich mit einem Pfeil in der Hand abgebildet, einem Symbol der durchdringenden Weisheitskraft. Der Name Saraha selbst bedeutet „er, der den Pfeil (sara) entsendet (ha)".

Auch wenn die Verwirklichten von Sahayâna/Sahajîyâ großen Respekt genossen, erschien ihre Botschaft doch zu radikal, um von vielen richtig verstanden zu werden. Trotzdem hat das Ideal der Spontaneität für spirituelle Aspiranten zeitlose Gültigkeit, denn nur zu leicht verstricken sie sich in ihrem Ringen um Erleuchtung. Dohâs wie caryâs erinnern daran, dass alles Ringen, alles Kämpfen ichhaftes Tun und also Limitierung unserer eingeborenen Qualität von höchster Seligkeit bedeutet.

DAS KÂLACAKRAYÂNA

Im Lauf des 10. Jahrhunderts erwuchs aus der Vajrayâna-Tradition das Kâlacakrayâna. Der Begriff kâla-cakra bedeutet „Rad der Zeit" oder „Rad des Todes" und weist auf die höchste Wirklichkeit mit ihren zwei Aspekten Weisheit (prajnâ) und Mittel (upâya), d.h. dem Mittel des Mitgefühls (karunâ).

Diese Tradition ist eng verbunden mit den zornigen Göttern des tibetischen Pantheons, vielleicht weil die Zeit selbst sich als destruktive Macht erweist. Veränderung und Wandel sind unvermeidbar, und der Tod regiert zuoberst. Ziel des Kâlacakrayâna-Aspiranten nun ist es, durch „Manipulierung" des

[26] *Siehe P. C. Bagchi, Dohâkosha, Teil 1 (Calcutta: Calcutta Sanskrit Series, 1938)*

[27] *Das tibetische Wort für dâkinî ist khandroma, was „Himmelstänzerin" bedeutet und ihr Tanzen in der physisch-materiellen Dimension mit ihren Myriaden illusorischer Vorstellungen und Wahrnehmungen portraitiert.*

eigenen Mikrokosmos, also des menschlichen Körper-Geist-Seele-Systems, Zeit und Tod zu transzendieren. Als getreue Widerspiegelung des Kosmos enthält der Körper alle wesentlichen Merkmale der äußeren Welt – Fixsterne, Planeten, Gebirge, Meere, Flüsse. Wir müssen nur lernen, die geheime Sprache der Mikrokosmos-Makrokosmos-Analogie zu dechiffrieren.

Die Kâlacakrayâna-Lehrer legen Nachdruck auf die yogische Methode. Zeit und Tod sollen überlistet werden, vor allem mittels Beherrschung der Ein- und Ausatmung (prâna und apâna). Der ununterbrochene Fluss des Lebensatems gleicht, um eine alte Metapher zu benutzen, dem Ticken einer Uhr, das anzeigt, dass die Zeit ausrinnt. Prâna (Leben) und kâla (Zeit/Tod) sind innig verwoben. Das eine anzuhalten bedeutet, das andere anzuhalten. Und das genau ist das erklärte Ziel der Adepten dieser Tradition. Stehen Leben und Zeit still, so rückt die Verwirklichung der großen Glückseligkeit (mahâ-sukha) nahe.

Die Lehrer der Kâlacakrayâna-Schule drückten dies auch in anderer Form aus: als die Vereinung von Sonne und Mond oder upâya und prajnâ. Diese Union ist der göttliche Herr der Zeit/des Todes, der Gott Kâlacakra. Die Yoga-Disziplin (sâdhanâ), mittels derer die letzte Realität verwirklicht werden kann, wird im Kâlacakra-Tantra, einem Text aus dem 10. Jahrhundert, recht detailliert erklärt.

Eine speziell dem Kâlacakrayâna zugehörige Lehre handelt vom mystischen Reich Shambhala, wo die Schule entstanden sein soll. Nur große Meister, so wird gesagt, sind in der Lage, die geheimen Zugänge zu diesem von einem Priesterkönig regierten Reich zu finden.

Die Schule des Ch'an oder Zen in China und Japan

Der radikale Geist des Sahajayâna weht auch im japanischen Zen-Buddhismus. Zen ist die japanische Version der chinesischen Meditations- oder ch'an-Tradition des Buddhismus. Sowohl Mahâyâna-Buddhismus als auch Theravâda-Lehren fanden im 1. Jahrhundert n. Chr. Eingang nach China, wo sie auf die beiden machtvollen und symbiotisch verbundenen Religionen des Konfuzianismus und des Taoismus trafen. Vor allem Letzterer inspirierte die Massen religiös und schenkte ihnen die Hoffnung auf Macht und Unsterblichkeit, was, stärker als der auf den Kaiser zentrierte Konfuzianismus, die Etablierung und das Wachstum des Buddhismus in China förderte.

Aber der Buddhismus erblühte nicht nur in China – er wurde dort auch stark transformiert, denn die Chinesen fanden bei ihm das Element der Hingabe einerseits und das Ideal transzendierenden Mitgefühls andererseits am attraktivsten. Es faszinierte sie die Gestalt Amitâbhas, des Buddhas der unendlichen Strahlkraft, der das Reich von Sukhavatî, das „Glückliche Land" regiert, das reich ausgeschmückt in den kleineren und größeren Sukhavatî-Vyûha-Sûtras und dem Amitâyur-Dhyâna-Sûtra geschildert wird.

Diese Sûtras gelten im Fernen Osten als die grundlegenden Texte des Buddhismus vom „Reinen Land", wie er genannt wird, dem fernöstlichen buddhistischen Gegenstück zum Bhakti-Yoga des Hinduismus. Der gläubige Buddhist hofft auf Wiedergeburt in jenem göttlichen Land oder in einer anderen reinen Sphäre wie etwa dem Tushita-Himmel des überirdischen bodhisattva Avalokiteshvara, der an zweiter Stelle hinter Buddha Amitâbha (oder Amitâyur, „Unendliches Leben") rangiert. Eine solche Wiedergeburt betrachten einige Lehrer als gleichwertig mit dem Erlangen von nirvâna.

Die Reine-Land-Schule (Chinesisch: Yodo-Shu) durchlief eine weitere Verwandlung nach ihrer Ankunft in Japan, wo sie, gegründet durch Honen Shonin (1123–1211), zur Jodo-Schule wurde. Honen, der „höchste Mann", empfand, so viele Jahrhunderte seien nach Gautama dem Buddha vergangen, dass keiner mehr wirklich in der Lage wäre, seine ursprünglichen Lehren zu verstehen. Das Beste, was man seiner Ansicht nach tun könne, sei, an Buddha zu glauben und um seine Gnade zu beten. Deshalb lehrte Honen eine Art Mantra-Yoga, der um den mantrischen Ausdruck namu amida butsu, „Verehrung sei dem Buddha Amida [=Amitâbha]", kreiste, und forderte im Übrigen nur ein Minimum an Disziplinen. Sein hervorragendster Schüler, Shinran Shonin (1173–1262), modifizierte Honens Doktrin einer stellvertretenden Erlösung: Die Gnade des Buddha allein genüge, um den Gläubigen aus der bedingten Existenz herauszuheben. Keine eigene Anstrengung (Japanisch: jiriki) sei vonnöten. Die „andere Anstrengung" (Japanisch: tariki), d.h. die Gnade des Buddha, der aufgrund seiner eigenen Bemühungen vor Eintritt der Erleuchtung unerschöpfliche Verdienste erworben hat, sei ausreichend. Eine einzige Anrufung von Buddha Amida, mit reinem Herzen ausgedrückt, genüge, um die eigene Erlösung zu sichern. Shinran hielt sich getreulich an seine eigene Lehre; er brach sein Mönchsgelübde, um eine Prinzessin zu heiraten.

Am anderen Ende des Spektrums steht die Zen-Tradition, die fest in der Eigenbemühung wurzelt. Sie betrachtet Bodhidharma (470–543 n. Chr.), einen gelehrten Mönch aus Südindien, als ihren ersten Patriarchen. Er kam um 520 in China an, wo er dann als Tamo (Japanisch: Daruma) bekannt wurde, und leitete die Tradition der von der Yogâcâra-Schule inspirierten Ch'an-Meditation ein. Bodhidharma wurde vom Kaiser Wu-Ti, einem glühenden Buddhisten, empfangen. Als dieser ihn bat, das wesentliche Prinzip des Buddhismus zu definieren, antwortete Bodhidharma lakonisch, „unermessliche Leere", was den Kaiser sehr irritierte. Nach der Begegnung zog sich Bodhidharma ins Kloster zurück, wo er neun Jahre lang vor einer nackten Wand meditierte. Später erklärte er, der Geist müsse wie eine gerade Wand werden.

Seine Lehre zog eine wachsende Zahl von Mönchen und Laien an. Zur Zeit des sechsten und letzten Patriarchen Hui-Neng (638–713) war Ch'an zur Hauptform des Buddhismus in China geworden. Erst ein halbes Jahrtausend später gelangten die Ch'an-Lehren durch Eisai (1141–1215) nach Japan. Zen, auch als „Apotheose des Buddhismus“[28] tituliert, stellt eine der radikalsten Entwicklungen innerhalb des Buddhismus dar und ähnelt darin dem indischen Sahajayâna. Beide wenden das Prinzip der Leere direkt im täglichen Leben an.

In den Jahren nach 1930 wurde Zen in den Westen eingeführt, vor allem dank der unermüdlichen Anstrengungen des Zen-Meisters und Gelehrten Daisetz Teitaro Suzuki, später dann populärer aufbereitet u. a. durch Alan Watts, Karlfried Graf von Dürckheim und die Poeten und Philosophen der Beat-Bewegung. Diese Verpflanzung hat sich nicht immer als fruchttragend erwiesen. Wie ein Kritiker, selbst Buddhist, anmerkte:

> Zen war dazu gedacht, innerhalb der Leere zu operieren. Beim Hinüberkommen in den Westen wird er in ein Vakuum versetzt. Wir sollten uns an all das erinnern, was Zen als gesichert unterstellte – an seine Voraussetzungen, seine Grundlage, seinen beständigen Hintergrund: Da sehen wir eine lange und ununterbrochene Tradition des spirituellen „Know-hows“; einen festen, unbezweifelten metaphysischen Glauben und nicht bloß einen ‚Glauben an gar nichts'; eine überreiche Fülle von Schriften und Bildwerken; eine klar definierte Disziplin, überblickt von sehr kompetenten Personen; ein Beharren auf rechtem Broterwerb und karg-einfachem Leben für alle Träger des Dharma; und schließlich eine starke Sangha [spirituelle Gemeinschaft], zusammengesetzt aus Tausenden von reifen und erfahrenen Menschen, in Tausenden von Tempeln beherbergt, Menschen, die die Abweichungen von buddhistischen Grundsätzen innerhalb enger Grenzen halten konnten.[29]

Mantrayâna und Zen bekunden je und je die immense Plastizität der buddhistischen Tradition. Im Vergleich zur Strenge des Zen nimmt sich Mantrayâna wahrlich barock aus. Zen andererseits lässt alle Krücken und Hilfsmittel fallen, trachtet danach, den Verstand zu zwingen oder dazu zu überlisten, über die eigenen illusorischen Schöpfungen hinauszugehen. Das gleicht dem direkten Angriff auf eine steile Felswand, allein mit Hilfe des Bewusstseins. Der tantrische Buddhismus verhält sich dabei ganz anders. Er benutzt alle Arten von Kletterhilfen, wertschätzt dabei die Tatsache, dass wir in eine ganze Dimension subtiler Energien eingetaucht sind, Energien, die für den Pfad angeschirrt werden müssen.

Der Boden für den tantrischen Buddhismus wurde durch den Aufstieg des Mahâyâna-Buddhismus präpariert. Ganz allmählich fanden, zusätzlich zu den mantras, viele psychotechnische Hilfsmittel Eingang in die buddhistische Tradition, dazu gedacht, die meditative Konzentration im dunklen Zeitalter (kali-yuga) zu vereinfachen. Die spirituelle Renaissance des Tantra fand zur gleichen Zeit in Buddhismus und Hinduismus statt. Ja, in den

[28] *C. Humphreys, a. a. O., p. 179.*

[29] *E. Conze, a. a. O., p. 29.*

frühen tantrischen Lehren konvergieren die beiden Religionen auf seltsame Weise. Der folgende Abschnitt bespricht die markantesten Merkmale des buddhistischen Tantra; dies wird also teilweise die Behandlung des Hindu-Tantra in Kapitel 17 vorwegnehmen.

V. DAS JUWEL IM LOTOS – VAJRAYÂNA-BUDDHISMUS (TANTRISCHER BUDDHISMUS)

NATUR DES BUDDHISTISCHEN TANTRA

Das Tantra bildet eines der faszinierendsten Kapitel in der langen Geschichte indischer Spiritualität. Aber seine Definition bereitet Schwierigkeiten, weil es in derart diversifizierten Aspekten auftritt, dass es gar seine inhaltliche Antithese propagiert. So erscheint der tantrische Buddhismus oder Vajrayâna als esoterischer Ritualismus, der eine riesige Vielfalt von Paraphernalien, die zeremonielle Verehrung und Verinnerlichung männlicher und weiblicher Gottheiten sowie auch eine Philosophie und Praxis der Spontaneität (sahaja) beinhaltet. Das Sahajayâna aber argumentiert, dass die höchste Realität niemals mittels äußerer Manipulationen, auch nicht durch die Disziplinierung des Verstandes erreicht werden kann, sondern dass sie schlicht als innerster Seelenzustand intuitiv erfahren werden muss. Mit den Worten Sarahapâdas (11. Jahrhundert n. Chr.), des erleuchteten Verfassers des „Königlichen Liedes“:

> Wenn die Selbstgetäuschten in den Spiegel blicken,
> sehn sie ein Gesicht, nicht die Spiegelung davon.
> Ebenso verlässt sich der Verstand, der Wahrheit leugnet,
> allein auf das, was nicht wahr ist. (15)
>
> Genauso wie ein Brahmane, der Reis und Butter
> ins lodernde Feuer als Opfer gibt,
> um ein Gefäß für den himmlischen Nektar zu schaffen,
> dies nun kraft seines Wunsches Denkens für's Allerhöchste hält.
> (23)
>
> Einige gibt's, die haben die innere Hitze entfacht,
> sie zum Kronenchâkra emporgebracht,
> die weiche Gaumenwurzel mit eingerollter Zung'
> gepresst in einer Art konfuser Begattung,
> die hörig macht durch jen's, das doch befreien soll –
> und sie nennen sich Yogis voll Stolz. (24)

> Nichts gibt's zu verneinen, nichts
> zu bejahen, zu begreifen; denn nie
> kann Es begriffen werden.
> Durch Intellektes Fragmentierung
> sind die Selbstgetäuschten angekettet und verstrickt.
> Ungeteilt und rein alleine ist
> die ungeplant spontane Kraft. (35)[30]

Das Tantra ist ein praktischer Weg, dazu angelegt, das Bewusstsein bis zu dem Punkt umzuwandeln, an dem die übermentale (amanaska) Wahrheit als das Offensichtliche aufstrahlt. Alle tantrischen Schulen teilen die feste Überzeugung, dass die transzendente Wahrheit unmittelbar im menschlichen Körper und nicht irgendwo anders zu finden ist, womit die Grundlehre der Mahâyâna-Tradition zum Ausdruck kommt: Die Welt des Wandels (samsâra) besteht aus der gleichen Substanz wie die höchste Wirklichkeit, ob nun nirvâna („Auslöschung") oder shûnya („Leere") genannt.

Die tantrischen Schulen haben noch einen metaphysischen Glauben gemein: Die eine Wirklichkeit stellt sich, empirisch betrachtet, als Spiel der Polarität dar; der eine Pol ist das statisch-männliche, der andere das weiblich-dynamische Prinzip – shiva/shakti oder prajnâ/karunâ. Dieser Glaube bildet das Fundament des gesamten tantrischen Weges (sâdhanâ).

Obwohl recht viele Unterschiede zwischen der buddhistischen und der hinduistischen Version des Tantrismus bestehen, ähneln sich die grundsätzlichen Vorstellungen und Praktiken doch sehr. Das Tantra hebt sich von den anderen Überlieferungen Indiens nicht wegen philosophischer Innovationen ab, sondern wegen seiner betont synkretistischen Methode. Wie Agehananda Bharati es formulierte, erscheint Tantra im Vergleich mit nicht-tantrischen Überlieferungen als überaus „wertfrei", d.h. es erlaubt Praktiken, die gewöhnlich im spirituellen, zum Teil auch im normalen säkularen Leben tabuisiert werden.[31] Das Tantra ist körperfreundlich und antipuritanisch. Die tantrischen Lehrer stellen Eigenexperiment über gesellschaftliche Moral, und die Texte warnen Nichteingeweihte wie Eingeweihte prinzipiell vor der Radikalität und Gefährlichkeit ihrer Lehren. Doch beharren sie andererseits darauf, dass sie, in der gegenwärtigen Ära des spirituellen und moralischen Niedergangs, eine Abkürzung zur Erleuchtung weisen.

Heilige Gesten (Mudrâ)

Die Verwendung von mantras bildet, wie schon erwähnt, einen wichtigen Bestandteil des tantrischen Repertoires an Psycho-Techniken. (Auch wenn mantras als einfache Mittel zur spirituellen Realisierung empfohlen werden, verführt doch ihre Einfachheit leicht zu Selbsttäuschung. Uninformierte

[30] *Aus dem Tibetischen übersetzt von H. V. Guenther, The Royal Song of Saraha: A Study in the History of Buddhist Thought (Berkeley, California: Shambhala, 1973), pp. 14–38.*

[31] *Siehe A. Bharati, The Tantric Tradition (London: Rider, 1970), p. 20.*

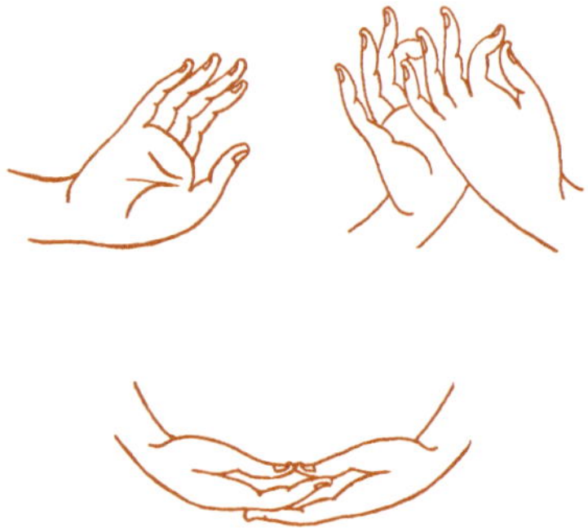

abhaya-mudrâ, dharma-cakra-mudrâ, dhyâna-mudrâ

westliche Nachahmer östlicher Weisheitslehren neigen zum Übersehen der Tatsache, dass jede spirituelle Praxis auf dem inneren Gelöbnis beruht, das Ich zu transzendieren. Die bloße geistlose Wiederholung von Mantren führt bestenfalls zu einem Trancezustand und schlimmstenfalls zur Psychose.) Die Hereinnahme von Mantren in die buddhistische Praxis öffnete die Tür für weitere psychotechnische Hilfsmittel, vor allem sakrale Gesten (mudrâ) und graphische Darstellungen (mandala) psychisch-kosmischer Geschehnisse.

So wie der Klang transzendierend wirken kann, so kann auch die Ausrichtung des Körpers im Raum Urwahrheiten mitteilen oder herbeirufen. Somit drücken mudrâs – zumeist Handgesten (hasta-mudrâ) – gegebene spirituelle Zustände aus, können solche aber auch einleiten. Die bekanntesten, auch häufig bildhaft dargestellten buddhistischen mudrâs sind:

1. Bhûmi-sparsha-mudrâ oder „Geste des Bodenberührens", auch als Zeugen-Geste bekannt. Zur zweiten Bezeichnung kam es, weil in den traditionellen Biographien beschrieben wird, wie Gautama der Buddha diese Geste machte, als er die Erde dazu aufrief, seinen Sieg über Mâra, den Geist des Bösen, zu bezeugen. Bei diesem mudrâ legt man den rechten Arm über das rechte Knie, Handfläche nach innen gekehrt, alle Finger abwärts gerichtet, während der Mittelfinger die Sitzfläche oder den Boden berührt.
2. Dâna-mudrâ oder „Geste des Gebens": Der rechte Arm wird über das rechte Knie geführt, die rechte Handfläche weist nach außen.
3. Dhyâna-mudrâ oder „Meditations-Geste": Beide Hände ruhen im Schoß, die Handflächen nach oben geöffnet, die rechte Hand über der linken. Beide Daumen berühren sich leicht.
4. Abhaya-mudrâ oder „Geste der Furchtlosigkeit", d.h. die Geste, die die Furcht in anderen vertreibt: die rechte Hand wird zur Höhe des Herzens geführt, die Handfläche nach außen gewendet, alle Finger nach oben gestreckt.
5. Dharma-cakra-mudrâ oder „Geste des Gesetzes-Rads"; sie wird in den verschiedenen Traditionen unterschiedlich ausgeführt. In Tibet werden beide Hände in Brusthöhe gehalten, die linke Hand vor der rechten. Zeigefinger und Daumen beider Hände bilden einen Kreis und berühren sich jeweils.

Der Ursprung dieser Handgesten ist nicht bekannt. Einerseits wirken sie wie die Erfindungen von Künstlern, die versuchten, innere Zustände stilisiert abzubilden. Andererseits ergaben sie sich zweifellos aus intensiver Meditationspraxis, in deren Verlauf es nicht ungewöhnlich ist, dass der Körper spontan gewisse statische und dynamische Stellungen einnimmt, die als kriyâs („Handlungen") bezeichnet werden.

Mandala: Geometrie des sakralen Raums

Praktisch gesehen, dient das mandala („Kreis") als Mittel der meditativen Konzentration. Symbolisch gesehen, ist es eine Landkarte des Kosmos und der Psyche. Der italienische Tibetologe Guiseppe Tucci erläuterte dies so:

> Es ist eine geometrische Projektion der auf ein essenzielles Muster reduzierten Welt. Schon früh nahm es eine tiefe innere Bedeutung an, da der Mystiker, der sich mit dem Mandala-Zentrum identifizierte, transformiert wurde, was für das Gelingen seiner Arbeit eine erste Voraussetzung war. Es blieb weiterhin ein Paradigma der kosmischen Involution (siehe S. 366) und Evolution. Doch der Aspirant, der es nun benutzte, wollte nicht nur zum kosmischen Zentrum zurückkehren. Unbefriedigt von der Erfahrung der Seele, sehnte er sich nach einem Zustand der Konzentration, worin er wieder die Einheit eines zurückgezogenen, von nichts abgelenkten Bewusstseins finden und in sich selbst das ideale Prinzip der Dinge wiederherstellen könne. So wandelte sich das mandala vom Kosmogramm zum Psycho-Kosmogramm; es wurde zur schematischen Darstellung des Auseinanderfallens des Einen ins Viele und der Reintegration des Vielen ins Eine – in jenes allganze und leuchtende Absolute Bewusstsein, das der Yoga wieder in den Tiefen unseres Wesens erstrahlen lässt. [32]

Die Herstellung eines Mandala ist eine meditative Handlung, bei der sich der Initiierte mit der jeweilige Gottheit oder den Gottheiten des Mandala identifiziert und die einzelnen psychischen Erfahrungen und Zustände, die den verschiedenen Aspekten dieses Psycho-Kosmogramms entsprechen, Schritt für Schritt durchlebt. Am Ende erreicht sie/er den zentralen Punkt (bindu), den symbolischen Saatkeim des manifesten Universums und damit die Schwelle zur transzendenten Realität. Hat der spirituelle Praktikant (sâdhaka) Erfolg, so tritt der Moment ein, da ihr/sein individuelles Bewusstsein sich auflöst und Reines Bewusstsein, das Absolute allein verbleibt.

Das Mandala kann in den Sand, auf Papier, Stoff oder Holz gezeichnet werden, oder man visualisiert seine Form, was allerdings ein entwickeltes Visualisierungvermögen erfordert. In jedem Fall aber müssen der Mandala-Konstruktion gewisse Reinigungsrituale vorausgehen, um die Örtlichkeit, das verwendete Material und nicht zuletzt Körper und Verstand zu weihen.

Typischerweise und vereinfacht erklärt, besteht ein Mandala aus einer äußeren Schutzzone von einem oder mehreren konzentrischen Kreisen bzw. „Barrieren des Feuers", die eine quadratische Struktur einschließt, worin dann der mittlere Punkt (bindu) oder das zentrale Bildnis liegt. Das Quadrat hat vier „Tore" und wird von diagonalen Linien gekreuzt, so dass sich vier Dreiecke ergeben, wovon jedes das Bildnis einer bestimmten

[32] *G. Tucci, The Theory and Practice of the Mandala (London: Rider, 1961), p. 25.*

Vajra

Gott und Göttin der ekstatischen Umarmung

Gottheit samt Insignien enthält. Wie man auf jedem tibetischen thanka oder Wandbehang feststellen kann, zeigen diese Mandalas reich ineinander verschlungene bildhafte Designs, deren Symbolik noch komplexer ist als die mit der Mandala-Herstellung verknüpfte Liturgie. Im Vergleich dazu erscheinen die hinduistischen yantras relativ einfach, auch im Hinblick auf ihren symbolischen Inhalt. Sie werden zusammen mit dem Hindu-Tantra in Kapitel 17 behandelt.

Maithunâ: Geheiligte Sexualität

Mantras, mudrâs und mandalas sind wichtige Hilfsmittel des Tantra. Ein weiteres Instrument zur psychischen Transformation, für das Tantra im Westen am bekanntesten ist, stellt die Praxis der ritualisierten Sexualität dar; sie trägt die technische Bezeichnung maithunâ und wird gleichfalls in Kapitel 17 ausführlicher diskutiert.

> Das Verhalten eines Vajrayâna-Adepten wird wahrscheinlich unorthodox sein; da er durchaus beabsichtigt, alles im Leben als Mittel zum Ziel zu verwenden, schließt er solch animalischen Prozesse wie Schlafen, Essen, Ausscheiden und (wenn er kein Mönch ist) sexuellen Verkehr nicht aus. Die Energie der Leidenschaften und Wünsche muss gezähmt und benutzt, nicht verschwendet werden. Jeder Akt des Körpers, der Sprache und des Verstands, jeder Umstand, jede Empfindung, jeder Traum kann zum guten Zweck verwendet werden. Dieser Aspekt des tantrischen Buddhismus hat zur äußerst irrigen Annahme geführt, er sei mit Zügellosigkeit gleichbedeutend. Obgleich all diese Dinge als Mittel eingesetzt werden, erfordern sie doch den richtigen Einsatz, und der hat mit sinnlicher Befriedigung nichts zu tun.[33]

John Blofeld, Verfasser des obigen Zitats, fährt fort und konstatiert aus tantrischer Sicht, dass Drogen, wie etwa Meskalin, einem angemessenen Zweck dienen können. Tatsächlich sind „psychedelische" Drogen in den spirituellen Traditionen der Welt, auch im Yoga von Patanjali, weithin benutzt worden, obwohl sie nie als letztliche Schlüssel zur Erleuchtung, sondern nur als Stufen auf dem spirituellen Pfad gesehen wurden. Blofeld berichtet über seine eigene Drogenerfahrung, bei der er in einen Ekstasezustand fiel, „in dem die volle Wahrnehmung der drei großen Wahrheiten aufdämmerte, die ich zwar intellektuell schon lange akzeptiert, aber nie als offensichtliche Selbstverständlichkeit erfahren hatte." Die Erfahrung zeigte ihm, dass es tatsächlich einen Seinszustand gibt, in dem Subjekt und Objekt nicht mehr getrennt sind; dass dieser Zustand äußerst beseligend ist; und dass alles, was zu Bewusstsein kommt, in Wirklichkeit „ephemer" ist,

[33] *J. Blofeld, The Tantric Mysticism of Tibet (New York: Dutton, 1970), p. 33.*

Guru Padmasambhava

wie es in der – weiter oben erklärten – buddhistischen Lehre der dharmas kondensiert ausgedrückt wird.

Eine solche grenzüberschreitende Realisierung des undifferenzierten Seins gilt auch als Ziel und Zweck des sakralen sexuellen Verkehrs, denn in eben diesem Ritual wird der „Juwel im Lotos" entdeckt, d.h. die ewige Umarmung zwischen männlichem und weiblichem Aspekt der unendlichen Wirklichkeit erlebt. Der Begriff vajra (tibetisch: dorje) in Vajrayâna bezieht sich auf den „Diamant", meint also eine Substanz von solcher Härte, dass nichts sie zu brechen oder auch nur zu raspeln vermag. Das ist, mit anderen Worten, die transzendente Realität. Es ist das höchste Weisheitsprinzip (prajnâ), kraft dessen alles durchdrungen und daher transzendiert werden kann. Es ist auch die männliche Zeugungskraft und die esoterische Bezeichnung des Penis.

Der Lotos (padma), andererseits, symbolisiert sowohl spirituelle Entfaltung wie auch weibliches Sexualorgan. Der sexuelle Verkehr kann also auf mehreren symbolischen Ebenen gesehen werden. Doch vor allem spiegelt die selige Verschmelzung der Geschlechter eine ewige transzendente Wahrheit auf der menschlichen Ebene wider. Mehr darüber später.

Die grossen Adepten des tantrischen Buddhismus

Der tantrische Buddhismus entstand als Resultat des Aufeinandertreffens von indischem Buddhismus und der ursprünglichen tibetischen Bon-Religion. Daher können wir beobachten, wie in der Vajrayâna-Tradition – stärker als bei jedem anderen buddhistischen Zweig – die erhabensten metaphysischen Lehren mit den erdhaftesten magischen Praktiken vermengt sind. Dies wird überwältigend deutlich, wenn wir die Lebensbeschreibungen der 84 mahâsiddhas („Große Vollendete") des tibetischen Buddhismus studieren: Diese waren nicht nur erleuchtete Wesen, sondern auch vollendete Thaumaturgen, versehen mit allen Arten paranormaler Kräfte (siddhi).

So versetzte Tibets bekanntester Yogi Milarepa (1038–1122) mit schwarzer Magie alle in Angst und Schrecken, ehe er bekehrt wurde. Seine Schülerjahre bei Marpa, „dem Übersetzer", sollen besonders hart gewesen sein, weil er während seines sâdhana all seine Sünden abbüßen musste. Doch in seinen „Hunderttausend Lieder(n) von Mila" (Mila-Grubum) preist Milarepa – der Name bedeutet „baumwollgekleidet" – seinen Guru für seine große Liebe und Geduld. Milarepa ist die berühmteste Persönlichkeit des Kagyu-Ordens, dessen Mitglieder gewöhnlich als Eremiten in Berghöhlen hausen und ein Leben zurückgezogener Meditation führen. Sie zeichnen ihre Ordensgeschichte über Milarepa, Marpa den Übersetzer (1012–1097), der in sich intellektuellen und spirituellen Genius einzigartig vereinte, bis zu Marpas indischem Lehrer Nâropa (1016–1100) zurück. Nâropas Lehrer hieß Tilopa (988–1069); dieser wurde nicht durch eine menschliche Person

Atîsha (aus einem Holzblock)

Tsongkhapa (aus einem Holzblock)

belehrt, sondern empfing, wie es heißt, seine Einweihung in die höchste spirituelle Disziplin direkt von seiner erwählten Gottheit (tibetisch: yidam, Sanskrit: ishta-devatâ). Tilopa wird somit als erstes Oberhaupt des Kagyu-Ordens betrachtet.

Die Kagyupas sind bekannt für ihre Praxis des chod („Abtrennung"), eine Meditation, bei der der Aspirant durch Visualisierung und Ritual schrittweise seinen Leib zerstückelt und ihn den Gottheiten, dâkinîs oder niederen Wesen als Speise bietet. Übrig bleibt ein geläutertes Bewusstsein, das nicht länger angstvoll am Körper und am physisch-materiellen Bereich haftet.

Der Kagyu-Orden ist eine der drei „Rothut"-Sekten des tibetischen Buddhismus, so benannt, weil ihre Mitglieder bei zeremoniellen Anlässen rote Kopfbekleidung tragen. Die anderen beiden heißen Nyingmapa und Sakyapa. Ersterer ist der älteste Vajrayâna-Orden und geht zurück auf das tibetische Kloster Samye, wo der große tantrische Meister Buddhaguhya, zusammen mit über 100 monastischen Gelehrten und Übersetzern, an der tibetischen Übertragung von Sanskrittexten arbeitete. Ein früher Meister, der viel dazu beitrug, den Buddhismus in Tibet zu verbreiten, und der oft als der Begründer des Nyingma-Ordens bezeichnet wird, ist Padmasambhava, „Kostbarer Lehrer" (Guru Rimpoche); er kam 747 n. Chr. nach Tibet. Die meisten Nyingmapas sind verheiratete Haushälter, wohlbewandert in den Schriften und auch in tantrischen Praktiken.

Die den Nyingma-Orden auszeichnende Praxis ist das unter westlichen Buddhisten sehr populär gewordene dzogchen – die Übung der höchsten „inneren" Tantras, nämlich (in aufsteigender Folge) mahâyoga, anuyoga und atiyoga. Auf der mahâyoga-Stufe erkennt der Übende, dass alle Phänomene aus dem Geist entspringen, der als solcher eine Kombination aus Erscheinung und Leere (shûnyatâ) ist. Auf der Ebene der anuyoga-Praxis werden alle Erscheinungen wie auch die eigenen Gedanken als leer (shûnya) erkannt; diese Leere wird als Samantabhadrî identifiziert – das ist die weibliche Form von Samantabhadra, der Verkörperung von dharma-kâya, dem „Körper" der Realität. Atiyoga schließlich führt zur tiefen Einsicht, dass alle Phänomene als Kombination von Erscheinung und Leere entstehen. Diese Einsicht geht weit hinaus über jede Visualisierung, von der die Nyingmapas meinen, sie sei dem dzogchen unterlegen. Jedoch setzt die unmittelbare Wahrnehmung der leeren Natur von Geist, Verstand und Existenz eine große innere Ruhe und Klarheit voraus (was viele westliche Studenten häufig vergessen). Daher steht jenen anderen Formen der Meditation und Visualisierung, die dazu verhelfen, allmählich die innere Stille zu erwerben, durchaus ein Platz zu.

Die Sakyapas führen ihren Stammbaum auf den indischen Meister Virûpa, dann weiter auf Atîsha Dîpamkara Shrîjnâna (982–1052) zurück. Atîsha wurde in einer königlichen Familie Bengalens geboren, entsagte im Alter von 15 Jahren der Welt und wurde mit 29 Jahren Mönch (bhikshu).

Nâropa (aus einem Holzblock)

Nach zwölf Jahren intensiver Disziplin und Studien erlangte er als Gelehrter und Adept großen Ruhm. Als er aber erkannte, wie wichtig die Erweckung von bodhi-citta, dem Willen zur Erleuchtung war, unternahm er eine dreizehnmonatige Reise nach Indonesien, um die Lehren über bodhi-citta von deren größtem Vertreter, dem Adepten Dharmakîrti, zu empfangen.

Die heute zahlenmäßig stärkste Sekte ist der Gelug („Tugendhafte") Orden, auch „Gelbhut"-Sekte genannt, mit dem Dalai Lama („Lehrer des Ozeans [des Mitgefühls]") als ihrem Oberhaupt. Sie führt ihre Entstehung zurück auf den großen Reformer Je Tsongkhapa Lobsang Drakpa (1357–1419) und auf den indischen Meister Atîsha. Tsongkhapa („Er, der vom Zwiebelland kommt") affirmierte nachdrücklich Atîshtas Beharren darauf, dass die Sûtras gemeistert werden müssen, ehe mit dem Tantra-Studium begonnen wird. Auf der Grundlage von Atîshas „Eine Lampe für den Pfad zur Erleuchtung" (Changchub lamgyi droma, Sanskrit: Bodhi-Patha-Pradîpa) entwickelte er die Lehre des „abgestuften Pfades" (lam rim), auf die alle spirituellen Praktiken der Gelugpas zurückgehen. Mit imponierender Systematik instruiert sie über die Stufen (rim) des Pfades (lam) und wird deshalb auch als langfristiger Unterrichtsplan verwendet.

Kurz vor seinem Tod fragte Je Tsongkhapa seine besten Schüler, wer unter ihnen die Verantwortung zur Weitergabe der tantrischen Lehren übernähme. Nur Jetsun Sherab Sengye bot sich an, und er erhielt alle Lehren von seinem Guru. Sie wurden in ununterbrochener Folge vom Segyu-Kloster weitergegeben, bis dieses, zusammen mit zahlreichen anderen Klöstern, 1959 beim Einfall der Chinesen in Tibet zerstört wurde. Nur einer Handvoll von Mönchen gelang es, nach Indien und Nepal zu fliehen, wo sie zwei neue Klöster gründeten (eins in Kalimpong und eins in Kathmandu). Sherab Sengye hatte die tantrischen Lehren auch noch an andere Klöster weitergegeben, und sie bilden jetzt das Rückgrat der Gelug-Tradition.

Je Tsongkhapa schrieb viele Werke, u.a. sein opus magnum, „Die große Darstellung der Stufen des Pfads", seine Schrift „Die Essenz guter Erklärungen" und „Die große Darstellung heiliger Mantren". 1409, im Alter von 52 Jahren, gründete er das berühmte Ganden-Kloster [34], das einst 4000 Mönche beherbergte. Seine Jünger gründeten die anderen bekannten Klöster Drepung (1416) und Sera (1419). Nach ihrer völligen Zerstörung durch die Chinesen wurden sie in Indien wiedererrichtet.

Je Tsongkhapas Reformen zielten primär auf die Revitalisierung der mönchischen Gelübde und Disziplinen, des klaren Denkens und einer unverdorbenen tantrischen Praxis unter den Tibetern. Seine tiefe Sorge galt den sexuellen Praktiken derer, die sich mit höherem tantrischen Yoga (anuttara-yoga-tantra) befassten, da dies mit dem mönchischen Ideal in Konflikt stand.

[34] Das tibetische Wort ganden (auch gaden geschrieben) entspricht dem Sanskritbegriff tushita („erquickend", „freudvoll"), was der Name von Maitreyas transzendentalem Paradies ist.

DIE SECHS YOGAS VON NÂROPA

Der Adept Nâropa verdient unsere besondere Aufmerksamkeit, da sein Name mit der Lehre der „Sechs Yogas von Naro" (naro chodrug)[35] verbunden ist. Diese Lehre wird in der tibetischen Schrift „Abriss der Sechs Doktrinen" – 1935 von Kazi Dawa-Samdup übersetzt; Mit einem Vorwort von W.Y. Evans Wentz – dargelegt und enthält folgende Punkte:

1. Der Yoga der psychophysischen Hitze (tumo): Diese Praktik kombiniert Visualisierung und Atemtechniken. Die yogins visualisieren – dabei den aus sexueller Abstinenz resultierenden bioenergetischen Überschuss verwendend – u. a. eine Hälfte des Buchstabens a im tibetischen Alphabet und bringen sie zum hellen Glühen, bis sich ihr ganzer Körper mit der Glut erfüllt; sie fachen sie noch weiter an, um dann das Weltall damit zu füllen. Schließlich dämmen sie die lohende Glut wieder ein, verkleinern sie allmählich zu einem Punkt, worauf sie mit der Leere selbst verschmilzt. Diese Praxis produziert beträchtliche psychosomatische Hitze, die es den yogins erlaubt, bei sehr tiefen Temperaturen hoch in den Himalayas nackt für lange Perioden zu meditieren. Mehrere Expeditionen kamen mit dokumentarischem Filmmaterial über solche außergewöhnlichen Leistungen zurück. Die tumo-Praxis erfordert eine intime Kenntnis der „Winde" (tibetisch: lung; Sanskrit: prâna, vâyu) und der subtilen Energiekanäle (tibetisch: tsa; Sanskrit: nâdî) wie auch der psychoenergetischen Zentren (tibetisch: tsa khor; Sanskrit: cakra).
2. Der Yoga des Illusions-Körpers (gyu lu): Yogins meditieren über ihr plattes Abbild im Spiegel, der die Illusion dreidimensionaler Tiefe vermittelt, und gelangen dann dazu, das Abbild als zwischen Spiegel und ihnen selbst entstanden zu erfahren. Schließlich kontemplieren sie über die letztliche Illusionshaftigkeit oder Leere ihres eigenen Körpers. Das führt sie am Ende zur Identifizierung mit dem „Diamantkörper" (tibetisch: dorje'i ku; Sanskrit: vajrakâya) der absoluten Realität.
3. Der Yoga des Traumzustandes (milam): Um die Illusionshaftigkeit des Wach- und Traumzustands aufzudecken, treten yogins willentlich in den Traumzustand ein, ohne dabei ihre wache Wahrnehmung aufzugeben. Sie kontrollieren sorgfältig das Traumgeschehen. Jüngst haben Untersuchungen des sogenannten „luziden Träumens" gezeigt, dass es möglich ist, sich selbst bewusst in seine Träume einzubringen und auch das Traumgeschehen zu steuern.
4. Der Yoga des klaren Lichts (ösel): Dieser Yoga antizipiert eine Erfahrung, von der man sagt, sie trete im Allgemeinen kurz nach Eintritt des Todes auf – die verstorbene Person sieht für Momente

[35] *Betreffs Tsongkhapas meisterhaften Kommentars zu Nâropas sechs yogischen Methoden siehe die Übersetzung von G. H. Mullin, Tsongkhapa's Six Yogas of Naropa (Ithaca, Staat New York: Snow Lion Publications, 1996); siehe auch sein Buch Readings on the Six Yogas of Naropa (Ithaca, Staat New York: Snow Lion Publications, 1997), das seine englische Wiedergabe kurzer tibetischer Texte über Nâropas sechs Yogas enthält, einschließlich Nâropas Vajra Verses of the Whispered Tradition; dieser letztere Text spricht übrigens nicht von sechs, sondern von zehn yogischen Methoden.*

eine weißgleißende Strahlung, eine Erscheinungsform der überirdischen Wirklichkeit. Bei dieser Yoga-Praxis betritt also der Adept Wahrnehmungsebenen, auf denen er jene Strahlung erschaut, und bereitet sich so auf die nachtodliche Begegnung mit der Leere in ihrer luminosen Form vor; so sucht er der Gefahr vorzubeugen, vor ihr zu erschrecken und zu fliehen, anstatt sie als die eigene wahre Natur zu erkennen.

5. Der Yoga des Übergangsreiches (bardo): Diese Praktik ist eng verbunden mit dem Yoga des klaren Lichts. Wieder machen sich die yogins mit den nachtodlichen Phänomenen vertraut und erwerben sich bei diesen „Aufführungsproben" die Fähigkeit, die Halluzinationen, von denen sie vermutlich im bardo-Nach-Todeszustand attackiert werden, zu analysieren und zu annullieren. Dazu kann ein Adept mit großer yogischer Erfahrung sein weiteres Schicksal nach dem Tod selbst entscheiden, auch, ob er in menschlicher Gestalt in einem gewählten Umfeld wiedergeboren werden will. Generell werden sechs bardos unterschieden: a) der normale Wachzustand zwischen Geburt und Tod; b) der Traumzustand zwischen Tiefschlaf und Wachen; c) der unbewusste Zustand – „Wirklichkeitszustand" (choyid bardo) genannt, weil darin der Verstand auf seine wahre Natur zurückgeworfen wird; d) der Werdezustand (ridpa bardo), in dem die Person im Jenseits alle Sorten von Phantasmagorien und oft erschreckende Anblicke, also alle mentalen Projektionen live erlebt; e) der Meditationszustand (samtan bardo) – ein Zustand inneren Gleichgewichts, bei dem sich die Sinne von der Außenwelt zurückziehen; und f) der Geburtszustand (kyena bardo), also die Periode zwischen Befruchtung einer weiblichen Eizelle bis zum Augenblick der Geburt (oder besser, Wiedergeburt). Diese bardos ernähren sich de facto von den karmischen Tendenzen der jeweiligen Person. Aber erster, zweiter und dritter bardo bieten auch besondere Chancen des spirituellen Wachsens und Praktizierens.
6. Der Yoga der Bewusstseins-Weiterleitung (phowa): Mittels vielgestaltiger Visualisierungen bei gleichzeitiger Atembeherrschung führen die yogins die Lebensenergie zum Scheitel des Kopfes. Diese sehr geheime Technik soll tatsächlich zu spezifischen anatomischen Veränderungen führen. Wie John Blofeld beobachtete:

> Dieser Yoga wird von fast allen Initiierten für gewisse Zeit ausgeübt. Beim Tod werden sie, je nach Fertigkeit, in der Lage sein, sich in Bereiche strahlenden Lichts, in eine aufleuchtende Existenzform oder zumindest in eine erstrebte Inkarnation zu transferieren. Denn wenn sie wirklich mit Erfolg diesen Yoga meistern, wird es ihnen gelingen, das Bewusstsein durch eine Öffnung, die sich

> am Scheitel zwischen den Schädel-Fontanellen herstellen lässt, auszuleiten; oder, falls sie weniger geschickt sind, es durch andere Körperöffnungen herauszuführen, wobei Mund, After und Penis kaum wünschenswert sind. Die Übung wird jeden Tag ausgeführt, bis sich der Erfolg einstellt; Lymphflüssigkeit oder Blut tritt dann aus der besagten Stelle am Scheitel. Dass dies tatsächlich passiert, und dass sich dort als Resultat des Yoga ein kleines Loch spontan öffnet, ist von vielen verlässlichen Zeugen in China und der indisch-tibetischen Grenzregion bezeugt worden. [36]

Techniken wie die sechs Yogas von Nâropa sind Teil des sogenannten „Pfades der Form“ (dsin-lam). Es gibt auch einen „formlosen Pfad“; auf ihm lernt man, die empirischen Objekte als transzendente Realität wahrzunehmen. Diese dem Zen ähnelnde Disziplin wird auch gya-chenpo (Sanskrit: mahâmudrâ, „großes Siegel“) genannt. Die innere Haltung, die darin besteht, Erscheinungswelt und transzendente Welt als absolut identisch zu betrachten, lässt gegenüber Angst und Zweifel gänzlich immun werden; sie verankert die Ausübenden in ihrer wahren Natur – der ungetrübten Seligkeit.

Damit beenden wir unseren kurzen Exkurs in die nicht-orthodoxen Traditionen von Buddhismus und Jainismus. Das nächste Kapitel nimmt den geschichtlichen Faden des Hinduismus wieder auf zur Periode der zwei großen Epen Indiens – des Râmâyana und des Mahâbhârata.

[36] *J. Blofeld, a. a. O., p. 234.*

KAPITEL 8

Das Erblühen des Yoga

„Der Körper kennt Berührung, die Zunge Geschmack, die Nase Geruch, die Ohren kennen den Klang, die Augen die Form; doch Menschen, die nicht das innere Selbst (adhyâtman)[1] kennen, begreifen das Höchste nicht."

MAHÂBHÂRATA (12.195.4)

Râma mit Sîtâ und Hanumat

I. ÜBERBLICK

Im vorliegenden Kapitel setzen wir die Schilderung der Entfaltung des hinduistischen Yoga fort, die wir im Kapitel 5 unterbrochen hatten. Im Mittelpunkt der jetzigen Betrachtung steht die fruchtbare Zeitperiode zwischen der Mystik der frühen Upanishaden und dem systematisierten Yoga von Patanjali. Diese Periode, die dem von mir „episch" genannten Zeitalter entspricht, reicht von ca. 600 v. Chr. bis ca. 100 v. Chr.

Eine ansehnliche Anzahl von Schriften, relevant für unser Studium der Yoga-Entwicklung, blieb aus dieser Zeit erhalten – an erster Stelle das Râmâyana, dessen epischer Kern bis lange vor Buddha, ja selbst bis vor die frühesten Upanishaden zurückgeht. Tatsächlich lebte König Râma, der Held des Epos, in der späten vedischen Ära, vielleicht zwischen 3000 und 2500 v. Chr., sicherlich aber vor dem allbekannten, im Mahâbhârata aufgezeichneten Krieg zwischen Kurus und Pândavas. Râmas Vater Dasharatha („zehn Streitwagen" oder „er, der den Streitwagen in alle zehn Richtungen lenkt") war der Herrscher der sagenumwobenen Stadt Ayodhyâ. Mit eigentlichem Namen hieß er Nemi, was „Rand" oder „Umkreis" bedeutet; das mag womöglich auf seine Herrschaft über ein ausgedehntes Gebiet hinweisen. Die meisten Gelehrten datieren die endgültige Fassung des Râmâyana auf ca. 300 v. Chr., während sie die Komposition des Hauptteils der gängigen Sanskrit-Version des Mahâbhârata, der die berühmte Bhagavad-Gîtâ einschließt, generell auf ca. 500 v. Chr. verlegen. Doch sind diese Datierungen weitgehend mutmaßlich, und wir könnten durchaus genötigt sein, ein sehr viel längeres Zeitintervall zwischen den endgültigen Fassungen der beiden Epen einzuräumen.

Weitere erhaltene Texte aus der epischen Periode sind solche Upanishaden wie die Maitrâyanîya-, Prashna-, Mundaka-, Mândûkya-, Râma-Pûrva-Tapanîya- und Râma-Uttara-Tapanîya-Upanishad.[2] Ihre esoterischen Lehren gehen über die Ideologie des orthodoxen Ritualismus der Brahmanen hinaus. Normalerweise verwarfen die upanishadischen Weisen die Idee, dass die – aus vedischen und frühen nachvedischen Zeiten ererbten – brahmanischen Rituale die Macht besäßen, zur Erleuchtung zu führen, obwohl sie meist zugestanden, dass äußere Riten ihren Platz im religiösen Leben hätten. Vor allem aber lag diesen Weisen daran, Kunde über die befreiende Wirkung der Realisierung des transzendenten Selbst zu geben, und zu diesem Zweck formulierten sie teils komplexe, teils einfache Befreiungslehren.

Zum epischen Zeitalter gehört auch die abschließende Fassung der normativ-ethischen Literatur wie das Dharma-Shâstra von Manu und die Dharma-Sûtras von Baudhâyana und Âpastamba, obgleich wiederum deren Kernelemente bis in die späte vedische Ära, in die Periode der frühen Brâhmanas, zurückdatieren dürften. Ganz sicher trifft das auf die beiden Sûtras zu; einige Wissenschaftler allerdings glauben, dass es auch ein Sûtra

[1] *Der Ausdruck „inneres Selbst" für adhyâtman bezieht sich auf den Wesenskern des Menschen – auf seine „ultimative" Essenz, die reines Bewusstsein und reine Seligkeit ist.*

[2] *Die zwei Râma gewidmeten Upanishaden datieren etwa um 300 v. Chr., eine Zeit, in der offenbar auch die Jâbâla-Upanishad, die ebenfalls zur Weltentsagungs-Tradition (samnyâsa) gehört, entstand. Siehe J. F. Sprockhoff, Samnyâsa: Quellenstudien zur Askese im Hinduismus (Wiesbaden: Kommissionsverlag Franz Steiner, 1976).*

von Manu gegeben haben könnte, das dann, im Rahmen unserer revidierten Zeittafel, vor 2000 v. Chr. verfasst worden wäre.

Ohne Zweifel ist die Bhagavad-Gîtâ – die, obwohl ein integraler Bestandteil des Mahâbhârata-Textes, in ihrem Abschlusssatz den Rang einer Upanishade für sich beansprucht – das wichtigste Yoga-Dokument aus der epischen Periode. Doch ehe wir die bemerkenswert ganzheitliche Lehre dieses Hindu-Klassikers prüfen, müssen wir uns noch dem Râmâyana zuwenden.

II. HELDENTUM, REINHEIT UND ASKETENTUM – DAS RÂMÂYANA VON VÂLMÎKI

Keine einzige literarische Schöpfung übte im Leben von Millionen von Menschen Indiens und Südostasiens größeren Einfluss aus als das alte Epos Râmâyana („Das Leben von Râma"), traditionellerweise als das „erste dichterische Werk" (âdi-kâvya) betrachtet. Zahllosen Generationen hat die tragische Liebesgeschichte von König Râma und seiner Frau Sîtâ als Fundgrube an spirituellen Lehren und Volksweisheit gedient. Viele allgemein bekannte Sprichwörter stammen daraus, und bis heute wird sie rezitiert und bei Festen erzählt. Seit 1987 sendete das Indische Fernsehen eine auf dem Epos beruhende wöchentliche Serie, die von weit über achtzig Millionen Zuschauern gesehen wurde.[3]

In seiner jetzigen Form besteht das Râmâyana aus rund 24.000 Strophen in sieben Kapiteln, wobei das siebte Kapitel später hinzugefügt wurde. Obwohl das Râmâyana das Werk mehrerer Autoren zu sein scheint, würdigt die Tradition Vâlmîki als einzigen Verfasser. Sein Name bedeutet „Ameisenhügel" und verbindet sich mit einer farbigen Geschichte. Der Legende nach wurde Vâlmîki als Brahmane geboren, lebte aber für viele Jahre als Räuber. Die Intervention einiger wohlgesinnter weiser Männer brachte ihn dazu, die Unrichtigkeit seiner Lebensführung zu erkennen. Er büßte seine Fehltritte ab, indem er Tausende von Jahren meditierte und dabei unbewegt auf einen einzigen Punkt blickte; während dieser Zeit errichteten Ameisen über seinem Körper einen Hügel.

Das im Râmâyana geschilderte Drama entwickelt sich im alten Land Koshala. Es beginnt mit dem bejahrten Dasharatha, Herrscher der Hauptstadt Ayodhyâ, der die Absicht verkündet, seinen Sohn Râma zum Thronnachfolger zu bestimmen. Kaikeyî, die jüngste der drei Frauen von König Dasharatha, der er zwei freie Wünsche versprochen hatte, verlangte, dass ihr eigener Sohn Bhârata zum Nachfolger ernannt und Râma für vierzehn Jahre verbannt werde. Dem König blieb keine Wahl; sehr gegen seinen Willen verbannte er seinen geliebten Sohn ins Exil. Râma, Sohn der alten Königin Kaushalyâ, nahm die Nachricht mit stoischem Gleichmut entgegen und machte sich umgehend mit seinem Bruder Lakshmana und

[3] *Siehe P. Richman, „Introduction: The Diversity of the Râmâyana Tradition", in P. Richman, Hrsg., Many Râmâyanas: The Diversity of a Narrative Tradition in South Asia (Berkeley, California: University of California Press, 1991), p. 3.*

seiner Frau Sîtâ auf den Weg in die Wälder. Sîtâ war einst ein Findelkind, das Janaka, Herrscher des benachbarten Königreichs Videha, adoptiert hatte. Ihr Name bedeutet „Furche" und war ihr von Janaka gegeben worden, da er sie in der Furche eines Ackers fand, den er anlässlich eines besonderen königlichen Rituals pflügte.

Nach dem Tod seines Vaters entsagte Bhârata dem Thron und begab sich auf die Suche nach seinen verbannten Brüdern. Râma aber gedachte, die Dauer des auferlegten Exils zu respektieren. Anstatt in das Königreich zurückzukehren, zog er in die Schlacht gegen die Dämonen, die die Renunzianten und Weisen in den Wäldern bedrängten und terrorisierten. Râma tötete Tausende von ihnen, und Râvana, der Dämonenanführer, rächte ihren Tod mit der Entführung der schönen Sîtâ. Mit Hilfe des Anführers der Affen, Hanumat (besser bekannt im Nominativ als Hanumân)[4], und nach vielen Abenteuern gelang es Râma, Râvana zu töten und seine Gemahlin aus der Gefangenschaft auf der Insel Lankâ (dem heutigen Sri Lanka) zu befreien.

Die Frage erhob sich, ob Sîtâ vom Dämonenherrscher vergewaltigt worden war. Obgleich sie ihre Reinheit beschwor, konnte sie nicht alle Zweifel ihres Gemahls ausräumen. Schließlich bestand sie darauf, dass Râma Gott über ihr Schicksal entscheiden lasse. Sie trat in das lodernde Feuer eines hohen Holzstoßes, das zum Zweck ihrer Prüfung entzündet worden war. Zu jedermanns Erstaunen versengten die Flammen nicht ein einziges Haar von Sîtâs Körper. Râma erkannte seinen Fehler und schätzte sich glücklich, wieder mit seiner tapferen und treuen Gemahlin vereint zu sein. Inzwischen war die Zeit des Exils zu Ende; alle kehrten zur Hauptstadt zurück, wo Râma ein jubelnder Empfang bereitet wurde.

Doch die Bürger der Hauptstadt waren von Sîtâs Unbeflecktheit nicht überzeugt, und unter öffentlichem Druck verbannte Râma seine geliebte Gemahlin, ohne zu wissen, dass sie von ihm schwanger war. Während Sîtâ in der weit abgelegenen Waldeinsiedelei des Weisen Vâlmîki weilte, gebar sie zwei Söhne, Lava und Kusha. Vâlmîki schrieb das Râmâyana und lehrte es die beiden Kinder, damit sie es für die Nachwelt vortragen könnten. Als er herausfand, dass die Jungen seine eigenen Söhne waren, war Râma tief betroffen, und große Reue erfüllte ihn ob der Mühsal, die er seinem Weib auferlegt hatte. Eine würdevolle Sîtâ erschien vor den Gästen im Palast und rief Mutter Erde als Zeugin ihrer Reinheit an. Augenblicklich öffnete sich der Boden, und heraus kam ein goldener Thron, auf dem Sîtâ in die Tiefe der Erde entschwand. Untröstlich über den erneuten Verlust seiner geliebten und treuen Gattin gab Râma sein Königreich auf und kehrte zurück ins Reich der Götter. Für die Hindus wurde Râma zum Symbol von Entsagung, Gleichmut und Selbstdisziplin, während Sîtâ das Prinzip weiblicher Reinheit und ehelicher Treue verkörpert.

Die Spiritualität des Râmâyana erscheint recht archaisch und spiegelt mehr die asketische Grundhaltung (tapas) als die yogische wider, deren

[4]Der Name Hanumat oder Hanûmat (heute Hanuman) bedeutet „Er mit den [starken] Kiefern".

Unterschiede im Kapitel 3 beschrieben ist. Râma wird portraitiert als Wanderer durch zauberisch schöne Wälder, bewohnt von Weisen, die kraft ihrer fanatischen Kasteiungen in den Besitz magischer Kräfte kamen, die sie Râma zur Verfügung stellen, damit er die Horden der Dämonen und Ungeheuer bekämpfe.

Das Râmâyana stellt Râma als Inkarnation von Gott Vishnu vor. Zur Zeit der Komposition des Rig-Veda figurierte Vishnu noch als geringere Gottheit, doch später wurde er zum Mittelpunkt der religiösen Imagination und des spirituellen Bedürfnisses einer rasch anwachsenden Gemeinde von Gläubigen. In der nachvedischen Ära wandelte er sich zum großen Rivalen von Gott Shiva, einer anderen kleineren vedischen Gottheit, die in späteren Jahrhunderten enorme Popularität gewann. Zusammen mit dem Gott Brahma des etablierten Brahmanentums bildeten Vishnu und Shiva allmählich die wohlbekannte Trinität (tri-mûrti) des volkstümlichen Hinduismus. Darin erscheint Brahma als der Schöpfer, Vishnu als der Erhalter und Shiva als Zerstörer des Universums.

Wegen seiner gütigen Eigenschaften, die in zahllosen und viel gelesenen Schriften liebevoll dargestellt werden, gilt Vishnu durchwegs als der zugänglichste Aspekt der Hindu-Trinität. Sein besonderer Charakter kommt in seinen irdischen Verkörperungen (avatâra), die zu verschiedenen Weltzeitaltern stattfanden, zum Ausdruck. Unter seinen zehn Hauptinkarnationen gab es nur vier menschliche; die anderen manifestierten sich in Gestalt magischer Tierwesen. Die beiden wichtigsten menschlichen Verkörperungen Vishnus waren die von Râma und Krishna.

Der hinduistischen Überlieferung zufolge lebte Râma – oder Râmacandra („mondengleicher Râma") – vor Krishna, dem Lehrer des Prinzen Arjuna. Wenn wir den Bhârata-Krieg auf ca. 1450 v. Chr. datieren, dann muss Râma etwa um 2050 v. Chr. gelebt haben, was chronologisch der ersten Dynastie des pharaonischen Ägypten entspräche. Im Lauf der Zeit entstand eine religiöse Gemeinschaft, die Râma zum Objekt ihrer Verehrung hatte. Râma-Anhänger schufen mehrere Upanishaden, einschließlich der oben erwähnten Râma-Pûrva-Tapanîya- und Râma-Uttara-Tapanîya-Upanishad. Ihr zentrales Credo: „Allein Râma ist das höchste Absolute; allein Râma ist die höchste Wirklichkeit; Shrî Râma ist das errettende Absolute." Wie erstere Upanishade (1.6) erklärt, leitet sich Râmas Name u.a. daher ab, dass yogins an ihm Freude haben (ramante). Eine weitere große Schöpfung durch ein Mitglied der Râma-Gemeinde ist das Yoga-Vâsishtha-Râmâyana, das im 14. Kapitel besprochen wird. Dieses monumentale Werk liefert das, was im ursprünglichen Râmâyana fehlt, nämlich die ganz und gar yogische Dimension. Es schildert Râma als den Weltentsagenden, der die Wahrheit hinter den nondualistischen Vedânta-Lehren entdeckt.

Für den Yoga-Studierenden liegt die Bedeutung des Râmâyana in den moralischen Werten, die dort so lebendigen Ausdruck erhalten. Wir können es als eine umfassende Abhandlung in erzählerischer Form über die im Yoga vertretenen moralischen Tugenden (yama) und Beschränkungen (niyama) betrachten. Es propagiert Grundhaltungen wie Rechtschaffenheit (dharma), Nicht-Leidzufügung, Wahrhaftigkeit und Bußfertigkeit. Derart kann das Râmâyana als ein Lehrbuch des Karma-Yoga, d.h. des Yoga des ich-transzendierenden Handelns, dienen. Trotzdem misst das Râmâyana, den Upanishaden darin ähnlich, der Weisheit (vidyâ) als dem letztlichen Mittel zur Selbst-Realisierung größere Bedeutung zu als dem Handeln. Dies wird in der Râma-Gîtâ („Râmas Gesang"), einem 62 Verse langen Abschnitt aus dem Schlussteil des Râmâyana, der auch als selbstständiger Text kursiert (wie die Bhagavad-Gîtâ, die zugleich Bestandteil des Mahâbhârata-Epos ist), vehement verkündet. So belehrt in der Râma-Gîtâ Mahâdeva (Shiva) seine göttliche Gemahlin Umâ wie folgt:

> Darum sollte der [Weise] mit rechter Zielsetzung (sudhî) von Tätigkeit ganz ablassen. Die Verbindung [von Weisheit und Tätigkeit] ist nicht möglich, da [Tätigkeit] der Weisheit zuwiderläuft. Immer auf die Kontemplation (anu-samdhâna) über das Selbst bedacht, wird [der spirituelle Disziplin exerzierende Weise] sein Augenmerk ständig auf das Selbst richten und damit darin seinen Frieden finden. (16)
>
> Solange die durch Illusion (mâyâ) hervorgerufene Vorstellung eines Selbst (âtman) auf den Körper usw. [projiziert] wird, solange müssen die [vorgeschriebenen] Riten durchgeführt werden. Doch wird das höchste Selbst erkannt im [geheiligten] Satz: „[Das Selbst ist] nicht dies, nicht das (neti, neti)", und wird alles [Begrenzte] einmal als nichtig erkannt, dann soll [der yogin] ablassen vom Tun. (17)

III. UNSTERBLICHKEIT AUF DEM SCHLACHTFELD – DAS MAHÂBHÂRATA-EPOS

Das Mahâbhârata bildet ein großartiges, unschätzbares Archiv aus Mythologie, Religion, Philosophie, Ethik, Sitten und Gebräuchen, aus Informationen über Klans, Könige und Weise in der damaligen Ära. Nicht umsonst erhielt es den Titel „Fünfter Veda" oder „Krishnas Veda". Es ist das große Epos Indiens, niedergelegt in rund 100.000 Versen (200.000 Zeilen mit in der Regel je sechzehn Silben), damit siebenmal länger als Ilias und Odyssee zusammen. Die kritische Textedition in neunzehn Bänden (und sechs Index-Bänden) von 1933–72 legt allerdings nur rund 75.000 Verse vor. In ihrem Eingangskapitel wird gesagt, dass das ursprüngliche Werk aus 24.000 Versen bestand, die dann später auf etwa 600.000 erweitert wurden. Sollte das richtig sein, so hätte nur ein Sechstel der einstigen Verse überlebt.

Vishnu, auf Garuda sitzend

Einige Gelehrte meinen zwar, das originale Epos hätte aus lediglich 8800 Strophen bestanden, aber derartige Schätzungen – die überdies auf einer rein hypothetischen Rekonstruktion des „Urtextes" beruhen – können kaum überzeugen.

Das Mahâbhârata wurde eindeutig im Verlauf vieler Generationen niedergeschrieben, und die letzte Bearbeitung des Werks erfolgte offensichtlich im 2. oder 3. Jahrhundert n. Chr., das heißt also, als das Hari-Vamsha („genealogische Geschichte von Hari") angefügt wurde. Das Kernelement des gigantischen Epos kann jedoch leicht aus der Zeit unmittelbar nach dem Bhârata-Krieg stammen, dessen genaues Datum unbekannt bleibt. Dem aus dem 19. Jahrhundert ererbten westlich-akademischen Zeitrahmen zufolge fand dieser 18-Tage-Krieg etwa zwischen 600 und 500 v. Chr. statt, was ersichtlich falsch ist. Einige neuere Forscher schlugen deshalb 1450 v. Chr. als mögliches Datum vor, was den jüngsten archäologischen Datierungen über die im Meer untergegangene Stadt Dvârakâ – im Epos als Krishnas Residenz beschrieben – zu entsprechen scheint. Konservative Hindu-Autoritäten wiederum verlegen den Krieg auf etwa 3100 v. Chr., also auf die Zeit gerade vor Beginn des kali-yuga, doch beide Datierungen sind problematisch. Ein möglicher Kompromiss wäre es, das Epos in die Periode um 2000 v. Chr. anzusiedeln und so mit der revidierten Entstehungszeit der Brâhmana-Literatur in Einklang zu bringen.

Das Epos besteht aus achtzehn Büchern (parvan), denen, wie oben erwähnt, die weitgehend mythologische Beschreibung von Krishnas Geburt und Jugend – das Hari-Vamsha – in der frühen nachchristlichen Periode angefügt wurde. Die Zahl 18 taucht häufig im Epos auf und hat zweifellos symbolischen Gehalt.[5] Das epische Zentralthema ist der Krieg zwischen zwei alten Stammeskönigtümern – den Pândavas (vom Stamm Pândus) und den Kauravas (vom Stamm Kurus, regiert von Dhritarâshtra, dem alten, blinden Bruder Pândus). Die Zusammenstellung des Mahâbhârata wird dem Weisen Krishna Dvaipâyana („Krishna von der Insel"), Vyâsa genannt, zugerechnet. Das Beiwort Vyâsa bedeutet schlicht „der Arrangierende" und wurde zweifellos auf eine ganze Zunft von Kompilatoren angewendet. Zwar soll laut Überlieferung Vyâsa als Einzelperson auch die Vedas und Purânas kompiliert haben, aber das wäre eine Aufgabe gewesen, die die Fähigkeiten jedes Individuums weit überschritten hätte, entstanden doch diese literarischen Gattungen über den Verlauf etlicher Jahrhunderte. Die in das große epische Gedicht eingebettete Bhagavad-Gîtâ stellt fest (18.75), dass sie ihre Existenz Vyâsas Gunst verdankt. Es scheint also, dass das „Göttliche Lied" schon früh mit einer speziellen Person, nämlich einem verehrten Weisen, in Verbindung gebracht wurde.

Die epische Saga berichtet, wie Prinz Yudhishthira, einer der fünf Söhne von König Pându, durch einen faulen Trick im schicksalhaften Würfelspiel – ein beliebter Zeitvertreib seit längst vergangenen vedischen Tagen – den Pândava-Anteil am Königtum verlor, einschließlich seiner Gattin

[5] *Zur Besprechung der Symbolik der Zahl 18, die im Mahâbhârata eine signifikante Rolle spielt, siehe G. Feuerstein, The Bhagavad-Gîtâ: Its Philosophy and Cultural Setting (Wheaton, Illinois, USA: Quest Books, 1983), p. 64.*

Draupadî. Er und seine vier Brüder, darunter Prinz Arjuna (der Held der Bhagavad-Gîtâ), wurden deshalb verbannt. Am Ende ihres dreizehnjährigen Exils forderten die tapferen Söhne Pândus die Wiederherstellung ihres väterlichen Anteils am Königreich, das jetzt allein von König Dhritarâshtra und seinen hundert Söhnen, insbesondere dem machthungrigen Duryodhana, regiert wurde. Als sie ihren rechtlichen Anspruch missachtet sahen, zogen sie gegen die Kauravas in den Krieg. Auf der Seite der Pândavas stand der Gottmensch Krishna, der, obgleich offiziell kein Mitstreiter, verschiedene göttliche Finten, Tricks und Listen ersann, um die gerechte Sache der Söhne König Pândus zu unterstützen. Die Kauravas wurden trotz ihrer großen Übermacht nach 18 Tagen dramatischer Schlachten besiegt.

Was immer die geschichtliche Realität gewesen sein mag – das Mahâbhârata bietet sich auch für symbolische und allegorische Interpretationen an. So ist das Ringen zwischen den Pândavas und Kauravas häufig als Kampf zwischen Gut und Böse, Recht und Unrecht in der Welt wie im menschlichen Herzen verstanden worden. Darüber hinaus formuliert das Mahâbhârata einen besonderen mystischen Gesichtspunkt: Es gibt einen außergewöhnlichen Seinszustand, in dem Gutes wie Böses, Recht wie Unrecht transzendiert sind. Er wird als der allerhöchste, von Menschen zu erstrebende Zustand gepriesen. Freiheit und Unsterblichkeit sind u. a. seine Aspekte.

Um die epische Kriegsgeschichte haben sich über die Jahrhunderte zahllose Schichten lehrhaften und legendären Materials gelegt, das nicht weniger als vier Fünftel des gesamten Textes ausmacht. Einige Sachkenner betrachten die berühmte Bhagavad-Gîtâ im sechsten Buch des Mahâbhârata als eine solche Hinzufügung. Aber es ist vorstellbar, dass die Lehren der Gîtâ tatsächlich vor Beginn der ersten Schlacht in gedrängter Form gegeben und später verarbeitet und niedergeschrieben wurden. Eine weitere Anreicherung des ursprünglichen Textes – für unser Verständnis jener Entwicklungsphase des Yoga sehr wichtig – bildet der Moksha-Dharma im zwölften Buch. Im vierzehnten Buch des Epos hebt sich die Anu-Gîtâ als didaktisches Gedicht hervor. In den folgenden Abschnitten werde ich diese Texte besprechen.

Für die Hindus ist das Mahâbhârata eine Schatztruhe mit belehrenden und vergnüglichen Geschichten über Helden, Schurken, Weltentsagende und yogins. Für den Religionshistoriker ist es ein Mosaik von Ideen, Glaubenshaltungen und Sitten aus einer der fruchtbarsten Perioden in der Geistesgeschichte des Hinduismus. Der heutige Yoga-Studierende kann aus beiden Blickwinkeln an das Epos herangehen und auch seinen tiefen Symbolgehalt reflektieren.

Yoga und das ihm verwandte Sâmkhya spielen in der Philosophie des Epos eine große Rolle. Wie wir sahen, wurzeln beide Traditionen in der vorbuddhistischen Ära; doch die Yoga- und Sâmkhya-Schulen, die im Epos erwähnt werden, scheinen nachbuddhistischer Entstehung zu sein und können deshalb in die Zeit zwischen 500 v. Chr. und 200 n. Chr. verlegt werden.

IV. DIE BHAGAVAD-GÎTÂ – DAS KLEINOD DES MAHÂBHÂRATA

Die Bhagavad-Gîtâ („Gottes Gesang") bildet das früheste erhalten gebliebene Dokument des Vaishnavismus, jener religiösen Tradition, in deren Mittelpunkt die Verehrung des Göttlichen in Gestalt Vishnus, insbesondere in seiner Verkörperung als Krishna steht. Diese Tradition mit ihren ins vedische Zeitalter zurückreichenden Wurzeln blühte im 6. Jahrhundert v. Chr. im Gebiet des heutigen Mathurâ und strahlte von da an zu anderen Regionen des indischen Subkontinents aus. In der Gegenwart ist der Vaishnavismus eine der fünf großen Glaubensrichtungen innerhalb des Hinduismus – die anderen vier sind Shaivismus (mit Shiva als Fokus), Shaktismus (Shakti, der weibliche Machtaspekt des Göttlichen, steht im Zentrum), die Gânapatyas (sie verehren vor allem die elefantenköpfige Gottheit Ganesha bzw. Ganapati) und die Sauras (die Sonnengottheit Sûrya steht bei ihnen an zentraler Stelle).

Die Bhagavad-Gîtâ oder einfach Gîtâ („Gesang, Lied") bildet als Episode des Mahâbhârata die Kapitel 13–40 des sechsten Buches und umfasst insgesamt 700 Strophen. Eine in Kaschmir aufgefundene Gîtâ-Ausgabe enthält 714 Strophen. Doch gibt es auch eine balinesische Version mit nur 86 und ein in Farrukhabad entdecktes Manuskript mit nur 84 Versen. Nicht wenige Gelehrte vertraten die Meinung, die Gîtâ sei ursprünglich ein unabhängiger Text gewesen, der später in das Epos eingegliedert wurde. Andere wiesen zu Recht auf die scheinbar nahtlose Kontinuität zwischen Gîtâ und dem übrigen Mahâbhârata hin. Wieder andere Fachkundige bemerkten gewisse Unstimmigkeiten und inkonsequente Linienführungen im tradierten Text und versuchten, den Urtext zu rekonstruieren. So endete der deutsche Indologe Richard von Garbe mit einer Komposition aus 630 Versen, während sein Student Rudolf Otto sich auf blanke 133 Zweizeiler beschränkte.[6] Der amerikanische Yogaforscher Phulgenda Sinha ist der Ansicht, er habe die 84 Verse der ursprünglichen Gîtâ identifiziert – er entfernte hauptsächlich jene Verse, die seiner Ansicht nach mit einer religiösen Lehre verbunden sind.[7]

Das Entstehungsdatum der Gîtâ bleibt ungewiss. Im Allgemeinen wird es ins dritte Jahrhundert v. Chr. verlegt, wiewohl einige Gelehrte eine frühere Entstehung annehmen und wieder andere den Text als nachchristliche Schöpfung betrachten. Ich persönlich akzeptiere die Schlussfolgerungen des indischen Sachkenners K. N. Upadhyaya, der nach eingehender Prüfung der diversen Argumente die Gîtâ in die Periode zwischen fünftem und viertem Jahrhundert v. Chr. plazierte.[8] Trotz alledem – Strophen wurden

[6] *Siehe R. Garbe, Die Bhagavadgîtâ, (Wiesbaden: Marixverlag, 2006); R. Otto Die Urgestalt der Bhagavad-Gîtâ (Tübingen: Mohr Siebeck, 1934).*

[7] *Siehe P. Sinha, The Gita as It Was: Rediscovering the Original Bhagavadgita (La Salle, Illinois, USA: Open Court, 1987).*

[8] *Siehe K. N. Upadhyaya, Early Buddhism and the Bhagavadgîtâ (Delhi: Motilal Banarsidass, 1971).*

wahrscheinlich zu verschiedenen Zeitpunkten hinzugefügt, obwohl es zweifelhaft erscheint, dass sie im Einzelnen mit irgendeinem Grad an Sicherheit zugeordnet werden können. Der ursprüngliche „Gesang" jedoch wurde vermutlich durch Krishna auf dem Schlachtfeld von kuru-kshetra, rund fünfzehnhundert Jahre vor Buddha (s. revidierte Zeittafel, Brâhmana-Literatur) übermittelt.

Fest steht, dass sich die Gîtâ einer enormen Popularität unter den Hindus zahlloser Generationen bis heute erfreut hat, eine Popularität, die in den Worten Mahatma Gandhis zum Ausdruck kommt:

> „Ich finde in der Bhagavadgîtâ einen Trost, den ich selbst in der Bergpredigt nicht finde ... Ich verdanke den Lehren der Bhagavadgîtâ alles."[9]

Die Gîtâ, die im Westen seit 1785 in englischer Übersetzung (durch Charles Wilkins) vorlag, inspirierte auch mehrere herausragende westliche Persönlichkeiten, u.a. die Philosophen Georg Wilhelm Friedrich Hegel, Arthur Schopenhauer und Johann Gottfried Herder; den Indologen und Philosophen Paul Deussen; den reisenden Philosophen Hermann Graf Keyserling; den Linguisten Wilhelm von Humboldt; die Schriftsteller Walt Whitman, Aldous Huxley und Christopher Isherwood; nicht zuletzt auch Rudolf Steiner (Begründer der Anthroposophie) und Annie Besant (eine der frühen Leiterinnen der Theosophischen Gesellschaft). Der deutsche Indologe und Pionier der Yoga-Forschung, J. W. Hauer, drückte die Reaktion vieler dieser Protagonisten aus:

> Die Gîtâ schenkt uns nicht nur tiefe Einblicke, die für alle Zeiten und für jedes religiöse Leben gültig sind ... In ihr wirkt und webt ein Geist, der zu unserem Geist gehört.[10]

Die Bhagavad-Gîtâ ist ein Dialog zwischen dem verkörperten Gott Krishna und seinem Schüler, Prinz Arjuna, auf Kurus Schlachtfeld (kuru-kshetra) in der Ganges-Ebene, nahe dem heutigen Delhi. Dieses legendäre Gespräch bildet den Höhepunkt des Epos. Seine Bedeutung für den Yoga-Studenten ist offensichtlich, bietet es doch die erste ausformulierte Beschreibung von Yoga. Tatsächlich spricht die Gîtâ von sich selbst als yoga-shâstra, als yogischer Lehre, die uralte Wahrheiten neu formuliert.

Historisch betrachtet, kann die Bhagavad-Gîtâ als massive Bemühung verstanden werden, die unterschiedlichen spirituellen Gedankenansätze, wie sie im Hinduismus während des epischen Zeitalters herrschten, zu integrieren. Sie vermittelt zwischen der Opferritualistik der orthodoxen Priesterschaft und den innovativen Lehren der frühen Upanishaden, des Buddhismus und des Jainismus. Aldous Huxley nannte – in seiner Einleitung zur Gîtâ in der Übersetzung von Swami Prabhavananda und Christopher Isherwood – dieses alte Werk „die vielleicht systematisierteste Wiedergabe der Ewigen Weisheit".[11]

Krishna

[9] M. K. Gandhi, Young India (Delhi, 1925), pp. 1078–1079. Die große Popularität der Gîtâ spiegelt sich in den zahlreichen Sanskrit- oder regionalsprachlichen Kommentaren zu ihr wider. Der älteste (tradierte) und geschätzteste Kommentar stammt von Shankara, dem alles überragenden Vertreter des indischen Nondualismus. Andere bekannte Bearbeitungen der Gîtâ-Lehren stammen von Râmânuja, dem berühmten Lehrer des „bedingten Nondualismus", vom Dualisten Madhva, der das Gîtâ-Bhâshya und das Gîtâ-Tatparya verfasste, und vom allseits bewunderten Adepten und Dichter Jnânadeva, dessen Jnâneshvarî zu den schönsten poetischen Schöpfungen Indiens gezählt werden muss. In moderner Zeit schrieben der Yogi-Philosoph Sri Aurobindo und der Philosoph und frühere indische Präsident Sarvepalli Radhakrishnan bedeutende Kommentare.

[10] J. W. Hauer im Hibbert Journal (April 1940), p. 341.

[11] Swami Prabhavananda und C. Isherwood, The Song of God: Bhagavad-Gita (London: Phoenix House, 1947), p. 18.

Das spirituelle Handlungsideal in der Gîtâ

Die zentrale Botschaft in Gott Krishnas Gesang ist der harmonische Ausgleich zwischen konventionell religiösem und ethischem Handeln in der Welt einerseits und nicht-weltlichen, asketischen Zielsetzungen andererseits. Die folgende Strophe drückt die Essenz von Krishnas Lehre vom rechten Handeln aus:

> Fest im Yoga stehend, führe deine Taten aus, von jeglich Haften lassend und von Erfolg wie Fehlschlag unberührt, o Dhanamjaya.12 Solch Gleichmut (samatva) wird Yoga genannt. (2.48)

Um Frieden und Erleuchtung zu erlangen, so erklärt Krishna, muss man sich nicht der Welt oder seinen Verpflichtungen entziehen, selbst wenn sie einen dazu nötigen, in die Schlacht zu ziehen. Dem Handeln zu entsagen (samnyâsa) ist, für sich genommen, gut; aber noch besser ist es, beim Handeln zu entsagen. Dies ist das Hindu-Ideal des „nicht-handelnden Handelns" (naishkarmya-karman), der Tat-Überwindung – und die eigentliche Basis des Karma-Yoga. Leben in der Welt und spirituelles Leben stehen sich nicht prinzipiell unversöhnlich gegenüber; beides kann und soll man gleichzeitig ausüben, um so ein ganzheitlich integriertes Leben zu führen.

> Nicht durch Enthaltung vom Tun erreicht man die Tat-Überwindung (naishkarmya), nicht durch Entsagung allein erreicht man Vollendung (siddhi).
>
> Denn nicht für einen Moment kann man leben, ohne zu handeln, zu tun. Jeder wird zum Handeln automatisch gezwungen durch die drei Kräfte (guna) der Natur (prakriti).
>
> Wer die Handlungsorgane ganz bezähmt, doch dasitzt und in Gedanken die Sinnesobjekte umkreist, wird Heuchler genannt und wirre Person.
>
> Doch, o Arjuna, herausragt jener, der mit dem Verstand die Sinne beherrscht und die Handlungsorgane gereinigt und unbekümmert im Karma-Yoga zur Verfügung stellt.
>
> Das dir zugemessene Tun führe [immer] aus, denn Tun ist dem Nicht-Tun überlegen; selbst dein Leib könnte sich mit Untätigkeit nicht lebend erhalten.

[12]Der Beiname Dhanamjaya bedeutet „Eroberer von Reichtum", von dhana („Reichtum") und jaya („Eroberung"). „Reichtum" bezieht sich hier sowohl auf das Königreich, um das der Bhârata-Krieg entbrannte, als auch auf spirituellen Reichtum.

> Die Welt ist zum Tun versklavt, es sei denn, das Tun wird [als] Opfer (yajna) [ausgeführt]. Dessen eingedenk, o Kaunteya [Arjuna], schreite zur Tat und hafte an nichts. (3.4–9)

Krishna weist nun auf sich als Beispiel erleuchteten Handelns:

> Für Mich, o Pârtha [Arjuna], gibt's nichts zu tun in den drei Welten, nichts zu gewinnen, was nicht bereits gewonnen ward – und doch tu und handle Ich beständig.
>
> Denn würd' Ich nicht stets weiter handeln, o Pârtha, so folgten die Menschen Meiner Spur [d.h. Beispiel] allüberall.
>
> So wie die Unweisen handeln und d'ran sich binden, haften, o Bhârata [Arjuna], so sollen die Weisen handeln, ohne sich zu binden, sich zu haften, allein das Wohl der Welt erstrebend (lokasamgraha). (3.22–25)

Das Geheimnis liegt im menschlichen Geist, dem primären Ursprung aller Tätigkeit. Ist der Geist rein und losgelöst von allem Tun, so kann er nicht besudelt werden, auch wenn man handelt. Nur das Kleben und Haften daran, nicht das Tun an sich, setzt das Gesetz moralischer Verursachung, setzt Karma in Bewegung, durch das der Mensch ans Rad des Daseins gefesselt wird – in Gestalt immer neuer Wiederverkörperungen. Der spiegelblank polierte, von Spuren der Anhaftung gänzlich geläuterte Verstandessinn lässt die Dinge und Wesen sichtbar werden, wie sie wirklich sind. Und in Wirklichkeit sind sie das Göttliche, das Selbst. Der vollendete yogin erfreut sich immer dieser Schau:

> Er, dessen Ich durch Yoga angejocht, der überall das Gleiche schaut – er sieht das Selbst in allen Wesen wohnen, und alle Wesen in dem Selbst. (6.29)

Eine solche Schau der Dinge und Wesen in ihrem universalen Gleichsein ergibt sich als Frucht einer tiefgehenden Losgelöstheit. Und diese tritt ein, wenn der yogin die Position des transzendenten Selbst, d.h. des ewigen Zeugen aller Vorgänge einnimmt; wenn er die Illusion, ein handelndes Subjekt bzw. ein Ich zu sein, als solche erkennt. Trotzdem – auch der yogin muss weiterhin handeln.

Sein Tun muss nicht nur in selbstlosem und klarem Geist ausgeführt werden; es muss auch vernünftig und moralisch richtig sein. Dieser Aspekt wurde in westlichen Interpretationen der Gîtâ nicht immer genügend hervorgehoben. Wenn das Handeln allein von der Geistes- und Gemütsverfassung einer Person abhinge, so könnte damit unmoralisches Verhalten

Krishna ermutigt Arjuna

bestens entschuldigt werden. Die Bhagavad-Gîtâ vertritt keineswegs solch kruden Subjektivismus. Um „heil und ganz" (kritsna) zu sein, muss das Handeln zwei wesentliche Elemente aufweisen: subjektive Reinheit (d.h. Nichtanhaftung) und objektive Vernünftigkeit (d.h. moralische Richtigkeit). Die moralische Richtigkeit oder Unrichtigkeit wird äußerlich von den vorherrschenden moralischen Werten und dem allgemeinen Verhaltenskode definiert, innerlich durch die wachsende Einsicht in Richtig und Falsch aufgrund von Yoga-Ausübung. Die Gîtâ baut auf den ethischen Grundlagen des Mahâbhârata auf. Und dieses Epos ist auch ein gigantischer Versuch, die Natur von Recht (dharma) und Unrecht (adharma) zu beschreiben und zu klären. Das tönt uns in den folgenden Gîtâ-Strophen entgegen:

> Was ist Tat und Handeln? Was ist Nichthandeln? Selbst die Weisen sind darob verwirrt. Drum will Ich dir vor Augen halten jen's Handeln, das, wenn verstanden, dich vom Übel ganz befreit.
>
> Denn wahrlich, verstehen sollt' man [die Natur des] Handelns (karman), verstehen auch das falsche Handeln (vikarman) und das Nichthandeln (akarman). Schwer begreifbar ist die Natur des Handelns.
>
> Wer Nichttun im Handeln sieht und Handeln im Nichttun, der ist weise unter Menschen, der steht fest im Yoga-Joch und bewirkt vollendet (kritsna) Taten. (4.16–18)

Der Krieg, zu dem der inkarnierte Gott Krishna dem Prinzen Arjuna weitsichtig riet, diente der Aufrechterhaltung einer höheren moralischen Ordnung. Die Kauravas waren machthungrige und korrupte Herrscher, die den Thron usurpiert hatten. Die friedliebenden Pândavas hingegen hatten das Wohlergehen des Volkes im Sinn. Die Gîtâ schildert Arjunas Gewissensqualen angesichts eines entsetzlichen Kriegs, bei dem es aber doch um die Erhaltung von Recht und Gesetz ging. Als er seine Vettern und früheren Lehrmeister auf der gegnerischen Seite des Schlachtfelds aufmarschieren sah, stand er im Begriff, seinen Bogen wegzuwerfen und seinen Thronanspruch aufzugeben; Gott Krishna jedoch riet ihm davon ab. Sein yogischer Rat geht sowohl über Pazifismus wie auch über Kriegsbegeisterung weit hinaus, ebenso über bloße Pflichterfüllung oder die Vernachlässigung der Pflicht. Denn letztlich erwartet der Gottmensch Krishna, dass sein Jünger die konventionelle Moral transzendiert. Er spricht diese Ermahnung und dies feierliche Versprechen aus:

> Von allen Normen, Pflichten (dharma) lasse ab und komm zu Mir allein als Schutz. Sei ohne Sorge, ohne Kummer, denn erlösen werd' Ich dich von allem Übel. (18.66)

> Gott wohnt im Herzen aller Wesen, o Arjuna, und wirbelt sie umher [im Zyklus bedingter Existenz] vermöge Seiner Macht (mâyâ), als wären es Maschinen (yatra), die sie bestiegen haben.
>
> Mit deinem ganzen Wesen, o Bhârata [d.h. Arjuna], nimm Zuflucht nur bei Ihm. Durch Seine Gnade wirst erlangen höchsten Frieden, ew'gen Wohnsitz du. (18.61–62)
>
> Auf Mich sei dein Sinn fixiert, Mir sei ergeben, für Mich sei dein Opfer, vor Mir verbeuge dich – derart wirst du zu Mir kommen. Dies versprech' Ich feierlich, denn lieb und teuer bist du Mir. (18.65)

Zwar wird der Yoga in der Bhagavad-Gîtâ noch nicht systematisch dargestellt, wie das in der darauffolgenden Maitrâyanîya-Upanishad und dem Yoga-Sûtra der Fall ist; doch treten all seine Hauptelemente auf. Für Krishna besteht die yogische Arbeit im Wesentlichen darin, das tägliche Leben wieder völlig auf das höchste Sein auszurichten. Jede Handlung sollte im Licht des Göttlichen ausgeführt werden. Das ganze Leben muss zum beständigen Yoga werden. Yogins läutern ihr Leben, wenn sie in allem die göttliche Präsenz schauen und jedes irdische Haften abstreifen; sie entfliehen ihm aber nicht. Mit gottdurchtränktem Sinn und Verstand sind sie tätig in der Welt, geleitet vom reinen Wunsch, das Wohlergehen aller Lebewesen zu fördern. Hier erkennen wir beispielhaft das wohlbekannte Hindu-Ideal loka-samgraha, was wörtlich „das Zusammenziehen der Welt" bedeutet.

Den Yoga der Gîtâ richtig zu etikettieren, erscheint schwierig. Er tritt nicht nur als Jnâna-Yoga und als Karma-Yoga, sondern auch als Bhakti-Yoga auf. Er sucht alle Aspekte des menschlichen Wesens zu integrieren und sie dann bei dem großen Vorhaben einzusetzen: die Erleuchtung im jetzigen Leben zu erreichen. Aus diesem Grund könnte Krishnas Pfad am besten als eine Art früher „Integraler Yoga" (pûrna-yoga) bezeichnet werden.

Die Handlungsethik der Bhagavad-Gîtâ gründet in einem Panentheismus: Alles existiert und entsteht in Gott; Gott transzendiert nichtsdestoweniger alles. Das höchste Wesen – Vishnu (als Krishna) – ist erster Ursprung aller Existenz, aber auch der manifestierte Kosmos in seiner Vielgestalt. Vishnu umfasst das Sein wie das Werden. Krishna, der verkörperte Gott, erklärt:

> Dies ganze Weltenall wird durchdrungen von Mir, doch bin Ich nicht manifest. Alle Wesen weilen in Mir, doch bin Ich nicht enthalten in ihnen.
>
> Und [trotzdem] wohnen die Wesen nicht [physisch] in Mir – sieh dieses Mein göttliches Yoga-Mysterium: Mein Selbst erschafft und nährt die Wesen, doch in ihnen wohnt Es nicht. (9.4–5)

Vishnu ist das allumfassende Ganze (pûrna), das Eine und das Viele. Da das Göttliche in allem und überall existiert, müssen wir nicht die Welt zurückweisen, um Vishnu zu finden, sondern sollten unsere höhere Weisheit (buddhi), die gnostische Einsicht (jnâna-cakshus) entwickeln, um das allgegenwärtige Sein-im-Werden zu erkennen.

Die Bhagavad-Gîtâ kennt zwei Arten der Seelen-Befreiung, präziser gesagt, zwei aufeinanderfolgende Stufen der Ganzheit. Auf der ersten Ebene der Befreiung, brahma-nirvâna, geschieht die Auslöschung im Weltenurgrund – die yogins transzendieren das Raum-Zeit-Kontinuum und weilen in ihrem eigentlichen Wesen. Aber in diesem Zustand fließt keine Liebe, und die göttliche Person Krishnas bleibt ihnen verborgen. Sie wird erst im höheren Befreiungszustand, in dem yogins zu Gott erwachen, erlebt.

> Wer von jedem Wunsch gelassen hat und frei von Sehnen lebt und ohne „ich" und „mein" zu denken – der gelangt zum Frieden (shânti).

QUELLENLEKTÜRE 10

BHAGAVAD-GÎTÂ (AUSWAHL)

Da viele Übersetzungen der Bhagavad-Gîtâ verfügbar sind, habe ich hier nicht den ganzen Text angeführt. Doch verdient es zumindest das berühmte 11. Kapitel, in dem Gott Krishna seine transzendente Gestalt vor Arjuna offenbart, wiedergegeben zu werden. Dieses Kapitel ist der dramatische Höhepunkt der Gîtâ, und Arjunas Vision von Krishna als dem Kosmischen Göttlichen stellt auch den Höhepunkt des von Krishna gelehrten spirituellen Pfades dar. Die Vision beschreibt in klassischer Weise den mystischen Zustand des Einsseins, in dem alle Dinge und Wesen in Ewigkeit koexistieren – ein für den nicht erleuchteten Verstand äußerst verwirrender Zustand. Arjuna, auf Krishnas Selbst-Offenbarung nicht recht vorbereitet, obgleich er darum gebeten hatte, vermag es nicht, die Schau des All-Einigenden lang zu ertragen und fleht Krishna an, er solle doch wieder seine gewohnte menschliche Gestalt annehmen. Das ist sicherlich mehr als nur ein poetischer Kunstgriff, der es dem Autor erlaubt, den metaphysischen Dialog zwischen göttlichem Lehrer und menschlichem Schüler wiederaufzunehmen. Es ist auch eine klassische Schilderung des natürlichen Prozesses der Rückkehr aus außergewöhnlichen mystischen Erfahrungen ins gewöhnliche, durch Sinneswahrnehmungen gestützte Leben. Zum besseren Verständnis sollte erwähnt sein, dass Krishna Arjuna u.a. als Pândava („Sohn von Pându"), Pârtha („Sohn von Prithâ", d.h. von Kuntî), Bhârata („Spross von Bhârata"), Dhanamjaya („Eroberer von Reichtum") und Gudâkesha („er, dessen Haar zu einem Knoten gebunden ist") anspricht. Arjuna seinerseits gibt Krishna diverse ehrende Titel wie Purushottama („höchste Person"), Hrishîkesha („er, dessen Haar sich vor Ekstase sträubt") und Govinda („Kuh-Finder"; go oder „Kuh" indiziert spirituellen Reichtum).

Arjuna sagte:

Aus Mitgefühl mit mir hast Du
über das höchste Mysterium
des tiefen Selbst (adhyâtman)
gesprochen, und meine törichte
Verwirrung ward drum beseitigt. (1)

Denn in Einzelheiten hört' ich
von Dir über Erschaffung und
Auflösung der Dinge und Wesen,
o Lotosäugiger [Krishna], und
über Deine ewige Glorie und
Majestät (mâhâtmya). (2)

Doch auch wenn Du unbezweifelbar
bist, wie Du Dich beschrieben hast,
o Höchster Herr, so wünsch' ich

Im brahman-(göttlich Absolutem) Zustand ist man dann, o Pârtha [Arjuna]. Ist der erreicht, so gibt es keine Täuschung mehr. Weilt man auch am Ende [beim Tod] fest darin verankert, so eint man sich mit brahman und erlöscht darin (nirvâna). (2.71–72)

Wer sein Glück im Inn'ren findet, und seine Freude und sein Licht darin, der ist ein yogin, der wird göttlich und geht ins Absolute ein. (5.24)

Derart, mit yogisch bezähmtem, harmonisch beständigem Selbst, gelangt der yogin zum Frieden, der befreienden höchsten Vereinung mit Mir. (6.15)

Er, der im Einssein (ekatva) lebt und Mich als jenen liebt, der in allen Wesen wohnt – dieser yogin lebt in Mir, was immer er auch tut. (6.31)

[13] Die in dieser Strophe genannten Gottheiten stammen alle aus der vedischen Periode.

mir doch, Deine göttliche Form zu schauen, o Höchste Person. (3)

Wenn Du glaubst, Herr, ich wäre solcher Schau würdig, dann zeige mir, o Herr des Yoga, Dein unsterbliches Selbst. (4)

Der Gesegnete Herr sprach:

Sieh denn, o Pârtha, meine Gestalten, hundertfach und tausendfach, von vielverschied'ner göttlich Art und vielen Farben, vielen Formen. (5)

Sieh die Âdityas, Vasus, Rudras, die Ashvins und die Maruts. Sieh, o Bhârata, die vielen nie zuvor geschauten Wunder.[13] (6)

Sieh, o Gudâkesha, das ganze Weltenall, [mitsamt] Bewegt' wie Unbewegtem, als Eines geeint in Meinem [kosmischen] Leib – und was immer sonst du sehen willst. (7)

Doch nie wirst du's vermögen, Mich mit deinem (menschlich) Aug' zu schauen. Ich will d'rum übersinnlich (divya) Schau dir schenken: Sieh Meine göttlich Yoga-Macht. (8)

Samjaya [der Erzähler des Dialogs zwischen Krishna und Arjuna] sagte:

O König [Dhritarâshtra], nachdem Er so gesprochen hatte, Hari, der große Herr des Yoga, zeigte Er dem Pârtha Seine höchst göttliche Gestalt, (9)

mit zahllosen Mündern und Augen, gar vielen wundersamen Erscheinungen, unzähligen Schmuckstücken, hocherhob'nen himmlischen Waffen von großer Zahl, (10)

mit göttlich Gewändern und Blumengirlanden angetan, gesalbt mit himmlisch duftenden Ölen, über alle Maßen wundervoll. [Siehe:] Gott – unendlich, allgegenwärtig in jedweder Form. (11)

Wenn's Strahlen von tausend Sonnen gleichzeitig am Himmel erschiene, so wär's wie das Strahlen dieses so Großen Wesens. (12)

Dann sah Pândava im [kosmischen] Leib des Gottes der Götter das ganze Universum in seiner Vielgestalt ruhen – im Einen. (13)

Dhanamjaya dann, von Wundern so erschaudernd und ganz gesträubten Haars, beugt tief

In Krishnas Lehre spielt die Liebe (bhakti) eine Schlüsselrolle. Auf der irdisch begrenzten Ebene fungiert sie als der sicherste „Mechanismus", mittels dessen sich die verehrenden yogins an die Gottesperson binden und so deren Gnade gewinnen. Auf der obersten, unbegrenzten Ebene erstrahlt die Liebe als das eigentliche Wesen des befreiten Zustandes. Deshalb stellt Krishna fest:

> Und unter allen yogins halt' Ich den für bestens yogisch angejocht, der Mich voll Glaube liebt und sein innres Wesen in Mich versenkt. (6.47)

Wie sollen wir die transzendente Liebe begreifen, an der ein befreiter yogin teilhat? An anderer Stelle schlug ich diese Antwort vor:

> Die Liebe, die ewig zwischen Gott und den – zu Seiner Gegenwart erwachten – Selbst-Monaden blüht, ist voller unbeschreibbar göttlicher Kreativität: Das Ganze kommuniziert mit sich selbst!

[14] *Das Wort anjali bezeichnet die Geste gefalteter Hände, zum Herzen oder zur Stirn geführt.*

den Kopf vor Gott, verehrt Ihn mit gefaltet' Händen (anjali)[14] (14)

Und sprach:

O Gott, in Deinem [kosmischen] Körper erschau ich all die Götter und die verschiednen Wesensarten auch, seh Gott Brahma sitzen auf dem Lotosthron und alle Weisen und himmlischen Schlangen (uraga). (15)

Überall, auf allen Seiten, seh ich Dich in nimmerendend Formen, mit unzähl'gen Armen, Bäuchen, Gesichtern und Augen, doch kann ich nicht in Dir ein Ende sehen, und keine Mitte, keinen Beginn – o Herr des Universums, o kosmische Gestalt. (16)

Mit Krone, Streitkolben und Diskus seh ich Dich – eine gleißende Lichtermasse, flammend überall. [Doch Du selbst bist] schwer drin auszumachen, denn gänzlich ein leuchtendes Strahlen aus maßlos, unvergleichlichem Sonnenfeuer [bist Du]. (17)

Wahrlich, Du bist das Höchste Unvergängliche (akshara), das Eine, das zu kennen ist, des Universums höchster Schatz und Ruheplatz (nidhâna). Du bist der Unwandelbare (avyaya), Wächter vom ewigen Gesetz (dharma). Du bist der Uranfänglich-Immerwährende (purusha) – ich weiß es [jetzt]. (18)

Ohne Anfang, Mitte, Ende, von unendlicher Kraft (vîrya), mit unzähligen Armen, mit Mond und Sonne als Augen, Dein Mund ein loderndes Feuer – ich seh, wie Du verzehrst, verbrennst das ganze All mit Deinem Strahlen. (19)

Von Dir allein wird dieser Weltenraum durchdrungen und der Himmel und die Erde. Die drei Welten erzittern vor Furcht, o Großes Selbst, wenn Deine wunderbare, doch schreckliche Form sie erschauen. (20)

Wahrlich, die Scharen der Götter treten in Dich ein voll Scheu und Schrecken und beten zu Dir mit gefalteten Händen; und viele große Seher (rishi) und Vollendete (siddha) rufen laut: „Heil [sei Dir]!" und preisen Dich mit wunderbaren Hymnen. (21)

Rudras, Âdityas, Vasus und Sâdhyas; die Vishvedevas, die

> Das logische Denken weicht vor einem solchem Paradoxon zurück. Es gelingt ihm nicht, in diesem Reich, in dem alle Gegensätze miteinander verschmelzen, Fuß zu fassen. Der letzte Test muss unmittelbare Erfahrung sein. Diese transzendente Liebe (para-bhakti) ist ein wesentlicher Teil von Gott und kann nur in und durch Gott voll realisiert werden. Diese Liebe ist ... bedingungs- und objektlos.[15]

Die Lehre der Gîtâ über die ewige Liebe, von der Göttlichen Person zum Gläubigen und zur ganzen Schöpfung strömend, stellt eine der größten Neuheiten in der gesamten indischen Religionsgeschichte dar. Der von Krishna, dem avatâra (herabgestiegener Gott) gelehrte Yoga bereicherte den Hinduismus mit einer raren Emotionalität, die bis zu diesem Zeitpunkt den hauptsächlich asketischen Anstrengungen der Seher und Weisen fehlte. Plötzlich hatte der spirituelle Sucher die Möglichkeit, sich auf höchst persönliche Weise mit dem Göttlichen zu verbinden – vom Herzen her, nicht nur vermöge einer Willensdiziplin. Tatsächlich war dies einst auch

[15] *G. Feuerstein, The Bhagavad-Gîtâ: Its Philosophy and Cultural Setting (Wheaton, Illinois, USA: Quest Books, 1983), p. 162 (z.Zt.vergriffen).*

[16] *Die Rudras usw. sind vedische Gottheiten.*

Quellenlektüre 10

[zwei] Ashvins, die Maruts, die Manen und die Gandharva-Scharen; Yakshas, Asuras und Siddhas – sie alle sehen Dich und sind erstarrt vor Staunen.[16](22)

Da sie erschauen Deine riesenhafte Form, o Starkarmiger [Krishna], mit ihren vielen Mündern, Augen, Armen, Füßen, Bäuchen, und mit Fangzähnen so fürchterlich, erzittern die Welten wie ich. (23)

Wenn ich seh', wie Du die Himmel stützt, vielfarbig lodernd, mit weit geöffneten Mündern und flammenstarrenden Augen, so bebt angstvoll mein innerstes Wesen (antar-âtman), und nicht Halt, nicht Seelenruhe (shama) hab ich dann mehr, o Vishnu. (24)

Und seh ich Deine Münder mit ihren furchterregend' Fängen, gleißend lohend wie's Feuer der Endzeit, so verlier ich jede Orientierung und finde nirgends sich'ren Unterschlupf. Sei gnädig, o Herr aller Götter, o Heim aller Welten! (25)

Und all die Söhne Dhritarâshtras und die Scharen der Könige der Erde und Bhîsma, Drona und der Sohn von Suta und all unsre Kriegsherren auch – (26)

stürzen hinein in Deinen Mund, mit Zähnen und Hauern so grauenerregend. Manche sieht man kleben zwischen Deinen Zähnen, mit Köpfen zu Pulver zermahlen. (27)

So wie viele Flüsse, Ströme hin zum Ozean schnellen, so schnellen diese Helden (vîra) unter Menschen hinein in Deine flammenspeiend' Münder. (28)

So wie Motten überstürzt zum grellen Feuer drängen, um d'rin zu sterben, so stürzen kopflos sich die Menschen in diese Deine Münder, zur eigenen Vernichtung. (29)

Mit lohenden Mäulern leckst Du auf und verschlingst alle Welten. Deine feurigen Strahlen erfüllen das All und furchtbar (ugra) wütet ihre grausame Hitze, o Vishnu! (30)

Sag mir, wer Du bist in solch entsetzlich' Form. Ehre und Preis sei Dir, o Höchster Gott! O hab Erbarmen mit mir! Ich will Dich kennen [wie Du] am Anfang [warst], o Du, des Anfangs Ursprung. Denn ich begreife nicht Dein Wirken (pravritti). (31)

die Lehre der alten vedischen rishis gewesen, doch ist sie von der Tradition fanatischer Askese (tapas), sowohl innerhalb wie außerhalb der orthodoxen brahmanischen Priesterschaft, allmählich überschattet worden. Die Gîtâ stellt Krishna in der Tat nicht so sehr als Erneuerer denn als ein Wesen vor, das alte, verlorengegangene Lehren wiederbelebt. Tastende, vorläufige Darstellungen derselben Lehre können in den frühen Upanishaden gefunden werden; doch mit der Gîtâ trat das Evangelium der Hingabe an Gott in das Bewusstsein des Volkes und wurde zum Vehikel der schlichten spirituellen Aspirationen unzähliger Millionen von Menschen.

V. DIE YOGALEHREN DER ANU-GÎTÂ

Die Anu-Gîtâ („Nachgesang"), im Mahâbhârata (14.16–50) zu finden, bildet die früheste uns bekannte Imitation der Bhagavad-Gîtâ. „Imitation" mag vielleicht das falsche Wort sein, da sie mehr ist als ein bloßes Echo des Göttlichen Gesangs. Sie will die Lehren, die Krishna dem Prinzen

Der Gesegnete Herr sprach:

Ich bin die Zeit (kâla), die der reifen Welt Zerstörung bringt, und zermalme die Welten hienieden zu Nichts. Auch ohne dich wird keiner dieser Krieger aus feindlichen Lagern am Leben bleiben [nach der Schlacht]. (32)

Drum erhebe dich, gewinn dir Ruhm! Besiege deine Feinde und erfreu dich deines reichen Königtums! Wahrlich, durch Mich allein sind sie bereits geschlagen. Sei du nur [für Mich] ein Werkzeug (nimitta), o Savyasâcin![17] (33)

Drona, Bhîsma, Jayadratha, Karna wie all die and'ren tapf'ren Helden auch – sie sind von Mir bereits hinweggerafft. Du musst sie nun besiegen! Fürchte dich nicht. Kämpfe! [All] deine Feinde wirst du überwinden in der Schlacht. (34)

Samjaya [der Erzähler] sagte:

Da er diese Worte von Keshava [Krishna] hörte, faltet' zitternd Kirîtin [Arjuna] die Hände in grüßender Haltung, verneigte, warf sich nieder erneut und voll Furcht und sprach mit versagender Stimme: (35)

Zu Recht, o Hrishîkesha, preist Dich die Welt mit überschwenglich' Freude, fliehen die Rakshasas erschreckt in [alle] Himmelsrichtungen, und grüßen [Dich] die Scharen der Vollendeten in tiefer Verehrung.[18] (36)

Und warum sollten sie solch Ehr' Dir nicht erweisen, o Großes Selbst, der größer Du denn Brahma und uranfänglich Schöpfer (âdi-kartri) bist? O unendliches Wesen über den Göttern, Hort des Universums, Du bist der Unvergängliche, bist Sein (sat), Nichtsein (asat) und alles, was jenseits davon. (37)

Du bist der Gott des Urbeginns (âdi-deva), die uralt kosmische Person (purusha), der Welten höchstes Schatz- und Vorratshaus. Du bist der Wissende, das Zu-Wissende und höchste Zuflucht Du. Durch Dich wird's Universum ausgeweitet, o unendliche Gestalt! (38)

Du bist Vâyu, Yama, Agni, Varuna, Shashânka und Prajâpati, der große Herr.[19] Preis und Ehre, Heil sei Dir, vieltausendmal. Wieder – wieder und wieder verehre ich Dich! (39)

[17] *Der Beiname Savyasâcin bedeutet „er, der geschickt mit der linken Hand ist", d.h. „er, der Rechts- und Linkshänder ist".*

[18] *Die Rakshasas sind Dämonenwesen.*

[19] *Die angeführten Gottheiten stammen aus der vedischen Periode. Shashânka („hasenartig") ist einer der Namen der Mondgottheit.*

Arjuna unmittelbar vor Beginn der ersten Kampfhandlungen zwischen Pândavas und Kauravas gab, rekapitulieren. Nachdem die letzte Schlacht geschlagen und der Krieg gewonnen war, bat Arjuna seinen göttlichen Lehrer Krishna, die Lehren der Bhagavad-Gîtâ zu wiederholen. Die Anu-Gîtâ erfüllt quasi diese Bitte. Es gibt eine ganze Reihe anderer „imitierter" Gîtâs aus verschiedenen Zeitperioden, aber keine darunter beansprucht, eine direkte Zusammenfassung von Krishnas ursprünglichem Lehrgesang, wie die Anu-Gîtâ, zu sein.

Ehe Krishna seine kostbaren Lehren nochmals an Arjuna weitergibt, rügt er seinen Schüler wegen seiner Vergesslichkeit. Aber Arjuna kann leicht für sein Versagen entschuldigt werden, war er doch, als ihm die Weisheit der Bhagavad-Gîtâ vermittelt wurde, in einem Zustand äußerster Niedergeschlagenheit gewesen, da er seine Freunde und Lehrer in den feindlichen Reihen sah.

Zwar gibt es zwischen den beiden Gîtâs viele Parallelen; wir können jedoch nicht umhin zu bemerken, dass das devotionale (bhakti) Element in der Anu-Gîtâ fehlt. Stattdessen betont sie das Element der auf das Absolute

Quellenlektüre 10

Ehre sei Dir von vorne, von hinten und von jeder Seite – Preis und Ehr' sei Dir, o All! Deine Macht [vikrama] ist unermesslich, Deine Stärke ohne Ende. Du erfüllest alles, d'rum bist Du Alles. (40)

Sorglosigkeit (pramâda), vielleicht auch Liebe machte mich für Deine große Majestät ganz blind. So dacht' ich dreist, Du seiest ein Freund, und vorlaut rief ich: „Hallo, Krishna! Hallo, Yâdava! Hallo, mein Freund!" (41)

Und im Spaß erwies ich Dir nicht gehörigen Respekt, beim Spiel, beim Ruhen, beim Sitzen, beim Essen, allein und zusammen mit andr'en – dafür, o Acyuta, bitt' ich Dich um Verzeihung, o Unermesslicher Du! (42)

Du bist der Vater der Welt des Bewegten und Bewegungslosen. Du bist das Objekt ihrer Verehrung (pûjya) und ihr höchster Lehrer. Niemand kommt Dir gleich – wie könnt' es [irgend jemand] Größ'ren geben in der Welten drei, o Du von unvergleichlich' Glorie? (43)

Darum beuge ich und werf' mich nieder vor Dir, o hochverehrungswürd'ger Herr, und suche Deine Gnade (prasâda). Du solltest mit mir Nachsicht üben, o Gott, wie der Vater mit dem Sohn, der Freund mit seinem Freunde, der Liebende mit der Geliebten. (44)

Was bisher nie gesehen ward, hab ich gesehen, und froh erregt bin ich darob. Doch mein Gemüt ist ganz vor Furcht erschüttert. [D'rum] zeig mir Deine [menschlich'] Form. Sei gnadenvoll, o Gott der Götter und Hort des Universums! (45)

So wie Du vorher warst, will ich Dich sehen, mit [Deiner] Krone und Streitkolben und Diskus in der Hand. O nimm Deine vierarmige Form wieder an, Du tausendarmige Form des Alls! (46)

Der Gesegnete Herr sprach:

Aus Freundlichkeit und Güte (prasanna), o Arjuna, enthüllte ich Dir mit Meines Selbstes Yoga-Macht diese höchste Form: Die funkelnd strahlende, die alles [umgreifende], unendliche, uranfangshafte (âdya) [Form] Meiner Selbst ward nie zuvor von irgend jemandem gesehen. (47)

Weder durch Studium (adhyava) der Veden noch Opferausführung,

(brahman) als dem höchsten Ziel menschlichen Strebens ausgerichteten gnostischen Erkenntnis (jnâna), und nicht die Kommunion mit Gott Krishna. Es scheint, als sei die Anu-Gîtâ ein früher Versuch, den devotionalen Aspekt in Krishnas Lehren herunterzuspielen – eine Tendenz, die Shankara, der Hauptvertreter des Advaita-Vedânta und dessen Jnâna-Yoga, machtvoll fortführte.

VI. DAS EMANZIPIERENDE EVANGELIUM DES EPOS – DER MOKSHA-DHARMA

Nach Bhagavad-Gîtâ und Anu-Gîtâ findet sich das für unsere Kenntnisse über Yoga signifikanteste Mahâbhârata-Material im Moksha-Dharma-Abschnitt, der Kapitel 168–353 des zwölften Buches des Epos umfasst. Mehrere untereinander verbundene, aber nicht immer übereinstimmende Traditionen kommen darin zur Sprache. Außer den orthodoxen brahmanischen Schulrichtungen, vom Vedânta repräsentiert, treffen wir auf etliche

weder durch Gaben noch Riten (kriyâ) noch strenge Kasteiung (tapas) kann Ich in solcher Form von irgendwelchen Menschen der Welt außer Dir gesehen werden, o heldenhafter Streiter (pravîra) der Kurus! (48)

Sei ohne Furcht, sei nicht verwirrt, wenn du Meine grauenerregend' Gestalt erschaust. Befreit von Furcht (bhî) und heiteren Sinns darfst du nun wieder Meine frühere Form erblicken. (49)

Samjaya [der Erzähler] sagte:

Nachdem Er so gesprochen zu Arjuna, enthüllte Vasudeva wieder Seine [menschliche] Gestalt, und in Seinem angenehmen [menschlich'] Leib tröstete das Große Selbst den zu Tod erschreckten [Prinzen Arjuna]. (50)

Arjuna sagte:

Da ich Deine angenehme menschliche Form nun sehe, o Janârdana[20], bin ich wieder ich selbst. (51)

Der Gesegnete Herr sprach:

Sehr schwer ist's, diese Form von Mir zu schauen, die du geschaut. Selbst die Götter sehnen sich danach, sie einmal zu erblicken. (52)

So wie du Mich gesehen, kann Ich weder durchs Studium der Veden, noch durch Kasteiung, Almosengaben und Opfer je gesehen werden. (53)

Aber, o Arjuna, durch Liebe, hingebungsvoll und ausschließlich zu Mir, kann diese Meine Form gesehen, erkannt und betreten werden, o Paramtapa.[21] (54)

Wer Meine Werke tut und zu Mir alleine strebt; wer Mich mit Hingabe verehrt, frei von Anhaftung; wer ohne Feindschaft allen Wesen gegenüber ist, dieser Mensch, o Pândava, dieser kommt zu Mir! (55)

[20] *Der Name Janârdana bedeutet „er, der die Menschen unterwirft" und entspricht dem deutschen Wort „Held".*

[21] *Paramtapa bedeutet soviel wie „er, der den Feind quält" und ist ein Synonym für Janârdana.*

ईश्वर । बुद्ध । अबद्धिमत् ॥

îshvara, buddha, abuddhimat

andere Überlieferungen, speziell die Pâncarâtra-Religion (eine frühe Form des Vaishnavismus), die Pâshupata-Religion (eine Form des Shaivismus), das vorklassische Sâmkhya und den vorklassischen Yoga. Diese Lehren sind manchmal als bloßes, der nondualistischen Metaphysik des Vedânta aufgepropftes Durcheinander von Doktrinen abgewertet worden, doch nichts könnte der Wahrheit ferner liegen.

Die Befreiungslehren des Moksha-Dharma liefern uns wichtige Hinweise insbesondere über Sâmkhya und Yoga in ihren „epischen" Formen, also vor ihrer jeweiligen Systematisierung durch Îshvara Krishna (ca. 350–400 n. Chr.) und Patanjali (ca. 200 n. Chr.). Ein sorgfältiges Studium des Moksha-Dharma lässt klar werden, dass, trotz der großen Ähnlichkeiten zwischen Sâmkhya und Yoga, diese beiden Traditionsstränge zur Zeit der endgültigen Abfassung des Mahâbhârata sich bereits deutlich voneinander unterschieden und unabhängig voneinander auftraten. In folgender Feststellung kommt das präzise zum Ausdruck:

> Die Methode der yogas [d.h. der yogins] ist die Wahrnehmung, die der sâmkhyas die schriftliche Überlieferung. (12.289.7)

„Diese sind nicht dieselben", wie das Epos zwei Strophen später bekräftigt. Hier wird also unterschieden zwischen dem Experimentieren mit dem Selbst seitens der yogins (yogas genannt) und der Berufung auf die überlieferte Offenbarung (zusammen mit rationaler Untersuchung der Natur des menschlichen Daseins) seitens der Anhänger des Sâmkhya. Trotzdem kennzeichnet den vorklassischen oder epischen Yoga nicht allein Praxis, und den Sâmkhya nicht ausschließlich Theorie. Beide Überlieferungen haben ihre jeweils eigenen theoretischen Konzepte und praktischen Psychotechniken.

Das vorklassische Sâmkhya erwuchs aus den upanishadischen Spekulationen über die Daseins- und Bewusstseinsebenen, wie sie sich in den tiefen Meditationen der Weisen enthüllten. Doch zur Entstehungszeit des Moksha-Dharma waren Sâmkhya und Vedânta bereits zwei getrennte Schultraditionen. Zwar favorisierte das vorklassische Sâmkhya, darin einigen Vedânta-Schulen ähnlich, eine Art Nondualismus, und das trifft auch auf die vorklassischen Yogaschulen zu. Aber episches Sâmkhya und Yoga unterscheiden sich von ihren beiden späteren, klassischen Ausformungen besonders in ihrer jeweiligen theistischen Ausrichtung: sowohl der Atheismus des klassischen Sâmkhya wie auch der kuriose Theismus des klassischen Yoga können nur als Abweichungen vom stark theistischen Ausgangspunkt in den Upanishaden verstanden werden.

Der Grund für diese Abweichung vom ursprünglichen Panentheismus des Sâmkhya und des Yoga war vor allem, dass man auf die Herausforderung des kraftvoll-analytischen Buddhismus reagieren musste – indem man Sâmkhya wie auch Yoga in philosophisch rationaler Manier systematisierte. In beiden Fällen führte das zu einem philosophischen Dualismus, der kaum überzeugt und den nondualistischen Welt- und Bewusstseinsdeutungen des Vedânta sehr hinterherhinkt.

In metaphysischer und theologischer Hinsicht gab es bedeutende Unterschiede zwischen den vorklassisch-epischen Sâmkhya- und Yoga-Schulen. Die vorklassischen Sâmkhya-Lehrer postulierten die essenzielle Identität zwischen individualisiertem, empirischem Selbst, budhyamâna oder jîva genannt, und universalem Selbst, buddha oder âtman genannt. Im Gegensatz dazu behauptete die Yoga-Tradition, dass zwischen dem transzendenten Selbst und den vielen empirischen Ich-Persönlichkeiten eine große Kluft bestehe. Außerdem existiere, den Yoga-Meistern zufolge, ein höchstes absolutes, göttliches Wesen über dem Kollektiv der transzendenten Selbste, im Vergleich mit dem – als „Erwachtseins"-(buddha-) Prinzip oder als „Herrgott" (îshvara) beschrieben – auch die befreiten Selbste immer noch unerleuchtet und unerweckt (abuddhimat) sind. So unterstellten die epischen yogins 26 fundamentale Existenzkategorien, „Prinzipien" (tattva) genannt, während die Sâmkhyas von nur 25 ausgingen. Im Kapitel 10 werden diese ontologischen Prinzipien näher behandelt.

Aus den epischen Schulen von Sâmkhya und Yoga entstand der synkretistische Sâmkhya-Yoga. Für den Historiker, der sich mit der Geschichte der indischen Philosophie und Spiritualität befasst, bildet diese so lange missverstandene Entwicklung eines der aufregendsten Forschungsgebiete. Für den Yoga-Studenten ist es wichtig zu wissen, dass Jahrhunderte der lebhaften experimentellen Ich-Transzendierung und des tiefen Nachdenkens darüber dem Yoga-Sûtra von Patanjali vorausgingen. Patanjalis Werk, so beeindruckend es als exakte Beschreibung der Yoga-Philosophie und -Praxis ist, lässt kaum den immensen Einfallsreichtum und die spirituelle Kreativität erahnen, die ihm als Quelle dienen.

Wenn wir den Moksha-Dharma lesen, begegnen wir allen Arten von mehr oder weniger komplexen oder auch abstrusen Lehren. Im Hinblick auf die tatsächliche Praxis jedoch bestehen die Yoga-Autoritäten, die im Epos auftreten, auf soliden moralischen Voraussetzungen und fordern solche Tugenden wie Wahrhaftigkeit, Bescheidenheit, Freisein von Besitzanspruch, Gewaltlosigkeit, Verzeihung und Mitgefühl – die auch das Fundament des späteren Yoga formen.

Wollust, Ärger, Gier und Furcht werden häufig als die größten Feinde des yogin aufgezählt; dazu kommen Träumen und Schlafen, Betörtheit und „geistige Diarrhöe" (bhrama), Zweifelsucht und Unzufriedenheit – sie alle werden als ernste Behinderungen auf dem spirituellen Weg gewertet. Eine großes potenzielles Hindernis bilden, wie es heißt, die siddhis oder vibhûtis genannten spirituellen Kräfte; sie können den yogin von seinem eigentlichen Ziel, die Ich-Persönlichkeit zu transzendieren, extrem ablenken. Diese Kräfte stellen sich als natürliche Nebenprodukte yogischer Meditationspraxis ein. Doch bilden sie, wie Patanjali in seinem Yoga-Sûtra (3.37) feststellt, nur aus Sicht des Ich-Bewusstseins wirkliche Qualitäten. Die praktische Anwendung dieser speziellen Fähigkeiten verhindert den ekstatischen Zustand (samâdhi), weil sie geradezu erfordert, die Aufmerksamkeit auf die äußere Welt und ihre Belange zu richten. Das wiederum verstärkt das typisch menschliche Gewohnheitsmuster – zu glauben, man sei eine Ich-Person, nicht das transzendente Selbst.

निरोधयोग ॥

nirodha-yoga

Die Lehrer des Moksha-Dharma instruieren auch über die richtige Ernährung und das Fasten sowie über die passende Umgebung für die yogische Praxis. Sie kannten den Wert der Atemkontrolle (prânâyâma) und unterschieden fünf Arten der Lebensenergie (prâna), die im Körper zirkulieren. Die Atembeherrschung bereitet den Geist auf die nächste Stufe des Verinnerlichungsprozesses vor: das Zurückziehen (pratyâhâra) der Sinne aus der äußeren Welt.

Die meisten Schulen des vorklassischen Yoga vertreten den, wie es der Moksha-Dharma nennt, nirodha-yoga, den „Yoga des Aufhörens“. Diese Methode besteht im fortwährenden Ablehnen und Nichtanerkennen des Bewusstseinsinhalts – von Sinneswahrnehmungen über Gedanken bis zu höheren Erfahrungen –, so dass schließlich das transzendente Selbst in seiner ganzen Glorie aufstrahlt. Folglich fungieren Beschränkung der Sinneswahrnehmung, Konzentration und Meditation als die primären Mittel des Yoga. Ein Abschnitt (12.188.15 ff.) unterscheidet zwischen mehreren Meditationsstufen, die geradezu an Patanjalis Terminologie denken lassen. So spricht Bhîshma – nicht nur heldenhafter Krieger, sondern auch ein Lehrer der Weisheit – von den Meditationsstufen vitarka (Denken), vicâra (subtile Reflexion) und viveka (Unterscheidung), ohne sie allerdings näher zu erläutern. Diese Stufen heißen auch codanâ, weil sie den Verstand „nötigen“, in den objektlosen Zustand absorbiert zu werden. Ein yogin, der nirodha-yoga meistert, tritt in den Zustand der völligen inneren Stille, der „Windlosigkeit“ (nirvâna) ein, in dem keinerlei sensorischer Input auftritt. Der Körper eines solchen yogin mag Beobachtern wie eine steinerne Säule erscheinen.

Ein anderer, im Moksha-Dharma besprochene Yogatyp heißt jnânadîpti-yoga, der „Yoga der erstrahlenden Weisheit“. Er besteht in der lang ausgedehnten Konzentration auf immer subtiler werdende Objekte. Zum Beispiel mag sich der yogin zuerst auf eines der fünf Elemente, dann auf den Verstand (manas), dann auf die höhere Vernunft (buddhi) konzentrieren. Oder er fokussiert die Aufmerksamkeit zuerst auf verschiedene Stellen des Körpers, wie Herz, Nabel oder Kopf, um sie daraufhin direkt auf das Selbst zu lenken. Solche Konzentrationsübungen heißen dhârana.

In einer Textpassage wird Yoga mit einem fehlerfreien Edelstein verglichen, der zuerst das helle Licht der Sonne in sich sammelt und es dann ausstrahlt. Die Sonne gilt natürlich als universales Symbol des Selbst, das als blendendes Strahlen erfahren wird. Die Metapher umschreibt den spezifisch yogischen Konzentrationsprozess recht gut. Dhârana sammelt die „Strahlen" oder Wirbel von Verstand und Gemüt, um sie auf das innere Selbst solange zu fokussieren, bis sich dieses im Ekstasezustand (samâdhi) leuchtend manifestiert und das ganze Wesen des yogin verwandelt.

Die Tatsache, dass solche Lehren in das Mahâbhârata aufgenommen wurden, beweist ihre große Popularität während der betreffenden Periode. In den Jahrhunderten um die Zeit des Buddha und gewiss vor Beginn der christlichen Zeitrechnung wurde Yoga tatsächlich zu einem beredten Mitstreiter in der philosophischen und spirituellen Arena des Hinduismus. Es schien nur eine Sache der Zeit zu sein, bis ein gebildeter Yoga-Adept ein Werk von bleibendem Wert schuf, in dem die Philosophie und Praxis des Hindu-Yoga klar formuliert wurden. Dieses Werk war das Yoga-Sûtra von Patanjali, dem wir uns im 9. Kapitel zuwenden werden.

QUELLENLEKTÜRE 11

MOKSHA-DHARMA (AUSWAHL)

Die folgenden zwei Kapitel aus dem Moksha-Dharma haben die Form eines Dialogs zwischen Bhîshma und seinem königlichen Schüler Yudhishthira. Das erste ausgewählte Kapitel erklärt im Einzelnen die Auswirkung der drei Qualitäten (guna) der Natur – sattva, rajas und tamas – auf den menschlichen Geist. In der hier dargelegten ontologischen Theorie sind diese drei Qualitäten Produkte der „Weisheitsmacht" (buddhi), ihrerseits die erste Hervorbringung der Natur (prakriti). Jenseits der Weisheitsmacht oder der höheren Vernunft steht der unbewegte ewige Zeuge, der sogenannte „Kenner des Feldes" (kshetra-jna) – der nichts anderes als das transzendente Selbst ist. Das zweite Exzerpt befasst sich mit der Meditationspraxis (dhyâna), ausführlicher allerdings nur mit der ersten von insgesamt vier Stufen. In der 15. Strophe werden Reflexion (vicâra), Denken (vitarka) und Unterscheidung (viveka) als Bestandteile der ersten Stufe angeführt. Das erinnert an die Komponenten vicâra und vitarka im bewussten Ekstasezustand (samprajnâta-samâdhi), erwähnt in Patanjalis Yoga-Sûtra (1.43–44). Der Zustand der Vollendung (siddhi), zu dem dieser vierfache Yoga der Meditation führen soll, wird auch Auslöschung (nirvâna) genannt – ein Begriff, auf den wir gleichfalls in der Bhagavad-Gîtâ stoßen (2.72; 5.26). Der Vers 6.19 der Gîtâ bezieht sich darauf indirekt: „So wie ein Kerzenlicht an windstillem (nivâta) Ort nicht flackert, so lässt sich das vergleichsweise auch vom yogin sagen, der mit gezähmtem Sinn und Verstand den Yoga des Selbst praktiziert." Der Begriff nirvâna, gewöhnlich mit „Auslöschung" übersetzt, stammt von der Wortwurzel vâ („blasen"), dessen Partizip Perfekt vâta heißt. Das Präfix nis (vor vâna zu nir verändert) entspricht dem lateinischen Präfix ex („aus"). Das Wort nirvâna kommt in den buddhistischen Schriften häufig vor, was aus der Sicht einiger Gelehrter beweist, dass Gîtâ und Moksha-Dharma nachbuddhistische Werke sind. Doch ist es genauso möglich, dass der Buddha den Begriff aus bereits existierender philosophischer Terminologie entlieh.

12.187

Yudhishthira fragte:

Sag mir, o Ehrwürdiger, was ist dies, das tiefes Selbst (adhyâtman) genannt und als das ursprüngliche Selbst (purusha) betrachtet wird? Was ist dies innerste Selbst, und was ist seine [Natur]? (1)

VII. Der sechsfache Yoga der Maitrâyanîya-Upanishad

Die Maitrâyanas werden schon in den Brâhmanas erwähnt und sind mit dem Krishna-Yayur-Veda („Schwarzen" Yayur-Veda) liiert. Sie scheinen eine besondere Verbindung mit Gott Rudra – der später, in der klassischen Periode, in Shiva aufging – gehabt zu haben. Neben anderen Texten komponierten die Maitrâyana-Priester das Shata-Rudrîya („Die Hundert [Anrufungen] von Rudra"), eine Litanei, die zum Schutz gegen das Böse rezitiert, dann aber auch zu Meditationszwecken verwendet wurde. Wie ihr Name angibt, entstand die Maitrâyanîya-Upanishad[22] auch in diesen Priesterkreisen, wiewohl sehr viel später. Zwar enthält diese esoterische Schrift ersichtlich archaische yogische Weisheit, doch wurde die jetzt existierende Version wahrscheinlich nicht vor dem 4. oder 3. Jahrhundert v. Chr. verfasst.[23] Ein Abschnitt dieser Upanishad bildet einen selbstständigen Text unter dem Namen Maitreya-Upanishad, er entstand anscheinend in Südindien.[24]

[22] *Geschrieben Maitrâyanîyopanishad.*

[23] *Wie der deutsche Yoga-Forscher Jakob Wilhelm Hauer feststellte, ist Paul Deussens Ansicht, die Maitrâyanîya-Upanishad enthalte absichtlich archaisierende Passagen, fragwürdig. Siehe J. W. Hauer, Der Yoga (Stuttgart: Kohlhammer Verlag, 1958), p. 100, wo er diese Upanishade der frühen buddhistischen Ära zuweist. Aufgrund ihrer grammatikalischen Eigenarten datiert sie Max Müller vor dem Grammatiker Pânini, der gewöhnlich ins 5. Jh. v. Chr. oder etwas später eingeordnet wird. Siehe M. Müller, Sacred Books of the East, Bd. 15 (Oxford: Oxford University Press, 1900), p. 6. Siehe auch J. A. B. van Buitenen, The Maitrâyanîya-Upanisad ('s-Gravenhage, Holland: Mouton de Gruyter, 1962).*

[24] *Zur Übersetzung der Maitreya-Upanishad siehe P. Olivelle, Samnyâsa Upanisads: Hindu Scriptures on Asceticism and Renunciation (New York und Oxford: Oxford University Press, 1992), pp. 158–169.*

[25] *Geschrieben bhûta-âtman. Die gedankliche Vorstellung dahinter ist, dass das Selbst in den bhûtas, d.h. in den begrenzten „Wesen" und materiellen „Elementen" wohnt. Der Begriff findet sich auch in der Maitrâyanîya-Upanishad (3.2 f.).*

Bhîshma antwortete:

Dieses tiefe Selbst, nach dem du mich fragst, o Pârtha, will ich dir so erklären: Es ist die seligste Freude (sukha)! (2)

Hat sie ein Mensch kennengelernt, so findet er an der Welt Vergnügen (prîti), erfreut sich ihrer und erlangt [davon] die Frucht: die Gutwilligkeit gegenüber allen Wesen. (3)

Erde, Wind, Äther, Wasser und Licht sind die Großen Elemente; [sie sind] der Ursprung und das Ende aller Wesen. (4)

Aus ihnen sind diese [Wesen] erschaffen worden, und zu ihnen kehren sie immer wieder zurück – die Großen Elemente in den Wesen sind wie die Wellen des Meeres. (5)

Wie eine Schildkröte, die ihre Gliedmaßen ausgestreckt hat, sie darauf wieder einzieht, so ähnlich zieht das elementare Selbst (bhûta-âtman)[25], nachdem es die Wesen geschaffen, diese wieder ein. (6)

Der Schöpfer der Wesen legte die fünf Großen Elemente in alle Wesen, aber das Individuum (jîva) sieht keine Unterschiede in ihnen. (7)

Klang, Gehör und die Ohren – [das bildet] die aus dem Ätherleib geborene Dreiheit. Von der Luft [kommen] Haut, Berührung und Bewegung, dazu die Sprache als Viertes. (8)

Form, Auge und Verdauung werden das dreifache Feuer genannt. Geschmack, Feuchtigkeit und Zunge werden als die drei Qualitäten des Wassers betrachtet. (9)

Geruch, Nase und Körper – dies sind die drei Qualitäten der Erde. Die Großen Elemente sind ihrer fünf. Der Verstandessinn (manas) wird als sechstes angenommen. (10)

Die Sinne und der Verstand, o Bhârata, sind [die Mittel] der Wahrnehmung (vijnâna). Das siebte [Element] soll die Weisheitsmacht (buddhi) sein. Außerdem ist der „Kenner des Feldes" (kshetra-jna) [d.h. das Selbst] das achte [Element]. (11)

Das Auge dient dem Sehen; der Verstand schafft Zweifel; die Weisheitsmacht bestätigt [die Natur der Dinge]; der Kenner des Feldes verharrt als Zeuge [all dieser Prozesse]. (12)

Die Maitrâyanîya-Upanishad beginnt mit der Geschichte von König Brihadratha, der im Mahâbhârata als einstiger Herrscher von Magadha und gläubiger Shiva-Verehrer vorgestellt wird. Nachdem er seinen Sohn als Thronregenten eingesetzt hatte, so erzählt die Geschichte, ließ Brihadratha sein Königtum hinter sich, ging in die Wälder und unterwarf sich asketischen Kasteiungen. Nach tausend Tagen (oder Jahren) des stocksteifen Stillstehens, die Arme hochgestreckt, die Augen unverwandt auf die Sonne gerichtet, suchte ihn der selbstrealisierte Meister Shâkâyanya auf. Da er Brihadratha einer Belehrung würdig fand, enthüllte er ihm das Geheimnis der zwei Typen des Selbst, nämlich des „elementalen Selbst" (bhûta-âtman geschrieben), d.h. der Ego-Person, und des transzendenten Selbst.

Das elementale Selbst erleidet ständige Veränderungen, bis es beim Tod zerfällt; doch das transzendente Selbst bleibt von diesen Veränderungen auf ewig unberührt. Es kann durch Studium und die Erfüllung der auferlegten Pflichten, einschließlich Askese, Rezitationen und tiefer Kontemplation, realisiert werden. Shâkâyanya beschreibt diese Realisierung als Vereinung

[26] *Die drei gunas – sattva, rajas und tamas – sind die Grundqualitäten bzw. Grundkräfte der Natur (prakriti), die nicht nur dem materiellen Universum (und somit dem menschlichen Körper, einschließlich der Sinne), sondern auch Verstand, Gemüt und mentalen Phänomenen innewohnen.*

Er sieht, was oberhalb der Fußsohlen, was darüber und jenseits davon ist. Wisse, dass dies ganze [Universum] innerlich von Ihm durchdrungen wird. (13)

Die Sinne des Menschen müssen völlig verstanden werden. Wisse drum, dass tamas, rajas und sattva die Bedingungen sind, unter [denen die Sinne] stehen.[26] (14)

Der Mensch, der dies vermöge seiner Weisheitsmacht verstanden hat und [dementsprechend] das Kommen und Gehen der Wesen betrachtet, erlangt allmählich die höchste Ruhe (shama). (15)

Die Weisheitsmacht regiert die Qualitäten (guna) [der Natur] und auch die Sinne, mit dem Verstand als sechstem [Sinn]. Wo würden die Qualitäten (guna) sein, wenn die Weisheit (buddhi) fehlte? (16)

Darum besteht dies ganze [Weltall der] bewegten und unbewegten [Dinge] aus jener [Weisheitsmacht]. Es entsteht aus ihr und wird in sie zurückgenommen. Daher wird vom Universum gesagt, es sei so [abhängig von der Weisheitsmacht]. (17)

Das, womit [die Weisheitsmacht] sieht, ist das Auge; womit sie hört, ist das Ohr, womit sie riecht, ist die Nase. Mit der Zunge erkennt sie Geschmack. (18)

Mit der Haut fühlt sie Berührung. Die Weisheitsmacht ist passiv [und] wird [durch diese Prozesse] verwandelt. Das, womit sie wünscht, ist der Verstandessinn (manas). (19)

Die Ruhepunkte der Weisheitsmacht [die definierte Zwecke haben] sind fünffach. Es sind die fünf Sinne. Die unsichtbare [Weisheitsmacht] steht über diesen [Sinnen]. (20)

Die Weisheitsmacht, regiert vom Selbst (purusha), fungiert unter [diversen] Bedingungen: Manchmal wird sie froh [wenn sattva vorherrscht], manchmal kummervoll [wenn rajas vorherrscht]. (21)

Manchmal jedoch fungiert sie [in einem von tamas bestimmten Zustand, in dem sie] nicht [beeinflusst wird] durch Freude (sukha) und Leid (duhkha). Sie wohnt also in drei Zustandsbedingungen im menschlichen Verstand und Gemüt. (22)

(sayujya) mit dem Selbst – dem Herrscher (îshana). Dann erläutert der Weise den sechsfachen Yoga (shad-anga-yoga) wie folgt:

> Um solche [Vereinung mit dem Selbst] zu bewirken, muss man sich an diese Regel halten: Atemkontrolle (prânâyâma), Rückzug der Sinne (pratyâhâra), Meditation (dhyâna), Konzentration (dhâranâ), Reflexion (tarka) und Ekstase (samâdhi). So sieht der sechsfache Yoga aus. (6.18)
>
> Wenn ein Seher den strahlenden Erbauer, den Herrn, die Urperson, den Ursprung des [Schöpfergottes] Brahma erschaut, dann – da er ein Wissender ist und Böses wie Gutes abstreift – annulliert er alles andere, bis auf die Einheit mit dem höchsten Unvergänglichen. (6.19)

Die Maitrâyanîya-Upanishad äußert sich noch spezifischer. Sie erwähnt den zentralen Kanal (sushumnâ-nâdî), die Achse des Körpers, durch die

Quellenlektüre 11

Diese [Weisheitsmacht], [zwar] teilhabend am Wesen der Bedingungen, transzendiert die drei Bedingungen, genauso wie das wellenreiche Meer die Flüsse empfängt, [aber] mit seinem großen Raum [größer ist als seine Zuflüsse]. (23)

Die Weisheit (buddhi), die jenseits der Bedingungen gelangte, existiert im Verstandessinn [als seine] Bedingung. Wenn jedoch rajas aktiviert wird, [folgt] die Weisheit dieser Bedingung. (24)

Dann bewirkt sie, dass alle Sinne wahrnehmen. Sattva ist Wonne, rajas ist Kummer, und tamas Selbsttäuschung. Dies sind die drei [Bedingungen, unter denen sich die Weisheitsmacht darstellt]. (25)

Gleich welche Bedingung in dieser Welt [überwiegt] – sie tritt in der Kombination der drei auf. Derart, o Bhârata, habe ich dir nun das Wesen der Weisheitsmacht erklärt. (26)

Und alle Sinne sind vom Weisen (dhîmat) zu meistern. Sattva, rajas und tamas sind immer mit Geschöpfen verkettet. (27)

Folglich kann man bei allen Wesen dreierlei Sinneswahrnehmungen (vedanâ) beobachten, o Bhârata, nämlich sattvische, rajasische und tamasische. (28)

Angenehme Wahrnehmung [entsteht] aus der sattvischen und unangenehme Wahrnehmung aus der rajasischen Qualität. In Verbindung mit tamas treten [weder angenehme noch unangenehme Wahrnehmungen], [stattdessen] Selbsttäuschung auf. (29)

[Das Gefühl] im Körper oder im Gemüt, das Vergnügen bereitet, wird [als Beweis dafür gesehen, dass] ein sattvischer Zustand vorherrscht. (30)

[Jenes Gefühl] nun, das mit Leid verbunden ist, Unzufriedenheit bewirkt [und dazu drängt], ihm zu entfliehen, sollte man als rajasisch bewerten. (31)

[Das Gefühl aber], das mit Selbsttäuschung einhergeht und wie das unwägbare, unerkennbare Nicht-Vorhandene auftritt – es sollte als tamas begriffen werden. (32)

die Lebenskraft (prâna) von der Rückgratwurzel hinauf zum Scheitel und darüber hinaus gedrängt werden muss. Dies kann bewerkstelligt werden, indem man Atem, Verstand und die heilige Silbe om miteinander verbindet. Als Nächstes zitiert Shâkâyanya zwei Strophen eines nicht näher benannten Autors, denenzufolge Yoga die Verbindung von Atem und der heiligen Silbe om, oder von Atem, dem Verstand und den Sinnen darstellt.

Dieser Text enthält viele faszinierende Ideen und verweist auf Praktiken, die einen weiteren Schritt in der Entwicklung des Yoga darstellen und auch den Boden für Patanjalis klassische Aphorismen bereiteten.

VIII. DER „UNBERÜHRTE" YOGA DER MÂNDÛKYA-UPANISHAD

Es gibt eine Reihe von Upanishaden aus der vorklassisch-epischen Zeit, insbesondere die Îsha, die Mundaka, die Prashna und die Mândûkya[27], die nicht direkt der für jene Periode charakteristischen (Sâmkhya-)Yoga-

[27] *Einige Forscher betrachten die Mândûkya-Upanishad (geschrieben Mândûkyopanishad) als relativ neueres Werk, das von Gaudapâda selbst verfasst worden sein könnte. Doch gibt es keinen überzeugenden Grund für die Annahme.*

Entzücken, Vergnügen, Seligkeit, Freude, Gemütsruhe – wann immer sie auftreten, [überwiegen] sattvische Eigenschaften. (33)

Unzufriedenheit, Qual, Kummer, Gier und Ungeduld – sie werden als Symptome von rajas gesehen [und ergeben sich] aus ihren Ursachen oder [ergeben sich] nicht daraus. (34)

Ähnlich bei Eingebildetheit, Selbsttäuschung, Unaufmerksamkeit, Schlaf (svapna) und Müdigkeit (tandritâ) – wo immer sie auftreten, [überwiegen] die verschiedenen Aspekte von tamas. (35)

Wer den weit umherschweifenden, immer wünschenden und zweifelnden Verstandessinn recht bezähmt – der ist glücklich hienieden und drüben im Jenseits. (36)

Sieh den feinen Unterschied zwischen sattva [d.h. buddhi oder Weisheitsmacht] und dem Kenner des Feldes [d.h. dem Selbst]. Das eine erschafft die Eigenschaften (guna), der andere erschafft sie nicht. (37)

So wie die Stechmücke und der Feigenbaum immer zusammengehören, genauso auch diese beiden. (38)

[Obwohl] von Natur verschieden, sind sie immer miteinander verbunden. So wie Fisch und Wasser gehören diese [beiden] zusammen. (39)

Die Eigenschaften kennen das Selbst nicht, [doch] es kennt die Eigenschaften ringsum, und der Aufseher (paridrashtri) der Eigenschaften [d.h. das Ich] hält sich immer [fälschlicherweise] für ihren Schöpfer. (40)

Aber mittels der inaktiven, unempfindlichen Sinne, [des Verstandes] und der Weisheitsmacht als siebtem [Sinn] wirkt das höchste Selbst – wie eine Lampe – in der Funktion einer Lampe [d.h. Es leuchtet mit ursprünglichem Licht]. (41)

Sattva [d.h. buddhi bzw. die Weisheitsmacht] erschafft die Eigenschaften. Der Kenner des Feldes sieht [nur] zu. Dies ist die ständige Verbindung zwischen sattva und dem Kenner des Feldes. (42)

Sattva und der Kenner des Feldes befinden sich [aber] nicht auf

Tradition, sondern dem vedântischen Advaita – einer Form des Jnâna-Yoga – nahestehen. Ich möchte hier lediglich die Mândûkya-Upanishad besprechen; sie verdient es, hervorgehoben zu werden, da sie den Adepten Gaudapâda dazu inspirierte, seine hochgeschätzte Mândûkya-Kârikâ (auch unter dem Namen Âgama-Shâstra bekannt) zu verfassen. Gaudapâda war der parama-Guru von Shankara, dem bekanntesten Philosophen des Advaita-Vedânta, der langen indischen Tradition des radikalen Nondualismus. Die Wortwendung parama-Guru ist nicht ganz eindeutig – sie könnte bedeuten, dass Gaudapâda der Lehrer von Shankaras Lehrer Govinda oder dass er der „Stamm-Guru" war, von dem sich Shankaras geistiger Stammbaum ableitete und zu dem Shankara voller Verehrung zurückblickte. Wir besitzen über Gaudapâda keine verlässliche Information. Der Vedânta-Gelehrte Ânandagiri aus dem 9. Jahrhundert schrieb eine Glosse (tîkâ) über Shankaras Kommentar zur Mândûkya-Kârikâ, in der er erwähnt, dass Gaudapâda Bußübungen und Exerzitien im Bâdaraika âshrama, einem heiligen, Gott Nârâyana geweihten Ort, durchführte. Und Nârâyana offenbarte ihm auch die Weisheit der Nicht-Dualität.

Quellenlektüre 11

derselben Basis. [Der Letztere] erschafft nie das sattva, den Verstand oder die [anderen] Qualitäten. (43)

Wenn man die Strahlen jener [Sinne] mit dem Verstand kontrolliert, dann manifestiert sich das eigene Selbst wie ein [hell] brennendes Licht in einem Gefäß. (44)

Der Weise (muni), der im Selbst seine ständige Freude findet, der's Drängen der Natur hinter sich gelassen und zum Selbst aller Wesen ward – er folgt dem höchsten Pfad [zur Befreiung und Unsterblichkeit]. (45)

Wie ein Wasservogel [ins Wasser] eintaucht, ohne davon befleckt zu werden, geradeso lebt der vollendet Weise (prajnâ) unter den Wesen [ohne sich dabei zu beflecken]. (46)

Ein Mensch sollte sich d'rum von der eingefleischten Bedingung (sva-bhâva) lösen, indem er von der Weisheitsmacht so Gebrauch mache: Er gehe durchs Leben ohne Kummer, ohne sich zu erregen [über Dinge] und ohne jegliche Berauschtheit (mâtsara). (47)

Wer aufgrund der eingefleischten Kondition ständig die besagten Qualitäten schafft, gleicht der Spinne, die ihr Netz erbaut. Die Qualitäten gleichen dann dem Spinnwebfaden. (48)

[Wenn die Qualitäten] verschwunden sind, so sind sie nicht [wirklich] abwesend. [Ihre gänzliche] Wirkungslosigkeit ist für die Wahrnehmung nicht offenkundig. „[Auch wenn sie] nicht wahrnehmbar [ist], kann sie schlussfolgernd festgestellt werden." (49)

Das ist die Meinung einiger, während andere [ihre gänzliche und offensichtliche] Wirkungslosigkeit unterstellen. Beide [Standpunkte] erwägend, sollte man sich nach bestem Gutdünken entscheiden. (50)

Dergestalt sollte dieser enge Herzensknoten [d.h. das philosophische Problem], aus Meinungsunterschieden geknüpft, gelöst werden. [Dann wird man] zweifellos nicht bekümmert sein. (51)

So wie verschmutzte Personen sauber werden können, wenn sie in einen Fluss eintauchen und recht gut wissen, [dass sie gereinigt werden] – derart

Gaudapâdas Lebenszeit ist damit nicht mit Sicherheit einzuordnen, und ihre Datierung hängt davon ab, wie wir die traditionelle Wortwendung parama-Guru in seinem Fall interpretieren. Wenn er der Guru von Shankaras Lehrer war, dann müssen wir ihn etwa ins frühe 7. Jahrhundert n. Chr. platzieren. Einigen Berichten zufolge kamen aber mehrere Lehrer zwischen den Lebenszeiten Gaudapâdas und Shankaras vor. Es scheint sogar möglich, dass Gaudapâda schon im 5. Jahrhundert n. Chr. lebte – was sich mit gewissen buddhistischen Quellen decken würde, die ersichtlichermaßen aus der Mândûkya-Kârikâ zitieren, darunter besonders Bhâvavivekas Tarka-Jvalâ („Aufleuchten der Vernunft").

Die Mândûkya-Kârikâ stellt eine brilliante philosophische Erläuterung der Ideen vor, die in der Upanishad gleichen Namens zur Sprache kommen. Tatsächlich wird Gaudapâdas Werk als die früheste systematische Behandlung des philosophischen Nondualismus bzw. Monismus der Upanishaden bewertet. Die Mândûkya-Upanishad behauptet, ein Mensch, der nicht alle 108 Upanishaden zu studieren in der Lage sei, könne trotzdem Befreiung

[28] *Geschrieben akritâtman.*

betrachte du die Weisheit (jnâna) [als Mittel zur Reinigung]. (52)

Ebenso wie jemand, der das drübere Stromesufer sieht, doch, von des Stromes Größe eingeschüchtert, ihn nicht überquert – ähnlich ist es bei denen, die das tiefe Selbst (adhyâtman), das Alleinsein, die höchste Weisheit sehen [und zuerst eingeschüchtert sind, doch dann vorwärts schreiten, um dies alles zu erlangen]. (53)

Der Mensch, der über dieses Kommen und Gehen aller Lebewesen weiß und der es bedenkt, kommt kraft jener Weisheit (buddhi) zum Höchsten. (54)

Wer die Dreiheit [der Eigenschaften der Natur] verstanden hat, der wird beim Dämmern des Morgens [d.h. mit dem Dämmern der Erleuchtung] befreit. Er erforscht mit dem Verstand und ist yogisch angejocht, sieht die Wahrheit, ist wunschlos. (55)

Das Selbst kann nicht von den einzelnen Sinnen erkannt werden [auch nicht von ihnen gemeinsam]; sie schwirren hierhin und dorthin und sind von einer unreifen Person (akrita-âtman) kaum zu beherrschen.[28] (56)

Hat man das verstanden, so wird man weise (buddha). Welches andere Anzeichen von Weisheit [könnte es geben]? Die Weisen, die dies wissen, wissen auch, dass sie erreicht haben, was zu erreichen war. (57)

Was den Wissenden keinerlei Furcht [mehr einflößt], verursacht den Unwissenden maßlose Furcht. Es gibt für niemanden einen höheren Pfad. Wenn sie [die Weisen] die Eigenschaft (guna) [des höchsten Selbst] erlangen, preisen sie dessen Unvergleichlichkeit (atulyâta). (58)

Für jenen, der [Handlungen] ohne vorhergehende Absicht ausführt und das [von ihm] früher Ausgeführte [als Früheres] belässt, gibt es weder unangenehme noch angenehme [Handlungen]. (59)

Sieh die kranke Welt, die kummerbeladenen Menschen, die über dieses und jenes so klagen. Und sieh die Gesunden und Unbekümmerten [in der Welt]. Wer beide Einstellungen kennt, der ist wahrhaftig wissend. (60)

erlangen, falls er tief in die Mândûkya eindringe, da diese die Quintessenz der upanishadischen Weisheit enthalte.

Die ganze Mândûkya-Upanishad – sie besteht nur aus zwölf Strophen – lässt sich als Abhandlung über die esoterische Symbolik der heiligen Silbe om beschreiben. Dieses uralte Mantra soll sich aus vier Einheiten (mâtra), nämlich aus a, u, m und dem nasalierten Nachklang des Tones m zusammensetzen. Symbolisch beziehen diese sich auf die vier grundsätzlichen Bewusstseinszustände, also auf Wachen, Träumen, Schlafen und den „Vierten" (caturtha, turîya), den transzendentalen Zustand. Gautapâdas Werk geht bei der Exposition dieser Vorstellung einen Schritt weiter. Er führt das Konzept des „unberührten Yoga" (asparsha-yoga) ein. Das Wort sparsha bedeutet „Berührung" oder „Kontakt", und asparsha heißt wörtlich „das, was von Berührung oder Kontakt frei ist" – anders gesagt: das, was unberührbar ist und nicht der Welt des bedingten Daseins (samsâra) angehört. Dieser Yoga fordert also, die nondualistische Theorie radikal zu praktizieren, indem nur im Selbst bzw. als Selbst gelebt wird, unberührt von der Pseudo-Dualität der sogenannten objektiven Welt.

Om-Symbol der südindischen Schrift

Quellenlektüre 11

12.188

Bhîshma sagte:

Sieh! Ich will dir, o Pârtha, den vierfachen Yoga der Meditation erklären. Durch ihn gelangten die Seher zur ewigen Vollendung (siddhi). (1)

Die yogins und die großen Seher üben die Meditation aus, wie es richtig ist, und haben an der Weisheit teil, indem sie ihren Sinn auf die Auslöschung (nirvâna) richten. (2)

Sie kommen nicht zurück, o Pârtha. Befreit [sind sie] von den Mängeln der Welt, die ständigen Veränderungen unterworfen ist (samsâra). Die Mängel [die sich aus ihrem] Geboren-worden-Sein ergeben, sind vergangen, [und sie] stehen fest in ihrer inneren Natur (sva-bhâva). (3)

[Sie befinden sich] jenseits der Gegensätze, weilen ständig im sattvischen Zustand, üben immer Beherrschung (niyama), halten sich von Anhaftung und Streit frei und sind von geistiger Ruhe erfüllt. (4)

Darum sollte also der Weise (muni) beim Studium (svâdhyâya) den Geist auf einen einzigen Punkt konzentrieren, um die Schar der Sinne zum Ball werden zu lassen, und sollte [unbeweglich] wie ein Stück Holz sitzen. (5)

Er sollte den Ton nicht suchen mit dem Ohr, die Berührung nicht mit der Haut, noch die Form durchs Auge, noch Geschmack mit der Zunge. (6)

Der Wissende des Yoga sollte auch alles duftende Räucherwerk während der Meditation, überhaupt alles entschieden ablehnen, was die fünf Sinne erregt. (7)

Er sollte also die Gruppe der fünf [Sinne] verstandesmäßig bezähmen und den umherschweifenden Verstand zusammen mit den fünf Sinnen zur Ruhe bringen. (8)

In der ersten Phase der Meditation sollte der Weise den wandernden, haltlosen, fünftürigen (panca-dvâra), zappelnden Verstand zur Ruhe bringen. (9)

Hat er dann die Sinne und den Verstand zu einem Ball gestaltet, so bezeichne ich das als den ersten Grad der Meditation. (10)

अ उ म् ँ

Die Zeichen a, u, m und das nâda-bindu-Symbol

Aus der Sicht des Selbst, das Eines ohne ein Zweites ist, stellt sich die Frage einer Berührung durch irgendetwas gar nicht: Es existiert weder außen noch innen, und es existiert keine Vielzahl von Dingen oder Wesen, die mittels der Sinne kontaktiert werden könnten. Nur der unerleuchtete Verstand, der zwischen Subjekt und Objekt unterscheidet, denkt in Begriffen der Getrenntheit oder Einheit, der Verbindungslosigkeit oder Verbindung. Gerade die von uns angenommene, vermeintliche Abgetrenntheit von anderen Wesen und Dingen verursacht unsere Ängste. Wo keine Dualität existiert, gibt es auch keine Angst. Gaudapâdas Yoga fordert die Verwirklichung der angstlosen Bedingung – des „Vierten" Zustandes, der mit dem allumfassenden Selbst identisch ist. Der Zustand kann erreicht werden in jedem Augenblick, in dem der Verstand die illusionäre Vorstellung einer vielfältigen Welt außerhalb seiner Eigenart aufgeben muss und stattdessen im angeborenen Zustand der Selbstheit zur Ruhe kommt. In seinem Kommentar zur Mândûkya-Kârikâ (4.2) bezeichnet Shankara den Asparsha-Yoga als Yoga der nondualistischen Schau, als a-dvaita-darshana-yoga.

Sein Verstand, der sechste [Sinn] – innerlich ganz eingegrenzt während der ersten [Meditationsphase] – wird [immer noch] hin- und herzucken wie ein Blitz in den Wolken. (11)

Wie ein zitternder Wassertropfen auf einem Blatt seinen Weg sucht, so wandert seine Aufmerksamkeit (citta) auf dem Pfad der [ersten] Meditation[sphase]. (12)

[Selbst wenn] der Verstand in etwa zeitweise beherrscht wird und [relativ fest] in der Meditationsspur steht, so wandert er doch [bald] wieder auf der Spur des Windes umher [d.h. des Atems] und wird wie der Wind. (13)

Der Wissende im Yoga der Meditation – nicht reagierend [auf Sinnesreize], frei von Betrübnis, von Lethargie und Begeisterung (mâtsara) – sollte den Verstand (cetas) immer wieder mit Meditation zur Ruhe bringen. (14)

Beginnend mit dem ersten [Grad der] Meditation treten für den Weisen, der sich konzentriert, Reflexion, Denken und Differenzierung auf. (15)

Selbst wenn der Verstand ihn quält, sollte er sich an die Konzentration (samâdhâna) halten. Der Weise sollte nie entmutigt sein, sondern immer nach seinem Guten (hita) trachten. (16)

Geradeso wie ein Haufen von Staub, Asche oder Abfall nicht [sofort] durchnässt ist, wenn er mit Wasser übersprüht wird, (17)

oder wie trockenes Mehl, wenn etwas angefeuchtet, nicht [unmittelbar danach] ganz durchtränkt, sondern allmählich durchfeuchtet wird, (18)

so sollte er die Sinnesschar allmählich sättigen und zusammenschirren. [Auf diese Art] wird er [den Verstand] vollständig zur Ruhe bringen. (19)

Der Verstand und die Gruppe der fünf [Sinne] werden, o Bhârata, durch unaufhörliche Yogapraxis beruhigt, sowie der erste Grad der Meditation erreicht ist. (20)

Nicht durch menschliche Arbeit und nicht durch irgendeine göttliche [Intervention] schreitet [der yogin] vorwärts zu der

Asparsha-Yoga kann als höchste Form des Jnâna-Yoga bezeichnet werden. Als solcher stellt er die Krönung der gesamten nondualistischen Tradition der Upanishaden dar. Unter Shankaras virtuosen Händen wurde er zum größten Gegenspieler des Buddhismus und auch von Patanjalis Schule des klassischen Yoga.

IX. Moral und Spiritualität – Vorklassischer Yoga in der rechtsethischen Literatur

Überblick

Elemente des vorklassischen Yoga können, neben den beiden Epen und den Upanishaden, auch in einer Reihe anderer halbreligiöser Werke des Hinduismus, vor allem in der rechtsethischen Literatur, dharma-shâstra genannt, gefunden werden. Was ist der Grund für diese Verbindung zwischen

Quellenlektüre 11

Freude, die demjenigen [eignet],
der selbstberrscht ist. (21)

Angeschirrt an diese Freude, findet er sein Vergnügen in der Ausübung der Meditation. Solcherart bewegen sich die yogins zu jener Auslöschung (nirvâna), [die] frei von allen Defekten [ist]. (22)

Ethik/Moral (dharma) und Spiritualität (yoga)? Einem altüberlieferten brahmanischen Modell menschlicher Motivation zufolge gibt es vier große Werte bzw. Ziele (purusha-artha), denen die Menschen sich verschreiben: materieller Wohlstand (artha), Vergnügen (kâma), moralisches Verhalten (dharma) und Erlösung (moksha). Sie bilden eine Hierarchie, mit der Befreiung als höchstem, für uns erstrebbaren Ziel. Moral und das Streben nach Emanzipation oder spiritueller Freiheit stehen in spezieller Wechselbeziehung – das höhere spirituelle Leben kann nur gedeihen, wenn es fest in einer ethischen Moral wurzelt.

So überrascht es nicht, dass wir viele Verweise auf Yoga in den Texten über Ethik und Recht finden, denn diese bewerten die Erlösung ebenfalls als die höchstmögliche Tugend; die Yoga-Schriften andererseits listen diverse moralische Tugenden auf, in denen der yogin fest begründet sein oder die er kultivieren muss. So führt Patanjali in seinem Yoga-Sûtra (2.30–31) zum Beispiel die fünf Tugenden an, die zum großen Gelübde (mahâ-vrata) gehören: Nicht-Leidzufügung, Wahrhaftigkeit, Nicht-Stehlen, Keuschheit und Begierdelosigkeit. Sie bilden gemeinsam das erste der acht Glieder (anga) des achtfachen Pfades im klassischen Yoga, sind zum anderen aber auch Bestandteile der Moral, wie sie in den Dharma-Sûtras und Dharma-Shâstras formuliert wird.

Die dharma-shâstra-Literatur ist recht umfangreich; trotzdem scheint es, dass viele der ursprünglichen Sûtras vor langer Zeit verlorengingen. Selbst ein oberflächlicher Blick in die von juristischen und spirituellen Autoritäten verfassten Handbücher über ethisch-moralisch richtiges Verhalten lässt erkennen, dass Askese (tapas) und Yoga integrale Elemente von Indiens Kultur und Sitte waren – lange vor der christlichen Zeitrechnung. Die Tatsache, dass darin so viele Verweise auf tapas auftreten, deutet ersichtlich auf das hohe Alter der spirituellen, in diesen Werken weitergegebenen Lehren hin. Es gibt vergleichsweise wenig Hinweise auf Yoga, und wenn, dann assoziieren sie Yoga generell mit der Disziplin der Sinnes- und Atembeherrschung. Mit zunehmender Akzeptanz von Yoga im orthodoxen Brahmanentum war es dieser weit verstreuten Tradition beschieden, eine immer bedeutendere Rolle bei der Weiterentwicklung der großen religiösen Kultur, „Hinduismus" genannt, zu spielen. Die Praxisorientierung von Yoga erwies sich dabei als eine beständig erdende Kraft, sowohl hinsichtlich der metaphysischen Höhenflüge als auch hinsichtlich der fortdauernden rituellen Neigungen der brahmanischen Intellektuellen.

Gleichzeitig sprach die Betonung der persönlichen Erfahrung im Yoga, insbesondere im Karma- und Bhakti-Yoga, jene religiös gesinnten Menschen sehr an, die nicht in die Brahmanenkaste – mit ihrem privilegierten Zugang zu den heiligen Schriften – hineingeboren waren. Vor allem mit dem Aufstieg des Tantra um die Mitte des ersten Jahrtausends n. Chr. begannen die Klassen- und Kastenschranken innerhalb der spirituellen Arena niedergerissen zu werden. In tantrischen Kreisen wurde jedem, unabhängig von sozialem Status, Bildung oder Hautfarbe, Zugang zu den höchsten Lehren zugestanden, zumindest prinzipiell. Die einzige Bedingung war spirituelle Bereitschaft.

Die ältesten Gesetzeswerke sind die verschiedenen Sûtras, verfasst von Weisen wie Gautama, Bhaudhâyana, Vasishtha und Âpastamba. Einzelne Teile unter ihnen sind wohl so alt wie die späten Brâhmanas – z.B. das Shata-Patha –, aber im Großen und Ganzen gehören sie einer jüngeren Periode an. Diese Werke dienten als Grundlage für jene ausgeklügelteren, Dharma-Shâstras genannten Gesetzesschriften; Letztere werden gewöhnlich der Zeit zwischen 300 v. Chr. und 200 n. Chr. zugeordnet. Als bedeutendste dieser Schriften gilt das Mânava-Dharma-Shâstra, auch Manu-Smriti genannt und im shloka-Versmaß abgefasst. Sein angesehener Autor ist Manu Vaivasvata, der seit alters als Vorvater der gegenwärtigen menschlichen Rasse und Ahn der herrschenden Familien des vedischen Indien verehrt wird. Im archaischen Rig-Veda (1.80.16) wird er „unser Vater" genannt. Die spätere Purâna-Literatur spricht von Manu als dem Überlebenden einer großen Flutkatastrophe. Diese Flutlegende – der Noah-Geschichte sehr ähnlich – findet sich zuerst im Shata-Patha-Brâhmana (1.8.1–6), das über viertausend Jahre alt ist, nicht aber im Rig-Veda. Doch der Atharva-Veda (19.39.7–9) erwähnt ein goldenes Schiff, das auf einem Himalaya-Gipfel strandete.

अर्थ । काम । धर्म । मोक्ष ॥

artha, kâma, dharma und moksha

Ikshvâku, einer von Manus neun Söhnen, ist als Begründer der Sonnen-Dynastie in Erinnerung. Manu selbst soll ein Sohn des Sonnengottes Vivasvat (daher Manus Zuname Vaivasvata) gewesen sein. Manus Tochter Ilâ begründete (nach einer Geschlechtsumwandlung) die lunare Dynastie, aus der sich die Pândavas, angeführt vom Prinzen Arjuna, des Schülers vom Gottmenschen Krishna, als die berühmtesten Mitglieder hervorheben.

Während Manu, falls er denn existierte, der frühesten Phase der vedischen Zivilisation angehört (möglicherweise dem 5. Jahrtausend v. Chr.), ist die ihm beigelegte Manu-Smriti sicherlich Produkt einer sehr viel jüngeren Zeit. Einige der Vorstellungen und Ideen darin stammen jedoch ohne Frage aus vedischen Zeiten. Wie dem auch immer sein mag – die Manu-Smriti bezeugt den weitreichenden Einfluss, den die Yoga-Tradition zu Beginn der christlichen Zeitrechnung hatte.

Yogalehren in der Gesetzesliteratur

Abgesehen vom Moralkode, in den yama-Regeln des Yoga bündig enthalten, heben die Dharma-Shâstras die Atembeherrschung als Mittel der Entsühnung hervor. So findet sich in der Manu-Smriti (6.70 ff.) eine Passage über die positiven Effekte der Atemkontrolle (prânâyâma), die zusammen mit den passenden vedischen Mantren, insbesonders mit der Silbe om, durchgeführt werden soll. Diese Kombination stelle die höchste Form der Sühne dar: Alle Arten körperlicher und psychischer Makel werden damit „weggebrannt".

Das Vasishtha-Dharma-Shâstra beschreibt im Kapitel 25 den Yoga, der im Wesentlichen aus Atembeherrschung besteht. Das Atemanhalten wird in Vers 13 definiert als die Unterdrückung des Atems für die Dauer von drei Wiederholungen des gâyatri-mantra nebst der Silbe om, den vyâhritis oder „Erklärungen" (das sind: bhûh, bhuvah, svaha) und den shiras(„Kopf")-Äußerungen (nämlich „Wasser, Feuer/Licht, Essenz, unsterblich").[29] Es heißt (Vers 6), der Atem erzeuge Luft, die ihrerseits das innere Feuer entfache, wodurch Wasser gebildet werde. Alle drei Elemente bewirken die gewünschte Reinigung, ohne die Weisheit nicht erstrahlen kann. Im Vers 8 wird Yoga als die Summe des heiligen Gesetzes (dharma) und als höchste und ewig gültige Sühne charakterisiert.

Eine nahezu gleichlautende Textpassage findet sich im Baudhâyana-Dharma-Sûtra (4.1.23 ff.), einem sehr geschätzten Werk, dessen wesentlicher Kern vermutlich in den Jahrhunderten vor dem Austrocknen des Sarasvatî-Flusses um ca. 1900 v. Chr. entstanden war.

Die Shânkhâyana-Smriti (12.18–19), eine andere alte Schrift über hinduistische Sitten und Gesetze, spricht übertreibend davon, dass sechzehn tägliche prânâyâma-Runden selbst den, der einen Brahmanen erschlug, von seiner abscheulichen Sünde läutern. Die Yâjnavalkya-Smriti (3.305) schreibt einhundert prânâyâmas zur Sühne aller Sünden vor.

Die Manu-Smriti und andere verwandte Schriften empfehlen dazu die Konzentration (dhâranâ) als Mittel zur Sühne, und die Meditation (dhyâna), um unerwünschte Gefühle wie Ärger, Geiz und Eifersucht zu bekämpfen. Der Autor des Âpastamba-Dharma-Sûtra (1.5.23.3 ff.), das in seiner gegebenen Form vielleicht im 3. Jahrhundert v. Chr. verfasst wurde, zitiert einen Vers aus einem nicht genannten Werk, demzufolge die weise Person alle „Fehler" (dosha) des Charakters durch Yoga-Ausübung beseitigt. Er zählt fünfzehn solcher Fehler oder Defekte auf, einschließlich Ärger, Gier, Heuchelei, ja selbst Überschwänglichkeit.

Die Yâjnavalkya-Smriti rangiert hinsichtlich der Wichtigkeit gleich hinter der Manu-Smriti, obgleich es in seiner existierenden Form mehrere Jahrhunderte später geschaffen worden sein kann. Dieser Text wird generell dem berühmten Weisen Yâjnavalkya zugeschrieben, der zur Zeit der Brâhmanas lebte. In einem Abschnitt (3.195. ff.) wird der ganze yogische Prozess

[29]Das vollständige Mantra lautet: Om bhûr bhuvah svaha, tat savitur varenyam, bhargo devasya dhîmahi, dhiyo yo nah procodayâd, âpo jyotî-raso'mritam. Die Rezitation dieses Mantras bei gleichzeitigem Atemanhalten wird als eine Atemzurückhaltung (kumbhaka) bewertet.

geschildert – vom Einnehmen der richtigen Haltung über das Zurückziehen der Sinne aus der Außenwelt bis zur Atemkontrolle, Konzentration und Meditation. Das Werk zählt auch etliche yogische Fähigkeiten (siddhi) auf (3.202 f.), z.B. die Fähigkeit, unsichtbar zu werden, sich an vergangene Leben zu erinnern und in die Zukunft zu sehen.

Mit der Manu-Smriti nähern wir uns der Zeit nach Christus, die sich für die Entwicklung des Yoga als überaus fruchtbare Phase erwies. Jene Person, die im ersten oder zweiten Jahrhundert n. Chr. dem Yoga seine erkennbare philosophische Gestalt gab, war ein Seher (rishi) namens Patanjali. Wir wollen uns nun ihm und seinen berühmten Aphorismen zuwenden.

TEIL 3

Klassischer Yoga

„Als Veda-Vyâsa das Yoga-Bhâshya verfasste,
erklärte er das Wesentliche aller Veden.
Darum ist [diese Schrift] das Medium
für all jene, die Befreiung erstreben."

VIJNÂNA BHIKSHU, YOGA-VÂRTTIKA (1.4)

KAPITEL 9

Geschichte und Literatur des Pâtanjala-Yoga

„Yoga ist eine perfekt strukturierte, integrale Weltanschauung, die das Ziel hat, die menschliche Person mit ihrer vorgegebenen unveredelten Form in eine vollendete umzuwandeln ... Man kann sagen, der Yoga strebe nach Befreiung von der Natur, einschließlich der menschlichen Natur; denn sein hohes Streben zielt auf dasjenige, das Menschheit und Kosmos transzendiert – auf das reine Sein."

RAVI RAVINDRA, „YOGA: THE ROYAL PATH TO FREEDOM", HINDU SPIRITUALITY, P. 178

I. PATANJALI – PHILOSOPH UND YOGI

Die meisten yogins besitzen, genauso wie generell die meisten Menschen, keine intellektuelle Neigung. Aber yogins, anders als gewöhnliche Menschen, wenden das in einen Vorteil, indem sie Weisheit und jene seelischen und spirituellen Erfahrungen kultivieren, die der rationale Verstand zu leugnen und zu verhindern pflegt. Trotzdem gab es auch immer solche Yoga-Praktizierenden, die dazu intellektuelle Brillianz demonstrierten. Shankara aus dem 8. Jahrhundert n. Chr. wird nicht nur als der größte Repräsentant der nondualistischen Hindu-Metaphysik, des Advaita-Vedânta, erinnert, sondern ebenso als großer Yoga-Adept. Der buddhistische Lehrer Nâgârjuna, der im 2. Jahrhundert n. Chr. lebte, war nicht nur ein gefeierter tantrischer Alchemist und Thaumaturg (siddha), sondern auch ein philosophischer Geist ersten Ranges. Im 16. Jahrhundert n. Chr. schrieb Vijnâna Bhikshu profunde Kommentare zu allen großen Denkschulen. Mit seinem herausragenden Genius beeindruckte er den deutschen Pionier unter den Indologen und Begründer der vergleichenden Mythologie, Max Müller. Gleichzeitig aber galt Vijnâna Bhikshu als großer spiritueller Praktiker, der dem vedântischen Jnâna-Yoga folgte.

Ähnlich war Patanjali, Verfasser – oder Herausgeber – des Yoga-Sûtra, ersichtlich ein Yoga-Adept, dazu von außergewöhnlicher Intelligenz. Wie der Yoga-Experte Christopher Chapple anmerkte:

> Manche haben behauptet, Patanjali habe in seiner Darstellung des Yoga keinen spezifischen philosophischen Beitrag geleistet. Ich meine im Gegenteil, dass er einen meisterhaften Beitrag lieferte, als er vorurteilslos diverse Praktiken und damit eine Methodologie vorstellte, die tief in der Kultur und den Überlieferungen Indiens wurzelt.[1]

Patanjalis Yoga bildet den Höhepunkt eines langen Evolutionsprozesses der yogischen Techniken. Unter den zahlreichen Schulrichtungen, die in den ersten Jahrhunderten der christlichen Zeitrechnung florierten, war es Patanjalis Schule, die als das letztgültige System (darshana) der Yoga-Tradition anerkannt wurde. Es gibt viele Parallelen zwischen Patanjalis Yoga und dem Buddhismus, und unklar bleibt, ob diese einfach nur infolge der zeitgleichen Entwicklung von hinduistischem und buddhistischem Yoga auftreten, oder ob sie aus Patanjalis besonderem Interesse an buddhistischen Lehren resultierten. Wenn Patanjali im 2. Jahrhundert n. Chr. lebte, wie hier angenommen wird, so mag er zu jener Zeit sehr wohl unter einem

[1] *C. Chapple und Yogi Ananda Viraj (E. P. Kelly jr.), The Yoga Sûtras of Patanjali: An Analysis of the Sanskrit with Accompanying English Translation (Delhi: Sri SatGuru Publications, 1990), p. 15.*

beträchtlichen buddhistischen Einfluss gestanden haben. Aber vielleicht sind auch beide Erklärungen zutreffend.[2]

Leider wissen wir über Patanjali so gut wie nichts. Die Hindu-Überlieferung identifiziert ihn als den berühmten Grammatiker desselben Namens, der im 2. Jahrhundert v. Chr. lebte und das Mahâ-Bhâshya verfasste. Nach Meinung der Gelehrten gilt das jedoch als unwahrscheinlich. Sowohl der Inhalt wie die Terminologie des Yoga-Sûtra deuten mehr auf das zweite nachchristliche Jahrhundert als wahrscheinlicher Lebenszeit Patanjalis, wer immer das gewesen sein mag.[3]

1. Zusätzlich zu dem angeführten Grammatiker kennt Indien noch mehrere andere Patanjalis. Der Name wird als Sippen(gotra)-Name des vedischen Priesters Âsurâyana erwähnt. Das alte Shata-Patha-Brâhmana spricht von einem Patancala Kâpya, den der deutsche Indologe Albrecht Weber im 19. Jahrhundert irrigerweise mit Patanjali zu verbinden suchte.[4] Dann gab es einen Sâmkhya-Lehrer unter diesem Namen, dessen Ansichten in der Yukti-Dîpikâ (spätes 7. oder frühes 8. Jh. n. Chr.) ausgedrückt werden. Wieder einem – vielleicht – anderen Patanjali wird das Yoga-Darpana („Spiegel des Yoga"), ein Manuskript unbekannter Entstehungszeit, zugeschrieben. Schließlich lebte auch noch ein Yoga-Lehrer Patanjali im Rahmen der südindischen Shaiva-Tradition. Auf seinen Namen mag im Titel von Umâpati Shivâcâryas Pâtanjala-Sûtra aus dem 14. Jahrhundert – einem Text über die Liturgie des Natarâja-Tempels in Cidambaram – hingewiesen worden sein.

Die Hindu-Überlieferung sieht in Patanjali eine Inkarnation von Ananta oder Sesha, des tausendköpfigen Herrschers der Rasse der Schlangen, die die verborgenen Schätze der Erde bewacht. Den Namen „Patanjali" soll Ananta erhalten haben, weil er den Yoga auf der Erde lehren wollte und vom Himmel auf die Handfläche (anjali) einer tugendhaften Frau namens Gonikâ fiel (pat). Ikonographische Darstellungen zeigen Ananta häufig als die Liege, auf der Gott Vishnu ruht. Die vielen Häupter des Schlangenherrschers symbolisieren Unendlichkeit, auch Allwissenheit. Anantas Beziehung zum Yoga lässt sich leicht nachweisen, ist doch Yoga der verborgene Schatz bzw. die esoterische Lehre par excellence. Bis auf den heutigen Tag verbeugen sich viele yogins vor Ananta, ehe sie mit der täglichen Routine ihrer Yoga-Übungen beginnen.

Im Eingangssegen des Yoga-Bhâshya-Kommentars zum Yoga-Sûtra wird der Schlangenherrscher Ahîsha mit diesen Worten gegrüßt:

> Möge Er, der Herrschende, der Welt in jedweder Form Gutes antun und dazu Seine ursprüngliche [nicht manifeste] Gestalt aufgeben – Er, der schön Zusammengerollte und Vielmäulige, der mit tödlichem Gift Versehene, der doch die große Schar der

[2] *Siehe S. N. Tandon, A Re-Appraisal of Patanjali's Yoga-Sutras in the Light of the Buddha's Teaching (Igatpuri, India: Vipassana Research Institute, 1995).*

[3] *Zur akademischen Diskussion über die Beziehung zwischen Patanjali, dem Yoga-Meister, und Patanjali, dem Grammatiker, siehe S. Dasgupta, A History of Indian Philosophy (Delhi: Motilal Banarsidass, 1975), Bd. 1, pp. 230–233. Siehe auch J. H. Woods, The Yoga-System of Patañjali (Delhi: Motilal Banarsidass, 3. Ausg. 1966), pp. XIII–XVII.*

[4] *Siehe A. Weber, The History of Indian Literature (London: Kegan Paul, Trench, Trübner & Co., 4. Ausg., 1904), p. 223, Anm. Weber erwähnt auch, dass Patanjali manchmal als eine der früheren Inkarnationen des Buddha betrachtet wird.*

> Nöte und des Leids (klesha) vertreibt; Er, der Quell aller Weisheit (jnâna), dessen Hofstaat diensttuender Schlangen andauernd Vergnügen bewirkt; Er, der göttliche Herr der Schlangen: Möge Er, der Spender des Yoga, selbst im Yoga angejocht, dich mit Seinem reinen weißen Leib beschützen.

Was immer wir über Patanjali aussagen können – es wird nur Spekulation bleiben. Vernünftigerweise können wir annehmen, dass er eine große Autorität des Yoga und höchstwahrscheinlich auch das Haupt einer Schule war, in der das Studium (svâdhyâya) als wichtiger Aspekt der spirituellen Praxis betrachtet wurde. Als er seine Aphorismen (sûtra) verfasste, machte er von bereits vorhandenen Texten Gebrauch. Sein eigener philosophischer Beitrag bestand, soweit das aufgrund des Yoga-Sûtra beurteilt werden kann, mehr in der Materialsammlung und -systematisierung denn in einer originalen Schöpfung. Natürlich ist es möglich, dass er andere Werke geschrieben hatte, die nicht erhalten geblieben sind.

Hiranyagarbha

Westliche Yoga-Enthusiasten sehen Patanjali oft als den Vater des Yoga, aber die Einschätzung trifft nicht zu. Die nachklassischen Traditionen halten Hiranyagarbha für den eigentliche Erschaffer des Yoga. Obwohl manche Texte Hiranyagarbha als selbstrealisierten Meister portraitieren, der in alter Zeit lebte, darf eine solche Personalisierung angezweifelt werden. Der Name heißt „goldener Keim", und die vedântische Kosmo-Mythologie spricht vom Mutterleib der Schöpfung, vom ersten Wesen, das aus dem noch undifferenzierten Welten-Urgrund, der Matrix all der Myriaden an Schöpfungsformen, hervorging. So gesehen ist Hiranyagarbha eine kosmische Urform, kaum ein Individuum. Ihn – oder die Form – für den Urheber des Yoga zu halten, ergibt einigen Sinn, wenn man sich vor Augen führt, dass Yoga essenziell aus veränderten Bewusstseinszuständen besteht, in denen sich der yogin auf ungewöhnliche Realitätsebenen einstellt. Aus solcher Sicht betrachtet, stellt sich Yoga immer als Offenbarung dar. Hiranyagarbha ist einfach ein Symbol für die Macht oder Gnade, kraft derer ein spiritueller Prozess auftritt und initiiert wird.

Spätere Yoga-Kommentatoren glaubten, dass es eine wirkliche Person namens Hiranyagarbha gegeben habe, die eine Abhandlung über Yoga verfasste. So ein Werk wird in der Tat von vielen anderen Autoritäten angeführt, doch sagt das überhaupt nichts über Hiranyagarbha aus. Die detaillierteste Information über jene Schrift findet sich im zwölften Kapitel der Ahirbudhnya-Samhitâ („Sammlung des Drachen der Tiefe"), einer Arbeit der mittelalterlichen Vaishnava-Überlieferung. Folgen wir diesem Werk, so verfasste Hiranyagarbha zwei Texte über Yoga, nämlich einen über

॥ पातञ्जलयोगसूत्रम् ॥

अथ योगानुशासनम् ॥१॥
योगश्चित्तवृत्तिनिरोधः ॥२॥
तदा द्रष्टुः स्वरूपेऽवस्थानम् ॥३॥
वृत्तिसारूप्यमितरत्र ॥४॥
वृत्तय पञ्चतय्यः क्लिष्टाऽक्लिष्टाः ॥५॥
प्रमाणविपर्ययविकल्पनिद्रास्मृतयः ॥६॥
प्रत्यक्षानुमानागमाः प्रमाणानि ॥७॥
विपर्ययो मिथ्याज्ञानमतद्रूपप्रतिष्ठम् ॥८॥
शब्दज्ञानानुपाती वस्तुशून्यो विकल्पः ॥९॥
अभावप्रत्ययालम्बना वृत्तिर्निद्रा ॥१०॥
अनुभूतविषयासंप्रमोषः स्मृतिः ॥११॥
अभ्यासवैराग्याभ्यां तन्निरोधः ॥१२॥
तत्र स्थितौ यत्नोऽभ्यासः ॥१३॥
स तु दीर्घकालानैरन्तर्यसत्कारासेवितो दृढभूमिः ॥१४॥
दृष्टानुश्रविकविषयवितृष्णस्य वशीकारसंज्ञा वैराग्यम् ॥१५॥

Sanskrit-Text der ersten fünfzehn Aphorismen des Yoga-Sûtra

nirodha-yoga („Yoga der Beschränkung") und einen über karma-yoga („Yoga des Tuns"). Ersterer handelte anscheinend von den höheren Stufen des spirituellen Prozesses; Letzterer soll sich mit spirituellen Grundhaltungen und Formen des Handelns befasst haben.

Es mag ja durchaus ein derartiges Werk über Yoga existiert haben, und wenn dem so wäre, könnte es sogar Patanjalis systematischer Kompilation vorausgegangen sein. In jedem Fall aber wird Hiranyagarbhas Werk nicht als Sûtra dargestellt, wiewohl es sehr möglich ist, dass es vor Patanjalis Komposition andere Sûtras über Yoga gegeben hat. Eines steht jedoch fest: Patanjalis Yoga-Sûtra übertraf alle eventuellen früheren Sûtra-Texte der Yoga-Tradition, vielleicht weil es das umfassendste und systematischste Werk dieser Gattung war.

II. DIE KODIFIZIERUNG DER WEISHEIT – DAS YOGA-SÛTRA

Patanjali gab der Yoga-Tradition ihr klassisches Format, und deshalb wird seine Schule häufig als „Klassischer Yoga" bezeichnet. Er verfasste sein aphoristisches Werk zum Höhepunkt der philosophischen Spekulation und Diskussion in Indien, und es gereicht ihm zur Ehre, dass er die Yoga-Tradition in einen angemessen homogenen, theoretischen Rahmen platzierte, worin sie ihre Position gegenüber den vielen rivalisierenden Strömungen wie Vedânta, Nyâya und – nicht zum Geringsten – Buddhismus halten konnte. Seine Komposition ist im Prinzip eine systematische Abhandlung, der es darum geht, die wichtigsten Elemente der Yogatheorie und -praxis zu definieren. Patanjalis Schule übte einst einen enormen Einfluss aus, was die vielen Verweise auf das Yoga-Sûtra wie auch die in den Texten anderer philosophischer Systeme geäußerte Sûtra-Kritik belegen.

Jede hinduistische Schule hat ihr eigenes Sûtra hervorgebracht, wobei der Sanskrit-Begriff sûtra wörtlich „Faden" bedeutet. Eine Sûtra-Komposition besteht aus aphoristischen Äußerungen, die insgesamt dem Leser einen Faden liefern, der alle erinnernswerten und für die jeweilige Denkschule charakteristischen Ideen zusammenbindet. Ein Sûtra ist also eine Gedächtnisstütze, etwa wie der Knoten im Taschentuch oder die gekritzelte Notiz im Terminkalender. Die nachfolgenden Eröffnungs-Aphorismen in Patanjalis Text mögen demonstrieren, wie bündig und präzise der Sûtra-Stil sein kann:

1.1: atha yogânushâsanam (atha yoga-anushânanam)
„Jetzt zur Erklärung des Yoga."
1.2: yogashcittavrittinirodhah (yogash citta-vritti-nirodhah)
„Yoga ist die Beschränkung der Bewusstseins-Fluktuationen."

1.3: tadâ drashthuh svarûpe'vasthânam (tadâ drashthuh svarupê'vasthânam)
„Dann [d.h. wenn diese Beschränkung erreicht ist] erscheint der ‚Seher' [das transzendente Selbst]."

Natürlich sind solche Begriffe wie citta („Bewusstsein"), vritti (wörtlich: Wirbel") und drashtri („Seher") ihrerseits bereits sehr kondensiert-abstrakte Ausdrücke für recht komplexe Sachverhalte. Selbst ein scheinbar so konkretes Wort wie atha („jetzt"), das die meisten überlieferten Sanskrit-Abhandlungen einleitet, trägt eine ganze Reihe von Bedeutungen, wie die zahlreichen, diesem Wort gewidmeten exegetischen Passagen in einigen Kommentaren zum Yoga-Sûtra demonstrieren.

In seiner monumentalen „Geschichte der indischen Philosophie" bemerkte Surendranath Dasgupta zu diesem Schreibstil:

> Die systematischen Traktate wurden in kurz-prägnanten Halbsätzen (sûtras) verfasst; sie führten das Thema nicht detailliert aus, sondern dienten nur dazu, dem Leser die verlorenen Erinnerungsfäden der komplexen Erörterungen, mit denen er schon gründlich vertraut war, vor Augen zu führen. Es hat darum den Anschein, als seien diese markigen Halbsätze wie Vorlesungsnotizen, für diejenigen gedacht, die eine direkte und eingehende mündliche Belehrung zum Thema bereits erhalten hatten. Es ist wirklich schwierig, allein aufgrund der sûtras ihr Bedeutungsgewicht zu taxieren und abzuschätzen, inwieweit die von ihnen evozierten späteren Diskussionen ursprünglich beabsichtigt waren.[5]

Unsere Kenntnis des Pâtanjala-Yoga basiert primär, wenn auch nicht vollständig, auf dem Yoga-Sûtra. Wie wir sehen werden, sind viele Kommentare dazu geschrieben worden, die uns helfen, dieses System zu verstehen. Doch erwies die kritische Analyse dieser Sekundärtexte, dass sie wohl nicht Patanjalis Schule selbst entsprungen sind, und ihre Ausführungen müssen deshalb mit sachbezogener Unterscheidung gelesen werden.

Wenden wir uns nun dem Yoga-Sûtra selbst zu, so stellen wir fest, dass es aus 195 Aphorismen oder Sûtras besteht – einige Textversionen zeigen 196. Es kursiert eine Anzahl variierender Lesarten, doch sind die Differenzen in der Regel unbedeutend und ändern die Aussage von Patanjalis Werk nicht. Die Aphorismen verteilen sich über vier Kapitel, wie folgt:

1. samâdhi-pâda, Kapitel über die Ekstase:
   51 Aphorismen
2. sâdhana-pâda, Kapitel über den Pfad der Praxis:
   55 Aphorismen
3. vibhûti-pâda, Kapitel über die besonderen Kräfte:
   55 Aphorismen
4. kaivalya-pâda, Kapitel über die Befreiung:
   34 Aphorismen

[5] *S. Dasgupta, A History of Indian Philosophy (Delhi: Motilal Banarsidass, 1975), Bd. 1, p. 62.*

Diese Unterteilung nimmt sich etwas willkürlich aus und scheint das Resultat einer inadäquaten Nachbearbeitung des Textes zu sein. Ein genaueres Studium des Yoga-Sûtra zeigt, dass es in seiner gegenwärtigen Form nicht unbedingt als homogene Kreation gesehen werden kann. Aus dem Grund haben etliche Gelehrte versucht, das vermeintliche Original zu rekonstruieren, indem sie den vorhandenen Text in mehrere Untertexte mit (mutmaßlich) jeweils eigenen Entstehungsursprüngen aufzutrennen suchten. Doch erwiesen sich diese Bemühungen nicht als sehr erfolgreich, da sie uns disparate Fragmente liefern. Darum ist es vorzuziehen, Patanjalis Werk etwas großzügiger zu betrachten und die Möglichkeit einzuräumen, dass es weit homogener ist, als westliche Gelehrte dies bisher angenommen hatten.

Wie ich in meiner ausführlicheren Studie zum Yoga-Sûtra darlegte, könnte sich dieser großartige Text aus nur zwei separaten Yoga-Traditionssträngen zusammensetzen[6] – einerseits dem Yoga der acht Glieder oder ashta-anga-yoga (ashtângayoga geschrieben), andererseits dem Yoga des Handelns (kriyâ-yoga). Ich schlug vor, dass die Sektion, die von den acht Stufen

[6] *Siehe G. Feuerstein, The Yoga-Sûtra: An Exercise in the Methodology of Textual Analysis (New Delhi: Arnold-Heinemann, 1979), (z.Zt. nicht im Druck).*

QUELLENLEKTÜRE 12

YOGA-SÛTRA VON PATANJALI

Jeder Yogaschüler sollte sich meiner Meinung nach mit dem Yoga-Sûtra intensiv auseinandersetzen. Dies war der allererste Sanskrittext, auf den ich 1965 stieß, und er fasziniert mich immer noch. Die folgende Wiedergabe von Patanjalis Aphorismen fußt auf eigenen ausgiebigen textkritischen und semantischen Studien. In manchen Fällen differieren meine Interpretationen von denen der Sanskritkommentare. Meine Übersetzung ist recht wörtlich gehalten, um den technischen Charakter von Patanjalis Werk zu vermitteln. Allzuoft können die gängigen Übertragungen die Feinheiten seiner Gedankenführung und die komplexen Aspekte der höheren Yoga-Praxis nicht angemessen verdeutlichen. Ein Stern (*) nach einigen der Sûtren zeigt an, dass sie entweder zu dem – von mir als solchen festgestellten – zitierten Text über den achtgliedrigen Pfad gehören, oder dass sie Patanjalis ursprünglicher Arbeit wahrscheinlich hinzugefügt worden waren. Es mag noch eine ganze Reihe weiterer interpolierter Sûtren geben, insbesondere im dritten Kapitel mit seiner Aufzählung paranormaler Kräfte; doch erscheint der Versuch, sie eindeutig zuzuordnen, nicht sehr zweckdienlich.

I. Samâdhi-Pâda („Kapitel über die Ekstase")

Jetzt zur Erklärung des Yoga. (1.1)

Yoga ist die Beherrschung (nirodha) der Fluktuationen im Bewusstsein (citta). (1.2)

Dann erscheint der Seher [d.h. das transzendentale Selbst] in [seiner] Wesensgestalt. (1.3)

Andernfalls [scheint das Selbst sich] mit den Fluktuationen zu decken. (1.4)

Kommentar: Im unerleuchteten Zustand identifiziert man sich nicht bewusst mit dem Selbst (purusha), sondern sieht sich als besondere Person mit besonderem Charakter. Das heißt aber nicht, dass das Selbst abwesend ist. Es ist nur verdunkelt und nicht sichtbar für das Ich.

Die hin- und herschwankenden Fluktuationen sind von fünferlei Art – schmerzvoll oder schmerzlos. (1.5)

Kommentar: Schmerzvolle (klishta) Bewusstseinszustände sind solche, die zu Leid, schmerzlose (akli-shta) Zustände sind jene, die zur Befreiung führen. Ein Beispiel für letztere Art:

handelt, eher als längere Zitate Patanjalis denn als spätere Hinzufügung (durch ihn oder andere) betrachtet werden könne. Sollte dies zutreffen, so wäre die gängige Gleichsetzung von klassischem Yoga mit dem achtgliedrigen Pfad eine historische Kuriosität, spricht doch der Hauptteil des Yoga-Sûtra über kriyâ-yoga. Nun bleiben solcherlei textliche Analysen immer vorläufig, und wir sollten uns darum in dieser Hinsicht wie auch hinsichtlich vieler anderer Aspekte des Yoga und seiner Geschichte einen offenen Sinn bewahren.

Der Vorteil des methodischen Vorgehens gegenüber dem Yoga-Sûtra, wie ich es anregte, liegt darin, dass es von der Einheitlichkeit des Textes bzw. der „textlichen Unschuld" ausgeht und ihm so nicht von vornherein Gewalt antut, wie es jene Textanalysen tun, die unterstellen, dass das Werk de facto korrumpiert ist bzw. aus Fragmenten und Einschüben besteht. In jedem Fall soll derartiger Gelehrtenzank vom besonderen Verdienst des Werkes, wie es heute existiert, nicht ablenken. So wie einst kann auch der heutige Yoga-Praktiker aus dem Studium von Patanjalis Sûtren-Sammlung großen Nutzen ziehen.

der Zustand ekstatischer Transzendierung (samâdhi).

[Die fünf Arten der Fluktuationsformen sind:] Richtiges Wissen, falsche Vorstellung, irregeführtes Denken, Schlaf und Erinnerung. (1.6)

Richtiges Wissen [kann abgeleitet werden aus] Wahrnehmung, Schlussfolgerung und dem Zeugnis [der Schriften]. (1.7)

Falsche Vorstellung ist irriges Wissen, das nicht von der [tatsächlichen] Gestalt des [betreffenden Objekts] ausgeht. (1.8)

Irregeführtes Denken entsteht ohne [real wahrnehmbares] Objekt und folgt nur Worten. (1.9)

Schlaf ist eine fluktuierende Bewusstseinsform, die sich aus der Vorstellung (pratyaya) des Nichtvorhandenseins [von Bewusstseinsinhalten] ergibt. (1.10)

Kommentar: Dieser Aphorismus stellt fest, dass der Schlafzustand, obwohl wir von ihm, solange er währt, keine Kenntnis haben, nichtsdestoweniger ein Bewusstseinsinhalt ist, der vom transzendentalen Selbst als dem Zeugen beobachtet wird. Patanjali verwendet das Wort pratyaya – hier als „Vorstellung" wiedergegeben –, um einen speziellen Bewusstseinsinhalt zu bezeichnen.

Erinnerung ist die „Nicht-Annullierung" [d.h. das Behalten] erfahrener Dinge. (1.11)

Die Beherrschung dieser [Fluktuationen und Schwankungen wird erreicht] durch [yogische] Praxis und leidenschaftslose Gelassenheit. (1.12)

Dabei ist Praxis (abhyâsa) die Bemühung, Beständigkeit [in der Beherrschung] zu erlangen. (1.13)

Aber diese [Praxis] ist fest gegründet [nur dann, wenn sie] richtig und ununterbrochen über lange Zeit ausgeübt [wurde]. (1.14)

Leidenschaftslosigkeit (vairâgya) – sie ist die sichere Meisterschaft desjenigen [yogin], der nicht nach sichtbaren und gehörten Dingen dürstet. (1.15)

Die höchste [Form] dieser [Gelassenheit] ist das Nichtdürsten

III. DIE AUSARBEITUNG DER WEISHEIT – DIE KOMMENTIERENDE LITERATUR

Die Sûtras wurden wahrlich nicht nach der ersten Begegnung mit einer Tradition oder Denkschule geschrieben. Vielmehr waren sie wichtige Zusammenfassungen von generationenlangem Denken und Debattieren. Ihre kurze Bündigkeit erwies sich dabei sowohl als Risiko wie als Vorzug. Einerseits lieferte der Sûtren-Stil der Vieldeutigkeit reichlich Nahrung: Als die mündliche Weitergabe der Lehren degenerierte, gingen die ursprünglichen Gedanken und Formulierungen allmählich verloren, was manches Mal zu stark divergierenden Interpretationen ermutigte. So ist das Brahma-Sûtra von Bâdarâyana – eine Hauptschrift des Vedânta, um etwa 200 n. Chr. verfasst – zugunsten nondualistischer (advaita) wie auch zugunsten dualistischer (dvaita) Schulen der Philosophie zitiert worden. Andererseits ließ gerade die inhärente Vieldeutigkeit der Sûtren solche erfrischenden und fruchtbaren Variationen zu.

nach den konstituierenden Qualitäten [der Natur] (guna), [das sich ergibt] aus der Realisierung des Selbst (purusha). (1.16)

[Der minder gesteigerte Zustand der Ekstase, der aus der Beherrschung entsteht,] ist ichbewusst (samprajnâta), weil er zusammen mit tiefem Sinnieren, Reflexion, froher Seligkeit und dem „Ich-Bin-Gefühl" (asmitâ) auftritt. (1.17)

Kommentar: Obgleich Ekstase (samâdhi) eine Verschmelzung von Subjekt und Objekt impliziert, ist dieses einende Bewusstsein auf den unteren Ebenen immer noch mit allen Arten von psychomentalen Phänomenen verbunden, einschließlich spontan entstehender Gedanken und Seligkeitsgefühle, begleitet von der starken Empfindung, man sei als spezielle Wesenheit präsent. Patanjali nennt diese Empfindung die „Ich-bin-Dimension". Die von ihm benannten vier Arten von Phänomenen markieren unterschiedliche Ebenen dieser Ekstaseform.

Der andere [Ekstasezustand] zeigt nur noch einen Restbestand an aktivierenden Kräften (samskâra); [er folgt] dem vorhergehenden [ichbewussten Ekstasezustand], wenn die Idee in die Praxis umgesetzt wurde, dass [alle Fluktuationen] endeten. (1.18)

Kommentar: Der vereinende, mit Gedanken, Gefühlen usw. assoziierte Zustand wird als ichbewusste Ekstase (samprajnâta-samâdhi) bewertet. Hören all diese psychomentalen Phänomene auf, tritt der nächsthöhere vereinende Zustand ein. Er wird als überbewusste Ekstase (asamprajnâta-samâdhi) bezeichnet. Zwar reagiert der yogin in diesem höheren Zustand nicht mehr auf die Umgebung, doch ist der Zustand nicht identisch mit unbewusster Trance.

[Die Ekstase derer, die] mit der Natur (prakriti-laya) verschmolzen sind, und [derer, die] körperlos (videha) [werden], [entspringt aus dem permanenten] Prinzip der Neuentstehung. (1.19)

[Die überbewusste Ekstase] der anderen [yogins, über deren Pfad im Aphorismus 1.18 gesprochen wird,] gründet auf Glauben, Stärke, achtsamer Erinnerung, [bewusster] Ekstase und weiser Unterscheidung. (1.20)

Selbst die kreativsten Geister des traditionellen Indien sahen sich genötigt, ihre innovativen Ideen in den Kontext ihrer eigenen Überlieferung einzubetten, ob diese nun Vedânta, Buddhismus, Jainismus oder Yoga hieß. Sie mussten der existierenden autoritativen Lehrmeinung Rechnung tragen oder ihr gegenüber zumindest Lippenbekenntnisse ablegen. Die philosophischen Sûtren aber regten allemal zur Diskussion und zu abweichenden Meinungen an und schlossen Kreativität nicht aus. Sie ließen Kommentare entstehen, die zu weiteren Kommentaren, Kommentar-Erläuterungen und wiederum Erläuterungen dieser Sub-Kommentare anspornten. Patanjalis Yoga-Sûtra inspirierte nachkommende Generationen gleichfalls zu umfangreicher kommentierender Literatur. Es gibt Bhâshyas (unmittelbare Texterläuterungen mit reicher Hintergrundinformation), Vrittis (originale Kommentare mit Wort-für-Wort-Erklärungen), Tîkâs (Erläuterungen zu Kommentaren) und Upatîkâs (Subglossen zu Erläuterungen). Typische Beispiele für Tîkâs sind Vâcaspati Mishras Tat-tva-Vaishâradî und Vijnâna Bhikshus Yoga-Vârttika – beides Erläuterungen zu Vyâsas Yoga-Bhâshya-

Quellenlektüre 12

[Jene yogins, die [sich] in ihrer Yoga-Praxis] sehr intensiv [bemühen], stehen dicht davor [vor der überbewussten Ekstase]. (1.21)

Doch da [ihre Intensität] moderat, mittelstark oder exzessiv [sein kann], gibt es hier auch Unterschiede [hinsichtlich der Nähe zur überbewussten Ekstase]. (1.22)

Oder [die überbewusste Ekstase wird erreicht] durch Hingabe an den Allerhöchsten (îshvara-pranidhâna). (1.23)

Der Allerhöchste (îshvara) ist ein besonderes Selbst, unberührt von den Leid-Ursachen (klesha), Handlungen und ihren Früchten, unberührt von den [karmischen] Ablagerungen (âshaya) [deponiert im subliminalen Tiefengedächtnis, aus dem Gedanken, Wünsche usf. emporsteigen]. (1.24)

Allein in Ihm [d.h. dem îshvara] existiert der Same der Allwissenheit. (1.25)

Wegen [Seiner] durch die Zeiten andauernden Existenz war [Gott] auch der Mentor der uralten, früheren [Meister des Yoga]. (1.26)

Sein Symbol ist die „Äußerung" (pranava) [d.h. der heilige Silben-Klang om]. (1.27)

Dessen Rezitation [führt zur] Meditation über seine Bedeutung. (1.28)

Daraus [ergibt sich] die Praxis der geistigen Nach-innen-Wendung (pratyak-cetanâ), und dabei verschwinden alle Hindernisse [im nächsten Aphorismus erwähnt]. (1.29)

Krankheit, Mattigkeit, Zweifel, Achtlosigkeit, Faulheit, Kraftvergeudung, falsche Wahrnehmung, Nichterreichen der Stufen [des Yoga] und Unbeständigkeit [auf diesen Stufen] – dies sind die Ablenkungen des Bewusstseins, dies sind die Hindernisse. (1.30)

Kummer, Depression, Gliederzittern und [gestörte] Ein- wie Ausatmung sind begleitende [Symptome] der Ablenkungen. (1.31)

Um diesen [Hindernissen und Ablenkungen] entgegenzuwirken, [soll der yogin die Konzentration] auf ein einziges Prinzip üben. (1.32)

Kommentar. Das Pâtanjala-Rahasya von Râghavânanda, um ein Beispiel zu nennen, gehört hingegen zur Kategorie der Subglossen.

Das Yoga-Bhâshya von Vyâsa

Der älteste existierende Kommentar zum Yoga-Sûtra ist das Yoga-Bhâshya („Besprechung des Yoga") von Vyâsa. Wahrscheinlich wurde er im 5. Jahrhundert n. Chr.[7] verfasst. Sein Autor soll dieselbe Person sein, die auch die vier vedischen Hymnensammlungen, das Mahâbhârata-Epos, die zahlreichen Purânas (populäre heilige Enzyklopädien) und eine Menge anderer Werke zusammengestellt hat. Diese sehr übertriebene Vorstellung wird jedoch von der Realität in gewisser Hinsicht unterstützt, bedeutet doch Vyâsa „Sammler", und wurde der Name wohl doch mehr als Titel denn als Personenname und über einen längeren Zeitraum auf viele Individuen angewendet. Tatsächlich wissen wir über Vyâsa oder über die zahlreichen Vyâsas ebensowenig wie über Patanjali.

[7] Was die Entstehungszeit des Yoga-Bhâshya anbelangt, so hebt J. H. Woods, a. a. O., p. xxi, eine Referenz dazu in Mâghas Shishupâlavadha (4.55) hervor, die die obere Zeitgrenze der Abfassung festlegen würde. Dann aber unterläuft ihm ein Fehler und er meint, dass „der Kommentar nicht früher als 650 n. Chr." geschrieben worden sein konnte, obgleich es „nicht später als" lauten müsste. Woods wird nun zum Opfer seines Irrtums und schlussfolgert, „dementsprechend läge das Entstehungsdatum des Bhâshya irgendwo zwischen 650 und 850 n. Chr.", was schlichtweg falsch ist. Gelehrte werden durch seine Behauptung noch immer irregeleitet.

Sich freundlich, mitfühlend, fröhlich oder gleichmütig gegenüber den Menschen zu betragen, [je nachdem, ob sie] sorgenfrei, sorgenvoll, verdienstvoll oder verdienstlos sind, [dies lässt] das Bewusstsein friedlich werden. (1.33)

Oder [die Beherrschung des Bewusstseins wird erreicht] durch Ausstoßen und Zurückhalten des Atems (prâna) [entsprechend yogischer Regeln]. (1.34)

Oder eine sinnesobjekt-zentrierte Aktivität lässt den Verstand beständig werden [und fördert die Bewusstseinsbeherrschung]. (1.35)

Kommentar: Dieser technisch anmutende Aphorismus drückt eine relativ simple Idee aus. Den Sanskrit-Kommentaren zufolge bezeichnet der Begriff „sinnesobjekt-zentrierte Aktivität" (vishaya-vatî pravritti) den Zustand erhöhter sensorischer Wahrnehmung, „göttliche Wahrnehmung" (divya-samvid) genannt. Es wird vermutet, die gesteigerte Sinneswahrnehmung z.B. von Geruch oder Berührung fokussiere den Verstand so sehr, dass der Yogi den Zustand der exklusiven Beherrschung (nirodha) erreichen könne.

Oder [die Beherrschung wird durch eine geistige Tätigkeit erreicht, die] beseligend und erleuchtend [ist]. (1.36)

Oder [die Beherrschung wird erreicht durch Konzentration] auf jene, die frei von Anhaftung sind. (1.37)

Oder [durch Konzentration] auf Einsichten, [die sich aus] Träumen und tiefem Schlaf [ergeben]. (1.38)

Oder durch Meditation (dhyâna) über das gewählte [Objekt]. (1.39)

Seine [des yogins] Meisterschaft [reicht dann] vom Kleinsten bis zum Allergrößten. (1.40)

[Bei einem Bewusstsein, dessen] Schwankungen nahezu endeten [und das] wie ein durchsichtiger Kristall [erscheint], [tritt ein Zustand der unterschiedslosen] Koinzidenz (samâpatti) [ein] – von begreifendem [Bewusstsein], dem Begreifen[svorgang] und dem Begriffenen; von dem, worauf [das Bewusstsein] gerichtet ist, und dem, wovon es „gesalbt" [d.h. „überlichtet"] wird. (1.41)

Einer Legende zufolge war Vyâsa der Sohn des Weisen Parâshara und der Nymphe Satyavatî (auch Kâlî genannt), die von Parâshara verführt wurde. In Wertschätzung ihrer Schönheit und Liebe stellte der Weise nicht nur ihre Jungfräulichkeit mit magischen Mitteln wieder her, sondern befreite sie auch von dem Fischgeruch, den sie von ihrer Mutter geerbt hatte. Vyâsa wurde im Geheimen auf einer Insel (dvîpa) geboren und aufgezogen, daher sein Beiname Dvaipâyana („Insel-Geborener"). Da er als Kind den Namen Krishna trug, nannte man ihn im weiteren Zeitverlauf häufig Krishna Dvaipâyana.

Etwas später fiel Satyavatîs Schönheit dem bejahrten König Shântanu ins Auge, der sich prompt in sie verliebte. Er hielt um Satyavatîs Hand an, die ihm von ihrem Vater gewährt wurde, unter der Bedingung, dass ihre Kinder, nicht das Kind aus der ersten Ehe des Königs ihm auf dem Thron nachfolgten. Shântanu willigte ein, nachdem sein erwachsener Sohn Bhîshma, dessen heldenhafte Taten im Mahâbhârata erzählt werden, auf das Thronanrecht verzichtete. Fast zwanzig Jahre lang lebte das Paar, das zwei Söhne hatte, glücklich zusammen. Nach Shântanus Tod bestieg der Erstgeborene legal

Quellenlektüre 12

Kommentar: Wenn der Geist ganz still ist, wird er durchsichtig. Dann kann samâdhi, der ekstatische Zustand eintreten. In der hier gemeinten Ekstase nimmt der Gegenstand der Konzentration derart große Ausmaße im Bewusstsein ein, dass die Unterscheidung zwischen Subjekt und Objekt verschwindet. Patanjali drückt dies als das Zusammenfallen von erfahrendem Subjekt, erfahrenem Objekt und dem Erfahrungsprozess aus, als die Koinzidenz von „Begreifendem" (grahîtri), „Begriffenem" (grâhya) und „Begreifen" (grahana).

Ist konzepthaftes Wissen [beruhend auf Bedeutung und Aussage] von Worten und Dingen mit diesem [ekstatischen Zustand der Koinzidenz von Subjekt und Objekt] vermengt, [so wird dies] „Koinzidenz, verbunden mit Nachdenken" [genannt]. (1.42)

Kommentar: Die Yoga-Metaphysik unterscheidet zwischen verschiedenen Daseinsebenen – von grober zur feinen und zur nicht-manifesten bis hin zur transzendenten Ebene. Das Objekt der mit Denken durchmischten Ekstase (savitarka-samâdhi) gehört zur „groben" (sthûla), materiellen Dimension.

Nach Läuterung der [Tiefen der] Erinnerung, sozusagen bis zur Entleerung ihrer Essenz, [und sobald] das [Meditations-] Objekt allein erstrahlt, [tritt der sogenannte] „supra-kognitive", überlegungslose (nirvitarka) [Ekstasezustand ein]. (1.43)

Gleichermaßen sind damit [mit savitarka- und nirvitarka-samâdhi] die [anderen beiden Grundtypen der Ekstase, nämlich die] „reflektive" (savicâra) und die „meta-reflektive" (nirvicâra) [Ekstase] erklärt; [die beiden letzteren haben] subtile Objekte [als Meditationsfokus]. (1.44)

Kommentar: „Reflexion" (vicâra) ist ein spontaner Denkprozess während des ekstatischen Zustands, der sich auf ein subtiles (sûkshma) oder immaterielles Objekt bezieht – wie etwa auf die transzendentale Schöpfungsmatrix, das sogenannte „Undifferenziert-Undefinierte".

Und die subtilen Objekte enden im Undifferenzierten (alinga). (1.45)

den Thron, starb aber während eines militärischen Abenteuers. Daraufhin wurde sein Bruder – er war mit zwei Frauen verheiratet – gekrönt. Doch leider war auch seine Regentschaft von kurzer Dauer, denn er starb bald an Auszehrung. Die Sitte verlangte, dass, da er keine Nachkommenschaft hinterlassen hatte, der nächste männliche Verwandte mit den beiden Witwen ein Kind zeugen sollte. Bhîshma schied aus, da er geschworen hatte, nie Kinder zu haben.

Satyavatî rief Vyâsa an den Hof, damit er diese edle Pflicht ausführe. Die beiden Damen, Ambikâ und Ambâlikâ, hatten erwartet, dass der stattliche Bhîshma ihnen die Ehre gäbe. Sie waren schockiert, als der unattraktive Vyâsa, gekleidet in das Gewand eines Einsiedlers, ihre Gemächer betrat. Vyâsa verkehrte erst mit der einen Witwe, dann mit der anderen. So zeugte er den blinden Dhritarâshtra und den blasshäutigen Pându. In dieser Nacht zeugte er auch ein drittes Kind – mit einer Bediensteten, die als Ersatz diente, als er seine Pflicht bei einer der Witwen wiederholen wollte. Dhritarâshtra wurde blind geboren, weil seine Mutter Ambikâ vor Schreck über Vyâsas Erscheinung die Augen geschlossen hatte; Pându aber wurde blasshäutig

All diese [Arten der] ekstatischen Verschmelzungen von Subjekt und Objekt sind [immer noch] „Ekstasen mit Saatkeim" (sabîja-samâdhi). (1.46)

Kommentar: Der Begriff „Saatkeim" bezieht sich auf die noch vorhandenen unterbewussten Auslösekräfte (samskâra). Sie lassen zukünftige mentale Aktivität und also Karma entstehen.

Herrscht im meta-reflektiven [Typ der Ekstase] Herbstklarheit (vaishâradya), so [spricht man von] Wesensverklärung (adhyâtma-prasâda). (1.47)

In diesem [Zustand der Wesensverklärung] ist die Einsicht völlig wahr (ritam-bhara). (1.48)

Diese [wahre Einsicht] unterscheidet sich gänzlich von Einsichten [aufgrund des Studiums] überlieferter Schriften oder aufgrund von Schlussfolgerungen, [denn sie ist] speziell zielorientiert. (1.49)

Kommentar: Die in diesem Aphorismus ausgedrückte Idee scheint zu sein, dass die wahrheitsgesättigte Einsicht (prajnâ), gewonnen auf der höchsten Ebene bewusster Ekstase (samprajnâta-samâdhi), sehr verschieden vom gewöhnlichen Wissen ist, denn sie drängt zur Transzendierung alles Wissens – im überbewussten Ekstasezustand (asamprajnâta-samâdhi), der allein zur Befreiung, zur Realisierung des Selbst führt.

Die durch diese [Wahrheitsschau] entstehende Wirkkraft (samskâra) lähmt die anderen [halb- und unbewussten] Antriebskräfte. (1.50)

Nach Aufhebung selbst dieser [Wirkkraft] sind alle [Bewusstseinsinhalte] annulliert, [und die] Ekstase ohne Saatkeim [folgt]. (1.51)

II. Sâdhana-Pâda („Kapitel über die Praxis der Realisierung")

Askese (tapas), Studium (svâdhyâya) und Hingabe an den Herrn (îshvara-pranidhâna) [bilden] den Aktiven Yoga (kriyâ-yoga). (2.1)

Kommentar: Die Worte kriyâ und karma bedeuten beide „Tun/Handlung", doch unterscheidet sich Kriyâ-Yoga vom Karma-Yoga der Bhagavad-Gîtâ. Karma-Yoga ist, wie wir sahen, der Pfad des

geboren, weil alles Blut aus dem Gesicht seiner Mutter Ambâlika wich, als Vyâsa sich ihr näherte. Dieser Weise wird damit zum genealogischen Ursprung des großen Krieges, über den das Mahâbhârata berichtet, und der von den Söhnen Dhritarâshtras und Pândus gegeneinander ausgetragen wird. Wir können hier nun einen genialen literarischen Kunstgriff bewundern, durch den sich der Schöpfer des Epos höchstpersönlich in die Erzählung projizierte, oder wir können darüber spekulieren, inwieweit darin vielleicht ein Kern historischer Wahrheit enthalten sein mag.

Wer immer der Autor des Yoga-Bhâshya gewesen sein mag – dieses Sanskritwerk enthält den Schlüssel zu vielen der rätselhafteren Aphorismen von Patanjalis Schrift. Wir müssen es jedoch mit Vorsicht verwenden, da mehrere Jahrhunderte zwischen den beiden Yoga-Autoritäten liegen. Auch wenn Vyâsa sehr wahrscheinlich ein yogin mit beträchtlichen Fähigkeiten war – er schreibt mit großer Glaubwürdigkeit über recht esoterische Themen –, scheint er nicht in der direkten Denkrichtung Patanjalis zu stehen, denn einige seiner Interpretationen und Begriffsverwendungen weichen erheblich vom Yoga-Sûtra ab.

Quellenlektüre 12

„Nichttuns im Handeln" bzw. des ich-transzendierenden Handelns. Patanjalis Kriyâ-Yoga aber geht den Pfad der ekstatischen Identifizierung mit dem Selbst, aufgrund derer die unbewussten Wirkkräfte (samskâra), die das individuelle Bewusstsein speisen, allmählich eliminiert werden.

[Dieser Yoga hat] das Ziel, zur Ekstase (samâdhi) zu gelangen und die Leid-Ursachen (klesha) abzuschwächen. (2.2)

Unwissenheit, Ichhaftigkeit, Anhaftung, Abneigung und der [körperliche] Lebenswille sind die fünf Ursachen für Kummer und Leid. (2.3)

Kommentar: Die Sanskritworte für diese fünf Quellen des Leids sind: avidyâ, asmitâ, râga, dvesha und abhinivesha.

Unwissenheit ist das Feld für die weiteren [Ursachen, die] latent, abgeschwächt, zeitweise neutralisiert oder voll wirksam sein können. (2.4)

Die Unwissenheit betrachtet das Ewige, Reine, Freudvolle und das Selbst als das Nicht-Dauernde, Unreine, Leidvolle und als das Nicht-Selbst (anâtman). (2.5)

Kommentar: Das Nicht-Selbst (anâtman) ist die Ego-Person samt ihrer „Welt".

Ichhaftigkeit ist sozusagen die Identifizierung der Sehkraft (darshana) [des Ich] mit dem Sehenden (drig) [d.h. mit dem Selbst]. (2.6)

Anhaftung [ist das, was] mit genussvollen [Erfahrungen] einhergeht. (2.7)

Abneigung [ist das, was] mit peinvollen [Erfahrungen] einhergeht. (2.8)

Der Wille, zu leben, der kraft eingeborener Tendenz (rasa) wirkt und drängt, existiert selbst in den Weisen. (2.9)

Kommentar: Der Wille zum Leben (abhinivesha) ist der Antrieb zum individuellen Existieren. Solchermaßen verursacht er – in der Hauptsache – das Leid der Existenz und muss aus der Sicht des Yoga transzendiert werden.

Diese [Leid-Ursachen] sind [in ihrer] subtilen [Form] durch

Andere Kommentare

Aus dem 8. Jahrhundert n. Chr. ist uns der Shad-Darshana-Samuccaya („Sammlung der sechs Systeme [der Philosophie]") vom Jaina-Gelehrten Haribhadra Sûri hinterlassen worden; es schließt ein Kapitel über Patanjalis Yoga ein. Doch streng genommen ist es kein Kommentar.

Der erste größere Kommentar nach dem Yoga-Bhâshya ist Vâcaspati Mishras Tattva-Vaishâradî („Klarheit der Wahrheit"). Vâcaspati Mishra lebte im 9. Jahrhundert und war durch und durch Sanskritgelehrter. Er schrieb hervorragende Kommentare zu den sechs klassischen Systemen der Hindu-Philosophie – Yoga, Sâmkhya, Vedânta, Mîmâmsâ, Nyâya und Vaisheshika. Aber sein Wissen scheint eher theoretisch als praktisch gewesen zu sein. In seiner Erläuterung zu Vyâsas Yoga-Bhâshya neigt er daher zu umfänglichen philologischen Auslegungen, lässt hingegen wichtige praktische Überlegungen außer Acht. Eine Geschichte über Vâcaspati Mishra illustriert, wie sehr er Gelehrter war. Als er sein Hauptwerk, den Bhâmatî-Kommentar zum Brahma-Sûtra, abgeschlossen hatte, entschuldigte er sich bei seiner

[den Akt der] Involution (pratiprasava) zu überwinden. (2.10)

Kommentar: Als fundamentale Bauprinzipien der Natur (prakriti) fungieren diese drei konstituierenden Kräfte (guna): das Dynamische (rajas), das Träge (tamas) und das Hell-Klare (sattva). Ihre variierten Interaktionen erschaffen den manifesten Kosmos. Die Erlösung und Befreiung wird begriffen als die Umkehrung dieses Prozesses, wobei die manifesten Aspekte der drei Bauprinzipien (guna) sich wieder auflösen im transzendentalen Urgrund der Natur. Patanjali bezeichnet den Prozess mit dem Begriff „Involution" (pratiprasava).

Das Fluktuieren dieser [Leid-Ursachen] im Bewusstsein kann mit Meditation (dhyâna) überwunden werden. (2.11)

Die Leid-Ursachen liegen der Karma-Ablagerung wurzelhaft zugrunde, und [Karma] kann im sichtbaren [gegenwärtigen] Leben oder in nicht sichtbaren [zukünftigen Leben] erfahren werden. (2.12)

Kommentar: Der Begriff karma-âshaya („Handlungs-Ablagerungen") meint die karmische Last eines Menschen, d.h. das Reservoir subliminaler Bildekräfte (samskâra), die eine Person formen und definieren.

[Solange] die Wurzel existiert, [gibt es auch] Reifen und Wachsen: Geburten, Lebenszeiten und Erfahrungen (bhoga). (2.13)

Diese [drei] bringen Lust oder Pein hervor, je nach verdienstvollem oder unwürdigem Handeln. (2.14)

Dem klar unterscheidenden [yogin] erscheint alles wahrlich als leidvoll (duhkha): denn Sorge herrscht in den Transformationen (parinâma) [der Natur], im Druck (tâpa) [des Daseins] und in den Antriebskräften (samskâra) (in den Bewusstseinstiefen verborgen]. Und [es herrscht] ein [ständiger] Konflikt zwischen den hierhin und dahin zerrenden Manifestationskräften (guna) [der Natur]. (2.15)

Kommentar: Das Konzept der Wandlungen und Transformationen charakterisiert die Yoga-Philosophie ganz entscheidend, und die universelle Erfahrung, dass sich alles ständig verändert, kommt

Ehefrau für die jahrelange Vernachlässigung, indem er den Kommentar nach ihr benannte – eine Entschädigung, die einem Gelehrten wahrhaft angemessen ist. Nichtsdestoweniger offeriert seine Arbeit viele nützliche Schlüssel zu einigen der schwierigeren Passagen des Yoga-Bhâshya.

Aus dem 11. Jahrhundert sind uns zwei wichtige Werke erhalten. Das erste ist die arabische Übersetzung des Yoga-Sûtra durch den bekannten persischen Gelehrten al-Bîrûnî – eine recht freie Übertragung, die durchaus die Entwicklung der persischen Mystik auf lange Zeit beeinflusst haben mochte. Das zweite Werk ist der Sub-Kommentar Râja-Mârtanda („königliche Sonne“) oder auch Bhoja-Vritti genannt – nach König Bhoja von Dhârâ, einem Shaivismus-Anhänger, der von 1019–1054 n. Chr. lebte. Der Wert dieses Textes ist mehr historisch als exegetisch. Obgleich Bhoja frühere Kommentatoren wegen ihrer willkürlichen Interpretationen kritisiert, erweisen sich seine eigenen Bemühungen als nicht weniger kapriziös und sind dazu vielleicht weniger originell, als er selbst dachte. König Bhoja war ein befähigter Poet und ein großer Patron der Künste und der spirituellen

Quellenlektüre 12

darin differenziert zum Ausdruck. Allein das transzendente Selbst ist ewig beständig. Dem unterscheidenden yogin (vivekin) gilt die umgrenzte Welt der ständigen Veränderung als leid- und sorgenvoll, denn Veränderung bedeutet unvermeidlichen Verlust des Gewünschten und Gewinn des Unerwünschten und resultiert daher in Unglücklichsein.

Zukünftiger Kummer ist zu umgehen. (2.16)

Die enge Wechselbeziehung (samyoga) zwischen dem Seher [dem transzendenten Selbst] und dem Gesehenen [Natur] ist die Ursache von dem, was [zu umgehen,] zu überwinden ist. (2.17)

Kommentar: Die Beziehung zwischen dem Höheren Selbst und der Welt einschließlich des Verstands (der ein Teil der Natur, kaum ein Aspekt des Selbst ist) wird zwar als real erfahren. Doch letztlich ist sie nicht real. Denn Selbst und Natur unterscheiden sich ewig. Die Wechselbeziehung (samyoga) zwischen Höherem Selbst und empirischer Welt existiert nur scheinbar – aufgrund spirituellen Nichtwissens (avidyâ), das überwunden werden soll.

Das Gesehene [d.h. die Natur] besitzt die Qualität der Helligkeit, der Aktivität oder der Trägheit; es stellt sich in den Elementen und den Sinnesorganen dar [und es dient] dem Zweck der Erfahrung (bhoga) oder der Befreiung (apavarga). (2.18)

Kommentar: Die Natur, in Gestalt des menschlichen Verstandes, birgt zwei Tendenzen: Einerseits ist sie dazu da, Erfahrungen zu ermöglichen, was ein Ich-Subjekt voraussetzt, das erwünschte oder unerwünschte Geschehnisse erfahren kann. Andererseits lässt sie auch Prozesse zu, die zur Transzendierung aller Erfahrungen und des Ich-Subjekts führen. Warum das so ist, wird erklärt durch die Lehre der drei Qualitäten oder konstituierenden Kräfte (guna) der Natur. Während aktive (rajas) und träge (tamas) Qualität dazu neigen, die Ich-Illusion aufrechtzuerhalten, erschafft die Qualität der Helligkeit (sattva), insoweit sie dominiert, die Vorbedingung für das Befreiungsgeschehen. Daher erstrebt der yogin sattvische Konditionen und Zustände.

Überlieferung; wir müssen annehmen, dass auch sein Interesse an Yoga nicht rein theoretisch war.

Der nächste größere Kommentar ist Shankara Bhagavatpâdas Vivarana („Ausführung") zum Yoga-Bhâshya. Obgleich Sub-Kommentar, ist das Werk doch bemerkenswert originell und zeigt eine bhâshya-ähnliche Unabhängigkeit der Auslegung. In den Augen einiger Gelehrter gilt der berühmte Adept Shankara Âcârya, der im 8. Jahrhundert n. Chr. lebte und unbestritten der größte Repräsentant des Advaita-Vedânta war, als der wirkliche Verfasser. Der deutsche Indologe Paul Hacker hatte als erster darauf hingewiesen, dass diese herausragende Lehrpersönlichkeit vor ihrer Konversion zur nondualistischen Philosophie des Advaita-Vedânta ein Vishnu-Jünger und Anhänger der Yoga-Tradition gewesen ist. Shankara muss dann seinen Lehrer Govinda getroffen haben, der ihm den – von Gaudapâda, dem Verfasser der Mândûkya-Kârikâ, gelehrten – nondualistischen „Yoga der Nichtberührung" (asparsha-yoga) erklärte. Gewiss sollte angemerkt werden, dass unter allen Schriften Shankaras sein Kommentar zur Mândûkya-Kârikâ die ausführlichsten Hinweise auf die Yoga-Tradition

Die Ebenen der guna-Prinzipien [der Natur] sind: das Spezifische, das Unspezifische, das Differenzierte und das Undifferenzierte. (2.19)

Kommentar: Der menschliche Körper und Verstand sind spezifische (vishesha), definierte Formen der Natur. Die Sinnesvermögen (Sehen, Hören, Fühlen, Riechen und Schmecken) wie auch das Ich-Gefühl (ahamkâra oder asmitâ) werden zum Unspezifischen (avishesha) gerechnet. Als subtiler gilt die höhere Vernunft, die zur Ebene des Differenzierten (linga-mâtra) gehört. Das Undifferenzierte (alinga) findet sich als die transzendente Dimension des Kosmos, aus reiner sattva-Qualität bestehend und nicht weiter beschreibbar. Jenseits davon gibt es nur die akosmische transzendentale Bewusstheit, das Selbst (purusha).

Der Seher, [der eigentlich] das bloße Vermögen des Sehens [ist], nimmt, obschon rein, mittels der Vorstellungen des Verstandes wahr. (2.20)

Das Gesehene [die Natur] existiert nur um Seiner [des Sehers, des transzendenten Selbst] Willen. (2.21)

Kommentar: Dieser Aphorismus wiederholt das oben Erklärte (2.18), nämlich dass die Natur den Zwecken des Selbst dient. Die Natur kann entweder zu überreichen Erfahrungen benutzt werden oder dazu, sich in die Selbst-Verwirklichung, jenseits aller bedingten Daseinszustände, zu katapultieren.

Obgleich [das Gesehene] für ihn, dessen hoher Zweck erreicht ward, [zu existieren] aufhörte, hat es trotzdem nicht aufgehört [zu existieren], denn [immer noch ist es] die normale Erfahrung (sâdhâranatva) für andere [die nicht erleuchtet sind]. (2.22)

Die enge Wechselbeziehung (samyoga) [zwischen dem Seher und dem Gesehenen] ist [zwar] der Grund dafür, dass die [jeweilige] Wesensart und Kraft von „Eigentümer" (svâmin) und von „Besitz" (sva) erkannt wird. (2.23)

[Doch] die Ursache dieser [engen Verbindung] ist das Nichtwissen (avidyâ). (2.24)

Nach Beseitigung dieser [Unwissenheit] verschwindet

enthält. Der englische Übersetzer des Vivarana, Trevor Leggett, akzeptierte Hackers Vorschlag vorläufig und meinte: „Ich fand nichts, das, soweit meine Kenntnis reicht, Shankara als Autor ausschlösse." [8]

Die Hypothese einer Identität Shankara Âcâryas mit dem Verfasser des Vivarana ist jedoch nicht generell akzeptiert worden. Tatsächlich wurde sie jüngst seitens der Sanskrit-Forscherin T. S. Rukmani, die gerade eine neue englische Übersetzung dieses besonderen Textes abgeschlossen hat, ernstlich in Frage gestellt. Sie beurteilte den Stil des Vivarana als „atypisch Shankarâcârya ... ermüdend, schwerfällig und wenig sorgfältig". [9] Da Vâcaspati Mishra ein großer Shankara-Gelehrter war, wiegt sein Stillschweigen hinsichtlich des Vivarana schwer und legt eine Entstehungszeit nach Vâcaspati nahe. Rukmani entdeckte allerdings einen einzelnen Verweis auf das Vivarana in Vijnâna Bhikshus Yoga-Vârttika (3.36), nämlich den Ausdruck vivarana-bhâshye („im Vivarana-Kommentar"). Dieser Fund legt nahe, Shankara Bhagavatpâda habe zwischen dem 9. und 16. Jahrhundert gelebt. Rukmani grenzte noch stärker ein und meint, der Verfasser des Vivarana sei jener Shankara gewesen, der zur Gelehrtenfamilie Payyur in Kerala gehörte

[8] *T. Leggett, The Complete Commentary by Sankara on the Yoga Sûtras: A Full Translation of the Newly Discovered Text (London und New York: Kegan Paul International, 1990), p. 39. Siehe auch P. Hacker, „Sankara der Yogi und Sankara der Advaitin: Einige Beobachtungen", Beiträge zur Geistesgeschichte Indiens: Festschrift für E. Frauwallner (Wien, 1968), pp. 119–148.*

[9] *T. S. Rukmani, „The Problem of the Authorship of the Yogasûtrabhâshyavivaranam", Journal of Indian Philosophy, Bd. 20 (1992), p. 422.*

Quellenlektüre 12

[auch] die enge Verbindung; alles endet [dann]; der Seher [Sein reines Sehvermögen] steht frei und allein (kaivalya). (2.25)

Das Mittel [zum Erreichen] der Beendigung ist die unaufhörlich unterscheidende Schau (viveka-khyâti). (2.26)

Derjenige [der die unterscheidende Schau unaufhörlich praktiziert,] gewinnt letztendlich die siebenfache Weisheit (prajnâ) (2.27)

Kommentar: Folgen wir Vyâsas Yoga-Bhâshya, so umfassen die sieben Aspekte der Weisheit das Folgende: 1) das zu Vermeidende, nämlich zukünftiges Leiden, ist erfolgreich identifiziert worden; 2) die Leid-Ursachen sind für immer beseitigt; 3) in der „Ekstase der Ausgrenzung" (nirodha-samâdhi) wurde erreicht, dass alle Bewusstseinsinhalte enden; 4) die unterscheidende Schau (viveka-khyâti) wurde als Mittel zur Beendigung angewendet; 5) die Souveränität der höheren Vernunft (buddhi) wurde erlangt; 6) die drei konstituierenden Kräfte (guna) haben ihren Ansatzpunkt verloren und tendieren „wie Felsstücke, die von einer Bergkante herabfallen," zur gänzlichen Auflösung (pralaya), d.h. zur Resorption in den transzendenten Urgrund der Natur; 7) das Selbst weilt in Seinem eigentlichen Wesen, umvermengt und alleine (kevalin).

Durch Praktizieren der [acht] Teile des Yoga schwinden die Unreinheiten, das Licht der Weisheit (jnâna) [leuchtet auf] und führt zur unterscheidenden Schau. (*2.28)

Disziplinierte Enthaltung (yama), Tugendhaftigkeit (niyama), Körperstellung (âsana), Atemkontrolle (prânâyâma), Zurückziehen der Sinne (pratyâhâra), Konzentration (dhâranâ), Meditation (dhyâna) und Ekstase (samâdhi) als überbewusster Zustand sind die acht Teile [des Yoga]. (*2.29)

Enthaltung von Schmerzzufügung, Wahrhaftigkeit, Nichtstehlen, Keuschheit und Begierdelosigkeit – das sind die disziplinierten Enthaltungen (yama). (*2.30)

Sie sind universell [gültig], unabhängig von Geburt, Ort, Zeit und Umständen, [und bilden] das „Große Gelübde" (mahâ-vrata). (*2.31)

und im 14. Jahrhundert lebte. Weitere Forschung darüber ist wohl erforderlich, obgleich es mehr und mehr so aussieht, als habe Shankara Âcârya an der Abfassung des Vivarana keinen Anteil gehabt. Im 14. Jahrhundert entstand auch eine bewundernswerte systematische Zusammenfassung des klassischen Yoga in Mâdhavas Sarva-Darshana-Samgraha – ein, wie der Titel besagt, Kompendium (samgraha) aller (sarva) wichtigen philosophischen Systeme (darshana) des mittelalterlichen Indien.

„Nachdem sich ein yogin durch die stete Ausübung von moralischer Disziplin (yama) und Selbstbeherrschung (niyama) qualifiziert hat, kann er zu Yoga-Stellungen und anderen Methoden übergehen."
YOGA-BHÂSHYA-VIVARANA 2.29

Reinheit, Zufriedenheit, Askese, spirituelles Studium und Gotteshingabe – das sind die Tugendhaftigkeiten. (*2.32)

Um negative Gedanken (vitarka) abzuwehren, sollten [ihnen] entgegengesetzte Gedanken kultiviert werden. (*2.33)

Negative Gedanken, [etwa über] Gewalttätigkeit usf., ob sie nun selbst in die Tat umgesetzt, von anderen ausgeführt oder [nur] gebilligt werden; ob sie aus Gier, Ärger oder Selbstverblendung stammen; ob sie moderat, mittelstark oder exzessiv sind – sie erstarken durch Unwissenheit und spenden nur Leid (duhkha); deshalb sollten die entgegengesetzten Gedanken kultiviert werden. (*2.34)

Wenn [der yogin sich] entschlossen jeder Leidzufügung enthält (ahimsâ), endet jede Feindseligkeit in seiner Gegenwart. (*2.35)

Wenn er fest in der Wahrhaftigkeit (satya) steht, gehorchen Handlung und [Handlungs-] Resultat [seinem Willen]. (*2.36)

Wenn er festhält am [Grundsatz des] Nichtstehlens (asteya), kommen alle Schätze [zu ihm]. (*2.37)

Wer ständig und fest in sexueller Enthaltsamkeit (brahmacarya) lebt, erwirbt [große] Vitalität. (*2.38)

Durch stete Begierdelosigkeit [erlangt der yogin] sicheres Wissen über das Wie und Warum von [seinen] Geburten. (*2.39)

Wegen [seiner] Reinheit [kann er] Distanz (jugupsâ) zum eigenen Körper [gewinnen] und will [auch] nicht [mehr] von anderen beschmutzt werden. (*2.40)

Außerdem [erwirbt er] sattvische Reinheit, geistige Frohheit, einpunktige Aufmerksamkeit, Beherrschung der Sinne und die Fähigkeit zur Schau des Selbst (âtma-darshana). (*2.41)

Durch Zufriedenheit (samtosha) wird die allerhöchste Freude erlangt. (*2.42)

Durch Askese (tapas) werden die Unreinheiten entfernt, und Körper wie Sinnesorgane [erlangen] Vollkommenheit. (*2.43)

Aus dem 15. Jahrhundert stammen die Yoga-Siddhânta-Candrikâ („Mondlicht über das Yoga-System“) und die Sûtra-Artha-Bodhinî[10] („Erhellung der Bedeutung der Sûtras“), beide von Nârâyana Tîrtha verfasst. Die erstere Arbeit ist ein unabhängiger Kommentar oder Bhâshya, die letztere eine Vritti mit Wort-für-Wort-Erklärungen. Nârâyana Tîrtha war ein Gelehrter der Vallabha-Schule des Bhakti-Yoga, und seine Kommentare interpretieren den klassischen Yoga aus der Sicht des Shuddha Vedânta („reiner Vedânta“) von Vallabha Âcârya. Seine Schriften sind nicht nur wegen ihres devotionalen Elementes von großem Interesse, sondern auch, weil sie Hatha-Yoga und gewisse tantrische Konzepte wie cakras und kundalinî besprechen.

Das 16. Jahrhundert sah exzellente Kommentare zu Vyâsas Yoga-Bhâshya, verfasst von Râmânanda Yati, Nâgojî Bhatta (oder Nâgesha) und Vijnâna Bhikshu. Râmânanda Yatis Werk kommentiert direkt zum Yoga-Sûtra. Nâgojî Bhatta schrieb zwei originale Kommentare, Laghvî(„kurzer [Kommentar]“) und Brihatî („großer [Kommentar“). Der erklärte Zweck des Letzteren besteht darin, die Differenzen zwischen dem (dualistischen) Yoga und dem (nondualistischen) Vedânta zu bereinigen. Nâgoji Bhatta ist als „der

[10] *Geschrieben Sûtrârthabodhinî.*

Quellenlektüre 12

Durch spirituelles Studium (svâdhyâya) [kommt es zum] Kontakt mit der erwählten Gottheit (ishta-devatâ). (*2.44)

Kommentar: Viele Yoga-Schulen ermutigen den Übenden dazu, eine rituelle Beziehung zum Göttlichen in Form von Shiva, Vishnu, Krishna, Kâlî oder zu einer anderen göttlichen Gestalt zu pflegen, die dann die erwählte Gottheit des yogin wird.

Durch gänzliche Hingabe an Gott, den Herrn, (îshvara-pranidhâna) wird samâdhi [erlangt]. (*2.45)

Die Körperhaltung (âsana) [soll] stabil und ruhevoll [sein]. (*2.46)

[Der Meisterung der Körperhaltung folgt die] Beruhigung der naturgemäßen Unruhe und die Kontemplation des Unendlichen. (*2.47)

Danach ist [der yogin] nicht mehr den [Natur-]Gegensätzen (dvandva) [wie Hitze und Kälte usw.] ausgeliefert. (*2.48)

Sobald diese [Unangreifbarkeit erworben] ist, [soll] Atemkontrolle, die Unterbrechung des Flusses von Ein- und Ausatmen [geübt werden]. (*2.49)

[Atemkontrolle gilt für das] Außen, Innen und das Anhalten [des Atems] [und wird] reguliert von Ort, Zeit und Anzahl; [sie kann] lang oder kurz [sein]. (*2.50)

[Die Atembewegung, die] die äußere und innere Sphäre transzendiert, [heißt] die „vierte“. (*2.51)

Kommentar: Der etwas obskure Aphorismus wurde unterschiedlich interpretiert. Wahrscheinlich bezieht er sich darauf, dass im samâdhi-Zustand die Atmung so reduziert und flach werden kann, dass sie nicht mehr feststellbar ist. Dieser scheinbare Atemstillstand kann längere Zeit andauern.

Sodann verschwindet der Schleier über dem [inneren] Licht. (*2.52)

Und der Verstand [des yogin] ist bereit, sich zu konzentrieren. (*2.53)

Ziehen sich die Sinne von den Sinnesobjekten zurück und ahmen damit sozusagen die Wesensform des Bewusstseins nach, so ist das pratyâhâra. (*2.54)

vielleicht größte Gebildete des ausgehenden 16. Jahrhunderts" gepriesen worden".[11]

Einem solchen Rang strebte auch Vijnâna Bhikshu zu, der in der zweiten Hälfte des 16. Jahrhunderts lebte. Er verfasste einen ausführlichen Kommentar, betitelt Yoga-Vârttika („Traktat über den Yoga"), und das Yoga-Sûtra-Samgraha („Kompendium zur Essenz des Yoga"), ein Abriss seines umfangreichen Kommentars. Vijnâna Bhikshu war ein geschätzter Gelehrter, der Yoga aus vedantischer Sicht interpretierte. Ende des 19. Jahrhunderts bezeichnete ihn Max Müller als „einen Philosophen mit beträchtlichem Verständnis, [der] den Unterschied zwischen den sechs philosophischen Systemen zur Gänze erkannte und versuchte, eine ihnen gemeinsam zugrunde liegende Wahrheit zu entdecken und dabei herauszustreichen, wie sie zusammen oder vielmehr nacheinander studiert werden können, und wie sie alle zu dem Zweck entstanden waren, den ehrlichen Studenten auf den Pfad der Wahrheit zu führen."[12]

Über Vijnâna Bhikshu ist gar nichts bekannt; er „scheint jede Art der Identifizierung mit Name und Form abgewehrt zu haben".[13] Doch haben

[11] *U. Arya, Yoga-Sûtras of Patañjali, Bd. 1: Samâdhi-Pâda (Honesdale, Pennsylvania, USA: Himalayan International Institute, 1986), p. 10. Diese Arbeit von Pandit Usharbudh Arya (jetzt Swami Vedabharati) ist der exzellenteste Kommentar zu Patanjalis Werk in neuerer Zeit, aber leider wurde bisher nur die Interpretation des ersten Kapitels des Yoga-Sûtra veröffentlicht.*

[12] *M. Müller, The Six Systems of Indian Philosophy (London: Longmans, Green and Co., Neuaufl. 1916), p. 450.*

[13] *T. S. Rukmani, Yogavârttika of Vijñânabhikshu, Bd. 1: Samâdhipâda (New Delhi: Munshiram Manoharlal, 1981), p. 5.*

Daraus [ergibt sich] der absolute Gehorsam der Sinne. (*2.55)

III. Vibhûti-Pâda („Kapitel über die besonderen Kräfte")

Konzentration (dhâranâ) bindet das Bewusstsein an einen [einzigen] Punkt. (*3.1)

Meditation (dhyâna) lässt das bewusste Erkennen [des Objekts der Konzentration] in eine Richtung (ekatânatâ) fließen. (*3.2)

Diese [Meditation] wird zu samâdhi, [wenn] alleine das Objekt leuchtet, und [zwar so, als sei es] form-entleert. (*3.3)

Die drei zusammen [ausgeübt] in Bezug auf ein einziges Objekt [heißen] samyama („Bündelung", „auferlegte Begrenzung"). (*3.4)

Kraft der Meisterung desselben [samyama] erstrahlt das Licht der Weisheit (prajnâ). (*3.5)

Seine Ausübung [entwickelt sich] phasenweise. (*3.6)

[Hinsichtlich] der vorhergehenden [fünf Glieder des Yoga] sind die drei [Phasen der auferlegten Begrenzung] die innerlichen Teile (antar-anga). (*3.7)

Doch selbst sie sind äußerliche Teile (bahir-anga) [hinsichtlich] des Keimlosen [nirbîja-samâdhi]. (*3.8)

Werden die unbewussten Antriebskräfte (samskâra) unterworfen und manifestieren sich damit die unterwerfenden Kräfte, [so kommt es] zu einer neuerlich modifizierten Beschränkung. Verbindet sich das Bewusstsein mit dieser – im Moment des Beschränkungsprozesses –, so [heißt das] nirodha parinâmâ. (3.9)

Dessen ruhiges Fließen [wird bewirkt] durch tiefsitzende Gewohnheitsmuster. (3.10)

[Wenn sich] das Hin- und Hergezerrtsein zu allen Objekten (sarva-arthatâ) abschwächt und die einpunktige Aufmerksamkeit (ekâgratâ) sich einstellt, so entwickelt sich samâdhi. (3.11)

Dann wiederum, wenn die ruhig gestellten und die auftauchenden Vorstellungen als gleichartig gesehen werden, wandelt sich das Bewusstsein zur Einpunktigkeit. (3.12)

einige Kenner spekuliert, er könnte aus Bengalen gestammt haben, und T. S. Rukmani, die das Yoga-Vârttika komplett ins Englische übersetzt hat, äußerte die Vermutung, dass er in oder nahe von Varanasi (Benares) gelehrt haben musste, da sein Hauptschüler, Bhâvâ Ganesha (Autor der Dîpikâ, „Fackel"), dort wohnte. Vijnâna Bhikshu wird die Autorenschaft von 18 Werken zugerechnet; sie umfassen Kommentare zu klassischem Yoga, Sâmkhya, mehreren Upanishaden und zum Brahma-Sûtra. Alle seine Schriften sind saturiert mit seiner speziellen Art von Vedânta – der Art des epischen Sâmkhya-Yoga –, die in starkem Kontrast zu Shankaras mâyâ-vâda („Illusionismus") steht. Ja, Vijnâna Bhikshu wird of recht passioniert und regelrecht abfällig, wenn er Shankara und dessen Schulrichtung kritisiert. Aus seiner Sicht ist Yoga der zu präferierende Weg zur Verwirklichung.

Unter den späteren Kommentaren zum Yoga-Sûtra sollten erwähnt werden Sadâshiva Indras Sudhâkâra („Ambrosia-Schatz"), die Pada-Candrikâ („Mondlicht auf Worte") des Gelehrten Anantadeva aus dem 19. Jahrhundert, Râghavânandas Pâtanjala-Rahasya („Geheimnis der Pâtanjala[-Schule]") und Râmabhadra Dîkshitas Patanjali-Carita („Patanjalis Leben"); dazu Baladeva

Quellenlektüre 12

Kommentar: Patanjali sagt hier, dass die Einpunktigkeit des ekstatischen samâdhi-Zustands aus der wahrgenommenen Abfolge ähnlicher Bewusstseinsinhalte resultiert. Vorstellungen blitzen momenthaft auf, und deren Ähnlichkeit vermittelt den Eindruck von Kontinuität.

Damit sind [auch] die Verwandlungen von sichtbarer Form, von Zeitfaktoren und Zustandsbedingungen der Elemente (bhûta) und der Sinne erklärt. (3.13)

Kommentar: Das ist ein schwieriger Aphorismus. Vyâsa erläutert ihn in seinem Yoga-Bhâshya mit dieser abstrakten Illustration: Die Substanz Lehm kann als Klumpen Lehm und auch als Wasserkrug erscheinen. Das sind ihre äußeren Formen (dharma), und der Wechsel von einer zur anderen Form berührt die Substanz (dharmin) selbst nicht – der Lehm bleibt derselbe. Doch der Klumpen und der Krug existieren nicht nur räumlich, sondern auch in der Zeit. So stellt der Krug aus gebranntem Lehm die Gegenwartsvariante des Lehms vor. In der Zeitvariante seiner Vergangenheit war es der Lehmklumpen. Seine zukünftige Zeitvariante wird wahrscheinlich Staub sein. Aber, nochmals: Während all dieser Verwandlungen in der Zeit bleibt die Substanz die gleiche. Die Zeit ist eine Folge individueller Momente (kshana), die unmerklich die Bedingung des Kruges im Rahmen des Verfalls- oder Alterungsprozesses verändern. Dasselbe gilt für das Bewusstsein (citta).

Die form-beinhaltende Substanz (dharmin) findet sich nun in der ruhig gestellten, in der gegenwärtigen und in der unentschiedenen Form (dharma). (3.14)

Kommentar: Die ruhig gestellten Formen sind jene, die existiert haben, die gegenwärtigen jene, die jetzt sind, und die unentschiedenen jene, die sein werden. In allen Fällen bleibt die Substanz identisch.

Die unterschiedlichen Abfolgen [erscheinender Formen] sind die Ursache für die Unterschiede in den Verwandlungsphasen [der Natur]. (3.15)

Durch Praktizieren von samyama („Bündelung" von Meditation, Konzentration und samâdhi, also des sechsten, siebten und achten

Mishras Pradîpikâ („Lampe“) und Hariharânandas Bhâsvatî („Erläuterung“), beide im 20. Jahrhundert verfasst. Swami Hariharânanda (1869–1947) war das Oberhaupt des gemeinnützigen Kapila-Ordens in Madhupur (Bihar) und ein Meister des Sâmkhya-Yoga.

Es gibt eine Anzahl anderer, weniger populärer Werke, die meist nur dem Namen nach bekannt sind. Alles in allem ragen die Sekundärkommentare, was ihre Originalität anbelangt, nicht sehr heraus und verlassen sich weitgehend auf Vyâsas altehrwürdigen Kommentar oder auf einen der vielen anderen. Die kommentierende Literatur des „Klassischen Yoga“ neigt zur Trockenheit und Wiederholung und spiegelt kaum den Sachverhalt wider, dass Yoga primär und immer eine esoterische Disziplin gewesen ist, die mündlich gelehrt und von intensiver persönlicher Praxis getragen wird, weniger von scholastischen Leistungen. Wie Dattâtreya in seinem Yoga-Shâstra lakonisch konstatiert:

Gliedes des achtfachen Yoga) über die drei Verwandlungsphasen [kommt es zum] Wissen über Vergangenheit und Zukunft. (3.16)

[Normalerweise gibt es] die Verwechslung von Vorstellung, Objekt und [bezeichnendem] Wort [wegen der irrtümlichen] gegenseitigen Überblendung [des einen über das andere und wieder das andere]. Durch samyama-Fokussiertheit auf den Unterschied zwischen diesen drei [aufeinanderprojizierten Faktoren] [erlangt der yogin] das Wissen vom [wahren] Klang jedes Wesens. (3.17)

Durch die unmittelbare Wahrnehmung (sâkshât-karana) der subliminalen Wirkkräfte (samskâra) [gewinnt der yogin] Wissen über [seine] früheren Geburten. (3.18)

[Aus der unmittelbaren Wahrnehmung] der Vorstellungen einer anderen Person [strömt ihm] Wissen über deren Bewusstsein [zu]. (3.19)

Kommentar: Der normale Wahrnehmungsprozess wird durch die Sinne vermittelt. Doch der Yoga kennt eine direkte, unvermittelte Wahrnehmung: Sie tritt ein, wenn sich das yogisch trainierte Bewusstsein mit einem vorgegebenen Objekt identifiziert.

Aber [dieses Wissen] umfasst nicht den objektiven Sachverhalt, [der die Vorstellungen der anderen Person hervorrief], denn dieser [der objektive Sachverhalt] fehlt [im Bewusstsein der anderen Person]. (3.20)

Kommentar: Der vorstehende Aphorismus drückt einfach aus, dass die direkte Wahrnehmung der Gedanken einer anderen Person dem yogin nicht das Wissen von den objektiven Realitäten, die den Gedanken zugrunde liegen, vermitteln. Wenn sich also eine Person vor dem Ozean fürchtet, wird der yogin ihr Vorstellungsbild vom Ozean wahrnehmen und die damit assoziierte Furcht verstehen, aber er wird nichts über den Ozean an sich erfahren.

Durch samyama hinsichtlich der Form des [eigenen] Körpers und durch das Außerkraftsetzen der Wahrnehmungsfähigkeit [einer anderen Person] mittels Unterbrechung des Lichts [das vom eigenen Körper] zum Betrachterauge [reist], wird Unsichtbarkeit [erworben]. (3.21)

> Für den Übenden (kriyâ-yukta) wird sich der Erfolg einstellen. [Aber] wie kann es den für den Nicht-Übenden geben? (83) Erfolg stellt sich nie durch bloßes Lesen von Büchern ein. (84) Jene, die [nur] über Yoga sprechen und das Äußere [eines yogin] zeigen, doch nichts praktizieren und für Bauch und Sex leben – sie sind Betrüger. (92–93)

Wenn auch die Yoga-Tradition im Vergleich mit Vedânta oder Buddhismus in ihren philosophischen Gedanken etwas ärmlich erscheinen mag, so besitzt sie doch definitiv ein reiches Erfahrungswissen. Den yogins, vielleicht mehr als den Anhängern anderer klassischer Hindu-Denksysteme, galt philosophisches Verstehen immer nur als Kompass, der beim inneren Experimentieren des Initiierten zur Orientierung half. Es war nie dazu gedacht, die ganz persönliche Realisierung der letzten Wahrheit oder Wirklichkeit zu ersetzen. Womöglich wegen ihrer intensiven Befassung mit den höheren Schwingungen des Bewusstseins hatten yogins eine äußerst sensitive Einstellung zur schimärenhaften Natur des konzeptuellen

Quellenlektüre 12

Karma [existiert auf zweierlei Art] – akut und verzögert. Durch samyama-Fokussiertheit auf es [das Karma] oder auf ominöse Vorzeichen [erhält der yogin] Kenntnis über [seinen] Tod. (3.22)

[Durch samyama-Praxis] mit Bezug auf die [Tugenden der] Freundlichkeit usw. [erlangt er verschiedene] Kräfte (bala). (3.23)

Durch samyama über die Stärke [gewinnt er] die Stärke eines Elefanten usw. (3.24)

Durch Fokussierung des Lichtes (âloka) der geistigen Kräfte [die von Leid unberührt sind und jedes Objekt beleuchten können] [gewinnt der yogin] Wissen über die subtilen, verborgenen und entlegenen [Eigenschaften jener Objekte]. (3.25)

Durch samyama mit Bezug auf die Sonne [erwirbt er] Wissen über das All. (3.26)

[Durch samyama] auf den Mond [gewinnt er] Wissen von der Anordnung der Sterne. (3.27)

[Durch samyama] auf den Polarstern [gewinnt er] Wissen über dessen Bewegungen. (3.28)

[Durch samyama hinsichtlich] des „Nabel-Rades“ (nâbhi-cakra) [gewinnt er] Kenntnis über die Organisation des Körpers. (3.29)

[Aufgrund von samyama] auf die „Kehlgrube“ (kantha-kûpa) [unter dem Kehlkopf] enden Hunger und Durst. (3.30)

[Durch samyama] auf den „Schildkröten-Kanal“ (kûrma-nâdî) [erreicht der yogin] [körperliche] Bewegungslosigkeit. (3.31)

Kommentar: Dem Yoga-Bhâshya zufolge ist der „Schildkröten-Kanal“ eine röhrenartige Struktur unterhalb der Kehlgrube in der Brust. Das mag eine der vielen Lebenskraft-Bahnen sein, die den feinstofflichen Prâna-Körper bilden.

[Durch samyama] auf das Licht im Haupt erschaut [er] die Meister (siddha). (3.32)

Oder [der yogin erwirbt Wissen] von allen Dingen durch blitzartige Erleuchtung. (3.33)

Denkens und trauten ihr nur bis zu einem gewissen Grad. Sie achteten eine Philosophie gering, die lediglich intellektuelles Verstehen zum Ziel hat, kann sie doch den Menschen nicht aus dem Irrgarten der Meinung herausführen. Wie der Weise Yâjnavalkya zu seinem Schüler Paingala in der Paingala-Upanishad[14] (4.9) spricht:

> Welchen Nutzen hat Milch für einen, der mit Nektar gesättigt? Welchen Nutzen haben gleichermaßen die Veden für einen, der das [innerste] Selbst kennt? Für den yogin, vom Nektar der Weisheit zufriedengestellt, gibt es nichts, das bewerkstelligt werden müsste. Falls doch, ist er kein Wissender der Wirklichkeit (tattva).

[14] *Geschrieben Paingalopanishad.*

[Durch samyama] auf das Herz [gewinnt er] ein Verstehen [der Natur] des Bewusstseins. (3.34)

Erfahrung (bhoga) ist ein Vorstellungskomplex, [der darin gründet, dass] zwischen dem absolut reinen Selbst und [dem feinstofflichen] sattva nicht unterschieden wird. Durch samyama hinsichtlich des Eigenzwecks des Selbst – gänzlich verschieden von den anderen Zwecken (para-arthatva) [der Natur und des Intellekts] – [gelangt der yogin] zum Wissen vom Selbst. (3.35)

Daraus ergeben sich [auch] spontane höhere Wahrnehmungen (pratibhâ) im [sensorischen Bereich des] Hörens, Fühlens, Sehens, Schmeckens und Riechens. (3.36)

Diese sind Hindernisse für die Ekstase (samâdhi), [aber] Fähigkeiten für das weltliche [Bewusstsein]. (3.37)

Durch die Lockerung der Ursachen der [Ego-]Anklammerung [an den Körper] und durch die Erfahrung [des bewussten] „Austretens" [aus dem Körper] wird das Bewusstsein [befähigt], in einen anderen Körper einzugehen. (3.38)

Durch die Beherrschung des aufwärtsströmenden Lebensatems (udâna) [erwirbt der yogin] die Macht, sich von Wasser, Schlamm, Dornen usw. zu lösen und darüber zu schweben. (3.39)

Kommentar: Schon früh entdeckten die yogins, dass es verschiedenerlei Aspekte der – im Atem vorhandenen – Lebenskraft (prâna) gibt. Jeder einzelne Aspekt liefert, wenn gemeistert, unterschiedliche paranormale Kräfte.

Durch die Beherrschung des mittleren Lebensatems (samâna) [erwirbt er rundherum] Ausstrahlung. (3.40)

Durch samyama auf die Beziehung zwischen Ohr und Äther-Raum (âkâsha) [erwirbt er] das „göttliche Ohr" (divya-shrotra). (3.41)

Kommentar: Der Raum – er wird als ätherisches Licht-Medium gesehen – ist eines der Fünf Elemente der physischen Natur.

Durch samyama auf die Beziehung zwischen Körper und Raum und die Identifizierung mit leichten [Objekten wie] Baumwollfasern

Quellenlektüre 12

[gewinnt der yogin die Macht,] durch den Raum zu reisen. (3.42)

Kommentar: Durch ekstatische Identifizierung mit einer Baumwollfluse, einem Spinnwebfaden oder einer Wolke soll der yogin weit levitieren können.

Durch eine nach außen gesendete, nicht-imaginäre Bewusstseinswelle (vritti) – der „großen Unverkörperten" – wird die Verhüllung des [inneren] Lichts aufgehoben. (3.43)

Kommentar: In der Vorstellung können wir zwar über die Grenzen des Körpers hinausreichen. Es gibt aber auch eine spezielle yogische Praxis, vermöge derer das Bewusstsein konkret aus dem Körper treten und Informationen über die äußere Welt sammeln kann. Diese Praxis geht der yogischen Prozedur des tatsächlichen Eintretens in einen anderen Körper voraus. Die Sanskrit-Kommentatoren sind der festen Ansicht, dass diese Aussendung des Bewusstseins keine „imaginäre" ist.

Durch samyama auf die grob- wie feinstofflichen Elemente, auf deren essenzielle Gestalt, Verbundenheit untereinander und deren Zweck [erlangt der yogin] die Meisterschaft über sie. (3.44)

Daraus [ergibt sich] die Manifestation [der großen psychischen siddhi-Kräfte] wie die Verkleinerung zur Größe eines Atoms (animan) usw., sowie körperliche Vollkommenheit und Unzerstörbarkeit. (3.45)

Schönheit, Anmut und diamantharte Widerstandsfähigkeit [bilden] die körperliche Vollkommenheit. (3.46)

Durch samyama auf den Wahrnehmungsprozess, die essenzielle Natur, die Ichheit, die Verbundenheit [auf der guna-Ebene] und den Zweck [der Sinne] wird Herrschaft über die Sinne [gewonnen]. (3.47)

Daraus [ergibt sich die Fähigkeit,] sich gleich flinken Gedanken zu bewegen, zu funktionieren ohne Hilfe der Sinne, und den Ursachen-Grund [der Natur] vollkommen zu beherrschen. (3.48)

[Der yogin, der] den Unterschied zwischen Selbst und sattva klar erkennt, [gewinnt] die Oberherrschaft über alle Zustände [der Existenz] sowie Allwissenheit. (3.49)

Durch Nichtanhaftung selbst an diese [Souveränität] wird der Same zu jedem Anhaften eliminiert, und [der yogin erlangt] das Alleinsein (kaivalya) [in seiner Macht der Schauung]. (3.50)

Auch wenn hohe Wesen ihn bewundern, soll [der yogin] sich nicht von Stolz verleiten lassen, denn das führte ihn womöglich erneut in unerwünschte Verstrickungen . (3.51)

Durch samyama auf den Augenblick (kshana) und die Augenblicksabfolge [erhält der yogin] klar unterscheidende Weisheit. (3.52)

Auf diese Weise nimmt er das sonst wegen Ähnlichkeit der Gattungsarten, Erscheinungen und Positionen Ununterscheidbare als unterschiedlich wahr. (3.53)

Die unterscheidende Weisheit ist die Retterin (târaka) – sie kennt alle Objekte gleichzeitig und unter jeder Zeitbedingung. (3.54)

Hat sattva die gleiche Reinheit wie das Selbst [erlangt], so [ist das] Alleinsein [der Macht der Schau] fest begründet. (3.55)

Kommentar: Das Alleinsein (kaivalya) ist hier die transzendentale Verwirklichung, mit dem Selbst (purusha) als einziger Wirklichkeit.

IV. Kaivalya-Pâda („Kapitel über die Befreiung")

Übernatürliche Kräfte (siddhi) ergeben sich aus [früheren] Geburten, Kräuter[verwendung], mantras, Askese oder samâdhi. (4.1)

Kommentar: Dieser Aphorismus gehört eigentlich zum vorigen Kapitel. Dass er hier steht, kann wohl mit einem Missverständnis der Kommentatoren hinsichtlich der Aussage der Eingangs-Sûtren des jetzigen Kapitels erklärt werden.

Die Verwandlung einer Gattung (jâti) in eine andere [wird möglich] durch den überquellenden Reichtum der Natur. (4.2)

Kommentar: Man verstand diesen wie auch die folgenden Aphorismen im Allgemeinen so, als bezögen sie sich auf die magische Fähigkeit des yogin, künstliche Körper samt Verstand zu erschaffen, auf die er dann sein eigenes Karma übertragen könne. Doch – und darauf hat schon der deutsche Yoga-Forscher J. W. Hauer hingewiesen – legt ein genaueres Studium dieses Abschnitts eine universellere Interpretation nahe: Offenbar hat Patanjali den Prozess der differenzierenden Individuation im Kosmos ganz generell skizziert.

Zufällige Verursachungen (nimitta) sind kein Anlass für die Naturschöpfungen (prakriti), sondern heben nur Möglichkeiten hervor, so wie der Bauer [der ein Feld bewässert, indem er passende Kanäle für das Wasser legt]. (4.3)

Die individualisierten Bewusstseinsschöpfungen (nirmâna-citta) [entspringen] aus der essenziellen Ichheit (asmitâ-mâtra). (4.4)

[Obgleich die zahlreichen individuellen Bewusstseinsschöpfungen jeweils] in unterschiedlichen Funktionen [tätig sind], ist das Eine (eka) Bewusstsein der Urheber [aller Funktionen]. (4.5)

Unter diesen [individuellen Bewusstseinseinheiten hat das Bewusstsein, das] aus der Meditation geboren wird, keine [karmische] Restablagerung. (4.6)

Das Karma eines yogin ist weder schwarz noch weiß; bei anderen tritt es in dreierlei Form auf [d.h. als gut, schlecht, gemischt]. (4.7)

Davon manifestieren sich nur jene [unbewusst-latenten] Eigenschaften (vâsanâ), für deren [aktuelle] Reifung es günstige Bedingungen gibt. (4.8)

Wegen der Gleichartigkeit des Tiefengedächtnisses und der unbewussten Wunschkräfte (samskâra) [manifestieren sich subliminale Wunschkräfte und karmische Ursache] in ununterbrochener Wechselbeziehung, auch wenn sie [d.h. Ursache und Wirkung] wegen Ort, Zeit und Art der Gattung getrennt erscheinen. (4.9)

Kommentar: Der Aphorismus erklärt, vielleicht in etwas verschleierter Form, dass die karmische Verbindung zwischen dem früheren und dem jetzigen Dasein eines Menschen nicht willkürlich ist – sie zeigt sich in Gestalt der (unbewusst gespeisten) Wunsch- und Antriebskräfte komplett und detailgetreu aufbewahrt. So erfährt also niemand sogenannte „karmische Ungerechtigkeiten". Jeder einzelne Mensch erntet, was er (oder sie) in früheren Leben säte.

Und diese [Wunschkräfte in den Tiefen des Bewusstseins] sind ohne Beginn, denn der Ur-Lebenswille [der Natur] ist ewig. (4.10)

Da diese [Kräfte in den Tiefen des Bewusstseins] mit Ursache, Wirkung, Zugrundeliegendem und Stützendem verquickt sind, [folgt daraus, dass] sie beim Verschwinden [dieser vier Faktoren gleichfalls] verschwinden. (4.11)

Vergangenheit und Zukunft als solche existieren wegen unterschiedlicher Entstehungsverläufe der Formen (dharma) [geschaffen von der Natur]. (4.12)

Diese [Formen] sind sichtbar manifestiert oder subtil und besitzen die Eigenschaft der [drei] Qualitäten (guna). (4.13)

Die „Soheit" (tattva) eines Dings rührt aus den homogenen Verwandlungen [der primären Bauprinzipien (guna) der Natur]. (4.14)

Kommentar: Mit „Soheit" ist die dingliche Stabilität gemeint, die den Eindruck hervorruft, als gäbe es ein solides Objekt, obwohl sich doch alles im ständigen Fluss befindet, wie der griechische Philosoph Heraklit etliche Jahrhunderte vor Patanjali erkannte.

Anbetrachts der Vielheit von Bewusstsein und der Einzelheit von [jeweils wahrgenommenen] Objekten [lässt sich sagen, dass] beide zu unterschiedlichen Ebenen [des Daseins gehören]. (4.15)

Und das Objekt ist auch unabhängig von einem einzelnen

Quellenlektüre 12

Bewusstsein; denn was sollte aus einem nicht wahrgenommenen [Objekt] werden? (*4.16)

Kommentar: Dieser Aphorismus fehlt in einigen Sanskrit-Manuskripten, und wahrscheinlich gehört er zu Vyâsas Yoga-Bhâshya. Die hier ausgedrückte Idee postuliert die unabhängige Existenz der Dinge und weist damit den radikalen Idealismus gewisser Schulen des Mahâyâna-Buddhismus zurück.

Ein Ding wird erkannt oder nicht erkannt, je nachdem ob das Bewusstsein davon gefärbt (uparaga) wird oder nicht. (4.17)

Die Wirbel des Bewusstseins sind dem „höchsten Herrscher" [d.h. dem Selbst] immer bekannt, denn das Selbst ist unwandelbar. (4.18)

Kommentar: Das transzendente Selbst, das keiner Veränderung unterliegt, steht über den sich wandelnden Formen und Reichen der Natur, zu denen auch das individuelle Bewusstsein gehört.

Dieses [Bewusstsein] leuchtet nicht von sich aus, wird es doch [vom Selbst] gesehen. (4.19)

Kommentar: Im indischen Denken findet sich gewöhnlich die Vorstellung, nur das Selbst habe eigenes Licht, das begrenzte, empirische Bewusstsein hingegen sei – wie der Mond – von geborgtem Licht erleuchtet.

Und nicht kann es [das denkende Bewusstsein] beides [sich selbst und das Objekt] gleichzeitig erkennen. (4.20)

Falls Bewusstsein von einem anderen [Bewusstsein] wahrgenommen werden würde, [käme es zu] einer unendlichen Fortsetzung von Erkenntnis der Erkenntnis (buddhi) und [damit zur] Gedächtnisverwirrung. (4.21)

Wird die unwandelbare Zeugen-Bewusstheit (citi) in jenem [menschlichen Bewusstsein] widergespiegelt, so kann das eigene Erkennen erfahren werden. (4.22)

Ist das Bewusstsein vom Seher und vom Gesehenen „belichtet", so kann es alles [Gesehene] wahrnehmen. (4.23)

Kommentar: Sowohl das transzendente Selbst (d.h. der Seher) wie auch die Natur (d.h. das Gesehene) in ihren zahllosen Formen müssen im menschlichen Bewusstsein gegenwärtig sein, um Erfahrung zu ermöglichen.

Dieses [Bewusstsein], obgleich gedrängt von unzähligen Antrieben (vâsanâ), erfüllt [doch auch] einen anderen [höheren] Zweck, aufgrund seines kooperativen Wesens. (4.24)

Kommentar: Zwar gehört das Bewusstsein zu den mechanischen Funktionen der Natur, aber es nimmt auch teil am übergeordneten evolutionären Programm der Natur – das letztlich die Selbst-Realisierung oder Befreiung anstrebt.

Für jenen, der den Unterschied [zwischen dem Selbst und dem Verstand] erkennt, hört das Projizieren eines [falschen] Selbst-Sinns (âtma-bhâva) auf. (4.25)

Dann wird das tendenziell unterscheidende Bewusstsein zur All-Einheit (kaivalya) [der Macht der Schau] getragen. (4.26)

Zwischenzeitlich [können] anderweitige Vorstellungen aufgrund unbewusster Wunsch- und Antriebskräfte [auftreten]. (4.27)

Ihre Beseitigung [kann in der gleichen Weise erreicht werden] wie [in Aphorismus 2.10] beschrieben in Bezug auf die Leid-Ursachen (klesha). (4.28)

Er, der auch im Zustand der größten Erhöhung völlig losgelöst bleibt, findet durch unterscheidende Schau zur Ekstase, die „Dharma-Wolke" (dharma-megha) [genannt wird]. (4.29)

Kommentar: Was der Begriff dharma hier genau bedeuten soll, steht nicht fest. Einige Übersetzer gaben ihn mit „Tugend" wieder; doch macht es, mit Blick auf die ekstatische Verwirklichung, wenig Sinn, von einem tugendhaften oder tugendlosen yogin zu sprechen. Er hat ja die Moralkategorien des gewöhnlichen Lebens transzendiert. Passender ließe sich hier dharma interpretieren etwa wie in buddhistischen Zusammenhängen, nämlich als ursprüngliche, wichtigste Realität. Mit anderen Worten: Der yogin wird bei Vollendung der unterscheidenden Schau vom Selbst umhüllt. Diese Ekstase ist eine Übergangsstufe, auf der alle spirituelle Unwissenheit und all deren schicksalshafte Auswirkungen (wie Karma und Leid) gelöscht werden, und nach der die Befreiung folgt.

Daraus [folgt] die Beendigung der Leid-Ursachen und des Karma. (4.30)

Dann werden alle verfälschenden Makel beseitigt, und sehr wenig [bleibt] zu wissen [übrig], denn die [entstehende] Weisheit ist unendlich. (4.31)

Dann [folgt] die Beendigung der Sequenzen der guna-Transformationen, weil sich deren Zweck erfüllt hat. (4.32)

Die Sequenz ist eine ununterbrochene Aufeinanderfolge von Augenblicken, die [erst] am Ende einer [einzelnen] Transformation verstanden werden kann. (4.33)

Kommentar: Patanjali behauptet, es gebe eine Korrelation zwischen der Zeiteinheit, „Augenblick" (kshana) genannt, und der letzten Einheit des Transformationsprozesses, „Sequenz" (krama) genannt. Dieses Zeitkonzept lässt bereits an moderne Ideen zur diskontinuierlichen Natur der Zeit und zum Raum-Zeit-Kontinuum denken.

Die Reabsorption (pratisarga) der [drei] Naturqualitäten (guna), [die nun] keinen Zweck mehr für das Selbst haben, [wird genannt] die All-Einheit [der Schau] oder die Manifestation der Bewusstheitsmacht (citi-shakti) in ihrer reinen Wesensform. Ende (iti). (4.34)

Kommentar: Nach der Realisierung des Selbst bzw. der Befreiung erfüllen die Grundprinzipien (guna) der Körper-Verstand-Einheit des Adepten keinen weiteren Zweck und lösen sich daher allmählich wieder im transzendenten Urgrund der Natur auf.

Patanjali betrachtet die Selbst-Realisierung also als etwas, das mit dem Tod des begrenzten Körper-Verstands einhergeht. Übrig bleibt der ewige Zeuge, die Macht der Bewusstheit, das Selbst (purusha).

KAPITEL 10

Philosophie und Praxis des Pâtanjala-Yoga

„Der Undisziplinierte (atapasvin) ist im Yoga nicht erfolgreich.“

YOGA-VÂRTTIKA (2.1)

I. DIE KETTE DES SEINS – DAS SELBST UND DIE WELT AUS PATANJALIS SICHT

Patanjali-Statue

Als er die existenzpsychologische Methode des Buddhismus beschrieb, drückte der deutschstämmige Lama Anagarika Govinda sachlich kontrastierend dies aus:

> Man kann Psychologie auf zweierlei Art studieren und anwenden: entweder nur um ihrer selbst willen, d.h. als reine Wissenschaft, was ihre Nützlichkeit oder Nichtnützlichkeit gänzlich außer Acht lässt – oder um eines bestimmten Sachverhaltes willen, d.h. mit der Hinsicht auf ihre praktische Anwendung ...[1]

Das Gesagte gilt für den Yoga genauso wie für den Buddhismus. Als psychotechnische Methode befasst sich Yoga primär mit dem Verstand und der Psyche des Menschen. Doch ist aus der Sicht der yogischen Visionäre unsere innere Welt den Strukturen des Kosmos analog. Sie setzt sich aus denselben prinzipiellen Ebenen zusammen, die auch die hierarchische Ordnung der äußeren Welt bestimmen. Daher sind die „Landkarten“, die von Patanjali und anderen spirituellen Autoritäten vorgegeben werden, Psycho-Kosmogramme – Reiseführer sowohl zur inneren wie zur äußeren Welt. Ihr Hauptzweck besteht jedoch darin, über die Ebenen der Psyche bzw. des Universums hinauszuweisen, denn das eigentliche Wesen des Menschen – sein Selbst, sein spirituelles Sein – wird für äußerst transzendent gehalten.

Wohl erscheint die Idee eines vielschichtigen, hierarchisch gegliederten Universums dem vorherrschenden Paradigma eines wissenschaftlichen Materialismus fremd, doch hat sie in alten wie auch in modernen religiösen und spirituellen Traditionen eine wesentliche Bedeutung.

> Riesige Verkettung allen Seins! Aus Gott entstand sie,
> kettet die ätherische Natur mit Menschentum und Engel,
> mit Mensch,
> und Tier und Vogel, Fisch, Insekt ... kettet alles aneinander,
> und reicht aus der Unendlichkeit zu dir,
> von dir zum Nichts. –
> Wagten wir's, die oberen Mächte zu bezwingen,
> die nied'ren könnten uns're dann bezwingen
> oder hinterlassen in der ganzen Schöpfung eine Leere,
> in der, da eine Stufe abgebrochen,
> die ganze große Stufenleiter d'rauf zerbricht:
> Welch Glied auch immer du zerschlägst
> der Kette der Natur, das zehnte oder das zehntausendste –
> die ganze Kette wird dabei zerschlagen.

[1] *A. Govinda, The Psychological Attitude in Early Buddhist Philosophy (London: Rider, 1969).*

Auf diese Weise gab Alexander Pope in seinem Essay über den Menschen der vormodernen Intuition einer hierarchischen Verbindung zwischen allen Dingen – der Kette des Seins – poetischen Ausdruck. Die Yoga-Philosophie teilt die gleiche Ansicht: Der Kosmos ist eine riesige Struktur aus eingebetteten Ganzheiten, die samt und sonders miteinander verwoben sind.

Am einen Ende der „Stufenleiter der Natur" finden sich die materiellen Formen; am anderen liegt der transzendentale Grund der Natur selbst. Jenseits davon eröffnet sich die Dimension (oder besser: „Dimensionsleere") des Bewusstseins mit der Qualität formloser transzendenter Selbst-Monaden (purusha). Die Yoga-Philosophie in ihrer ontologischen Funktion – als „Wissenschaft des Seins" – versieht die yogins mit einer Landkarte, mittels derer sie die verschiedenen Ebenen des Daseins durchqueren können, bis sie, im Augenblick der Befreiung, die Einflusssphäre der Natur insgesamt verlassen.

Die einzelnen Schulrichtungen haben unterschiedliche Vermessungskarten der kosmischen Hierarchien entworfen. Patanjalis Überblicksschema wurde öfters abgewertet, da es, wie man sagte, lediglich aus dem klassischen Sâmkhya, von Îshvara Krishna etwa um 350 n. Chr. in seiner Sâmkhya-Kârikâ formuliert, entliehen war. Der historische Sachverhalt ist jedoch, dass sowohl klassischer Yoga wie auch klassisches Sâmkhya jenen auseinanderstrebenden Entwicklungen, die in den vorchristlichen Jahrhunderten auftraten, einen radikal rationalistischen Ausdruck gaben. Wie wir im Mahâbhârata (vor allem im Moksha-Dharma-Abschnitt) gesehen haben, entwickelten Yoga und Sâmkhya etwa um 300–200 v. Chr. ihre je eigene, von der gemeinsamen vedântischen Ausgangsbasis abgetrennte Identität. Außerdem ist das Yoga-Sûtra älter als die Sâmkhya-Kârikâ; falls es also zu Entleihungen gekommen sein sollte, müssen sie gewiss Îshvara Krishna angelastet werden.

Es gibt viele signifikante Unterschiede zwischen dem klassischen Yoga und dem klassischen Sâmkhya; sie lassen sich leicht in dieser Weise ordnen:

1. Methode: Das klassische Sâmkhya verlässt sich hauptsächlich auf die dem Menschen angeborene Fähigkeit zur Unterscheidung (viveka), eine Funktion der höheren Vernunft (buddhi). Eben durch Ausüben dieser Unterscheidung wird das transzendente Selbst (purusha) als separat vom Nicht-Selbst erkannt, und das heißt, als separat vom empfindungslosen Weltengrund (prakriti) und seinen Hervorbringungen, zu denen auch der menschliche Verstand (citta) gehört. Der Unterscheidung folgt die Entsagung – die Aufgabe von allem, was als Nicht-Selbst (anâtman), als nicht zum eigentlichen Wesen des Menschen gehörig, eingestuft wird. Im Gegensatz dazu betont der klassische Yoga, dass die ekstatische Verwirklichung, also samâdhi, ein wichtiges Mittel zur Transformierung und schließlich Transzendierung des weltgebundenen

Bewusstseins darstellt. Rationales Wissen allein reiche nicht aus, um die falsche Identität, wie sie vom Ich-Sinn projiziert wird, zu entlarven. Erst mit wahrer Gnosis (vidyâ) seien die tiefen Abgründe der menschlichen Psyche zu erkennen, in denen die wirklichen Ursachen unserer gewohnheitsmäßigen Fehl-Identifizierung liegen.

2. Theologie: Praktisch gesehen ist das klassische Sâmkhya atheistisch, da es die Existenz eines souveränen Herrschers über die vielen transzendenten Selbst-Monaden leugnet. Die Selbst-Monaden bilden das Göttliche. Der klassische Yoga hingegen ist betont theistisch, wiewohl der „Herr" (îshvara) im Plan der Dinge nur eine kleine Rolle zu spielen hat. Er wird als primus inter pares, als „Erster unter Gleichen" gesehen – „als spezielles Selbst", wie es Patanjali ausdrückt.
3. Ontologie: Das klassische Sâmkhya propagiert ein Modell existenzieller Kategorien oder ontischer Prinzipien (tattva), das sich vom Modell des klassischen Yoga klar unterscheidet. Letzteres erscheint holistischer, wie aus dem citta-Konzept, das buddhi, ahamkâra und manas umfasst, sehr deutlich wird.
4. Terminologie: Die technischen Vokabularien der beiden Schulen sind recht unabhängig voneinander.

Diese Unterschiede scheinen sich hauptsächlich aus den kontrastierenden Methoden von Sâmkhya und Yoga zu ergeben. Die von Patanjali gezeichnete psychokosmologische Landkarte wird von dem Territorium, das er selbst während seiner Erkundungen der menschlichen Psyche entdeckte – jenen riesigen Räumen des Bewusstseins, die mit den Dimensionen der Natur in Wechselbeziehung stehen –, stark und tief geprägt. Îshvara Krishnas Vermessungskarte dagegen vermittelt den Eindruck, als sei sie aufgrund theoretischer Überlegungen und im Rückblick auf mehrere Jahrhunderte metaphysischer Spekulationen innerhalb der Sâmkhya-Tradition entworfen worden.

Der Zweck beider Karten ist natürlich, den Praktizierenden zur Realisierung des Selbst zu führen. Doch offenbart sich die Scharfsinnigkeit von Patanjalis Karte nur, wenn wir selbst dem psychoexperimentellen Pfad des Yoga folgen und unsere eigenen Bewusstseinslandschaften entdecken, indem wir regelmäßig meditieren und (falls Glück und Gnade mit uns sind) gelegentlich in den all-einenden samâdhi-Zustand eintreten. Dann aber lernen wir – dem „atomisierenden" wissenschaftlichen Materialismus ganz konträr –, die klassische alte Vorstellung eines untereinander verketteten Seins als lebendige Tatsache, nicht bloß als graue Theorie zu schätzen.

Das transzendente Selbst und der Verstand

Am höchsten Punkt der Hierarchie des Seins findet sich die transzendent-transzendentale Realität – das Selbst oder der Geist (purusha). Für den klassischen Yoga wie auch für andere Schulen der indischen Spiritualität bedeutet das Selbst das Prinzip des reinen Bewusstseins (cit) bzw. des reinen Gewahrseins (citi). Dieses unterscheidet sich absolut vom gewöhnlichen Bewusstsein (citta) mit seinen emotionalen und mentalen Turbulenzen, die Patanjali als Produkt der Interaktion zwischen transzendentem Selbst (purusha) und empfindungsloser Natur (prakriti) erklärt: Die „Nähe" des Selbst zu einem hochentwickelten psychophysischen Organismus kreiert das Phänomen des Bewusstseins. Die Natur für sich genommen – das menschliche Körper-Verstand-System für sich alleine – ist hingegen äußerst unbewusst.

Wie dieses absolut transzendente Selbst, dieses reine Gewahrsein, überhaupt irgendeine Wirkung auf die laufenden Prozesse der Natur ausüben kann, ist ein philosophisches Rätsel, das von keiner einzigen spirituellen Überlieferung der Welt gelöst wurde. Patanjalis metaphysischer Dualismus insbesonders bietet sich für eine solche Lösung nicht an, und doch sucht er das Problem zu überwinden, indem er vorschlägt, es bestehe eine Art von Verbindung – die er „Korrelation" oder „Wechselbeziehung"(samyoga) nennt – zwischen dem Selbst und der Natur, d.h. zwischen dem reinen Gewahrsein und dem Körper-Persönlichkeits-System.

Diese Verbindung wird möglich, weil auf der höchsten Ebene der Natur die sattva-Komponente vorherrscht. Die Transparenz dieses sattva-Faktors der Natur korrespondiert mit der inhärenten Transparenz oder Luminosität des Selbst. Daher fungiert die Natur (in Form von Psyche und Verstand) in diesem sattvischen Modus wie ein Spiegel gegenüber dem „Licht" des Selbst.

Da sowohl das Selbst (oder, wenn wir den Kommentaren Glauben schenken: die vielen Selbst-Monaden) wie auch die Natur ewig und allgegenwärtig sind, ist auch die Wechselverbindung zwischen den beiden anfanglos. Aus Patanjalis Sicht erscheint diese offensichtlich eherne Korrelation als die wirkliche Quelle allen menschlichen Leidens (duhkha), denn sie lässt die Illusion im Menschen entstehen, er sei individueller Körper und Verstand oder Persönlichkeitszusammenhang – nicht transzendentales Selbst. So sitzt also spirituelle Unwissenheit (avidyâ) an der Wurzel unserer falsch begriffenen, aus begrenztem Körper und Verstand bestehenden Identität. Sie brütet unsere Bindungen, Anhaftungen, Abneigungen, ja unseren Lebenshunger, unseren Überlebensinstinkt insgesamt aus. Deren Abschwächung und, schließlich, Transzendierung erstrebt die Psychotechnik des Yoga primär.

Die klassischen Kommentatoren nehmen an, Patanjali habe an die Existenz zahlreicher transzendenter Selbst-Monaden geglaubt; aber im Yoga-Sûtra finden wir dafür keine klaren Anhaltspunkte. Daher ist es genauso gut möglich, dass Patanjali, dem episch-vorklassischen Yoga getreu, die Existenz nur eines einzigen großen Wesens unterstellte, das innerhalb seines eigenen unendlichen Umkreises alle Selbst-Monaden einschließt. Was immer Patanjalis Position gewesen sein mag – es spielt nur eine Nebenrolle, ob es viele „Selbste“ oder nur ein einziges Selbst gibt, das als vielfältig erscheint. Denn der Vorgang der Verwirklichung entfaltet sich immer in der Arena der Dualität: Das Zeugenbewusstsein sieht dem Spiel der Natur in Gestalt des Körper-Verstand-Systems zu. Falls Patanjalis Metaphysik tatsächlich dem Panentheismus des episch-vorklassischen Yoga näherstünde als allgemein angenommen, dann gewänne Vijnâna Bhikshus Deutung des Yoga-Sûtra erheblich an Glaubwürdigkeit.

Das Yoga-Konzept des Unbewussten

Der Pfad zur Verwirklichung des Selbst zeigt zwei hauptsächliche Aspekte: einmal ruhige Emotions- und Leidenschaftslosigkeit (vairâgya), aufgrund derer man sich aus der falschen Identifizierung mit dem Nicht-Selbst, also mit allem, was den verschiedenen Bereichen der Natur zugehört, herauslöst; zweitens die Praxis (abhyâsa) der Identifizierung mit dem wahren Selbst in – über lange Zeit – wiederholter meditativer Versenkung und Ekstase (samâdhi).

Jede Erfahrung hinterlässt in Psyche und Verstand einen Eindruck. Erfahrungen, die ich-bedingt, ich-gesponsert sind, verstärken die Ich-Illusion; Augenblicke der Ich-Transzendierung im täglichen Leben oder im ekstatischen Zustand verstärken den spirituellen Impuls. Die Träger des Prozesses der „Egofizierung“ einerseits, der „Spiritualisierung“ andererseits sind charakterliche Bildekräfte (vâsanâ). Sie verbergen sich in den unbewussten Tiefen der Psyche. Wenn wir die Psyche mit weichem Wachs vergleichen, dann sind diese vâsanâs die karmischen Impressionen, die unsere psychisch-mentalen Aktivitäten hinterlassen haben. Jedes Mal, da wir fühlen, empfinden, denken, wollen oder irgend etwas tun, erschaffen wir eine – wie es die Yoga-Autoritäten bezeichnen – unterschwellige Antriebskraft (samskâra). Man kann sich diese bildhaft als Atom vorstellen, das einer Kette von Atomen zugefügt wird, die ein Molekül bildet – ein Molekül des Schicksals.

Die vâsanâs sind also ganze Ketten ähnlicher karmischer Antriebskräfte (samskâra). Sie induzieren im bewussten Verstand ständig neue psychisch-mentale Aktivität in Form der fünf Typen von Fluktuationen oder „Wirbeln“ (vritti), über die Patanjali spricht. Die Antriebskräfte, zu komplexen Charaktereigenarten kombiniert, fungieren als die verborgenen Mächte hinter den Kulissen unseres bewussten Lebens und bilden den Nährboden unseres Schicksals. Aus diesem Grund verwendet Patanjali ja auch den

Begriff „Handlungs- oder Karma-Ablagerungen" (karma-âshaya) für diese gepeicherten Eindrücke.

Das folgende Beispiel will das etwas klarer machen:

Wenn ich diesen Abschnitt des Buches auf dem Computer schreibe, führe ich zuerst die relativ komplexen Bewegungen der Finger auf der Tastatur durch. Während ich das tue, exerziere ich eine vor vielen Jahren erworbene Fähigkeit. Mir ist auch bewusst, dass ich ständig mehrere schlechte Gewohnheiten verstärke, etwa die Neigung, meine Schultermuskeln zu verhärten oder auf den Bildschirm zu schielen. Das wäre eine Form der karmischen Konditionierung auf der simpelsten Ebene – aller Wahrscheinlichkeit nach verhalte ich mich beim nächsten Schreibakt ähnlich.

Auf einer anderen Ebene überlege ich, was ich schreiben werde, wobei ich vom Erlernten und vom aktiven Wortschatz meinerseits ausgehe. Auch dies hat seinen karmischen Aspekt, da ich den Verstand fortwährend zum Denken und zum Denken in einer bestimmten Weise antreibe. Konventionell betrachtet ist das eine wünschenswerte Tätigkeit, soll ich doch den Verstand trainieren und verfeinern. Aus spiritueller Perspektive jedoch gesehen gehört das rationale Denken einem besonderen Seinszustand an, der, alles in allem, nicht „mein" wahrer ist, weil „ich" letztendlich das transzendentale Zeugenbewusstsein und nicht die kontrahierte Ich-Verstand-Persönlichkeit bin. „Im Kopf zu sein" bedeutet, nicht als gesamtes Körper-Verstand-System präsent zu sein – und nur wenn man körperlich gegenwärtig und offenen Herzens ist, wird sich das über das Ich hinausgehende Selbst (möglicherweise) offenbaren. Daher läuft chronisches Denken – wegen der unterschwelligen Eigenarten, die sich durch konstantes Denken einnisten – der Realisierung des Selbst zuwider.

Auf wiederum einer anderen Ebene ist mein Tun als Autor mit allen möglichen expliziten und impliziten Erwartungen und Motiven durchwirkt, die ihre eigenen karmischen Eindrücke kreieren. Um eine unterschwellige Antriebskraft zu generieren, muss ich mir nicht einmal meiner Gefühle oder Stimmungen bewusst werden. Darum ist auch der Schlaf vom unerbittlichen Prozess der karmischen „Ich-Duplizierung" nicht ausgenommen.

In dieser Theorie der unterschwelligen Antriebskräfte nimmt der Yoga den modernen Begriff des Unbewussten vorweg. Doch er ging über die Einsichten und Ziele der Psychoanalyse hinaus, als er Mittel entwickelte, mit denen der gesamte unbewusste Inhalt entwurzelt werden kann. Wie wir aus dem Yoga-Sûtra (1.50) lernen, bleiben wir – solange die unterbewussten Antriebskräfte nicht kraft wiederholten Erfahrens der überbewussten Ekstase (asamprajnâta-samâdhi) gänzlich transzendiert worden sind – im Zirkel unserer eigenen ich-verhafteten Erfahrungen eingesperrt und für immer dem Selbst, unserer wahren Identität, entfremdet.

DIE DIMENSIONEN DER NATUR

Den zahllosen transzendentalen Selbst-Monaden steht die Natur (prakriti) gegenüber. Der Sanskritbegriff prakriti bedeutet wörtlich „sie, die hervorbringt" oder „die Erzeugerin" und meint gleichermaßen den transzendenten Welten-Urgrund der Myriaden von manifestierten Formen wie auch die Formen selbst. In der Sâmkhya-Philosophie heißt der Erstere auch „Fundament" (pradhâna) und meint das uranfängliche, undifferenzierte Kontinuum, das potenziell das gesamte Universum mit all seinen Dimensionen und Kategorien des Seins enthält. Patanjali bezeichnet dies als das „Undifferenzierte" (alinga), was als Energiefeld des Uranfangs verstanden werden kann.

Der „Welten-Urgrund" wurde häufig als Zustand des Gleichgewichts zwischen den konstituierenden Qualitäten (guna) der Natur definiert, die ich in der Besprechung der Sâmkhya-Denkschule im 3. Kapitel bereits erläuterte. Wird nun die primordiale Harmonie gestört, so beginnt der Schöpfungsprozess, und die Natur entfaltet sich gemäß eines definitiven Grundplan, wonach die einfacheren Prinzipien immer komplexere Konfigurationen (tattva) hervorbringen. Diese kosmische Evolutionstheorie trägt den technischen Namen sat-kârya-vâda und auch prakriti-parinâma-vâda. Der erste Begriff impliziert, dass die Wirkung (kârya) in der Ursache von vornherein existiert (sat); der zweite gibt an, dass die Wirkung eine echte Transformation (parinâma) der Natur und nicht nur eine illusorische Veränderung (vivarta) darstellt, wie das z.B. die idealistischen Denkschulen des Vedânta und des Mahâyâna-Buddhismus glauben.

Die vorliegende Theorie der Evolution behauptet somit, dass alles, was zum Dasein gelangt, nicht völlig neu, also aus dem Nichts entsteht, sondern vielmehr als Manifestation (âvirbhâva) latent vorhandener Möglichkeiten. Außerdem bedeutet das Verschwinden eines existierenden Objekts nicht seine totale Vernichtung, sondern bloß seine Rückkehr in den latenten Zustand (tirobhâva genannt). Diese Theorie mag sich durchaus ableiten von der Art metaphysischer Spekulation, wie wir sie z.B. in der Bhagavad-Gitâ finden, wenn Krishna Arjuna über die todlose Natur des transzendenten Selbst belehrt. Er erklärt, Es sei todlos, eben weil Es nie geboren wird; das heißt, Es kann nicht zerstört werden, da Es gegenüber Veränderungen immun ist.

> Was nicht existent ist (asat), kann nie ins Sein kommen (bhâva).
> Was existiert (sat), kann niemals nicht sein.
> Und auch der Unterschied zwischen beiden
> wird von jenen gesehen,
> die die wahre Wirklichkeit sehen.

So wisse d'rum, dass jenes unzerstörbar ist,
das das ganze [Weltall] ausgebreitet hat.
Niemand vermag's, dies Unveränderliche
zu vernichten.

Man sagt, dass diese Körper [bewohnt] vom ewig
Sich-Verkörpernden [d.h. vom Selbst],
dem Unzerstör- und Unerklärbaren, enden [müssen].
Drum kämpfe, o Bhârata!

Wer denkt, Es [das Selbst] sei der Erschlagende,
und wer denkt, Es sei der Erschlagene –
beide wissen wahrlich nicht.
Weder erschlägt Es noch wird Es erschlagen.

Nie wird's geboren, nie stirbt's.
Nicht begann Es je das Dasein,
noch wird Es je das Dasein enden.
Ungeboren ist dies [Selbst] des Ursprungs,
ewig, immerwährend.
Nicht wird Es getötet,
wenn der Leib getötet wird. (2.16–20)

So wie das Selbst ist auch das transzendentale Wesensinnere der Natur (pradhâna bzw. alinga), ist ihr „Urgrund" unzerstörbar. Doch hat diese Ur-Matrix das Vermögen, sich zu modifizieren, und sie tut dies im Prozess der Schöpfung oder Manifestation, durch den sie das vieldimensionale „Multiversum" gebiert. Yoga erinnert den spirituellen Aspiranten daran, dass, auch wenn seine Körper-Verstand-Organisation von den Kräften der Natur genährt und zusammengesetzt wird und deshalb eine nur temporäre Modifikation darstellt, sie nichtsdestoweniger mit einem ewigen, transzendenten Aspekt, dem Selbst, assoziiert ist. Beim Tod lösen sich die physischen und psychischen Bausteine dieser Organisation in ihre – hierarchisch gesehen – einfacheren Formen auf, bis es nur noch die transzendentale Natur-Matrix gibt. Sowohl während des Lebens wie auch zum Zeitpunkt des Todes stellt sich diese große Herausforderung: als Selbst, jenseits aller Reiche der Natur, zu erwachen. Diejenigen, die darin versagen, existieren in simpleren Formen auf verschiedenen Ebenen weiter, bis sie erneut geboren werden. Bestenfalls verschmelzen sie mit dem transzendentalen Natur-Urgrund, werden „von der Natur absorbiert" (prakriti-laya), gelangen in einen Zustand der Pseudo-Befreiung. Jedoch ist nur die Realisierung des Selbst identisch mit echter Erleuchtung und Erlösung.

Kosmische Evolution und die Theorie der Gunas

Das Selbst transzendiert die konstituierenden Prinzipien der Natur (guna). Wie bereits in der Beschreibung der Beziehung zwischen Yoga und anderen hinduistischen Denkrichtungen in Teil I angemerkt, bildet die guna-Theorie einen der originellsten Beiträge der Yoga-Sâmkhya-Überlieferung.

Die gunas, die man als drei Phasen in demselben homogenen Feld der Natur betrachten kann, erzeugen durch ihr Wechselspiel den gesamten Aufbau des Kosmos, einschließlich der Psyche. Der klassische Yoga sieht vier hierarchisch angeordnete Existenzebenen, deren Charakter durch das relative Überwiegen eines der drei gunas bestimmt wird:

1. das Undifferenzierte (alinga)
2. das Rein-Differenzierte (linga-mâtra)
3. das Unspezifizierte (avishesha)
4. das Spezifizierte (vishesha)

Das Undifferenzierte ist gleichsam das transzendentale Innere der Natur, also reine Möglichkeit. Es trägt keinerlei formatierte „Markierung" (linga) oder feststellbare Eigenart. Es ist einfach. Obwohl Patanjali es nicht ausdrücklich sagt, repräsentiert das Undifferenzierte das perfekte Gleichgewicht der drei guna-Typen.

Aus dem Undifferenzierten geht das Rein-Differenzierte oder linga-mâtra als erstes Prinzip der Manifestation bzw. des Existierenden hervor. Unter psychologischem Blickwinkel gesehen, kann dies auch als das reine Ich-bin (asmitâ-mâtra), als kosmische Individuation bezeichnet werden; die Analogie auf der mikrokosmischen, individuell menschlichen Ebene ist der „Ich-Macher" (ahamkâra), die Ichheit (asmitâ). Aus der kosmischen Individuation entwickeln sich die fünf Arten feinstofflicher Strukturen (tanmâtra) oder Potenziale der Sinneserfahrung. Diese wiederum lassen die elf Sinne (indriya) einerseits, die fünf materiellen Elemente (bhûta) andererseits entstehen. Mit anderen Worten: das Prinzip des reinen Ich-bin erschafft sowohl die psychomentalen wie auch die physischen Realitäten.

Außerhalb dieser Evolutionsdynamik weilen in vollendeter Selbstbestimmung die zahlreichen (oder unzähligen) transzendenten Selbst-Monaden – omnipräsent in allen Zeit-Äonen. Doch ist deren transzendenter Status für die unerleuchtete, ich-gebundene Persönlichkeit, die die Körper-Verstand-Organisation (Produkt der unbewussten Natur) für das überbewusste Selbst hält, nicht offenkundig. Yoga ist eigentlich eine tour de force, die mit aller Macht die existenzielle Verwirrtheit des Menschen auflösen und ihn zu authentischer Existenz führen soll.

Auf unserer Reise zum Selbst müssen wir zwangsläufig den „Ozean" der bedingten Realität überqueren. Und die Überfahrt findet nicht in der gewöhnlichen Raum-Zeit statt, sondern sozusagen vertikal – durch die

Tiefen unseres vielschichtigen Multiversums. Die Ontologie des klassischen Yoga liefert uns eine grobe Skizze der psychokosmischen Räumlichkeiten, auf die yogins bei ihrer Pilgerfahrt zum Selbst vermutlich stoßen werden.

II. DIE ACHT TEILE ODER „GLIEDER" DES PFADES DER ICH-TRANSZENDIERUNG

Die spirituelle Praxis, wie von Patanjali beschrieben, umfasst acht Aspekte, „Glieder" (anga) des Yoga genannt. Diese sind:

1. Disziplin (yama)
2. Beherrschung (niyama)
3. Körperstellung (âsana)
4. Atemkontrolle (prânâyâma)
5. Sinnesrückzug (pratyâhâra)
6. Konzentration (dhâranâ)
7. Meditation (dhyâna)
8. Ekstase (samâdhi)

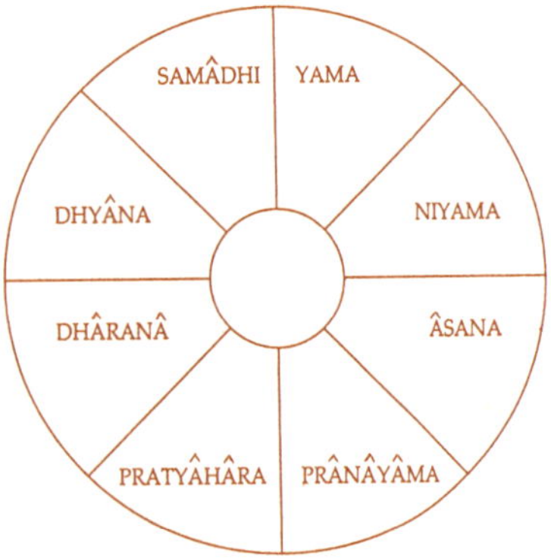

Kreisförmige Anordnung der acht Glieder von Patanjalis Yoga

Da ein Glied auf dem anderen aufbaut, ist der achtfache Pfad manchmal als Leiter bezeichnet worden, die vom gewöhnlichen Leben der Ich-Verstrickung zur nicht gewöhnlichen Verwirklichung des Selbst jenseits der Ich-Person führt. Man kann diese Stufenfolge unter zwei verschiedenen Gesichtspunkten betrachten: Einmal führt sie zur wachsenden Vereinigung des Bewusstseins; ein andermal stellt sie sich dar als ständig intensiver werdende Läuterung. Beide Gesichtspunkte finden sich im Yoga-Sûtra.

ETHIK

Das Fundament des Yoga, wie auch jeder anderen echten Spiritualität, besteht aus einer universellen Ethik. Das erste Glied von Patanjalis Yoga ist daher nicht die Körperstellung oder die Meditation, sondern die moralische Disziplin (yama). Sie umfasst fünf wichtige Verpflichtungen, die ebenfalls Bestandteil aller großen Religionen sind.

1. kein Leid zuzufügen (ahimsâ);
2. Wahrhaftigkeit (satya);
3. nicht zu stehlen (asteya);
4. Keuschheit (brahmacarya);
5. Begierdelosigkeit (aparigraha).

Zusammengenommen bilden sie das Große Gelübde (mahâ-vrata), das dem Yoga-Sûtra (2.31) gemäß immer eingehalten werden muss, ohne Rücksicht auf Ort, Zeit, Umstände oder Ansehen der Person. Diese moralische Haltung soll die Instinkte unter Kontrolle bringen. Moralische Integrität gilt als unverzichtbare Vorbedingung jeder erfolgreichen Yoga-Praxis.

Das fundamentalste aller moralischen Gebote ist die Enthaltung von jeglichem Zufügen von Leid. Der Begriff ahimsâ wird häufig als „Nicht-Töten" übersetzt, aber das wird der vollen Bedeutung des Wortes nicht gerecht. Ahimsâ bedeutet tatsächlich Gewaltlosigkeit im Denken und Tun. Sie ist die Wurzel aller anderen moralischen Normen. Das Mahâbhârata-Epos (3.312.76) verwendet das Wort anrishamsya („Nicht-Bösartigkeit") als Synonym für ahimsâ.

Der Arzt Caraka, eine der großen Leuchten der Naturmedizin indischer Provenienz, beobachtete, dass sich die Lebensspanne des Menschen verringert, wenn er anderen Leid zufügt, und dass sie länger wird, wenn er ahimsâ praktiziert, da diese einen positiven, lebensverbessernden Geisteszustand voraussetzt. Während das vermutlich stimmt, ist die Motivation des yogin eine höhere: Der Wunsch, anderen Wesen kein Leid zuzufügen, entspringt dem Drang nach Vereinigung und höchster Transzendierung des Ich, das charakteristischerweise mit sich selbst auf Kriegsfuß steht. Yogins suchen also jene Einstellungen zu kultivieren, die ihnen helfen, allmählich das zu realisieren, was die Bhagavad-Gîtâ (13.27) die Schau der „gleichen Selbigkeit" (sama-darshana) nennt – eine Schau, die über die augenscheinlichen Unterschiede der Wesen hinweg in ihre transzendentale Selbst-Natur hineinsieht.

Die Wahrhaftigkeit (satya) wird in der ethischen und yogischen Literatur oft gepriesen. So sagt z.B. das Mahânirvâna-Tantra:

> Keine Tugend ist hervorragender als die Wahrhaftigkeit, keine Sünde größer als das Lügen. Darum soll der [tugendhafte] Mensch mit ganzem Herzen seine Zuflucht in der Wahrhaftigkeit suchen.
>
> Ohne Wahrhaftigkeit ist das Rezitieren [von heiligen Mantren] nutzlos; ohne Wahrhaftigkeit bleiben asketische Kasteiungen so fruchtlos wie Samen auf unfruchtbarem Boden.
>
> Wahrhaftigkeit ist die Form des höchsten Absoluten (brahman). Wahrhaftigkeit ist wahrlich das beste Asketentum. Alle Taten [sollten] in Wahrhaftigkeit verwurzelt [sein]. Nichts ist hervorragender denn Wahrhaftigkeit. (4.75–77)

Nicht-Stehlen oder asteya ist eng verbunden mit Nicht-Leidzufügung, da die unbefugte Aneignung von Dingen mit Wert jener Person Leid zufügt, der sie gestohlen wurden.

Keuschheit oder brahmacarya (wörtl. „brahmisches Betragen") hat in den meisten spirituellen Traditionen der Welt eine zentrale Bedeutung, obgleich sie unterschiedlich interpretiert wird. Im klassischen Yoga wird sie in asketischen Begriffen definiert – als Enthaltung von sexueller Aktivität, gleich ob in Taten, Worten oder Gedanken. Einige autoritätstragende Schriften, wie die Darshana-Upanishad, lockern diese Regel für verheiratete yogins. Dazu trat, wie wir noch sehen werden, in der mittelalterlichen Tradition der Tantrik eine positivere Einstellung zur Sexualität in den Vordergrund, was in der Folgezeit sowohl Hinduismus als auch Buddhismus stark beeinflusste. Doch selbst im Tantrismus wird einem ungezügelten Hedonismus nicht das Wort geredet. Generell glaubt man, die sexuelle Erregung unterbreche den Drang zur Erleuchtung oder Befreiung, da sie den Hunger nach sinnlicher Erfahrung entfache und außerdem zum Verlust von Samen und vitaler Energie (ojas) führt.

Begierdelosigkeit oder aparigraha wird definiert als das Nichtannehmen von Geschenken, die in der Regel Anhaftung und Verlustangst produzieren. Deshalb werden yogins dazu ermutigt, in freiwilliger Einfachheit zu leben. Zu viel Besitz, so heißt es, lenke nur den Verstand ab. Renunziatorisches Entsagen ist ein integraler Bestandteil des yogischen Lebensstils.

Jede dieser fünf Tugenden soll, wenn vollständig beherrscht, paranormale Fähigkeiten (siddhi) hervorrufen. Zum Beispiel hüllt die vollendete Haltung der Nicht-Leidzufügung yogins in eine Aura des Friedens ein, jede Feindseligkeit in ihrer Gegenwart neutralisierend, so dass selbst die natürliche Feindlichkeit zwischen Tieren wie Katze und Maus – oder, wie die Yoga-Kommentare anmerken, zwischen Schlange und Mungo – endet. Durch vollendete Wahrhaftigkeit erwerben yogins jene Macht, die bewirkt, dass sich ihre Worte immer bewahrheiten. Die Vollkommenheit in der Tugend des Nicht-Stehlens erbringt ihnen mühelos alle möglichen Schätze, und die Begierdelosigkeit schenkt ihnen das Verständnis für ihre gegenwärtigen und früheren Inkarnationen. Die Erklärung dafür ist vermutlich, dass die Anhaftung an den Körper-Verstand-Komplex eine Form der Begierde darstellt, Begierdelosigkeit hingegen einen hohen Grad von Nichtanhaftung an materielle Dinge, einschließlich des Körpers, impliziert, und das setzt die vergessenen Erinnerungen an frühere Existenzen frei.

Führen die yogins schließlich ein keusches Leben, gewinnen sie große Kraft. Alle Yoga-Schriften stimmen darin überein, dass sexuelle Enthaltsamkeit die yogins nicht zu Schwächlingen werden lässt. Im Gegenteil, sie vitalisiert ihren Körper und macht sie für das andere Geschlecht besonders attraktiv – ein Faktum, das, wie etliche yogins entdecken mussten, Segen wie auch Fluch sein kann.

Einige spätere Yoga-Texte führen fünf zusätzliche Moralvorschriften an:

1. Mitgefühl (dayâ) bzw. aktive Liebe;
2. Aufrichtigkeit (ârjava) oder moralische Integrität;
3. Geduldigkeit (kshamâ) bzw. die Fähigkeit, im Zeugenbewusstsein zu verbleiben und die Dinge geschehen zu lassen;
4. Beständigkeit (dhriti) oder die Fähigkeit, den eigenen Prinzipien treu zu bleiben;
5. karg-einfache Ernährung (mita-âhâra, geschrieben mitâhâra); kann als Unterkategorie des Nicht-Stehlens betrachtet werden, da Überessen eine Art des Bestehlens anderer und der Natur ist.

Die erwähnten Tugenden gehören zu den fünf yama-Kategorien, also der moralischen Disziplin. Eine solche kreative Regulierung der nach außen strebenden Energien erzeugt einen Energieüberschuss, der zur spirituellen Transformation der Persönlichkeit genutzt werden kann.

Selbstbeherrschung

Die Normen der moralischen Disziplin (yama) sind dazu gedacht, den machtvollen Überlebensinstinkt zu beherrschen und umzudirigieren, so dass er einem höheren Zweck dient, was den sozialen Umgang der yogins entsprechend regelt. Im zweiten Teil von Patanjalis achtfachem Yoga wird die psychophysische, durch die regelmäßige Ausübung moralischer Disziplin befreite Energie weiter gezügelt. Die Elemente der Selbstbeherrschung (niyama) gelten dem inneren Leben der yogins. Harmonisieren die fünf yama-Regeln ihre Beziehung zu anderen Lebewesen, so harmonisieren die fünf niyama-Regeln ihre Beziehung zum Leben insgesamt und zur transzendentalen Realität. Diese fünf Regeln sind:

1. Reinheit (shauca);
2. Zufriedenheit (samtosha);
3. Askese (tapas);
4. Studium (svâdhyâya);
5. Verehrung des Herrn (îshvara-pranidhâna).

„Reinheit kommt gleich nach Frömmigkeit", predigte John Wesley [Begründer des Methodismus im 18. Jh. in England; Disziplin und Selbstprüfung charakterisierten diesen selbstständigen Zweig der anglikanischen Kirche. Anm. d. Übs.], und der indische Puritanismus stimmt mit solcher Beurteilung völlig überein. Die Selbstreinigung ist eine Schlüsselmetapher yogischer Spiritualität, und deshalb überrascht es nicht, wenn Reinheit als eine der fünf Selbstbeherrschungen aufgelistet wird. Was mit Reinheit gemeint ist, erläutert das Yoga-Bhâshya (2.32): Es unterscheidet zwischen äußerer Sauberkeit und innerer (geistiger) Reinheit. Erstere lässt sich durch tägliches Baden und richtige Ernährung erreichen, Letztere durch die Praxis der Konzentration und Meditation. Schlussendlich muss die Person in ihrem höchsten, also ihrem sattva-Aspekt so rein sein, dass sie das Licht des transzendenten Selbst unverzerrt widerspiegelt. Aus der Maitrâyanîya-Upanishad erfahren wir über die geistige Reinheit dies:

> Der Verstand, so nimmt man an, tritt zweifach auf: rein oder unrein. Unrein wird er durch Kontakt zu den Wünschen; rein wird er, wenn er frei von Wünschen ist. Hat man den Verstand von Trägheit und Achtlosigkeit gereinigt und unbeweglich gemacht und gelangt man dann zum verstandlosen [Zustand], so erfährt man das als die allerhöchste Befindlichkeit. Der Verstandessinn soll in sich selbst beherrscht werden, bis die Zeit kommt, da er sich auflöst. Dies ist die höhere Weisheit und Erlösung; alles andere ist nichts als Buchwissen. Der Mensch, dessen Verstand durch Versenkung gereinigt ward und der ins Selbst eintrat, erlebt eine Seligkeit, die mit Worten keinesfalls beschrieben werden und die nur dem inneren Instrument [d.h. der Seele] verständlich ist. (6.34)

Zufriedenheit, oder samtosha, ist eine Tugend, die von Weisen auf der ganzen Welt gepriesen wird. In seinem Yoga-Bhâshya (2.32) erklärt Vyâsa, sie bedeute, nicht mehr haben zu wollen, als was eben vorhanden ist. Zufriedenheit erscheint somit als eine Tugend, die der modernen Konsumenten-Mentalität – sie ist vom Drang getrieben, immer mehr zu erwerben, um das innere Vakuum zu füllen – direkt zuwiderläuft.

Zufriedenheit ist ein Ausdruck der Entsagung, Ausdruck der freiwilligen Opferung dessen, was uns im Augenblick des Todes sowieso entrissen wird. Diese Zufriedenheit steht der positiven Gleichgültigkeit, die yogins einen Erdklumpen und ein Goldstück mit demselben klaren Kopf betrachten lässt, sehr nahe. So vermögen es die yogins, Erfolg oder Misserfolg, Freude oder Sorge in unerschütterlicher Gleichmütigkeit zu erfahren.

Askese (tapas), der dritte Bestandteil von niyama, umfasst solche Praktiken wie langes, unbewegliches Stehen oder Sitzen, Ertragen von Hunger, Durst, Kälte, Hitze, oder Schweigen und Fasten. Wie im 3. Kapitel angeführt, bedeutet das Wort tapas „Glut" oder „Hitze" und meint die starke psychosomatische Energie, die durch asketische Praktiken produziert und oft als Hitze erfahren wird. Yogins verwenden diese Energie, um ihr Körper-Verstand-System wie ein Alchemistengefäß zu erhitzen, bis es das Elixier der höheren Wahrnehmung preisgibt. Dem Yoga-Sûtra (3.45) zufolge ergibt sich als ein Resultat solcher Askese auch die Vervollkommnung des Körpers, der nun widerstandsfähig „wie ein Diamant" wird. Tapas darf jedoch nicht mit schädigender Selbstkasteiung oder fakirartiger Selbstquälerei verwechselt werden.

Die Bhagavad-Gîtâ stuft zwischen drei Arten der Askese ab, je nach Überwiegen der einen oder anderen konstituierenden Qualität (guna) der Natur:

> Verehrung der Gottheiten, der Zweimal-Geborenen, der Lehrer und der Weisen, sowie Reinheit, Aufrichtigkeit, Keuschheit und Nicht-Leidzufügung – [all dies wird] Askese des Körpers genannt.
>
> Rede, die keine Beunruhigung verursacht und wahrhaftig, angenehm und wohltuend ist, sowie Studium (svâdhyâya) – [all dies wird] Askese der Sprache genannt.
>
> Heiterkeit des Gemüts, Sanftheit, Schweigen, Selbstbeherrschung und Reinigung der [inneren] Zustände – diese werden geistige Askese genannt.
>
> Solch dreifache Askese, im höchstem Glauben von Menschen ausgeübt, die angeschirrt [im Yoga] sind und sich nicht nach den Früchten [ihrer Taten] sehnen, wird als sattvisch bezeichnet.
>
> Die Askese, die um einer guten Behandlung, um der Ehre und des Respektes [anderer] oder um der protzigen Zurschaustellung willen ausgeübt wird – sie wird hier [in dieser Welt] rajasisch genannt. Sie ist wankelmütig und unbeständig.
>
> Die Askese, die aufgrund unweiser Vorstellungen [mit dem Ziel,] sich zu quälen, oder mit dem Zweck, andere zu schädigen, praktiziert wird – sie wird tamasisch genannt. (17.14–19)

Hindu-Asketen

Das Studium (svâdhyâya) ist der vierte Bestandteil von niyama und in der Yoga-Praxis von Bedeutung. Das Wort setzt sich zusammen aus sva („eigen") und adhyâya („hineingehen"); es meint die persönliche Versenkung in den verborgenen Sinn der Schriften. Das Shata-Patha-Brâhmana („Brâhmana der hundert Pfade"), ein vorbuddhistisches Werk, enthält die folgende Passage, in der die außerordentliche Wertschätzung für das Studium des heiligen Schriftguts plastisch beschrieben wird:

> Das Studium und die Interpretation [der heiligen Schriften] spenden [dem ernsthaften Studenten] Freude. Sein Verstand wird angejocht, er wird von anderen unabhängig, und Tag für Tag gewinnt er an [spiritueller] Kraft. Er schläft friedlich und ist

> sein eigener bester Arzt. Er beherrscht die Sinne und Genüsse in dem Einen. Seine Einsicht und [innere] Glorie (yashas) wachsen [und er erwirbt die Fähigkeit], die Welt zu fördern (loka-pakti) [wörtl. „die Welt zu kochen"]. (11.5.7.1)

Der Zweck von svâdhyâya ist nicht verstandesmäßiges Lernen, sondern die Versenkung in alte Weisheiten – das tiefe meditative Nachdenken über die Wahrheiten, wie sie offenbart wurden von Sehern und Weisen, die jene entfernten Regionen bereisten, in die der Verstand nicht folgen und wo nur das Herz empfangen und sich verwandeln kann. Die Sanskrit-Kommentare zum Yoga-Sûtra erwähnen, dass svâdhyâya auch das meditative Rezitieren (japa) der heiligen Texte bedeute; König Bhoja drückt dabei eine recht alleinstehende Ansicht aus, wenn er in seinem Râja-Mârtanda das Studium ausschließlich mit Rezitationen gleichsetzt.

Die letzte Komponente von niyama ist die hingebungsvolle Verehrung des Herrn oder îshvara-pranidhâna; sie verdient unsere spezielle Aufmerksamkeit. Wie bereits erwähnt, gilt der „Herr-Gott" (îshvara) als eine der vielen transzendenten Selbst-Monaden (purusha), die alle miteinander verbunden sind. Patanjalis Definition entsprechend nimmt der Herr einen besonderen Rang unter den zahllosen Selbst-Monaden ein, weil Er nie der Illusion verfällt, Er könne Seiner Allwissenheit und Allgegenwart beraubt werden. Die anderen freien Selbst-Monaden jedoch haben diese Beraubung einmal erfahren – nämlich als sie glaubten, sie wären jeweils besondere Ich-Persönlichkeiten bzw. individuell begrenzte Körper mit Verstand. Zwar sind alle Selbst-Monaden innerlich frei, doch nur der Herr besitzt auf ewig das Bewusstsein der Freiheit in alle Ewigkeit. Der Herr fungiert nicht als Schöpfer wie der jüdisch-christliche Schöpfergott, auch nicht als eine Art universales Absolutes, wie es in den Upanishaden oder den Schriften des Mahâyâna-Buddhismus gelehrt wird. Das hat einige Kritiker dazu veranlasst, îshvara als fremden „Eindringling" in den klassischen Yoga zu bewerten. Doch darf die Einschätzung, der Herr habe sich Seinen Eintritt in die dualistische Metaphysik des Patanjali-Yoga erschlichen, nicht allzu ernst genommen werden. Sie übersieht, dass die ganze Geschichte des vorklassischen Yoga eindeutig theistisch (um genau zu sein: panentheistisch) ausgerichtet war. Eine verständigere Auffassung würde lauten, Patanjali habe in seinem Bemühen, dem Yoga einen rationalen Rahmen beizugeben, die Definitionen des îshvara-Konzepts etwas zurechtgebogen, damit er das Konzept in sein dualistisches System integrieren könne. Allerdings fiel seine Lösung wenig befriedigend aus, was an der reichlichen Kritik daran seitens anderer Traditionen und an der Tatsache, dass der nachklassische Yoga zu den panentheistischen Konzepten der Schulen vor Patanjali zurückkehrte, abgelesen werden mag.

Warum schenkte Patanjali der îshvara-Doktrin überhaupt Beachtung? Der Grund dafür ist sehr einfach: Gott der Herr schien ihm und den yogins seiner Zeit mehr zu sein als nur ein Konzept. Es ist sinnvoll, anzunehmen, dass „der Herr" für sie alle eine lebendige Erfahrung bedeutete. Die Vorstellung, Gott zu verehren und Seine Gnade (prasâda) zu empfangen, war bereits seit den frühesten Anfängen des Yoga von integraler Wichtigkeit. Sie wurde – nach dem Auftreten theistischer Traditionen wie etwa des Pâncarâtra – in der Bhagavad-Gîtâ noch nachdrücklicher betont.

Der religiöse Sinn neigt naturgemäß dazu, die höhere Wirklichkeit zu verehren. Wie Swami Ajaya (Allan Weinstock) bemerkte:

> Solange wir von unseren Bedürfnissen, von „ich" und „mein" in Anspruch genommen sind, werden wir unsicher bleiben ... Kultivieren wir die Gottergebung und -verehrung, so wird die Beschäftigung mit dem Ich ersetzt durch das Gefühl einer Verbundenheit, die das ganze Weltall aufrechterhält. Ein Gefühl der Verehrung und Ergebung macht uns offen für die Erfahrung, unterstützt und genährt zu werden. Wir lernen auch, dass wir die Fähigkeit besitzen, Instrumente des höheren Bewusstseins zu werden – zu dienen und zu geben, wie wir es vermögen, um anderen bei ihrem Erwachen zu helfen.[2]

Die Verehrung Gottes öffnet das Herz für das transzendente Sein, das für den unerleuchteten Einzelnen vielleicht als objektive Realität und Macht figuriert, für den yogin jedoch, nach seiner Erleuchtung, sich enthüllt als dasjenige, was mit dem eigenen tranzendenten Selbst identisch ist. Dies wird im Yoga-Sûtra nicht ausdrücklich gesagt, doch impliziert dessen Doktrin, dass alle transzendenten Selbst-Monaden, einschließlich des îshvara, ewig und allgegenwärtig sind; darum müssen sie, auch wenn von ihrer Vielzahl ausgegangen wird, miteinander identisch sein.

Im Yoga-Bhâshya wird der eigentliche Prozess, der bei der Verehrung stattfindet, so erklärt:

> Wegen der Verehrung, [das heißt] wegen der besonderen Liebe (bhakti) [zu Ihm] neigt sich der Herr [dem yogin zu] und begünstigt ihn allein wegen seiner Einstellung. Nur mittels dieser Einstellung gelangt der yogin zum Zustand der Ekstase (samâdhi) und zur Frucht der Ekstase [der Befreiung] nahe. (1.23)

Die Selbstbeherrschung (niyama) mitsamt den fünf Formen bedeutet also mehr als nur die eigene Bemühung: Sie ist mit der Hoffnung auf die Gnade verbunden. Die yogins tun zwar ihr Äußerstes, die vielen Wege, auf denen sich die Ich-Person zu verewigen sucht, zu verstehen und zu transzendieren. Aber letztendlich ist der Sprung von individueller Erfahrung zu ekstatischer Selbst-Realisierung nur durch die göttliche Intervention möglich.

[2] *Swami Ajaya, Yoga Psychology: A Practical Guide to Meditation (Honesdale, Pennsylvania, USA: Himalayan International Institute, 1978), p. 73.*

KÖRPERSTELLUNG

Die ersten beiden Glieder yama und niyama regeln das soziale und persönliche Leben der yogins und streben danach, schädliche Willensstrebungen und Handlungen zu reduzieren, da diese den „Karma-Vorrat" der yogins nur vergrößern. Das Ziel ist ja schließlich, alles Karma zu eliminieren, d.h. alle unterbewussten Antriebskräfte (samskâra), die in den Tiefen der Psyche wirken. Damit diese Bewusstseinstransformation erfolgreich verläuft, müssen yogins innerlich und äußerlich die rechten Bedingungen schaffen. Yama und niyama sind die ersten Schritte in diese Richtung. Körperstellungen oder âsana (wörtlich „Sitz") führen dann zur nächsten Ebene – zu der des Körpers.

Für Patanjali bedeutet die Körperpositur eigentlich die Immobilisierung des Körpers. Die Propagierung zahlreicher Stellungen zu therapeutischen Zwecken gehört zu einer späteren Phase der Geschichte des Yoga. Dem Yoga-Sûtra (2.46) zufolge soll die Körperstellung einfach nur stabil und bequem sein. Indem sie ihre Glieder zusammenfalten, erreichen yogins eine augenblickliche Stimmungswandlung: Sie werden innerlich ruhig, was ihr Konzentrationsbemühen sehr erleichtert. Einige spezielle Stellungen – als „Siegel" (mudrâ) bekannt – sind besonders geeignet, den Stimmungszustand zu verändern, da sie auf endokrine Drüsen des Körpers wirken. Yoga-Anfänger finden es manchmal schwierig, die innerlich ablaufenden Veränderungen zu bemerken, weil sie sich zu sehr mit ihren verspannten Muskeln beschäftigen. Bei ausreichender Praxis aber vermag jeder die stimmungsverändernden Effekte der verschiedenen âsanas festzustellen, und daraufhin kann die eigentliche innere Arbeit beginnen. Denn, wie uns Patanjali sagt, die richtige Stellungsausführung macht die yogins unempfindlich gegenüber den „Gegensatzpaaren" (dvandva) wie Hitze und Kälte, Licht und Dunkelheit, Stille und Lärm.

ATEMKONTROLLE

„Das ganze Abenteuer des Yoga ist nichts als ein Spiel der Prâna-Energie."[3] Dieses Zitat drückt aus, welch singuläre Bedeutung der prâna, die Lebenskraft im Yoga-Prozess, besitzt. Sobald die yogins ihre innere Welt genügend wahrnehmen und nicht länger von Muskelverspannungen und äußeren Reizen abgelenkt werden, beginnen sie sich mit der Lebenskraft, die in ihrem Körper zirkuliert, zunehmend in Verbindung zu setzen. Im nächsten Schritt energetisieren sie das innere „Kontinuum" – das subjektiv erfahrene Körper-Verstand-System – mit Hilfe von prânâyâma. Wie bereits öfters angemerkt, ist prâna nicht bloß der Atem. Dieser ist nur ein äußerer Aspekt, eine Form des In-Erscheinung-Tretens von prâna, von der Energie, die alles Lebendige durchpulst.

[3] *G. Krishna, The Dawn of a Science (New Delhi: Kundalini Research and Publication Trust, 1978), p. 223.*

Die Technik des prânâyâma (wörtl. „Verlängerung des prâna") gilt als die zweckdienlichste Methode, das bioenergetische Feld des Körpers zu beeinflussen. Doch bereits die Ausübung der moralischen Disziplinen und Beherrschungen sowie die Techniken der sensorischen Beschränkung und geistigen Konzentration sind Arten und Weisen, die prânische Kraft zu manipulieren.

Obgleich etliche Forscher verschiedentlich auf die Existenz des prâna hingewiesen haben, zeitigten ihre Ideen wenig Resonanz beim Medizinerstand. Einige – wie der österreichische Arzt Franz Anton Mesmer, die „graue Eminenz des Hypnotismus", und der deutsch-amerikanische Psychiater Wilhelm Reich, der Erfinder des Orgon-Apparates – wurden wegen ihrer innovativen Konzepte lächerlich gemacht, ja gar gerichtlich verfolgt. Und doch kann man die Vorstellung einer besonderen Lebensenergie in vielen Kulturen finden: Die Chinesen nennen sie chi, die Polynesier mana, die nordamerikanischen Indianer orenda. Moderne Forscher sprechen von Bioplasma. Als was auch immer prâna sich entpuppen mag – und damit heutige Wissenschaftler es als Realität akzeptierten, müsste es noch weit mehr erforscht werden –, für den Yoga-Ausübenden ist prâna eine erfahrbare Tatsache.

> Yogins wissen, dass zwischen Lebensenergie, Atem und Verstand eine enge Verbindung besteht. Die Yoga-Shikhâ-Upanishad erklärt: Das Bewusstsein (citta) ist verbunden mit der Lebenskraft, die in allen Wesen wohnt. Mit dem Verstand verhält es sich so wie mit einem an einer Schnur festgebundenen Vogel.
> Der Verstand wird nicht durch viele Überlegungen unter Kontrolle gebracht. Das Mittel zu seiner Kontrolle ist allein die Lebenskraft. (59–60)

Durch die Regulierung des Atems, kombiniert mit Konzentration, kann die Lebensenergie des Körper-Verstand-Systems stimuliert und ausgerichtet werden. Gewöhnlich zielt die Energie in Richtung Kopf oder, genauer, auf die Gehirnzentren. Im Einzelnen wird das im 17. Kapitel besprochen. Jedenfalls bildet prâna das Vehikel, mittels dessen die Aufmerksamkeit innerhalb des Körpers nach oben steigt und das Bewusstsein sich entlang der Körperachse in Richtung Gehirn konzentriert. Während der Atem oder die Lebenskraft im Körper also emporsteigt, richtet sich auch die Aufmerksamkeit nach oben und führt verstärkt zu subtilen Erfahrungen. In der letzten Phase dieses Prozesses wird die prânische Energie in das höchstgelegene psychoenergetische Zentrum (cakra) am Scheitel des Kopfes gelenkt. Sind prâna und Aufmerksamkeit an dieser Stelle gebündelt, kann sich die Qualität des Bewusstseins schlagartig verwandeln und in den ekstatischen Zustand (samâdhi) eingehen.

Rückzug der Sinne

Das Praktizieren von Körperstellungen und Atemkontrolle schließen nun zunehmend die äußeren Sinnesreize aus, „desensibilisieren" also. Dafür werden die yogins im inneren Reich ihrer geistigen Welt immer lebendiger. Es tritt der Zustand der sensorischen Beschränkung oder pratyâhâra ein. Die Sanskrittexte vergleichen ihn mit einer Schildkröte, die ihre Gliedmaßen einzieht. Im Mahâbhârata wird der Sinnesrückzug so beschrieben:

> Das Selbst kann nicht wahrgenommen werden mit den Sinnen, die sich wirr hierhin und dahin zerstreuen und schwer zu zügeln sind von jemandem, dessen Ich nicht dafür vorbereitet ist. (12.194.58)
>
> Daran [d.h. an der höchsten Wirklichkeit] sich festhaltend, sollte der Weise den Verstand in intensiver Versenkung auf einen Punkt konzentrieren, indem er die Horde der Sinne „in der Faust hält" und wie ein Holzklotz sitzt.
>
> Sein Ohr sollte keinen Ton hören, seine Haut keine Berührung verspüren, seine Augen keine Formen sehen, seine Zunge keinen Geschmack schmecken.
>
> Gleichfalls sollte der Kenner des Yoga kraft seiner Versenkung sich allen Gerüchen verschließen. Mutig sollte er diese Erreger der fünf [Sinne] zurückweisen. (12.195.5–7)

Auch wenn der Sinnesrückzug praktizierende yogin als Wesen beschrieben wird, das „wie ein Holzklotz sitzt", heißt das nicht, dass er ins Koma fällt. Im Gegenteil – wenn die Sinne nacheinander verschlossen werden, wird der geistige Sinn gewöhnlich sehr aktiv. In Experimenten zum sensorischen Entzug, z.B. mit dem von John C. Lilly erfundenen sogenannten samâdhi-Tank, wurde dies demonstriert. Dabei ist die Versuchsperson in einem dunklen, isolierten, geräumigen Salzwasser-Tank völlig eingetaucht, und manche Probanden beginnen schon nach wenigen Minuten zu halluzinieren. Yogis sehen es allerdings nicht als ihre Aufgabe, Halluzinationen oder Schlaf herbeizuführen, sondern vielmehr, den Verstand auf den Gegenstand der Konzentration beständig ausgerichtet zu halten.

Konzentration

Die sensorische Beschränkung führt weiter zur Konzentration, zum „Halten des Verstandes im bewegungslosen Zustand", wie die Tri-Shikhi-Brâhmana-

Upanishad (31) diese fortgeschrittene Praxis definiert. Konzentration, der fünfte Abschnitt des achtteiligen Pfades, heißt, die Aufmerksamkeit auf einen bestimmten Ort (desha) zu richten; das mag ein spezieller Bereich des Körpers (etwa ein cakra) oder ein äußeres Objekt sein, das verinnerlicht wird (wie das Bildnis einer Gottheit).

प्रत्याहार ॥

pratyâhâra

Patanjali verwendet für „Konzentration" den Begriff dhâranâ, der aus der Wortwurzel dhri stammt, was „halten" bedeutet. Es wird also die eigene Aufmerksamkeit auf ein verinnerlichtes Objekt ausgerichtet und fixiert. Der zugrundeliegende Vorgang trägt die Bezeichnung ekâgratâ, zusammengesetzt aus eka („eins", „einzeln") und agratâ („punktartige Zugespitzheit"). Diese Einpunktigkeit oder fokussierte Aufmerksamkeit ist eine intensivierte Form der Konzentration, zu der wir uns z.B. bei einer intellektuellen Arbeit zwingen. Aber während die gewöhnliche Konzentration meist nur als Zustand des „Kopfes" fungiert und dazu von reichlich Spannung in diversen Körperregionen begleitet wird, ist die yogische dhâranâ eine ganzkörperliche Erfahrung, frei von muskulärer und anderer Verspannung, und darum verbunden mit einer außergewöhnlichen psychischen Tiefendimension, in der sich der schöpferische Geist entfalten kann.

एकाग्रता ॥

ekâgratâ

Im Kathâ-Sârit-Sâgara („Flussbett der Geschichten"), einer populären Geschichten-Sammlung von Somadeva (11. Jh. n. Chr.), finden wir eine Erzählung, die zeigt, wie ausschließlich und einpunktig die Konzentration sein muss:

Vitastadatta war ein Kaufmann, der vom Hinduismus zum Buddhismus übergetreten war. Sein Sohn verachtete ihn deshalb sehr und hörte nicht auf, ihn der Moral- und Religionslosigkeit zu bezichtigen. Vitastadatta vermochte es nicht, die hasserfüllte Haltung seines Sohnes zu korrigieren; er brachte die Angelegenheit vor den König, der prompt die Hinrichtung des Burschen verfügte, zu vollziehen nach Ablauf von zwei Monaten, in denen er noch der Obhut des Vaters unterstellt sein sollte. Während er über sein Schicksal brütete, konnte der Sohn weder essen noch schlafen. Zum festgesetzten Zeitpunkt wurde er in den königlichen Palast gebracht. Der König, den Schreck in den Augen des Burschen bemerkend, sagte, dass alle Lebewesen den Tod genauso fürchten wie er. Welch höheres Streben könnte es daher geben, als die buddhistische Tugend der Nicht-Leidzufügung jederzeit zu praktizieren, und das schlösse auch den Respekt vor den eigenen Eltern ein.

Der Junge, nun von tiefer Reue erfüllt, wünschte sehnlichst, auf den Weg zum rechten Wissen zu gelangen. Da er die Aufrichtigkeit des Jungen sah, wollte der König ihn mit Hilfe einer Prüfung initiieren. Er ließ ein mit Öl randvoll gefülltes Gefäß bringen und befahl dem Jungen, es rings um die Stadt zu tragen, ohne einen Tropfen zu vergießen – anderenfalls würde er auf der Stelle hingerichtet werden. Froh über die Möglichkeit, sein Leben zu retten, war der Junge entschlossen, den Test zu bestehen. Von keiner Furcht belastet, blickte er weder nach rechts noch nach links und dachte nur an das Gefäß in seinen Händen, um schließlich zum König zurückzukehren, ohne einen Tropfen Öl vergossen zu haben. Der König wusste, dass die Leute in der Stadt gerade ein Fest feierten, und er fragte den Jungen, ob er davon etwas bemerkt hätte. Der Junge erwiderte, dass er niemanden gehört oder gesehen hätte. Den König freute das, und er ermahnte ihn, das höchste Ziel der Befreiung mit derselben konzentrierten Aufmerksamkeit und Leidenschaft zu verfolgen.

Diese Praxis der Konzentration ist schwierig. Zu Beginn seines Buches *Waking Up* fordert der Psychologe Charles Tart seine Leser dazu auf, den Minutenzeiger einer Uhr längere Zeit aufmerksam zu betrachten und gleichzeitig des eigenen Atmens gewahr zu bleiben.[4] Nun, sehr wenige können das tun, ohne alsbald in ihren Gedanken abzuschweifen. Vermutlich haben Personen, die, für solch relativ kurze Zeit, ständig konzentriert bleiben können, einige Übung in Meditation oder vergleichbaren Praktiken.

Aber Konzentration ist nicht nur schwer – sie bringt auch einige Gefahren mit sich, wie im Mahâbhârata ausgedrückt wird:

> Möglich ist's, auf Messers scharfer Schneide zu stehen. Doch in der Konzentration des Yoga zu stehen – für den Unvorbereiteten ist das schwer.
>
> Fehlgeleitete Konzentration, o Freund, führt den Menschen nicht zu günst'gem Ziel, [sondern] gleicht einem Schiff auf See ohne Kapitän. (12.300.54–55)

Das Yoga-Sûtra (1.30) zählt neun Hindernisse auf, die beim Versuch, die innere Welt zu befrieden, auftreten können, u.a. Krankheit, Zweifel und Unaufmerksamkeit. Yogische Konzentration gleicht einem Hochspannungszustand, und es lässt sich leicht einsehen, inwieweit die dabei produzierte psychische Energie auf den unbedachten Aspiranten zurückwirken kann. Shankara stellte in dem ihm zugeschriebenen Büchlein *Viveka-Cûdâmani* (deutscher Titel: „Das Kleinod der Unterscheidung") fest:

> Lässt das Bewusstsein auch nur im geringsten vom Ziel ab und gleitet nach außen, so sinkt es herab wie ein versehentlich fallengelassener Ball, der die Treppe hinunterrollt. (325)

Wenn das Bewusstsein „herabsinkt", kehrt es zu seinen üblichen Aktivitäten zurück, jedoch versehen mit einer höheren psychischen Energieladung, die dem undisziplinierten Praktikanten nun große Probleme bereiten kann. Oft katalysiert sie latente Obsessionen, vor allem solche des Sexual- oder Machttriebs. In dieser Hinsicht ist die Zahl gefallener yogins bereits legendär. Alle esoterischen Überlieferungen weisen die Novizen eindringlich darauf

[4] *Siehe C. Tart, Waking Up: Overcoming the Obstacles to Human Potential (Boston, Massachussetts: New Science Library, 1987).*

hin, dass es, sowie sie den ersten Schritt auf dem Pfad getan haben, nur noch eine sichere Bewegungsrichtung für sie gebe – die nach vorn.

एकतानता ॥

ekatânatâ

MEDITATION

Ausgedehnte und zunehmend vertiefte Konzentration leitet naturgemäß zum Zustand der meditativen Versenkung (dhyâna) über, wobei ein verinnerlichtes Objekt oder Körperareal (z.B. ein cakra) den ganzen Bewusstseinsraum erfüllt. So wie die einpunktige Aufmerksamkeit die Konzentration ausmacht, so liegt das „Einpunktig-Fließende" (ekatânatâ) der Meditation als Prozess zugrunde. Alle Vorstellungen (pratyaya) kreisen um das Objekt der Konzentration, sind dabei eingebettet in eine ruhevolle emotionale Verfassung. Die geistige Klarheit geht nicht verloren, vielmehr intensiviert sich das Gefühl des Wachseins, obwohl es keine oder nur eine geringe Wahrnehmung der äußeren Umgebung gibt.

In seinem originellen Werk *A Map of Mental States* (etwa: „Kartographie der geistigen Zustände") charakterisierte der englische Psychologe John H. Clark dhyâna passend so:

> Meditation ist eine Methode, mit der eine Person sich immer mehr auf immer weniger konzentriert. Ihr Zweck ist, den Verstand leer zu machen und dabei, paradoxerweise, wach zu bleiben.
>
> Wenn wir den Verstand leer machen, etwa wie vor dem Einschlafen – wir „zählen" dann z.B. „Schafe", um das Denken abzustellen –, werden wir normalerweise müde und schlafen schließlich ein. Das Paradox der Meditation besteht darin, dass sie sowohl den Verstand leer macht als auch gleichzeitig zur Wachheit anregt.[5]

Die yogische Meditation hat anfänglich den Zweck, die Fluktuationen gewöhnlicher geistiger Aktivität (vritti), also die folgenden fünf Komponenten, zu unterbrechen und abzufangen:

1. pramâna – Wissen, das aus Wahrnehmung, Schlussfolgerung oder glaubwürdigem Zeugnis (wie dem der heiligen Schriften) abgeleitet wird;
2. viparyaya – falsche Auffassung, irrige Wahrnehmung;
3. vikalpa – konzeptuelles Wissen, Imagination;
4. nidrâ – Schlaf;
5. smriti – Gedächtnis, Erinnerung.

[5] *J. H. Clark, A Map of Mental States (London: Routledge & Kegan Paul, 1983), p. 29.*

Die ersten zwei Arten geistiger Aktivität werden durch die Praxis des Sinnesrückzugs geschwächt. Die dritte Art, die Tendenz zur Konzeptbildung, schwächt sich mit vertiefter Meditation allmählich ab. Der Schlaf, der sich einstellt, weil die tamas-Qualität überwiegt, lässt sich überwinden, wenn die wache Aufmerksamkeit während der Konzentration und Meditation beibehalten wird. Und die Erinnerung – Quell der automatisch hochgeschwemmten Gedankenfragmente oder Bilder, die dem Anfänger so viele Schwierigkeiten verursachen – muss zuletzt neutralisiert werden. In den unteren ekstatischen Zuständen zeigt sie sich immer noch aktiv und projiziert brandneue Ideen (pratyaya) in Form spontaner Einsichten; erst auf der höchsten Ebene der samâdhi-Ekstase, im asamprajnâta-samâdhi, wird sie vollständig transzendiert. In diesem sublimen Zustand der temporären Identität mit dem Selbst werden die unterbewussten Aktivierungskräfte (samskâra), die das Bewusstsein zwangsläufig nach außen drängen, entwurzelt. Man kann sagen, Gedächtnis und Erinnerung haben zwei Aspekte – einen groben, der durch die Meditation seiner Kraft beraubt, und einen feinen, der in der überbewussten Ekstase neutralisiert wird.

Der Restriktionsprozess (nirodha) zeigt drei Hauptebenen:

1. Vritti-nirodha – die Beschränkung oder Kontrolle der fünf Kategorien normaler (grober) geistiger Aktivität in der Meditation, wie oben ausgeführt.
2. Pratyaya-nirodha – die Beschränkung der während der verschiedenen bewussten Ekstase-Arten (samprajnâta-samâdhi) auftretenden Vorstellungen. Yogins müssen über die im savitarka-samâpatti-Vereinigungszustand aufblitzenden Einsichten oder Gedanken (vitarka) hinausgehen – dieser Zustand wird weiter unten beschrieben. Sie müssen auch über das Seligkeitsgefühl (ânanda) während des ekstatischen ânanda-samâpatti hinausgelangen; dies wird gleichfalls unten erörtert.
3. Samskâra-nirodha – die Beschränkung der subliminalen Antriebskräfte in der überbewussten Ekstase (asamprajnâta-samâdhi). In diesem erhöhten Zustand setzen yogins die Tiefenerinnerung selbst außer Kraft, produzieren deren Eigenarten (vâsanâ) doch fortwährend neue psychomentale Aktivität.

Ekstase

Ähnlich wie die Konzentration bei starker Fokussiertheit zu meditativer Versenkung führt, so tritt der ekstatische Vereinigungszustand (samâdhi) ein, wenn alle „Wirbel" bzw. „Fluktuationen" (vritti) des normalen Wachbewusstseins durch Meditationspraxis völlig beseitigt sind. Konzentration, Meditation und Ekstase sind also die Phasen eines fortschreitenden Prozesses der Beseitigung mentaler Konstrukte bzw. eines Prozesses der Vereinigung. Verläuft dieser Prozess immer in Bezug auf dasselbe verinnerlichte Objekt, so wird er von Patanjali samyama („Bündelung") genannt.

Der ekstatische Zustand als Gipfelpunkt einer langwährenden und diffizilen geistigen Disziplin ist ebenso schwer zu begreifen wie ausschlaggebend, wenn es um eine angemessene Beurteilung von Yoga geht. Oft wurde er als selbsthypnotische Trance, als Zurückfallen ins Unbewusste, ja sogar als künstlich induzierte Schizophrenie interpretiert. Doch sind all diese Bezeichnungen mangelhaft. Selten wird verstanden, dass erstens samâdhi eine Vielfalt von Zuständen umfasst und dass zweitens all jene, die diese Vereinigung in ihren verschiedenen Formen tatsächlich erlebt haben, die dabei auftretende Geistesklarheit als besonders charakteristisch hervorheben. Trotzdem kennen Yoga-Psychologen natürlich auch pseudo-ekstatische Zustände, welche zu Recht als Rückfälle ins Unbewusste (jâdya) gedeutet werden können.

Echter samâdhi aber wird immer begleitet von extremer Wachheit – ein Punkt, den zum Beispiel C. G. Jung erfolgreich übersah; seine irrigen Ansichten zu diesem Sachgebiet werden noch heute von anderen nachgesprochen.[6] Selbst wenn man es als unpraktisch oder als nicht wünschenswert betrachtet, die verschiedenen samâdhi-Zustände zu kultivieren – man sollte doch nicht abstreiten, dass sie Stationen an einer Straße sind, die nicht zur Verkleinerung des Bewusstseins oder des menschlichen Wesens führt, sondern zu einer größeren Realität und einem höheren Gut. Die hauptsächliche Bedeutung der indischen Psychotechnik für unsere Zeit liegt genau darin, dass sie eine überwältigende Beweismenge zugunsten der Existenz eines spezifischen Seinszustandes ansammelte – nämlich des Zustands der Identität mit dem Selbst, mit dem transzendenten „Sein-Bewusstsein" –, der in unserer eigenen spirituellen Vergangenheit kaum konkretisiert wurde, und von dem die moderne Wissenschaft nichts weiß.

Aus diesem Grund sollten wir mit pauschalen Urteilen über yogische Zustände, Vorstellungen und Praktiken vorsichtig sein, es sei denn, wir haben sie selbst unvoreingenommen – auf die Unvoreingenommenheit ist die Wissenschaft doch stolz – getestet. Mircea Eliade, bekannte Autorität in Religionsgeschichte, formulierte in seinem bahnbrechendem Werk über Yoga mahnend:

> Das Abstreiten yogischer Erfahrung oder die Kritik an gewissen Aspekten von ihr stehen niemandem zu, der von ihrer Praxis keine direkte Kenntnis hat, denn yogische Zustände gehen über solche Kondition hinaus, in der sich jemand befindet, wenn er sie kritisiert.[7]

Zwar ist es möglich, samâdhi formal zu definieren, doch vermag keine Zahl von Beschreibungen die Eigenart dieser außergewöhnlichen Daseins-

[6] *Siehe H. Jacobs, Western Psycho-Therapy and Hindu Sâdhanâ. A Contribution to Comparative Studies in Psychology and Metaphysics (London: George Allen & Unwin, 1961), mit beißender Kritik an der Position C. G. Jungs.*

[7] *M. Eliade, Yoga: Immortality and Freedom (Princeton, Staat New York: Princeton University Press, 1970), p. 39.*

समापत्ति ॥

samâpatti

kondition, für die es keinerlei Referenzpunkt in unserem Alltagsleben gibt, hinreichend verständlich zu illustrieren. Als bedeutendster Aspekt erscheint zweifellos die Erfahrung der kompletten Vereinigung von Subjekt und Objekt: Das Bewusstsein des yogin nimmt die Natur des kontemplierten Objekts an. Diese Identifizierung wird von höchster Wachheit, von Seligkeit oder dem Gefühl reinsten Existierens begleitet, je nach Stufe der ekstatischen Einung.

Im Yoga-Sûtra hat Patanjali eine Phänomenologie der samâdhi-Zustände ausgearbeitet, destilliert aus jahrtausendlanger yogischer Erfahrung. Er unterscheidet zwischen zwei hauptsächlichen Gattungen von samâdhi, nämlich bewusster Ekstase (samprajnâta-samâdhi) und überbewusster Ekstase (asamprajnâta-samâdhi). Dies entspricht der vedântischen Einteilung in formgebundene Ekstase (savikalpa-samâdhi) und formlose Ekstase (nirvikalpa-samâdhi).

Während die überbewusste Ekstase nur in einer einzigen Erscheinungsart vorkommt, zeigt die bewusste Ekstase verschiedene Formen, mit der technischen Bezeichnung „Koinzidenz" (samâpatti) etikettiert, da bei ihnen Subjekt und Objekt deckungsgleich zusammenfallen. Die einfachste Form ist savitarka-samâpatti – die ekstatische Vereinigung mit dem stofflichen (sthûla) Aspekt eines Objekts. Dient z.B. eine besondere Gottheit als Kontemplationsobjekt – etwa die blaue Gestalt des vierarmigen Krishna –, so wird der yogin, der ins samâdhi eintritt, nun eins mit Krishnas Bildnis. Das Bildnis wird als leibhaftige Wirklichkeit erlebt: Der yogin erfährt sich selbst als blauhäutigen Krishna. Seine Vereinigungserfahrung umfasst auch alle Arten spontaner (nicht-diskursiver) Gedanken; aber, anders als in der Meditation, stören sie nicht seine ekstatische Freude. Nach dem Schwinden jeder Vorstellung (vitarka) tritt der yogin in die vorstellungslose Ekstase (nirvitarka-samâdhi) ein.

Die nächsthöhere – oder nächst „innigere" – Form der ekstatischen Vereinigung zeigt sich, wenn sich der yogin mit dem subtilen (sûkshma) Aspekt seines Kontemplationsobjekts identifiziert. In unserem Beispiel würde er sich auf weniger und weniger differenzierten Seinsebenen als Krishna erfahren, bis schließlich nur noch der undifferenzierbare Grund der Natur übrigbleibt. Dieser Zustand hat wiederum zwei Formen, je nachdem, ob spontane Gedanken auftreten oder nicht. Bei Ersterem heißt sie „reflektive Ekstase" (savicâra-samâdhi), bei Letzterem „supra-reflektive Ekstase" (nirvicâra-samâdhi).

Folgen wir Vâcaspati Mishras Interpretation des Yoga-Sûtra, zu finden in seiner Tattva-Vaishâradî, so gibt es vier zusätzliche Ebenen der Vereinigungserfahrung: sa-ânanda-samâpatti („Koinzidenz mit Seligkeit", sânandasamâpatti geschrieben), sa-asmitâ-samâpatti („Koinzidenz mit Ichheit", sâsmitâsamâpatti geschrieben), nirânanda-samâpatti („Koinzidenz jenseits der Seligkeit") und nirasmitâ-samâpatti („Koinzidenz jenseits der Ichheit"). Beim ersten Typ wird eine alles durchdringende Seligkeit erfahren.

Beim zweiten erlebt der yogin überwältigend das Gegenwärtige, in unserem Beispiel also das innere Wesen Krishnas. Das Ichgefühl bzw. die individuelle Existenz ist noch vorhanden, aber keine Rollenidentität mehr: Das Ich dehnt sich unendlich weit. Sehr schwierig erscheint es, den Gehalt des dritten und vierten Typs auch nur zu erahnen. Wir dürfen fragen, ob der Gelehrte Vâcaspati Mishra diese zusätzlichen Typen der Ekstase tatsächlich selber erfahren hat oder ob er sie nur schlussfolgernd konstruierte. Jedenfalls wies Vijnâna Bhikshu, der ein Yoga-Adept war, die letzten beiden Typen der ekstatischen Erfahrung ausdrücklich zurück.

All diese Typen sind Formen der bewussten Ekstase (samprajnâta-samâdhi) – Erfahrungszustände, in denen die Ich-Persönlichkeit partiell transzendiert wird. In gewisser Weise darf man sie als Mittel betrachten, mit denen – wegen der Fähigkeit des menschlichen Bewusstseins, sich dem Objekt der Kontemplation chamäleonartig anzugleichen – Wissen über das Universum zu erhalten ist.

Von diesen ekstatischen Zuständen unterscheidet sich die überbewusste Ekstase (asamprajnâta-samâdhi) grundlegend, bedeutet sie doch die zeitweilige Realisierung des Selbst. In ihr transzendieren yogins die Bereiche der Natur und werden identisch mit ihrem wahren Sein, dem Selbst (purusha). Dies setzt eine radikale Kehrtwendung oder parâvritti (griechisch: metanoía) im Bewusstsein voraus, eine vollständige Verwandlung des Körper-Verstand-Systems, und kann nicht durch blanken Willenseinsatz herbeigeführt werden. Vielmehr müssen sich die yogins leer machen und für die höhere Wirklichkeit jenseits der Ich-Person öffnen. Der Augenblick der totalen Öffnung wird häufig als Gnadenakt beschrieben, wie wir bereits erfuhren.

Asamprajnâta-samâdhi ist der einzige Weg, auf dem der yogin zur bewussten Wahrnehmung seiner transzendenten Identität mit dem Selbst und dessen ewiger Freiheit gelangen kann. In dieser überbewussten Ekstase existieren weder Kontemplationsobjekt noch kontemplierendes Subjekt. Dem normalen Verstand erscheint sie wie ein erschreckender Zustand der Leere. Falls diese Ekstase über eine genügend lange Zeit währt, transmutiert ihr Feuer das Unbewusste und löscht dabei all jene unterbewussten Antriebskräfte (samskâra), die immer von Neuem ego-bewusste Aktivität und damit Karma erzeugen.

III. BEFREIUNG

Am Höhepunkt dieser ekstatischen Vereinigung erreichen die yogins den Ort ohne Wiederkehr. Sie finden Befreiung. Folgen wir dem dualistischen Modell des klassischen Yoga, so bedeutet dies das Abstreifen von begrenztem Körper und Verstand. Das befreite Wesen weilt in perfektem „Alleinsein" (kaivalya), einem transmentalen Zustand von purer Gegenwart und reiner Wahrnehmung. Einige Schulrichtungen des Vedânta, die die letzte Realität

कैवल्य ॥

kaivalya

als nondual betrachten, sind der Ansicht, dass die Befreiung nicht mit dem Tod des leiblichen Körpers einhergehen muss; sie formulieren also das Ideal der „Befreiung im Leben" (jîvan-mukti). Patanjali jedoch scheint diesem Ideal nicht gehuldigt zu haben.[8] Für ihn lag das höchste Gute eines yogin darin, sich von den Reichen der Natur (prakriti) völlig abzutrennen und nur als attributsloses Selbst zu verbleiben, als einer unter vielen und, wie wir annehmen müssen, in wechselseitiger Durchdringung mit allen anderen Selbst-Monaden – in ewiger Unendlichkeit. Dies ist auch das Ideal des klassischen Sâmkhya.

Wie nun solch unbefleckt-unberührte Selbstheit beschaffen sein soll – das sich vorzustellen fällt dem Menschen gewöhnlich sehr schwer, selbst wenn er während der Meditation kurze Einblicke in die Ich-Transzendenz erhalten hat. Definitionsmäßig ist nur eines klar: Es handelt sich um keine Erfahrung, weil weder Subjekt noch Objekt vorhanden sind, aufgrund derer es zur Erfahrung kommen könnte. Aber es ist auch kein Zustand der Bewusstlosigkeit. Alle Selbst-Realisierenden stimmen darin überein, dass es sich um einen überaus wünschenswerten Zustand handelt, den mit aller Kraft und Hingabe anzustreben höchst lohnend sei.

Der mühselige Pfad des Yoga führt somit über sich hinaus. Die yogische Psycho-Technik bildet bloß eine Leiter, auf die der spirituell Praktizierende klettert, um sie im letzten Moment wegzustoßen. Patanjalis Formulierungen sind nur bis zu dem Grad nützlich, als sie uns zu jenem letzten Moment des Erkennens unserer inneren Freiheit führen können – die uns dann die Autorität und Macht verleiht, die Wirklichkeit in ihrer Nacktheit zu sehen, um so zum Jenseits aller Formulierungen, Glaubensvorstellungen, Dogmen, Modelle, Theorien und Ansichten zu gelangen.

[8] *Der britische Yoga-Forscher Ian Whicher schlug jedoch vor, wir sollten den Dualismus Patanjalis nicht in ontologischen, sondern vielmehr in erkenntnistheoretischen Kategorien verstehen. Falls das stichhaltig ist, könnten wir das Ideal der Befreiung im Leben mit dem klassischen Yoga Patanjalis verbinden. Siehe I. Whicher, „Implications for an Embodied Freedom in Patanjali's Yoga", ein Beitrag während der Konferenz über Yoga, abgehalten an der Loyola Marymount Universität, Los Angeles, am 15. März 1997. Siehe auch C. Chapple, „The Unseen Seer and the Field: Consciousness in Sâmkhya and Yoga", in R. K. C. Forman, Hrsg., The Problem of Pure Consciousness: Mysticism and Philosophy (New York und Oxford: Oxford University Press, 1990), pp. 53–70, und C. Chapple, „Citta-vrtti and Reality in the Yoga Sûtra", in C. Chapple, Hrsg., Sâmkhya-Yoga: Proceedings of the IASWR [Institute for Advanced Studies of World Religions] Conference, 1981, p. 112, wo er meine eigene Einstellung mit den Worten, „der einzig gute Weise ist ein toter Weiser", umschreibt. Während ich mehr zu einer ontologischen (dualistischen) Interpretation von Patanjalis Metaphysik neige, möchte ich doch Chapples Paraphrasierung meiner Position abwandeln zu „nur ein toter Weiser ist perfekt". Denn Gutsein passt nicht in diese Gleichung, da Patanjali klar feststellt, der voll realisierte yogin sei jenseits von Gut und Böse.*

TEIL 4

Nachklassischer Yoga

„Wann, o Herr, findet mein Sehnen nach völliger Hingabe –
nach dem höchsten Wissen und
dem höchsten Zustand des Yoga – Erfüllung?"

UTPALADEVA, SHIVA-STOTRA-AVALÎ (9.9)[1]

umseitig

[1]Übersetzt von C. R. Bailly in ihrem Buch Shaiva Devotional Songs of Kashmir: A Translation and Study of Utpaladeva's Shivastotravali (New York: SUNYPress, 1987), p. 18.

KAPITEL 11

Die nondualistische Annäherung an Gott unter den Shiva-Verehrern

**„Kein and'res Glück gibt's hier auf Erden,
als vom Gedanken frei zu sein,
ich wär' von Dir verschieden.
Welch and'res Glück könnt' es denn geben?
Doch wie ist's dann möglich,
dass eben dieser Deiner Jünger
auf falschem Pfade schreitet?"**

UTPALADEVA, SHIVA-STOTRA-AVALÎ (4.17)1

I. ÜBERBLICK

Alles ist allein das Absolute (brahman). Nichts and'res existiert. Ich bin Das. Wahrlich, ich bin Das. Ich bin nur Das. Ich bin nur Das. Ich bin das immerwährend' Absolute.

Ich bin allein das Absolute, bin nicht einer von der Welt (samsârin). Ich bin allein das Absolute. Ich besitze keine Weisheit (buddhi). Ich bin allein das Absolute, bin nicht die Sinne.

Ich bin allein das Absolute, bin nicht der Körper. Ich bin allein das Absolute, bin nicht die „Kuhweide" [d.h. das Feld der Existenz]. Ich bin nur das Absolute und nicht die Lebensenergie (prâna). Ich bin nur das Absolute, höher als das Höchste. (6.31–34)

Alles ist allein das Absolute. Die dreifache Welt ist reines Bewusstsein, das reine Absolute. Nichts gibt's als Seligkeit, als allerhöchste Seligkeit (parama-ânanda). (6.42)

Die Erfahrung der ekstatischen Einheit, wie in dieser Passage der Tejo-Bindu-Upanishad formuliert, steht im Mittelpunkt der upanishadischen Weisheit. Die Weisen der frühen Upanishaden waren die ersten, die ausdrücklich und voll beseelten Enthusiasmus über solch überwältigende Realisierung sprachen. Ihre nondualistischen Einsichten fanden bei den späteren Weisen des Vedânta ein vielfältiges Echo. Für sie war, genauso wie für ihre Vorläufer, die Metaphysik ein Versuch, eine rationale Erklärung für jenes „Etwas" zu finden, das sie als lebendige Wirklichkeit erlebten – das Eine Sein, das Eine Wesen, âtman oder brahman genannt.

Das mystische Erleben der allumfassenden Einheit (ekatva) zeichnet nicht unbedingt Patanjalis Yoga aus, denn der unterscheidet scharf zwischen Geist (purusha) und Natur (prakriti). Doch lassen sich immerhin gewisse Zustände mystischen Einheitserlebens auch in den dualistischen Rahmen des klassischen Yoga einordnen, da Patanjali akzeptiert, dass die Natur eine transzendente Dimension, die Quelle aller manifesten Formen, mit einschließt. Mit diesem transzendenten Aspekt der Natur zu verschmelzen – ein prakriti-laya genannter Zustand –, das kann als eine Art der mystischen Vereinigung betrachtet werden. Für Patanjali aber bedeutet das Verschmelzen mit dem Urgrund der Welt nicht Befreiung. Wie er es sieht, kann es in der Sphäre der Natur keine letztendliche Erlösung geben. Wahre Befreiung erfordert, über alle Dimensionen der Natur hinauszugehen, auch über den transzendenten Grund (pradhâna) der Natur.

Allein die Verwirklichung des transzendenten Selbst (purusha), des alles transzendierenden Geistes, bringt immerwährende und echte Freiheit. Doch das ist keine Frage der Vereinigung, sondern der Identitätsfindung. Die Verwirklichung des Selbst bedeutet nämlich: Die yogins erwachen in ihrem eigentlichen, essenziellen Wesen, das für alle Zeit jenseits der Sphäre der Natur – wiewohl diese riesig ist – existiert.

Patanjali lehnte die upanishadische und vedântische Gleichung âtman = brahman (oder transzendentes Selbst = transzendenter Grund der objektiven Welt) ab. Auch wenn der achtfache Pfad des Yoga-Sûtra sehr viele Bereiche beeinflusste, wurde Patanjalis dualistische Metaphysik doch immer als Merkwürdigkeit im Hinduismus erachtet. Die meisten Yoga-Schulen zu seiner Lebenszeit und in nachfolgenden Perioden vertraten die eine oder andere Form des Nondualismus (advaita), der bis zum Rig-Veda zurückverfolgt werden kann. Die Yoga-Lehren, die nach Patanjali auftraten, seine dualistische Metaphysik jedoch nicht übernahmen, können insgesamt in die Kategorie „nachklassischer Yoga" eingeordnet werden.

Die Literatur des nachklassischen Yoga erscheint noch vielfältiger und reicher im Inhalt als die Literatur des vorklassischen Yoga. Als Erstes sind hier die Yoga-Lehren der Samhitâs („Sammlungen") zu erwähnen, also die religiösen Schriften der Vaishnavas aus dem Norden und dem Süden des indischen Subkontinents, dazu die zahlreichen erläuternden Texte, die sich um die „Sammlungen" gruppieren. Diese umfangreiche Literatur wird im 12. Kapitel kurz besprochen. Ähnlich wie die Âgamas („Überlieferungen") der Shaivas und die Tantras („Webstühle") der Shakti-Verehrer sind die Samhitâs kaum erforscht. Ihre Lehren sind unglaublich komplex, und ich kann im Rahmen dieses Buches nur an der Oberfläche eines wahren Ozeans von Werken in Sanskrit und regionalen Volkssprachen etwas abschöpfen. Eine andere Goldmine yogischer Lehren ist die Purâna-Literatur, die im Kapitel 13 vorgestellt wird. Der Kern dieser Literatur entstand in der vedischen Ära, aber in ihrer jetzigen Form datieren selbst die ältesten Purânas kaum weiter zurück als in die letzten Jahrhunderte v. Chr. Die Purânas („Alte [Lehren]") sind, wie wir noch sehen werden, populäre Enzyklopädien, die u.a. kurze Abhandlungen über Yoga und zahlreiche faszinierende Geschichten über Yoga-Aspiranten und Yoga-Meister beinhalten.

Ein nachklassisches Werk, das eine separate Besprechung verdient, ist das Yoga-Vâsishtha aus dem 10. Jahrhundert. Sein radikaler Idealismus hat jahrhundertelang die Hindus, speziell in den Himalaya-Regionen, überaus inspiriert. Ich werde diese ungewöhnliche dichterische Schöpfung im 14. Kapitel behandeln.

Die bedeutendsten Texte des nachklassischen Yoga sind die sogenannten Yoga-Upanishads – wie sie westliche Gelehrten nennen. Dies sind Schriften aus verschiedenen Epochen und Gebieten des Subkontinents, die ganz unterschiedliche Ansichten innerhalb der Yoga-Tradition ausdrücken, wiewohl immer mit nondualistischer Tendenz. Detaillierter gehe ich darauf im 15. Kapitel ein.

Eine wichtige Phase des nachklassischen Yoga, etwa vom 7. bis 17. Jahrhundert n. Chr. dauernd, wird von den zur Tradition der „Körperkultur" (kâya-sâdhana) zählenden Schulen charakterisiert, z.B. der Siddha-Bewegung und den Nâtha-Sekten. Sie propagierten u.a. auch Hatha-Yoga im Glauben, dass man Selbst- bzw. Gott-Realisierung erlangen könne, so man das spirituelle Potenzial des Körpers auslote. Diese Schulen werden im 17. und 18. Kapitel gesondert behandelt, da sie für die Entwicklung des Hinduismus bedeutsam sind und ihnen im Westen wachsende Beachtung geschenkt wird.

Wir wollen diese Besprechung des „nachklassischen Yoga" mit den extremeren Sekten der viel verzweigten Shaiva-Tradition, die in vedischer Zeit wurzelt, beginnen. Einige der Shaiva-Praktiken sind recht außergewöhnlich und provozieren die konventionelle Moral. Man betrachtet diese Schulen als „linkshändig", weil sie die konkret-praktische Einlösung der höchsten Wahrheit – der Nichtdualität – vertreten, während die „rechtshändigen" Schulen im Großen und Ganzen nur den symbolischen Ausdruck dieser Wahrheit zulassen. Der Unterschied zwischen den beiden Vorgehensweisen lässt sich am besten an ihren unterschiedlichen Einstellungen zur Sexualität ablesen. Bewerten die Anhänger der rechtshändigen Schulen die Sexualität generell als Bedrohung des spirituellen Wachstums, so setzen die Jünger des linkshändigen Pfades die Sexualität zur spirituellen Transformation ein.

In Indien wird, genauso wie in vielen anderen Teilen der Welt, die linke Seite mit Unglück oder Unreinheit, die rechte Seite mit günstigem Vorzeichen, mit Reinheit und Gutheit assoziiert. Der Sanskritbegriff vâma-âcâra („linkes Betragen", geschrieben vâmâcâra) hat im gewöhnlichen Zusammenhang eine negative Bedeutung, wird aber von den linkshändigen Schulen positiv verwendet, jedoch nicht, um kundzutun, dass sie Parteigänger des Bösen seien; vielmehr haben sie bei der Erforschung des menschlichen spirituellen Potenzials erfahren, wie sehr die dunklen Aspekte, die Schattenseiten der menschlichen Person und des Lebens, de facto existieren. Und, mehr noch, sie verbinden sich nun aktiv mit dem, was der „normale" Mensch fürchtet, vermeidet oder unterdrückt. Die Gründe für ihre exzentrische Methode sind einerseits, dass sie die unterdrückten Aspekte der menschlichen Existenz zurückfordern. Andererseits demonstrieren sie damit, wie das Leben unter den Vorzeichen der höchsten Wahrheit – der Nichtdualität – und unter allen Daseinsbedingungen gelebt werden kann und sollte: Wenn es nur das Eine, allumfassende Sein und Wesen gibt, dann muss dieses auch, schlicht gesagt, die Essenz von Genitalien, Tod und Abfall sein.

II. DIE LINKSHÄNDIGEN SHIVA-ANHÄNGER – „TOTENSCHÄDEL-TRÄGER", „PHALLUS-TRÄGER" UND ANDERE ASKETEN

Auf ihrer Suche nach dem Höchst-Sicheren und dem höchsten Glück wagten sich die spirituellen Aspiranten Indiens, so wie jene anderer Länder auch, gelegentlich in Bezirke, die gewiss außerhalb der etablierten Gesellschaft lagen. Es gab und gibt Einzelne und kleine Gruppen,deren Lebensstil und Praktiken der gewöhnlichen Wahrnehmung extrem, ja bizarr erscheinen. In seinem Buch *Sadhus: India's Mystic Holy Men* dokumentierte der holländische Psychologe, Fotograph und Reisende Dolf Hartsuiker in Wort und Bild einige der ungewöhnlichen Aspekte von radikal aufs Jenseits orientierten Heiligen Indiens.[2] Die Photographien zeigen nackte Asketen, deren Körper völlig mit Asche bedeckt oder mit Blumen- und Gebetsketten überladen und mit grellen Farben bemalt sind, oder die sich zu Ehren der Göttinnen Sîtâ und Râdhâ wie Frauen kleiden und verhalten. Dann gibt es jene, die einen Keuschheitsgürtel tragen oder auf einem Bein oder mit hochgestrecktem Arm jahrelang wie festgewurzelt stehen, so dass die Gliedmaßen wegen Nichtbenutzung verdorren.

Die Hindus haben den Ruf, in Sachen Religion außergewöhnlich tolerant zu sein, und tatsächlich hat keine Kultur auf der Erde eine derart große Vielfalt in religiösen Praktiken und Ideen hervorgebracht wie der Hinduismus. Wenn wir als westliche Menschen einige der Ausdrucksformen religiöser Inbrunst und spirituellen Strebens im Hinduismus mit Argwohn betrachten, so sollten wir bedenken, dass unsere Schau der Dinge von jenen machtvollen Vorurteilen, die in unserer stark säkularisierten modernen Kultur gang und gäbe sind, vorprogrammiert wird. Daran zu denken, ist bei der folgenden Erörterung einiger der ungewöhnlicheren Manifestationen hinduistischer Spiritualität besonders wichtig.

Im Mahâbhârata-Epos (12.337.59) werden fünf herausragende religiöse Traditionen erwähnt: die Opferreligion der Veden, Yoga, Sâmkhya, Pâncarâtra und Pâshupata. Wir wollen uns zuerst der Pâshupata-Überlieferung widmen – einer speziellen Entwicklung des Shaivismus, der das Absolute mit Gott Shiva gleichsetzt.

Die Pâshupata-Überlieferung

Allgemein wird angenommen, dass der religiöse Orden der Pâshupatas durch einen Asketen namens Lakulîsha gegründet wurde; er mag vielleicht im zweiten Jahrhundert n. Chr. gelebt haben. Andererseits fanden sich bereits in der vorbuddhistischen Periode Asketen unter den Shiva-Anhängern; die Pâshupatas können deshalb als verhältnismäßig späte Entwicklung im Shaivismus bewertet werden. Von Lakulîsha wissen wir nur durch Legenden.

[2] *Siehe D. Hartsuiker, Sadhus: India's Mystic Holy Men (Rochester, Vermont, USA: Inner Traditions International, 1993).*

Sein Name bedeutet wörtlich „Herr der Keule" und rührt daher, dass die Pâshupatas eine Keule (lakula) als eine ihrer Sekten-Insignien trugen. Lakulîsha – oder Lakulin („Keulenträger") – wurde als letzte Inkarnation von Gott Shiva verehrt.

Dem Kâravana-Mâhâtmya, einem vergleichsweise jüngeren Text zufolge, wurde Lakulin in einer Brahmanenfamilie im heutigen Gujerat geboren. Er war ein außergewöhnliches Kind, besaß alle Arten übermenschlicher Fähigkeiten, starb aber im siebten Lebensmonat. Die gramerfüllte Mutter warf seinen winzigen Körper in den Fluss. Eine Gruppe von Schildkröten beförderten ihn zum heiligen Ort des Jaleshvara-Linga, wo die Lebenskraft wieder in seinen Leib eintrat. Als Asket aufgezogen, wurde er später ein bekannter Lehrer. Einigen Darstellungen zufolge starb Lakulin nach einem Leben strenger Kasteiungen; Shiva trat in Lakulîns Leib ein und belebte ihn wieder, so dass die Pâshupati-Lehre in der Welt verbreitet werde.

Lakulin soll vier bevorzugte Schüler gehabt haben – Kushika, Gârgya, Kurusha und Maitreya –, denen manchmal der Name Patanjali als fünfter hinzugefügt wird. Doch erscheint dies, realistisch gesehen, zweifelhaft, denn im Yoga-Sûtra oder in der Kommentar-Literatur findet sich nirgendwo ein Hinweis, dass Patanjali diese Art extremer Praktiken, für die die Pâshupati-Sekte bekannt war, unterstützte. Gewisse Überlieferungen behaupten allerdings auch, dass Patanjali (der Grammatiker, der mit dem Yoga-Meister identisch sein soll) zur Tradition des Vaishnavismus gehörte. Der gleiche Patanjali, der dem 2. oder 3. Jahrhundert v. Chr. zugeordnet wird, verweist in seinem Mahâ-Bhâshya-Kommentar (5.2.76) zu Pâninis Grammatik auf Wanderasketen, in Tierhäute gekleidet, einen eisernen Speer (lauha-shûla) und einen kräftigen Wanderstab (danda) tragend.

Die ikonographischen Darstellungen portraitieren Lakulin typischerweise in der Lotusposition sitzend, mit einer großen Zitrone in der rechten, einer Keule in der linken Hand und mit vor Lebenskraft steifem Penis. Wir können in der Keule und der Zitrone die Symbole der männlichen und weiblichen Aspekte des Göttlichen sehen, obwohl sie ohne Zweifel auch noch andere esoterische Bedeutungen haben. Der erigierte Penis legt nicht sexuelle Ausschweifung nahe, sondern die Überwindung des Sexualtriebs und die Umwandlung des Samens in die mysteriöse, feinstoffliche ojas-Vitalität, einem wichtigen Teil des alchemistischen Prozesses, der im Körper des Yoga-Adepten stattfindet.

Die Gemüter regten sich über die Pâshupatas deshalb so sehr auf, weil sie mit ihrem ungewöhnlichen Betragen – wie unverständlichem Brabbeln, Schnarchgeräuschen, Nachahmen des Gehens eines Krüppels, vorgeschütztem Gliederzittern, närrischen Äußerungen und obszönen Gesten in Gegenwart von Frauen – beharrlich die Öffentlichkeit schockierten. Mit solchen Eskapaden suchten sie die allgemeine Missbilligung geradezu zu provozieren, damit ihre eigene Fähigkeit zur Demut und zur Ich-Transzendierung auf

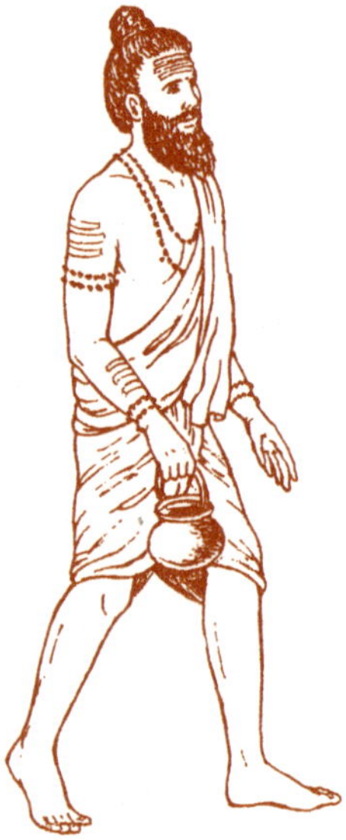

Shaiva-sâdhu

die Probe gestellt werden würde. In seinem Kommentar zur Pâshupata-Sûtra sagt Kaundinya über den Pâshupata-Asketen:

> Er sollte verrückt erscheinen wie ein armer Wicht, den Leib mit Schmutz bedeckt, Bart, Nägel, Haare ganz ungepflegt wuchernd. Dadurch trennt er sich von den [vier ursprünglichen] Kasten (varna) und den Lebensstufen (âshrama) ab, und die Macht der Leidenschaftslosigkeit wird hervorgerufen. (3.1)

Aber es gab hinter dieser seltsamen Praxis noch einen anderen Zweck: Die Pâshupatas glaubten, dass sie das schlechte Karma anderer übernähmen und ihr eigenes gutes Karma auf andere transferierten, wenn sie die allgemeine Missbilligung auf sich zögen; derart also würden sie ihr eigenes Streben nach totaler Transzendierung von Gut und Böse vervollkommnen. Diese merkwürdige Praxis ist als pâshupata-vrata, d.h. als „Pâshupata-Gelübde" bekannt.

Wie aus dem Lakulîsha zugeschriebenen Pâshupata-Sûtra deutlich wird, waren die frühen Schulen dieser Tradition stark ritualistisch ausgerichtet, und die Philosophie spielte lediglich eine sekundäre Rolle. Der rituelle Yoga der Pâshupatas umfasste etliche zu einer Art Ekstase führende Praktiken, wie Singen, Tanzen und Lachen. Doch übten die Anhänger diese Praktiken nur im „Nicht-Manifestierten" (avyakta), d.h. insgeheim aus, demonstrierten hingegen das erwähnte exzentrische Verhalten im „Manifesten" (vyakta), also in der Öffentlichkeit, wo sie dann alle Sektenmerkmale entfernten und sich wie völlig Kastenlose benahmen.

Die Pâshupatas waren überraschend erfolgreich, und ihr Orden wuchs rasch und vergrößerte seinen Einfluss. Bis zum 6. Jahrhundert hatten sich Pâshupata-Tempel über ganz Indien ausgebreitet. Für den Erfolg dieser Sektenbewegung gibt es zwei mögliche Erklärungen. Einmal bot sie ein Zugehörigkeitsgefühl, das nicht auf der vorherrschenden Kastenhierarchie beruhte. Zweitens versprach sie eine aktive Teilnahme an einfachen religiösen Ritualen und auch ein emotionales Erleben des Heiligen.

Die philosophischen Spekulationen seitens der Pâshupata-Sekte begannen mit Kaundinya, der sein Panca-Artha-Bhâshya[3] („Kommentar zu den fünf Themen [des Pâshupata-Sûtra]") im Lauf des 5. Jahrhunderts n. Chr. verfasste. Eine weiterentwickelte philosophische Erörterung finden wir in der Gana-Kârikâ, vermutlich von einem gewissen Haradatta verfasst. Dieser Text hat einen schönen Kommentar, Ratna-Tîkâ („Kleinod der Erläuterung") betitelt, vom berühmten Logiker Bhâsarvajna im 10. Jahrhundert geschrieben.

Die Pâshupatas sind Theisten. Ihnen gilt der Herr (îshvara, îsha) als Schöpfer, Erhalter und Zerstörer der Welt. Er umfasst manifestierte wie unmanifestierte Aspekte und ist völlig unabhängig von der Welt. Er besitzt unbegrenzte Wissensmacht (jnâna-shakti) und Handlungsmacht (kriyâ-shakti).

[3] *Geschrieben Pancârthabhâshya.*

Eine der kontroversesten Lehren der Pâshupatas besagt, dass der Wille des Herrn in keiner Weise dem Karma-Gesetz untersteht. Theoretisch kann Er Bösewichte belohnen und die Guten bestrafen. Der vollendete Befreiungszustand, „Ende des Leidens" (duhkha-anta, geschrieben duhkhânta) genannt, ist ausschließlich ein Geschenk der Gnade und stellt sich dar, wie erklärt wird, als Zustand uneingeschränkter Wahrnehmung (apramâda) der eigentlichen Realität.

Damit es zur Befreiung kommen kann, gilt es, das Prinzip des Yoga, definiert als „die Vereinigung des Selbst (âtman) mit dem Herrn", zu verwirklichen. Wie im Pâshupata-Sutra (5.33) klargestellt wird, bedeutet diese Vereinigung nicht ein vollständiges Aufgehen des Selbst in der letzten Realität – wie im nondualistischen Vedânta –, sondern eine Form der transzendenten Verbindung, die Lakulîsha rudra-sâjujya, also „Allianz mit Rudra" nennt („Rudra" ist ein Beiname Shivas). Dabei wird die Person des yogin, d.h. sein Körper, sein Verstand etc., vom Göttlichen ständig geleitet und informiert, und sein Leben besteht in der andauernden Ergebung in Shivas Willen.

Der Befreite hat Anteil an den meisten transzendentalen Fähigkeiten des Herrn, etwa völlige Furchtlosigkeit, Freiheit vom Tod und Herrschaft über das Universum. So wie im klassischen Yoga erscheint die Beziehung zwischen befreiten Wesen und dem Herrn auch hier als eine merkwürdige: Obwohl sie mit Gott absolut eins sind, ist Gott etwas mehr als die befreiten Wesen, entweder individuell oder kollektiv. Während Patanjali die Vorstellung des Herrn als Schöpfer zurückwies, pries Lakulîsha Shiva als Pashupati, den „Herrn der Tiere". Die „Tiere" (pashu) sind die gebundenen Seelen, die in ständigen Wiedergeburten im großen ökologischen System der Natur endlos wiederverwertet werden – falls sie nicht die Gnade Shivas erfahren.[4]

Die Pâshupata-Bewegung teilt keine der frauenfreundlichen Einstellungen des Tantra. Für die Pâshupata-Asketen sind die Frauen „Horror und Illusion, fleischgeworden", um es in den Worten von Kaundinyas Kommentar (1.9) auszudrücken. Sie können Männer selbst über große Entfernungen verzaubern und täuschen und müssen deshalb unter allen Umständen gemieden werden. Diese Art der Aversion gegen Frauen gehört charakteristischerweise zum, wie ich ihn bezeichnete, „mythischen" oder „vertikalen" Yoga, der in seinem Streben nach totaler Transzendierung der Tendenz erliegt, das Weltganze als implizit feindlich und gefährlich zu bewerten. Viele mediterrane gnostische Schulen erlagen demselben Irrtum; Wann immer die Existenz des Körpers negativ interpretiert wird, folgt die Verteufelung des weiblichen Geschlechts kurz darauf.

[4] Dieser Yogatyp ist zu unterscheiden von den Pâshupata-Yoga-Schulen, die in den Purânas erwähnt werden und Patanjalis Definition („Yoga ist die Beschränkung der Bewusstseinsschwankungen") folgen. Kaundinya z.B. lehnt die dualistische Metaphysik und Methode sowohl von Sâmkhya wie auch von Patanjali ab und betont, Befreiung bestehe nicht primär darin, dass der Sucher sich von allem löst, sondern sich vielmehr mit dem Göttlichen verbindet.

DIE KÂPÂLIKAS

Kâpâla-Adept

Die frühe Geschichte der Kâpâlikas („Totenschädel-Träger"), auch Mahâvratins („jene des großen Gelübdes") genannt, liegt im Dunklen. Sie erhielten ihren Namen vom okkulten Brauch, einen menschlichen Totenschädel mit sich zu tragen, der als rituelles Versatzstück und als Ess-Schale diente. Hinweise auf diesen Brauch finden sich zwar schon in Werken aus der Zeit vor Christus, doch scheint es, als sei der Kâpâlika-Orden erst gegen Mitte des 1. Jahrtausends n. Chr. im Süden Indiens entstanden. Jedenfalls wird in der Sanskritliteratur ab dem 6. Jahrhundert n. Chr. häufig auf die Kâpâlikas verwiesen.

Genauso wie im Fall der Kâlâmukhas sind uns keine Kâpâlika-Schriften hinterlassen worden, und das Wenige, was wir von ihnen wissen, stammt weitgehend von den Gegnern dieser extremen Form des Asketentums, mit wenigen Ausnahmen einer positiven oder zumindest neutralen Schilderung. Großenteils scheinen diese Schilderungen akkurat zu sein, da die kleine Gruppe von noch existierenden Kâpâlikas in Assam und Bengalen dieselben Praktiken und Bräuche pflegt, die diese Spezies der Asketen jahrhundertelang berüchtigt machte.

Der gefeierte Hofpoet Bâna beschreibt in seinem Harsha-Carita,einer schön angelegten, aber unvollständigen Biographie in Sanskrit über König Harsha aus dem 17. Jahrhundert, das Zusammentreffen zwischen König Pushpabhûti und dem Kâpâlika-Adepten Bhairava. Der Asket nahm den König als Schüler an und verlangte bald von ihm, dass er an der Sorte nächtlicher Rituale teilnehme, für die die Kâpâlikas berühmt waren. Bhairava beschmierte einen Leichnam mit rötlicher Sandelholzpaste und setzte sich – schwarz angemalt, schwarz bekleidet und geschmückt – auf dessen Brustkorb. Dann entzündete er ein Feuer im Mund der Leiche und opferte schwarzen Sesamsamen darein, indes er magische Inkantationen rezitierte. Plötzlich riss die Erde vor ihnen zu einem Spalt auf, ein wild aussehender Geist kam daraus hervor und stürzte sich auf Bhairava, den König und drei andere anwesende Schüler. Bhairava gelang es, das Wesen kampfunfähig zu machen, doch er wollte es nicht töten, ein Gnadenakt, für den er später von der Göttin Lakshmî belohnt wurde. Jedenfalls ging das Ritual erfolgreich zu Ende, und Bhairava erwarb den Rang eines vidyâdhâra, eines „Besitzers von Weisheit".

Dass nicht alle Kâpâlikas so relativ gutartige Personen waren, zeigt eine andere Geschichte, zu finden im Dasha-Kumâra-Carita(„Lebensbeschreibung der zehn Prinzen") des angesehenen Dichters Dandin aus dem 17. Jahrhundert. In der Geschichte belauschte Mantragupta, einer der zehn Prinzen, wie sich ein Ehepaar darüber ausließ, dass sie dauernd die niedrigen Hausarbeiten für ihren Lehrer ausführen müssten und deshalb keine Zeit für sich selber hätten. Sie nannten ihren Guru einen Schwarzmagier (dagdha-siddha) –

wörtlich „verbrannter Adept". Neugierig geworden, folgte der Prinz dem Paar heimlich zur Einsiedelei des Lehrers.

Bald erblickte Mandragupta den an einem Feuer sitzenden Adepten. Er war aschebeschmiert, trug ein Halsband aus menschlichen Knochen und sah recht furchterregend aus. Dann hörte der Prinz, wie der Magier seinen glücklosen Bediensteten grimmig befahl, sich in den Palast zu schleichen und die Tochter des Königs zu entführen – was sie taten. Der Prinz verharrte in seinem Versteck und musste bald zusehen, wie der Schwarzmagier sein Schwert schwang, um die Prinzessin zu enthaupten. Gerade noch rechtzeitig sprang Mandragupta hervor, packte das Schwert und köpfte damit den Zauberer.

In Mâdhavas Shankara-Dig-Vijaya („Shankaras Welteroberung"), einer aus dem 14. Jahrhundert stammenden Heiligendarstellung Shankaras, des großen Lehrers des nondualistischen Vedânta, finden wir eine weitere faszinierende Geschichte. Eines Tages, so erzählt die Legende, trat ein übelwollender Kâpâlika an den verehrungswürdigen Shankara heran, pries ihn als einen wahren Meister, der das Selbst verwirklichte, und erflehte seine Gnade. Shankara hörte ihm offenen Sinnes, wiewohl gleichmütig zu. Der Kâpâlika erklärte, dass er sich bereits weit über hundert Jahre strengsten Kasteiungen unterworfen hätte, um Shivas Gunst zu gewinnen. Er wollte zu Shivas himmlischem Reich leiblich aufsteigen, und Shiva hatte versprochen, seinen Wunsch zu erfüllen, wenn er ihm den Kopf eines Königs oder eines allwissenden Weisen brächte. Da es ihm bislang nicht gelungen war, den Kopf eines Königs vorzuweisen, verlangte der Kâpâlika nun Shankaras Kopf. Er hatte den großen Adepten richtig eingeschätzt, denn Shankara willigte ohne Zögern ein. Er setzte Ort und Zeit für die Transaktion fest; sie sollte ohne Wissen seiner Schüler stattfinden, denn diese würden gewiss versuchen, die Enthauptung zu verhindern. Zur festgesetzten Stunde trat Shankara in den Zustand der formlosen Ekstase (nirvikalpa-samâdhi) ein, den Schwerthieb auf sein Genick geduldig erwartend.

Der Kâpâlika näherte sich ihm mit alkoholberauschten, wild rollenden Augen. Er hob seinen Dreizack, um Shankaras Kopf abzuschlagen. In diesem Moment sah Padmapâda, einer von Shankaras Hauptschülern, mit seinem geistigen Auge, was geschehen würde. Er rief rasch eine Invokation an seine erwählte Gottheit Nri-Simha aus, der Mensch-Löwe-Inkarnation von Gott Vishnu. Augenblicklich nahm der treue Schüler die Löwenform des Gottes an, flog durch die Luft und erreichte den geheim gehaltenen Ort. Gerade als der Kâpâlika seinen Dreizack schwang, sprang Padmapâda auf ihn und riss ihm die Brust auf. Shankara kehrte wieder zu normalem Bewusstsein zurück, sah den verstümmelten Körper des Kâpâlikas und die blutbespritzte Gestalt Nri-Simhas und bat den Gott, seinen furchtbaren Wesensaspekt zurückzuziehen und stattdessen Gnade walten zu lassen. Darauf kam Padmapâda wieder zu normalem Bewusstsein und Aussehen und warf sich zu Füßen des Lehrers nieder.

Kânha

Zweifellos gab es unter den Kâpâlikas Schurken und Psychopathen, aber die meisten waren vermutlich damit zufrieden, sich Totenschädel umzuhängen, die sie von Bestattungsstätten, auf denen sie ihre seltsamen magischen Rituale abhielten, mitgenommen hatten. Und es gab ein paar echte Meister, wie den buddhistischen Adepten Kânha im 11. Jahrhundert, der sich in seinen Liedern als „Träger von Totenschädeln" (kâpâlin) vorstellt. Er spricht vom Beischlaf mit und dem anschließenden Töten der lüsternen Waschfrau (dombî), die hier für den weiblichen Aspekt der transzendenten Realität steht. Shakti zu ermorden bedeutet, sie zu transzendieren.

Kânhas Äußerung enthält auch einen Hinweis auf die sexuellen Praktiken der Kâpâlikas. Obgleich Renunzianten, versammelten sie sich doch regelmäßig im Frühjahr und Herbst zu großen orgiastischen Feiern, bei denen sie jene „Fünf M" auszuführen pflegten, die dem Tantrismus dann zu zweifelhaftem Ruhm gereichten: Genuss von Alkohol (madya), Fleisch (mâmsa), Fisch (matsya) und geröstetem Getreide (mudrâ), das aphrodisische Wirkung haben soll, wie auch ritueller Geschlechtsverkehr (maithunâ) mit besonders vorbereiteten Frauen.

Die Kâpâlikas waren, wie die Pâshupatas und Kâlâmukhas, Verehrer Shivas, aber Shivas in seinem schrecklichen Aspekt als Bhairava. Der Zweck dieser Kâpâlika-Riten war es, die Kommunion mit Gott herbeizuführen, kraft derer die Teilnehmenden sich sowohl übermenschliche Fähigkeiten (siddhi) wie auch Erlösung zu erwerben hofften. In ihren Zeremonien opferten sie menschliches Fleisch, und sie sind – wahrscheinlich zu Recht – beschuldigt worden, gelegentlich Menschenopfer ausgeführt zu haben. Das Menschenopfer (purusha-medha) war schon zu vedischen Zeiten bekannt, doch galt es den Sehern (rishi) als rein symbolisches Ritual. Sie wussten, dass das wirkliche purusha-Opfer in der archetypischen Selbstaufopferung des kosmischen Wesens bestand, ohne die der Kosmos nicht ins Dasein hätte kommen können. Im Lauf der Jahrhunderte wurde das Menschenopfer jedoch immer wieder von einigen extremen Sekten und eifernden Königen als Mittel eingesetzt, die Gottheit gnädig zu stimmen. 1832 verbot Indiens britischer Herrscher schließlich den Brauch.

Aus der Sicht der Evolution menschlichen Bewusstseins muss diese grauenhafte Kâpâlika-Praxis als grotesker Rückschritt von der hohen moralischen Sensibilität erscheinen, die in buddhistischen und jainistischen Gemeinden mit ihrer Pflege der Tugenden der Gewaltlosigkeit und des Mitgefühls herrschte. Vom yogischen Standpunkt aus betrachtet, galt sie ebenso als ein Rückschritt zu jämmerlichem Kleben am äußeren Buchstaben – hatten doch schon die upanishadischen Weisen eingesehen, dass das sacrificium im Aufgeben des Ego bestand, nicht im Schlachten von Tieren oder Morden von Menschen. Im 14. Jahrhundert hat der Kâpâlika-Orden eigentlich aufgehört zu existieren, vielleicht ausgehöhlt durch akkumuliertes Karma derjenigen, die nicht begreifen konnten, dass Yoga in der symbolischen Opferung des Ich besteht.

Der Kâlâmukha-Orden

Lakulîsha wurde auch verehrt von den Kâlâmukhas, einer gut organisierten Sekte, die sich aus der Pâshupata-Überlieferung entwickelte. Keiner ihrer Texte blieb erhalten, und wir wissen lediglich durch die Schriften ihrer Kritiker von ihren Glaubensvorstellungen und Praktiken. Der Kâlâmukha-Orden mag in Kaschmir entstanden sein. Er gedieh zusammen mit dem Pâshupata-Orden zwischen dem 11. und 13. Jahrhundert im Südosten des Subkontinents. Es scheint, als habe eine richtiggehende Nord-Süd-Migration von Lakulîsha-Anhängern zu Beginn des 11. Jahrhunderts stattgefunden, vielleicht weil sie ihren Schutzherrn in Kaschmir verloren hatten.

Der Name kâlâ-mukha bedeutet „schwarz-gesichtig"[5] und leitet sich wahrscheinlich daraus ab, dass diese Asketen ein sehr sichtbares schwarzes Zeichen auf der Stirn trugen, das ihre Entsagung kundgab. Sie gruppierten sich in zwei großen Abteilungen, als „Macht-Versammlung" (shakti-parishad) und „Löwen-Versammlung" (simha-parishad) betitelt, wovon jede ihre eigenen Unterabteilungen aufwies. Wir können annehmen, dass sich die Erstere praktisch und theoretisch mehr auf den weiblichen bzw. machtvollen Aspekt des Göttlichen, die Letztere mehr auf den männlichen oder Shiva-Aspekt der transzendenten Realität ausrichtete.

Die Kâlâmukhas waren dem Lernen zugetan und hatten eine besondere Beziehung zur Nyâya-Denkschule, einem überlieferten System der Logik. So erhielt, laut einer Inschrift, Someshvara, ein bekannter Lehrer des Kâlâmukha-Ordens, 1094 n. Chr. eine großzügige Schenkung von seiner Stadtgemeinde in Anerkennung seiner großen yogischen Leistungen und seiner gleichermaßen großen Kenntnisse in Kunst und Wissenschaft. Wie aus zahlreichen weiteren Tempelinschriften ersichtlich, zeichneten sich die Kâlâmukhas durch sorgfältige Beobachtung jener moralischen Tugenden aus, die Patanjali unter den Kategorien der moralischen Disziplin (yama) und der Selbstbeherrschung kodifiziert hatte.

Den Beweisen der Inschriften hält der weit verbreitete Glaube, dass die Kâlâmukhas abstoßende und obszöne Riten praktizierten, nicht stand. Es scheint, als seien sie sehr oft mit einem anderen Shaiva-Orden verwechselt worden, nämlich den verrufenen Kâpâlikas, die definitiv nicht der Hauptströmung des Shaivismus zugehörten, sondern tantrischen Charakter hatten.

Der Orden der Aghorîs

Die Kâpâlikas wurden vom Aghorî-Orden ersetzt. Das Wort aghorî leitet sich ab von aghora und bedeutet „nicht-schrecklich", einer der Beinamen Shivas. Es ist anzunehmen, dass nur der Eingeweihte, der Shiva versöhnlich zu stimmen weiß, vor dem zornigen Aspekt des Gottes keine Angst hat. Die Aghorîs, die von den Dorfbewohnern Indiens bis zum heutigen Tag

[5] Der Name Kâlâmukha leitet sich von kâla („Zeit") und âmukha („gegenüberstehend", „gegenseitig anblickend") ab.

verehrt wie gefürchtet werden, wollen mit ihrer Lebensweise alle menschgemachten Einrichtungen und Gewohnheiten tilgen. Deshalb leben sie auf Verbrennungsstätten oder Dunghaufen, trinken Alkohol oder Urin so bereitwillig wie Wasser und brechen alle gesellschaftlichen Konventionen, wenn sie Tierfleisch und Fleisch menschlicher Leichen verzehren.

Vor ein paar Jahren erschien ein hervorragendes Buch über Leben und Lehren des Aghorî-Meisters Vimalananda (er starb 1983), der von sich selber sagte: „Entweder muss ich verrückt sein oder jeder andere ist es; beides gleichzeitig ist nicht möglich."[6] Der Autor des Buches, ein enger Schüler von Vimalananda, kommentiert die extreme Methode seines Lehrers:

> Aghora bedeutet nicht Zügellosigkeit; es ist die kraftvolle Umwandlung der Dunkelheit zu Licht, der stumpfen Undurchsichtigkeit der beschränkten individuellen Persönlichkeit zum Strahlen des Absoluten. Die Entsagung verschwindet, wenn man beim Absoluten anlangt, denn es gibt dann nichts mehr, dem zu entsagen wäre. Ein Aghorî tritt so tief in die Dunkelheit, in für gewöhnlich Sterbliche unvorstellbare Dinge ein, dass er im Licht herauskommt.[7]

Der Aghorî tut mehr, als „dem eigenen Schatten zu begegnen", wie es in C. G. Jungs Sprache heißt. Er begegnet dem Schatten seiner Gesellschaft, womöglich dem der Menschheit an sich, denn er zwingt sich selbst bis an den Rand des menschlichen Daseins. Dabei gelangt er sicherlich an den Rand der Verrücktheit, und nicht wenige Erkunder dieses Pfads der Negation wurden geisteskrank. Die Aghorîs setzten die Philosophie der Umwertung aller Werte, für die der deutsche Philosoph Friedrich Nietzsche im 19. Jahrhundert berühmt wurde, radikal in die Praxis um. Nicht zufällig starb Nietzsche selbst – wiewohl bloß Theoretiker in dieser Hinsicht – in geistiger Umnachtung. Der Lebensstil der Aghorîs verlangt eine rare Tapferkeit und einen Grad des Entsagungsvermögens, wie er der menschlichen Natur nur selten gemäß ist.

Die Lingâyata-Sekte

Eine andere Shaiva-Sekte, die nach dem Niedergang der Kâpâlikas große Popularität gewann, tritt uns in den Lingâyatas entgegen; sie wurden so genannt, weil sie Shiva in Form des phallischen Symbols (linga), das für den schöpferischen Prozess im Göttlichen steht, verehrten. Sie tragen einen kleinen linga aus Stein in einem Döschen an einem Halsband. Zweimal täglich sitzt der Gläubige in Meditation, den linga in der linken Hand, und führt verschiedene Rituale aus. Die Lingâyatas heißen auch Vîra-Shaivas, „heldenhafte Anhänger Shivas". Ihre Sekte entstand im 12. Jahrhundert,

[6] *Robert E. Svoboda, Aghora: At the Left Hand of God (Albuquerque, New Mexico, USA: Brotherhood of Life, 1986), p. 36.*

[7] *Ebd., p. 22.*

obgleich ihre Jünger glauben, dass die Wurzeln ihres Glaubens in die ferne Vergangenheit zurückreichen und der Adept Basava („Stier") bzw. Basavânna (1106–1167 n. Chr.) ihre Tradition lediglich reorganisiert habe. Auf ihrem Pfad werden sechs Etappen (sthâla) unterschieden:

1. Bhakti oder Liebe-Devotion, die sich in ritueller Verehrung im Tempel oder zu Hause ausdrückt;
2. Mahesha, „Großer Herr" (von mahâ und îsha), die Phase der Disziplinierung des eigenen Verstands und Gemüts, mit allen damit verbundenen Prüfungen;
3. Prasâda oder Gnade, die friedvolle Etappe, während der die Praktikanten erkennen, dass das Göttliche in und mittels allem arbeitet;
4. Prâna-linga oder „Lebens-Zeichen", der Abschnitt, in dem die Anhänger sich der Gnade des Herrn sicher sind und beginnen, das Göttliche im geweihten Tempel ihres Körpers zu erfahren;
5. Sharana oder „Zuflucht[-Suche]" bezeichnet die Phase, in der die Devotees zu Narren Gottes werden – nicht länger identifizieren sie sich mit ihrem Körper und Verstand, sind aber auch noch nicht völlig eins mit dem Göttlichen. Sie sehnen sich nach Shiva wie eine Frau nach ihrem abwesenden Liebhaber.
6. Aikya oder „Vereinung" mit dem Göttlichen: Nun ist die formale Verehrung beendet, da die Praktikanten zu Gott geworden sind; die Pilger sind an ihrem Bestimmungsort angekommen und erkennen, dass sie nie von ihm getrennt waren.

Die frommen Lingâyatas sind bestrebt, Shiva in jedem und allem zu sehen. Wie Basava es so schön in einem seiner Gedichte ausdrückte:

> Ein Topf ist Gott, und die gefächerte Luft ist Gott.
> Auf der Straße der Stein' ist Gott, und ein Kamm ist Gott.
> Auch die Bogensehne ist Gott. Der Scheffel ist Gott,
> und die Schnabeltasse ist Gott.
>
> Gottheiten, Gottheiten – so viele gibt's,
> dass zum Treten dem Fuß kein Platz verbleibt.
> Es gibt nur einen Gott.
> Er ist unser Herr,
> der Herr der Flüsse, die sich treffen.[8]

Die Popularität der Lingâyatas beruhte weitgehend darauf, dass sie größere soziale Gleichberechtigung forderten, z.B. die Beseitigung von Kastenschranken, die Möglichkeit zur erneuten Heirat für Witwen und spätere Verheiratungen für junge Paare. Diese gemäßigtere Sekte bildet eine pas-

[8] *Die Übersetzung stammt von A. K. Ramanujan, Speaking of Siva (Harmondsworth, England: Penguin Books, 1973), p. 28. Die Schreibweise der Wörter ist leicht korrigiert worden.*

sende Überleitung zum âgamischen Shaivismus, einer anderen konservativ-religiösen Bewegung, die als Nächstes behandelt werden soll.

III. DIE MACHT DER LIEBE – DIE SHIVA-VEREHRER NORDINDIENS

Keineswegs folgen alle Shiva-Gläubigen dem gefahrvollen Pfad der Kâpâlikas und Aghorîs. In der Tat pflegen die meisten eine moderatere Annäherung zur Gott-Realisierung, obschon sie tantrische Riten, wie etwa sexuellen Verkehr mit einem geweihten Partner, durchaus miteinschließen kann.

Die vorherrschenden wie auch die „linkshändigen" Shaiva-Glaubensvorstellungen und -praktiken sind in der umfangreichen Âgama-Literatur Nord- und Südindiens niedergelegt. Wir wollen uns zuerst den nördlichen Zweig des âgamischen Shaivismus vornehmen, scheint er doch etwas älter zu sein. Die Âgamas – das Wort bedeutet einfach „Überlieferung" – verstehen sich als Wiederformulierung der alten Weisheit der Veden und werden deshalb oft als „Fünfter Veda" bezeichnet (so wie die Purânas und das Mahâbhârâta auch). Ihren Zweck sehen sie in der Hilfestellung für den spirituellen Sucher im „dunklen Zeitalter" (kali-yuga), dem der moralische Sinn und die geistige Konzentration fehlen, die beide auf dem traditionellen Pfad zur Befreiung unabdingbar sind. Derselbe Zweck wird ausgedrückt in den Tantras, jenen âgama-artigen Schriften, die Shakti – den weiblichen Gegenpol zu Shiva – zum metaphysischen und praktischen Schwerpunkt haben. Jedoch lehnen die strengen Brahmanen, die die Veden als die einzige Autorität ansehen, in der Regel sowohl Âgamas wie auch Tantras als falsche Offenbarungen ab.

Laut Überlieferung umfasst der âgamische Kanon 28 „Wurzel"(mûla)-Schriften und 207 Sekundärschriften (Upâgâmas genannt).[9] In seinem Pratishtha-Lakshana-Sâra-Samuccaya führt der bengalische Prinz Vairocana (frühes 9. Jh. n. Chr.) nicht weniger als 113 Werke an, darunter viele Tantras. Der große tamilische Adept Tirumûlar verweist in seinem Tiru-Mantiram (63) auf eine Gruppe von neun Âgamas. Da er nach allgemeiner Übereinkunft im 7. Jahrhundert n. Chr. lebte, müssen diese Âgamas in einer vorhergehenden Periode verfasst worden sein. Man nimmt an, dass die frühesten dieser Werke im 6. Jahrhundert n. Chr. in Nordindien entstanden und sich in den nachfolgenden Jahrhunderten rasch vermehrten – natürlich könnten sie auch schon mehrere hundert Jahre früher kursiert sein. Diese Schriften übernahmen in wachsendem Maße das shakti-Konzept und verschmolzen daher später leicht mit den Tantras.

Der Tradition zufolge lehrte Shiva vier Tantras mit vieren seiner Gesichter: Garuda (aus dem Sadyojâta-Gesicht hervorkommend), Vâma (aus dem Vâmadeva-Gesicht), Bhûta (aus dem Âghora-Gesicht) und Bhairava (aus dem Tatpurusha-Gesicht). Die 28 Âgamas hingegen sollen aus Shivas

[9] Upâgâma leitet sich von upa („sekundär") und âgama ab. Zur Besprechung der agamischen Literatur siehe M. S. G. Dyczkowski, The Canon of the Saivâgama and the Kubjikâ Tantras of the Western Kaula Tradition (Albany, Staat New York: SUNY Press, 1988).

Îshana-Gesicht hervorgetreten sein.[10] Manchmal wird auch gesagt, sie seien aus allen fünf Mündern Sadâ-Shivas gelehrt worden.

Die Namen der wichtigsten Haupt-Âgamas lauten Kâmikâ (umfasst 12.000 Strophen, von denen 357 verlorengingen), Karana (16151 Strophen), Ajîta, Sahasra, Suprabheda (4666 Strophen), Raurava, Makuta, Mâtanga und Kirana (1991 Strophen). Die bedeutendsten Schriften der sekundären Âgamas sind Mrigendra, Vâtula-Shuddhâkhya, Paushkâra (800 Seiten lang), Kumâra und Sârdha-Trishati-Kâlottara.

Es ist unmöglich, der komplexen Geschichte und Philosophie der Âgama-Literatur im Rahmen dieses Buches gerecht zu werden. Um die Sache zu vereinfachen, können wir sagen, dass die südlichen und die nördlichen Schulen des Shaivismus in den Âgamas jeweils ihre eigenen, klar geschiedenen Positionen bestätigt fanden. Der südliche Shaivismus – auch als Shaiva-Siddhânta bekannt – begünstigt einen modifizierten Monismus, der in der Praxis zwischen den Polen „Gott Shiva“ und „Gläubigem“ (bhakta) oszilliert. In der Hingabe solcher großer Heiliger, wie Tiruvalluvar, Sundarar und Mânikkavâcakar, stellt sich das eindrücklich dar. Im Gegensatz dazu neigt der nördliche Shaivismus zu einer idealistischen oder radikal nichtdualistischen Interpretation der Wirklichkeit, ähnlich dem Advaita-Vedânta.

Yoni-Lingam-Stein

Nördlicher Shaivismus

Eine der frühesten Ausdrucksformen der Shiva-Verehrung in Nordindien war das Krama-System in Kaschmir, das im 7. Jahrhundert florierte. Dieses System zeigt zwei Praxis-Orientierungen: Die eine sieht Shiva als das höchste Prinzip der Existenz, die andere kreist um die Göttin Kâlî als dem Göttlichen par excellence. Seine praktischen Methoden stimmen in etwa mit dem Râja-Yoga überein, obgleich moralische Disziplin (yama), Selbstbeherrschung (niyama) und Körperstellung (âsana) nicht als separate „Glieder“ (anga) aufgelistet werden, der rationale Verstand (tarka) jedoch als eine getrennte Kategorie spiritueller Anwendung zählt. Anzumerken bleibt, dass der Kâlî-Zweig des Krama-Systems linkshändige Praktiken wie den tatsächlichen Genuss von Alkohol, den Verzehr von Fleisch und die Ausübung von Geschlechtsverkehr während tantrischer Rituale pflegt.

Die kaschmirische Tradition des Shaivismus entfaltete sich in der reinen Form des Trika(„triadischen“)-Konzepts, so benannt, weil es von einer wechselseitigen Abhängigkeit zwischen drei Aspekten des Göttlichen ausgeht, nämlich Shiva (der männliche Pol), Shakti (der weibliche Pol) und Nara (die bedingte Person, die Befreiung sucht). Das Trika-Konzept findet sich in den ursprünglichen Lehren der Âgamas mit ihrer vorwiegend dualistischen Orientierung, den Lehren der Spanda- oder „Vibrations“-Schule und den Doktrinen der Pratyâbhijna- oder „Wiedererkennungs“-Schule.

[10] Die Namen der fünf Gesichter Shivas, erstmals in der Mahâ-Nârâyana-Upanishad (geschrieben Mahânârâyanopanishad) erwähnt, werden als Mantren leise rezitiert.

Zu Beginn des 9. Jahrhunderts n. Chr. „entdeckte" der kaschmirische Eingeweihte Vasugupta das Shiva-Sûtra – ungefähr so, wie verborgene spirituelle Schätze (tibetisch: terma) von Meistern des tibetisch-buddhistischen Nyingma-Ordens entdeckt werden. Das Shiva-Sûtra ist eine Auswahl älterer Âgama-Lehren mit dem erklärten Zweck, deren nondualistische Orientierung hervorzuheben. Laut Kshemarâja, dem Verfasser eines Kommentars des 10. Jahrhunderts zum Shiva-Sûtra, erschien Gott Shiva Vasugupta im Traum. Er zeigte ihm den geheimen Ort, an dem das Shiva-Sûtra als Felsinschrift gefunden werden könne. Als Vasugupta erwachte, ging er unverzüglich zu diesem Ort – und entdeckte Shivas 77 Aphorismen.

Auch wenn der Begriff yoga im Shiva-Sûtra nirgendwo auftritt, ist diese Schrift doch ein einzigartiges Traktat über Yoga. Es unterscheidet vier Methoden des Yoga (upâya):

1. Anupâya („Nicht-Mittel"): Der Ausübende realisiert das Selbst spontan und anstrengungslos als Resultat der Übertragung durch den Lehrer.
2. Shâmbhava-upâya („Shambhus Mittel"): Shambhu ist ein anderer Name für Shiva. Diese Yoga-Stufe wird auch als icchâ-upâya oder „Mittel des Willens" betitelt. Wenn der Verstand ganz still ist, leuchtet das Shiva-Bewusstsein spontan auf, ohne Anstrengung seitens des Ausübenden.
3. Shâkta-upâya („Mittel der Shakti", geschrieben shâktopâya): Der shâmbhava-upâya erfordert einen Grad spiritueller Reife, den nur wenige besitzen. Für die meisten erscheint es unmöglich, über die Bildung von Konzepten (vikalpa) hinauszugehen und schlicht in ruhevollem Gewahrsein zu verharren. Selbst die Bemühung, den konzeptualisierenden Verstand zu überlisten, führt in der Regel zu erneuter Konzeptbildung. Daher schlägt Vasugupta eine Alternative vor – die Aufmerksamkeit auf, wie er es nennt, „reine" (shuddha) Konzepte zu fixieren. Damit meint er Intuitionen wie diese: Unsere wahre Identität ist nicht die Ich-Person, sondern das transzendente Selbst, und das erkennbare Weltall ist nicht außerhalb von uns, sondern ist Manifestation unserer transzendenten Macht. Auf diese Weise können wir die tief sitzende Illusion, Subjekt und Objekt wären zweierlei, auflösen.
4. Ânava-upâya („begrenztes Mittel"): Der shâkta-upâya sucht den Verstand zu einer neuen Art zu bringen, die eigene Natur und die Natur der augenscheinlich „äußeren" Welt zu betrachten. Vasugupta empfahl für diesen Prozess besonders Mantra-Yoga, da die Beschäftigung des Verstandes mit der verborgenen Bedeutung solcher Mantren wie „Ich bin Shiva" (shivo'ham) schließlich die Unterscheidung zwischen Mantra und Verstand tilgt und damit ein Fundament für die Offenbarung des Shiva-Bewusstseins

bildet. Auf der Stufe des ânava-upâya greift der Praktizierende zu gängigen yogischen Methoden wie Atemkontrolle, Sinnesrückzug, Konzentration und Meditation. Schließlich muss der Übende über diese Ebene hinausgehen und das transzendente „Ich"-Bewusstsein durch die direkteren Mittel desshâkta-upâya und dann shâmbhava-upâya entdecken.

Die Kommentare zum Shiva-Sûtra beinhalten unschätzbares Material hinsichtlich der Atemtechnik (prânâyâma), das differenzierter als im Yoga-Sûtra ist. Besonders interessant sind die Ausführungen über die verschiedenen Arten der Freude oder Seligkeit (ânanda), die mit der Kontemplation der diversen Arten der Lebensenergie (prâna) im Körper einhergehen. Die Lehre eines „Aufsteigens" (uccâra) der Lebenskraft in Form subtiler Schwingung verbindet sich mit komplexen Spekulationen über die mystischen Klang-Schöpfungsformen (mâtrikâ), den Ursprungswurzeln der mantras.

Diese und andere Ausgestaltungen der ânava-Methode finden sich z.B. im Vijnâna-Bhairava, einer sehr beliebten, wahrscheinlich im 7. Jahrhundert n. Chr. verfassten Schrift. Sie gilt als initiatorisches Handbuch für jene fortgeschrittenen yogins, die den Yoga der Freude (camâtkâra), also das Spiel des Bewusstseins innerhalb seiner selbst, erfahren wollen. Bhairava („furchteinflößend") ist ein Beiname Shivas, der den Sünder mit Schrecken und den Mystiker mit Ehrfurcht erfüllt.

Eine weitere Entwicklungstufe der nördlichen Shaivismus-Tradition präsentiert sich im Spanda-Sûtra und seiner kommentierenden Literatur. Das Spanda-Sûtra, auch als Spanda-Kârikâ betitelt, wird gleichfalls Vasugupta zugeschrieben, obwohl einige Kommentare dessen Schüler Kallata als Autor benennen. Der technische Begriff spanda wird als „eine Quasi-Bewegung" definiert. Es ist keine fortlaufende Bewegung, wie wir sie in der Raum-Zeit kennen, sondern eine momenthafte Schwingung in der transzendenten Realität und der Ursprung jeder sichtbaren Bewegung – vielleicht das, was der Physiker David Bohm als „Holo-Bewegung"bezeichnete.

Spanda, so wird erklärt, ist das ekstatische Pochen des Shiva-Bewusstseins – eine Vorstellung, die in krassem Kontrast zur statischen Interpretation des Selbst im klassischen Yoga steht, wo es ausschließlich als uninteressierter Zuschauer des Geschehens im Körper-Verstand figuriert. Das neue dynamische Konzept wurde zweifellos eingeführt, um damit den höheren, von den Adepten des Shaiva-Yoga erfahrenen Realisierungen gerecht zu werden.

Shiva und Nandi

Die Pratyâbhijna-Schule

Die dritte Phase oder Stufe des nördlichen Shaivismus stellt sich in der Pratyâbhijna- oder „Wiedererkennungs"-Schule dar; sie wurde von Somânanda

(9. Jh. n. Chr.), einem Schüler Vasuguptas, gegründet. Die textlichen Stützen dieser Schule sind das Pratyâbhijna-Sûtra von Utpala, einem Schüler Somânandas, und mehrere Kommentare von Abhinava Gupta, einem Adepten, dazu ungewöhnlich fruchtbaren Autor des 10. Jahrhunderts. Abhinava Gupta verfasste um die 50 Texte, einschließlich seines Tantra-Âloka[11] („Licht auf Tantra"), einem Werk von enzyklopädischen Proportionen über Philosophie und Ritual des âgamischen Shaivismus. Madhurâja Yogin, ein Schüler Abhinava Guptas, hinterließ uns ein hingebungsvolles Portrait seines Guru:

> Seine Augen rollen in spiritueller Seligkeit. Die Mitte seiner Stirn ist mit drei Aschestrichen klar markiert. Sein schwellendes Haar wird von einer Blütengirlande zusammengehalten. Sein Bart ist lang, sein Leib rosig. Er ist in Seide, weiß wie das Mondlicht, gekleidet, und sitzt in der heldenhaften Stellung auf einem weichen Kissen auf einem goldenen Thron. Alle seine Schüler bemühen sich um ihn, und zwei weibliche Anhänger und Sendboten stehen zu seinen Seiten.[12]

Die Überlieferung erzählt, dass Abhinava Gupta nach Fertigstellung seines abschließenden Kommentars zum Pratyâbhijna-System in Begleitung von 1200 Schülern fortzog, sich in die Bhairava-Höhle nahe des kaschmirischen Dorfes Magam begab und danach nie mehr gesehen wurde. Bis heute wird er als voll verwirklichter Adept (siddha) dargestellt. Abhinava Gupta und viele andere große Meister des nördlichen Shaivismus sind eindrucksvolle Beispiele für die gelungene Kombination von mystischem Streben und philosophischer Klarsicht.

Eines der populärsten Handbücher der Pratyâbhijna-Schule ist das Pratyâbhijna-Hridaya („Herz des Wiedererkennens"), geschrieben von Râjanaka Kshemarâja, einem Schüler Abhinava Guptas. Diese wie auch Abhinava Guptas eigene und andere damit verbundene Schriften bestätigen, dass die Pratyâbhijna-Praktiker mit Yoga gut vertraut waren, und nicht zum geringsten mit Kundalinî-Yoga. Für unser Verständnis der frühen Entwicklungsphase des Hatha-Yoga sind diese Texte wichtige Quellen.

Die Pratyâbhijna-Schule erhielt ihren Namen von ihrer Hauptlehre, die besagt, dass Erlösung und Befreiung ausschließlich vom „Wiedererkennen", vom Erinnern unserer wahren Identität abhängen – die nicht im menschlichen Körper-Verstand-System, sondern in der unendlichen Realität Shivas besteht. Bei ihrer existenziellen Analyse gelangten die Pratyâbhijna-Meister zu folgenden 36 Kategorien bzw. Prinzipien (tattva):

1. Shiva, die höchste Wirklichkeit – reines Sein und Bewusstsein;
2. Shakti, der Energieaspekt der höchsten Wirklichkeit, von Shiva nicht eigentlich getrennt, aber aus unerleuchteter Sicht getrennt

[11] Tantrâloka geschrieben.

[12] Paraphrasierung einer Darlegung von K. C. Pandey, Abhinavagupta: An Historical and Philosophical Study (Varanasi, India: Chaukhamba Amarabharati Prakashan, 1963), p. 21.

erscheinend. Shakti ist der transzendente Ursprung des gesamten manifesten und nicht manifestierten Kosmos. Der yogin erfährt Shakti als Glückseligkeit (ânanda).

3. Sadâ-Shiva („ewiger Shiva") oder Sadâkhya („ewig-Benannt",von sadâ, „ewig, immer", und âkhya, „benannt") ist der Willensaspekt des Einen Seins. Auf der Stufenleiter yogischer Verwirklichung stellt sich dieses erhabene Prinzip im ekstatischen Erleben des „Ich-bin-Dies" dar, wobei das Bewusstsein sich vage als Objekt vorfindet.
4. Îshvara („Herr[gott]") – ein weitere Stufe der psychokosmischen Entwicklung, auf der die objektive oder „Dies"(idam)-Seite des universellen Bewusstseins noch akzentuierter auftritt. Das ekstatische Erleben auf dieser Stufe steht nun verstärkt unter dem Vorzeichen des „DIES-bin-ich", anstatt des „Ich-bin-Dies".
5. Sad-Vidyâ („Sein-Wissen") oder Shuddha-Vidyâ („reines Wissen") wird als vollkommenes Gleichgewicht zwischen dem Subjekt („ich") und dem objektivem („Dies"-)Aspekt des universellen Bewusstseins ekstatisch erlebt.
6. Mâyâ („Illusion") bildet das erste der sogenannten „unreinen" (ashuddha) Prinzipien, da sie aufgrund ihrer fünf Funktionen – als „Hüllen" (kancuka) bezeichnet – das Dasein relativiert. Diese Funktionen werden „Hüllen" genannt, weil sie die Wahrheit des einen Seins und Bewusstseins – Shivas – verbergen. Die fünf Funktionen sind (7–11):
7. Kalâ[13] („Teil"), bezeichnet sekundäre oder partielle Schöpfermacht;
8. Vidyâ („Wissen"), gibt begrenztes Wissen im Unterschied zu Allwissenheit an;
9. Râga („Leidenschaft"), der Wunsch nach begrenzten Dingen, nicht nach universaler Allseligkeit und Zufriedenheit;
10. Kâla[14] („Zeit"), steht für die Reduktion der Ewigkeit zur Zeitordnung, fragmentiert in Vergangenheit, Gegenwart und Zukunft;
11. Niyati („Schicksal"), bezieht sich auf das Karma-Gesetz, das der ewigen Freiheit und Unabhängigkeit des Göttlichen gegenübersteht;
12. Purusha („männlich"), ist das individualisierte geistige Wesen – seinerseits zwar die Quelle der subjektiven Erfahrung, jedoch wiederum dem Wirken der diversen mâyâ-tattva entspringend. Der purusha hier ist verschieden von jenem purusha, den Patanjali im Kontext des klassischen Yoga als höchst transzendent begreift.
13. Prakriti („Natur"), die Verursacherin und Erschafferin aller objektiven Aspekte der Schöpfung. Anders als der klassische Yoga und das klassische Sâmkhya glaubt der kaschmirische Shaivismus, jeder purusha habe seine eigene prakriti.

[13] *Der Begriff kalâ spielt in Shaivismus, Shaktismus und Tantrismus eine wichtige Rolle. Er bezieht sich häufig auf die sechzehn Mondphasen, unter denen die sechzehnte als besonders günstig erachtet wird.*

[14] *Die Wörter kalâ und kâla kommen beide von der Wurzel kal, was „antreiben" bedeutet.*

14. – 36. Die restlichen Prinzipien sind mit den 23 in der Sâmkhya-Tradition nach Prakriti-Pradhâna aufgeführten Prinzipien (tattva) identisch, nämlich: die höhere Vernunft oder, wie ich sie lieber nenne, die Weisheitskraft (buddhi), der „Ich-Macher"(ahamkâra), der Verstand (manas), die fünf Erkenntnisorgane (jnâna-indriya, geschrieben jnânendriya), die fünf Handlungsorgane (karma-indriya, geschrieben karmendriya), die fünf feinstofflichen Elemente (tanmâtra) und die fünf klassischen Elemente der physischen Welt (bhûta).[15]

Yoga wird als allmählicher Aufstieg zur transzendentalen Ursprungsquelle und als schrittweise Durchdringung der verschiedenen Schichten der vom mâyâ-Prinzip erschaffenen Illusion gesehen. Während der Erfolg auf dem spirituellen Pfad von der Führung durch einen verwirklichten Meister abhängt, ist es letztlich die Gnade Shivas, die dem Praktikanten, der es verdient, Befreiung schenkt.

Die Mystik des nördlichen Shaivismus mag dem westlichen Menschen mit Interesse an der Weisheit Indiens sehr attraktiv erscheinen, weil er mit rationaler Sprache spricht. In jüngerer Zeit sind die nördlichen Shaiva-Lehren vom verstorbenen Swami Muktananda, einem Adepten der Siddha-Tradition, nach Europa und Amerika gebracht worden. Mit der Methode des shaktipâta („Herabstieg der Macht") übertrug er auf zahlreiche Westler entweder durch Berührung oder durch seinen bloßen Blick eine besondere Energie. Joseph Chilton Pearce berichtete über folgenden Vorfall:[16]

Ein junger Herzchirurg aus Florida, den die emotionale Härte in seinem Beruf bedrückte, traf Swami Muktananda während einer Intensiv-Meditation. Muktananda ergriff den Nasenrücken des Mannes und ließ davon nicht ab. Im gleichen Augenblick erlebte sich der junge Arzt als „Körper aus blauer Energie". Dann hatte er die Vision, sein rechter Arm würde sich am Ast eines Baumes festklammern. Er fühlte, wie seine Finger vom Ast gelöst wurden. Dann schnappte in ihm etwas um. Er sah sich in Muktanandas Kopf eintreten. Mit seinen Worten: „Dort fand ich mich in einem riesigen Vakuum – einem unendlichen Raum. Eine Welle der Gefühle erhob sich aus meinem Bauch, und ich weinte fünfzehn Minuten lang oder länger." Danach empfand er sich „völlig gereinigt" und friedvoll. Pearce nannte das einen „klassischen Beleg für Shaktipat"; das Leben des jungen Chirurgen wurde gänzlich umgekrempelt, und die so ersehnte Empathie für seine Patienten erfüllte ihn.

[15] *Zur Behandlung der 24 Prinzipien (tattva) der Sâmkhya-Tradition siehe Kapitel 3.*

[16] *Siehe J. C. Pearce, The Bond of Power (New York: Dutton, 1981), pp. 30–31.*

„Man sollte immer ganz wach bleiben und die ‚Weide' [d.h. die Welt] durch die Weisheit betrachten. Man sollte alles dem einzigen [Selbst] auferlegen. Dann muss man sich um das Weitere keine Sorgen machen."
Spanda-Kârikâ 3.12

Lallâ – aussergewöhnliche Liebesdichterin

Neben den verschiedenen Schulen der philosophischen Shaiva-Mystik brachte Kaschmir auch eine kleine Zahl von Dichtern hervor, die Shiva verehrten. Unter ihnen ragt die im 14. Jahrhundert n. Chr. lebende Mystikerin Lallâ (oder Lal-Ded) heraus. Auf der Grundlage des Trika-Systems praktizierte Lallâ Laya-Yoga, dessen Ziel die Erweckung der okkulten kundalinî-shakti oder „Schlangenkraft" ist. Ihre Methode, die völlige Ich-Übergabe an Shiva zu erreichen, hielt sich an den wohlerprobten Pfad der meditativen Rezitation der heiligen Silbe om, kombiniert mit Atemkontrolle und Konzentration. In einem ihrer Verse, geschrieben in melodiösem Kaschmiri, gibt Lallâ zu verstehen, dass sie den Prozess des Kundalinî-Yoga erfolgreich durchlaufen hat:

> Die sechs Wälder hatte ich durchquert
> [d.h. die psychoenergetischen Zentren des Körpers],
> und Mondlicht tropfte dann herab.
> Mit dem Atem (pavana) hatt' ich die Natur geopfert,
> mit der Liebe Flammen mein Herz verbrannt,
> war so zu Shankara [Beiname Shivas] gelangt. (38)

Weitere Verse in ihrem Lallâ-Vâkya lassen auf das Gleiche schließen: Lallâ war eine Meisterin, die das Selbst verwirklicht und persönlich die Geheimnisse des Laya-Yoga erfahren hatte, der in der Auflösung (laya) des individuellen Ich im transzendenten Selbst kulminiert. So spricht sie in einer Strophe (51) davon, dass sie das Selbst, Shiva, in sich wiedererkannt hat: „Als ich Ihn ruhen sah in mir, erkannt' ich, dass Er alles ist, und ich bin nichts."

Zwar dichtet Lallâ über ihre Sehnsucht nach Shiva in der Zeit vor ihrer Realisierung, aber sie vermeidet emotionale Sprache und zieht es vor, die abstrakten Metaphern der Metaphysik zu verwenden. Über Lallâs Leben wissen wir gar nichts, obzwar sie in der Überlieferung als eine Frau beschrieben wird, die im kalten Klima ihrer Heimat nackt umherwanderte. Doch scheint das kaum denkbar zu sein, da Lallâ in ihren Gedichten öfters über die Notwendigkeit spricht, den Leib angemessen zu bekleiden und zu ernähren. Vielleicht steht die ihr nachgesagte Nacktheit nur symbolisch für ihre tiefe Ergebenheit zu Shiva, die sie aller ichhafter Motive entkleidete.

IV. UM DER LIEBE GOTTES WILLEN – DIE SHIVA-VEREHRER DES SÜDENS[17]

In der Zeit zwischen dem 7. und dem 9. Jahrhundert n. Chr. gewann der âgamische Shaivismus auch in Südindien an Boden. Allerdings streiten die tamilisch sprechenden Shaivas ab, dass ihre Âgamas aus dem Norden stammen. Wie dem auch sei – sie brachten eine äußerst umfangreiche und schöne Literatur hervor, deren Doktrinen insgesamt als Shaiva-Siddhânta bezeichnet werden. Dessen Metaphysik ist, wie schon erwähnt, modifiziert monistisch: Shiva ist die Eine Realität, und die empfindungslose (acit) Welt der Vielheit ist nicht bloß Illusion, sondern ein Produkt der Macht (shakti) Shivas. Damit unterscheidet sie sich erheblich von der nördlichen Überlieferung, die der Interpretation der Welt als reiner Illusion anhängt. In beiden Traditionen hängen Befreiung und Erlösung jedoch von der Gnade (prasâda) ab.

Die tamilischen Shaivas lehnen die Veden ab; sie besitzen ihr eigenes heiliges Schriftgut, das Tiru-Murai, oft auch als „Tamilische Veden"

[17] Die technischen Begriffe in diesem Abschnitt können in Sanskrit oder Tamil auftreten.

QUELLENLEKTÜRE 13

SHIVA-SÛTRA VON VASUGUPTA

Der Shaiva-Überlieferung Kaschmirs zufolge wurde das Shiva-Sûtra von Vasugupta entdeckt, der wahrscheinlich in der zweiten Hälfte des achten Jahrhunderts n. Chr. lebte. Es kursieren verschiedene Berichte darüber, wie denn die Geheimnisse dieses Sûtra Vasugupta offenbart worden sind, aber sie alle stimmen darin überein, dass er in einem Traum instruiert wurde. Wir wissen aus Patanjalis Yoga-Sûtra (1.38), wie sehr yogins ihre Träume ernst nahmen. Das Shiva-Sûtra ist die Hauptquelle der heiligen Literatur des kaschmirischen Shaivismus.

Buch I

Das Selbst (âtman) ist [reines] Bewusstsein (caitanya). (1.1)

[Begrenzt-endliches] Wissen ist Knechtschaft. (1.2)

Der Ursprung [der manifesten Welt zusammen mit] der Anordnung [manifestierter Wirkungen] liegt in [begrenzt-endlicher] Aktivität (kalâ). (1.3)

Kommentar: Kalâ (sorgfältig vom Begriff kâla oder „Zeit" zu unterscheiden) ist limitiert-endliche, bedingte Aktivität – eine der fünf „Hüllen" (kancuka) von mâyâ, der Macht der Welt-Illusion. Die anderen sind vidyâ (begrenztes Wissen), râga (Anhaftung), kâla (Zeit) und niyati (Kausaliät). Der unerleuchtete Verstand kann zwar die begrenzte Aktivität von mâyâ begreifen, aber nicht die absolute Kreativität des Selbst.

Die Matrix [des Klangs] ist die Grundlage des [bedingten] Wissens. (1.4)

Kommentar: Das Sanskritwort mâtrikâ („Matrix" oder „kleine Mutter") bezieht sich auf das Sanskrit-Alphabet mit seinen 50 Buchstaben, die als Ursprungstöne und -energien gesehen werden.

Das [spontane] Erstrahlen (udyama) [des transzendenten Bewusstseins] entsteht durch Bhairava. (1.5)

Kommentar: Bhairava ist Gott Shiva, hier die absolute Realität symboli-

betitelt. Diese Sammlung alter Lobpreisungen zu Ehren Shivas wurde von Nambiyândâr Nambi gegen Ende des 11. Jahrhunderts zusammengestellt: Hunderte von Hymnen sind in elf Kapiteln angeordnet, von denen das zehnte am bekanntesten ist – das berühmte Tiru-Mantiram des Adepten und Barden Tirumûlar (7. Jahrhundert). Es besteht aus über dreitausend Strophen. Tirumûlars Lehre stellt eine Mischung aus Hingabe, yogischer Technik und Gnosis (jnâna) dar.

Wir können in Tirumûlar einen frühen Meister der weit verbreiteten Siddha-Tradition sehen, über die wir weiter unten sprechen werden. In einem Vers (1463) umschreibt er den siddha oder Adepten als jemanden, der das göttliche Licht erlebt und der in yogischer Ekstase besondere Macht (shakti) erlangt hat. Dem Yoga-Geschichtsforscher gilt der dritte Teil dieses Werkes als der wichtigste; er umfasst 333 Verse, in denen Tirumûlar die acht Glieder des Patanjali-Yoga-Pfades und die Resultate einer korrekten Yoga-Praxis, einschließlich der acht großen paranormalen Fähigkeiten (mahâ-siddhi), erläutert. Er beschreibt dazu einige tantrische Übungen, insbesondere die khecârî-mudrâ, im Vers 779 als „gleichzeitiges Anhalten

sierend, die der phänomenalen und bedingten Existenz zugrunde liegt.

Nach der [ekstatischen] Vereinigung mit den „Rädern" (cakra) der Energie [ereignet sich] die Auslöschung des Universums [als unterscheidbares Objekt des Bewusstseins]. (1.6)

[Selbst] während der Differenzierung [des Bewusstseins in die drei Zustände] Wachen, Traum-Schlaf, Tiefschlaf strömt [andauernd] die Freude des Vierten [d.h. des „Zustandes" der absoluten Realität]. (1.7)

Der Wachzustand (jâgrat) [besteht aus bedingt-begrenztem] Wissen (jnâna). (1.8)

Der Traum-Schlaf (svapna) [besteht aus] Vorstellung (vikalpa). (1.9)

Der Tiefschlaf (saushupta) [entspricht der] Illusion (mâyâ) [und besteht gänzlich aus] Nicht-Gewahrsein (aviveka). (1.10)

Der Heldenhafte [d.h. der erleuchtete Mensch] ist der [bewusste] Genießer der Dreiheit [von Wachen, Traum-Schlaf und Tiefschlaf]. (1.11)

Kommentar: In den Sanskrit-Kommentaren bezieht sich der Begriff vîra, hier als „heldenhaft" übersetzt, auf die Sinne; damit ist der vîresha (vîra-îsha) der Herr der Sinne. In der Tat ist der erleuchtete Mensch, der sich mit dem höchsten Bewusstsein identifiziert, Meister der Sinne und des Verstands. Eine derartige spirituelle Leistung wird als svacchananda-yoga, als „Vereinigung mit dem eigenständigen [Realen]" bezeichnet.

Die Stufen des Yoga gleichen Wundern (vismaya). (1.12)

Die Willenskraft (icchâ-shakti) [des erleuchteten Menschen] kommt von Umâ/Kumârî. (1.13)

Kommentar: Umâ ist die göttliche Gemahlin oder transzendente Macht des Absoluten, Shiva. Kumârî, die „Jungfrau", steht für dieselbe Macht (in ihrem spielerischen Aspekt), nun als Schöpferin oder Zerstörerin des Kosmos. Der Aphorismus will besagen, dass der Wille des erleuchteten Meisters mit dem göttlichen

von Atem, Verstand und Samen" definiert. Resümierend lässt sich sagen: Das Tiru-Mantiram ist für den südlichen Shaiva-Yoga so wichtig wie die Bhagavad-Gîtâ für die nördliche Vaishnava-Yoga-Tradition.

Der tamilisch sprechende Süden verehrt nach wie vor seine großen Heiligen, die Nâyanmârs, die zwischen dem 6. und 10. Jahrhundert n. Chr. lebten. Die Überlieferung berichtet von 63 Nâyanmârs („Führern"), deren Heiligkeit und spiritueller Heroismus noch immer alljährlich während des Aravattu-Muvar-Ula-Festes gedacht wird. Ihre großenteils legendären Lebensgeschichten sind in Cekkilârs Peria-Purânam, einer Kompilation aus dem 11. Jahrhundert, bewahrt. Dieses volkstümliche Werk ist ebenso erbaulich zu lesen wie die christlichen Heiligenlegenden, vorausgesetzt, man versetzt sich in eine spirituell empfängliche Stimmung und ist bereit, kulturelle Unterschiede zu übersehen – spricht doch das menschliche Herz in einer universellen Sprache. Das Peria-Purânam ist voll von Beispielen dichterischer Ergüsse der Heiligen, worin sie Gott den Herrn rühmen und nur danach verlangen, als Seine ergebenen Anhänger zu leben, für immer in die Betrachtung Seines Wesens versenkt.

Willen zusammenfällt, weswegen er zu allen Arten außergewöhnlicher Leistungen fähig ist.

[Im Zustand der ekstatischen Vereinigung wird] die Welt (drishya) zum Körper [des Adepten]. (1.14)

Aufgrund der Einschließung (samghâta) des Verstehens (citta) im Herzen [kommt es zur transzendenten] Schau der Welt [und ihres] Schlafes [d.h. ihrer Leere]. (1.15)

Kommentar: Das Wort svâpa oder „Schlaf" gibt hier das Nichtvorhandensein von Objekten an. Selbst diese Leere wird durch den erleuchteten Adepten transzendental illuminiert oder „belebt", wie Aphorismus 3.38 erhellt.

Oder [der erleuchtete Mensch wird] durch die [bewusste] Vereinigung mit dem reinen Prinzip (tattva) befreit von der Macht, die die „Kreatur" (pashu) [d.h. die gebundene Persönlichkeit] [beschränkt]. (1.16)

Wissen vom Selbst [besteht aus] Gewahrsein (vitarka). (1.17)

Kommentar: Hier instrumentalisiert der Begriff vitarka das jenseits aller Konzepte ablaufende Wahrnehmen des Adepten. In Patanjalis Yoga-Sûtra hat das Wort eine andere Bedeutung.

[Für den erleuchteten Menschen besteht] die weltliche Seligkeit in der Freude der Ekstase (samâdhi). (1.18)

Nach der [ekstatischen] Vereinigung mit der [transzendenten] Macht [wie im Aphorismus 1.13 erklärt] [erlangt der Adept die Fähigkeit, jede Art von] Körper zu erschaffen. (1.19)

[Weitere paranormale Fähigkeiten, die im erleuchteten Adepten spontan auftreten können, sind:] Die Verbindung und Trennung der Elemente sowie die Verdichtung des Universums [als Ganzem]. (1.20)

Kraft der aufquellenden reinen Weisheit [erlangt der Adept] die Herrschergewalt über die „Räder" [aller anderen Mächte]. (1.21)

Kraft [ekstatischer] Vereinigung mit dem „großen See" [d.h. mit der transzendenten Wirklichkeit]

Tirumûlar

Die vier meistverehrten Heiligen des südlichen Shaivismus sind Appar, Sambandhar, Sundarar und Mânikkavâcakar. Appar, der im 7. Jahrhundert lebte, wird allgemein als der erste der Nâyanmârs gewürdigt. Er wurde in die Jaina-Tradition geboren, konvertierte jedoch, nach einer wundersamen Heilung von schmerzhaftem Magenleiden während des Betens in einem Shiva-Tempel, zum Shaiva-Glauben. Er wanderte dann von Tempel zu Tempel, verrichtete dort einfache Dienste und sang seine Liebesdichtung zum Preise Shivas. Seine Lieder waren sehr einflussreich. In einem davon beschreibt er sich als Narren, der zu dumm ist, Shivas dauernde Nähe wahrzunehmen:

> Als sei ich der glücklose Narr,
> der im verdunkelten Raum
> melkt die milchlose Kuh!

Quellenlektüre 13

erfährt [der Adept] die Macht (vîrya) der Mantren. (1.22)

Buch II

Der Verstand [des Adepten] ist ein Mantra. (2.1)

Kommentar: Der Verstand des Adepten wird fortwährend potenziert und polarisiert in Relation zur transzendenten Realität, Shiva. Deshalb kann man sagen, er sei einem Mantra vergleichbar, das ja esoterisch erklärt wird als „das, was den Verstand (man) beschützt (tra)".

[Spontane] Anwendung ist wirkungsvoll. (2.2)

Kommentar: Das ständige Verweilen im Realen und als Reales ist das Mittel zur Realisierung oder Erleuchtung, so wie die ständige Wiederholung eines Mantras das Mittel zum ersehnten Erfolg ist.

Das Geheimnis, [verborgen in jedem] Mantra, ist das in der Weisheit verkörperte Wesen (sattâ). (2.3)

Den Verstand in Hinsicht auf den „Mutterleib" (garbha) [d.h. hinsichtlich der begrenzten Welt] zu erweitern, [das zählt nicht mehr denn] ein Traum, dem differenzierendes Wissen fehlt. (2.4)

Nach dem [spontanen] Auftreten der Weisheit [ereignet sich] eine große „Besiegelung" (mudrâ), [bezeichnet als] khecârî, [sie ist] der Modus von Shiva. (2.5)

Kommentar: Der Begriff khecârî bedeutet wörtlich „sie, die sich im Raum [des höchsten Bewusstseins] bewegt".

Der Lehrer (Guru) ist das Mittel [zur höchsten Verwirklichung]. (2.6)

Einsicht in das „Rad" [d.h. das Spektrum] der ursächlichen Matrizen [der mantrischen Töne wird durch die Unterweisung des Lehrers erlangt]. (2.7)

Der Körper des Adepten ist eine Opfergabe [gespendet ins Feuer der transzendenten Realität]. (2.8)

[Begrenztes] Wissen ist [bloß] Nahrung. (2.9)

Kommentar: Dieser Aphorismus besagt, dass weltlich-begrenztes Wissen ein Mittel auf der Erscheinungsebene, aber letztlich nutzlos

Narr, der ich bin,
der versucht,
sich zu wärmen
am Funkeln eines Glühwurms,
da ein helles Feuer
doch zu seiner Seite brennt!

So vergeblich dies,
wie Almosen sammeln
in einem verlassenen Weiler!

Ist's nicht verrückt,
an einem eisern' Stab zu kauen,
wenn's Stück Zuckerrohr
liegt neben dir?[18]

[18]*Übersetzt von V. Dehejia, Slaves of the Lord: The Path of the Tamil Saints (New Delhi: Munshiram Manoharlal, 1988), p. 35.*

ist. Weisheit dagegen leitet die Adepten zur Erleuchtung, und sie benutzen ihr begrenztes Menschsein – Körper, Verstand etc. – als Opfergabe in einem endgültigen Akt der Ich-Transzendierung.

Wenn sich die Weisheit wieder zurückzieht [im Fall eines Aspiranten], gleicht die Schau [der Welt] einem Traum, der aus ihr [der Weisheit] entsteht. (2.10)

Kommentar: Auch wenn die Weisheit in den Hintergrund tritt, bleibt ein Nachglanz, der die Schau oder die Erfahrung der Welt seitens des yogin weiterhin prägt.

Buch III

Das [erscheinende] Selbst (âtman) ist der Verstand (citta). [Begrenztes] Wissen ist Knechtschaft. (3.2)

Kommentar: Dieser Aphorismus wiederholt Aphorismus 1.2

Mâyâ ist die Nicht-Unterscheidung (aviveka) der Prinzipien [des Daseins (tattva), wie etwa [begrenzte] Aktivität (kalâ). (3.3)

Die Auflösung der Teilprinzipien (kalâ) [sollte] im Körper [bewerkstelligt werden]. (3.4)

Kommentar: Folgen wir Kshemarâjas Kommentar, so geben die kalâs die verschiedenen ontologischen Prinzipien oder Kategorien (tattvas) an, wie Elemente der Materie, feinstoffliche Energien und Verstand.

Die Beendigung der Strömungen (nâdî) [der Lebensenergie], die Eroberung der Elemente, die Isolierung und Abtrennung von den Elementen [wird durch yogische Kontemplation erreicht]. (3.5)

[Paranormale] Kraft (siddhi) [ist das Resultat] eines Schleiers der Selbsttäuschung (moha). (3.6)

Durch die Überwindung der Selbsttäuschung und aufgrund unendlicher Freude (âbhoga) [am Realen kommt es] zum Erwerb der spontanen Weisheit. (3.7)

[Der erleuchtete Meister ist immer] wach; das Zweite [d.h.

Appar

Appar, der sich selbst als Shivas demütigen Diener sah, hielt nichts von konventionellen religiösen Praktiken wie Pilgerfahrten, Bußgelübden oder dem Studium heiliger Schriften. Stattdessen verkündete er, eine tiefe Liebe zu Shiva genüge, um Freiheit und dauerndes Glück zu gewinnen. Seine Botschaft rief in seiner früheren Jaina-Gemeinde großen Zorn hervor. Die Legende erzählt, dass er vor den Jaina-Herrscher Gunabhâra (alias Mahendravarman Pallava) geschleppt und von diesem aufgefordert wurde, seinem neuen Glauben abzuschwören. Als Appar sich weigerte, ließ der König ihn in einen Kalk-Brennofen werfen, doch der Heilige blieb durch fortwährendes Rezitieren des Mantras nama-sivaya (Sanskrit: namah shivâya) am Leben. Als auch Gift, ein brünftiger Elefant und Ertränkungsversuche das Leben des Heiligen nicht zu beenden vermochten, gab der Herrscher schließlich beschämt auf und wurde Appars Schüler.

Ein anderer leuchtender Stern des südlichen Shaivismus ist Sambandhar, dessen Gedichte den heiligen Kanon der „tamilischen Veden" eröffnen. Er war ein jüngerer Zeitgefährte Appars, mit dem zusammen er mehrere Monate umherwanderte, Tempel besuchte und zu Herzen gehende Lob-

QUELLENLEKTÜRE 13

die Welt der Dualität] ist [für ihn] ein Lichtstrahl. (3.8)

Kommentar: Die Welt ist ein „Lichtstrahl" (kara), weil der erleuchtete Adept sie als identisch mit der göttlichen Wirklichkeit erfährt.

Das Selbst (âtman) [des Erleuchteten gleicht einem] Tänzer. (3.9)

Kommentar: Dieser etwas verschleierte Aphorismus will ausdrücken, dass die erleuchteten Meister, wiewohl sie mit allen denkbaren Tätigkeiten befasst sein mögen, sozusagen nur schauspielern. Sie sind nicht wirklich in ihre Handlungen involviert, da sie sich nicht mehr mit der begrenzten Persönlichkeit und ihren Funktionen identifizieren.

Das innere Selbst (antar-âtman) [des Erleuchteten ist wie] eine Bühne. (3.10)

Kommentar: Der Aphorismus, der die dramatische Metapher von Sûtra 3.8 weiterwebt, betont, dass der erleuchtete Meister ein bloßer Zeuge und ständig des eigenen Verstandesinhalts gewahr ist; der Verstand besitzt nicht mehr die Macht, ihn zu täuschen.

Die Sinne sind [wie] Zuschauer. (3.11)

Durch die Macht der [transzendenten] Einsicht (dhî) [ergibt sich] Macht über sattva. (3.12)

Kommentar: Der Begriff sattva oder „Wirklichsein" steht hier für den luminosen Aspekt der Natur, der einer der drei primär konstituierenden Energien der phänomenalen Existenz ist. Das zusammengesetzte Wort sattva-siddhi meint auch „Vollendung des Leuchtens". Beide Bedeutungen sind anwendbar.

[Derart] wird die Vorbedingung zur Unabhängigkeit (sva-tantra) [oder Befreiung] geschaffen. (3.13)

Wenn [der Adept transzendentale Unabhängigkeit oder Befreiung hinsichtlich] dieses Körpers [erreicht], dann [erreicht er auch völlige Unabhängigkeit hinsichtlich] aller anderen Dinge. (3.14)

Das Wahrnehmen (avadhâna) des „Saatkeims" (bîja) [d.h. der Entstehungsquelle der Welt] [soll geübt werden]. (3.15)

preisungen sang. Einige Autoritäten der Überlieferung meinen, dass er in Nâradas Bhakti-Sûtra (83) indirekt erwähnt werde – als „Kaundinya", was tatsächlich Sambandhars gotra bzw. alter Familienname war.

In seinen Liedern besingt Sambandhar oft Shiva und seine göttliche Gemahlin Pârvatî und preist – anders als seine asketischeren Zeitgenossen – die Schönheit des weiblichen Geschlechts und der Natur. Sambandhar wird auch als Wunderwirker beschrieben: In einer bekannten Legende erweckt er ein bereits verbranntes junges Mädchen wieder zum Leben. Er selber deutet in einer seiner Hymnen an, dass ihn der Herr mit gewissen Fähigkeiten segnete, einschließlich der Macht, seinen Leib willentlich abzulegen.

Ein dritter, sehr beliebter Dichter-Heiliger ist Sundarar, der in der ersten Hälfte des 8. Jahrhunderts lebte. Die Stimmung seiner Lieder unterscheidet sich stark von der Dichtung seiner Vorgänger und der anderen Nâyanmârs, denn Sundarar sah sich nicht als Sklave oder Diener von Shiva, sondern als seinen Freund. Wegen der außerordentlichen Vertraulichkeit, mit der er Gott in seinen Liedern anspricht, wurde Sundarar als der „unverschämte

Wer fest im Sitz (âsana) [des transzendenten Bewusstseins] ruht, taucht leicht in den „See" [der höchsten Wirklichkeit] ein. (3.16)

Er erschafft nach eigener Maßgabe. (3.17)

Kommentar: Da der erleuchtete Meister mit der göttlichen Wirklichkeit eins ist, fungiert er oder sie auch als absoluter Schöpfer von allem.

Solange Weisheit herrscht, wird [zukünftige] Geburt [gewiss] hinfällig. (3.18)

Maheshvarî u.a., [weilend] in den Klassen [der Buchstaben des Alphabets], die mit ka beginnen, sind die Mütter der „Kreaturen" (pashu) [d.h. der gebundenen Wesen, aber sie haben keine Macht über den erleuchteten Meister, in dem die Weisheit blüht]. (3.19)

Der Vierte [„Zustand", d.h. die höchste Wirklichkeit] soll wie Öl gegossen werden in die drei [bedingten Zustände des Bewusstseins, nämlich Wachen, Traumschlaf und Tiefschlaf]. (3.20)

Er soll eintreten [in den Vierten], indem er mit dem Verstandessinn (citta) ganz eintaucht. (3.21)

Nach der gleichmäßigen Ausrichtung der Lebenskraft (prâna) [eröffnet sich] die Schau, in der alles das eine Gleiche ist. (3.22)

Kommentar: Wenn der Atem regelmäßig fließt und die Körperenergien harmonisiert sind, funktioniert auch der Verstand ausgewogen. Dann enthüllt sich alles als das gleiche Eine.

In der Zwischenzeit [entstehen] mindere [Bewusstseinszustände]. (3.23)

Kommentar: Der yogin, der die höchste Wirklichkeit noch nicht ganz und dauerhaft realisierte, erfährt zwischendurch niedrigere Zustände des Bewusstseins, in denen die volle Wahrnehmung des essenziellen Gleichseins aller Dinge und Wesen fehlt.

Nach [ekstatischer] Vereinigung von Selbst-Konzept (svapratyaya) und Objekten (mâtra) erlangt [der yogin] wieder das Abhandengekommenene [die Schau der Gleichheit]. (3.24)

Gläubige“ (Tamil: van tontar) bekannt. In seinen lyrischen Versen nennt er Shiva einen Verrückten und spöttelt über seine seltsame Bekleidung. Er nimmt sich sogar heraus, um Pârvatîs Hand anzuhalten, die der allgütige Shiva diesem impertinenten Jünger auch verspricht.

Später verliebte sich Sundarar in ein schönes Mädchen namens Sangili, das Blumengirlanden für den Tempel anfertigte, und er bat Shiva, auch in diese Heirat einzuwilligen. Seinem Verlangen wurde stattgegeben, unter der – vom Mädchen selbst gestellten – Bedingung, dass Sundarar seine Frau nie mehr verließe. Nach einigen Jahren der ehelichen Freuden mit Sangili sehnte sich der exzentrische Heilige nach Wiedervereinung mit seiner ersten Frau Pârvatî. Da er sein Gelübde derart brach, verlor Sundarar prompt sein Augenlicht. Nun wanderte er von Tempel zu Tempel und beschwerte sich bei Shiva darüber, dass er ihn mit Blindheit gestraft habe. Er schalt den Herrn, der ihm das Augenlicht genommen, selbst aber drei Augen habe – das dritte Auge auf der Stirn. Voll Mitleid mit seinem herumirrenden Anhänger stellte Shiva das Sehvermögen von einem Auge wieder her.

Fresko von Nâyanmârs

Quellenlektüre 13

Er wird wie Shiva. (3.25)

Sein [einziges] Gelübde ist, die Funktionen des Körpers [zum Wohl anderer aufrechtzuerhalten]. (3.26)

[Sein] Reden ist [Mantra-]Rezitation. (3.27)

Das Wissen vom Selbst ist [seine] Gabe [an andere]. (3.28)

Und wer in Avipa fest gründet, bewirkt [höheres] Wissen (jna). (3.29)

Kommentar: In Kshemarâjas Kommentar wird das schwierige Kompositum avipastha erklärt als „im Beschützer (pa) der Tiere (avi) verankert“, das heißt, „in jenen gründend, die die begrenzten Lebewesen beschützen“. Demnach wird es auf die Göttinnen bezogen, die die Buchstaben des Sanskrit-Alphabets regieren.

Für ihn ist das Weltall eine erweiterte Darstellung seiner [innewohnenden] Macht. (3.30)

Die Aufrechterhaltung und Zurücknahme [des Weltalls sind gleichfalls Darstellungen seiner inneren Macht]. (3.31)

Aufgrund des Zeugen[-Bewusstseins des erleuchteten Meisters gibt es] keine Unterbrechung, trotz dieser Aktivität [wie Aufrechterhaltung und Zurücknahme des Universums]. (3.32)

[Der Meister] sieht Vergnügen und Schmerz als äußerlich. (3.33)

Befreit davon, ist er in der Tat allein (kevalin). (3.34)

Doch das tätige [bzw. karmische] Selbst [d.h. die unerleuchtete Person] wird von Täuschung belastet. (3.35)

Nach der Beseitigung allen Unterscheidens [begründet im unerleuchteten Verstand, erwirbt der Adept] das Vermögen zu [anderen] Schöpfungen. (3.36)

Das Vermögen zum Erschaffen [ist sehr gewiss], wie das aus den eigenen Erfahrungen [Träume, Meditation usw.] hervorgeht. (3.37)

Die drei Zustände [des unerleuchteten Bewusstseins sollten] durch den hauptsächlichen

Als Sundarar weiter über sein Geschick klagte und den Herrn für sein Unglück verantwortlich machte, heilte dieser auch das andere Auge.

Obwohl nicht zu den Nâyanmârs gezählt, wird Mânikkavâcakar („er, dessen Äußerungen wie Rubine sind") als einer der vier Nalvars, der großen Shaiva-Heiligen, dargestellt, zusammen mit Appar, Sambandhar und Sundarar. Er lebte Mitte des 9. Jahrhunderts und war der Premierminister des Königs Varaguna Pândya von Madurai. Während einer Mission im Auftrag des Königs begegnete Mânikkavâcakar einem charismatischen Lehrer – Shiva in Verkleidung –, der seinen Geist derart entflammte, dass der junge Premier das – eigentlich für den Kauf von Pferden gedachte – Geld des Königs dazu verwendete, in Peruntarai einen Shiva-Tempel zu erbauen. Der ministerielle Heilige wurde flugs ins Gefängnis geworfen und erst nach direkter Intervention des Gottes Shiva daraus befreit.

Viele der erlesenen Liebeslieder Mânikkavâcakars erzählen von seiner verrückten Leidenschaft für Shiva und der unkontrollierbar ekstatischen Stimmung, die ihn häufig überwältigte. In einer Komposition singt er:

[Zustand, der die Realität selbst ist,] belebt werden. (3.38)

So wie die [drei] Zustände des Bewusstseins, [sollten von der höchsten Realität auch] Körper, Sinne und äußere [Objekte belebt werden]. (3.39)

Den „Zusammenfließenden" (samvâhya) [d.h. den unerleuchteten Menschen, beherrscht ständige] Extrovertiertheit (bahir-gati) aufgrund seines Wünschens. (3.40)

Kommentar: Vom Wunsch getrieben, strebt das Bewusstsein der unerleuchteten Person gewohnheitsmäßig in die äußere Welt. Dieses Nach-außen-Fließen der Aufmerksamkeit wird in dem raren Wort samvâhya gut wiedergegeben: Es kennzeichnet das Individuum, das mit Objekten „zusammenfließt".

Für ihn, der in jenem [Vierten Zustand, der höchsten Realität] verankert ist, [folgt] das Aufhören der Individualität (jîva) dank der Beendigung von diesem [Wunsch nach Kontakt mit Wesen und Dingen]. (3.41)

Dann ist er, der die Elemente zu seiner Hülle hat, befreit – machtvoll, souverän und mit dem Herrn [d.h. Shiva] gleich. (3.42)

Die Verbindung mit der Lebensenergie (prâna) ist eine natürliche. (3.43)

Kommentar: Die Aussage dieses Aphorismus scheint zu sein: Auch wenn endliches, bedingtes Leben aus der Verbindung der Lebenskraft mit einem jeweils speziellen Bewusstsein entsteht, bedeutet das nicht, dass der erleuchtete Meister ebenfalls inhärenten Beschränkungen untersteht. Denn in Wahrheit zeigt sich die höchste Realität als prâna. Prâna ist also das universelle Leben selbst.

Bei konzentrierter Beherrschung (samyama) bezüglich [also bei ekstatischer Identifizierung mit] dem innersten Zentrum der Nase – wie [könnte da die höchste Realität nicht verwirklicht werden] im linken, im rechten und im mittleren [Kanal der Lebensenergie]? (3.44)

Kommentar: Ein anderer rätselhafter Aphorismus mit einer Fülle an esoterischer Information. Das

Während Liebe, nicht enden wollend, mir die Knochen zerschmolz,
schrie und weinte ich,
ich schrie und schrie und brüllte,
lauter als die Wellen
der aufgebäumten See.
Ich war verwirrt,
ich fiel zu Boden,
rollte,
klagte, jammernd,
gehetzt-verworren wie ein Irrer,
berauscht wie ein verrückt Betrunkener,
so dass die Leute rätselten,
und die, die hörten, sich wunderten und fragten.
Wild wie ein brunftiger Elefant,
den niemand ersteigen kann,
konnt' ich mich nicht fassen und halten.[19]

ஐந்து கரத்தனை ஆனை முகத்தனை
இந்து இளம்பிறை போலும் எயிற்றனை
நந்தி மகன்தனை, ஞானக் கொழுந்தினைப்
புந்தியில் வைத்தடி போற்றுகின் றேனே.
திருமூலர் திருமந்திரம்

Ein Vers aus dem Tiru-Mantiram

[19]*Übersetzt von G. E. Yocum, Hymns to the Dancing Siva (New Delhi: Munshiram Manoharlal, 1982), p. 180.*

QUELLENLEKTÜRE 13

innerste Zentrum (antar-madhya) der Nase (nâsikâ), die Nasenwurzel, ist der eigentliche Angelpunkt der Lebensenergie und des Bewusstseins. Der Adept, dessen Konzentration, Meditation und samâdhi sich beständig auf diesen subtilen Energiepunkt richten, vermag in der höchsten Realität zu weilen, gleich, ob seine Lebenskraft durch den linken, rechten oder mittleren Kanal fließt. In Tantra und Hatha-Yoga werden diese Kanäle, durch die die Lebensenergie zirkuliert, jeweils idâ-nâdî, pingalâ-nâdî und sushumnâ-nâdî genannt. Das Shiva-Sûtra verwendet den Begriff saushumna für den Letzteren – den wichtigsten, da durch ihn die erweckte kundalinî-shakti fließt, jene psychospirituelle Kraft, die eine tatsächlich alchemistische Transmutation des menschlichen Körper-Verstand-Systems bewirkt.

[Der yogin sollte] das Öffnen und Schließen [der Schau des einen Gleichen] wiederholt ausüben. (3.45)

Kommentar: Der Ausdruck pratimîlana ist ein technischer Begriff des kaschmirischen Shaivismus. Hier als „Öffnen und Schließen" wiedergegeben, bedeutet er wörtlich „entgegen-schließen" und umschreibt die hohe yogische Kunst, die höchste Wirklichkeit – Shiva – sowohl in sich selbst wie in der Außenwelt zu erleben. In der Praxis schließt das subjektive Ekstase (ausgedrückt im Schließen der Augen oder nimîlana), ebenso wie objektive Ekstase (ausgedrückt im Öffnen der Augen oder unmîlana) ein. Derartiges wird an anderer Stelle als „spontane Ekstase", als sahaja-samâdhi bezeichnet.

Für Mânikkavâcakar ist Gott immer mitleidsvoll, und seine Gnade kennt keine Grenzen. Der Weg zu Gott besteht aus intensiver Liebe und Hingabe (bhakti), zusammen mit tiefer Meditation über Ihn. Der Dichter-Heilige sieht kein höheres Gut, als mit Shiva, dem göttlichen Liebhaber, vereint zu sein, an Ihm sich festzuhalten, verloren in Ekstase. Mânikkavâcakars Dichtung findet sich im Tiru-Vâcakam, dem achten Buch des Tiru-Murai, aus dem in zahlreichen Tempeln und Heimen Tamil Nadus täglich gesungen wird.

Die Shaiva-Heiligen Südindiens waren „Asketen des Herzens" – angesichts ihrer äußeren Lebensführung wäre es schwierig gewesen, sie von ihren Mitmenschen zu unterscheiden. Die meisten unter ihnen waren verheiratet, hatten Kinder und mussten sich um die Arbeit und den Besitz kümmern. Aber innerlich hatten sie allem entsagt und waren zu demütigen Dienern des Herrn, Shiva, geworden. Mit ihrer Liebe und Demut adelten sie die gesamte Kultur. Die jahrhundertealte Shaiva-Gemeinde fuhr auf diese Weise also fort, den Geist des Bhakti-Yoga und das Ideal von lokasamgraha (Wirken zum Wohl der Welt) zu pflegen und zu verbreiten.

Sambandhar

Mânikkavâcakar

Sundarar

KAPITEL 12

Die vedantische Methode der Vishnu-Verehrer, zu Gott zu gelangen

„Krishna, [genannt] Govinda, ist der höchste Herr (îshvara), Verkörperung von Sein, Bewusstsein, Seligkeit, ohne Anfang, ohne Ende, Ursache aller Ursachen."

BRAHMA-SAMHITÂ (5.1)

I. GOTT IST LIEBE

Wenn das Herz geöffnet ist, neigt es dazu, sich in Gesang und Dichtung zu verströmen. Die ekstatische Literatur der Shiva-Verehrer, insbesondere jene des südlichen Teils des indischen Subkontinents, dokumentiert dies nachhaltig. Und das gilt auch für die große devotionale Literatur der Vishnu-Gemeinde, der wir uns jetzt zuwenden wollen.

Die fünf Hymnen, die Gott Vishnu im Rig-Veda gewidmet sind, waren frühe Blüten am Vaishnava-Baum der Weisheit. Viele Jahrhunderte gingen vorüber, bevor das nächste große Werk des Vaishnavismus das Licht erblickte – die Bhagavad-Gîtâ („Gesang des Herrn"), der beliebteste aller Yoga-Texte. In seiner jetzigen Form etwa vor 2500 Jahren niedergeschrieben, hat er spätere Generationen von Mystikern dazu inspiriert, so unvergleichliche Werke der Hingabe zu verfassen wie die Dichtung der Âlvârs und Bauls, das Bhâgavata-Purâna und das Gîta-Govinda, die wir alle später behandeln werden. Die Bhagavad-Gîtâ diente anderen Dichtern geradezu als Vorbild für ähnlich lehrhafte Gesänge. So gibt es z.B. eine Anu-Gîtâ (ein Resümee der Bhagavad-Gîtâ, zu finden im Mahâbhârata selbst), eine Uddhâva-Gîtâ (in das Bhâgavata-Purâna eingebettet), eine Ganesha-Gîtâ (der elefantenköpfigen Gottheit Ganesha gewidmet) und eine Râma-Gîtâ (in Verehrung Râmas, einer Inkarnation Vishnus). Fast einhundert weitere Gîtâs sind bekannt, zumindest dem Namen nach, obschon die meisten davon Abschnitte anderer Werke bilden.

Die heilige Literatur der Vaishnava-Gemeinde ist so umfangreich und komplex wie die der Shaiva-Gemeinde, über die ich im vorhergehenden Kapitel sprach. In den ersten nachchristlichen Jahrhunderten wurden die Samhitâs („Sammlungen") verfasst, das Vaishnava-Äquivalent zu den Âgamas der Shaivas und den Tantras der Shakti-Gläubigen.[1] Die Überlieferung spricht von 108 Samhitâs, obwohl mehr als 200 Werke dieses Genres bekannt sind. Sie gehören zum Pâncarâtra-Zweig des Vaishnavismus, der bereits im Mahâbhârata erwähnt wird.

Die ältesten Samhitâs sind wohl Sâtvata (allem Anschein nach nimmt das Mahâbhârata bereits darauf Bezug), Paushkara, Varâha, Brahma und Padma. Andere wichtige Texte dieser Gattung sind das Ahirbudhnya und das Jayâkhya. Wie ihre Shaiva-Gegenstücke arrangieren auch die Samhitâs grundsätzlich ihr Material in vier Sektionen, bezeichnet als jnâna-pâda (Weisheitslehren oder Metaphysik behandelnd), yoga-pâda (befasst sich mit Yoga-Techniken), kriyâ-pâda (betrifft die Konstruktion von Tempeln und die Anfertigung von geweihten Bildnissen) und caryâ-pâda (handelt von religiösen oder rituellen Praktiken).

Die anonymen Verfasser dieser Schriften waren alle mit Yoga vertraut, und sie verstanden darunter mehr oder weniger das Gleiche. Die Betonung in ihren Lehren liegt weniger auf mystischen Zuständen der Innerlichkeit als auf ritueller Verehrung und moralischer Lebensweise, und all dies wird

[1] Für einen Überblick über die Samhitâs der Pâncarâtra-Überlieferung siehe F. O. Schrader, Introduction to the Pâncarâtra and the Ahirbudhnya Samhitâ (Adyar, India: Adyar Library, 1916). Erwähnenswert unter diesen heiligen Vaishnava-Schriften sind die Ahirbudhnya-, Jayâkhya-, Vishnu-, Parama- und Paushkara-Samhitâ, die alle nicht übersetzt sind. Nützliche Besprechungen ihres Inhalts kann man aber finden in S. Dasgupta, A History of Indian Philosophy, Bd. 3 (Delhi: Motilal Banarsidass, Nachdr. 1975).

eingerahmt von philosophischen Überlegungen. Ihr erklärtes höchstes Ziel bleibt allerdings die Vereinigung mit dem Göttlichen in Form von Vishnu (als Nârâyana, Vasudeva usw.).

Die Vishnu-Samhitâ (Kapitel 13), die für diese Gattung heiliger Literatur typisch ist, führt einen sechsfachen Yoga (shad-anga-yoga) ein, den sie bhâgavata-yoga nennt. Viele andere Werke des Vaishnava-Kanons empfehlen jedoch Patanjalis achtgliedrigen Yoga. Das trifft z.B. für die Ahirbudhnya-Samhitâ zu, deren Autor über das Yoga-Sûtra offensichtlich Bescheid wusste. Nichtsdestoweniger definiert der Text (31.15) den Yoga, darin ganz mit dem mittelalterlichen Vedânta übereinstimmend, als „die Vereinigung des individuellen Selbst mit dem transzendenten Selbst". Dieses Werk erwähnt auch diverse Yoga-Stellungen (einschließlich kûrma-, mayûra-, kukkuta- und go-mukha-âsana) und empfiehlt ihre Ausübung zwecks Gesunderhaltung des Körpers. Die Betonung liegt aber auf dem spirituellen Aspekt von Yoga, ohne den keine dieser Übungen und Praktiken nachhaltige Wirkung habe.

II. DIE ÂLVÂRS

Namm Âlvâr

Im Unterschied zu den Pâncarâtra-Samhitâs, die vor allem theologische und ritualbezogene Werke sind, schufen die Âlvârs („die Tieftauchenden") in ihrer Blüte, während des 8. und 9. Jahrhunderts, eine Masse von inspirierter Dichtung, und einige Lieder darunter werden noch heute in Südindien gesungen. Die Âlvârs sind eine Gruppe von zwölf Meistern des Bhakti-Yoga, deren Kompositionen im Nâlâyira-Tivyap-Pirapantam (Sanskrit: Nâlâyira-Divya-Prabandha) gesammelt wurden; diese Sammlung erfreut sich derselben Wertschätzung wie die heiligen Veden der Brahmanen. Ihre Gedichte leuchten vor leidenschaftlicher Liebe zum Göttlichen, und ihre archetypische Symbolik berührt uns tief, selbst in der Übersetzung. Die meisten der 4000 Gedichte oder Lobpreisungen in dieser Sammlung wurden von Tirumankai und Namm Âlvâr verfasst. Der Letztere ist der populärste dieser Heiligen, und sein Tiruvâymoli (im Pirapantam enthalten) erhielt einen Rang, der dem des Sâma-Veda gleicht. Namm Âlvâr soll, so wird überliefert, tief absorbiert in yogischem samâdhi geboren worden und dann in einen hohlen Baumstamm gekrochen sein, wo er sechzehn Jahre in ekstatischer Versenkung verharrte, bis sein Hauptjünger ihn entdeckte. In seinem Tiruvâymoli (1.1.1) fragte er:

„Wer ist Er, das höchste Gut,
das alle and'ren Höhen klein erscheinen lässt?
Wer ist Er, der Weisheit, Liebe schenkt
und Unwissenheit verdrängt?
Wer ist Er, der die Unsterblichen

jenseits der Sorgen regiert?
Verehrt Seine leuchtenden Füße,
die alle Sorgen enden lassen."

Die Âlvârs versenkten sich tief in die Mythologie rund um Krishna – Krishna, der jugendliche Kuhhirte, Inkarnation des Gottes Vishnu, im göttlichen Spiel mit den Kuhhüterinnen, den gopîs.

In den spirituellen Erfahrungen dieser Âlvârs finden wir eine leidenschaftliche Sehnsucht nach Gott, dem Herrn und Liebhaber ... die Emphase liegt meist auf der transzendenten Schönheit und verzaubernden Anmut Gottes und auf dem glühenden Verlangen des Gläubigen – der den Part der weiblichen Geliebten spielt – nach Krishna, dem Gott ... Die verzückten Passionen gleichen einem riesigen Wirbelstrudel, der durch die Ewigkeit der individuellen Seele kreist und sich mal in Trennungsschmerz, mal in der Seligkeit der Vereinung ausdrückt.

In seiner ekstatischen Freude erschaut der Âlvâr Gott überall, und die schiere Intensität des Erlebens lässt ihn nach mehr dürsten. Er erfährt höchste Rauschzustände, in denen er halbbewusst oder bewusstlos wird, gelegentlich überwältigt vom hervorbrechenden Bewusstsein seiner Sehnsucht ... Wahrscheinlich können die Âlvârs als Pioniere gelten, die demonstrierten, wie sehr die Liebe zu Gott sich in der zärtlichen Sprache gleichberechtigter Partner, ja in den verzückten Gefühlen ehelicher Liebe auszudrücken vermag.[2]

Unter den zwölf heiligen Âlvârs gibt es nur eine Frau – Ântâl, kurz nach 800 n. Chr. lebend. Ântâl („sie mit den duftenden Locken"), die Gott Vishnu hauptsächlich in der Gestalt des schönen Krishna verehrte, schrieb zwei Werke. Das erste ist das beliebte Tiruppâvai („heiliges Gelübde") mit bloß dreißig Tamil-Versen, von jungen Frauen, die eine glückliche Heirat ersehnen, noch heute gesungen. Das zweite Werk, zeitlich nach dem Tiruppâvai verfasst, trägt den Titel Nâcciyâr-Tirumoli („heiliger Gesang der Dame") und besteht aus vierzehn Hymnen mit insgesamt 143 Versen, wovon nur die sechste Hymne weiter bekannt ist. Sie preist den Weg des unverheirateten Heiligen und zeigt eine Fülle von schönen Sinnbildern und Assoziationen bräutlicher Mystik. Ântâl drückt darin ihr Verlangen nach Krishna aus, der ihre Seele schmelzen lässt und ihr Herz mit Sehnsucht quält, bis er ihr gnadenvoll einen Blick auf sein betörendes Antlitz gewährt. Sie schildert, wie sie blass und blasser wird und abmagert – eine junge Frau in närrischer Liebe, vor Sehnsucht ruhelos, die ob ihres Geliebten jede Scham und Vernunft verliert. In einem Lied spricht Ântâl darüber, wie ihr Traum erfüllt wurde: Sie schaute Krishnas Antlitz, so leuchtend wie die aufgehende Sonne. In demselben Lied verspricht diese große bhakti-yoginî auch, dass das Meditieren über die Strophen das Herzensleid heile und den ewigen Frieden zu Füßen des Herrn finden lasse.

Ântâl

[2] S. Dasgupta, a. a. O., Bd. 3, pp. 83–84. Ich habe die Schreibung der Sanskrit- und Tamilwörter modifiziert, um sie der vereinfachten Transliteration im vorliegenden Buch anzugleichen.

Die Erfahrung des Getrenntseins (viraha) vom Göttlichen gehört zu den wertvollsten Verbündeten für den Gläubigen, denn sie vertieft seine Hingabe. Nirgendwo wird das besser deutlich als in der Gestalt Râdhâs und der anderen Kuhhüterinnen von Vrindâvana mit ihrer grenzenlosen Liebe zu Gott Krishna.

III. DAS BHÂGAVATA-PURÂNA

Das Thema der erotischen Spiritualität wird im Bhâgavata-Purâna erschöpfend ausgelotet, wenn nicht gar ausgebeutet. Das Werk ist auch unter dem Titel Shrîmad-Bhâgavata bekannt und portraitiert den Gott-Menschen Krishna als Gemahl von 16.108 Frauen, die ihm jeweils je zehn Söhne und eine Tochter geboren haben sollen. Das Bhâgavata-Purâna ist eine großartige Schöpfung des 10. Jahrhunderts und wurde „der reichste Schatz, verborgen in der Brust des Befreiten, der unvergleichliche Trost für die bedrängte Seele"[3] genannt. Keine andere Schrift, mit Ausnahme der Bhagavad-Gîtâ, hat sich über die Jahrhunderte einer so weit verbreiteten Beliebtheit erfreut. Zahlreiche Kommentare sind zu diesem Werk verfasst worden, das das hohe Ideal der hingebungsvollen Liebe (bhakti) zum Herrn (bhagavat) so eindringlich rühmt.

Im Zentrum seiner Botschaft der Hingabe zum Göttlichen steht die reiche Metapher der râsa-lîlâ, des verspielten Tanzes wunderbarer Liebe. Eines Nachts stahlen sich die liebeskranken gopîs vom Dorf fort, um bei ihrem geliebten Krishna zu sein. Dieser entfachte ihre leidenschaftliche Sehnsucht noch weiter und verzauberte sie vollends, als er auf seiner Zauberflöte überirdische Weisen spielte.

Zum Höhepunkt seines Liebesspiels mit den Frauen tanzte er in einem ekstatischen Reigen mit ihnen, gab jeder einzelnen Maid den Eindruck, er tanze nur mit ihr, worauf die Leidenschaft für ihn sie so sehr verzehrte, dass sie die anderen Frauen völlig vergaß – ein perfektes Sinnbild für die Seele, die ausschließlich dem Herrn hingegeben ist.

Der Entstehungskeim der râsa-lîlâ kann bis zum Kapitel 63 des Hari-Vamsha („Haris Stammbaum"), einem Anhang von 18.000 Versen zum Mahâbhârata, zurückverfolgt werden. Der Anhang wird allgemein in die ersten Jahrhunderte n. Chr. datiert.

Viele Textpassagen im Bhâgavata-Purâna erwähnen den Yoga. An einer Stelle (11.20.6) werden drei Annäherungsweisen unterschieden, nämlich der Pfad der Weisheit für diejenen, die der Riten leid sind, der Pfad des Handelns für jene, die noch zum weltlichen und rituellen Tun neigen, und der Pfad der Hingabe zu Gott für diejenigen, die so glücklich sind, weder des Handelns überdrüssig noch ihm übermäßig verhaftet zu sein und einfach den Glauben an Gott und die durch ihn bewirkte Erlösung erlangt haben. Das Bhâgavata-Purâna akzeptiert Patanjalis achtfachen Pfad,

[3] *J. M. Sanyal, The Srimad-Bhagvatam of Krishna-Dwaipayana Vyasa (New Delhi: Munshiram Manoharlal, 1973), p. VI (Anm. d. Vlgs.).*

nicht aber seine dualistische Philosophie. Auch definiert es die acht Teile des yogischen Pfades etwas anders als das Yoga-Sûtra. Das wird besonders ersichtlich, wenn es die Hauptpraktiken der moralischen Disziplin (yama) und Selbstbeherrschung (niyama) beschreibt. Wo Patanjali für jeden Punkt fünf Aspekte auflistet, führt das Bhâgavata-Purâna zwölf an (11.19.33 ff.). Doch immer ist es die Hingabe, die als höchstes Mittel zur Befreiung gepriesen wird. Dem Adepten Kapila (Begründer der Sâmkhya-Tradition, der hier als Gott Vishnu spricht) werden diese erhellenden Worte zugeschrieben:

> Ist der Verstand durch intensiven Bhakti-Yoga auf Mich fixiert, so wird er still und beständig. Dies ist der einzige Weg, die höchste Seligkeit in dieser Welt zu erlangen. (3.25.44)

Die râsa-lîlâ

Auf dem Pfad der Hingabe bedeutet Konzentration immer das Fixieren der Aufmerksamkeit auf die Gottesperson, und Meditation bedeutet die kontemplierende Schau ihrer Gestalt, ikonographisch dargestellt mit einem vierarmigen, dunkelblauen Körper, geschmückt mit Blumengirlanden; mit heiterem Gesichtsausdruck, mit Muschelhorn, Diskus und Streitkolben in Händen; mit Krone auf dem Haupt und dem magischen kaustubha-Juwel an einer Halskette, auf der Brust das shrî-vatsa-Zeichen („gesegnetes Kalb"-Zeichen). Zur dunkelblauen Färbung von Krishnas Körper kam es, weil er als Säugling von Pûtanâ, einer Dämonin, gestillt wurde; ihre Muttermilch war vergiftet. Die Requisiten in seinen Händen sind Kriegsinstrumente; sie vernichten den Feind – das Ego – und bahnen den Weg zur Befreiung. Der Zauberjuwel entstand während des Verquirlens des Weltenozeans am Schöpfungsanfang. Das Mal auf Krishnas Brust ist eines der Zeichen seiner erhabenen Geburt wie auch seiner Berufung als Kuhhirte (gopa), als Beschützer der Rinder und der menschlichen Seelen.

Man glaubt, die Befreiung habe verschiedene Ebenen, abhängig vom Grad der Nähe zum oder der Identifizierung mit dem Herrn. Auf der niedrigsten Stufe weilt der Gläubige in der göttlichen Region des „Vaikuntha-Himmels", in loser Gemeinschaft mit dem Herrn. Wenn der Gläubige in Macht und Glorie dem Herrn gleicht, wird dies als sârishti-mukti bezeichnet. Wenn er oder sie in großer Nähe zum Herrn weilt, so heißt das sâmîpya-mukti. Auf der vorletzten Befreiungsebene, sârûpya-mukti genannt, erlangt der Gläubige vollständige Übereinstimmung mit dem Herrn. Schließlich, im ekatva-mukti („Befreiung zur Einzigkeit"), ist die letzte Spur an Verschiedenheit zwischen Gläubigem und Göttlichem gelöscht.

Von besonderem Interesse für Yoga-Studenten sind die Kapitel 6–29 des elften Buches des Bhâgavata-Purâna – ein als Uddhâva-Gîtâ bezeichneter Teil, benannt nach dem Weisen Uddhava, dem der Gottmensch Krishna den Yoga der Hingabe erläutert. Dieser „Gesang", manchmal als letzte Offenbarung Krishnas eingestuft, preist die hingebungsvolle Liebe vor allem anderen:

> So wie das flammende Feuer Holz zu Asche reduziert, genauso beseitigt die Hingabe zu Mir alle Sünden, o Uddhava. (11.14.19)
>
> Weder durch [konventionellen] Yoga noch durch Sâmkhya, weder durch Rechtschaffenheit (dharma) noch durch Studium, weder durch Askese noch durch Renunziation (tyâga) kommt er [so leicht] zu Mir als [wie durch] Hingabe (bhakti) zu Mir und Verehrung von Mir. (11.14.20)
>
> Ich, das geliebte Selbst des Tugendvollen, werde durch ausschließliche Hingabe, durch Glauben verwirklicht. Auf Mich konzentrierte Hingabe reinigt sogar [Kastenlose wie] die „Hunde-Kochenden" (shva-pâka) von ihrer [niederen und unreinen] Geburt. (11.14.21)

Der Krishna-Gläubige wird nun als eine Person geschildert, die zu tiefen Gefühlen, zur Verehrung und Entsagung fähig ist:

QUELLENLEKTÜRE 14

UDDHAVA-GÎTÂ (AUSWAHL)

Im folgenden eine Übersetzung des 13. Kapitels der Uddhava-Gîtâ, worin über den Haushälter gesprochen wird, der sich in die Waldeinsamkeit zurückgezogen hat, um sich ganz der Gottessuche zu widmen. Die Schilderung des Einsiedlerlebens stellt uns die Ausschließlichkeit, mit der ein ernsthafter Anwärter dem yogischen Weg folgen muss, recht plastisch vor Augen.

Der gesegnete Herr sprach:

Er, der sich in den Wald zurückziehen will, soll ab drittem Lebensviertel friedvoll im Wald leben, nachdem er sein Eheweib den Söhnen anvertraut oder [mit sich] mitgenommen hat. (1)

Er soll von Knollen, Wurzeln, Früchten und wilden Pflanzen leben und sich mit Rinde, Gras, Blättern oder Tierhaut bekleiden. (2)

Er soll Haupt- und Körperhaar, Nägel und Bart verschmutzen lassen und die Zähne nicht reinigen. Dreimal [täglich, bei Sonnenaufgang, mittags und bei Sonnenuntergang] soll er im Wasser untertauchen, und am Boden soll er schlafen. (3)

Im Sommer soll er sich mit den fünf Feuern [d.h. vier Feuer ringsherum und die Sonne über dem Haupt] kasteien. Während der Regenzeit soll er sich den Regengüssen aussetzen. Im Winter soll er bis zum Hals im Wasser untertauchen. In solcher Weise soll er Askese (tapas) üben. (4)

Er soll auf dem Feuer erhitzte [Nahrung] essen oder langsam gereifte [Nahrung], die er mit einem Stein in einem Mörser oder auch mit den Zähnen als Stößel und Mörser zerkleinert. (5)

Da er die Macht von [rechtem] Ort und Zeitpunkt kennt, soll er selbst die Mittel zum Lebensunterhalt sammeln, und er soll nicht essen, was ihm von anderen aufgedrängt oder [bereits] weggeworfen wurde. (6)

Der Waldeinsiedler soll Mich [Krishna] mit erquicklichen Opferfladen aus wilden Pflanzen verehren, nicht mit Tier [-Opfern, wie vorgeschrieben] von den Schriften. (7)

Die Ausdeuter [der heiligen Überlieferung] schreiben die

Er, dessen Rede von Schluchzen unterbrochen wird, dessen Herz (citta) schmilzt, der ohne Scham mal wehklagt, mal lacht, mal laut singt oder tanzt – [so eine Person,] erfüllt von Hingabe zu Mir, reinigt die Welt. (11.14.24)

Mit Glauben an die nektargleichen Erzählungen über Mich, mit ständiger Verkündigung Meiner [Größe], mit tiefer Ehrerbietung (parinishthâ) beim Verehrungsritual [für Mich] und Mich mit Gesängen preisend; (11.19.20)

mit Freude am Dienst [für Mich], mit Prostrationen [vor Mir], mit großer Achtung für Meine Anhänger, alle Wesen als Mein Ich betrachtend; (11.19.21)

körperliche Tätigkeiten um Meinetwillen ausführend, Meine Eigenschaften beim Sprechen zitierend, den Verstand Mir übergebend und jeden Wunsch verbannend; (11.19.22)

viermonatigen [Disziplinen], das [tägliche] Feuerritual, dazu die Neumond- und Vollmond[riten] für den Weisen (muni) vor, wie zuvor [angeführt]. (8)

Indem er so die Askese (tapas) betreibt, gelangt der Weise, beständig in seiner Pflichterfüllung (dharma) und Mich durch die Askese verehrend, aus der Welt der Seher (rishi-loka) zu Mir. (9)

Doch welch größ'ren Narren kann's geben als einen, der diese große, von nichts übertroffene Askese unter [immensen] Schwierigkeiten übt um der Erfüllung unbedeutender Wünsche willen? (10)

Falls er nicht in der Lage ist, [diesen] Regeln [zu folgen] wegen naturgemäß auftretendem Alterszittern, sollte er die [heiligen] Feuer in sich selbst entfachen [d.h. imaginieren] und mit fest auf Mich konzentriertem Sinn in dies Feuer [des Geistes] treten. (11)

Wenn ihm in der Welt, [die angetrieben ist] von Handlung (karma) und ihrem Ergebnis, die Zeit davonläuft, sollte er Leidenschaftslosigkeit (virâga) üben und, vom Feuer[ritual] gänzlich lassend, [als Entsagender] vorwärtsschreiten. (12)

Nachdem er entsprechend den Regeln Mir alles geopfert und alles, was sein ist, den [amtierenden] Priestern geschenkt und seinen eigenen Lebensatem (prâna) den Feuern übergeben hat, soll er sorgenfrei schreiten. (13)

Dem Weisen (vipra), der zur Entsagung entschlossen, legen die Götter, [die fürchten,] er könnte sie tatsächlich übertreffen und das Höchste erreichen, Hindernisse in den Weg, in Form seiner Ehefrau und anderer [geliebter Menschen]. (14)

Wenn der Weise ein [zweites] Tuch behalten will, so soll es nicht größer als ein Lendentuch (kaupîna) sein. Da er [doch alles] hinter sich ließ, soll er nichts als seinen Wanderstab und sein Wassergefäß tragen, außer [in Zeiten] der Not. (15)

Den Fuß soll er [erst] nach dem Säubern [des Bodens] mittels seines Blicks aufsetzen und Wasser soll er nach dem Filtern mittels eines Tuches trinken. Er soll Worte sprechen, die durch

um Meinetwillen den Dingen, Vergnügen und Freuden entsagend, Mir die Opfer, Priesterbeschenkungen, Opfergaben, Rezitationen, Gelübde und Bußen [offerierend] – (11.19.23)

durch derartige Tugenden, o Uddhava, erwerben sich ich-aufgebende Menschen die Liebes-Hingabe (bhakti) zu Mir. Welche weitere Lebensaufgabe soll es für solche Menschen denn noch geben? (11.19.24)

[4] *Geschrieben anilâyâma.*

Wahrheit gereinigt sind, und leben soll er mit reinem Verstand. (16)

Schweigen (mauna), Handlungslosigkeit und Atemkontrolle (anila-âyâma)[4] – dies sind die Beherrschungen von Rede, Leib und Verstand. Wer diese nicht besitzt, o Freund, kann nicht, [nur weil er] mit einem Stab [umherschreitet], Asket (yati) werden. (17)

Zum Almosensammeln soll er zu den vier Kasten (varna) gehen, die Sünder ausgenommen. Zu sieben Häusern soll er unangekündigt gehen, und zufrieden sei er mit allem, was ihm gegeben wird. (18)

Nachdem er zum Badebecken außerhalb [des Dorfes] gegangen ist und sein Bad genommen hat, soll er unter Beherrschung seiner Rede und abseits [von anderen Leuten] die gereinigten Reste [von übriggelassener Nahrung nach angemessenen Opfergaben für die Gottheiten] essen und selbst nichts davon zurücklassen. (19)

Anm.: Vergleiche mit Vers 6

Er soll allein übers Land ziehen, ungebunden und beherrschten Sinnes sich am Selbst erfreuen, im Selbst spielen, vom Selbst besessen werden und das gleiche [Selbst in allem] sehen. (20)

Er suche Schutz an einem sicheren Platz, [konzentriere] seine reine Absicht (âshaya) auf Mein Wesen (bhâva) und erkenne das einzige Selbst als nicht verschieden von Mir. (21)

Weisheit übend, betrachte er die Versklavung des Selbst und seine Befreiung. Die Versklavung liegt in der Ablenkung (vikshepa) durch die Sinne, und die Befreiung liegt in deren Beherrschung. (22)

Darum sollte der Weise, die sechs Arten [der Sinne, einschließlich des praktischen Verstands oder manas] beherrschend, umherziehen, Verstand und Gemüt (bhâva) auf Mich ausgerichtet. Im Selbst finde er seine große Freude, und losgelöst von [allen] niederen Wünschen [soll er sein]. (23)

Er wandere über die Erde, so reich an tugendhaften Ländern, an Flüssen, Bergen, Wäldern und Einsiedeleien; er gehe in die Städte, Dörfer, Hirtenunterkünfte und Karawansereien [nur,] um zu betteln. (24)

Die Alchemie des Hasses

Die vielleicht ungewöhnlichste Lehre des Bhâgavata-Purâna ist der „Yoga des Hasses“ (dvesha-yoga), der versichert, dass ein Wesen, das Gott intensiv hasst, ebenso leicht zur Gottverwirklichung kommt wie eines, das Gott tief liebt. Der Weise Nârada, häufig ein Sprecher für die Bhâgavata-Religion, drückt es so aus:

> Alle menschlichen Gefühle wurzeln in der irrigen Vorstellung eines „Ich“ und eines „mein“. [Doch] das Absolute, das universale Selbst hat weder Ich-Sinn noch Gefühle. (7.1.23)
>
> Daher sollte man sich [mit Gott] vereinen in Freundschaft oder Feindschaft, in Friedfertigkeit oder Furcht, in Liebe oder Hass. [Das Göttliche] sieht dabei keinerlei Unterschiede. (7.1.25)

Nârada erwähnt danach Kamsa, der durch Furcht, und Shishupâla (König des Cedi-Volkes), der durch Hass zu Gott gelangte. Tatsächlich pflegte Shi-

Quellenlektüre 14

Um Almosen soll er hauptsächlich bei Klausen von [Askese übenden] Waldeinsiedlern bitten. Indem er wilde Körner oder Kräuter [verzehrt], erwirbt er einen reinen Verstand (sattva), frei von Selbsttäuschung. (25)

Da er sieht, dass diese [Welt] vergänglich ist, sollte er ihr keine Aufmerksamkeit schenken. Mit an nichts gebundenem Verstandessinn sollte er sich [aller] Zielsetzungen in dieser wie der nächsten [Welt] enthalten. (26)

„Welt, Verstand, Rede und die Gruppe der Lebensenergien sind allesamt Illusionen (mâyâ), dem Selbst überblendet.“ Indem er so überlegt und sich auf sich selber verlässt, lasse er [von diesen illusorischen Erscheinungen] ab und beachte sie nicht [mehr]. (27)

Der Weisheit folgend, ohne Anhaftung, Mir ergeben und unbesorgt, so soll er umherstreifen; von Regeln [sei er] unbelastet, da er die Lebensstufen (âshrama) mit ihren [jeweiligen] Merkmalen hinter sich gelassen hat. (28)

[Obgleich] weise (budha), sollte er spielen wie ein Kind; [obgleich] geschickt, sollte er sich wie ein Dummkopf betragen; [obgleich] wissend, sollte er wie ein Narr sprechen; [obgleich] gebildet (naigama), sollte er sich sanft wie eine Kuh benehmen. (29)

Er sollte ungern über die Veden diskutieren, auch nicht Häretiker oder In-Fragesteller sein. Keinesfalls soll er in Kontroversen über sinnlose Äußerungen Stellung beziehen. (30)

Der Weise (dhîra) sollte nicht durch Leute erregt werden, noch sollte er Leute in Erregung bringen. Er sollte Beleidigungen hinnehmen und niemanden belästigen. Was den Körper anbelangt, sollte er gegenüber niemandem Feindseligkeit empfinden, so wie die [friedlichen] Kühe. (31)

Allein das eine höchste Selbst existiert in den Wesen, so wie der [eine] Mond sich in [vielen] Gefäßen widerspiegelt. [Alle Wesen] weilen im Selbst, und [alle] Wesen sind vom [gleichen] Selbst. (32)

Da er Beständigkeit pflegt und sich aufs Schicksal verlässt, trauere er nicht, wenn er keine Nahrung

shupâla seinen Hass über mehrere Inkarnationen. Er war der Dämonenkönig Hiranyakashipu („Gold-Tuch"), der seinen Sohn Prahlâda wegen dessen Hingabe zu Vishnu herzlos quälte, dann selbst von Löwenmacht zerrissen wurde – von Gott in Gestalt Nara-Simhas („Mensch-Löwe"). In einer anderen Geburt war Shishupâla der Dämon Râvana, der von Râma, einer Inkarnation Vishnus, getötet wurde.

Die Idee, Hass könne ein Pfad zu Gott sein – so schockierend sich das für uns auch anhören mag –, ergibt sich als logische Konsequenz aus der alten esoterischen Anschauung, die lehrt, dass wir zu dem werden, worüber wir ständig meditieren. Der intensive Hass Shishupâlas gegen Gott Vishnu hatte zur Folge, dass er unaufhörlich ans Göttliche dachte und deshalb schließlich darin aufging. Das macht deutlich, wie sehr der spirituelle Prozess mit dem Spiel der Aufmerksamkeit zu tun hat. Natürlich müssen, damit derart machtvolle negative Emotion auch kathartisch und befreiend wirken kann, die rechten karmischen Vorbedingungen existieren. Denn für einen normal Sterblichen ist absoluter Hass ebenso unmöglich wie absolute Liebe.

erhält, und sei auch nicht beglückt, wenn er eine empfängt. (33)

[Allerdings] soll er nach Speise trachten, [weil] dies der Aufrechterhaltung des Lebens dient. Derart kann er über die Wahrheit sinnen, die, wenn erkannt, befreit. (34)

Der Weise soll jede Speise, die vom Schicksal ihm gegeben wird, gleich ob gut oder nicht, akzeptieren; gleichermaßen [soll er akzeptieren] jegliche ihm offerierte Kleidung und Schlafdecken oder -matten. (35)

Der Wissende (jnânin) soll sich säubern, soll [Wasser zur Mundspülung] schlürfen, baden und anderen Disziplinen obliegen, doch nicht wegen [irgendwelcher] Vorschriften [in den heiligen Texten], [sondern] genauso [soll er es tun] wie Ich, der Herr – als Spiel. (36)

Für ihn gibt es kein sogenanntes falsches Verstehen, und [falls doch], wird es ausgeräumt, wenn er Mich schaut. Bis zum Enden des Körpers [erfreut er sich] einer gewissen Schau [von Mir]. Danach ist er mit Mir vereint. (37)

Der vom Selbst Erfüllte (âtmavan), den Handeln, weil leidverursachend, abstößt, [der aber] mit Meiner Lehre (dharma) nicht vertraut ist, sollte zu einem Weisen, [der ihm als] Lehrer (Guru) [dienen kann], gehen. (38)

Auf Mich als Lehrer bezogen, so soll er hingebungsvoll, gläubig und klaglos üben, bis er das Absolute (brahman) verwirklicht. (39)

Doch jener Lenker unbotmäßiger Sinne, der die sechs Arten [der Sinne, einschließlich des normalen Verstands] nicht beherrscht, ohne Weisheit und ohne Leidenschaftslosigkeit ist, dabei [trotzdem das Leben eines Asketen führt] mit dem Dreizack-Stab in Händen... (40)

... er, ein Zerstörer der moralischen Tugend (dharma), betrügt sich selbst, betrügt die Gottheiten (sura) und Mich, der in ihm wohnt. Mit seinen „nicht gekochten" (avipakva) Verunreinigungen (kashâya) bleibt ihm unsere [Welt] und die nächste versagt. (41)

Das Lebensgesetz (dharma) eines Mönchs ist Stille (shama) und Nicht-Leidzufügen, das eines Waldeinsiedlers Askese und die [reine] Schau (îkshâ), das eines Haushäl-

Das Devî-Bhâgavata

In Verbindung mit dem großen Bhâgavata-Purâna muss das Devî-Bhâgavata zumindest kurz erwähnt werden. Obgleich ein herausragendes Shâkta-Werk, ist es dem Bhâgavata-Purâna nachgebildet; es illustriert die lebendige Überlieferung der Hingabe jener, die das Göttliche in seinem weiblichen Aspekt verehren. Dieses sekundäre Purâna wurde vermutlich im 12. Jahrhundert n. Chr. verfasst.

IV. Das Gîta-Govinda

Während das Bhâgavata-Purâna, getreu seinem synkretistisch-puranischen Charakter, neben der Schilderung von Krishnas Heldenleben auch über alle möglichen theologischen, philosophischen und kosmologischen Dinge spricht, ergeht sich das etwas jüngere Gîta-Govinda („Gesang von Govinda“) allein in der Darstellung der Liebe Krishnas zu seiner bevorzugten

Quellenlektüre 14

ters das Beschützen von Mensch und Tier sowie das Opfer (ijyâ), das eines Zweimal-Geborenen [Brahmanen] der Dienst für den Lehrer. (42)

Keuschheit, Askese, Reinlichkeit, Zufriedenheit und Freundlichkeit zu den Wesen sind gleichfalls Haushälterpflichten. Für alle ist es wünschenswert, Mich zu verehren. (43)

Wer Mich also beständig verehrt durch [Erfüllung] seiner Pflichten und niemand anderem ergeben ist, nur Meiner in allen Wesen gedenkt, findet alsbald Meine Liebe. (44)

O Uddhava, durch unbeirrbare Hingabe kommt er zu Mir, dem großen Herrn aller Welten, dem Absoluten, der [höchsten] Ursache, dem Anfang und dem Ende aller [Wesen und Dinge]. (45)

Mit einem durch [Ausführung der] Pflichten gereinigten Wesen (sattva), in Kenntnis Meiner Natur, begabt mit Weisheit und mit Wissen, wird er bald zu Mir gelangen. (46)

In Hingabe zu Mir verbunden leiten diese Pflichterfüllungen (dharma), die sich auf die [vier] Stände (varna) und Lebensstufen (âshrama) beziehen [und] charakterisiert [sind] von [rechtem] Betragen, zum Höchsten (nihshreyasa) – dem Allerhöchsten. (47)

Ich habe dir enthüllt, o Freund, wonach du Mich fragtest, [nämlich] wie ein ergebener Glaubender (bhakta), diszipliniert in [der Ausführung] seiner Pflichten, Mich, das Höchste (para) erreicht. (48)

gopî Râdhâ. Der Name Govinda ist eine der vielen Anreden Krishnas. Er bedeutet wörtlich „Kuh-Finder" und bezieht sich auf die Tätigkeit des Gott-Menschen als Kuhhirte in der Vrindâvana-Region. Doch hat er auch eine esoterische Bedeutung, da das Sanskritwort go nicht nur für „Kuh", sondern auch für „Weisheit" steht. Demnach ist Govinda der „Finder" der höheren Weisheit oder Gnosis (jnâna).

Dieser Sanskrittext in Versen, geschrieben vom bengalischen Autoren Jayadeva, ist eine tiefe Allegorie der Liebe zwischen dem personalen Gott und dem menschlichen Selbst und zeigt dazu stark erotische Untertöne. Er zeigt einen neuen Trend der Vaishnava-Ergebenheit, der mit ihrer aktuellen Ausbreitung im Norden des Subkontinents verbunden ist: Die Figur der Râdhâ als einer Verkörperung des weiblichen Gottesprinzips erhält mit einem Mal große Bedeutung. Râdhâ, die sich einer Freundin anvertraut, erzählt über ihr Liebesabenteuer mit Krishna:

> Im Geheimen in der Nacht lief ich zu ihm,
> der sich verbarg in einem Dickicht.
> Ängstlich schaut' ich ringsumher,
> dieweil er lachte, voller Sehnsucht
> nach der Lust (rati) [sexueller Vereinung].
> O Freundin! O dass der Zermalmer des [Dämons] Keshin
> mich leidenschaftlich liebe.
> Ich bin von Liebe hingerissen
> und voll von Liebesbegehr! (2.11)
>
> Bei uns'rer ersten Vereinung war ich scheu.
> Er war freundlich zu mir, mit Hunderten
> von einfallsreichen Schmeicheleien.
> Ich sprach mit süßem, sanftem Lächeln,
> er löste das Gewand um meine Hüfte. (2.12)
>
> Er legt' mich nieder auf ein Lager zarter Schößlinge.
> Lang ruhte er an meinem Busen,
> während ich ihn küsste und liebkoste.
> Er umarmte mich und trank
> von meiner Unterlippe. (2.13)
>
> Ich schloss die Augen, da mir schwind'lig ward.
> Sein Wangenhaar, es stellt' sich unter meinem Streicheln auf.
> Am ganzen Leibe schwitzte ich,
> und er war überaus ruhelos –
> berauscht von Leidenschaft. (2.14)

Krishna und Râdhâ in liebender Umarmung

Râdhâ verlangt es nach ihrem Geliebten, wie es das erwachte Herz nach Gott verlangt. Das Gîta-Govinda, darin den radikalen Geist des Tantra widerspiegelnd, verwendet sehr ausgiebig sexuelle Metaphern, um die körperliche Leidenschaft zu schildern, die der hingegebene Gläubige bei der Gottes-Kontemplation verspürt. In seiner erotischen Ausdrücklichkeit übertrifft es die vergleichbare Literatur der bräutlichen Mystik im mittelalterlichen Christentum.

V. DER BHAKTI-YOGA DER GROSSEN VAISHNAVA-LEHRER

Die ekstatische Hingebung der Âlvârs zog nicht nur die ungebildeten Massen an, die von den starken Liebesempfindungen der Âlvârs bewegt waren, sondern regte auch die Intellektuellen dazu an, profunde philosophische Lehren rund um das Ideal der Liebe (bhakti) zu schaffen. Der erste dieser gelehrten Vishnu-Anhänger war Nâthamuni, der im 10. Jahrhundert lebte. Über ihn wird erzählt, er sei oft nackt umhergewandert, die heiligen Namen von Vishnu rezitierend. Einige Gelehrte identifizieren ihn als Shrî Nâtha, den Verfasser mehrerer Werke, einschließlich des Yoga-Rahasya („Geheimlehre des Yoga"). Ein anderer wichtiger Vertreter der sogenannten „Meister-Lehrer" (âcârya) des Vaishnavismus war Yamunâ, der Enkel von Nâthamuni. Er schrieb sechs Werke, unter denen das Siddhi-Traya („Triade der Vollendung") herausragt. Der Überlieferung zufolge erlernte Yâmuna, der sich selbst als „Gefäß der tausend Sünden" bezeichnete, den achtfachen Yoga von Kuruka Nâtha. Diesem hatte bereits Nâthamuni die Lehre zum Nutzen seines Enkels anvertraut. Bemerkenswerterweise führte der moderne Yoga-Meister Tirumalai Krishnamacarya, der 1989 hunderteinjährig verstarb, seinen geistigen Stammbaum bis Nâthamuni zurück. Shrî Krishnamacharya gab seine Lehre weiter an T. K. V. Desikachar (seinen Sohn), B. K. S. Iyengar (seinen Schwager), Indra Devi und Pattabhi Jois, die alle große Lehrer mit ihren eigenen Verdiensten wurden.[5]

Der einflussreichste Meister-Lehrer war fraglos Râmânuja (1017–1137 n. Chr.), der den Vaishnavismus Süd- und Nordindiens zu vereinigen suchte und in gewissem Maß damit Erfolg hatte. Yâmuna war sehr daran interessiert, dem brillanten Râmânuja zu begegnen, verstarb jedoch, bevor Râmânuja eintraf, um ihm Ehren zu erweisen. Drei der Finger von Yâmunas Leichnam waren seltsam verdreht, und Râmânuja deutete das als eine letzte Botschaft an ihn persönlich: Er solle die Vaishnava-Lehre der bedingungslosen Ergebung (prapatti) verbreiten und einen Kommentar zum Brahma-Sûtra schreiben, wie auch zu mehreren anderen Werken, die den Vaishnava-Glauben im Sinne der Âlvârs vertraten.

[5] *Siehe T. K. V. Desikachar, The Heart of Yoga: Developing a Personal Practice (Rochester, Vermont, USA: Inner Traditions International, 1995).*

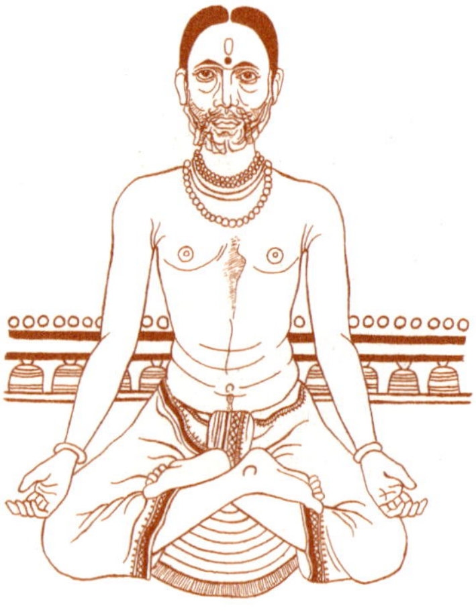

Râmânuja

Râmânuja hatte sich zum Besuch bei Yâmuna entschlossen, nachdem er zum Verlassen des âshrama seines Lehrers Yâdavaprakâsha, eines gelehrten, aber aufbrausenden Mannes, aufgefordert worden war. Sein Schülerdasein verlief stürmisch, da er es sich angelegen sein ließ, in mehreren Fragen der Doktrin einen anderen Standpunkt als sein Guru einzunehmen. Während Yâdavaprakâsha sich einer strikt nondualistischen Interpretation der Vaishnava-Texte verschrieb, war Râmânuja innerlich ein modifizierter Nondualist, der glaubte, das Göttliche sei nicht nur ein unterschiedsloses Eines, sondern enthalte unendlich viele Verschiedenheiten.

Râmânuja lebte ein langes und ereignisreiches Leben, und seine zahlreichen Werke zur Philosophie des Vishishta-Advaita bildeten das Fundament einer umfangreichen exegetischen Literatur, die den radikalen Monismus von Shankaras Schule stärkstens herausforderte.

Râmânuja und seine Anhänger wenden sich gegen Shankaras Konzept der Unwirklichkeit der empirischen, vielgestaltigen Welt und misstrauen den Kategorien mâyâ („illusion") und avidyâ („Nichtwissen"), vermittels derer das Shankara-Lager den Widerspruch zu lösen sucht, der sich zwischen unserer realen Erfahrung von Unterschieden und der Existenz von nur einem unterschiedslosen Absoluten auftut. Wenn es ein agens wie das „Nichtwissen" gäbe, so argumentieren Râmânujas Anhänger, könne es nicht in der allwissend-transzendenten Realität enthalten sein. Wenn aber nicht darin enthalten, würde es eine andere, zweite Realität bilden – was die Vorstellung eines einschränkungslosen Monismus unsinnig macht.

Râmânuja war ein eifriger Vertreter des Yoga, den er als Bhakti-Yoga verstand. Für ihn liegt der Zweck der Meditation darin, Liebe zur göttlichen Person zu entfachen. Infolgedessen stand er dem Yoga Patanjalis eher kritisch gegenüber, ist dieser doch nicht nur dualistisch ausgerichtet, sondern hat auch zum Ziel, den Verstand still zu machen, statt das Herz Gott zuzuwenden. Râmânuja verhielt sich zum Jnâna-Yoga, wie von Shankara gelehrt, ähnlich zurückhaltend, weil er beim Anfänger oft zur Intellektualisierung und Selbsttäuschung führen kann. Zur Vorbereitung auf die Meditation, auf das kontemplative Erinnern des Göttlichen, solle man sich stattdessen mit Karma-Yoga befassen.

Aus Râmânujas Sicht bedeutet Befreiung und Erlösung nicht die Vernichtung des Ich, sondern vielmehr das Beseitigen der Ich-Beschränkungen. Das befreite Wesen erwirbt die „gleiche Form" wie das Göttliche, obgleich das nicht die Auslöschung aller Verschiedenheiten heißt. Befreiung wird eher als eine Art Gemeinschaft mit und in der göttlichen Person begriffen – ein Zustand der fortwährenden Liebeshingabe. Während aber die Gottesperson unbegrenzt ist und der absolute Schöpfer des Alls, ist der befreite Gläubige endlich-begrenzt und ohne Schöpfermacht. Für Râmânuja tritt die Befreiung erst nach dem Tod ein. Liebe ist das Mittel und das Ziel, und sie kann und soll während des Erdenlebens und in jedem der höheren Reiche des Daseins gepflegt werden.

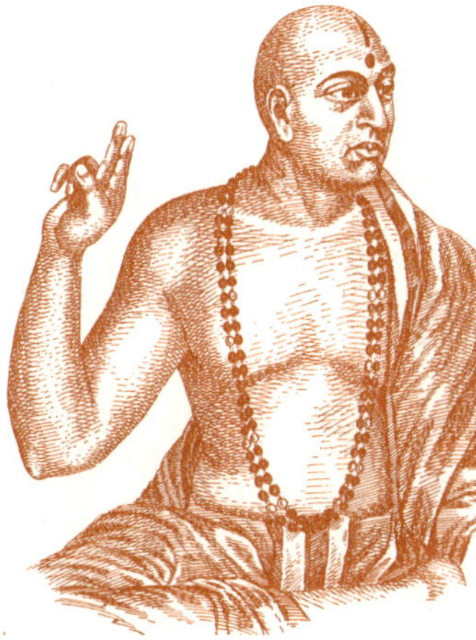

Madhva

Yoga-Lehren spielten auch eine Rolle in den Schulen der anderen vier großen Vaishnava-Lehrer – des vedântischen Dualisten Madhva (1238–1317 n. Chr.), des Theologen der „Dualität-in-der-Nichtdualität" Nimbârka (Mitte 12. Jh. n. Chr.), des reinen Nondualisten Vallabha (1479–1531 n. Chr.) und des ekstatischen Krishna Caitanya (1486–1533 n. Chr.), der die Ansicht vertrat, dass das eigentliche Wesen der Wirklichkeit nicht begreiflich ist.

Diese Lehrer wie ihre zahlreichen Anhänger sehen alle die Fähigkeit zur ich-transzendierenden Liebe und Ergebung als das prinzipielle Mittel zur Erlösung. Und im Rahmen ihrer Praxis entwickelt sich die psycho-spirituelle Technik am kunstvollsten und ist am wenigsten in Gefahr, zu roher Manipulation des Körper-Verstand-Organismus zu degenerieren, wie das auf einige Hatha-Yoga-Schulen zutrifft. Natürlich bringt der Weg des Herzens oder Bhakti-Yoga seine eigenen Risiken mit sich, z.B. ausufernden Irrationalismus oder hemmungslose Gefühlsseligkeit. Trotzdem scheint er letztlich eine ausgewogene Vorgehensweise zu fördern, indem er Intellekt und Gefühl miteinander vereinbart. Seit alters ist das Herz (hrid, hridaya) als ein primärer Brennpunkt des spirituellen Prozesses betrachtet worden. „Das Herz", sagt ein moderner Weiser, „ist die Wiege der Liebe".[6] Und im Herzen – so beschreiben es viele Schulen und Traditionen – ereignet sich das große Erwachen.

Die bhakti-Bewegung gibt dem Gefühl den Vorrang vor dem Intellekt. Am deutlichsten wird diese Betonungsverschiebung im bhâva-Konzept. Im Kontext des gewöhnlichen Lebens bedeutet der Begriff bhâva „Empfindung" oder „Gefühl", einschließlich ästhetischer Wertschätzung. Den Sanskrit-Dramatikern zufolge gibt es neun vorherrschende Emotionen: Liebe, Freude, Sorge, Ärger, Mut, Furcht, Abscheu, Überraschung und Entsagung.

Im spirituellen Kontext bezeichnet das Wort bhâva gefühlsgeladene Ekstase oder höchste, alle Vernunft hinwegschmelzende Liebeshingabe, erlebt in der Gegenwart des oder in der Vereinigung mit dem Göttlichen. Ein solch erhobener Zustand wird häufig als mahâ-bhâva, als „große Stimmung" bezeichnet; seine Symptome sind u.a. spontanes Lachen, Weinen, Singen, Tanzen und Toben. Zeitweise ähnelt mahâ-bhâva der klinischen Verrücktheit, und nicht wenige Vaishnava-Ekstatiker nannten sich wegen des irrationalen Betragens, hervorgerufen durch die ekstasebedingten intensiven Gefühle, „verrückte Personen".

Ein in der Vaishnava-Tradition eng damit verknüpfter Begriff ist rasa, was wörtlich „Geschmack" oder „Essenz" heißt und sich hier auf die Grundstimmung einer Person oder Situation bezieht. So wird von ekstatischen Vishnu-Anhängern gesagt, sie befänden sich in Liebesstimmung (bhakti-rasa). Der Begriff wurde in Verbindung mit der Dramakunst erstmals eingeführt; dort drückt er die grundsätzliche Stimmung aus, die die diversen Elemente einer dramatischen Komposition integriert. Während rasa für die objektive Empfindung steht, meint bhâva mehr eine persön-

[6] *Sri Anirvan und L. Reymond, To Live Within: Teachings of a Baul (High Burton, England: Coombe Springs Press, 1984), p. 252.*

Jnânadeva

lich subjektive Gestimmtheit. So wie es neun bhâva-Typen gibt, gibt es auch neun korrespondierende rasa-Typen, die subjektiv durch die bhâvas erfahren werden können.

VI. JNÂNADEVA UND ANDERE HEILIGE AUS MAHARASHTRA

Einer der großen Vaishnava-Meister des durch Weisheit gemäßigten Pfades der Hingabe ist Jnânadeva (1275–1296 n. Chr.), das zweite von vier Kindern frommer, aber armer brahmanischer Eltern aus dem Dorf Alandi nahe Pune (Poona) in Maharashtra – einem Land, das viele edle Heilige und Weise hervorbrachte. Sein älterer Bruder Nivritti Nâtha war ein Schüler von Gahini Nâtha aus der Tradition Goraksha Nâthas, des großen Hâtha-Yoga-Meisters und mahâ-siddha. Er wurde im zarten Alter von sieben initiiert und weihte selbst seinen Bruder Jnânadeva relativ früh ein, auf jeden Fall vor dessen fünfzehntem Lebensjahr.

Im Alter von 15 Jahren verfasste Jnânadeva zu Ehren seines Guru und Bruders Nivritti Nâtha seinen berühmten poetischen Kommentar zur Bhagavad-Gîtâ, der sowohl für seine tiefe Weisheit als auch für seine stilistische Schönheit gerühmt wird. Dieser extensive Kommentar von nahezu 9000 Strophen wurde von ihm, Kapitel um Kapitel, ad hoc mündlich vorgetragen und erst danach niedergeschrieben. Er trägt zwei Titel: Bhâva-Artha-Dîpika („Licht auf die ursprüngliche Bedeutung", Bhâvârthadîpikâ geschrieben) und, einfacher, Jnâneshvarî (von den Worten jnâna = „Weisheit" und îshvarî = „Herrscherin"). Jnânadevas Freund und Schüler Nâmadeva von Pandharpur, Verfasser vieler devotionaler Werke, sagte über die Jnâneshvarî, sie sei wie „eine Woge der Brahma-Seligkeit".

Auf Anraten seines Bruders und Guru schrieb Jnânadeva auch Amrita-Anubhava („Erfahrung der Unsterblichkeit", Amritânubhava geschrieben), das als das größte philosophische Werk in marathischer Sprache eingeschätzt wird. Ein weiteres Werk, die Changadeva-Pâsashthi, verfasste er als Lehrgedicht für Changadeva, einen auf seine magischen Kräfte überaus stolzen Yogi, der demütig wurde, als er zu Füßen Jnânadevas saß. Außerdem werden Jnânadeva noch etwa 900 devotionale Hymnen (abhanga) zugeschrieben.

Jnânadeva war nicht nur ein verwirklichter Meister mit dichterischem Genius, sondern auch ein Wundertäter, der, so wird berichtet, u. a. den heiligmäßigen Saccidânanda Bâbâ ins Leben zurückrief und einen Wasserbüffel dazu brachte, Verse des Rig-Veda zu rezitieren. Doch ihm galten solche Dinge, im Vergleich mit seiner Liebe zum Göttlichen und zu seinem Lehrer, gar nichts. Mit nur 21 Jahren ließ er sich, absorbiert in tiefer Meditation, lebendig begraben, um aus der Welt zu gehen. Sein samâdhi-Platz in Alandi zieht nach wie vor die Pilger an.

Die Jnâneshvarî (6.192–317) weist auch, nebst anderem, eine bemerkenswerte Beschreibung des kundalinî-Prozesses auf, wie er im frühen Nâtha-Kult gelehrt wurde. Für Jnânadeva verband sich die Erweckung dieser machtvollen, im Körper eingesperrten Energie inniglich mit Guru-yoga, mit der Verehrung des Lehrers als einer Verkörperung des Göttlichen. Er beginnt Kapitel 15 mit folgenden Worten:

> Nun will ich die Füße meines Guru auf den Altar meines Herzens stellen. (1)
>
> Ich streue meine Sinne als Blumen in die offenen Hände der göttlichen Vereinigungserfahrung und offeriere eine Handvoll von ihnen zu seinen Füßen. (2)

Jnânadevas Philosophie gründete fest in seiner persönlichen spirituellen Verwirklichung. Er lehnte Shankaras mâyâ-vâda (der die objektive Realität als illusorisch betrachtet) ab, lehrte statt dessen, dass die Vorstellung, die Erscheinung der Welt entspringe dem Nichtwissen (avidyâ), ihrerseits illusorisch sei. Die Welt sei vielmehr, so sagt er, ein göttliches Spiel, und dessen Ursache nichts anderes als das Höchstgöttliche selbst. Anstatt eine die Menschen irreführende Illusion zu sein, sei das Universum ein Ausdruck göttlicher Liebe. Ähnlich sei die individuelle Seele (jîva) nicht, wie Shankara sagte, „bloße Erscheinung", sondern ein notwendige Manifestation der höchsten Wirklichkeit, die durch ihre variierten Widerspiegelungen in der Schöpfung ihre eigene Freude erfährt. Konsequenterweise liegt für Jnânadeva der Zweck des menschlichen Lebens nicht in der Befreiung – d.h. im „Entkommen aus der rein illusorischen Welt" –, sondern in der von Moment zu Moment getätigten Realisierung, dass das Göttliche im Menschen, in und als Körper, Verstand, Gefühl, Psyche gegenwärtig ist.

Ein anderer gefeierter Heiliger aus Maharashtra ist Eka Nâtha (Eknâth, 1533 oder 1548–1599 n. Chr.), der schon früh verwaiste und von den Großeltern aufgezogen wurde. Im Alter von zwölf Jahren verließ er, einer inneren Stimme folgend, sein Zuhause, um Schüler von Janârdana Svâmin zu werden, bei dem er sechs Jahre lang lebte. Später wurde er verheiratet, doch unterhielt er eine ziemlich formelle Beziehung zu seiner Frau und bestand darauf, dass man sich von allen Frauen außer der eigenen Ehefrau entfernt halte. Er war ein Mann von großer Selbstbeherrschung und Geduld und hatte einen ausgeprägten Sinn für die Gleichheit aller Menschen. Er schuf eine umfangreiche spirituelle Literatur, einschließlich von Kommentaren zum elften Kapitel des Bhâgavata-Purâna und zu den ersten 44 Kapiteln des Râmâyana, sowie zahlreiche Hymnen.

Eka Nâtha war ein echter bhakta, der im Zustand ekstatischer Vereinung mit dem Geliebten Freudentränen vergoss. In einem seiner abhangas oder Hymnen besingt er, wie er das „Auge des Auges" entdeckte und wie damit sein ganzer Körper zur Vision befähigt wurde. Seine Liebe zu Gott war untrennbar von seiner Liebe zu seinem Guru, und in all seinen Lobpreisungen fügt er seinen eigenen Namen dem Janârdanas nach, um so das ewige Band zwischen ihnen zu ehren. Für ihn, einen gottverwirklichten Heiligen, hatten alle Unterschiede zwischen Anbeter und Angebetetem aufgehört. Es existierte nur das Eine.

Im 17. Jahrhundert brachte die bhakti-Bewegung Maharashtras die heiligmäßige Gestalt Tukârâmas (1598?–1650?) hervor, der in einer armen Bauernfamilie geboren wurde. Er erfuhr alle denkbaren Härten, für die er jedoch dankbar war, da sie ihn demütig und offen für das Göttliche machten. Einer überlieferten Erzählung zufolge stieg er in der Art von Christus zum Himmel auf.

Zwar stark beeinflusst von Jnânadeva, spiegelte er doch mehr die emotionale Einstellung Nâmadevas wider, wie in seinen vielen volkstümlichen abhangas ersichtlich wird. Seine inspirierten dichterischen Schöpfungen waren auf jedermanns Lippen, aber sein Erfolg bei den gewöhnlichen Leuten erfüllte die lokale Intelligenz mit Neid. Einer seiner Feinde ging so weit, seine gesamten abhangas in den Fluss zu werfen. Bedrückt von solch herzlosem Tun, begann Tukârâma rigoros zu fasten, um vom Geliebten direkt zu erfahren, ob er vom Komponieren weiterer Lieder ablassen solle. Nach dreizehn Tagen ohne Wasser und Nahrung empfing er die ersehnte Vision, die ihm wieder Zuversicht gab. Allerdings dauerten seine Nöte im Dorf an. Einer seiner Schmäher übergoss ihn mit kochendem Wasser, was ihm große Schmerzen bereitete, ihn aber nicht davon abbrachte, sich in Vergebung und Geduld zu üben. Wie das Schicksal es wollte, litt der Übeltäter etwas später unter einer offensichtlich unheilbaren und sehr qualvollen Krankheit. Am Ende musste er um Tukârâmas Hilfe bitten, die ihm auch sofort zuteil wurde. Der Heilige komponierte eine besondere Hymne für den reuigen Sünder, die ihn prompt gesunden ließ.

Tukârâma beachtete nur zwei Gelübde: am ekâdashî-Tag zu fasten (das Sanskritwort bedeutet „elfter [Tag]“; an diesem gemäß Mondkalender zweimal im Monat begangenen Tag reinigen die Gläubigen die zehn Sinne und den Verstand) und immer Gottes Lob zu singen. Er, der in schweren Zeiten lebte, ermahnte seine Schüler dazu, heldenhafte Krieger auf dem spirituellen Schlachtfeld zu werden. Er hatte viele Schüler, die sich aufgrund ihrer eigenen spirituellen Verwirklichung und literarischen Kreativität auszeichneten.

Ein weiterer großer Heiliger Maharashtras war Râmadâsa (Râmdâs, 1606–1681 n. Chr.), der zwölf Jahre strenger Kasteiungen auf sich nahm, um schließlich die ersehnte Vision Râmas zu erhalten. Er hatte zahlreiche Schüler, u. a. König Shivajî, der die bhakti-Tradition ins 18. Jahrhundert trug.

VII. DIE MINNESÄNGER IM MITTELALTERLICHEN BENGALEN

Seit der Zeit des Buddha ist Bengalen immer ein Land der spirituellen, intellektuellen und künstlerischen Aktivität gewesen. In mittelalterlicher Zeit war es ein unvergleichlicher Schmelztiegel sowohl für Tantra – vor allem in Form der Sahajîyâ-Mystik – als auch für den Pfad der Hingabe (bhakti-mârga). Eines seiner größten Produkte war Jayadeva, Autor der oben erwähnten Gîta-Govinda im 12. Jahrhundert. Zwei Jahrhunderte später brachte er den ekstatischen Dichter Candîdâs hervor, der als Vater der bengalischen Dichtung betrachtet wird. Seine Liebeslieder über Gott Krishna und dessen geliebte Râdhâ werden bis zum heutigen Tag in den Dörfern Bengalens gesungen.

Candîdâs ist auch berühmt wegen eines Skandals: Er, Brahmane von Geburt, hatte sich Hals über Kopf in Râmî, eine junge Waschfrau von niedriger Abstammung, verliebt. Eben diese leidenschaftliche Liebe inspirierte Candîdâs spirituelle Dichtung und ließ seine Verse zu Meisterwerken des Bhakti-Yoga werden. Er besingt Râdhâs überwältigende Liebe zu Krishna, der sie vor Erregung zittern macht und dessen Flöte solch verzaubernde Weisen ertönen lässt, dass sich Ohren und Herz dagegen nicht wehren können. Natürlich symbolisiert Râdhâ des Dichters eigene Passion für das Göttliche.

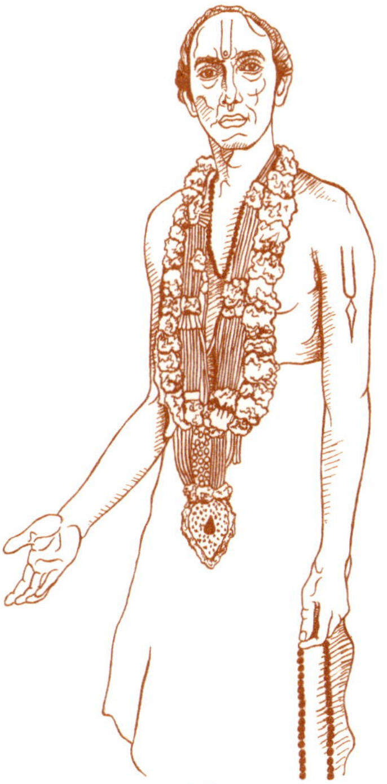

Caitanya

Im 15. Jahrhundert predigte Shrî Caitanya – er wird zu den fünf großen Meister-Lehrern des Vaishnavismus gezählt – die Botschaft ekstatischer Liebe in ganz Bengalen. Seine missionierenden Reisen brachten ihn bis in den äußersten Süden des indischen Subkontinents. Obwohl geschätzter Vedânta-Gelehrter, hinterließ er seinen Anhängern lediglich acht Verse der Hingabe und Instruktion – ein als Shiksha-Ashtaka bezeichneter Text. Dieser Text bildet die geistige Basis der zeitgenössischen Krishna-Bewusstseins-Bewegung, die 1965 in den USA vom damals 70-jährigen Shrila Prabhupada, auch als A. C. Bhaktivedanta Swami (1896–1977) bekannt, gegründet wurde.

Shrila Prabhupada gehörte zu einer bengalischen Gaudîya-Stammlinie, die ihren Ursprung bis zu Madhva, ja sogar bis zur frühen vedischen Zeit zurückverfolgt. Nach Madhva und Caitanya – der dem Stammbaum die Lebenskraft spiritueller Realisierung einflößte – war das größte Genie dieser genealogischen Linie sein Hauptschüler Jîva Gosvâmin. Er verfasste den Shad-Sandarbha, einen Text, der das Bhâgavata-Purâna unter esoterischen Gesichtpunkten zu erklären sucht, und den Tattva-Sandarbha, eine philosophische Einführung zum vorhergehenden Text, sowie dreiundzwanzig weitere Schriften. Die Gaudîya-Linie hat eine ganze Reihe von Werken produziert, und sie alle rühmen das bhakti-Ideal auf das Höchste.

Viele andere Dichter folgten den Spuren Caitanyas und seiner Vorgänger, unter ihnen die Bauls des modernen Bengalen, die sich selber als Irre (kshepa) sehen. Die Bezeichnung „Baul" soll vom Sanskritbegriff vâtula kommen, der „Verrücktheit" bedeutet. Die Verrücktheit der Bauls ist von der ekstatischen Spielart, und es verlangt sie nur danach, sich innerlich der Gegenwart Gottes zu erfreuen und äußerlich ihre hingebungsvolle Liebe durch Lied und Tanz zu bekunden. Die Bauls umfassen auch weibliche Ekstatiker, im 20. Jahrhundert besonders die „Mütter" Anandamayi Ma, Arcanapuri Ma, Lakshmi Ma und Yogeshvari Ma. Der zeitgenössische westliche Lehrer Lee Lozowick, ein Schüler von Yogi Ramsuratkumar, hat gleichfalls seine Lebensweise und Lehre dem liebesverrückten, exzentrischen Stil der Bauls nachempfunden.[7]

In Indien gibt es auch eine Gruppe von muslimischen Bauls, „Auls" genannt (vom arabischen Wort awliya, das „Nähe" zu Gott meint). Ein Unterschied zwischen Hindu- und Muslim-Bauls (ihrerseits Sufis) ist nicht recht erkennbar und wird von einigen Bauls ganz und gar in Abrede gestellt – was sehr passend die Quintessenz der bhakti-Bewegung bezeugt: „Gott ist Einer und existiert für alle Menschen."

VIII. VOLKSTÜMLICHE LIEBESMYSTIK DES NORDENS

Eine Schilderung der bhakti-Bewegung bliebe, bei aller notwendigen Kürze, ohne Erwähnung der nordindischen Heiligen Kabîr, Mîrâ Bâî, Tulsî Dâs und Sur Dâs unvollständig, denn diese inspirierten mit ihrer mystischen Dichtung viele Generationen frommer Hindus.

Kabîr, Sohn eines muslimischen Webers, verbrachte Kindheit und Jugend in der heiligen Stadt Benares (Varanasi). Sein Geburts- und sein Todesjahr sind ungewiss. Einige Gelehrte favorisieren die Jahre 1398 bis 1448 n. Chr., andere 1440 bis 1518 n. Chr. oder ähnliche Datierungen. Schon früh liebte es Kabîr, den göttlichen Namen Râmas zu wiederholen (japa), was sowohl seine muslimischen wie seine hinduistischen Mitbürger verärgerte. Mit der Zeit aber wurde Kabîr zu einem dauerhaften Symbol der Toleranz. Einer Überlieferung zufolge war Kabîr Schüler von Râmânanda, seinerseits ein Schüler des berühmten südindischen Meisters Râmânuja. Seine Dichtung lässt jedoch die ebenso starke Beeinflussung durch den Sufismus erkennen, der mit beginnendem 13. Jahrhundert in Indien festen Fuß gefasst hatte. Der Einfluss wird in Kabîrs Ablehnung aller religiösen Bildnisse besonders deutlich.

Kabîr sprach inspiriert für eine einfache, direkt-persönliche Hingabe ans Göttliche und wurde es nie müde, die allen äußerlichen, konventionell-religiösen Formen eigenen Begrenzungen ironisch hervorzuheben. Er sah sich als „Râmas Weib" oder als „Gottes Braut", doch eifrig betonte er, dass Râma (Hindi: Râm) nicht eine exklusiv hinduistische-Gottheit sei. So verwendete er in seinen Gedichten und Liedern auch viele andere Namen für das Göttliche. Ihm erschien Gott als undefinierbar und unwissbar,

[7] *Siehe L. Lozowick, Hohm Sahaj Mandir Study Manual: A Handbook for Practitioners of Every Spiritual and/or Transformational Path (Prescott, Arizona, USA: Hohm Press, 1996), 2 Bde.*

Kabîr

jenseits der Reichweite von Dogmen und Doktrinen. Doch bestand er darauf, dass Gott im Inneren realisiert werden könne, falls man weiß, wie „der Schlüssel in die zehnte Türe einzusetzen ist". Die „zehnte Türe" – im Unterschied zu den neun Portalen (Öffnungen) des menschlichen Körpers, durch die das Bewusstsein nach außen fließt – ist in der Mitte des Kopfes lokalisiert, an einer Stelle, die auch „Drittes Auge" heißt.

Kabîrs Dichtung, in Hindi geschrieben, ist schlicht und doch machtvoll und ergreifend. Eine große Zahl seiner Gedichte und Aussprüche wurde von einem seiner Anhänger 1570 n. Chr. unter dem Titel Bîjak zusammengestellt. Viele dieser Kreationen wurden ins Âdi-Granth aufgenommen, in die heilige Schrift der Sikhs, deren Spiritualität im Kapitel 16 kurz vorgestellt wird.

Eine andere große, sehr beliebte Dichterin und Heilige dieser Zeit ist Mîrâ Bâî, eine Rajputen-Prinzessin, die wahrscheinlich von 1498 bis 1546 n. Chr. lebte. Ihre spirituelle Aspiration wurde durch die kurz aufeinanderfolgenden Tode ihrer Eltern und ihres Ehemanns geweckt. Sie nahm das Wanderleben einer bhakti-Minnesängerin auf. Ihre erwählte Gottheit war Krishna, in den sie all ihren Glauben legte. Sie portraitiert sich selbst als eine seiner Kuhhirtinnen (gopî), die sich mit ihm in der mystischen Region von Vrindâvana ergeht. Reich an Bildern und Metaphern, sind Mîrâ Bhâîs Lieder überaus lyrisch und dazu angelegt, in anderen Menschen die gleiche intensive Sehnsucht nach Krishna zu entzünden.

Eine Generation später besang Tulsî Dâs (1532–1623 n. Chr.) den Ruhm von Gott in der erwählten Gestalt Râmas. Anhänger von Râmânanda erretteten ihn vom Dasein eines Straßenjungen, und er wurde zum vielgeliebten Verfasser zahlloser populärer Hindi-Gedichte zu Ehren von Gott Râma. Er schuf auch eine viel gepriesene Version des Râmâyana-Epos in einheimischer Mundart, als Râma-Carita-Mânasa („See von Ramas Leben") betitelt.

Ein Zeitgenosse von Tulsî Dâs und mit ihm um Ruhm wetteifernd war Sur Dâs. Wie der Grieche Homer wurde Sur Dâs blind geboren, aber seine Gott Krishna gewidmete Liebesdichtung drückt großes visionäres Genie aus. Seine dichterischen Schöpfungen wurden gesammelt im Sur Sâgar („Surs Ozean"), einem gewaltigen Œuvre von über fünftausend Gedichten in einer Ausgabe, obgleich noch andere Tausende von Gedichten gleichfalls seinen Namen tragen. Die Tradition gedenkt des Sur Dâs als eines wahrhaft inspirierten und fruchtbaren Dichters; doch stammen wohl nicht alle ihm zugeschriebenen Gedichte aus seiner Feder.

Nordindien hat noch viele weitere Dichter-Heilige hervorgebracht, die den leidenschaftlichen Pfad von Bhakti-Yoga gingen und dabei Gott Vishnu in einer seiner Inkarnationsformen verehrten – so viele inspirierte Dichter-Heilige sind es, dass sie hier nicht einzeln aufgeführt werden können.

Kapitel 13

Yoga und Yogins in den Purânas

„Man sollte die Veden mittels der Itihâsas [populäre Geschichtensammlungen] und der Purânas veranschaulichen, denn die Veden selbst verweigern sich dem ungeschulten Verstand, der ihnen Schaden zufügen könnte.“

Vâyu-Purâna (1.201)

I. Der nackte Asket

Es begab sich einmal, dass Gott Shiva in der jugendlichen Gestalt des totenschädelbehängten nackten Asketen Kâlabhairava im Devadâru-Wald umherstreifte. Er war von seiner Ehegefährtin Satî und Gott Vishnu in menschlicher Form begleitet. Viele Heilige, Seher und Weise wohnten, zum Teil mit ihren Familien, in diesem Wald. Wo immer Kâlabhairava hinzog, waren die Frauen von ihm so betört, dass sie sich die Kleidung vom Leib rissen, ihn berührten, ihn umarmten und ihm auf Schritt und Tritt folgten. Die jungen Männer waren von ihm ähnlich berückt. Die heiligen Männer aber gerieten ob des schamlosen Benehmens des Fremden und seiner verzaubernden Wirkung auf ihre Frauen und Söhne in Zorn. Sie forderten ihn auf, seine Genitalien zu bedecken und wirkliche Askese (tapas) zu üben. Unter Verwendung ihrer durch Jahrzehnte intensivster Kasteiungen aufgespeicherten, psychischen Kräfte verfluchten sie Kâlabhairava mehrmals. Doch ihre Verfluchungen prallten ab „wie Sternenlicht, das auf Sonnenstrahlen trifft“, ohne irgendeinen Schaden anzurichten. Wütend über den Misserfolg, fingen sie an, den nackten Asketen mit Stöcken zu schlagen, und er musste flüchten.

Danach kam Kâlabhairava mit seinen Gefährten zur Klause des Weisen Vasishtha , wo er um Almosen bettelte. Die Frau des Weisen, Arundhatî, trat mit großer Ehrerbietung an den Besucher heran und wollte ihn speisen. Aber wieder wurde Kâlabhairava von den heiligen Männern der Umgebung verjagt. Sie riefen ihm nach, er solle sich seinen Penis ausreißen, so dass die Leute nicht mehr daran Anstoß nähmen. Ohne zu zögern, riß sich Kâlabhairava sein Glied aus – und löst sich augenblicklich in Luft auf. Plötzlich war die ganze Welt in Dunkelheit getaucht, und die Erde bebte.

Schließlich ging den Sehern und Weisen auf, dass Kâlabhairava niemand anderer als Gott Shiva selbst war, und Scham und Schrecken überwältigte sie. Auf Anraten des Weltenschöpfers Brahma ersuchten sie Shiva um die Vergebung, indem sie sein Symbol (den linga) als die Qualität der Kreativität verehrten. Nach angemessener Zeit kehrte Shiva in den Wald zurück und enthüllte den reuevollen Weisen die Geheimnisse des pâshupata-yoga („Yoga des Herrn der Geschöpfe“).

Diese Geschichte, erzählt im 2. Kapitel des Kûrma-Purâna, ist typisch für den Legendenstoff, vor dem die Purâna-Literatur überquillt. Solche Geschichten waren für das einfache Volk gedacht, und nie verfehlten sie ihr Ziel, es zu unterhalten und zu erbauen, ihm gleichzeitig die heiligen Praktiken und Ideen derjenigen zu veranschaulichen, die ihr Leben der Erlangung von Befreiung oder, gegebenenfalls, paranormalen Kräften weihten.

II. YOGALEHREN IN DEN PURANISCHEN ENZYKLOPÄDIEN

Die Purânas sind volkstümliche Enzyklopädien im weitschweifigen Stil des Mahâbhârata-Epos, wiewohl etwas gegliederter. Das Wort purâna bedeutet einfach „alt" und bezeichnet in unserem Kontext eine uralte Erzählung, bezieht sich also auf Inhalte, die vom Ursprung der Dinge handeln – von Stammbäumen königlicher Familien bis zur Entwicklung des Universums. Die Purânas sind eine Mischung aus Mythos und Geschichte, aus Tradition und Innovation.

Das puranische Erbe reicht bis zu vedischen Zeiten zurück, als die Purânas noch auswendig gelernt und mündlich weitergegeben, aber kaum aufgeschrieben wurden. Ein Verweis im Atharva-Veda (11.7.24) legt allerdings nahe, dass es auch schon in dieser frühen Ära einige niedergeschriebene Werke mit dem Titel Purâna gab. Sie werden manchmal als fünfter Veda betrachtet, was ihre damalige hohe Wertschätzung reflektiert. Ursprünglich durch Geschichtenerzähler (sûta) außerhalb brahmanisch-orthodoxer Kreise weitergegeben, wurden sie allmählich mehr und mehr zum „Eigentum" brahmanischer Familien, die sich auf ihren Vortrag spezialisierten. In gewisser Hinsicht spielten die Purânas für das Volk dieselbe Rolle wie die Vedas und Brâhmanas für die vedischen Priester-Familien. Ihre Mythologie fußte zum Teil in der vedischen Mythologie, entwickelte sich aber dann eigenständig weiter. Und heutzutage, da sich Hindus in der Regel kaum der Mythen und Legenden der Veden entsinnen können, sind sie statt dessen tief eingetaucht in die Bilder- und Vorstellungswelt der puranischen Legenden.

Keine einzige der frühesten Kompositionen dieses literarischen Genres blieb erhalten, aber sehr wahrscheinlich blieben einige ihrer alten Lehren in den heute existierenden 18 großen Purânas aufbewahrt. Der älteste dieser existierenden Texte scheint erst in den ersten Jahrhunderten n. Chr. geschaffen worden zu sein. Ein paar, wie das wichtige Bhâgavata-Purâna, sind noch spätere Schöpfungen. All diese Werke enthalten zweifellos Material aus unterschiedlichen Zeiten, und alle sollen laut Überlieferung vom Weisen Vyâsa („Arrangeur" oder „Ordnender") verfasst worden sein, dem doch bereits die Kompilation der vier vedischen Samhitâs zugeschrieben wird. Dem Vishnu-Purâna (3.6) zufolge stellte Vyâsa die sogenannte Purâna-Samhitâ aus diversen alten Erzählungen zusammen und übergab sie dann seinem Schüler Romaharshana. Der wiederum händigte sie an seine Schüler Kashyapa, Sâvarni und Shâmsapâyana aus, die ihrerseits jeweils eigene Texte schrieben.

Die 18 Mahâ („Großen")-Purânas, von denen jede aus Zehntausenden von Strophen besteht, sind das Brahma- (manchmal auch als Âdi, d.h. als „Ursprüngliches" bezeichnet), das Padma-, Vishnu-, Vâyu-, Bhâgavata-, Nârada-, Mârkandeya-, Agni-, Bhavishya-, Brahma-Vaivarta-, Linga-, Varâha-, Skanda-, Vamâna-, Kûrma-, Matsya-, Garuda- und Brahmânda-Purâna.

Außer den Mahâ-Purânas gibt es noch 18 Upa(„Sekundäre" oder „Kleinere")-Purânas sowie eine Reihe lokaler Kompositionen, gleichfalls als Purânas bezeichnet. Einer der bedeutendsten dieser sekundären Texte ist das Devî-Bhâgavata-Purâna, das die Verehrung der großen Göttin behandelt.

All diese Werke suchen den Gläubigen über die verschiedenen religiösen Traditionen zu unterrichten, und sie trugen sehr viel zur Erziehung der Massen bei. Im idealen Fall behandeln sie fünf Hauptthemen: Gewöhnlich beginnen sie mit einer mythologischen Beschreibung der Erschaffung (sarga) der Welt, gefolgt von der Wiedererschaffung (pratisarga) nach ihrer Zerstörung am Ende eines Weltenzyklus (kalpa). Die Genealogien (vamsha) der Seher und Gottheiten bilden das dritte Hauptthema, danach folgt ein mythologischer Bericht über die Welt-Äonen, manvantara („Manus Interregnum") genannt. Dies sind die großen Lebenszyklen, von denen jeder einzelne seinen eigenen Manu hat, der, so wie der biblische Adam, die Menschheit hervorbringt. Und schließlich sollten die Purânas auch die Stammbaum-Geschichten (vam-sha-anucarita[1]) der Königsdynastien behandeln.

Doch nur wenige Purânas folgen diesem traditionellen Ideal der sogenannten „fünf Charakteristika" (panca-lakshana), und die meisten enthalten nicht dazugehörige Dinge, einschließlich kurzer Traktate über Yoga. Die behandelten Yoga-Arten unterscheiden sich voneinander sehr, aber allen gemeinsam ist mehr oder weniger die Verehrung besonderer Gottheiten, hauptsächlich von Vishnu und Shiva. Deshalb überrascht es nicht, wenn die meisten dieser Lehren rituellen Charakter zeigen, wiewohl ein paar Texte einen kontemplativeren Typ von Yoga vorstellen.

Das Brahma-Purâna spricht im Kapitel 235 (Verse 4–29) über Yoga. Hier können wir lesen, dass die Anwärter zuerst ihrem Lehrer liebevolle Verehrung entgegenbringen und die Yoga-Texte sowie die Vedas, Purânas und Itihâsas studieren sollen. Dann erst, und nachdem sie sich auch mit den Regeln von rechter Ernährung, von rechtem Ort und rechter Zeit fürs Praktizieren und mit den Fehlern (dosha) auf dem yogischen Pfad vertraut gemacht haben, sollen sie mit der Yogapraxis (yoga-abhyâsa) beginnen, dabei Begierde und das Paar der Gegensätze (dvandva) transzendieren.

Den Ausübenden wird geraten, nicht unkonzentriert, müde oder hungrig, oder wenn es zu kalt, zu heiß oder zu windig ist, zu praktizieren. Sie sollten auch Orte, die zu laut oder zu nahe am Wasser oder Feuer sind, verwahrloste Kuhställe, Kreuzungen, ungezieferverseuchte Orte, Friedhöfe, Flussufer, Klöster, Ameisenhügel, Brunnen, laubbedeckte Stellen oder anderweitig gefahrvolle Plätze vermeiden. Aspiranten, die diese Ratschläge ignorieren sollten, werden vor einer ganzen Zahl unangenehmer Konsequenzen gewarnt, inklusive Taubheit, Blindheit, Schweregefühl, Gedächtnisverlust, Stummheit, Trägheit und Fieber. Als passende Orte zählen z.B. die Wohnstätte eines Eremiten (âshrama), ein leer stehendes Gebäude in einer ruhigen, angstfreien Stadt oder ein isoliert stehender, reiner und erquicklicher Tempel.

[1] *Geschrieben vamshânucarita.*

> **„Ausatmend in Verbindung mit der Silbe hûm, berührt der Lehrer die Brust [des Schülers] sanft mit einer Blume und tritt in dessen Körper ein.“**
> Agni-Purâna 83.12

Die besten Zeiten für die Yogapraxis seien der Morgen, der Mittag und das erste oder letzte yâma (drei Stunden) der Nacht. Dem Praktizierenden wird außerdem geraten, auf einem weder zu hohen noch zu niedrigen Sitz, nach Osten blickend, zu sitzen. Zu allen Zeiten sollte er den Körper vom Kopf bis zu den Zehen in einer ausgewogenen Stellung halten. Die empfohlene Pose ist die Lotos-Position (padma-âsana, padmâsana geschrieben), bei der man mit halb geschlossenen Augen auf die Nasenspitze blickt. Während der Meditation sollten die Augen jedoch geschlossen sein, und sie sollte vorzugsweise mit der heiligen Silbe om ausgeführt werden. Das heißt, man soll die Handlungs- und Wahrnehmungsorgane sowie die fünf Elemente dem „Kenner des Feldes“ (kshetra-jna) – also dem universalen Selbst, im begrenzten Körper-Verstand-System („Feld“ oder kshetra genannt) wohnend – übergeben.

Wer die Fähigkeit erwirbt, vermag die Sinne zurückzuziehen, so wie eine Schildkröte ihre Gliedmaßen einzieht. Erfolgreich im Yoga werden jene sein, die von allen Sinnesobjekten ablassen und das höchste Absolute, den purusha-uttama (purushottama geschrieben), den unübertrefflichen Geist finden. Dieser Zustand heißt der „Vierte“ (turya); er findet sich jenseits des Wach-, Traum- und Schlafzustandes. Im Vers 235.28 wird Yoga definiert als „die Vereinigung des Verstands und der Sinne [mit dem Selbst]“ (manasash ca indriyânâm ca samyogah).

Dem letzten Buch des Padma(„Lotos“)-Purâna ist ein Anhang angefügt – als „Essenz des rituellen Yoga“ (Kriyâ-Yoga-Sâra) betitelt –, der empfiehlt, Vishnu nicht durch Meditation (dhyâna), sondern mit Gebeten und Opferritualen zu verehren. Im Gegensatz dazu versteht das Vishnu(„Durchdringender“)-Purâna, in seinem kurzen sechsten Buch von Yoga handelnd, den meditativen Pfad als Yoga – Vishnu sei das einzige Objekt, über das zu kontemplieren sich lohne, denn er allein garantiere ewige Freiheit.

Das Vâyu(„Wind“)-Purâna beschreibt in seinem Abschlusskapitel den Yoga als ein Vehikel zu „Shivas Stadt“ (shiva-pura), die mit der Vaishnava-Vorstellung von vaikuntha, der himmlischen Region Vishnus, korrespondiert. Die spezifische yogische Methode wird dabei als maheshvara-yoga bezeichnet, als „Yoga des großen (mahâ) Herrn (îshvara)“. Sie zeigt fünf Elemente (dharma), nämlich Atemkontrolle (prânâyâma), Meditation (dhyâna), Beherrschung der Sinne (pratyâhâra), Konzentration (dhâranâ) und Wiedererinnerung (smarana). Die Atemkontrolle zeigt drei Variationsgrade: einen milden, bei dem der Atem für 12, einen mittleren, bei dem der Atem für 24, und einen höchsten, bei dem der Atem für 36 Zeiteinheiten (mâtrâ) zurückgehalten wird. Die völlige Beherrschung der Lebenskraft führt zur Tilgung aller Sünden und körperlichen Mängel, die Atemkontrolle bringt Frieden (shânti), Ruhe (prashânti), Leuchten (dîpti) und gnadenreiche Klarheit (prasâda). Der Friede wäscht die Missetaten der eigenen Vorfahren ab, die Ruhe neutralisiert persönliche Sünden, das Leuchten bezieht sich auf die Schau von Vergangenheit, Gegenwart und Zukunft, und die gnadenreiche Klarheit meint den Zustand vollständiger Zufriedenheit, erworben durch Befriedung der Sinne und des Verstands sowie der fünferlei Lebenskräfte im Körper. Die Beherrschung der Sinne wird hier als Kontrolle der Wünsche gesehen, die den Einfluss der äußeren Wirklichkeit schwinden lässt. Die Meditation enthüllt, dass man so leuchtend wie die Sonne ist. Sie erzeugt auch die verschiedenen übernatürlichen Kräfte, „Hindernisse" (upasargas) genannt; sie sollen vermieden werden. Jede Erscheinung des Naturreiches kann als Mediationsobjekt dienen, und dem Yogi wird angeraten, nacheinander über die sieben existenziellen Kategorien zu meditieren, um sie danach hinter sich zu lassen. Die sieben Kategorien umfassen die fünf Elemente, den Verstand (manas) und die Vernunft (buddhi). Aufgrund der so erworbenen Losgelöstheit vermag sich der Yogi allein auf den Herrn, auf Maheshvara zu konzentrieren und dadurch das höchste Ziel der Befreiung (apavarga) zu erreichen.

Das Bhâgavata-Purâna, von Yoga-Material überbordend, wurde in Verbindung mit Bhakti-Yoga im 2. Kapitel kurz und ausführlicher im 12. Kapitel angesprochen. Seine Uddhâva-Gîtâ (s. Quellenlektüre 14) ist ein inspirierender Yoga-Text für Aspiranten, die dem Pfad der Hingabe folgen.

Das Linga(„Unterscheidendes Merkmal")-Purâna führt in den Kapiteln 7–9 yogische Konzepte ein. Der Begriff linga wird häufig mit „Phallus" übersetzt, aber er steht eigentlich für das kosmisch-kreative Prinzip, das charakteristische Merkmal des Göttlichen in Gestalt Shivas. Als, der Legende zufolge, Brahma und Vishnu das Ausmaß von Shivas linga festzustellen suchten, konnten sie weder seinen Beginn noch sein Ende finden. Wie Shiva im Linga-Purâna (1.19.16) erklärt, heißt der linga eben so, weil am Zeitenende sich alles in ihm auflöst (lîyate).

Im achten Kapitel dieses Purâna wird gesagt, dass der achtfache Yoga, von Patanjali zum erstenmal beschrieben, aus der gnadenvoll geschenkten Weisheit (jnâna) entstammt. Die Disziplin (yama) wird als Enthaltung kraft Askese definiert. Die Selbstbeherrschung (niyama) umfasst zehn praktische Anwendungen: Reinlichkeit (shauca), Opfer (ijyâ), Askese (tapas), Mildtätigkeit (dâna), Studium (svâdhyâya), Beherrschung der Sexualorgane (upastha-nigraha), Ritual (vrata), Fasten (upavâsa), Schweigen (mauna) und tägliches Baden (snâna). An anderer Stelle werden Nicht-Gier (anîhâ), Sauberkeit, Zufriedenheit (tushti), Askese, Rezitieren (tapas) von Shivas Namen und Körperstellungen (âsana) als Bestandteile der Selbstbeherrschung genannt.

Die Zügelung der Sinne wird erklärt als Übergabe (pranidhâna) von Körper, Verstand und Rede an Shiva und unbeirrbare Hingabe zum eigenen Lehrer, dazu als Zurückziehen der Sinne aus der Außenwelt. Konzentration bedeutet die Fixierung des Verstands auf einen passenden Punkt, während die Meditation als natürliches Produkt der Konzentration entsteht. Ekstase ist jener Zustand, in dem allein das höchste Bewusstsein derart erstrahlt, als sei der Körper nicht vorhanden.

Die Atemkontrolle wird als Schlüssel zu den höheren Bewusstseinszuständen gesehen. Bei ihrer milden Form bilden zwölf Einheiten einen einzigen „Schlag" (udghâta), beim mittleren Grad zwei und beim höchsten Grad drei „Schläge". Auf jeder Übungsebene kommt es dabei zu etlichen Symptomen, u.a. zu Schwitzen, Zittern, Schwindelgefühl, Sträuben der Haare und sogar zur Levitation. Ähnlich wie in vielen mittelalterlichen Yoga-Texten werden bei der Atemkontrolle zwei Haupttypen unterschieden: sagarbha und agarbha, d.h. „mit Saatkeim" und „ohne Saatkeim". Das Wort garbha bezieht sich hier auf die Mantra-Rezitation.

Im neunten Kapitel führt das Linga-Purâna eine lange Liste von Hindernissen und Vorzeichen an. Zu den Hindernissen zählen die paranormalen Kräfte (siddhi), die bei forcierter Yoga-Praxis auftreten können. Kapitel 88 zeigt eine Übersicht dieses pâshupata-yoga; der Verfasser des Linga-Purâna behauptet, dass nur dieser Yoga-Typ die acht großen paranormalen Kräfte, dort aishvarya genannt, hervorbringe.

Das Kûrma(„Schildkröte")-Purâna, nach Vishnus Schildkröten-Inkarnation benannt, enthält zahlreiche faszinierende Mythen über Vishnu, aber auch über Shiva. Im zweiten Teil stoßen wir auf zwei bekannte Bhagavad-Gîta-„Imitationen" – die Îshvara-Gîtâ und die längere Vyâsa-Gîtâ. Zur ersteren Gîtâ gibt es einen ausführlichen Kommentar des Yogi-Philosophen Vijnâna Bhikshu, der meinte, er könne sich, da sie bereits alle wichtigen Charakteristika der Bhagavad-Gîtâ trage, einen weiteren Kommentar zu dieser ersparen.

Das Agni(„Feuer")-Purâna, ein gewaltiges Werk jüngeren Datums, mit enzyklopädischeren Qualitäten als die anderen Purânas, informiert ausgiebig über Rituale, Mantra-Rezitation, mudrâs (Hand- und Fingerstellungen), die Herstellung von yantras (mystischen Diagrammen, den kreisförmigen mandalas ähnlich) und prânâyâma (rituelle Atemkontrolle). Patanjalis achtgliedriger Yoga wird in den Kapiteln 352–358 behandelt.

Dem Yoga wird im Garuda(„Adler")-Purâna mit drei kompletten Kapiteln (nämlich 14, 49 und 118) über den achtgliedrigen Pfad ein wichtiger Platz eingeräumt. Diese Vaishnava-Schrift wurde in ihrer gegenwärtigen Form wahrscheinlich um etwa 900 n. Chr. verfasst. Sie definiert tapas eher als Sinneskontrolle denn als Askese, und sie erwähnt nur zwei Meditationshaltungen: die Lotos- und die gebundene Lotos-Stellung (baddha-padma-âsana[2]). Die Konzentration wiederum habe die Dauer von 18 prânâyâma-Zyklen, die Meditation dauere doppelt so lang, und die ununterbrochene Folge

[2] *Geschrieben baddhapadmâsana.*

von zehn Konzentrationszyklen führe zu Ekstase (samâdhi). Diese Schrift erwähnt auch Bhakti- und Tantra-Yoga.

Das voluminöse Shiva-Purâna handelt an verschiedenen Stellen über Yoga. So wird im Kapitel 17 des ersten Buches der Yoga der Mantra-Rezitation vorgestellt. 108 crores (1080 Millionen) Wiederholungen der heiligen Silbe om sollen zur Meisterschaft im „gereinigten Yoga" (shuddha-yoga) führen, was mit Befreiung gleichbedeutend ist. Der Text erklärt weiter, dass es drei Typen von shiva-Yogis gebe – erstens den mit heiligen Ritualen (kriyâ) befassten kriyâ-Yogi; zweitens den Askese (tapas) praktizierenden tapo-Yogi; schließlich den japa-yogi, der die beiden ersten Methoden praktiziert, dazu aber auch ständig das heilige fünfsilbige Mantra mit vorangestelltem OM: Om namah shivâya, „Om, Ehrbezeugung/Verbeugung vor Shiva", rezitiert.

Yoga taucht erneut in den Kapiteln 37–39 des letzten Buches des Shiva-Purâna auf, wo er als die Zügelung aller Aktivitäten und die geistige Konzentration auf Shiva definiert wird. Dabei werden fünf Arten oder Grade unterschieden:

1. Mantra-Yoga – die Bündelung der Aufmerksamkeit mittels der Anrufung Shivas durch das heilige fünfsilbige Mantra (s. oben);
2. Sparsha-Yoga („Kontakt-Yoga") – Mantra-Yoga, verbunden mit der Kontrolle der Lebensenergie (prânâyâma);
3. Bhâva-Yoga („Yoga des Daseins") – ist eine höhere Form des Mantra-Yoga, wobei der Kontakt mit dem Mantra verlorengeht und das Bewusstsein in eine subtile Dimension der Existenz eintritt;
4. Abhâva-Yoga („Yoga des Nicht-Daseins") – die Meditation gilt hier dem Universum in seiner Gänze und kulminiert in der Transzendierung jeder objektbezogenen Wahrnehmung;
5. Mahâ-Yoga („Großer Yoga") – die meditative Betrachtung Shivas ohne irgendwelche eingrenzenden Bedingungen.

Das Mârkandeya-Purâna, das seinen Namen vom Weisen Mârkandeya herleitet, einer zentralen Figur in dieser Erzählung, gehört zum 4. oder 5. Jahrhundert n. Chr. und wird als einer der ältesten Texte dieser Gattung eingeschätzt. Es spricht in den Kapiteln 36–43 über Yoga und auch detailliert über die Qualitäten, die eine den Yoga ausübende Person benötigt, sowie über die Umgebungsbedingungen, die für eine erfolgreiche Praxis nötig sind. Der Körper wird als wichtiges Instrument auf dem spirituellen Pfad betrachtet. Außerdem stellt dieses Purâna einen originellen Maßstab vor, mit dem yogische Perfektion zu bemessen ist: Der echte Yogi hat vor anderen Wesen keine Furcht, und andere Wesen fürchten ihn nicht.

Entsprechend dem Vorherrschen einer der drei Qualitäten der Natur (guna), gibt es drei Gruppen von yogins, und sie unterscheiden sich auch aufgrund ihrer Leistungen auf dem Pfad. So zieht der Verstand des Yogi auf der bhrama-Stufe („umherwandernden" Stufe) unbeständig in alle Richtungen und behindert seinen Fortschritt. Auf der prâtibha-Stufe („verstehenden" Stufe) versteht er die heiligen Schriften und andere Wissensbereiche. Auf der shravana-Stufe („zuhörenden" Stufe) versteht er die Bedeutung der verschiedenen Ebenen der Existenz. Auf der daiva-Stufe („göttlichen" Stufe) nimmt er höhere Wesen wahr, z.B. Gottheiten (deva).

Schließlich treffen wir im Devî-Bhâgavata-Purâna der Vaishnavas, das fast einem Tantra gleicht, auf eine wahre Fundgrube spiritueller Weisheit hinsichtlich der Verehrung der „Weltenmutter". Es beinhaltet auch Abschnitte über Yoga. Was dieses Werk, wahrscheinlich im 12. Jahrhundert verfasst, besonders auszeichnet, ist seine hohe Wertschätzung des weiblichen Geschlechts. In einer Legende über die Anfangsphase der Schöpfung wird erzählt, dass Brahma, Vishnu und Shiva erst in Frauen verwandelt werden mussten, ehe sie die Große Göttin in ihrer erhabenen Form erschauen

QUELLENLEKTÜRE 15

DAS MÂRKANDEYA-PURÂNA (AUSWAHL)

Der nachstehende Auszug ist dem 40. Kapitel entnommen, worin der Weise Dattâtreya seinen Schüler Alarka instruiert. Die Strophen geben uns einen Eindruck vom ritualistischen Charakter dieser yogischen Lehre.

Der gesegnete Herr sprach:

Er soll seinen Fuß niedersetzen, erst nachdem [er den Weg vor sich] mit dem Auge säuberte. Er soll nur Wasser trinken, das mit einem Tuch gefiltert, nur Worte sprechen, die durch Wahrheit geklärt wurden, und nur denken, was durch Weisheit (buddhi) vollständig gereinigt wurde. (4)

Der Kenner des Yoga soll nirgendwo zu Gast sein und nicht an Ahnenverehrungen, Opfern, Pilgerfahrten zu [den Tempelstätten der] Gottheiten und Festlichkeiten teilnehmen. Er soll sich auch nicht unter demonstrierende Menschenmengen mischen. (5)

Der Kenner des Yoga soll umherziehen, [seine tägliche Nahrung] erbetteln und [auch] von dem leben, was er im Abfall findet. [Er soll betteln] an Orten, wo kein Rauch [vom Herd] aufsteigt, wo die Kohle erloschen ist, und bei denjenigen, die bereits gegessen haben, jedoch auch nicht andauernd bei diesen drei [Orten]. (6)

Da ihn die Menge deswegen verspottet und verachtet, soll der Yogi, angejocht [im Yoga], auf dem Pfad der Tugendhaften schreiten, um nicht besudelt zu werden. (7)

Er sollte um Almosen bei Haushältern und bei Hütten von Wandermönchen betteln: Ihre Lebensweise ist mustergültig und die beste. (8)

Der Asket (yati) sollte sich dazu immer [in der Nähe von] frommen, selbstbeherrschten und großherzigen Haushältern aufhalten, die in den Veden bewandert sind. (9)

Außerdem [sollte er weilen in der Nähe von] unschuldigen und nicht-kastenlosen Menschen. Bei den Kastenlosen zu betteln, wäre das allerniedrigste Leben, das er sich wünschen könnte. (10)

Die erbettelte Nahrung [kann bestehen aus] Haferschleim, verdünnter

konnten. Die Entstehungsgeschichte der tantrischen Rituale erinnert uns daran, welche entscheidende Rolle weibliche Eingeweihte (bhairavîs) bei der Weitergabe tantrischer Lehren einst spielten.

Man kann sogar in gewisser Hinsicht die kundalinî-shakti als quasi verinnerlichtes Symbol für die initiatorische Funktion dieser weiblichen Adepten sehen. Weiblich sind in der Tat die Begriffe kundalinî wie auch sushumnâ; letztere bezeichnet den Mittel-Kanal, durch den die kundalinî-Kraft aufwärts zum psychoenergetischen Zentrum am Scheitel des Kopfes drängt. Dem Devî-Bhâgavata wie auch anderen tantrischen Schriften zufolge sind alle psychischen Energiezentren, die sich wie Perlen am mittleren Kanal auffädeln, mit weiblichen Gottheiten assoziiert. Es nimmt nicht wunder, wenn dieses Upa-Purâna Liebe und liebende Hingabe mit den psychotechnischen Aspekten der tantrischen Methode vereinbart.

Die Purânas enthalten also Berichte über und Verweise auf eine ganze Reihe von yogischen Schulen. Manche dieser Schulen folgen mehr oder weniger strikt Patanjalis Konzept des achtgliedrigen Pfades, wenn sie auch die acht Glieder gelegentlich anders interpretieren als jene große Yoga-Autorität.

[3] Dies sind die verschiedenen Formen der Lebensenergie, die im 17. Kapitel kurz erläutert werden.

Buttermilch oder Milch, Gerstenbrühe, Früchten, Wurzeln, Hirse, Mais, Ölkuchen oder Grütze. (11)

Es sind dies angenehme Speisen, die des Yogi [Streben nach] Vollendung (siddhi) unterstützen. Der Weise sollte sich ihnen mit Hingabe und höchster Konzentration (samâdhi) widmen. (12)

Nachdem er zuerst Wasser trank, soll er sich still sammeln. Dann soll er die erste Gabe dem prâna [der Lebensenergie] offerieren. (13)

Die zweite [Gabe] soll an apâna, die dritte an samâna, die vierte an udâna und die fünfte an vyâna gehen. (14) [3]

Nachdem er die Gaben nacheinander offerierte, [dabei fortwährend] die Lebensenergie (prâna) [durch kontrolliertes Atmen] beherrschte, mag er dann den Rest nach Herzenslust genießen. Wieder trinke er dann Wasser, spüle Mund und Hände und berühre sein Herz [die Brust]. (15)

Nichtstehlen, Keuschheit, Leidenschaftslosigkeit, Begierdelosigkeit und Nicht-Verletzen – das sind die fünf wichtigsten Gelübde eines Wandermönches (bhikshu). (16)

Abwesenheit von Zorn, Gehorsam gegenüber dem Lehrer, Reinheit, Mäßigkeit beim Essen, ständiges Studium – das sind die fünf bekannten [Formen der] Selbstbeherrschung (niyama). (17)

Vor allem sollte er [der Yogi] sich Wissen widmen, das zum Ziel führt. Die Vielfalt des Wissens, wie es hier [auf Erden] existiert, ist ein Hindernis im Yoga. (18)

Er, der durstbesessen (trishita) allem nachhastet [im Glauben, dass er] dieses oder jenes wissen [muss], wird nicht einmal in tausend Äonen erlernen, was erlernt werden soll [nämlich die höchste Wirklichkeit]. (19)

Er lasse die menschliche Gesellschaft zurück, zügle den Zorn, esse maßvoll, kontrolliere die Sinne, verriegele die Tore [des Leibs] vermittels der Weisheit (buddhi) und lasse den Verstand in der Meditation zur Ruhe kommen. (20)

Der Yogi, der beständig im Yoga lebt, soll in leeren Räumen, Höhlen und im Wald meditieren. (21)

Was sie aber ganz eindeutig von Patanjalis Tradition unterscheidet, ist ihre Betonung eines einzigen höchsten Prinzips – des Selbst oder Gottes.

Zwar gibt es bis heute nur wenige Forschungsarbeiten zum puranischen Yoga, doch stehen alle größeren Purânas in einigermaßen verlässlichen englischen Übersetzungen zur Verfügung; weitere Texte dieser literarischen Gattung werden im Rahmen der „Indischen Übersetzungs-Reihen", gesponsert von indischer Regierung und UNESCO, fortlaufend ins Englische übertragen. Nach Abschluss des Unternehmens wird die *Ancient Indian Tradition & Mythology Series*, übersetzt von einer Gruppe von Gelehrten und veröffentlicht bei Motilal Banarsidass, Delhi, einhundert Bände umfassen. Der in diesen Schriften aufbewahrte Schatz von Mythen und Legenden vermag den Yoga-Studenten für lange Zeit zu inspirieren.

Beherrschung der Rede, Beherrschung des Tuns und Beherrschung des Denkens – dies sind die drei [Meisterschaften]. Er, der diese Beherrschungen fehlerlos [ausübt], ist ein mächtiger „dreifach beherrschter" Asket. (22)

KAPITEL 14

Der yogische Idealismus des Yoga-Vâsishtha

**„Wurde dieses [Yoga-Vâsishtha] einmal gehört,
erwogen und verstanden, dann werden Askese,
Meditation und Rezitation überflüssig.
Was braucht ein Mensch noch, um Befreiung zu erlangen?“**
YOGA-VÂSISHTHA (2.18.36)

I. ÜBERBLICK

Was immer in diesem [Buch] steht, [findet sich] auch in anderen [Büchern], aber was nicht darin steht, wird auch nicht woanders [zu finden sein]. Daher schätzt der Gebildete dieses [Werk] als das Schatzhaus aller philosophischen Bildung. (3.8.12)

So verkündet es stolz der Verfasser des Yoga-Vâsishtha-Râmâyana, eines philosophischen Werkes von etwa 27.687 Strophen (laut Überlieferung ursprünglich 32.000), geschrieben in schönstem poetischen Sanskrit. Der Autor – den die Tradition fantasiereich als Vâlmîki, den Schöpfer des Râmâyana, identifiziert – ist Dichter, Philosoph, Psychologe und Yogi in einer Person. In Form eines imaginären Dialogs zwischen dem klassischen Helden Râmacandra (Râma) und seinem Lehrer Vasishtha[1] präsentiert Vâlmîki eine Fülle von Ideen, Geschichten und Erfahrungen, die eine ungewöhnlich tiefe und universelle Perspektive zeigen.

Die ursprüngliche, jetzt verlorene Version des Yoga-Vâsishtha wurde wahrscheinlich im 8. Jahrhundert n. Chr. verfasst. Im 9. Jahrhundert wurde sie durch Gauda Abhinanda zum – nach wie vor existierenden – Laghu(„Kurzen“)-Yoga-Vâsishtha mit 4829 Strophen (laut Überlieferung ursprünglich 6000) gestrafft. Vâlmîkis Werk beeinflusste die Yoga- und Vedânta-Theorie und -Praxis erheblich. Es wurde in eine Reihe von indischen Umgangssprachen, besonders Hindi und Urdu, übersetzt und erhielt mehrere Kommentare und Zusammenfassungen. So zitierte der im 14. Jahrhundert lebende Vedânta-Philosoph Vidyâranya in seinem berühmten Jîvan-Mukti-Viveka nicht weniger als 253 Strophen daraus und kompilierte dazu den Yoga-Vâsishtha-Sâra-Samgraha mit etwa 2300 Versen. Es gibt auch einen gekürzten Abriss mit 225–230 Strophen, als Yoga-Vâsishtha-Sâra betitelt, von einem unbekannten Verfasser. Rama Tirtha, ein Heiliger aus neuerer Zeit, nannte das Yoga-Vâsishtha „eins der größten Bücher und, aus meiner Sicht, das wunderbarste, das je unter der Sonne geschrieben wurde, … und das niemand auf Erden lesen kann, ohne Gott-Bewusstsein zu erfahren.“[2]

II. ALLEIN DER GEIST – DIE IDEALISTISCHE PERSPEKTIVE

Die Philosophie des Yoga-Vâsishtha ist radikal monistisch. Ihre oft wiederholte Grundthese: Es gibt nur Bewusstsein (citta). Dieses Bewusstsein ist allgegenwärtig, allwissend und formlos. Der Weise Vasishtha bezeichnet es auch als das Absolute (brahman) und sagt dazu, das reine Bewusstsein sei gesättigt mit unendlich vielen Bildern diverser Gestaltungen der Natur, so

[1]Der Name des Heiligen hat zwei sh-Laute; im Titel von Vâlmîkis Werk aber wird korrekt Vâsishtha geschrieben.

[2]In Woods of God-Realization: The Complete Works of Swami Rama Tirtha (Lucknow, India: Rama Tirtha Pratisthan, 9. Aufl., 1979), Bd. 3, p. 295.

wie der Sinn des Malers erfüllt ist von zahlreichen Abbildern mannigfaltiger Objekte. Wir treffen auf diese Vorstellung auch in der Lehre des christlichen Mystikers Meister Eckhart. Vasishtha definiert das Absolute wie folgt:

> Es ist das Selbst (purusha) des Willens (samkalpa), bar jedes materiellen Aspektes wie des Erdelements [und der anderen Elemente]. Es ist singulär (kevala), allein Bewusstsein, die eigentliche Ursache für das Vorhandensein des dreifältigenUniversums.[3] (3.3.11)

Die Erscheinungswelt ist nichts als eine Widerspiegelung dieses universellen Geistes. Ja, sie ist dieser Geist. Die erfahrenen Dinge sind lediglich eine vom Geist heraufbeschworene Vorstellung (kalpanâ), gleich wie die Dinge und Schemen, die unsere Träume bevölkern. Auch Raum und Zeit sind Vorstellungen des Geistes. Nur wegen der spirituellen Ignoranz (avidyâ), die uns umfängt, können wir diese Wahrheit nicht sehen. Tritt der yogin in den Zustand der Vereinung, der Ekstase (samâdhi) ein, so löst sich aller Raum auf und alle Zeit steht still.

Die Welt ist weder wirklich noch unwirklich. Sie existiert im Bewusstsein, doch scheint sie für den unerleuchteten Verstand außerhalb desselben zu sein. Sie ist wie ein Traum – oder wie eine Blase, die im absoluten Bewusstsein emportreibt. Verstehen wir, dass die Welt, die wir wahrnehmen, „unsere" Welt, „unsere" Schöpfung ist, dass Knechtschaft und Freiheit Zustände des Verstandes sind, so sollte der nächster Schritt erfolgen, nämlich die Gewohnheit der fehlerhaften Konzeptbildung aufzugeben. Man muss über den Verstand (manas) hinaus in eine höhere Dimension gelangen.

Diese Philosophie lässt sich durchaus als eine Form des Idealismus charakterisieren: Brahma, für das kosmische Bewusstsein stehend, bringt alle Ideen und Vorstellungen hervor, in deren Bann wir geraten, solange wir unsere wahre Natur, das einzige Selbst, nicht erkennen.

Der spirituelle Pfad, wie er im Yoga-Vâsishtha dargelegt wird, entspricht essenziell dem Jnâna-Yoga und zeigt große Ähnlichkeit zum Buddhi-Yoga der Bhagavad-Gîtâ, der Handeln und Wissen harmonisch verbindet. Vasishtha verachtet jene Art Askese, die irrational verbohrt oder selbstquälerisch betrieben wird. Er meint, dass sich der echte yogin nicht von leidenschaftlicher Anziehung hierhin und feindseliger Abwehr dorthin stoßen lässt. Ein yogin betrachtet den Klumpen Gold wie den Abfallhaufen mit demselben unerschütterlichen Sinn.

Vasishtha zufolge ist es allein der menschliche Verstand – durch den Geist des Schöpfergotts verzaubert –, der die Illusion des Gefangenseins oder die Wirklichkeit der Befreiung erschafft. Daher sei es wenig sinnvoll, äußerliche Entsagung zu praktizieren. Vielmehr sei eine innerliche Umorientierung nötig – eine „geistige Befreiung" (cetya-nirmuktatâ), wie er es nennt. Yoga wird von ihm unterschiedlich mal als „die Beschränkung der Verstandesfluktuationen", mal als „Unemotionalität" (avedanâ), mal als

[3] Der Ausdruck „dreifältiges Universum" meint die materiell-physische, die vermittelnde psychische und die höheren/subtileren Dimensionen der Natur (prakriti).

„Abtrennung von den Auswirkungen des Giftes der Leidenschaft" definiert. Im Unterschied zum Gott-Menschen Krishna, der dem emotionalen Potenzial im Menschen in Form von Hingabe (bhakti) so viel Wert beimisst, betont Vasishtha mehr die kognitive Fähigkeit der Seele. Wenig Geduld zeigt er jedoch jenen gegenüber, die bloß an intellektueller Akrobatik ohne praktische Anwendung im Leben interessiert sind. Aus seiner Sicht nützt nur Wissen, das Weisheit oder wirklichen Einblick zeigt – Wissen, das zur Erleuchtung führt.

So sucht der Autor des Yoga-Vâsishtha mit immer neuen einfallsreichen Sätzen und Metaphern in seinen Lesern die Überzeugung wachzurufen, dass ausschließlich sie selbst ihr Schicksal lenken würden, wenn sie nur den Trick durchschauten, den der Verstand mit ihnen spielt. Das Schicksal (daiva) ist eine ungeheure Macht, doch die menschliche Anstrengung (paurusha) – wörtlich „Mannhaftigkeit" – ist ihr überlegen.

Laut einer Textpassage (6.13) besteht Yoga sowohl aus Selbst-Wissen (âtma-jnâna) wie aus Zügelung (samrodha) der Lebenskraft (prâna). Ersteres ist der Pfad der meditativen Absorption; Letzteres kann als Kundalinî-Yoga bezeichnet werden, bei dem es zum Aufstieg der im Körper latent vorhandenen Bewusstseinsenergie kommt.

Verstand und Lebensenergie sind miteinander verquickt. Wird das eine angehalten, so hält auch das andere an. Mit „Verstand" (manas) meint Vasishtha das Ich-Bewusstsein, das kraft imaginierenden Wollens (samkalpa), von der Macht des Wurzelwunsches (vâsanâ) getrieben, seine ganz eigene Welt projiziert. Er vergleicht den Verstand mit einem Verrückten, der tausend Hände hat, mit denen er sich ständig selbst schlägt und Schmerzen zufügt. Der Verstand wird belebt von der Schwingung (spanda, parispanda) der Lebensenergie, die im Körper zirkuliert, während die Lebensenergie vom Urwunsch (vâsanâ) angetrieben ist. Die unsteten Schwankungen der Lebensenergie zu kontrollieren – das ist die direkteste Methode, den Verstand zu beruhigen und die machtvolle Obsession der Wünsche zu transzendieren. Dazu rät Vasishtha zur Konzentration und Meditation; sie helfen sehr, wenn man die Kontrolle über den Verstand übernehmen will.

III. DER YOGISCHE PFAD

Vasishthas Yoga zeigt die nachfolgenden Stufen (bhûmi)[4]:

1. Shubha-icchâ („Wunsch nach dem Guten", geschrieben Shubheccâ): Der Mensch erkennt seine spirituelle Unwissenheit und sein leidvolles Dasein; der Wunsch erwacht, die überlieferten Schriften zu studieren, um der Wahrheit näherzukommen.
2. Vicâranâ („Erwägung"): Aufgrund vertieften Studiums und des Kontakts mit heiligen Menschen erhellen und verbessern sich

[4]Dieses 7-Stufen-Modell ist eine von drei unterschiedlichen Versionen im Yoga-Vâsishtha.

Einstellung wie Verhalten des Aspiranten, und sein Sehnen nach Erlösung wird entfacht.

3. Tanu-mânasâ („Verfeinerung des Denkens"): Wachsender Gleichmut gegenüber den Dingen der Welt kennzeichnet diese Stufe.
4. Sattva-âpatti („Erlangung des Seins", geschrieben sattva-âpatti): Der Praktikant vermag durch Meditation mit dem reinen Bewusstsein in Kontakt zu kommen.
5. Asamsakti („Nicht-Anhaftung"): Echte Erleuchtung lässt den gereiften Praktiker völlig gleichmütig gegenüber der Welt werden; diese wird als bloßes Produkt des Verstandes erkannt.
6. Pada-artha-abhâvanâ („Nicht-Vorstellen äußerer Dinge", geschrieben padârthâbhâvanâ): Die Welt wird als „unwirklich wie ein Traum" realisiert.
7. Turya-gâ („im Vierten weilend"): Der yogin transzendiert alles und weilt ständig im reinen Bewusstsein – hier, wie im upanishadischen Vedânta, das „Vierte" (turya, turîya, caturtha) genannt, d.h. die Dimension jenseits von Wachen, Schlafen und Träumen.

QUELLENLEKTÜRE 16

Yoga-Vâsishtha (Auswahl)

Der folgende Auszug gibt das 53. Kapitel des sechsten Buches des Yoga-Vâsishtha ungekürzt wieder. Die Kapitel 53–58 bilden die sogenannte Brahma-Gîtâ. Der Kontext ist derselbe wie in der Bhagavad-Gîtâ: Arjuna steht seinen Blutsverwandten und Lehrern auf dem Schlachtfeld gegenüber. Er wird deprimiert, verwirrt, und weigert sich zu kämpfen, da er sie, die auf der Feindseite stehen, nicht niedermetzeln will. Doch der Gott-Mensch Krishna, Arjunas Lehrer und Wagenlenker, rügt ihn ob seiner irrigen Einstellung und konstatiert, dass sein innerer Konflikt aus spiritueller Ignoranz entspringe, die ihm, anstelle des allgegenwärtigen Selbst, ein begrenztes, ichhaftes Wesen als seines suggeriert.
Krishna besteht darauf, dass Arjuna kämpft – kämpfe er doch für die Aufrechterhaltung der moralischen Ordnung im Universum, und sei es doch seine Pflicht als Mitglied der Kriegerkaste. Der Tod, erklärt Krishna, berührt nur den Körper. Unser wahres Wesen ist unsterblich. Das transzendente Selbst (âtman) kann nicht getötet werden. Es ist die einzige Wirklichkeit, die es gibt. Alle Objekte, die im unerleuchteten Verstandessinn erscheinen, treten in jenem einzigen Sein-Bewusstsein und als Es auf.

Der segensreiche Herr [Krishna] sprach:

Arjuna! Du bist nicht der [seine Blutsverwandten] tötende Täter. Gib diese Eitelkeit des Ich-Wollens (abhimâna) auf. Du selber bist das ewige Selbst und frei von Altern und von Tod. (1)

Er, der ohne Ich-Sinn (ahamkrita-bhâva) ist und unverhafteten Verstands (buddhi) – würd' er gar Welten zerstören, nicht tötete er und nicht gebunden wäre er. (2)

Was immer im Bewusstsein aufsteigt, das wird [als Lust oder Schmerz] innerlich erfahren. Gib darum den inneren Gedanken auf, „Ich bin er, dies, das". (3)

O *Bhârata* [d.h. Arjuna]! [Der Gedanke] „Ich bin mit dem und jenem verbunden" oder „Ich habe [dies und das] verloren" quält Dich nur und unterwirft dich unentwegt der Freude und der Sorge. (4)

Da du die Taten [kraft] der konstituierenden (gunas) [der Natur] und [nur] mit einem Bruchstück (amsha) des Selbst tust, [beginnt]

Yogins, die das „Vierte" bzw. das Selbst realisieren, sind befreit, auch wenn ihr Körper-Verstand-System fortbesteht. Sie verwirklichen das Ideal der „Befreiung im Leben" (jîvan-mukti). Nicht länger in der Illusion des Ich verstrickt, vermögen sie alles für alle Leute zu sein, können deren mentale Zustände reflektieren und dabei selbst in dauernder Seligkeit verharren.

Erleuchtung ist Ich-Transzendierung in jedem Augenblick, ganz gleich, ob Körper und Verstand aktiv oder im Ruhezustand sind. Vasishtha erzählt die Geschichte von König Bhagîrata, der sein Königreich verließ, um sich dem spirituellen Leben zu widmen. Nach Jahren der Meditation an einem entfernten Ort erlangte Bhagîratha Erleuchtung. Eines Tages wanderte er zufällig durch sein früheres Königreich, und als die Leute ihn wiedererkannten, flehten sie ihn an, doch den Thron zu besteigen, da sein damaliger Nachfolger gerade verstorben war. Nichts kann einen Adepten, der das Selbst verwirklicht hat, binden – und so akzeptierte Bhagîratha und regierte für viele Jahre sein Volk mit Gerechtigkeit und Weisheit.

das Selbst, irregeführt vom „Ich-Macher" (ahamkâra), zu denken: „Ich bin der Täter." (5)

Das Auge lasse sehen, das Ohr hören, die Haut empfinden, die Zunge schmecken – in diesem Zustand [frage dich]: „Was ist da?" und „Wer bin ich?" (6)

Wenn im Verstand der großen Seele [des Meisters] der Impuls aufkommt, zu handeln oder zu genießen, dann gibt's kein „Ich" (aham) darin. Doch was ist bei deiner [gegenwärtigen] Bedrängnis (klesha) der Anteil deines Ichs? (7)

O Bhârata! [Die Tat], vollbracht durch eine Kombination vieler [Faktoren], rührt aus der Notlage (duhkha) des Ich-Wollens (abhimâna), das seine Lust sucht. (8)

Die yogins, nicht verhaftet, führen Handlungen aus [ohne Ichbeteiligung] mit Körper, Verstand (manas), Weisheitsfähigkeit (buddhi) und den Sinnesfunktionen, um sich damit zu reinigen. (9)

Jene, deren Körper beim Tun oder gar Töten nicht durch das Gegenmittel [wörtl. „nichtgiftiges Pulver"] gegen das Ich gefeit – sie vermögen's nicht, [die Krankheit spiritueller] Nichtverdauung [zu heilen]. (10)

[Für ihn, der] von der unreinen Vorstellung „mein Körper" befleckt, dem leuchtet das Bewusstsein (cit) nie. Selbst wenn er weise und gebildet, glich' er einer üblen Person. (11)

Er, der geduldig und ohne [Gedanken an] „mein" und „ich" ist, derselbe in Freud oder Leid – obgleich er die pflichtgemäßen und nicht pflichtgemäßen [Handlungen] ausführt, wird er [davon] nicht besudelt. (12)

O Pândava [d.h. Arjuna]! Die edle innere Pflicht (svadharma) des Kriegers, auch wenn sie grausam [scheint], gilt deinem höchsten Gut, deiner Freude, deinem Wohlstand. (13)

Obwohl sie [dir als] tadelnswert, ja [als] gesetzeswidrig [dünken mag], ist sie [doch in Wirklichkeit] die Tat, die am besten für dich ist. Sei derart unsterblich, so wie das Werk [das du als das dir zugemessene ausführst]. (14)

Die eig'ne Pflicht [zu tun] ist selbst für den Unwissenden

Das Yoga-Vâsishtha ist eine besondere Schöpfung, die auf die gebildetere Gemeinschaft der Yoga- und Vedânta-Praktizierenden im mittelalterlichen Indien einen starken Einfluss ausübte. Das Werk ist ein zeitenüberdauerndes Denkmal für die erhabene Weisheit des Nondualismus.

recht, um wie viel mehr für den Wissenden. Der Wissende, [von dem] der „Ich-Macher" gewichen, bleibt unbefleckt, auch wenn's ihm misslingt [seine Pflicht vollkommen auszuführen]. (15)

Steh fest im Yoga und führ deine Taten aus, ohne ihnen anzuhaften, o Dhanamjaya! Wenn du die nöt'gen Handlungen tust, dabei losgelöst von ihnen bleibst, wirst du nicht gebunden [durch sie]. (16)

Mit dem Körper, [so ruhevoll wie] das ruhevolle Absolute (brahman), tu deine Taten im Einklang mit des Absoluten Wesen. Ist dein Verhalten, dein Tun eine Opfergabe an das Absolute, so wirst du augenblicklich zum Absoluten. (17)

Jedes Anliegen (artha) bring dem Herrn (îshvara) dar, der Herr sei [dein eigenes] Selbst. Frei von Übel, [sieh] den Herrn als Selbst in allen Wesen und gereich der Oberfläche dieser Erde so zu ihrer Zier. (18)

Wirf alles Wollen (samkalpa) ab, so wie ein ausgeglich'ner Weiser voll ruhevollen Sinns, und handle mit dem Ich, im Yoga der Entsagung angeschirrt – derart befreie dein Bewusstsein. (19)

Arjuna sagte:

O Herr: Was bedeutet denn das Aufgeben der Anhaftung, das Aufopfern [des Tuns] für das Absolute, die Art des Aufopferns für den Herrn und die Entsagung allgemein? (20)

Insgleichen – [was ist denn] Weisheit und [was] Yoga? O Herr, erklär mir dies ganz langsam, auf dass sich meine große Täuschung (moha) [bezüglich der Wirklichkeit] verflüchtige. (21)

Der gesegnete Herr sprach:

Ist alles Wollen beruhigt, so ist's der Wünsche (vâsanâ) große Menge auch. Die Form (âkâra), [für die es] keinerlei Konzept (bhâvanâ) [gibt], wird höchstes Absolutes genannt. (22)

Sich Diesem ganz anheimzustellen (udyoga) – das nennen die, die reifen Geistes (krita-buddhi) sind, Weisheit und Yoga.

„Das Absolute ist die ganze Welt und auch das ‚Ich' (aham)" – [sol-

[5] Im Sanskrit-Original steht koti-koti-amsha, „ein Zehnmillionstel von einem Zehnmillionstel".

QUELLENLEKTÜRE 16

ches Erkennen] ist die Art des Aufopferns für das Absolute. (23)

Wie die Brust eines Stein [-bildnisses], die leer ist innen und außen, so ist [das Absolute] leer, ruhig, durchsichtig gleich dem Himmelszelt und weder sichtbar noch jenseits der Sicht. (24)

Die leichte Wölbung [des hohlen Bildnisses] erscheint als etwas and'res [als sie wirklich ist]: Sie ist die Widerspiegelung der Welt, die – wie der Äther-Raum (âkâsha) – aus [bloßer] Leere (shûnyatâ) besteht. (25)

Kommentar: Dieser etwas dunkle Vers sucht zu erklären, dass die Erscheinungswelt leer, d.h. formlos transzendente, metaphysische Realität ist.

Was soll dies [Vorstellen, dass] „ich existiere"? Jedes einzelne [Wesen und Ding] ist entstanden aus Bewusstsein (citi). Wer [kann da] ein „Empfänger" (pratigraha) [sein], ist [doch alles] ein winziger Bruchteil[5] [des Absoluten]? (26)

Dieser [Ich-„Empfänger"] ist keine abgetrennte Wesenheit [separat vom Absoluten], [auch wenn] es so erscheint. Die [scheinbare] Abgetrenntheit kann keine Begrenzung [in Wirklichkeit] sein, [und daher vermag man] wahrzunehmen, dass es kein ‚Ich' gibt. (27)

Wie für's Ich, so gilt das für den Topf etc., ja auch für den Affen, das Meer oder die eigenen Wünsche. Wer klebte da an solchem ‚Ich'? (28)

Wenn konzepthafte Unterscheidungen, gleich ob vielfältig oder einzeln, dem Selbst dargeboten werden, [das doch gleich ist mit] dem Wesen des Bewusstseins (samvid) – wie kann es da einen Begreifenden geben? (29)

Derart hören die konzepthaften Unterscheidungen des Verstandes auf. Und endet [auch] das Begehren nach den Früchten des eigenen Tuns, so bezeichnen die Weisen dies als Entsagung (samnyâsa). (30)

Die Netze des Wollens abzuwerfen, dies gilt als Nichtanhaftung, als Kontemplation (bhâvanâ) über die eine Gottes-Herrschaft (îshavatva) im ganzen Netzwerk von Impulsen [der Natur]. (31)

[Der Verstand,] frei von Dualität erstrahlend – das ist [es, was man mit] Selbstdarbringung für den Herrn [meint]. Doch kraft des unerleuchteten (abodha) [Verstands] wird das Bewusstsein-Selbst anders betitelt [d.h. begriffen]. (32)

Man sagt [dann], die Worte „erwachtes Selbst" bedeuten zweifellos die eine Welt. Das ‚Ich' ist der Raum; das ‚Ich' ist die Welt; das ‚Ich' ist man selbst, und das ‚Ich' ist auch das Tun (karman). (33)

Und das ‚Ich' ist Zeit; das ‚Ich' ist dual und nicht-dual; das ‚Ich' ist die Welt. – Sei Mir ergeben, Mich liebe, verehre und preise. Indem du dein Ich beherrschst durch Ergebung zu Mir, wirst du Mich finden. (34)

Kommentar: Vâlmîki wechselt hier zu einer transzendenten Perspektive über. Das „Mir" und „Mich" steht nicht für das begrenzte Ego, sondern für das „Ich Bin" des Göttlichen.

Arjuna sagte:

O Herr! Du hast zwei Formen, eine höhere und eine niedere. Wann soll ich mich an diese, wann an jene Form denn wenden, um Vollendung [zu erlangen]? (35)

Der gesegnete Herr sprach:

O du Sündenloser! Ja, siehe, zwei Formen habe ich – eine gewöhnliche und eine höhere. Die gewöhnliche besitzt Hände etc., hält Muschelhorn, Diskus und Streitkolben. (36)

Meine höhere Form ist unendlich. Sie ist ohne Zweites und ohne Fehl. Dies wird mit den Worten „Absolutes", „Selbst", „höchstes Selbst" usf. ausgedrückt. (37)

Solange du unerleuchtet und beschäftigt bist mit Kenntnissen vom Nicht-Selbst [d.h. der Welt], solange sollt' es dir genügen,

Gott zu verehren in seiner vierarmigen Gestalt. (38)

Auf diese Weise wirst du ganz erleuchtet. Dann wirst du jene höh're [Form von Mir] erfahren. [Nach der Realisierung] Meiner unendlichen Form wird man nicht wiedergeboren. (39)

O Vernichter der Feinde! Der Zustand, in dem das Unwissbare gewusst wird – der ist Mein Selbst. Begib dich rasch zu diesem Selbst und um des Selbstes willen! (40)

Wenn Ich sage, „Ich bin diese [Welt] und diese [Welt] bin Ich", dann sag' Ich dir dies [aus der Sicht] des Selbst zum Zweck deiner Unterrichtung. (41)

Ich erachte dich [durch sie nun] ganz erweckt. Du weilst im Zustand [der Wahrheit]. Du bist frei von Wollen. Erkenne dies – dir eignet die Natur des Selbst! (42)

Sieh das Selbst in allen Wesen und alle Wesen in dem Selbst. Du bist das Selbst, [auf immer] angeschirrt im Yoga, das Gleiche überall erschauend. (43)

Er, der das Selbst verehrt, in allen Wesen wohnend als das Eine (ekatva) Selbst, obschon in mannigfalt'ger Weise tätig – er wird nicht mehr wiedergeboren. (44)

Die [wahre] Bedeutung des Wortes „alles" ist „Einzigkeit"; die [wahre] Bedeutung des Wortes „eins" ist [die „Einzigkeit"] des Selbst. Für jenen, der rasch im Selbst aufging, existiert Es weder noch existiert es nicht. (45)

Wer erstrahlt als [leuchtender] Raum (loka) zwischen den „Erfahrungen" der drei Welten, steigt gewiss auf zur Erfahrung des „Ich bin das Selbst". (46)

Kommentar: Hier wird das transzendente Selbst mit den strahlenden Spalten zwischen den Dimensionen erdgebundenen Daseins, des feinstofflich-psychischen Äthers und der himmlischen Bereiche verglichen. Die Raum-Metapher findet sich bei Hindu-Mystikern häufig. Das Wort loka, das „Welt" oder „Raum" bedeutet, leitet sich wahrscheinlich vom Stamm ruc ab, was für „erglänzen" oder „strahlend sein" steht. (Für den indischen Weisen ist der Raum nicht leer und inaktiv, sondern real strahlend.)

Er, der mit der reinen „Geschmackserfahrung" von Kuhmilch in den drei Welten identisch ist – er ist dieses Selbst, o Bhârata! (47)

Kommentar: Yogins betrachten Milch als sehr wünschenswerte Nahrung. Das transzendente Selbst wird hier verglichen mit dem köstlichen Geschmack von Milch, da Milch alle nährt und erhält.

Er, der die subtile Erfahrung in allen Körpern ist, durch die man erlöst werden soll – er ist das allgegenwärtige Selbst. (48)

So wie Butter in jeder Milch enthalten ist, so existiert das Höchste in den Körpern aller Geschöpfe. (49)

So wie der Glanz aller [Arten von] Edelsteinen und Kleinodien des Meeres von innen und von außen [erschimmert], so bin Ich in [allen] Körpern, wohne [in ihnen und] wohne anscheinend [doch] nicht [in ihnen]. (50)

So wie der Raum innerhalb und außerhalb von Tausenden von Töpfen existiert, so existiere Ich als Selbst in den Körpern der drei Welten [und außerhalb ihrer]. (51)

So wie der Faden [des Halsbands], auf dem Hunderte von Perlen aufgereiht, [verborgen ist, aber trotzdem vorhanden], so ist das unsichtbare Selbst in den sichtbaren Körpern [aller Wesen] vorhanden. (52)

Das, was das universelle Wesen (sattâ) in der Vielzahl der Dinge ist – von [Schöpfergott] Brahma bis hinunter zum Grashalm –, erkenne dies als das ungeborene Selbst. (53)

[Der Schöpfergott] Brahma ist eine leicht vibrierende Form des Absoluten (brahman), [die entsteht] aufgrund der Täuschung (bhrama), [und zwar] über einen Prozess, der Ichheit (ahamtâ) usw. wie auch die Welt (jagattâ) hervorbringt. (54)

Quellenlektüre 16

Da das Selbst die ganze Welt einschließt, wovon kann Es dann zerstört werden, und [was kann] Es zerstören? Wie kann man, o Arjuna, vom Leid der Welt, von Gut oder Bös' beschmutzt werden? (55)

[Das Selbst] verhält sich wie ein Augenzeuge, wie ein Spiegel zum Widergespiegelten. Wer sieht, dass Es unzerstörbar ist inmitten der zerstörbaren Dinge, der sieht [wahrlich]. (56)

Ich lege dir dar, dass Ich diese [Welt] und doch auch nicht diese [Welt] bin – derart bin Ich das Selbst. Wisse, dass Ich das Selbst in allem bin, o Pândava. (57)

Alle Akte der Schöpfung und Auflösung geschehen im Selbst. Die Ichheit (ahamtâ), die im [begrenzten] Bewusstsein (citta) weilt, gleicht dem Wasser, das im Meere kreist. (58)

Wie die Festigkeit der Steine, die Härte der Erdenbäume, die Wässrigkeit der Wellen – genauso ist die Selbstheit (âtmatâ) der Dinge. (59)

Wer sieht, dass das Selbst in allen Wesen und alle Wesen im Selbst vibrieren, und [wer sieht, dass] das Selbst kein [ichhaftes] Agens ist, der sieht [wahrlich]. (60)

So wie das Wasser von Wellen verschiedener Form [immer dasselbe ist], gerade so, o Arjuna, ist es das Selbst, ob in einer Karawane [in der Wüste] usw. oder in den [yogischen] Wesen der goldenen [Himalayas]. (61)

So wie viel verschied'ne Wellen im [gleichen] Ozean rollen, so [ziehen] die Wesen in den gold'nen [Himalayas] oder in den Karawanen usw. aus dem höchsten Selbst [ihr Dasein]. (62)

Wisse, o Bhârata, die Gesamtheit (jâta) aller Dinge und Wesen, einschließlich Brahmas, ist ein Einziges. Es gibt da nicht das kleinste Abgesonderte. (63)

Wie kann man dann von modifizierten Zuständen und Qualitäten in den drei Welten sprechen? Wo sind sie? Was ist die Welt [getrennt vom Selbst]? Warum bist du [dann so] sinnlos verwirrt? (64)

Kapitel 15

Gott, Visionen und Kraft: Die Yoga-Upanishaden

**„Für immer bin Ich von der Art des Ungeborenen [der Art der höchsten Wirklichkeit], ohne Leidenschaften, ohne Makel.
Ich bin rein. Ich bin erwacht. Ich bin ewig.
Ich bin machtvoll."**

Tejo-Bindu-Upanishad[1] (3.42)

I. ÜBERBLICK

„Das bist du" (tat tvam asi) – „Ich bin das Absolute" (aham brahma asmi, geschrieben aham brahmâsmi) – „All dies ist das Absolute" (sarvam brahma asti, geschrieben sarvam brahmâsti): So lauten die drei großen metaphysischen Maximen der alten upanishadischen Weisen, die uns vermitteln wollen, dass jene Wirklichkeit die alleinige ist und wir darum, in Wahrheit, nur jenes Eine, allumfassende, unbeschreiblich glückselige, überbewusste Wesen sind. Die Upanishaden benennen es unterschiedlich, aber die geläufigsten Bezeichnungen sind das „Absolute" (brahman) und das „Selbst" (âtman). Diese didaktischen Maximen stellen weit mehr dar als fromme Affirmationen. In den über 200 erhalten gebliebenen Upanishaden stoßen wir häufig auf die Beteuerung ihrer Autoren oder Herausgeber, dass die nonduale Dimension „Sein-Bewusstsein-Seligkeit" von ihnen real und lebendig erfahren wurde, also nicht nur abstrakt hypothetischen oder glaubensmäßigen Rang hatte.

Patanjalis philosophisches System gehörte (zumindest anscheinend) zu den wenigen Schulrichtungen der Yoga-Tradition, die mit der vedântischen Metaphysik des Nondualismus brachen und kühn die Existenz einer Pluralität transzendenter Selbst-Monaden (purusha) behaupteten. Dies führte zu einer ausgiebigen Kontroverse und Debatte, aus der die Vertreter des nondualistischen Vedânta schließlich als Sieger hervorgingen, denn der Grundtenor des hinduistischen Yoga ist eindeutig nondualistisch. Selbst im Bhakti-Yoga, der eine duale Ich-Du-Beziehung zwischen dem Gläubigen und dem Göttlichen unterstellt, wird das Eins-Sein von Gott betont. Patanjalis Sammlung von Yoga-Aphorismen, obwohl weithin geschätzt, wurde daher mehr wegen ihres praktischen Inhalts als wegen ihrer Philosophie verwendet. Wir stellen fest, dass viele spätere Yoga-Autoritäten sich zwar auf seine Definitionen der acht Teile des yogischen Pfads beziehen, aber seine Metaphysik grundsätzlich ignorieren, wenn nicht gar kritisieren.

Diese Situation finden wir auch in den sogenannten Yoga-Upanishaden vor, die allesamt einen vedântischen Typ von Yoga fördern. Sie sind den früheren Upanishaden nachgebildet, gehören aber zum größten Teil zur Nach-Patanjali-Ära. Da sie bisher noch nicht umfassend analysiert, übersetzt und herausgegeben worden sind, bleiben ihre Relationen untereinander und ihre Datierungen immer noch ungewiss. Doch bieten sie recht konturierte Schilderungen des yogischen Pfads, und Yoga-Ausübende können von einer näheren Lektüre dieser Werke – alle in mehr oder weniger zuverlässigen Übersetzungen verfügbar – sicherlich profitieren.

Die nachfolgenden Abschnitte liefern kurze Zusammenfassungen des Inhalts von zwanzig Yoga-Upanishads[2]. Ich beginne mit den fünf sogenannten Bindu („Punkt")-Upanishads: der Amrita-Bindu-, Amrita-Nâda-Bindu-, Tejo-Bindu-, Nâda-Bindu- und Dhyâna-Bindu-Upanishad, die Mantren als Mittel der geistigen Konzentration, letztlich als Mittel der Transzendie-

[1]Geschrieben Tejobindûpanishad.

[2]Die Yoga-Upanishads (geschrieben Yogopanishads) sind alle relativ verlässlich übersetzt und von der Theosophischen Gesellschaft in Adyar, Südindien, veröffentlicht worden. Yoga-Schüler schulden der Theosophischen Gesellschaft Dank für das ausgezeichnete Verlagsprogramm, das im Lauf der Jahre viele Yoga-Texte verfügbar machte. Siehe T. R. S. Ayyangar, The Yoga Upanisads (Adyar, India: Adyar Library, 1952).

rung des Verstandes empfehlen. Der Klang spielt auch in den Lehren der Hamsa-, Brahma-Vidyâ-, Mahâ-Vâkya- und Pâshupata-Brahma-Upanishad eine große Rolle. Diesen Texten folgen dann die Advaya-Târaka- und die Mandala-Brâhmana-Upanishad, die beide einen Yoga der Lichtphänomene erläutern. Dann kommt die kurze, aber überaus instruktive Kshurikâ-Upanishad, die die Essenz aller Yoga-Typen resümiert. Die abschließende Gruppe besteht aus jenen Upanishaden, die – generell sehr umfassend, manchmal textbuchmäßig – den Kundalinî-Yoga behandeln, nämlich die Yoga-Kundalî-, Darshana-, Yoga-Shikhâ-, Yoga-Tattva-, Yoga-Cûda-Mani, Varâha-, Tri-Shikhi-Brâhmana- und Shândilya-Upanishad.

II. DER KLANG DES ABSOLUTEN

> Die Welt ist Klang. Er tönt in Pulsaren und Planeten-Umlaufbahnen, im Spin von Elektronen, in den Atomquanten und der molekularen Struktur, im Mikro- und im Makrokosmos. Er tönt auch in der Sphäre zwischen diesen beiden Extremen: in der Welt, in der wir leben.[3]

So beginnt Joachim-Ernst Berendt, ein bekannter deutscher Musikwissenschaftler und Produzent von Radioprogrammen, ein Kapitel in seinem schönen Buch *Nada Brahma*. Seine Exkursionen in das Mysterium des, wie er es nennt, Urklangs – des transzendenten Klangs, der alles Manifestierte entstehen lässt – stellen uns lebendig vor Augen, wie sehr die religiös-spirituellen Traditionen der Welt den Klang als Element der Bewusstseinsverwandlung erkundet haben.

In Indien gilt zweifellos die Silbe om, die das Absolute symbolisiert, als ursprünglichster und heiligster Klang, als das Ur-Mantra. Es wird mit einem stark nasalen oder summenden m intoniert, im Sanskrit durch einen Punkt (bindu, d.h. „Saat-Punkt" genannt) unter dem Buchstaben m notiert. Während die Silbe om die schöpferische oder manifeste Dimension des Göttlichen repräsentieren soll, glaubt man, der Nachhall oder bindu des m-Klangs repräsentiere das Göttliche in seiner nicht-manifesten Dimension. Shyam Sundar Goswami, ein zeitgenössischer Praktiker des Laya-Yoga, erklärte die esoterische Bedeutung des bindu wie folgt:

> Bindu ist ein Zustand maximaler Energiekonzentration. Kommt das normale Bewusstsein in den bindu-Zustand, so versammeln und konzentrieren sich zerstreute mentale Energien zu einer geistigen Dynamik ... Bindu – der Punkt der Kraft – ist in Verbindung mit aktiv tätiger Energie eine natürliche, unverzichtbare Vorbedingung. Bindu tritt sowohl in geistigen wie in materiellen Bereichen auf. Das Atom ist der bindu der Materie, der Zellkern

[3] *J.-E. Berendt, Nada Brahma: Die Welt ist Klang, Reinbek bei Hamburg: Rowohlt Verlag 1985.*

> der bindu einer Protoplasma-Zelle, und samâdhi-Bewusstsein der bindu des Verstands. [4]

So repräsentiert der bindu latente, konzentrierte Energie – sei es die des Bewusstseins, des Klangs oder der Natur selbst. Die fünf Bindu-Upanishads[5], die eine Form des Mantra-Yoga propagieren, fußen auf den uralten vedischen Überlegungen zum heiligen Klang. Der deutsche Yoga-Forscher Jakob Wilhelm Hauer meinte gar, die fünf Texte seien nicht lange nach dem Entstehen des Buddhismus verfasst worden, was aber recht unwahrscheinlich ist. Es sind eher weniger wichtige Upanishaden, die vom großen Vedânta-Lehrer Shankara nicht kommentiert oder zitiert und deshalb vermutlich erst nach seiner Zeit geschaffen wurden. Man nimmt allgemein an, dass Shankara zwischen 788 und 820 n. Chr. gelebt hat; allerdings führte Hajime Nakamura gute Gründe zugunsten einer früheren Datierung an, nämlich zwischen 700 und 750 n. Chr.[6] Da alle Bindu-Upanishads auf jener von der Muktikâ-Upanishad[7] gelieferten Liste der 108 Upanishaden stehen, wurden sie offensichtlich v o r dieser verfasst. Doch bleibt die Entstehungszeit der Muktikâ-Upanishad ebenso ungewiss. Wir können lediglich konstatieren, dass sie im Jîvan-Mukti-Viveka des berühmten Vedânta-Gelehrten Vidyâranya, geboren um etwa 1314 n. Chr., zitiert wird. Er zitiert auch mehrmals aus der Amrita-Bindu- und der Amrita-Nâda-Bindu-Upanishad oder verweist auf sie.

Der esoterische Begriff des bindu scheint zum Vokabular des Tantra zu gehören, und daher kann man diese Schriften sinnvollerweise der Hochphase der tantrischen Tradition zurechnen, also etwa der Zeit zwischen 900 und 1200 n. Chr. Denn der Begriff bindu tritt, selbst im gängigeren Wortsinn von „[Wasser-]Tropfen“, in keiner der früheren Upanishaden, sondern erst in der relativ jungen Maitrâyanîya-Upanishad (3.2) auf.

Amrita-Bindu-Upanishad

Die Amrita-Bindu („Unsterblicher Punkt“)-Upanishad, auch unter dem Namen Brahma-Bindu-Upanishad bekannt, ist ein kurzer Text von nur 21 Strophen. Er unterscheidet zwischen der Praxis des Intonierens (svara) der Silbe om und der fortgeschrittenen Praxis ihres Nicht-Intonierens (asvara); bei Letzterer wird sie nur durch yogische Mittel wahrgenommen. Die beiden praktischen Anwendungen beziehen sich auf den buchstäblichen/vergänglichen (kshara) und den nicht-buchstäblichen/unvergänglichen (akshara) Aspekt des großen Mantra. Dem spirituellen Aspiranten wird zugesichert, dass er geistigen Frieden finde, wenn er über den akshara-Aspekt meditiere. Dazu soll er aber alles Bücherwissen beiseite werfen – ganz so, als trenne er die Spreu vom Weizen. Als höchste Realisierung gilt die Identifizierung mit dem Absoluten in Form von Vasudeva („All-Gott“). Diese Upanishad findet sich in der Quellenlektüre 3 vollständig wiedergegeben.

[4] *S. S. Goswami, Layayoga: An Advanced Method of Concentration (London: Routledge & Kegan Paul, 1980), p. 13.*

[5] *Geschrieben Bindûpanishads.*

[6] *Siehe H. Nakamura, Shoki no Vedânta Tetsugaku, Bd. 1 (Tokyo: Iwanami Shoten, 1951), pp. 63 ff.*

[7] *Geschrieben Muktikopanishad.*

AMRITA-NÂDA-BINDU-UPANISHAD

Mit insgesamt 38 Strophen ist die Amrita-Nâda-Bindu („Unsterblicher Klang-Punkt")-Upanishad nur wenig länger als das vorhergehende Werk, doch hebt sie mehrere wichtige Aspekte des Mantra-Yoga hervor. Erstens behandelt sie die Mantra-Meditation als Teil eines sechsfachen (shad-anga) Yoga, der, in dieser Reihenfolge, aus Sinnesrückzug, Meditation, Atemkontrolle, Konzentration, Reflexion (tarka)[8] und Ekstase besteht.

Die Atemkontrolle (prânâyâma) definiert sich als das dreimalige Rezitieren des gâyatrî-mantra während einer Atmung. Dieses bekannte Mantra wurde im 5. Kapitel bei der Besprechung der Chândogya-Upanishad vorgestellt. Es schließt die heilige Silbe om ein. Die Atemregulierung in der angegebenen Form bewirkt eine Bewusstseinsumpolung, die die Wahrnehmung stärker fokussiert. Auf diese Weise kann der yogin mit der Konzentrationspraxis (dhâranâ) – das ist die Absorption des dauernd wünschenden Verstandes im Selbst – beginnen und das transzendente Selbst kontemplieren. Ein kompletter prânâyâma-Zyklus heißt, wie oben erwähnt, eine „Maßein-

[8] *Die Anwendung von tarka soll wohl eine sorgfältige Evaluierung der meditativen Zustände garantieren, so dass der yogin nicht bloßen Halluzinationen unterliegt.*

QUELLENLEKTÜRE 17

AMRITA-NÂDA-BINDU-UPANISHAD

Zwar scheint die Bedeutung dieses Textes nicht immer ganz klar zu sein, da das verwendete Sanskrit teilweise fehlerhaft ist; doch enthält er andererseits viele Ausführungen, die es verdienen, von Yoga-Schülern geprüft zu werden. Traditionellerweise steht diese Schrift im Katalog der 108 Upanishaden an 21. Stelle.

Nachdem er die Schriften (shâstra) studiert und wiederholt [ihre Lehren] angewendet hat, sollte der Weise, der das höchste Absolute versteht, sie beiseite legen wie eine Kerze [nach Sonnenaufgang]. (1)

Er besteige den [schnellen] Wagen des Klanges om und lasse Vishnu Wagenlenker sein. Wer einen Platz in Brahmas Welt ersehnt und begehrt, Rudra [ein Aspekt Shivas] zu verehren, (2)

der dirigiere den Wagen [zum Absoluten], vorausgesetzt, er fährt in der Wagenspur. Am Ende der Spur halte er an, lasse den Wagen zurück und schreite [zum Absoluten]. (3)

Kommentar: Die Wagen-Metapher findet sich in der Hindu-Tradition häufig. Schon die Bhagavad-Gîtâ setzt sie ein und meint damit den Körper. Im jetzigen Kontext bezieht sie sich auf den Klang om als Gefährt zum Göttlichen. Heutzutage könnten wir auch die Lift-Metapher benutzen, um diesen Sachverhalt zu illustrieren: wir verwenden ihn, um zum obersten Stockwerk zu kommen, und verlassen ihn, wenn wir dort angelangt sind.

Nachdem er die Stufe der [drei] Maßeinheits-Symbole und der Vokalisierung hinter sich gelassen, gehe er mit Hilfe des nichttönenden Tons m zur subtilen Stufe. (4)

Kommentar: Die Töne a, u und m bilden die drei Teillaute der heiligen Silbe om. Nach dem Verklingen des hörbar nasalierten m wird sein Nachhall, d.h. der unhörbare m-Klang, als Vehikel der Konzentration benutzt. Dieser vierte „Ton" ist der bindu („Saat-Punkt").

Er verwende die fünf [Arten der] Sinnesobjekte, wie z.B. den Klang, und den überaus ruhelosen Verstand als seine Zügel – dies wird das Zurückziehen der Sinne genannt. (5)

Sinnesrückzug, Meditation, Atemkontrolle, Konzentration, Reflexion

heit" (mâtrâ). Die Konzentration wird, so heißt es, durch sieben oder acht solcher Maßeinheiten bemessen; der Zustand der Vereinung (yoga), d.h. der ekstatischen Realisierung (samâdhi), hingegen dauert (mindestens) zwölf Maßeinheiten.

Von Interesse ist die Lehre der „sieben Pforten" (sapta-dvâra), durch die der yogin zur Befreiung schreiten kann. Sie heißen „Herz-Pforte" (hrid-dvâra), „Wind-Pforte" (vâyu-dvâra), „Kopf-Pforte" (mûrdha-dvâra), „Befreiungs-Pforte" (moksha-dvâra), „Höhlung" (bila), „Öffnung" (sushira) und „Kreis" (mandala) und beziehen sich auf diverse anatomische Regionen, obgleich sich der Autor nicht näher darüber auslässt. Die letzten vier bezeichnen wahrscheinlich esoterische, der konventionellen Anatomie nicht bekannte Stellen im Kopf. Die technischen Begriffe deuten darauf hin, dass der Verfasser dieser Upanishad mit weit komplexerem esoterischem Wissen vertraut war, als sein eigener Text es vermuten lässt. Der yogin, der diesem – eigentlich viel zu kurz skizzierten –Yoga folgt, soll innerhalb von sechs Monaten Befreiung (kaivalya) erlangen.

(tarka) und Ekstase (samâdhi) bilden den Yoga der sechs Glieder. (6)

So wie Verunreinigungen aus dem Erz herausgeschmolzen werden, so ähnlich werden die von den Sinnesorganen verursachten Defekte (dosha) durch Atem-Konzentration (prâna-dhârana) herausgebrannt. (7)

Kommentar: Die „Defekte" sind Gemütszustände wie Ärger, Sorge, Eifersucht u.ä., die durch die nach außen gerichtete Wahrnehmung des Bewusstseins entstehen.

Man sollte die Defekte mittels Atemkontrolle und Schuld [d.h. die karmischen Ansammlungen negativer Gefühle] mittels Konzentration verbrennen. Ist die Schuld ausgeräumt, sollte man erwägen, das Zurückhalten [des Atems] [zu praktizieren]. (8)

Atemanhalten (rucira), Ausatmen und Einfließen der Luft (vâyu) – so stellt sich die dreigliedrige Atemkontrolle dar; [sie heißt auch] Leeren, Füllen und Anhalten (kumbhaka). (9)

Bei zeitverlängerter Atmung (âyata-prâna) rezitiere man das gâyatrî, zusammen mit den Formeln (vyâhriti), dem pranava [d.h. der heiligen Silbe om] und dem „Kamm" (shiras) – das wird Atemkontrolle genannt. (10)

Kommentar: In dieser Strophe kommen mehrere technische Begriffe vor, die nach Erläuterung verlangen. Wie bereits früher festgestellt, ist das gâyatrî das bekannte vedische Mantra: tat savitur varenyam bhargo devasya dhîmahi dhiyo yo nah pracodayât – „Lasst uns meditieren über den himmlischen Glanz von Gott Savitri, auf dass Er unsere Schau inspiriere". Die einführenden Mantra-Formeln lauten bhûh, bhuvah und svah und stehen, in dieser Reihenfolge, für Erde, Mittel-Region und Himmel. Der „Kamm" meint die Invokation „paro rajase'savad om", „der jenseits aller Dunkelheit ist, om"; sie wird dem gâyatrî-mantra häufig nachgestellt.

Indem man die Luft in den Raum stößt und den äußerlichen (nirâtmaka) [Atem] leer macht, zwinge man ihn in einen Zustand der Leere – das ist die Beschreibung der Ausatmung. (11)

Nâda-Bindu-Upanishad

Die Nâda-Bindu („Klang-Punkt")-Upanishad besteht aus 56 Strophen. Zu Beginn erläutert sie die esoterische Bedeutung der heiligen Silbe om, die ihr zufolge aus 3½ Ton-Einheiten (mâtrâ) besteht, nämlich den Tönen a, u, m und der „halben Ton-Einheit" (ardha-mâtrâ) des nasalierten Nachhalls von m, der anderenorts „Saat-Punkt" (bindu) heißt. Dieses Mantra wird vairâja-pranava, also „strahlendes Summen" genannt. An ein paar Stellen (Verse 9–16) wird von zwölf Ton-Einheiten, auch über die jeweils korrespondierenden Bewusstseinszustände gesprochen.

Desgleichen findet sich eine Textpassage über die Praxis des inneren Tons (nâda), der während der Meditation im rechten Ohr auftreten kann. Bei häufigem Üben kann dieser Ton so kräftig werden, dass er jedes Außengeräusch verdrängt. Er lässt auch eine Vielfalt anderer innerer Töne entstehen, die dem Meeresrauschen, dem Klang eines Wasserfalls, dem Ton einer Kesselpauke, Glocke oder Flöte gleichen. Der innerlich gehörte Klang wird immer subtiler, bis sich das Bewusstsein damit so vereint, dass

So wie jemand Wasser mit Hilfe eines [hohlen] Lotosstengels saugt, so soll die Luft angesaugt werden – das ist die Beschreibung der Einatmung. (12)

Man atme weder ein noch aus noch bewege man die Glieder. Derart erzwinge man den Zustand – das ist die Beschreibung des Zurückhaltens des Atems. (13)

Die Dinge zu sehen wie ein Blinder, die Töne zu hören wie ein Tauber und den eig'nen Leib als Holzklotz zu betrachten – das ist die Beschreibung des befriedeten [Zustands]. (14)

Da der Weise den Verstand als willentlich [manipulierbar] betrachtet, stößt er ihn in das Selbst und konzentriert sich so auf das Selbst – dies wird als Konzentration bezeichnet. (15)

Das Schlussfolgern (ûhana) gemäß überlieferter Regeln wird Reflexion (tarka) genannt. Und jenes, was, wenn erlangt, als das Gleiche [in allem] erachtet wird, heißt Ekstase (samâdhi). (16)

[Man sitze] auf einer Unterlage von darbha-Gras auf dem Boden, an einem angenehmen Ort ohne Fehl, schütze sich geistig und rezitiere den „Wagen" [d.h. die heilige Silbe om] und die „Räder" [d.h. die einleitenden Formeln und den „Kamm", wie im Vers 10 erwähnt]; (17)

man nehme eine Yoga-Stellung (yoga-âsana) ein – die Lotos-Stellung (padmaka), die wohltuende (svastika) [Stellung] oder gar die gesegnete Stellung (bhadra-âsana) und blicke direkt gen Norden; (18)

derart, nachdem man die Luft (marut) unter Zudrücken einer Nasenöffnung hochgezogen, soll man sich auf das [innere] Feuer konzentrieren und über den Ton [om] kontemplieren. (19)

Om ist das einsilbige Absolute. Dieses om soll nicht ausgeatmet werden. Man sollte mittels des göttlichen Mantra zum Zweck der Befreiung von [jeder] Unreinheit oftmals [praktizieren]. (20)

Danach soll der mantra-wissende Weise (budha) allmählich, wie zuvor erläutert und von oberhalb des Nabels ausgehend, das Grobe

sich der Übende als Person vergisst. Der diesen Prozess durchlaufende Verstand wird mit einer Biene verglichen, die nur am Nektar einer Blume interessiert ist und nicht am Duft, der sie anlockte. Der Endzustand wird charakterisiert als totale geistige Entspanntheit und Gleichmut gegenüber jeglicher weltlichen Existenz. Hat der yogin diesen erhabenen Zustand erreicht, wird er als videha-mukta, als einer, der körperlose Befreiung erlangte, bezeichnet.

Dhyâna-Bindu-Upanishad

Die Dhyâna-Bindu („Meditations-Punkt")-Upanishad mit ihren 106 Versen geht näher auf die mystischen Überlegungen der Nâda-Bindu-Upanishad ein. Unter Benutzung eines tradierten upanishadischen Sinnbildes vergleicht sie die Silbe om mit dem Bogen, den Aspiranten mit dem Pfeil und das Absolute mit dem Ziel. Der Mensch, der die wahre Bedeutung dieser Metapher realisiert, erwirbt sich die Befreiung bereits während der Inkarnation. Die Meditation über den Lotos des Herzens – d.h. das psychoenergetische

Quellenlektüre 17

und das Subtile kontemplieren, beginnend mit dem Groben. (21)

Der sehr nachdenkliche (mahâmati) [yogin], der das Schauen nach links und rechts, nach oben oder unten aufgegeben hat und ständig bewegungslos verharren kann, soll dauernd Yoga praktizieren. (22)

Die Dauer der Konzentration bemisst sich nach der totalen Unbeweglichkeit (vinishkampa) für das Zeitmaß eines [Hände]-Klaps. Der [ekstatische Zustand des] Yoga jedoch bedeutet Beherrschtheit für die Dauer von zwölf Maßeinheiten (mâtrâ). (23)

Das, was [im Sanskrit] ohne weiche Konsonanten, ohne Konsonanten, ohne Vokale, ohne Palatal-, Guttural-, Labial- und Nasallaute ist, was die Halbvokale und die beiden Zischlaute auch nicht hat – das ist der unvergängliche [Ton om], der nie endet. (24)

Wer den Pfad [zum Absoluten] sieht, dessen Lebensenergie (prâna) strebt [zu Ihm]. Darum sollte man immerzu diesen [Yoga] ausüben, der dazu dient, den Pfad [zur Freiheit] zu beschreiten. (25)

[Die yogins] kennen die Pforte des Herzens, die Pforte des Winds, die Pforte des Kopfes, gleichfalls die Pforte der Befreiung wie auch die „Höhlung" (bila), die „Öffnung" (sushira) und den „Kreis" (mandala). (26)

Furcht, Ärger, Trägheit, zu viel Schlaf, zu langes Wachbleiben, übermäßiges Essen und Nichtessen – dies [alles] soll der yogin vermeiden. (27)

Wenn [dieser Yoga] beständig, Schritt für Schritt und gemäß den Regeln ausgeübt wird, entsteht zweifellos binnen dreier Monate ganz von allein die Weisheit. (28)

Die Gottheiten werden in vier [Monaten] geschaut; in fünf erweitert sich die Schauung [bis zur Ebene des Schöpfers]; in sechs Monaten erlangt er [der yogin] zweifellos die ersehnte Befreiung (kaivalya). (29)

Die erdige [Kontemplation] dauert fünf Maßeinheiten, die wässrige vier Maßeinheiten; die feurige drei Maßeinheiten, und die luftige hat zwei. (30)

Zentrum in der Herz-Region – wird empfohlen, Anleitungen zu dessen Visualisierung werden gegeben.

Ab Vers 41, der die Glieder eines sechsfachen Yoga auflistet, ändert sich der Text in Tonfall und Duktus und liest sich wie ein Hatha-Yoga-Werk. So finden wir eine Beschreibung weiterer wichtiger cakras des Körpers, einschließlich des „Kolbens" (kânda) im unteren Bauchraum, woraus die 72.000 Ströme oder Pfade (nâdî) der Lebensenergie entspringen sollen. Danach werden die zehn Typen der Lebensenergie im Körper und ihre Wechselbeziehung mit dem Kräftespiel der Psyche (jîva) besprochen.

Die Psyche, so heißt es, repetiert andauernd das sogenannte hamsa-mantra („Schwan"-Mantra). Der Ton ham (wie „ham" in „Hammer" ausgesprochen) ist mit der Einatmung, der Ton sa mit der Ausatmung verbunden. Die lautliche Aneinanderreihung hamsa-hamsa-hamsa lässt sich auch vernehmen als so'ham-so'ham-so'ham, was esoterisch genommen „Ich bin Er", das heißt, „Ich bin das Göttliche" bedeutet. So verkündet der Körper selbst dauernd seine wahre Wesensessenz. Dieses spontane Rezitieren, im unwillkürlichen Atemprozess ausgeführt, heißt ajapa-gâyatrî, d.h. „nicht-

Die ätherische [Kontemplation] dauert eine Maßeinheit lang. Doch sollte man [eigentlich] über die Nicht-Maßeinheit (amâtrâ) kontemplieren: Nachdem man sich mit dem Verstand liiert hat, sollte man über das Selbst in sich selber kontemplieren! (31)

Die Lebenskraft misst 30½ Fingerbreiten [an Länge, wenn sie mit dem Atem aus dem Körper tritt] und wird dann an die [verschiedenen] prânas transferiert. Dies versteht man darunter, [wenn man sagt,] die [Herz-] Lebenskraft transzendiere die anderen Lebensenergien. (32)

Der für einen Tag und eine Nacht berechnete Atem (nishvâsa) [hat] 13.180 und 100.000 [Aus- und Einatmungen]. (33)

Kommentar: Die Gesamtsumme von 113.180 muss durch fünf geteilt werden, da die fünf prânas beteiligt sind. Das ergibt dann 22.636 Atmungsvorgänge in 24 Stunden oder 15,7 pro Minute. In anderen Texten wird als ideale Zahl 21.600 angegeben. Jedenfalls kommt beides der durschnittlichen Zahl von Atmungsvorgängen beim Erwachsenen nahe.

Das erste [Prinzip der Lebenskraft, bezeichnet als] prâna existiert am Platz des Herzens, apâna hingegen am Anus, samâna in der Nabelregion, udâna in der Kehle; (34)

vyâna durchdringt stetig und beharrlich alle Glieder. Und nun zu den Farben der fünf [Arten der Lebenskräfte] in der [richtigen] Reihenfolge: (35)

Der prâna-Wind soll einem blutfarbenen Edelstein gleichen. Der apâna in der Mitte [des Körpers] ist wie Scharlachrot. (36)

Der samâna inmitten der beiden [d.h. zwischen prâna und apâna] ähnelt weißer Kuhmilch. Und der udâna ist blass, das vyâna dagegen wie eine Flamme. (37)

Er, dessen [Lebenskraft], nachdem sie den Bezirk (mandala) des Windes [in der Herz-Gegend] durchstoßen hat, zum Kopf emporsteigt – er wird nicht wiedergeboren, nicht wiedergeboren wird er, wo immer er auch stirbt. (38)

Kommentar: Yogins rezitieren die Silbe om und nutzen Atmungstechniken, um das Bewusstsein zu konzentrieren, so dass die Lebens-

rezitiertes" gâyatrî-mantra. Die früheren yogins rechneten aus, dass der Mensch täglich rund 21.600 mal ein- und ausatmet, und die yogische Aufgabe besteht darin, diesen natürlichen Prozess durch Atmungs- und also Verstandeskontrolle stark zu modifizieren.

Der sechsgliedrige Yoga ist offensichtlich eine Form des Kundalinî-Yoga. Der yogin sucht die „Schlangen-Kraft" (kundalinî-shakti) mit Hilfe verschiedener Methoden zu erwecken, darunter „Verschlüsse" (bandha) an den analen wie abdominalen Muskeln und an der Kehle, oder das berühmte „Raumbewegungs-Siegel" (khecârî-mudrâ) und das „Große Siegel" (mahâ-mudrâ), die beide im 18. Kapitel erklärt werden. Auch hier ist der Zustand des Alleinseins (kaivalya) bzw. der Befreiung das Ziel. Der Begriff kaivalya wird zwar Patanjalis Yoga-Sûtra entlehnt, meint aber in diesem Kontext mehr die Vereinigung mit dem Göttlichen, weniger die völlige Abtrennung von der Natur.

हंस । सोऽहम् ॥

hamsa, so 'ham

Quellenlektüre 17

kraft, verbunden mit Gewahrsein, emporsteigen kann. Das Ziel dabei ist, die Lebensenergie zum Scheitel des Kopfes zu führen, bis sie durch die Fontanelle (brahma-randhra oder „Brahmas Spalt" genannt) und über den Kopf hinaus in die glückselige Unendlichkeit strömt. Im Tantra wird angenommen, dass die Lebenskraft die weit machtvollere kundalinî-shakti entflamme, die dann den axialen Pfad entlang nach oben zum psychoenergetischen Zentrum am Scheitel („Kronen-Chakra") steigt, wo sie mit dem universellen Bewusstsein, personifiziert in Shiva, verschmilzt.

TEJO-BINDU-UPANISHAD

Die Tejo-Bindu („Ausstrahlungs-Punkt")-Upanishad hat sechs Kapitel mit insgesamt 465 Versen. Anscheinend sind die Kapitel 2–4 und 5–6 einst zwei selbstständige Texte gewesen. Nur das erste Kapitel und der Anfang des fünften rechtfertigen mehr oder weniger den Titel dieser Upanishad, während die anderen Sektionen den vedântischen Nondualismus darlegen und mit der Mantra-Yoga-Praxis direkt nichts zu tun haben.

Der Leser wird ermahnt, über den „Schwan" (hamsa) zu meditieren, womit hier das transzendente Selbst jenseits der drei Bewusstseinszustände des Wachens, Träumens und Schlafens gemeint ist. Der anonyme Verfasser dieses Werkes macht einen 15-gliedrigen (panca-dasha-anga, geschrieben pancadashânga) Yoga geltend, der so aussieht:

1. Disziplin (yama), definiert als „Beherrschung der Sinne aufgrund des Wissens, dass alles das Absolute ist" (1.17);
2. Selbstbeherrschung (niyama), definiert als „Beziehung zum inneren [Selbst] und Loslösung von allem, was andersgeartet ist"(1.18); als „andersgeartet" gilt alles, was außer dem Selbst wahrgenommen wird;
3. Entsagung (tyâga); sie wird erklärt als die „Abkehr von der Erscheinungswelt infolge der Schau des wahren überbewussten Selbst" (1.19);
4. Schweigen (mauna), was in diesem Zusammenhang weniger rituell gemeint ist, vielmehr als Beruhigung von Verstand und Mund infolge der Ehrfurcht vor dem transzendenten Selbst, das am Horizont des meditierenden Bewusstseins aufleuchtet;
5. Ort (desha), was mystisch als „das, womit diese [Welt] in Ewigkeit erfüllt ist" (1.23) erklärt wird, also mit der Dimension des transzendenten Bewusstseins;
6. Zeit (kâla), die gleichermaßen in mystischen, nicht in konventionellen Begriffen geschildert wird;
7. Körperhaltung (âsana), als die Eingeweihten-Positur (siddha-âsana, geschrieben siddhâsana) spezifiziert;
8. „Wurzel-Verschluss" (mûla-bandha), eine Hatha-Yoga-Übung, die hier eine neue, okkulte Bedeutung erhält, denn der Autor interpretiert mûla als „die Wurzel der Welt" (1.27);
9. körperliche Ausgewogenheit (deha-sâmya), als Aufgehen im Absoluten erklärt; die übliche Interpretation des Begriffs – als „Stehen wie ein Baum" – wird ausdrücklich zurückgewiesen;
10. Beständigkeit der Schau (drik-sthiti), das Sehen der Welt als Absolutes – also nicht die gewöhnliche Yoga-Praxis der Blickfixierung auf den Ort des „Dritten Auges" zwischen den Augenbrauen;

11. Atemkontrolle (prâna-samyama), erläutert als „die Einschränkung jedes Schwankens [des Bewusstseins]" (1.31);
12. Rückzug (pratyâhâra), hier nicht als Sinnesrückzug verstanden, sondern als jene geistige Disposition, die das Selbst in den Gegenständen der Welt vorfinden lässt;
13. Konzentration (dhâranâ), hier als Zustand bestimmt, in dem man das Absolute überall sieht, wohin der Verstand auch wandern mag.
14. Meditation über das Selbst (âtma-dhyâna), die Seligkeit im höchsten Grad bewirkt;
15. Ekstase (samâdhi), definiert als „das vollständige Vergessen der Schwankungen [des individuellen Bewusstseins], da man mit der Form des Absoluten, mit der unveränderlichen Schwingung [des transzendenten Bewusstseins] häufig [verschmolz]". (1.37)

Die Tejo-Bindu-Upanishad (1.42) führt weiter aus, dass im ekstatischen Zustand das Absolute als Fülle (pûrnatva) erlebt werde; die Erfahrung des Absoluten als Leere (shûnyatâ) sei negativ und als Hindernis auf dem Pfad zu bewerten. Das ist eine eindeutige Ablehnung des Mahâyâna-Buddhismus, der die letzte Realität als „das Leere" sieht.

Die nachfolgenden Kapitel sind schematischer und bringen Hunderte von Variationen zur großen Maxime des Nondualismus: „Ich bin das Absolute". Im vierten Kapitel wird über das Ideal der Befreiung während des Lebens (jîvan-mukti) gesprochen. Der Adept, der das Selbst verwirklichte und seine völlige Identität mit dem Göttlichen noch während seiner Verkörperung erfährt, wird jîvan-mukta genannt. Dagegen hat der videha-mukta auch das Wissen seiner Identität mit dem Absoluten abgelegt.

Die gesamte Gruppe der Bindu-Upanishads demonstriert die erstaunliche Reife der yogischen Psychotechnik und der metaphysischen Gedanken, eine Reife, wie sie für die von Tantra sehr beeinflusste Nach-Patanjali-Tradition charakteristisch ist.

III. TON, ATEM UND TRANSZENDENZ

Wir sind uns unserer Atmung gewöhnlich nicht bewusst, es sei denn, wir versuchen sie aus irgendeinem Grund willentlich zu lenken. Doch sobald wir zu meditieren beginnen, nehmen wir den Ton, der von den beiden Lungenflügeln produziert wird, deutlich wahr. Für den Anfänger mag das störend sein; doch den Ohren der yogins gilt dieses rhythmische Geräusch als Musik, auf die sie die Aufmerksamkeit konzentrieren, bis der wahrnehmende Verstand selbst verschwindet und sie in das tonlose Reich der Transzendenz eintreten.

Die yogins betrachten den Atem, den sie technisch hamsa („Schwan") nennen, als Manifestation des transzendenten Lebens, d.h. des transzendenten Selbst, das gleichfalls als hamsa bezeichnet wird. Wie wir im vorhergehenden Abschnitt gesehen haben, stehen die zwei Silben des Wortes – ham und sa – für den ein- und ausströmenden Atem, aber auch für die auf- und absteigenden Strömungen der Lebenskraft. Die Silben enthalten ein Geheimnis – der kontinuierliche Klang des Atems übermittelt die Botschaft: „ich bin Er, ich bin Er". Mit anderen Worten: der Atem erinnert ständig daran, dass wir mit dem großen Leben des Alls, des Absoluten, des transzendenten Selbst identisch sind. Diese schöpferische Idee steht im Zentrum der Lehren der Hamsa-Upanishad.

HAMSA-UPANISHAD[9]

Dieses kurze Werk hat 21 Verse. Darin wird jenen, die über das Selbst nicht direkt meditieren können, empfohlen, die Disziplin der stillen hamsa-Rezitation zu üben, denn diese führe zur bewussten Wahrnehmung des spontanen „Gebets" im Atem. In der Weise, so stellt der Text fest, werden auch alle Arten innerer Klänge (nâda) erzeugt, die sich ihrerseits in zehn Kategorien aufteilen lassen. Der Praktizierende sollte sich nur um die zehnte, subtilste Kategorie des inneren Klangs – der hier einer Gewitterwolke gleicht – kümmern. Das führe zur Identifizierung mit dem Selbst, zum Erkennen von Sadâ-Shiva, des „Ewigen Shiva", des strahlenden, friedvollen Urgrund des Seins.

BRAHMA-VIDYÂ-UPANISHAD[10]

In der Brahma-Vidyâ(„Wissen vom Absoluten")-Upanishad, einem Text von 111 Strophen, wird dieser Hamsa-Yoga genauer ausgearbeitet.Die hamsa-Rezitation und -Meditation werden dem Haushälter, dem Waldeinsiedler, auch dem bettelnd umherziehenden yogin empfohlen. Diese Form des Hamsa-Yoga soll zur spirituellen Vollendung und auch zu paranormalen Fähigkeiten führen. Sie wird mit Übungen kombiniert, die die Schlangen-Kraft erwecken und zum Kronen-cakra am Kopfscheitel leiten sollen.

MAHÂVÂKYA-UPANISHAD[11]

So wie die Tejo-Bindu-Upanishad sieht auch die Mahâvâkya(„Großer Spruch")-Upanishad, ein Traktat mit zwölf Abschnitten, die Fülle (im Gegensatz zur buddhistischen „Leere") als das Ziel des yogischen Prozesses an. In diesem Endzustand, so meint sie, treten nicht nur Ekstase (samâdhi), yogische Vollendung oder die Auflösung des Verstandes ein. Er bedeutet vielmehr die bruchlose Identität (aikya) mit brahman, mit dem Absoluten.

[9] *Geschrieben Hamsopanishad.*

[10] *Geschrieben Brahmavidyopanishad.*

[11] *Geschrieben Mahâvâkyopanishad.*

Pâshupata-Brahma-Upanishad[12]

Die Pâshupata-Brahma-Upanishad ist ein Shaiva-Werk von 78 Versen in zwei Kapiteln. Sie leitet ihren Namen ab von den Anhängern Pashupatis – des Gottes Shiva als Herrn der „Tiere" (pashu) oder versklavten Seelen. Die Schrift fußt auf der Opfersymbolik der Brahmanen und stellt die Rezitation des hamsa-mantra als eine Form des inneren bzw. geistigen Opfers dar. Dieser Vorgang wird auch nâda-anusamdhâna, d.h. „Anwendung des [inneren] Tons" genannt – ein mit den Kânphâta-yogins speziell verbundener Begriff, der auf der esoterischen Vorstellung von 96 „solaren Strahlenbündeln" im Herzen beruht. Das sind leuchtende, im transzendenten Selbst entspringende Verbindungslinien, über die das Göttliche im menschlichen Körper-Verstand-System schöpferisch intervenieren kann. „Solch okkulter Sachverhalt hinsichtlich des Absoluten findet sich nirgendwo sonst beschrieben", meint der Text (1.25). Weiter heißt es, die Befreiung sei nur für den yogin möglich, der über die Identität von hamsa als Klang mit hamsa als transzendentalem Selbst zu meditieren vermag.

Hinsichtlich der philosophischen Frage, wie denn die singuläre transzendente Realität die Welt der Vielheit entstehen lassen könne, empfiehlt der anonyme Autor Stille als die weiseste Antwort. Gestützt auf seine radikal nondualistische Philosophie deklariert er gar, dass nur diejenigen Befreiung suchen, die sich angekettet fühlen. Gleichermaßen gelten die Ernährungsvorschriften für den befreiten Weisen nicht, ist er doch, wie die Taittirîya-Upanishad lehrt, sowohl Nahrung wie Verzehrer der Nahrung: das transzendente Selbst verzehrt sich in Form der unzähligen Objekte der Erscheinungswelt auf immer selbst.

IV. Yoga der Lichtphänomene

Generell assoziiert man mit Mystik hauptsächlich lichterfüllte, weniger klangerfüllte Erfahrungen. Tatsächlich wird die transzendente Wirklichkeit häufig als extremes Leuchten beschrieben und darum mit der Sonne verglichen oder die Sonne jenseits der Sonne genannt. Auch die Befreiung wird größtenteils als Erleuchtung oder Illuminierung gesehen. Wie die Autoren von *The Common Experience* anmerken:

> Die Erleuchteten sind in Licht gebadet. Ebenso strahlen sie Licht aus, angezeigt durch die Aura, die die Köpfe der Heiligen und bodhisattvas in der christlichen und buddhistischen Kunst umgibt. Es gibt eine feinstoffliche Form des Lichts, die den Körper durchtränkt und die das innere Auge wahrnimmt. Erleuchtung ist kein sinnbildlicher Begriff.[13]

[12] *Geschrieben Pâshupatabrahmopanishad.*

[13] *J. M. Cohen und J.-F. Phibbs, The Common Experience (New York: St. Martin's Press, 1979), p. 141.*

> **„Der wird als Schwan (hamsa) gepriesen,
> der jenen Schwan kennt, welcher im Herzen ruht
> und versehen ist mit dem nichttönenden Ton,
> mit Bewusstsein-Seligkeit, selbstleuchtend."**
> BRAHMA-VIDYÂ-UPANISHAD (20B–21A)

Eine der denkwürdigsten Passagen der Bhagavad-Gîtâ ist die Beschreibung der Vision Arjunas von Gott Krishna als höchstem Wesen (s. Quellenlektüre 10). Erfüllt von tiefer Ehrfurcht angesichts der Selbstoffenbarung Krishnas, ruft Arjuna aus:

> Ohne Anfang, Mitte, Ende, von unendlicher Kraft (vîrya), mit unzähligen Armen, mit Mond und Sonne als Augen, Dein Mund ein loderndes Feuer – ich seh, wie Du verzehrst, verbrennst das ganze All mit Deinem Strahlen. (11.19)

Prinz Arjuna, der zum Zeitpunkt dieser Vision noch nicht den ganzen yogischen Prozess durchlaufen hatte, war für diese plötzliche Begegnung mit dem Gott-Menschen Krishna in seinem transzendenten Aspekt ungenügend vorbereitet. Daher flehte er Krishna an, sein gewöhnliches Bewusstsein wiederherzustellen, so dass er noch einmal Krishnas vertraute menschliche Gestalt sehen könne. Immer ist es die Angst, sich zu verlieren, die den letzten Advent der Erleuchtung sogar in jenen verhindert, die auf dem spirituellen Pfad weit fortgeschritten sind. Darum belehrt das Tibetische Totenbuch – das Bardo Thödol – die sich auf den großen Übergangsvorgang des Todes vorbereitende Person, dass er/sie das große leuchtende Licht, das im nachtodlichen Zustand gesehen wird, nicht zu fürchten braucht.

Innere Licht-Erlebnisse ereignen sich schon einige Zeit, bevor der yogin jenen spirituellen Reifepunkt erreicht, an dem er auf das transzendente Licht trifft, angesichts dessen eine totale Ich-Kapitulation die einzig angemessene Reaktion zu sein scheint. Diese Lichtvisionen sind sozusagen die Theaterproben vor dem Auftritt des Lichts der Lichter. Es mag sich manchmal um recht spektakuläre innere Feuerwerke handeln, obgleich meist einfachere, lokalisierte oder diffuse nicht-physische Lichtphänomene erfahren werden. Die Erfahrung der „blauen Perle" (nîla-bindu), über die Swami Muktananda in seiner Autobiographie *Spiel des Bewusstseins* mehrmals spricht, demonstriert eine solch vorläufige Manifestation des Allerhöchsten.

So wie Mantra- oder Nâda-Yoga Tonschwingungen gebrauchen, um das gewöhnliche Bewusstsein zu verinnerlichen und zu transzendieren, so bedient sich Târaka-Yoga der höheren Schwingungen von weißem und farbigem Licht. Dazu verwendet er auch Aspekte der Praxis des inneren Tons (nâda).

Das Wort târaka bedeutet buchstäblich „er, der überquert" oder „Befreier". Es konnotiert die letzte Realität als die wahrhaftig befreiende Dimension. Der Begriff tritt bereits im Yoga-Sûtra (3.53) auf und bezieht sich dort auf die befreiende Weisheit (jnâna), die aus der konstanten Unterscheidung (viveka) zwischen transzendentalem Subjekt und empirischer Welt, einschließlich des Verstands, resultiert. In Vedânta-Schriften kann das Wort târaka auch das om-kâra bedeuten, also den Klang om. Später wurde târaka als Bezeichnung für den illuminierenden Yoga verwendet, der im indischen Mittelalter offensichtlich weit verbreitet war und, wie es scheint, den chinesischen Taoismus in beträchtlichem Ausmaß beeinflusst hat.

Advaya-Târaka-Upanishad[14]

Târaka-Yoga wird insbesondere in der Advaya-Târaka(„Nondualer Befreier")-Upanishad behandelt, einem kompakten Text von nur neunzehn Abschnitten. Der „nicht-duale Befreier" ist das transzendente Bewusstsein, das sich dem yogin in einer „Vielzahl von Feuern" enthüllt – ähnlich der Erfahrung des Heiligen Paulus auf der Straße nach Damaskus, da er von einem „blendenden Licht" niedergeworfen wurde, was sein Leben völlig veränderte. Die einzelnen Lichterfahrungen gelten als temporäre Vehikel, mit deren Hilfe man am Ende zum unsichtbaren höchsten Licht gelangt. Anders gesagt: Sie haben Bedeutung nur als Orientierungzeichen längs des Pfades.

Diese Upanishad scheint der ausgearbeiteren Mandala-Brâhmana-Upanishad als Vorbild gedient zu haben. Anders als die letztere versucht die Advaya-Târaka-Upanishad nicht, den Yoga der Lichtphänomene mit Hatha-Yoga-Techniken zu vereinbaren. Die Verse 14–18 könnten nachträglich eingeschoben worden sein.

Mandala-Brâhmana-Upanishad

Die Mandala(„Kreis")-Brâhmana-Upanishad beinhaltet 92 Verse in fünf Kapiteln. Ihre Lehren werden Yâjnavalkya zugeschrieben, der einen achtgliedrigen Yoga mit einigen ungewöhnlichen Definitionen der einzelnen Glieder darlegt. Die Disziplin (yama) als erstes Glied umfasst ihm zufolge die folgenden vier Aspekte:

1. Meisterschaft über Hitze und Kälte sowie über Nahrung und Schlaf – zu jeder Zeit;
2. Friede (shânti);
3. Beständigkeit (nishcalatva) des Verstands;
4. Zügelung der Sinne hinsichtlich von Objekten.

[14] *Geschrieben Advayatârakopanishad.*

Selbstbeherrschung (niyama), das zweite Glied, besteht aus diesen neun Anwendungen:

1. Hingabe zum Lehrer (Guru-bhakti);
2. Festhalten am Weg der Wahrheit;
3. Freude am Realen (vastu), wie es im Vergnügen flüchtig erfahren wird;
4. Zufriedenheit;
5. Bindungslosigkeit (nihsangatâ);
6. Leben in Einsamkeit (ekânta-vâsa);
7. Beenden der geistigen Aktivität;
8. Nichtanhaftung hinsichtlich der Früchte seiner Handlungen;
9. leidenschaftsloser Gleichmut (vairâgya) – was wohl für die Aufgabe aller Wünsche steht.

Die „Kontrolle der Körperhaltung" (âsana-niyama), der dritte Bestandteil des achtfachen Yoga, versteht sich als jede bequeme Körperstellung, die länger

QUELLENLEKTÜRE 18

ADVAYA-TÂRAKA-UPANISHAD

Jetzt wollen wir die geheime Lehre des nondualen Befreiers [der allein Einer, ohne Gegenüber, ohne Gegensätze ist] für den Asketen (yati) erklären, der die Sinne unterworfen hat und von den sechs Tugenden erfüllt ist, nämlich von innerer Ruhe usf. (1)

Kommentar: Die sechs in vedântischen Kreisen geschätzten Tugenden sind innere Ruhe (shama), Beherrschung (dama) der Sinne, Beendigung (uparati) alles Wünschens und alles weltlichen Tuns, geduldiges Ertragen (titikshâ), Gesammeltheit (samâdhâna) und Glaube (shraddhâ).

Ständig dies realisierend: „Ich bin vom Wesen des Bewusstseins (cit)", die Augen ganz geschlossen oder kaum geöffnet, oberhalb der Augenbrauen nach innen schauend – [derart] wird er, der das Absolute, das Höchste in Form einer Vielheit von Feuern aus Sein-Bewusstsein-Seligkeit erschaut, [selbst] zur Erscheinung [des Leuchtens]. (2)

[Diese geheime Lehre heißt] Târaka-[Yoga], da [sie den yogin befähigt], den grauenvollen Kreislauf von Empfängnis, Geburt, Leben und Tod zu überwinden (samtârayati). Wenn erkannt wird, dass die Seele (jîva) und der Herr (îshvara) Illusionen sind, und wenn jede Differenzierung als „nicht dies, nicht das" (neti-neti) [erbringend] aufgegeben wird, so ist, was übrigbleibt, das Eine Absolute ohne Zweites. (3)

Um dieses [nonduale Absolute] zu erreichen, muss den Drei Zeichen große Aufmerksamkeit geschenkt werden. (4)

In der Mitte des Körpers findet sich die sushumnâ, der „Kanal des Absoluten", von der Form der Sonne und der Leuchtkraft des Vollmonds. Entspringend am Wurzelende [des Steißbeins] (mûlâdhâra), erstreckt sie sich [d.h. sushumnâ, der zentrale Kanal] zum „Brahman-Spalt". Inmitten von ihr [der sushumnâ] weilt die berühmte kundalinî, strahlend wie eine Myriade von Blitzen und zartgliedrig wie der Staubfaden einer Lotosblüte. Hat sie ein Mensch bewusst gesehen, so ist er erlöst, denn seine Sünden (pâpa) sind alle gelöscht. Wenn er die glänzende Pracht (tejas) [der kundalinî] mit Hilfe des Lichtstrahls

beibehalten werden kann. Die Atemkontrolle (prânâyâma) wiederum teilt sich in Einatmen (pûraka), Zurückhalten des Atems (kumbhaka) und Ausatmen (recaka) ein; die drei Phasen sollen je 16, 64 und 32 „Maßeinheiten" (mâtrâ) dauern. Mit anderen Worten: Die Atmung hat den wohlbekannten yogischen Rhythmus 1:4:2.

Das Zurückziehen der Sinne (pratyâhâra) wird definiert als die Hinderung des Verstands, nach außen, zu den Sinnesobjekten zu streben. Die Konzentration, das sechste Glied, meint die Stabilisierung des eigenen Bewusstseins im transzendenten Bewusstsein (caitanya). Yâjnavalkya modifiziert auch Patanjalis Charakterisierung der Meditation (dhyâna), des vorletzten Aspekts des achtfachen Pfads, und erklärt diese als das „Eine Fließen" (ekatânatâ) der Aufmerksamkeit hin zum Transzendental-Bewusstsein, das in allen Wesen verborgen ist. Die Ekstase (samâdhi) schließlich ist der Meditationszustand des völligen Vergessens (vismriti), in dem der Ich-Sinn wegfällt und ausschließlich „Sein-Bewusstsein-Seligkeit" verbleibt.

Eine solche wonnevolle Realität manifestiert sich in verschiedenen Lichtphänomenen, die innerlich und außen gesehen werden können. So

[15] *Geschrieben paramâkâsha.*

[16] *Geschrieben mahâkâsha.*

des Târaka-Yoga andauernd an einer besonderen Stelle (mandala) der Stirn (lalâta) erschaut, so ist er ein erleuchteter Meister. Dann entsteht in seinen Ohren der Klang phû, den er mit den Zeigefingerspitzen blockiert. Wenn er darauf in [erhobenem] Geisteszustand diese Stelle [in Form] eines blauen Lichts in der Augenmitte sieht, so kommt er kraft seiner Innenschau zur unübertrefflichen Glückseligkeit. Auf diese Weise nimmt er in seinem Herzen wahr. Dies ist die Wahrnehmung des Inneren Zeichens, die der Befreiung Suchende üben soll. (5)

Nun [folgt] die Wahrnehmung des Äußeren Zeichens. Wenn er vor der Nase in einer Abfolge von vier, sechs, acht, zehn und zwölf Daumenbreiten Distanz jenes Raumfeld (vyoman) wahrnimmt, das die doppelte Färbung aus schimmerndem Gelb und einer Art Blutrot besitzt, [und manchmal] wie blaues Leuchten oder [blaue] Dunkelheit erscheint, dann ist er ein yogin. Am Anfang treten während der Vision der Person [die Târaka-Yoga ausübt] Lichtstrahlen auf, [wenn sie] mit schwankender Konzentration auf das Raumfeld blickt. [Falls sie] diese sieht, ist sie ein yogin. Sieht sie Lichtstrahlen, die geschmolzenem Gold ähneln, [entweder] im äußersten Augenwinkel oder im Augenhintergrund, dann [kann man sagen,] diese Vision [ist] begründet. Wer [solches] zwölf Daumenbreiten über seinem Haupt sieht, erwirbt Unsterblichkeit. Wer, [in dieser Vision] stetig verbleibend, als nächstes die Strahlung des Raums im Kopf erblickt, der ist gewiss ein yogin, wo immer er sich aufhält. (6)

Nun [folgt] die Wahrnehmung des Verbindungs-Zeichens. [Der yogin] sieht [Phänomene, die ähneln] dem ganzen Sonnenball, funkeln wie die Farben des Morgens usw. [oder] wie eine Feuersbrunst [oder] wie die [diffus erleuchtete] „Mittel-Region" (antariksha), der solche [klar bestimmbare Strahlung] fehlt. Er verharrt bei diesen Strahlungsformen. Aufgrund seiner Schauung dieser [Lichtphänomene] wird er zum Raum (âkâsha), der aller Eigenschaft entleert ist. [Danach] wird er zum höchsten Raum (parama-âkâsha[15]) – wird wie tiefe Dunkelheit, in der die gleißende Form des Befreiers [d.h. Sein-Bewusstsein] lodert. [Dann] wird er zum Großen Raum (mahâ-âkâsha[16]) – wie der

wie in der Advaya-Târaka-Upanishad gelten die inneren Lichterfahrungen als „Schauungen des inneren Zeichens" (antar-lakshya-darshana) und die äußeren als „Visionen des äußeren Zeichens" (bâhya-lakshya-darshana). Die Phänomene sind eng verknüpft mit der Vorstellung eines „Licht-Raums" (âkâsha). Damit ist nicht der physikalische, dreidimensionale Raum gemeint, sondern die weite Sphäre der Lebensenergie und des Bewusstseins, wie man sie in tiefer Meditation erfahren kann.

Es werden fünf Arten des Licht-Raums unterschieden, die offensichtlich auch verschiedene Ebenen der Lichterfahrungen darstellen. Zuerst kommt der sowohl innerlich wie äußerlich existierende Licht-Raum (âkâsha), als „wundervoll dunkel" charakterisiert. Vielleicht entspricht dieser dem „Raum des Bewusstseins", der zu Meditationsbeginn erlebt wird. Auf der zweiten Ebene findet sich der „übergeordnete Licht-Raum" (para-âkâsha), so hell wie die Feuersbrunst zum Zeitenende, da das All vernichtet wird. Als Nächstes kommt der große Licht-Raum (mahâ-âkâsha), dessen Strahlung unermesslich ist. Die vierte Art meint den sonnengleichen Licht-Raum (sûrya-âkâsha), während die fünfte Art der höchste Licht-Raum (parama-

[17] *Geschrieben tattvâkâsha.*

[18] *Geschrieben sûryâkâsha.*

*) *Vgl. Goethe, Zahme Xenien und Farbenlehre:*
„Wär nicht das Auge sonnenhaft,
Die Sonne könnt es nie erblicken.
Läg nicht in uns des Gottes eigne Kraft,
Wie könnt uns Göttliches entzünden?"
(Anm. d. Übers.)

Weltenbrand [zum Ende] der Zeiten. [Dann] wird er zum Raum der Realität (tattva-âkâsha[17]), der strahlt in so machtvollem Leuchten, dass ihm nichts gleichkommt. [Schließlich] wird er zum Sonnen-Raum (sûrya-âkâsha[18]) – der strahlenden Glorie von hunderttausend Sonnen gleichend. Derart also [konstituiert] der fünffache Raum innerlich und äußerlich das Zeichen des Erlösers. Wer, von den Früchten [seiner Handlungen] befreit, dies erfährt, der wird wie der Raum, so ähnlich [wie oben beschrieben]. Infolgedessen wird er zum Befreier, wird zum Zeichen, das jene Frucht [der Realität], die „jenseits des Verstandes" ist (amanaska), spendet. (7)

Dies [Erleben des] Befreiers ist zweifach: einmal ist man der Befreier, zweitens ist man der [Zustand] jenseits des Verstands. Darüber gibt es einen Vers: „Dieser [Târaka]-Yoga ist zweifach, besteht er doch aus Vorhergehendem und Nachher-Kommendem – das Vorhergehende ist der Befreier, die [Realität] jenseits des Verstands ist das Nachher-Kommende." (8)

In der Pupille (târa), im Augeninneren gibt es eine Kopie von Sonne und Mond. Durch die Pupillen (târaka) [entsteht] die Wahrnehmung der Sonnen- und Mondscheibe im sogenannten Makrokosmos; und ein Paar [korrespondierender] Scheiben findet sich als Mikrokosmos im Raum der Kopfmitte. Hat man das akzeptiert, [so sollten dann] diese [innere lunare und solare Scheibe] durch die Pupillen wahrgenommen werden. Dabei sollte man auch, mit yogisch beherrschtem Verstand, über die beiden „als identisch Existierende" meditieren, [denn] gäbe es zwischen diesen [beiden Realitätsebenen] keine Verbindung (yoga), so gäbe es auch keine Möglichkeit für die Sinnestätigkeit. *) Folglich sollte man sich dem Befreier nur aufgrund innerer Einsicht nähern. (9)

Kommentar: Diese vorangegangene Passage spricht über einen Eckpfeiler der esoterischen Philosophie, nämlich über die Vorstellung, dass Makro- und Mikrokosmos sich gegenseitig widerspiegeln. Der yogin wird aufgefordert, die Identität von beidem durch Innenschau, durch die innere Vision (antar-drishti) zu erfahren. Es gibt auch ein Wortspiel um die Begriffe târa („Pupille") und târaka („Befreier" und „Pupille").

âkâsha) ist – all-durchdringend, erfüllt von unübertrefflicher Seligkeit und gänzlich unbeschreibbarer Leuchtkraft.

Wir können nur mutmaßen, welche Signifikanz diese luminosen Sphären für die persönliche Erfahrung von Meditierenden jeweils haben. Sie sind offensichtlich supra-physisch und entsprechen nur vage jenem Äther, den die Physiker einst als Medium der Lichtverbreitung unterstellten. Gewiss vermögen Meditierende das Auftreten solch machtvoller Licht-Räume besser wertzuschätzen als Nicht-Meditierende.

Diese Upanishade unterscheidet außerdem zwischen zwei Typen der Lichterfahrung: einmal die Erfahrung des „Erlösers mit Form"(mûrti-târaka), die innerhalb der Reichweite der Sinne liegt und sich als Lichterscheinungen in der Region zwischen den Augenbrauen darstellt; zweitens die Erfahrung des „formlosen Erlösers" (amûrti-târaka), d.h. des transzendenten Lichtes selbst.

Der in diesem Yoga angestrebte letzte Zustand heißt amanaskatâ, „außerhalb des Verstandes sein", oder unmanî[19], „Hingerissenheit", „Verzückung", oder „yogischer Schlaf" (yoga-nidrâ). Der unmanî-Zustand tritt als Resultat

[19] Das Wort unmanî setzt sich zusammen aus dem Präfix ud („auf, hinauf") und dem Wortstamm man („denken" oder „bewusst sein"). Es bezeichnet einen gesteigerten, erhöhten Zustand, ein „Außer-sich-" und „Nicht-im-Verstand-sein", gleichwohl im positiven Sinn. Der Begriff ist aber eng verwandt mit unmâda („Verrücktheit").

Quellenlektüre 18

Dieser Befreier ist zweifach: der Befreier mit Form und der Befreier ohne Form. Was bei den Sinnen „endet", hat „Form". Was über das Augenbrauenpaar hinausreicht, ist „ohne Form". In jedem Fall ist es aber wünschenswert, den Verstand kontrolliert zur Bestimmung der Bedeutung [von Dingen] einzusetzen. [Ähnlich verhält es sich mit dem yogin, der] durch Târaka-[Yoga], also durch die Schau dessen, was jenseits [der Sinne] liegt, mit seinem gezügeltem Verstand und seiner Introspektion (antar-îkshana) Sein-Bewusstsein-Seligkeit, [d.h.] das Absolute in seiner Wesensform (sva-rûpa) [entdeckt]. Derart also tritt das Absolute manifestierterweise [zuerst] in Form von weißem Glanz auf. Dieses Absolute wird vom Auge, unterstützt vom Verstand, in der Introspektion erkannt. Daraufhin [wird] auch der „formlose" Befreier [erlebt]. Durch den „angejochten" Verstand und durch die Augen werden der dahara und andere [Lichterscheinungen] wahrgenommen. Der innere und äußere Wahrnehmungsprozess hängt von Verstand und Augen ab; so kann Wahrnehmung nur dann stattfinden, wenn sich Auge, Verstand und Selbst verbinden. Daher trägt die Innenschau des yogisch kontrollierten Verstandes dazu bei, dass der Befreier erscheint. (10)

Kommentar: Normalerweise meint der Begriff dahara eine Maus oder eine Bisamratte. Er leitet sich vom Verb dabh ab, was „verletzen" oder „täuschen" heißt. Im esoterischen Kontext jedoch empfiehlt sich die Herleitung von dah, was „brennen" heißt. Wahrscheinlich bezieht sich das Wort auf den winzigen Raum in der Herzgegend, der seit altersher als (ein) Ort des strahlenden transzendenten Selbst betrachtet wird. Der Begriff dahara taucht auch in der Kshurikâ-Upanishad, Quellenlektüre 19, Vers 10, auf.

Der Blick [soll fixiert bleiben] auf die Höhlung zwischen den Augenbrauen. Dadurch wird das Leuchten, das oberhalb [latent] existiert, manifest – dies ist Târaka-Yoga. Wenn [der yogin] dann sorgfältig und beherrschten Sinnes den Befreier mit [dem Verstand] „vereint" hat, soll er die Augenbrauen etwas hochziehen. Das ist der erstere [Typ des] Târaka-Yoga. Der letztere aber ist ohne Form und jenseits des Verstands. In der Region oberhalb der Gaumenwurzel strahlt ein großes Licht. Yogins sollten darüber me-

einer langen Versenkung in formloser Ekstase (nirvikalpa-samâdhi) auf und führt zur Auflösung des Verstands (mano-nâsha), worauf die transzendente Realität in ihrem all-einen Glanz erstrahlt.

> Die yogins, die in den Ozean der Seligkeit eintauchten, werden zu diesem [Absoluten]. (2.4.3)
> Verglichen damit [mit der höchsten Seligkeit] besitzen Indra und die anderen [Gottheiten] nur geringe Seligkeit. Darum ist der ein größter yogin, der jene Seligkeit erlangte. (2.4.4)

Die Auflösung des Verstands – tatsächlich bedeutet der Begriff nâsha „Zerstörung" – darf nicht als willentliche Auslöschung der rationalen Fähigkeiten missverstanden werden. Vielmehr bezieht sich das Wort auf den yogischen Prozess des Transzendierens des normalen Verstands, der ja immer um den Angelpunkt des Ich-Sinns kreist. Der yogin, der den erhabenen transmentalen Zustand erreicht hat, wird „höchster Schwan" (parama-hamsa) oder avadhûta, „einer, der alles abgeworfen hat", genannt.

ditieren. Derart entsteht die Macht der Verkleinerung (animan) usw. (11)

Kommentar: Die Macht der „Verkleinerung", d.h. die Fähigkeit, sich zur Größe eines Atoms (anu) zu reduzieren, ist eine der acht klassischen paranormalen Fähigkeiten (siddhi), die Adepten zugeschrieben werden.

Wenn die Vision des Äußeren Zeichens und des Inneren Zeichens eintritt, wobei [die Augen] ohne [die Kraft sind, sich] zu öffnen und zu schließen – dann ist dies die wirkliche shâmbhavî-mudrâ. Da die Erde [auch] ein Aufenthaltsort von Wissenden ist, die dieses Siegel (mudrâ) beherrschen, wird sie gereinigt. Kraft der Vision dieser [großen Meister] werden alle Sphären (loka) gereinigt. Wer [die Gelegenheit] erhält, solch großen yogins Verehrung zu erweisen, der/die wird auch erlöst [vom Kreislauf bedingter Existenz]. (12)

Kommentar: Zur Erläuterung der shâmbhavî-mudrâ siehe Kapitel 18.

Des Inneren Zeichens strahlender Glanz ist die Wesensform (sva-rûpa) [nicht-dualer Realität]. Aufgrund der Unterweisung durch einen überlegenen Lehrer wird das Innere Zeichen zum leuchtenden Licht des tausend [-blättrigen Lotos an der Scheitelkrone] oder zum Licht des Bewusstseins (cit), verborgen in der Höhle von buddhi, oder zum Vierten Bewusstsein, das im „sechzehnten Ende" (shodasha-anta[20]) wohnt. [Doch] diese [höchste Realität] erschauen zu können – das hängt ganz von einem wahren Lehrer ab. (13)

Kommentar: Buddhi ist die höhere Vernunft, der Sitz der Weisheit. Shodasha-anta bzw. das „sechzehnte Ende" meint ein seelisches Kraftzentrum, sechzehn Fingerbreit über dem Kopf. Dieser okkulte psychoenergetische Ort wird auch in einigen Texten des kaschmirischen Shaivismus erwähnt.

[Ein wirklich kompetenter] Lehrer ist in den Veden gut bewandert, ein Anhänger Vishnus, frei von Eifersucht, rein, ein Yoga-Kenner und entschlossener Yoga-Übender, der immer eine yogische Natur hat. (14)

Wer gegenüber [seinem eigenen] Lehrer voll Hingabe, wer insbesondere ein Kenner des Selbst ist – er,

[20] *Geschrieben shodashânta. Die Zahl 16 wird oft mit dem Mond verbunden, dessen 16 kalâ den Unsterblichkeitsnektar spendet.*

„Sogar eine unwissende Person, falls sie einem solchen dient, wird erlöst", erklärt Yâjnavalkya selbstgewiss. (5.9)

V. DURCHTRENNUNG DER BEWUSSTSEINSKNOTEN

Bei Indiens berühmtem, als kollektive Halluzination interpretiertem Seiltrick sehen die versammelten Augenzeugen dieses Schauspiel: Ein Fakir wirft das Ende eines Seils in die Luft. Anstatt wieder zu Boden zu fallen, versteift sich das Seil und steht aufrecht. Dann klettert ein Junge daran hoch, gefolgt von dem Fakir, der einen Dolch im Mund trägt. Beide verschwinden. Plötzlich fallen die abgetrennten Gliedmaßen des Knaben vom Himmel herab, anscheinend von nirgendwoher. Der Fakir taucht wieder auf und sammelt die Teile des Jungen ein. Nachdem sein Kopf zurück auf den Hals platziert ist, wird der Junge mit breitem Lächeln lebendig.

Quellenlektüre 18

der diese Tugenden besitzt, ist zum Lehrer (Guru) bestimmt. (15)

Die Silbe gu [bedeutet] Dunkelheit. Die Silbe ru [bedeutet] der Vernichter dieser [Dunkelheit]. Wegen [der Fähigkeit] des Vernichtens der Dunkelheit wird er ein Guru genannt. (16)

Der Lehrer allein ist das höchste Absolute. Der Lehrer allein ist der oberste Weg. Der Lehrer allein ist das höchste Wissen. Der Lehrer allein ist die höchste Zuflucht. (17)

Der Lehrer allein ist die oberste Grenze. Der Lehrer allein ist der größte Reichtum. Denn er ist der Lehrer der [nondualen] Wirklichkeit, er ist der Lehrer, der größer als [jeder andere] Lehrer. (18)

Wer diese [Schrift] [auch nur] einmal rezitiert, [oder] rezitieren lässt, wird vom Kreislauf [sorgenbeladener Existenzen] erlöst. Augenblicklich verblassen die Sünden all seiner Leben. Alle Wünsche erhält er erfüllt. [Für solch einen yogin tritt ein:] das Erreichen des [höchsten] Ziels der Menschheit. Er, der das weiß, [kennt wahrlich] die geheime Lehre. (19)

अमनस्कता ॥

amanaskatâ

Dieser Seiltrick, obwohl gewöhnlich nur zur öffentlichen Unterhaltung vorgetragen, hat auch eine tief symbolische Bedeutung: die Zerstückelung ist wie eine dramatische Inszenierung des wesentlichen Prozesses im spirituellen Leben – der Tod des „alten Adam" und die Geburt des „neuen Menschen".

Dasselbe Motiv finden wir in der Kshurikâ(„Dolch")-Upanishad[21], einem kurzen Text mit interessanter Perspektive hinsichtlich der Konzentration, der das Herzstück jeglicher Yoga-Aktivität gut beschreibt: Der yogin durchtrennt alle Bande, die ihn an die bedingte Existenz binden, von „bioenergetischen" Blockaden bzw. Hindernissen im Fluss der Lebensenergie bis hin zu fehlerhaften Haltungen und Gedanken. Wie eine scharfe Klinge durchschneidet der in dieser Upanishad dargestellte Yoga alle fesselnden Konditionen und befreit den Geist, der sich sodann wie ein Vogel zum Absoluten emporschwingt.

Das Konzept der körperlichen Vitalpunkte (marman) – anscheinend Körperstellen, an denen die Lebensenergie nicht frei fließt, sondern zentriert bzw. gefangen ist – mag von speziellem Interesse sein. Mit einer

[21] Geschrieben Kshurikopanishad.

[22] Das Wort ucchvâsa ist zusammengesetzt aus ud („auf, hinauf") und shvâsa („Atem") im Sinn von Ausatmen.

QUELLENLEKTÜRE 19

KSHURIKÂ-UPANISHAD

Ich will nun [die Lehre] des „Dolches" enthüllen, die Konzentration [der Aufmerksamkeit] zwecks Vollendung im Yoga, nach deren Erlangen der im Yoga Angeschirrte nicht wiedergeboren wird. (1)

Diese [Lehre] ist die Essenz und das Ziel der Veden, wie Svayambhû erklärte. Lass dich an einem ruhigen Ort nieder und nimm eine [passende] Körperhaltung ein, (2)

ziehe den Verstand ins Herz zurück, so wie eine Schildkröte ihre Gliedmaßen einzieht. Mittels des Yoga der zwölf Maße (mâtrâ) und des pranava [d.h. des Tons om] – ganz allmählich ... (3)

... sollte man, unter Verschließen [mit den Fingern] aller [Körper-] Öffnungen, den ganzen Körper, von der Brust bis zum Kopf und von den Hüften bis zum Nacken, bei leicht angehobener Brust [mit Lebenskraft] füllen. (4)

Kommentar: Svayambhû, der „Aus-sich-Selbst-Existierende", im zweiten Vers erwähnt, ist der Schöpfergott, ganz gleich, ob er Brahma, Vishnu oder Shiva genannt wird. Der im dritten Vers angesprochene Yoga der zwölf Maße bezieht sich vermutlich auf das Zurückhalten des Atems für die Dauer der zwölffachen Wiederholung der Silbe om.

Dabei halte man die [verschiedenen] Lebensenergien [prâna], die durch die Nasenöffnungen austreten [wollen], fest. Wenn man den lang anhaltenden Atem (âyata-prâna) erreicht hat, atme man langsam aus (ucchvâsa[22]). (5)

Kommentar: Atem (shvâsa) und Lebensenergie sind für den yogin ein und dasselbe. Während der eine Begriff mehr den physischen Aspekt betont, erinnert uns der andere an die metaphysische Dimension, an der der Atem teilhat. Die verschiedenen Lebensenergien sind die fünf Arten von prâna, die im menschlichen Körper zirkulieren.

Ist man darin beständig und standhaft geworden, [so führe man die Atemkontrolle aus:] man verwende den Daumen [um jeweils eine Nasenöffnung zu verschließen] [und ziehe dann die Lebenskraft ein] durch die Knöchel und auch die Waden, „drei mal drei". (6)

Technik, die wie ein yogisches Äquivalent der modernen Körperarbeit aussieht, setzt der yogin die aufgestaute Lebenskraft frei und verwendet sie, um den Energiefluss im axialen Kanal (sushumnâ) des Körpers zu stimulieren und allmählich zum geheimen psychoenergetischen Zentrum im Kopf zu lenken.

VI. VERWANDLUNG DES KÖRPERS – DIE UPANISHADEN DES HATHA-YOGA

Ton, Licht und Atem – dies sind wichtige Instrumente für den yogin. Sie gehören zu den ältesten und erprobtesten Bestandteilen der indischen Psychotechnik. Zehntausende von Praktikern haben im Lauf von Jahrhunderten ihr Potenzial zur psychospirituellen Transformation ausgelotet. Die Sanskrit- und landesprachlichen Texte über Yoga sind deshalb Destillate immens reichhaltiger Informationen, auch wenn uns noch häufig der richtige Schlüssel zu ihren Geheimnissen fehlt. Der Geist des Experiments, auf

Kommentar: Die Formulierung „drei mal drei" (trayas-trayah) ist unklar. Sie kann sich auf die drei Phasen der Atemkontrolle – Einatmen, Zurückhalten, Ausatmen – beziehen, oder auf das wiederholte Verbinden von Vision, Verstand und Atmung, wie es ein Sanskrit-Kommentator vorschlägt.

Dann [ziehe man die Lebenskraft ein] durch Knie und Schenkel, durch Penis und After, „drei mal drei". [Schließlich] sollte man sie dazu bringen, in der Nabelregion zu fließen und zu ruhen [nachdem man sie heraufgezwungen hat aus der] Afterbasis. (7)

Dort [am tiefstgelegenen Körperzentrum] beginnt der [weiße] sushumnâ-Kanal, umgürtet von zehn [Haupt-] Kanälen (nâdîs): dem roten, gelben und schwarzen; dem kupferfarbenen und den flammenfarbenen; ... (8)

... [sie sind] sehr fein und dünn. Man sollte den Atem dazu bringen, zum weißen Kanal [der sushumnâ] zu fließen. Daraufhin lenke man die [verschiedenen] Lebensenergien, ähnlich, wie eine Spinne an ihrem Webfaden [hochsteigt]. (9)

Infolgedessen [erreicht der yogin] jenen strahlend roten Lotos, den großen Sitz des Herzens, im Vedânta dahara-Lotos genannt. (10)

Nachdem er hier durchgebrochen ist, gehe er weiter zur Kehle; es wird empfohlen, diesen Kanalabschnitt [mit der Lebensenergie] zu füllen. Der [erhabene] Verstand ist das höchste Mysterium, ist überaus makellose Weisheit. (11)

Der vitale Energiepunkt (marman), der auf dem Fußrücken platziert ist, kann meditativ tatsächlich als jener gesehen werden, welcher diesen Charakter [der makellosen Weisheit] hat. Mittels der scharfen Verstandesklinge und unter beständiger Hingabe an [die Praxis des] Yoga ... (12)

... [sollte man] das Durchschneiden des vitalen Energiepunktes der Waden, der „Indras Blitzstrahl" heißt, [bewerkstelligen]. Er [der yogin] soll mit Hilfe des machtvollen Yoga der Meditation sehr konzentriert diesen [vitalen Punkt] durchschneiden. (13)

den die moderne Wissenschaft so stolz ist, wirkt gleichfalls im Yoga. Yogins waren immer furchtlose Abenteurer auf dem riesigen und weitgehend unvermessenen Territorium des menschlichen Geist-Seele-Körper-Systems. Zu keiner Zeit zeigte sich diese experimentierfreudige Stimmung deutlicher als während der Jahrhunderte von Geburt und Aufstieg des Tantra – der Periode zwischen 5. und 14. Jahrhundert. In dieser Zeit erforschten Indiens „Athleten des Geistes" die verborgenen Potenziale des Körpers mit größter Intensität. Ihre Neugier, ihr Wagemut und ihre Hartnäckigkeit ließen den sogenannten Hatha-Yoga entstehen, was „kraftvoller Yoga" oder „Yoga der Kraft" bedeuten kann. In letzterer Bedeutung meint die „Kraft" jene okkulte „Schlangen-Kraft" (kundalinî-shakti), um die sich im Tantra viele Rituale drehen – jene universelle Lebensenergie, die im Körper eingeschlossen ist und sowohl Knechtschaft wie auch Befreiung bewirkt, je nachdem, ob ihr Funktionieren unbewusst bleibt oder bewusst wahrgenommen wird. Das Ziel der hatha-yogins ist es, die kundalinî-shakti soweit wie möglich bewusst zu beherrschen.

Indem er die vier [Arten der Meditation über äußere und innere wie auch über grob- und feinstoffliche Objekte] ausübt, schneide er ohne Zögern [auch] durch den vitalen Energiepunkt in der Mitte der Schenkel und befreie die Lebensenergie [an dieser Stelle]. (14)

Daraufhin sammle der yogin [die Lebensenergie und lenke sie] zur Kehle, [wo] eine Vielzahl von Kanälen [existiert]. Dort ist – als einer von hundert Kanälen und ihnen übergeordnet – der allerhöchste „Stall" lokalisiert ... (15)

... sushumnâ, weithin verborgen, rein, das Absolute verkörpernd. Idâ befindet sich zur Linken, pingalâ zur Rechten [des sushumnâ-Kanals]. (16)

Kommentar: Diese drei Hauptkanäle der Lebensenergie werden in Kapitel 17 erläutert.

Zwischen den beiden [also] ist der höchste Wohnsitz. Wer das weiß, kennt die Veden. Unter den 72.000 sekundären Kanälen wird taitila ... (17)

...durch den Yoga der Meditation abgeschnitten, [das heißt] mittels der unbefleckten, machtvollen Klinge des Yoga mit ihrer flammenden Kraft. Die einsame sushumnâ [jedoch] wird nicht durchschnitten. (18)

In diesem Moment vermag der yogin den taitila, der einer Jasminblüte gleicht, zu sehen. Der Weise soll in diesem [jetzigen] Leben die hundert Kanäle durchtrennen, denn sie sind die Ursache [zukünftiger Geburten]. (19)

Kommentar: Die Bedeutung des Begriffs taitila ist nicht klar. Er kann „Rhinozeros" bedeuten, aber auch der Beiname einer Gottheit sein. In seinem Kommentar stellt Upanishad Brahmayogin fest, dass er „vom Kommen und Gehen charakterisiert" ist, was nicht sehr viel weiterhilft.

Derart soll man sich von günstigen und ungünstigen Bedingungen [verknüpft mit] diesen Kanälen lösen. Jene, die das verwirklichten, erlangen Befreiung von der Wiedergeburt. (20)

Mit einem kraft Askese überwundenen Verstand, niedergelassen irgendwo in der Wildnis, ungebun-

Wir sind bereits in mehreren der früher besprochenen Yoga-Upanishads auf diese formidable biospirituelle Kraft gestoßen, zumindest am Rande. Die restlichen Texte der Yoga-Upanishads konzentrieren sich alle auf Hatha-Yoga und daher auf Techniken, die dazu gedacht sind, die kundalinî-Energie zu wecken und so weit zu zähmen, dass sie gefahrlos zum primären biospirituellen Zentrum an der Scheitelkrone gelenkt werden kann, um dort den glückseligen Zustand der ekstatischen Vereinung mit dem Göttlichen zu erreichen. Die folgenden Upanishaden – in der Muktikâ-Upanishad (ca. 1350 n. Chr.) aufgelistet – sind allesamt Schöpfungen des 12. und 13. Jahrhunderts. Ich werde ihren Inhalt nur kurz umreißen, da ich die Kapitel 17 und 18, in denen die körperfreundlichen Traditionen von Tantra und Hatha-Yoga besprochen werden, nicht gänzlich vorwegnehmen will.

Quellenlektüre 19

den, vertraut mit den Gliedern des Yoga, wunschlos, Schritt um Schritt [praktizierend] – [so soll der yogin sich der Befreiung nähern]. (21)

Wie ein Schwan (hamsa), der seine Fesseln durchbissen hat, geradewegs hinauf zum Himmel fliegt, so überquert die Seele (jîva), da sie ihre Bande durchtrennte, immer [den Ozean des] Daseins (samsâra). (22)

Wie eine Öllampe, die [ihr Öl] verbraucht, im Augenblick des Erlöschens aufhört zu funktionieren, ebenso hört der yogin, der alles Karma verbrannt, auf zu existieren [als Individuum, getrennt von allen anderen Wesen]. (23)

Hat er die Fesseln mit Hilfe der Klinge des Maßes (mâtrâ) [der Meditation] – gut geschärft durch Atemkontrolle und geschliffen am Stein der Entsagung – durchschnitten, so ist der Yoga-Adept nicht [mehr] gebunden. (24)

YOGA-KUNDALÎ-UPANISHAD[23]

Die Yoga-Kundalî-Upanishad mit ihren 171 Strophen in drei Kapiteln beginnt direkt mit einer Erklärung der Schlangen-Kraft, die sie kundalî oder kundalinî nennt, was beides die „Zusammengerollte", also die Latenz dieser Energie meint. Sie erwähnt verschiedene Arten der Atemkontrolle und die drei „Versperrungen" (bandha) – an der Basis der Wirbelsäule, am Bauch und an der Kehle –, die die Lebenskraft im Körper blockieren und einsperren. Ihr anonymer Autor predigt das Ideal der unkörperlichen Befreiung (videha-mukti), die man erlangt, wenn die Schlangen-Kraft das oberste Zentrum des Körpers erreicht, wo sie sich mit der transzendenten „männlichen" Energie Shivas vereint.

Das zweite Kapitel spricht über die sehr spezielle Praxis des „Raumbewegungs-Siegels" (khecârî-mudrâ), die man, wie betont wird, von seinem Lehrer erlernen muss. Ausgeführt wird sie, indem man mit der Zunge eine Höhlung an der Gaumenwurzel blockiert – ein kompliziertes Unterfangen, das die künstliche Verlängerung der Zunge voraussetzt. Das dritte Kapitel enthält Überlegungen zu esoterischen Sachverhalten und verweist auch auf höhere yogische Prozesse.

YOGA-TATTVA-UPANISHAD[24]

Die Yoga-Tattva(„Prinzipien des Yoga")-Upanishad, ein Vaishnava-Werk von 142 Versen, unterscheidet und definiert präzise vier Yoga-Typen: Mantra-Yoga, Laya-Yoga, Hatha-Yoga und Râja-Yoga. Der Text ist ziemlich systematisch, versehen mit nützlichen Informationen über die einzelnen Praktiken des Hatha-Yoga, auch über die Hindernisse auf dem Pfad sowie die paranormalen Fähigkeiten, die ein yogin gegebenenfalls erlangen kann. Er empfiehlt eine Kombination aus Weisheitswissen (jnâna) und yogischer Technik, wobei Hatha-Yoga den Praktiker auf die Anforderungen des Râja-Yoga vorbereitet, der sowohl die Haltung der Entsagung wie auch das Vermögen der Unterscheidung erfordert. Wiederum ist das „Alleinsein" (kaivalya) das hohe Ziel; es wird als entkörperlichte Befreiung (videha-mukti) charakterisiert.

YOGA-SHIKHÂ-UPANISHAD[25]

Mit insgesamt 390 Versen stellt die Yoga-Shikhâ(„Krone des Yoga")-Upanishad die umfassendste Yoga-Upanishad dar. Sie besteht aus sechs Kapiteln, deren letztes einmal eine selbstständige Abhandlung gewesen zu sein scheint. Dieses Shaiva-Werk soll, ähnlich wie die Tantras, den spirituellen Suchern dienen, die mit den Schwierigkeiten des dunklen Zeitalters (kali-yuga) zu kämpfen haben. Ebenso wie die Yoga-Tattva-Upanishad unterbreitet sie eine Lehre, die Weisheitswissen mit yogischer Praxis kombiniert. Wieder

[23] *Geschrieben Yogakundalyupanishad. Aus lautlichen Gründen ändern sich die Wörter kundalî oder kundalinî zu kundaly bzw. kundaliny, wenn ein mit Vokal beginnendes Wort wie upanishad folgt.*

[24] *Geschrieben Yogattvopanishad.*

[25] *Geschrieben Yogashikhopanishad.*

und wieder erinnert sie den Leser an die Wichtigkeit der Transmutation des Körpers, der doch wahrlich zum „Tempel Shivas" (shiva-âlaya[26]) werden soll, wie es Vers 1.168 ausdrückt.

> Vermittels des [Yoga-] Feuers soll [der yogin] den Körper stimulieren (ranjayet), der [auch] aus den sieben Bestandteilen (dhâtu) [d.h. den Humoralelementen wie Gase, Gallenflüssigkeit, Blut usw.] besteht. (1.56a)
>
> All seine Krankheiten werden [damit] geheilt – um wie viel noch mehr die Schnitte und Wunden u. Ä. Er erwirbt eine Verkörperung, die von der Art des höchsten Licht-Raums (parama-âkâsha) ist. (1.57)

Der Yoga-Adept hat das Selbst verwirklicht, hat das „Selbst realisiert"; dazu kommt, dass seine verwandelte Physis verschiedene Arten paranormaler Kräfte (siddhi) besitzt, die als sicheres Zeichen seiner spirituellen Fertigkeiten gelten. „Man sollte denjenigen, dem die Kräfte mangeln, als gefesselt betrachten", erklärt der anonyme Autor (1.160). Dies soll allerdings nicht die allgemeine Einstellung relativieren, dass der egoistische Gebrauch dieser Kräfte das spirituelle Wohlergehen des yogins gefährde. Der Autor, offensichtlich selbst ein Adept, lehnt bloßes Bücherwissen ab und lässt sich sehr kritisch über Menschen aus, die von dem geringen, aus Textbüchern (shâstra) erworbenen Wissen getäuscht und irregeführt werden.

Die Yoga-Shikhâ-Upanishad favorisiert gleichfalls eine Methode, die Weisheit (jnâna) und Yoga kombiniert: Getrennt voneinander können weder Weisheit noch Yoga zur Befreiung führen. Zusammen aber können sie den Menschen „reifen lassen". Der Text (1.24–27) differenziert zwischen „ganz gegarten" (pari-pakva) und „ungegarten" (apakva) Personen. Nur die Ersteren besitzen einen Körper, der „nicht empfindungslos" (ajada) ist. Mit anderen Worten: Ihr Körper wird von einem disziplinierten Bewusstsein durchdrungen und stellt deshalb sein komplettes Potenzial zur Verfügung, einschließlich der paranormalen Kräfte. Die „ganz gegarten" Menschen sind auch frei vom Leiden (duhkha). Ja, wie die Verse 1.41–42 erklären, kann der Körper eines yogin selbst von Gottheiten nicht gesehen werden, denn er ist transparenter als der Raum (âkâsha).

Das zweite Kapitel handelt vom Mantra-Yoga und erklärt, dass der subtile innere Ton (nâda) das höchste Mantra sei. Im dritten Kapitel werden einige der metaphysischen Aspekte des Mantra-Yoga vorgestellt. Der Klang, heißt es, habe mehrere subtile Dimensionen, beginnend mit der klangtranszendierenden höchsten Realität und deren etwas tieferer Manifestation in Form von shabda(„Klang")-brahman. Die darauffolgenden Stufen der sukzessiven Klang-Manifestierung sind:

[26] *Geschrieben shivâlaya.*

1. parâ („transzendent"), der „Saatkeim"-Ton oder bindu;
2. pashyantî („sichtbar") – Ton in unhörbarer Frequenz, aber durch yogische Innenschau wahrnehmbar;
3. madhyamâ („Mittelsorte"), der während tiefer Meditation im Herzen gehört werden kann: ein Ton, der „wie ein Donnerschlag" dröhnt;
4. vaikharî („rau") – vokalisierter Ton (svara), der durch Vibrieren der Luft entsteht.

> **„Der yogiraj soll seine Fähigkeiten nicht für jedermann zur Schau stellen. Er verberge vielmehr seine Fähigkeiten vor der Welt und lebe wie ein Narr, wie ein Idiot oder ein tauber Mensch."**
> YOGA-TATTVA-UPANISHAD 76B-77

Das vierte Kapitel der Yoga-Shikhâ-Upanishad stellt die vedântische Lehre der Unwirklichkeit von Welt und Körper dar, die, getrennt von dem einen allumfassenden Selbst (âtman), null und nichtig sind. Im fünften Kapitel lernen wir über einige Hauptaspekte der esoterischen Anatomie, wie die Energiekanäle (nâdî) und die psychospirituellen Energiezentren (cakra) im Körper. Die abschließenden Kapitel decken zum Teil ähnliche Themen ab, konzentrieren sich dabei aber auf den zentralen Kanal, die sushumnâ-nâdî, der als der „allererste Wallfahrtsort" bezeichnet wird (6.45). Der yogin müsse die erweckte Schlangen-Kraft in diesen axialen Kanal und dann zum Aufstieg zum Kopf drängen.

VARÂHA-UPANISHAD[27]

Die Varâha(„Eber")-Upanishad, eine späte Vaishnava-Komposition, hat 263 über fünf Kapitel verteilte Verse. Sie hebt an mit einer Aufzählung der 96 Kategorien (tattva) der Existenz. Vishnu als der Eber (eine seiner Verkörperungen), so heißt es, existiert jenseits aller Kategorien. Alle, die bei ihm Zuflucht suchen, werden befreit, auch wenn sie noch im Körper leben.

Das zweite und dritte Kapitel enthalten einen Diskurs über vedântische Metaphysik, in der Empfehlung mündend, über Vishnu in Form des Bhakti-Yoga zu meditieren. Hingabe an den Herrn wird als das wahre Mittel zur Befreiung gesehen, aber Kundalinî-Yoga wird gleichfalls angeraten.

Das vierte Kapitel erläutert die sieben Stufen der Weisheit, die auch im Yoga-Vâsishtha (siehe Kapitel 14) erwähnt werden. Das Wesen und das Leben des verkörperten, jedoch befreiten yogin werden beschrieben. Die Upanishad spricht über zwei Vorgehensweisen – die des Vogels, wie vom

[27] *Geschrieben Varâhopanishad.*

Weisen Shuka praktiziert, und die der Ameise, wie vom Weisen Vâmadeva befolgt. Die erste Methode führt zur sofortigen Befreiung (sadyo-mukti), die letztere zur allmählichen (krama-mukti).

Das fünfte Kapitel – ursprünglich wohl ein selbstständiges Traktat, später dann an die Varâha-Upanishad angehängt – enthält eine längere Abhandlung über Hatha-Yoga. Sein Verfasser erkennt nur drei Yoga-Typen an, nämlich Laya-Yoga, Hatha-Yoga und Mantra-Yoga, die alle erlernt werden sollten. Dieser zusammengesetzte Yoga hat acht Glieder, die denen von Patanjalis Yoga entsprechen. Sein Ziel ist die Erleuchtung noch während der Lebenszeit.

Shândilya-Upanishad[28]

Der gleiche achtgliedrige Yoga wird in der Shândilya-Upanishad gelehrt, einem etwas kürzeren Text als die Varâha-Upanishad, mit einer Mischung aus Versen und Prosa. Sie handelt weitgehend über dieselben Dinge, geht speziell auf Konzepte und Techniken des Hatha-Yoga ein und betont wieder die gegenseitige Ergänzung von Selbsterkenntnis (jnâna) und Yogapraxis. Ein beträchtlicher Raum wird den Lebensenergie-Kanälen (nâdî) gewidmet. Deren Reinigung gilt als die Vorbereitung zu den höheren Übungen der Konzentration und Meditation, durch die dann die Vibrationen (spanda) von Verstand und Gemüt unter Kontrolle gebracht werden. Die Arbeit erklärt interessante Methoden, die der yogin benutzen soll, um die Lebenskraft (prâna) im Körper zu beherrschen und zu dirigieren. Dazu kommt eine lange Liste der paranormalen Fähigkeiten.

Die letzten zwei der drei Kapitel dieser Upanishad scheinen hinzugefügt worden zu sein. Ihre Lehren werden dem Weisen Shândilya zugeschrieben, nach dem dieses Werk benannt ist.

Tri-Shikhi-Brâhmana-Upanishad[29]

Die Tri-Shikhi(„Dreier-Büschel“)-Brâhmana-Upanishad ähnelt der Shândilya-Upanishad in Stil und Inhalt, ist aber nur halb so lang. Ihr Titel stammt von dem namenlosen Brahmanen mit drei Haarbüscheln auf dem geschorenen Kopf, der die darin wiedergegebenen Lehren direkt von Gott Shiva empfing. Die Upanishad beginnt mit einer Skizzierung der vedântischen Metaphysik und empfiehlt dann dem Befreiungsuchenden eine Kombination aus Jnâna-Yoga und Karma-Yoga (oder Kriyâ-Yoga). Die Befreiung liege in der strikten Beobachtung der Pflichten, wie sie in den Schriften niedergelegt sind. Vermutlich sind damit die Hatha-Yoga-Schriften gemeint, denn der Rest dieses Vaishnava-Textes deckt weitgehend dasselbe Terrain ab wie die oben erwähnten Werke.

[28] *Geschrieben Shândilyopanishad.*

[29] *Geschrieben Trishikhibrâhmanopanishad.*

DARSHANA-UPANISHAD[30]

Die Darshana(„Schau/System")-Upanishad – in der englischen Übersetzung über 30 Seiten lang – enthält die Lehre, die Gott Dattâtreya einst dem Weisen Samkriti gab. Der Titel lässt auf eine Zusammenfassung bereits existierender Lehren schließen, was den Text dann vermutlich zum jüngsten dieser Upanishaden-Gattung machen würde. Die Darshana-Upanishad geht bei ihrer Darlegung des Hatha-Yoga zwar vom achtgliedrigen Pfad des Patanjali aus, definiert aber alle Glieder (anga) neu und spricht von zehn moralischen Disziplinen (yama) und zehn Selbstbeherrschungen, anstatt von den jeweils fünf, die Patanjali anführte. Zu den âsanas zählt sie neun Körperhaltungen, die, mit Ausnahme der Pfauen-Stellung, hauptsächlich Meditations-Stellungen zu sein scheinen. Allerdings erwähnt der Text, dass mit Hilfe der Lotos-Stellung alle Krankheiten überwunden werden können und dass die glücksverheißende Stellung (bhadra-âsana) ebenfalls Krankheit und Vergiftungen beseitigen kann.

Unter prânâyâma gibt die Darshana-Upanishad (Abschnitt 4) eine recht detaillierte Beschreibung der subtilen Anatomie, ohne jedoch viele neue Informationen zu offerieren. Mit zwei Ausnahmen: Sie vergleicht das Kreisen der Lebensenergie im Körper mit dem Lauf der Sonne durch die Tierkreiszeichen und nennt die diversen somatischen Orte der yogischen Konzentration „Pilgerzentren" (tîrtha). So ist Shrî-Parvata im Kopf, Kedâra in der Stirn, Varanasi (Benares) in der Mitte zwischen den Augenbrauen, Kurukshetra (der sakrosankte Schauplatz des Bhârata-Krieg) in der Brust, Prayâga (der Zusammenfluss der heiligen Ströme Gangâ, Yamunâ und Sarasvatî) am Herzen, Cidambara im Herzzentrum und Kamalâlaya an der Wirbelsäulenbasis lokalisiert. Diese inneren Pilgerorte seien den geographischen übergeordnet, doch habe nur das Selbst (âtman) den Rang des wichtigsten tirthâ-Zentrums, heißt es.

Neben der geläufigen Definition des Sinnesrückzugs (pratyâhâra) bietet die Darshana-Upanishad (Abschnitt 7) noch einige weitere Interpretationen, z.B. als das „Sehen des Absoluten (brahman) in allem" und als die Beschränkung der Lebenskraft auf gewisse Teile des Körpers. Die Konzentration (dhâranâ) fokussiert sich ihr zufolge auf die Fünf Elemente (Erde, Wasser, Feuer, Luft und Äther) im Körper oder, wahlweise, auf das Selbst. Meditation (dhyâna) wiederum meint die Kontemplation über das Selbst, also über das Absolute. Die Ekstase (samâdhi) wird als das Erleben der Identität von individuellem Selbst (jîva-âtman) und höchstem Selbst (parama-âtman) erklärt. Diese große Realisierung drückt sich komprimiert in der Formel „Ich bin nur Shiva" aus und enthüllt die Welt als bloße Illusion.

Im Allgemeinen ist die Gedankenführung dieses späten Textes erfrischend systematisch. Doch fügt er unseren Kenntnissen von Hatha-Yoga nichts Wesentliches hinzu.

[30] *Geschrieben Darshanopanishad.*

Yoga-Cûdâ-Mani-Upanishad[31]

Das letzte hier vorzustellende Werk – die Yoga-Cûdâ-Mani(„Kleinod des Yoga")-Upanishad – lehrt einen sechsgliedrigen Yoga, doch beschreibt leider nicht die höheren Stufen yogischer Praxis. Der Grund dafür liegt darin, dass es ein Textfragment ist, nämlich der frühere Teil der Goraksha-Paddhati, einem wichtigen Hatha-Yoga-Handbuch (s. Quellenlektüre 21).

Damit endet unsere Übersicht über die Psychotechnik der sogenannten Yoga-Upanishads. Ihre Lehren bilden einen passenden Übergang zu Tantra und Hatha-Yoga, die später, im 17. und 18. Kapitel, besprochen werden. Doch ehe wir uns diesen beiden faszinierenden und miteinander sehr verwobenen Traditionen zuwenden, möchte ich den vierten Teil dieses Buches mit einer Exkursion in den Yoga der Sikhs beschließen.

[31]Geschrieben Yogacûdâmanyupanishad. Das Wort cûdamani („Kronjuwel", „Kleinod") ändert sich aus dem in Anm. 23 genannten Grund zu cûdamany.

Kapitel 16

Yoga im Sikhismus

**„O Geliebter! Du bist verwirrend, gut aussehend,
lebenspendend, schön und strahlend,
Du bist liebevoll besorgt, mitleidsvoll,
unergründlich und unermesslich."**

Adi-Granth (5.542)

I. Überblick

Der Sikhismus, der ca. 23 Millionen Anhänger weltweit hat, ist die von Guru Nânak (1469–1538 n. Chr.) begründete religiös-spirituelle Tradition. Guru Nânak wurde in einer Familie der kshatriya- („Krieger")-Kaste in einem Dorf nahe Lahore (heute Pakistan) geboren. Das Prakrit-Wort sikh kommt vom Sanskrit-Wort shishya, was „Schüler" heißt, und die Sikhs verstehen sich als Schüler Gottes. Guru Râm Dâs (1534–1581 n. Chr.) sprach das in diesem Vers aus:

> Mein wahrer Guru ist ewig und immerwährend.
> Er ist ohne Geburt und Tod.
> Er ist der unsterbliche Geist
> und alles durchdringend.

Die Schülerbeziehung erstreckt sich auch auf die großen Meister der Sikh-Tradition, die aufgrund ihrer reinen Lebensführung die große Gnade des Göttlichen erfahren und sich Gott, von ihnen bezeichnenderweise Wâhi Guru („heiliger Lehrer") genannt, überantwortet hatten. Darum seien, wie man meint, ihre Lehren nicht getrübt von Unwissenheit und Egoismus und können andere Menschen sicher auf dem Pfad zu Gott geleiten.

Laut Überlieferung verschwand Guru Nânak eines Tages während seiner Morgenwaschung im Wasser, und man glaubte, er sei ertrunken. Drei Tage und Nächte blieb er abwesend, während er in Gottes Gegenwart weilte und mit seiner Lebensmission beauftragt wurde – die Menschen das Beten zu lehren. Ihm wurde geboten, ständig den göttlichen Namen (nâm, Sanskrit: nâma) zu rezitieren, Mildtätigkeit (dân, Sanskrit: dâna), selbstlosen Dienst (sevâ), Gebet (simran, Sanskrit: smarana, d.h. „Erinnern") und Waschungen (ishnân, Sanskrit: snâna) zu praktizieren.

Als Nânak, 30 Jahre alt, wiedererschien, begann er seine Mission mit den Worten: „Es gibt keinen Hindu, es gibt keinen Muslim." Der Satz charakterisiert den umarmenden Synkretismus des Sikhismus – die Synthese aus Hindu-Devotionalität und islamischem Sufismus. Das Hindu-Element überwiegt; der muslimische Aspekt drückt sich vor allem im monotheistischen Glauben und der Zurückweisung von Idol-Verehrung und Kastensystem aus.

Guru Nânak lebte in einer Zeit großer sozialer Umbrüche – Nordindien wurde damals gerade von den Lodhi-Afghanen regiert –, und sein Evangelium des Friedens und der Liebe bildet einen der bemerkenswertesten Seitenzweige der großen bhakti-Bewegung des mittelalterlichen Indien. Er war besonders beeinflusst durch Kabîr, und einige Gelehrte äußerten die Ansicht, Kabîr wäre sein Lehrer gewesen. Viele Hindus sehen den Sikhismus als Teil des Hinduismus, und viele Sikhs sehen das genauso.

Sein unmittelbarer Nachfolger Angad und der dritte Guru, Amar Dâs, waren kompetente Lehrer, heben sich aber nicht speziell hervor. Der vierte Guru der Linie, Râm Dâs, jedoch erwarb sich Ruhm, als er den Grundstein zum bekannten Goldenen Tempel (Harimandir oder „Tempel von Hari") inmitten eines Teichs in Amritsar („See der Unsterblichkeit") legte – bis heute das beliebteste Pilgerzentrum der Sikhs. Bis zur Zeit des fünften Guru, Arjun Dev (1581–1606), hatte die Gemeinde beträchtlich an Größe und Einfluss zugenommen, so dass dieser die Sikhs in einem kleinen Staat organisieren konnte, den er in königlicher Manier regierte. Arjun Dev sammelte außerdem die religiösen Gedichte seiner Vorgänger und schuf daraus, zusammen mit seinen eigenen Kompositionen, den Âdi-Granth („Ursprüngliches Buch"). Er wurde von den Muslims ins Gefängnis geworfen und ertränkte sich, um der Schande der Hinrichtung zu entgehen.

Sein Nachfolger, Har Gobind (1606–1645), rächte dies, indem er einen heftigen Guerillakrieg gegen die Mogul-Herrschaft führte. Kampf und interne Konflikte dauerten während der Regierung der verbleibenden Gurus an und beendeten damit die friedvolle Phase des Sikhismus. Vor allem Govind Singh (1666–1708), der letzte des ursprünglichen Stammbaums von zehn Gurus, wandelte die Sikh-Gemeinde in eine schlagkräftige militärische Bruderschaft (khalsa) um, die ihren Glauben und ihre kulturell-politische Identität gegen die Muslims verteidigte. Er ächtete das Kastensystem und verlangte von seinen Anhängern, dass sie sich den Zunamen Singh (Sanskrit: simha, „Löwe") zulegten und, falls männlich, ihre Gefolgstreue demonstrierten, indem sie die „Fünf K" (panc-kakâr, Sanskrit: panca-kakâra) trugen: langes Haar (kesh, Sanskrit: kesha), einen Kamm (kangha), einen stählernen Armreif (kara), einen Dolch (kirpan) und Untershorts (kaccha). Wer sich weigerte, seiner Sekte beizutreten, wurde Sahajdhâri genannt, was soviel heißt wie „einer, der es leichtnimmt".

Govind Singh verfasste den Dasvan Pâdshâh Kâ Granth („Buch des 10. Königs"), das vom Âdi-Granth sorgfältig unterschieden werden muss und das nur bei seinen Anhängern als autoritativ galt. Lediglich ein einziges Gedicht dieses kriegerischen Guru fand Eingang in den Âdi-Granth. Als Indien 1947 die Unabhängigkeit erhielt, zog die Abtrennung Pakistans von Bharat (Indien) eine brutale Trennlinie mitten durch den Punjab, die Heimat der Sikhs, und viele Mitglieder der Gemeinde wanderten aus dem neuen muslimischen Staat Pakistan nach Bharat, wo sie ein manchmal unsicheres Leben führen.

Nach Govind Singhs Tod wurde der geheiligten Schrift – und nicht einem priesterlichen König – die Rolle des Guru zugewiesen, und es wird von allen Sikhs erwartet, dass sie den Âdi-Granth, auch Guru-Granth-Sahib („Guru-Lehrbuch des Herrn") genannt, verehren und befolgen. Jede Zeile des Âdi-Granth ist vertont, und wir können hierin eine Parallele zum Sâma-Veda der Hindus erkennen. Ebenso wie die weit älteren vedischen

Hymnen entstanden die Sikh-Hymnen durch innere Erleuchtungen und enthalten darum offenbartes Wissen.

II. DER YOGA DER EINHEIT

Der Sikh-Glaube kommt in der Eingangshymne des Âdi-Granth klar zum Ausdruck – sie wird Japji oder Mûl-Mantra genannt und soll vom Gläubigen allmorgendlich rezitiert werden. Sie beginnt mit diesen Worten:

> Es gibt nur einen Gott, genannt der Wahre, der Schöpfer, ohne Furcht und Hass, unsterblich, ungeboren, aus sich Selbst bestehend, groß und mitleidsvoll. Der Wahre existierte zu Anbeginn, der Wahre existierte in ferner Vergangenheit. O Nânak, der Wahre existiert in der Gegenwart, und der Wahre wird auch in Zukunft existieren.

Diese von Guru Nânak geschriebene Hymne verkündet, dass Gott immanent wie transzendent, reines Sein wie auch Weltenschöpfer ist. Die sichtbaren und unsichtbaren Dimensionen der Existenz sind Ausströmungen des Göttlichen, das in ihnen präsent bleibt. Um einen Ausdruck Nânaks leicht abzuwandeln: Gott ist der Schreiber, die Schreibtafel, der Schreibgriffel und das Geschriebene. Gott ist auch der alleinige Schöpfer der drei primären Qualitäten (guna) der Natur, durch die Illusion (mâyâ) und Irrtum in die Welt kamen.

Da Gott alles in sich enthält, wird seine makellose Einheit nicht relativiert, wenn wir ihm Eigenschaften wie Schöpfertum, Mitgefühl, Liebe, Gerechtigkeit, Gleichheit beilegen. Jedoch weist der Sikhismus die Idolisierung des Göttlichen vehement zurück und verbietet es, Gott in irgendeiner begrenzten Form darzustellen oder zu verehren. Gottes Mysterium ist unerschöpflich und unauslotbar.

Unter dem Einfluss der Illusion (mâyâ) und des Ego (haumai, Sanskrit: ahamkâra) gelingt es uns nicht, Gottes vollendete Einheit zu erkennen; stattdessen erleben wir Dualität und Gegensätze – obschon es nur Ein großes Sein und Wesen gibt. Um Gottes wahre – singuläre – Natur zu entdecken, sollen wir uns ständig Seines Namens erinnern; diese Praxis ist eine Form von Bhakti-Yoga. Der göttliche Name hat im Sikhismus höchste Bedeutung: Er sei der „Nektar" (amrit, Sanskrit: amrita), süßer als Honig und kostbarer als der legendäre „wunscherfüllende Edelstein". Ohne die Erinnerung des göttlichen Namens (nâm-simran) ist der Körper wenig mehr denn ein Leichnam, und was immer wir tun – es führt nur zu Unfreiheit und Leid.

Nânak schrieb im Rag-Sorath:

> Dem Namen Gottes gilt noch immer all mein Sehnen,
> und der Guru zeigte mir den Wohnsitz des Herrn
> in meinem eigenen Verstand,
> der gänzlich friedvoll ist.

Er schrieb auch im Rag-Siri:

> Allein Dein Name lässt die Menschen
> überqueren das Meer der Existenz.
> Dies ist meine einz'ge Hoffnung,
> dies mein einz'ges Fundament.

Und im Rag-Asa:

> Wenn ich Gottes Name wiederhole, lebe ich,
> und ich sterbe, wenn ich ihn vergesse.

Seltsamerweise wird die Art und Praxis der Erinnerung des göttlichen Namens im heiligen Kanon nirgendwo beschrieben, und so muss sie erlernt werden, indem man sich der Gemeinde der praktizierenden Gläubigen anschließt. Wie im Buddhismus wird der göttliche Guru mit einem Arzt verglichen, der die richtige Medizin gegen die Krankheit namens „Ego" verschreibt und damit die schließliche Heilung des Schülers einleitet. Und die Heilung liegt in der Erkenntnis, dass wir alle ein und dasselbe Wesen sind, sowie in der praktischen Anwendung dieser Erkenntnis im täglichen Leben.

Der Schüler muss den Pfad (panth, Sanskrit: patha) selbst beschreiten, indem er/sie sich dem göttlichen Willen (hukam) ergibt, wie er in der heiligen Schrift zum Ausdruck kommt. Das heißt vor allem, die Gegenwart Gottes überall zu empfinden und danach zu streben, die göttlichen Eigenschaften von Liebe, Mitgefühl, Gleichheit usw. im eigenen Leben zu zeigen. Dies führt zu rechter Lebensweise, zu redlichem Lebensunterhalt (kirt karni) und großzügigem Teilen der Früchte der Arbeit mit anderen, ohne Belohnung dafür zu erwarten. Solche Einstellung und Praxis wird vand cakna genannt. Hier vertritt der Sikhismus durchaus das Ideal des Karma-Yoga. Für die Sikh-Moral elementar ist die Praxis der Gleichheit, die alle Kastenvorschriften und Klassenprivilegien ignoriert. Das rechtschaffene Betragen (sat acar, Sanskrit: sad-âcâra), schrieb Nânak, sei noch wichtiger als die Wahrheit – es wirke für sich selbst befreiend.

Das Erinnern des göttlichen Namens wird oft durch Rezitieren (japna, Sanskrit: japa) der diversen Namen Gottes ausgeübt. Wie Nânak in seinem Sukhamani-Sahib (16.5) erklärt:

> Gottes Name erhält all die Geschöpfe
> und auch das Weltenall mit seinen Eigenschaften.
> Sein Name stützt die Unterwelten wie die Himmel,
> erhält die Menschen und die Häuser, in denen sie wohnen.
> Vom Verlangen nach Seinem Namen inspiriert

waren die Smritis, Vedas und Puranas;
die, die hören, sind errettet durch den Namen
und erreichen das Nirvana.
Der Name nährt die drei Welten und die vierzehn Sphären;
der Mensch wird gerettet,
wenn seine Ohren dem Namen lauschen.
Nânak sagt:
Wenn ein Mensch dank Gottes Gnade
Seinen Namen in sich aufnimmt,
so soll er zu geistigen Gipfeln gewiss gelangen.[1]

Sikhs sollen sich mit der Kraft des sat-sangat (Sanskrit: sat-sanga), der Gemeinschaft der Wahren oder Tugendhaften, täglich stärken, so dass sie den Prinzipien des Pfades, besonders dem Prinzip der Gleichheit aller Menschen, besser folgen können. Wie es Nânak in dem Rag-Wadhans ausdrückt: „Die, die Gott lieben, lieben jedermann." Und Nânak wies das Kastensystem und andere Formen sozialer Ungleichheit entschieden zurück, einschließlich der Ungleichheit zwischen Männern und Frauen. Vor allem verwarf er die Meinung der Asketen, Frauen seien das personifizierte Böse, und bemerkte lakonisch, die menschliche Rasse würde ohne Frauen wohl kaum existieren – nur der Herr selbst sei unabhängig vom weiblichen wie vom männlichen Geschlecht. Die egalitäre Weltanschauung des Sikhismus drückt sich symbolisch in der Architektur des Goldenen Tempels aus, mit Eingangsportalen auf vier Seiten und so die Menschen aller Himmelsrichtungen (und Gesellschaftsschichten) zum Eintreten einladend.

Sangat meint auch die Anwesenheit beim samkîrtana (lobpreisenden Singen), dessen Musik das Herz für die großen Wahrheiten der Lehre öffnet. Über Gott zu meditieren und bei allen Aktivitäten unbefleckt zu bleiben – darin besteht für Guru Nânak Yoga. Er kritisierte scharf unechte Asketen, wunderwirkende yogins und jene, die abgeschieden lebten oder nackt umherliefen. Im Japji ermahnte er sie:

Möge Zufriedenheit ihre Ohrringe bilden,
Bescheidenheit ihre Bettelschale
und Meditation die Asche auf ihrem Körper.
Möge der Gedanke an den Tod ihr geflicktes Gewand sein,
Keuschheit ihr Weg
und Glaube an Gott ihr Wanderstab.
Möge universelle Brüderschaft das höchste Ziel
ihres Ordens sein,
und mögen sie verstehen, dass sie mit Verstandeskontrolle
die Welt unterwerfen können.

[1] *Übersetzt von Swami Rama, Sukhamani Sahib: Fountain of Eternal Joy (Honesdale, Pennsylvania, USA: Himalayan International Institute, 1988), p. 162.*

Zwar empfiehlt der heilige Sikh-Kanon den Lebensstil des Haushaltsvorstands und nicht den des Asketen; doch besitzt der Sikhismus auch seine asketischen Ordensgruppierungen, vor allem die Udâsîs, Nirmala-Sâdhus und Akalîs.

Die Liebenden Gottes müssen alles nur Mögliche tun, um das Ideal der Einheit in Gedanke, Wort und Tat zu verwirklichen. Genau dies bedeutet bhakti im Sikhismus. Doch reicht die spirituelle Disziplin allein nicht aus, um Heilsein und Meisterschaft zu erwerben. Es muss auch die Gnade Gottes (nadar oder prasâd, Sanskrit: prasâda) ins Herz des Gläubigen fließen. Dann kann er oder sie sich auf den Stufen des Pfads wahrlich entwickeln. Es gibt fünf solcher Stufen oder „Reiche" (khând):

1. Dharam-khând (Sanskrit: dharma-khânda, „Reich der Tugend"): Hier lebt der Schüler gemäß dem Ursache-Wirkungs-Gesetz, das nicht nur in der materiellen, sondern auch in der moralischen Welt gilt.
2. Gyân-khând (Sanskrit: jnâna-khânda, „Reich des Wissens"): aufgrund seines wachsenden Verstehens um die Existenz und die Gewaltigkeit des Universums lockert sich die Ich-Anhaftung des Schülers, und ein heileres Leben kann sich mehr und mehr entfalten.
3. Saram-khând (Sanskrit: shrama-khânda, „Reich der Bemühung"): Auf dieser Stufe wird der Schüler zum Meister und strahlt spirituelles Licht aus.
4. Karam-khând (Sanskrit: karma-khânda, „Reich der göttlichen Handlung", d.h. der „Gnade"): Das ist die Stufe der großen Meister, die mit Gott vereint sind und in verschiedenen Reichen leuchtend-spiritueller Energie weilen.
5. Sac-khând (Sanskrit: satya-khânda, „Reich der Wahrheit"): Dies ist eigentlich nicht mehr eine Stufe des Pfades, sondern die höchste Wohnstätte des Göttlichen selbst – die absolute Wahrheit.

In der tiefen Meditation über das Göttliche kann der Schüler den „nicht angeschlagenen Ton" (anâhad shabad, Sanskrit: anâhata-shabda) hören, der das Ego auflöst und aus dem man-mukh („sich-selbst-sehenden") oder ich-hingegebenen Individuum einen Guru-mukh(„den-Guru-sehenden")-Adepten werden lässt. Offenbar sah Nânak dies als sehr fortgeschrittene Phase yogischer Praxis, und darum sollten wir es nicht mit der parallelen Vorstellung im Hatha-Yoga verwechseln, wo jene Phase als tieferer Zustand der Ekstase gilt.

Die verschiedenen Mittel und Methoden des Sikh-Yoga sind dazu konzipiert, Trennung (Sanskrit: viyoga) zu überwinden und Einheit (Sanskrit: samyoga) herzustellen. Alle Disziplinen zielen darauf ab, das Ego zu überwinden – das dauernd Anderssein erschafft, wo es nur Einssein gibt.

Die zahllosen Egos gleichen durchsichtigen Blasen, die im gleichen Meer emporsteigen und das gleiche Sonnenlicht widerspiegeln. Das will sagen: die Egos sind von den anderen Egos durch eine dünne Membran getrennt, die letztlich keine Bedeutung hat und leicht zu entfernen ist, sobald das göttliche Wesen realisiert wird. Diese Realisierung räumt die Schranken und Konflikte zwischen den Menschen aus. Die Person, in der die göttliche Einheit, in der der göttliche Name lebt, transzendiert Gut und Böse – als machtvoll transformierende, spirituelle Kraft.

Der Sikhismus vertritt das Ideal der verkörperten Befreiung (Sanskrit: jîvan-mukti), den höchsten Zustand, den Guru Nânak auch sahaj (Sanskrit: sahaja, „Spontaneität", „Natürlichkeit") nannte. Dieser aller Formen entleerte Zustand ist eins mit Gott.

III. YOGA IM HEUTIGEN SIKHISMUS

Obgleich Guru Nânak, wie wir sahen, in seine Tradition einige wichtige Yoga-Praktiken aufnahm, die als Form des Bhakti-Yoga gewertet werden können, betrachten doch die meisten indischen Sikhs Yoga nicht als Bestandteil ihres Glaubens. Das steht in starkem Kontrast zu den zahlreichen westlichen Sikh-Orden, die seit 1969 durch Harbhajan Singh Khalsa – besser bekannt als Yogi Bhajan (1930–2004) – etabliert wurden.

Nach seiner Auswanderung aus Indien 1968 gründete Yogi Bhajan die *Healthy, Happy and Holy Organization* (3HO) in Los Angeles. Drei Jahre später nahm er 84 amerikanische Studenten auf eine Pilgerfahrt zum Goldenen Tempel in Amritsar mit. Er wollte die Studenten vor allem mit dem geistigen Erbe von Guru Râm Dâs in Kontakt bringen; außerdem sollten sie im – vom vierten Guru angelegten – Tempelteich ihre Sünden abwaschen können. Yogi Bhajan selbst hatte viereinhalb Jahre lang den Marmorboden des Tempels und in dieser Zeit auch seinen eigenen Verstand gereinigt.

Yogi Bhajan sah sich nicht als Guru, galt das doch in der Sikh-Tradition als häretisch. Doch entsprach seine Rolle als Führer in gewisser Hinsicht der hinduistischen Interpretation eines Guru. Er führte seine Mission im Westen auf den Segen und die Leitung von Guru Râm Dâs zurück und betonte, dass es besonders verdienstvoll sei, diesen zu verehren und diesem nachzueifern.

Yogi Bhajan legte die Fundamente des Sikh-Dharma im Westen und belebte damit nicht nur den Sikhismus wieder, sondern fügte ihm auch eine neue Dimension hinzu, nämlich eine umfassende Yoga-Praxis. Insbesondere lehrte er den „weißen" Kundalinî-Yoga mit Körperstellungen, kraftvollen Atemübungen und Meditation (meist kombiniert mit Singen). Er verstand Kundalinî-Yoga als „Yoga des Gewahrseins", vermöge dessen „die Person ihr komplettes Potenzial wahrnimmt".[2]

[2] *Siri Singh Khalsa Yogiji, The Teachings of Yogi Bhajan: A Practical Demonstration of the Power of the Spoken Word (New York: Hawthorn Books, 1977), p. 172.*

Die kundalinî ist für Yogi Bhajan das kreative Potenzial eines Menschen. Er leitet das Wort von kundala („Ring") ab und erklärt, es sei „eine Haarlocke des Geliebten".[3] Diese mächtige Kraft muss durch ständiges japa „entrollt" werden. Singt der Aspirant den göttlichen Namen immer und immer wieder, so entsteht eine „spezielle Hitze", die sein/ihr Karma vollständig verbrennt. Diese Hitze existiert nicht nur sinnbildlich, sondern kann sich im Körper des yogin recht dramatisch manifestieren. Yogi Bhajan lässt offen, welchen göttlichen Namen der Einzelne singen soll, obschon er sat nam, ausgesprochen als sa ta na ma, empfiehlt; Guru Nânak hatte als erster dieses Mantra vorgegeben und es als „manifestierte Wahrheit" gepriesen. Die einzelnen Silben tragen die folgenden Bedeutungen: sa ist Totalität; ta ist Leben, na Tod; und ma ist Wiederauferstehen. „Der fünfte Ton", erklärt Yogi Bhajan, „ist der allen vieren gemeinsame ah-Ton. Es ist der schöpferische Klang des Universums." Das Singen bzw. Chanten soll so ausgeführt werden:

Während du singst, werden die Daumen im Rhythmus mit dem Mantra an die Fingerspitzen gelegt, um die Energie durch die Nervenenden der Finger zu leiten; diese sind mit jenen Gehirnzentren verbunden, die sich auf Intuition, Geduld, Vitalität und Kommunikation beziehen. Beim Ton sa berührt der Daumen den Zeigefinger, bei ta den Mittelfinger, bei na den Ringfinger und bei ma den kleinen Finger.

Singe das Mantra in drei Arten: laut – mit der Stimme des Menschen; flüsternd – mit der Stimme des Liebenden; und in der Stille deines Bewusstseins – der Stimme Gottes. Komm aus der Tiefe deiner stillen Meditation zurück zum Flüstern und dann zur vollen Stimme. Während der ganzen Meditation soll jede Silbe des Mantra vom hinteren Punkt des Scheitels hinunter-, und dann geradewegs durch den Punkt des dritten Auges zwischen den Augenbrauen geistig hinausprojiziert werden.

Sitze mit gekreuzten Beinen in bequemer Stellung. Halte die Wirbelsäule aufrecht. Singe fünf Minuten lang das Mantra laut und meditiere dann still, wobei du die Silben innerlich zehn Minuten lang wiederholst. Singe wieder im Flüsterton für fünf Minuten und dann für fünf Minuten laut. Jetzt atme ein und strecke die Arme hoch. Bleib in dieser Stellung und atme aus. Atme wieder ein, dann wieder aus. Entspanne dich. Das wird insgesamt 31 Minuten dauern ... Wenn du zwei Stunden am Tag mit Meditation verbringst, wird Gott während des restlichen Tages über dich meditieren.[4]

Nânak war der festen Überzeugung, dass sich der spirituelle Prozess im Leben des Einzelnen ganz natürlich entwickele, solange er/sie sich Gott anheimstellt und übergibt. Er lehnte die forcierte Entwicklung, wie sie von gewissen Denkschulen angepriesen wurde, entschieden ab und vertrat die spontane (sahaj, Sanskrit: sahaja) Vorgehensweise in der spirituellen Praxis. Jeder wachse entsprechend seiner/ihrer inneren Fähigkeit, betonte er, und erzwungene Askese oder drastische Selbstdisziplin seien nicht rat-

[3] *Ebd., p. 184.*

[4] *Ebd., p. 4.*

sam. Andererseits unterstützte er die eigene Initiative in allem: Die Rolle des Lehrers bestehe lediglich darin, dem spirituellen Sucher bewusst zu machen, dass der gesuchte Schatz im Inneren liege.

Yogi Bhajan in jungen Jahren

TEIL 5

Kraft und Transzendierung im Tantra

„Ich grüße Dich, o Göttin,
die Du die große Angst vertreibst,
die großen Schwierigkeiten (durga) abwendest
und das allertiefste Mitgefühl bist.“

DEVÎ-UPANISHAD[1] (25)

umseitig

[1]*Devyupanishad geschrieben.*

Kapitel 17

Die Esoterik des mittelalterlichen Tantra

„Die Praxis (prayoga) ist das Mittel [der Befreiung], o Göttin. Büchergelehrsamkeit ist kein [derartiges] Mittel. Gelehrsamkeit (shâstra) ist überall wohlfeil, doch sehr schwer ist's, die Praxis auszuüben.“

Vînâ-Shikha-Tantra (137)

I. Körperliche Lust und spirituelle Seligkeit Das Aufkommen des Tantra

Das Streben nach Unsterblichkeit und Freiheit ist ein fundamentaler Wesenszug der menschlichen Kultur. Er kommt in den ägyptischen Pyramiden genauso zum Ausdruck wie in den Kathedralen des europäischen Mittelalters, in der Suche der modernen medizinischen Forschung nach dem Jungbrunnen der Jugend genauso wie im Wettlauf zu den Sternen oder wie im Wunsch, ein irdisches Utopia zu schaffen. Aber nirgends ist dieses Streben ein derart allverbindendes kulturelles Motiv gewesen wie in Indien. Schon die vedischen Seher waren vornehmlich damit beschäftigt, das Reich der Unsterblichkeit zu finden – die Heimat der Götter, jenseits allen Kummers, ja sogar jenseits der frohen Gefilde der Geister der Vorfahren. Später machten die upanishadischen Weisen die revolutionäre Entdeckung, dass Unsterblichkeit kein Element der jenseitigen Topographie sei (denn auch die Götter müssen sterben), sondern ein Wesensmerkmal der höchsten Wirklichkeit bzw. des existenziellen Urgrundes. Daher lehrten sie, wir müssten bloß unsere innerste Natur wahrnehmen, und wir könnten uns des Selbst oder des Identisch-Seins aller Wesen hier und jetzt erfreuen.

Die Weisen glaubten, das unsterbliche Selbst (âtman) könne nie „gekannt“ werden, da es kein Gegenstand sei, aber es könne in der direkten Identifizierung realisiert werden. Eine solche Realisierung entsteht aus der radikalen Verlagerung unseres Identitätsbewusstsein, unserer Selbsterfahrung. Wo der gewöhnlich Sterbliche sich für eine so oder so geartete und umgrenzte Körper-Verstandes-Einheit hält, identifiziert sich das Selbst-Realisierte Wesen nicht mehr mit seiner hautumgrenzten Person, sondern mit der zeitlosen Quintessenz aller Wesen und Dinge.

Die alten Weisen dachten auch, der Weg zu einer solch sublimen Verwirklichung sei der Pfad der Weltentsagung und Askese. Sie behaupteten, der strahlende Glanz der transzendenten Wirklichkeit enthülle sich nur denjenigen, die die Aufmerksamkeit von weltlichen Dingen abwenden und stattdessen gewissenhafte Kontrolle über Körper und Verstand ausüben, die das Bewusstsein laserstrahlartig auf das höchste Ziel der Selbst-Realisierung bündeln. Denn letztlich muss man, um das Absolute (brahman) zu werden, die menschliche Bedingung und die menschliche Konditioniertheit überwinden. Und man muss davon ablassen, seine Energien in all jene üblichen Beschäftigungen zu investieren, mit denen die Menschen die Illusion, sie seien separate Entitäten, so wirkungsvoll bestätigen.

Wohl war das upanishadische Ideal der Befreiung im Leben (jîvan-mukti), also der Freude an der Seligkeit des Selbst noch während des körperlichen Lebens, ein wichtiger Schritt in der Evolution der indischen Spiritualität, aber die Gewohnheit des dualistischen Denkens konnte dieses Ideal nicht völlig beseitigen. Und es trat die Frage auf: Warum muss es einen derartigen Kampf um die Realisierung des Einen Selbst geben, wenn doch nur Eines existiert? Oder anders gefragt: Warum müssen wir die Welt und damit Körper und Verstand als Feind betrachten, den es zu besiegen gilt? Noch pointierter: Warum müssen wir von Lust und Vergnügen lassen, wenn wir Seligkeit erfahren wollen?

Der neue Denkansatz des Tantra

Eine neue Antwort und einen neuartigen Stil der Spiritualität fanden die Meister des Tantra (oder der Tantrik), die im 1. Jahrtausend n. Chr. in Erscheinung traten. Ihre Lehren sind niedergelegt in den Tantras – in Werken, die den Shaiva-Âgamas und den Vaishnava-Samhitâs ähnlich, jedoch primär dem weiblichen psychokosmischen Prinzip, also der Shakti gewidmet sind.[1] Es ist allerdings manchmal schwer, zwischen einem Âgama- und einem Tantra-Werk zu unterscheiden, da die Grenzen zwischen Shaivismus und Shaktismus fließend sind.

Die Verehrung der weiblichen Göttin, so zentral für viele tantrische Schulen, gab es bereits in altvedischer Zeit. Die tantrischen Meister und Praktiker entnahmen lediglich das Passende aus vorhandener heiliger Überlieferung und existierenden Ritualbräuchen rund um die Göttliche Mutter, wie sie besonders in den ländlichen Gegenden Indiens gang und gäbe waren (und zum Teil noch sind). Einige Gelehrte wiesen dem Tantra deshalb ein Alter zu, das dem der Veden entspricht, wenn nicht gar höher ist. Als literarisches Phänomen allerdings scheint Tantra nicht viel eher als vor Mitte des ersten Jahrtausends n. Chr. aufgetreten zu sein.

Weithin nimmt man an, die buddhistischen Tantras seien zuerst aufgetreten, dicht gefolgt von ihren hinduistischen Gegenstücken, wiewohl einige Wissenschaftler das heftig bestreiten. Jedenfalls wurden der buddhistische Manjushrî-Mûla-Kalpa („Grundregeln von Manjushrî") und das Guhya-Samajâ-Tantra („Tantra der geheimen Kommunion") wahrscheinlich in der Zeit zwischen 300 und 500 n. Chr. zusammengestellt. Und im Eröffnungskapitel des Mahâcîna-Âcâra-Krama („Verfahren und Verhalten von Mahâcîna")[2] rät die Göttin dem Weisen Vasishtha, eine Pilgerfahrt nach Mahâcîna (Tibet, Mongolei oder gar China) zu unternehmen, um dort mit Janârdana zu studieren.

Die frühesten Hindu-Tantras sind allem Anschein nach verlorengegangen, und wir wissen von ihnen lediglich durch Verweise in späteren Werken. So bezieht sich der südindische Heilige Tirumûlar aus dem siebten Jahrhundert auf eine Gruppe von 28 Tantras. Und das Vînâ-Shikha-Tantra (9), der einzig erhaltene „linkshändige" tantrische Text aus der Zeit von etwa 1200 n. Chr., erwähnt die klassische Gruppe von 64. Das lässt vermuten, dass es in den vorangegangenen Jahrhunderten eine ansehnliche Literatur tantrischer

[1] *Manchmal werden die Begriffe âgama und tantra austauschbar verwendet. Ersterer hat die Bedeutung „entsprungen aus [dem Mund des Gottes Shiva]".*

[2] *Geschrieben Mahâcinâcarakrama.*

Meister gegeben hat, zumal wenn wir uns vor Augen halten, dass um 1200 n. Chr. weit mehr Tantras als nur dieser erhaltene Text existierten. Eines der ältesten vorhandenen Tantras ist das Sarva-Jnâna-Uttara-Tantra (geschrieben Sarvajnânottaratantra), wahrscheinlich im 9. Jahrhundert verfasst. Dieses Werk versteht sich als die Essenz vieler früherer tantrischer Schriften.

Die ursprünglichen Tantras zeigen normalerweise Dialogform und nennen das Göttliche, nicht einen menschlichen Autor, als Verfasser. Ihr Sanskrit ist häufig dürftig und grammatikalisch wie metrisch fehlerhaft. Spätere Werke, vor allem die Kompendien, werden meist menschlichen Autoren zugeschrieben und sind grammatikalisch und stilistisch besser.

Da die Tantrik – ob buddhistisch oder hinduistisch – ein weitläufiges, komplexes und schlecht erforschtes Studienfeld ist, werde ich mich auf die Hindu-Tantras beschränken, denn sie sind für die aus dem vedischen Erbe entstandene Yoga-Tradition unmittelbar relevant.[3] Ich möchte jedoch ausdrücklich anmerken, dass die buddhistischen Tantras – diejenen, die in Tibetisch und teilweise in Sanskrit überlebten – gleichfalls wichtige Informationsquellen sind, die uns gewisse yogische Verfahren, insbesondere meditative Visualisierung (dhyâna, bhâvanâ) und andere höhere Stufen spiritueller Praxis samt begleitender Rituale, besser verstehen lassen.

Wie oben erwähnt, führt die Hindu-Überlieferung 64 Tantras an, doch liegt die tatsächliche Zahl dieser Werke viel höher. Nur wenige der bedeutendsten Texte dieser Literaturgattung wurden bisher in europäische Sprachen übersetzt. Beachtenswert sind das Kula-Arnava-, das Mahânirvâna- und das Tantra-Tattva-Tantra. Das darin behandelte Themenfeld ist groß: Sie sprechen über die Erschaffung der Welt und deren Geschichte; die Namen und Funktionen einer Vielzahl männlicher wie weiblicher Gottheiten und anderer höherer Wesen; die Arten ritueller Verehrung (besonders der Göttinnen); Magie, Zauber, Zukunftsvorhersage; esoterische „Physiologie" (Beschaffenheit des feinstofflichen bzw. psychischen Körpers); die Erweckung der geheimnisvollen Schlangen-Kraft (kundalinî-shakti); Techniken der körperlichen und geistigen Reinigung; die Natur der Erleuchtung; und nicht zuletzt die heilige Sexualität.

Die revolutionäre Spiritualität von Tantra zeigt sich vielleicht am deutlichsten in der Definition des Begriffes tantra, die im alten buddhistischen Guhya-Samâja-Tantra gegeben wird: „Tantra ist Kontinuität". Der Begriff leitet sich von der Wurzel tan ab, was „ausdehnen, strecken" heißt. Und gewöhnlich wird das Wort interpretiert als „dasjenige, durch das Wissen/Verstehen ausgeweitet wird" (tanyate vistaryate jnânam anena).

Eine zweite Bedeutung des Wortes tantra ist einfach „Buch" oder „Text", wie in Panca-Tantra („Fünf Abhandlungen"), der berühmten Sammlung indischer Fabeln. So kann Tantra als Text definiert werden, der das Verstehen bis zu dem Punkt ausweitet, an dem echte Weisheit eintritt. Die tantrischen Meister stimmen darin überein, dass Befreiung nur möglich sei, wenn Weisheit (vidyâ) aufleuchtet. Weisheit wirkt befreiend, weil sie den

[3] *Siehe G. Feuerstein, Tantra: The Path of Ecstasy (Boston, Massachussetts: Shambhala, 1998).*

tantrischen Praktiker in der „Kontinuität" zwischen begrenzt-endlicher und unendlicher Dimension verankert. Die Kontinuitätsvorstellung drückt eigentlich das Wesen des Tantra aus, sucht doch diese panindische Tradition die Dualität, die Spaltung zwischen höchster, nicht-bedingter Realität (d.h. dem Selbst) und bedingter Realität (d.h. dem Ich) in vielerlei Art zu überwinden, immer unter der Prämisse, dass die Abläufe der Welt und die Prozesse der Befreiung oder Erleuchtung ein Kontinuum bilden.

Die große tantrische Formel, die auch dem Mahâyâna-Buddhismus zugrunde liegt, lautet: samsâra = nirvâna. Das besagt: Die bedingte Erscheinungswelt und die transzendente Dimension „Sein-Bewusstsein-Seligkeit" sind koexistent. Daher bedeutet Erleuchtung nicht, dass man zu ihrer Erlangung die Welt aufgeben oder die natürlichen Impulse abtöten müsse; sondern vielmehr, die niedrigere Realitätsdimension in der höheren enthalten und mit ihr koalierend zu sehen und die Transformation der niedrigeren Realität durch die höhere zuzulassen. So heißt der Grundtenor des Tantra: Integrierung! Integrierung des Ego ins Selbst, der körperlichen Existenz in die spirituelle Realität. Der Orientalist und Kunsthistoriker Ananda Coomaraswamy sagte treffend:

> Die letzte Leistung des Denkens besteht in der Erkenntnis, dass Geist und Materie, Subjekt und Objekt identisch sind; und diese Wiedervereinung gleicht der Vermählung von Himmel und Hölle, gleicht dem Hinausgreifen eines zusammengezogenen Universums zu seiner Freiheit – auf diese Weise reagierend auf die Liebe der Ewigkeit zu den Schöpfungen der Zeit. Da gibt es dann nichts Heiliges oder Profanes, nichts Geistiges oder Sinnliches, sondern alles, was lebt, ist rein und leer. Eben diese Welt von Geburt und Tod ist auch der unergründliche Abgrund.[4]

Wir müssen uns vor Augen halten, dass die tantrische Revolution nicht das Produkt bloßer philosophischer Spekulation war. Obgleich im Kontext mit einem gewaltigen Gebäude alter wie neuer Konzepte und Doktrinen stehend, ist Tantra doch äußerst praxisorientiert: Primär erfordert es die praktische Ausführung oder das, was man als sâdhana bezeichnet. Deshalb rangiert Yoga darin an zentraler Stelle. Historisch betrachtet kann Tantra als dialektische Reaktion auf die oft abstrakten Methoden des Advaita-Vedânta, der damals wie heute dominierenden Philosophie der Hindu-Elite, verstanden werden. Tantra war eine „Graswurzel"-Bewegung, und viele, wenn nicht die meisten seiner Vorkämpfer kamen aus den unteren Kasten der gesellschaftlichen Pyramide Indiens – es waren Fischer, Weber, Jäger, Straßenverkäufer, Waschfrauen. Sie reagierten auf ein weithin empfundenes Bedürfnis nach einer praktisch-konkreten Orientierung, die die luftigen metaphysischen Ideale des Nondualismus mit erdverbundeneren Arten

[4] *A. Coomaraswamy, The Dance of Shiva: Fourteen Indian Essays (Bombay: Asia Publishing House, 1948), p. 140.*

verband, ein gottgefälliges Leben zu führen, ohne den Glauben an lokale Gottheiten und die uralten Verehrungsrituale aufgeben zu müssen.

Und so zeigen die Lehren der Tantras eine erstaunliche Synthese von Theorie und Praxis, wurzelnd in einem kraftvollen Eklektizismus, der sehr zum Ritualismus neigt. Die tantrischen Lehren waren konzipiert als Befriedung der spirituellen Bedürfnisse im „dunklen Zeitalter" (kali-yuga), das, wie man glaubte, mit dem Tod Gott Krishnas nach dem großen, im Mahâbhârata-Epos geschilderten Krieg begann. Die Psychotechnik, die in den Tantras beschrieben oder, weit öfter nur angedeutet wird, war für jene Menschen gedacht, die kaum in der Lage sind, das Streben nach Gott in die rechten Kanäle zu lenken, da ihre eigenen konventionellen Vorstellungen und Erwartungen sie automatisch fehlleiten.

In Übereinstimmung mit der grundsätzlichen nondualistischen Ausrichtung der Tantrik führten die tantrischen Adepten eine ganze Reihe von Mitteln und Methoden ein, die bislang im spirituellen Repertoire der metaphysischen Hauptströmung der Hindus keine Rolle spielten oder tabu waren – insbesondere die Verehrung der weiblichen Gottheit und die rituelle Sexualität. Die tântrikas oder Tantra-Praktiker verwarfen die puristische Haltung der hinduistischen und buddhistischen Orthodoxie und suchten stattdessen die spirituelle Suche in die körperliche Dimension zu verlegen. Verständlicherweise provozierte die Praxis von Sexualritualen stärkste Opposition in den etablierten hinduistischen und buddhistischen Kreisen – man beschuldigte die tantrischen Praktiker des ausschweifenden Hedonismus' unter dem Mantel von Spiritualität. In manchen Fällen waren die Beschuldigungen ohne Zweifel gerechtfertigt, doch bildeten sie die Ausnahme, kaum die Regel. Heutzutage wird Tantra in Indien wenig geschätzt, und gegen linkshändige tantrische Treffen (mit Sexualriten) geht die indische Regierung tätlich vor.

Wäre da nicht Sir John Woodroffe (alias Arthur Avalon) gewesen, ein britischer Richter am Oberen Gericht von Kalkutta, der die Tantras gemeinsam mit bengalischen Gelehrten studierte – wir könnten noch immer in das traditionelle Vorurteil einstimmen. Zu Beginn des 20. Jahrhunderts setzte sich Woodroffe über die feindliche Einstellung zum Tantra kühn hinweg und ebnete mit einer Reihe bahnbrechender Studien den Weg zu einem besseren Verständnis und einer größeren Wertschätzung dieser reich facettierten Bewegung. In vielerlei Hinsicht sind seine Schriften noch immer unübertroffen, desgleichen ihre implizite Toleranz.

Zwar hat die sogenannte sexuelle Revolution der 1960er und 70er Jahre – unter anderen Dingen – Tantra auf den Plan unserer zeitgenössischen westlichen Kultur gerufen, doch wird er nach wie vor weithin missverstanden, ja von westlichen Neo-Tantrikern häufig mit den indischen Liebeskünsten (kâma-shâstra) verwechselt. Seine Sexualpraktiken, die lediglich von den linkshändigen Schulrichtungen buchstäblich durchgeführt, von den rechtshändigen tântrikas hingegen rein symbolisch verstanden werden, bilden nur einen Aspekt des Tantra-Yoga.

Es ist wahr – heute sind wir durch die kontroverseren Aspekte des Tantra nicht so leicht zu schockieren. Doch die tantrischen Meister, speziell diejenigen, die in der Art der „verrückten Weisheit" lehren, vermögen es immer noch, auch unsere so aufgeklärte Position stark zu erschüttern. Es sind in der Tat spirituelle Radikale, und ich glaube, dass die meisten Leute, trotz sexueller Revolution und Aufklärung, nach wie vor eine recht idealisierte Vorstellung vom angemessenen Betragen eines spirituellen Lehrers haben. Wir denken im Grunde immer noch, dass Sexualität und Spiritualität unvereinbar seien, und darum erregen Gurus, die sexuell aktiv sind, Anstoß.

Wie würden wir zum Beispiel den bengalischen Adepten Candîdâs aus dem 14. Jahrhundert bewerten, wenn er heute lebte? Ihm gelang es, seine Zeitgenossen stark vor den Kopf zu stoßen, als er – ein Brahmane – sich in ein junges Mädchen, Râmî, verliebte, nachdem er es am Fluss gesehen hatte, wo es Wäsche wusch. Ihre Augen trafen sich, und um Candîdâs war es geschehen, dermaßen, dass er seine priesterlichen Pflichten vernachlässigte. Er wurde getadelt, und als er ihr ganz offen weitere Liebeslieder widmete, erkannte man ihm sein Amt als Tempelpriester ab und verstieß ihn.

Auf dem Verhandlungsweg erreichte Candîdâs' Bruder eine offizielle Anhörung, bei der der Störenfried die Gelegenheit erhalten sollte, seinem Wahn öffentlich abzuschwören und Vergebung zu erlangen. Sowie das Mädchen darüber erfuhr, ging sie zu dieser Anhörung. Als Candîdâs sie erblickte, vergaß er alle Versprechungen gegenüber seiner Familie und trat, die Hände anbetend gefaltet, zu Râmî. Was diejenen, die Candîdâs richteten und verhöhnten, nicht sehen konnten, war, dass das junge Mädchen für ihn die Verkörperung der Göttlichen Mutter repräsentierte. Seine Liebe galt dem weiblichen Gott in menschlicher Form; er war erfüllt von tiefer Verehrung, hervorgerufen durch ein schönes Mädchen.

Die Freizügigkeit der tantrischen Meister, so oft mit Ausschweifung verwechselt, steht in der Religionsgeschichte natürlich nicht alleine da: Erotische Liebe war Teil der Rituale etlicher Traditionen außerhalb Indiens – ganz offenkundig im chinesischen Taoismus – und hat dabei gleichermaßen zu gelegentlichen Exzessen wie zu noch häufigeren Beschuldigungen der sündhaften Liederlichkeit geführt. Es konnte zu orgiastischer Ausschweifung kommen, wenn sich die rituelle Praxis von der hohen Metaphysik löste und mit (schwarz-)magischen Zwecken verband. Ein Beispiel dafür in jüngerer Zeit mag der eigenfabrizierte Okkultismus Aleister Crowleys sein, der seine Anhänger zu homosexueller Aktivität, vor- und außerehelichem Sexualverkehr und auch Bestialität ermutigte.

„Eines Tags,
als ich bei meiner Schwäg'rin war,
dacht' ich an Shyâm [Krishna],
und's Herz, es quoll mir über:
ich stand versteinert,
doch zitterte mein Leib wie irr."
CANDÎDÂS

Târâ

GÖTTINNEN-VEREHRUNG

Die tantrischen Meister und Adepten reklamierten für den spirituellen Entwicklungsprozess all jene Elemente, die die etablierte Tradition mit ihrer Weltentsagungs-Maxime als untauglich ausgeschlossen hatte, nämlich Sexualität, Körper und das materielle Universum insgesamt. Wir können – in Jung'schen Begriffen - diese Rückforderung als konzertierten Versuch interpretieren, anima, das weiblich-psychische Prinzip, wiedereinzusetzen.[5] Diese Deutung trifft wohl zu, denn das allen tantrischen Schulen gemeinsame Element ist die Wertschätzung des weiblichen Prinzips, shakti („Kraft, Macht, Energie") genannt. In der hinduistischen Ikonographie wird es in den weiblichen Gottheiten Kâlî, Durgâ, Pârvatî, Sîtâ, Râdhâ und in Hunderten anderer weiblicher Gottheiten personifiziert.

Häufig wird das weibliche Prinzip einfach als devî („die Glanzvolle"), als Göttin[6] angesprochen. Die Göttin ist, vor allem, die Mutter des Universums und die Gattin des männlichen Gottes, gleich, ob man ihn als Shiva, Vishnu, Brahma, Krishna oder schlicht als Mahâdeva („Großer Gott") anruft.

Einigen Schulen zufolge manifestiert sich die Göttin in zehn Formen. Diese werden als die „Großen Weisheiten" (mahâ-vidyâ) beschrieben – eine augenfällige Parallele zur sophia („göttliche Weisheit") der griechischen Gnosis. Sie zeigen die folgenden Aspekte:

1. Kâlî – die Urform der Göttin. Sie wird als dunkel und unvorhersagbar charakterisiert. Sie wirkt durch das Instrument der Zeit (kâla), das alle Wesen und Dinge zerstört. Doch ist sie für ihre Anhänger eine liebevolle Mutter, die sich um sie kümmert und sie treu beschützt.
2. Târâ – der Retter-Aspekt der Göttin mit der Funktion, den Gläubigen sicher über das Meer der bedingten Existenz zur „anderen Küste" zu bringen. Doch wie Kâlî wird auch Târâ häufig als grauenerregende Gottheit geschildert, die auf einem Leichnam tanzt und einen abgetrennten Kopf in einer ihrer vier

[5] C. G. Jung spricht von zwei archetypischen Hauptkräften in der menschlichen Psyche – anima und animus. Die erstere ist weiblich, die letztere männlich. Die balancierte Präsenz beider Kräfte im Menschen, gleich ob männlich oder weiblich, schafft seelische Harmonie.

[6] Devî ist die feminine Form von deva, das in bestimmtem Kontext als „Engel" übersetzt werden kann. Devî als Göttin, als weiblicher Gott jedoch ist kein Zwischenwesen, sondern die höchste Realität, als feminin-göttliche Macht begriffen.

Hände hält – was vor Augen führt, dass die göttliche Gnade die Aufopferung des Ichs fordert.

3. Tripurâ-Sundarî – sie repräsentiert die innere Schönheit der Göttin. Ihren Namen Tripurâ („Dreifache Stadt") trägt sie, weil sie die drei Bewusstseinszustände Wachen, Träumen und Schlafen regiert.
4. Bhuvaneshvarî – die, wie der Name angibt, Herrscherin (îshvarî) der Welt (bhuvana) ist. Wenn Kâlî für die unendliche Zeit steht, so steht Bhuvaneshvarî für den unendlichen Raum und die unbegrenzte Kreativität.
5. Bhairavî – der grimmige, Ehrfurcht einflößende Aspekt der Göttin, der die Transformation des Gläubigen fordert. Gewöhnlich wird sie als wilde Furie mit bloßen, blutbeschmierten Brüsten dargestellt. Aber ihr Zorn ist von der göttlichen Spielart und immer konstruktiv. Ihre befreiende Macht kommt darin zum Ausdruck, dass zwei ihrer Hände die Geste der Wissensübermittlung und die anderen zwei die Geste des Beschützens zeigen.
6. Chinnamastâ – der den Verstand zertrümmernde Aspekt der Göttin. Ihr eigenes Haupt (masta) ist vom Körper völlig abgetrennt (chinna). Diese schauerliche Darstellung demonstriert ihren Anhängern eindringlich, dass sie über den Verstand hinausgehen und die Realität direkt erfahren müssen.
7. Dhûmâvatî – jener Aspekt der Göttin, der als göttliche Nebel- oder Rauchwand in Gestalt von Alter und Tod fungiert, daher der Name „rauchig". Nur der inbrünstig Glaubende vermag jenseits der Todesfurcht die von der Göttin versprochene Unsterblichkeit zu schauen.
8. Bagalâmukhî – die, obwohl hinreißend schön, eine Keule trägt, mit der sie die irrigen Vorstellungen und Verblendungen des Gläubigen zerschmettert.
9. Mâtangî – die in ihrer Rolle als Schutzpatronin der Künste, insbesondere der Musik, ihre Verehrer zum unverursachten, ursprünglichen Klang geleitet.
10. Kamalâtmikâ[7] – die Göttin in der Fülle ihrer Anmut. Die Darstellungen zeigen sie auf einem Lotos (kamala), dem Symbol der Reinheit, sitzend.

Alle zehn Formen der Göttin, ob sanft oder furchtbar, werden als die universale Weltenmutter verehrt. In der Ânanda-Laharî („Welle der Seligkeit"), einem Shankara zugeschriebenen poetischen Text, finden wir diese die tantrische Einstellung zur göttlichen Mutter schildernde Strophe:

[7]Der Name Kamalâtmikâ setzt sich zusammen aus kamala („Lotos") und dem weiblichen Wort âtmikâ („geformt").

Wer meditiert über Dich, o Mutter,
und über Vashinî und all die andren [aufwartenden Göttinnen],
die so glänzen wie des Mondes Edelstein,
der wird zum Schöpfer großer Dichtung,
mit lieblichen Metaphern,
mit Sprache [inspiriert] von Savitrî
und Worten solcher Süße,
als kämen sie aus duft'gem Lotosmund der Göttin.

Devî ist nicht nur die Weltenschöpferin und -erhalterin, deren Schönheit alles Vorstellen übertrifft; sie ist auch die furchtbare Macht, die das Universum zur vorbestimmten Zeit auslöscht. Im menschlichen Körper-Verstand-System individuiert sich Devî als „zusammengerollte Kraft" (kundalinî-shakti), deren Erweckung das eigentliche Bestreben des Tantra-Yoga ist. Wir werden bald mehr darüber hören.

Aber Shakti, oder Devî, sie ist nichts ohne den männlichen Pol des Daseins. Shiva und seine ewige Gattin werden gewöhnlich in ekstatischer Umarmung dargestellt, eine Paar-Einheit, die die Tibeter yab-yum, „Mutter-Vater" nennen. Auf der transzendenten Ebene erfreuen sie einander für immer in seliger Vereinigung. Ihre transzendente Vermählung bildet sozusagen das archetypische Grundmuster für die irdischen Wechselbeziehungen zwischen Körper und Verstand, Bewusstsein und Materie, männlich und weiblich. „Shiva ohne Shakti ist tot", lautet ein bekannter tantrischer Spruch – was heißt: Ohne weiblichen Gegenpol bleibt Shiva unkreativ.

Aber das Gleiche gilt auch für Shakti, wie in den buddhistischen Tantras betont wird, die weit mehr dem maskulinen Prinzip schöpferische Dynamik zusprechen. Im Hindu-Tantra repräsentiert Shiva den uranfänglichen, noch undifferenzierten Seinszustand – das reine Bewusstsein oder Licht. Shakti steht für dasselbe Sein, aber in seiner dynamischen Bewegung, seiner ewigen „Holobewegung", um David Bohms quantenphysikalische Formulierung zu zitieren. Shakti ist die Lebensenergie par excellence, die Antriebskraft hinter jeder Veränderung und Entwicklung. Sie ist die universelle Bewusstseins-Energie. Deshalb interpretiert die tantrische Metaphysik die Existenz als bipolare Dynamik: Die Schöpfung entsteht als Auswirkung des dominanten weiblichen Pols, der Shakti; die Transzendenz aber ist verbunden mit dem dominant männlichen Pol, mit Shiva.

Die anti-ritualistischen Schulen des Tantra

Tantra umfasst derart viel, dass er auch seine Antithese beinhaltet. So wird der prononcierte Ritualismus, der die meisten tantrischen Schulen auszeichnet, beispielsweise in den Schulen des buddhistischen Sahajayâna („Fahrzeug der Spontaneität") überwunden, ja kritisiert. Die Meister dieser Denkrichtung nehmen die Doktrin der Identität von bedingter Welt und höchster Wirklichkeit so buchstäblich wie nur möglich. Sie schreiben weder einen Weg noch ein Ziel vor, weil der Mensch aus dem Blickwinkel der Spontaneität (sahaja) in Wahrheit nie von der eigentlichen Realität getrennt ist. Unsere Geburt, das ganze Lebensabenteuer und auch unser Tod ereignen sich vor dem ewigen Hintergrund der Einen Realität. Wir sind wie Fische, die nicht wissen, dass sie in einem Wasser schwimmen, das sie dauernd erhält.

Der Begriff sahaja bedeutet wörtlich „zusammen (saha) geboren (ja)", was auf den Sachverhalt hinweist, dass sowohl empirische wie transzendente Realität dieselbe Wesenssubstanz haben. Das Wort bezeichnete dann mit der Zeit „Spontaneität", also die natürliche Einstellung gegenüber dem Dasein, bevor sich gedankliche Konzepte in die Wirklichkeitserfahrung einmengen. Der sahaja-yogin lebt unter den Auspizien der Erleuchtung, also der eigentlichen Realität. Wenn er/sie atmet, ist es das Göttliche, das als er oder sie atmet. Wenn er/sie denkt, ist es das Göttliche, das als er oder sie denkt. Wenn er/sie liebt oder hasst, ist es das Göttliche, das als er oder sie liebt und hasst. Doch sind wir für immer auf der Suche nach einer „höheren" Wirklichkeit, und diese Suche an sich verstärkt nur den illusionären Glauben, wir seien von dieser Wirklichkeit separiert. Die Meister der Sahaja-Tradition lehnten es daher ab, irgendein Programm zur Befreiung vorzulegen. Wie es Lohipâda, Adept aus dem 9. Jahrhundert, in einem seiner Lieder (dohâ) ausdrückt:

> Was bringen dir die einzelnen Schritte der Meditation?
> Trotz ihrer musst du in Wohl oder Weh versterben.
> Lass ab von den kunstvollen Übungen yogischer Beherrschung (bandha) und den trügerischen Hoffnungen auf übernatürliche Fähigkeiten, und akzeptiere die Dimension der Leere als deine eigene.[8]

Oder wie Sarahapâda, ein großer buddhistischer Meister des 8. Jahrhunderts, in seinem „Königlichen Gesang" erklärt:

> Nichts gibt's zu verneinen, nichts zu bejahen,
> nichts zu begreifen,
> denn nie kann ES verstanden werden.
> Durch bruchstückhaften Intellekt
> sind gefesselt all die Irrgeführten;
> doch rein und ungeteilt
> bleibt die spontane Unwillkürlichkeit.[9]

Die Lieder des Adepten Kanhapâda, der im 12. Jahrhundert lebte, enthalten ähnliche Aussagen. Er ermahnte die Praktizierenden, dem Beispiel der tan-

[8] *Entnommen von S. Dasgupta, Obscure Religious Cults (Calcutta: Firma KLM, Nachdr. 1976), p. 57.*

[9] *Übersetzt von H. V. Guenther, The Royal Song of Saraha: A Study in the History of Buddhist Thought (Berkeley, California: Shambhala Publications, 1973), p. 70.*

trischen Gattinnen zu folgen, die ihre Webstühle und Körbe verkauften und sich tantrischen Zirkeln anschlossen. „Webstühle“ und „Körbe“ stand dabei allegorisch für Gedankenkonstrukte und abergläubische Vorstellungen. Die den Pfad der Spontaneität beschreiten, müssen die tief sitzende Gewohnheit aufgeben, die Realität im Käfig subjektiver Vorstellungs- und Verstandeskonzepte erfahren zu wollen – und dieser Käfig besteht auch aus magischem Denken oder Wunschdenken, unter tântrikas ebenso virulent wie in den meisten anderen spirituellen Traditionen der Welt, damals wie heute.

Während die praxisorientierten, ritualistischen Schulen des Tantra als Reaktion auf die Abstraktheit des Advaita-Vedânta entstanden, kann man die Sahajayâna-Methode als Kritik am extremen Ritualismus der Tantra-Hauptströmung einstufen. Doch kritisierten die Sahajîyâs oder sahaja-yogins Gelehrsamkeit genauso vehement wie religiösen Formalismus. Mit nicht zu übertreffender Ausschließlichkeit lebten und predigten sie die Wahrheit des Nondualismus.

Streng genommen kann man ihre Nicht-Agenda wohl kaum als Psychotechnik charakterisieren. Vielmehr versteht sich Sahajayâna selbst als Negation aller techne (Sanskrit: upâya) oder „kunstfertiger Mittel“. Ohne Frage ist er der Inbegriff des Tantra. Das Prinzip des sahaja oder der spontanen Unwillkürlichkeit ist jedoch allen tantrischen Lehren zu eigen. Schließlich besteht der Sinn und Zweck auch des bescheidensten Rituals darin, über alle künstlichen, vom nicht erleuchteten Verstand geschaffenen Trennungen hinauszukommen und jene integrale Ganzheit wiederherzustellen, in der Transzendenz und Immanenz, Seligkeit und irdischer Genuss miteinander verbunden sind.

Die tantrische Literatur

Zusätzlich zu den zahlreichen Tantras, die den Grundstock des tantrischen Gesamtkorpus bilden, gibt es eine große Menge anderer tantrischer Werke, sowohl Kommentare als auch originale Kompositionen. Letztere umfassen Monographien (prakarana), Führer (paddhati), Textsammlungen (nibandha, nirnaya), Wörterbücher (niganthu), Hymnen (stotra) und Werke magischen Inhalts (kavaca). In weiterem Sinn gesehen, schließt die tantrische Tradition auch Aphorismen-Sammlungen ein, wie Vasuguptas Shiva-Sûtra, und upanishadische Texte wie die Tripurâ-Upanishad (geschrieben Tripuropanishad). Tantrische Schriften können betitelt sein als Tantra, Âgama, Yâmala, Rahasya, Samhitâ, Arnava, Shikhâ, Purâna usf.

Eines der bedeutendsten tantrischen Werke ist der monumentale Tantra-Âloka (geschrieben Tantrâloka) des gelehrten kaschmirischen Adepten Abhinava Gupta, der bislang allerdings nur in einer italienischen Übersetzung zur Verfügung steht. Obgleich der Autor selbst seine Schrift der Kommentar-Literatur zuordnet, stellt es in Wirklichkeit doch eine originale

Leistung dar, die die konventionellen Merkmale eines Kommentars weit übertrifft. Auch verfasste Abhinava Gupta, laut seinem Schüler Kshemarâja, den Tantra-Âloka im Zustand tiefer Meditation, was das Werk in die Nähe der Offenbarungsliteratur stellt. In diesem Œuvre mit fast 6000 Strophen finden wir Verweise auf viele andere tantrische Schriften, samt daraus entnommener Zitate – fast 200 Texte werden namentlich genannt.[10]

Abhinava Gupta (was sein spiritueller, nicht sein Geburtsname gewesen zu sein scheint) wurde Mitte des 10. Jahrhunderts n. Chr. geboren. Er schuf eine Flut von Texten über die Trika-Schule, von denen über 40 Titel bekannt sind. Neben dem Tantra-Âloka ragen der Tantra-Sâra und das Parâ-Trimshikâ-Vivarana heraus. Abhinava Gupta war nicht nur für seine Gelehrsamkeit, sondern auch für seine spirituellen Fähigkeiten und Wunderkräfte bekannt. Er erreichte die Selbst-Realisierung durch die Gnade seines Lehrers Shambhu Nâtha, der ihn in die Geheimnisse der Kaula-Schule und in ihre Literatur einweihte. Doch erhielt er seine Unterrichtung in vielen verschiedenen Sachgebieten und durch mehrere andere Lehrer. Er gründete seine eigene erfolgreiche Schule, von der der verstorbene Swami Lakshmanjoo der bekannteste Repräsentant im 20. Jahrhundert war.

Abhinava Gupta, Adept und Schüler

Die tantrischen Lehren Kaschmirs sind im Westen durch Gelehrte bekannt geworden, die bei Swami Lakshmanjoo studierten, vor allem durch seinen Schüler Jaideva Singh, den Übersetzer mehrerer Werke von großer Bedeutung.[11]

Die kaschmirische Überlieferung hat ihr südindisches Gegenstück in der weit verbreiteten Shrî-Vidyâ-Tradition, deren spirituelle Schätze durch die emsigen Bemühungen von Gelehrten wie Douglas Renfrew Brooks allmählich ans Licht gebracht werden.[12] Wie Brooks anmerkt, stellt die Shrî-Vidyâ-Tradition einen der wenigen Zweige des Hindu-Tantra dar, der nicht nur Texte aufweist, sondern auch noch lebende Praktiker, die ihre esoterischen Lehren erklären können.[13] Der geachtetste Text dieser Überlieferung ist das – bereits ins Englische übersetzte – Vâmaka-Îshvara-Tantra (geschrieben Vâmakeshvaratantra).[14] Ein anderes in Englisch verfügbares Werk ist die Tripurâ-Upanishad (geschrieben Tripuropanishad). Zwei nicht übersetzte, aber sehr einflussreiche Schriften sind das Tantra-Râja-Tantra und das Jnâna-Arnava-Tantra (geschrieben Jnânârnavatantra). Das Shrî-Vidyâ-Arnava-Tantra aus dem 16. Jahrhundert muss ebenfalls als ein maßgeblicher Text erwähnt werden. Unter den späteren, ins Englische übertragenen Abhandlungen wäre der Kâma-Kalâ-Vilâsa hervorzuheben.[15] Eine dritte Sektion tantrischer Lehren, Kaula oder Kaulismus genannt, wird gleichfalls in zunehmendem Maße den westlichen Lesern zugänglich gemacht, besonders durch die Veröffentlichungen von Mark S.G. Dyczkowski und Paul Eduardo Muller-Ortega.[16] Der Kaulismus ist einer der ältesten Zweige des Tantra, der wegen seiner „Fünf M"-Rituale berühmt (oder, je nachdem, berüchtigt) wurde. Zwar verstanden einige, vielleicht auch viele Kaula-Schulen dieses Ritual mehr metaphorisch als buchstäblich. Aber im

[10] *Siehe N. Rastogi, Introduction to the Tantrâloka (Delhi: Motilal Banarsidass, 1987).*

[11] *Siehe J. Singh, The Yoga of Delight, Wonder, and Astonishment (Albany, Staat New York: SUNYPress, 1991), mit der englischen Wiedergabe des Vijnâna-Bhairava; Siva Sûtras: The Yoga of Supreme Identity (Delhi: Motilal Banarsidass, 1979); Spanda-Kârikâs: The Divine Creative Pulsation (Delhi: Motilal Banarsidass, 1980), und Pratyabhijnâhrdayam: The Secret of Self-Recognition (Delhi: Motilal Banarsidass, revid. Ausg., 1980); siehe auch J. Singh, Swami Lakshmanjee und B. Bäumer, Abhinavagupta, Parâtrîsikâ-Vivarana: The Secret of Tantric Mysticism (Delhi. Motilal Banarsidass, 1988).*

[12] *Siehe D. F. Brooks, The Secret of the Three Cities (Chicago und London: University of Chicago Press, 1990), und Auspicious Wisdom: The Texts and Traditions of Srîvidyâ Sâkta Tantrism in South India (Albany, Staat New York: SUNYPress, 1992.*

[13] *Siehe D. F. Brooks, Auspicious Wisdom, p. XV.*

[14] *Siehe M. Magee, Vamakesvarimatam (Varanasi, India: Prachya Prakashan, 1986).*

[15] *Siehe Kâmakalâvilâsa, hrsg. und übers. von A. Avalon (Madras: Ganesh & Co., 2. Aufl., 1953).*

Lauf der Jahrhunderte legten die Kritiker ihr spezielles Augenmerk immer auf die sogenannte linkshändige (wortgetreue) Tantra-Spielart, die eigentlich der konventionellen (samâya) Orientierung von Tantra zuwiderläuft, liegt bei ihr doch die Betonung auf der rein symbolischen Ausführung der „Fünf M" (panca-makâra), die wir weiter unten besprechen werden.

Die bedeutendsten (übersetzten) Kaula-Texte sind das Kaula-Arnava-Tantra, der Matsyendra Nâtha zugeschriebene Kaula-Jnâna-Nirnaya und das Mahânirvâna-Tantra.

Die eng verwandte Kubjikâ-Tradition, die nach der ursprünglichen Kaula-Tradition entstanden sein mag, brachte eine große Zahl von Texten hervor, von denen offenbar die meisten verlorengingen. Unter den erhalten gebliebenen Werken ragen das Kubjikâ-Mata-Tantra und die Goraksha-Samhitâ (zu unterscheiden vom Hatha-Yoga-Handbuch) hervor. Beide sind noch nicht übersetzt.

Wegen ihres starken Einflusses muss Shankaras bereits weiter oben erwähnte Ânanda-Laharî gleichfalls angeführt werden; es handelt sich um eine devotionale Hymne zum Lobpreis der Göttin Tripurâ. Ihre enorme Bedeutung lässt sich an der Tatsache ablesen, dass es noch heute 36 Kommentare zu ihr gibt. Die Ânanda-Laharî wurde, zusammen mit ihrem Ergänzungsband Saundarya-Laharî – ebenso Shankara, dem berühmten Advaita-Lehrer, zugeschrieben –, ins Englische übersetzt.[17] Die Zuordnung wird von vielen Gelehrten in Frage gestellt, denn „Shankara" fungiert recht häufig als genereller Beiname von spirituellen Lehrern (abgesehen davon, dass es auch ein Beiname Shivas ist). Aus dem gleichen Grund wird Shankaras Autorenschaft am umfangreichen Prapanca-Sâra-Tantra bezweifelt.

Tausende von tantrischen Texten, in Sanskrit, Tamil und regionalen Sprachen verfasst, demonstrieren die unglaubliche Vielseitigkeit des Denkens und der Praxis von zahlreichen Generationen von Meistern. Westliche Studierende dieser reich verästelten Tradition haben kaum an der Oberfläche ihrer Literatur gekratzt, ganz zu schweigen von der diffizilen Psychotechnik, die darin beschrieben wird. Daher steht es uns gut an, wenn wir in der Beurteilung dieser Tradition vorsichtig sind. Wie der buddhistische Gelehrte Herbert V. Guenther zu bedenken gibt: „Was in den Tantras gesagt wird, muss man leben, um es zu verstehen."[18] Und David Gordon White, der eine Maßstäbe setzende Monographie über die mittelalterliche Siddha-Bewegung schrieb, charakterisierte Tantra als „eine Flutwelle des Genius ... die noch nicht zu Ende ist."[19]

II. DIE VERBORGENE REALITÄT

Eine Grundprämisse aller esoterischen Denkrichtungen besagt, dass die Welt, die wir durch unsere normalen Sinne wahrnehmen, nur ein winziges Scheibchen einer viel größeren Realität sei und dass es zahlreiche weitere,

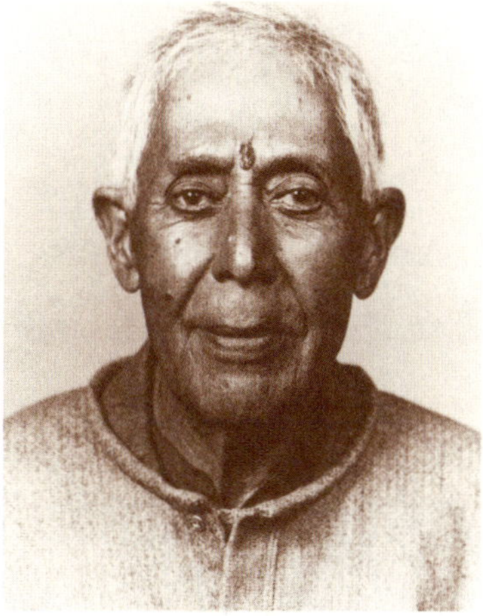

Swami Lakshmanjoo, der als Wiedergeburt des Abhinava Gupta gesehen wurde

[16] *Siehe M. S. G. Dyczkowski, The Canon of the Saivâgama and the Kubjikâ Tantra of the Western Kaula Tradition (Albany, Staat New York: SUNYPress, 1988), und P. E. Muller-Ortega, The Triadic Heart of Siva: Kaula Tantricism of Abhinavagupta in the Non-Dual Saivism of Kashmir (Albany, Staat New York: SUNYPress, 1989). Siehe auch Dyczkowskis The Doctrine of Vibration: An Analysis of the Doctrines and Practices of Kashmir Saivism (Albany, Staat New York: SUNYPress, 1987).*

[17] *Siehe Ânandalaharî, hrsg. und übers. von A. Avalon (Madras: Ganesh & Co., 1961), und Saundarylaharî, hrsg. und übers. von W. N. Brown (Cambridge, Massachussetts, USA: Harvard University Press, 1958).*

[18] *H. V. Guenther, Yuganaddha: The Tantric View of Life (Varanasi, India: Chowkhamba Sanskrit Series Office, 2. revid. Aufl., 1969), p. 8.*

[19] *D. G. White, The Alchemical Body: Siddha Traditions in Medieval India (Chicago und London: University of Chicago Press, 1996), p. 1.*

Swami Mehtabhak, der Guru von Swami Lakshmanjoo

Swami Ram, Guru von Swami Mehtabhak

subtile Existenzebenen gebe. Heute vermögen wir diese Prämisse in etwa zu verstehen, denn das moderne physikalische Konzept der Schwingungsfrequenzen weist in eine ähnliche Richtung. Die voneinander getrennten Realitätsebenen, wie sie von der überlieferten Esoterik unterstellt werden, können als unterschiedliche Aspekte desselben Weltalls, in variierten Frequenzen schwingend, interpretiert werden. So sollen Psyche und Verstand, die auf der „feinstofflichen" Ebene existieren, erheblich schneller vibrieren als die materiellen Objekte auf der „grobstofflichen" Ebene der Raum-Zeit. Die feinstoffliche Realitäts-Dimension (oder Dimensionen!) bildet eine fünfte Achse neben den vier bekannten Achsen – Länge, Breite, Höhe, Zeitdauer – von Raum und Zeit.

Wir können diese unsichtbaren „höheren" Dimensionen der Existenz vielleicht noch besser begreifen, wenn wir die von der Quantenphysik formulierte neue Weltsicht anwenden. Die Quantenphysik operiert mühelos mit Elektronen und anderen atomaren wie subatomaren Teilchen, die doch niemand direkt gesehen hat. Der englische Physiker Harold Schilling schlug vor, dass wir die Realität als „ein kybernetisches Netzwerk von Schaltkreisen ... , mehr ein feines Gewebe denn ein Gebäude aus Ziegelsteinen und Mörtel"[20] betrachten. Aber es ist ein Netzwerk mit „innerer Tiefe". Wenn wir die inneren Hierarchien der Realität ins Auge fassen, nehmen wir, wie es Schilling ausdrückt, „Tiefe innerhalb der Tiefe innerhalb der Tiefe" wahr – ein letztlich unauslotbarer, geheimnisvoller Brunnen des Daseins.

Wie wir bereits sahen, vertritt auch Patanjalis Philosophie die Anschauung, es gebe eine „innere" Dimension bei allem im Universum: Die Objekte, die wir wahrnehmen, besitzen eine unsichtbare „Tiefendimension". Aufgrund ihrer ständigen Bemühung, die Wahrnehmung zu verinnerlichen, erschließt sich den yogins diese Tiefendimension. Sie kommen in Kontakt mit feinstofflichen Regionen und nicht-materiellen Wesenheiten, von denen die moderne Naturwissenschaft so viel wie nichts weiß. (Die Thanatologie, die „Wissenschaft vom Tod", trifft in den Berichten von Personen, die durch Nah-Todeserfahrungen gegangen sind, allerdings auf ähnliche Phänomene).

Die verborgene Dimension der makrokosmischen Realität, also des Kosmos insgesamt, hat ihre exakte Parallele im Mikrokosmos des Menschen. Die „tiefen Strukturen" des Körpers haben an den „tiefen Strukturen" seiner weiteren Umgebung teil. Alle esoterischen Überlieferungen gehen davon aus, dass innere und äußere Wirklichkeit einander entsprechen. Wir treffen auf die gleiche Vorstellung bei C.G. Jungs Synchronizitätsbegriff, der zu erklären sucht, warum zwischen äußeren Ereignissen und psychischen Prozessen derart erstaunliche Koinzidenzen auftreten können. Zum Beispiel können wir einem Freund über einen Traum der vergangenen Nacht, in dem ein seltener Schmetterling vorkam, erzählen, und während wir den Schmetterling beschreiben, gibt uns der Freund ein Geschenk. Wir öffnen

[20] *H. K. Schilling, The New Consciousness in Science and Religion (London: SCM Press, 1973), p. 113.*

चक्र । नाडी । कुण्डलिनी ॥

cakra, nâdî, kundalinî

das Päckchen und finden ein Buch, dessen Einband die Abbildung desselben Schmetterlings trägt.

Der feinstoffliche Körper

Das früheste spezifische Modell der inneren Hierarchie ist jenes der fünf „Hüllen" (kosha), das, wie wir schon sahen, in der alten Taittirîya-Upanishad auftritt. Dieses Modell wird von den Schulen des Vedânta und anderen nondualistischen Traditionen generell akzeptiert. Wir finden in Indien (wie auch in nicht-indischen Kulturen) die weit verbreitete Überzeugung, der physische Körper besitze ein feinstoffliches Gegenstück, das nicht aus grober Materie, sondern aus subtilerer Substanz bzw. Energie bestehe. Die „Anatomie" und „Physiologie" dieses supra-physischen Doubles – des sogenannten „Astralleibs" oder „feinstofflichen" Körpers (sûkshma-sharîra) – wurde zum Gegenstand intensiver yogischer Untersuchung, besonders in Hatha-Yoga und Tantra.

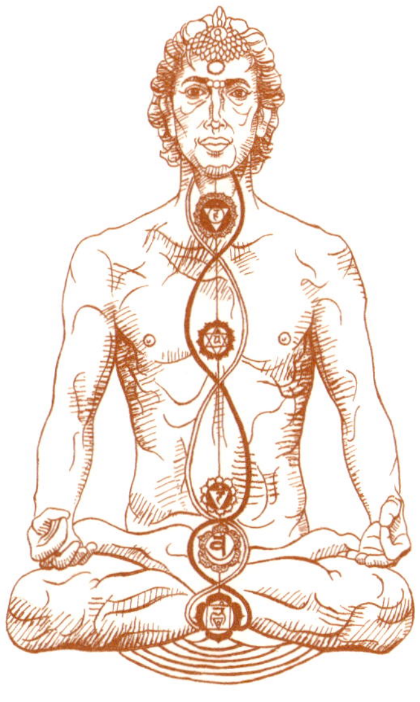

Die sieben psychoenergetischen Zentren (cakra) des Körpers

Die tantrische Literatur ist reich an Schilderungen der „Energiezentren" (cakra) und „Strömungsbahnen" (nâdî), die die Basis-Strukturen des subtilen Körpers bilden. Wir wollen all das weiter unten näher prüfen. Moderne Ärzte tun diese „Organe" als völlig fiktiv, ja als Produkt übersteigerter Fantasie oder unzureichender Anatomiekenntnisse ab. Wieder andere meinen, diese „Strukturen" dienten lediglich der Konzentration und Meditation, und die cakras entstünden aufgrund der Visualisierung im Bewusstsein. Letzteres meinen offensichtlich auch einige tantrische Werke, darunter die Ânanda-Laharî. Doch im Allgemeinen hält man die Organe der feinstofflichen Hülle für ebenso real wie die Organe des physischen Körpers. Daher sind sie für hellsichtige Menschen erkennbar.

Allerdings zeigen die cakras und nâdîs – weit mehr als Herz, Lunge oder Leber des Körpers – große Variationen. Sie können mehr oder weniger aktiv, mehr oder weniger konturiert bzw. definiert, so oder so gefärbt sein, etc. Diese Variationen spiegeln die jeweiligen psychischen und spirituellen Konditionen wie Eigenschaften eines Menschen wider. Das erklärt zum Teil, warum die Aufzählungen und Beschreibungen der cakras in verschiedenen Texten sich nicht immer decken. Ein anderer Grund für die textlichen Abweichungen ist, dass die Beschreibungen dem yogin als Vorlage dienen sollen. Wir können diese graphisch-farblichen Schemata als idealisierte Modelle real existierender Strukturen des subtilen Körpers sehen, dazu gedacht, die Visualisierung und Kontemplation des yogin anzuleiten. Die Darstellung der cakras in Form signierter (mit Sanskrit-Buchstaben) Lotosblüten ist also gewiss eine Idealisierung, nicht eine empirische Beobachtung, aber sie beruht auf einer realen Wahrnehmung: Die aktivierten cakras sind, wie das Sanskrit-Wort angibt, „Räder" von Energie, mit strahlenden Speichen, die sich dazu anbieten, als Lotosblütenblätter portraitiert zu werden.

Die 36 Prinzipien der Existenz
im Shaiva-Tantrismus

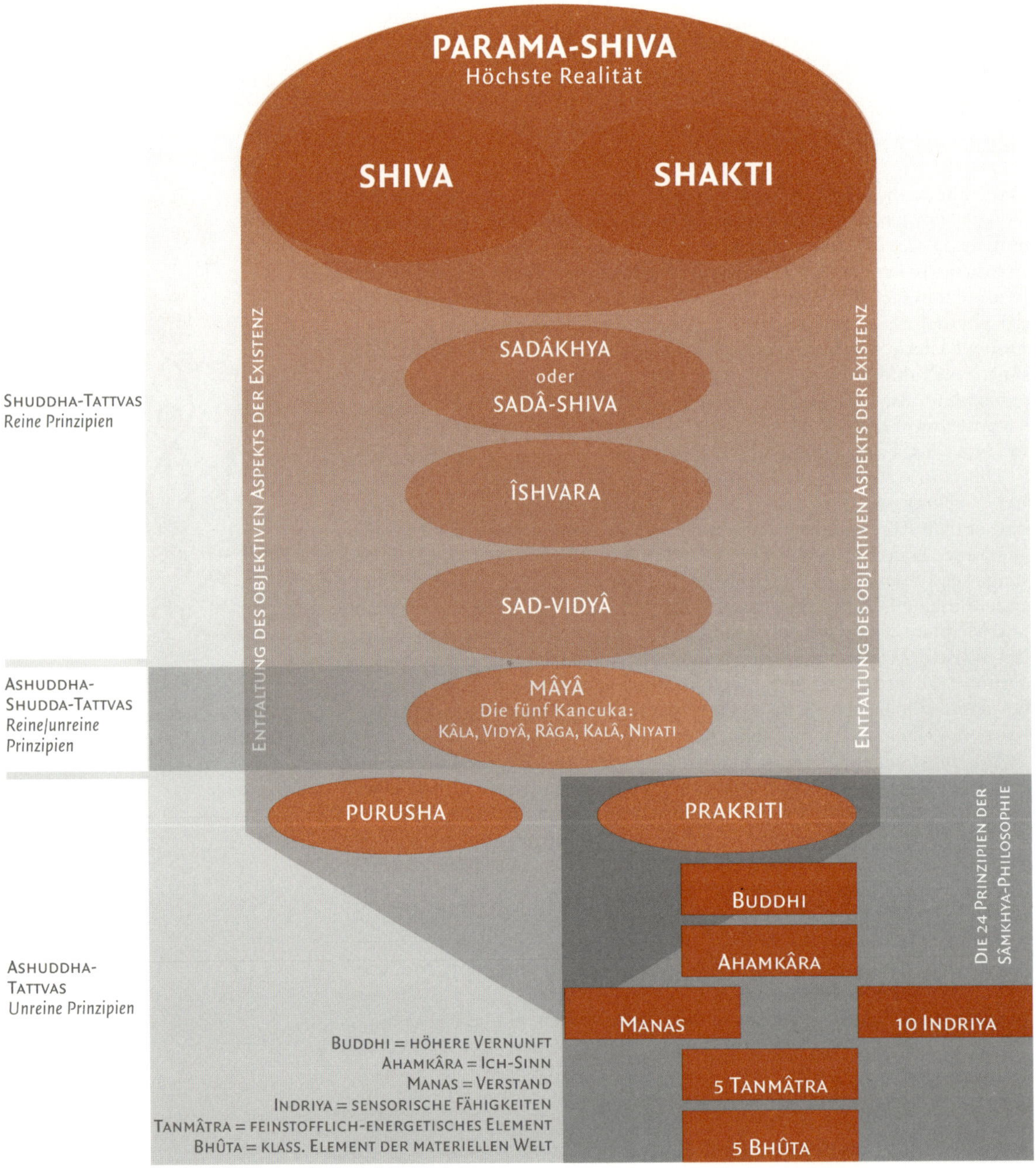
PARAMA-SHIVA
Höchste Realität
SHIVA
SHAKTI
ENTFALTUNG DES OBJEKTIVEN ASPEKTS DER EXISTENZ
SHUDDHA-TATTVAS
Reine Prinzipien
SADÂKHYA
oder
SADÂ-SHIVA
ÎSHVARA
SAD-VIDYÂ
ASHUDDHA-
SHUDDA-TATTVAS
Reine/unreine
Prinzipien
MÂYÂ
Die fünf Kancuka:
KÂLA, VIDYÂ, RÂGA, KALÂ, NIYATI
ENTFALTUNG DES OBJEKTIVEN ASPEKTS DER EXISTENZ
PURUSHA
PRAKRITI
DIE 24 PRINZIPIEN DER
SÂMKHYA-PHILOSOPHIE
BUDDHI
AHAMKÂRA
ASHUDDHA-
TATTVAS
Unreine Prinzipien
MANAS
10 INDRIYA
BUDDHI = HÖHERE VERNUNFT
AHAMKÂRA = ICH-SINN
MANAS = VERSTAND
INDRIYA = SENSORISCHE FÄHIGKEITEN
TANMÂTRA = FEINSTOFFLICH-ENERGETISCHES ELEMENT
BHÛTA = KLASS. ELEMENT DER MATERIELLEN WELT
5 TANMÂTRA
5 BHÛTA

प्राण । अपान । व्यान । समान । उदान ॥

prâna, apâna, vyâna, samâna udâna

Die Lebenskraft (Prâna)

Die „Energie", die die cakras und die Strömungen im feinen Körper hervorbringt, ist in der Wissenschaft weitgehend unbekannt. Die Hindus nennen sie prâna, was wörtlich „Leben" bedeutet, d.h. „Lebenskraft". Die Chinesen nennen sie chi, die Polynesier mana, die amerikanischen Indianer orenda und die alten Germanen od. Sie wird als all-durchdringende „organische" Energie verstanden. In der ersten Hälfte des 20. Jahrhunderts versuchte der Psychiater Wilhelm Reich diese Idee in seinem Orgon-Konzept neu zu beleben, doch wurde ihm seitens des wissenschaftlichen Establishments nur Feindschaft entgegengebracht. In jüngerer Zeit haben russische Parapsychologen den Begriff „Bioplasma" eingeführt, um das strahlende Energiefeld, das den physischen Organismus durchdringt und umgibt, zu erklären.

Während die westliche Wissenschaft noch um Erklärungen solcher Phänomene wie Akupunktur-Meridiane, kundalinî-Erweckungen und Kirlian-Photogaphie ringt, erforschen yogins weiterhin die Feuerwerke des feinstofflichen Körpers und erfreuen sich daran – wie sie es seit Hunderten von Generationen getan haben. Einige ihrer Ideen haben bereits die moderne bioenergetische Pionierforschung befruchtet, und wahrscheinlich ist es nur eine Frage der Zeit, bis das neu entstehende wissenschaftliche Paradigma zu einem konsistenten Modell der bioenergetischen Felder führt, das uns dann helfen mag, die seltsameren Praktiken von Hatha-Yoga zu verstehen und vielleicht auch zu rechtfertigen.

Den Autoritäten des Yoga zufolge bündelt sich die universelle Lebensenergie im subtilen Körper des Einzelnen und verzweigt sich in fünf primäre und fünf sekundäre Energieflüsse mit jeweils spezifischen Funktionen:

1. Prâna („Atem" bzw. „einströmender Atem") – zieht die Lebenskraft in den Körper (hauptsächlich durch den Akt der Einatmung); allgemein glaubt man, prâna sei im oberen Bereich des Torso, besonders in der Herzgegend, aber auch im Kopf lokalisiert.
2. Apâna („ausströmender Atem") – stößt die Lebenskraft heraus (hauptsächlich durch den Akt der Ausatmung); apâna ist verbunden mit Nabel und Abdomen, auch mit der analen und genitalen Region.
3. Vyâna („Durch-Atem") – verteilt und zirkuliert die Lebensenergie (hauptsächlich durch die Tätigkeit von Herz und Lunge); vyâna ist immer präsent, selbst wenn die prâna- und apâna-Aktivität aussetzt; und man denkt, sie durchdringe den ganzen Körper.
4. Samâna („Mittel-Atem") – ist verantwortlich für die Aufnahme von Nährstoffen und befindet sich im Verdauungssystem.

5. Udâna („Aufwärts-Atem") – primär veantwortlich für das Sprechen, aber auch für Rülpsen (galt traditionell als Bestätigung dafür, dass Speise und Getränke gut verdaut wurden); udâna ist besonders mit der Kehle verbunden.

Einige Texte erklären diese fünf Energien ein wenig anders und geben für sie auch unterschiedliche Lokalisierungen im Körper an. Die obige Version ist jedoch die gängigste.

Die fünf bioenergetischen Zusatzfunktionen oder upa-prânas sind:

1. NÂGA („Schlange") – verursacht Erbrechen oder Aufstoßen;
2. KÛRMA („Schildkröte") – bewirkt Schließen und Öffnen der Augenlider,
3. KRI-KÂRA („kri-Macher") – verursacht Hunger;
4. DEVA-DATTA („Gottgegebener") – bewirkt Gähnen oder Schlaf;
5. DHANAM-JAYA („Eroberer von Reichtum") – ist verantwortlich für die Desintegration des toten Organismus.

Wieder besteht keine textliche Übereinstimmung, was die exakten Funktionen dieser Hilfsenergien im Körper anbelangt. Die zwei wichtigsten Arten der Lebensenergie sind offensichtlich prâna und apâna, die dem Atmungsprozess zugehören. Ihre konstante Aktivität wird als Hauptursache der Ruhelosigkeit des Verstandes gesehen, und die Limitierung ihrer Aktivität ist der Hauptzweck der Atemkontrolle (prânâyâma). Weitere Einzelheiten finden sich im 18. Kapitel, im Zusammenhang mit Hatha-Yoga als Pfad zur Erleuchtung.

Das System der Energieflüsse im subtilen Körper

Ähnlich wie die Elektrizität folgt die im feinstofflichen Körper konzentrierte Lebensenergie bestimmten Stömungsbahnen, in Sanskrit nâdî genannt. Das Wort bedeutet „Rohr, Leitung, Kanal, Bahn", doch dürfen die nâdîs keineswegs für röhrenförmige Konstrukte gehalten werden, auch wenn einige überlieferte Yoga-Texte diesen Eindruck vermitteln. Sie sind auch nicht mit Venen oder Arterien oder Nerven identisch. Die nâdîs sind Energieströmungen – erkennbare Strömungsmuster im leuchtenden Energiefeld des feinstofflichen Körpers. Die klassischen Darstellungen des nâdî-Geflechts vermögen es nicht, die lebendige, vibrierende Ausstrahlung des supra-physischen Vehikels zu schildern, das für das geübte „dritte" Auge wie eine schimmernde, hin- und herwogende Lichtmasse aussieht, mit Brennpunkten unterschiedlicher Färbung und manchmal dunklen Zonen, die körperliche Schwächen, gegebenenfalls auch Krankheit indizieren.

Gewöhnlich erwähnen die Yoga-Schriften insgesamt 72.000 nâdîs. Manche sprechen von 300.000. Mehrere Yoga-Upanishads nennen 19 und geben sogar deren jeweilige Lokalisierung an, doch die Namen und Platzierungen passen nicht immer zusammen. Das nachfolgende Diagramm zeigt die Anordnung der dreizehn Haupt-Nâdîs – wie sie in diversen Hatha-Yoga-Texten mehr oder weniger übereinstimmt –, und zwar als von oben gesehen, in den Körper hinabsehend.

Alle nâdîs entspringen in der „Wurzelknolle" (kanda, kânda), einer Struktur, die wie ein „Hühnerei" geformt und etlichen Texten zufolge zwischen After und Penis (oder Klitoris), anderen zufolge in der Nabelregion lokalisiert ist.

Anordnung der feinen Hauptkanäle (nâdî) (von oben gesehen)

PÛSHÂ SARASVATÎ GÂNDHARÎ
PAYASVINÎ YASHASVINÎ
PINGALÂ SUSHUMNÂ IDÂ
SHANKINÎ VÂRUNÎ
ALAMBUSHÂ KUHÛ VISHVODÂRÎ
HASTIJIHVÂ

Die drei Haupt-Energiekreise: Sushumnâ, Idâ und Pingalâ

Es gibt drei in der Yoga-Literatur universell anerkannte Hauptströmungsbahnen. Die zentrale oder axiale Bahn, die entlang der Wirbelsäule verläuft, heißt sushumnâ-nâdî, was „sie, die überaus gnadenvoll ist" bedeutet. Sie wird auch brahma-nâdî genannt, weil sie die Aufstiegsbahn der kundalinî-shakti, der erweckten „Schlangen-Kraft" ist und zur Befreiung im Absoluten (brahman) führt.

Einige Werke erwähnen einen Kanal innerhalb der sushumnâ und nennen ihn vajrâ(„Donnerkeil, Blitz")-nâdî, und innerhalb desselben noch einen weiteren, subtileren, der als citrinî(„leuchtender")-nâdî bezeichnet wird. Dies verdeutlicht, dass der yogin im innersten Energiekanal die Strahlung des universalen Bewusstseins (cit) selbst vorfindet.

Links von der axialen Strömungsbahn liegt die idâ-nâdî, und rechts davon die pingalâ-nâdî. Erstere heißt so, weil sie „blassfarben", Letztere, weil sie „rötlich" ist. Sie werden symbolisch als kühler Mond und als heiße Sonne dargestellt. Diese beiden Bahnen winden sich um die sushumnâ und bilden so eine spiralförmige Wendeltreppe. Sie treffen an jedem der sechs tieferen cakras aufeinander und enden am Zentrum hinter und zwischen den Augenbrauen. Nur die sushumnâ reicht vom Basis-Cakra bis zum obersten cakra an der Scheitelkrone.

Die große Aufgabe für den tantrischen yogin besteht darin, den bioenergetischen Fluss im zentralen Kanal zu stabilisieren. Solange die Lebensenergie in idâ und pingalâ auf- und aboszilliert, bleibt das Bewusstsein nach außen gewandt, d.h. es wird von „lunaren" und „solaren" Energien dominiert. Indem er/sie die Lebenskraft durch den axialen Kanal zwingt, stimuliert der yogin die Energie der schlafenden kundalinî, bis sie wie bei einem Vulkanausbruch emporrast, das Scheitelzentrum überflutet und damit den ersehnten Zustand seliger Ekstase (samâdhi) herbeiführt. Folgen wir einer gängigen esoterischen Definition des Begriffes hatha, so ereignet sich jetzt die Vereinigung von „Sonne" und „Mond", das vereinte Strömen der Lebensenergie, die sonst auf die Bahnen idâ und pingalâ aufgeteilt ist.

Die kundalinî wurde in den vergangenen Abschnitten wiederholt angesprochen, und mehr darüber folgt weiter unten. Hier ist es nur wichtig zu betonen, dass beides – die das Funktionieren des Körper-Verstand-Systems gewährleistende Lebenskraft wie auch die kundalinî-shakti – Aspekte der Göttlichen Energie oder Shakti sind. Vergleichen wir die Lebenskraft mit Elektrizität, so gleicht die kundalinî Hochspannungsstrom. Vergleichen wir die Lebenskraft mit einer angenehmen Brise, so ähnelt die kundalinî einem Hurrikan.

Ist die kundalinî-Macht im Körper einmal freigesetzt, bewirkt sie in Physis und Bewusstsein starke Veränderungen. Bei richtiger Handhabung vermag diese immense Kraft, wie die Meister von Tantra und Hatha-Yoga uns versichern, das Körper-Verstand-System zu einem „göttlichen" Gefährt, zu einer transsubstantiierten Form mit unglaublichen Eigenschaften und Fähigkeiten umzugestalten.

Die Kenntnis der Funktionen von idâ und pingalâ gilt im Hatha-Yoga als unabdingbar. Diese feinen Funktionen bestimmen, auf der physiologischen Ebene, jeweils die Reaktionen des sympathischen und des parasympathischen Nervensystems. Darum vermögen yogins durch kontrollierte Atmung, bei der die Lebensenergie durch die pingalâ-nâdî gelenkt wird, ihren Herzschlag und Metabolismus zu beschleunigen und die Seh- wie Hörfunktion zu verbessern. Auf der anderen Seite können sie durch kontrollierte Atmung und die Lenkung der Lebensenergie durch idâ ihren Herzschlag und Stoffwechsel extrem verlangsamen. Das mag dann so weit gehen – wie in einer Anzahl von Fällen demonstriert –, dass yogins stunden-, tage- oder wochenlang in einem luftdichten Behältnis unter der Erde ausharren.

Doch ist der eigentliche Sinn der Atembeherrschung (prânâyâma) ein anderer: Authentische yogins versuchen nicht, Atmung und Herztätigkeit einzustellen, nur um einen winterschlafartigen Zustand herbeizuführen. Vielmehr wollen sie die menschliche Daseinsform an und für sich transzendieren. Sie wollen über die Bedingtheit des Körper-Verstand-Systems hinaus- und in den transzendenten Bereich von Sein-Bewusstsein-Seligkeit hineintreten. Zu diesem Zweck müssen sie die Lebenskraft wie einen Laserstrahl bündeln und entlang der Wirbelsäule hinauf zum Scheitel lenken – dem Ort des großen okkulten Energiezentrums.

Die sieben psychoenergetischen Zentren (Cakra)

Es gibt insgesamt sieben Haupt-Cakras, vertikal längs des Achsenkanals angeordnet. Diese Wirbel von Lebensenergie vibrieren mit unterschiedlicher Frequenz. Jedes cakra hängt mit spezifischen psychosomatischen Funktionen zusammen, doch dürfen diese Energiewirbel nicht mit den Nervengeflechten des Körpers verwechselt werden, auch wenn sie mit diesen korrelieren. Die Reihenfolge der cakras, angefangen bei der Basis, ist wie folgt:

mûlâdhâra-cakra

1. Mûlâdhâra („Wurzelstütze", von mûla = „Wurzel" und âdhâra = „Stütze"): Dieses Zentrum, das am Damm sitzt und auch schlicht âdhâra heißt, steht in Verbindung mit dem Element Erde, dem Geruchssinn, den unteren Gliedmaßen, dem Sanskrit-Mantra lam und dem Elefanten (Symbol von Stärke). Die es regierenden Gottheiten sind Brahma (der Schöpfergott) und die Göttin Dâkinî. Gewöhnlich wird es als tiefrote, vierblättrige Lotosblüte dargestellt; es ist die Lagerstatt der schlafenden kundalinî-shakti und der Ausgangspunkt der sushumnâ.

svâdhishthâna-cakra

2. Svâdhishthâna („eigene Grundlage", von sva = „eigen" und adhishthâna = „Grundlage"): Dieses cakra, in der genitalen Region lokalisiert, ist mit dem Element Wasser, dem Geschmackssinn, den Händen, dem Mantra vam und einem monströsen, krokodilähnlichen Wassertier (Symbol der Fruchtbarkeit) verbunden. Die das Zentrum beherrschenden Gottheiten sind Vishnu und die Göttin Râkinî. Es wird als karmesin-rote, sechsblättrige Lotosblüte abgebildet.

manipura-cakra

3. Manipura („Juwelenstadt", von mani = „Juwel" und pura = „Stadt/Festung"): Lokalisiert am Nabel und auch nâbhi-cakra („Nabel-Rad") genannt, ist dieses psychoenergetische Zentrum mit dem Element Feuer, dem Gesichtssinn, dem After, dem Mantra ram und dem Widder (Symbol der feurigen Energie) verbunden. Die es regierenden Gottheiten sind Rudra und die Göttin Lâkinî. Es wird als hellgelber Lotos mit zehn Blütenblättern symbolisch dargestellt.

anâhata-cakra

4. Anâhata („nicht angeschlagen"): Dieses Zentrum findet sich in der Herzgegend und wird daher oft auch hrit-padma („Herz-Lotos") genannt – ein blauer Lotos mit zwölf Blütenblättern. Die Bezeichnung anâhata-cakra bedeutet esoterisch gesehen, dass in ihm der transzendente „Klang" (nâda) – Pythagoras' „Sphärenmusik" –, der nicht „angeschlagen", nicht durch mechanische Mittel verursacht ist, gehört werden kann. Der Herz-Lotos wird assoziiert mit dem Luft-Element, dem Tastsinn, dem Penis, dem Mantra yam und einer schwarzen Antilope (Symbol der Schnelligkeit). Die ihn beherrschenden Gottheiten sind Îsha und die Göttin Kâkinî.
5. Vishuddha („rein") oder vishuddhi („Reinheit"): Dieses cakra liegt am Hals und wird als rauchig-violette, sechzehnblättrige Lotosblüte dargestellt. Es ist mit dem Äther-Element, dem Hörsinn, dem Mund und der Haut, dem Mantra ham und einem schneeweißen Elefanten (Symbol der reinen Kraft) verbunden. Die darüber herrschenden Gottheiten sind der androgyne Gott Ardhanarîshvara (Shiva/Pârvatî) und die Göttin Shâkinî. In diesem Zentrum wird das okkulte soma – abgesondert aus dem lalanâ-

cakra, einem Nebenzentrum hinter dem vishuddhi-cakra – geschmeckt. Vor allem stimuliert das Ausüben des khecârî-mudrâ („Raumbewegungs-Siegel"), in Kapitel 18 näher erläutert, die Produktion dieses Nektars der Unsterblichkeit.

6. Âjnâ („Befehl"): Dieses psychoenergetische Zentrum liegt im Gehirn, auf Höhe der Augenbrauenmitte. Es heißt gleichfalls „Drittes Auge" oder auch Guru-cakra, da der Schüler hier telepathische Übermittlungen vom Lehrer empfängt. Das cakra steht in Verbindung mit manas, d.h. mit der Verstandesfunktion, die für die Verarbeitung der Sinneswahrnehmungen zuständig ist. Dazu hängt das âjnâ-cakra auch mit dem Ich-Sinn (ahamkâra) und mit dem Mantra om zusammen. Die darüber regierenden Gottheiten sind Parama-Shiva und die Göttin Hâkinî. Es wird als blassgraue oder weiße, zweiblättrige Lotosblüte abgebildet und enthält, in einem nach unten gerichteten Dreieck, meist einen symbolisch dargestellten Phallus, deutet so die Polarität von Shiva und Shakti an.
7. Sahasrâra („tausendblättrig", von sahasra = „tausend" und ara = „Blütenblatt/Speiche"): Dieses cakra, das am Scheitel des Kopfes liegt, wird so benannt wegen der unzähligen leuchtenden Fäden, aus denen es besteht. Streng genommen gehört es nicht zum System der cakras, sondern bildet einen leibtranszendierenden Ort, an dem sich universales Bewusstsein mit der menschlichen Form zu verbinden scheint – der leuchtende linga, Symbol für Shiva, in der Mitte des Lotos plaziert, indiziert eine solche Betrachtungsweise. Die symbolischen Elemente, die mit jedem einzelnen cakra verbunden sind, verhelfen den yogins zu komplexen Visualisierungen, die zu ausgewogener Verstandestätigkeit, zu paranormalen Kräften (siddhi) und auch zu samâdhi führen mögen.

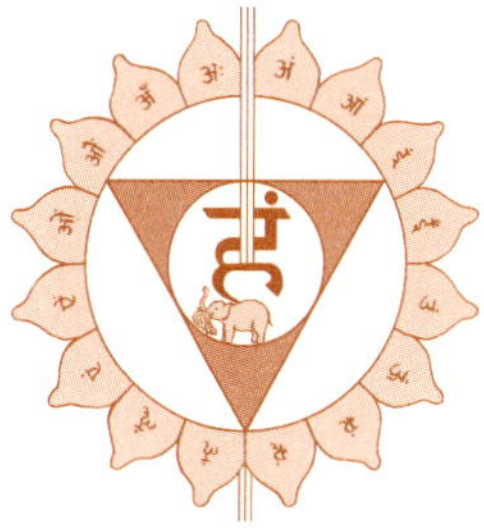

vishuddha-cakra

âjnâ-cakra

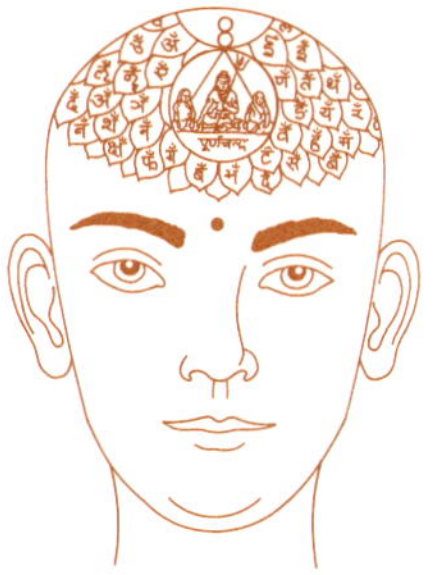

sahasrâra-cakra

In modernen Hatha-Yoga-Handbüchern werden die sieben cakras häufig auch mit unterschiedlichen psychischen und geistigen Funktionen in Verbindung gebracht. So soll das niedrigste cakra mit Furcht, das cakra in der Genitalgegend mit Kummer, das Nabel-Zentrum mit Ärger und das Herz-Zentrum mit Liebe verbunden sein. Kundalinî-yogins achten sehr darauf, die Schlangen-Kraft zumindest bis zum Herz-Zentrum zu heben, da die Aktivierung der unteren cakras zu unerwünschten Auswirkungen auf die instinktmäßigen Triebe führen kann. Das Kehl-Zentrum wird manchmal assoziiert mit positiver oder negativer Lebenseinstellung, das âjnâ-cakra oder „Dritte Auge" mit Zweifeln am oder Grundvertrauen ins Leben, das sahasrâra-cakra am Scheitel dagegen mag auf das Lebensgefühl bezogen sein, das mit der wahren Wirklichkeit verbunden oder von ihr abgetrennt ist.

Einige Denkrichtungen sprechen von cakras oberhalb des sahasrâra, wobei diese Zentren verschiedenen Ebenen transzendenter Realisierung entsprechen sollen. So erwähnen die Shaiva-Âgamas den sogenannten dvâdasha-anta (geschrieben dvâdashânta), einen Ort, der sich, wie der Name indiziert, „zwölf Maßeinheiten" oberhalb des Scheitels befindet. Zweifelsohne entstand diese Idee aufgrund spezifischer, fortgeschrittener yogischer Erfahrungen; man kann sie wohl nur richtig verstehen, wenn man solche Erfahrungen selbst macht.

Das Gleiche gilt für das seltene Konzept des „Unsterblichkeits-Energiekanals" (amrita-nâdî), über das Ramana Maharshi, der Weise von Tiruvannamalai in Südindien, und in jüngerer Zeit der westliche Adept Adi Da[21] sprachen. Letzterer beschrieb diese geheimen Energiebahnen als die „Matrix" der sushumnâ-nâdî. Sie manifestiert sich nur nach Eintritt der völligen Erleuchtung oder des sahaja-samâdhi und stellt dann eine Verbindung zwischen der aufsteigenden sushumnâ-nâdî und dem subtilen Zentrum beim Herzen her. Adi Da schreibt:

> Es ist, als sei eine Linie des Lichts zwischen dem tiefen Zentrum der oberen Spirale (Gehirnmitte bis Scheitelkrone) und dem tiefen Zentrum der unteren Spirale (unter und hinter dem Nabel) eingelassen. Nicht nur das sahasrar [sahasrâra], sondern der ganze Körper wird erfüllt mit Licht oder strahlender Seligkeit. Diese ganze Fülle ist die Widerspiegelung des Herzens [d.h. des transzendenten Selbst]. Alles davon ist Amrita Nâdî.[22]

Die Knoten und die vitalen Punkte

Die klassische Literatur des Hatha-Yoga berichtet auch über „Knoten" (granthi) bzw. bioenergetische Zusammenschnürungen, die das Aufsteigen der Lebensenergie und damit der kundalinî-shakti entlang der Wirbelsäulenachse effektiv verhindern. Der erste Knoten, brahma-granthi genannt, liegt am Basis-Zentrum oder auch am Nabel; der zweite – vishnu-granthi – liegt am Hals; der dritte – rudra-granthi – ist am Augenbrauen-Zentrum platziert. Diese Knoten müssen von der Lebenskraft durchstoßen werden, damit die kundalinî-shakti unbehindert zum Kronen-Cakra aufsteigen kann. Die Texte sprechen auch über den oder die Knoten in der Herzgegend, hauptsächlich aus Zweifeln bestehend (etwa Zweifel an der Existenz einer nicht-materiellen Wirklichkeit oder Zweifel an sich selbst).

Einige der späteren Werke zum Hatha-Yoga erkennen psychosomatische Brennpunkte der Lebensenergie und nennen sie marman. Diese verwundbaren Stellen im Körper beeinflussen stark das persönliche Wohlbefinden. In ihnen ist die Bioenergie sehr verdichtet; somit bilden sie gewöhnlich lokale Barrieren, die mit Konzentration und gelenktem Atem, wie z.B. in der Kshurikâ-Upanishad [s. Quellenlektüre 19] geschildert, beseitigt werden müssen.

[21] *Bubba Free John (Adi Da), The Paradox of Instruction (San Francisco: Dawn Horse Press, 1977).*

[22] *Ebd., p. 236.*

कुण्डलिणीशक्ति ॥

kundalinî-shakti

Die Schlangen-Kraft (Kundalinî-Shakti)

Der entscheidende Aspekt des feinstofflichen Körpers ist sicherlich jene psychospirituelle Energie, die als kundalinî-shakti bezeichnet wird. Was bedeutet ihre mysteriöse Präsenz im menschlichen Körper eigentlich? Metaphysisch gesehen ist die kundalinî eine mikrokosmische Manifestation der Ursprungs-Energie, der Shakti. Sie ist die universelle Energie, die sich mit dem individuell begrenzten Körper-Verstand-System verbindet. Manchmal wird dies dahingehend missinterpretiert, dass die schiere „Kraft" gemeint sei, welche dann dem Prinzip der Liebe gegenübergestellt wird. Doch, wie Sir John Woodroffe bereits vor langer Zeit kommentierte, bedeutet Shakti kosmische Energie und kosmisches Vermögen, und ist als solche Seligkeit (ânanda), Überbewusstsein (cit) und Liebe (prema).[23] Einige Gelehrte nennen sie „Göttliche Intelligenz".

Der halb westliche Begriff „kundalinî-Energie" lässt tatsächlich einen etwas falschen Eindruck entstehen, neigen wir doch zur Betrachtung der Energie als neutraler physischer Kraft. Im Vergleich dazu bezeichnet das Wort shakti etwas viel Positiveres und Kreativeres, und vor allem eine bewusste, intelligente Kraft. Nichtsdestoweniger bietet es sich aus Vereinfachungsgründen an, hin und wieder die Begriffe „Kraft" und „Energie" zu verwenden.

Der Begriff kundalinî bedeutet, „sie, die zusammengerollt ist", und will besagen, dass die kundalinî oder kundalî wie eine schlafende Schlange in dreieinhalb Windungen um einen Phallus (linga) im untersten bioenergetischen Zentrum des menschlichen Körpers gerollt ist. Die Schlange blockiert den zentralen Kanal – an der Stelle des ersten Knotens – mit dem Maul. Diese ganze Symbolik will schlichtweg ausdrücken, dass die kundalinî normalerweise im Zustand des Schlafes oder der Latenz ruht.

Wie weiter oben erwähnt, polarisiert sich im menschlichen Körper die Ursprungs-Energie in potenzielle Energie (d.h. in undifferenzierte kundalinî-shakti) und dynamische Energie (d.h. in differenzierte prâna-shakti). Durch Regulierung des prâna-Flusses kann die potenzielle Energie mobilisiert werden, was zur kundalinî-Erweckung führen mag. Das heißt: mit Hilfe kontrollierter Atmung – bei der die Lebensenergie (prâna) von der linken und rechten nâdî abgezweigt und in die zentrale Bahn gelenkt wird – kann die „schlafende Prinzessin" geweckt werden. Fachleute beschreiben diesen Prozess oft als Erhitzung der kundalinî, und man kann ihn mit der Auslösung einer nuklearen Kettenreaktion durch Zündung einer konventionellen Bombe vergleichen. Gopi Krishnas Schilderung des Augenblicks, in dem die kundalinî erwacht und es, zumindest subjektiv, zu einem ungeheuren Energieausbruch kommt, lässt diesen Vergleich realistisch erscheinen:

[23] *Siehe A. Avalon (alias John Woodroffe), Shakti and Shakta (New York: Dover Publications, Nachdr. 1978), pp. 188ff.*

Gopi Krishna

> Ich fühlte plötzlich, wie, wasserfallartig tosend, ein Strom flüssigen Lichts durch das Rückenmark in mein Gehirn trat. Überhaupt nicht vorbereitet auf solches Geschehen, wurde ich völlig überwältigt. Doch gewann ich augenblicklich die Kontrolle wieder zurück und blieb in derselben Stellung sitzen, den Verstand auf den Brennpunkt der Konzentration gerichtet. Das leuchtende Strahlen wurde immer stärker, das Tosen immer lauter; ich spürte eine Art Schaukeln, und dann merkte ich, wie ich aus dem Körper glitt, dabei ganz umhüllt war von einem leuchtenden Schein.[24]

In Gopi Krishnas Fall stellte sich die Erfahrung völlig unerwartet ein und schien nicht kontrollierbar zu sein. Das Ziel von Tantra- und Hatha-Yoga jedoch ist, dieses Geschehen kontrolliert einzuleiten, so dass der Praktizierende nicht die katastrophalen Nebenwirkungen zu erfahren hat, die Gopi Krishna und andere Meditierende wie Nicht-Meditierende, häufig über längere Zeit, erfahren mussten. Die Symptome einer unbeabsichtigt und unsachgemäß erweckten kundalinî können recht drastisch ausfallen, von rasenden Kopfschmerzen bis zu psychotischen Schüben.

Dem überlieferten Konzept zufolge schnellt die kundalinî-shakti nach ihrer Erweckung hinauf zum Kronen-Cakra, wo sich dann die beseligende Verschmelzung zwischen Shakti und Shiva ereignet. Diese Vorstellung geht davon aus, dass die kundalinî nun vollständig dynamisch ist und der Körper des yogin vom „Nektar" (amrita), aus der Vereinigung der beiden Realitätspole entstehend, ernährt wird. Westliche Studenten des Kundalinî-Yoga allerdings finden es schwierig, dieses Konzept zu akzeptieren, und haben andere, den physikalischen Gesetzen näherkommende Lösungen vorgelegt.

Dabei hebt sich besonders das Modell hervor, das den Körper mit einem bipolaren Magneten vergleicht: Starke Konzentration und Atemkontrolle führen zu einer „Übersättigung", die einen Induktions-Prozess im statischen Pol (d.h. im mûlâdhâra-cakra) hervorruft, so dass dort die Lebensenergie auszuströmen beginnt. Die austretende Energie entspricht der einwirkenden Energie, ist aber von „entgegengesetzter" Art, dabei quasi unerschöpflich.

Die seltsamen Phänomene, die mit der kundalinî-Erweckung einhergehen, wie die Empfindung von intensiver Hitze, Licht, Klang, Druck und auch Schmerz, dürfen nicht mit der kundalinî selbst verwechselt werden. Eben darum hat der amerikanische Psychiater Lee Sannella diese Phänomene insgesamt als „Physio-Kundalinî" betitelt.[25]

Die westliche Betrachtungsweise der kundalinî kann am besten in neurophysiologischen Kategorien verstanden werden, und das von Isaac Bentov entwickelte, von Sannella angewendete Modell ist in dieser Hinsicht das bisher am besten ausgearbeitete. Bentov sieht den kundalinî-Prozess vom mechanistischen Standpunkt und geht von elektromagnetischen

[24] *G. Krishna, Kundalini: Evoluionary Energy in Man (London: Robinson & Watkins, 1971), pp. 12–13.*

[25] *Siehe L. Sannella, The Kundalini Experience: Psychosis or Transcendence? (Lower Lake, California: Integral Publishing, 1987).*

Wellensystemen im Körper aus, insbesondere im Kopf und im Herzen. Diese, so konstatiert Bentov, regen das Gehirn dazu an, jene Art visueller, auditiver und anderer Sinneserfahrungen zu produzieren, die für kundalinî-Erweckungen typisch sind. Nun haben gewiss die meisten psychischen und mystischen Phänomene eine physiologische Basis, doch erst jenseits der physiologischen Sachverhalte eröffnet sich das geheimnisvolle Reich der kundalinî – die Dimension von Bewusstsein-Seligkeit.

Die kundalinî-Erfahrung ist vermutlich so alt wie der erste Kontakt der Menschheit mit der spirituellen Dimension, auch wenn die spezifische Bedeutung der Erfahrung bis zum Heraufdämmern des Tantra nicht erkannt wurde. Kundalinî-Yoga erscheint als das ausgereifte Resultat einer langen Geschichte psychospiritueller Experimente, und diese Reifung wurde erheblich durch die Entdeckung gefördert, dass der Körper ein „Tempel“ des Göttlichen sei.

Mehr als irgend jemand sonst war es der kaschmirische Pandit Gopi Krishna, der das kundalinî-Phänomen popularisierte; er machte es in der modernen Welt weithin bekannt und förderte seine wissenschaftliche Untersuchung. Darüber hinaus sah er darin die treibende Kraft jeder psychospirituellen Höherentwicklung der Menschheit. Einerseits beharrte er fest darauf, dass die kundalinî eine spirituelle Realität sei; andererseits vertrat er den Standpunkt, dass sie der biologische Mechanismus wäre, der Heiligkeit, Genie und auch Verrücktheit bewirke. Wie er es ausdrückte:

> Meine eigene Erfahrung machte mir den erstaunlichen Sachverhalt klar, dass – obwohl angeleitet von einer Super-Intelligenz, die zwar unsichtbar ist, aber gleichzeitig als die Ausführende des ganzen Prozesses eindeutig erkennbar – das Phänomen der Kundalinî rundum biologischer Natur ist.[26]

Das bringt das Problem auf den Punkt: Die kundalinî kann nicht spirituelle Realität und dazu auch rundum biologisch sein, zumindest bei normalem Verständnis des Begriffs „biologisch“. Natürlich ist aus tantrischer Sicht, in der Immanenz und Transzendenz wesensmäßig zusammengehören, jede strenge Unterscheidung zwischen Materie und Geist wenig sinnvoll; doch diese höhere Sicht gewinnt nur Bedeutung, wenn sie als Wahrheit gelebt wird. Solange wir de facto nicht erleuchtet sind, sondern uns als individuelle Wesen erfahren, müssen wir die Nützlichkeit praktischer Unterscheidungen akzeptieren. Auch wenn Gopi Krishnas Werk viel zu einer Phänomenologie der kundalinî-Erfahrung beigetragen hat, sind weitere Forschungen und, nicht zuletzt, weitere begriffliche Klärungen in der Tat nötig.

Die schlafende Prinzessin kundalinî zu erwecken – das steht, wie wir sahen, im Mittelpunkt aller tantrischen Bemühungen. Als Nächstes wollen wir uns dem tantrischen Pfad selbst zuwenden, insoweit er im Hatha-Yoga niedergelegt ist. Das alleinige Ziel dieses Yoga ist es, die verborgene Göttin

[26] *G. Krishna, Kundalini: The Biological Basis of Religion and Genius (New Delhi: Kundalini Research and Publication Trust, 1978), p. 88. Das Buch hat eine längere Einführung des Physikers und Philosophen C. F. Freiherr von Weizsäcker.*

wachzurütteln und sie dazu zu bringen, den gleichfalls verborgenen Gott – Shiva, der auf dem einsamen Gipfel des Berges Meru im Mikrokosmos des menschlichen Körpers residiert – zu umarmen und mit ihm zu verschmelzen.

III. TANTRISCHE RITUALPRAXIS

भूतशुद्धि ॥

bhûta-shuddhi

DIE REINIGUNG DER ELEMENTE (BHÛTA-SHUDDHI)

Ehe der Prinz im bekannten Märchen die schlafende Prinzessin küssen konnte, musste er viele Ungeheuer besiegen und sich mühevoll einen Weg ins Schloss bahnen. Ähnlich muss, ehe die Vermählung von Shiva und Shakti im menschlichen Körper-Verstand-System stattfinden kann, der yogin viele Hindernisse ausräumen und klären. Der Pfad der Verwirklichung (sâdhana) wird darum oft in Begriffen der Reinigung (shodhana) beschrieben. Tatsächlich wird der eigentliche Prozess der kundalinî-Erregung als fortschreitende Reinigung der Hauptelemente (bhûta) des Körpers – Erde, Wasser, Feuer, Luft und Äther –, als bhûta-shuddhi verstanden.

Während die kundalinî entlang des Achsenkanals (sushumnâ-nâdî) hochgeführt wird, löst sie das dominante Element jeder somatischen Region eines cakra auf. Somit hat die kundalinî, wenn sie das sechste oder âjnâ-cakra erreicht, die fünf Elemente Erde, Wasser, Feuer, Luft und Äther erfolgreich „aufgelöst". Das verursacht in der Praxis, infolge des Rückzugs der Lebenskraft aus dem Körper, Kälte und Unempfindlichkeit in Rumpf und Gliedern. Der weitere Aufstieg der kundalinî zum Scheitel (sahasrâra-cakra) hat zur Folge, dass sich der Verstand (manas) in der „formlosen" Ekstase (nirvikalpa-samâdhi) zeitweilig auflöst, was die eigene Wahrnehmung von Umgebung wie Körper unterbricht. Die Identität des yogin verlagert sich sozusagen in die unbeschreiblich beseligende All-Identität des transzendenten Selbst.

Auf einer tieferen Ebene bildet bhûta-shuddhi ein Ritual, das die Verehrung der erwählten Gottheit gewissermaßen tantrisch einleitet – es bezweckt die symbolische Auflösung der Elemente, die den Körper konstituieren. Wie im Mahânirvâna-Tantra (5.93 ff.) geschildert, wird dabei der Vorgang der Elementerschaffung in umgekehrter Reihenfolge visualisiert. So stellt sich der yogin vor, wie das unterste Element Erde am Basis-Cakra (am Wirbelsäulenende) sich im Wasser-Element am zweiten cakra auflöst, dieses wiederum im Feuer-Element am Nabel-Zentrum, dieses im Luft-Element beim Herzen, dieses im Äther-Element an der Kehle und dieses schließlich im unendlichen Bewusstseinsraum am Kronen-Cakra sich jeweils auflöst. An diesem Punkt sollten Körper und Verstand des Praktizierenden gründlich gereinigt sein.

Eine Reihe anderer Übungen soll diesem Ritual folgen, und der Körper wird so schrittweise in einen Tempel, in eine geheiligte Stätte verwandelt, dazu bereit, das große Wesen in Gestalt der erwählten Gottheit (ishta-devatâ) zu empfangen. Durch diese Art von „Lebensinfusion" (jîva-nyâsa) assimiliert der yogin die Lebensenergie seiner erkorenen (ishta) Gottheit. Das wird ausgeführt, indem er/sie bestimmte Körperbereiche berührt, mit Kraft auflädt und ihnen das Leben des Gottes oder der Göttin der Wahl einflößt. Eine andere Form der „Infusion", „Installierung" oder „Vermittlung" (nyâsa) finden wir im mâtrikâ-nyâsa, bei dem die fünfzig heiligen Töne des Sanskrit-Alphabets auf und in den Körper des yogin platziert werden. Die „Matrizen" oder „kleinen Mütter" (mâtrikâ), wie diese Töne heißen, werden als Abkömmlinge des Urklangs (shabda) des Absoluten (brahman) betrachtet. Und man stellt sich vor, dass die Körperteile der erwählten Gottheit aus den verschiedenen Buchstaben des Alphabets mit ihren Klängen bestehen; diese Buchstaben visualisiert der yogin in seinen entsprechenden Körperregionen.

Weitere Riten sind die „Installierung der Seher" (rishi-nyâsa), die „Installierung der sechs Glieder" (shad-anga-nyâsa), ausgeführt durch Handauflegen auf sechs verschiedene Körperteile und deren Kraftanreicherung, und die „Installierung der Hände" (kara-nyâsa) – dieselbe Übung, aber nur auf die Finger und Handflächen angewendet. Zwischen den diversen Ritualen gibt es komplexe Visualisierungen (dhyâna genannt), gewöhnlich von der Gottheit und ihrer Wohnstätte. All das gehört zur Dimension der subtilen Energie, die ein Adept, der sich mit der erwählten Gottheit identifiziert, real erlebt. Jede Gottheit besitzt, so glaubt man, eine spezielle Energiequalität.

Diese tantrische Praxis geht Hand in Hand mit extensiver Mantra-Rezitation, mit Atemkontrolle und intensiver Konzentration. Ich sprach bereits im 2. Kapitel, im Zusammenhang mit Mantra-Yoga, über mantras; sie gelten auch dem tantrischen Praktiker als überaus wichtiges Instrumentarium.

Mantra-Praxis

Unter der Schutzherrschaft des Tantra wurde die uralte Praxis der Mantra-Rezitation zur hochentwickelten Kunst. Die tantrischen Lehren sind auch als mantra-shâstra bekannt, da die „Wissenschaft der Mantras" (mantra-vidyâ) ihr Hauptthema ist. Der tantrische Buddhismus Tibets wird als Mantrayâna bezeichnet. Esoterisch betrachtet, lässt sich der Begriff mantra von manana („Denken") und trâna („Befreiung") ableiten. Mit anderen Worten: Das mantra ist eine machtvolle Gedankenform, ein Instrument des bewussten Wollens.

> Da das mantra eine Ausdrucksform des entwickelteren Bewusstseins ist, offeriert es eine einzigartige Verbindung zu dieser höheren Ebene. Es klärt daher nicht nur, indem es störende Gedanken ersetzt, den Pfad zum höheren Bewusstsein, sondern es zieht bei seiner allmählichen Inkorporierung das Bewusstsein zu jener Ebene. [27]

Im weiteren Sinne sind Mantren mit numinoser Macht aufgeladene Töne. Agehananda Bharati, ein Mönch des Dashanami-Ordens mit tantrischer Bildung, merkte an, dass Mantren drei mögliche Zwecke haben können.[28] Sie können dazu benutzt werden, die Mächte des Universums zu besänftigen, um unangenehme Erfahrungen abzuwenden und angenehme zu fördern; oder dazu, Dinge mit magischen Mitteln zu erwerben; oder sie können dabei helfen, sich mit einem Aspekt der Realität (etwa einer besonderen Gottheit) bzw. mit der Realität selbst zu identifizieren.

Wie die Tantras betonen, sind Mantren nicht willkürlich erfunden. Sie werden yogischen Adepten in höheren Wahrnehmungszuständen offenbart, und ihre spezifische Wirksamkeit hängt gänzlich von der rechten Initiation (dîkshâ) ab. So hat z.B., den esoterischen Traditionen Indiens zufolge, die bloße Wiederholung des archetypischen Mantra om keinerlei spirituellen Nutzeffekt, falls es nicht durch einen qualifizierten Lehrer energetisiert wurde. Wie das Kula-Arnava-Tantra (11. Kap.) erklärt, gibt es unzählige Mantren, die nur den Verstand ablenken. Damit ein Mantra Frucht tragen könne, muss es durch die Gnade des Lehrers empfangen werden. Das Rezitieren eines Mantra, das erlauscht, das durch Täuschung oder Zufall erhalten wurde, führe, so heißt es, lediglich zu persönlichem Unglück.

Man kann die Rezitation (japa) von Mantren laut (vâcika), flüsternd (upâmshu) oder geistig (mânasa) ausführen; Letzteres soll die beste, weil machtvollste Art sein. Mantren sollten sorgfältig ausgesprochen und nie schlampig rezitiert werden. Eine vierte Art, aus einem Mantra Nutzen zu ziehen, besteht darin, es aufzuschreiben; das wird „geschriebene Rezitation" (likhita-japa) genannt.

Gleich, welche Art japa man wählt – nur die gewissenhafte und ganz bewusste Praxis vermag die latente Macht eines Mantra zu wecken und damit erfolgreich zu sein. Man glaubt, jedes Mantra stehe mit einem spezifischen Bewusstseinszustand (caitanya) in Verbindung, und die Rezitation sei dann erfolgreich, wenn dieser Zustand eintrete. Ohne Aktualisierung des Zustandes ist das Mantra bloß ein Ton ohne transformierende Macht. Unter einem anderem Blickwinkel gesehen, bildet das Mantra eine manifestierte Form des „Absoluten-als-Klang" (shabda-brahman). Der ewige, nicht-manifestierte Ton ist das Prinzip, das allen manifestierten Tönen vorausgeht – eine Sicht, die sich ganz ähnlich im griechischen logos-Begriff der Eröffnungspassage des Johannes-Evangeliums kundtut. Shabda ist der kinetische Aspekt des Absoluten, das, in seinem rein transzendenten Zustand,

[27] *Swami Rama, R. Ballentine und Swami Ajaya (Allan Weinstock), Yoga and Psychotherapy: The Evolution of Consciousness (Glenview, Illinois, USA: Himalayan Institute, 1976), p. 151.*

[28] *Siehe A. Bharati, The Tantric Tradition (London: Rider, 1965), pp. 111 ff.*

als statisch und nicht-schöpferisch gilt. Erst durch seinen Klang- oder Schwingungsaspekt bringt es die begrenzten Reiche des Daseins, wie z.B. unser raum-zeitliches Universum, hervor.

मन्त्र ॥

mantra

So wie die gestaltete Welt, entströmt auch der Ton dem Absoluten in einer Reihe von Modifikationen. Der Tantrismus schlägt ein Vier-Phasen-Modell der tönenden Sprache (vâc, lateinisch vox) vor:

1. „Höchste Sprache" (para-vâc) – Ton als reines Potenzial, von derselben Substanz wie der pure kosmische Plan (shrishti-pratyaya) des Schöpfers, wie der göttliche Schöpferwille, der sich aus der Vereinung von Shiva und Shakti ergibt. Das ist die Ebene des subtilen inneren Tons (nâda).
2. „Sichtbare Sprache" (pashyantî-vâc) – Ton als geistiges Bild vor dem Gedanken. Dies ist die Stufe des Saat-Punktes (bindu), aus dem subtilen Ton austretend.
3. „Dazwischenliegende Sprache" (madhyamâ-vâc) – Klang als Gedanke, den Ton-„Matrizen" (mâtrikâ) angepasst, aus denen die hörbaren Töne entstehen.
4. „Tatsächliche Sprache" (vaikharî-vâc) – hörbarer Ton (dhvani), auch „grober Ton" (sthûla-shabda) genannt; die letzte Phase im Prozess der „Verdichtung".

Mantren sind im Osten generationenlang nicht nur im sakralen Kontext eingesetzt worden, sondern in großem Umfang auch als Zaubersprüche mit profanen Zwecken, von der Krankenheilung bis zur schwarzen Magie. Doch besteht ihre eigentliche Funktion darin, zu helfen, die Wahrnehmung zu verinnerlichen und zu intensivieren, bis zu jenem Punkt der Transzendierung jedweden Bewusstseinsinhaltes. Unmöglich ist es hier, diesem großen und schwer zugänglichen Thema gerecht zu werden. Ich verweise deshalb auf die Arbeiten von Sir John Woodroffe mit ihrer Fülle an technischen Details, insbesondere auf sein Buch *The Garland of Letters*.[29]

Neben den Mantren werden in der tantrischen Praxis zwei weitere Mittel eingesetzt, nämlich Finger-/Handgesten (mudrâ) und geometrische Repräsentationen der psychokosmischen Ebenen und Energien, yantra („Sinnbild, Plan, Anlage") genannt.

[29] *Siehe J. Woodroffe, The Garland of Letters: Studies in the Mantra-Sastra (Madras: Ganesh & Co., 6. Aufl., 1974.)*

मुद्रा ॥

mudrâ

Symbolische Gesten (Mudrâ)

Der Begriff mudrâ leitet sich ab von der Wortwurzel mud, „froh sein, sich erfreuen", denn die mûdras bereiten den Gottheiten Freude (mudâ) und bewirken die Auflösung (drava) des Verstands. Aber mudrâ meint auch das „Siegel", und in dieser Bedeutung tritt es in tantrischen Zusammenhängen auf: die Finger- und Handgesten (oder die Körperstellungen im Hatha-Yoga) versiegeln den Körper und führen so zur Freude. Es sind Mittel, mit deren Hilfe man die Energie im Körper kontrollieren kann. Sie repräsentieren dazu symbolisch innere Zustände. Menschen, die nur ein klein wenig sensitiv für die Körperenergien sind, können leicht bestätigen, dass das Falten der Hände einen Stimmungswechsel bewirkt und man sich geistig gesammelter fühlt. Mit etwas Erfahrung werden die verschiedenen Zustände, die mit den mudrâs zusammenhängen, klar unterscheidbar.

Es soll 108 Hand- und Fingerhaltungen geben; 108 gilt unter Hindus als heilige Zahl. Tatsächlich gibt es viel mehr, obwohl dabei laut Nirvâna-Tantra (11) 55 vor allen anderen benutzt werden. Der Ursprung der in den tantrischen Ritualen verwendeten mudrâs bleibt verschleiert. Wahrscheinlich gehen sie auf vedische Zeiten zurück, als die Opferzeremonien einen peinlich genauen Umgang mit den Geräten, etwa mit der Schöpfkelle während des Ausgießens der Soma-Gabe, erforderten. Die japanische Teezeremonie liefert ein gutes Beispiel für die äußerst bewussten und abgezirkelten Bewegungen, die in solchen Ritualen erwartet werden. Ein andere, spätere Inspirationsquelle war der indische Tanz, der über ein großes Repertoire an mudrâs verfügt, obschon die Möglichkeit einer wechselseitigen Befruchtung zwischen tantrischen mudrâs und indischem Tanz nicht auszuschließen ist. Das Natya-Shâstra („Lehrbuch des Tanzes"), um ca. 200 n. Chr. verfasst, jedoch dem Weisen Bharata aus dem frühen Altertum zugeschrieben,– erwähnt 37 Hand- und Fingerstellungen, aber auch 36 Arten des Starrens mit den Augen, des Augenverschließens und des Augenbrauenhebens.

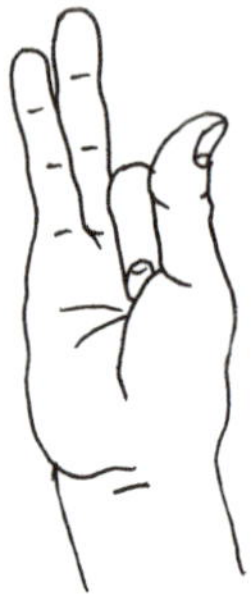

vishnu-mudrâ

Die weithin bekannteste tantrische Fingerhaltung – im Yoga auch als Meditationsgeste verwendet – ist die jnâna-mudrâ („Weisheitssiegel") bzw. cin-mudrâ („Bewusstseinssiegel"), hier nebenstehend abgebildet. In den verschiedenen tantrischen Schulen werden noch viele weitere mudrâs benutzt, oft der jeweils angerufenen Gottheit angemessen. So sind, laut der Mantra-Yoga-Samhitâ (53), 19 Siegel bei der Vishnu-Anbetung nötig, zehn für Shiva und die Göttin Tripurâ-Sundarî, neun für Durgâ, sieben für Ganesha, fünf für Târâ, vier für Sarasvatî, zwei für Râma und Parashu-Râma, und nur eines für Lakshmî. In der Shrî-Vidyâ-Tradition wird die Göttin Tripurâ-Sundarî mit zehn mudrâs invoziert; neun davon korrespondieren den neun ineinandergreifenden Dreiecken (hier cakra genannt) des weit bekannten shrî-yantra (oder shrî-cakra), und die zehnte mudrâ symbolisiert insgesamt yantra und Göttin.

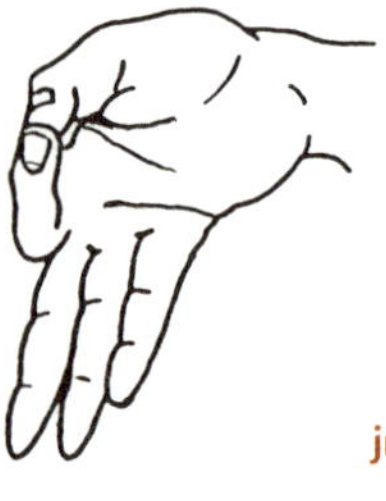

jnâna-mudrâ

Der Tantrismus kennt auch therapeutische mudrâs – entsprechend dem Prinzip, dass der Körper die makrokosmischen Realitäten widerspiegelt und dass Krankheiten durch ein Ungleichgewicht der fünf Elemente (Erde, Wasser, Feuer, Luft und Äther/Raum) verursacht seien.[30] Die vorher erwähnte jnâna-mudrâ soll exzellent bei Schlaflosigkeit, nervösen Spannungszuständen und Gedächtnisschwäche helfen. Die prâna-mudrâ wird bei akuter Herzschwäche empfohlen. Man führt sie aus, indem man den Zeigefinger auf den Daumenknöchel presst, während die anderen Finger gegen den Zeigefinger drücken. Die shûnya-mudrâ („Siegel der Leere") – sie soll gut gegen Taubheit wirken – wird gebildet, indem man den Mittelfinger zur Daumenwurzel legt. Die sûrya-mudrâ („Sonnensiegel"), bei Schweregefühl empfohlen, bildet man, indem man den Ringfinger zur Daumenwurzel legt. In allen Fällen soll das Siegel mit beiden Händen gleichzeitig geformt werden.

[30] *Siehe P. R. Shah, Tantra: Its Therapeutic Aspect (Calcutta: Punthi Pustak, 1987).*

GÄNGIGE RITUELLE HAND- UND FINGERGESTEN

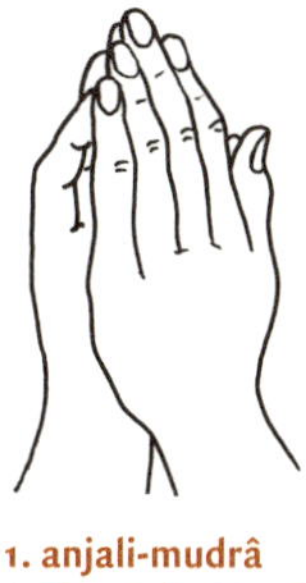

1. anjali-mudrâ
(„Siegel der Verehrung"): Lege die Handflächen vor dem Herzen aneinander; die ausgestreckten Finger zeigen nach oben. Die mudrâ wird vor der Stirn ausgeführt, um eine Gottheit oder ein göttliches Wesen verehrungsvoll zu begrüßen.

2. âvâhani-mudrâ
(„Siegel der Einladung"): Bringe die Hände zusammen, Handflächen nach oben und eine anbietende Schale formend, mit den Daumen eingebogen und die anderen Finger ganz ausgestreckt. Diese Geste zeigt man, wenn man z.B. einer Gottheit Blumen darbringt.

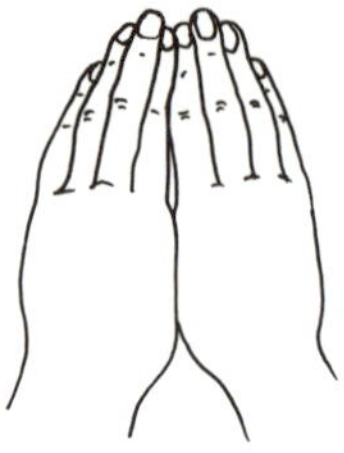

3. sthâpana-karmanî-mudrâ
(„Besiegelung einer Handlung“): Bringe die Hände mit nach unten weisenden Handflächen zusammen, die Daumen daruntergesteckt. Eigentlich ist es die gleiche Geste wie oben, aber umgedreht.

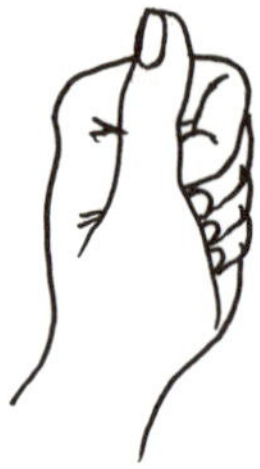

4. samnidhâpanî-mudrâ
(„Siegel der Annäherung“): Lege die geschlossenen Fäuste aneinander, Daumen auf der Faust.

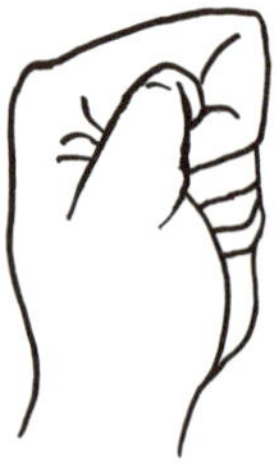

5. samnirodhanî-mudrâ
(„Siegel der vollen Kontrolle“): Das Gleiche wie unter 4, aber die Daumen in die Fäuste gesteckt.

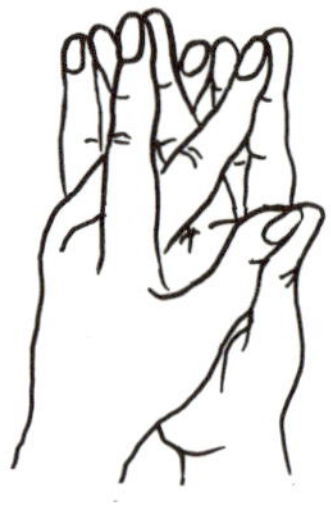

6. dhenu-mudrâ
(„Kuh-Siegel“), auch amritî-karana-mudrâ („Nektar-der-Unsterblichkeit-erbringendes Siegel“) genannt: Lege die Kuppe des rechten Zeigefingers auf die Kuppe des linken Mittelfingers, die Kuppe des rechten Mittelfingers auf die Kuppe des linken Zeigefingers, die Spitze des rechten Ringfingers auf die Spitze des linken kleinen Fingers und die Spitze des rechten kleinen Fingers auf die Spitze des linken Ringfingers.

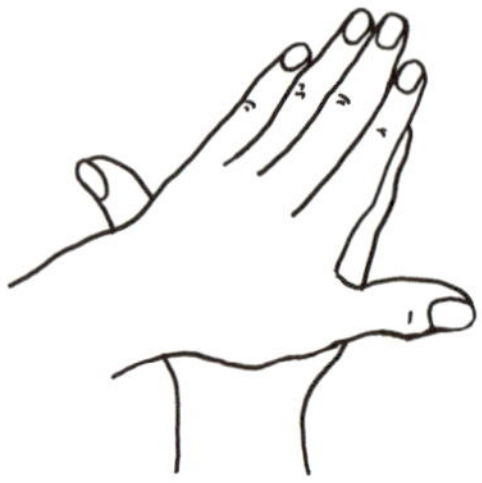

7.matsya-mudrâ
(„Fisch-Siegel“): Lege die linke Handfläche auf den rechten Handrücken, die Finger ganz gestreckt und die Daumen rechtwinklig abgespreizt.

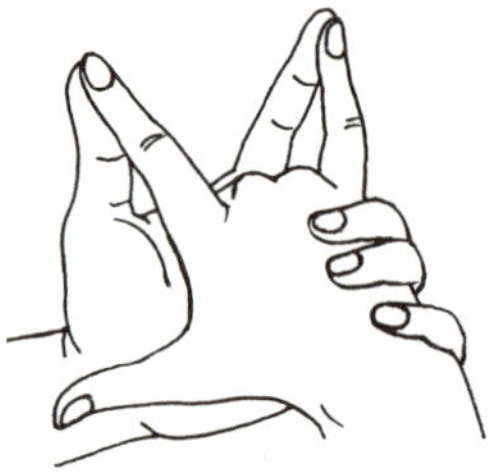

8. kûrma-mudrâ
(„Schildkröten-Siegel“): Führe die Handflächen so zusammen, dass der rechte Daumen auf der linken Handwurzel ruht; der rechte Zeigefinger berührt die linke Daumenkuppe, und die Spitzen des rechten kleinen Fingers und des linken Zeigefingers berühren sich.

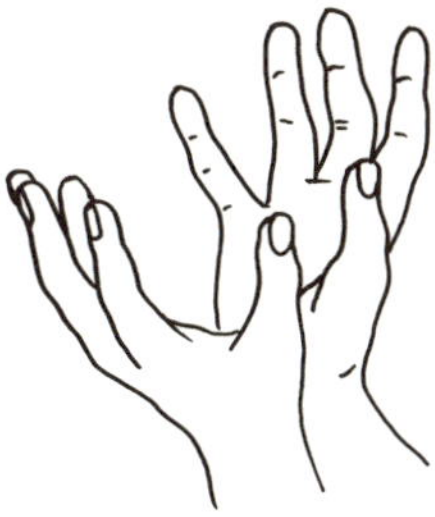

9. padma-mudrâ
(„Lotos-Siegel"): Lege die Handgelenke aneinander; die Finger bilden die Blütenblätter eines Lotos. Die Fingerspitzen berühren sich nicht.

10. yoni-mudrâ
(„Siegel des weiblichen Schoßes/der Vulva"): Bringe die Hände zusammen, Handflächen nach oben. Verschränke die kleinen Finger und lege die Ringfinger quer hinter die ausgestreckten Mittelfinger, die sich an ihren Spitzen berühren. Die Ringfinger werden von den Zeigefingern leicht herabgedrückt. Das ist das klassische Symbol für den weiblichen Gott.

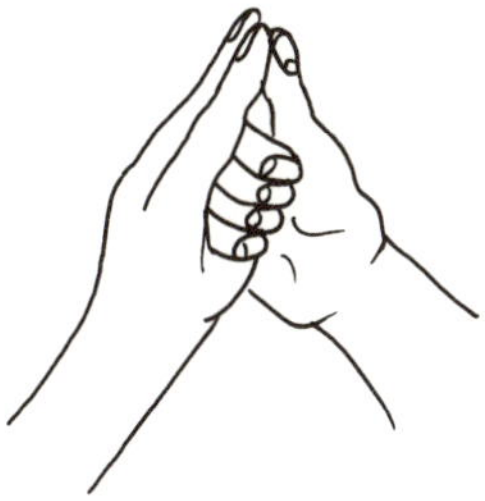

11. shankha-mudrâ
(„Siegel des Muschelhorns"): Halte den Daumen der linken Hand mit den Fingern der rechten, ohne Daumen, und lege den rechten Daumen an die gestreckten Finger der linken Hand.

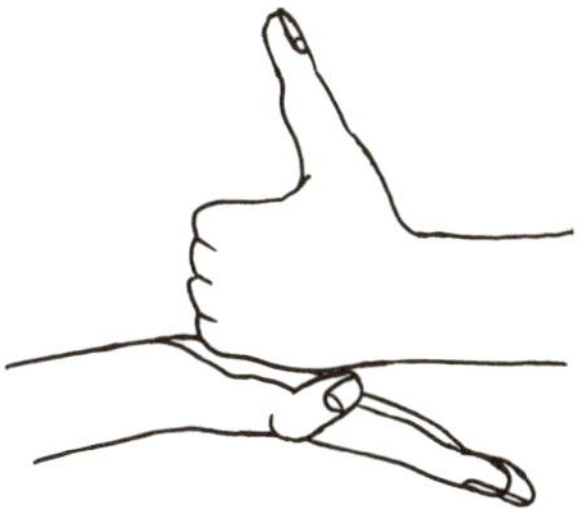

12. shiva-linga-mudrâ
(„Siegel von Shivas Zeichen"): Bring die linke Handfläche nah zur Brust; forme mit der rechten Hand eine Faust und lege sie auf die linke Handfläche. Der rechte Daumen ist aufwärtsgereckt. (Die Skizze zeigt die Geste aus der Sicht des Beobachters.)

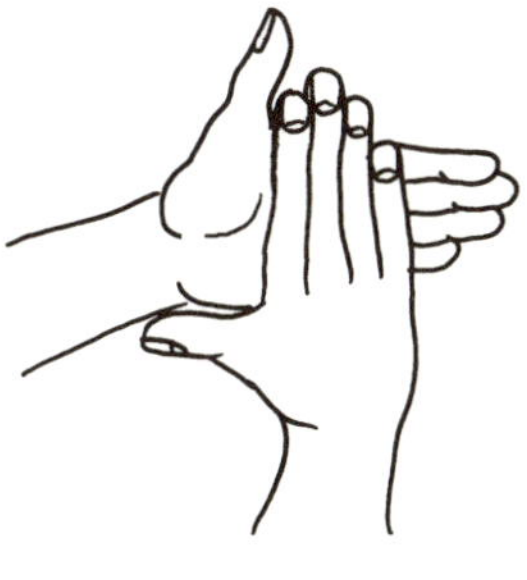

13. cakra-mudrâ
(„Siegel des Rades"): Bring die linke Hand vor die Brust, die Finger ausgestreckt, die Handfläche zur Brust weisend, der Daumen nach oben gereckt. Dann lege die gestreckte rechte Hand, Handfläche noch vorn weisend, auf die linke Handfläche; der rechte Daumen ist abgewinkelt und liegt am linken Handgelenk.

kâlî-yantra

tripurâ-sundarî-yantra

Geometrische Meditationshilfen (Yantra)

Ein yantra ist eine graphische Mini-Darstellung der Ebenen und Energien des Weltalls (in einer gewählten Gottheit personalisiert) und somit auch des menschlichen Körpers als eines mikrokosmischen Duplikates des Makrokosmos. Yantras können auf Papier, Holz, Stoff, auf jedes sonstige Material oder, falls nichts anderes verfügbar, in den Sand gezeichnet werden. Es gibt auch dreidimensionale Modelle aus Ton oder Metall. Ein yantra hat eine ähnliche Funktion wie das im tibetischen Tantrismus benutzte mandala („Kreis"). Der Unterschied: mandalas sind meist viel bildhafter, und ihre Szenen und gestaltenden Elemente sind kreisförmig angeordnet.

Ein typisches yantra zeigt eine quadratische Grundform, dazu Kreise, Lotosblütenblätter, Dreiecke und, im Zentrum, den „Saat-Punkt" (bindu). Jeder Bestandteil ist mehr oder weniger symbolisch. So symbolisiert das aufwärts weisende Dreieck den männlichen oder Shiva-Pol der Wirklichkeit, und das abwärts weisende Dreieck den weiblichen oder Shakti-Pol. Der Punkt in der Mitte steht für die schöpferische Ur-Matrix des Universums, also für das Portal zur transzendenten Realität.

Auf den höheren Stufen der tantrischen Praxis muss das yantra komplett verinnerlicht werden, d.h. die yogins müssen sein komplexes geometrisches Muster visualisierend konstruieren. Dabei wird das yantra entweder vom innersten Punkt nach außen gehend – dem Vorgang makrokosmischer Evolution entsprechend – oder von der äußersten Umgrenzung zum inneren Zentrum gehend – entsprechend dem mikrokosmischen Prozess der meditativen Involution – „erbaut". Nachdem sie das yantra innerlich kunstvoll konstruierten, lösen die yogins es wieder auf. Da sie im Bewusstsein mit der Struktur des yantra identisch sind, bedeutet deren Auflösung auch die eigene Auflösung als erfahrendes Individuum. Mit anderen Worten: Falls die yogins in dieser fortgeschrittenen Praxis erfolgreich sind, transzendieren sie ihre bedingte mental-psychische Konstellation und werden in die reine Dimension von Sein-Bewusstsein-Seligkeit geworfen, in der die Unterscheidung „Subjekt – Objekt" nicht existiert.

Der Tantrismus verwendet eine große Anzahl von yantras. In Kapitel 20 des Mantra-Mahodadhi („Großer Ozean der Mantren") werden 29 yantras angeführt. Das bekannteste yantra ist zweifellos das shrî-yantra (rechte Seite oben abgebildet). Der Name shrî bezieht sich auf Lakshmî, die Göttin des Glücks. Dieses yantra besteht aus neun einander gegenübergestellten Dreiecken, so angeordnet, dass sie zusammen 43 kleinere Dreiecke bilden. Vier der neun primären Dreiecke weisen nach oben und symbolisieren die männliche kosmische Energie (Shiva); fünf weisen nach unten und repräsentieren die weibliche Energie (Shakti). Die Dreiecke insgesamt sind umgeben von einer achtblättrigen Lotosblüte, die Vishnu symbolisiert; er steht für die alles durchdringende und aufsteigende Kraftstrebung im Universum. Der nächste umhüllende Lotos, mit 16 Blütenblättern, stellt den Erwerb der gewünschten Sache dar, speziell die Gewalt des yogin über seinen Verstand und seine Sinne. Dieser Lotos wird von vier konzentrischen Kreisen eingefasst, in symbolischer Verbindung mit beiden Lotosblüten stehend. Die mehrfach rektanguläre, dreilinige Rahmung der Kreise wird „Stadt der Erde" (bhû-pura) genannt und bezeichnet den geweihten Ort, der das gesamte Weltall oder, analog, der menschliche Körper sein kann.

Ähnlich wie Mantren werden einige yantras zu therapeutischen Zwecken eingesetzt und auch als Amulette gegen Krankheit hergestellt. In jedem Fall hängt die Wirksamkeit eines yantra von der Konzentrations- und Visualisierungsfähigkeit des Benutzenden wie auch von der (je und je verschiedenen) Beherrschung der feinstofflichen Energien ab.

shrî-yantra

Das Ritual der „Fünf M"

Der oben besprochene Begriff mudrâ ist auch in einem ganz anderen tantrischen Kontext aktuell: Er bezeichnet dort eines der Elemente des tantrischen „Fünf-M"(panca-makâra)-Rituals. Diese fünf rituellen Anwendungen – im Sanskrit tragen sie alle Namen, die mit dem Buchstaben m beginnen – sind wie folgt:

1) madya oder Wein; 2) matsya oder Fisch; 3) mâmsa oder Fleisch; 4) mudrâ oder gedörrtes Getreide; 5) maithunâ oder Geschlechtsverkehr. Die fünf Praktiken werden sinnbildlich verstanden (in „rechtshändigen" Schulen) oder buchstäblich ausgeführt (in „linkshändigen" Schulen).

Folgen wir dem Kula-Arnava-Tantra (Kapitel 4), so wird in linkshändigen Ritualen der Wein als kathartisches Mittel benutzt, das den Verstand von den Sorgen und Belangen des Alltags reinigen soll. Das Ziel ist nicht Trunkenheit, leitet sie doch mehr zur Stumpfheit als zur Klarheit. Ähnlich hat der Verzehr von Fisch und Fleisch – so wie der Alkohol dem Hindu normalerweise verboten – nur den Zweck, einen höheren Wahrnehmungszustand zu induzieren. Gedörrtes Getreide soll ebenso wie Wein, Fisch und Fleisch aphrodisisch wirken, d.h. als Stoff, der die Wahrnehmung verändert. Allerdings wird in der klassischen und exegetischen Literatur an keiner Stelle erklärt, warum gedörrtes Getreide solche Eigenschaften haben sollte; es ist möglich, dass es sich um gedörrtes Mutterkorn handelt, das im altgriechischen Demeter-Kult offenbar auch eine Rolle spielte.

Unter den „Fünf M" nicht angeführt, trotzdem für tantrische Riten gleichfalls wichtig, sind die Rauschmittel (aushadhi). Den weit verbreiteten Gebrauch von bewusstseins- oder stimmungsverändernden Drogen kommentierend, bemerkte Swami Satyananda Saraswati von Bihar, dass Indiens heilige Männer bis zum heutigen Tag Rauschmittel wie ganja (Marihuana) und Datura (*Datura stramonium*, Stechapfel) einnehmen, während bhang (Getränk, mit Marihuana zubereitet) allgemein während des die Vermählung von Shiva und Parvati feiernden Shivaratri-Festes konsumiert wird.

Der Swami versäumte jedoch nicht darauf hinzuweisen, dass Rauschmittel „uns erlauben, das Jenseitige zu kosten, uns aber nicht zu Meistern des Transzendenten machen".[31]

Den Praktikern des linkshändigen Pfads (vâma-mârga) – vâma bedeutet sowohl „links" wie auch „Frau" – ist klar, dass sie tief verwurzelte gesellschaftliche Tabus brechen. Doch sehen sie ihr Verhalten durch ihre Zielsetzung gerechtfertigt: Nicht die sinnliche Befriedigung, sondern die Transzendierung des Ichs auf der Ebene der körperlichen Existenz erstreben sie. Die Philosophie des Tantrismus drückt sich zusammengefasst in den Worten des Mahâcîna-Âcâra-Krama-Tantra aus:

> Der yogin kann nicht Sinnenmensch (bhogin) sein, und ein Mensch der Sinne ist nicht mit Yoga beschenkt. Daher gilt der kaula, dessen Wesen Yoga und Sinnlichkeit vereint, als jedem anderen überlegen.[32]

Ritueller Sex (Maithunâ)

Die Tantras konstatieren, dass der (männliche) Praktiker, wenn er mit dieser riskanten „Fünf-M"-Methode Erfolg haben will, weder unter Zweifel noch Furcht noch Lust leiden darf. Er muss ein „Held" (vîra) sein. Besonders wichtig wird das bei der fünften Übung, dem sexuellen Akt – die Tantras weisen dabei im Allgemeinen den männlichen Aspiranten die dominierende Rolle zu. Die gewählte Partnerin muss sich mit rituellem Bad und durch andere Reinigungsriten vorschriftsmäßig weihen und sollte idealerweise selbst eine spirituelle Praktikerin sein. Der yogin darf in ihr nicht eine Person des anderen Geschlechts sehen, sondern die Göttin – Shakti –, so wie er selbst sich als Shiva erfahren soll. Die ideale Partnerin sollte lieblich und ungezwungen sein. Grundsätzlich ist jede Frau, außer der eigenen Mutter, geeignet. Doch finden wir in einem Anhang zur Yoga-Karnikâ („Ohrenschmuck des Yoga"), einem Werk des 18. Jahrhunderts, die folgende, von Shiva selbst erteilte Unterweisung:

> Man lege sein Glied in den Schoß der Mutter und seine Sandalen aufs Haupt des Vaters, kose (oder lecke) die Brüste der Schwester und küsse ihr schönes Gesäß. Wer dies tut, o große Göttin, gelangt zur Stätte der Auslöschung. Er, der Tag und Nacht eine Schauspielerin, eine Totenschädelträgerin, eine Prostituierte, eine Frau niederer Kaste, das Weib eines Wäschers verehrt – wahrlich, er [wird identisch mit dem] segensreichen Sadâ-Shiva.

Es ist mehr als wahrscheinlich, dass selbst extreme linkshändige tântrikas den Eingangssatz sinnbildlich interpretieren würden. Der Tantrismus besitzt

[31] *Swami Satyananda Saraswati, Sure Ways to Self Realization (Monghyr, India: Bihar School of Yoga, 1980), p. 45.*

[32] *Zitiert nach dem transliterierten Sanskrit in S. Chattopadhyaya, Reflections on the Tantras (Delhi: Motilal Banarsidass, 1978), p. 16, Fußnote 20.*

मैथुना ॥

maithunâ

eine voll entwickelte „Sprache des Zwielichts“ (sandhâ-bhâshâ), eine geheime symbolische Sprache, die für den Uneingeweihten sehr irreführend sein mag. Eingeweihte müssen von einem kompetenten Lehrer erlernen, wie sie in der Symbolwelt der jeweiligen Tradition navigieren müssen, um nicht am Fels des Buchstabenglaubens zu zerschellen.

Im linkshändigen Tantra bezieht sich der Begriff mudrâ ebenfalls auf die Partnerin im meta-sexuellen Ritual. Sie wird auch vâma genannt, was einfach „reizende Frau“ heißt. Der maithunâ-Ritus – der übrigens vedische Vorläufer hat – trägt häufig die technische Bezeichnung yoni-pûja oder „Verehrung der Vulva“. Das signalisiert den sakralen Charakter des Rituals. Und tatsächlich kann es eine äußerst komplizierte Angelegenheit sein, mit stundenlangen, sorgfältigen zeremoniellen Vorbereitungen, dann der genauso durchritualisierten Phase des eigentlichen Geschlechtsverkehrs. Gewöhnlich findet das Ritual in einem Kreis von Initiierten unter Anwesenheit des Lehrers statt. Die Partner umarmen sich als männliche und weibliche Gottheiten, nicht als normale Sterbliche. Natürlich stellt sich Wonne ein, besteht doch der ganze Zweck des Rituals in der Erzeugung von Seligkeit (ânanda) durch körperliche Mittel; aber es sollte nicht zu ichhafter Genusssucht, zu egoistischer Ausnutzung der Erfahrung kommen.

Dem yogin ist auferlegt, die Ejakulation unbedingt zu verhindern. Der Same (bindu, retas) wird als kostbarstes Produkt der Lebenskraft gesehen und muss erhalten bleiben. Der coitus reservatus bezweckt, den Samen in feinstoffliche Substanz zu verwandeln – in ojas, das die höheren Zentren des Körpers speist und damit die schwere tantrische Aufgabe der psychosomatischen Transformation überhaupt erst erfüllen lässt. Seit alters wurde ein spirituell Praktizierender, der mit dieser inneren Alchemie Erfahrung hat, ûrdhva-retas, d.h. „einer, dessen Samen aufwärts fließt“, genannt. Eben das kann als sehr konkrete Erfahrung auftreten, wie Gopi Krishnas Schilderung verdeutlicht:

> Es fand zweifellos eine außergewöhnliche Veränderung in meinem Nervensystem statt, durch das jetzt eine neue Art von Kraft raste, die unverkennbar mit den Geschlechtsorganen verbunden war, die ihrerseits eine neue, vorher nicht feststellbare Form der Aktivität entwickelt zu haben schienen. Die Nerven in den Organen und der umgebenden Region waren allesamt in einem Zustand intensiver Erregung, als wären sie durch eine unsichtbare Mechanik gezwungen, eine ungewöhnliche Fülle an Samen zu produzieren, welcher dann, vom Nervengeflecht an der Wirbelsäulenbasis aufgesaugt, durchs Rückenmark ans Gehirn weitergeleitet wurde. Der sublimierte Same bildete einen integralen Bestandteil der strahlenden Energie, die mir so viel Verwirrung bescherte, und über die ich bisher mit keinerlei Gewissheit nachdenken konnte.[33]

[33] *G. Krishna, Kundalini: Evolutionary Energy in Man (London: Robinson & Watkins, 1971), p. 88.*

Der Höhepunkt des tantrischen Yoga ist nicht der Orgasmus, sondern die „Ekstase" – das Weilen im transzendenten Selbst, und als dieses jenseits des Ichs. Die Partnerin hingegen kann während des maithunâ-Rituals zum Orgasmus kommen. Ihre sexuelle Erregung produziert ein begehrtes vaginales Sekret, das der erfahrene tântrika durch seinen Penis aufzusaugen weiß. Das weibliche Ejakulat soll das hormonale System des yogins bereichern. Diese Praxis wird vajrolî-mudrâ genannt und gehört zum Repertoire des tantrischen Hatha-Yoga. Vor allem aber resultiert die Interaktion zwischen yogin und yoginî in einem Energieaustausch, der weit über das hinausreicht, was im gewöhnlichen Sexualakt stattfindet.

Mehr als jeder andere Aspekt des Tantrismus verkörpern die „Fünf M" den bewusst gegen Gesetz und Konvention gerichteten tantrischen Geist. Das Verhalten tantrischer Praktiker wird vom Prinzip der [Werte-]Umkehrung (viparîta) motiviert. Sie scheinen in Sinnenlust (bhoga) zu schwelgen, wobei sie in Wirklichkeit doch transzendentale Seligkeit (ânanda) erstreben. So verleihen sie all ihren scheinbar so weltlichen Akten eine neue, esoterische Bedeutung. Im Hatha-Yoga ist es der Kopfstand, der das Prinzip der Umkehrung am besten symbolisiert. Die tantrischen Prozeduren bezwecken insgesamt, eine neue Wirklichkeit für yogin und yoginî herzustellen – eine heilige Wirklichkeit, die der transzendenten Realität analog entspricht. Der Körper des Praktikers wird zum Körper der erwählten Gottheit. Das heißt, als diese Gottheit sucht der yogin oder die yoginî die Transzendierung aller Formen zu erreichen, bis er oder sie schließlich eins ist mit der höchsten Gottheit oder der Göttlichkeit – eins mit dem reinen Sein.[34]

IV. MAGIE DER KRÄFTE

Tantra befasst sich auch mit siddhi („Fähigkeit, Verwirklichung"), sowohl im Sinn der letztlichen Befreiung wie auch der magischen Kraft. Da die tantrische Anschauung die phänomenale Welt akzeptiert und bestätigt, sieht sie auch die Kultivierung des dem Menschen angeborenen psychisch-physischen Potenzials positiv. Anders als gewisse Schulen des Vedânta, die paranormale Fähigkeiten (siddhi, vibhûti) ängstlich vermeiden, betrachtet der Tantrismus diese als Vorzüge, die den Ausübenden helfen, ihre spirituellen Zielsetzungen in der Welt rascher und vollständiger zu erfüllen. Wie jedoch zu erwarten ist, haben tântrikas solche Fertigkeiten auch zu weniger noblen Zwecken ausgebildet, und komplette Tantras wurden über abstoßende Praktiken geschrieben, die ausschließlich andere Menschen manipulieren oder schädigen sollen. Eine solche Orientierung wird manchmal als „niederes Tantra" bezeichnet, im Gegensatz zum „höheren Tantra", dessen Motivation im Streben nach Befreiung und in der spirituellen Weiterentwicklung anderer menschlicher wie nichtmenschlicher Wesen besteht.

[34] In der buddhistischen Literatur wird dies als devatâ-yoga („Gottheits-Yoga") bezeichnet.

सिद्धि । विभूति ॥

siddhi, vibhûti

Die Yoga- und Tantra-Texte erwähnen zahlreiche paranormale Fähigkeiten – quasi als kunstfertige Mittel aus dem Repertoire eines vollendeten Meisters. Das Yoga-Bîja (54) stellt fest:

> Der yogin ist mit unglaublichen Kräften begabt. Wer die Sinne besiegt hat, vermag kraft eigenen Wollens verschiedene Formen anzunehmen und sie wieder verschwinden zu lassen.

Der Yoga-Shikhâ-Upanishad (1.156) zufolge sind diese Fertigkeiten das Kennzeichen eines wahren Yoga-Meisters; im Lauf der spirituellen Praxis stößt man einfach auf sie, etwa so, wie ein Pilger auf dem Weg zur heiligen Stadt Kâshî (das heutige Benares/Varanasi) auf eine Reihe von heiligen Plätzen (tîrtha) stößt. Umgekehrt (1.160) gilt eine Person, der es an solchen Fähigkeiten mangelt, als gefesselt.

Dieser Text (1.151–155) unterscheidet zwei Grundarten paranormaler Fähigkeiten, nämlich solche, die künstlich (kalpita), und solche, die nicht künstlich (akalpita) sind, also spontan entstehen. Die ersteren werden durch pflanzliche Gebräue (aushadhi), durch Ritual (kriyâ), Magie (jâla), Mantra-Rezitation und alchemistische Elixiere (rasa) hervorgebracht. In einem wahrscheinlich nachträglich zugefügten Aphorismus erklärt das Yoga-Sûtra (4.1) ähnlich, dass siddhis aufgrund von Geburt (janman), von Pflanzensud-Einnahme, Mantra-Rezitation, Askese und Ekstase (samâdhi) entstehen können. Die nicht künstlichen oder unwillkürlichen Fähigkeiten entstammen, wie die Yoga-Shikhâ-Upanishad angibt, der Selbstständigkeit (svatantrya), sind dauerhaft, sehr effektiv und gottgefällig. Sie stellen sich ganz natürlich bei jenen yogins ein, die frei von Begierde sind.

Das dritte Kapitel von Patanjalis Yoga-Sûtra enthält eine lange Liste von siddhis und trägt daher auch die Überschrift vibhûti-pâda. Der Begriff vibhûti meint „Manifestation" und war wahrscheinlich inspiriert von der Bhagavad-Gîtâ (10.16), die von den universellen Kräften des Gottes Krishna spricht. Der vollrealisierte Adept, der eins mit Gott ist, hat Zugang zu allen göttlichen Mächten. Er oder sie ist dann ein mahâ-siddha („großer Adept"), der sich der mahâ-siddhis erfreut, der großen Kräfte.

Gewöhnlich werden acht große Fähigkeiten angeführt, und laut dem Yoga-Bhâshya (3.45) sind es diese:

1. Animan („Verkleinerung")[35] – die Fähigkeit, sich bis zur Winzigkeit eines Atoms (anu) zu verkleinern. Dem Yoga-Sûtra (3.44) zufolge ist sie ein Resultat der Meisterschaft über die materiellen Elemente. Das Yoga-Bhâshya-Vivarana (3.43) konstatiert, dass man durch animan noch feinstofflicher als das Feinstoffliche wird und darum nicht mehr gesehen werden kann.
2. Mahiman („Vergrößerung") – die Fähigkeit, sich zu riesiger Größe auszudehnen. In seiner Tattva-Vaishâradî (3.45) interpretiert

[35] *Häufig tritt das Wort animan im Nominativ als animâ auf; ähnlich mahimâ und laghimâ.*

Vâcaspati Mishra dies als das Vermögen, so groß wie ein Elefant, ein Berg, eine ganze Stadt usf. zu werden. Doch die Mani-Prabhâ (3.45) definiert mahiman als „Durchdringung" (vibhûtva), was eher besagt, dass der feinstoffliche Körper bzw. der mentale Aspekt des Adepten expandiert, und nicht der physische Leib.

3. Laghiman („Levitation") – die Fähigkeit, gewichtslos „wie das Büschel eines Schilfrohrs" (Tattva-Vaishâradî 3.45) zu werden.
4. Prâpti („Ausdehnung") – die Fähigkeit, im Nu große Entfernungen zu überbrücken. Das Yoga-Bhâshya (3.45) meint ernsthaft, ein yogin mit dieser Fähigkeit könne den Mond mit den Fingerspitzen berühren.
5. Prâkâmya („[unwiderstehlicher] Wille") – die Fähigkeit, sein Wollen zu verwirklichen. Das Yoga-Bhâshya (3.45) führt an, man könne dann beispielsweise in die Erde eintauchen, als ob sie flüssig wäre.

Quellenlektüre 20

Kula-Arnava-Tantra (Auswahl)

Das Kula-Arnava-Tantra (geschrieben Kulârnavatantra), einer der wichtigsten Texte der Kaula-Tradition, wurde wahrscheinlich zwischen 1000 und 1400 n. Chr. verfasst. Laut Textanmerkung bildet die erhaltene Version von etwas über 2000 Versen nur ein Fünftel eines Werkes, das ursprünglich 125.000 Strophen hatte, aber nicht mehr verfügbar ist (falls es denn je in solch umfangreicher Form existierte). Es folgt eine Wiedergabe des 9. Kapitels, das wertvolle Definitionen und Erörterungen der Kaula-Methode enthält.

Shrî Devî sagte:
Kula-Gott! Ich will über Yoga hören, über die Merkmale der hervorragendsten yogins und über die Früchte der Anbetung durch die kula-Verehrer. Erzähl mir darüber, o Verkörperung (nidhi) des Mitgefühls! (1)

Der Herr (îshvara) sprach:
Höre, Göttin! Ich will dir sagen, wonach du fragst. Allein [schon] durchs Anhören wird dieser Yoga direkt offenbart. (2)

Meditation ist, so sagt man, zweifältig, wegen des Unterschieds zwischen groben (sthûla) und subtilen (sûkshma) [Objekten]. Man nennt die grobe [Meditation] „mit Form" und die subtile [Meditation] „formlos". (3)

Kommentar: Diese Unterscheidung findet sich auch in den Schriften des Hatha-Yoga; dort bedeutet grobe Meditation, sich auf ein verinnerlichtes Bild einer Gottheit, eines Lehrers u.ä. zu konzentrieren, und subtile Meditation wird gleichgesetzt – in der Gheranda-Samhitâ (6.9) – mit der shâmbhavî-mudrâ („Shambhus Siegel"), d.h. mit der intensiven Erfahrung der Vereinigung von Shambhu (das ist Shiva) und Shakti.

Wenn der Verstand ein festes Objekt [der Konzentration] hat, dann bezeichnen das einige als „grobe Meditation". Der Verstand muss in der groben [Meditation] und gleichermaßen in der feinen [Meditation] unbeweglich verharren. (4)

Man soll über den höchsten Gott meditieren – [über] Sein-Bewusstsein-Seligkeit als Ungeteiltes –, der ohne Hände, Füße, Bauch, Gesicht usf. ist und ganz und gar aus [unmanifestiertem] Licht besteht. (5)

6. Vâshitva („Meisterschaft") – völlige Meisterschaft über die materiellen Elemente (bhûta) und ihre Produkte oder, wie es das Yoga-Bhâshya-Vivarana (3.45) ausdrückt, über alle Welten.
7. Îshitritva („göttliche Herrschaft") – vollendete Meisterschaft über die feinstofflichen Ursachen der materiellen Welt, die den yogin dem Schöpfer (Brahma) ebenbürtig macht.
8. Kâma-avasâyitva („Erfüllung von [allen] Wünschen", geschrieben kâmâvasâyitva) – die uneingeschränkte Fähigkeit, alles, was man will, ins Dasein zu rufen. Das Yoga-Bhâshya (3.45) stellt jedoch klar, dass der Wille des Adepten nicht dem Willen des Herrn (îshvara) zuwiderläuft. Daher – wie das Yoga-Bhâshya-Vivarana (3.45) ausführt – macht er das Feuer nicht kalt, denn er respektiert die prästabilisierte Ordnung der Dinge.

Zusätzlich zu den klassischen, von Schule zu Schule etwas variierten, acht siddhis kennt der Tantrismus auch sechs magische Handlungen (shat-karman), in vielen kurzen Tantras besprochen. Eine der am weitesten verbreiteten

Er erhebt sich nicht; Er sinkt nicht; Er durchläuft kein Wachstum und kein Schrumpfen. Da Er aus sich selbst leuchtet, beleuchtet Er andere, ohne dass Er je [etwas] tut. (6)

Wenn das unendliche, strahlende, pure, transzendente (agocara) Wesen vom Verstand rein erfahren wird, dann wird die [entspringende] Weisheit als das Absolute (brahman) bezeichnet. (7)

Kommentar: Vom Standpunkt der Erleuchtung gesehen, gibt es keinen Unterschied zwischen dem Absoluten bzw. Selbst und dem Wissen darüber seitens des erleuchteten Wesens.

Der yogin, der den einzigartigen Glanz (dhâman) der höchsten Wesenheit (jîva) kennt – [sie ist] unbeweglich wie Stein [oder wie] die unterbrochene Bewegung des Winds [d.h. die Windstille] –, der wird ein Wissender des Yoga genannt. (8)

Jene Meditation, die ihrer Essenz entleert, aber leuchtend und stetig ist wie das ruhige Meer, wird „Ekstase" (samâdhi) genannt. (9)

Kommentar: Diese Strophe lässt das Yoga-Sûtra (3.2–3) widerhallen. Die „Essenz" (sva-rûpa) der Meditation ist das gewählte Meditationsobjekt – was eine Differenz zwischen Subjekt und Objekt immer noch impliziert. Im ekstatischen Zustand wird diese Differenz aufgehoben, und der yogin wird mit dem Kontemplationsobjekt, d.h. in diesem Fall mit dem Göttlichen selbst, identisch.

Die [höchste] Realität leuchtet aus sich selbst heraus, nicht aufgrund einer so oder so gearteten geistigen Anstrengung (cintana). Sobald die Realität aus sich selbst strahlt, soll man sofort ihre Form annehmen. (10)

Er, der schlafähnlich im Traum- wie im Wachzustand weilt, ohne dabei ein- und auszuatmen – er ist gewiss befreit. (11)

Kommentar: Hier wird Befreiung mit dem tranceähnlichen Zustand der Ekstase gleichgesetzt. Eine höhere Realisierungsstufe tritt im sahaja-samâdhi auf, in einem Zustand bei geöffneten Augen, der – unter der seligen Bedingung der Erleuchtung – die Außenwelt mit einbezieht.

Schriften (mittleren Umfangs), die sich mit den magischen Handlungen befassen, ist das Dattâtreya-Tantra mit 700 Strophen. Noch populärer ist die Shat-Karma-Dîpikâ („Licht auf die sechs Handlungen"), verfasst vom bekannten bengalischen Meister Krishnânanda Vidyâvâgîshvara (16. Jh.), der auch den Tantra-Sâra schrieb (zu unterscheiden vom gleichnamigen, zeitlich früheren Werk Abhinava Guptas). Die sechs magischen Handlungen werden aufgeteilt in:

1. Shânti („Friede") – die Fähigkeit, ein anderes Lebewesen mit magischen Mitteln, wie mantra, yantra und Visualisierung, zu befrieden. Diese Praxis kann – wie der Kalpa-Cintâmani, eine verkürzte Version des Mahâkalpa-Cintâmani, im Abschnitt über shânti festhält – auch zur Beseitigung von Fieber angewendet werden.
2. Vashîkarana („Unterwerfung") – die Fähigkeit, andere unter völlige Kontrolle zu bringen und sie sklavisch unterwürfig zu machen;

Er, der einem Leichnam gleicht, der den „Wind" [d.h. den Atem und die feinstoffliche Lebensenergie] und den Verstand in sein Selbst einströmen lässt, wobei die Schar der Sinne bewegungslos bleibt – er heißt klar und deutlich „befreit im Leben". (12)

Kommentar: Die höchste Verwirklichung, in Gestalt der Befreiung noch während des Lebens (jîvanmukti), wird hier mit jener trancegleichen Ekstase gleichgesetzt, die dem asamprajnâta-samâdhi des klassischen Yoga Patanjalis entspricht. Aus der Sicht anderer Schulen tritt die Befreiung während des Lebens im sahaja-samâdhi ein.

[Der yogin im ekstatischen Zustand] hört nicht, riecht nicht, berührt nicht, sieht nicht und erfährt nicht Lust oder Leid; sein Verstand stellt sich nichts vor. (13)

Er erfährt nichts und begreift, gleich einem Hunde, nichts. Wenn also sein [individuelles] Selbst in Shiva aufgegangen ist, so wird [der yogin] „in Ekstase weilend" (samâdhi-stha) genannt. (14)

Wie Wasser in Wasser, Milch in Milch, ghee (geklärte Butter) in ghee gegossen nicht mehr voneinander unterscheidbar sind, so [ist es bei der Verschmelzung von] individuellem Selbst und höchstem Selbst. (15)

Kommentar: Diese Definition von Ekstase oder vom eigentlichen Zweck des Yoga findet sich vielerorts in den Tantras und Purânas und auch in den Lehrbüchern des Vedânta.

So wie ein Wurm durch sein meditatives Vermögen zur Biene wird, genauso wird ein Mensch kraft seiner Fähigkeit zur Ekstase das Wesen des Absoluten (brahman) annehmen. (16)

Kommentar: Die alten Hindus glaubten, dass ein Wurm sich wegen seiner einpunktigen Konzentriertheit in eine Biene verwandelt.

Wie aus Milch gewonnenes ghee beim Zurückgießen in Milch nicht von derselben Art ist wie zuvor, so verhält es sich mit dem [individuellen] Selbst, das wegen der Qualitäten der Natur (guna) verschieden [vom transzendenten Selbst] geworden war, [in dieser Welt]. (17)

3. Stambhana („Anhalten") – die Fähigkeit, ein anderes Wesen völlig unbeweglich oder eine Situation gänzlich unwirksam zu machen;
4. Uccâtana („Auslöschung") – die Fähigkeit, jemanden aus der Entfernung und ohne Anwendung sichtbarer Mittel zu zerstören;
5. Vidveshana („Verursachung von Zwietracht") – die Fähigkeit, Zerstrittenheit unter Leuten hervorzurufen;
6. Mârana („Töten") – die Fähigkeit, jemanden aus der Entfernung zu töten.

Die aufgezählten Praktiken laufen auf schwarze Magie hinaus und scheinen dem hohen tantrischen Ideal der Befreiung durch gnostische Weisheit und spirituelle Erhebung nicht zu entsprechen. Sie sind jedoch jahrtausendelang angewendet worden, und selbst heute ist es nicht schwer, tântrikas zu finden, die für ein paar Rupien ihre magischen Fähigkeiten dazu einsetzen, anderen Menschen Schaden zuzufügen. In dieser Hinsicht unterscheidet sich Indien nicht von anderen Ländern mit einer starken prämodernen

Quellenlektüre 20

Kommentar: Die drei Qualitäten sind sattva (Prinzip der lichten Klarheit), rajas (dynamisches Prinzip) und tamas (Prinzip der Trägheit). Sie determinieren das Körper-Verstand-System des Menschen und erzeugen seine falsche Vorstellung, ein individuelles Wesen, separiert von jedem anderen Wesen und vom göttlichen Ursprung selbst, zu sein. Mit dem Eintritt der Erleuchtung löst sich dieses Missverständnis auf: Der yogin erkennt und verwirklicht das höchste Selbst, das nirguna, d.h. jenseits der Qualitäten der Natur ist.

So wie jemand, der mit völliger Blindheit geschlagen ist, nichts wahrnehmen kann, ebenso nimmt der yogin die manifestierte Welt (prapanca) nicht wahr; [sie ist für ihn] unsichtbar. (18)

So wie man nach Schließen (nimîlana) [der Augen] die manifestierte Welt nicht sieht, ebenso verhält es sich [mit dem Bewusstsein des yogin] beim Öffnen (unmîlana) [seiner Augen]; dies ist ein Merkmal von Meditation. (19)

Kommentar: Im Zustand tiefer Meditation oder Ekstase nehmen yogins die gewöhnliche Welt nicht wahr, ob sie nun die Augen geöffnet oder geschlossen haben, denn ihr Gesichtfeld ist das unendliche Selbst.

Etwa so, wie ein Mensch Jucken am Körper verspürt, verspürt jener, der eines Wesens (svarûpin) mit dem Absoluten ist, das Getriebe der Welt. (20)

Kommentar: Dem yogin, der das Göttliche realisierte, der also identisch mit Shiva wurde, erscheint die Welt so, wie der Körper dem Verstand erscheint.

Wenn die unwandelbare höchste Wirklichkeit (tattva), die [alle] Buchstaben (varna) transzendiert, erkannt ist, werden die Mantren zusammen mit den Mantra-Regierenden [den Gottheiten] zu unterwürfigen Domestiken. (21)

Welche Tätigkeit er, der im Zustand des einzigen Selbst weilt [auch immer ausführt]: Sie ist Anbetung (arcana). Welches Gespräch [er auch führen mag]: Es ist das wahre Mantra. Was „Meditation" genannt wird, ist Innenschau (nirîkshana). (22)

kulturellen Basis. Diese degenerierten Praktiken sind aber nicht typisch für den höheren Tantra, der primär und vor allem ein Pfad zur Befreiung ist und sich durch hohe moralische Werte auszeichnet.

Was sollen wir nun von jenen magischen Fertigkeiten halten? Sind sie lediglich Produkte von Fantasievorstellungen und erzeugt durch zu viel einsame Innenschau? Oder sind es Manifestationen einer psychischen Dimension der Wirklichkeit, die von der Wissenschaft noch zu entdecken ist? Über die letzten zwei oder drei Jahrhunderte hat der Westen alle Arten von Berichten erhalten über die ungewöhnlichen Fähigkeiten der yogins und die seltsamen Vorkommnisse, die in ihrer Gegenwart auftraten. Während es heute reichlich Beweise für die unglaubliche yogische Beherrschung körperlicher und geistiger Funktionen gibt – lange als jenseits des menschlichen Willens erachtet –, sind doch die paranormalen Fähigkeiten, die manche yogins für sich beanspruchen können, bisher nur in dürftigem Umfang erforscht worden. Die wachsende Zahl der parapsychologischen Forschungsfunde in nicht-yogischen Feldern aber verleiht zumindest einigen der yogischen Ansprüche eine gewisse, wenn nicht gar besondere Glaubwürdigkeit.

[36] *Im jetzigen Kontext sind die asuras nicht Dämonen oder Gegengötter, sondern eine Gruppe von Gottheiten, mit wahrscheinlich sehr furchteinflößendem, zornigem Wesen.*

Wenn die Identifizierung mit dem Körper endet und das höchste Selbst erkannt wird, [erfährt] der Verstand Ekstase (samâdhi), gleichviel, wo er umherwandert. (23)

Beim Erschauen dieses höchsten Selbst wird der Knoten im Herzen durchtrennt, werden alle Zweifel beseitigt, und das eigene Karma verschwindet. (24)

Wenn der Beste unter den yogins zum puren, höchsten Zustand gelangt, so fesselt ihn nichts, selbst wenn er die Stufe der Gottheiten und Asuras[36] erreicht. (25)

Für ihn, der das allgegenwärtige, ruhevolle, selige, unwandelbare Selbst (âtmaka) schaut, für ihn ist nichts unerreichbar, und nichts bleibt zu wissen übrig. (26)

Nach Erlangen von Weisheit und Wissen und auch vom Objekt (jneya), das im Herzen wohnt; nach Sicherstellung dies ruhevollen Zustands, o Göttin, [gibt es] keinen Yoga, keine Konzentration. (27)

Kommentar: Nach gänzlicher Realisierung des Selbst – man kann sich mit diesem im Herz-Cakra verbinden – ist das Werk des Yoga vollendet, und alle yogischen Mittel, einschließlich der Konzentration und Meditation, werden transzendiert.

Wird das höchste Absolute erkannt, [dann] sind [für den yogin] alle Regeln, Maße und Vorschriften vorüber. Welchen Zweck hätte der Palmwedelfächer, wenn der Wind vom Malaya[-Berg] weht? (28)

Für ihn, der sich selbst als om [d.h. als das Selbst] sieht, gibt es keine Anschirrung der Lebenskraft (âsikâ) und kein Zuklemmen der Nasenöffnungen (nâsikâ); es gibt keine Disziplin (yama) und keine Selbstbeherrschung (niyama). (29)

Yoga wird nicht durch die Lotos-Stellung und nicht durchs Starren auf die Nasenspitze erreicht. Yoga, so sagen die Kenner, ist das Identisch-Sein (aikya) von Seele (jîva) und [transzendentem] Selbst. (30)

Meditiert man voll Glauben über das Höchste hienieden auch nur für einen Moment, dann ist der damit erworbene Verdienst nicht abzuschätzen. (31)

Wer auch nur für einen Augenblick der Selbstreflexion [sich

Anstatt die siddhis ohne viel Federlesens als bloße Phantasie abzutun, wäre es wohl klüger, sie als einen integralen Bestandteil der Erfahrungswelt von yogins zu bewerten, dessen vorurteilslose Erforschung sich lohnt. Wie die von der Parapsychologie vorgelegten Beweise deutlich machen, ist das Potenzial des Menschen außergewöhnlich. Jeder, der z.B. Michael Murphys *The Future of the Body* mit offenem Sinn liest, wird zweifelsohne betroffen sein von der Menge vorhandener wissenschaftlicher wie auch anekdotischer Belege zu paranormalen Fähigkeiten.[37]

[37] *Siehe M. Murphy, The Future of the Body: Explorations Into the Further Evolution of Human Nature (Los Angeles: J. P. Tarcher, 1992).*

[38] *Ein koti bedeutet „zehn Millionen" und meint oft, wie hier, „unzählig".*

Quellenlektüre 20

erkennt als] „Ich bin brahman (das Absolute)", der tilgt all seine Sünden, so wie bei Sonnenaufgang die Dunkelheit [getilgt wird]. (32)

[Denn] der Wissende der Wirklichkeit (tattva) erwirbt sich zehn Millionen[38] Tugenden, [die sonst] die Früchte von Gelübden, Ritualen, Kasteiungen, Pilgerfahrten, Gaben, Gottesverehrungen und so fort sind. (33)

Der natürliche Zustand (sahaja-avasthâ) ist der höchste, Meditation und Konzentration liegen in der Mitte, Rezitation und Lobpreis [der Gottheit] liegen unten, die Opferverehrung ganz unten. (34)

Das Denken (cintâ) über die Wirklichkeit ist zuhöchst; das Denken an Rezitation liegt in der Mitte; das Nachdenken über Lehrbücher (shâstra) ist unten; das Denken an die Welt steht zutiefst. (35)

Zehn Millionen Verehrungsrituale (pûjâ) gelten so viel wie eine Lobeshymne (stotra); zehn Millionen Lobeshymnen gelten so viel wie eine Rezitation (japa); zehn Millionen japas kommen einer Meditation gleich; zehn Millionen Meditationen sind so viel wie ein [Moment der vollständigen] Auflösung (laya) [im transzendenten Sein]. (36)

Das Mantra ist der Meditation nicht überlegen; eine Gottheit ist dem Selbst nicht überlegen; Verehrung ist der Anwendung [der Glieder des Yoga] nicht überlegen; Belohnung ist der Zufriedenheit nicht überlegen. (37)

Nichthandeln ist die höchste Verehrung; Schweigen ist die höchste Rezitation; Nicht-Denken ist die höchste Meditation; Wunschlosigkeit (anicchâ) ist die höchste Frucht. (38)

Der yogin soll jeden Tag bei Dämmerung die Anbetung ohne Opfergaben und ohne Mantren durchführen; [er soll] Askese (tapas) ohne homa-Opfer und Verehrungsrituale (pûjâ) ohne Blumengirlanden [ausführen]. (39)

Der Gleichgültige, der Nicht-Anhaftende, der von Wünschen (vâsanâ) und Projektionen (upâdhi) Freie, der in das Wesen seines inneren [Kraftpotenzials] Absorbierte – [er] ist ein yogin, ein Wissender der höchsten Wirklichkeit. (40)

[39] *Das Wort vipra meint einen Menschen, der vom Göttlichen tief berührt ist.*

Kommentar: Der Begriff upâdhi stammt aus dem Vedânta und umschreibt die Gewohnheit des Verstandes, dem Unendlichen begrenzte Eigenschaften beizulegen, sie darauf zu projizieren.

Der Körper ist die Wohnstätte (âlaya) Gottes (deva), o Göttin! Die Seele (jîva) ist Gott Sadâ-Shiva. Man sollte von den Opfergabenresten der Unwissenheit doch ablassen; man sollte mit dem Gedanken „Ich bin Er" die Anbetung ausführen. (41)

Kommentar: Der jîva ist das individualisierte Bewusstsein, das sich selbst als verschieden vom allgegenwärtigen Göttlichen dünkt; es wird von der Lebenskraft (prâna) gespeist, die ihrerseits aus tief eingebetteten karmischen Kraftadern ihre Energie erhält. In Wahrheit jedoch ist die Seele nicht ein begrenztes, im Körper eingesperrtes Bewusstsein, sondern das alles umfassende Sein und Bewusstsein, der ewige Shiva. Diese und die nachfolgende Strophe beruhen auf dem Wortspiel jîva/Shiva.

Die Seele ist Shiva; Shiva ist die Seele. Die Seele ist allein Shiva. Die [nicht befreite] Seele heißt die „gefesselte Kreatur" (pashu). Sadâ-Shiva ist der von [allen] Fesseln (pâsha) Befreite. (42)

Das Reiskorn ist in der Reiskornhülse eingesperrt; ist die Hülse entfernt, [wird] das Korn [sichtbar]. [Ganz ähnlich gilt:] Die Seele ist im Karma eingesperrt; Sadâ-Shiva ist [die Realität, ewig] frei von [der „Hülse" des] Karma. (43)

Gott wohnt im Feuer der Herzen jener glühenden Verehrer (vipra)[39], die sich für die [innere] Ähnlichkeit (pratimâ) wach machten und die das Selbst überall erkennen. (44)

Kommentar: Die innere Ähnlichkeit ist nichts anderes als das Selbst.

Er, der bei Lob und Verachtung, bei Kälte und Hitze, bei Freude und Kummer, bei Freund und Feind [immer] derselbe bleibt – [er] ist der erste unter den yogins, [und] jenseits von Erregtheit wie Nicht-Erregtheit. (45)

Der yogin, der immer wunschlos und zufrieden ist, der das Gleiche [in allem] sieht, der seine Sinne beherrscht und im Körper entspannt verweilt – [er] kennt die höchste Wirklichkeit. (46)

Er, der frei von Gedanken, frei von Zweifel ist, ohne Begierde und unbefleckt von [dem Zwang zur] Projektion (upâdhi), [er] der versunken in seinem innersten Sein – [er] ist ein yogin, der die höchste Wirklichkeit kennt. (47)

So wie die Lahmen, Blinden, Tauben, Furchtsamen, Verrückten, Stumpfsinnigen usw. leben, o Herrin von Kula, so lebt auch der yogin, der die [höchste] Wirklichkeit kennt. (48)

Er, der die höchste Seligkeit, von den fünf Siegeln (mudrâ) erzeugt, erlangen will – [er] ist der Erste unter yogins; er nimmt das Selbst in sich selbst wahr. (49)

Kommentar: Sanskrit hat keine Groß- und Kleinschreibung. Daher kann der Satz pashyaty âtmânam âtmani auch so übersetzt werden: „Er nimmt sich selbst im Selbst wahr" oder „er nimmt sich selbst in sich selbst wahr". Dazu kann âtman schlichtweg „man selbst" bedeuten. Die fünf erwähnten Siegel sind besser bekannt als die „Fünf M", die im Zentrum des Kaula-Rituals stehen – Wein, Fleisch, Fisch, gedörrtes Getreidekorn (das auch stimulierende Wirkung haben soll) und geschlechtlicher Verkehr.

O Geliebte, die Freude, die vom Wein (ali), Fleisch und Geschlechtsverkehr kommt, [bringt] dem Weisen Befreiung, doch dem Unwissenden Sünde (pâtaka). (50)

Er, der Wein und Fleisch immer genießt, sich kümmert um die [rituelle] Praxis und von Zweifeln immer frei bleibt – [er] wird ein kula-yogin genannt. (51)

Wenn er Wein trinkt, Fleisch isst, darauf bedacht ist, seinem eigenen Willen zu folgen und über die Selbigkeit von „ich" und „DAS" zu meditieren, müsste er glücklich leben. (52)

Quellenlektüre 20

Er, dessen Mund nicht der Geruch von Fleisch oder Wein enttritt, ist zweifellos nur eine Kreatur, die sühnen muss und der man aus dem Weg gehen soll. (53)

Solang [sein Atem] nach Wein riecht, ist diese Kreatur Pashupati [d.h. Shiva] selbst. Ohne den Geruch von Wein und Fleisch ist auch Pashupati offenbar eine Kreatur. (54)

In der Welt werden die Niedrigen erhöht und die Hohen erniedrigt – dies beschrieb Bhairava, das große Selbst, als den Kula-Pfad. (55)

Schlechtes Benehmen ist gutes Benehmen; was man nicht tun sollte, ist das Beste von dem, das getan werden soll. O Gebieterin des Kula: Für die kaulikas ist die Unwahrheit die Wahrheit. (56)

O Herrin des Kula, die kaulikas sollen Verbotenes trinken, Verbotenes essen und verbotenen Geschlechtsverkehr genießen. (57)

O Geliebte des Kula, keine Regel, kein Verbot, keine Tugend, keine Sünde, keinen Himmel, keine Hölle gibt es für die kaulikas. (58)

O Hoheit des Kula, selbst wenn unwissend, wissen die kaulikas, selbst wenn arm, sind sie reich, selbst wenn ruiniert, gedeihen sie. (59)

O Gebieterin des Kula, selbst Feinde sind freundlich zu den kaulikas, Könige dienen ihnen, und die Leute halten ihnen die Treue. (60)

O Herrin des Kula, die Unentschiedenen beziehen Partei für die kaulikas, die Hochnäsigen zollen ihnen Ehre, und Quälgeister werden hilfreich. (61)

O hohe Frau des Kula, für die kaulikas haben [wertlose] Dinge [hervorragende] Qualitäten (guna), für sie ist akula richtig für kula und sind tugendlose [Qualitäten] tugendhaft. (62)

Kommentar: Als Zweig des Tantrismus folgt die Kaula-Schule dem Prinzip der Umkehrung (parâvritti), in dessen Licht scheinbar unspirituelle Sachverhalte oder Umstände spirituell werden. In buddhistischer Redeweise formuliert hieße das: diese Welt der Veränderung ist die unveränderliche Wirklichkeit oder samsâra = nirvâna.

O Göttin, den kaulikas gilt der Tod tatsächlich als Arzt, der Himmel als Zuhause und, o Gebieterin des Kula, der geschlechtliche Verkehr mit einem Weib als verdienstvoll. (63)

O Geliebte, warum noch mehr sagen? Den erfahrenen kula-yogins erfüllen sich alle Wünsche. Man sollte das nicht bezweifeln. (64)

O Herrin des Kula, auf welcher Lebensstufe (âshrama) sich die kula-yogins auch befinden, sie werden nie verfälscht von irgendeiner Verkleidung (vesha) [die sie annehmen mögen]. (65)

Sie wünschen das Wohlergehen der Menschen, wandern in unterschiedlichen Erscheinungen auf Erden umher, und ihre wahre Natur bleibt unbekannt. (66)

O hohe Frau des Kula, nicht leichtsinnig plaudern sie über ihr Wissen vom Selbst, vielmehr betragen sie sich unter den Menschen so, als seien sie volltrunken und stumm und dumm. (67)

Kommentar: Kula-yogins verbergen ihre spirituellen Kenntnisse, und es ist ihnen gleich, ob sie in anderen Augen dumm erscheinen. Das gibt die Stufe ihrer Realisierung, Zufriedenheit und inneren Sicherheit an.

So wie die Gestirne und Planeten auf der Erde unsichtbar werden, wenn die Sonne sich [morgens] dem Mond zugesellt, so ist das Verhalten von yogins [zu subtil, als dass es einsehbar wäre]. (68)

So wie man die Spur von Wassergeschöpfen im Wasser oder von Vögeln am Himmel nicht sehen kann, geradeso ist das Verhalten von yogins [nicht einzuordnen, unbegreiflich für den gewöhnlichen Menschen]. (69)

Die im kula-yoga Geübten, o Geliebte, sprechen wie Lügner, betragen sich wie Narren und sehen aus wie Schurken. (70)

Sie betragen sich so, damit die Leute sie verachten, ihre Gesellschaft meiden und [sie] nicht ansprechen. Derart lebt ein yogin. (71)

O große Göttin, der wissende kula-yogin, auch wenn er befreit und ein Meister des Kula ist, spielt wie ein Kind, verhält sich wie ein einfältiger Tor und redet wie ein Narr. (72)

So wie die Leute das, was von weit her [d.h. was fremd und ausländisch ist] kommt, verlachen, verachten und verspotten, genauso widerfährt es dem yogin. (73)

Der yogin trägt verschiedene Gewänder (vesha) und bewegt sich auf Erden [wie jemand, der] manchmal geehrt, manchmal unterdrückt [ist], oder wie ein Dämon oder eine Spukgestalt. (74)

Der yogin genießt die Freuden nicht aus Begierde, sondern zum Wohlergehen der Welt. Er ist allen Menschen wohlgesinnt und tändelt spielerisch hienieden. (75)

So wie die Sonne alles austrocknet, wie Feuer alles verzehrt, geradeso genießt der yogin alle Freuden, doch bleibt von Sünden unbefleckt. (76)

So wie der Wind alles berührt, wie Raum (âkâska) allgegenwärtig ist; so wie alle, die [zur täglichen Waschung] im Flusse baden [rein sind], ebenso ist der yogin immer rein. (77)

So wie das Abwasser eines Dorfes beim Einfließen in den Fluss gereinigt wird, genauso wird, was von einem Barbaren (mleccha) beschmutzt, in den Händen eines yogin rein. (78)

O hehre Göttin, so wie die Erfahrenen in der Kula-Weisheit nimmer wanken, ebenso ehren die Weisen, die nach dem [höchsten] Gute (hita) trachten, das Selbst. (79)

Worauf die Meister-Yogins sich bewegen, das erachtet man als höchsten Pfad, so wie man die Gegend, in der die Sonne aufgeht, Osten nennt. (80)

Wo immer ein Elefant trottet, entsteht ein [neuer] Pfad. O Herrin des Kula, wo immer der kula-yogin schreitet, gibt es den Pfad [zur Befreiung]. (81)

Wer vermag es, den schlängelnden Fluss zu begradigen oder sein Dahinströmen anzuhalten? Wer vermag es gleichermaßen, [den yogin] davon abzubringen, friedlich umherzuziehen, seinem Willen entsprechend? (82)

So wie ein durch Mantren geschützter [Schlangenbeschwörer] von seinen Tierchen nicht gebissen wird, ebenso wird der Wissende (jnânin), der mit den Schlangen der Sinne spielt, nicht gebissen. (83)

Jenseits von Leid, zufrieden, jenseits der Gegensatzpaare und frei von Neid – [so] widmen sich die friedvollen kaulikas der kula-Weisheit, dir ganz ergeben. (84)

Ohne Stolz, Ärger, Hochmut, ohne hoffnungsvolle Erwartung, ohne Ichsucht (ahamkâra) und von wahrhaftiger Rede – kaulikas dieser besten Art werden nicht von den Sinnen beherrscht und stehen fest in sich. (85)

O Göttin, jene, deren Haare sich aufrichten, deren Stimmen [vor Gefühl] erzittern und die Freudentränen vergießen, wenn der kula [-Weg des Lebens] gepriesen wird – sie werden die Besten der kaulikas genannt. (86)

Diejenigen, die die kula-Lehre (dharma), von Shiva stammend, als die beste aller Lehren in der Welt betrachten – sie sind die Ersten unter den kaulikas. (87)

O Geliebte, er, der die Wahrheit des kula kennt, ist ein Experte der kula-Lehre, und er, der die kula-Verehrung gerne verrichtet, ist ein kaulika – und niemand sonst [ist das]. (88)

Er, der dr'an Freude hat, kula-Anhänger mit kula-Weisheit, kula-Betragen und kula-Gelübden zu treffen, der ist ein kaulika und Mir [Shiva] lieb. (89)

Er, der dem Guru und der Gottheit ergeben, der die Wirklichkeit der drei Prinzipien (tattva), den heiligen

[40] *Ein cândâla gehört zu einer der niedrigsten Kasten und ist der Verbindung zwischen shûdra und brahmin entsprungen.*

Quellenlektüre 20

Pfad (carana) und die Bedeutung des Wurzelmantra kennt, der ist ein kaulika kraft Initiation. (90)

O Geliebte, schwer ist in allen Welten der Anblick (darshana) eines kula-Lehrers zu erlangen. Er kann nur bei Reifung von [früher angehäuftem karmischen] Verdienst erlangt werden, nie anders. (91)

Der Jünger der kula-Lehre reinigt, selbst wenn seiner nur gedacht, er nur gepriesen, gesehen, begrüßt oder angesprochen wird, sogar einen cândala in einem Augenblick.[40] (92)

O Göttin, wo immer es einen Wissenden des kula gibt, gleich ob er allwissend oder dumm, ob er der Niedrigste oder der Höchste ist,– da bin Ich [Shiva] bei dir. (93)

Nicht wohn' Ich auf dem Kailâsa-Berg, dem Meru oder Mandara. O Bhâvini, dort bin Ich, wo immer die kula-Wissenden wohnen. (94)

Auch wenn solche Gesellen des Großen Herrn weit entfernt leben mögen – man muss zu ihnen wandern und sich [in jeder Weise dr'um] bemühen, sie zu sehen, denn Ich bin nah [bei ihnen]. (95)

Einen kula-Lehrer sollte man besuchen, selbst wenn er sehr weit weg lebt. Doch, o Geliebte, eine Kreatur [d.h. eine nicht eingeweihte Person] sollte ignoriert werden, selbst wenn sie in der Nähe wohnt. (96)

Wo immer ein kula-Wissender leben mag – dieser sein Platz ist gesegnet. Ihn zu sehen, ihn zu verehren – einundzwanzig Geschlechter (kula) werden dadurch gefördert. (97)

Wenn die Alten einen kula-Wissenden im eig'nen Heim erblicken, preisen sie ihn [und sagen]: „Wir werden zum höchsten Zustand gelangen." (98)

Wie Bauern reichen Regen [willkommen heißen], so heißen die Alten einen Sohn oder einen Enkel, der ein kaulika geworden ist, willkommen. (99)

O Geliebte, der sündenlose Mensch, dem die Lehrer des kula mit Frohheit (mudrâ) begegnen, ist wahrlich reich beschenkt in dieser Welt. (100)

O Göttin, wenn ein großer kaulika in der Gegend weilt, gehen yogins und yoginîs fröhlich zu seiner Wohnstatt. (101)

Die Alten und die Götter huldigen ihm, der sich dem hervorragendsten unter den kula-yogins anschließt. Darum sollten diejenigen, denen die kula-Weisheit wertvoll ist, [von allen anderen] mit Hingabe verehrt werden. (102)

Die Sünder nun, die jene Gläubigen nicht verehren, die dich, o Göttin, anbeten, sollen auch nicht Gefäße deiner Gnade werden. (103)

O Lotosäugige, du nimmst die dir gebotenen Opfergaben an, während Ich deren Essenz von den Zungen der Gläubigen [die die heiligen Mantren singen] esse. (104)

O Göttin, Ich bin zweifelsohne der, welcher [wirklich] verehrt wird, wenn deine Anhänger dich verehren. Darum soll, wer nach Meiner Gunst trachtet, in der Tat deine Anhänger verehren. (105)

Was für jene getan wird, die in kula fest ankern, das wird für die Götter getan. Alle Götter mögen kula. Daher soll man den kaulika gläubig verehren. (106)

Während Ich's nicht liebe, wenn Ich nicht mit aufrichtiger Ergebung verehrt werde, so bin Ich doch gänzlich versöhnt, o Pârvatî, wenn man die Besten der kailikas verehrt. (107)

Die Frucht, die durch die Verehrung der größten kaulikas erworben wird, diese Frucht, o Geliebte, kann man sich nicht durch Pilgerreisen, Kasteiungen, Mildtätigkeit, Opfer oder Gelübde erwerben. (108)

O Ambikâ, nutzlos wird für einen kaulika [alles, was] man gibt, offeriert, opfert, sühnt, anbetet oder rezitiert, falls man [dabei] einen kula-Wissenden missachtet. (109)

O Göttin, wer sich umtut in den kula-Lehren, doch nicht den Pfad des kula kennt, der ist ein Sünder, ein tiefstehender Hundefleischfresser, und sein Heim ist ein Friedhof. (110)

O Göttin, wer die Anhänger des kula im Stich lässt und anderen Menschen Gaben gibt, dessen milde Gaben bleiben fruchtlos, und zur Hölle geht der Geber selbst. (111)

Die Gabe an jemanden, der kein kaulika ist, gleicht Wasser im gebrochenen Krug, Saatgut, auf Felsen gesät oder ghee, in Asche [anstatt ins Opferfeuer] gegossen. (112)

Was immer man einem kula-yogin gibt, den eigenen Möglichkeiten entsprechend und mit Liebe und an gesegneten Tagen, [das bringt] unverdorb'ne Frucht. (113)

O Göttin, wer an gesegneten Tagen die Weisheiten des kula anruft, der Götter eingedenk, mit duftenden Blumen, mit Körnern [Reis, Sesam, Getreide] usf. ... (114)

... und voll Hingabe, der stellt [die Götter] zufrieden vermittels der fünf Siegel, die mit „m" beginnen. Alle Gottheiten sind darob zufrieden, und Ich bin's dann auch. (115)

O höchste Göttin, der Verdienst eines Mannes, der seine Schwester, Tochter oder Gattin einem berauschten kula-yogin anbietet, ist unschätzbar. (116)
Der „Honig" (madhu) [Met, Wein], im Kreis der Helden (vîra-cakra) großzügig ausgeschenkt, öffnet den Pfad zur andr'en Welt. (117)

„Honig" – mit üblem Betragen assoziiert und verpönt von aller Welt – legt, falls einem kula-yogin dargereicht, die [kostbare] Substanz des kula frei. (118)

O Göttin, das Land, in dem ein Held (vîra) voll Sympathie für kula-Rituale lebt, das ist ein reines Land. Wo ließe es sich besser weilen? (119)

Indem man einmal isst [vom Essen] eines großen kaulika, erwirbt man sich millionenfach Verdienst. Wie könnte man ermessen den Verdienst desjenigen, der [vom Essen eines großen kaulika] zu wiederholten Malen isst? (120)

Daher soll jemand, der den kula-Lehren zugetan, mit allen Kräften, unter allen Umständen und zu allen Zeiten einen kula-Wissenden verehren. (121)

Gleich ob gebildet oder ungebildet – solang man einen Körper hat, muss man sich betragen [gemäß der eignen] Kaste (varna) und Lebensstufe (âshrama), auf dass man sich von Karma befreie. (122)

Ist das Nichtwissen kraft [richtigen] Handelns entwurzelt, erlangt man Shiva-Art (shivatâ) mittels der Weisheit. In Shiva ist Befreiung. Daher soll man das [rechte] Handeln üben. (123)

Man soll tadellos handeln und die täglichen [vorgeschriebenen] Handlungen vollziehen. Dem [rechten] Handeln hingegeben, nach Freude trachtend und frei [inmitten des] Tuns, so findet man die Freude. (124)

Der verkörperten Person (dehadhârana) ist's nicht möglich, von allem Tun zu lassen. [Doch] wer auf die Früchte seines Tuns verzichtet, der wird als [wahrlich] Entsagender (tyâgin) bezeichnet. (125)

Man lege das Ich-Gefühl (ahambhâva) ab und stelle sich vor, dass [nur] die Organe je und je in ihren Funktionen tätig sind. Wer so handelt, der bleibt unbefleckt. (126)

Handlungen, die nach dem Erlangen der Weisheit ausgeführt werden, beflecken den Wirklichkeits-Wissenden nicht, genauso wenig wie [schlammiges] Wasser die Blüte des Lotos [befleckt]. (127)

Verdienstvolle und unverdienstliche Handlungen existieren für jenen nicht, der darin [in der ego-transzendierenden Einstellung] fest gründet. (128)

O Geliebte, der Weise, der von allen Gedanken (samkalpa) abließ und sich des Wissens spontaner Glückseligkeit erfreut – er sollte [allen] Taten auch entsagen. (129)
O Geliebte, die Unwissenden [aber], die unter dem Vorwand des Lernens ihren Anteil an Handlungen [vorgeschrieben in der vedischen Offenbarung]

Quellenlektüre 20

nicht erfüllen, sind so nutzlos wie Betrüger, die zur Hölle gehen. (130)

Kommentar: Die vedische Offenbarung soll aus zwei Teilen (kânda) bestehen. Der karma-kânda behandelt die rituellen Handlungen, die die soziale Ordnung aufrechterhalten; der jnâna-kânda befasst sich mit der Weisheit, die zur Befreiung führt.

So wie ein Baum gleichgültig die Blüten herabfallen lässt, wenn die Früchte sprießen, geradeso lässt der yogin seine Neigung zu Ritualen fallen, wenn er in die Wirklichkeit (tattva) tritt. (131)

Jene, in deren Herzen das Absolute (brahman) [feste] Bleibe hat, werden nicht berührt vom Verdienst, der aus [der Teilnahme am sehr verdienstvollen] Pferdeopfer, oder vom Verlust, der durch's Erschlagen eines Brahmanen entsteht. (132)

Auf Erden kommt es zu Handlungen vermöge der Zunge, der Genitalien [usf.]. Er, der der Zunge und den Genitalien entsagte – was könnte er mit Handlungen im Sinn haben? (133)

Kommentar: Dieser Vers drückt das große Ideal des nichthandelnden Handelns (naishkarmya-karman) aus, das erstmals in der Bhagavad-Gîtâ dramatisiert wird. Es ist das Schlüsselkonzept des Karma-Yoga und besagt: Der Mensch kann die Verwicklung ins Netzwerk des Karma vermeiden, indem er nicht selbstsüchtig handelt, stattdessen losgelöst bleibt und einen Schritt daneben steht, während er einfach tut, was recht und nötig ist.

Damit habe Ich dir kurz einige Charakteristika des Yoga und der großen yogins aufgezählt. O Gebieterin des Kula, was wünschst du noch zu hören? (134)

KAPITEL 18

Yoga als spirituelle Alchemie: Philosophie und Praxis des Hatha-Yoga

„Wenn Verstand und Gemüt in stabiler Verfassung gehalten werden, dann bleiben auch Atem (vâyu) und Samen (bindu) beständig. Die Beständigkeit des Samens führt wahrlich allezeit zur Stabilität des Körpers.“

GORAKSHA-VACANA-SAMGRAHA (132)

I. DIE ERLEUCHTUNG DES LEIBES – DIE URSPRÜNGE DES HATHA-YOGA

Das menschliche Körper-Verstand-Gemüt-System ist nicht, was es zu sein scheint – eine umgrenzte, sich auf Beinen bewegende „Verdauungsröhre“. Wir brauchen uns nur zu entspannen, brauchen nur zu meditieren, und wir erkennen, dass dieses gängige materialistische Klischee nicht zutrifft, denn dann beginnen wir die Energiedimension des Körpers und den „tiefen Raum“ des Bewusstseins zu entdecken. Wenn die dicken Grenzmauern, die wir gewöhnlich um uns errichten, fallen, fühlen wir uns lebendiger und treten in eine Welt stärkerer Erfahrungsintensität ein. Während der Entspannung und Meditation wird unser übliches Konzept vom eigenen Körper-System ersetzt durch die Erfahrung unserer selbst als ein strömender Prozess, der selbst verbunden ist mit dem größeren vibrierenden Ganzen. Dabei verlieren die Grenzen des Ichs ihre Starrheit. Die Quantenphysik lehrt uns, dass alles miteinander verkettet und die Idee, das „Ich“ sei eine separate physische Entität, eine bloße Illusion ist. Sie sagt uns außerdem, dass die sogenannte objektive Welt eine „Halluzination“, eine Projektion jener imaginären Lichtquelle, genannt „Ich-Person“, darstelle. Wir werden uns nur sehr langsam der weitreichenden praktischen Konsequenzen des quantenphysikalischen Weltbildes bewusst, wahrscheinlich deshalb, weil wir sonst nicht umhin kämen, drastische, ja qualvolle Änderungen im Denken über uns und das Universum rasch vorzunehmen. Die quantenphysikalische Sicht ist nicht so neuartig, wie wir das gerne glauben würden. Sie liegt der ganzen tantrischen Tradition zugrunde, insbesondere den Hatha-Yoga-Schulen, die Ausläufer der Tantrik sind.

Das Bild vom tanzenden Shiva stellt solche Sichtweise am besten dar: Shiva, in Gestalt von Nata-Râja, des „Herrn des Tanzes“, tanzt die Rhythmen dieses „Multiversums“ dramatisch vor – die Zyklen der Erschaffung (sarga) und Zerstörung (pralaya). Er ist der große Meister-Weber von Raum und Zeit. Dieses klassische Bild der Hindus hat eine Reihe von Quantenphysikern fasziniert. Fritjof Capra wies in seinem bekannten Buch *The Tao of Physics* als erster darauf hin:

> Naturgemäß denkt man an Rhythmus und Tanz, wenn man sich vorzustellen sucht, wie die Energie durch die Strukturen fließt, aus denen die Teilchenwelt besteht. Die moderne Physik hat gezeigt, dass Bewegung und Rhythmus wesentliche Eigenschaften der Materie sind, und dass alle Materie, gleich ob hier auf der Erde oder im Weltraum, an einem ständigen kosmischen Tanz teilnimmt. Die östlichen Mystiker pflegen eine dynamische Sicht des Universums, ähnlich der der modernen Physik, und daher überrascht es nicht, wenn sie gleichfalls das Bild des Tanzes benutzen, um ihr intuitives Verstehen der Natur weiterzugeben.[1]

[1] *F. Capra, The Tao of Physics (New York: Bantam Books, 1977), pp. 228–229. [Das Tao der Physik]*

Shiva Nata-Râja

Es waren die Meister des Tantra, die dieser dynamischen Weltsicht den Weg bereiteten und auch eine neue Haltung gegenüber dem menschlichen Körper, der körperlichen Existenz überhaupt einleiteten. In vor-tantrischen Zeiten wurde der Körper oft scheel betrachtet – ganz in gnostischer Manier als Quelle der Beschmutzung, als Feind des Geistes. Mit solcher Einstellung schrieb der anonyme Autor der Maitrâyanîya-Upanishad folgende Litanei:

> Verehrungswürdiger – in diesem übelriechenden, unsubstanziellen Leib [der nichts ist als] eine Anhäufung aus Knochen, Haut, Sehnen, Muskeln, Knochenmark, Fleisch, Samen, Blut, Schleim, Tränen, Sekret, Kot, Urin, Blähung, Galle und Phlegma – welchen Sinn hätten erfüllte Lebenswünsche darin? In diesem Leib, gequält von Wünschen, Ärger, Gier, Täuschung, Furcht, Abhängigkeit, Neid, Getrenntsein vom Erwünschten, Vereintsein mit dem Unerwünschten, Hunger, Durst, Altersschwäche, Tod, Krankheit, Kummer u.a. – welchen Sinn hätten erfüllte Lebenswünsche darin? (1.3)

Vielleicht finden wir den pessimistischen Tonfall kurios und übertrieben, doch persifliert er unsere heutige, dominierend materialistische Perspektive recht gut. Solange wir den Körper als wandelnden Verdauungsapparat sehen, kann das Streben nach Lust wenig Trost bieten, da jede Lust, die uns der Körper bereiten mag, an Intensität und Dauer zwangsläufig begrenzt ist und gewöhnlich zu hohen Kosten erkauft wird. Außerdem kann uns das Streben nach Lust gewiss nicht vor dem Tod bewahren. Die tantrische Revolution führte weg vom Modell des Körpers als einer „aufgepumpten Blase von Haut".[2] „Im Tantrismus", stellte der Religionshistoriker Mircea Eliade fest, „erhält der menschliche Körper eine Bedeutung, die er in der spirituellen Geschichte Indiens nie zuvor hatte."[3] Diese neue Einstellung wird im Kula-Arnava-Tantra, einem wichtigen tantrischen Werk der Hindus, kraftvoll vorgetragen:

> Ohne Leib – wie könnt' man da den [höchsten] Zweck erfüllen?
> Drum sollte man, da man eine Leibesbleibe sich erwarb,
> Verdienstvolles (punya) tun. (1.18)
>
> Unter den 840.000 Arten verkörperter Wesen
> ist's nur der menschliche [Körper],
> in dem das Wissen von der [wahren]
> Wirklichkeit erworben werden kann. (1.14)

Die tantrischen Meister nun trachteten danach, einen transsubstantiierten Leib – den sie „diamanten" (vajra) oder „göttlich" (daiva) nannten – zu

[2] *Dieses Vorstellungsbild findet sich in der Agni-Purâna (51.15f). Die Passage lautet: „Ein Asket (yati) betrachtet den Körper bestenfalls als aufgeblähte Hautblase, von Muskeln, Sehnen und Fleisch umgeben, angefüllt mit übelriechendem Urin, Kot und Unrat, Aufenthaltsort von Krankheit und Leid, leichte Beute für Alter, Kummer und Tod, vergänglicher als der Tau auf dem Gras, nicht mehr und nicht weniger als ein Produkt der fünf Elemente."*

[3] *M. Eliade, Yoga: Immortality and Freedom (Princeton, Staat New York: Princeton University Press, 1973), p. 227.*

erschaffen, einen Leib nicht aus Fleisch, sondern aus unsterblicher Substanz, aus Licht bestehend. Anstatt den Körper als Fleischröhre zu betrachten, die zu Krankheit und Tod verdammt ist, sahen sie ihn als Wohnstatt des Göttlichen und als besonderes Gefäß, in dem die spirituelle Vollendung bewerkstelligt werden könne. Ihnen galt die Erleuchtung als ein Ganz-Körper-Geschehen. Wie es die Yoga-Shikhâ-Upanishad formuliert:

> Er, dessen Leib (pinda) ungeboren und todlos wurde, er ist im Leben befreit (jîvan-mukta). Rinder, Hähne, Würmer und dergleichen [aber] begegnen wahrlich ihrem Tod.
> Wie könnten sie Befreiung erlangen, wenn sie den Leib ablegen, o Padmaja? Die Lebenskraft [des yogin hingegen] erstreckt sich nicht nach außen [sondern ist im zentralen Energiekanal konzentriert]. Wie könnte da ein Ablegen des Körpers [geschehen]?
> Die durchs Ablegen des Körpers erreichbare Befreiung – ist diese Befreiung nicht wertlos? So wie sich der Klumpen Bergsalz [auflöst und ausdehnt] im Wasser, ebenso dehnt sich das Absolute (brahmatva) zum Körper [des erleuchteten yogin] aus.
> Wenn er [den Zustand des] Nicht-Anderssein (ananyatâ) erlangt, ist er, so sagt man, befreit. [Aber die anderen fahren fort,] verschiedene Körper und Organe zu unterscheiden.
> Das Absolute wird zur Verkörperung (dehatva) geradeso, wie Wasser zur Wasserblase wird. (1.161–165a)

Die Verkörperung erleuchteter Meister beschränkt sich nicht auf den physischen Organismus, mit dem sie speziell verbunden zu sein scheinen. Ihr Körper ist wirklich der Körper von allen, und darum vermögen sie jede Form willentlich anzunehmen – ein „Kunststück", das viele frühere wie auch neuere Adepten ausführen konnten und können. Der verwandelte, transsubstantiierte Körper wird u.a. als ativâhika-deha („superleitfähiger Körper") bezeichnet, und dies omnipräsente, luminose Vehikel besitzt große paranormale Fähigkeiten (siddhi), was in allen Texten des Yoga und Tantra anerkannt wird. Im Yoga-Bîja finden wir die folgenden Verse:

> Das Feuer des Yoga bäckt gradweise den Körper, der aus den sieben Bestandteilen besteht [wie Knochen, Mark, Blut usw.].
>
> Selbst die Götter können sich den außerordentlich machtvollen yogischen Körper nicht erwerben. [Der yogin] ist befreit von körperlichen Fesseln, begabt mit etlichen Kräften (shakti) und steht zuhöchst.
>
> Der Körper [des yogin] ist wie der Äther, sogar reiner denn Äther. Sein Körper ist subtiler als das subtilste [Objekt], gröber als jedes

> andere grobstoffliche [Objekt], unempfindlicher [für Schmerz usw.] als das Unempfindlich[st]e (jada).
>
> Der [Körper des] Meisters unter yogins entspricht seinem Wollen. Er ist selbstgenügsam, sich selbst Gesetz und unsterblich. Er erfreut sich des [universellen] Spiels, wo es auch immer in den drei Regionen [d.h. auf Erden, in der Mittel-Region und in den himmlischen Welten] stattfinde.
>
> Der yogin besitzt unglaubliche Kräfte. Er, der die Sinne besiegte, kann durch eigene Willenskraft verschiedene Formen annehmen und sie wieder verschwinden lassen. (50b–54)

So ist also der Adept nicht nur ein erleuchtetes Wesen; er ist dazu auch magischer Theurg, der göttliche Mitarbeiter, auf einer Ebene mit dem Schöpfergott. Es gibt nur wenige Yoga- und Tantra-Schriften, die diesem okkulten Aspekt der yogischen Lebensweise nicht Rechnung tragen, und die Texte des Hatha-Yoga sind dabei keine Ausnahme.

Die Siddha-Bewegung

Das Ideal des diamantenen Körpers stand im Mittelpunkt einer verzweigten kulturellen Bewegung, die sich mit der Körperwahrnehmungs-Bewegung der 1970er und 80er vergleichen ließe. Dieser sogenannte Siddha-Kult blühte zwischen dem 8. und 12. Jahrhundert und spielte eine wesentliche Rolle bei der Komplettierung der großen pan-indischen Synthese von spirituellen Lehren des Hinduismus, Buddhismus und Jainismus wie der yogischen Alchemie und volkstümlichen Magie.

Die Bezeichnung siddha bedeutet „vollbracht" oder „vollendet" und bezieht sich auf den tantrischen Adepten, der die höchste Vollendung (siddhi) in Form der Erleuchtung erlangte, dazu alle Arten paranormaler Kräfte (siddhi) besitzt. Der südindische Adept Tirumûlar definierte siddha – bzw. cittar in tamilischer Sprache – als jemanden, der in yogischer Ekstase das transzendente Licht und die transzendente Macht (shakti) realisiert hat.

Der siddha ist ein spiritueller Alchemist, der am unreinen Stoff, nämlich am menschlichen Körper-Verstand-Komplex arbeitet und diesen transmutiert in reines Gold – in die unsterbliche geistige Essenz. Doch soll er auch zu tatsächlicher Transmutation der Materie in der Lage sein, und der anerkannte tschechische Indologe Kamil V. Zvelebil beschreibt die verblüffende Demonstration seines siddha-Lehrers ebensolcher Fähigkeit.[4] Das für diese tantrische Tradition – sie schlägt eine Brücke zwischen Hinduismus und Buddhismus – typische yogische Verfahren heißt kâya-sâdhana oder „Körper-Kultivierung". Und das war die Wiege des Hatha-Yoga.

[4] *K. V. Zvelebil, The Poets of the Power (Lower Lake, California: Integral Publishing, 1993), p. 125.*

Die bedeutendsten Schulen der Siddha-Bewegung waren jene der Nâthas und der Maheshvaras. Die Ersteren hatten ihren Sitz im Norden des Subkontinents, vor allem in Bengalen. Die Letzteren stammten aus dem Süden. Die buddhistischen Tantras sprechen von einem Pantheon aus 84 großen Adepten oder mahâ-siddhas, von denen viele noch heute als Halbgötter verehrt werden. Sie waren „meistens Leute vom Land mit wenig Neigung zu Bildung und diese auch nicht vortäuschend“.[5] Doch finden wir unter ihnen auch königliche Personen und große Gelehrte. Die tibetischen Quellen, die von nicht mehr zugänglichen Sanskritwerken ausgehen, liefern uns biographische Skizzen jener Meister. Obwohl die große Masse dieses Materials durchwegs legendenhaft erscheint, besteht doch guter Grund zur Annahme, dass die Persönlichkeiten hinter den so fantastischen Beschreibungen geschichtlich waren. Zu einigen unter ihnen sind noch literarische Werke und mystische Lieder erhalten geblieben.

Folgen wir der tibetischen Überlieferung, so war der erste und herausragendste Adept unter den 84 siddhas Luipâ, den manche Gelehrte mit Matsyendra Nâtha identifizieren, dem berühmten Lehrer des noch berühmteren Goraksha Nâtha. Unzählige Legenden und Lieder erzählen von den magischen und spirituellen Leistungen dieser zwei großen Meister (s. unten). Ein anderer erwähnenswerter siddha war der Buddhist Nâgârjuna, Lehrer von Tilopa, der Nâropa, den Guru von Marpa, einweihte, welcher seinerseits den illustren Yogi-Dichter Milarepa unterrichtete. Die tibetische Liste von mahâ-siddhas enthält mehrere Namen, die auch von Hindus anerkannt werden.

Die tamilische Tradition Südindiens gedenkt 18 siddhas, von denen einige chinesischer und singhalesischer Herkunft waren; einer stammte, wie es heißt, aus Ägypten. Die Zahl 18 gilt als ebenso symbolisch wie die Zahl 84 für die siddhas des Nordens, und beide Zahlen stehen für Vollständigkeit. Unter den siddhas des Südens haben insbesonders Akkatiyar (Sanskrit: Agastya), Tirumûlar, Civavakkiyar und Bhogar die Fantasie der Leute mit ihren Lehren und magischen Fertigkeiten beflügelt.

Bhogar, ein Adept, Alchemist und Dichter des 17. Jahrhunderts, der zur Töpferkaste gehörte, soll zusammen mit seinem Lehrer Kalangi Nâthar aus China eingewandert sein. Bhogar verfasste ein wichtiges Werk mit 7000 Versen über Kundalinî-Yoga. Layne Little, ein amerikanischer Tamil-Gelehrter, begann damit, diesen reichhaltigen wie schwierigen Text zu übersetzen. In der 20. Strophe seines mystischen Gedichtes erklärt Bhogar:

> Es gab die Zeit, da ich den Leib verschmähte.
> Doch sah ich dann den Gott darin.
> Der Leib ist Gottes Tempel, erkannte ich;
> und so begann ich,
> ihn mit größter Sorgfalt zu behandeln.

[5] *A. Bharati, The Tantric Tradition (London: Rider, 1965), p. 28.*

Agastya

Dieses Sentiment drückt die tantrische Sicht der Verkörperung perfekt aus. Im 19. Jahrhundert war es Râmalingar, der die Tradition der Transmutation des Leibes wiederaufnahm. Mit der Kraft seiner tiefen spirituellen Realisierung konnte Râmalingar den Pfad zur Freiheit überwältigend persönlich schildern, und Kamil V. Zvelebil nennt ihn in seinem Buch *Tamil Literature* zu Recht „den großen tamilischen Dichter des 19. Jahrhunderts". Er begann im Alter von neun Jahren mystische und devotionale Gedichte zu verfassen, und inspirierte Verse ergossen sich aus seiner Seele bis zu seinem geheimnisvollen Verschwinden anno 1874. Es wird gesagt, er habe einen solch hohen Grad der spirituellen Meisterschaft erreicht, dass er seinen physischen Leib restlos in Licht zerstrahlen lassen konnte.

Es mag so scheinen, als habe der südliche Zweig der weit gestreuten Siddha-Bewegung zu einer radikaleren Ablehnung des Ritualismus und anderer Eckpfeiler des Establishments tendiert als sein nördliches Gegenstück.[6] Eines der Gedichte von Civavakkiyar klingt so:

> Warum, du Narr, rufst du Mantren aus und murmelst sie und flüsterst sie,
> da du den eingerammten Stein umrundest, als wär's ein Gott, und Blumenketten um ihn legst?
> Wird der eingerammte Stein denn sprechen – als wäre Gott darin?
> Wird's Kochgefäß und die hölzerne Schöpfkelle
> den Geschmack vom Curry-Gericht dann auch kennen?[7]

Aber diese Zurückweisung gängiger Verehrungsformen, so oft zur Götzenanbetung mutierend, kann ebenso unter den siddhas des Nordens, besonders unter den Anhängern der buddhistischen Sahajîyâ-Tradition und bei den bengalischen Bauls, angetroffen werden. Die Letzterwähnten ziehen bis zum heutigen Tag übers Land und singen ihre initiatorischen Hymnen. Natürlich taten die siddhas die devotionalen Gefühle nicht an und für sich in Bausch und Bogen ab. Vielmehr nahm ihre Kritik das automatenhafte Verhalten generell, ob nun weltlich oder religiös, aufs Korn – verkommen doch selbst hingebungsvolle Gefühle öfters zum seelenkorrumpierenden „-ismus" und verdunkeln damit die Verstand und Gefühl transzendierende Realität, anstatt sie zu enthüllen.

Trotz jener beißenden Kritik der siddhas können wir unter den Mitgliedern der Nâtha-Sekte einen Trend zur rein „technischen Anwendung" entdecken; sie stellten magische Rituale und Hatha-Yoga-Praktiken über die Ich-Transzendierung, ließen dabei kaum Raum übrig für die Pflege der wahren spirituellen Werte und Haltungen. Wo Machterwerb wichtiger ist als Ich-Transzendierung, erliegt man leicht der Tendenz zur Ich-Aufblähung samt Versteinerung des Herzens. Um es anders auszudrücken: Wenn die kundalinî das ihr eigene Kaleidoskop aus faszinierenden inneren Phäno-

[6] *K. V. Zvelebil, a. a. O., pp. 29–60; 63.*

[7] *Ebd., p. 87.*

menen projiziert, vergessen wir leicht, dass die kundalinî letztendlich die Göttin ist und dieses Spektakulum nur ihr Spiel. Wie die moderne wissenschaftliche Technologie erscheint auch die indische Psychotechnik nicht ohne Gefährdungen. Sobald der oberste Wert der Transzendierung des Ich aus den Augen verloren wird, läuft jede Technik Gefahr, zur Handlangerin rein egoistischer Ziele und Zwecke zu degenerieren.

Es war Jnânadeva, der große Meister des 13. Jahrhunderts aus Maharashtra, der jene hatha-yogins kritisierte, die „Tag und Nacht den Wind mit ausgestreckten Armen messen", denen es aber selbst an geringer Hingabe mangelt. Sie müssten, sagte er voraus, auf ihrem Weg nur Kummer und Drangsal erwarten. Jnânadeva wurde von seinem älteren Bruder Nivritti Nâtha, der Schüler von Goraksha gewesen sein soll, in Hatha-Yoga initiiert. Jnânadevas Jnâneshvarî, verfasst in musikalischem Marathi, ist einer der lichtvollsten unabhängigen Kommentare zur Bhagavad-Gîtâ. Er sucht – mit Erfolg – die Hatha-Yoga-Lehren, die Jnânadeva in seiner Familie erhielt, mit dem Weg des Herzens, von Gott Krishna vor langer Zeit gelehrt, zu verbinden. Man kann kaum umhin, dieses Werk zu lesen, ohne von seiner Weisheit und seiner lyrischen Schönheit tief berührt zu werden.

Bhogar

Matsyendra und Goraksha

Die hinduistische Überlieferung verbindet die Erschaffung des Hatha-Yoga mit Goraksha Nâtha (Hindi: Gorakhnâth) und seinem Lehrer Matsyendra Nâtha, beide in Bengalen geboren. In seinem Tantra-Âloka grüßt Abhinava Gupta Matsyendra als seinen Guru, was indiziert, dass Letzterer vor der Mitte des 10. Jahrhunderts n. Chr. gelebt haben muss.[8] Matsyendra war ein Hauptvertreter, wenn nicht gar der Initiator der Nâtha-Bewegung, wiewohl Shiva selbst als der Ursprung der Nâtha-Genealogie betrachtet und dabei als Âdinâtha oder „Ursprünglicher Herr" angerufen wird. Der Begriff nâtha meint schlicht „Herr" oder „Meister" und bezieht sich auf einen yogischen Adepten, der sich sowohl der Befreiung (mukti) als auch paranormaler Fähigkeiten erfreut. Solche nâthas, glaubt man, sollen als Unsterbliche in den Himalaya-Regionen umherstreifen. Matsyendra wird als Schutzgottheit von Kathmandu in Gestalt von Shveta Matsyendra („Weißer Matsyendra") verehrt, dessen transzendentale Essenz als bodhisattva Avalokiteshvara auftritt. Die Jünger dieser Meister – vor allem von Goraksha – heißen nâthas, und der Nâthismus bildet einen der zahlreichen Fäden im großen Webgewirke der zeitgenössischen Tantrik.

Matsyendra („Herr der Fische", von matsya = „Fisch" und indra = „Herr") ist gleichfalls bekannt als Mîna, was dasselbe bedeutet. Der Name mag sich auch auf seinen Beruf als Fischer beziehen. Einem legendenhaften Bericht im Kaula-Jnâna-Nirnaya („Ermittlung des Kaula-Wissens") zufolge – diese Schrift gehört zum 11. Jahrhundert und ist die älteste verfügbare Infor-

[8] Einige Fachleute verlegen Matsyendra sogar ins 5. Jh. n. Chr.

Matsyendra Nâtha

mationsquelle zum Kaulismus – rettete Matsyendra den Kanon der Kaulas (genannt kula-âgama, geschrieben kulâgama) aus dem Magen eines großen Fisches. Einige Gelehrte verstehen den Namen „Matsyendra" symbolisch und argumentieren, dass er einen bestimmten Grad spiritueller Vollendung angebe, was richtig sein mag, ohne dass es der Schlussfolgerung, er habe seinen Lebensunterhalt als Fischer verdient, widersprechen muss. Aus der Sicht einiger Traditionen erreichte jemand, der den Titel matsyendra trägt, Meisterschaft im Abstellen von Atmung und mentaler Aktivität mittels des Raum-Bewegungs-Siegels (khecârî-mudrâ), eines der wichtigsten „Körpersiegel" des Hatha-Yoga.

Matsyendra heißt bei den Tibetern Jowo Dzamling Karmo („Weißer Herr der Welt") und gilt als einer von vier sehr verehrten Brüdern, die, wie einige sagen, im 7. Jahrhundert lebten. Er wird vor allem assoziiert mit der Kaula-Sekte der Siddha-Bewegung, und er mag durchaus den Yoginî-Kaula-Zweig begründet haben. Diese tantrische Sekte leitet ihren Namen von ihrer Hauptlehre kula ab. Kula ist die höchste Wirklichkeit als Shakti, spezifisch als kundalinî-shakti, d.h. in ihrem dynamischen oder weiblichen Aspekt begriffen. Wörtlich genommen bedeutet kula „Herde" oder „Menge", aber, signifikanter, auch „Familie" und „Heim". So klingen in dem Begriff sowohl differenzierende Aufteilung als auch Geschütztsein an, was beides auf die Schlangen-Kraft zutrifft, da die kundalinî sowohl Ursprung des mannigfaltigen Universums wie auch Quelle der höchsten Gewissheit für jenen yogin ist, der das kula-Geheimnis kennt. In dieser Sekte figuriert Shiva häufig als akula – als das Prinzip, das die Differenzierung transzendiert. Und kaula steht für den Zustand der Erleuchtung oder Befreiung, der erlangt wird, wenn sich Shiva und Shakti vereinen. Das Wort bezieht sich auch auf einen yogin, der diese Methode praktiziert.

Einige Lehrerlisten führen Matsyendra und Mîna als zwei verschiedene Personen auf; das mag zwar möglich sein, ist aber nicht sehr wahrscheinlich. Andere Quellen setzen ihn mit Luipâ gleich, den die Tibeter jedoch mit einem anderen Adepten identifizieren. Alte Geschichten über Luipâ – der tibetische Name bedeutet so viel wie „Fischgedärme-Esser" – kursieren nach wie vor in ganz Nordindien. Sie portraitieren ihn als yogin, der gerne Fisch-Innereien verzehrt. In bengalischer Sprache ist lui ein kleines, aus Rohr gefertigtes Angelgerät. Manche Sprachexperten leiten den Namen von lohi-pâda ab, was jemanden benennt, der von Lohit (assamesischer Name des rötlich gefärbten Brahmaputra-Flusses) kommt. Luipâ soll gemeinsam mit dem buddhistischen, 980 n. Chr. geborenen Adepten und Gelehrten Dîpamkara Shrîjnâna (=Atîsha) ein Buch verfasst haben.

In der tibetischen Hagiografie der 84 mahâ-siddhas wird diese Geschichte über Mîna Nâtha (der, wie gesagt, wahrscheinlich mit Matsyendra identisch ist) erzählt:

Der Fischer Mîna verbrachte die meiste Zeit auf seinem kleinen Boot, in einer Bucht am bengalischen Golf angelnd. Eines Tages biss ein riesiger

Fisch an und zog so kräftig an der Angelleine, dass Mîna über Bord gerissen wurde. Wie Jonas in der Bibel endete Mîna im großen Magen des Fisches und wurde durch sein gutes Karma behütet.

Nun geschah es, dass zu eben dieser Zeit Gott Shiva seine göttliche Gemahlin Umâ in geheimen Lehren, die der Gott bisher für sich behalten hatte, unterwies. Umâ hatte auf dem Meeresgrund eine exquisit abgelegene Wohnstätte bereitet, so dass niemand die geheime Unterrichtung belauschen würde. Viele Fische aber wurden von dem leuchtenden unterseeischen Gebilde angelockt, auch der Riesenfisch, der Mîna verschluckt hatte. So kam es, dass der Fischer Shivas okkulten Unterweisungen lauschen konnte, ohne bemerkt zu werden. Irgendwann schlief die Göttin ein. Als Shiva fragte: „Hörst du denn zu?", kam aus dem Fischbauch prompt ein „Ja!" Mit seinem dritten Auge blickte Shiva in den Magen des Fisches und entdeckte Mîna. Darob hoch erfreut, rief er: „Jetzt sehe ich, wer mein wahrer Schüler ist!" Zu seiner schlafenden Gattin raunzte er: „Ich will ihn anstatt deiner einweihen."

Goraksha Nâtha

Mîna empfing dankbar die Initiation und widmete sich in den folgenden zwölf Jahren hingebungsvoll den esoterischen Exerzitien, in die ihn Shiva eingewiesen hatte. Nach Ablauf dieser Zeit fing ein anderer Fischer das ichthyoide Monster, hackte es auf, und Mîna entstieg daraus als voll realisierter Meister.

Mînas bzw. Matsyendras Hauptschüler war Goraksha. Die Legende berichtet, dass eine Bauersfrau einst Shiva um einen Sohn anflehte. Von ihren glühenden Gebeten berührt, gab der große Gott ihr magische Asche, die sie einnehmen sollte, damit es zu einer Schwangerschaft käme. In ihrer Unwissenheit warf die Frau die kostbare Gabe auf den Mist. Zwölf Jahre danach hörte Matsyendra zufällig mit an, wie sich Shiva und seine Gattin Pârvatî darüber unterhielten. Und er wollte das Kind sehen, das Shiva der Bäuerin versprochen hatte; so ging er sie besuchen. Verschüchtert erzählte die Bäuerin, was aus Shivas Gnadengeschenk geworden war. Ungerührt forderte der siddha sie auf, nochmals den Misthaufen zu durchsuchen; und siehe da – sie entdeckte einen zwölfjährigen Jungen. Er erhielt den Namen Goraksha („Beschützer der Kühe").

Matsyendra nahm Goraksha als Schüler auf, und bald übertraf der Ruhm des Schülers den des Lehrers. In einigen Geschichten benutzt Goraksha seine beträchtlichen magischen Fertigkeiten zum höheren Wohlergehen seines Guru. So begab sich Matsyendra einmal auf eine Reise nach Ceylon, wo er sich in die Königin verliebte. Sie lud ihn ein, bei ihr im Palast zu bleiben, und bald war Matsyendra ins Leben am Hof eingesponnen. Als Goraksha vom Geschick seines Lehrers erfuhr, machte er sich sofort zu seiner Rettung auf den Weg. Er nahm weibliche Gestalt an, um Zutritt zum königlichen Harem erhalten und seinen Lehrer zur Rede stellen zu können. Dank der rechtzeitigen Initiative seines Schülers kam Matsyendra zur Vernunft und kehrte, zusammen mit seinen zwei Söhnen Parasnâth und Nimnâth, nach Indien zurück.

Goraksha, der im späten 10. und frühen 11. Jahrhundert lebte, wird als einzigartiger Wundertäter beschrieben. Offensichtlich war er ein verwirklichter Meister mit charismatischer Persönlichkeit und großem gesellschaftlichem Einfluss. Und doch stammte er, laut den meisten überlieferten Berichten, aus einer unteren sozialen Schicht, wenn nicht gar der untersten. Die Berichte stimmen auch darin überein, dass er sich bereits im jungen Alter dem asketischen Leben verschrieben hatte und einen lebenslangen Zölibat einhielt. Diese, wie es scheint, gut aussehende und faszinierende Persönlichkeit bereiste ganz Indien. Kabîr, der sonst wenig Gutes über die yogins seiner Tage zu sagen wusste, pries Goraksha, Bhartrihari und Gopîcandra als Meister, die zur Vereinigung mit dem Göttlichen gelangt wären. Er gab auch frank und frei zu, dass er wegen ihrer Lehren über die sechs psychospirituellen Zentren des Körpers und den Yoga des Tons (shabda-yoga) in ihrer Schuld stünde.

Häufig wird die Erfindung des Hatha-Yoga allein Goraksha zugeschrieben, obgleich viele Lehren und Praktiken dieser Schule schon lange vor seiner Zeit existierten.[9] Goraksha soll auch den Kânpatha-(„Gespaltenes-Ohr")Orden der Nâthas begründet haben, dessen seltsamer Name vom charakteristischen Kennzeichen seiner Mitglieder kommt – durchbohrte Ohrläppchen, in denen große Ringe (mudrâ oder darshana genannt) steckten. Einige Mitglieder behaupten, die Durchbohrung beeinflusse eine wichtige Strömung (nâdî) der Lebensenergie am Ohr, wodurch gewisse magische Fähigkeiten leichter zu erwerben seien.

Der Kânphata-Orden, deren Mitglieder auch jogîs genannt werden, ist über ganz Indien verstreut und schließt Einsiedler, viele Frauen, kleine monastische Gruppierungen wie auch eine geringe Zahl verheirateter jogîs ein. In der Regel haben sie einen niederen sozialen Status und, wie Georg Weston Briggs zusammenfasste,

> sie fabrizieren Zauberformeln für eigene Zwecke, verkaufen sie manchmal an andere, intonieren Bannformeln, lesen die Hand und jonglieren, sagen die Zukunft voraus und deuten Träume, verkaufen wollene Amuletts, die Kinder vor dem bösen Blick beschützen sollen, geben vor, Krankheiten zu heilen, murmeln dazu Sätze über den Kranken, wenden Medizin und Exorzismus an und verkaufen Drogen.[10]

Das von Briggs und anderen gezeichnete Bild vermittelt den Eindruck, der von Goraksha gegründete Orden sei definitiv im Niedergang begriffen, und viele seiner Mitglieder würden wegen ihrer tatsächlichen oder vermeintlichen magischen Kräfte und Verwünschungen, zu denen sie allzeit bereit seien sowohl verachtet wie gefürchtet werden. Trotzdem finden sich auch

[9] Dem indischen Gelehrten M. Singh zufolge ging es in Gorakshas Lehre nicht wirklich um Hatha-Yoga, sondern um eine Form von Mantra-Yoga, nâda-anusandhâna oder „Hinwendung zum (inneren) Ton" genannt, und wir müssten, meint er, die Samnyâsa-Upanishads (die von Weltentsagung handeln) studieren, um Gorakshas Perspektive zu verstehen. Diese Deutung entspringt aber einem Missverstehen von Hatha-Yoga; denn der misst, auf den höheren Stufen der Praxis, dem inneren Ton recht große Bedeutung zu, wie aus der Hatha-Yoga-Pradîpikâ erhellt.

[10] G. W. Briggs, Gorakhnath and the Kanphâta Yogis (Delhi: Motilal Banarsidass, Nachdr. 1973), p.23. Diese informative, wenn auch nicht immer unvoreingenommene, ethnographische Studie wurde zum ersten Mal 1938 veröffentlicht.

solche Nâthas, die die Dörfler weiterhin in spirituellen und weltlichen Angelegenheiten beraten und die, wie jene der Bhartri-Nâtha-Linie, mit ihrer Musik und ihren Liedern unterhalten und erbauen. Wohl trifft es zu, dass die Gefahr des Narzissmus auf allen „körperorientierten" Pfaden lauert, aber wahr ist auch, dass bei keiner echten spirituellen Vorgehensweise – das schließt Hatha-Yoga ein – die ich-transzendierende Liebe fehlt.

Andere Meister des Nâthismus

Nach Goraksha finden wir als prominenteste Adepten des Nâthismus Jâlandhari (Schüler von Matsyendra), Bhartrihari (Schüler von Jâlandhari), Gopîcandra (Schüler von Jâlandhari oder Kanhu) und Caurangî, dem auf Veranlassen seiner Stiefmutter (s. unten) Hände und Füße abgetrennt wurden, und der ein Schüler von Matsyendra wie auch von Carpata (oder Carpati) und Gahinî (beiden waren Schüler von Goraksha) wurde.

Ehe er der Welt entsagte, regierte Jâlandhari über die blühende Stadt Hastinâpura in Nordwest-Indien. Im Osten, in Bengalen, dagegen ist er bekannt als Hâdipâ, was seinen Beruf als niederer Arbeiter ausweist. Die Legende erzählt, dass er, der große siddha, Shivas Gattin für sich begehrte, weshalb diese ihn dazu verfluchte, sein Leben als hâdi im Dienst der schönen Königin Maynâmati von Comilla (heute in Bangladesh) zu Ende zu leben. Es wird seiner als großer Wundertäter gedacht, der die Toten wiedererwecken konnte – ein Akt, den er an seinem berühmtesten Schüler, König Gopîcandra (s. unten), vollzog.

Bhartrihari war König von Ujjain und, laut einiger Geschichten, Bruder der Königin Maynâmati, der Mutter von Gopîcandra. Er wurde durch Jâlandhari initiiert und soll auch Schüler von Goraksha gewesen sein. Nach seiner Abdankung bestieg sein Bruder Vikramâditya (Candragupta II.) den Thron und regierte von 1079 bis 1126 n. Chr. Eine der Untersekten der Kânphatas trägt den Namen Bhartriharis, dessen Weltentsagung – nach dem Tod seiner geliebten Gattin Pingalâ – noch heute in volkstümlichen Liedern, besonders im westlichen Indien, gefeiert wird.

Ein anderer von Gorakshas zwölf Hauptschülern war Baba Haji Ratan, ein Muslim, der noch immer Anhänger in Kabul hat und der den (auch Goraksha zugeschriebenen) Kafir-Bodha verfasst haben mag. Er scheint allerdings Ende des 12. Jahrhunderts gestorben zu sein, was einen direkten Kontakt mit Goraksha ausschlösse, falls wir nicht von einer extremen Langlebigkeit des Letzteren ausgehen.

Caurangî, Sohn von König Devapâla aus der Pâla-Dynastie Bengalens, soll die Prâna-Sankali (in mittelalterlichem Hindi geschrieben) verfasst haben. Die tibetische Legendensammlung über die 84 großen Meister erzählt, wie ihm seine Stiefmutter amouröse Avancen machte, die er zurückwies. Tief gedemütigt sann sie auf Rache. An einem der darauffolgenden Tage fügte sie

Jâlandhari

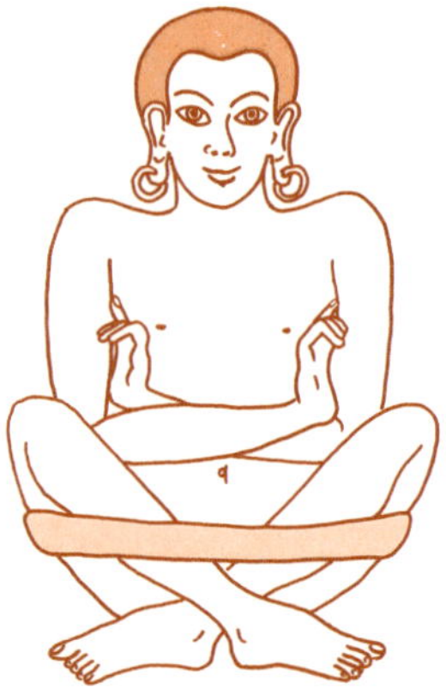

Caurangî

sich tiefe Kratzer auf dem ganzen Körper zu und schob Caurangî dafür die Schuld zu. König Devapâla, der keinen Grund sah, seiner neuen Gemahlin zu misstrauen, befahl den Folterknechten, dem Prinzen Arme und Beine abzuhacken und ihn im Wald seinem Geschick zu überlassen. Ehe Caurangî verblutete, erschien Mîna Nâtha und initiierte den sterbenden Prinzen in Yoga, versprach ihm dann, dass seine Gliedmaßen nach erfolgreicher Ausführung aller ihm gegebenen Übungen wieder nachwachsen würden.

Eines Nachts, nach zwölf langen Jahren, kampierte eine kleine Karawane, beladen mit Gold und Edelsteinen, in der Nähe. Caurangî rief den Leuten aus der Dunkelheit zu. Furchtsam gaben sie sich als Händler aus, die schlichte Holzkohle mit sich führten. „So sei es", rief er zurück. Bei Sonnenaufgang entdeckten sie zu ihrem Schrecken, dass all ihre Kästen und Säcke mit Holzkohle angefüllt waren. Die Kaufleute erinnerten sich der körperlosen Stimme der vergangenen Nacht und suchten nach Caurangî. Sie waren schockiert, als sie seinen gliederlosen Leib gegen einen Baum gelehnt sahen, empfanden aber auch, dass dieser Mann große Macht hatte. So gestanden sie ihm ihre kleine Lüge und baten ihn um seine Hilfe. Caurangî erklärte, dass er für die seltsame Verwandlung ihrer Güter vermutlich keine Verantwortung trüge, doch wenn seine Worte tatsächlich ihr Missgeschick verursacht haben sollten, dann möge nun eben die Holzkohle in Gold und Edelsteine zurückverwandelt werden. Als die Kaufleute die Kästen und Säcke öffneten, fanden sie zu ihrer Freude ihren Besitz wieder im richtigen Zustand. Caurangî aber war genauso überrascht wie sie. Da erinnerte er sich an Mîna Nâthas Versprechen – und ließ noch am gleichen Tag seine Gliedmaßen kraft bloßer Visualisierung nachwachsen.

Carpata bzw. Carpati soll – im frühen 10. Jahrhundert – ein Werk mit dem Titel Carpata-Shataka (oder Carpata-Paddhati) verfasst haben, das starken Jaina-Einfluss zeigt. Einigen Gelehrten zufolge war er ein Alchemist, der dem Buddhismus anhing, später aber Schüler von Goraksha wurde. Aus diesem und anderen Texten des Nâthismus wird klar, dass die Nâtha-Bewegung sich am Zusammenfluss von Hinduismus, Buddhismus und Jainismus entfaltete. Es gibt auch ein, fälschlicherweise Shankara zugeschriebenes, Carpata-Panjarikâ-Stotra, das offensichtlich dem Shataka nachmodelliert wurde.[11] Tibetische Quellen, die Carpati zu den 84 großen Meistern zählen, führen ihn als Carbaripâ auf. Er habe, so sagt man, die seltene Fähigkeit besessen, Menschen in steinerne Buddha-Figuren zu verwandeln. Und in der Legende werden die Figuren erneut lebendig, nur um nachlässig Übende zu züchtigen, so dass deren Klarheit und Motivation wiederhergestellt werde.

Gahinî (Marathi: Gainî) aus Maharashtra soll ein Schüler Gorakshas gewesen sein. Sein Geburtsjahr wird gewöhnlich mit 1175 n. Chr. angegeben, was mit Gorakshas Lebenszeit allerdings unvereinbar erscheint. Jedoch könnte Goraksha sein parama-Guru oder Lehrer seines Lehrers gewesen sein. Gahinî Nâtha initiierte Nivritti (s. unten).

[11] *Siehe A. N. Upadhye, „On Some Under-Currents of the Nâtha-Sampradâya, or The Carpata-Sataka", Journal of the Oriental Institute of Baroda, Bd. 18, Teil 3 (1968–1969), pp. 198–206.*

Goraksha mit Kühen

Gopîcandra, einstmals König von Ost-Bengalen (jetzt Bangladesh), figuriert als Thema in zahlreichen populären Legenden und Balladen, die noch heute in Nordindien erzählt und gesungen werden. Einige Fachleute assoziieren ihn mit Pattikânâgara in Tripura (Distrikt Chittagong am Golf von Bengalen) und weniger mit der Pâla-Dynastie Bengalens. Es scheint, als habe seine Familie einen Teil Bengalens als Lehen erhalten. Er heiratete die beiden Töchter von König Harishcandra, der wahrscheinlich Savar im Distrikt Dacca Bengalens regierte.

Laut einer Darstellung war Gopîcandras Geburt allein Shivas Gnade zu verdanken, denn die astrologische Konstellation im Horoskop seiner königlichen Mutter sagte keinen Sohn voraus. Der Königin Maynâmati, Gemahlin von König Manikcandra, wurde gesagt, dass ihr neugeborener Sohn Gopîcandra ein Schüler des Adepten Jâlandhari sei und zu diesem Lehrer zurückkehren müsse, nachdem er sein Königreich zwölf Jahre lang regiert hätte. Außerdem, so erfuhr sie, werde Gopîcandra Unsterblichkeit erwerben, wenn er sich zum besagten Zeitpunkt seinem Guru unterwerfe. Sollte er aber seinen Lehrer zurückweisen und der Welt nicht entsagen, dann sei es sein Schicksal, augenblicklich zu sterben.

Gopîcandra wuchs in verschwenderischer Pracht und ohne Sorgen auf und wurde dann ein erfolgreicher Herrscher. Im zwölften Jahr seiner Regierung kam Jâlandhari (in Gestalt eines Kehrers niedriger Kaste und unter dem Namen Hâdi) in die Palastgärten und forderte zurück, was ihm zustand. Die Königinmutter, selbst Schülerin von Jâlandhari, teilte Gopîcandra die Neuigkeit mit. Nachdem er sie gehörig ausgefragt hatte, traf er eine Entscheidung. Er ging kurzerhand zu Jâlandhari alias Hâdi und warf den Meister zu jedermanns Entsetzen in eine tiefe Zisterne, die er mit einem großen Felsbrocken versperren ließ, auf den dann hundert Wagenladungen Pferdemist gehäuft wurden.

Wie Jâlandhari viele Jahre zuvor prophezeit hatte, lag Gopîcandra augenblicklich danach auf seinem Totenlager. Plötzlich materialisierte sich vor ihm Jâlandhari, den die grausame Behandlung durch seinen Schüler wenig berührt hatte. Mit seinen überlegenen Fähigkeiten holte er die sich vom Leib bereits lösende Seele Gopîcandras zurück. Obgleich der König sich freute, wieder am Leben zu sein, akzeptierte er nur widerwillig einen entsagungsvollen Lebensstil. Tatsächlich musste Jâlandhara noch etliche Male in das Leben seines Schülers eingreifen, der recht stark an seinen 1100 Frauen, 1600 jungen Sklavinnen und deren Kindern, wie auch am luxuriösen Leben, der Machtfülle und dem Ruhm eines Regenten hing. Wahrscheinlich ist Gopîcandra der widerspenstigste Schüler in der Geschichte des Yoga, und er litt während seiner Schülerjahre sehr. Doch gewann er, dank der Gnade seines Guru, dank seines guten Karma und nicht zuletzt dank seiner Beharrlichkeit, schließlich den höchsten Preis – Befreiung und Loslösung noch während des Lebens.

Zusätzlich zu den oben angeführten Meistern erwähnt die Hatha-Yoga-Pradîpikâ (1.5–9) Shâbara, Ânanda Bhairava, Mîna (zu unterscheiden von Matsyendra), Virûpâksha, Bileshaya, Manthâna Bhairava Yogin, Siddhi, Buddha, Kanthadi, Koranthaka, Surânanda, Siddhipâda, Kânerin, Pûjyapâda, Nitya Nâtha, Niranjana, Kapâlin, Bindu Nâtha, Kâkacandîshvara, Allâma Prabhudeva, Ghodâcolin, Tintini, Bhânukin, Nâradeva, Khanda und Kâpâlika. Wir wissen fast nichts Konkretes über diese Persönlichkeiten, doch spinnen sich zahlreiche Legenden um die wichtigsten unter ihnen.

Falls Ânanda Bhairava identisch ist mit dem Bhairava Ânanda, der in König Shekharas Karpura-Manjari erwähnt wird, dann können wir ihn ins frühe 10. Jahrhundert platzieren.

Virûpâksha ist vielleicht derselbe Adept Virûpa, den tibetische Quellen als einen der 84 mahâ-siddhas betrachten. Er wurde während der Regierung König Devapâlas in Bengalen geboren und trat im jungen Alter in die buddhistisch-monastische Universität von Somapuri ein. Als sich nach zwölf Jahren hingebungsvoller Praxis kein spiritueller Durchbruch einstellte, trennte er sich in äußerster Verzweiflung von seiner Gebetskette. Am gleichen Abend erschien ihm die Göttin Vajra Varahî mit einer neuen Gebetskette als Geschenk. Virûpa fühlte sich durch dieses außergewöhnliche Ereignis sehr gestärkt und motiviert und verbrachte weitere zwölf Jahre mit besonderen Meditationsübungen, um schließlich die ersehnte Verwirklichung zu erlangen. Kurz nach seiner Erleuchtung fanden ihn Mitbrüder in seiner Mönchszelle, wie er sich an Taubenfleisch und Wein gütlich tat. Er wurde aller Funktionen enthoben und aufgefordert, das Kloster zu verlassen. Außerhalb der Klosterpforten dann schritt er frohgemut und leichtfüßig von Lotosblatt zu Lotosblatt über den See, bis er das andere Ufer erreichte.

Verwundert und reuevoll baten ihn die Mönche, zurückzukehren, was er tat. Gefragt, warum er denn die Tauben zum Verzehr getötet hätte, erklärte er, dass dies, wie alles andere auch, eine Illusion gewesen sei. Er schnalzte mit den Fingern, und die Tauben wurden wieder lebendig. Nach der Demonstration verließ er das Kloster in beidseitigem Einvernehmen, um gemächlich durch die Lande zu ziehen.

Kanthadi mag der gleiche siddha sein, den der Chalukya-König Mûlrâj I. (941–996 n. Chr.) am Ufer des (neueren) Sarasvatî-Flusses vorfand. Pûjyapâda kann womöglich auch der große Arzt-Philosoph sein, der, in einer Jaina-Familie geboren, um 600 n. Chr. in Karnataka lebte. Ursprünglich hieß er Devanandi, und er schrieb ein Werk über Medizin, Kalyana-Kâraka betitelt. Die Frage bleibt jedoch offen, ob er identisch ist mit Pûjyapâda; diesem werden mehrere medizinische Werke, einschließlich des Samâdhi-Shataka in Telugu, zugesprochen.

Nitya Nâtha war ein großer Meister aus dem 15. Jahrhundert, der den Rasa-Ratna-Âkâra (geschrieben Rasaratnâkâra) verfasste – einen Text mit 1000 Seiten, der beansprucht, eine Übersicht aller früheren âyurvedischen

Werke zu sein. Manchmal unterstellt man ihm auch die Autorenschaft zur Kaksha-Pûta-Samhitâ (einem Handbuch der Zauberei) und zur Siddha-Siddhânta-Paddhati.

Kapâlin könnte identisch sein mit Kapâlapâ, ebenfalls in der Lebensbeschreibung der 84 mahâ-siddhas angeführt. Er war, so erzählt man, ein Arbeiter in Râjapuri, und seine geliebte Frau sowie alle fünf Kinder starben während einer Epidemie. Er wurde in die buddhistische Tradition eingeweiht durch Krishnâcârya, der aus dem abgetrennten Kopf von Kapâlapâs Gattin eine Schädelschale, aus den Knochen der fünf Kinder rituelle Ornamente schnitzte und dann den trauernd Hinterbliebenen darin unterrichtete, über die Leerheit der Schädelschale zu meditieren. Nach neun Jahren hatte Kapâlapâ damit Erfolg und wurde daraufhin ein anerkannter Lehrer mit 600 Schülern.

Bindu Nâthas Identität könnte die des Autors der Rasa-Paddhati, eines medizinischen Werkes, gewesen sein.

Kâkacandîshvara verfasste mehrere Schriften über Yoga sowie den medizinischen Text Kâkacandîshvara-Kalpa.

Allâma Prabhudeva war ein Zeitgenosse von Basava (1120–1168 n. Chr.) und das Haupt eines Ordens mit 300 verwirklichten Praktikern, unter denen 60 Frauen gewesen sein sollen. Seine Lebensgeschichte wird in der Prabhulinga-Lîlâ erzählt, einer Schrift, die um die Mitte des 16. Jahrhunderts entstand und derzufolge Goraksha von Allâma eingeweiht wurde. Ein Resultat der Goraksha auferlegten Übungen war, dass er unverwundbar wurde. Stolz demonstrierte er seine neu erworbenen paranormalen Fähigkeiten vor seinem Lehrer. Um Goraksha eine Lektion in Demut zu geben, forderte Allâma seinen Schüler auf, ihn mit dem Schwert zu durchstoßen. Zu seiner Verwunderung sah Goraksha, wie das Schwert durch den großen siddha glitt, als bestünde er aus leerem Raum. Allâma erklärte, dass alle Formen nichts weiter als gefrorene, durch Illusion (mâyâ) hervorgerufene Schatten sind. Sowie sich der Knoten am Herzen löst und mâyâs Zauberbann weicht, erkennt man, dass der Leib ausschließlich in der einen, allgegenwärtigen Realität existiert. Allâma ließ seinen Schattenleib 1196 n. Chr. fallen.

II. WANDERN AUF DES MESSERS SCHNEIDE – DER PFAD DES HATHA-YOGA

> Der Körper ist die Wohnstatt Gottes, o Göttin. Die Seele (jîva) ist Gott Sadâ-Shiva. Man sollte von den Opfergabenresten der Unwissenheit ablassen; man sollte mit der Vorstellung „Ich bin ER" beten.

Dieses Zitat aus dem Kula-Arnava-Tantra (9.41) formuliert den eigentlichen Zweck des Hatha-Yoga: die Gottrealisierung oder Erleuchtung im Hier und Jetzt, in einem vergöttlichten, nicht mehr sterblichen Körper. Das wird häufig als Zustand des Gleichgewichts oder der Harmonie (samarasa) im Körper bezeichnet, bei dem die normalerweise diffus verstreute Lebenskraft im zentralen nâdî gebündelt wird – etwas, was der Begriff hatha-yoga an sich schon impliziert, denn esoterisch genommen bedeutet er die Vereinung (yoga) von „Sonne" und „Mond", die Vereinung der zwei primären dynamischen Prinzipien von Körper, Verstand und Gemüt.

Die Lebensenergie (prâna) findet sich entlang der Wirbelsäule polarisiert zwischen dem dynamischen Pol (Shakti), der an der Basis, und dem statischen Pol (Shiva), der am Scheitel des Kopfes liegt. Das Streben und Tun des hatha-yogin bezweckt die Vereinigung von Shakti und Shiva. Damit aber diese „Hochzeit" zustande kommt, muss er zuerst den „Wechselstrom der Lebensenergie", der seinen Leib energetisiert, gleichrichten. Die positiv-negativ polarisierte, dynamische Strömung (häufig als hamsa bezeichnet) schwingt 21.600 mal am Tag[12] an der linken und rechten Körperseite hinauf und hinunter. Die positive Strömung wird als Erwärmung, die negative als Kühlung erfahren. Auf der physiologischen Ebene entsprechen die beiden dem sympathischen und parasympathischen Nervensystem.

Im tantrischen Modell des menschlichen Körpers wird der zentrale Achsenkanal (sushumnâ genannt) von der Doppelhelix aus idâ- und pingalâ-nâdî umrankt. Die idâ ist der Träger bzw. der Strom der Mondenergie in der linken Körperhälfte und die pingalâ Leitung oder Strom der Sonnenenergie in der rechten. Die Silbe ha im Wort hatha steht für die solare, die Silbe tha für die lunare Kraft im Körper.[13] Der Begriff Yoga verweist auf deren Konjunktion – auf den ekstatischen Zustand, der eintritt, wenn Subjekt und Objekt identisch werden.

Der hatha-yogin trachtet also danach, die linke und rechte Strömung aufzufangen und als bipolare Energie in den zentralen Kanal zu leiten, der in der Afterregion, im mûlâdhâra-cakra – wo, wie es heißt, die kundalinî schläft – entspringt. Die ständige Bemühung, die Lebenskraft umzudirigieren, wirkt auf die kundalinî ein, weckt und mobilisiert sie. Das ließe sich vergleichen mit einem Hammer, der auf den Amboss schlägt; deshalb heißt das Wort hatha, exoterisch genommen, auch „Kraft, Gewalt". Traditionellerweise gilt daher Hatha-Yoga als die kraftvolle Bemühung, die dem Körper innewohnende Lebensenergie zu benutzen, um das Ich zu transzendieren und das Eine Selbst zu verwirklichen.

Reinigungs-Techniken

Die Atemkontrolle (prânâyâma), die direkteste Methode, auf die Lebensenergie einzuwirken, steht im Zentrum der Hatha-Yoga-Praxis. In ihrem langen Experimentieren mit dem Atem fanden die frühen yogins jedoch heraus, dass sich die meisten Aspiranten einer mehr oder weniger extensiven

[12] Laut Gheranda-Samhitâ (5.80) ist hamsa – es wird auch als spontanes gâyatrî-mantra bewertet – in den Nasengängen, am Herzen und im mûlâdhâra-cakra an der Wirbelsäulenbasis tätig.

[13] Einige populäre Bücher über Yoga behaupten, dass ha und tha regelrechte Wörter seien, die „Sonne" und „Mond" bedeuten, wobei es tatsächlich nur Silben sind, die die beiden Himmelskörper symbolisieren.

Reinigung unterziehen müssten, ehe sie mit der Atemkontrolle begännen. So ersannen sie eine Reihe von Reinigungstechniken, die den Körper für die Anforderungen der höheren Stufen der Praxis präparierten. Die Gheranda-Samhitâ enthält folgende sachdienlichen Instruktionen:

> Reinigung, Stärkung, Stabilisierung, Ruhe, Leichtigkeit, Wahrnehmung [des Selbst] und der unbefleckte [Zustand der Befreiung] sind die sieben Mittel [des Yoga] des „Topfes" (gatha) [d.h. des Körpers]. (1.9)
>
> Reinigung [wird erreicht] durch die sechs Handlungen, Stärkung durch Körperstellungen (âsana), Stabilisierung durch die Siegel (mudrâ), Ruhe durch Sinnesrückzug (pratyâhâra); (1.10)
>
> Leichtigkeit [wird erreicht] durch Atemkontrolle (prânâyâma), Wahrnehmung des Selbst durch Meditation (dhyâna) und der unbefleckte [Zustand] durch Ekstase (samâdhi); [letzteres] ist zweifellos die Befreiung (mukti). (1.11)

Gheranda beschreibt nun die „sechs Handlungen" (shat-karman), die aus den folgenden sechs Reinigungspraktiken bestehen:

1. Dhauti („Säuberung") umfasst diese vier Methoden:
   • Antar-dhauti („innere Säuberung") besteht wieder aus vier Arten: a) bei der ersten wird der Atem geschluckt und durch den Anus ausgestoßen; b) bei der zweiten wird der Magen vollständig mit Wasser gefüllt; c) bei der dritten stimuliert man das „Feuer" im Bauchraum, indem man den Nabel baucheinwärts zum Rückgrat drückt; d) bei der vierten Art wird der prolabierte Darm gewaschen (eine riskante Prozedur). Diese vier Arten heißen der Reihe nach vâta-sâra („luftbezogen"), vâri- sâra („wasserbezogen"), vahni-sâra („feuerbezogen") und bahish-krita-(„außen durchgeführt")-antar-dhauti.
   • Danta-dhauti („Zahnreinigung") umfasst die Säuberung von Zähnen, Zunge, Ohren und Stirnhöhlen. Die Säuberung der Zunge bedeutet, sie mit Butter einzureiben, dann zu melken und langzuziehen, was sie vorbereitet für das khecârî-mudrâ, bei dem man die Zungenspitze in die am hinteren Gaumen liegende Einmündung des Nasengangs führt. Manche yogins benutzen Metallinstrumente, um die Zunge zu verlängern.
   • Hrid-dhauti („Herzsäuberung") meint die Reinigung der Kehle mit Kochbananen-Stengel, Gelbwurz, Schilfrohr, einem Stück Stoff oder durch selbst herbeigeführtes Erbrechen; diese Form der Reinigung tut jenen gut, die unter Krankheiten der Brust

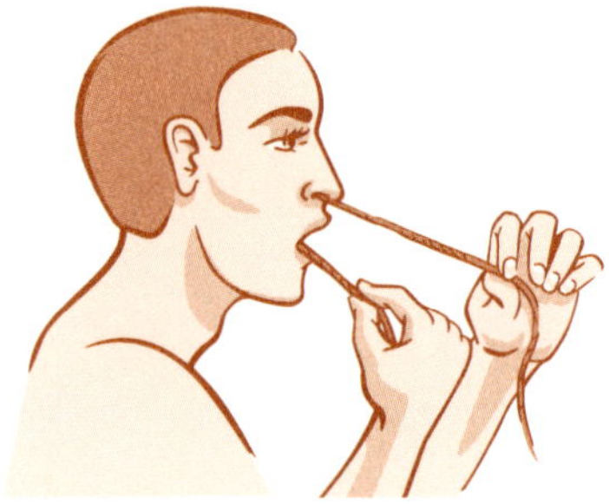

sûtra-neti

trâtaka

(„Herz") leiden. Die Säuberung von Speiseröhre und Magen mittels eines langen, vierfingerbreiten Stoffstreifens heißt vâsodhauti und soll Tumore, vergrößerte Milz, Hautkrankheiten und verschiedene Anomalien des Lungen-Bronchialtrakts (Auswurf) und der Gallenflüssigkeit heilen können.
• Mûla-shodhana („Wurzel-Reinigung") heißt die manuelle Säuberung des Afters (mûla) mit Wasser oder einem Gelbwurzstengel; sie soll Magen-Darm-Krankheiten heilen und die körperliche Vitalität verbessern.

2. Vasti oder basti („Blase") meint das Zusammenziehen und Ausdehnen des After-Schließmuskels zur Beseitigung von Verstopfung, Blähung und Dysfunktionen des Harntrakts; das kann auch stehend im Wasser durchgeführt werden. Manchmal führt man auch eine Röhre in den Mastdarm ein, während man im utkata-âsana sitzt – die yogische Version eines Einlaufs.
3. Neti (unübersetzbar) bezieht sich auf die Reinigung der Nasengänge: Ein dünner, ca. 25 cm langer Faden wird jeweils in einen Nasengang ein- und durch den Mund wieder ausgeführt, um Schleim zu entfernen und – die Säuberung wirkt auf das âjnâcakra ein – Hellsichtigkeit (divya-drishti) zu bewirken.
4. Lauli oder laulikî („Hin- und Herbewegung"), auch naulî oder naulî-kriyâ genannt, besteht in wellenartigen Seitwärtsbewegungen der Bauchmuskeln; das massiert die inneren Organe und soll mehrere Krankheiten heilen.
5. Trâtaka (unübersetzbar) wird ausgeübt, indem man den Blick länger auf einen kleinen Gegenstand oder eine Kerzenflamme fixiert, bis die Tränen kommen, was Augenerkrankungen heilen und gleichfalls Hellsicht hervorrufen soll.
6. Kapâla-bhâti („Schädel-Glanz") umfasst drei Techniken, die Schleim beseitigen sollen; die letztere der drei soll außerdem den yogin so anziehend werden lassen, dass er Kâmadeva, dem Gott der Liebe gleicht:
• Der „linke Prozess" (vâma-krama) bezieht sich auf das Einatmen durch die linke Nasenöffnung und das Ausstoßen der Luft durch die rechte, und umgekehrt.
• Der „umgedrehte Prozess" (vyut-krama) besteht darin, Wasser durch die Nasenlöcher einzuziehen und durch den Mund auszuprusten.
• Der shît-Prozess (shît-krama) bedeutet, Wasser durch den Mund hochzusaugen und durch die Nase auszuschnauben. Das Wort shît beschreibt lautmalerisch das Geräusch, das diese Prozedur begleitet.

Andere Texte modifizieren hin und wieder all diese Praktiken, und einige beschreiben weitere Techniken zur Reinigung und Präparierung des Körpers für die fortgeschrittene Atemkontrolle. Erwähnenswert ist dabei der Sat-Karma-Samgraha (auch als Karma-Paddhati betitelt) von Cidghanânanda, ein Handbuch, das vielleicht aus dem 18. Jahrhundert stammt und 149 Strophen umfasst. Es behandelt ausführlich zahlreiche Reinigungstechniken sowie auch körperliche Leiden, die sich aus einer fehlerhaften Yoga-Praxis ergeben können. Übrigens bräuchten – der Hatha-Yoga-Pradîpikâ (2.21) zufolge – nur solche Personen, die schlaff und phlegmatisch sind, die „sechs Handlungen" ausführen, um den Körper zu reinigen.

padma-âsana

KÖRPERSTELLUNGEN

Der Weise Gheranda sieht Hatha-Yoga so, als habe er sieben anstatt acht Glieder, wobei die Körperstellungen (âsana) und die Siegel (mudrâ) jeweils das zweite und dritte Glied sind, während die moralischen Imperative (d.h. yama und niyama) nicht als unabhängige Aspekte auftreten. Die Gheranda-Samhitâ (2.1) meint, es gäbe genau soviele âsanas wie Tierarten; Gheranda konstatiert also, Gott Shiva lehrte rund 8.400.000 Stellungen, von denen 84 von yogins für wichtig befunden werden. Folgen wir jedoch der Hatha-Yoga-Pradîpikâ (1.33), so lehrte Shiva lediglich 84 Stellungen. Von diesen werden 32 in der Gheranda-Samhitâ beschrieben:

siddha-âsana

1. Siddha-âsana („Körperhaltung des Meisters"), 2. padma-âsana („Lotoshaltung"), 3. bhadra-âsana („glückverheißende Stellung"), 4. mukta-âsana („befreite Stellung"), 5. vajra-âsana („Diamant-Stellung"), 6. svastika-âsana („svastika-Stellung"), 7. simha-âsana („Löwen-Stellung"), 8. go-mukha-âsana („Stellung des Kuhgesichts"), 9. vîra-âsana („Helden-Stellung"), 10. dhanur-âsana („Bogen-Haltung"), 11. mrita-âsana („Leichnams-Stellung"), 12. gupta-âsana („verborgene Stellung"), 13. matsya-âsana („Fisch-Haltung"), 14. matsyendra-âsana („Haltung von Matsyendra"), 15. goraksha-âsana („Haltung von Goraksha"), 16. pashcimottana-âsana („Rückwärtsstreckungs-Stellung"), 17. utkata-âsana („außergewöhnliche Stellung"), 18. samkata-âsana („gefährliche Stellung"), 19. mayûra-âsana („Pfauen-Stellung"), 20. kukkuta-âsana („Hahn-Stellung"), 21. kûrma-âsana („Schildkröten-Stellung"), 22. uttâna-kûrmaka-âsana („ausgeweitete Schildkröten-Stellung"), 23. uttâna-manduka-âsana („ausgeweitete Frosch-Stellung"), 24. vriksha-âsana („Baum-Stellung"), 25. manduka-âsana („Frosch-Stellung"), 26. garuda-âsana („Adler-Haltung"), 27. vrisha-âsana („Stier-Haltung"), 28. shalabha-âsana („Heuschrecken-Stellung"), 29. makara-âsana („Haifisch-Stellung"), 30. ushtra-âsana („Kamel-Stellung"), 31. bhujanga-âsana („Schlangen-Haltung", oft „Kobra" genannt) und 32. yoga-âsana („Yoga-Stellung").

svastika-âsana

piccha-mayûra-âsana

vrishcika-âsana

baka-âsana

ashtâvakra-âsana

nata-râja-âsana

pârshva-baka-âsana

râja-kapota-âsana

tittibha-âsana

yoga-danda-âsana

marîci-âsana

hanumân-âsana

Anstelle von langatmigen Beschreibungen, die in zahlreichen Büchern zu finden sind, sollen die nebenstehenden Zeichnungen einige Körperstellungen anschaulich darstellen.

Heutige Handbücher schildern über tausend Stellungen. Einige darunter sind zweifellos dazu gedacht, lange in der Meditation sitzenbleiben zu können, wie z.B. die Meister- und die Lotos-Stellung. Die meisten jedoch bezwecken, die Lebensenergie im Körper so zu regulieren, dass dieser ausbalanciert, gestärkt und geheilt wird. Offenbar hat also Hatha-Yoga seit Anbeginn eine therapeutische Dimension mit einbeschlossen; und diese wird heute als „Yoga-Therapie" professionell vermarktet.[14]

Sogar die Meditationsstellungen sollen therapeutischen Wert haben, und manchmal sagen die Sanskrittexte den Körperstellungen heilende Effekte nach, die recht übertrieben scheinen. Sowohl in östlichen wie in westlichen Yoga-Kreisen werden die Körperstellungs-Übungen häufig überbetont; deshalb mag es zweckvoll sein, sich diese Strophe aus dem Kula-Arnava-Tantra nochmals ins Gedächtnis zu rufen:

> Yoga wird nicht [erlangt] durch die Lotos-Stellung, auch nicht durchs Starren auf die Nasenspitze. Yoga, so sagen die Wissenden, ist die Identität von Seele (jîva) und [transzendentem] Selbst. (9.30)

Siegel und Verschliessungen

Nah verbunden mit den Körperstellungen sind die Siegel (mudrâ) und Verschließungen (bandha), die beide das dritte Glied des Hatha-Yoga bilden. Die Siegel stellen fortgeschrittenere Praktiken dar, die auch schon zur meditativen Praxis überleiten, wie die letzten fünf Techniken deutlich machen. „Sie sind göttlich", erklärt Svâtmârâma, Autor der Hatha-Yoga-Pradîpikâ (3.8), „und sie verleihen die acht [großen paranormalen] Fähigkeiten. Sie werden von allen Meistern hochgeschätzt, doch sind sie selbst von Göttern nur schwer auszuführen." Svâtmârâma stellt weiter fest, dass sie geheim gehalten werden sollten, genauso wie man, wie er sagt, nicht über die sexuellen Intimitäten plaudert, die man mit einer wohlgebildeten Frau zu haben pflegt. Die Verschließungen meinen spezielle Bewegungen und Stellungen, die die Lebenskraft im Körperrumpf konzentrieren und stimulieren sollen. In der Gheranda-Samhitâ (3. Kapitel) werden diese 25 mudrâs, einschließlich der bandhas, in solcher Reihenfolge beschrieben:

1. mahâ-mudrâ („großes Siegel") – man presst die linke Ferse gegen den Damm zwischen After und Sexualorgan, greift nach den Zehen des rechten ausgestreckten Beines und zieht gleichzeitig die Kehle zusammen;

[14] *Die Grenzen der neuen Disziplin „Yoga-Therapie" werden noch immer in Bezug zum Arztberuf und zum traditionellen Yoga definiert.*

uddiyana-bandha

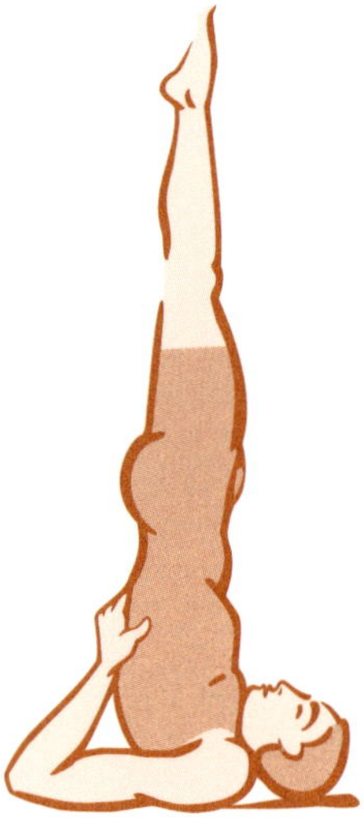

viparîta-karanî
oder auch sarva-anga-âsana

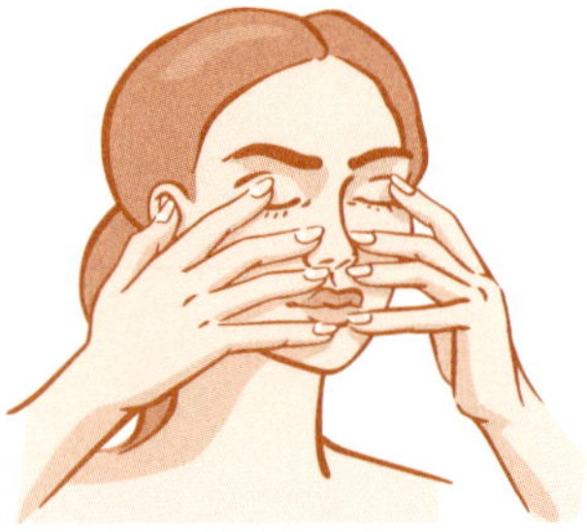

shan-mukhi-mudrâ
oder auch yoni-mudrâ

2. nabho-mudrâ („Himmels-Siegel") – man drückt die Zunge gegen den Gaumen; das kann man während jeder Tagesaktivität tun;
3. uddîyâna-bandha („aufwärtsgehende Verschließung") – der Bauch wird kraftvoll nach innen gezogen;
4. jalandhara-bandha („Jalandharas Verschluss") – man zieht die Kehle zusammen;
5. mûla-bhanda („Wurzel-Verschluss") – der Afterschließmuskel wird zusammengezogen;
6. mahâ-bandha („großer Verschluss") – man presst den linken Fußknöchel gegen den Damm, legt den rechten Fuß auf den linken und zieht den Afterschließmuskel zusammen;
7. mahâ-vedha („großer Durchdringer") – man praktiziert die „aufwärtsgehende Verschließung" und gleichzeitig das „große Siegel";
8. khecârî-mudrâ („Raumbewegungs-Siegel") – eine sehr wichtige Technik, bei der man die verlängerte Zunge in die Nasengang-Einmündung am hinteren Gaumen einführt und den Blick auf den Punkt zwischen den Augenbrauen fixiert. Das soll den „Nektar der Unsterblichkeit" herabtropfen lassen, was Gesundheit, Langlebigkeit und eine Reihe paranormaler Kräfte mit sich bringt. Physiologisch gesehen besteht dieses amrita aus süß schmeckendem Speichel.
9. viparîta-karî- oder viparîta-karanî-mudrâ („umgedrehtes Handlungs-Siegel"), auch als Kopf- oder Schulterstand bekannt, der verhindert, dass der Nektar ins „Feuer" am Nabel fließt;
10. yoni-mudrâ („Schoß-Siegel") – man sitzt in der Meister-Stellung und schließt Augen, Ohren, Nasenöffnungen und Mund mit den Fingern; dann hält man den Atem an und kontempliert über die sechs cakras; diese Übung heißt auch shan-mukhi-mudrâ;
11. vajrolî-mudrâ („Blitzstrahl-Siegel") – man hebt sich mit den Armen vom Boden und schlingt dabei die Beine um den Nacken; manche Texte geben eine ganz andere Beschreibung, nämlich das Hochziehen von Flüssigkeit durch den Penis;
12. shakti-câlanî-mudrâ („Energiebewegungs-Siegel") – man zwingt die Lebenskraft im Brustraum, sich mit der im Bauchraum zu verbinden, kontrahiert dabei mittels ashvinî-mudrâ den Afterschließmuskel und sitzt in der Meister-Stellung;
13. tâdâgî-mudrâ („Teich-Siegel") – man zieht den Bauch kraftvoll ein, während man auf ihm liegt;
14. mânduki-mudrâ („Frosch-Siegel") – man bewegt die Zunge (wie im „Raumbewegungs-Siegel") solange, bis der „Nektar" reichlich fließt, der dann geschluckt wird;
15. shâmbhavî-mudrâ („Shambhus Siegel") – eine sehr wichtige Technik, bei der man auf den Punkt zwischen den Augenbrauen blickt,

während man innerlich das transzendente Selbst kontempliert; Shambhu ist ein Beiname Shivas, und der yogin, der diese Technik tatsächlich meistert, soll dem großen Gott ähnlich werden;

16. ashvinî-mudrâ („Morgendämmerungs-Siegel") – dabei wird wiederholt der Afterschließmuskel zusammengezogen;
17. pâshinî-mudrâ („Vogelfänger-Siegel") – man kreuzt die Beine im Nacken, stemmt aber den Körper nicht vom Boden ab wie in der vajrolî-mudrâ;
18. kâkî-mudrâ („Krähen-Siegel") – man atmet langsam durch den Mund ein, der schnabelähnlich zugespitzt ist;
19. mâtangî-mudrâ („Elefanten-Siegel") – man steht bis zum Hals im Wasser, saugt Wasser durch die Nase auf und spuckt es mit dem Mund aus;
20. bhujanginî- oder bhujangî-mudrâ („Schlangen-Siegel") – man zieht Luft durch den Mund ein und produziert gleichzeitig einen leicht raspelnden Ton mit dem Kehlkopf;
21. – 25. die fünf Formen der Konzentration (dhâranâ) auf die fünf klassischen Elemente; dabei werden Lebenskraft und Verstand auf jedes einzelne Element jeweils für zwei Stunden fokussiert und die verschiedenen, mit ihnen assoziierten Symbole (wie die jedes Element regierende Gottheit, sein Saatkeim-Mantra usw.) imaginiert. Es mutet zwar merkwürdig an, dass diese Konzentrationsübungen in die Kategorie mudrâs eingeordnet sind, aber es illustriert andererseits die enge Beziehung, die zwischen den körperlichen Übungen und dem geistigen Fokus im Hatha-Yoga existierte.

Sinnesrückzug

In Gherandas Konzept stellt der Sinnesrückzug (pratyâhâra) das vierte Glied des Hatha-Yoga dar; doch der Weise streift ihn nur kursorisch und stellt einfach fest, es ginge dabei um die Loslösung der Aufmerksamkeit von äußeren Sinnesobjekten. Dass diese Loslösungspraxis noch vor der Atemkontrolle rangiert, betont, wie wichtig die geistige Disziplin als Voraussetzung für das yogische Atmen ist.

Die Beherrschung des Atems

Atemkontrolle (prânâyâma) bedeutet die sorgfältige Regulierung der Lebensenergie (prâna) in ihren verschiedenen Formen. Vom Standpunkt des hatha-yogins gesehen, lässt sich die yogische Arbeit nicht bewerkstelligen, wenn die Lebenskraft/der Atem nicht beherrscht wird. Wie das Yoga-Bîja es formuliert:

> Wer die Vereinigung (yoga) erstrebt, ohne den Atem (pavana) zu beherrschen, erscheint den yogins wie einer, der den Ozean in einem ungebrannten Tongefäß überqueren will. (77)

Und die Hatha-Yoga-Pradîpikâ:

> Wenn sich der Atem bewegt, dann bewegt sich das Bewusstsein (citta). Wenn er unbewegt ist, [ist das Bewusstsein auch] unbewegt, und der yogin erreicht Stabilität. Darum soll man den Atem beherrschen.
>
> Es heißt, solange Atem im Leib ist, solange ist darin Leben. Sein Abschied [des Atems] bedeutet Tod. Darum soll man den Atem beherrschen. (2.2–3)

Bevor Gheranda die diversen Techniken der Atemkontrolle beschreibt, betont er die Wichtigkeit von richtiger Ernährung und Umgebung. Unter anderem sagt er, der yogin solle die prânâyâma-Praxis im Frühjahr oder Herbst beginnen, wenn es nicht zu heiß und nicht zu kalt ist. Er legt auch großen Nachdruck auf die Reinigung der „Energiekanäle" (nâdî), durch die die Lebenskraft fließt. Der Reinigungsprozess soll von zweierlei Art sein, nämlich samanu und nirmanu (beide unübersetzbar). Ersterer ist eine meditative Übung, bei der die Gottheiten, die die verschiedenen cakras regieren, invoziert und – unter Rezitation der jeweiligen bîja- oder „Saat"-Mantren – im Körper „installiert" werden. Die nirmanu-Form der Reinigung besteht in der Säuberungspraxis (dhauti), die unter den „sechs Handlungen" (shat-karman) oben dargestellt wurde.

Gheranda unterscheidet acht Arten der Atemkontrolle, die er Zurückhaltungen" oder „Bewahrungen" (kumbhaka, wörtlich „Topf") nennt:

1. Sahita-kumbhaka („vereinte Zurückhaltung"); bei dieser komplexen Atemtechnik werden beim Einatmen, Anhalten des Atems und Ausatmen verschiedene Gottheiten visualisiert; der Rhythmus ist 1:4:2. Das heißt, wenn das Einatmen fünf Sekunden dauert, wird der Atem zwanzig Sekunden lang angehalten, während das Ausatmen über zehn Sekunden geht.

   Der Rhythmus bemisst sich in sogenannten mâtrâs, wobei ein mâtrâ mehrere Sekunden währt. Die Maximaldauer wird mit 20:80:40 mâtrâs angegeben und kann sich, je nach verwendetem System, insgesamt auf sieben Minuten und mehr belaufen. Es wird abwechselnd durch die linke und rechte Nasenöffnung geatmet; nach dem Einatmen und vor dem Atemanhalten führt der yogin die „aufwärtsgehende" Abdomen-Verschließung (uddîyâna-bandha) aus.

Svâtmârâma, der Autor der Hatha-Yoga-Pradîpikâ, versteht das sahita-kumbhaka anders, nämlich als Gattungsbegriff für alle Formen des Aus- und Einatmens beim prânâyâma, unterschieden von der voll beherrschten Atemzurückhaltung, dem kevala-kumbhaka, das geübte yogins stundenlang ausüben. Der Gheranda-Samhitâ zufolge aber gibt es zwei Arten des sahita-kumbhaka:

- Sagarbha („mit Saatkeim") – wird bei gleichzeitigem geistigem Rezitieren eines „Saat"- oder bîja-mantra wie om, ram oder yam ausgeführt.
- Nigarbha („ohne Saatkeim") – wird ohne bîja-mantra ausgeführt.

2. Sûrya-bheda-kumbhaka („sonnendurchstoßendes Zurückhalten"); es heißt so, weil die yogins bei dieser Technik ausschließlich durch die rechte (solare) Nasenöffnung ein- und durch die linke (lunare) Nasenöffnung ausatmen; dazwischen wenden sie die Kehl-Verschließung (jalandhara-bandha) an und halten die Luft in den Lungen gewaltsam zurück, bis sie in den Haarwurzeln und Fingerspitzen Hitze verspüren.
3. Ujjâyî-kumbhaka („siegreiches Zurückhalten"); dabei atmet der yogin durch beide Nasenlöcher ein, hält die Luft (oder Lebenskraft) in der Nase zurück, zieht sie weiter in den Mund und hält sie darin mit Hilfe der Kehl-Verschließung (jalandhara-bandha)so lange wie möglich. Die Hatha-Yoga-Pradîpikâ (2.51) gibt an, dass bei richtiger Ausführung dieser Übung während des Ein- atmens ein sonorer Ton in der Kehle entstehe.
4. Shîtalî-kumbhaka („kühlendes Zurückhalten"); dabei wird die Luft durch den Mund eingesogen und, nach einer kurzen Phase des Anhaltens, durch beide Nasenlöcher ausgeatmet. Laut Hatha-Yoga-Pradîpikâ soll diese Übung mit eingerollter Zunge vorgenommen werden. Eine verwandte Technik, auch in der Pradîpikâ (2.54) beschrieben, ist sîtkarî („sît-Macher"), wobei ein Zischen (d.h. sît) während des Einatmens durch den Mund entsteht,während durch die Nase ausgeatmet wird.
5. Bhastrikâ-kumbhaka („Blasebalg-Zurückhalten"); das ist schnelles Ein- und Ausatmen, gleichzeitig durch beide Nasenlöcher; der Atemzyklus sollte dreimal wiederholt werden; diese Praxis soll die kundalinî sehr rasch wecken.

6. Bhrâmarî-kumbhaka („bienenartiges Zurückhalten"); dabei wird eingeatmet und der Atem zurückgehalten, während man gleichzeitig die Ohren zudrückt und sich auf den Klang im rechten Ohr konzentriert; der Hatha-Yoga-Pradîpikâ (2.68) zufolge entsteht während der Ein- und Ausatmung ein Summen wie von Bienen.
7. Mûrcchâ-kumbhaka („verzückendes Zurückhalten"); dabei wird mit Hilfe des Kehl-Verschlusses (jalandhara-bandha) die Luft sanft zurückgehalten, während man die Aufmerksamkeit auf den Punkt zwischen den Augenbrauen fixiert und sich von allen Objekten löst; danach folgt ein langsames Ausatmen. Diese Technik ruft einen euphorischen Gemütszustand hervor.
8. Kevalî-kumbhaka („absolutes Zurückhalten"); dabei wird der Atem einfach so lange wie möglich zurückgehalten. Das sollte fünf- bis achtmal am Tag ausgeführt und pro Sitzung ein- bis vierundsechzigmal wiederholt werden.

Die Atemkontrolle hat eine Reihe physiologischer und psychologischer Auswirkungen, und Gherananda differenziert dabei zwischen drei Stufen ihrer Beherrschung: Auf der untersten Stufe erzeugt prânâyâma Hitze im Körper; auf der mittleren bewirkt es Beben in den Gliedmaßen, insbesondere in der Wirbelsäule; auf der oberen führt es zur Levitation.

Prânâyâma soll auch eine große Zahl von Krankheiten heilen, die Schlangen-Kraft erwecken und selige Bewusstseinszustände hervorrufen.

MEDITATION

Im Hatha-Yoga wie im Tantrismus generell versteht man unter dhyâna in aller Regel „Visualisierung". Die Gheranda-Samhitâ (6.1) spricht von drei dhyâna-Arten:

a) Visualisierung eines „groben" (sthûla) Objekts, etwa eine konkret und genau visualisierte Gottheit; b) Visualisierung eines „subtilen" (sûkshma) Objekts, nämlich das Absolute in Form des transzendental-ursprunghaften Saatpunktes (bindu) des Universums (wie schon beim Thema Tantrismus erklärt); und c) Kontemplation des Absoluten als Licht (jyotis). Die Gheranda-Samhitâ konstatiert:

> Die Kontemplation des Lichts (tejo-dhyâna) gilt als hundertmal besser denn die grobe Visualisierung (sthûla-dhyâna). Die subtile Visualisierung (sûkshma-dhyâna) – sie ist die höchste – gilt als hunderttausendmal besser denn die Kontemplation des Lichts. (6.21)

Bei der subtilen Visualisierung bzw. Kontemplation wird die Aufmerksamkeit nach innen, auf das innerste Wesen, das Selbst (âtman) gerichtet, wodurch ein spezifischer Zustand eines vereinigenden Bewusstseins eintritt. Gheranda erklärt diesen Prozess damit, dass die erweckte kundalinî zum cakra am Kopfscheitel aufsteigt, sich mit dem Selbst vereinigt und so zur Krönung des hatha-yogin führt – zum samâdhi.

Ekstase

Wenn die kundalinî zum obersten spirituellen Energiezentrum aufsteigt, so bedeutet das, dass der yogin sein Ichbewusstsein transzendiert hat und nun in ekstatischer Vereinigung oder samâdhi weilt. Dies ist das siebte und letzte Glied des Hatha-Yoga. Die Gheranda-Samhitâ umreißt den Sachverhalt:

> Man trenne den Verstand vom „Topf" [dem Körper] und identifiziere ihn mit dem transzendenten Selbst (parama-âtman)[15] – dies heißt samâdhi und bedeutet die Befreiung von den Zuständen [des Bewusstseins], usw.[16]
>
> Ich bin das Absolute (brahman). Ich bin nichts anderes. Wahrlich, ich bin das Absolute, ich erleide keinen Kummer. Ich bin von der Art von Sein-Bewusstsein-Seligkeit – ewig frei, selbst-seiend (svabhâvavat). (7.3–4)

Die Hatha-Yoga-Pradîpikâ bietet dazu diese hilfreichen Erklärungen:

> So wie Salz [sich auflöst] im Wasser und durch Vereinigung [mit dem Wasser] identisch wird, genauso [verhält es sich mit der] Identität (aikya) von Verstand [der sich selbst aufhob] und Selbst, Ekstase der Vereinigung (samâdhi) genannt.
>
> Wenn Verstand und Lebenskraft verschmelzen und sich [ineinander] auflösen, so wird der [resultierende] Gleichgewichts[zustand] (samarasatva) „Ekstase" genannt.
>
> Dieser [Zustand des] Gleichgewichts (sama) bedeutet das Identischsein von individuellem Selbst (jîva-âtman) und transzendentem Selbst (parama-âtman), aus dem jedes Vorstellungskonzept (samkalpa) verschwunden ist – und er wird „Ekstase" genannt. (4.5–7)

Es ist klar – Ekstase meint hier nicht eine der niedrigeren Formen des samâdhi, die mit spontanen Gedankenformen und Bildern einhergehen, sondern die ultimative Realisierung, dass man mit der transzendenten

[15] *Geschrieben paramâtman.*

[16] *Der Sinn des Ausdrucks dashâdi ist unklar, da er entweder als dashâ-âdi oder als dasha-âdi gelesen werden kann. Dashâ bedeutet „Zustand" oder „Bedingung", dasha hingegen „zehn". Ob so oder so – unbestimmt bleibt in jedem Fall, worauf sich âdi („undsofort") beziehen soll.*

Wirklichkeit vollständig identisch sei. Das heißt, der erstrebte samâdhi-Zustand ist nirvikalpa-samâdhi oder „formlose Ekstase", mit Befreiung bzw. Erleuchtung gleichbedeutend.

So erfreut sich der hatha-yogin nach einer langen und mühevollen Reise derselben exquisiten Einfachheit, die der râja-yogin nach einer kürzeren Reise auch erlangt. Aber der scheinbare Umweg des Kundalinî-Yoga, der das psychospirituelle Potenzial des Körpers zur Geltung bringen will, war nicht „umsonst", sieht doch der yogin die Realisierung des Selbst nicht als ein vom physisch-materiellen Reich losgelöstes Geschehen. Die Realisierung des hatha-yogin erweist sich als kompletter als die des râja-yogin, weil sie schlichtweg den Körper mit einbeschließt. Die großen Risiken und Schwierigkeiten beim Kundalinî-Yoga werden durch den Vorzug ausgeglichen, dass er die Erleuchtung auf den Körper, auf das körperliche Dasein generell ausdehnt, was sich in der tantrischen Gleichung, „Befreiung (mukti) und Genießen (bhukti) sind ein und dasselbe" klar kundtut. Dem tantrischen yogin gilt der Körper tatsächlich als eine sicht-, fühl- und erfahrbare Form der höchsten Realität. Wie es Sir John Woodroffe, der Pionier der Tantra-Forschung, ausdrückte:

> Er [der Yogi] erkennt im Takt seines Herzschlags den Rhythmus, der im universellen Leben pocht und dieses anzeigt. Die Bedürfnisse des Körpers zu vernachlässigen oder zu verleugnen, sie als etwas nicht Göttliches zu sehen, das würde bedeuten, jenes größere Leben zu vernachlässigen und zu verleugnen, von dem er ein Teil ist, und die große Lehre der Einheit von allem, der endgültigen Identität von Materie und Geist abzufälschen. Unter solchen Vorzeichen erhalten selbst die niedersten körperlichen Bedürfnisse einen kosmischen Sinn. Der Körper ist Shakti. Seine Bedürfnisse sind Shaktis Bedürfnisse; wenn der Mensch genießt, ist es Shakti, die durch ihn genießt. In allem, was er sieht und tut, ist es die Mutter, die sieht und tut. Seine Augen und Hände sind die Ihren. Der Körper und all seine Funktionen sind Ihre Manifestation. Sie als solche gänzlich zu realisieren, erfordert, diese Ihre besondere Manifestation, die der Körper ist, zu vervollkommnen.[17]

Im Hatha-Yoga verschmilzt die menschliche Hoffnung auf physische Unsterblichkeit mit dem spirituellen Drang nach Befreiung von den Fesseln des ichverhafteten Verstands. Wohl bleibt der Traum von einem unzerstörbaren irdischen Leib noch ein Traum; doch offeriert die Hatha-Yoga-Tradition eine immense Fülle hart erkämpfter Informationen über das verborgene Potenzial des menschlichen Körper-Verstand-Gemüt-Systems, die uns bei unserer eigenen Suche nach letztem Sinn und höchstem Glück sehr behilflich sein können. Ganz allmählich entdecken die moderne Medizin und Psychologie, gestützt auf etwas fortgeschrittenere wissenschaftliche Konzepte, Methoden

[17] *A. Avalon [J. Woodroffe], The Serpent Power (London: Luzac, 1919), p. 269.*

und Instrumente, einige der erstaunlichen Sachverhalte, die yogins bereits seit Jahrhunderten besprochen und demonstriert haben.

Es ist auch offensichtlich, dass wir, haben wir einmal das materialistische Vorurteil der vorherrschenden Wissenschaft überwunden, nicht nur in der Lage sein werden, viele yogische Theorien zu bestätigen und die mit ihnen verbundenen Praktiken angemessen zu bewerten, sondern sie auch zu verbessern und weiterzuentwickeln. Ein sorgfältiges Studium des Hatha-Yoga, speziell des Kundalinî-Phänomens, würde unser Verständnis des menschlichen Körper-Verstand-Systems und seiner erstaunlichen Fähigkeiten sehr ausweiten. Natürlich müssen wir willens sein, in das Versuchslabor des yogin einzutreten und seine Experimente an der eigenen Person nachzuvollziehen. Der Selbstversuch ist in diesem Fall eine vernünftige Methode und übrigens auch die einzig überzeugende Art und Weise, dem gängigen wissenschaftlichen Ideal der „Objektivität" gerecht zu werden.

III. DIE LITERATUR DES HATHA-YOGA

Yogins sind immer auf der Hut vor dem geschriebenen Wort gewesen, und diejenigen, die eigene Einsichten und Erfahrungen niederschrieben, waren die Ausnahme, nicht die Regel. Doch gibt es, wie ich in diesem Buch aufzuzeigen suchte, trotz alledem eine ansehnliche Fülle an Yoga-Literatur. Zum größten Teil liegt sie allerdings nur in Manuskriptform vor, und veröffentlichte Editionen und Übersetzungen bilden bloß einen Bruchteil dessen, was in den Bibliotheken und Häusern von Gebildeten in Indien an Handschriften ruht. Nicht wenige der Schriften betreffen Hatha-Yoga. Die Yoga-Upanishads wurden in Kapitel 15 besprochen, und mehrere dieser Texte handeln vom Kundalinî-Yoga, der sich mit Hatha-Yoga überlappt, da die Schlangen-Kraft (kundalinî-shakti) auch im Mittelpunkt der höheren Hatha-Yoga-Praxis steht. In den nachfolgenden Abschnitten will ich die wichtigsten Hatha-Yoga-Schriften ansprechen, die parallel zu den sogenannten Yoga-Upanishads existieren.

GORAKSHAS SCHRIFTEN

Vielleicht das früheste Werk dieses Zweiges der Yoga-Tradition ist der Text mit dem Titel Hatha-Yoga, der Goraksha zugeordnet wird. Leider steht der Text nicht mehr zur Verfügung, obgleich einige seiner Verse durchaus in anderen Werken überlebt haben können. (Tatsächlich haben die noch existierenden Schriften des Hatha-Yoga viele Verse gemeinsam.) Goraksha wird auch die Autorenschaft einer Reihe anderer Texte zugesprochen, nämlich:

a) die Goraksha-Paddhati („Fußpfad von Goraksha"), die aus 200 den Hatha-Yoga-Pfad schildernden Strophen besteht und weiter unten wiedergegeben wird; b) das Goraksha-Shataka („Gorakshas Hundert [Strophen]"), ein Fragment des ersteren Werks; c) die Goraksha-Samhitâ („Gorakshas Sammlung"), die mit der Paddhati identisch zu sein scheint und sich vom alchemistischen Werk mit demselben Titel unterscheidet; d) die Hatha-Dîpikâ („Lichtschein des Hatha"), über die nichts bekannt ist; e) das Jnâna-Amrita („Nektar der Weisheit"), das/der von den heiligen Pflichten des hatha-yogin handelt; f) der Amanaska-Yoga („Yoga jenseits des Verstands") mit 211 Versen; g) der Amaraugha-Prabodha („Verstehen der unsterblichen Flut"), ein Werk aus 74 Strophen, das Mantra-, Laya-, Râja- und Hatha-Yoga definiert und von bindu und nâda als den zwei großen Heilmitteln in jedem menschlichen Körper spricht, die allein den yogin vor dem Tod bewahren können; und h) der Yoga-Mârtanda („Sonne des Yoga") mit 176 Strophen, unter denen eine große Zahl jenen der Hatha-Yoga-Pradîpikâ ähnlich ist.

[18] *Geschrieben paramânanda.*

[19] *Geschrieben svânanda.*

QUELLENLEKTÜRE 21

GORAKSHA-PADDHATI

Die Bedeutung der Goraksha-Paddhati („Fußpfad von Goraksha") kann daran ermessen werden, dass viele ihrer Strophen sich in der ganzen späteren Hatha-Yoga-Literatur verstreut wiederfinden. Es ist allerdings unwahrscheinlich, dass der Text von Goraksha verfasst wurde, da seine Vorstellungen und Begriffe zum zwölften oder dreizehnten Jahrhundert gehören, nicht zum zehnten. Im Nachstehenden wird, basierend auf der Sanskrit-Ausgabe von Khemarâja Shrîkrishnadâsa (Bombay), erstmals eine komplette Übersetzung des Textes vorgestellt.

Teil I

Mit verehrungsvoller Verbeugung vor dem Segensreichen Âdinâtha – seinem eigenen Lehrer, Hari, dem Weisen und yogin – hat es Mahîdhara unternommen, einen Kommentar zu Gorakshas Lehren (shâstra) vorzulegen, der ein rechtes Verständnis des Yoga fördert. (1.1)

Kommentar: Diese Eingangsstrophe wurde vermutlich nachträglich hinzugefügt, denn in der dritten Strophe wird Goraksha als Autor genannt (unabhängig davon, ob das historisch richtig ist oder nicht). Der Name Mahîdhara, der „Stütze der Erde" bedeutet, könnte sich auf den bekannten Yoga-Meister des 16. Jahrhunderts beziehen, der den Mantra-Mahodadhi und den Eigenkommentar dazu mit dem Titel Naukâ verfasste. Die Hatha-Yoga-Literatur ist voll von Nichtübereinstimmungen, und viele Texte enthalten Fragmente anderer Schriften.

Meine Verehrung gilt dem gesegneten Lehrer, der höchsten Seligkeit (parama-ânanda[18]), Verkörperung der inneren Seligkeit (sva-ânanda[19]), in dessen bloßer Nähe [mein] Leib glückselig und bewusst wird. (1.2)

Kommentar: Die Überlieferung benennt einmütig Matsyendra als Gorakshas Lehrer. In dieser Strophe wird Matsyendra mit der lauteren Seligkeit der höchsten Realität gleichgesetzt, falls wir nicht parama-ânanda als Namen einer anderen Person interpretieren sollten.

Goraksha grüßt seinen Lehrer als die höchste Weisheit und stellt dar, was für yogins nötig ist, damit sie in sich die höchste Seligkeit finden. (1.3)

[20] Geschrieben paramâtman.

[21] Der Name Maheshvara setzt sich aus mahâ („groß") und îshvara („Herr[-Gott]") zusammen.

[22] Geschrieben siddhâsana. Die gleiche grammatikalische Regel euphonischer Angleichung gilt bei allen anderen Körperstellungen in den folgenden Strophen, wenn dem Wort âsana ein a-Laut vorausgeht.

[23] Der Text gibt fälschlicherweise dvi-laksha an, anstatt tri-laksha, wie sonst üblich. Die Siddha-Siddhânta-Paddhati (2.10) formuliert korrekt tri-lakshya, was „die drei Zeichen" oder „Merkmale" bedeutet. Diese sind antar-lakshya, bahir-lakshya und madhyamalakshya, womit visionäre Zustände bezeichnet werden.

Mit dem Wunsch, den yogins zu nützen, verkündet er die Goraksha-Samhitâ. So man sie begreift, wird der höchste Zustand fürwahr erreicht. (1.4)

Sie ist die Leiter zur Befreiung und spielt dem Tod einen Streich – Verstand und Gemüt werden so vom irdischen Vergnügen (bhoga) losgelöst und ans höchste Selbst (parama-âtman[20]) geheftet. (1.5)

Die Besten zieht es zum Yoga, der Frucht des wunscherfüllenden Baums der schriftlichen Offenbarungen (shruti), auf dessen Zweigen sich die Zweimal-Geborenen so oft laben, und der die Qualen des Daseins erträglich macht. (1.6)

Kommentar: In dieser Strophe gibt es ein Wortspiel um dvija, das „zweimal geboren" und gleichzeitig „Vogel" bedeutet. Die Zweimal-Geborenen sind jene, die rituell mit der heiligen Schnur bekleidet wurden und das Recht haben, die offenbarten Schriften zu studieren. Wie Vögel sitzen sie auf den Zweigen des vedischen Weistums und verzehren die köstliche Frucht der ewigen Wahrheit.

Sie [die „Zweige"] bezeichnen Körperhaltung, Atembeherrschung (prâna-samrodha), Sinnesrückzug, Konzentration, Meditation und Ekstase als die sechs Glieder des Yoga. (1.7)

Es gibt so viele Körperhaltungen wie Arten von Lebewesen. [Nur] Maheshvara[21] [Shiva] kennt ihre ganze Vielfalt. (1.8)

Unter den 8.400.000 [Arten] wird jeweils eine [stellvertretend für je 100.000] erwähnt. Also schuf Shiva 84 Sitzhaltungen (pîtha) [für yogins]. (1.9)

Unter all den Körperstellungen heben sich zwei heraus. Die eine ist die „Meister-Stellung" (siddha-âsana[22]), die andere die Lotos-Stellung (kamala-âsana). (1.10)

Fest drücke [der yogin] die [linke] Ferse gegen den Damm (yoni-sthâna), lege die andere Ferse über den Penis und presse das Kinn gegen die Brust (hridaya). Mit gezähmten Sinnen, wie ein Holzklotz, so richte er den Blick beständig auf das [dritte Auge] zwischen den Brauen. Dies wird die Haltung des Meisters genannt – sie bricht das Tor zur Befreiung auf. (1.11)

Er lege das rechte Bein [den Unterschenkel] auf das linke [den Oberschenkel], ergreife die großen Zehen kräftig mit den Händen, [die Arme] hinter dem Rücken überkreuzt, drücke das Kinn auf die Brust und blicke indes auf die Nasenspitze. Dies heißt die „gebundene" (baddha) Lotos-Stellung, die verschiedene Krankeiten beseitigt. (1.12)

Wie könnten jene yogins Erfolg haben, die nicht die sechs cakras, die sechzehn unterstützenden Zentren, die 300.000 [Kanäle][23] und die fünf Äther/Räume im eigenen Körper kennen? (1.13)

Kommentar: Die sechs psychoenergetischen Zentren (shat-cakra) sind mûlâdhâra (an der Wirbelsäulen-Basis), svâdhishthâna (an den Genitalien), manipûra (am Nabel), anâhata (am Herzen), vishuddha (an der Kehle) und âjnâ (in der Mitte des Kopfes). Die Siddha-Siddhânta-Paddhati (2.10) erwähnt die folgenden sechzehn beigeordneten Zentren (shodasha-âdhâra, geschrieben shodashâdhâra): die beiden großen Zehen, Perineum bzw. Damm (mûla), Anus, Penis, Unterbauch (udyâna), Nabel, Herz, Kehle, „Glocke" (ghantikâ, entspricht dem Gaumenzäpfchen), Gaumen, Zunge, Punkt in der Mitte zwischen den Augenbrauen, Nase, Nasenwurzel und Stirn. Die 300.000 Kanäle (nâdî), die kreuz und quer im feinstofflich-energetischen Leib verlaufen, befördern die Lebensenergie. Unter ihnen heben sich zentraler (sushumnâ), lunarer (idâ) und solarer Kanal (pingalâ) als die wichtigsten hervor. Die fünf Äther/Räume (vyoman) werden von manchen yogins in der Bewusstseinsdimension wahrgenommen.

Wie könnten jene yogins Erfolg haben, die nicht wissen, dass ihr Körper eine einsäulige Wohnstatt

[24]Seltsamerweise zogen Swami Kuvalayananda und S. A. Shukla in ihrer Ausgabe des Goraksha-Shataka die Lesart caturasram („viereckig") vor, nicht trikonam („dreieckig"), obgleich doch die meisten ihrer anderen Manuskripte letztere Version verwendeten.

[25]Manipûraka ist eine Variation von manipûra („Juwelenstadt").

mit neun Öffnungen und fünf Göttlichkeiten (adhidaivata) ist? (1.14)

Kommentar: Die eine Säule ist der Rumpf, die neun Öffnungen sind Augen, Ohren, Nasenöffnungen, Mund, Anus und Harnröhrenöffnung. Die fünf Göttlichkeiten sind die fünf Sinne.

Der „Säulensockel" [d.h. der mûlâdhâra-Lotos an der Wirbelsäulenbasis] hat vier Blütenblätter. Das svâdhishtâna hat sechs Blütenblätter. Am Nabel findet sich ein zehnblättriger Lotos, und am Herz [sitzt ein Lotos mit so vielen] Blütenblättern wie die Anzahl der solaren [Monate, d.h. zwölf]. (1.15)

An der Kehle sitzt ein sechzehnblättriger [Lotos], und zwischen den Augenbrauen ein zweiblättriger [Lotos]. Am brahmischen [Fontanellen-]Spalt (brahma-randhra), am großen Pfad [gibt es einen Lotos], „tausenblättrig" genannt. (1.16)

Der „Sockel" (âdhâra) ist das erste Energiezentrum, svâdhishthâna das zweite. Zwischen ihnen liegt das Perineum [Damm], kâma-rûpa genannt. (1.17)

Kommentar: Kâma-rûpa bedeutet wörtlich „liebesbegierde-geformt". Es ist auch der Name einer heiligen, für tantrisches Studium und Praxis berühmte Gegend, die man mit Assam assoziierte. Im menschlichen Körper bezeichnet das Wort gleichfalls einen heiligen Ort, einen Ort der Macht, der das Potenzial zur Befreiung wie zur Selbstzerstörung hat. Der vierblättrige Lotos, „Sockel" genannt, findet sich am Anus (guda-sthâna). In seiner Mitte soll der „Schoß" (yoni) sein, von Adepten mit dem Wort „Lust" (kâma) gepriesen. (1.18)

Kommentar: Der Begriff yoni kann entweder für das Perineum stehen oder für eine esoterische Energiequalität, die mit der kundalinî verbunden ist. Wenn Letzteres zutrifft, dann steht Shivas Phallus-Symbol (linga) im „Schoß", wie in der nächsten Strophe ersichtlich.

Inmitten des „Schoßes" steht das große Phallus-Symbol [von Shiva], nach rückwärts gewendet. Er, der die spiegelnde Scheibe am „Kopf" [des Phallus] kennt – sie gleicht einem [hell strahlenden] Juwel –, er ist ein Wissender des Yoga. (1.19)

Kommentar: Yoni und linga stehen für Shakti und Shiva. Die sexuelle Symbolik weist auf eine universelle Realität – auf das ewige Spiel zwischen weiblicher Energie und männlichem Bewusstsein. Beide sind auf der transzendenten Ebene zwar immer vereint, werden aber auf der Erfahrungsebene als getrennt und verschieden erlebt. Die in der Strophe erwähnte leuchtende Spiegelscheibe (bimba) kann man in bildlichen Darstellungen finden: Sie sitzt am „Kopf" (mastaka) von Shivas symbolischem Phallus. Wahrscheinlich symbolisiert sie das naturgemäße Leuchten des linga, das auf ihn zurückreflektiert wird – eine Bestätigung für Shivas vollkommene Eigenständigkeit.

Unter dem Penis liegt die dreieckige Stadt des Feuers[24], Licht wie Blitzstrahlen aussendend und geschmolzenem Gold gleichend. (1.20)

Wenn [der yogin] im großen Yoga, im samâdhi sich befindet und das höchste, unendliche, allgegenwärtige Licht erschaut, so erlebt er kein [weiteres] Kommen und Gehen [d.h. keine Geburten und Tode in der irdisch-begrenzten Welt]. (1.21)

Die Lebenskraft erhebt sich mit dem Ton sva. Der Ruheplatz dieser [Lebenskraft] ist das svâdhishthâna [-cakra]. Darum wird der Penis dementsprechend svâdhishthâna genannt. (1.22)

Dort, wo die „Knolle" (kanda) auf die sushumnâ [den zentralen Energiekanal] wie ein Edelstein auf einen Faden gefädelt ist, findet sich die Region des manipûraka-cakra[25]. (1.23)

Solange das subjektive Bewusstsein (jîva) sich umherbewegt im großen zwölfspeichigen Zentrum [am Herzen], das [seinerseits völlig] frei von Verdienst (punya) wie von Sünde (pâpa) ist, kann es die Wirklichkeit nicht finden. (1.24)

Kommentar: Die individuelle Seele bzw. das subjektive Bewusstsein

Quellenlektüre 21

bewegt sich, so glaubt man, ruhelos in den Blütenblättern des Herzlotos hin und her, getrieben von eigenem Karma und gefangengehalten von eigener Unwissenheit (avidyâ). „Unwissenheit" meint das Nicht-(mehr vorhandene)Wissen vom eigenen wahren Wesen, vom Selbst. Wenn dies Wissen wieder aufdämmert und Weisheit erstrahlt, enden die nach außen gerichteten Bewegungen des subjektiven Bewusstseins, das nun seine wahre Ursprungsquelle im Herzzentrum, im freien und seligen Bewusstsein des Selbst findet. Für den befreiten Menschen gibt es weder Verdienst noch Verdienstlosigkeit – beides sind karmische Realitäten, die allein im Zustand der Nicht-Erleuchtetheit akut auftreten.

Unter dem Nabel und über dem Penis befindet sich die „Knolle" (kanda), der „Schoß" (yoni), einem Vogelei ähnlich. Darin entspringen die 72.000 Energiekanäle. (1.25)

Unter diesen Tausenden von Kanälen werden 72 beschrieben. Und unter diesen Beförderern der Lebenskraft werden zehn besonders hervorgehoben. (1.26)

Idâ und pingalâ, sushumnâ als der dritte; dazu gândhâri, hasti-jihvâ, pûshâ, yashasvinî, ... (1.27)

... alambushâ, kuhû und shankhinî als der zehnte werden aufgeführt. Yogins sollten dieses Netzwerk (cakra) von Kanälen immer verstehen. (1.28)

Idâ verläuft auf der linken, pingalâ auf der rechten Seite, sushumnâ in der Mitte; gândhârî hingegen ist im linken Auge lokalisiert. (1.29)

Hasti-jihvâ befindet sich im rechten [Auge], pûshâ ist im rechten, yashasvinî im linken Ohr und alambhushâ im Mund situiert. (1.30)

Kuhû findet sich in der Penis-Region (linga) und shankhinî in der After-Region. Derart gibt es zehn Kanäle, jeder einzelne versehen mit einer Öffnung. (1.31)

Idâ, pingalâ und sushumnâ sind mit dem Strom der Lebensenergie verquickt. Sie transportieren allezeit die Lebensenergie [und sind jeweils assoziiert mit] Mond- (soma), Sonnen- und Feuergottheit. (1.32)

Prâna, apâna, samâna, udâna und vyâna sind die [primären] „Winde". Nâga, kûrma, kri-kala, deva-datta und dhanam-jaya [sind die sekundären Typen der „Lebenswinde" im Körper]. (1.33)

Kommentar: Diese zehn Bezeichnungen sind technische Begriffe im Yoga und nicht ohne weiteres übersetzbar. Sie beziehen sich auf verschiedene Aspekte und Funktionen der im Körper wirkenden Lebensenergie.

Prâna wohnt am Herzen, apâna findet sich immer in der After- und samâna in der Nabelregion, udâna ist in der Mitte der Kehle, ... (1.34)

... vyâna durchdringt den [ganzen] Körper. [Dies sind] die fünf hauptsächlichen „Winde", beginnend mit prâna; die [anderen] fünf „Winde", beginnend mit nâga, sind [auch] bekannt (1.35).

Nâga soll Rülpsen und Ausstoßung schlechter Gase, kûrma das Öffnen [der Augen], kri-kâra [bzw. kri-kala] Nießen, deva-datta Gähnen [verursachen]. (1.36)

Dhanam-jaya ist all-durchdringend und weicht nicht einmal aus dem Leichnam. Diese [zehn Arten der Lebensenergie] oszillieren in allen Energiekanälen – als menschliche Beseeltheit, als Psyche (jîva). (1.37)

So wie der Ball, vom gekrümmten Stab getroffen, auffliegt, genauso hält die Psyche, wenn von prâna und apâna [dem ein- und ausströmenden Atem] getroffen, nicht still. (1.38)

Unter der Einwirkung von prâna und apâna bewegt sich die Psyche längs der linken und rechten Bahnen hinauf und hinunter, [doch] kann sie wegen ihrer [flinken] Mobilität nicht gesehen werden. (1.39)

So wie ein Falke, an einer Schnur festgebunden, nach dem Auffliegen zurückgezogen werden kann, geradeso kann die Psyche, von den gunas [den drei Qualitäten der Natur] festgebunden, mittels des [kontrollierten] prâna und apâna zurückgezogen werden. (1.40)

Apâna zieht prâna, und prâna zieht apâna. [Diese zwei primären Formen der Lebensenergie befinden sich jeweils] ober- und unterhalb [des Nabels]. Der Yoga-Wissende verbindet beide [um die Schlangen-Kraft zu wecken]. (1.41)

[Die Psyche] tritt aus [dem Leib] mit dem Ton ha und tritt [in ihn] wieder ein mit dem Ton sa. Die Psyche wiederholt andauernd das Mantra „hamsa hamsa" (1.42)

Kommentar: Das mit dem Atemprozess simultan einhergehende, natürlich spontane Rezitieren heißt ajapa-gâyatrî. Führt es der yogin bewusst durch, so konvertiert hamsa hamsa hamsa zum Mantra „so'ham so'ham so'ham, was „ich bin Er, ich bin Er, ich bin Er" bedeutet.

Die Psyche rezitiert dieses Mantra fortwährend, 21.600mal pro Tag und Nacht. (1.43)

Das gâyatrî [-Mantra], als ajapa bezeichnet, schenkt den yogins Befreiung; der bloße Wunsch [es zu rezitieren] erlöst von allen Sünden. (1.44)

Solches Wissen, solche Rezitation (japa) und solche Weisheit gab es nie [zuvor], noch wird es sie [je wieder] geben. (1.45)

Die lebenserhaltende gâyatrî ward aus der kundalinî geboren. Er, der dies Wissen über die Lebenskraft hat, [der über] diese große Wissenschaft [verfügt] – er ist ein Wissender der Veden. (1.46)

Kommentar: Hier wird die yogische Wissenschaft vom Atem bzw. von der Lebensenergie präsentiert als die Quintessenz der vedischen Offenbarung. Das liegt nicht fern von der Wahrheit, war doch die Atembeherrschung, zusammen mit der Bezähmung von Verstand und Gemüt, die früheste Form des Yoga, die bereits in vedischen Zeiten ausgeübt und als fundamentale Voraussetzung bei vedischen Ritualen, insbesonders beim rhythmisch exakten Psalmodieren der heiligen Hymnen, erachtet wurde.

Die kundalinî-Kraft, in acht Windungen aufgerollt, ruht immer über der „Knolle" und versperrt mit ihrem Angesicht den Zugang zum „brahmischen Tor" (brahma-dvâra). (1.47)

Kommentar: Die acht Windungen der Schlangen-Kraft werden im Yoga-Vishaya (22) so angegeben: pranavâ, gudanâlâ, nalinî, sarpinî, vanka-nalî, kshayâ, shaurî und kundalî.

Durch dieses Tor soll man zur Dimension des Absoluten[26], jenseits alles Schlechten, gehen; [doch] Parameshvarî – sie schläft und bedeckt dabei dies Tor mit ihrem Angesicht. (1.48)

[Wenn die kundalinî] durch buddhi-yoga, gemeinsam mit Verstand und Atem (marut), erweckt wird, bewegt sie sich die sushumnâ hinauf wie Nadel und Faden. (1.49)

Kommentar: Der Begriff buddhi-yoga umschreibt die disziplinierte Anwendung der höheren Vernunft (buddhi), aufgrund derer der Verstand (manas) gefügig und seine Aufmerksamkeit mit der Bewegung der Lebensenergie, des Atems, parallel geschaltet wird. Durch diese kombinierte Tätigkeit wird die schlafende kundalinî erweckt und Stück um Stück entlang der Wirbelsäule zum Kronen-cakra hochgeführt.

[Wenn die kundalinî], in der Gestalt einer schlafenden Schlange und glänzend wie ein Lotosblütenblatt, durch vahni-yoga erweckt wird, bewegt sie sich durch die sushumnâ aufwärts. (1.50)

Kommentar: Das Komposit vahni-yoga („Yoga des Feuers") bezieht sich auf die Verbrennung, die durch die Vereinigung des Verstands (d.h. der aufmerksamen Wahrnehmung) mit der Lebenskraft (dem Atem) entsteht. Vahni-yoga ist sozusagen das physiologische Pendant zum buddhi-yoga.

[26] *Ich lese brahma-pâdam an Stelle vom textlichen brahma-dvâram, das keinerlei Sinn ergibt.*

[27] *Geschrieben mitâhârin.*

[28] *Ich lese bhujyate für muncate im Text.*

[29] *Ich lese gudâvarta (gudâ-âvarta) für mudâvarta im Text.*

QUELLENLEKTÜRE 21

Geradeso wie man ein [verrostetes] Tür[schloss] mit dem Schlüssel gewaltsam aufsperren muß, so soll der yogin die Tür zur Befreiung mit der kundalinî gewaltsam aufsperren. (1.51)

Kommentar: Wir haben hier ein Wortspiel mit dem Begriff hatha („Gewalt, Kraft"), der im Ablativ (hathât) „mit Gewalt", „gewaltsam" bedeutet. Der kundalinî-Prozess gehört zum innersten Wesen des Hatha-Yoga, des gewaltsam-kraftvollen Yoga.

In der Lotos-Stellung halte er die Hände kraftvoll aufgewölbt, presse das Kinn fest an die Brust und meditiere im Verstand (cetas); dabei soll er nach dem Einatmen immer wieder die apâna-Luft nach oben ausstoßen. Auf diese Art befreit er die Lebenskraft und erhält unvergleichliches Verständnis (bodha), da die Kraft (shakti) [nun] geweckt ist. (1.52)

Er soll die Glieder mit der Flüssigkeit [d.h. dem Schweiß], hervorgerufen durch die Anstrengung, abreiben. Er soll Milch zu sich nehmen und sich bitterer, saurer und salziger [Nahrung] enthalten. (1.53)

Wer [diese Art von] Yoga ausübt, soll im Zölibat leben (brahmacârin), ein Entsagender (tyâgin) sein und bescheidene Nahrung (mita-âhârin[27]) zu sich nehmen. So wird er nach einem Jahr ein Meister. Daran ist nicht zu zweifeln. (1.54)

Kommentar: In der Zeit, da er mit dem schwierigen kundalinî-Prozess befasst ist, muss sich der yogin sehr bedacht ernähren. Weder Fasten noch Überessen sind ratsam.

Wer ölangereicherte und süße Nahrung verzehrt[28], ihren Geschmack genießt und ein Viertel davon übriglässt, der heißt bescheidener Esser (mita-âhârin). (1.55)

Kommentar: Traditionellerweise wird empfohlen, zwei Teile des Magens mit Nahrung und einen Teil mit Wasser zu füllen, den vierten Teil aber leer zu lassen. Ein Viertel der Speise soll vor dem Essen den Gottheiten und den Ahnen offeriert werden.

Er, der die kundalinî-shakti kennt, oberhalb der „Knolle" situiert und glanzvolle Befreiung schenkend, dem Narren aber Knechtschaft gebend – er ist ein Kenner der Veden. (1.56)

Kommentar: Die Schlangen-Kraft ist ein zweischneidiges Schwert. Den weise Praktizierenden schenkt sie die Frucht der Befreiung; die anderen stürzt sie noch tiefer in die blinde Verstrickung mit dem leidvollen Kreislauf der Existenz (samsâra).

Der yogin, der mahâ-mudrâ, nabho-mudrâ, uddîyâna[-bandha], jalandhara[-bandha] und mûlabandha richtig kennt, hat Anteil an der Befreiung. (1.57)

[Der yogin] lege das Kinn auf die Brust, drücke die linke Ferse fortwährend gegen den Damm (yoni) und halte den ausgestreckten rechten Fuß mit beiden Händen; dabei atme er tief ein und halte die Luft in beiden Hälften der Brust, stoße sie dann allmählich aus. Dieses große Siegel [die mahâ-mudrâ] soll die Krankheiten des Menschen beseitigen. (1.58)

Kommentar: Der Ausdruck kukshi-yugalam, hier mit „in beiden Hälften der Brust" übersetzt, meint das tiefe Einatmen, das die beiden Lungen zum Bersten füllt und den Brustkorb ausdehnt.

Zuerst soll er [die mahâ-mudrâ] mit der lunaren Seite [d.h. durch die linke Nasenöffnung], dann mit der solaren [durch die rechte Nasenöffnung] Seite ausüben. Er soll dieses Siegel unterbrechen, wenn er eine gleiche Anzahl [von Wiederholungen] erreicht hat. (1.59)

[Für jenen, der in der Praxis der mahâ-mudrâ erfolgreich ist], gibt es keine angemessene oder unangemessene [Nahrung]: jeder Geschmack ist in Wahrheit geschmacklos; auch starkes Gift wird, wenn geschluckt, verdaut, als sei es Nektar (pîyûsha). (1.60)

Für ihn, der die mahâ-mudrâ praktiziert, vergehen [alle] Krankheiten, insbesondere Schwindsucht, Lepra, Obstipation[29],

[30] *Vor einem weichen Konsonant ändert sich nabhas zu nabho.*

Schwellungen des Bauchraums und [auch] Siechtum. (1.61)

Die beschriebene mahâ-mudrâ bringt dem Einzelnen große Fähigkeiten. Sie sollte wachsam behütet und nicht an jedermann weitergegeben werden. (1.62)

Kommentar: Der Ausdruck mahâ-siddhi, hier mit „großen Fähigkeiten" übersetzt, kann auch im Singular, als die große Leistung der Befreiung verstanden werden. Er könnte sich aber ebenso auf die acht großen paranormalen Fähigkeiten beziehen, die traditionellerweise mit voll realisierten Meistern assoziiert werden.

Die khecârî-mudrâ besteht darin, die Zunge rückwärts in die Höhlung des Schädels [des hinteren Gaumens] zu führen, während der Blick zwischen den Augenbrauen fixiert wird. (1.63)

Er, der die khecârî-mudrâ [auszuführen] weiß, hat nicht Schlafbedürfnis, Hunger, Durst, [erfährt] keine Mattigkeit und keinen krankheitsbedingten Tod. (1.64)

Er, der die khecârî-mudrâ [auszuführen] weiß, bleibt von Kummer und von Handlungen [oder Karma] unbelastet und wird durch nichts gebunden. (1.65)

Der Verstand (citta) bewegt sich nicht, wenn die Zunge in khecârî [-Position] ist. Darum wird die vollendete khecârî von allen Meistern gerühmt. (1.66)

Der Samen (bindu) ist die Wurzel von [allen] Körpern, in denen die Äderungen [d.h. die Kanäle der Lebensenergie] ausgebildet sind. Sie konstituieren [alle] Körper – vom Kopf bis zu den Fußsohlen. (1.67)

Für ihn, der mittels der khecârî-mudrâ in die Höhlung über dem Gaumenzäpfchen [eindringt], wird der Samen nicht vergeudet, [selbst wenn er] von einer Frau umarmt wird. (1.68)

Kommentar: Bei Beherrschung der khecârî-mudrâ kann sich der yogin sexuell betätigen, ohne einen Samenausstoß zu riskieren; seit alters wird dieser, wegen sukzessiver Reduzierung der vitalen Energie (ojas), vermieden.

Solang' die Samenflüssigkeit im Körper bleibt, wie könnt' es Angst vorm Tode geben? Solang' die nabho-mudrâ beibehalten wird, rührt sich der Samen nicht. (1.69)

Kommentar: Der Begriff nabho-mudrâ meint etwa dasselbe wie khecârî-mudrâ, und nabhas[30] ist ein anderes Wort für kha (in khecârî); beide bedeuten „Äther/Raum".

Selbst wenn der Samen in das „Opferverzehrende" (huta-âshana) [weiblicher Schoß] tropfte, kommt er wieder zurück, nachdem er zurückgestohlen, falls er durch die Macht der yoni-mudrâ gezügelt ward. (1.70)

Kommentar: Die yoni-mudrâ besteht in der geschickten Kontraktion des Perineums (Damms).

Darüber hinaus ist der Samen zwiefacher Art – weiß und rot. Man nennt den weißen Samen shukra und den roten mahâ-rajas. (1.71)

Kommentar: Der weiße shukra ist der männliche Samen, das rote mahâ-rajas bezieht sich auf das weibliche Vaginalsekret, manchmal (miss-)verstanden als Menstruationsblut.

Das rajas findet sich beim Nabel und ähnelt einer roten Flüssigkeit. Der bindu findet sich am Ort des Mondes [d.h. im Gaumen]. Ihre Vereinigung lässt sich nur schwer bewerkstelligen. (1.72)

Kommentar: Diese Strophe macht deutlich, dass aus yogischer Sicht der bindu mehr ist als der in den Hoden produzierte Samen, und das rajas mehr als die weibliche genitale Sekretion. Beide haben auch feinstofflich-energetische Aspekte. So ist rajas mit dem solaren Element im Abdomen und bindu mit dem lunaren Element im Kopf verbunden.

Der bindu ist Shiva, das rajas ist Shakti. Bindu ist der Mond, rajas ist die Sonne. Nur durch beider

Quellenlektüre 21

Vereinigung erlangt [der yogin] den höchsten Zustand. (1.73)

Wird mittels des Atems (vâyu) die [kundalinî-] Kraft aufgeweckt und dadurch rajas aktiviert, dann erreicht dieses [rajas] die Vereinigung mit dem bindu, woraufhin der Leib sich vergöttlicht. (1.74)

Kommentar: Es ist das eingestandene Ziel des Hatha-Yoga, einen göttlichen Körper (divya-deha) mit all den besagten übernatürlichen Fähigkeiten zu erwerben. Die Strophe spricht kurz den esoterischen Prozess an, der dazu führt.

Der shukra wird verbunden mit dem Mond, das rajas wird geeint mit der Sonne. Er, der über die Einheit ihrer gleichartigen Natur weiß, ist ein Wissender im Yoga. (1.75)

Kommentar: Der Ausdruck samarasa-ekatva (geschrieben samarasaikatva), hier wiedergegeben mit „Einheit ihrer gleichartigen Natur", meint die Vermischung der Energien beider „Samentypen" – männlich und weiblich. Samarasa ist ein wichtiger Begriff in Tantrismus und Hatha-Yoga. Er bezeichnet die Wahrnehmung und Realisierung der fundamentalen Gleichheit in allen voneinander getrennten Dingen, d.h. der Nichtdualität in der Dualität.

Die Reinigung des Netzwerks (jâla) der Kanäle, die Erregung von Sonne und Mond [im obigen Sinn] sowie das Austrocknen [schädlicher Körper-] Säfte heißt mahâ-mudrâ. (1.76)

Kommentar: Die vom hatha-yogin erstrebte Transformation erfordert eine komplette Umbildung seiner leiblichen Physiologie. Die in dieser Strophe erwähnten rasas oder Körpersäfte meinen vermutlich physiologisch unbalancierte Körperflüssigkeiten.

So wie ein großer Vogel unermüdlich auffliegt, so ähnlich verhält sich seine [Praxis des] uddîyâna[-bandha] wie ein Löwe zum Elefanten des Todes. (1.77)

Kommentar: Die farbige Metapher basiert auf dem Wortspiel zwischen dem uddîna („Auffliegen") eines Vogels und dem uddîyâna („Aufsteigen") eines yogin; Letzteres besteht darin, den Magen stark einzuziehen, so dass die Luft/Lebensenergie aufwärts gedrängt wird und der jîva aufsteigt wie ein Vogel. Diese yogische Technik soll den Tod besiegen, geradeso wie ein Löwe den viel größeren Elefanten besiegen kann.

Die Aufwärts-Verschließung (uddîyâna-bandha) [wird], so heißt es, unterhalb des Nabels, im rückwärtigen Bauchraum [angewendet]. Eben da soll die Verschließung sein. (1.78)

Der jâlandhara-bandha [oder Kehlverschluss] blockiert das Netzwerk der Leitungen (shiras), so dass das Wasser vom Himmel (nabhas) [d.h. der Nektar vom geheimen Zentrum im Kopf] nicht herabtropft [in den Bauchraum]. Deshalb beseitigt [diese Übung] eine Reihe von Halskrankheiten. (1.79)

Bei Durchführung des jâlandhara-bandha, also der [absichtlichen] Kehlverengung, fällt der Nektar nicht ins Feuer, und die Luft wird nicht erregt. (1.80)

Während er [der yogin] die linke Ferse gegen das Perineum drückt, soll er den After zusammen- und gleichzeitig den apâna hochziehen. [Derart] soll die „Wurzel-Verschließung" (mûla-bandha) durchgeführt werden. (1.81)

Die Vereinigung von apâna und prâna reduziert die Harnsäure und die Abfallprodukte [im Darm]. Bei ständiger [Ausführung des] Wurzel-Verschlusses wird er selbst im Alter wieder jung. (1.82)

Während er die Lotos-Stellung einnimmt, Körper und Kopf aufrecht hält und den Blick auf die Nasenspitze fixiert, wiederhole er in der Einsamkeit (ekânta) den unvergänglichen Ton om. (1.83)

Das höchste Licht ist om; in seinen Silbeneinheiten (mâtrâ) wohnen die Gottheiten von Mond, Sonne und Feuer, [samt] den Weltbereichen [ausgedrückt durch die Worte] bhûh, bhuvah und svah. (1.84)

Kommentar: Die heilige Silbe om symbolisiert das Absolute; ihre Bestandteile (a, u, m) repräsentieren die drei Welten (loka), angegeben durch bhûh, bhuvah und svah, d.h. Erde, Mittel-Region und Himmel.

Das erhabenste Licht ist om, darin die drei Zeiten [Vergangenheit, Gegenwart, Zukunft], die drei Vedas [Rig-, Yajur- und Sâma-Veda], die drei Welten, die drei Leittöne (svara) und die drei Gottheiten [Shiva, Vishnu und Brahma] residieren. (1.85)

Das erhabenste Licht ist om, darin die dreifältige Macht (shakti), [bestehend aus] Tat, Wille und Weisheit oder brâhmî, raudrî und vaishnavî, weilt. (1.86)

Kommentar: Der weibliche Gottesaspekt, als shakti ausgedrückt, umfasst die drei Funktionen „schöpferische Tat" (kriyâ), „schöpferischer Wille" (icchâ) und „schöpferische Weisheit" (jnâna). Diese drei gelten auch als Attribute der drei großen Gottheiten Brahma, Rudra [= Shiva] und Vishnu.

Das höchste Licht ist om, darin die drei Silbeneinheiten, nämlich die Silben a und u und die Silbe m, „Saat-Punkt" (bindu) genannt, enthalten sind. (1.87)

Das höchste Licht ist om. Er [der yogin] rezitiere mit dem Wort dessen Keim-Silbe (bîja), praktiziere Es mit dem Körper und erinnere sich Seiner mit dem Verstand. (1.88)

Er, der das pranava beharrlich wiederholt, gleich, ob er rein oder unrein ist – er bleibt von Sünde unbefleckt wie die Lotosblüte im [schmutzigen] Wasser [unbefleckt bleibt]. (1.89)

Wenn sich der „Wind" bewegt, bewegt sich auch der Samen. Wenn er sich nicht bewegt, bewegt sich [gleichfalls] nicht [der Samen]. [Will] der yogin gänzliche Bewegungslosigkeit (sthânutva) erreichen, dann muss er den „Wind" [den Atem/die Lebenskraft] beherrschen. (1.90)

Solange der „Wind" im Körper verbleibt, ist die Seele nicht losgelöst. Ihre Loslösung [vom Körper verursacht] Tod. Darum soll er den „Wind" beherrschen. (1.91)

Solange die Luft im Körper gehalten wird, bleibt Verstand und Gemüt von Schlechtem verschont. Solange der Blick zwischen den Augenbrauen [sachkundig fixiert] ist, wie könnte es da Angst vorm Tod geben? (1.92)

Darum strebt [selbst] Brahma – aus Furcht vor dem Tod – nach Beherrschung des Atems, genauso wie die yogins und Weisen. Deshalb soll man den „Wind" bezähmen. (1.93)

Durch die linke und die rechte Pforte [d.h. Nasenöffnung] drängt hamsa 36 Fingerbreit hinaus (prayâna) [aus dem Körper], weswegen er prâna genannt wird. (1.94)

Ist das ganze Kanal-Netzwerk, mit Unreinheiten verlegt, einmal gereinigt, so vermag der yogin dann die Lebenskraft zu kontrollieren (samgrahana). (1.95)

Der yogin [sitzend] in der gebundenen Lotos-Stellung soll die Lebenskraft durch die lunare [Nasenöffnung] einziehen und sie, nachdem er sie entsprechend seiner Fähigkeit zurückgehalten, durch die solare [Nasenöffnung] wieder herausstoßen. (1.96)

Wer den Atem beherrscht und über die Mondscheibe und den – Yoghurt oder Kuhmilch oder Silber ähnelnden – Nektar meditiert, der sollte glücklich sein. (1.97)

Kommentar: Der Text verwendet den Begriff prânâyâmin für den Ausübenden von prânâyâma. Die Mondscheibe (bimba) wird im Kopf, oberhalb des Gaumens, wo der Nektar der Unsterblichkeit sich sammelt, visualisiert.

Er ziehe den Atem (shvâsa) durch die rechte [Nasenöffnung] und fülle den Bauchraum allmählich. Hat er ihn gemäß den Regeln zurückgehalten, stoße er ihn wieder durch die lunare [Nasenöffnung] aus. (1.98)

Der yogin der Atembeherrschung, der über den Sonnenkreis – eine

Quellenlektüre 21

Masse hell brennender Flammen in der Nabelgegend – meditiert, er sollte glücklich sein. (1.99)

Tritt der Atem durch die idâ [die linke Nasenöffnung] ein, so dränge er ihn wieder durch die andere [Nasenöffnung] hinaus. Zieht er die Luft durch pingalâ [die rechte Nasenöffnung] ein, so entlasse er sie, nachdem er sie angehalten, wieder durch die linke [Nasenöffnung]. Mit der regelgerechten Meditation über die zwei Scheiben von Sonne und Mond wird das Geäder der Kanäle nach drei Monaten gesäubert. (1.100)

Die Reinigung der Kanäle hat gute Gesundheit, die Manifestation des [subtilen inneren] Tons (nâda), [die Fähigkeit,] den „Wind" längstmöglich anzuhalten, und das Aufflammen des [inneren] Feuers zur Folge. (1.101)

Kommentar: Das innere Feuer (anala) meint die Hitze im Bauchraum (udâra-agni, geschrieben udârâgni), die beim Erwecken der Schlangen-Kraft eine wesentliche Rolle spielt.

Teil II

Durch die Beschränkung des Ausatmens (apâna) bleibt die Luft, die Lebensenergie (prâna) [länger] im Körper. Mit Hilfe nur eines einzigen Atems soll [der yogin] eine Bresche in den „Raum" (gagana) [am Scheitel des Kopfes] schlagen. (2.1)

Kommentar: Die universale Lebensenergie manifestiert sich im menschlichen Körper in fünf verschiedenen Funktionen, und apâna wie prâna fungieren dabei als Motor, der das psychische und körperliche Leben antreibt. Das Erstere ist mit dem Ausatmen, das Letztere mit dem Einatmen verbunden. Indem er das Ausatmen der Lebenskraft anhält, akkumuliert der yogin im Körper pranische Energie, die, wenn richtig eingesetzt, die verborgene Pforte am Scheitel des Kopfes aufbrechen kann. An eben diesem Ort vereinigt sich die individuelle Lebenskraft mit der kosmischen Lebensenergie.

[Yogisches] Ausatmen, Einatmen und Atemanhalten zeichnen sich durch den summenden Ton (pranava) aus [das ist der heilige Klang om]. Die Atembeherrschung ist dreifach und hat zwölf Maßeinheiten (mâtrâ). (2.2)

Kommentar: Im Hatha-Yoga verbindet sich die Atemkontrolle oft mit der om-Rezitation, die in „Maßeinheiten" gezählt wird. Eine solche mâtrâ ist also eine Zeiteinheit, deren Dauer allerdings variieren kann. So wird sie in der Brihad-Yogî-Yâjnavalkya-Smriti (8.112) als die Zeit definiert, die man braucht, um dreimal mit den Fingern zu schnalzen, das Knie mit der Hand einmal zu umkreisen und dreimal zu klatschen. Im jetzigen Text wird sie mit der Dauer des om-Tons – er dauert ein paar Sekunden – gleichgesetzt.

[Innere] Sonne und [innerer] Mond sind mit den zwölf Maßeinheiten verbunden; sie sind nicht gefesselt im Netz der Defekte (dosha). Der yogin muss sich [dieser beider Prinzipien] immer bewusst sein. (2.3)

Kommentar: Der menschliche Körper ist eine Widerspiegelung der makrokosmischen Gegebenheiten – „das, was oben ist, ist wie das, was unten ist, um das Wunder der Einheit zu vollbringen". Diesem alten hermetischen Analogiegesetz entsprechend finden sich „Sonne" und „Mond" auch im Körper. Erstere soll in der Nabelgegend, (im „Sonnengeflecht"), Letzterer im Kopf lokalisiert sein.

Während des Einatmens soll er zwölf Maßeinheiten [der Silbe om], während des Atemzurückhaltens sechzehn Einheiten und während des Ausatmens zehn om-Einheiten durchführen. Das wird „Atembeherrschung" (prânâyâma) genannt. (2.4)

In der Anfangsphase [der Atemkontrolle sollen] zwölf Einheiten [beim Einatmen durchgeführt werden]; auf der mittleren [Stufe] sind sechzehn Einheiten [angemessen]; auf der obersten [Stufe] sind dreimal soviel vorgeschrieben. In dieser Weise wird die Atembeherrschung bewertet. (2.5)

Auf der unteren [Stufe] wird die „Substanz" (dharma) [d.h. Schweiß] herausgedrängt; auf der mittleren [Stufe] entsteht Zittern; auf der obersten [Stufe] hebt der yogin [vom Boden] ab. Daher soll er die Luft (vâyu) [sorgfältig] kontrollieren. (2.6)

In der gebundenen Lotos-Stellung [sitzend] und voll Ehrerbietung vor dem Lehrer und vor Shiva soll der yogin die Atembeherrschung in der Einsamkeit (ekânta) üben, den Blick auf die Mitte zwischen den Augenbrauen [konzentriert]. (2.7)

Kommentar: Ausführung der gebundenen Lotos-Stellung (baddha-padma-âsana) siehe Strophe 1.12

Beim Heraufziehen der apâna-Luft soll er diese mit dem prâna vereinigen. Führt er sie, zusammen mit der [kundalinî-] Kraft, empor, so wird er von allen Sünden erlöst. (2.8)

Wenn er die neun Tore (dvâra) [d.h. die Körperöffnungen] verschlossen, die Luft eingezogen und festgehalten, sie zusammen mit apâna und dem Feuer (vahni) [im Bauchraum] zum „Raum" (âkâsha) [des Herzens] geführt, die [kundalinî-] Kraft aufgescheucht und in den Kopf getrieben hat – wahrlich, wenn er vereint mit dem Selbst in dessen Wohnstatt [d.h. im Kronen-cakra] bleibt und den Regeln folgt, wird er gepriesen von der großen Meister Schar. (2.9)

Kommentar: Der Vorgang der kundalinî-Erweckung lässt sich stereotyp als konzertierte Aktion von prâna, apâna und abdominalem Feuer charakterisieren. Gemeinsam erzeugen diese drei genügend Energie, um die an der Wirbelsäulenbasis schlafende kundalinî zu wecken.

Derart wird die Zähmung des Atems zu einem Feuer [gespeist vom] Brennstoff der „Sünden" (pâtaka). Die yogins nennen das stets die „große Brücke" über den Ozean des [bedingten] Daseins. (2.10)

Kommentar: Seit der Zeit der Brâhmanas wurde die Atembeherrschung als eine der effektivsten Methoden zur Verbrennung karmischer Ablagerungen – aus unwürdigen Gedanken und Handlungen resultierend – gepriesen.

Durch Körperstellung werden Krankheiten beseitigt; durch Atembeherrschung [werden] adharmische Übertretungen [gesühnt]; durch Sinnesrückzug wird der yogin von [allen] geistigen Schwankungen (vikâra) frei. (2.11)

Die Neigung zur Konzentration [bewirkt] Beständigkeit (dhairya); durch Meditation [erwirbt er] einen wunderbaren Bewusstseinszustand. Im Ekstasezustand (samâdhi) – nach Abstreifen von gutem und schlechtem Karma – erlangt er Befreiung. (2.12)

Der Sinnesrückzug soll mit zweimal sechs Atemkontrollen [eintreten]; gute Konzentration soll bekanntermaßen bei zweimal sechs Sinnes-zurückziehungen [eintreten]. (2.13)

Zwölf Konzentrationen sollen laut Meditationskundigen eine Meditation ergeben. Samâdhi soll nach zwölf Meditationen [eintreten]. (2.14)

Sieht man im samâdhi das erhabenste Licht, unendlich und nach allen Seiten strahlend, so gibt es kein Handeln mehr, kein vergangenes oder gegenwärtiges Karma. (2.15)

Nachdem er die Körperstellung, mit dem Penis [zwischen] den Fersen, eingenommen, die Ohren, Augen und Nasenöffnungen mit den Fingern versperrt, die Luft durch den Mund eingeatmet und [über den prâna] in der Brust, über das Feuer [im Bauch] und über den apâna kontempliert hat, soll er sie [d.h. die drei] beständig im Kopf festhalten. Auf diese Weise erwirbt der Meister-yogin, der von der Art jener [Realität] ist, die identische Gleichheit (samatâ) mit dem wirklichen Sein (tattva) [d.h. mit Shiva]. (2.16)

Erreicht die Luft den „Raum" (gagana) [am Herzen], ertönt ein mächtiger Klang wie von einer [großen] Glocke. Dann ist die Vollendung (siddhi) nah. (2.17)

[Wer] angeschirrt durch Atembeherrschung, [dem] vergehen alle Krankheiten. [Wer] nicht

Quellenlektüre 21

durch Yoga angeschirrt, [der lädt] jede Krankheit [ein]. (2.18)

Diverse körperliche Störungen – ständiger Schluckauf, Husten, Asthma, Leiden von Kopf, Ohren und Augen – werden durch falschen Gebrauch (vyatikrama) der Luft verursacht. (2.19)

Wie Löwe, Elefant und Tiger ganz allmählich zu zähmen sind, damit sie den Tierbändiger nicht töten, genauso [ist] die Luft nicht [ohne große Disziplin] einzusetzen. (2.20)

Er soll die Atemluft sehr allmählich entlassen und soll auch sehr allmählich einatmen. Dazu soll er [den Atem] Zug um Zug anhalten. Auf diese Art naht die Vollendung. (2.21)

Die Augen und die anderen [Sinne] schweifen über die jeweiligen Sinnesobjekte. Ihr Rückzug daraus heißt „Sinnesrückzug" (pratyâhâra). (2.22)

Geradeso wie die Sonne, wenn sie die dritte Phase [Nachmittag] erreicht, ihr Strahlen zurücknimmt, so [soll] der yogin ab dem dritten Glied [des Yoga] [alles] mentale Schwanken (vikâra) [beenden]. (2.23)

Wie die Schildkröte ihre Gliedmaßen in ihre Umpanzerung zurückzieht, so soll der yogin die Sinne in sich zurückziehen. (2.24)

Da er weiß, dass alles, was er mit den Ohren hört – ob angenehm oder unangenehm –, das Selbst ist, zieht der Yoga-Kenner [sein Hören] zurück. (2.25)

Da er weiß, dass alles, was er mit der Nase riecht – ob duftend oder stinkend –, das Selbst ist, zieht der Yoga-Kenner [seinen Geruchssinn] zurück. (2.26)

Da er weiß, dass alles, was er mit den Augen sieht – ob rein oder unrein –, das Selbst ist, zieht der Yoga-Kenner [seinen Gesichtssinn] zurück. (2.27)

Da er weiß, dass alles, was er mit der Haut erfühlt – ob greifbar oder nicht –, das Selbst ist, zieht der Yoga-Kenner [seinen Tastsinn] zurück. (2.28)

Da er weiß, dass alles, was er mit der Zunge schmeckt – ob salzig oder nicht –, das Selbst ist, zieht der Yoga-Kenner [seinen Geschmackssinn] zurück. (2.29)

Die Sonne [in der Nabelgegend] zieht das Rinnsal des Mondnektars (amrita) ein. Das Einziehen dieses [Rinnsals] wird „Sinnesrückzug" genannt. (2.30)

Kommentar: Wir haben hier eine symbolische Interpretation von pratyâhâra, wie es auf einer höheren Stufe yogischer Erfahrung auftritt.

Das Eine Weibliche, das vom Monde kommt [der Nektar], erfreuet beide [„Sonne" und „Mond"]; [doch] der dritte [der Mensch, der darüber nicht weiß] ist einer, der Alter und Tod unterworfen ist. (2.31)

Kommentar: Die Bedeutung dieser Strophe bleibt verschleiert.

In der Nabelgegend ruht die eine Sonne, von feuriger Natur. Und der Mond, von der Natur des Nektars, findet sich immer an der Gaumenwurzel. (2.32)

Der Mond, hinunterblickend, ergießt [Nektar]; die Sonne, hinaufblickend, verschluckt ihn. Darum muss man die [umgedrehte] Stellung (karanî) kennen, damit man selbst den Nektar erhält. (2.33)

Ist der Nabel oben und der Gaumen unten, [das heißt,] ist die Sonne oben und der Mond unten, [dann] spricht man von der umgedrehten Stellung. Sie soll vom Lehrer erlernt werden. (2.34)

Kommentar: Die umgedrehte Stellung (viparîta-karanî) kann der Kopf- oder der Schulterstand sein.

Wo der dreifach gefesselte Stier machtvoll brüllt, dort beim Herzen [liegt], wie die yogins wissen sollen, das Zentrum des „nicht angeschlagenen" (anâhata) [Tons]. (2.35)

Kommentar: Der „dreifach gefesselte Stier" (tridhâ baddho

[31] *Die Wendung shâstrângamodgîranam ist die korrumpierte Form von shastrâgamodîranam, was „Abprallenlassen von Waffen" bedeutet. Siehe Hatha-Yoga-Pradîpikâ (3.50) zur korrekten Lesart.*

vrishah) ist die menschliche Seele (jîva), von den drei Qualitäten (guna) der Natur – sattva, rajas, tamas – in Fesseln gehalten.

Wenn die Lebenskraft – nachdem sie zum manipûraka[-cakra] und weiter zum anâhata[-cakra] gekommen – den großen Lotos [am Scheitel] erreicht, erwirbt der yogin Unsterblichkeit (amrita). (2.36)

[Der yogin] meditiere über die höchste Energie (shakti), wölbe dabei die Zunge nach oben, hin zur Höhlung [an der Einmündung des Nasengangs in den Rachen], wie vorgeschrieben. [Das Nektar-Rinnsal], vom sechzehnblättrigen Lotos darüber herabsickernd, sammelt er, indem er gewaltsam [mit der Zunge in die Höhlung] drängt. Jener makellose yogin, der vom Hort (kula) der Zunge den [besonderen] sechzehnten Teil des überaus klaren Wassers des kula-Bächleins [aus dem Lotos darüber herabrinnend] trinkt – er lebt lange, mit einem Körper so zart wie eine Lotosblütenfaser. (2.37)

Er trinke den kühlen Strom [der Luft] mit dem Mund [geformt] wie ein Krähenschnabel. Da er prâna und apâna bändigt, altert der yogin nicht. (2.38)

Für ihn, der die prâna-Luft trinkt, indem er die Zunge an den oberen Gaumen [presst], werden alle Krankheiten nach einem halben Jahr vergehen. (2.39)

Er, der über den gesamten Nektar [auch] im fünften Zentrum, dem „reinen" (vishuddha), meditierte, nachdem er das [offene] Maul der [inneren] Sonne [am Nabel] findig betrog, steigt flink auf dem oberen Pfad hinauf. (2.40)

Der Ton vi steht für den „Schwan" (hamsa) [d.h. den spontanen Atem], und shuddhi („Reinheit") heißt „makellos". So wissen also die cakra-Kundigen, dass das Zentrum an der Kehle vishuddha heißt. (2.41)

Nachdem [die Lebenskraft] den Kiefern der [inneren] Sonne entkommen, steigt sie von selbst hinauf in die Höhlung am Ende des Nasengangs, [wo der yogin] den Nektar bereitgehalten. (2.42)

Da er [also] dies überaus pure Nass der Mondes-kalâ [d.h. des „Ergusses", des „Bächleins" vom inneren Mond] von oberhalb der Kehle [herabrinnend,] gesammelt hat, soll er es [erst] in die Höhlung am Nasengang-Ende und dann überallhin leiten – mit Hilfe des „Äther-Raums" [am Kopfscheitel]. (2.43)

Der Yoga-Kundige, der das Ambrosia (soma) trinkt, indem er die Zunge fest nach oben [gegen den Gaumen] drückt – zweifelsohne besiegt er in einem halben Monat den Tod. (2.44)

Er, der die Öffnung an der [Gaumen-]wurzel kontrolliert, überwindet [jedes] Hindernis und erreicht [den Zustand] jenseits von Alter und Tod – gleich dem fünfgesichtigen Hara [d.h. Shiva]. (2.45)

Indem er die Zungenspitze gegen die große Höhlung am „königlichen Zahn" (râja-danta) [d.h. am Gaumenzäpfchen] presst und über die ambrosische Göttin meditiert, wird er in sechs Monaten zum Dichter-Weisen (kavi). (2.46)

Kommentar: Diese Technik wird auch als lambikâ-yoga bezeichnet. Das Wort lambikâ bedeutet „Aufhänger" und meint das Gaumenzäpfchen, das, von der Zunge stimuliert, verstärkten Speichelfluss hervorruft; das feinstoffliche Äquivalent zum Speichel ist der durchsichtige Nektar der Unsterblichkeit.

Das große Strömen oben [über dem Gaumenzäpfchen] blockiert alle [anderen] Ströme [im Körper]. Wer immer den Nektar nicht herabfließen lässt, [sollte zuerst] der Methode der fünf Konzentrationen folgen. (2.47)

Küsst die Zunge beständig die Spitze des „Aufhängers" [d.h. des Gaumenzäpfchens], so dass die Flüssigkeit (rasa) rinnt – [sie schmeckt] salzig, stechend oder sauer; wie Milch, Honig oder geklärte Butter –, dann verschwinden Krankheiten, Alter und Tod; die Lehren (shâstra) und ihre beigeordneten Schriften werden zelebriert,[31] und er wird Unsterblichkeit sowie

[32]Im Sanskrittext heißt es falsch *vitanute*.

Quellenlektüre 21

die acht [paranormalen] Fähigkeiten erwerben und die Gefährten (anga) der vollendeten Meister (siddha) zu sich ziehen. (2.48)

Nach zwei oder drei Jahren lässt der yogin, dessen Körper mit Nektar erfüllt, seinen Samen (retas) aufwärts fließen, und [übernatürliche] Qualitäten, wie die „Verkleinerung" (animan), treten auf. (2.49)

Kommentar: Das Aufwärtsfließen des feinstofflichen männlichen Samens mag das Pendant zur – psychologisch begriffenen – „Sublimierung" sein. Genauer gesagt ist es eine Form der „Superlimination", da der Prozess über die Schwelle (lat.: limen) des normalen psychisch-körperlichen Zustands weit hinausreicht. Diese seltene Kondition wird als ûrdhva-retas bezeichnet.

So wie das Feuer brennt, [solange] Brennstoff, und das Licht leuchtet, [solange] Öl und Docht [vorhanden sind], ebenso verlässt die verkörperte [Seele] nicht den Körper, solange er erfüllt ist mit dem lunaren Element (kalâ). (2.50)

Im Körper eines yogin, der jeden Tag mit dem Mond-Element angereichert wird, breitet sich kein Gift aus, selbst wenn [der Schlangenkönig] Takshaka persönlich ihn bisse. (2.51)

Beherrscht er Körperstellungen, Atemkontrolle und den Rückzug der Sinne, dann soll er Konzentration üben. (2.52)

Konzentration bedeutet die stetige Ausrichtung des Verstandessinns auf die fünf [klassischen] Elemente im Herzen. (2.53)

[Das Element] Erde im Herzen ist ein hell leuchtendes, gelbes oder gelbliches Quadrat, die Silbe la und den Lotos-Thronenden (Gott Brahma) [rahmend]. Wenn er [der yogin] die Lebenskraft samt Bewusstsein darin [d.h. im Herzen] auflöst, soll er sich fünf ghatikâs [das sind zwei Stunden] lang konzentrieren. Dabei soll er immer die festigende „Erd-Konzentration" durchführen, um die Erde zu erobern. (2.54)

Das Wasser-Element (ambu-tattva), dem Halbmond oder weißen Jasmin ähnlich, findet sich im Kehlbereich, trägt die Keimsilbe va des Nektars (pîyûsha) und ist immerzu mit Vishnu verbunden. Wenn er [der yogin] die Lebenskraft samt Bewusstsein darin [d.h. im Herzen] auflöst, soll er sich fünf ghatikâs [das sind zwei Stunden] lang konzentrieren. Dabei soll er immer die „Wasser-Konzentration" durchführen; sie verbrennt für alle Zeit das Leid. (2.55)

Das dreieckige Feuer-Element, lokalisiert im Gaumenraum und [roter] Cochenille ähnlich, strahlt hell wie Koralle, ist mit repha [d.h. der Silbe ra] verbunden und in Rudras [=Shivas] guter Gesellschaft. Wenn er [der yogin] die Lebenskraft samt Bewusstsein darin [d.h. im Herzen] auflöst, soll er sich fünf ghatikâs [das sind zwei Stunden] lang konzentrieren. Dabei soll er immer der „Feuer-Konzentration" obliegen[32], um das Feuer zu erobern. (2.56)

Kommentar: Gewöhnlich sieht man das Feuer-Element am Nabel lokalisiert.

Das Luft-Element, zwischen den Augenbrauen gelegen, ähnelt schwarzer Wimperntusche und ist mit dem Buchstaben ya und Îshvara als [es regierender] Gottheit verbunden. Wenn er [der yogin] die Lebenskraft samt Bewusstsein darin [d.h. im Herzen] auflöst, soll er sich fünf ghatikâs [das sind zwei Stunden] lang konzentrieren. Der yamin soll die „Luft-Konzentration" üben, so dass er den Himmel bereisen kann. (2.57)

Kommentar: Die Beherrschung des Luft-Elements befähigt den yamin oder yogin zum magischen Fliegen (khecara) – in der Yoga-Literatur, aber auch in schamanischen Traditionen rund um die Welt beschrieben.

Das Äther/Raum-Element, lokalisiert am „brahmischen Spalt" (brahma-randhra) [Fontanellen-Spalt an der Schädeldecke] und klarem Wasser gleichend, steht mit Sadâ-Shiva, dem [inneren] Klang und der Silbe ha in Verbindung. Wenn er [der yogin] die Lebenskraft samt Bewusstsein darin [d.h. im

[33] Die Wiederholung legt nah, dass der Sanskrittext hier fehlerhaft ist.

Herzen] auflöst, soll er sich fünf ghatikâs [das sind zwei Stunden] lang konzentrieren. Die „Äther-Raum-Konzentration", glaubt man, öffne das Tor zur Befreiung. (2.58)

Die fünf Konzentrationen auf die Elemente [ergeben die Fähigkeit, jeweils] anzuhalten, zu überschwemmen, zu verbrennen, zu destabilisieren und auszutrocknen. (2.59)

Mit den Mitteln des Verstandes, der Rede und der Handlung sind die fünf Konzentrationen mühevoll zu bewerkstelligen. Der yogin, klug [im Gebrauch dieser Techniken], wird von allem Leid erlöst. (2.60)

Die Erinnerung (smriti) zielt ab auf das gemeinsame Element (dhâtu) jedes Gedankens. Meditation ist die Bildung reiner Gedankenkonzepte (cintâ) im [gereinigten] Verstand. (2.61)

Kommentar: Wahrscheinlich meint diese Strophe solche reinen Wahrheiten wie: „Nur das Absolute existiert."

Meditation ist von zweierlei Art – zusammengesetzt (sakala) und nicht zusammengesetzt bzw. untrennbar (nishkala). Sie wird zusammengesetzt aufgrund von [qualitativen] Unterschieden in der Ausführung; nicht zusammengesetzte [Meditation hingegen] ist qualitäts- und attributslos (nirguna). (2.62)

Er [der yogin] nehme eine bequeme Stellung (sukha-âsana) ein, mit verinnerlichtem Verstandessinn und äußerlich hinabblickend (cakshus); und er meditiere konzentriert über die Schlange (kundalinî) – so wird er von Schuld (kilbisha) erlöst. (2.63)

Das erste cakra, [genannt] „Stütze" (âdhâra), ist vierblättrig und gleicht Gold. Die Meditation über die kundalinî [an dieser Stelle] erlöst ihn von Schuld (kilbisha).[33] (2.64)

Kommentar: Die „Stütze" meint das mûlâdhâra-cakra am unteren Wirbelsäulenende – sozusagen der Alchemisten-Kessel im menschlichen Körper.

Kontempliert der yogin über das Selbst in der sechsblättrigen „Selbst-Basis" (svâdhishthâna) [cakra in der Genitalregion], das einem wirklichen Juwel gleicht, so ist er, [beständig] auf die Nasenspitze blickend, [in der Tat] glücklich. (2.65)

Kontempliert er über das Selbst in Form der Juwelen-Stadt, die wie die aufgehende Sonne erstrahlt, so erschüttert er, [dabei beständig] auf die Nasenspitze blickend, die Welt. (2.66)

Kommentar: Das bezieht sich auf das psychoenergetische Zentrum am Nabel, dem manipûra- oder manipûraka-cakra – in der yogischen Schau ähnelt es einer Stadt aus leuchtenden Edelsteinen.

Meditiert er über Shambhu, der im Raum (âkâsha) des Herzens weilt und gleißt wie unerbittlich Sonnenlicht, und blickt weiter auf die Spitze seiner Nase, so nimmt er die Form des Absoluten (brahman) an. (2.67)

Kommentar: Shambhu (der „Freundliche") ist Shiva, der im Herz-Zentrum, dem hridaya- oder anâhata-cakra residiert.

Meditiert er über das Selbst im Herz-Lotos, der leuchtet wie ein Blitz, [praktiziert] dabei verschiedene [Arten der] Atembeherrschung und fixiert den Blick auf die Nasenspitze, so nimmt er die Form von brahman an. (2.68)

Indem er ständig über das Selbst inmitten der „Glocke" (ghantikâ) am reinen (vishuddha) [Zentrum], das wie ein Öllicht schimmert, meditiert, nimmt er die Form der Seligkeit (ânanda) an. (2.69)

Kommentar: Das Wort ghantikâ heißt „kleine Glocke" und meint hier u.U. die Schilddrüse oder die Luftklappe (medizin. epiglottis) im Hals. Da Strophe 2.75 ghantikâ zusätzlich zu lambikâ auflistet, kann die „kleine Glocke" nicht das Gaumenzäpfchen sein.

Da er über das Selbst meditiert – den Gott, der zwischen den Augenbrauen erscheint und wahrlich einem Thronjuwelen gleicht – und [dauernd] seinen

[34] *Das Kompositum marîci-jala kann „phantastisches Wasser" oder „funkelndes Wasser" bedeuten und soll die yogische Erfahrung eines permanenten Strahlens ausdrücken.*

[35] *Die Wendung apâna-mûla steht wahrscheinlich fehlerhaft für âdhâra-mûla, was den analen Schließmuskel meint, der mittels mûla-bandha zusammengezogen wird.*

[36] *Ich lese hutavaha für hutabaha.*

Blick auf die Nasenspitze richtet, nimmt er die Form der Seligkeit an. (2.70)

Der yogin, der die Lebenskraft erobert und immer übers Selbst meditiert – den höchsten Herrn von blauem Aussehen am Punkte zwischen den Brauen –, dabei den Blick auf die Nasenspitze fixiert, er erreicht [das höchste Ziel des] Yoga. (2.71)

Kommentar: Die Strophe bezieht sich auf das âjna-cakra, das manchmal mit dem blauen Saat-Punkt (bindu) oder der „blauen Perle" – der zeitgenössische siddha Swami Muktananda nannte es so – assoziiert wird.

Indem er über das eigenschaftslose, ruhevolle, wohlwollende (shiva), all-sehende [höchste Wesen] im Raum [des Kronen-cakras] meditiert, während er auf die Nasenspitze blickt, nimmt er die Form des Absoluten an. (2.72)

Kommentar: Der erwähnte „Raum" (gagana) bezieht sich auf die unendliche Sphäre, in die yogins durch das Portal am Kopfscheitel, durch den „brahmischen Spalt" oder das „tausendspeichige Rad" (sahasrâra-cakra), eintreten können.

Wo der [innere] Klang des Äther/Raums [gehört werden kann], dort ist das sogenannte „Befehlszentrum" (âjna-cakra). Indem er über das wohlwollende (shiva) Selbst darin kontempliert, erlangt der yogin Befreiung. (2.73)

Da er über das allgegenwärtige Selbst meditiert – Es ist rein, ist wie der Raum und strahlt wie funkelnde Flüssigkeit[34] –, erlangt der yogin Befreiung. (2.74)

After, Penis, Nabel, Herz-Lotos, das eine darüber [d.h. das Kehl-Zentrum], die Glocke, der Ort des „Aufhängers" [das Gaumenzäpfchen], die Stelle zwischen den Brauen und die Raumhöhlung [am Scheitelpunkt des Kopfes] ..., (2.75)

Kommentar: Dies sind neun bekannte Körperstellen (sthâna oder desha), auf die der yogin sein Bewusstsein konzentriert.

... diese neun Orte (sthâna) der Meditation erwähnen die yogins – an ihnen soll man von der begrenzten Realität befreit werden, und sie sollen die acht [paranormalen] Fähigkeiten schenken. (2.76)

Da er über das unübertreffliche Licht des strahlenden Shiva, der gleich dem Absoluten ist, meditiert und Es erkennt, wird er erlöst. Das sagt Goraksha. (2.77)

Kommentar: „Erkennen" bedeutet in diesem Kontext „verwirklichen, realisieren", d.h. eins zu werden mit Shivas allumfassendem Strahlen – mit der fundamentalen Realität, die allen Wesen und Dingen zugrunde liegt.

Indem er die Luftzirkulation am Nabel kontrolliert, die apâna-Wurzel[35] darunter machtvoll zusammenzieht – [sie ist] wie der Opfernde [d.h. das Feuer][36] und von feiner Form wie ein Faden –, den Herz-Lotos einschnürt und das dalanaka, den Gaumen und den brahmischen Spalt durchstößt, erreicht er die Leere, in der Gott Mahesha [d.h. Shiva] den Äther/Raum (gagana) betritt. (2.78)

Kommentar: Diese etwas unklare Strophe spricht über den kundalinî-Prozess, bei dem die Lebensenergie mittels der – oben dargelegten – muskulären Verschließungen (bandha) gezähmt wird. Das dalanaka („Zermalmer") scheint eine der psychoenergetischen Strukturen zu sein, die die aufsteigende Schlangen-Kraft durchbrechen muss, damit sie zum tausendblättrigen Lotos am Scheitelpunkt gelangen kann. Vielleicht ist das Wort eine alte okkulte Bezeichnung des Hals-cakras.

Oberhalb des strahlenden Lotos am Nabel befindet sich der reine Kreis (mandala) der heißen Sonne (canda-rashmi). Ich verehre das Weisheits-Siegel (jnâna-mudrâ) von yoginîs, das die Angst vorm Tod beseitigt, aus Weisheit besteht, von der gleichen Form wie die Welt (samsâra) und die Mutter des dreifachen Universums und Spender des dharma für Menschen ist – die höchst preiswürdige Chinnamastâ

[37] *Die Yoga-Karnikâ (10.18) zitiert diese Strophe in der Lesart shashta-nâdikâ, anstatt shashti-nâdibhih.*

im dreifältigen Fließen inmitten des dreifachen Pfads. (2.79)

Kommentar: Die yoginî-jnâna-mudrâ, also das „Weisheitssiegel von yoginîs", bedeutet die kundalinî, die göttliche Energie, die im menschlichen Körper auftreten mag. Sie bewegt sich dann im zentralen Kanal, zwischen der idâ- und pingalâ-nâdî, die zusammen den sogenannten „dreifachen Pfad" bilden, und verankert das Bewusstsein des yogin im großen Raum jenseits von Körper, Verstand und Gemüt. Diese transformierende Kraft (shakti) erhält hier den Namen der Göttin Chinnamastâ, die mit abgetrenntem Haupt und aus dem Rumpf stürzendem Blutstrahl abgebildet wird – ein wundervolles yogisches Symbol. Sie ist die höchste yoginî, die große Beherrscherin yogischer Macht.

Tausend Pferdeopfer oder hundert glorreiche [Soma-] Opfergaben (vâjapeya) kommen nicht dem Sechzehntel einer einzigen yogischen Meditation gleich. (2.80)

Kommentar: Diese zwei speziellen Opferriten waren sehr kunstvolle, langwierige Prozeduren und durften nur von großen Königen durchgeführt werden; man glaubte, sie brächten denen, die sie förderten und durchführten, großen Verdienst.

[Die Existenz] der dualen Wirklichkeit erklärt sich aus dem Darauf-Projizieren (upâdhi). Dies Darauf-Projizieren schafft eine Verhüllung (varna); die Realität (tattva) [jedoch] ist das Selbst. (2.81)

Kommentar: Der Begriff varna („Hülle") kann auch „Buchstabe" und „Farbe" bedeuten; so wird in dieser Strophe mithin angegeben, dass die Realität aufgrund der Sprache verzerrt und verfärbt wird.

Vermöge beständiger Anwendung (abhyâsa) von Weisheit weiß der Kenner aller darübergelegten Projektionen, dass die Dimension der Realität [in Wahrheit] sich unterscheidet von [der Erscheinungswelt, heraufbeschworen durch] darübergelegte Projektionen. (2.82)

Solange die Ohren und die anderen [vier Sinnesorgane] der latenten Möglichkeit (tanmâtra) des Klangs usw. [d.h. der anderen Sinneswahrnehmungen] [noch] gewärtig sind, solange gibt es Erinnerung (smriti), [den Zustand der] Meditation. Danach [erst] folgt samâdhi. (2.83)

Konzentration [tritt auf] nach fünf nâdîs [d.h. zwei Stunden]; Meditation [tritt auf] nach sechzig nâdis[37] [d.h. 24 Stunden]. Wenn die Lebensenergie zwölf Tage lang bezähmt worden ist, tritt samâdhi ein. (2.84)

Kommentar: Die Yoga-Tattva-Upanishad (104b) führt gar an, es wären zwei volle Tage erforderlich, damit die Meditation beständig Fuß fassen könne. Das erhellt, welche Erfahrung von yogins verlangt wird, ehe sie den ekstatischen Zustand zu erreichen vermögen.

Ekstase (samâdhi) definiert sich derart: Alle Konzepte (samkalpa) verschwinden, alle Gegensätze (dvandva) koinzidieren (aikya), und das individuelle Selbst wird identisch mit dem höchsten Selbst. (2.85)

Ekstase definiert sich als [die Realisierung der] Identität von Verstand und Selbst – vergleichbar dem Wasser, das, in den Ozean fließend, [mit ihm] identisch wird. (2.86)

Ekstase wird beschrieben als Gleichgewicht (samarasatva), [ein Zustand, in dem] die Lebensenergie aufgelöst und der Verstand absorbiert ist. (2.87)

Der yogin, durch Ekstase angejocht (yukta), [erfährt] sich und die anderen nicht, [erfährt] nicht Geruch, Geschmack, sichtbare Form, Getastetes und Klang. (2.88)

Der yogin, durch Ekstase angejocht, kann von mantras und yantras nicht tangiert, von keiner Waffe durchbohrt, von keinem Wesen verletzt werden. (2.89)

Kommentar: Diese Strophe deutet auf die weit verbreitete Praxis in Indien hin, mantras und yantras als magische Mittel zur – oft negativen – Beeinflussung anderer einzusetzen. Der samâdhi-geübte

[38] *Vers 101 scheint eine Interpolation zu sein und wurde hier weggelassen.*

Quellenlektüre 21

yogin bleibt gegenüber solchen Einflüssen gänzlich immun.

Der yogin, durch Ekstase angejocht, wird von der Zeit nicht gebunden, vom Tun nicht befleckt und von niemandem überwunden. (2.90)

Der Yoga enthebt ihn, der angejocht (yukta) [d.h. hier: yogisch diszipliniert] ist beim Essen und Fasten, beim Ausführen von Handlungen und beim Schlafen wie Wachen, des Leidens. (2.91)

Der Yoga-Wissende kennt die Wirklichkeit, die ohne Anfang oder Ende, ohne Stütze, ohne Falsches, ohne Fundament – nicht entwickelt (nishprapanca), formlos ist. (2.92)

Kommentar: Die höchste Realität wird hier mit dem evolutionär entfalteten Weltall (prapanca) kontrastiert – das Letztere hat Anfang und Ende, ist erfüllt mit Formen und Leid und wird von dem „ungestützten" Einen (eka), dem Absoluten gestützt. Das Absolute ist das Substrat des Relativen.

Die brahman-Wissenden kennen das große Absolute – es ist unendlicher Raum, Bewusstsein, pure Seligkeit; ist fleckenlos, unbeweglich, ewig, inaktiv und eigenschaftslos (nirguna). (2.93)

Kommentar: Die Vedânta-Metaphysik beschreibt das Absolute (brahman) generell als reines Sein (sat), reines Bewusstsein (cit) und reine Seligkeit (ânanda). In der vorliegenden Strophe substituiert „unendlicher Raum" (vyoman) das „reine Sein".

Die Wissenden der Wirklichkeit kennen die Realität (tattva): sie ist Raum, Bewusstsein, Seligkeit, ist jenseits logischer Beweise (hetu) oder rationaler Begründungen (drishtânta) und transzendiert Verstand (manas) und theoretische Vernunft (buddhi). (2.94)

Kommentar: Manas bedeutet die an die fünf Sinne gebundene Verstandestätigkeit, buddhi hingegen die höhere, „theoretische Vernunft" oder Weisheitskraft, die von Sinneswahrnehmungen unabhängig ist. Durch Einsatz yogischer Methoden wird der yogin in das Göttlich-Absolute absorbiert – Es ist frei von Angst, ohne Fundament, ohne Stütze und jenseits von Übel. (2.95)

So wie geklärte Butter, in geklärte Butter gegossen, auschließlich geklärte Butter bleibt oder Milch, in Milch [gegossen, Milch bleibt], genauso ist der yogin nichts anderes als [die Eine] Wirklichkeit. (2.96)

Der yogin, in den höchsten Zustand absorbiert, nimmt dessen Natur an, so wie Milch, in die Milch gespendet, und geklärte Butter in geklärte Butter und Feuer ins Feuer [gegeben]. (2.97)

Dies Geheimnis (guhya), von Goraksha offenbart – größer ist's als jedes andere Geheimnis –, nennen die Menschen eine Leiter zur Erlösung, auf der die Daseinsangst vergeht. (2.98)

Die Menschen sollten dieses yogisch geschaffene (yoga-bhûtam) Handbuch von Goraksha studieren. Erlöst von ihren Sünden, erlangen sie Vollendung in Yoga. (2.99)

Täglich studiere man diese Yoga-Weisheit – aus Âdinâthas Lotosmund [d.h. Shivas Mund] direkt war sie entsprungen. Was sollten denn da andere Schriften nutzen? (2.100)[38]

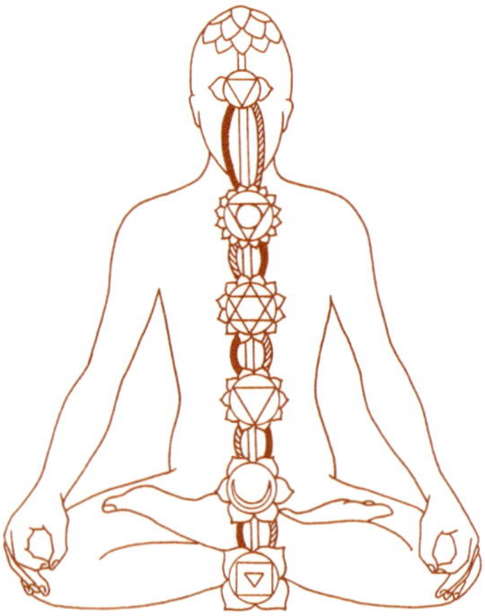

Die sieben prinzipiellen Zentren des Körpers

Siddha-Siddhânta-Paddhati

Ein weiterer wichtiger, Goraksha zugeschriebener Text ist die Siddha-Siddhânta-Paddhati („Pfad der Lehren der Vollendeten"), ein umfassendes Werk von sechs Kapiteln mit insgesamt 353 Strophen[39], das die Nâtha-Philosophie des Körpers (pinda) entwickelt. Im ersten Kapitel werden sechs Typen der Verkörperung unterschieden, beginnend mit dem transzendentalen (para) Körper und endend mit dem „embryonischen" (garbha) oder physischen Körper. Die arkane Anatomie des zuletzt erwähnten wird im zweiten Kapitel erklärt. In einer Strophe (2.31) wird der echte yogin charakterisiert als jemand, der persönlich und unmittelbar die neun cakras, die 16 beigeordneten Zentren oder Stützen (âdhâras) der Konzentration, die drei „Zeichen" (lakshya) und die fünf Äther/Räume (vyoman) erfuhr.

Die neun cakras umfassen die bekannten sieben, mit einer Ausnahme: das sahasrâra am Kopfscheitel wird nirvâna-cakra genannt. Als achtes Zentrum fungiert das am Gaumen gelegene talu-cakra. Das ist auch der Ort der mysteriösen „kleinen Glocke" (ghantikâ) bzw. des „königlichen Zahns" (râja-danta), d.h. des Gaumenzäpfchens – die Stelle, aus der das göttliche Ambrosia (amrita) quillt. Das neunte „Energie-Rad" ist das âkâsha-cakra, das 16 Speichen haben und sich nahe dem „brahmischen Spalt" am Kopfscheitel befinden soll.

Die 16 beigeordneten Zentren sind Stellen des Körpers, auf die die Aufmerksamkeit in Konzentrationsübungen fokussiert werden kann: nämlich die beiden großen Zehen, das mûlâdhâra-cakra [das hier auch beigeordnet fungiert] an der Wirbelsäulenbasis, After, Penis, Unterbauch, Nabel, Herz, Hals, Gaumenzäpfchen, Gaumen, Zunge, der Punkt zwischen den Brauen (Ort des âjnâ-cakras), Nase, Nasenwurzel und Stirn (lalâta).

Die drei Zeichen (lakshya), oder auch „Schauungen", beziehen sich auf Licht-Erfahrungen außerhalb und innerhalb des Körpers sowie auf rein mentale Lichtphänomene diverser Art. Die drei heißen in der vorgegebenen Reihenfolge: bâhya-lakshya, antar-lakshya und madhya-lakshya. Sie sind, zusammen mit den fünf Arten des Äthers bzw. Bewusstseinsraums (âkâsha), im Abschnitt über den Yoga der Lichtphänomene im Kapitel 15 erwähnt worden.

Das dritte Kapitel der Siddha-Siddhânta-Paddhati fährt in diesen Ausführungen fort und beschreibt den Körper als mikrokosmische Widerspiegelung des Kosmos. Das vierte Kapitel befasst sich mit der kundalinî-shakti, die in zwei Modalitäten existiert, nämlich unmanifestiert (kosmisch) und manifestiert (individualisiert). Im ersten heißt sie akula, im zweiten kula. Außerdem kann die kula-kundalinî wach sein oder schlafen. Auch wenn die kundalinî-shakti eine einzige Kraft ist, tritt sie in Form kleinerer Energien in verschiedenen cakras auf. Dazu differenziert der Text zwischen der unteren, der mittleren und der oberen Kraft (shakti), jeweils am Basis-, Nabel- und Scheitelzentrum lokalisiert.

[39] *Offenbar gibt es ein anderes Werk mit diesem Titel von Nitya Nâtha, das eine Zusammenfassung, Siddha-Siddhânta-Samgraha betitelt, von Balabhadra beinhaltet. Dazu existiert das Goraksha-Siddhânta-Samgraha aus dem 17. Jh., das auf 60 andere Texte zurückgreift.*

Das fünfte Kapitel hebt hervor, dass der Erfolg im Yoga von der Gnade des Lehrers abhänge. Sie befähige den yogin, auf alle übernatürlichen Kräfte (siddhi), die er im Lauf seiner kundalinî-Praxis erworben haben mochte, zu verzichten und zum „nicht-auftauchenden" (nirutthâna) Zustand weiterzuschreiten, worin sich der Körper mit dem höchsten Wohnort (param-pâda), d.h. mit Shiva vereinigt.

Das sechste Kapitel enthält kurze Definitionen verschiedener Asketentypen und zählt u.a. die charakteristischen Merkmale des avadhûta-yogin auf, des Adepten, der alle Bindungen und Belange „abgeworfen" (ava + dhûta) hat.

Yoga-Bîja

Das Yoga-Bîja („Saat des Yoga"), Goraksha zugewiesen, ist eine Sammlung von 364 Strophen, unter denen viele (nämlich 266) entsprechenden Versen in der Yoga-Shikhâ-Upanishad ähneln. Es ist aber nicht klar, welcher Text von welchem anderen entlehnt war; möglicherweise wurden beide Schriften aus derselben Quelle inspiriert. Das Yoga-Bîja hat – in Form eines Dialogs zwischen der Göttin und Sadâ-Shiva – einen philosophischen Tonfall und sucht die in der Welt herrschende intellektuelle Verwirrung zu klären. In Strophe 84 wird Yoga als die Vereinigung (samyoga) von Gegensatzpaaren (dvandva-jâla) definiert, z.B. von Ausatmen (apâna) und Einatmen (prâna), männlichem Samen (retas) und weiblichem Vaginalsekret (rajas), Sonne und Mond, individuellem Selbst und höchstem Selbst. Der Text legt großes Gewicht auf die Atembeherrschung – sie sei grundlegend für das shakti-calana („Bewegen der Energie"), die methodische Aktivierung der göttlichen Macht im Körper.

Weitere Goraksha zugeordnete Werke

Wir finden noch den Goraksh-Bodh (Sanskrit: Goraksha-Bodha; eine Abhandlung mit 133 Strophen, in altertümlichem Hindi verfasst). Er besteht aus einem fiktiven Dialog zwischen Matsyendra und Goraksha und stammt vielleicht aus dem 14. Jahrhundert.

Die Goraksha-Upanishad, geschrieben in einer Mischung aus Hindustani und Rajasthani, kann aus dem 15. Jahrhundert datieren. Unter anderem listet sie die nötigen Qualifikationen eines kompetenten Lehrers und eines guten Schülers auf.

Der Goraksha-Vacana-Samgraha („Sammlung von Gorakshas Aussprüchen"), der 157 Verse umfasst, beansprucht zwar, die authentischen Lehren Gorakshas wiederzugeben, wurde aber wahrscheinlich erst im 17. Jahrhundert verfasst. Tatsache ist, dass wir kein einziges Werk haben, von dem definitiv gesagt werden kann, es stamme von Goraksha. Häufig geben die Jünger eines großen Meisters ihre eigenen Texte für seine aus, wie es z.B. auch bei Swami Shivananda aus Rishikesh, einem Lehrer des 20. Jahrhunderts, der Fall war – er war der „Autor" von mehreren hundert Werken.

Die regionalsprachliche Literatur zum Hatha-Yoga, einschließlich der Goraksha zugeschriebenen Hindi-Gedichte, ist nur dürftig erforscht und verdient größere Beachtung.

Ânanda-Samuccaya

Ein wenig bekanntes, aber bedeutendes Hatha-Yoga-Werk, eventuell aus dem 13. Jahrhundert datierend, ist der Ânanda-Samuccaya („Eine Menge von Seligkeit") mit 277 Versen in acht Kapiteln. Experten wurden in den späten 1950ern darauf aufmerksam, als das *Scindia Oriental Institute*, Ujjain, ein Manuskript aus dem Besitz einer bekannten Gelehrten-Familie erwarb. (Die Privatbibliotheken von Pandits und Praktikern müssen noch zahlreiche wertvolle Yoga-Manuskripte enthalten, die zweifellos einer dringenden Konservierung bedürften, da die indischen Klimabedingungen dem empfindlichen Papier, auf dem die Texte geschrieben sind, sehr abträglich sind.) Der Stil des Sanskrit-Werkes wurde als „überaus klar und von hoher literarischer Qualität"[40] beschrieben, was für diese Literaturgattung ungewöhnlich ist. Leider wissen wir nichts über den Autor, doch scheint er ein Jaina gewesen zu sein, da er den Text mit dem om-Zeichen, geschrieben in der typischen Jaina-Kalligraphie, eröffnet.

Der Ânanda-Samuccaya stellt viele esoterische Hatha-Yoga-Konzepte vor, u.a. die (neun) cakras, die pîthas, sthânas und nâdîs (die jeweils 7200 Unterteilungen haben sollen) wie auch die zehn Arten der Lebensenergie (vâyu). Einige der Lehren scheinen ohne Parallele zu sein, etwa der candra-câra und der sûrya-câra, d.h. der lunare und der solare Prozess. Der yogin wird darin instruiert, die verborgenen sechzehn Anteile (kalâ) des Mondes (candra) mittels 42 yogischer Praktiken (karman) zu aktivieren, woraufhin der lunare Nektar seinen Körper kräftigen würde. Und sein Leib beginne von innen her hell zu erstrahlen, so er die zwölf Anteile der verborgenen Sonne mittels dieser yogischen Übungen aktiviert.

Des weiteren wird dem yogin geraten, die Fünf Elemente (bhûta) während aller Jahreszeiten in Balance zu halten, indem er die dazu nötigen yogischen Übungen ausführt. Der damit gewonnene harmonische Zustand heißt bhûta-samatâ („Gleichgewicht der Elemente"); er führt zur Meisterschaft über die Elemente (bhûta-siddhi), zu extremer Langlebigkeit und anderen paranormalen Fähigkeiten. Doch ist das eigentliche Ziel die Vereinigung mit dem höchsten Sein – zu erreichen über die aufwärts strebenden Stufen anindriyatâ (der Zustand, in dem man von Sinneswahrnehmungen

[40] *S. L. Katre, Ânandasamuccaya: A Rare Work on Hatha-Yoga, Journal of the Oriental Institute of Baroda, Bd. 11 (1961–1962), p. 409.*

unberührt bleibt), tattva-avabodha (Wissen der Realität) und jîvan-mukti (Befreiung während des Lebens).

Carpata-Shataka

Das Carpata-Shataka ist ein anderes Werk, das, wie der Titel angibt, aus einem Hundert (shataka) von Versen des Meisters Carpata (oder Carpati) besteht. Dieser Text betont Unterscheidung (viveka) und Entsagung sowie die moralischen Grundlagen des Yoga. Die konzeptuelle Vorstellungswelt des Autors scheint näher beim Jainismus als beim Hatha-Yoga gelegen zu haben, was den Text historisch sehr interessant macht.

Yoga-Yâjnavalkya und Brihad-Yogî-Yâjnavalkya

Der Yoga-Yâjnavalkya („Yâjnavalkyas Yoga"), auch bekannt unter den Titeln Yoga-Yâjnavalkya-Gîtâ und Yoga-Yâjnavalkya-Upanishad, ist ein Text von 485 Strophen, eingeteilt in zwölf Kapitel. Er wird Yâjnavalkya zugeschrieben – nicht zu verwechseln mit dem gleichnamigen upanishadischen Seher – und präsentiert sich als Gespräch zwischen dem Weisen und seiner Gattin Gârgî.

Prahlad C. Divanji, der Herausgeber dieser Schrift, pries sie als „das früheste verfügbare Buch über Hatha-Yoga für den Durchschnittsmenschen".[41] Er schlug die Periode zwischen 200 und 400 n. Chr. als mögliche Entstehungszeit vor, vielleicht primär deshalb, weil mehrere Zitate in Shankaras Kommentar zur Shvetâ-Shvatara-Upanishad auf jene besagte Schrift zurückverweisen. Doch gibt es erstens ernste Zweifel an der Authentizität dieses speziellen Shankara-Kommentars.[42] Zweitens sprechen stilistische Gründe gegen eine so frühe Datierung. Drittens bezieht sich der Yoga-Yâjnavalkya wiederholt auf die Tantras, und die frühesten Hindu-Tantras entstanden erst nach ca. 400 n. Chr.

Die Brihad-Yogî-Yâjnavalkya-Smriti („Großer Traktat zu Yogî Yâjnavalkyas [Yoga]"] scheint auf den ersten Blick eine erweiterte Fassung des Yoga-Yâjnavalkya zu sein, ist aber ein völlig selbstständiger und originaler Text, vermutlich auch viel älter. In seiner mehrbändigen *History of Dharmashâstra* ordnet P.V. Kane ihn der Zeit zwischen 200 und 700 n. Chr. zu, und diese Datierung mag womöglich richtig sein.[43]

Die Brihad-Yogî-Yâjnavalkya-Smriti ist eine recht gehaltvolle Abhandlung mit 886 Strophen, die viele rituelle Praktiken für den yogin beschreibt. Großen Raum erhalten Philosophie und Praxis des Mantra-Yoga, bei dem die heilige Silbe om rezitiert und gleichzeitig der Atem kontrolliert wird. Ebenso wie der Yoga-Yâjnavalkya ist jedoch diese Abhandlung dem

[41] *P. C. Divanji, Yoga-Yâjnavalkya: A Treatise on Yoga as Taught by Yogi Yâjnavalkya (Bombay, 1954).*

[42] *Siehe S. Mayeda, A Thousand Teachings: The Upadesasâhasrî of Sankara (New York: SUNYPress, 1992), p. 6.*

[43] *Siehe P. V. Kane, History of Dharmasâstra, Bd. 1 (Poona: Bhandarkar Oriental Research Institute, 1930), p. 190.*

achtgliedrigen Yoga-Modell, das wir aus Patanjalis Yoga-Sûtra kennen, verpflichtet.

Wir finden darin auch einen kräftigen Schuss „solaren Yoga", besonders im neunten Kapitel. Vers 9.96 erklärt, idâ und sushumnâ (!) träten in Form von rashmi (Sonne) auf und hätten die Eigenschaften von jeweils agni (Feuer) und soma (Mond). Aus der Strophe 9.98 entnehmen wir, dass sich amâ (Neumond) zwischen den beiden befindet, und dass der Mond dort von der Sonne erregt wird. Die Weisen, heißt es (9.100), streben zum Absoluten, indem sie dieser amâ folgen, die in der Sonne, im Herzen und im höchsten brahman existiert. In 9.156 lernen wir, dass das Selbst nur eines ist, aber in fünf Formen erscheint – in Sonne, Herz, Feuer, Raum und Höchstem (para).

Dieser Text erwähnt zwar die 72.000 nâdîs, die vom Herzen ausgehen, nennt aber nicht die 14 wichtigen, wie es der Yoga-Yâjnavalkya tut. Er führt überdies nicht die kundalinî an, was ein weiterer Beleg für sein frühes Entstehungdatum sein kann.

Die Brihad-Yogî-Yâjnavalkya-Smriti wie auch der Yoga-Yâjnavalkya wurden offensichtlich im kulturellen Umfeld des Smârta-Brahmanentums abgefasst.

YOGA-VISHAYA

Der Yoga-Vishaya („Gegenstand des Yoga"), fälschlicherweise Matsyendra zugewiesen, ist ein kleines Werk von 33 Strophen und ungewissem Entstehungsdatum; es kann in relativ neuerer Zeit verfasst worden sein. Grundsätzliche Sachverhalte wie die neun Energiezentren, die drei „Knoten" (granthi) und die neun „Tore" (dvâra) oder Leibesöffnungen werden darin behandelt. Das Ziel der Atembeherrschung, so wird erklärt, sei es, die Lebensenergie dazu zu bringen, die Knoten zu durchstoßen, so dass die kundalinî entlang der Wirbelsäule bis nach oben aufsteigen kann.

HATHA-YOGA-PRADÎPIKÂ

Die Hatha-Yoga-Pradîpikâ („Licht auf Hatha-Yoga") wurde von Svâtmârâma (oder Âtmârâma) Yogendra in der Mitte des 14. Jahrhunderts verfasst und ist zweifellos das klassische Hatha-Yoga-Handbuch. Die Standard-Edition umfasst 389 Strophen, verteilt über vier Kapitel. Eine Ausgabe mit zehn Kapiteln wurde unter dem Titel *Hatha-Pradîpikâ* vom Lonavla Yoga Institute im Jahr 2002 veröffentlicht. Svâtmârâma, ein Anhänger der Shaiva-Yoga-Tradition von Andhra Pradesh, sieht Hatha-Yoga als Mittel zum Râja-Yoga.

> Man hat weder Erfolg in Râja-Yoga ohne Hatha-[Yoga] noch in Hatha-[Yoga] ohne Râja-Yoga. Darum soll man beides zugunsten der [spirituellen] Reifung ausüben. (2.76)

Das erste Kapitel widmet sich hauptsächlich den wichtigen Körperstellungen (âsanas), während es sich im zweiten um die Reinigungspraktiken sowie um die Lebensenergie (prâna) und deren Regulierung durch Atemkontrolle (prânâyâma) dreht. Im dritten Kapitel bringt uns Svâtmârâma die feinstoffliche Physiologie und die Techniken nahe, wie die „Siegel" (mudrâ) und „Verschließungen" (bandha), mittels derer die Lebensenergie im Körper bezähmt und die kundalinî erweckt werden kann. Das Schlusskapitel handelt von den höheren Stufen der Yoga-Praxis, einschließlich des ekstatischen Zustands (samâdhi), der in nondualistisch-vedântischen Begriffen verstanden wird. Zur Hatha-Yoga-Pradîpikâ schrieb Brahmânanda Mitte des 8. Jahrhunderts einen ausgezeichneten Kommentar mit dem Titel Jyotsnâ („Licht").

HATHA-RATNA-AVALÎ

Die Hatha-Ratna-Avalî („Hatha-Perlenband") von Shrînivasa Bhatta, die möglicherweise Mitte des 17. Jahrhunderts geschrieben wurde und zumindest einen Kommentar beigeordnet hat, ist ein Text von 397 Versen. Shrînivasa, der auch Werke über Vedânta, Nyâya und Tantra verfasste, behandelt Hatha-Yoga meisterlich und interpretiert die Informationen der Hatha-Yoga-Pradîpikâ eingehend.

GHERANDA-SAMHITÂ

Die Gheranda-Samhitâ („Gherandas Sammlung"), wahrscheinlich gegen Ende des 17. Jahrhunderts entstanden, ist eines der bekanntesten Werke zum Hatha-Yoga. Ihr Autor folgte der Vaishnava-Yoga-Tradition Bengalens. Der Text hat sieben Kapitel mit insgesamt 317 Versen, obgleich einige Manuskripte noch mehr Strophen aufweisen. Er beschreibt nicht weniger als 102 yogische Praktiken, einschließlich 21 Reinigungsmethoden, 32 Stellungen und 25 „Siegeln". Er spricht von sieben „Gliedern" des Yoga und behandelt seltsamerweise die Atemkontrolle erst nach der Sinneszurückziehung (pratyâhâra).[44] In Patanjalis Yoga bildet die Atemkontrolle das vierte und der Sinnesrückzug das fünfte Glied.

[44] Andere Schriften des 17. Jahrhunderts sind die Shiva-Yoga-Pradîpikâ („Licht auf Shiva-Yoga") von Sadâshiva Brahmendra, einem Telugu-Brahmanen, und das Yoga-Cintâmani („Gedankenjuwel des Yoga") von Shivânanda.

Shiva-Samhitâ

Nach Hatha-Yoga-Pradîpikâ und Gheranda-Samhitâ zählt die Shiva-Samhitâ („Shivas Sammlung") zu den wichtigsten Hatha-Yoga-Handbüchern. Sie beinhaltet 645 Strophen in fünf Kapiteln und hat deshalb besonderen Wert, da sie philosophischen Fragen ausführlich Rechnung trägt. Ihre Entstehungszeit ist unbekannt, doch scheint sie ein Werk des späten 17. oder frühen 18. Jahrhunderts zu sein.

Das ganze erste Kapitel widmet sich der Darlegung des vedântischen Nondualismus:

> Die Illusion (mâyâ) ist Mutter dieser Welt –
> kein and'res Prinzip begründet sie.
> Wird sie [mâyâ] zerstört,
> so hört die Welt auf zu bestehen.
> Ihn, für den dies ganze [Weltenall]
> das Spiel von mâyâ ist,
> das beendet werden soll, –
> ihn entzücken weder Dinge
> noch der Körper. (1.64–65)
>
> Hat sich der Mensch
> von seinen Projektionen (upâdhi) ganz befreit,
> dann hat er teil am Wesen
> der unbefleckten, unauftrennbaren Weisheit (jnâna). (1.67)

Da zweite Kapitel enthält Beschreibungen einiger physiologischer Strukturen, von denen nur die eingeweihten yogins direkt wissen. Das dritte Kapitel beginnt mit einer Besprechung der Lehrer- und Schülerqualitäten, behandelt dann die Atemkontrolle und die drei Stufen yogischer Vervollkommnung, nämlich: a) den „Topf-Zustand" (ghata-avasthâ, geschrieben ghatâvasthâ), in dem die Lebenskraft im Körper („Topf" genannt) mit dem universalen Selbst zusammenarbeitet; b) den „Ansammlungs-Zustand" (paricaya-avasthâ, geschrieben paricayâvastha), in dem die Lebenskraft entlang der Körperachse (sushumnâ) unbeweglich verharrt; und c) der „Reifungszustand" (nishpatti-avasthâ, geschrieben nishpattyavasthâ), bei dem der yogin die Saaten seiner früheren Handlungen entfernt hat und „vom Wasser der Unsterblichkeit trinkt". (3.66)

Im vierten Kapitel beschreibt der anonyme Verfasser diverse Verschließungen (bandha) und Siegel (mudrâ) zum Zweck der kundalinî-Erweckung. Das fünfte Kapitel spricht über die Hindernisse auf dem Yoga-Pfad, dann über die geheimen körperlichen Energiezentren (cakra), insbesondere über das Kronen-cakra, sowie die höheren Yogastufen. Der Text schließt mit der Versicherung, dass auch Familienvorstände („Haushälter") Befreiung erlangen können, wenn sie die Pflichten eines yogin sorgfältig erfüllen und alle Anhaftungen abstreifen.

Yoga-Shâstra

Das Yoga-Shâstra von Dattâtreya mit 334 Zeilen ist zweifellos ein spätes Werk, aber es muss, da es in der Yoga-Karnikâ zitiert wird, vor dieser entstanden sein. Der Text präsentiert sich als Gespräch zwischen dem Weisen (muni) Dattâtreya, der im Naimisha-Wald lebt, und dem Aspiranten Samkritti. Er stellt fest (Zeile 28), dass Mantra-Yoga eine niedrigere Form (adhama) von Yoga sei, und preist (Zeile 29) Laya-Yoga als Mittel, die vollständige Versenkung (laya) des Verstandes zu erreichen.

Der Text enthält auch (Zeile 29–30) eine Instruktion über die „Konventionen" (sanketa) zur Konzentrierung des Verstands. Âdinâtha (d.h. Shiva) soll 80 Millionen solcher sanketas oder Techniken gelehrt haben. So mag man, in jeder Lebenslage, über die Leere (shûnya) kontemplieren oder auf die Spitze der Nase kontemplativ blicken oder sich auf die Kopfrückseite, die Stelle zwischen den Brauen, die Stirn, die großen Zehen usw. konzentrieren.

Karma-Yoga wird, gleich wie bei Patanjali oder Yâjnavalkya, mit acht Gliedern dargestellt (Zeile 52–56). Weiterhin schildert der Text (Zeile 57–61) die acht Hauptpraktiken (kriyâ) des Hatha-Yoga, die von Kapila und seinen Schülern praktiziert wurden: mahâ-mudrâ, mahâ-bandha, khecârî-mudrâ, jalandhara-bandha, uddîyâna-bandha, mûla-bandha, viparîta-karanî und vajrolî; die letzte umfasst dabei vajrolî, amarolî und sahajolî. Wie das Yoga-Shâstra sagt (Zeile 306–316), muss der yogin den Samen durch vajrolî kontrollieren. Diese Methode erfordert Milch (kshîra) – vermutlich für Samen stehend – und die Substanz angirasa (Name eines vedischen Klans, der auch mit Magie assoziiert war), was sich auf das weibliche Vaginalsekret bezieht. Beides soll durch den Penis aufgesogen werden, falls der yogin einen Samenausstoß nicht verhindern kann. Amarolî und sahajolî bleiben ungeklärt, aber die Hatha-Yoga-Pradîpikâ (3.92–98) beschreibt diese Techniken. Die Erstere entspricht der Urin-Therapie; die zweite besteht darin, nach dem Geschlechtsverkehr gewisse, nicht erwähnte Körperteile mit einer Mixtur aus Wasser und Asche von verbranntem Kuhdung einzureiben. Dem Jyotsnâ-Kommentar zu dieser Passage folgend, sind besagte Körperteile der Kopf, die Stirn, Augen, Herz, Schultern und Arme.

Yoga-Karnikâ

Die Yoga-Karnikâ („Ohrenschmuck des Yoga") von Aghorânanda wurde im Lauf des 18. Jahrhunderts verfasst. Sie hat 15 Kapitel mit mehr als 1200

Versen. Die inhaltliche Aufteilung ist nicht sehr systematisch, und dieses Werk erscheint auch nicht besonders originell. Sein Wert steckt eher in den vielen Zitaten aus anderen Hatha-Yoga-Schriften, von denen einige nicht leicht verfügbar sind.

HATHA-SANKETA-CANDRIKÂ

Die Hatha-Sanketa-Candrikâ („Mondlicht auf die Konventionen des Hatha [-Yoga]") ist ein wenig bekanntes, aber sehr wichtiges Œuvre, verfasst von Sundaradeva (1675–1775).[45] Der große Wert dieser gehaltvollen Schrift liegt einesteils in ihrer umfassenden Beschreibung von Hatha-Yoga, zum anderen in ihren zahlreichen Zitaten und Verweisen. Sundaradeva zitiert namentlich nicht weniger als 72 Texte und sechs Autoren. Einige dieser Texte scheinen nicht mehr zu existieren, andere sind nur bekannt, weil ihre Titel in den Manuskriptkatalogen verschiedener Institutionen erwähnt werden. Sundaradeva war offenbar ein umfassend gebildeter Gelehrter und Yoga-Praktiker. Er schrieb außerdem noch die Hatha-Tattva-Kaumudî und die Pranava-Kundalî, dazu mehrere Werke über Drama, Dichtung und Diätlehre.

ABSCHLIESSENDE BEMERKUNG

Die überlieferte Hatha-Yoga-Literatur ist wenig erforscht. Wir wissen über viel mehr Titel, als in diesem Band angeführt worden sind, doch sind es entweder bloße Namen oder aber Manuskripte, die, kaum von Menschen gesehen, in verstaubten Bibliotheken dahindämmern, um im feuchten indischen Klima langsam zu zerfallen. Ich glaube trotzdem, dass die bis heute erhalten gebliebene Literatur die Substanz der Hatha-Yoga-Tradition enthält. Falls wir tiefer in sie einsteigen wollen, müssen wir bereit sein, zu Füßen der wenigen Meister zu sitzen, die den „kraftvollen Yoga" noch authentisch lehren.

[45] Siehe K. S. Balasubramanian, Authorities Cited in the Hatha-Sanketa-Candrikâ of Sundaradeva (noch nicht veröffentlichtes Manuskript).

Yoga gleicht einem uralten Strom mit zahllosen Stromschnellen, Wirbeln, weiten Schlaufen, Nebenflüssen und stillstehenden Gewässerarmen, der durch eine riesig ausgedehnte, farbenreiche Landschaft mit vielen verschiedenartigen Lebensräumen dahinfließt. In diesem Band lieferte ich eine Beschreibung aus der Vogelperspektive, die dem Leser das größere Bild vermittelt und auch, wie ich hoffe, eine höhere Wertschätzung der einladenden Gewässer des Yoga, samt der mannigfaltigen Landschaft, durch die der Strom des Yoga im Lauf seiner jahrtausendealten Entwicklung geflossen ist. Gelegentlich nur ließ ich mich über ein besonders herausragendes Merkmal näher aus und erkundete es, soweit Platz und verfügbare Quellen dies zuließen.

Unser letzter Blick fiel auf den Stromabschnitt des Hatha-Yoga, jenes Aspekts des Tantrismus, der sowohl spirituelle Erleuchtung als auch körperliche Unsterblichkeit anstrebt. Und es ist dieser Abschnitt des hin und her mäandernden Yoga-Stroms, der uns zum Ozean, zur Welt außerhalb Indiens führt. Denn der Yoga ist eindeutig in den Westen gekommen. Es gibt heute Abermillionen von Hatha-Yoga-Praktizierenden rund um die Welt, die aus dieser alten Kunst der körperlichen Ganzheit und des persönlichen Wachstums Nutzen ziehen. Es gibt auch Millionen von Meditierenden. Sie erhalten Einblicke in die Geheimnisse des Bewusstseins und dessen staunenswerte Fähigkeit, sich selbstständig, sozusagen an den eigenen Haaren, hochzuziehen – das heißt, über die eigene Bedingtheit hinauszugelangen.

Allerdings widmen sich nicht viele Menschen der beharrlichen Erkundung von komplizierter Psychotechnik in den verschiedenen Zweigen der Yoga-Tradition. Es sind aber eben diese Menschen, die entdecken, dass das Bewusstsein, das menschliche Körper-Verstand-Gemüt-System ein gut ausgestattetes Laboratorium ist, in dem, kraft ekstatischer Ich-Transzendierung, der Stein des Philosophen hergestellt werden kann: das alchemistische Elixier der Erleuchtung. Zugegeben – nicht jeder ist in der Lage, ihrem Beispiel zu folgen.

Trotzdem offeriert die Yoga-Tradition, die ja noch ihre echten Meister hat, eine wunderbare Gelegenheit, in jene seelischen und spirituellen Dimensionen einzutauchen, die unsere nachindustrielle Zivilisation bisher grundsätzlich negiert, ja faktisch vermieden hat. Wir können heute die Schriften über Yoga, sowohl alte wie neue, studieren und es zulassen, dass ihre esoterischen Kenntnisse und Weisheiten unser Verständnis von der menschlichen Natur bereichern. Bei entsprechender Anleitung können wir einige der Behauptungen früherer und jetziger Yoga-Autoritäten gar am eigenen Leib zu verifizieren suchen. Es geht dabei nicht darum, den Osten bloß zu imitieren oder uns zu „indisieren", sondern um die Möglichkeit, aus den Triumphen und Fehlschlägen dieser Tradition so viel wie möglich zu lernen.

Gewiss verdient das Phänomen Yoga seitens der Wissenschaft weit mehr Beachtung, als es bisher erhielt. Denn unsere moderne westliche Zivilisation, die heute in allen Winkeln der Erde so viel Einfluss ausübt, bedarf dringend einer Psychotechnik, die die schädigenden Auswirkungen der Exzesse wissenschaftlicher Technologie, sowie das unvollständige Bewusstsein, das diese Technologie schuf und entwickelte, auszugleichen vermag. Schließlich tragen Wissenschaftler, die sich dem Verständnis der Wirklichkeit verschrieben haben, eine besondere Verpflichtung, die großen Einsichten der spirituellen Traditionen des Ostens zu erforschen – diese Einsichten widersprechen den gängigen wissenschaftlichen Anschauungen häufig und energisch.

Die Grenzen des materialistischen Paradigma wurden im Lauf des 20. Jahrhunderts zunehmend sichtbar und sind heute überdeutlich. Mehr und mehr Wissenschaftler sind sich immer weniger sicher, was es eigentlich ist, das sie zu beobachten, zu messen, zu beschreiben und zu verstehen suchen. Diese neu erworbene Tugend der Ungewissheit mag womöglich die Tür zu einer ausgeweiteten Weltanschauung öffnen – einer, die auch die psychospirituellen Aspekte des Daseins aufzunehmen vermag. Die Einblicke und Entdeckungen seitens der spirituellen Traditionen Indiens, mühevoll über die Jahrtausende getätigt, könnten uns ein Vorgefühl dafür geben, was wir vermutlich – auf der anderen Seite der Tür – finden werden, sobald die noch vorherrschenden wissenschaftlichen Dogmen relativ geworden sind.

Die Anwender einer derart reformierten Wissenschaft mögen dann tatsächlich in der Lage sein, Realität von Fiktion und schöpferische Vorstellung (Mythologie) von Wunschdenken zu unterscheiden. Sie mögen auch imstande sein, die neue Sprache zu entwickeln, die zweifellos nötig ist, um das zu beschreiben, was sie wahrscheinlich vorfinden werden. Vor allem können sie lernen, wieder ehrfürchtig vor dem großen Mysterium der Existenz zu stehen, das demütig macht und verwandelt. Ohne Zweifel – des spirituellen Geistes Herausforderung ergeht an uns alle, heute dramatischer als je zuvor in der menschlichen Geschichte.

Als Kollektiv wie als Individuum müssen wir unsere je eigene Antwort finden – unseren eigenen Yoga.

OM TAT SAT

Westliche Gelehrte tendierten meist dazu, den heimischen indischen Chronologien (etwa den Tabellen der dynastischen Abfolgen in den Purânas) zu misstrauen und in ihnen wenig mehr zu sehen als fantasievolle Konstruktionen einfallsreicher Pandits. Einige Forscher aber haben dieses komplizierte Thema ausgiebiger studiert und festgestellt, dass Indiens geschichtliche Überlieferungen weit glaubwürdiger sind als allgemein angenommen.

Jahrtausendelang gaben die Hindus ihre heiligen Weistheiten mündlich weiter, was enorme Gedächtnisleistungen erforderte. Selbst heute gibt es noch Brahmanen, die eine, zwei oder gar drei vedische Schriften samt einiger ihrer Kommentare fehlerlos rezitieren können, und das sind Zehntausende von Versen. Andere können das ganze Mahâbhârata-Epos rezitieren, das siebenmal länger ist als Ilias und Odysse zusammen. Warum sollten wir angesichts solch fortgeschrittener Mnemotechnik nicht auch ihre Aufzählungen von Königen und rishis (begnadete Seher) ernst nehmen? Zugegeben, die Purânas werden nicht zur Offenbarungsliteratur (shruti) gezählt und sind daher tatsächlich nicht so getreu überliefert worden wie die Veden. Doch wenn die Listen der puranischen Könige auch Irrtümer und Auslassungen enthalten sollten, so verneint das andererseits nicht gänzlich ihren Wert als Chroniken.

Die nachfolgende Zeittafel basiert auf neueren Forschungsergebnissen und Konzepten, also nicht so sehr auf den höchst konservativen Vorstellungen einschlägiger Lehrbücher. Das akademische Establishment akzeptiert nur sehr allmählich, dass wir die Geschichte des alten Indien völlig neu evaluieren müssen. Es erübrigt sich anzumerken, dass die jetzige chronologische Rekonstruktion der frühen Perioden gewiss von kühnen Vermutungen ausgeht. Aber sie hat zwei Vorzüge: Erstens wird sie den indischen Traditionen gerechter; zweitens trägt sie den jüngsten Entdeckungen und archäologischen Funden Rechnung. Insbesondere stellt die Entdeckung, dass der mächtige, fast 3000 Kilometer lange Sarasvatî-Strom, der einst durch das Herzland der frühen vedischen Zivilisation floss, um etwa 1900 v. Chr. fast gänzlich vertrocknet war, eine signifikante Zeitmarke dar. Sie hilft uns, vorhergehende wie nachfolgende kulturelle Entwicklungen plausibler zu datieren, als es bisher möglich war.

Ein anderer möglicher Zeitvermessungspunkt trat jüngst ins Blickfeld, als mit den unterseeischen Mauer- und Gebäuderesten im Golf von Kutch – etlichen Fachgelehrten zufolge – Dvârakâ, die Königsstadt des Gottmenschen Krishna, entdeckt wurde. Die Ruinen sind auf ca. 1450 v. Chr. datiert worden. Wenn wir also die Pândavas vorläufig dieser Zeit zuordnen und sehr konservative zwanzig Jahre pro Generation ansetzen, so sind wir in der Lage, mit Hilfe dieser zwei Daten sowie der puranischen Genealogien (von F. E. Pargiter rekonstruiert) einen einleuchtenden alternativen Zeitrahmen für das alte Indien auszuarbeiten.

Zeit vor Chr.

250.000	Früheste bekannte menschliche Präsenz in Indien.
40.000	Malereien in Felshöhlen, Zentralindien.
6500	Erste Anfänge der Stadt Mehrgarh (heute Afghanistan), mit bemerkenswerter kultureller Kontinuität bezüglich der späteren Indus-Sarasvatî-Zivilisation und dann der Hindu-Kultur. Im 5. Jahrtausend v. Chr. war Mehrgarh zu einer Siedlung von ungefähr 20.000 Menschen angewachsen. Karbon-Datierungen ergaben Daten um 8000 v. Chr.
4000–3000	Vor-Harappa-Phase der Indus-Sarasvatî-Zivilisation, wie aus Entwicklungen von Ansiedlungen (wie etwa Balakot, Amri und Hakra) erhellt.
4000–2000	Periode des Rig-Veda, aufgrund astronomischer Daten im Text selbst angezeigt. Man kann sie als die Phase betrachten, in der die Kern-Hymnen des Rig-Veda („Wissen vom Lobpreis") und die der anderen drei vedischen Samhitâs, möglicherweise auch das ursprüngliche Purâna („Alte Weisheit") verfasst wurden. Das muss ebenfalls die Periode des Manu Svayambhuva, des ersten Manu, wie auch der nächsten fünf Manus gewesen sein, falls wir nicht der konventionellen Gelehrtenansicht folgen und diese zum Teil mythischen Figuren als reine Fantasie abtun. Manu wird die Autorenschaft der Manu-Smriti zugesprochen, obgleich der uns erhaltene Text auf die Zeit zwischen 300 v. Chr. und 200 n. Chr. datiert wird. Zeitgenossen des ersten Manu waren die sieben großen Seher Marîci, Angiras, Atri, Pulaha, Kratu, Pulastya und Vasishtha. Angiras ist mit dem Atharva-Veda verbunden; außerdem tragen einige später lebende Weisen den gleichen Namen. Dies ist auch die Ära des ersten Bhrigu, eines grimmigen Weisen, der, wie man glaubt, in der Periode des Manu Vaivasvata (s. 3310 v. Chr.) reinkarnierte. Seine Nachkommen (Bhârgavas genannt) stellten in vedischen Zeiten eine machtvolle religiöse Kraft dar und sind ebenfalls stark mit dem Atharva-Veda assoziiert. In diesem Zeitraum lebten auch der ursprüngliche Weise Nârada (von dem die Purânas sieben Inkarnationen kennen) und Daksha (die erste der zwei Inkarnationen unter diesem Namen), dessen Tochter Satî mit Shiva verheiratet war.
3310	Periode des Manu Vaivasvata, des siebten Manu und ersten Herrschers nach der großen, in manchen Hindu-Texten berichteten Flut, der 93 Generationen vor den Pândavas lebte. Sein Sohn Ikshvâku begründete die solare Dynastie von Ayodhyâ, den Stammbaum der nordindischen Könige, dem der Gottmensch Râma angehörte (s. 2050 v. Chr.). Manus Enkel Candra, Sohn des Weisen Atri, gründete die lunare Dynastie, zu der der Gottmensch Krishna gehörte. Das ist auch die Zeit der sieben großen rishis Vasishtha, Kashyapa, Atri, Jamadagni, Gautama, Vishvâmitra und Bharadvâja.
3210	Zeitabschnitt des üblen Königs Vena, der durch die Macht von Mantren getötet wurde, und seines weisen Nachfolgers Prithu von Ayodhyâ, eines großen Visionärs und wohlwollenden Herrschers.
18. Feb. 3102	Überliefertes, wiewohl unwahrscheinliches Datum der Hindus (laut den Purânas) für den Beginn des dunklen Zeitalters (kali-yuga), das einigen Fachgelehrten zufolge mit dem Ende des großen, im Mahâbhârata episch

geschilderten Krieges zusammenfällt. Dies soll auch die Zeit von Gottmensch Krishna und Prinz Arjuna sein. Laut griechischen Quellen lebte Herakles (= Krishna) 138 Generationen vor Alexander dem Großen (ca. 325 v. Chr.), aber vgl. 1450 v. Chr.

3000 Anfänge der urbanen Zentren längs des Indus; sie waren Teil der expandierenden Indus-Sarasvatî-Zivilisation, die sich über ein Gebiet von ungefähr 780.000 km^2 erstreckte. In den frühesten archäologischen Strata von Mohenjo-Daro sind Grabungen wegen zwölf Meter hohen Grundwassers vorerst nicht möglich; aber die Tatsache ihres Vorhandenseins legt nahe, das dieser Stadt gewöhnlich zugewiesene Alter, nämlich 2600 v. Chr., um mehrere Jahrhunderte zurück datiert werden kann.

2950 Beginn des Alten Ägyptischen Reichs.

2600–1900 Die sogenannte „Harappa-Periode" der Indus-Sarasvatî-Zivilisation, nach der großen Stadt Harappa benannt. In dieser Zeit extensiver Güterexport, vor allem Holz, nach Sumer und in andere Regionen des Mittleren Ostens.

2600–1500 Konzeption der Lehren, die danach zu den Brâhmanas (Ritualtexte) auskristallisierten. Ihre Aufeinanderfolge war ungefähr diese: Panca-Vimsha (auch Tândya- oder Praudha-Brâhmana genannt; die Flüsse Sarasvatî und Drishdavatî sind zu der Zeit noch wichtig; der Text bezieht sich noch nicht auf die vereinigten Kuru-Pancâlas); Taittirîya (erwähnt die vereinigten Kuru-Pancâlas); Jaiminîya, Kaushîtaki (oder Shânkhâyana), Aitareya, Shata-Patha und Go-Patha. Diese Phase sieht auch die Anfänge des Âyur-Veda (medizinische Tradition Nordindiens), hergeleitet von Lehren des Atharva-Veda.

2510 König Sagara von der solaren Dynastie, dessen 60.000 Söhne von Kapila (vermutlich nicht identisch mit dem gleichnamigen Weisen, der als Urheber der Sâmkhya-Überlieferung genannt wird) getötet worden sein sollen.

Das ist auch die Zeit von Pratardana, Sohn von König Divodâsa II., einem weisen Philosophen auf dem Thron, dem die Kaushîtaki-Upanishad (2.14) die Propagierung der noch neuen Idee des „inneren Feuerrituals" (antara-agni-hotra) zuschreibt. Pratardana baute auf der früheren Opferphilosophie von Mahidâsa und Gârgyâyana auf.

2450 König Bharata von den Pauravas, nach dem Indien benannt ist; seiner genealogischen Linie gehören die Pândavas an.

Ein alternatives Datum für den Bharata-Krieg, wie es vom Astronomen Varâhamihira im 6. Jahrhundert vorgeschlagen wurde, nämlich 2450 v. Chr., scheint viel zu früh.

2371–2316 Sargon, Herrscher der Stadt Agade, den der britische Gelehrte L. A. Waddell (irrigerweise) mit König Sagara gleichsetzte. Sargon verfügte offenbar über eine ständige Armee von 5400 Soldaten, die es ihm ermöglichte, die benachbarten Stadtstaaten nacheinander zu erobern. Das akkadische Königreich wurde seinerseits von den Babyloniern erobert, deren eigene Mathematik durch die indische Mathematik, wie in den Shulba-Sûtras dargestellt und im Wesentlichen schon in den frühen Brâhmanas vorhanden, sehr stark beeinflusst wurde.

2050 König Dasharatha von Ayodhyâ, der Vater von Râma, Bharata, Lakshmana und Shatrughna. Dasharatha wird in einer hethitischen Inschrift von ca. 1400 v. Chr. zusammen mit Indra, den Nâsatyas und den Ashvins erwähnt, was demonstriert, wie sehr der König im Lauf der Jahrhunderte mythologisiert worden ist. Râma, der am Ende des tretâ-yuga (um 867.000 v. Chr., laut Überlieferung) geboren sein soll, ist der Held des Râmâyana. Dieses „originale Epos“ (âdi-kâvya) wurde von Vâlmîki, vermutlich Zeitgenosse Râmas und Lehrer des berühmten Weisen Bharadvâja, geschaffen, obwohl die erhaltene Sanskritversion weit jüngeren Datums (womöglich 300 v. Chr.) ist. Râmas Regierungszeit schenkte dem alten nordindischen Königreich von Ayodhyâ eine goldene Ära. Seine Gattin Sîtâ wurde von Râvana, dem Dämonenherrscher Sri Lankas, entführt. Mit Hilfe des weisen affenköpfigen Halbgottes Hanuman gelang es ihm, Sîtâ zu befreien – sie verkörpert bis auf den heutigen Tag das Prinzip ehelicher Treue.

Der Weise Rishyashringa, Schwiegersohn von Dasharata, der die Fruchtbarkeit der drei Frauen des Herrschers wiederherstellte.

Der Weise Vâmadeva, Freund von Vasishtha, verfasste die Hymnen des vierten Mandala oder Kreises des Rig-Veda. Das Râmâyana portaitiert ihn als Priester Dasharathas.

1970 König Sudâs (oder Sudâsa), bekannt wegen der im Rig-Veda erwähnten Schlacht der zehn Könige und der Unterstützung der großen Weisen Vasishtha und Vishvamitra (Verfasser des dritten Mandala des Rig-Veda). Es hat übrigens viele andere Vasishthas und Vishvamitras in früheren wie in späteren Zeiten gegeben.

Der Weise Kavasha, über den der Rig-Veda (7.18.12) berichtet, dass er im Fluss Parushnî ertrunken sei.

1900 Zu der Zeit floss der mächtige Sarasvatî-Strom, dessen fruchtbare Ufer einst das Kernland der Indus-Sarasvatî-Zivilisation bildeten, nicht mehr zum Arabischen Meer, sondern war faktisch vertrocknet. Heute ist die Sarasvatî nur noch ein Flüsschen, Ghaggar genannt. Da der Rig-Veda die Sarasvatî noch als einen zum Meer strebenden großen Strom besingt, müssen viele seiner Hymnen im 3. Jahrtausend, vielleicht sogar noch früher komponiert worden sein.

1590 Tura Kâvasheya (entfernter Nachkomme des Weisen Kavasha), der in der Brihad-Âranyaka-Upanishad (6.5.4) als erster Guru des Stammbaums von Lehrern, die hinter dieser Schrift stehen, angeführt wird.

1550 Die letzten Hymnen des Rig-Veda wurden von Devâpi (älterer Bruder von König Shântanu, des Vaters von Bhîshma) verfasst; er entsagte der Welt im frühen Alter.

1500–1200 Das wird gewöhnlich als die Phase der (jetzt widerlegten) Invasion durch sanskrit sprechende, indo-arische Stämme aus den zentralasiatischen Steppen betrachtet. Die starken Argumente gegen diese aus dem 19. Jahrhundert stammende Hypothese werden im Buch *In Search of the Cradle of Civilization* („Auf der Suche nach der Wiege der Zivilisation“) von Georg Feuerstein, Subhash Kak und David Frawley angeführt. Die Indo-Europäer haben sich offensichtlich lange vor jener vergegenständlichten Zeit auf dem indischen Subkontinent angesiedelt und können bereits mit der Stadt Mehrgarh (vgl. 6500 v. Chr.) in Verbindung gebracht werden.

1500–500 Das „dunkle Zeitalter“, so benannt von konservativen Historikern wie Vincent A. Smith (*The Oxford History of India*); ein Vorurteil allerdings, das aufgrund der verfügbaren und in der jetzigen chronologischen Anordnung gesammelten Daten und Belege gründlich relativiert wird.

1450 Die fünf Pândava-Prinzen, Söhne des Königs Dhritarâshtra und Vetter der Kaurava-Prinzen – die zwei einander bekämpfenden Parteien im großen Bharata-Krieg.

Dies ist näherungsweise auch die Datierung der entdeckten, im gujeratischen Golf von Kutch untergetauchten Stadt Dvârakâ, die von einigen Archäologen als die Heimatstadt des Gottmenschen Krishna identifiziert wurde. Es ist anmerkenswert, dass die Datierung 1450 v. Chr. auch mit dem Ereignis einer großen Naturkatastrophe im Mittelmeer zusammenfällt, bei der die minoische Zivilisation vernichtet wurde.

Folgen wir der puranischen Überlieferung, so war Kushashtalî der Name einer Insel, auf der König Revata (3250 v. Chr.), Großenkel von Manu Vaivasvata, die erste Stadt oder, laut mancher Darstellungen, die erste Burg erbauen ließ. Nach relativ kurzer Zeit wurde Revatas Stadt unter dem Wasser des Golfs von Kutch im Arabischen Meer begraben. Viel später erbaute Krishna dort Dvârakâ, und seiner Stadt widerfuhr das gleiche Geschick, offenbar kurz nach dem Tod des Gottmenschen. Falls die Identifizierung der überfluteten Ruinen als Dvârakâ richtig ist, verfügen wir damit auch über die Datierung des im Mahâbhârata geschilderten 18-Tage-Kriegs. Er wurde zwischen Kurus und Pândavas sowie deren alliierten Streitkräften ausgefochten. Der große Held der Pândavas war Prinz Arjuna, Schüler von Krishna. Der Dialog zwischen Lehrer und Schüler kurz vor Beginn der Schlacht macht weitgehend den Inhalt der Bhagavad-Gîtâ („Gesang des Herrn") aus; doch ist diese, zumindest als literarische Schöpfung, sehr wahrscheinlich später entstanden (s. 500 v. Chr.).

Der Weise Vyâsa, der die vier vedischen Samhitâs „zusammenstellt" – Rig-Veda, Sâma-Veda, Yayur-Veda und Atharva-Veda – , das Jaya (die ursprüngliche Fassung des Mahâbhârata) ausarbeitet und das älteste Purâna (oder mehrere Purânas) kompiliert.

Der Weise Uddhâva, Minister und Freund von Krishna, dem (irrigerweise) die Uddhâva-Gîtâ, eingebettet in das Bhâgavata-Purâna, zugeschrieben wird.

1410 König Parikshît II., Arjunas Enkel, der dem gesellschaftlichen Chaos im Gefolge des Bharata-Krieges gegenüberstand.

1390 Der Weise Uddâlaka, Lehrer des berühmten Yâjnavalkya Vâjasaneya; er hatte fünfzehn wichtige Schüler, einschließlich seines eigenen Sohns Shvetaketu (dessen Belehrung ist in der Chândogya-Upanishad aufgezeichnet), Khagodara (Vater von Ashtâvakra), Âsuri (der mit dem im Mahâbhârata erwähnten Schüler des Weisen Kapila identisch sein könnte) und der sagenhaft reiche König Janaka von Videha. Yâjnavalkyas Lehren sind im Shata-Patha-Brâhmana dokumentiert, und einige sind in der Brihad-Âranyaka-Upanishad bewahrt.

Tittiri (ein großer Experte des Yayur-Veda) und Pippalâda, Bearbeiter des Atharva-Veda und Lehrer von Âshvalâyana, des Verfassers des Rig-Veda-Prâtishâkya.

Shaunaka, eine herausragende priesterliche Autoritätsperson und ein Lehrer von Âshvalâyana.

1370 König Janamejaya III. der Kuru-Pauravas, Sohn von Parikshît II.; er wird als Stifter eines gewaltigen Pferdeopfers (ashva-medha) erinnert.

1350 Der Weise Ashtâvakra, der im Mahâbhârata erwähnt und dem auch die Autorenschaft an der Ashtâvakra-Gîtâ, einem Werk über Vedânta, (fälschlicherweise) zugeschrieben wird.

Dies ist auch ungefähr die Entstehungszeit des wesentlichen Kerns der Vedânga-Jyotishâ des Astronomen Lagadha, wie aus den astronomischen Daten im Text selbst abgeleitet werden kann. Später wurde dieses Werk durch Hinzufügungen und kopiebedingte Veränderungen modifiziert.

1290	Pancashikha, Schüler des Weisen Âsuri; es kann derselbe sein wie der frühe gleichnamige Sâmkhya-Experte. Wenn dem so sein sollte, wäre das auch die Zeit von Kapila, dem mutmaßlichen Begründer der Sâmkhya-Tradition.
1270	Yâska, Verfasser des Nirukta, eines Kommentars zu den Veden.
1000–900	Beginn der sogenannten „zweiten Urbanisierung" entlang des Ganges (Gangâ). Wahrscheinlich auch der Beginn des Vaishnavismus (in dessen Zentrum die Verehrung des Göttlichen in Gestalt von Vishnu steht).
800	Pârshva, der Vorläufer von Vardhamâna Mahâvîra (s. 599–527 v. Chr.)
800–600	Mögliche Entstehungszeit für die Shvetâ-Shvatara-Upanishad, eines Shaiva-Textes, der das Ideal der liebevollen Hingabe (bhakti) einführt, und die Katha-Upanishad, die Yoga als das „Zügeln der Sinne" definiert. Diese beiden Texte werden gewöhnlich zwischen 500 und 300 v. Chr. eingeordnet.
599–527	Vardhamâna Mahâvîra, Begründer des historisch fixierbaren Jainismus; von ihm wird gesagt, er sei der 24. „Furtenbauer" (tîrthankara) gewesen. Wie in Hinduismus und Buddhismus geht es auch im Jainismus um die spirituelle Befreiung des Individuums. Die Werke früherer Jaina-Lehrer, Pûrvas genannt, sind verlorengegangen.
570	Pautimâshîputra. In der angeführten Genealogie der Lehrer, wie sie die Brihad-Âranyaka-Upanishad aufführt, die zuletzt genannte Autorität; diese Schrift ist die älteste der erhalten gebliebenen Upanishaden, die insgesamt einen Zeitraum von 50 Lehrergenerationen, also etwa 1000 Jahre überstreichen.
563–483	Siddhârtha Gautama, vom Shakya-Klan auf heute nepalesischem Gebiet; Begründer des Buddhismus, der im 35. Lebensjahr zur Erleuchtung gelangte. Es ist bekannt, dass er zumindest bei zwei Lehrern – Ârâda Kâlâpa und Rudraka Râmaputra – studierte und wahrscheinlich in einer Form von Yoga instruiert wurde. Er liebte die Meditation und war darin sehr geübt. Das ist auch die Zeit von Ajita Keshakambalin, dessen materialistische Philosophie vom Buddha kritisiert wurde.
550	Ungefähres Geburtsdatum von Goshâla Maskarîputra (starb ca. 487 v. Chr.), des Gründers der Âjîvika-Sekte der nackten Asketen, die der Buddha wegen einiger ihrer (fatalistischen) Doktrinen kritisierte. Üblicherweise die Datierung für den Grammatiker Pânini, der die Ashtâdhayî verfasste, ein grammatisches Lehrbuch, das im 19. Jahrhundert den westlichen Philologen als Modell zu ihren eigenen grammatischen Theorien diente. Die native indische Überlieferung datiert Pânini jedoch viel früher. Konventionelle Datierung für Kanâda, Autor des Vaisheshika-Sûtra, des hauptsächlichen Werks der Vaisheshika-Schule (der Naturphilosophie) des Hinduismus. Wahrscheinlich auch die Zeit von Akshapâda Gautama, Gründer der Nyâya-Schule (der Logik) und Verfasser des Nyâya-Sûtra (in dem Yoga erwähnt wird).
500–400	Komposition der Bhagavad-Gîtâ in der jetzigen Fassung; sie ist Bestandteil des uns überlieferten Mahâbhârata und der älteste ausgereifte Yoga-Text, von dem wir Kenntnis haben. Die Gîtâ präsentiert sich als Dialog zwischen Gottmensch Krishna und Prinz Arjuna (die beide allerdings lange vor Niederschrift dieser letzten Version gelebt haben, s. 1450 v. Chr.). Sie betont den Yoga der liebevollen Hingabe (bhakti-yoga).
483	Wahrscheinliches Jahr des Ersten Konzils, auf dem die ältesten Schüler des Buddha seine Lehren systematisierten.

400	Wahrscheinliches Entstehungsjahr des buddhistischen, in Pali-Sprache geschriebenen Dhamma-Pada, das als ein der Bhagavad-Gîtâ nicht unähnliches Yoga-Lehrbuch eingestuft werden kann.
400–100	Abfassung von wichtigen philosophischen Passagen des Mahâbhârata-Epos, insbesondere des Moksha-Dharma, das die Lehren des Sâmkhya-Yoga enthält.
383	Wahrscheinliches Jahr des Zweiten Konzils der buddhistischen Mönchsgemeinde, auf dem Predigten und Gedichte von Mönchen wie Nonnen den kanonischen Schriften offiziell beigefügt wurden. Zu jener Zeit spaltete sich die Gemeinde auf – in Theravâdins und Mahâsânghikas. Die gedanklichen Positionen der Letzteren werden später zum Mahâyâna-Buddhismus überleiten.
327–325	Eroberung Nordindiens durch Alexander den Großen; Indiens Zivilisation wurde davon kaum berührt. Er traf mit König Candragupta Maurya 326 oder 325 v. Chr. zusammen.
300	Konzil von Pataliputra, nach dem die Jainas sich in Digambaras (nackte Anhänger) und Shvetambaras (weiß gekleidete Anhänger) aufspalteten.
269–232	Kaiser Ashoka, der nach seiner Konvertierung zum Buddhismus entschlossen für die Verbreitung dieses Glaubens eintrat.
200	Jaimini schrieb, gängiger Datierung zufolge, das Mîmâmsâ-Sûtra – einen autoritativen Grundlagentext der Mîmâmsâ-Schule (des Ritualismus) im Hinduismus.
200 – 400 n. Chr.	Periode des größten Einflusses des Buddhismus in Indien.
150	Übliche Datierung für den Grammatiker Patanjali, der in der indischen Überlieferung auch als Verfasser medizinischer Werke und des Yoga-Sûtra betrachtet wird (s. jedoch 200 n. Chr.).
100	Wahrscheinliche Zeit von Lakulin (oder Lakulîsha), halblegendärer Begründer der Yoga praktizierenden Pâshupatas und mutmaßlicher Autor des Pâshupata-Sûtra. Erblühen des Mahâyâna-Buddhismus; Abfassung der frühesten Mahâyâna-Sûtras wie der Ashtâ-Sâhasrikâ, des Lankâ-Avatâra und des Sad-Dharma-Pundarîka, die von der Leerheit (shûnyatâ) und dem Mitleid (karunâ) handeln.

Zeit nach Chr.

50	Entstehung des Buddhismus in China. Mögliche Zeit der Mission des Heiligen Thomas in Indien.
100	Caraka, eine große Âyurveda-Autorität. Umâsvâti, Autor des jainistischen Tattva-Artha-Adhigama-Sûtra. Der buddhistische Adept Nâgârjuna, Gründer der Mâdhyamika-Schule.
150	Âryadeva, buddhistischer Gelehrter, Schüler von Nâgârjuna und Verfasser des Catuh-Shataka.
150–200	Komposition des Yoga-Sûtra von Patanjali (der höchstwahrscheinlich ein anderer ist als der gleichnamige Grammatiker) und des Brahma-Sûtra von Bâdarâyana, eines Grundlagenwerks der Vedânta-Tradition. Dies ist außerdem die Periode der endgültigen Edition von Manus altem Dharma-Sûtra (auch als Manu-Smriti bezeichnet), das ein Kapitel über die Pflichten der

	Waldbewohner und Asketen beinhaltet und Yoga als Beherrschung der Sinne definiert.
200–300	Abfassung des Vishnu- und Vâyu-Purâna.
300–400	Die großen buddhistischen Lehrer Asanga (290–360 n. Chr.) und Vasu-bandhu (316–396 n. Chr.), die Brüder waren. Ersterer gründete die Yogâcâra-Schule; Letzterer begründete die Vijnânavâda-Schule des Mahâyâna-Buddhismus.
350	Kunda Kunda, Jaina-Philosoph, der den Samaya-Sâra verfasste.
320–500	Strahlend blühende Kultur unter den Herrschern der Gupta-Dynastie, besonders im Zeitraum um 400 n. Chr.
350–500	Entstehung des buddhistischen und hinduistischen Tantrismus. Es gibt eine tibetische Übersetzung einer Gruppe tantrischer Sûtras unter dem Titel Mahâ-Sannipâta. Eines dieser Sûtras, die Ratna-Ketu-Dhâranî, wurde um etwa 450 n. Chr. ins Chinesische übertragen.
375	Samantabhadra, Jaina-Philosoph.
381	Die Chandûl-Mandûl-Bagîchî-Inschrift von Candragupta II., die mehrere Lehrer des Pâshupata-Ordens und auch dessen Gründer Lakulîsha erwähnt. Laut dem Mahâbhârata stammen die Pâshupata-Lehren von Shiva Shrî Kantha, was dann bedeutete, Lakulîsha hätte nur die alten Lehren zu neuem Leben erweckt.
400–500	Komposition des Mârkandeya-Purâna, eine der ältesten erhaltenen Werke dieser literarischen Gattung, eine Form des ritualistischen Yoga beschreibend. Einige seiner Lehren jedoch dürften sicherlich aus viel früheren puranischen Überlieferungen abgeleitet worden sein. Dies ist auch die wahrscheinliche Entstehungszeit der Sâmkhya-Kârikâ von Îshvara Krishna, des Quellentextes des klassischen Sâmkhya, sowie der Jayâkhya- und Sâtvata-Samhitâs und anderer früher Schriften der Pâncarâtra-(Vaishnava)-Tradition. Dazu ist es die Gründungszeit der buddhistisch-monastischen Universität von Nâlandâ, die in den folgenden Jahrhunderten zahlreiche große Lehrer und Meister hervorbrachte.
450	Wahrscheinliche Entstehungszeit des Yoga-Bhâshya, ältester erhaltener Kommentar zum Yoga-Sûtra. Auch die Zeit des buddhistischen Philosophen Dinnâga, der siebzehn Werke zur Logik und Erkenntnistheorie schrieb.
470–543	Bodhidharma, Begründer der Tradition buddhistischer Meditation (chan) in China.
500	Einfall der Hunnen in Indien.
505	Geburt des Astronomen Varâhamihira.
550–700	Ausgreifen der Pâncarâtra-Tradition (Vaishnavismus) nach Südindien. Eine Inschrift von Râjasimhavarman im Kailâsanâtha-Tempel von Kanchipuram, Südindien, verweist auch auf die dortigen Shaiva-Âgamas. Abfassung der Ahirbudhnya-Samhitâ, einer bedeutenden Pâncarâtra-Schrift.
600	Abfassung des buddhistischen Hevajra- und Guhya-Samâja-Tantra.
600–650	Der buddhistische Philosoph Dharmakîrti.
606–647	König Harsha, Mäzen der Künste, unsterblich gemacht vom Hofpoeten Bâna.
638–713	Hui-Neng, sechster und letzter Patriarch des chinesischen Buddhismus.

650	Tirumûlar, verehrter Meister und Barde Südindiens, Verfasser des Tiru-Mantiram. Auch die Zeit des langlebigen buddhistischen Lehrers Candrakîrti, Abt der monastischen Universität Nâlânda, der, nach Nâgârjuna, als der bedeutendste Vertreter der Mâdhyamika-Schule erachtet wird.
690–730	Der buddhistische Lehrer Shântideva (auch Busuku genannt), Autor des Bodhi-Caryâ-Avâtara und des Shikshâ-Samuccaya; er wird zu den 84 großen Meistern (mahâ-siddha) gezählt. Gleichfalls die Zeit von Padmasambhava (Guru Rinpoche), der, nach Shântidevas Bitte, Tibet von niederen Geistern reinigte, um das Volk für die buddhistischen Lehren aufgeschlossener zu machen. Padmasambhava wird von der Nyingma-Schule als zweiter Buddha verehrt.
750	Haribhadra, ein großer Jaina-Gelehrter, der die Texte Shad-Darshana-Samuccaya, Yoga-Bindu, Yoga-Drishti-Samuccaya etc. verfasste.
788–820	Traditionelle Datierung für Shankara, den überragenden Lehrer des Advaita-Vedânta; einige Pandits versetzen ihn ins Jahr 509 v. Chr., andere in die Zeit um ca. 84 n. Chr. Doch kann bereits der Lehrer seines Lehrers, Gaudapâda, zu dessen Mândûkya-Kârikâ Shankara einen Kommentar schrieb, nicht viel früher als 500 n. Chr. gelebt haben, denn neben der Mâdhyamika- neigte er zur Vijnânavâda-Richtung des Buddhismus (die erst im 4. Jh. n. Chr. entstand). Nichtsdestoweniger ist es wahrscheinlich, dass die traditionelle Datierung für Shankara zu spät liegt und er zwischen 650 und 750 n. Chr. lebte.
800	Abschluss der Caraka-Samhitâ, eines der grundlegenden Werke zum Âyurveda.
825	„Entdeckung" des Shiva-Sûtra durch den kaschmirischen Meister Vasugupta, der auch das Spanda-Sûtra verfasste.
850	Vâcaspati Mishra verfasst den Kommentar Tattva-Vaishâradî zum Yoga-Bâshya.
900	Näherungsweise Datierung der ältesten erhaltenen Tantra-Manuskripte der Hindus, z.B. des Pârameshvara-Mata-Tantra (859 n. Chr.) und des Sarva-Jnâna-Uttara-Tantra. Nâgarjunas Panca-Krama, das die ersten fünf Stufen von Patanjalis achtgliedrigem Yoga verwendet. Nâthamuni, herausragender Lehrer des Vaishnavismus und Autor des Yoga-Rahasya.
900–1000	Komposition des Lakshmî-Tantra (wichtige Pâncarâtra-Schrift), des Kaula-Jnâna-Nirnaya (bedeutender Text des Nâtha-Ordens), des Bhâgavata-Purâna und der erweiterten Fassung des Yoga-Vâsishtha.
900–1200	Abfassung der Amrita-Bindu-, Amrita-Nâda-Bindu- und Nâda-Bindu-Upanishad.
928–1009	Tilopa, einer der 84 mahâ-siddhas und Lehrer von Nâropa. Er gilt als Gründer der Kagyü-Schule des tibetischen Buddhismus.
950–970	Geburt des großen Shaiva-Gelehrten und Adepten Abhinava Gupta, Verfasser des umfangreichen Tantra-Âloka und vieler anderer Texte.
956–1040	Nâropa, dessen harte Schulungszeit unter Tilopa in seiner bekannten Biographie geschildert wird.
973–1048	Alberuni, arabischer Wissenschaftler und Philosoph; schrieb eine Paraphrase des Yoga-Sûtra in Arabisch (ca. 1025 n. Chr.).

982–1054	Atîsha (auch bekannt als Dîpamkâra Shrîjnâna), von königlicher Geburt und einer der größten buddhistischen Meister seiner Zeit; seine Bodhi-Patha-Pradîpâ diente als Grundlage für alle späteren Lehren über die Stufen des Pfads (tibetisch: lam-rim).
1000	Abfassung von König Bhojas Râja-Mârtanda – eines Kommentars zum Yoga-Sûtra –, von Naradas Bhakti-Sûtra und vom ausführlichen Prapanca-Sâra-Tantra. Kâlacakrayâna, eine Seitenzweig des Mahâyâna-Buddhismus, tritt auf. Beginn des Kâlâmukha-Ordens des Shaivismus.
1000–1200	Allmähliches Verschwinden des Buddhismus aus Indien.
1000–1400	Abfassung von Upanishaden mit starker Shâkta-Orientierung.
1012–1097	Der tibetische Lehrer Marpa, berühmt für seine tibetischen Übersetzungen von Sanskrittexten.
1040–1123	Milarepa, Tibets beliebtester Yogi; er war Schüler von Marpa.
1050	Cekkilar verfasst das Peria-Purânam in tamilischer Sprache; tamilische Shaiva-Hymnen werden im Tiru-Mûrai, Südindiens Äquivalent zu den nordindischen Veden, gesammelt. Komposition wichtiger tantrischer Werke wie des Kaula-Jnâna-Nirnaya, Matsyendra Nâtha zugeschrieben, und des Shâradâ-Tilaka-Tantra.
1079–1153	Gampopa, Milarepas Hauptschüler; er war einer der bedeutendsten gelehrten Adepten und verfasste viele Texte, darunter den Juwelenschmuck der Befreiung.
1089–1172	Hemacandra, berühmter Jaina-Philosoph und Autor des Yoga-Shâstra.
1106–1167	Basava (oder Basavanna), vermutlich der Gründer der Lingâyata-Tradition Südindiens, die auch als Vîra-Shaivismus bekannt ist.
1150–1250	Ausarbeitung des Kubjikâ-Mata-Tantra und der Yoga-Upanishaden, mit Ausnahme der oben erwähnten Bindu-Upanishads (s. 900–1200 n. Chr.).
1190–1276	Madhva, Gründer des dualistischen Zweigs des Vedânta; seine Lebenszeit wird manchmal mit 1199–1278 n. Chr. angegeben.
1200	Jayaratha, ein kaschmirischer Tantra-Gelehrter, der zahlreiche exzellente Kommentare schrieb. Abfassung des Kula-Arnava-Tantra (des wichtigsten Textes der Kaula-Schule) und des Devî-Bhâgavata.
1200–1300	Abfassung der Hatha-Yoga-Schriften Yoga-Yâjnavalkya, Ânanda-Samuccaya und Carpata-Shataka. Mögliches Datum für die Muktikâ-Upanishad, die 108 vorausgehende Upanishaden aufzählt.
1250	Meykandar, Autor des Shiva-Jnâna-Bodha, eines bedeutenden Shaiva-Textes.
1275–1296	Jnânadeva (oder Jnâneshvara), Maharashtras bekanntester Yoga-Adept und Autor der Jnâneshvarî, eines poetischen Kommentars zur Bhagavad-Gîtâ in Marathi.
1288	Marco Polos erster Besuch in Indien. Er kam fünf Jahre später wieder.
1290–1364	Buston, tibetischer Historiker und Verfasser des berühmten Deb-ther Non-po („Blaue Annalen").
1300	Möglicher Beginn des Aghorî-Ordens des Shaivismus.
1350	Komposition der Hatha-Yoga-Pradipikâ, eines der Standardhandbücher zum Hatha-Yoga.

	Mögliche Entstehungszeit des Sâmkhya-Sûtra, dessen Abfassung Kapila zugesprochen wird.
1350	Vidyâranya, Autor des Jîvan-Mukti-Viveka, eines vedântischen Werks über das Ideal der Befreiung während der Lebenszeit; er macht vom Yoga-Sûtra und anderen Yoga-Texten Gebrauch. Dazu stellte er den Yoga-Vâsishtha-Samgraha zusammen.
1357–1419	Tsongkhapa; er reformierte den wegen sexueller und magischer Missbräuche degenerierten Buddhismus in Tibet, verfasste zahlreiche Texte und gründete die Gelugpa-Schule, heute der größte Zweig des tibetischen Buddhismus.
1391–1478	Gendun Drub, der erste Dalai Lama.
1440–1518	Kabîr, beliebter Dichter und Heiliger Nordindiens, Pionier der wechselseitigen Integration von hinduistischen und muslimischen Lehren.
1455–1570	Drukpa Künleg, berühmter tibetischer Meister der „verrückten Weisheit".
1469–1539	Nânak, Gründer des Sikhismus.
1479–1531	Vallabha, bekannter Lehrer von Bhakti-Yoga, mit der Verehrung Krishnas im Zentrum.
1485–1533	Caitanya, einer der herausragendsten mittelalterlichen Vaishnava-Lehrer Bengalens und großer bhakti-yogin.
1498	Vasco da Gama erreicht die südindische Malabar-Küste.
1500	Komposition der Avadhûta-Gîtâ. Râghava Bhatta, Verfasser verschiedener tantrischer Werke, einschließlich des Kâlî-Tantra. Brahmânanda Giri, tantrischer Meister und Verfasser mehrerer Texte, darunter die Shâkta-Ânanda-Taranginî.
1502	Govinda, Sohn von Jagannâtha, verfasst das Âgama-Kalpa-Druma. Krishnânanda, Autor des Tantra-Sâra und anderer tantrischer Werke.
1532–1623	Tulsî Dâs, ein sehr populärer nordindischer Heiliger und Dichter, der das Râmâyana in Hindi verfasste.
1550	Vijnâna Bhikshu, Autor zahlreicher philosophischer Texte, einschließlich von Kommentaren zum Yoga-Sûtra, insbesondere des Yoga-Vârttika. Komposition des Yoginî-Tantra, einer wertvollen Quelle an Legendenmaterial zum Devî-Kult.
1556–1605	Kaiser Akbar, der größte Muslim-Herrscher Indiens.
1577	Komposition des Shrî-Tattva-Cintâmani durch Pûrnânanda Giri, der auch das Shâkta-Krama und das Shyâmâ-Rahasya schrieb. Abfassung des umfangreichen Shakti-Samgama-Tantra.
1600	Subhagânanda Nâtha, ein kaschmirischer Tantra-Gelehrter und Adept, der den bedeutendsten Kommentar zum Tantra-Râja-Tantra unter dem Titel Manoramâ schrieb. Sein Schüler war der bekannte Prakâshânanda Nâtha. Engländer und Holländer gründen Handelsgesellschaften in Indien.
1617–1682	Ngawang Lobsang Gyatso, der fünfte Dalai Lama (der „Große Fünfte" genannt); dynamischster und effizientester unter den frühen Dalai Lamas, dazu wunderbarer Schriftsteller.
1650	Abfassung der Gheranda-Samhitâ, eines weit verbreiteten Hatha-Yoga-Handbuchs.
1718–1775	Ram Prasad Sen, gefeierter Bengali-Dichter und Kâlî-Verehrer.

1750	Entstehung des bekannten Mahânirvâna-Tantra und der Shiva-Samhitâ, einer wichtigen Arbeit zum Hatha-Yoga. Bhâsararâya, die größte Shrî-Vidyâ-Autorität; er schrieb über 40 Werke; das wichtigste darunter ist das Setu-Bandha (ein extensiver Kommentar zum Yoginî-Hridaya-Tantra).
1760	Beginn der britischen Herrschaft in Indien.
1772–1833	Rammohun Roy, Gründer der einflussreichen Brahma-Samaj-Organisation; er wurde der „Vater des modernen Indien" genannt.
1834–1886	Ramakrishna, einer der größten Mystiker Indiens im 19. Jahrhundert.
1861–1941	Rabindranath Tagore, bengalischer Dichter und Nobelpreisträger; Repräsentant des modernen indischen Humanismus.
1862–1902	Swami Vivekananda, bedeutendster Schüler von Sri Ramakrishna und Gründer der Ramakrishna-Mission; eine Schlüsselfigur in der Verbreitung von Hinduismus und Yoga in Europa und Amerika.
1869–1948	Mohandas Karamchand Gandhi, Vertreter des Prinzips der Nicht-Leidzufügung (ahimsâ) in allen Lebensbereichen, insbesondere in der Politik.
1872–1950	Sri Aurobindo, Schöpfer des Integralen Yoga.
1875	Formale Gründung der Theosophischen Gesellschaft, die seit 1872 ihr Hauptquartier in Adyar, Südindien, hatte. Dank der Bemühungen dieser Organisation wurden viele Sanskrittexte erstmals ins Englische übersetzt.
1876–1933	Tupden Gyatso, der dreizehnte Dalai Lama, der Tibeter nach Europa zur Ausbildung sandte, um so Tibet für die moderne Welt vorzubereiten.
1879–1950	Ramana Maharshi aus Tiruvannamalai in Südindien, einer der bekanntesten Weisen des modernen Indien und ein überzeugter Befürworter von Advaita-Vedânta.
seit 1935	Tenzin Gyatso, der vierzehnte Dalai Lama und Friedensnobelpreis-Träger, der die Mission des vorhergehenden Dalai Lama, Tibet in die Welt zu integrieren, fortführt.
1947	Indien wird politisch unabhängig.
1959	Chinesische Besetzung Tibets, was zur rapiden Verbreitung des Vajrayâna-Buddhismus in der westlichen Hemisphäre führt.
2001	Einige Tage nach dem Erdbeben der Stärke 7,9 in Gujerat am 26. Januar trat der Sarasvatî-Fluss stellenweise wieder an die Oberfläche – für viele Hindus ein sehr gutes Omen.

Âcâra („Verhalten, Betragen"). Lebensweise, Einstellung zur spirituellen Praxis.

Âcârya („Mentor, großer Lehrer"). Lehrer, der der eigene *Guru* sein kann oder auch nicht.

Adhyâtma-Yoga („Yoga des inneren Selbst"). Ein auf dem Vedânta beruhender Yoga.

Advaita-Vedânta („nondualer Vedânta"). Die philosophische Tradition des Nondualismus, auf den Upanishaden basierend. Ihre beiden Hauptzweige sind Kevala-Advaita (geschrieben Kevalâdvaita, „Radikaler Nondualismus"), wie von Shankara gelehrt, und Vishishta-Advaita (geschr. Vishishtâdvaita, „Bedingter Nondualismus"), der von Râmânuja vertreten wurde.

Âgama („Tradition"). Ein offenbarter ritueller Text, der zur Pâncarâtra-Vaishnava- oder zur Shaiva-Tradition gehört (im letzteren Fall wird er in der Regel *Tantra* genannt).

Agastya Der Name mehrerer Weiser, unter denen der berühmteste ein großer Adept (*siddha*) Südindiens war.

Aghora („nicht furchtbar"). Ein Beiname von Gott Shiva, paradoxerweise in seinem furchtbaren Aspekt.

Aghorî Eine tantrische Shaiva-Sekte, deren Mitglieder bekannt waren für ihre extremen Praktiken. Siehe auch *Kâlâmukha, Kâpâlika.*

Ahamkâra („Ich-Macher"). Das Gefühl der Individualität, das Ich-Gefühl.

Ahimsâ („Nicht-Leidzufügung"). Enthaltung von schadenzufügenden Handlungen, Gedanken und Worten. Eine wichtige moralische Disziplin (*yama*) in Yoga, Buddhismus und Jainismus.

Âjnâ-cakra („Befehls-Rad"). Das psychoenergetische Zentrum hinter der Stirn, auch „drittes Auge" genannt.

Ajnâna Siehe *avidyâ.*

Âlvâr Angehöriger einer Gruppe von Vishnu verehrenden Dichter- Heiligen Südindiens.

Ânanda („Seligkeit"). (a) Im Vedânta die Verstand und Gemüt transzendierende Glückseligkeit der höchsten Realität oder des Selbst; sie gilt nicht als Eigenschaft, sondern als die Wesensessenz der wahren Realität. (b) In Patanjalis Yoga ein Erfahrungszustand, der in einem niedereren Typ der Ekstase, nämlich im *samprajnâta-samâdhi* auftritt.

Anga („Glied, Abschnitt, Teil"). (a) Der Körper insgesamt oder ein Körperglied. (b) Eine Sorte von Yoga-Übungen. Siehe auch *yoga-anga.*

Arjuna Der Held der *Bhagavad-Gîtâ* und Schüler von Gott Krishna.

Ârogya („Gesundheit, Wohlbefinden"). Das Gegenteil von Krankheit (*vyâdhi*); ein positiver Zustand körperlich-seelisch-geistigen Gleichgewichts. Siehe auch *vyâdhi.*

Asamprajnâta-samâdhi („überbewusste Ekstase"). Das Erleben des geeinten Bewusstseins und die Technik, die dazu führt; Subjekt und Objekt werden eins, ohne dass Gedanken oder Vorstellungen auftreten. Im Vedânta wird das als *nirvikalpa-samâdhi* bezeichnet. Siehe auch *samprajnâta-samâdhi.*

Âsana („Sitz, Stellung"). (a) Der Sitz, auf dem der *yogin* oder die *yoginî* sitzt. (b) Körperstellung, das dritte Glied (*anga*) von Patanjalis achtgliedrigem Yoga.

Asanga Ein großer Meister des Mahâyâna-Buddhismus und Gründer der Yogâcâra-Schule.

Âshrama (a) Eremitenklause. (b) Lebensstufe. Der traditionelle Hinduismus unterscheidet vier solche Stufen: Schülerschaft (*brahmacarya*), Haushälterschaft (*gârhasthya*), Leben im Wald (*vana-prâsthya*) und Renunziation (*samnyâsa*).

Asmitâ („Ich-bin-heit"). Siehe *ahamkâra.*

Asparsha-Yoga („Yoga des Nichtkontaktes"). Der nondualistische Yoga, dargestellt in der *Mândûkya-Kârikâ* von Gaudapâda, dem Lehrer von Shankaras Lehrer.

Atharva-Veda („Atharvans Wissen"). Eine der vier vedischen Hymnen-Sammlungen (*samhitâ*), die vor allem von magischen Bannsprüchen und Zauberformeln handelt, aber auch mehrere wichtige Ausführungen zum frühen Yoga enthält. Siehe auch *Rig-Veda, Sâma-Veda, Yajur-Veda.*

Âtma-darshana („Schau des Selbst"). Das Gleiche wie Selbst-Realisierung oder Befreiung.

Âtman („Selbst"). (a) Das eigene innere Selbst. (b) Das transzendente Selbst, der nondualistischen Denkschule zufolge identisch mit dem Absoluten (*brahman*). Siehe auch *purusha.*

Avadhûta („er, der abgestriffen hat"). Ein radikal Entsagender, der alle Konventionen hinter sich gelassen hat; ein „verrückter" Meister.

Avatâra („Herabstieg"). Eine Verkörperung des Göttlichen, insbesondere von Gott Vishnu, etwa in Gestalt von Krishna oder Râma.

Avidyâ („Ignoranz"). Spirituelles Nichtwissen – Wurzel alles menschlichen Leids und Ursache der Versklavung durch das ichverhaftete Bewusstsein. Siehe auch *jnâna, vidyâ.*

Âyur-Veda („Wissen vom Leben"). Das originale Medizinsystem der Hindus.

Bandha („Band, Fessel"). (a) Fesselung an die Erscheinungswelt durch Karma, im Gegensatz zur Befreiung (*moksha*). (b) „Schloss, Verschließung" – eine spezielle, im Hatha-Yoga verwendete Technik zur Beschränkung der Lebensenergie auf gewisse Körperbereiche.

Bhagavad-Gîtâ („Lied des Herrn"). Der früheste und populärste Yogatext, mit Krishnas Belehrung von Arjuna.

Bhagavat („Herr-Gott"). Anrede für das Göttliche, häufig Krishna. Im Nominativ: Bhagavân.

Bhâgavata (a) Ein Anhänger von Vishnu als Krishna. (b) Bezeichnung der Tradition von Krishna-Verehrern.

Bhâgavata-Purâna Ein umfangreiches Sanskritwerk des 10. Jahrhunderts, u. a. mit der mythischen Lebensgeschichte von Gott Krishna. Auch *Shrîmad-Bhâgavata* genannt.

Bhakta („hingegeben", „frommer Verehrer"). Jemand, der dem Pfad liebevoller Hingabe (*bhakti*) folgt.

Bhakti („Devotion, Liebe, Hingabe"). Der spirituelle Gefühlszustand liebevollen Anteilnehmens am Göttlichen.

Bhakti-Sûtra („Aphorismen der Hingabe"). Es gibt zwei Werke mit diesem Titel; eines wird dem Weisen Nârada, das andere dem Weisen Shândilya zugeschrieben.

Bhakti-Yoga („Yoga der Hingabe"). Einer der Hauptzweige des hinduistischen Yoga.

Bhairava. (a) Einer der Beinamen oder Aspekte Shivas. (b) Tantrischer Eingeweihter. (c) Name eines Meisters des Hatha-Yoga.

Bhairavî (a) Einer der Beinamen oder Aspekte der Devî. (b) Tantrische Eingeweihte.

Bhâva („Zustand, Bedingung"). Im Bhakti-Yoga bezieht sich das Wort auf einen erhobenen Gefühlszustand, bei dem die Literatur fünf verschiedene Grade unterscheidet, fünf verschiedene Arten der Beziehung zum Göttlichen darstellend.

Bhrigu Der berühmteste der vedischen Seher (*rishi*). Er figuriert in mittelalterlichen Texten oft als großer Yoga-Lehrer.

Bhûta („Element"). (a) Die Hindu-Kosmologie unterscheidet fünf Elemente: Erde, Wasser, Feuer, Luft und Äther/Raum. (b) Dämon.

Bhûta-shuddhi („Reinigung der Elemente"). Eine wichtige tantrische Praxis und Vorbedingung für die sorgfältige wie vollständige Erregung der Schlangenkraft (*kundalinî-shakti*).

Bîja („Saatkeim"). (a) Eine karmische Ursache in Form eines unbewussten Auslösers (*samskâra*). (b) Ein Meditationsobjekt oder eine Vorstellung in der Meditation. (c) Kurzform für *bîja-mantra.*

Bîja-mantra („Saatkeim-Silbe"). Ein primäres Mantra wie *om, ram* oder *yam.*

Bindu („Tropfen"). (a) Der über dem Sanskritbuchstaben *m* – in der Silbe *om* oder ähnlichen Mantren – gesetzte Punkt, einen nasalierten Laut anzeigend. (b) Der nasalierte Laut selbst. (c) Ein besonderes psychoenergetisches Zentrum im Kopf, nahe beim *âjnâ-cakra.* (d) Der zentrale Punkt eines *yantra* oder *mandala.* (e) In yogischer Erfahrung der gegenstandslose Bewusstseinszustand, der den Vorstellungsbildern und Gedanken vorausgeht, aber nicht identisch ist mit dem transzendentalen Sein-Bewusstsein. (f) In der Hindu-Kosmologie die

Schwelle zwischen nicht manifestierter und manifestierter Natur. (g) Der männliche Samen, der tantrischen Lehren zufolge sich mit dem vaginalen Sekret der Frau, *rajas* genannt, vermischen soll.

Bodhi („Erleuchtung"). Der Zustand der Erleuchtung oder Befreiung (*moksha*).

Bodhisattva („Erleuchtetes Wesen"). Im Mahâyâna-Buddhismus der spirituelle Praktiker, der gelobte, sich der Befreiung aller Lebewesen zu widmen.

Brahma Der Schöpfer-Gott der bekannten Dreifaltigkeit der Hindus, als *tri-mûrti* bezeichnet. Die beiden anderen Gottaspekte sind Vishnu (der Erhalter und Bewahrer) und Shiva (der Zerstörer). Brahma ist von *brahman*, dem ewigen, nicht-personalen Substrat des Daseins, das alle sonstigen Gottaspekte transzendiert, sorgfältig zu unterscheiden.

Brahmacarya („brahmisches Betragen"). Die Praxis der Keuschheit in Gedanke, Wort und Tat, die als eine der grundsätzlichen moralischen Disziplinen (*yama*) des Yoga gilt.

Brahman Im Vedânta das Absolute, der transzendente Grund der Existenz, verschieden von Brahma, dem Schöpfer. Siehe auch *âtman, sac-cid-ânanda*.

Brâhmana (a) Ein Mitglied der priesterlichen Klasse der Hindu-Gesellschaft, ein Brahmane. (b) Ein Typ von rituellen Texten, die die vedischen Hymnen erklären, sofern sie für die Opferrituale der Brahmanen von Bedeutung sind.

Buddha („erwacht"). Titel von Gautama, dem Begründer des Buddhismus.

Buddhi („Bewusstsein, Weisheit"). Die höhere, intuitive Vernunft oder Weisheitskraft. Der Begriff kann auch „Gedanke" oder „Kognition" bedeuten. Siehe auch *citta, manas*.

Caitanya Ein großer mittelalterlicher Lehrer von Bhakti-Yoga und Verehrer von Gott Krishna.

Cakra („Rad"). (a) Ein psychoenergetisches Zentrum des Körpers, wovon Tantrismus und Hatha-Yoga in der Regel sieben unterscheiden: *mûlâdhâra, svâdhishthâna, manipura, anâhata, vishuddha, âjnâ* und *sahasrâra*. Sie sind längs der Wirbelsäule aufgereiht und bilden Teile des Energiekörpers der Schlangen-Kraft (*kundalinî-shakti*).

Caturtha („viertes"). Das transzendentale Selbst, als der vierte und höchste bzw. reale Zustand (*avasthâ*) des Bewusstseins; die anderen drei sind normaler Wach-, Traum- und Tiefschlafzustand.

Cit („Gewahrsein, Bewusstsein"). Reines Gewahrsein bzw. das transzendentale Bewusstsein jenseits alles Denkens; der ewige Zeuge. Siehe auch *âtman, purusha*.

Citta („Bewusstsein, Gemüt/Verstand"). Verstand, Gemüt, Bewusstsein in ihrer begrenzten Form – abhängig vom Spiel und Treiben der Aufmerksamkeit, im Unterschied zu *cit*. Siehe auch *buddhi, manas*.

Darshana („Schau, Vision"). (a) Innere oder äußere Schau. (b) Der Anblick eines Meisters, der als hilfreich und glückverheißend gilt. (c) Ein philosophisches System oder eine Denkschule. Der Hinduismus hat sechs klassische Systeme: Yoga, Sâmkhya, Mîmâmsâ, Vedânta, Nyâya und Vaisheshika.

Dattâtreya Ein mit der Avadhûta-Tradition verbundener Weiser, als Inkarnation von Gott Shiva betrachtet.

Deha („Körper"). Der physische Körper, auch *sharîra* genannt.

Deva („Leuchtender, Gott"). Gewöhnlich bezieht sich das Wort auf eine der vielen Gottheiten des Hindu-Pantheon. Sie gelten als machtvolle Wesen in der subtilen Daseinsdimension. Das Wort kann auch das Göttliche selbst bezeichnen. Siehe auch *devî*.

Devatâ („Gottheit"). Siehe auch *deva, ishta-devatâ*.

Devî („der weibliche Gott, die Göttin"). Das Göttliche, in seinem weiblichen Aspekt gesehen. Siehe auch *deva*.

Dhâranâ („Anhalten"). Das sechste Glied (*anga*) von Patanjalis achtfachem Yoga: Konzentration, aus einer langdauernden Fokussierung der Aufmerksamkeit auf ein einziges geistiges Objekt bestehend und zur Meditation (*dhyâna*) führend.

Dharma („Träger"). (a) Gesetz oder Ordnung des Universums. (b) Moral, Tugend, Rechtschaffenheit – im Hinduismus als eines der legitimen menschlichen Anliegen (*purusha-artha*) sanktioniert und als Widerspiegelung oder Ausdruck des göttlichen Gesetzes gesehen. (c) Lehre, Doktrin. (d) Attribut, im Gegensatz zu Substanz (*dharmin*).

Dharma-megha-samâdhi („Ekstase der *dharma*-Wolke"). Patanjali zufolge die höchste Form der überbewussten Ekstase (*asamprajnâta-samâdhi*), die unmittelbar zur Befreiung führt.

Dharma-shâstra („Morallehre"). (a) Der gesamte Komplex der hinduistischen Morallehren. (b) Eine Schrift, die von Ethik und Moral (*dharma*) handelt.

Dhyâna („Meditation"). Meditative Versenkung oder Kontemplation, das siebte Glied (*anga*) von Patanjalis achtfachem Yoga, verstanden als eine Vertiefung der Konzentration (*dhâranâ*). Siehe auch *samâdhi*.

Dîkshâ („Initiation, Einweihung"). Ein wichtiges Merkmal aller Yoga-Schulen: Durch die Initiation wird der Schüler ein Teil der jeweiligen, oft weit zurückreichenden *Guru*-Linie.

Dosha („Fehler, Makel"). In diesem Wortsinn bezieht es sich auf die fünf Charakterfehler, nämlich Lüsternheit (*kâma*), Ärger (*krodha*), Gier (*lobha*), Furcht (*bhaya*) und Selbsttäuschung (*moha*). Aber der Begriff kann auch die drei humoralen Anteile im Körper bezeichnen: *vâta* (Winde, Blähung), *pitta* (Galle) und *kapha* (Schleim).

Duhkha („Leiden"). In allen indischen spirituellen Befreiungslehren gilt das bedingte, begrenzte Dasein als kummer- und leidvoll. Aus eben dieser Einsicht kommt der Antrieb zum Ringen um die Befreiung (*moksha*).

Eka („eines"). Die Eine Wirklichkeit, die allgegenwärtig und ewig ist. Siehe auch *âtman, brahman*.

Ekâgratâ („Einpunktigkeit", von *eka* und *agratâ*). Der Prozess, der der Konzentration zugrundeliegt.

Ekatânatâ („Fließen in einer Richtung", von *eka* und *tanatâ*). Der Prozess, auf dem die Meditation beruht.

Gautama Der Name vieler Weiser, auch des Buddha und des Gründers der Nyâya-Denkschule.

Gîtâ („Lied"). Titel vieler didaktischer, in rhythmischem Sanskrit verfasster Werke, insbesondere der *Bhagavad-Gîtâ*.

Gopa („Kuhhirte"). Im Vaishnavismus ein Verehrer Krishnas.

Gopî („Kuhhirtin"). Eine Verehrerin Krishnas.

Goraksha Der Gründer des Kânphata-Ordens und ein früher Lehrer von Hatha-Yoga, der im 10. oder 11. Jahrhundert lebte.

Guna („Strang, Qualität"). (a) In Yoga, Sâmkhya und vielen Schulrichtungen des Vedânta eines der primären Prinzipien und Qualitäten der Natur (*prakriti*): *sattva* (Prinzip der Helligkeit), *rajas* (Prinzip der Dynamik) und *tamas* (Prinzip der Untätigkeit). Ihre wechselseitige Interaktion erschafft den manifesten und nicht-manifesten Kosmos, einschließlich aller psychomentaler Phänomene. (b) Tugend, hohe Moral.

Guna-âtîta („die Qualitäten transzendierend"). (a) Befreiung, die die konstituierenden Qualitäten (*guna*) der Natur (*prakriti*) transzendiert. (b) Der befreite Weise.

Guru („schwer, gewichtig"). Spiritueller Lehrer.

Guru-pûjâ („*Guru*-Anbetung"). Eine zentrale spirituelle Praxis in vielen Schulen des Yoga; der Lehrer wird dabei als Verkörperung des Göttlichen verehrt.

Guru-Yoga Yogische Praxis, bei der der *Guru* als Brennpunkt aller spirituellen Bemühungen des Schülers fungiert.

Hamsa („Wildente", allgemein als „Schwan" übersetzt). (a) Atem oder Lebensenergie (*prâna*). (b) Das transzendentale Selbst (*âtman*). (c) Ein Typ des umherziehenden Asketen (*parivrâjaka*).

Haribhadra Sûri Ein bedeutender Jaina-Lehrer, der mehrere Werke über Yoga verfasste, darunter den *Yoga-Bindu*.

Hatha-Yoga („kraftvoller Yoga" oder „Yoga der Kraft"). Der Yoga körperlicher Disziplin, der auf die Erweckung der Schlangen-Kraft (*kundalinî-shakti*) und die Ausbildung eines unzerstörbaren göttlichen Körpers (*divya-deha*) abzielt.

Hemacandra Ein Jaina-Meister des 11. Jahrhunderts, der das *Yoga-Shastra* und andere Werke schrieb.

Hînayâna („kleines Fahrzeug"). Die kleinere Schule des Buddhismus, die sich auf das Ideal des *arhat* (oder *arhant*) bezieht, nicht auf den *bodhisattva*. Siehe auch *Mahâyâna, Vajrayâna.*

Hiranyagarbha („goldener Keim"). (a) Der mythische Stifter des Yoga. (b) Kosmogonisch gesehen der Zustand, der der Weltenschöpfung vorausgeht und Brahma entspricht.

Hrid, Hridaya („Herz"). Seit altersher gilt das Herz als Ankerpunkt des Selbst (*âtman*) im Körper. Im Tantrismus ist die Herzgegend mit dem *anâhata-cakra* assoziiert.

Indra Große vedische Gottheit, mit Himmel und Krieg verbunden.

Indriya („zu Indra gehörend"; „Instrument"). Sinnesorgan, einschließlich des niederen Verstands (*manas*), der als sechstes Sinnesinstrument gesehen wird.

Îsh, îsha, îshvara („Regierender"). (a) Das göttliche Wesen. (b) Der Schöpfer. (c) In Patanjalis Yoga wird *îshvara* als ein „besonderes Selbst" definiert.

Ishta-devatâ („erwählte Gottheit"). Die vom spirituellen Aspiranten bevorzugte Gottheit.

Îshvara Krishna Autor der *Sâmkhya-Kârikâ* – Quellentext des klassischen Sâmkhya.

Îshvara-pranidhâna („fromme Hingabe zum Herrn"). Eine der Praktiken der Beherrschung (*niyama*) in Patanjalis Yoga.

Jaina (a) Verbunden mit Jainismus, der religiös-spirituellen Tradition, initiiert von Mahâvîra, Zeitgefährte von Gautama, dem Buddha. (b) Ein Mitglied der Jaina-Gemeinde.

Japa („murmeln"). Das meditative Rezitieren von *mantras.*

Japin („Murmelnder"). Ein Ausübender von *japa.*

Jîva („lebendes Wesen"). Die Psyche bzw. die begrenzte menschliche Person, die sich als verschieden von anderen Wesen erfährt und das eigene transzendentale Selbst nicht unmittelbar kennt. Siehe auch *âtman, purusha.*

Jîva-âtman („lebendes Selbst"). Das individualisierte Ich, im Kontrast zum transzendentalen Selbst (*âtman*). Dasselbe wie *jîva.*

Jîvan-mukti („lebende Befreiung"). Den meisten Vedânta-Schulrichtungen zufolge ist es möglich, Befreiung oder völlige Erleuchtung noch während der Verkörperung zu erlangen. Der Adept, der das Selbst realisiert hat und damit befreit ist, wird als *jîvan-mukti* bezeichnet.

Jnâna („Wissen, Weisheit"). Je nach Zusammenhang kann der Begriff konventionelles Wissen oder befreiende Weisheit bedeuten. Im letzteren Fall ist *jnâna* wesensgleich mit der transzendenten Wirklichkeit. Siehe auch *ajnâna, avidyâ.*

Jnânadeva Der bedeutendste Yoga-Meister des mittelalterlichen Maharashtra, der bereits in frühester Jugend einen brillianten Kommentar zur *Bhagavad-Gîtâ* schrieb.

Jnâna-Yoga („Yoga der Weisheit"). Der nondualistische Yoga ich-transzendierender Weisheit, der sorgfältig und methodisch zwischen Wirklichem (Selbst) und Unwirklichem (Ich und Natur) unterscheidet (*viveka*).

Kaivalya („All-ein-sein"). Der Zustand der Befreiung, speziell im Yoga und Jainismus. Siehe auch *moksha.*

Kâla („Zeit"). Ein integraler Bestandteil der endlich-begrenzten Welt (*samsâra*) und ein Hauptgrund dafür, dass sie als Leid (*duhkha*) erfahren wird.

Kalâ („Teil"). (a) Die sechzehnte Mondphase, die als günstig gilt. (b) Eine sehr esoterische Erfahrung bzw. ein Sachverhalt im kaschmirischen Shaivismus und Tantrismus; es handelt sich dabei um den mondgeborenen Nektar der Unsterblichkeit (*amrita*).

Kâlâmukha Eine tantrische Sekte, die sich von der Lakulîsha-Tradition des Shaivismus herleitet. Siehe auch *Aghorî, Kâpâlika.*

Kâlî Die „dunkle" Göttin der Hindus, die die Illusionen zerstört.

Kali-yuga Die Periode des spirituellen Niedergangs, nach einer neuen Art der Selbst-Verwirklichung verlangend. Ihr Beginn wird traditionellerweise mit 3102 v. Chr. angesetzt. Siehe auch *yuga.*

Kalpa („Form"). Ein Äon; im Leben des Schöpfers Brahma so viel wie ein Tag, und aus vier *yugas*, mit jeweils Tausenden von Jahren, bestehend.

Kâma („Wunsch, Begierde"). (a) Eine Gottheit – das Hindu-Äquivalent zu Cupido. (b) Lüsternheit, eine der Fallen auf dem yogischen Pfad.

Kânphata („Spalt-Ohr"). Die durch Goraksha gegründete Sekte von *yogins*; er entwickelte den Hatha-Yoga.

Kâpâlika Eine radikale Ordensgruppe, deren Angehörige einen Totenschädel (*kapâla*) als Bettelschale mit sich tragen. Siehe auch *Aghorî, Kâlâmukha.*

Kapila Der Stifter der Sâmkhya-Tradition, als Autor des *Sâmkhya-Sûtra* erachtet.

Karman („Handlung"). (a) Tätigkeit generell. (b) Karma, hervorgerufen durch die Handlungen und Willensstrebungen des nicht erleuchteten Menschen, seine Wiedergeburt und seine Erfahrungen im gegenwärtigen wie in zukünftigen Leben bestimmend. Die Leitidee hinter allen Erlösungslehren Indiens ist, die Auswirkungen alten Karmas zu neutralisieren und die Erzeugung neuen Karmas, egal ob gut oder schlecht, zu vermeiden. Siehe auch *samskâra, vâsanâ.*

Karma-Yoga („Yoga des Handelns"). Ein Haupttyp des Yoga, bei dem Handlungen, die mit dem innersten Wesen (*sva-bhâva*) und der moralischen Pflicht (*sva-dharma*) übereinstimmen, ichlos ausgeführt werden.

Kaula („*kula*-bezogen"). (a) Ein Ausübender von *kula.* (b) Tantrische Schule, in deren Mittelpunkt die *kula*-Lehren stehen.

Kaulika („*kaula*-bezogen"). Ein Praktikant oder die Lehre der *kaula*-Schule des Tantrismus.

Keshin („langhaarig"). (a) Vedischer Beiname der Sonne. (b) Vedischer Ekstatiker, oft als Vorläufer der *yogins* betrachtet.

Kosha („Futteral, Gehäuse"). Dieser vedantische Begriff bezeichnet eine leibliche Hülle, von der es fünf Arten gibt: die aus Nahrung erzeugte Hülle (*anna-maya-kosha*), die aus Lebenskraft bestehende Hülle (*prâna-maya-kosha*), die Gedankenhülle (*mano-maya-kosha*), die aus dem Verstehen zusammengesetzte Hülle (*vijnâna-maya-kosha*) und die aus Glückseligkeit bestehende Hülle (*ânanda-maya-kosha*). Die Letztgenannte wird manchmal mit *brahman* gleichgesetzt.

Krishna („Anziehender"). Ein Meister aus alter Zeit, der später vergöttlicht wurde. Als Inkarnation von Gott Vishnu unterrichtete er Prinz Arjuna, wie in der *Bhagavad-Gîtâ* aufgezeichnet.

Kriyâ („Handlung, Ritual"). Ein Hauptaspekt tantrischer Praxis.

Kriyâ-Yoga („Yoga des Handelns"). Patanjalis Bezeichnung für die kombinierte Praxis aus Askese (*tapas*), Studium (*svâdhyâya*) und frommer Hingabe an Gott (*îshvara-pranidhâna*).

Kshatriya Ein Angehöriger der Kriegerklasse in der Hindu-Gesellschaft.

Kula („Herde, Familie"). (a) Shakti. (b) Tantrische Gruppierung. (c) Die ekstatische Erfahrung der Identität von Shiva und Shakti, von männlichem und weiblichem Gott. Siehe auch *kaula.*

Kundalinî („die Zusammengerollte"). Die Schlangen-Kraft (*kundalinî-shakti*), im untersten psychoenergetischen Zentrum (*cakra*) des Körpers schlafend. Ihre Erweckung ist das Hauptziel von Tantrismus und Hatha-Yoga. Ihr Aufstieg zum obersten *cakra* am Scheitel führt zur zeitweiligen ekstatischen Vereinigung mit dem transzendenten Selbst (im *nirvikalpa-samâdhi*).

Kundalinî-Yoga Tantrischer Yoga, der die Erweckung der *kundalinî* erstrebt. Die eigentliche Lehre des Hatha-Yoga.

Lakshmî Göttin des Glücks, auch Shrî genannt, und Vishnus göttliche Gefährtin.

Laya („Auflösung"). (a) Synonym für *pralaya* oder kosmische Auflösung. (b) Die yogische Auflösung von Elementen (*bhûta*) und anderen Faktoren körperlichen Daseins mittels Meditation und Visualisierung.

Laya-Yoga Die yogische Prozedur, mit Meditation und diesbezüglichen Übungen die Auflösung (*laya*) zu erreichen, wodurch das transzendentale Selbst (*âtman*) enthüllt wird.

Linga („Zeichen, Symbol, Merkmal"). (a) Im Shaivismus das Symbol für den schöpferischen Aspekt Gottes. (b) Der Phallus als Symbol der Kreativität. (c) In Patanjalis Yoga eine besondere Phase der psychokosmischen Evolution, in der der erste Schritt zur Manifestation stattfindet.

Mahâbhârata Eines der zwei großen nationalen Epen Indiens, das den Krieg zwischen Kauravas und Pandavas (Arjunas Seite) schildert. Das Epos enthält viele lehrhafte Sektionen, darunter die *Bhagavad-Gîtâ* und das *Moksha-Dharma*. Siehe auch *Ramâyana*.

Mahâvîra („großer Held"). Der Titel von Vardhamâna, historisch belegter Gründer des Jainismus. Siehe auch *jaina*.

Mahâyâna („großes Fahrzeug"). Der größere Zweig des Buddhismus, dessen Kernlehren um das *bodhisattva*-Ideal und die Leere (*shûnyatâ*) kreisen.

Maithunâ („Geschlechtsverkehr"). Die rituelle Praxis des sexuellen Verkehrs in den linkshändigen und *kaula*-Sekten des Tantrismus.

Manas („Verstand"). Der niedere funktionale Verstand, als Relais-Station der Sinne (*indriya*) und seinerseits als einer der Sinne verstanden. Siehe auch *buddhi, citta*.

Mandala („Kreis"). (a) Ein heiliger Bezirk, in dem Rituale durchgeführt werden. (b) Ein Körperbezirk, dem gewisse Elemente zugeordnet sind (Wasser, Feuer usw.). (c) Eine graphische, dem *yantra* ähnliche Repräsentation, meist im Rahmen des tibetischen Vajrayâna-Buddhismus. Siehe auch *yantra*.

Manipura-cakra („Rad der Juwelen-Stadt"). Das psychoenergetische Zentrum am Nabel. Siehe auch *cakra*.

Mantra Heiliger Ton/Klang, den Verstand zur Konzentration und zur Transzendierung der gewöhnlichen Bewusstseinszustände befähigend. Ein *mantra* kann eine einzige „Keim"-(*bîja*)-Silbe sein, wie etwa *om*, oder eine Reihe von Tönen und Worten, die Bedeutung haben können oder auch nicht.

Mantra-Yoga Ein Yoga-Typ, der vor allem das Rezitieren (*japa*) von *mantras* betont.

Manu Der mythische Begründer der jetzigen Menschenrasse. Jede Weltperiode hat ihren eigenen Manu. Der gegenwärtige ist Manu Vaivasvata, dessen Herrschaft mit dem Ende des *kali-yuga* aufhört.

Matsyendra („Herr der Fische", von *matsya* und *indra*). Ein großer tantrischer Adept und möglicherweise der Gründer der Yoginî-Kaula-Schule; in der Überlieferung gilt er oft als Lehrer von Goraksha.

Mauna („Stille"). Eine wichtige yogische Praxis, charakteristisch besonders für den *muni*.

Mâyâ („Maß"). (a) Die messende, aufteilende Macht des Göttlichen. (b) Illusion oder die illusorische Welt.

Mîmâmsâ („Untersuchung"). Eine der sechs klassischen Denkschulen (*darshana*) der Hindu-Philosophie, die sich hauptsächlich mit den vedischen Ritualen und ihrer moralischen Anwendung befasst.

Moksha („Befreiung, Loslösung"). Der Hindu-Ethik entsprechend die höchste von vier möglichen Zielsetzungen des Menschen (*purusha-artha*), gleichbedeutend mit Selbst-Realisierung. Siehe auch *mukti, kaivalya*.

Moksha-Dharma („Befreiungs-, Erlösungslehre"). Ein didaktischer Abschnitt im *Mahâbhârata* mit vielen yogischen Lehren.

Mudrâ („Siegel"). (a) Eine Handgeste oder Körperstellung, die jeweils symbolische Bedeutung haben, aber auch die Lebensenergie im Körper in spezifischer Weise leiten sollen. Hinduismus und Buddhismus kennen zahlreiche solcher *mudrâs*, wie aus der Ikonographie erhellt. (b) Eine ins tantrische Ritual eingeweihte Frau, mit der der geweihte Sexualakt (*maithunâ*) ausgeführt wird. (c) Geröstetes Getreidekorn, eines der „Fünf M" (*panca-makâra*) der linkshändigen und *kaula*-Schulen; es soll sexuell anregende Eigenschaften haben.

Mukti („Befreiung"). Ein Synonym von *moksha*.

Mûlâdhâra-cakra („Wurzelstützen-Rad"). Das unterste der psychoenergetischen Zentren im menschlichen Körper, in Steißbeingegend gelegen. Hier liegt die Schlangen-Kraft (*kunda-linî-shakti*) im Schlaf.

Muni Ein Weiser oder jemand, der die Stille und das Schweigen (*mauna*) praktiziert. Siehe auch *rishi*.

Nâda („Klang"). Der Urklang (*shabda*) des Alls, der häufig als das heilige Mantra *om* gedeutet wird. Er tritt in verschiedenen Formen auf und kann in tiefer Meditation als innerer Ton gehört werden.

Nâdî („Strömungsbahn, Kanal"). Aus Sicht der Hindu-Esoterik besteht der menschliche Körper (oder, genauer, sein feinstoffliches Abbild) aus einem Netzwerk von Kanälen, durch die die Lebensenergie (*prâna*) fließt. Oft wird gesagt, es handle sich um 72.000 Kanäle. Darunter sind drei die wichtigsten, nämlich *idâ, pingalâ* und *sushumnâ*. Die Letztgenannte verläuft vom untersten *cakra* am Steißbein hinauf zum psychoenergetischen Zentrum am Scheitel, und entlang dieser zentralen Bahnung muss die erweckte *kundalinî* reisen.

Nâma („Name"). Häufig in Verbindung mit „Form" (*rûpa*) verwendet, um die bedingte Realität im Gegensatz zur Namen und Formen transzendierenden Realität (*tattva*) zu beschreiben.

Nânak Der Begründer des Sikhismus, gewöhnlich Guru Nânak genannt.

Nârada Ein berühmter Weiser alter Zeit, der Bhakti-Yoga lehrte und das *Bhakti-Sûtra* verfasst haben soll. Siehe auch *Shândilya*.

Nâtha („Meister, Herr"). (a) Ein Beiname Shivas. (b) Anrede von verschiedenen tantrischen Meistern, insbesonders von Matsyendra und Goraksha.

Nâyanmâr Ein Angehöriger einer Gruppe von Shiva verehrenden Dichter-Heiligen in Südindien. Siehe auch *Âlvâr*.

Nirguna-brahman („eigenschaftsloses Absolutes"). Die höchste Wirklichkeit in ihrer reinen, transzendenten Kondition: formlos und ohne jedwede Eigenschaften (*guna*). Siehe auch *saguna-brahman*.

Nirodha („Beschränkung"). In Patanjalis Yoga der Prozess des Anhaltens der „Wirbel" (*vritti*) in Verstand und Bewusstsein.

Nirvâna („Auslöschung"). Im Buddhismus die Transzendierung der Ichheit. Dieser Zustand wird gelegentlich in positiven Begriffen und auch als Eintritt in eine von Raum und Zeit unberührte Sphäre beschrieben. In hinduistischen Zusammenhängen wird das Wort meist als gleichbedeutend mit Erlösung (*moksha*) verwendet.

Nirvikalpa-samâdhi („Ekstase jenseits von Konzepten"). Der vedantische Begriff für *asamprajnâta-samâdhi*, wie er bei Patanjali lautet. Siehe auch *savikalpa-samâdhi*.

Niyama („Beherrschung"). Das zweite Glied in Patanjalis achtgliedrigem Yoga, der die Übung von Reinheit, Zufriedenheit, Askese, Studium und frommer Hingabe zu Gott auferlegt. Siehe auch *yama*.

Nyâsa („Platzierung"). Die tantrische Praktik, Körperbereiche oder Gegenstände zu berühren, um sie so mit Lebensenergie oder anderen feinstofflichen Energien aufzuladen.

Nyâya („Regel"). Eines der sechs klassischen Systeme der Hindu-Philosophie, dem es um logische und kritische Argumentation geht.

Ojas Die durch Askese, speziell durch sexuelle Enthaltsamkeit erzeugte Energie; dabei spielt die *ûrdhva-retas* genannte Sublimierung (wörtlich: „Aufwärts[-Strömen] des Samens") eine entscheidende Rolle.

Om Das Schlüsselmantra des Hinduismus, das Absolute symbolisierend. Dieser heilige Silben-Klang findet sich auch in Buddhismus, Jainismus und Sikhismus.

Panca-ma-kâra („die Fünf M"). Sammelbezeichnung für die fünf Praktiken des Hauptrituals im linkshändigen und im *kaula*-Tantrismus: Verzehr von Fisch (*matsya*), Fleisch (*mâmsa*), Wein (*madya*) und geröstetem Getreide – die allesamt als sexuell stimulierend gelten –, dazu der eigentliche sexuelle Verkehr (*maithunâ*). Die rechtshändigen Tantra-Schulen verstehen diese Fünf M im symbolischen, nicht im konkreten Sinn. Siehe auch *tantra*.

Pâncarâtra („fünf Nächte"). Eine frühe Tradition im Rahmen der Vishnu-Verehrung.

Pândita Ein Gelehrter oder Pandit.

Parama-âtman („Höchstes Selbst", geschrieben *paramâtman*). Das transzendente Selbst im Gegensatz zum verkörperten, empirischen Selbst (*jîva-âtman*). Siehe auch *âtman*.

Paramparâ („einer zum anderen"). Eine Linie von Lehrern.

Pâsha („Band, Fessel"). Im Shaivismus der Zustand der Gebundenheit, aufgezwungen durch spirituelles Nichtwissen.

Pashu („Kreatur, Tier"). Im Shaivismus die Bezeichnung für den gewöhnlichen weltlichen Menschen (*samsârin*), der von der höheren Realität des Selbst oder des Göttlichen nichts weiß.

Pâshupata („auf *pashupati* bezogen"). Eine frühe Tradition, die um die Verehrung Shivas in Gestalt Pashupatis kreist.

Pashupati („Herr der Kreaturen"). Ein Beiname Shivas als Herrscher aller Geschöpfe.

Patanjali Autor des *Yoga-Sûtra*, des primären Quellentextes für den klassischen Yoga. Er lebte wahrscheinlich im 2. Jh. n. Chr. Ursprünglicher Hindu-Tradition zufolge soll er mit dem Grammatiker, der 400 Jahre früher lebte, identisch sein.

Pitri („Vorfahren, Ahnen"). Die Vorfahren spielen im täglichen Ritualablauf bei den Hindus eine wichtige Rolle; dem wird auch im Yoga Rechnung getragen.

Prajâpati („Herrgott der Geschöpfe"). Schöpfer; das Gleiche wie *Hiranyagarbha*.

Prajnâ („Weisheit"). Befreiendes Wissen. Siehe auch *jnâna, vidyâ*.

Prajnâ-Pâramitâ („Vollkommenheit der Weisheit"). Eine Gruppe von Mahâyâna-*Sûtras*, die die Leerheit (*shûnya*) lehren, und der Name der weiblichen Gottheit, der diese Schriften zugeordnet sind.

Prakriti („Schöpferin"). Die Natur, selbst empfindungslos, besteht aus ewigem, transzendentem Urgrund (*pradhâna* oder *alinga* genannt) und aus verschiedenen Ebenen subtiler (*sûkshma*) und grobstofflicher (*sthûla*) Manifestationen. Auf der untersten Ebene existiert das sichtbare physische Reich mit einer Unzahl von Objekten. Die Natur konstituiert sich aus drei Qualitäts- oder Krafttypen (*guna*). Siehe auch *âtman, purusha*.

Pralaya („Auflösung"). Die Vernichtung des Kosmos am Ende eines *yuga* oder *kalpa*.

Pramâna Gültige Erkenntnis; eine der mentalen Tätigkeiten, die Patanjali benennt. Siehe auch *viparyaya*.

Prâna („Leben"). (a) Leben im Allgemeinen. (b) Die den Körper speisende Lebensenergie, die fünf Hauptformen hat: *prâna, apâna, samâna, udâna* und *vyâna*. (c) Der Atem als äußere Manifestation der Lebensenergie.

Prânâyâma („Atemkontrolle"). Die sorgfältige Regulierung (oder Ausweitung, *âyâma*) des Atems – das vierte Glied von Patanjalis achtgliedrigem Yoga.

Prapatti Im Vaishnavismus die Praxis der totalen Selbsthingabe ans Göttliche.

Prasâda („Gnade, Klarheit"). Das Element der Gnade, das sich sogar in dezidiert nondualistischen Yoga-Schulen findet; auch *anugraha* genannt.

Pratyabhijnâ („Wiedererkennen"). Eine prominente Shaiva-Schule des Mittelalters in Kaschmir.

Pratyâhâra („Rückzug"). Einschränkung der Sinnestätigkeit – das fünfte Glied von Patanjalis achtgliedrigem Yoga. Siehe auch *yoga-anga*.

Pûjâ oder *pûjana* („Anbetung, Verehrung"). Die rituelle Verehrung einer Gottheit oder eines *Guru*; ein wichtiger Aspekt vieler Yogaformen, speziell des Bhakti-Yoga.

Purâna („sehr alt", „uralte [Geschichte]"). Eine Art volkstümlicher, quasireligiöser Enzyklopädie, die Kosmologisches, Theologisches und vor allem die Historie von Königen und Weisen enthält.

Pûrna („voll, ganz"). Eine Charakterisierung der höchsten Wirklichkeit, die unauslotbar, unerschöpflich und integral ist.

Purusha („männlich, Mann"). In Yoga und Sâmkhya das transzendente Selbst, der Geist, das reine Gewahrsein (*cit*) – im Gegensatz zum begrenzten Individuum (*jîva*). Siehe auch *prakriti*.

Purusha-artha („menschliches Ziel"). Der Hinduismus erkennt vier legitime Ziele menschlichen Strebens an: materielles Wohl (*artha*), Genuss (*kâma*), Rechtschaffenheit (*dharma*) und Befreiung (*moksha*).

Râdhâ Krishnas göttliche Gespielin.

Rajas (von der Wortwurzel *raj*, „erregt sein"). (a) Qualität oder Prinzip der Aktivität und Dynamik – einer der drei konstituierenden Faktoren (*guna*) der Natur (*prakriti*). (b) Vaginales Sekret oder Menstruationsblut; beides hat im Tantrismus spezielle Bedeutung. Die Vermischung von *rajas* und *retas* (männlicher Samen) soll zum ekstatischen Zustand führen. Siehe auch *sattva, tamas*.

Râja-Yoga („königlicher Yoga"). Eine später eingeführte Bezeichnung für Patanjalis achtgliedrigen Yoga, die ihn von Hatha-Yoga unterscheiden soll.

Râma Der große Held des *Râmâyana*, als Verkörperung Vishnus vergöttlicht.

Râmânuja Begründer der Schule des „Bedingten Nondualismus" (Vishishta-Advaita) im 11. Jh. und Hauptrivale von Shankaras „Absolutem Nondualismus" (Kevala-Advaita).

Râmâyana Eines der beiden großen Epen Indiens, das über die heroischen Taten Râmas erzählt. Siehe auch *Mahâbhârata*.

Rasa („Essenz"). (a) Geschmack. (b) Quintessenz der Seligkeit in einigen Schulen des Bhakti-Yoga, besonders bei der Vaishnava-Sahajîya-Bewegung Bengalens. (c) Der Nektar der Unsterblichkeit (*amrita*) im Hatha-Yoga und Tantrismus. (d) Alchemistisches Elixier.

Rasâyana Alchemie, die mit Hatha-Yoga eng verbunden ist.

Rig-Veda („Wissen vom Lobpreis"). Die älteste vedische Hymnensammlung und heiligste Schrift der Hindus. Siehe auch *Atharva-Veda, Sâma-Veda, Yayur-Veda*.

Rishi Ein Weiser aus alter Zeit, der die Hymnen (die Mantren) der Veden visionär sieht. Siehe auch *muni*.

Rûpa („Form"). Dieser Begriff wird, in Verbindung mit *nâma*, oft zur Bezeichnung der manifesten Welt benutzt.

Sac-cid-ânanda („Sein-Bewusstsein-Seligkeit", von *sat, cit* und *ânanda*). Dem Vedânta entsprechend die höchste Wirklichkeit. Siehe auch *ânanda, brahman, cit, sat, tattva*.

Sad-Guru („wahrer Lehrer"). Ein authentischer *Guru* (männlich oder weiblich), dessen bloße Gegenwart die Schüler zum Göttlichen bringt.

Sâdhaka („Realisierender"). Ein spiritueller Praktikant, der nach Realisierung strebt. Siehe auch *sâdhikâ*.

Sâdhana („realisierend"). Der Pfad zur spirituellen Realisierung; eine besondere spirituelle Disziplin.

Sâdhikâ Eine spirituelle Praktikantin. Siehe auch *sâdhaka*.

Sâdhu („Guter"). Ein moralisch integrer Asket.

Saguna-brahman („qualifiziertes Absolutes"). Die höchste Realität in ihrem herabgestimmten Modus, nämlich als seiendes Sein, dem verschiedene Qualitäten (*guna*) zu eigen sind. Siehe auch *nirguna-brahman*.

Sahaja („innig beisammen, verzahnt"). Mittelalterlicher Ausdruck für die enge Koexistenz von transzendentaler und empirischer Realität. Häufig auch als „spontan" oder „natürlich" wiedergegeben.

Sahaja-samâdhi („natürliche Ekstase"). Die mühelose Ekstase (*samâdhi*), der Erlösung gleich. Sie wird auch „Ekstase mit offenen Augen" genannt, weil sie von einer Bewusstseins-Introversion – erreicht durch Konzentration (*dhâranâ*) und Meditation (*dhyâna*) – unabhängig ist.

Sahajîyâ Eine mittelalterliche, tantrisch orientierte *bhakti*-Bewegung.

Sahasrâra-cakra („tausendspeichiges Rad"). Das psychoenergetische Zentrum am Scheitel; in Yoga und Tantra der eigentliche Bestimmungspunkt der aufsteigenden Schlangen-Kraft (*kundalinî-shakti*). Siehe auch *cakra*.

Samâdhi („Ekstase"). Dies ist das achte Glied von Patanjalis achtgliedrigem Yoga. Samâdhi ist der zeitweilige Zustand der Identität von Subjekt und kontempliertem Objekt und hat zwei Hauptformen: bewusste Ekstase (*samprajnâta-samâdhi*), in der eine Vielfalt spontaner Gedanken auftritt, und überbewusste Ekstase (*asamprajnâta-samâdhi*), die von allen Gedankenbildungen frei ist. Siehe auch *dharma-megha-samâdhi, nirvikalpa-samâdhi, sahaja-samâdhi, savikalpa-samâdhi*.

Samatva („Gleichmäßigkeit"). Der Zustand inneren Gleichgewichts.

Sâma-Veda („Wissen von den Gesängen"). Die vedische Hymnensammlung mit den bei Feuerritualen inkantierten Gesängen (*sâman*). Siehe auch *Atharva-Veda, Rig-Veda, Yayur-Veda.*

Sâmkhya („Aufzählung", verwandt mit *samkhyâ*, „Nummer, Zahl"). Eine der sechs klassischen Denkschulen des Hinduismus, die hauptsächlich mit der Klassifizierung der mannigfaltigen Prinzipien (*tattva*) und Kategorien der Existenz befasst ist.

Samnyâsa („Renunziation, Weltentsagung"). Eine Lebensweise, bei der weltlichen Dingen keine, dem Göttlichen jedoch alle Aufmerksamkeit geschenkt wird; im Allgemeinen wird sie eingeleitet durch einen äußeren Akt des Verzichts auf ein normales Leben. Eine rein innerliche Weltentsagung ist jedoch auch möglich.

Samyâsin („Entsagender, Renunziant"). Die Person, die *samnyâsa* praktiziert.

Samprajnâta-samâdhi („bewusste Ekstase"). Der niedrigere Typ der ekstatischen Identifizierung mit dem Kontemplationsobjekt, mit spontan auftretenden Gedankenbildern (*pratyaya*). Siehe auch *asamprajnâta-samâdhi.*

Samsâra („Zusammenfluss"). Die begrenzt-endliche Welt der Veränderung, im Gegensatz zur unbegrenzt-unendlichen, unwandelbaren, transzendenten Realität. Siehe auch *nirvâna.*

Samsârin Der gewöhnliche Erdenmensch, gefangen in der Welt der Veränderung.

Samskâra („Aktivierendes"). Jede Handlung oder Willensstrebung produziert subliminale Ablagerungen (*âshaya*) in Psyche und Verstand, die wiederum zu neuer geistig-psychischer Aktivität führen und so den Menschen in der irdischen Welt der Veränderung verstrickt halten. Siehe auch *karman, vâsanâ.*

Sarasvatî (a) Ein großer Strom im Herzland der vedischen Zivilisation. (b) Eine vedische Göttin, diesen Strom sowie Kunst und Wissenschaft personifizierend.

Sarga („Erschaffung"). Die Erschaffung des Weltalls, im Unterschied zu seiner Auflösung (*pralaya*).

Sat („Sein"). Das, was letztendlich real ist, oder *die* Realität. Siehe auch *ânanda, cit, tattva.*

Sat-sanga („Zusammensein mit dem Wirklichen"). Die Praxis, häufig die gute (*sat*) Gesellschaft von Heiligen, Weisen und verwirklichten Meistern aufzusuchen, da sie die höchste Realität (*sat*) vermitteln.

Sattva („Wesenssein"). (a) Ein Wesen. (b) Das Prinzip reinen Seins oder reiner Luzidität, das höchste konstituierende Prinzip (*guna*) der Natur (*prakriti*). Siehe auch *rajas, tamas.*

Satya („Wahrheit"). (a) Wahrhaftigkeit. (b) Die höchste Realität (*sat, tattva*).

Savikalpa-samâdhi („Ekstase mit Form/Gedankenbildern"). Im Vedânta jener Zustand ekstatischer Identifikation mit der transzendenten Realität, der noch von Gedanken und Vorstellungen begleitet wird. Siehe auch *samprajnâta-samâdhi, nirvikalpa-samâdhi.*

Shabda („Klang, Ton"). In hinduistischen Vorstellungen ist der Klang untrennbar mit dem Kosmos verwoben. Derart wirkt er auf vielen verschiedenen Ebenen. Der höchste Klang ist das heilige Mantra *om*. Siehe auch *nâda.*

Shaiva Bezeichnung eines Shiva oder einen Shiva-Verehrer betreffenden Vorgangs, Textes usw. Siehe auch *vaishnava.*

Shaiva-Siddhânta Eine südindische Tradition des Shaivismus.

Shakti („Macht"). Der weibliche Machtaspekt des Göttlichen; von fundamentaler Bedeutung in der Metaphysik und Spiritualität des Shaktismus und des Tantra.

Shakti-pâta („Herabkunft der Macht"). Der Initiationsprozess, gewöhnlich in tantrischem Kontext, in dem ein *Guru* der spirituellen Praxis des Schülers Energie vermittelt.

Shândilya Ein berühmter Weiser und der mutmaßliche Verfasser des *Bhakti-Sûtra*. Siehe auch *Nârada.*

Shankara („Friedensmacher") (a) Beiname Shivas. (b) Der größte Vertreter des hinduistischen Nondualismus (Advaita-Vedânta), der im 8. Jh. n. Chr. oder etwas früher lebte.

Shânti („Friede"). Eine wünschenswerte Zustandsqualität bei *yogins*. Höchster Friede geht Hand in Hand mit Selbst-Realisierung, d.h. Erleuchtung (*bodhi*).

Shâstra („Lehre, Lehrbuch"). Eine strukturierte Sammlung von Wissen, oft in Form eines Buchs. So kann *yoga-shâstra* „Yoga-Lehre" allgemein, aber auch einen speziellen Text mit diesem Titel angeben.

Shiva („gütig"). Die Gottheit, die mehr als jede andere aus dem Hindu-Pantheon zahllosen *yogins* über die Zeitalter hinweg als Modell diente.

Shruti („Offenbarung"). Die vedische Offenbarungsliteratur, die vier *Vedas*, die *Brâhmanas* und die *Upanishads* umfassend. Siehe auch *smriti.*

Shûdra Ein Angehöriger der untersten, niedere Dienste leistenden Klasse in der traditionellen Hindu-Gesellschaft.

Shûnya („leer"). Ein Schlüsselkonzept des Mahâyâna-Buddhismus, dementsprechend alle Phänomene ohne ewige Wesensessenz sind, also leer.

Shûnyatâ („Leere, Leerheit"). Ein Synonym für *shûnya.*

Siddha („vervollkommnet"). Ein selbstrealisierter Meister, der Vollkommenheit (*siddhi*) erreich hat.

Siddhi („Vollkommenheit, perfekte Leistung"). (a) Spirituelle Vollkommenheit, d.h. die makellose Übereinstimmung mit der höchsten Realität, das Leben aus dem befreiten Zustand (*moksha*). (b) Paranormale Kräfte, speziell die acht großen Fähigkeiten, die sich aus vollkommener Meisterschaft ergeben.

Smriti („Gedächtnis, erinnerte Weisheit"). Das Tradierte, im Gegensatz zum Offenbarten (*shruti*).

Spanda („Vibration"). Aus Sicht des kaschmirischen Shaivismus befindet sich selbst das formlose Absolute in fortwährender Schwingung; Schwingung ist die Ursache aller Schöpfung.

Sukha („Vergnügen, Genuss, Freude"). Das Leben ist normalerweise eine Mischung aus Freude und Schmerz (*duhkha*); beide Erfahrungszustände sind zu transzendieren, um das höchste Glück (*ânanda*), die „große Freude" (*mahâ-sukha*) zu gewinnen.

Sûrya („Sonne"). Die Sonnen-Gottheit, die noch mehrere andere Namen trägt.

Sûtra („Faden"). Eine aphoristische Aussage oder ein Werk, das solche Aussagen enthält, z.B. das *Yoga-Sûtra* von Patanjali.

Svâdhishthâna-cakra („selbststehendes Rad"). Das psychoenergetische Zentrum in der Region der Genitalien. Siehe auch *cakra.*

Svâdhyâya („Selbststudium"). Das Studium heiliger Texte wie auch das Studium der eigenen Seele mit Hilfe von Meditation.

Svâmin („Herr, Meister"). Heute *Swâmi*. Titel von Hindu-*Gurus*, die einem Mönchsorden angehören.

Svarga („Himmel"). Die Metaphysik der Hindus geht von der Existenz diverser Höllen und himmlischer Gefilde aus. Auch die himmlischen Gefilde sind immer noch Teil der sich verändernden Welt und müssen transzendiert werden, wenn wahre Befreiung das Ziel ist.

Tamas („Dunkelheit"). Das Prinzip der Untätigkeit, eines der drei konstituierenden Prinzipien (*guna*) der Natur (*prakriti*). Siehe auch *rajas, sattva.*

Tantra („Auftauchen"). (a) Eine heilige Schrift des Tantrismus, die hauptsächlich von ritueller Verehrung handelt, dabei das weibliche göttliche Prinzip, *shakti* als Brennpunkt hat. (b) Tantrismus, die verzweigte religiöse und kulturelle Bewegung, die in den frühen nachchristlichen Jahrhunderten entsteht und etwa um 1000 n. Chr. zur Blüte kommt. Der Tantrismus hat einen „rechtshändigen" (konservativen) und einen „linkshändigen" (seine Maxime: nur der Glaube, nicht die Befolgung moralischer Gebote befreit) Hauptzweig.

Tântrika Ausübender von Tantra.

Tapas („Glut, Hitze"). Askese, die zu großer Vitalität führen soll. Dieser Begriff wurde in vedischer Zeit auf yoga-ähnliche Praktiken angewendet.

Târaka-Yoga („Yoga des Befreiers"). Ein in Tantra gründender Yoga, der die meditative Erfahrung des Lichts betont.

Tat („Das"). Im Vedânta ein kryptischer Hinweis auf die höchste Wirklichkeit bzw. das transzendente Selbst, etwa im Satz: „Du bist Das" (*tat tvam asi*).

Tattva („Realität"). (a) Die höchste Realität. (b) Existenzielles Prinzip (oder Kategorie) wie etwa höhere Vernunft (*buddhi*), funktionaler Verstand (*manas*), die Sinne (*indriya*) und materielle Elemente (*bhûta*).

Tattva-vid („Wissender der Wirklichkeit"). (a) Ein befreiter Weiser. (b) Ein spiritueller Praktiker, der über die verschiedenen existenziellen Kategorien, wie sie in Sâmkhya und Yoga gelehrt werden, ganz Bescheid weiß.

Tîrtha („Furt"). Ein heiliger Pilgerort.

Tîrthankara („Furten-Macher"). Titel der großen selbstrealisierten Lehrer des Jainismus, z. B. *Mahâvîra*.

Tirumûlar Ein berühmter Dichter und Heiliger Südindiens, Autor des *Tiru-Mantiram*.

Trika („Triade"). Eine mittelalterliche Shaiva-Schule Kaschmirs, deren Grundposition zwar nondualistisch ist, die aber die Koexistenz von Multiplizität (typisch ausgedrückt in den vielen individuellen menschlichen Wesen, *nara* genannt), Dualität (durch *shakti* symbolisiert) und Einheit (durch *shiva* repräsentiert) anerkennt.

Upanishad („nah dran sitzen"). Eine Gattung esoterischer Schriften des Hinduismus; in ihnen wird die Metaphysik des Nondualismus (Advaita-Vedânta) thematisiert; sie gelten als letzter Abschnitt der vedischen Offenbarungsliteratur (*shruti*).

Upâya („Mittel zum Zweck"). Im Buddhismus ist das ein anderer Ausdruck für Mitgefühl (*karunâ*), das Gegenstück von *prajnâ;* Letzteres gibt die Einsicht in die leere Natur aller Erscheinungen.

Vaisheshika („Differenzierung"). Eine der sechs klassischen Denkschulen des Hinduismus, die sich mit den Kategorien der physischen Existenz befasst.

Vaishnava („auf Vishnu bezogen"). Bezeichnung eines Vishnu oder einen Vishnu-Verehrer betreffenden Vorgangs, Textes usw. Siehe auch *shaiva*.

Vaishya Angehöriger der Kaufmannsklasse in der traditionellen Hindu-Gesellschaft.

Vajrayâna („diamantenes Fahrzeug"). Der tantrische Zweig des Buddhismus, speziell in Tibet; er entwickelte sich aus dem Mahâyâna.

Vâsanâ („Eigenart, Charakterzug"). (a) Wunsch. (b) In Patanjalis Yoga die Serie von subliminalen Antriebskräften (*samskâra*), durch frühere Handlungen und Wünsche hervorgerufen und in den Tiefen des Unbewussten harrend. Sie müssen zuerst aufgelöst werden, ehe Befreiung (*moksha*) oder Erleuchtung (*bodha*) eintreten können.

Vasishtha Der Name etlicher früherer Weiser, darunter der herausragende Autor des *Yoga-Vâsishtha*.

Vedânta („Abschluss des Veda"). Die dominierende philosophische Tradition des Hinduismus, die lehrt, dass die eigentliche Realität keine Gegensätze kennt, also nondual (*advaita*) ist. Siehe auch *âtman, brahman*.

Videha-mukti („Befreiung im unverkörperten Zustand"). Das Ideal einiger Vedânta-Schulen, die die Möglichkeit einer völligen Befreiung während der Verkörperung negieren. Siehe auch *jîvan-mukti*.

Vidyâ („Wissen, Weisheit"). Im spirituellen Kontext gewöhnlich immer befreiende Weisheit und nicht intellektuelles Wissen. Siehe auch *jnâna, prajnâ*.

Viparyaya („Irrtum"). Laut Patanjali eine der – Wirbel (*vrittis*) hervorrufenden – mentalen Aktivitäten, die zum Schweigen gebracht werden muss. Siehe auch *pramâna*.

Vîra („Held"). Im Tantrismus die Bezeichnung für einen speziellen Typus des spirituellen Praktikers (*sâdhaka*), der gewöhnlich der linkshändigen Richtung folgt.

Vishnu („Durchdringer"). Die Gottheit, die von Vaishnavas und Bhâgavatas verehrt wird und deren berühmteste Inkarnationen (*avâtara*) Râma und Krishna sind.

Vishuddha-cakra („reines Rad"). Das psychoenergetische Zentrum am Hals. Siehe auch *cakra*.

Vishva („alles, All"). Die empirische Welt (*samsâra*).

Viveka („Unterscheidung, Trennung"). Auf dem yogischen Pfad meint das speziell die Unterscheidung zwischen dem Selbst (*âtman*) und dem Nichtselbst (*anâtman*).

Vrata („Gelübde"). Ein wichtiges Merkmal vieler yogischer Methoden.

Vrâtya („durch Gelübde gebunden"). In vedischen Zeiten das Mitglied einer geheimen, durch Gelübde (*vrata*) zusammengehaltenen Bruderschaft, in deren Kreis yogische Übungen entwickelt wurden.

Vritti („Wirbel"). In Patanjalis Yoga das Fluktuieren der fünf mentalen Aktivitäten – nämlich richtiges Erkennen (*pramâna*), falsches Erkennen (*viparyaya*), Konzeptbildung (*vikalpa*), Schlaf (*nidrâ*) und Erinnerung (*smriti*) –, das unter Kontrolle gebracht werden muss.

Vyâdhi („Krankheit, Unwohlsein"). Krankheit, verstanden als Ungleichgewicht zwischen den drei humoralen Komponenten (*dosha*). Siehe auch *ârogya*.

Vyâsa („Ordnender, Arrangeur"). Der legendäre Schöpfer des *Mahâbhârata*-Epos, Bearbeiter der vier Veden, vieler *Purânas* und anderer Werke, wie etwa dem *Yoga-Bhâshya*-Kommentar zu Patanjalis *Yoga-Sûtra*.

Yajna („Opferritual"). Die Praxis des rituellen Opfers ist für den Hinduismus von fundamentaler Bedeutung. In der Zeit der *Brâhmanas*, noch stärker in upanishadischer Zeit, wurde das äußere Opferritual in Form intensiver Meditation verinnerlicht – eine Internalisierung, die dann zur vollentwickelten Yoga-Tradition führte.

Yâjnavalkya Der berühmteste Weise der frühen nachvedischen Periode.

Yajur-Veda („Wissen vom Opferritual"). Die vedische Hymnensammlung mit den opferrituellen Formeln (*yajus*). Siehe auch *Atharva-Veda, Rig-Veda, Sâma-Veda*.

Yama („Disziplin"). (a) Der Gott des Todes. (b) Die erste Stufe von Patanjalis achtgliedrigem Yoga, mit fünf moralischen Vorschriften universeller Gültigkeit.

Yantra („Instrument"). Ein geometrisches Muster, das im Hinduismus den Körper der persönlich erwählten Gottheit (*ishta-devatâ*) repräsentiert: Er wird verehrt, über ihn wird meditiert. Siehe auch *mandala*.

Yoga („Vereinigung, Joch"). (a) Spirituelle oder mystische Praxis generell. (b) Eine der sechs klassischen Denkschulen, die mit Patanjalis *Yoga-Sûtra* ihr kodifiziertes Fundament erhielt.

Yoga-anga („Glied des Yoga"). Laut Patanjali gibt es die folgenden acht Glieder oder Stufen: moralische Disziplin (*yama*), Selbstbeherrschung (*niyama*), Körperstellung (*âsana*), Atemkontrolle (*prânâyâma*), Sinnesrückzug (*pratyâhâra*), Konzentration (*dhâranâ*), Meditation (*dhyâna*) und Ekstase (*samâdhi*).

Yogâcâra („Yoga-Weg"). Die von Asanga im Rahmen des Mahâyâna-Buddhismus gegründete Schule.

Yoga-Sûtra („Yoga-Aphorismen"). Der Grundlagentext des klassischen Yoga, von Patanjali zusammengestellt. Siehe auch *sûtra*.

Yoga-Vâsishtha Ein gewaltiges literarisches Werk zum nondualistischen Yoga, irgendwann im 10. Jh. n. Chr. verfasst.

Yogin Ein Yoga-Praktiker.

Yoginî Eine Yoga-Praktikerin.

Yuga („Joch", so wie bei *Yoga*). Ein Welten-Zeitalter. Der Hindu-Kosmologie entsprechend gibt es in einem Äon vier solcher Zeitalter, jedes mit einer Dauer von Tausenden von Jahren. Das *kali-yuga* wird als das dunkelste dargestellt. Ihm folgt wieder ein neues Äon, darin zuerst ein goldenes Zeitalter. Siehe auch *kalpa*.

idâ-nâdî — kursiv gesetzte Wörter sind Begriffe aus dem Sanskrit oder anderen Fremdsprachen

532 — kursiv gesetzte Seitenzahlen verweisen auf Abbildungen

45 — fett gesetzte Seitenzahlen verweisen auf die Hauptstelle oder eine ausführliche Erklärung des Stichworts

176 — farbig gesetzte Seitenzahlen verweisen auf einen Quelltext

A

B

E

G

I

J

K

L

N

O

P

Q

R

S

T

U

W

X

Y

Z

Georg Feuerstein ist international bekannt für seine zahlreichen interpretativen Studien der Yoga-Tradition. Seit den frühen 1970er Jahren hat er bedeutende Beiträge zum Ost-West-Dialog beigesteuert; es ging ihm dabei speziell um die Bewahrung der authentischen Yogalehren in ihren vielfältigen Formen. Seine Passion für die indische Spiritualität wurde an seinem 14. Geburtstag geweckt, als er Paul Bruntons *A Search in Secret India* geschenkt bekam, und er folgte von diesem Tag an dem yogischen Pfad. In seiner Arbeit und spirituellen Praxis fühlte er sich von vielen großen Meistern inspiriert; seit 1993 hat er sich dem (tantrischen) Vajrayana-Buddhismus zugewandt.

Georg Feuerstein, Ph.D., der heute zurückgezogen in Kanada lebt, verfasste mehrere Fernstudienkurse über Yoga; sie sind auf der Website von „Traditional Yoga Studies" (s.u.) aufgeführt. Er hat sowohl akademische Monographien wie auch Arbeiten von allgemeinerem Interesse veröffentlicht; seine über dreißig Bücher umfassen u. a. *The Shambhala Encyclopedia of Yoga*, *Holy Madness* (dtscher. Titel *„Heilige Narren"*), *Yoga Morality*, *The Yoga-Sutra of Patanjali* und *Tantra: The Path of Ecstasy.* All seine Veröffentlichungen sind unter www.traditionalyogastudies.com zu finden.